Printed in Switzerland
ISBN 3-259-01500-0

Strassenatlas mit
Ortsverzeichnis und
46 Stadtplänen

Atlas routier avec index et
46 plans de villes

Road Atlas with index and
46 town plans

Atlante stradale con indice
alfabetico delle località e
46 piante di città

Atlas automovilistas
con registro y
46 planos de ciudades

Wegenatlas met index en
46 stadplattegronden

Vägatlas med index och
46 stadplaner

Vejatlas med index og
46 byplaner

Kümmerly + Frey

Distanzen   Distancias
Distances   Distantien
Distanze   Distancer

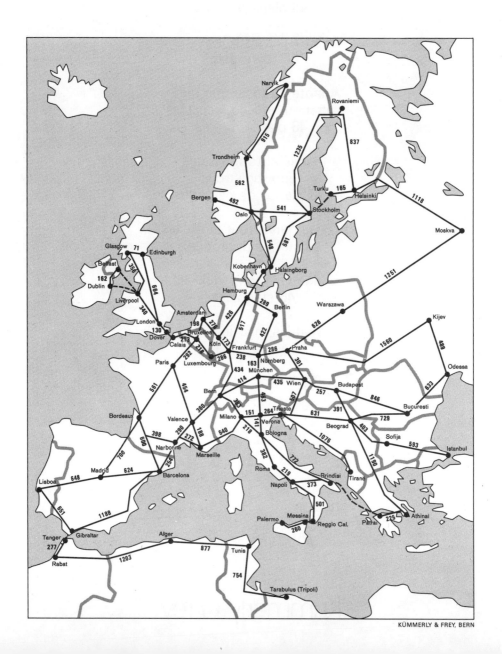

KÜMMERLY & FREY, BERN

Zeichenerklärung · Legend · Légende · Legenda · Tegnforklaring · Leggenda

1:1 000 000

```
0   10   20   30   40   50   60   70   80   90   100 km
0      10        20        30        40        50      60 miles
```


Autobahn mit Anschlüssen
Motorway with junctions
Autoroute à chaussées séparées avec accès
Autosnelweg met gescheiden rijbanen en aansluitingen
Motorvej med adskilte kørebaner og tilkørselsveje
Autostrada con spartitràffico e stazioni di uscita

Autobahn im Bau
Motorway under construction
Autoroute à chaussées séparées en construction
Autosnelweg met gescheiden rijbanen in aanleg
Motorvej med adskilte kørebaner under bygning
Autostrada con spartitràffico in costruzione

Projektierte Autobahn
Motorway projected
Autoroute à chaussées séparées en projet
Autosnelweg met gescheiden rijbanen in ontwerp
Planlagt motorvej med adskilte kørebaner
Autostrada con spartitràffico in progetto

Autostraße mit Anschlüssen
Motorway (only one carriageway) with junctions
Autoroute sans chaussées séparées avec accès
Autoweg met aansluitingen
Motorvej uden adskilte kørebaner med tilkørselsveje
Autostrada senza spartitràffico con stazioni di uscita

Autostraße im Bau
Motorway (only one carriageway) under construction
Autoroute sans chaussées séparées en construction
Autoweg in aanleg
Motorvej med adskilte kørebaner under bygning
Autostrada senza spartitràffico in costruzione

Projektierte Autostraße
Motorway (only one carriageway) projected
Autoroute sans chaussées séparées en projet
Autoweg en ontwerp
Planlagt motorvej uden adskilte kørebaner
Autostrada senza spartitràffico in progetto

Straße mit autobahnähnlichem Ausbau
Road of motorway standard
Route conçue comme autoroute
Route met het karakter van een autoweg
Vej med lignende standard som motorvej
Strada con caratteristiche autostradali

Straße mit autobahnähnlichem Ausbau im Bau
Road of motorway standard under construction
Route conçue comme autoroute en construction
Route met het karakter van een autoweg in aanleg
Vej med lignende standard som motorvej under bygning
Strada con caratteristiche autostradali in costruzione

Internationale Fernstraße
International throughroute
Route de transit international
Internationale hoofdroute
International hovedvej
Strada di transito internazionale

Regionale Fernstraße
Regional throughroute
Route de transit régional
Regionale hoofdroute
Anden hovedvej
Strada di transito regionale

Hauptverbindungsstraße
Main connecting road
Route de communication principale
Interlokale verbindingsweg
Hovedforbindelsesvej
Strada di comunicazione principale

Verbindungsstraße
Connecting road
Route de communication
Verbindingsweg
Forbindelsesvej
Strada di comunicazione

Privatstraße *
Private road *
Route privée *
Eigen weg *
Privat vej *
Strada privata *

Fußweg, Saumpfad
Footpath, mule-track
Sentier, chemin muletier
Voetpad, karrespoor
Gangsti, muldyrsti
Sentiero, strada mulattiera

Straße ohne Belag oder in schlechtem Zustand
Unmetalled road or road in bad condition
Route sans revêtement ou en mauvais état
Onverharde weg of weg in slechte staat
Vej uden belægning eller af dårlig standard
Strada senza rivestimento od in cattiva condizione

Straße völlig ungeeignet für Wohnwagen *
Road completely unsuitable for caravans *
Route non recommandée aux caravans *
Ongeschickte weg voor caravans *
Uegnet vej for kørsel med campingvogn *
Strada non raccomandabile per rulotte *

24%
Straße mit starker Steigung (über 15 %)
Road with steep gradient (more than 15 %)
Route à forte montée (plus de 15 %)
Sterk stijgende weg (meer dan 15 %)
Vej med stærk stigning (over 15 %)
Strada con forte salita (oltre il 15 %)

Straße mit Verkehrsbeschränkung
Road with traffic restrictions
Route à trafic limité
Weg met verkeersbeperkingen
Vej med trafikbegrænsning
Strada con limitazione di tràffico

Straße mit Gebühr
Toll road
Route à péage
Tolweg
Vej med afgift
Strada a pedaggio

Malerische Wegstrecke
Scenic road
Parcours pittoresque
Schilderachtig weggedeelte
Smuk vejstrækning
Percorso pittoresco

4 6
15 5
Autobahndistanzen in Kilometern
Motorway distances in kilometres
Distances sur l'autoroute en kilomètres
Afstanden langs autosnelwegen in kilometers
Afstande på motorvej i kilometer
Distanze in chilometri sull'autostrada

7   5
3 15 6
Distanzen in Kilometern
Distances in kilometres
Distances en kilomètres
Afstanden in kilometers
Afstande i kilometer
Distanze in chilometri

7 E4 A11
Straßennummerierung
Road numbering
Numérotage des routes
Nummering der wegen
Vejnummerering
Numerazione delle strade

Autofähre
Car ferry
Bac pour automobiles
Autoveer
Bilfærge
Traghetto per automobili

Schiffslinie
Shipping route
Ligne maritime
Bootdienst
Skibsrute
Linea di navigazione

(X -IV)
Sperrmonate (Straßen, Fähren, Schiffe)
Months of closure (roads, ferries, shipping routes)
Mois de clôture (routes, bacs, lignes maritimes)
Sluitingsmaanden (wegen, veren, bootdiensten)
Lukket i månederne (veje, færger, skibsruter)
Mesi di chiusura (strade, traghetti, linee di navigazione)

Autoverlad auf Eisenbahn
Railway loading station for cars
Embarquement des voitures sur chemin de fer
Autovervoer per trein
Biltransport med tog
Trasporto automobili per ferrovia

Eisenbahn, Zahnradbahn
Railway, rack-railway
Chemin de fer, chemin de fer à crémaillère
Spoorweg, tandradbaan
Jernbane, tandhjulsbane
Ferrovia, ferrovia a cremagliera

Draht- und Luftseilbahn, Sesselbahn
Cable railway, cable way, chair-lift
Funiculaire, téléférique, télésiège
Kabelspoor, kabelbaan, stoeltjeslift
Tovbane, svævebane, stolelift
Funicolare, teleferica, seggiovia

★
Skilift *
Skilift *
Téléski *
Skilift *
Skilift *
Sciovia *

⊕
Flughafen
Airport
Aéroport
Luchthaven
Lufthavn
Aeroporto

✈
Flugplatz
Airfield
Aérodrome
Vliegveld
Flyveplads
Campo d'aviazione

Landesgrenze
State frontier
Frontière d'État
Rijksgrens
Statsgræns
Confine di Stato

Regionalgrenze
Regional boundary
Frontière régionale
Regionale grens
Regionalgrænse
Confine regionale

Naturschutzgebiet
Nature reserve
Réserve naturelle
Natuurreservaat
Naturfredningsområde
Parco nazionale

Sperrzone
Restricted area
Zone interdite
Verboden gebied
Afspærret område
Zona proibita

Distanzpunkt
Distance point
Point de distance
Afstandpunt
Afstandspunkt
Punto di distanza

Ort mit über   100 000 Einwohner
Locality of more than 100 000 inhabitants
Ville de plus de   100 000 habitants
Plaats meer dan   100 000 inwoners
By med over   100 000 indbyggere
Località con più di 100 000 abitanti

Ort von   50 000 – 100 000 Einwohner
Locality of   50 000 – 100 000 inhabitants
Ville de   50 000 – 100 000 habitants
Plaats dan   50 000 – 100 000 inwoners
By med   50 000 – 100 000 indbyggere
Località da   50 000 – 100 000 abitanti

Ort von   10 000 – 50 000 Einwohner
Locality of   10 000 – 50 000 inhabitants
Ville de   10 000 – 50 000 habitants
Plaats dan   10 000 – 50 000 inwoners
By med   10 000 – 50 000 indbyggere
Località da   10 000 – 50 000 abitanti

Ort unter   10 000 Einwohner
Locality of less than   10 000 inhabitants
Ville de moins de   10 000 habitants
Plaats minder dan   10 000 inwoners
By under   10 000 indbyggere
Località fino a   10 000 abitanti

Weiler, alleinstehendes Haus
Hamlet, isolated house
Hameau, maison isolée
Gehucht, alleenstaand huis
Lille landsby, enkelte huse
Borgo, casa isolata

Limburg
Sehenswerter Ort
Interesting locality
Localité remarquable
Bezienswaardige plaats
Sevardigt sted
Località interessante

Hörnum
Sommerferienort
Summer holiday resort
Station de villégiature estivale
Zomervakantieoord
Sommerferiested
Località di villeggiatura

Bernau
Wintersportplatz
Winter sports resort
Station de sports d'hiver
Wintersportplaats
Vintersportssted
Località di sport invernali

Bad Ems
Ferienort während des ganzen Jahres
Holiday resort throughout the year
Station de vacances pendant toute l'année
Vakantieoord gedurende het gehele jaar
Helårligt feriested
Località di vacanze durante tutto l'anno

Heilbad
Spa
Station thermale
Bronbad
Kurbad
Stazione termale

✝
Kathedrale, Kirche, Kapelle
Cathedral, church, chapel
Cathédrale, église, chapelle
Kathedraal, kerk, kapel
Domkirke, kirke, kapel
Cattedrale, chiesa, cappella

✝
Wallfahrtskirche, Kloster
Pilgrimage church, monastery
Eglise de pèlerinage, couvent
Bedevaartskerk, klooster
Valfartskirke, kloster
Santuario, convento

☿
Moschee
Mosque
Mosquée
Moskee
Moské
Moschea

+
Kirchort *
Parochial village *
Village paroissial *
Kerkdorp *
By med sognekirke *
Villaggio parrocchiale *

Schloß, Burg
Castle
Château
Kasteel
Slot, borg
Castello

Palast, Villa
Palace, mansion
Palais, villa
Paleis, villa
Herregård, landsted
Palazzo, villa

Vorgeschichtliches Kulturdenkmal
Prehistoric monument
Monument de culture préhistorique
Voorhistorisch monument
Forhistorisk mindesmærke
Monumento di civiltà preistorica

1 : 1 000 000

∴	Antikes Baudenkmal Ancient monument Monument antique Antieke ruïne Oltidsminde Antichità	★	Aussichtspunkt View point Point de vue Uitzichtpunt Udsigtspunkt Punto panoramico		Alleinstehendes Hotel / Motel Isolated hotel / Motel Hôtel isolé / Môtel Afgelegen hotel / Motel Enligt beliggende hotel / Môtel Albergo isolato / Motel
L	Ruine (Mittelalter) Ruin (medieval) Ruine (moyen âge) Ruïne (middeleeuws) Ruin (middelalder) Rovine (medioevo)	🗼	Leuchtturm Lighthouse Phare Vuurtoren Fyrtårn Faro	⌐	Strandbad Beach Plage Strandbad Badestrand Spiaggia
Å ⊥	Denkmal / Turm Monument / Tower Monument / Tour Monument / Toren Mindesmærke / Tårn Monumento / Torre	✗	Windmühle Windmill Moulin à vent Windmolen Vindmølle Mulino a vento	▣	Ganzjähriger Campingplatz Camp site open throughout the year Camping permanent Kampeerterrein, het gehele jaar geopend Campingplads åben hele året Campeggio aperto tutto l'anno
M	Museum Museum Musée Museum Museum Museo	Δ	Lappenlager Lapp settlement Camp de lappons Nederzetting der Lappen Lappelejr Accampamento lappone	▲	Saisoncampingplatz Seasonal camp site Camping saisonnier Kampeerterrein, 's-zomers geopend Campingplads, kun åben i sæsonen Campeggio stagionale
Ω	Höhle, Grotte Cave, grotto Caverne, grotte Spelonk, grot Hule, grotte Caverna, grotta	♠	Feriendorf * Holiday camp * Village de vacance * Vakantiedorp * Ferieby * Villaggio di vacanze *	⊖	Grenzübergang, durchgehend offen Frontier crossing, open day and night Passage frontalier, ouvert jour et nuit Grensovergang, dag en nacht geopend Grænseovergang, åben hele dagnet Passaggio di frontiera, aperto giorno e notte
★	Andere Sehenswürdigkeiten Other objects of interest Autres curiosités Andere bezienswaardigheden Andere severdigheder Altre curiosità				

* Entsprechende Signaturen kommen nur in Großbritannien und in den nordischen Ländern vor
Corresponding signatures are only valid for Great Britain and the northern countries
Les signes correspondants n'apparaissent que pour la Grande Bretagne et les pays nordiques
Overeenstemmende symbolen komen alleen voor in Groot-Brittannië en in de noordelijke landen
Tilsvarende signaturer forekommer kun i Storbritannien og i de nordiske lande
I corrispondenti simboli appaiono solamente in Gran Bretagna e nei paesi nordici

1 : 2 750 000

```
0      25      50      75     100     125    150 km
0           25          50          75        100 miles
```

⊙━━━⊙	Autobahn mit Anschlüssen Motorway with junctions Autoroute à chaussées séparées avec accès Autosnelweg met gescheiden rijbanen en aansluitingen Motorvej med adskilte kørebaner og tilkørselsveje Autostrada con spartitraffico e stazioni di uscita		Autobahndistanzen in Kilometern Motorway distances in kilometres Distances sur l'autoroute en kilomètres Afstanden langs autosnelwegen in kilometers Afstande på motorvej i kilometer Distanze in chilometri sull'autostrada
━━━━	Autobahn im Bau Motorway under construction Autoroute à chaussées séparées en construction Autosnelweg met gescheiden rijbanen in aanleg Motorvej med adskilte kørebaner under bygning Autostrada con spartitraffico in costruzione		Distanzen in Kilometern Distances in kilometres Distances en kilomètres Afstanden in kilometers Afstande i kilometer Distanze in chilometri
⊙━━━⊙	Autostraße mit Anschlüssen Motorway (only one carriageway) with junctions Autoroute sans chaussées séparées avec accès Autoweg met aansluitingen Motorvej uden adskilte kørebaner med tilkørselsveje Autostrada senza spartitraffico con stazioni di uscita	E 107	Europastraßen-Numerierung Numbering of European main roads Numérotage des routes d'Europe Nummering van de Europawegen Europavej med vejnummer Numerazione della rete stradale europea
━━━━	Internationale Fernstraße International throughroute Route de transit international Internationale hoofdroute International hovedvej Strada di transito internazionale		Distanzpunkt Distance point Point de distance Afstandpunt Afstandspunkt Punto di distanza
━━━━	Regionale Fernstraße Regional throughroute Route de transit régional Regionale hoofdroute Hovedvej Strada di transito regionale	⬠ ⬠	Ort mit über 500 000 Einwohner Locality of more than 500 000 inhabitants Ville de plus de 500 000 habitants Plaats meer dan 500 000 inwoners By med over 500 000 indbygger Località con oltre 500 000 abitanti
━━━━	Hauptverbindungsstraße Main connecting road Route de communication principale Interlokale verbindingsweg Hovedforbindelsesvej Strada di comunicazione principale	▢ ▣	Ort mit 100 000 Einwohner Locality of 100 000–500 000 inhabitants Ville de 100 000–500 000 habitants Plaats dan 100 000–500 000 inwoners By med 100 000–500 000 indbygger Località da 100 000–500 000 abitanti
━━━━	Verbindungsstraße Connecting road Route de communication Verbindingsweg Forbindelsesvej Strada di comunicazione	◎ ●	Ort von 50 000–100 000 Einwohner Locality of 50 000–100 000 inhabitants Ville de 50 000–100 000 habitants Plaats dan 50 000–100 000 inwoners By med 50 000–100 000 indbygger Località da 50 000–100 000 abitanti
━┼┈┼━	Eisenbahn Railway Chemin de fer Spoorweg Jernbane Ferrovia	⊙ ●	Ort von 10 000– 50 000 Einwohner Locality of 10 000– 50 000 inhabitants Ville de 10 000– 50 000 habitants Plaats dan 10 000– 50 000 inwoners By med 10 000– 50 000 indbygger Località da 10 000– 50 000 abitanti
F ⊨╌╌┈	Autofähre Car ferry Bac pour automobiles Autoveer Bilfærge Traghetto per automobili	○ ●	Ort unter 10 000 Einwohner Locality of less than 10 000 inhabitants Ville de moins de 10 000 habitants Plaats minder dan 10 000 inwoners By under 10 000 indbygger Località fino a 10 000 abitanti

Reykjavik

55

54

Londonderry
Glasg
Belfast
58
Ce
Dublin
Limerick
Liverp
Cork
62 BIRMING

Brist
Southa
Plymouth
84

Brest

10

| 150 | | 151 | 152 | | 153 | 154 |
La Coruña
Oviedo
Santander
Vigo
San Sebastiá
Burgos
158
159 Valladolid 161 162
Porto 160
Coimbra
164 Salamanca
165 166 MADRID
167 168
LISBOA Badajoz
Valencia
170 171 172 173 174
Lagos Murcia
Sevilla
Granada Car
Cádiz Málaga Almería
Algeciras
Tanger Tétouan Melilla
Rabat Meknès Oujda
DAR EL BEÏDA
(CASABLANCA)

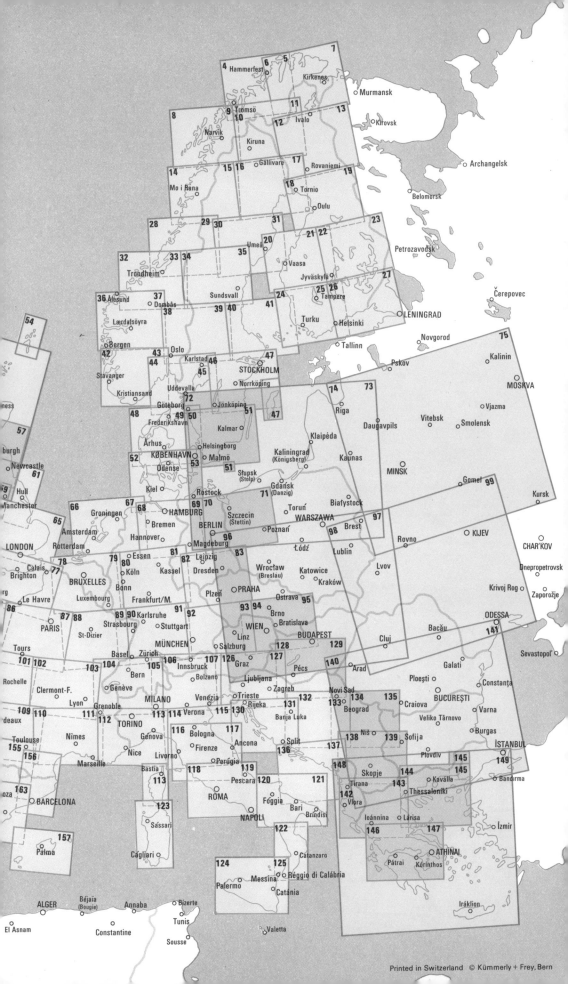

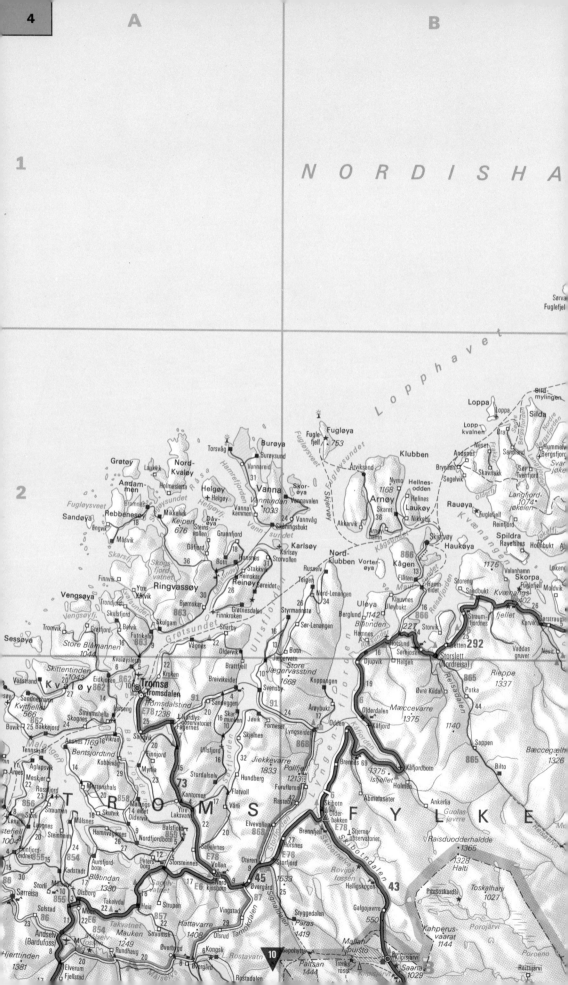

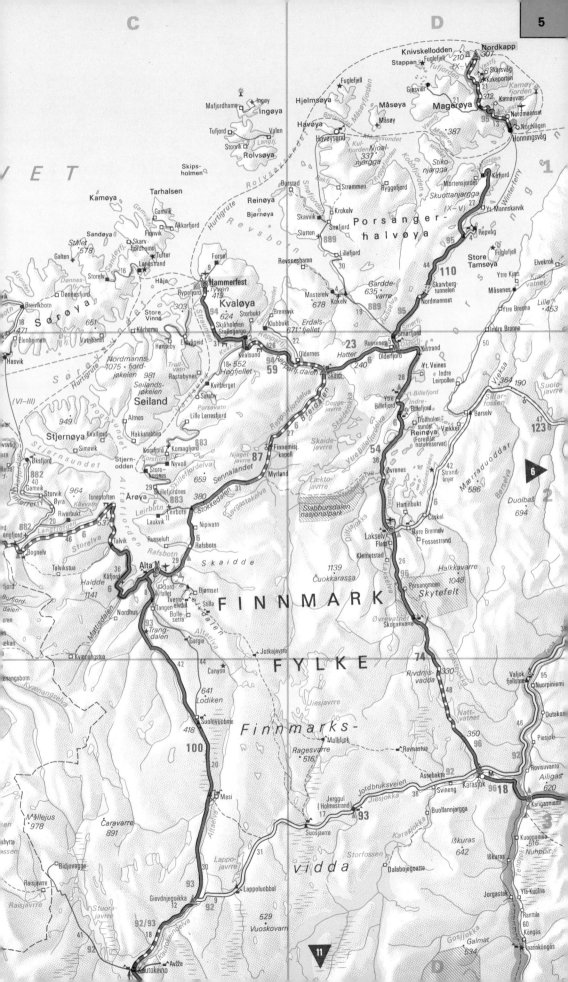

A   B

Knivskjellodden 270
Nordkapp
Stappan Fuglefjell 307
Å
Kinnarodden
Nordkinn 234

Mafjordhamn
Ingøy
Hjelmsøya
Fuglefjell
Gjesvær
Skarsvåg
Kirkeporten
21
312
Kamøyfjorden
Kamøyvær

Tufjord
Valen
Måsøya
Måsøy
Magerøya
387
95 13
Nordmannset
Nordmannset

Skjøthingberg
Fuglefjell
11
28
Mehamn

Storvik
Langfj.
Rolvsøya
Havøya
Havøysund
(X-V)
Nordvågen
Honningsvåg
Hurtigrute
Sværholtklubben
Fuglefjell
Kjøllefjord
888
Nordkinnhalvøya 1985
Brengam

Skipsholmen
Burstad
Strømmen
Ryggefjord
Mortensnes
Kåfjord
Fuglefjell
Tømmervik 409
Tømmervika
Postneset
Iver
Hopseidet

Tarhalsen
Reinøya
Bjørnøya
Skavik
Snefjord
Krokelv
Porsangerhalvøya
Skuottanjargga
27
Yt. Mannskarvik
Repvåg
Sværholthalvøya
Sauhaugen 576
Nordmannvik
Skrensø 554
Mårøya
Mårøyfjord

Forsøl
Slotten
Snefjord
889
Lillefjord
30
Gådddevarre 635
Skarvbergtunnelen
Nordmannset
110
Store Tamsøya
4
Fuglefjell
Elvekrok
Steinbukt
Veidnesklubben
Kalak
Bekkarfjord
10

Hammerfest
Tyven 419
Kvaløya 624
Masterelv
Kokelv
889
18
Russelva
44
Smørfjord
Yt. Kjæs
Ytre Brenna
Indre Brenna
Lille Veidnesfossen 453
Porsangerfjell
Ytre Korsnes
Tårnvik
888
Lebesby
22
630
Ifjord
Duolga

Rypefjord
Storbukt
Skjåholmen
Stallgargo
3
Brensvik
Klubbukt
671
Erdalsfjellet
Russenes
Smørfjord
Olderfjord
240
Kistrand
Indre
Yt. Veines
50
Indre Brenna
Landersfjorden
34
Ifjord
Vestertana (X-V/VI)
370
37
Samekealdet Garggogeas
Vester

Kvalsund
Oldernes
23
Hatter
28
Leirpollen
Vuksa 364 190
Kunes
Austerelv
Ijordfjellet 479
8

18-552
Høgfjellet
94
Repparfjorddalen
59
Skandi
Ytre Billefjord
In. Billefjord
Silfarfossen
Børselv
Suolojavrre
Børselvfjellet
Åsanjav
567
Stallogaissa
360
Gurtteoaivve

Trollvatn
Stella
Saraby
Lille Lerresfjord
Finnemisj. kapell
27
Skaidijavrre
54
Trollholmsundet
Reinøya
(foreslått naturreservat)
123
47
Duolbaš 694
Storelva
Rastigaissa 1067
Gaissene
Storfossen
47
970
Njau

Komagfjord
883
Njagatjavvre
87
Myrland
36
Øvrenes
Strandlinjer
Mørradouddar 586
Gaissene
35
182
19
Sirma fjellstue
47
Nien

Nyvoll
659
Sennalandet
31
Læktojavvre
42
Storelva
Levajok fjellstue
Ylikongäs
Kaava
Gædgenjar
Vetsikko
Niemela
970
Pulm

83 380
Stokkedalen
Stabbursdalen nasjonalpark
Harmbukt
Caskel
Ailestryk
92
Utsjoki (Ohtsejoka)
342
Ailigas
Pulmanki

Nipivatn
Dilljjokka
Laksely
Flatå
Øvre Brennelv
Fossestrand
Rastigaissa 1067
35
Nuvvus
Patoniva
Kevo
Kalddoaivi 430

Rafsbotn
Skaidde
1139
Čuokkarassa
26
Klømmestad
Halkkavarre 1048
Skytefelt
Levajok
Nuorpiniemi
95
Paistunturi 619
641 Kaivi
Kevon
luonnonpuisto
Kenespahta
Leppälä
Kuorboaivi 448

Bjørnset
Øvre vatne
Skoganvarre
74
Rivdnjisvadda 330
48
Valjok fjellstue
Outakoski
Kevon
Mierašlompola

44 Canyon
5
641
Lodiken
FINNMARK
FYLKE
Finnmarks-
Nattvatnet
350
48
Piesjoki
Mierajavrri
94 Palsasuo
Säytsjarvi
Iijarvi

Gargia
Møllisjok
Rægesvarre 516
Ravnastua
96
Rovisuvanto
92
72

20
Masi
100
Jerggul (Holmestrand)
Jordbruksvegen Assebakte
92
Jiesjokka
38
Sviñeng
Karasjok
98
18
Karigasniemi
Ailigas 620
Lubmmojavrik
Kaamasmukka
72
Kielajoki
66
Palomaa
Paksumaa
Partakko

17
93
Suoššavrre
Buollannjargga
Kueppanivva 516
Nuhpir
Muotkatunturit 520
Muotkanruoktu
Houtoniemi
Neljäntuulen tupa
970

Lappojavrre
31
Storfossen
Dalabojegoatte
Iškuras 642
Iškuras
Ylä-Kuolna
Koarvikodds 590
Kaamasen Kievan
Jokimäna
Kaamanen
Väylä

529
Vuoskovarri
3
Jorgastak
Ranttila
60
Köngäs
Unarinköngäs
479
Palloaivi
Mutusjärvi
Lappania
Täro
Riutula
23
Sikovuono
Ukonselkä
Inarijärvi

Poyrisjarvi
Noarvaš Øvre 531
Galmat 634
Angeli
Pyhäjärvi
Koskeoniska
51
Paatari
Pielpajärven lapin kirkko
10
Ivari (Enare)
Otsamo 419
Iitakoski
65
Karhunpesäkivi
Myössajärvi

Anarjokka
nasjonalpark
12
555
Maarestatunturit 575
Lemmenjoki
Menesjärvi
10
Solojärvi
Kirakkaköngäs
Rant
Kirakkakongas
Ukonjarvi
Koppela
Veskoniemi

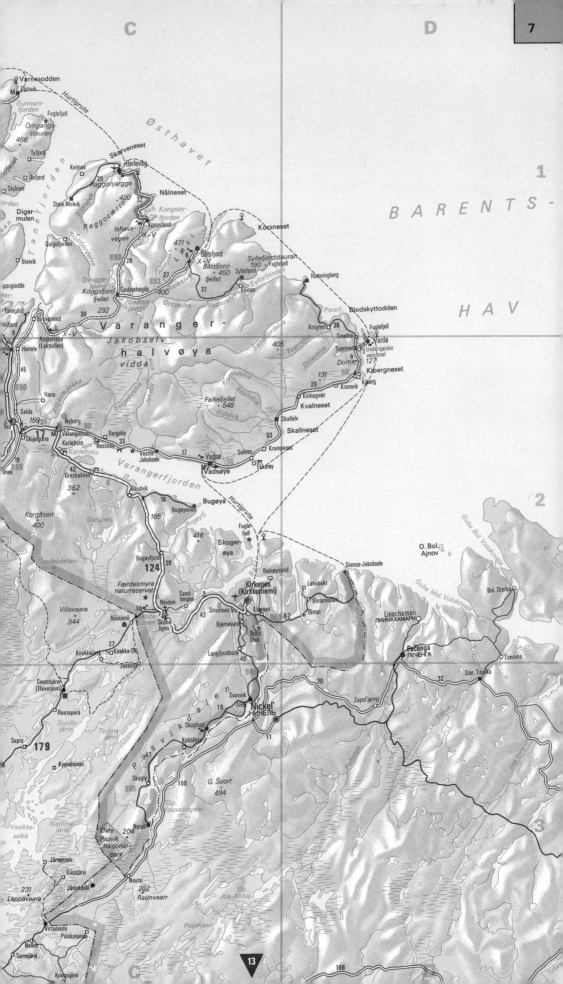

1

B A R E N T S -

H A V

2

3

Østhavet

Gunnars-fjorden
Varnesodden
M   Danvik
Omgangs-stauran
456
Tyfjord
fjellet
Bafjord
Skjånes
Digger-mulen
Breivik
Kvitnes
Skårveneset
Berlevåg
20 Raggonjargga
32
Store Molvik
Nålneset
-420
Ishavs-vegen
Kongsfjord
471
Kongsøy-fjorden
Korsneset
Gulgofjorden
890
28
Båtsfjord
X-V
Båtsfjord
450 fjellet
6
Syltefjordstauran
190 Fuglefjell
Hamningberg
891
27
Syltefjord
Kongsfjord-fjellet
Gednjehøgda
400
31
Veines
Syltefjorden
Blodskyttodden
Davgge-javrre
Birkestrand
30 292
Varanger-
Krognes 36
Fuglefjell
Vardø
Austertana
(Leirpollen)
Harrelv
X-V
Jakobselv-
halvøya
vidda
405
Domen
Kiberg
Svartnes
Smelror
Undersjøiske
veitunnel
127
Kibergneset
45
Hana
890
Falkefjellet
548
131
98
29
Komagvær
Kramvik
Kvalneset
Seida
150
Nyborg
98
Skallelv
Skallneset
17 MT Varangerbotn
Bergeby
33
Vestre
Jakobselv
17 Vadsø
Solnes
Skipagurra
Karlebotn
33 Nesseby
Krampenes
19
895
42 Grasbakken
6
Vadsøya
Ekkerøy
352
Gandvik
18
Bugøya
Korgåsen
400
165
Bugøynes
Bugøyfj.
Garsjoen
416
Fugle-fjell
Skoger-øya
Hurtigrute
Bugøyfjord
124
39
O. Bol.
Ajnov
Guba Bol. Volokovaja
Gvollebasten-javrre
Grense-Jakobselv
Bol. Ozerko
Reinøysund
Villavaara
344
Færdesmyra
naturreservat
Sand-tangen
Lanabukt
Guba Mal. Volokovaja
Neiden
10
Kirkenes
(Kirkkoniemi)
Vintervollen
Linachamari
ЛИИНАХАМАРИ
Nåatåmo
19
Skolte-fossen
Skolte-byen
43
Straumen bru
Elvenes
Tårnet
62
Kirakkajärvi
27
Kirakka-Ohj
Bjørnevatn
Boris
Gleb
Langfjordbotn
40
Pečenga
ПЕЧЕНГА
32
Star. Titovka
Timovka
Jänkkilä
88
70
Zapol'jarnyj
Sevettijärvi
(Tševetjärvi)
Svanvik
Rautaperä
19 96 Nickel'
НИКЕЛЬ
Suolis-järvi
Skogfoss
11
Supru
179
Kobbfoss
Kyynelniemi
Skogly
885
100
G. Šuort
494
Nammi-järvi
Oz.
Kuvatusjärvi
Vasikka-selkä
204
Nyrud
Øvre
Pasvik
nasjonal-park
Järvensuu
231
Leppävaara
Kässijärvi
Nautsi
202
Raunvaarr
Pasjoki
Oz.
Ala-Akkaj
Paijakjaur
Virtaniemi
Palokotamo
Nellim
Sarmijärvi
Komosjärvi

166

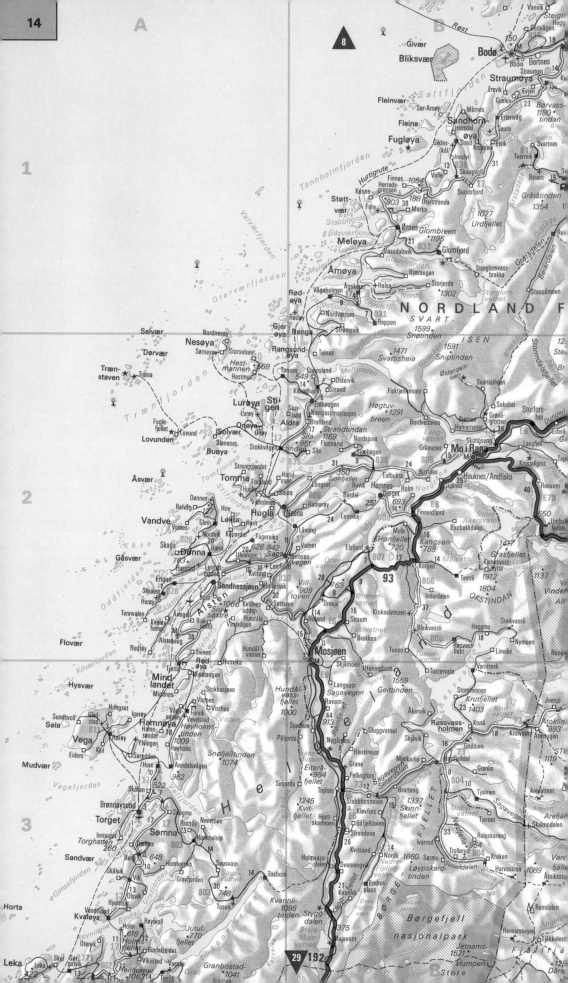

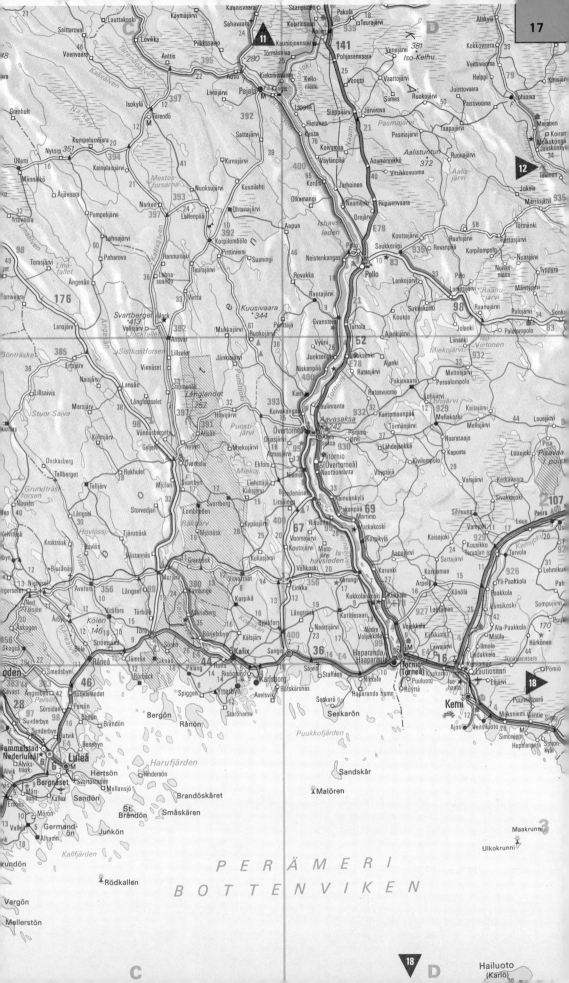

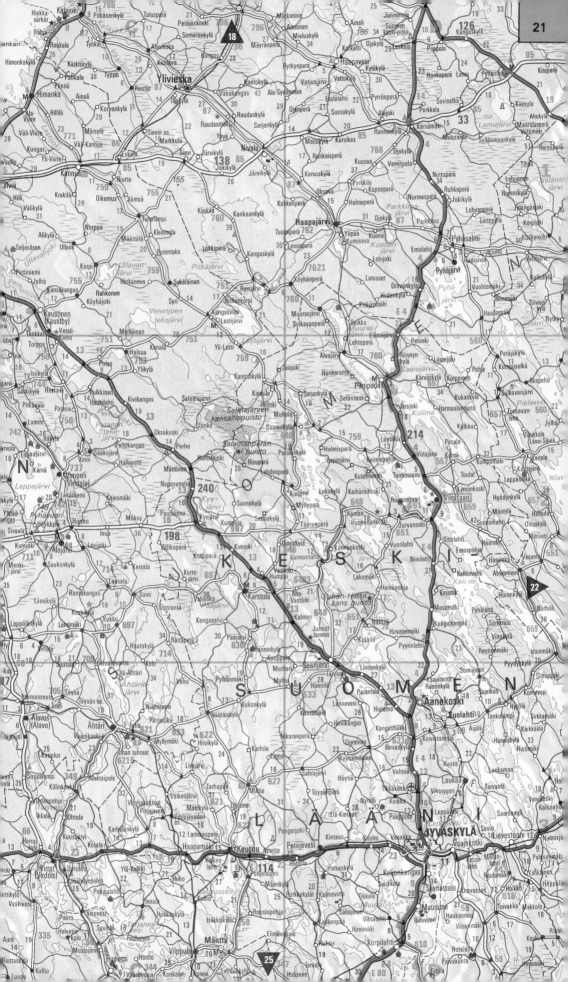

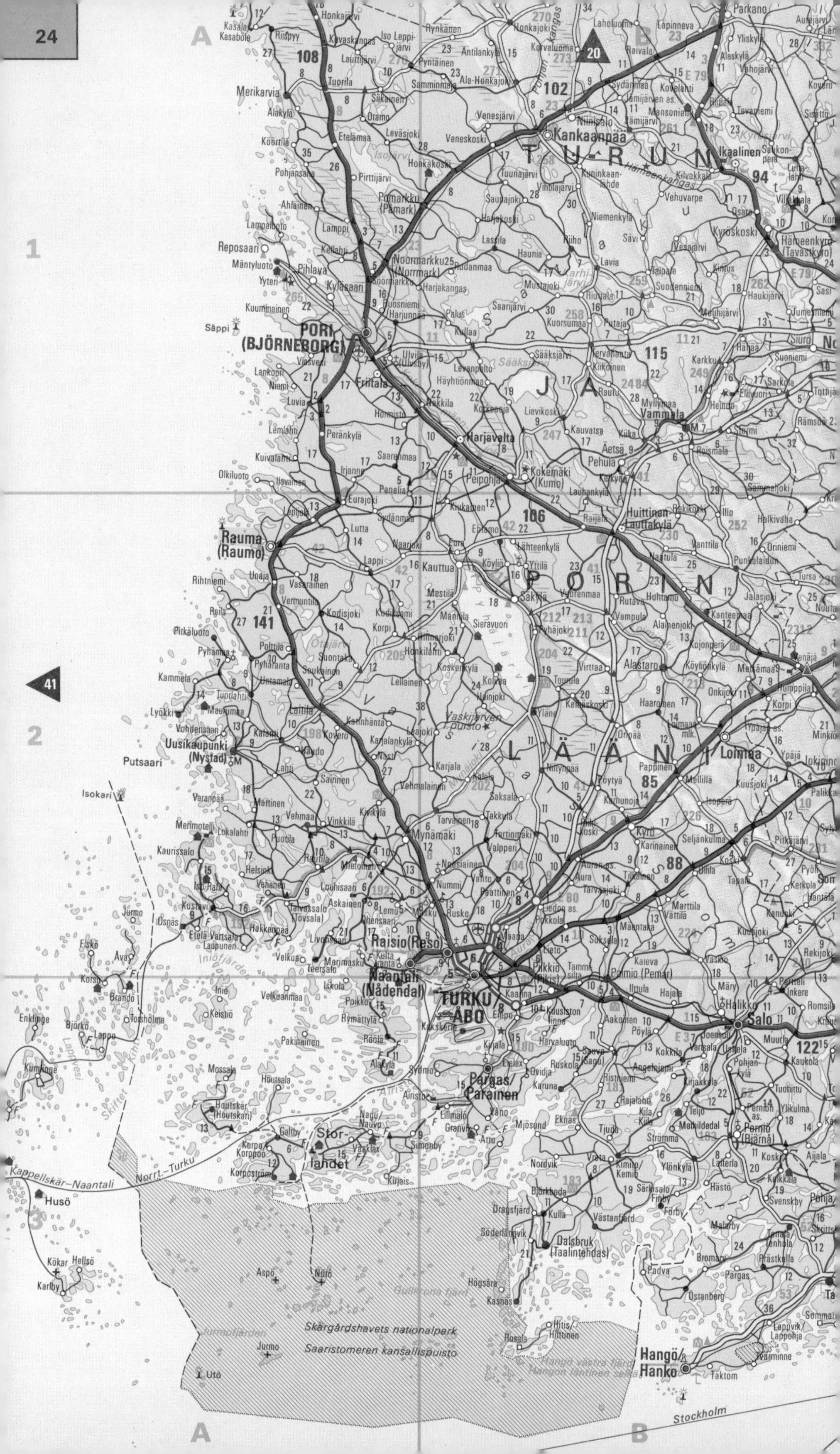

A B

1

2

3

108 102 94

PORI (BJÖRNEBORG)
Merikarvia
Reposaari
Mäntyluoto
Yyteri
Pihlava

Kankaanpää
T U R U N

Ikaalinen
Vammala
Harjavalta
Kokemäki (Kumo)
Huittinen
Lauttakylä

Rauma (Raumo)
141
115
106
P O R I N

Uusikaupunki (Nystad)
Loimaa
85
88
L Ä Ä N I

Mynämäki
Masku

Raisio (Reso)
Naantali (Nådendal)
TURKU ÅBO
Salo
122
Halikko

Pargas/ Parainen
Pernió (Bjärnå)
Pernió

Korpo/ Korppoo
Nagu/ Nauvo

Stor- landet

Dalsbruk (Taalintehdas)

Hangö/ Hanko

Skärgårdshavets nationalpark
Saaristomeren kansallispuisto

Kappelskär–Naantali
Norrt–Turku

Stockholm

41
20

84

Kinnbäck
Åbyn
Renholmen
Täme
Byske
Furuögrund
Romelsön
Östanbäck
Kåge
Kågenäset
SKELLEFTEÅ
Skelleftestrand
Skelleftehamn
Bureå
Burvik
Bjuröklubb
Bjuröklubb fiskeläge
Fiskeläge
Kallviken
Grimsmark
155
Gumboda
Skäran
Sikeå
Rickleå
Bygdeå
Rataskär
Ratan
Hatu
E4
Robertsfors
Sävar
Norrfjärden
Osthås
St. Fjäderägg
Holmön
Holmön
Ångesön
UMEÅ
Holmsund
Obbola
Hörnefors
Nordmaling
Rundvik
Rönnholm
Järnäs
Järnäshamn
Kråkan
Långron
Husum
Grundsunda
ÖRNSKÖLDSVIK
Skagsudde
Skagshamn

Västerbotten
Lycksele
E79
131
111

Merenkurkku
Kvarken
Valsörarna
Naturskyddsomr.
Luonnonsuojelualue
Norra Gloppet
Björköby
Björkön
Replotfjärden
Söderudden
Brändövik
Vallgrund
Replot
Raippaluoto
Norra Vallgrund
Södra Vallgrund
Jungsund
VAASA
VASA
Södra Gloppet
Sundom
Sulva
Bergö
Rönnskären
Norrskären
Halsön
Molpe
Petalax
Korsbäck

20

Sundsvall

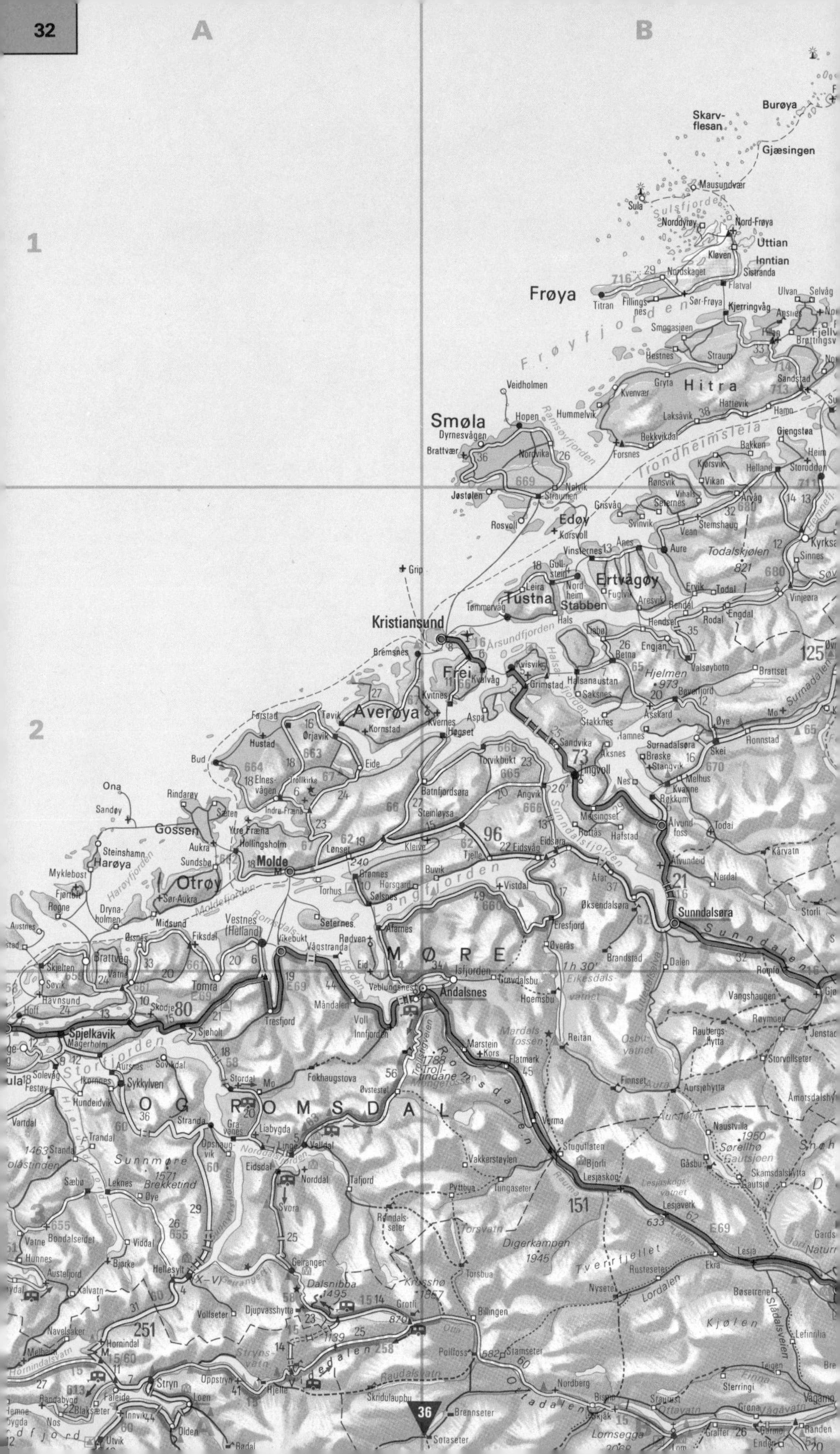

A   B

1

2

Burøya
Skarv-
flesan
Gjæsingen
Mausundvær
Sula
Nordøyvøy
Sulafjorden
Nord-Frøya
Uttian
Kløven
Inntian
716
29
Nordskaget
Sistranda
Flatval
Frøya
Titran
Fillings-
nes
Sør-Frøya
Kjerringvåg
Ulvan
Selvåg
Smøgasjøen
Hilen
Fjellv
Bestnes
Straum
Brettingsv
Veidholmen
Kvenvær
Gryta
Sandstad
33
714
Smøla
Dyrnesvågen
Hummelvik
Hitra
Hattvik
Hamo
713
Hopen
Laksåvik
38
Brattvær
36
Nordvika
26
Bekkvikdal
Gjengstøa
Forsnes
Bakken
Heim
Josten
669
Nørvik
Rønsvik
Kvarsvik
Helland
Størodden
Straumen
Vikan
Arvåg
711
Rosvoll
Grisvåg
Vihals
Seternes
32
680
14 13
Grip
Edøy
Korsvoll
Svinvik
Vean
Stemshaug
Kyrksæ
Vinsternes
13
Ånes
Aure
Todalskjølen
821
680
Søv
18
Gull-
steint
Nord
heim
Fuglvik
Ervik
Todal
Vinjeøra
Leira
Tømmervag
Rendal
Aresvik
Rodal
Engdal
Kristiansund
16
Hals
Osbo
Hendset
35
Frei
Kvalvåg
Kvisvik
Betna
Engjan
26
65
125
Bremsnes
8
Kvitnes
Grimstad
Halsanaustan
Hjelmen
Beverfjord
Forstad
Averøya
Kvernes
Saksnes
997
20
Mø
Øye
Tøvik
15
Aspa
Stakknes
Asskard
12
Hustad
Ørjavik
Kornstad
Hogset
Sandvika
Tamnes
Skei
Rønnstad
670
Bud
664
18
663
Eide
666
665
73
Angvik
Tingvoll
20
Aksnes
Bøske
16
Melhus
Elnes-
vågen
6
Trollkirke
67
Torvikbukt
23
Surnadalsøra
Stangvik
Rokkum
Todal
Rindarøy
18
Indre Fræna
24
66
Batnfjordsøra
666
Nes
Kvanne
Ona
Sæter
Steinløysa
27
13
Måsinget
Kåryatn
Sandøy
Ytre Fræna
62
19
96
22
Eidsvåg
Eidsøra
Alvund
foss
Nerdal
Gossen
Hollingsholm
Lønset
Kleive
Tjelle
3
Hafstad
Alvundeid
21
Storli
Steinshamn
Aukra
240
Brønnes
Buvik
240
Afar
37
Sunndalsøra
Mykleost
Sundsbø
Molde
Hørsgard
Solsnes
49
660
Øksendalsøra
Fjørtoft
Sør-Aukra
Midsund
Torhus
Afarnes
Eresfjord
Sunndalen
116
Drynaholmen
Vestnes
(Helland)
Rødven
Øverås
Brandstad
Dalen
Rogne
Fiksdal
Vikebukt
Vågstranda
Eid
MØRE
44
Isfjorden
1h 30'
Romla
32
Austnes
Ørsnes
23
Rødvan
Eikesdals-
vatnet
Vangshaugen
Gjo
Brattvåg
33
20
20
6
Veblungsnes
Grøvdalsbu
Rauberg-
hytta
Røymoer
Skjelten
Vatne
Tomta
19
Andalsnes
Mândalen
Voll
Reitan
Jenstad
Hoff
Sevi
Skodje
80
69
44
Innfjorden
Osbu-
vatnet
Finnset
Storvollseter
Spjelkavik
Magerholm
Sjøholm
Tresfjord
Marstein
Flatmark
45
Mardals-
fossen
Aursjøhytta
Åmotdalshy
Magerholm
Aursnes
Søvikdal
Stordal
Mo
Fokhaugstova
Kors
1788
Troll-
tindane
Verma
1950
Sørellhø
Gautsjøen
Bautsjø
Ula
Solevåg
Festøy
Kornes
18
SUNNMØRE
Øvstestøl
56
Stugaflaten
Bjørli
Gåsbu
Skamsdalshytta
D
Vartdal
Sykkylven
OG ROMSDAL
Liabygda
Grøn-
Stranda
Opshaug-
vik
græne
Valldal
Vakkerstøylen
Lesjaskog
Lesjaverk
151
633
62
E69
Naturn
1463 Standa
olastinden
Sunnmøre
1571
Brekketind
60
Eidsdal
Norddal
Pyttbua
Tungaseter
Lesjaskog-
vatnet
Lesjaverk
Ekra
Lesja
Gards
Sæbu
Leknes
Øye
Svora
Tafjord
Røndals-
seter
Rustseter
Skamsdalshytta
Bøsetere
Vatne
Bondalseidet
26
29
25
Geiranger
Torsvatn
Digerkampen
1945
Aursjøhytta
Stryn
655
Viddal
655
Bjørke
Dalsnibba
1495
Krosshø
1867
Torsbua
Tverrfjellet
Lordalen
Slådalsveien
Lefinnlia
Hunnes
Austfjord
Hellesylt
(X-V)
15 14
Groti
Nysete
Ekra
Lesja
Teigen
Navelsaker
251
Vollseter
Djupvasshytta
870
Billingen
Pollfoss
682
Slamseter
Sterringa
Grønnavagvat
Hornindal
M
1139
25
258
60
Nordberg
Kalvatn
Stryn
Uppstryn
Loen
41
Raudalsvatn
Bispa
Stauren
Finna
Blaksæter
Olden
Skridulauphu
36
Brænseter
Lomsegga
Skjåk
Graffar
26
Gotaseter
Endal

JÄMTLANDS LÄN

Härjedalen

BERGEN

HORDALAND

SOGN OG FJORDANE

OG ROMS...

Sunnmøre

Ålesund

Voss

Nordhord...

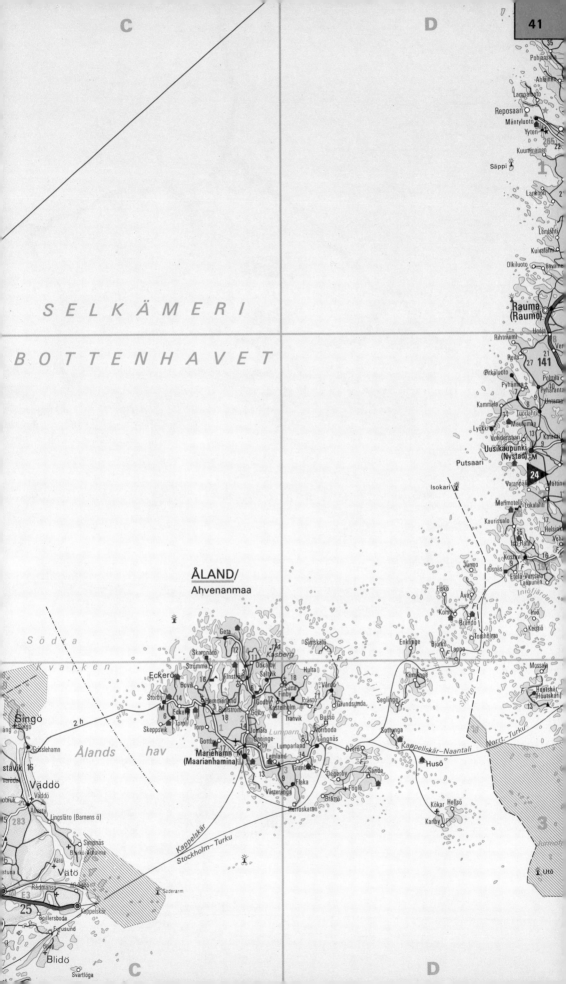

C · D

SELKÄMERI

BOTTENHAVET

Pohjansalo
Ahlainen
Lampaluoto
Reposaari
Mäntyluoto
Yyteri
Kuuminainen
Säppi
Lankoori
Lemlähti
Kuivalahti
Olkiluoto · Iisvesi
Rauma
(Raumo)
Unaja
Rihtmemi
Reila
Pitkäluoto
Pyhämaa
Pyhäranta
Untamo
Kammela
Tuodahti
Lyökki
Meukumaa
Vohdensaari
Kalant
Uusikaupunki
(Nystad)
Putsaari
Varanpää
Mättinen
Merimetti
Lukulahti
Kaurissalo
Helsinki
Isokari
Kustavi
Vehm
Etelä-Vartsala
Laupunen
Iniöfjärden
Jurmo
Åsnäs
Ino
Keistiö
Flakö
Avä
Korso
Brandö
Toisholma
Mossala
Houtskär
(Houtskär)
Enklinge
Björkö
Lappo

ÅLAND/
Ahvenanmaa

Geta
Simskäla
Kåsberg
Skarpnåtö
Strömma
Ödkarby
Saltvik
Hulta
Eckerö
Finström
Bovik
Sund
Vårdö
Storby
Hammarland
Godby
Prästö
Tranvik
Grundsunda
Kumlinge
Seglinge
M
Eckerö
Torp
Kastelholm
Busö
Norrboda
Skeppsvik
Torp
Jomala
Lumparn
Lumparland
Långnäs
Sottunga
Kappelskär–Naantali
Norrt–Turku
Gottby
Önningeby
Lemland
Övero
Mariehamn
(Maarianhamina)
Granboda
Degerby
Sanda
Husö
Västeranga
Flaka
Fögla
Herröskatan
Brättö
Kökar Hellsö
Karlby

Södra
Kvarken

Singö
Singö
2 h
Ålands hav
Grisslehamn
stavik 16
Väddö
Väddö
Almsta
Lingsläto (Barnens ö)
283
Simpnäs
Björko–Arholma
Väto
stuna
Rådmanso
Söderarm
Kappelskär
Stockholm–Turku
E3
25
Kappelskär
Spillersboda
Farusund
Blido
Blidö
Svartlöga
Utö

C · D

265
22
141
27
21
7
8
14
13
9
24
15
18
17
16
14
6
17
2 h
1
14
17
12
11
18
44
14
13
9
13

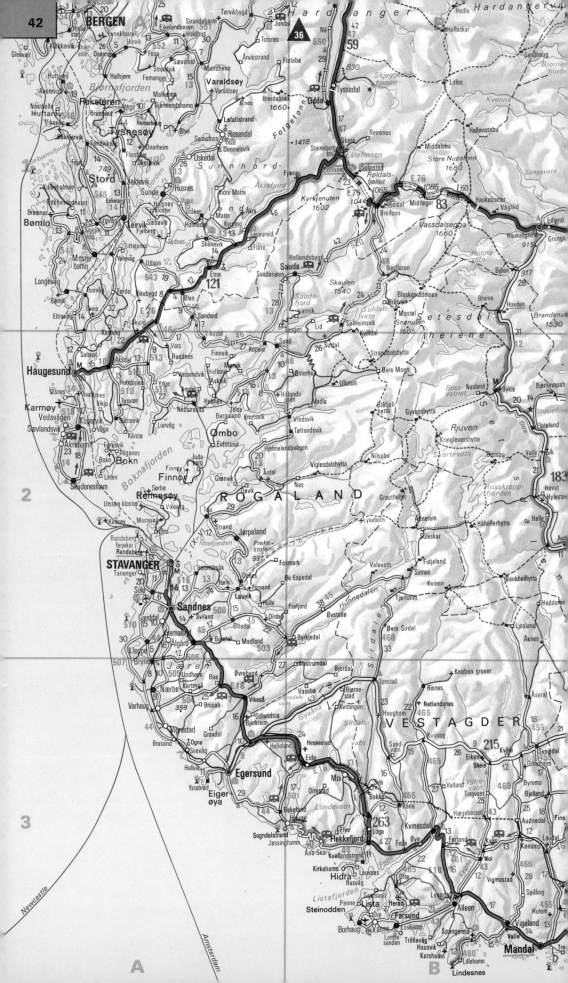

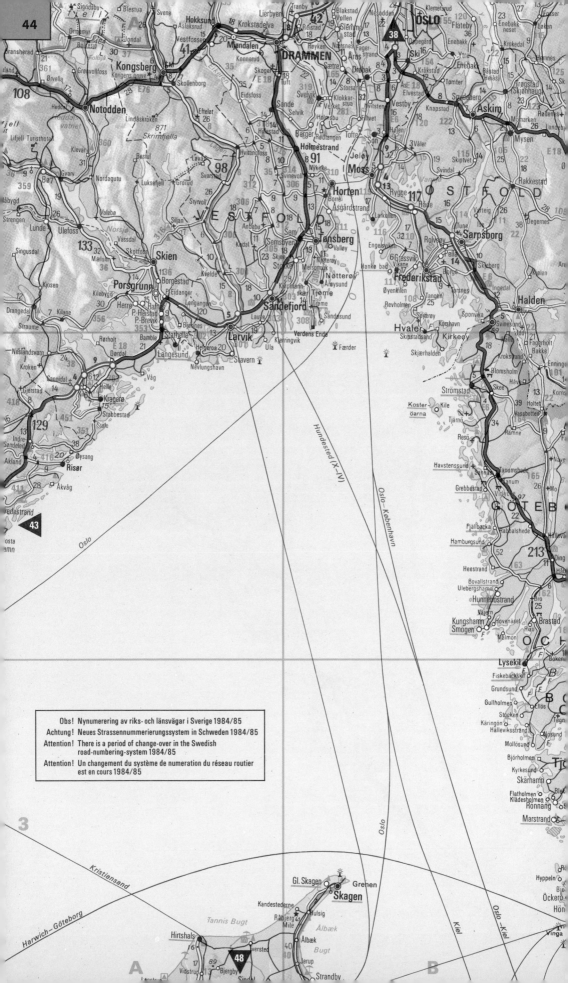

OSLO

38

DRAMMEN

42

Kongsberg

108

Notodden

98

Hokksund

Mjøndalen

41

Drøbak

Ski

Askim

E 18

Holmestrand

91

Moss

Horten

117

ØSTFOLD

VESTFOLD

Tønsberg

Sarpsborg

Skien

133

Nøtterøy

Fredrikstad

Porsgrunn

136

Tjøme

Sandefjord

Halden

Hvaler

Larvik

Verdens Ende

Svinesund

Langesund

Stavern

Kragerø

129

Strömstad

Risør

GÖTEB

213

Lysekil

BO

Obs! Nynumerering av riks- och länsvägar i Sverige 1984/85
Achtung! Neues Strassennummerierungssystem in Schweden 1984/85
Attention! There is a period of change-over in the Swedish
road-numbering-system 1984/85
Attention! Un changement du système de numération du réseau routier
est en cours 1984/85

3

Kristiansand

Gl. Skagen

Grenen

Skagen

Hirtshals

48

Harwich–Göteborg

A

B

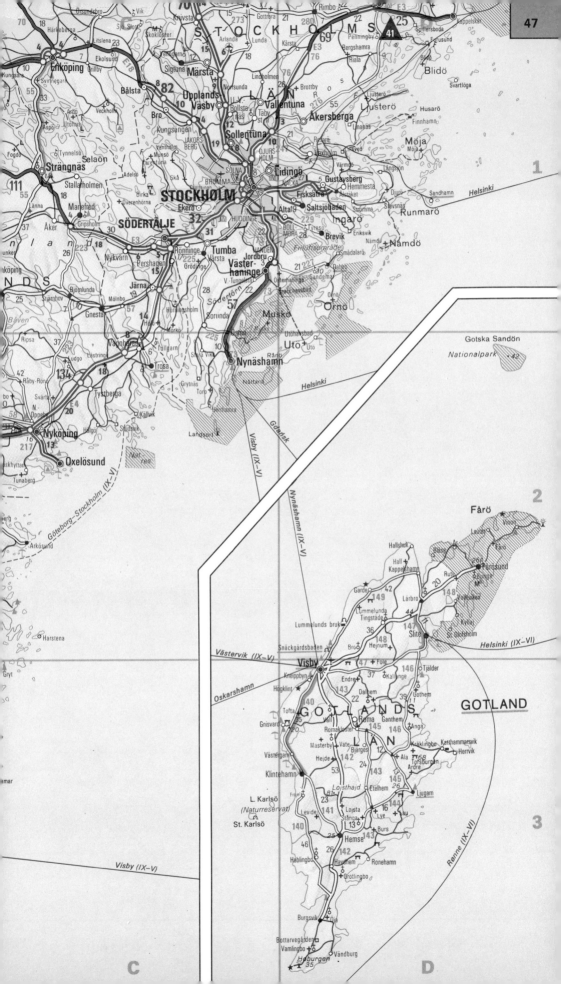

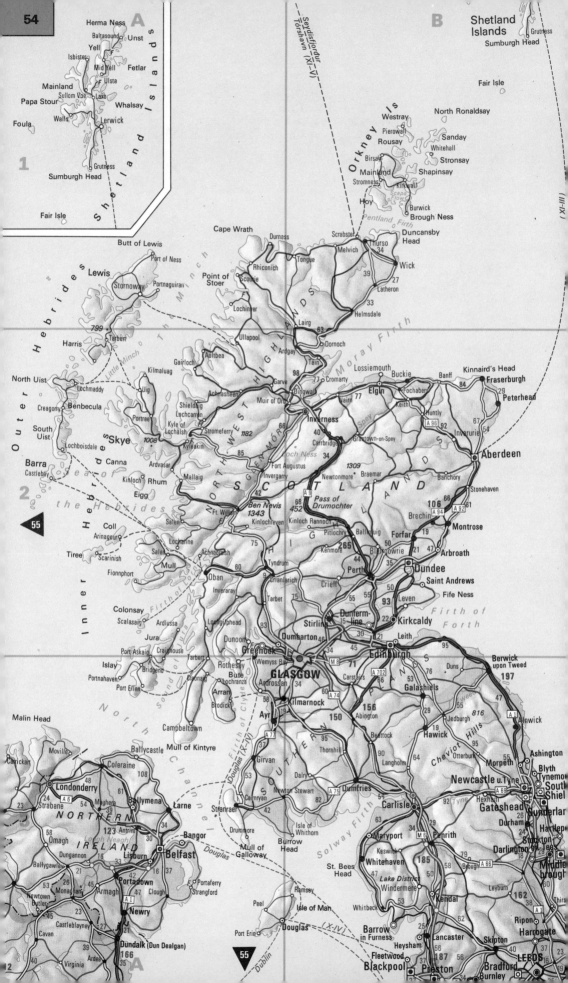

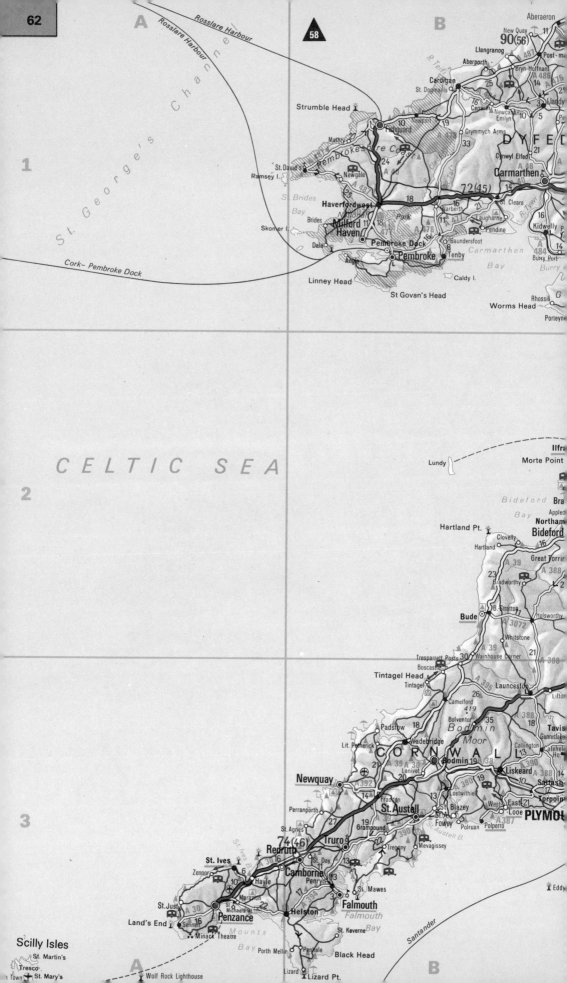

Ostfriesische Inseln

Wangerooge

Spiekeroog

Langeoog

Norderney

Baltrum

Juist

Borkum

Schiermonnikoog

Memmert

Norden

Wilhelmshaven

Schortens

Jever

Aurich

Varel

EMDEN

Leer

Rastede

GRONINGEN

Slochteren

OLDENBURG

Bad Zwischenahn

Winschoten

Papenburg

Edewecht

Wardenburg

Leek

Haren

Hoogezand

Veendam

Wildervank

Onstwedde

Vlagtwedde

Friesoythe

Cloppenburg

Assen

Stadskanaal

Musselkanaal

Börger

Emstek

Großenkneten

Westerbork

EMMEN

Lastrup

Essen

Löningen

Hoogeveen

Nieuw-Amsterdam

Meppen

Quakenbrück

Dinklage

Lohne

Coevorden

Haselünne

Bippen

Staphorst

Hardenberg

LINGEN

Fürstenau

Bramsche

Ommen

Den Ham

NORDHORN

OSNABRÜCK

Hellendoorn

Vriezenveen

Tubbergen

Georgsmarienhütte

Raalte

Nijverdal

ALMELO

Oldenzaal

Denekamp

RHEINE

Ibbenbüren

Lengerich

DEVENTER

Borne

Losser

Ochtrup

EMSDETTEN

HENGELO

GRONAU

Steinfurt

ENSCHEDE

Haaksbergen

Eibergen

AHAUS

St.-Borghorst

Greven

Zutphen

Ruurlo

Stadtlohn

COESFELD

MÜNSTER

Telgte

Winterswijk

Lichtenvoorde

Warendorf

Aalten

BOCHOLT

BORKEN

Dülmen

AHLEN

BECKUM

EMMERICH

GOCH

WESEL

DORSTEN

GLADBECK

RECKLINGHAUSEN

MARL

DATTELN

LÜNEN

HAMM

SOEST

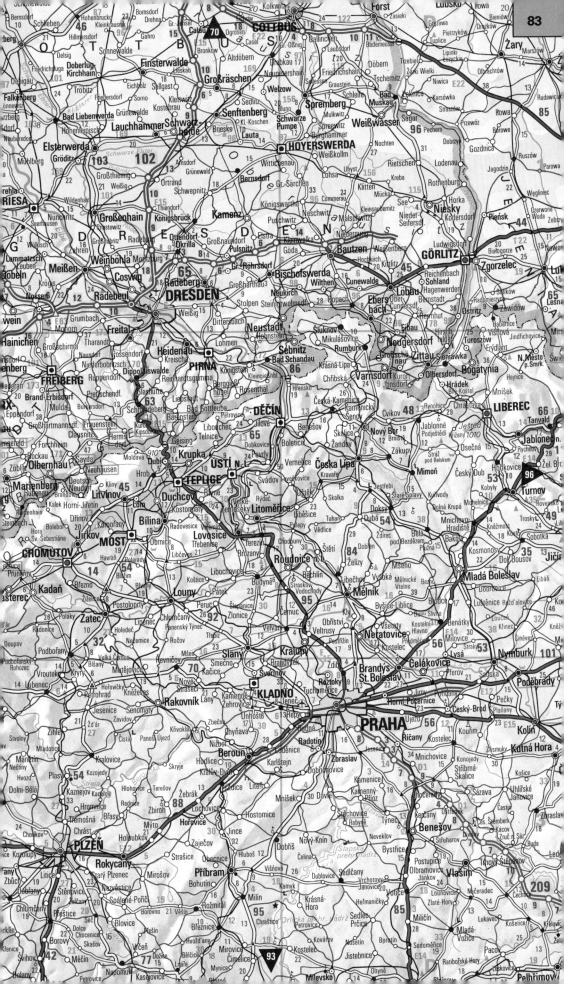

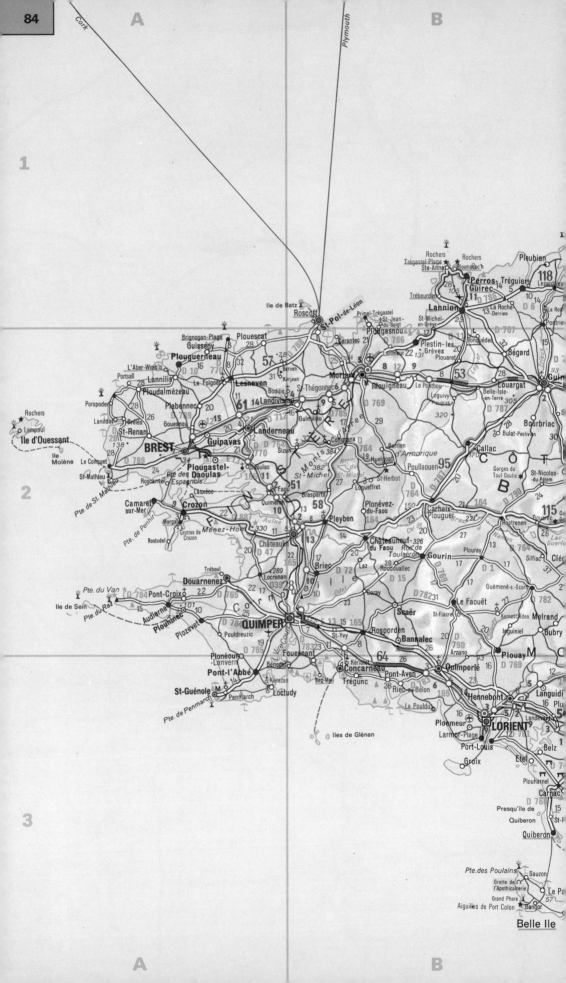

A   B

1

2

3

Cork

Plymouth

Rochers
Trégastel-Plage
Ste-Anne   Rochers
Ploumanac'h   Pleubian

Pérros-   Tréguier   118
Guirec   14   5   Lézardrieux
Trébeurden   11   786   10 6   14
28 105   La Roche   La
Brignogan-Plage   La Roche-   Derrien   Pontrieux
Ile de Batz   St-Jean-   St-Michel-   13   D 767   Guin
Roscoff   du-Doigt   en-Grève   Tonquédec
St-Pol-de-Léon   Primel-Trégastel   Plougasnou   17   D 11
Plouescat   Carantec   21   786   Plestin-les-   Bégard
Guissény   Lanmeur 22 13   Grèves   Louargat   D 787
Plouguerneau   Berven   Plouaret   28   Belle-Isle-
L'Aber-Wrac'h   32   Kerjean   25   5   53   en-Terre 305   D 787
Portsall   16   770   57   Morlaix   8 12   9   8   Léguivy   2   Bourbriac
Lannilis   31   St-Thégonnec 6   Plouigneau   Le Ponthou   Plougras   320
Ploudalmézeau   Le Folgoet   Lesneven   Bodilis   M   Guimiliau   D 769   29   Bulat-Pestivien   Callac   D 790   St-Nicolas-
Plabennec   11 61 14 Landivisiau   D 785   95   du-Pélem   115
Porspoder   20   Brélès   Guesnou   D 712   Berrien   d'Armorique   Poullaouen   Gorges du   Rostrenen   Gouarec
Lanildut   26   D 789 15   Landerneau   Sizun   Monts 384   Huelgoat   Carhaix-   21 164   Toul Goulic   24   D 764
Rochers   St-Renan   Guipavas   D 764   St-Michel 382   St-Michel   Plouguer   764   Silfiac   Clé
Lampaul   138   28   770   Commana   27   Loqueffret   150   23   Plouray   D 769   Lac
Ile d'Ouessant   BREST   Daoulas   51   St-Herbot   D 764   Gourin   17   D 1
Ile   Plougastel-   11   Brasparts   Plonévez-   164   Châteauneuf 326   Guéméné-s.-Scorff
Molène   Le Conquet   Daoulas   58   du-Faou   du Faou Roc de   Plouray   782
St-Mathieu   24   Le Faou   Pleyben   Toulaëron   Roudouallec   Le Faouët   Kernascléden   Melrand
Camaret-   Espagnols   10   14   15   Inguiniel   Bubry
sur-Mer   9 Crozon   Ménez-Hom   Châteaulin   13   Laz   Scaër   St-Fiacre   M
Pte. de Penhir   Morgat   330   D 47   Brié   D 72   Gueray   Rosporden   Arzano   Plouay   C
Rostudel   Grottes de   Loire   D 15   23   Bannalec   790   D 769
Crozon   Trébout   Locronan   Odet   Kériolet   26   Quimperlé   Languidi
Pte. du Van   289   D 765   QUIMPER   St-Yvy   64   165   Hennebont   Plu
Ile de Sein   Douarnenez   22   101   Pouldreuzic   Fouesnant   Concarneau   Pont-Aven   Ploemeur   LORIENT   Landévenn
Pte. du Raz   Audierne   Pont-Croix   10   19   Bénodet   Trégunc   Ried-s-Bélon   165   Larmor-Plage   Belz
Plouhinec   Plozévet   Plonéour-   D 785   Beg-Meil   Le Pouldu   Port-Louis   Etel
Pont-l'Abbé   Lanvern   Groix
St-Guénolé   Kerazan   Loctudy   Plouharnel
Penmarch   Iles de Glénan   Carnac
Pte. de Penmarch   Presqu'île de   D 768
Quiberon   St-P
Quiberon
Pte. des Poulains
Grotte de
l'Apothicairerie
Grand Phare
Aiguilles de Port Colon   Sauzon
Le Pa
Bangor

Belle Ile

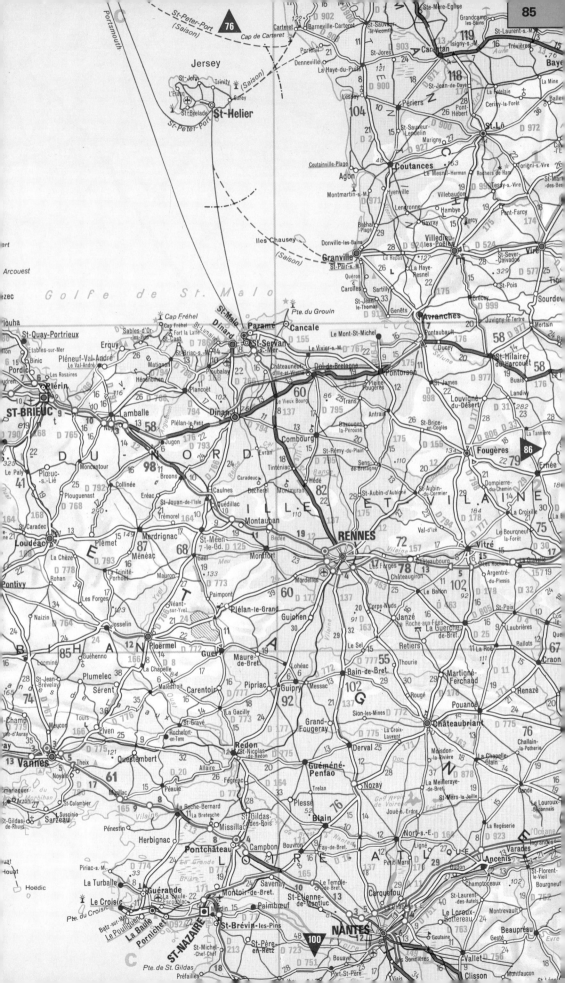

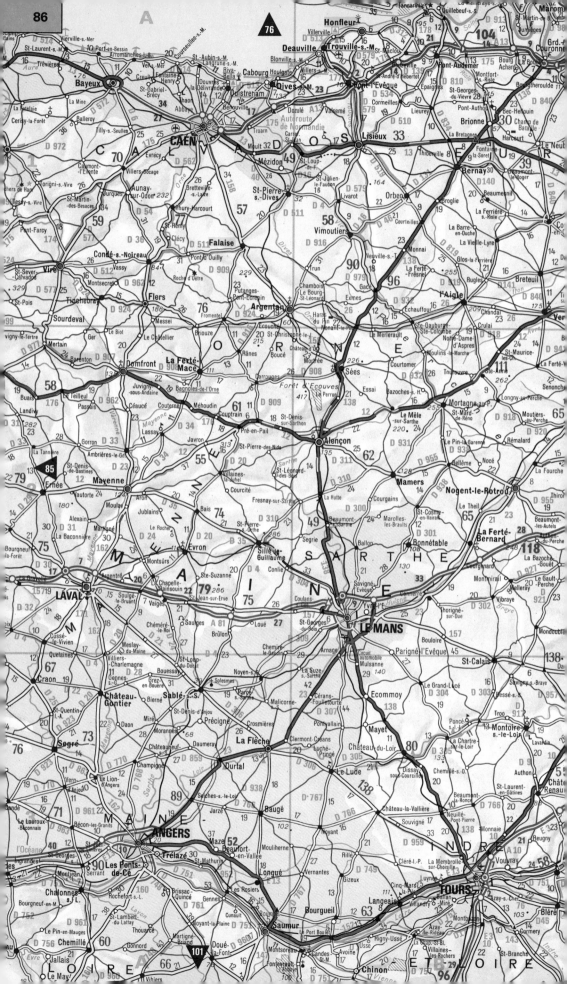

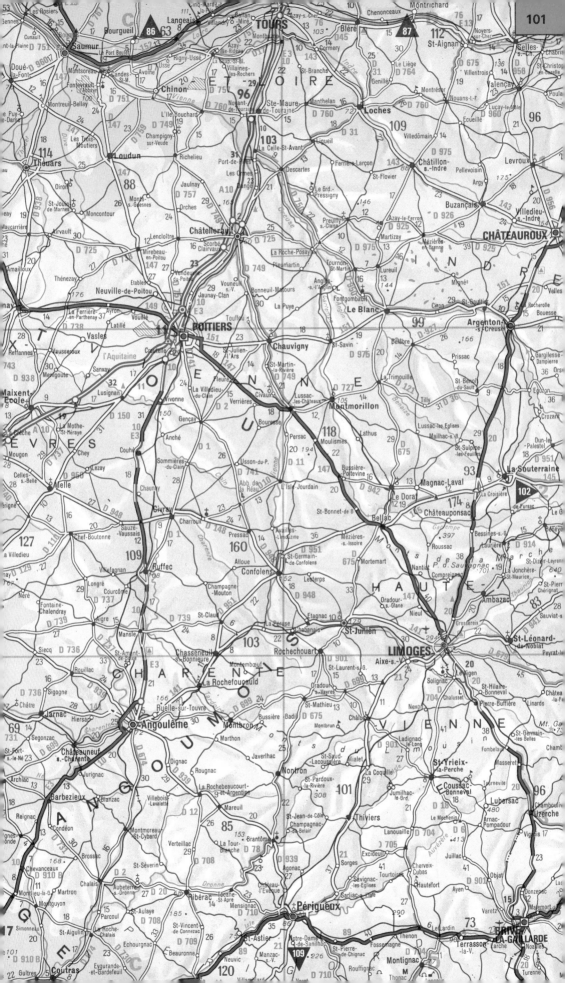

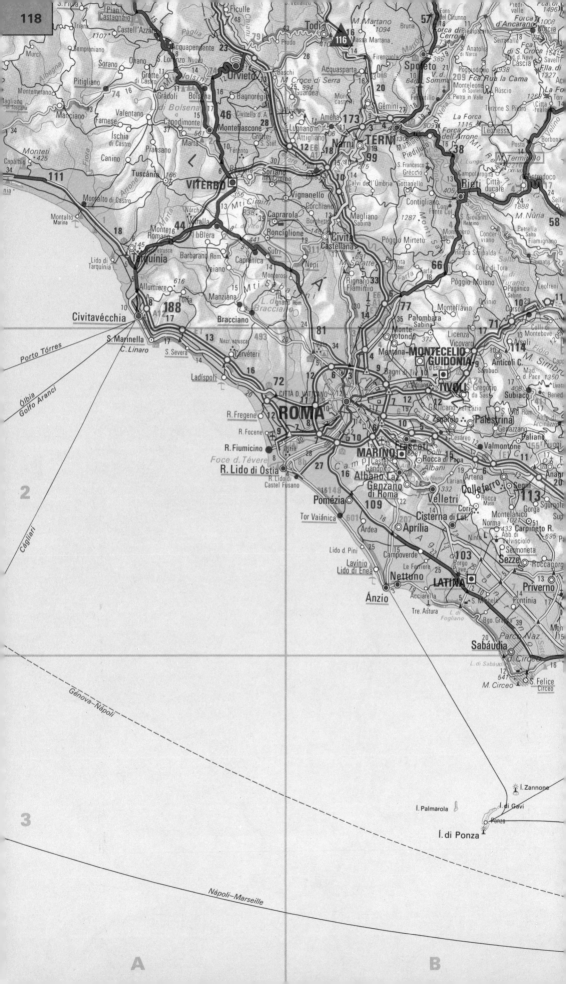

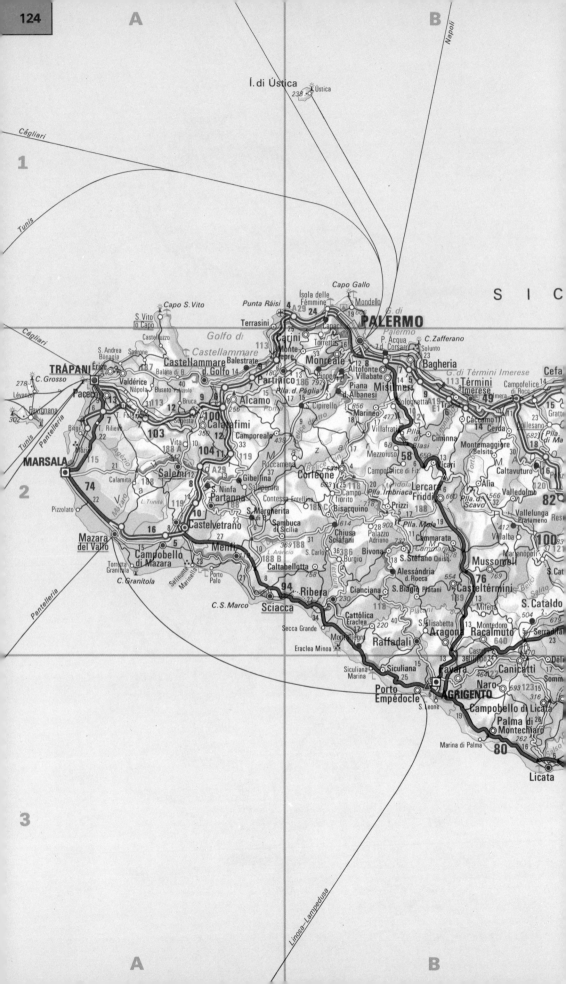

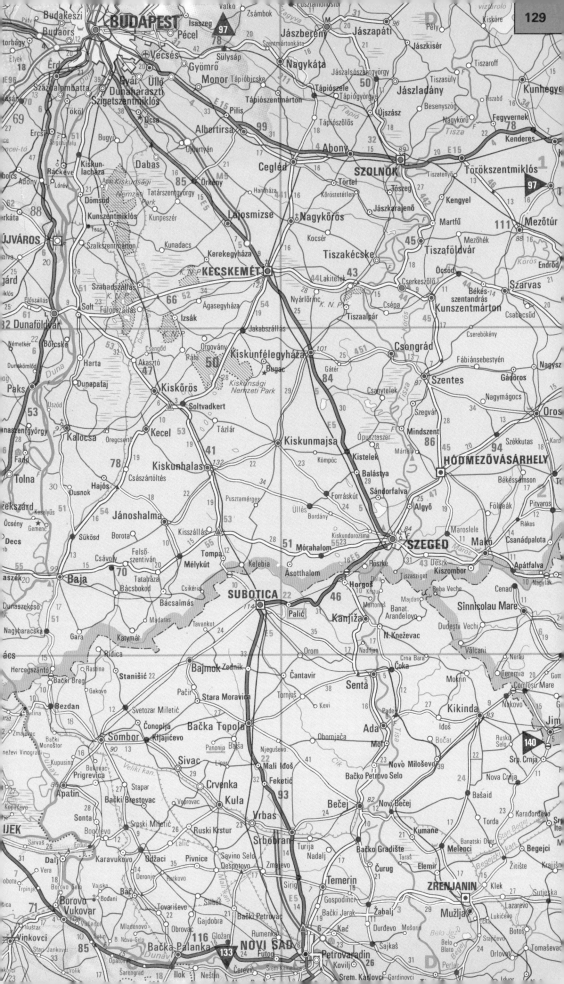

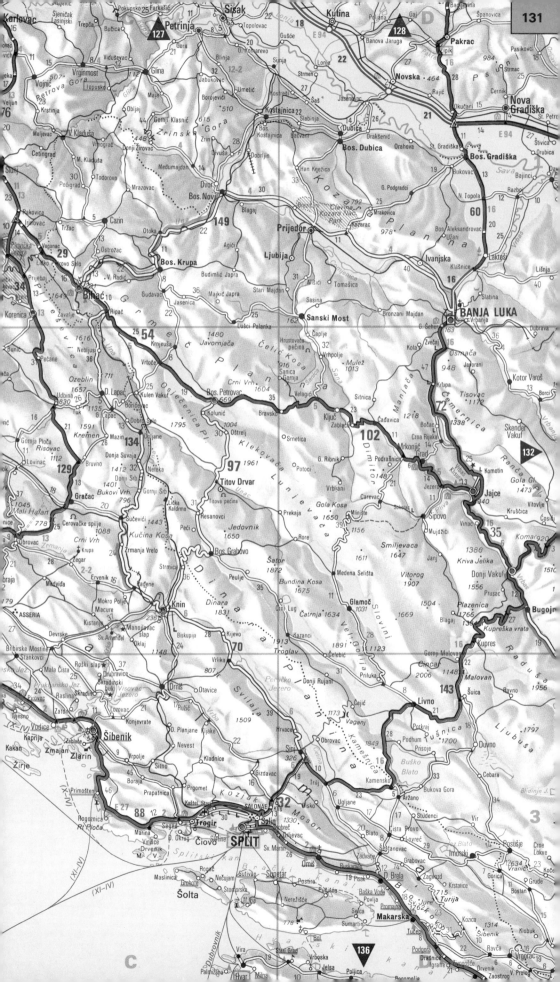

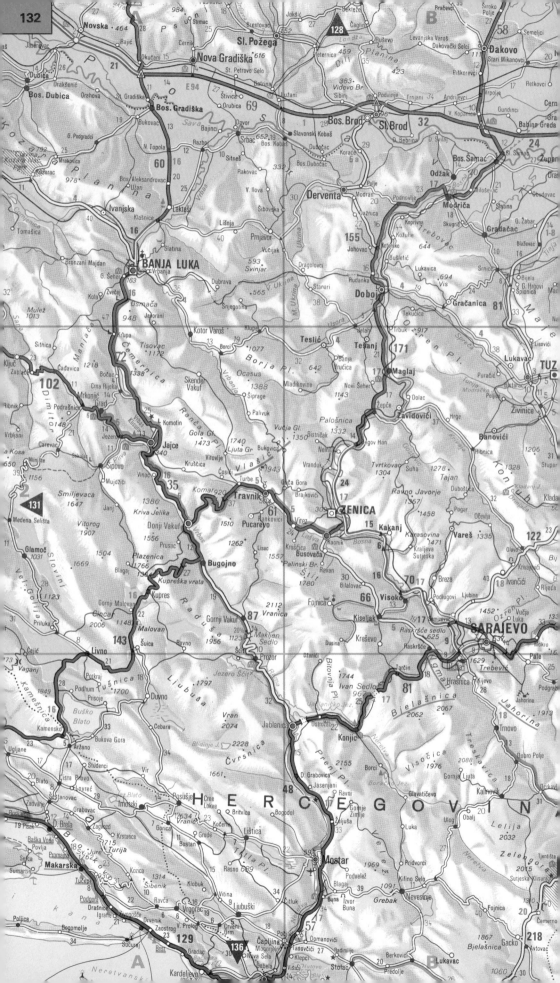

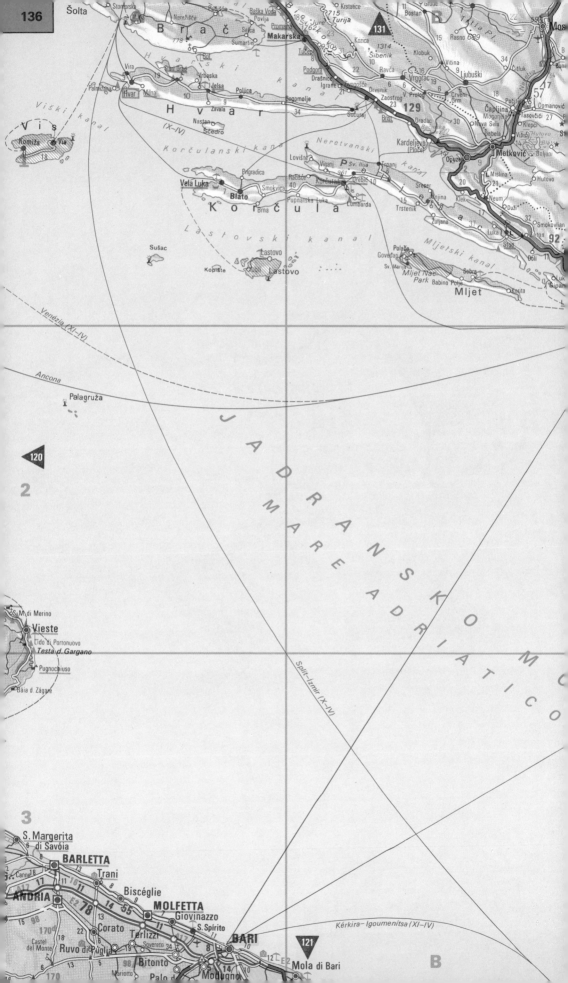

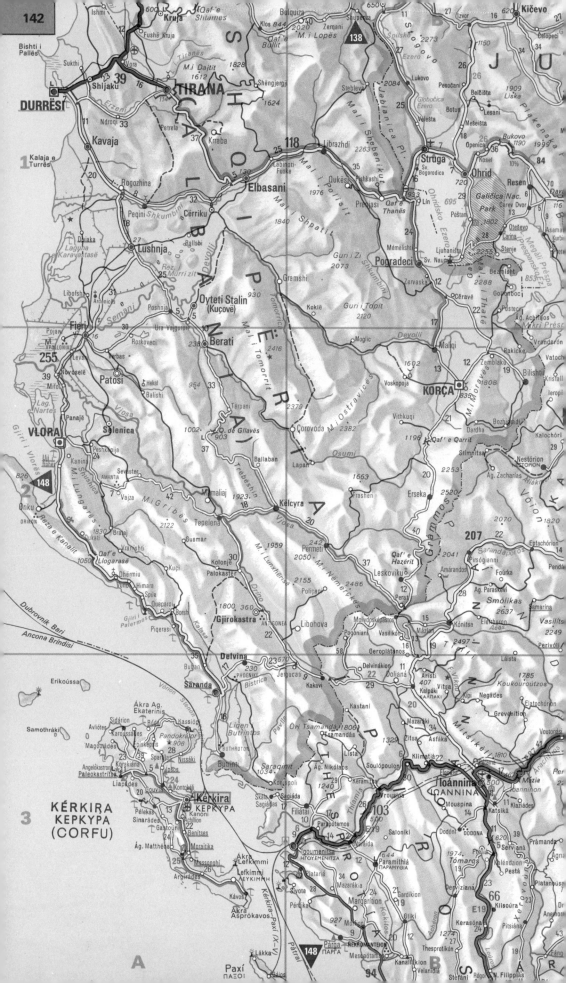

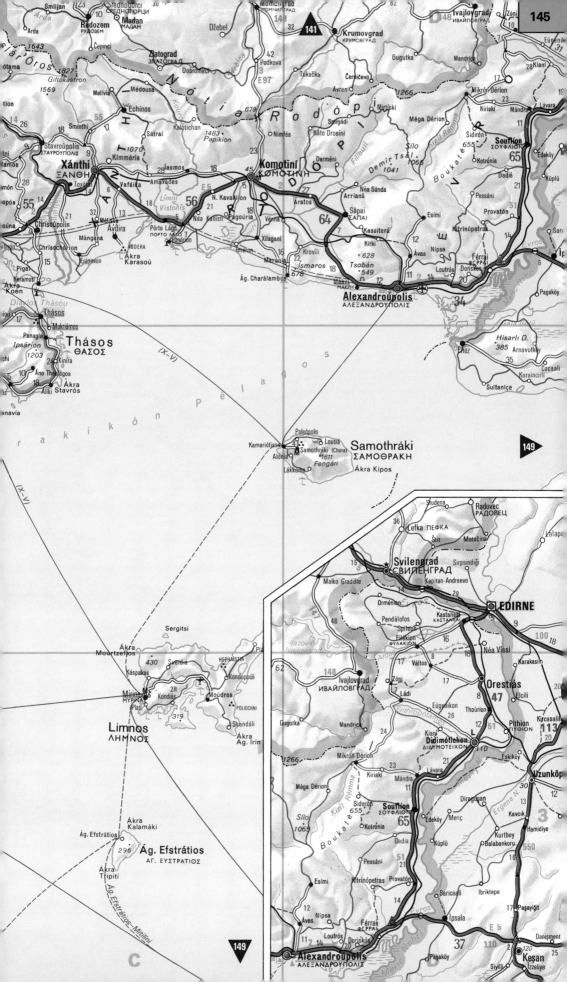

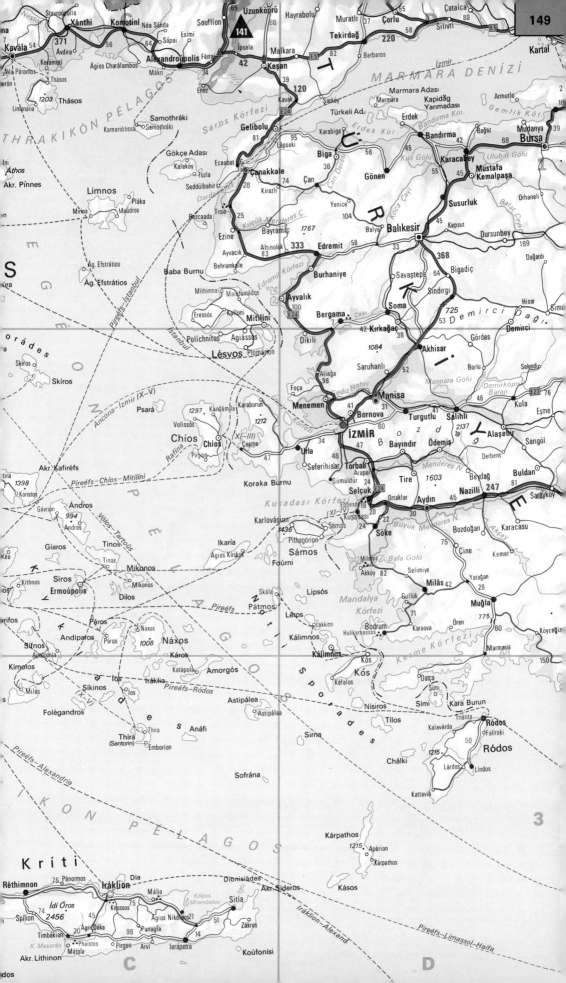

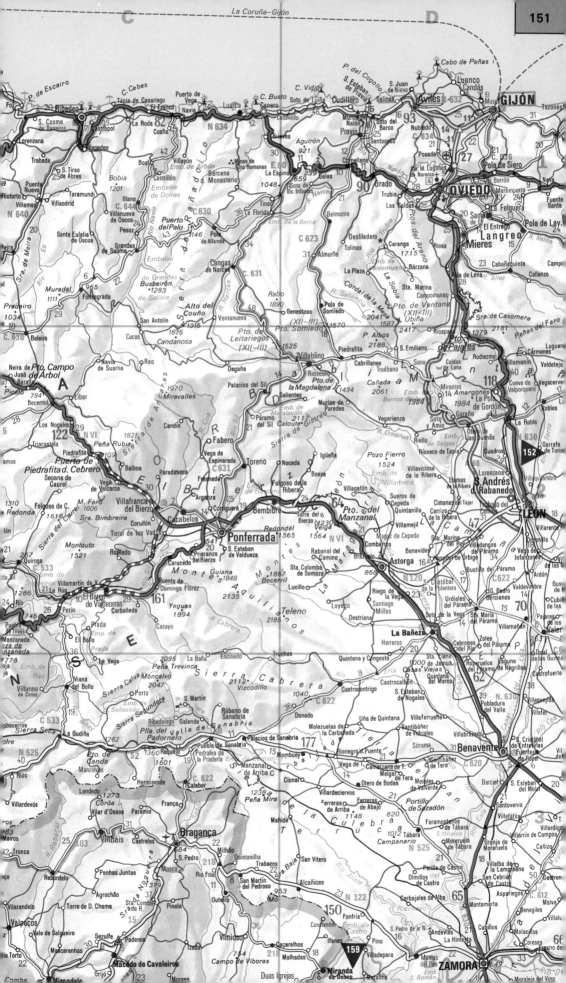

1

Southampton (X-VI)

DONOSTIA / S. SEBASTIÁN

BILBO / BILBAO
BARAKALDO / BARACALDO

GASTEIZ / VITORIA

LOGROÑO

BURGOS

Bermeo
C. Matxitxako
C. Villano
Santoña
Laredo
Castro-Urdiales
Lekeitio
Ondarroa
Mutriku Zumaia
Zarautz
Getaria
Zestoa
Azkoitia
Azpeitia
Tolosa
Eibar
Ermua
Durango
Bergara
Zumarraga
Arrasate
Legazpi
Elgoibar
Mungia
Gernika-Lumo
Galdakao
Markina
Portugalete
Sestao
Getxo
Algorta
Leioa

Amurrio
Urduña
Murgia
Pto. de Orduña
Llodio
Zuia

Miranda de E.
Pancorbo
Haro
Briviesca
Belorado
Sto. Domingo de la C.
Nájera
Viana
Los Arcos
Estella
Lodosa
Calahorra
San Adrián
Arnedo
Autol
Aldeanueva
Alfaro

Ezcaray
Villafranca
Salas de los Infantes
Quintanar de la Sierra
Neila
Covaleda
Duruelo
Vinuesa
Montenegro de Cameros
Villoslada de Cameros
Puerto de Piqueras
Enciso
Cervera del Río Alhama

Aranda de Duero
El Burgo
S. Esteban de Gormaz
Berlanga de Duero
Almazán
SORIA
Ágreda

N 634 · C 629 · C 6318 · A 68 · N 240 · N 625 · A 1 · N 1 · N 232 · N 111 · N 120 · N 234 · N 122 · C 101 · C 111 · C 113 · C 114 · C 121 · C 123 · C 132

154 · 161

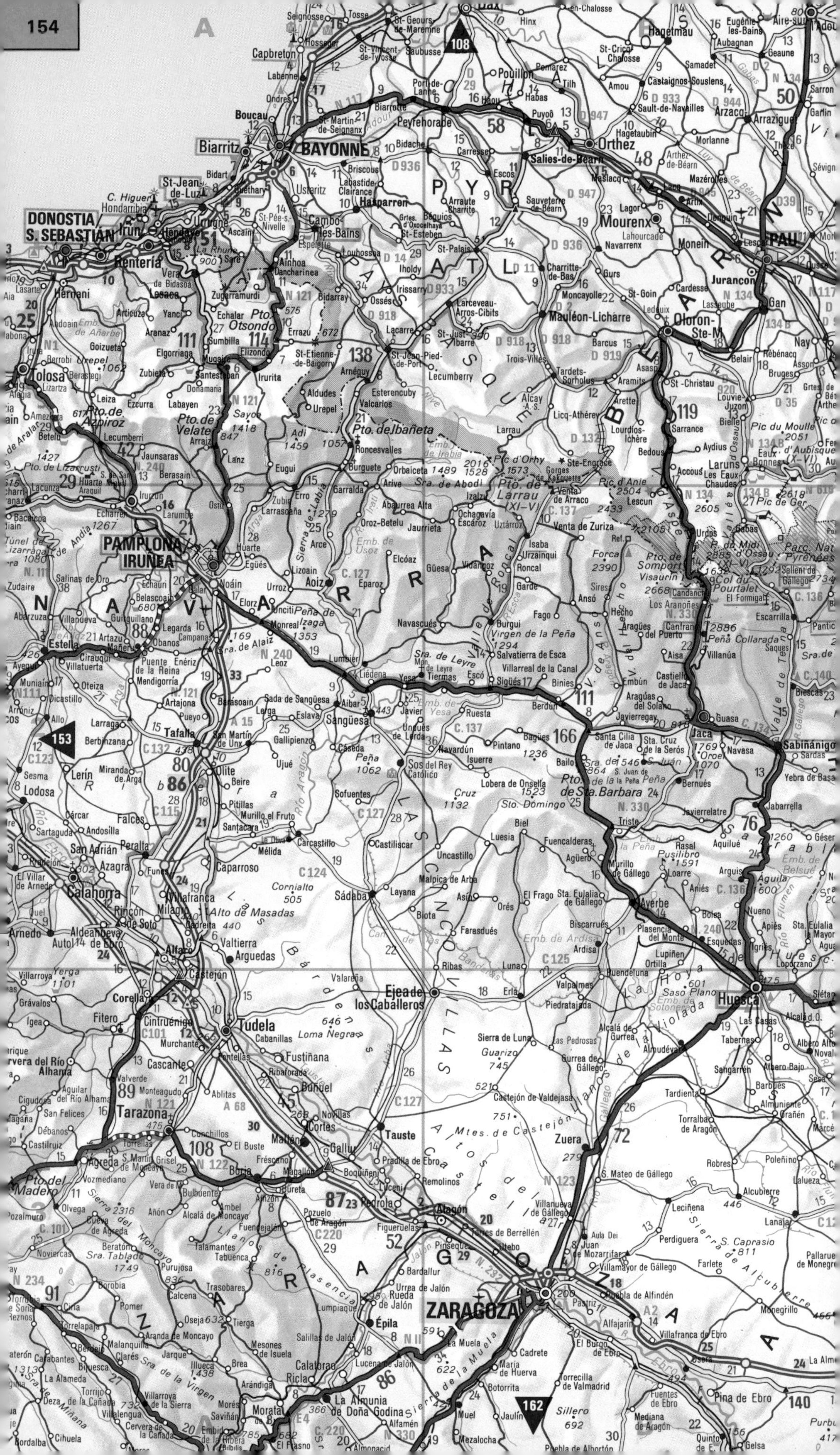

BAYONNE
Biarritz
DONOSTIA S. SEBASTIAN
PAMPLONA IRUÑEA
PAU
Oloron-Ste-M
Jaca
HUESCA
Tudela
Tarazona
Calahorra
ZARAGOZA
Estella
Tafalla
Olite
Sangüesa
Ejea de los Caballeros
Orthez
Peyrehorade
Mauléon-Licharre
St-Jean-Pied-de-Port
Roncesvalles
NAVARRA
PYR ATL
Eje a de los Caballeros

108
153
162

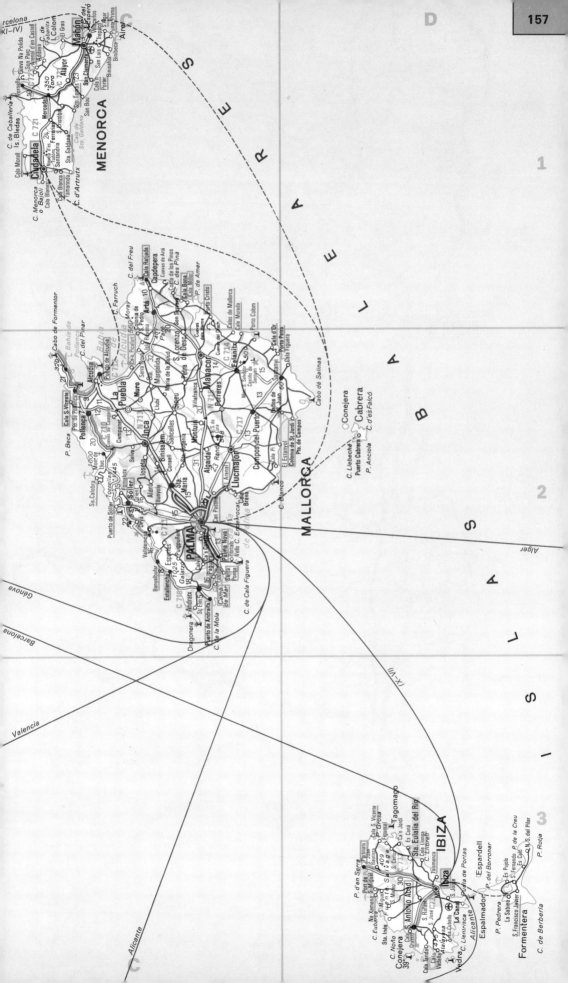

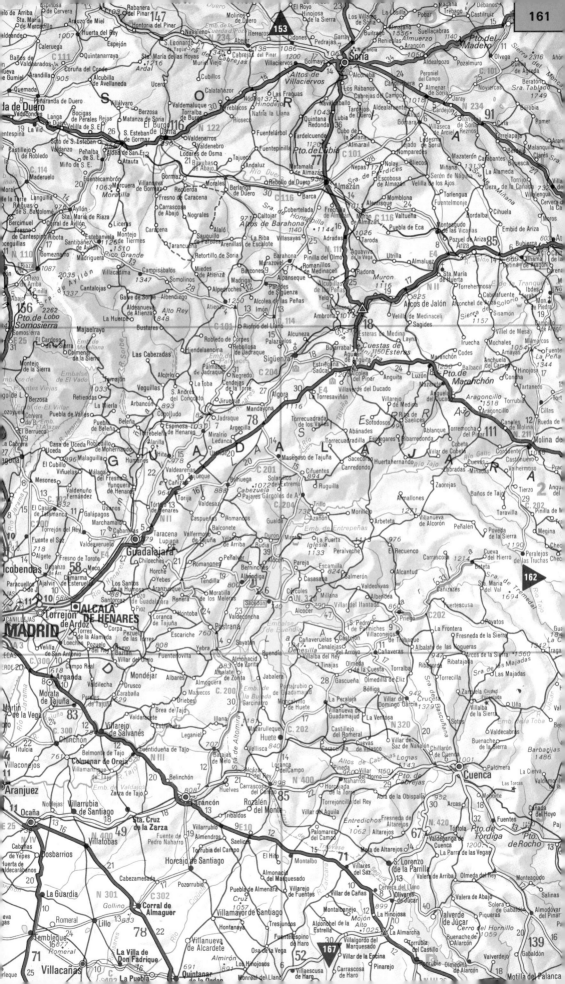

1

Soure
Rabacal
Penela
Espinhal
158
Castanheira de Pera
Alvares
Louriçal
Redinha
Matos
Pelariga
Sicó
Pousa
Pombal
Pedrógão
Coimbrão
Monte Redondo
Vieira
Monte Real
Praia de Vieira
Barracão
Souto de Carpalhosa
Mata Mourisca

Marinha Grande
Leiria
S. Pedro de Muel
Caranguejeira

Pombal 67
Figueiró dos Vinhos
Pedrógão Grande
Madeira
Estreito
Oleiros

Pedrógão Pequeno
Troviscal
Cabeço do Rainha

Sernache do Bomjardim
Nesperal
Sertã
Sobreira
Formo

Freixianda
Areias
Marmeleiro
Proença-a-Nova

Águas Belas
Ferreira do Zêzere
Vila de Rei
Arganil
Ameixoeira

Batalha
Vila Nova de Ourém
Fátima
Carregueiros
Tomar
Serra
Souto
Codes
Abobreira
Mação

Porto de Mós
Reguengo do Fetal
Minde
Aire
Alcanena
Entroncamento
Constancia
Montalvo
Rio de Moinhos
Belver
Gavião
Atalaia

Alcobaça
Alcanede
Torres Novas
Abrantes
Rossio do S. do Tejo

Nazaré
S. Martinho do Porto
Salir do Porto
Alfeizerão
Tornada
Benedita
Alcobertas
Amiães de Baixo
Golegã
Pinheiro Grande
Bemposta
Vale d'Água
Monte da P

Caldas da Rainha
Óbidos
Rio Maior
Tremês
Chamusca
Ponte de Sor

Peniche
Atouguia da Baleia
Reguengo Gde.
Cavacas
S. João da Ribeira
Vale de Figueira
Ulme
Carpinteiro

Farilhões
Berlenga
C. Carvoeiro
S. Bartolomeu dos Galegos
Moita dos Ferreiros
Cadaval
Cercal
Azambujeira
Almoster
Santarém
Alpiarça
Almeirim
Pernancha de Cima

Lourinhã
Ribamar
Vimieiro
Vilar
Monte Junto
Abrigada
Ervas
Vale de Santarém
Alcoentre
Aveiras de Cima
Raposa
Montargil
Galveias
Benavila

Torres Vedras
Santa Cruz
S. Pedro da Cadeira
Merceana
Olhalvo
Ota
Muge
Lamarosa
Montargil
Aviz
Erved

Ericeira
Sobral de Abilheira
Dois Portos
Turcifal
Carvoeira
Alenquer
Sobral de Monte Agraço
Cadafais
Azambuja
Salvaterra de Magos
Erra
Cabação
Casa Branca

Carvoeira
Mafra
Malveira
S. Quintino
Castanheira
Arruda dos Vinhos
Vila Franca de Xira
Benavente
Samora Correia
Coruche
Brotas
Sta. Victoria
Sta. Justa

Azenhas do Mar
Praia Grande
Sintra
Colares
Parc de Pena
Belas
Loures
Bucelas
Sto. Antão
Alverca
S. Estêvão
Ifanhado
S. Torcato
Godeal
Sant'Ana do Campo
Arraiolos

Cascais
Estoril
Amadora
Alcabideche
Odivelas
Sacavém
Moscavide
Alcochete
Montijo
N. Senhora da Atalaia
Pegões Velhos
Atalho
Lavre
Gafanhoeira
Igrejinha
Graça do Divor

Boca do Inferno
Oeiras
LISBOA
ALMADA
Barreiro
Moita
Pinhal Novo
Vendas Novas
Montemor-o-Novo
S. Mateus
Sta. Sofia

Caparica
Costa da Caparica
Fogueteiro
Coina
Palmela
Marateca
Cabrela
S. Romão
Santiago do Escoural
Monfurado
S. Matias
Évora

S. Simão
S. Lourenço
SETÚBAL
Troia
Palma
Serrinha
S. Martinho
Serra Alta
S. Cristóvão
Sta. Susana
Torrão
Alvito
Vila Nova da Baronia
Oriola
Vila Alva

Aldeia do Meio
Santana
Sra. da Arrábida
Portinho de Arrábida
Caetobriga
Sesimbra
C. de Espichel
Na. Sa. do Cabo
Alcácer do Sal
Santiago do Pego do
Alcáçovas
S. Braz de Regedouro
Aguiar
Vila Ruiva
Vila Alva de Frades

Comporta
Montalvo
Casa Branca
Vale de Guiso
Torrão
Bgem. de Odivelas
Odivelas
Cuba

Melides
Atoleia
Grândola
Figueira dos Cavaleiros
Alvito
Beringel

Lag. de Sto. André
Sta. Margarida da Serra
Azinheira dos Barros
Peroguarda
Ferreira do Alentejo
Trigachos

S. Francisco da Serra
Sta. Cruz
Sto. André
S. Bartolomeu da Serra
Abela
Ermidas
Canhestros
Mombeja
Beja

Santiago do Cacém
C. de Sines
Sines
Provença
S. Domingos
Monte Velhos
Sta. Vitoria
Ervidel
Aljustrel
Messejana
Conceição

Porto Covo
Tanganheira
Cercal
170
Vale de Santiago
Sta. Luzia
Panoias
Entradas

P. de Ladoira
Vila Nova
Sta. Lúcia
Funcheira
S. Marcos

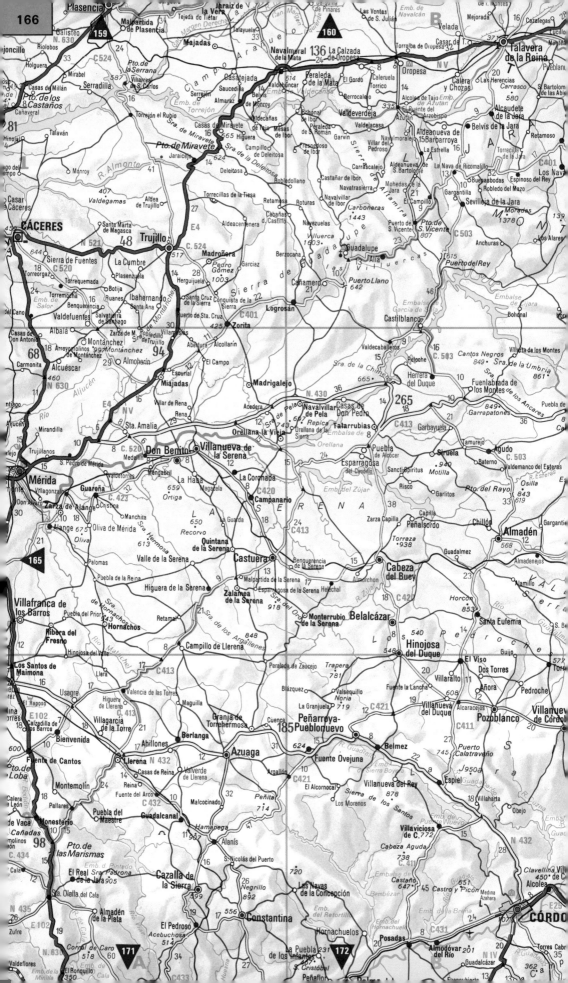

Lag. de Sto. André
Sta. Margarida da Serra
Sta. Margarida Figueira dos Cavaleiros
13
dos Cavaleiros
S. Francisco da Serra
STO. ANDRÉ
Sta. Cruz
Pedrógão
B
Sto. Matias
164
Ofada
Atalaia Gorda
185
212
15
Trigachos
Peroguarda
Azinheira dos Barros
29
259
Ferreira do Alentejo
14 14
Beringel
Senhora das
Baleizão
386
25
Neves
S. Bartolomeu
da Serra
121
Canhestros
16
Mombeja
Beja
B
Brinches
Pias
51
Santiago do Cacém
13
13
Abela
14
Ermidas
10
382
Sta. Vitoria
d
Sta. Clara
de Loureço
Quintos
29
Vale de Vargo
Vila Verde
de Ficalho
8
2613
C. de Sines
4
4
22
120
Montes Velhos
12
Ervidel
13
Salvada
E52
Serpa
260
Sines
Provença
S. Domingos
Alvalade
31
Barragem
do Roxo
Albernoa
Trindade
Cabeça Gorda
18
Aldeia No
Boa Vista
262
Porto Covo
116
Tanganheira
Barragem de
Campilhas
Messejana
Entradas
Asinhal
122
R. Chança
1
P. de Ladoira
Cercal
377
S. Isidoro
389
Vale de
Santiago
263
Conceição
Panoias
Cazevel
23
S. Marcos
da Ataboeira
123
Alcaria Ruiva
Corte do Pinto
Pay
Vila Nova
de Milfontes
S. Luiz
23
Reliquias
Colos
Sta. Luzia
Garvão
Castro Verde
Campo de
Ourique
245
32
Alcaria Ruiva
371
12
S. Domingos
P. do Cavaleiro
115
263
27
Fonte Bôa
30
S. Martinho
das Amoreiras
Ourique
13
Rosário
21
Sta. Barbara de Padrões
Mértola
84
Moreanes
Puebl
Guz
263
Odemira
Vigia 393
Aldeia dos Palheiros
2
Sra. da Graça
dos Padrões
28
Quinta
dos Valdereiros
Sta. Ana
de Cambas
Zambujeira do Mar
120
12
Barragem
de Sta. Clara
Cola
264
S. Sebastião
de Gomes Aires
S. Miguel do Pinheiro
S. Sebastião
dos Carros
Pomarão
El Granado
Villanu
de los G
S. Teotónio
Sta. Clara-a-Velha
Santana da Serra
Almodóvar
S. Pedro de Solis
334
Espirito Santo
54
Alcoutim
Sanlúcar de Guadiana
Odeceixe
Sabóia
335
34
Sta. Clara a Nova
R. Vascão
Martim Longo
25
Pereiro
6
P. de
S. Antonio
30
Desfiladeiro
dos Matoes
29
117
S. Barnabé
580
Mú
24
Sta. Cruz
Cumeada Pereirão
Vaqueiros
16
122
77 S.
de G
Mte. Clerigo
266
S. Marcos
da Serra
Ameixial
13
124
P. de Atalaia
Aljezur
Monchique
14
Alferce
2
Cumeada Foupana
361
Cachopo
Odeleite
7
Marmelete
Via 902
Monchique
Caldas de Monchique
Arade
20
Peralva
21
Azinhal
Villa
Alfambras
Sra. de
Casais
S. Bartolomeu
de Messines
Alte
Benafim
Feireira
Alcaria do Cume
Castro
Marim
Ayamonte
10
Pontal
Carrapateira
249
120
Porto
de Lagos
Bgem. da
Bravura
do Arade
17
ALGAR
270
Salir
Barranco do Velho
525
E
Vila Real de Sto.
Antonio
Isla Car
Bordeira
27
Bensafrim
Odiáxere
8
Mexilhoeira
Grande
18
Silves
124
Algoz
Tunes
Paderne
26
Loulé
S. Brás de Alportel
23
Cacela
18
Barão de
S. Miguel
16
Portimão
2
Estombar
Lagoa
11
Alcantarilha
Guia
20
13
Sta. Bárbara
de Nexe
Estoi
Sta. Catarina da
Fonte do Bispo
Conceição
Tavira
106
Rudens
Lagos
Ferragudo
Porches
Carvoeiro
Armação
de Pera
Albufeira
Almansil
S. João
da Venda
17
Moncarapacho
Luz
Fuseta
Raposeira
Burgau
Luz
P. da Piedade
Quarteira
25
Pechão
Quelfes
Olhão
30
10
Sagres
A
Faro
8
C. de Sta. Maria
A
B
A
l
g
a
r
v

3

Notizen

Europa

Stadtdurchfahrtspläne

Plans de villes
avec traversées principales

Town maps
with through roads

Piante di città con
attraversamenti principali

Planos de ciudades
con itinerarios principales
para atravesarlas

Stadsplattegronden
met doorgangswegen

Planer över stadens
genomfartsleder

Byplaner med de vigtigste
gennemkørselsveje

Kümmerly + Frey

❶ Amsterdam	㉔ København
❷ Antwerpen	㉕ Köln
❸ Athinai	㉖ Lisboa
❹ Barcelona	㉗ London
❺ Basel	㉘ Luxembourg
❻ Berlin	㉙ Lyon
❼ Beograd	㉚ Madrid
❽ Birmingham	㉛ Manchester
❾ Bordeaux	㉜ Marseille
❿ Bruxelles	㉝ Milano
⓫ Budapest	㉞ München
⓬ Bucureşti	㉟ Napoli
⓭ Dublin	㊱ Oslo
⓮ Edinburgh	㊲ Paris
⓯ Firenze	㊳ Palermo
⓰ Frankfurt	㊴ Roma
⓱ Genève	㊵ Rotterdam
⓲ Génova	㊶ Salzburg
⓳ Göteborg	㊷ Sofija
⓴ 's-Gravenhage	㊸ Stockholm
㉑ Hamburg	㊹ Torino
㉒ Helsinki	㊺ Wien
㉓ Innsbruck	㊻ Zürich

Autobahn
Autoroute à chaussées séparées
Motorway
Autostrada con spartitràffico
Autopista de calzadas separadas
Autosnelweg
Motorväg
Motorvej med adskilte kørebaner

Autostrasse
Autoroute sans chaussées séparées
Motorway (only one carriageway)
Autostrada senza spartitràffico
Autopista sin calzadas separadas
Autoweg
Motortrafikled
Motorvej uden adskilte kørebaner

Fernstrasse
Route de transit
Throughroute
Strada di transito
Carretera de tráfico
Doorgaande route
Huvudväg
Hovedvej

Hauptverbindungsstrasse
Route de communication principale
Main connecting road
Strada di comunicazione principale
Carretera de comunicación principal
Hoofdverkeersweg
Viktig genomfartsväg
Hovedfærdselsåre

Übrige Strassen
Autres routes
Other roads
Altre strade
Otras carreteras
Overige wegen
Annan väg
Andre veje

Eisenbahn
Chemin de fer
Railway
Ferrovia
Ferrocarril
Spoorweg
Järnväg
Jernbane

E 2   94

Strassennumerierung
Numérotage des routes
Road numbering
Numerazione delle strade
Numeración de carreteras
Wegnummering
Vägnummer
Vejnummerering

Öffentliches Gebäude
Edifice public
Public building
Edificio pubblico
Edificio público
Openbaar gebouw
Offentlig byggnad
Offentlig bygning

① Amsterdam

0   500   1000   1500   2000 m

Velsen 18 km   Zaandam 11 km   Edam 19 km

Zaandam 19 km

Haarlem 19 km

Coentunnel 3 km

Zaandam 10 km

Haarlem 20 km

Ostdorp 3 km

Sloten 3 km

A 10 E 10

Einstein weg

Haarlemmerweg

Nassau plein

Ziekenhuis Noord

Mosveld

Mosplein

Nieuwendijk

Vlieuwen

Centraal Station   IJ-Tunnel

W. H. Vliegenbos

IJhaven

S 100

Amsterdam-Noord via Schellingwoudebrug

Adm. de Ruijter weg

Cent. markt hallen

Centrum hallen

Jan v. Ga- len straat

J. Evertsen- str.

De Clerq straat

Rozengracht

Nieuwe Kerk

Baad huis- str.

Dam kon. Paleis

Beurs

Mont. toren

Oosterdok

Stadhuis

St. Gerst.

Valkenburg

S 100

Rembrandt

Nassaukade

Bilderdijk straat

Hoofdbureau van Politie

Stads schouwburg

Rembr. rpl.

M. Visser plein

Hortus Botanicus

Artis

kade

Tropen- museum

Insulinde

park

Vondel

Overtoom

Rijks- museum

Stedelijk museum

Fed. Constantijn

Huygens straat

Stadhouders-

kade

Maurits

Weesper plein

Oosterpark

Muiderpoort station

C. Lelyl

Surinane- plein

Andreas- ziekenhuis

park

Concert- gebouw

Hobbema

Roelof

Ferd. Bolstr.

Ceintuurbaan

Vrossuat

Sarphati straat

Amstel

Weesper

O. L. V. Gasthuis

Galilei plantsoen

N 10

feem- stedestr.

Schin kel

Amstelveen

De Lairessestr.

Apollo- laan

Haltstraat

Scheldestr.

Vroustraat

Amsteldijk

Wibaut- straat

Amstel

Vrieslaan

Middenw.

Gooiseweg

Amersfoort 43 km

Stadionweg

Apolloha

Diemen

Wielingen- straat

Churchilllaan

Vrijheidslaan

Mr Treub laan

N 10

Amstel- station

H. de

Station

Stadion- plein

Beatrix park

R.A.I.

Roosevelt-laan

Rijnstraat

Pres. Kennedy-

A 10 E 10

Europa-plein

Schiphol 9 km   A 10 0,2 km Amstelveen 3 km   Utrecht 46 km   Amersfoort 43 km

---

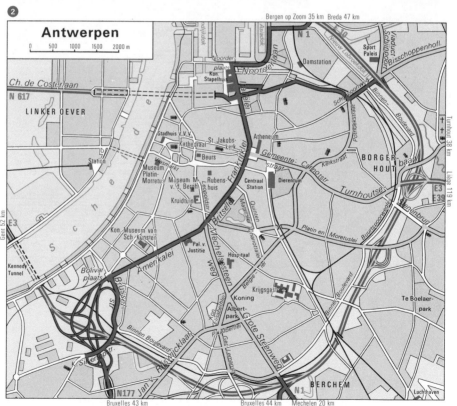

② Antwerpen

0   500   1000   1500   2000 m

Bergen op Zoom 35 km   Breda 47 km

Ch. de Costerlaan

N 617

LINKER OEVER

Noorder plaats

Kon. Stapelhuis

Noorde

N 1

Damstation

Sport Paleis

Bisschoppenhofl.

Viaduct Schijnpoort

Nieuw Loureessed.

Schijnpoortweg

Binnen-

Boulevard

Turnhout 38 km

Station

Stadhuis V.V.V.

Kathedraal

St. Jakobs- kerk

Beurs

Atheneum

Gemeente- str.

Frankrijklei

Kerkstraat

Potmeikstraat

BORGER HOUT

baan

Lier 119 km

E3 E39

Gent 52 km

E3

Museum Platin- Morretus

Vrijdag markt

Museum M. v. d. Bergh

Rubens huis

Centraal Station

Dierentuin

Turnhoutse.

Kruidtuin

Leopoldstr.

Britselei

Platin en Moretuslei

Buurtspoorweglei

Silenenbrug

Kon. Museum van Sch. Kunsten

Maerfan

Quinten Matsijsle

Kennedy Tunnel

Pal. v. Justitie

Mechelsesteenweg

Hospitaal

Belgie-

Binnen Boulevard

Bolivar- plaats

Amerikalei

Krijgsgasthuis

Grote Steenweg

Binnen Boulevard

Te Boelaer- park

Brussel str.

Koning Albert- park

Albertlei

Cen. Legassolei

Binnen Boulevardlaan

Jan van Rijswijcklaan

Amsterdamstr.

Gen Leonardst.

Kr. Silver Jopstr.

N177

N1

BERCHEM

Luchthaven

Bruxelles 43 km   Bruxelles 44 km   Mechelen 20 km

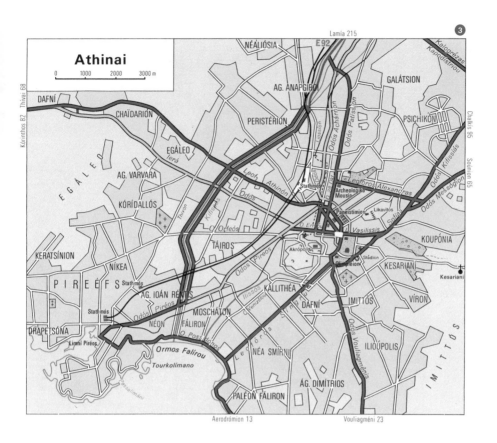

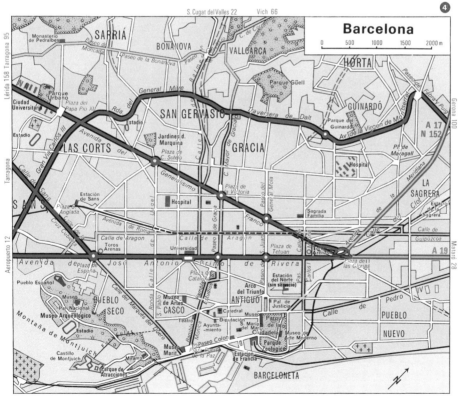

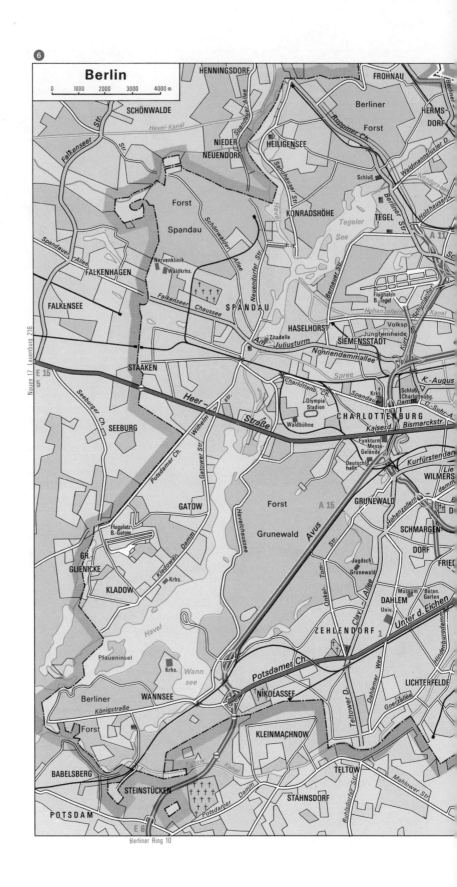

Berlin

0   1000   2000   3000   4000 m

HENNINGSDORF

FROHNAU

SCHÖNWALDE

Berliner

HERMS-
DORF

Havel-Kanal

NIEDER-
NEUENDORF

HEILIGENSEE

Forst

Waldmannsluster D.

Falkenseer Str.

Schloß

Nordgraben

Forst

KONRADSHÖHE

TEGEL

A 11

Spandau

Tegeler

Berliner Str.

Holzhauser

See

Nervenklinik

FALKENHAGEN

Waldkrhs.

Flughafen
B. Tegel

FALKENSEE

Spandauer Allee

Falkenseer Chaussee

SPANDAU

Hohenzollern

Volksp

HASELHORST

Jungfernheide

Zitadelle

SIEMENSSTADT

Am Juliusturm

Nonnendammallee

Spree

K.-Augus

STAAKEN

Charlottenb. Ch.

Krks.

Schloß
Charlottenbg.

L.-O.-Suhr-A.

Heer-

Str.

Spandauer
Damm

Olympia
Stadion

CHARLOTTENBURG

SEEBURG

Straße

Waldbühne

Kaiserd. Bismarckstr.

Funkturm
Messe-
Gelände

Kurfürstendam

Potsdamer Ch.

GATOW

Forst

Deutschl.
halle

Lie
WILMERS

A 15

GRUNEWALD

SCHMARGEN-

Flugplatz
B. Gatow

Grunewald

Avus

Hohenzollern

DORF

GR.
GLIENICKE

Kladower Damm

Krhs.

Jagdschl.
Grunewald

FRIED

KLADOW

Museum Botan.
Garten

DAHLEM

Univ.

ZEHLENDORF

Unter d. Eichen

Havel

Pfaueninsel

Krhs.

Wann
see

Potsdamer Ch.

NIKOLASSEE

LICHTERFELDE

Berliner

WANNSEE

Goerzallee

Königstraße

Forst

KLEINMACHNOW

BABELSBERG

Teltow

Kanal

TELTOW

STEINSTÜCKEN

STAHNSDORF

POTSDAM

E 0

Potsdamer Damm

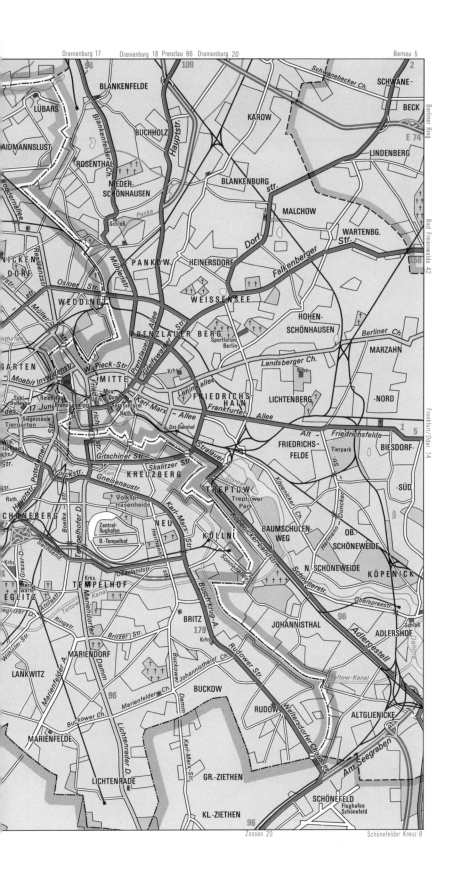

Berliner Ring

Bad Freienwalde 42

Frankfurt/Oder 74

96
109

BLANKENFELDE

LÜBARS

WAIDMANNSLUST

BUCHHOLZ

KAROW

Hauptstr.

ROSENTHAL

NIEDER-
SCHÖNHAUSEN

Blankenfelder Ch.

BLANKENBURG

str.

SCHWANE-
BECK

Schwanebecker Ch.

2

E 74

LINDENBERG

MALCHOW

WARTENBG.
Str.

Panke

Schloß

Pankemallee

WICKEN-
DORF

PANKOW

HEINERSDORF

Dorf

Falkenberger

HOHEN-
SCHÖNHAUSEN

Residenzstr.

Osloer Str.

Mühlenstr.

Prenzlauer Allee

WEISSENSEE

Berliner Ch.

MARZAHN

Müllerstr.

WEDDING

PRENZLAUER BERG

Sportforum
Berlin

Landsberger Ch.

Krhs.

-NORD

Greifswalder

Str.

osthafen

GARTEN

W.-Pieck-Str.

Invalidenstr.

MITTE

Lenin allee

Krhs.

Moabit

Mus.

Univ. Dom

FRIEDRICHS-
HAIN

LICHTENBERG

Schl
Bellevue

Reichstag

Friedrich

Karl-Marx-

Frankfurter Allee

des

17. Juni

Brandenburger

Rath.

Siegessäule

Tiergarten

Karl-Marx- Allee

Ost-Bahnhof

Alt - Friedrichsfelde

1   5

FRIEDRICHS-
FELDE

BIESDORF-

Wilh.
Jachnick.
che

Str.

str.

Stralauen

Spree

Tierpark

Köpenicker Str.

Rath.

Potsdamer

Gitschiner Str.

Gneisenaustr.

Blückstr.

Skalitzer Str.

KREUZBERG

-SÜD

Haupts.

Hauptstr.

SCHÖNEBERG

Boelke

Tempelhofer D.

Volks-
Hasenheide

Zentral-
flughafen

B.-Tempelhof

NEU

Karl-Marx-Str.

Hermann

KÖLLN

TREPTOW

Treptower
Park

Köpenicker Landstr.

BAUMSCHULEN-
WEG

Hermann Dunckerstr.

OB.-
SCHÖNEWEIDE

KÖPENICK

Krhs.

1

Grazer

Sechsend.

Steglitz
warte

Krks.

TEMPELHOF

Oberlandstr.

str.

Sonnenallee

N.-SCHÖNEWEIDE

Schnellerstr.

Oberspreestr.

96

Schloß

ADLERSHOF

Dahme

STEGLITZ

Steglitzer D.

Attilastr.

Teltow   Kanal

Mariendorfer

BRITZ

179

Krhs.

JOHANNISTHAL

Adlergestell

Wilhelm-Str.

Marienfelder A.

Ringstr.

Britzer Str.

Buckower

Johannisthaler

Rudower Str.

Teltow-Kanal

LANKWITZ

MARIENDORF

Damm

BUCKOW

RUDOW

Waltersdorfer Chaussee

ALTGLIENICKE

96

Buckower Ch.

Marienfelder Ch.

Lichtenrader

Karl-Marx-Str.

Am Seegraben

MARIENFELDE

LICHTENRADE

GR.-ZIETHEN

SCHÖNEFELD
Flughafen
Schönefeld

KL.-ZIETHEN

96

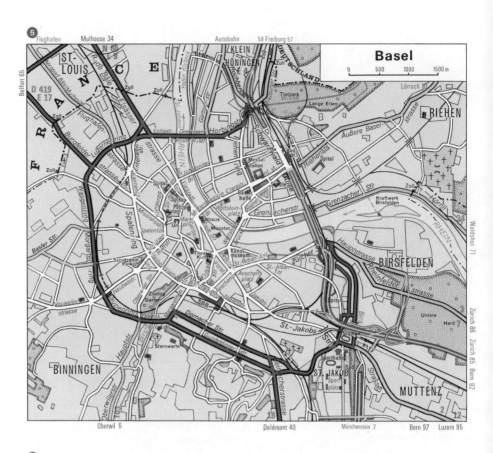

5 Flughafen   Mulhouse 34   Autobahn   59 Freiburg 57

Basel

0   500   1000   1500 m

ST.-LOUIS

FRANCE

Belfort 65

D 419
E 17

KLEIN
HÜNINGEN

DEUTSCHLAND

Lörrach 10

RIEHEN

Äußere Basel

Waldshut 71

Zürich 86 Zürich 85 Bern 92

BIRSFELDEN

RHEIN

Kraftwerk
Birsfelden

Grenzacherstr.

Messe
Mustermesse

BINNINGEN

MUTTENZ

ST. JAKOB

Oberwil 6   Delémont 40   Münchenstein 2   Bern 97   Luzern 95

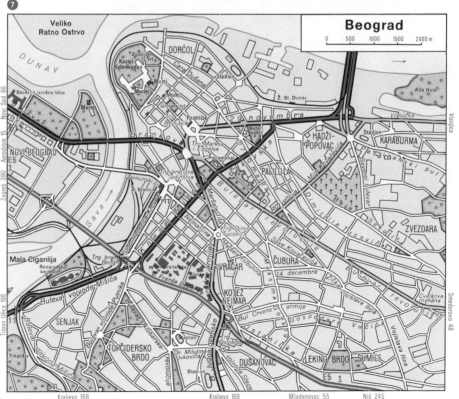

7

Veliko
Ratno Ostrvo

Beograd

0   500   1000   1500   2000 m

DUNAV

DORĆOL

Kastel
Kalemegdan

Novi Sad 80

Aerodrom 15

Zagreb 390

E5

NOVI BEOGRAD

HADŽI-
POPOVAC

KARABURMA

Visnjica

PALILULA

ZVEZDARA

Sava

Smederevo 48

Mala Ciganlija

VRAČAR

ČUBURA

14. decembra

SENJAK

KOTEŽ
NEJMAR

Titovo Užice 198

TOPČIDERSKO
BRDO

DUŠANOVAC

LEKINO BRDO SUMICE

E5

Kraljevo 168   Kraljevo 168   Mladenovac 55   Niš 245

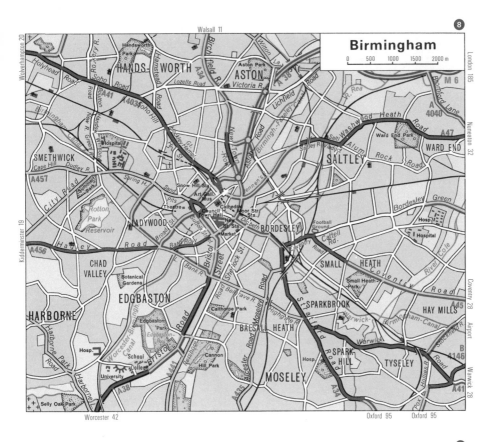

Birmingham

0   500   1000   1500   2000 m

Wolverhampton 20

Walsall 11

London 185

Nuneaton 32

Kidderminster 19

HANDSWORTH

ASTON

Aston Park

Victoria R.

Lozells Road

Handsworth

Park

Birchfield R.

Lichfield

Wilton La.

R. Rea

Brookfield Lane

M 6

A 40 40

Washwood Heath Rd.

Ward End Park

A 47

WARD END

SMETHWICK

Cape Hill

Dudley R.

A 457

Rotton

Park

Reservoir

City Road

Spring H.

SALTLEY

Rock Road

Bordesley Green

Hospital

Hosp.

LADYWOOD

BORDESLEY

Football

Ground

Hospital

Snow Hill Sta.

Art Gall.

Mus.

Theatre

Cathedral

Council

Town Hall

New

St. Sta.

Market

Moor Str.

Sta.

Catfell

Rd.

CHAD

VALLEY

Botanical

Gardens

EDGBASTON

SMALL HEATH

Small Heath

Park

River Cole

HARBORNE

Hagley Road

Bristol Road

Calthorpe Park

BALSALL HEATH

SPARKBROOK

Coventry Road

HAY MILLS

A 45

Coventry 28

Airport

Harborne Road

Hosp.

Edgbaston

Park

Edgbaston

Reservoir

Worcester Canal

School

College

University

Cannon

Hill Park

Alcester Road

Moseley Road

Highgate Rd.

Warwick

Warwick

Birmingham Canal

Stockport R.

SPARK-

HILL

MOSELEY

TYSELEY

B

4146

A 41

Warwick 28

A 38

Selly Oak Park

Worcester 42

Oxford 95

Oxford 95

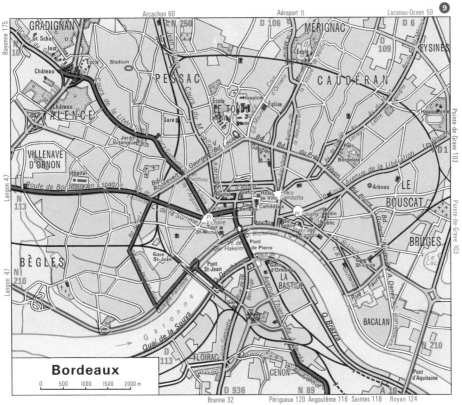

Arcachon 60

Aéroport 11

Lacanau-Ocean 59

Bayonne 175

GRADIGNAN

Gr. Schol.

Inst.

Château

Château

TALENCE

MÉRIGNAC

EYSINES

PESSAC

Stadium

Écple

Écple

CAUDÉRAN

Hospice

Église

LE FONDU

Hippodrome

Pointe-de-Grave 103

VILLENAVE

D'ORNON

Jardin

botanique

Gare

Hôpital

Parc

Bordelais

D 1

Avenue de la Libération

LE

BOUSCAT

Langon 47

N

113

Route de Bordeaux en Espagne

Arènes

Hôpital

Hôtel

de Ville

Cathédrale

Place

Gambetta

Jardin

Public

Pte

Victoire

Tour

St-Michel

Bourse

Théâtre

Place des

Quinconces

BRUGES

BÈGLES

Gare

St-Jean

Pont

St-Jean

Pont de Pierre

Gare

d'Orléans

Gare

St-Louis

Le

Lac

Langon 47

N

210

Garonne

Quai de la Souys

LA

BASTIDE

BACALAN

N 210

Bordeaux

0   500   1000   1500   2000 m

D

113

FLOIRAC

CENON

Pont

d'Aquitaine

A 10

Branne 32

D 936

N 89

Périgueux 120 Angoulême 116 Saintes 118   Royan 124

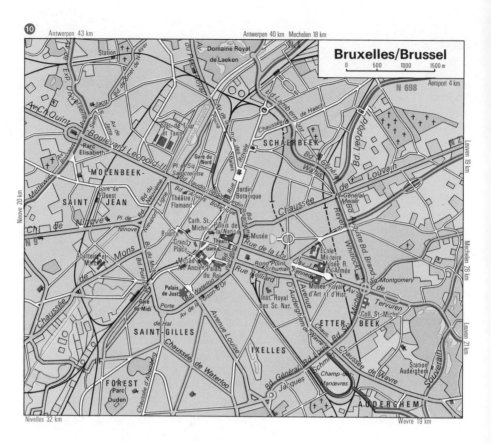

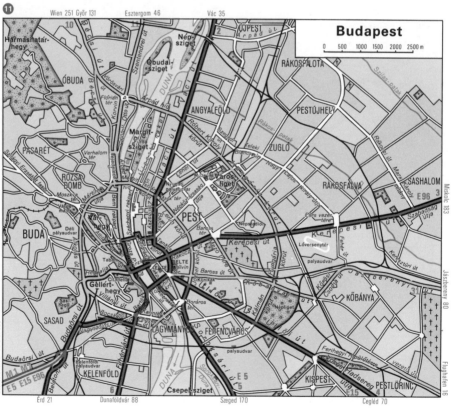

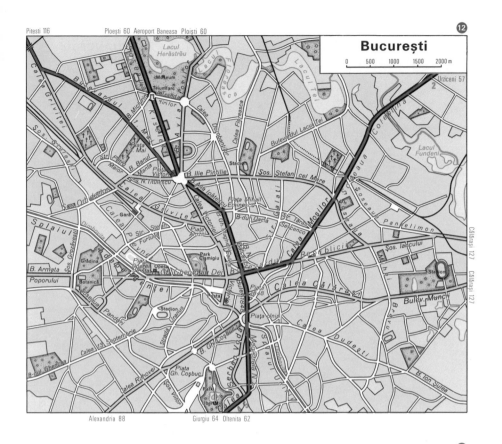

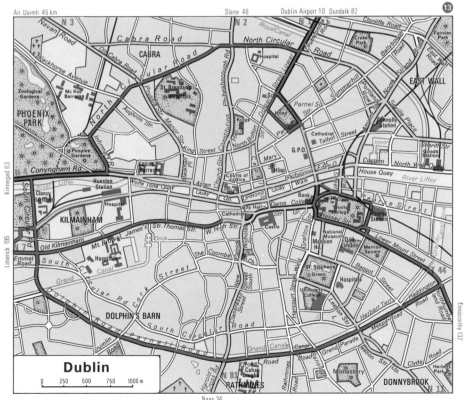

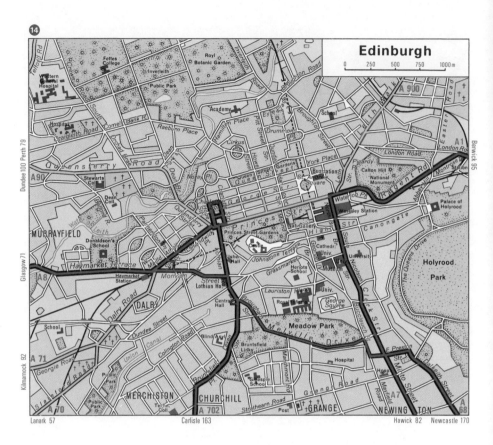

Edinburgh

0   250   500   750   1000m

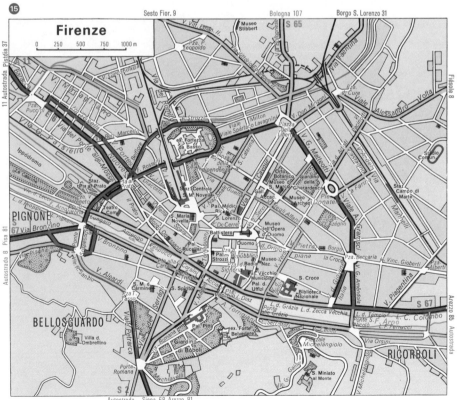

Firenze

0   250   500   750   1000m

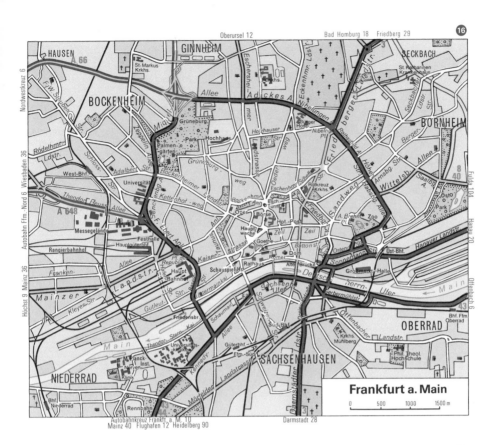

Frankfurt a. Main

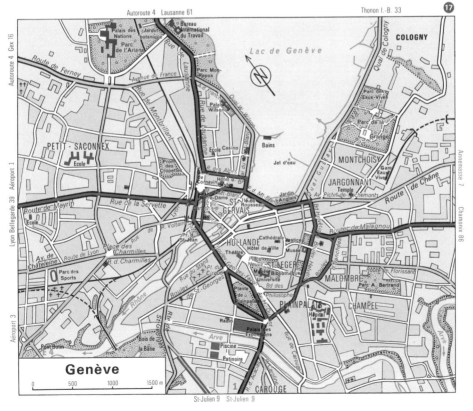

Genève

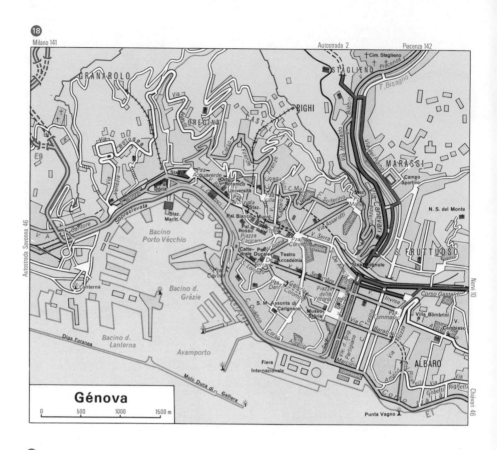

Génova

0   500   1000   1500 m

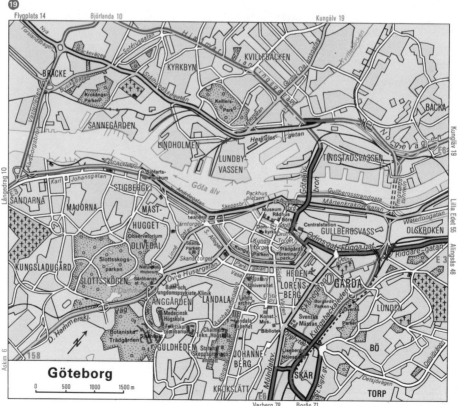

Göteborg

0   500   1000   1500 m

's-Gravenhage

0 500 1000 1500 2000 m

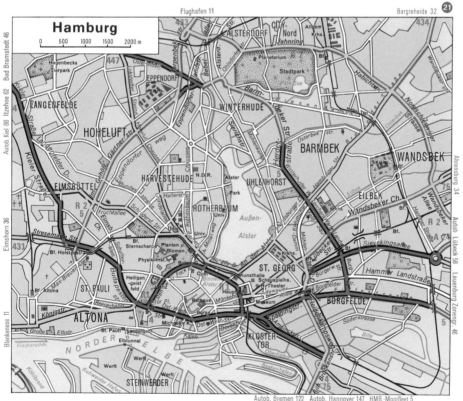

Hamburg

0 500 1000 1500 2000 m

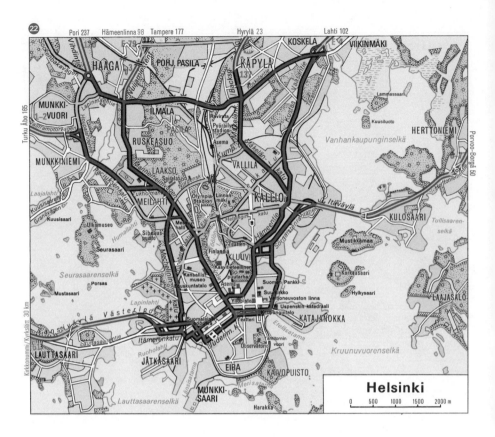

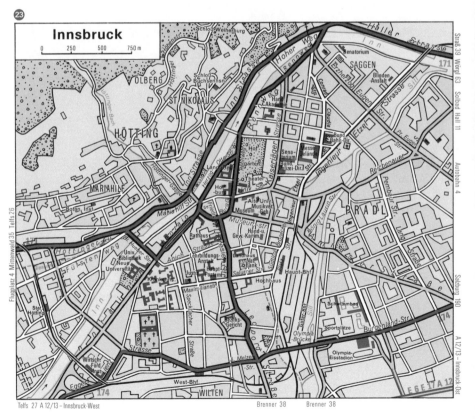

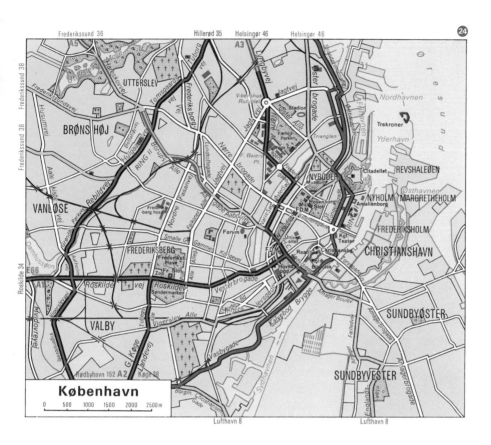

Frederikssund 36   Hillerød 35   Helsingør 46   Helsingør 46   24

Frederikssund 38

Frederikssund 38

UTTERSLEV

Nordhavnen

BRØNS HØJ

Trekroner

Yderhavn

Øresund

RING II

VANLØSE

NYBODER

REVSHALEØEN

Østhavnen

NYHOLM   MARGRETHEHOLM

Amalienborg

FREDERIKSHOLM

Roskilde 34

E66

A1

FREDERIKSBERG

Forum

Universitet

Kgl. Teater

Raadhus   Christiansbg.

CHRISTIANSHAVN

Frederiksb. Have

Fr. Slot

Zoo

Roskildevej

Roskilde vej

Søndermarken

Vesterbrogade

Amager Boulev

SUNDBYØSTER

VALBY

Vigerslev Alle

Kalvebod Brygge

Amagerbrogade

Vasbygade

Sydhavnen

Rødbyhavn 152 A2   Køge 38

SUNDBYVESTER

København

0   500   1000   1500   2000   2500 m

Lufthavn 8   Lufthavn 8

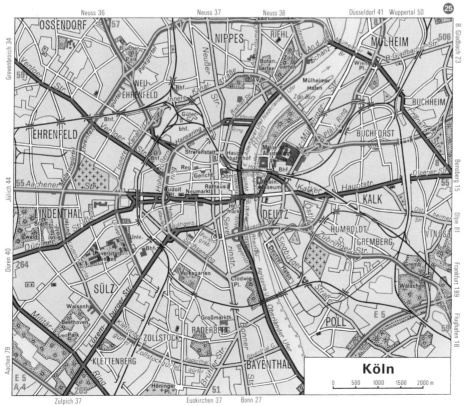

Neuss 36   Neuss 37   Neuss 38   Düsseldorf 41 Wuppertal 50   25

OSSENDORF   57

NIPPES   RIEHL

MÜLHEIM   506

Grevenbroich 34

59

Botan. Garten   Zoo Garten

B Gladbach

BUCHHEIM

NEU-EHRENFELD

Bhf.

Mülheimer Hafen

EHRENFELD

Bhf.

Güterbhf.

Hansaring

BUCHFORST

Jülich 44

55 Aachener Str

Strafanstalt

Hauptbahnhof

Messe Ausstellungsgeländ

Bhf.

KALK

55

Gericht   Dom

Rathaus

Reg.

Rudolf

Neumarkt

Rhein Museum

DEUTZ

Kalker Hauptstr.

LINDENTHAL

HUMBOLDT-GREMBERG

Düren 40

264

Univ.

Bhf.

Universitäts-Kliniken

Volksgarten

Clodwig Pl.

VINGST

Frankfurt 189

E 5

SÜLZ

POLL

59

Aachen 79

Waisenhs

Beethoven Park

Großmarkth.

RADERBERG

Bonner Str.

Oberländer Ufer

Waldch

E 5
A 4

265

ZOLLSTOCK

KLETTENBERG

BAYENTHAL

Höninger Pl.   51

Köln

0   500   1000   1500   2000 m

Zülpich 37   Euskirchen 37   Bonn 27

27

Luton 59   St Albans 38

London

0 500 1000 1500 2000 2500 m

High Wycombe 56   A40

Oxford 96

132 Southampton   A4

Portsmouth 121   Guildford 48

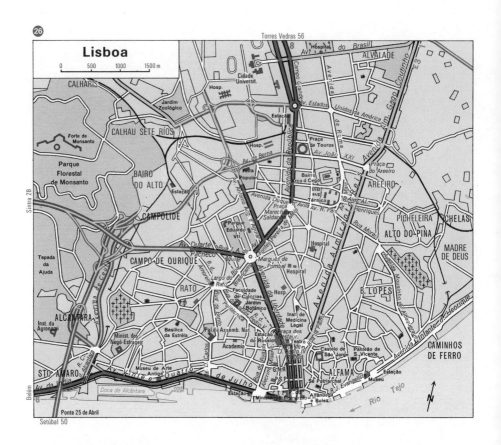

Lisboa

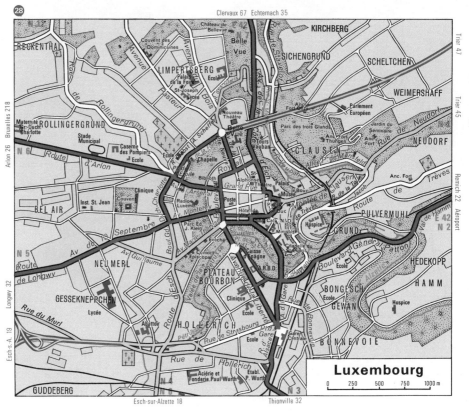

Luxembourg

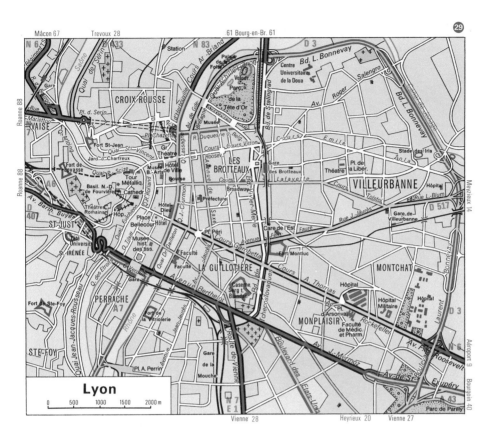

Lyon

0 500 1000 1500 2000 m

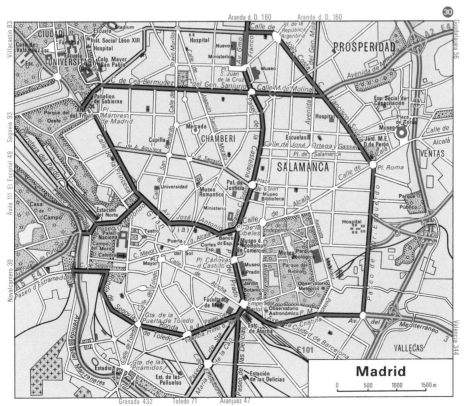

Madrid

0 500 1000 1500 m

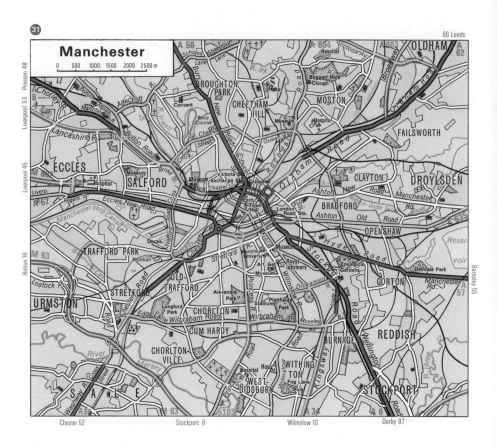

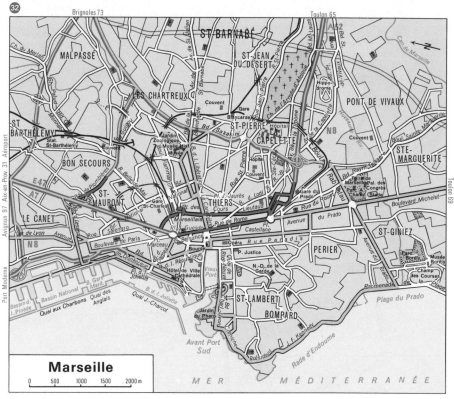

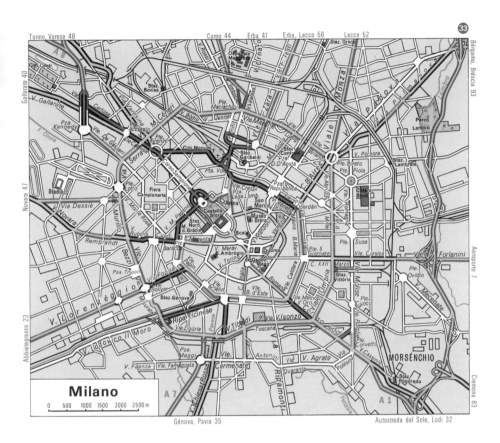

Torino, Varese 48   Como 44   Erba 41   Erba, Lecco 56   Lecco 52

Bergamo, Bréscia 93

Aeroporto 7

Cremona 83

Milano

0 500 1000 1500 2000 2500 m

Génova, Pavia 35   Autostrada del Sole, Lodi 32

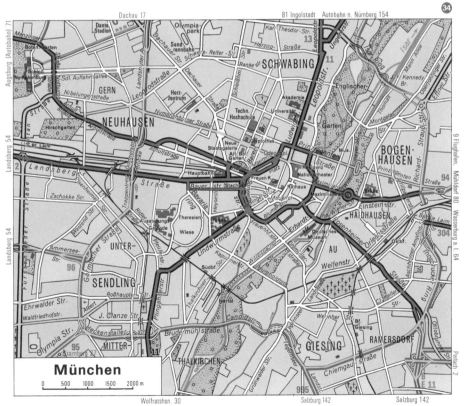

Dachau 17   81 Ingolstadt   Autobahn n. Nürnberg 154

Augsburg (Autobahn) 71

SCHWABING

NEUHAUSEN

GERN

BOGEN-
HAUSEN

HAIDHAUSEN

UNTER-
SENDLING

AU

SENDLING

GIESING   RAMERSDORF

THALKIRCHEN

MITTER

9 Flughafen, Mühldorf 80   Wasserburg a. l. 64

Perlach 2

München

0 500 1000 1500 2000 m

Wolfratshsn. 30   Salzburg 142   Salzburg 142

Paris

0 500 1000 1500 2000 2500 m

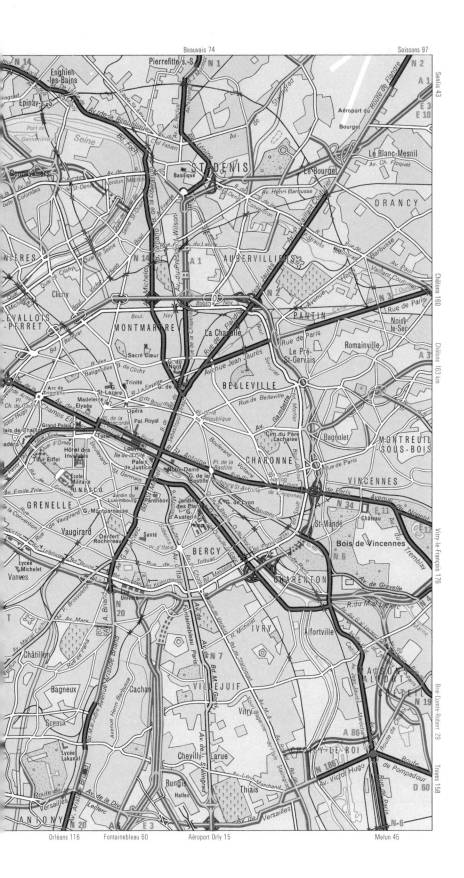

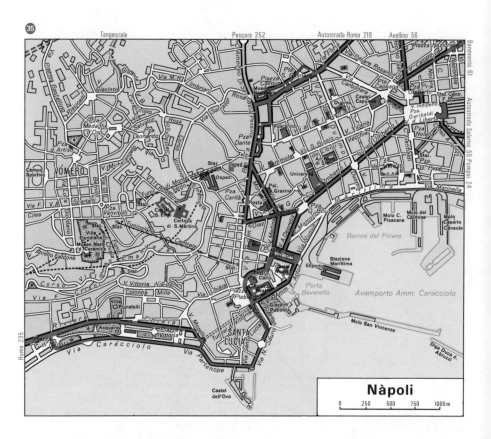

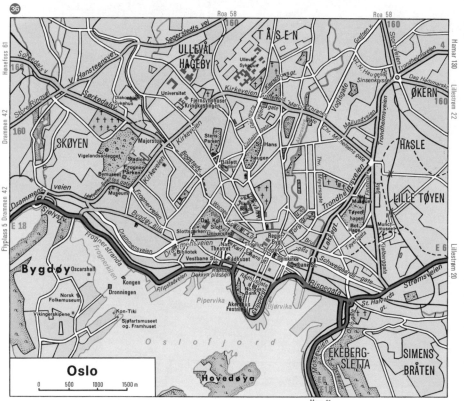

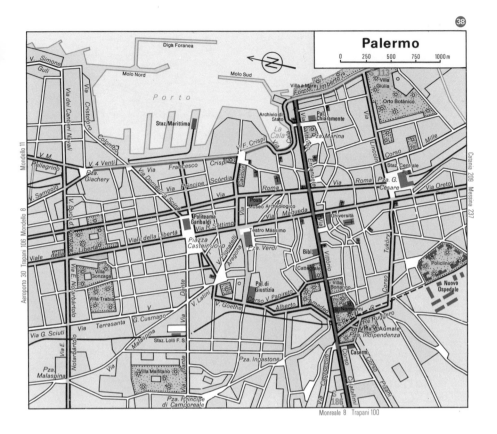

Palermo

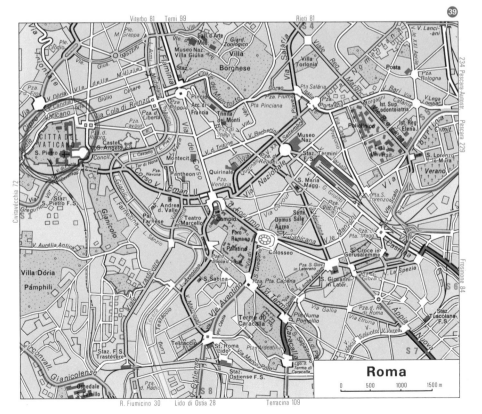

Roma

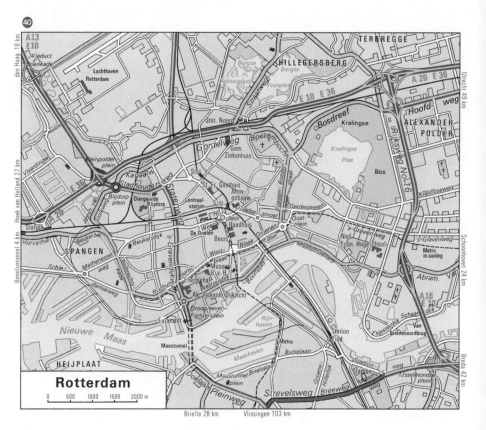

Rotterdam

0   500   1000   1500   2000 m

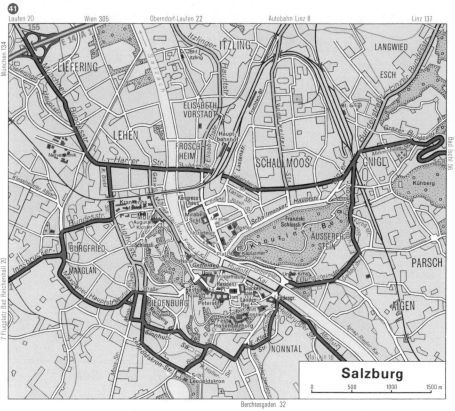

Salzburg

0   500   1000   1500 m

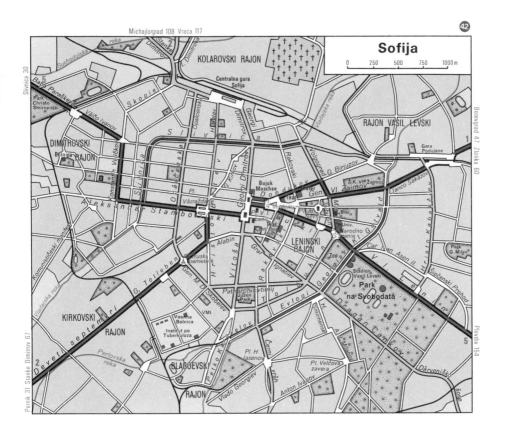

Sofija

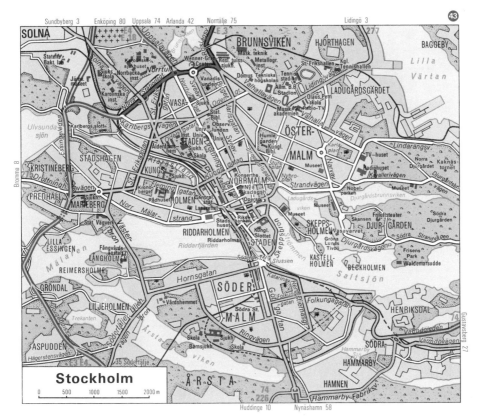

Stockholm

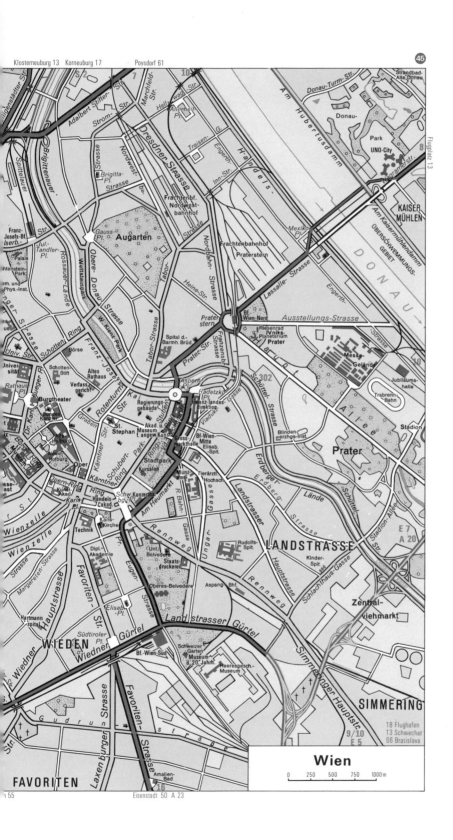

Wien

0   250   500   750   1000 m

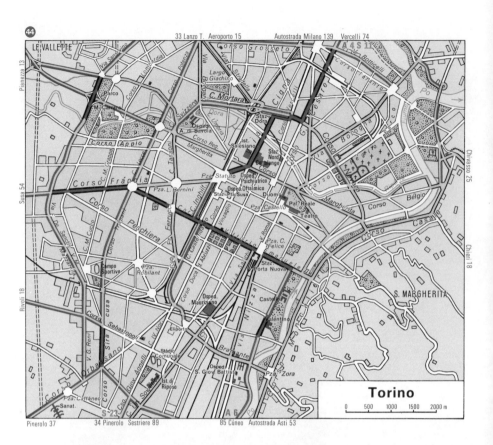

Torino

Pinerolo 37   34 Pinerolo Sestriere 89   85 Cúneo Autostrada Asti 53

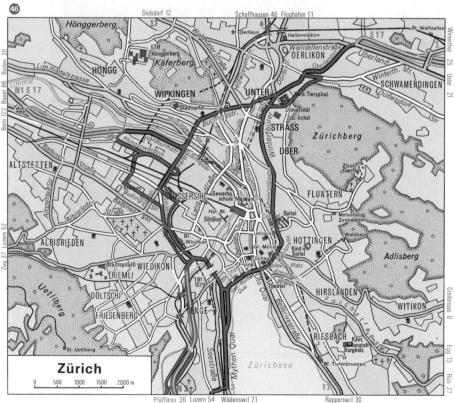

Zürich

Pfäffikon 36 Luzern 54 Wädenswil 21   Rapperswil 30

Ortsverzeichnis

Alphabetische Reihenfolge von Ortsnamen und Sehenswürdigkeiten. Nach dem Namen folgt die Seitenzahl mit Buchstabe und Ziffer des blauen Netzquadrates, in welchem sich der gesuchte Name befindet. Beispiel: Lausanne 74 B2 = Seite 74, Quadrat B2.

Localités citées

Localités et curiosités dans l'ordre alphabéthique. Le nom est suivi du numéro de la page, ainsi que de la lettre et du chiffre indiquant le carré bleu qui renferme la localité recherchée. Exemple: Lausanne 74 B2 = page 74, carré B2.

Locality Index

Localities and places of interest in alphabetical order. The name is followed by the page number, as well as by the letter and number of the blue grid in which the place looked for is situated. Example: Lausanne 74 B2 = page 74, grid B2.

Località citate

Località e curiosità per ordine alfabetico. Il nome è seguito dal numero di pagina e dalla lettera e cifra che indicano il quadrato blu nel quale si trova la località cercata. Esempio: Lausanne 74 B2 = pagina 74, quadrato B2.

Localidades citadas

Localidades y curiosidades en orden alfabético. El nombre va seguido del número de la página y de una letra y una cifra que indican el recuadro azul donde se encuentra la localidad buscada. Por ejemplo: Lausanne 74 B2 = página 74, recuadro B2.

Plaatsnamenregister

Alfabetische lijst van plaatsnamen en bezienswaardigheden. Achter de naam het nummer van de bladzijde, vervolgens letter en cijfer van het blauwe vierkant met de gezochte plaats. Bijvoorbeeld: Lausanne 74 B2 = bladzijde 74, vierkant B2.

Ortsförteckning

Ortnamn och sevärdheter i alfabetisk ordning. Efter namnet anges sidonummer med bokstav och siffra för den blå ruta inom vilken den sökta orten återfinns. Exempel: Lausanne 74 B2 = sida 74, rute B2.

Fortegnelse over stedsangivelser

Stedsangivelser og seværdigheder i alfabetisk rækkefølge. Efter stedsbetegnelsen følger sidetal, dernæst bogstav og tal, som angiver den blå firkant, i hvilken det pågældende sted findes. Eksempel: Lausanne 74 B2 = side 74, firkant B2.

A	Österreich/Austria
AL	Shqipëria/Albania
B	Belgique/Belgium
BG	Bålgarija/Bulgaria
CH	Schweiz/Switzerland
CS	Československo/Czechoslovakia
D	Bundesrepublik Deutschland/ Federal Republic of Germany
DDR	Deutsche Demokratische Republik/ German Democratic Republic
DK	Danmark/Denmark
E	España/Spain
F	France
GB	Great Britain
GR	Hellás/Greece
H	Magyarország/Hungary
I	Itália/Italy
IRL	Ireland
MA	Maroc/Morocco
N	Norge/Norway
NL	Nederland/Netherlands
P	Portugal
PL	Polska/Poland
R	România/Romania
S	Sverige/Sweden
SF	Suomi/Finland
SU	Sojuz Sovetskich Socialističeskich Republik/ Union of Soviet Socialist Republics
TR	Türkiye/Turkey
YU	Jugoslavija/Yugoslavia

Kümmerly + Frey

A

Å 46 B2
Å 9 C1
Å 33 C2
Å 9 C1/2
Å 8 A3
Å i Åfjord 28 A2, 33 C1
Aach 90 B3
Aachen 79 D2
Aachen-Eilendorf 79 D2
Aakoinen 24 B2/3
Aalen 91 C/D1/2
Aalen-Ebnat 91 D2
Aalen-Wasseralfingen 91 D1/2
Aalsmeer 66 A/B3
Aalst 78 B1/2
Aalten 67 C3
Aalter 78 A/B1
Åan 37 C3
Äänekoski 21 D3, 22 A3
Aapajärvi 12 B2
Aapajärvi 17 D2, 18 A1
Aapua 14 B1
Aarau 90 B3, 105 C1
Aarberg 104 B1
Aarbergen 80 B2/3
Aarburg 105 C1
Aardenburg 78 A/B1
Aareavaara 11 C3, 17 C/D1
Aareschlucht 105 C1/2
Aarschot 79 C2
Aatsinki 13 C3
Aavasaksa 12 A3, 17 D2
Aba 128 B1
Ababuj 162 B2
Abades 160 B2
Abadiano 153 D1
Abadín 150 B1
Abadino 153 D1
Abádszalók 129 D1
Abaliget 128 B2
Abalos 153 C/D2
Abánades 161 D2
Abanto 162 A1/2
Abarán 169 C3
Abárzuza 153 D2, 154 A2
Abaurrea Alta 108 A3,
   154 A/B1/2
Abbadia San Salvatore
   116 B3
Abbasanta 123 C2
Abbaye 78 B2
Abbaye d'Orval 79 C3
Abbaye de Chaalis 87 D1
Abbaye de la Réau 101 C2
Abbaye de Montmajour
   111 C2/3
Abbaye de Senanque 111 D2
Abbaye du Thoronet 112 A3
Abbazia Casamari 119 C2
Abbazia di Fossanova 118 B2,
   119 C2
Abbazia di Monte Oliveto
   Maggiore 115 C3, 116 B2
Abbazia di Montecassino
   119 C2
Abbazia di Piona 105 D2,
   106 A2
Abbazia di Pràglia 107 C3
Abbazia di Valvisciolo 118 B2
Abbazia di Vezzolano 113 C1
Abbazia San Vincenzo al
   Volturno 119 C2
Abbekås 50 B3
Abbendorf 69 D2
Abbeville 77 D2
Abbey 61 C2
Abbey Town 57 C3, 60 A/B1
Abbeyfeale 55 C3
Abbiategrasso 105 D3
Abborberg 15 C/D3
Abborrträsk 16 A3
Abborrträsk 31 C1
Abbots Bromley 59 D3, 61 C3,
   64 A1
Abbotsbury 63 D3, 63 D1/2
Abbotsford 57 C2
Abbotts Ann 64 A3, 76 A1

Abdera 145 C1
Abegondo 150 A/B1
Abejar 153 C/D3, 161 C1
Abela 164 B3, 170 A1
Abella de la Conca 155 D2/3
Abelnes 42 B3
Abelvær 28 B1
Abenberg 91 D1, 92 A1
Abenberg-Wassermungenau
   91 D1, 92 A1
Abengibre 168 B1/2
Abenójar 167 C2
Åbenrå 52 B2
Abensberg 92 A/B1/2
Abensberg-Offenstetten
   92 A/B2
Aberaeron 58 B3
Aberargie 57 C1
Aberdare 63 C1
Aberdaron 58 B3
Aberdeen 54 B2
Aberdour 57 C1
Aberdovey 59 C3
Aberfeldy 56 B1
Aberffraw 58 B2
Aberfoyle 56 B1
Abergavenny 63 C/D1
Abergele 59 C2, 60 A3
Åberget 16 A2
Aberlady 57 C1/2
Abernethy 57 C1
Aberporth 62 B1
Abersoch 55 D3, 58 B3
Abertillery 63 C1
Abertura 166 A1/2
Aberystwyth 59 C3
Abetone 114 B2, 116 A1
Abia de la Obispalía 161 D3,
   168 A/B1
Abia de las Torres 152 B2
Abiada 152 B1/2
Abide 145 D2, 149 C1
Abiego 155 C2/3
Abild 49 D2, 50 A1
Abîme du Bramabiau 110 B2
Abingdon 64 A/B3
Abington 54 B3, 57 C2
Abiskojaurestugan 9 D2,
   10 A2
Abiskoturiststation 9 D2,
   10 A2
Abla 173 D2
Ablagão 158 A/B1/2
Ablanque 161 D2
Ablis 87 C2
Ablitas 154 A3
Abmelaseter 4 B3, 10 A/B1
Åbo 24 B2/3
Åbo 28 B3, 33 D1, 34 A1
Åbo 39 D1, 40 A1
Abobreira 164 B1
Aboim 160 A3, 158 A1
Abondance 104 B2
Abony 129 D1
Åbosjö 30 B2, 35 D1
Åbränna 29 C2/3, 34 A1
Abrantes 164 B1
Abraur 16 A2
Abraveses 158 B2
Abreiro 158 B1
Abreschwiller 89 D1/2, 90 A2
Abriès 112 B1
Abrigada 164 A2
Abrigos 162 A2/3
Abrucena 173 D2
Abrud 97 D3, 98 A3, 140 B1
Abtenau 93 C3
Abtsgmünd 91 C/D1/2
Abtsgmünd-Untergröningen
   91 C1/2
Abusejo 159 D2
Åby 46 B2
Åbybro 48 B1
Åbyggeby 40 A/B2
Åbyn 31 D1
Abytorp 46 A1
Acate 125 C3
Accaida 120 A2
Accéglio 112 B2
Accettura 120 B3
Acciarella 118 B2

Acciaroli 120 A3
Accous 108 B3, 154 B1/2
Accrington 59 D1/2, 60 B2
Accúmoli 117 D3, 118 B1
Acebo 159 C3
Acebuche 171 C2
Acedera 166 A/B2
Acehuche 159 C3, 165 D1
Acered 162 A1/2
Acerenza 120 B2
Acerno 119 D3, 120 A2
Acerra 119 D3
Aceuchal 165 D2
Ach 92 B2
Acharnaí 147 D2
Achenkirch 92 A3
Achenwald 92 A3
Achern 90 B2
Achern-Wagshurst 90 B2
Acheux-en-Amiénois 78 A3
Achíllion 143 D3
Achíllion 142 A3
Achim 68 A2
Achinós 147 C1
Achladochórion 139 D3,
   144 A/B1
Achladókambos 147 C3
Achnacroish 56 A1
Achnasheen 54 A2
Achstetten 91 C2
Aci Castello 125 D2
Aci Catena 125 D2
Acireale 125 D2
Acksjöåsen 39 C2/3
Acle 65 D1/2
Acqua-Doria 113 D3
Acquacadda 123 C3
Acquacalda 125 C/D1
Acquafredda 106 B3
Acqualagna 115 D2/3, 117 C2
Acquanegra Cremonese
   106 A/B3, 114 A1
Acquanegra sul Chiese
   106 B3, 114 A/B1
Acquapendente 116 B3,
   118 A1
Acquarossa 105 D2, 106 A2
Acquasanta Terme 117 D3,
   119 C1
Acquasparta 117 C3, 118 B1
Acquaviva 115 C3, 116 B2
Acquaviva delle Fonti 121 C2
Acquaviva Picena 117 D2/3
Acquedolci 125 C2
Ácqui Terme 113 C1
Acquigny 77 C3, 86 B1,
   87 C1
Acri 122 B1
Ács 95 C3
Acsád 94 B3, 128 A1
Ada 129 D3, 140 A1, 133 D1,
   134 A/B1
Adahuesca 155 C2/3
Adak 16 A3
Adakgruvan 16 A3
Adalsbruk 38 A2
Ådalsvollen 28 B3, 33 D1
Adamuz 167 C3, 172 B1
Adanero 160 A/B2
Adaševci 133 C1
Ädbodarna 39 C1
Addaya 157 D1
Adé 108 B3, 155 C1
Adelboden 105 C2
Adelebsen 81 C1
Adélfia 121 C2
Ädelfors 51 C1
Adelmannsfelden 91 C/D1
Adelöv 46 A3
Adelsdorf 81 D3, 82 A3
Adelsheim 91 C1
Adelshofen-Tauberzell 81 D3,
   91 D1
Adelsö 47 C1
Adelsried 91 D2
Ademuz 162 A3, 169 C1
Adenau 80 A2
Aderstedt 69 C3
Adinkerke 78 A1
Adjud 98 B3, 141 C1
Adliswil 90 B3, 105 C/D1

Admont 93 D3
Ådnekvam 36 A3
Ådneram 42 B2
Adolfsström 15 C/D2
Adony 129 C1
Adorf 82 B2
Adra 173 C/D2
Adradas 161 D1
Adrall 155 D2
Adrano 125 D2
Ádria 115 C1
Aduanas 169 D2
Aduard 67 C1
Adzaneta 162 B3
Aerzen 68 A/B3
Aesch 90 A3, 105 C1
Aetós 146 A1
Aëtos 146 B3
Aetós 143 C2
Ãetsä 24 B1
Åfar 32 B2
Åfarnes 32 A2
Afferden 67 C3, 79 D1
Affing 91 D2, 92 A2
Affoltern am Albis 105 C/D1
Áfidnai 147 D2
Afife 150 A3, 158 A1
Áfissos 144 A3, 147 C1
Áfitos 144 A2, 148 B1
Aflenz Kurort 94 A3
Åfors 16 B3
Afragola 119 C/D3
Afritz 126 B1/2
Afsluitdijk 66 B2
Aftraet 28 A/B3, 33 C/D2
Aga 36 B3
Aga 82 B1/2
Agallas 159 C2
Ågård 29 C2
Agárd 128 B1
Agay 112 B3
Agazzano 113 D1, 114 A1
Agde 110 B3
Agdenes 28 A3, 33 C1
Agen 109 C2
Ager 155 C/D3
Agerbæk 48 A3, 52 A1
Agérola 119 D3
Agerskov 52 A/B1/2
Aggasegyﬁza 129 C1
Agger 48 A2
Aggersund 48 B1/2
Ãggius 123 D1
Aggõsundet 31 C3
Aggsbach Markt 94 A2
Aggstein 94 A2
Agiá 143 D3, 144 A3, 148 B1
Agía Ánna 147 C/D1
Agía Effimía 146 A2
Agía Marína 147 C1
Agía Marína 147 D3
Agía Paraskeví 142 B2
Agía Pelagía 148 B3
Agía Sofía 147 D1
Agía Triás 146 B2
Agía Triás 147 C2
Agiássos 149 C/D1/2
Agíci 131 C1
Agighiol 141 D1
Ágii Anárgiri 143 D3
Ágii Apóstoli 147 D2
Ágii Theódori 147 C2
Agiófillon 143 C3
Agiókambos 143 D3, 144 A3
Ágios Achíllios 142 B1/2
Ágios Andréas 147 C3
Ágios Apóstoli 147 D2
Ágios Athanásios 145 C1
Ágios Athanásios 143 C1
Ágios Charálambos 141 C3,
   145 C/D1, 149 C1
Ágios Dimítrios 147 C2
Ágios Dimítrios 143 D2
Ágios Efstrátios 145 C3,
   149 C1
Ágios Geórgios 146 B1
Ágios Geórgios 147 D3
Ágios Germanós 142 B1
Ágios Harálampos 143 D3,
   147 C1
Ágios Ioánnis 144 A3, 148 B1

Ágios Kírikos 149 C2
Ágios Konstantínos 147 C1
Ágios Loukás 147 D2
Ágios Matthéos 142 A3
Ágios Nikolaós 146 B2
Ágios Nikólaos 147 C3
Ágios Nikólaos 144 B2
Ágios Nikólaos 142 B3
Ágios Nikólaos 147 C/D1
Ágios Nikólaos 146 A1
Ágios Pandeleímon 143 C1/2
Ágios Pétros 147 C3
Ágios Pétros 143 D1
Ágios Pétros 146 A1/2
Ágios Pródromos 144 A2
Ágios Stéfanos 147 D2
Ágios Thomás 147 D2
Ágios Vasílios 147 C3
Ágios Vlásios 146 A/B1
Ágios Zacharías 142 B2
Agira 125 C2
Aglapsvik 4 A3, 9 D1
Aglasterhausen 91 C1
Aglen 28 B1/2
Agliana 114 B2, 116 B1
Agliano 113 C1
Agliè 105 C3
Aglientu 123 D1
Agnana Cálabra 122 A3
Ágnanda 142 B3, 148 A1
Agnanderón 143 C3
Agnäs 31 C2
Agnita 97 D3, 98 A/B3,
   140 B1
Agnone 119 D2
Agnone Bagni 125 D3
Agon 85 D1
Agonac 101 C/D3
Agoncillo 153 D2
Ágordo 107 C/D2
Agost 169 C3
Ágrafa 146 B1
Agramón 168 B3
Agramunt 155 D3, 163 D1
Ágras 143 C1/2
Ágreda 153 D3, 154 A3,
   161 D1, 162 A1
Agreliá 143 C3
Agri 49 C2
Agria 143 D3, 144 A3
Agrigento 124 B3
Agrínion 146 A/B1/2,
   148 A/B2
Agriovótanon 147 C/D1,
   148 B1/2
Agrochão 151 C3, 159 C1
Agrón 173 C2
Agrópoli 120 A3
Ågskaret 14 B1
Agua Amarga 174 A2
Aguada de Baixo 158 A2
Aguadulce 172 A2
Aguadulce 173 D2
Aguarón 162 A1
Aguas 154 B2
Aguas Belas 158 A3, 164 B1
Aguas Cándidas 153 C2
Aguas de Busot 169 D2/3
Aguaviva 162 B2
Aguaviva de la Vega 161 D1
Agudo 166 B2
Águeda 158 A2
Agüero 154 B2
Aguessac 110 B2
Aguiar 84 B3
Aguiar da Beira 158 B2
Aguilafuente 160 B1
Aguilar 172 B1
Aguilar de Anguita 161 D2
Aguilar de Bureba 153 C2
Aguilar de Campóo 152 B2
Aguilar de Campos 152 A3
Aguilar de Codés 153 D2
Aguilar del Alfambra 162 B2
Aguilar del Río Alhama
   153 D3, 154 A3
Águilas 174 A1/2
Aguilón 162 A/B1
Aguinaliu 155 C3
Agullent 169 C/D2
Agunnaryd 50 D2

Agurain 156 A/B1
Aha 14 B3
Aha 15 D3
Ahaus 67 C3
Ahaus-Alstätte 67 C3
Ahaus-Ottenstein 67 C3
Ahaus-Wessum 67 C3
Åheim 36 A1
Ahigal 159 C/D3
Ahigal de Villarino 159 C1/2
Ahillones 166 A3
Ahjola 19 C/D2
Ahkiolahti 22 B2
Ahlainen 24 A1, 41 D1
Ahlbeck 70 B1
Ahlen 67 D3, 80 B1
Ahlerstedt 68 B1
Ahmas 18 B3
Ahmoo 25 C2
Ahmovaara 23 C/D2
Ahmovaara 23 D1/2
Aho 13 C3, 19 C1
Aho-Nikki 26 B2
Aho-Västinki 21 C/D2, 22 A2
Ahoinen 25 C2
Ahokylä 21 D1, 22 B1
Ahola 19 D1
Ahola 19 D2
Ahola 19 D2/3
Aholahti 27 C1
Aholanvaara 13 C3
Aholming 92 B2
Ahonperä 18 A3
Ahorn 82 A2/3
Ahorntal 82 A3
Ahrbrück 80 A2
Ahrensbök 53 C3
Ahrensburg 52 B3, 68 B1
Ahrensdorf 70 B3
Ahrenshagen 53 D3
Ähtäri 21 C3
Ähtärinranta 21 C2/3
Ähtävä 20 B1
Ahtiala 25 D2, 26 A2
Ahtopol 141 C/D3
Ahun 102 A2
Åhus 50 B3, 72 A1/2
Ahvennen 23 D2
Ahveninen 21 D2, 22 A/B2
Ahvenisto 26 B1
Ahvensalmi 23 C3
Ahvenselkä 13 C2/3
Ahvio 26 B2
Aia 153 D1, 154 A1
Áibar 154 A2
Aich 93 C3, 126 B1
Aicha 93 C2
Aichach 92 A2
Aichach-Griesbeckerzell
    92 A2
Aichstetten 91 C/D3
Aiddejavrre 11 C2
Aidenbach 93 C2
Aidone 125 C2
Aidonochórion 144 B1
Aiello Cálabro 122 A2
Aiffres 100 B2
Aigen im Mühlkreis 93 C2
Aigle 104 B2
Aignan 108 B2/3, 155 C1
Aignay-le-Duc 88 B3
Aigre 101 C2
Aigrefeuille-d'Aunis 100 B2
Aigrefeuille-sur-Maine
    100 A/B1
Aiguablava 156 B2
Aiguebelle 104 A/B3
Aigueblanche 104 A/B3
Aigueperse 102 B2
Aigues-Mortes 111 C3
Aigues-Vives 110 A3, 156 B1
Aiguilles de Port Colon 84 B3
Aiguilles-en-Queyras 112 B1
Aiguillon 109 C2
Aiguines 112 A2/3
Aigurande-sur-Bouzanne
    102 A2
Äijäjoki 11 C2
Äijälä 21 D3, 22 A3
Äijälä 24 B3
Äijävaara 14 A1

Åike 15 C2
Ailefroide 112 A1
Aillant-sur-Tholon 88 A3
Aillas 108 B1/2
Aillevillers-et-Lyaumont
    89 C/D2/3
Ailly-le-Haut-Clocher 77 D2
Ailly-sur-Noye 77 D3
Aimé 104 B3
Ainali 18 A/B3, 21 D1, 22 A1
Ainali 21 C1
Aindling 91 D2, 92 A2
Ainhoa 108 A3, 154 A1
Ainring 92 B3
Ainsa 155 C2
Aintala 20 B2
Ainzón 154 A3, 162 A1
Airaines 77 D2/3
Airaksela 22 B2/3
Airasca 112 B1
Airdrie 56 B2
Aire-sur-l'Adour 108 B2/3,
    154 B1
Aire-sur-la-Lys 78 A2
Airisto 24 A/B3
Airola 119 D3
Airolo 105 D2
Airvault 101 C1
Aísa 154 B2
Aisey-sur-Seine 88 B3
Aissey 89 C/D3, 104 A/B1
Aisy-sur-Armançon 88 B3
Aitakumpu 18 B1
Aitamännikkö 12 A2/3, 17 D1
Aiterhofen 92 B1/2
Aitolahti 25 C1
Aitona 155 C3, 163 C1
Aitoniemi 25 C1
Aitoo 25 C1
Aitrach 91 C/D3
Aitrang 91 D3
Aittaniemi 13 C3
Aittojärvi 18 B2
Aittojärvi 21 D1, 22 A/B1
Aittokoski 22 B1
Aittokylä 19 C2
Aittokylä 18 B2
Aittolahti 27 D1
Aittovaara 19 D2
Aittovaara 23 C2
Aiud 97 D3, 98 A3, 140 B1
Aix-en-Othe 88 A2
Aix-en-Provence 111 D3
Aix-les-Bains 104 A3
Aix-Noulette 78 A2
Aixe-sur-Vienne 101 D2/3
Aizarnazabal 153 D1
Aizenay 100 A1
Aizpute 73 C1
Ajac 110 A3, 156 A1
Ajaccio 113 D3
Ajain 102 A2
Ajalvir 161 C2
Ajanki 12 A3, 17 D1/2
Ajankijärvi 12 A3, 17 D1/2
Ajaur 31 C1
Ajaureforsen 15 C3
Ajdovac 134 B3
Ajdovščina 126 B2/3
Ajka 96 B3
Ajnaži 73 D1
Ajnovce 138 B1
Ajo 153 C1
Ajofrín 160 B3, 167 C1
Ajos 17 D3, 18 A1
Ajtos 141 C2
Äkäsjoensuu 11 C3, 12 A2
Äkäskero 11 C3, 12 A2
Äkäslompolo 11 C3, 12 A2
Akasztó 129 C2
Aken 69 D3
Åker 50 B1
Åker 47 C1
Åkerbäk 20 A1, 31 D2
Åkerbränna 30 A/B2, 35 D1
Åkerby 40 B2
Åkerby 16 B2
Åkerholmen 16 B2
Åkerland 30 A/B2
Åkernäs 15 C3
Åkersberga 47 D1

Åkersjön 29 C/D3, 34 B1
Åkervik 14 B3
Akhisar 149 D1/2
Åkirkeby 51 D3, 72 A/B2
Akkala 23 D3
Akkarfjord 5 C1, 6 A1
Akkarvik 4 B2
Akkastugorna 9 C/D3
Akkavare 16 A3
Akköy 149 D2
Akkrum 66 B2
Akland 43 C/D2, 44 A2
Akmačíci 133 D3, 134 A3
Åknes 42 B2
Akonpohja 27 D1
Åkra 39 C2
Åkra 42 A1
Akrai 125 C3
Åkran 28 B2/3, 33 D1, 34 A1
Akráta 146 B2
Akréfnion 147 C2
Åkrehamn 42 A2
Akrogiáli 144 B1/2
Åkroken 30 B3, 35 D2
Åkroken 16 B3
Aksdal 42 A1
Aksla 36 A/B2
Aksnes 32 B2
Aktion 146 A1
Aktsestugorna 15 D1, 16 A1
Akujärvi 6 B3, 13 C1
Åkulla 49 D1, 50 A1
Åkullsjön 31 D2
Akureyri 2
Åkvåg 42 C2/3, 44 A2
Åkvisslan 30 B3, 35 C2
Ål 37 C3
Ala 47 D3, 47 D3
Ala 106 B3
Alà dei Sardi 123 D1
Ala di Stura 104 B3, 112 B1
Ala-Honkajoki 24 B1
Ala-Kuona 23 C3, 27 C/D1
Ala-Livo 18 B2
Ala-Näljänkä 19 C2
Ala-Nampa 12 B3
Ala-Paakkola 17 D2, 18 A1
Ala-Pitkä 22 B2
Ala Postojoki 12 B2
Ala-Siurua 18 B2
Ala-Sydänmaa 18 A3, 21 C/D1,
    22 A1
Ala-Temmes 18 A/B2/3
Ala-Valli 20 B3
Ala-Vieksi 19 D2/3, 23 C1
Ala-Viirre 21 C1
Ala-Vuokki 19 D2/3
Ala-Vuotato 18 B2
Ålabodarna 49 D3, 50 A3
Alacón 162 B2
Alaejos 160 A1
Alafors 45 C3
Alagna Valsésia 105 C3
Alagón 154 A/B3, 162 A/B1
Alahärmä 20 B2
Alainenjoki 24 B2
Alájar 165 D3, 171 C1
Alajärvi 21 C2
Alajärvi 23 C1
Alajoki 21 D1, 22 A1
Alakylä 12 A2, 17 D1
Alakylä 24 A/B3
Alakylä 24 A1
Alakylä 18 B2
Alakylä 19 C2
Alalkomenai 146 A2
Alaló 161 C1
Alameda 172 B2
Alameda de Cervera 167 D1/2,
    168 A1/2
Alamedilla 173 C1
Alamillo 166 B2
Álamo 171 C1
Alan 130 B1
Alanäs 29 D2, 30 A2, 35 C1
Alandroal 165 C2
Ålandsbro 35 D2
Alange 165 D2, 166 A2
Alaniemi 18 A/B1
Alanís 166 A3, 171 D1,
    172 A1
Alar del Rey 152 B2

Alaraz 160 A2
Alarcón 168 B1
Alarilla 161 C2
Alaró 157 C/D1
Alaşehir 149 D2
Ålåsen 29 D2/3, 34 B1
Alaskylä 20 B3, 24 B1
Alássio 113 C2
Alastaipale 21 C3
Alastaro 24 B2
Alatoz 169 C2
Alatri 119 C2
Alavattnet 29 D2, 30 A2,
    35 C1
Alaveteli 20 B1
Alavieska 18 A3, 21 C1
Alavo 21 C3
Alavus 21 C3
Alayor 157 D1
Alba 113 C1
Alba 162 A2
Alba Adriática 117 D3,
    119 C1
Alba de Tormes 159 D2
Alba Fucensis 119 C1/2
Alba Iulia 97 D3, 98 A3,
    140 D1
Albacete 168 B2
Albacken 35 C2
Albaida 169 C/D2
Albaina 153 D2
Ålbæk 49 C1
Albala 165 D1/2, 166 A1/2
Albaladejo 167 D2, 168 A2
Albalat dels Sorélls 169 D1
Albalate de Cinca 155 C3,
    163 C1
Albalate de las Nogueras
    161 D2/3
Albalate de Zorita 161 C3
Albalate del Arzobispo
    162 B1/2
Albalatillo 162 B1
Alban 110 A2
Albánchez 173 D2, 174 A2
Albanchez de Ubeda 167 D3,
    173 C1
Albanilla 169 C3
Albano Laziale 118 B2
Albanyà 156 B2
Albaredo d'Adige 107 C3
Albarellos 150 B3, 158 B1
Albares 161 C3
Albaron 111 C2/3
Albarracín 162 A2/3
Albarreal de Tajo 160 B3,
    167 C1
Albas 109 C/D1/2
Albatana 168 B2
Albatàrrec 155 C3, 163 C1
Albatera 169 C3
Albbruck 90 B3
Albedin 172 B1
Albelda 155 C3, 163 C1
Albelda 153 D2
Albendea 161 D2
Albendiego 161 C1
Albenga 113 C2
Albens 104 A3
Albentosa 162 B3
Albergaria-a-Nova 158 A2
Albergaria a-Velha 158 A2
Albergo Val Martello 106 B2
Alberique 169 C/D2
Alberite 153 D2
Albernoa 164 B3, 170 B1
Albero Alto 154 B3
Albero Bajo 154 B3
Alberobello 121 C2
Alberona 119 D2, 120 A1
Albersdorf 52 B3
Albert 78 A3
Albertacce 113 D3
Albertirsa 129 C1
Albertkázmérpuszta 94 B3
Albertville 104 A/B3
Alberuela de Tubo 154 B/C3,
    162 B1
Albesa 155 C3, 163 C1
Albestroff 89 D1, 90 A1

Albi 110 A2
Albias 109 D2
Albidona 120 B3, 122 B1
Albínia 116 B3
Albino 106 A3
Albires 152 A2/3
Albisola Marina 113 C2
Albisola Superiore 113 C2
Alblasserdam 66 A/B3
Albocácer 163 C2/3
Albőke 51 D1
Alboloduy 173 D2
Albolote 173 C2
Albondón 173 C2
Alborache 169 C1
Alborea 169 C1/2
Ålborg 48 B1
Alborge 162 B1
Albosággia 106 A2
Albox 174 A1/2
Albrechtice nad Vltavou
    93 D1
Albstadt 91 C2
Albstadt-Ebingen 91 C2
Albstadt-Lautlingen 91 C2
Albstadt-Onstmettingen
    91 C2
Albstadt-Tailfingen 91 C2
Ålbu 33 C2/3
Albudeite 169 C3, 174 B1
Albufeira 170 A2
Albufereta 169 C/D3
Albujón 174 B1
Albuñol 173 C2
Albuñuelas 173 C2
Alburquerque 165 C1/2
Albury Park 64 B3, 76 B1
Alby 51 D2
Alby 35 C2/3
Alby-sur-Chéran 104 A3
Alcabideche 164 A2
Alcácer do Sal 164 B3
Alcáçovas 164 B3
Alcadozo 168 B2
Alcafozes 159 C3, 165 C1
Alcaine 162 B2
Alcains 158 B3, 165 C1
Alcala De Chivert 163 C3
Alcalá de Guadaira 171 D1/2
Alcalá de Gurrea 154 B3
Alcalá de Henares 161 C2
Alcalá de la Selva 162 B2/3
Alcalá de la Vega 162 A3,
    168 B1
Alcalá de los Gazules 171 D3
Alcalá de Moncayo 154 A3,
    162 A1
Alcalá del Júcar 169 C2
Alcalá del Obispo 154 B3
Alcalá del Río 171 D1
Alcalá la Real 172 B1
Álcamo 124 A2
Alcampel 155 C3, 163 C1
Alcanadre 153 D2
Alcanar 163 C2
Alcanede 164 A1
Alcanena 164 A/B1
Alcañices 151 C/D3, 159 C1
Alcañiz 162 B2
Alcañizo 160 A3, 166 B1
Alcanó 155 C3, 163 C1
Alcántara 159 C3, 165 C1
Alcántara de Júcar 169 C/D2
Alcantarilha 170 A2
Alcantarilla 169 C3, 174 B1
Alcantud 161 D2
Alcaracejos 166 B3
Alcaraz 168 A2
Alcaria Brava 170 B1
Alcarràs 155 C3, 163 C1
Alcaucín 172 B2
Alcaudete 172 B1
Alcaudete de la Jara 160 A3,
    166 B1
Alcay 108 A/B3, 154 B1
Alcázar de San Juan 167 D1,
    168 A1
Alcázar del Rey 161 C3
Alcazarén 160 A1
Alceda 152 B1
Alcester 59 D3, 64 A2

Alcira 169 D2
Alcoba 167 C1/2
Alcobaça 164 A1
Alcobendas 161 C2
Alcobertas 164 A1
Alcocéber 163 C3
Alcocer 161 C/D2
Alcochete 164 A2
Alcoentre 164 A2
Alcofra 158 A/B2
Alcolea 166 B3, 172 B1
Alcolea 173 C/D2
Alcolea de Calatrava 167 C2
Alcolea de Cinca 155 C3,
  163 C1
Alcolea de las Peñas 161 C1
Alcolea de Tajo 160 A3,
  166 B1
Alcolea del Pinar 161 D2
Alcolea del Río 171 D1,
  172 A1
Alcollarín 166 A1/2
Alconaba 153 D3, 161 D1
Alconchel 165 C2/3
Alconchel de Ariza 161 D1
Alconchel de la Estrella
  161 D3, 168 A1
Alconera 165 D2/3
Alcóntar 173 D1/2
Alcora 162 B3, 169 D1
Alcorisa 162 B2
Alcorlo 161 C2
Alcoroches 162 A2
Alcoutim 170 B1
Alcover 163 D1
Alcoy 169 C/D2
Alcsútdoboz 95 D3, 128 B1
Alcubierre 154 B3, 162 B1
Alcubilla de Avellaneda
  153 C3, 161 C1
Alcubillas 167 D2, 168 A2
Alcubillas de las Peñas
  161 D1
Alcublas 162 B3, 169 C1
Alcudia 157 D1
Alcudia de Carlet 169 C/D2
Alcudia de Guadix 173 C2
Alcudia de Veo 162 B3,
  169 D1
Alcuéscar 165 D2, 166 A2
Alcuneza 161 C/D1/2
Aldbrough 61 D2
Aldea de San Esteban 153 C3,
  161 C1
Aldea de Trujillo 165 D1,
  166 A1
Aldea del Cano 165 D1/2,
  166 A1/2
Aldea del Fresno 160 B2/3
Aldea del Rey 167 C2
Aldea Real 160 B1/2
Aldeacentenera 166 A1
Aldeadávila de la Ribera
  159 C1/2
Aldeade la Torre 162 A3,
  169 C1
Aldealafuente 153 D3,
  161 D1
Aldealpozo 153 D3, 161 D1
Aldeanueva de Atienza
  161 C1/2
Aldeanueva de Barbarroya
  160 A3, 166 B1
Aldeanueva de Ebro 153 D2/3,
  154 A2
Aldeanueva de Figueroa
  159 D1/2, 160 A1/2
Aldeanueva de Guadalajara
  161 C2
Aldeanueva de la Serrezuela
  152 B3, 160 B1
Aldeanueva de la Vera
  159 D3
Aldeanueva de San Bartolomé
  160 A3, 166 B1
Aldeanueva del Camino
  159 D3
Aldeanueva del Codonal
  160 A/B2
Aldeaquemada 167 D3
Aldearrodrigo 159 D1/2

Aldeaseca de la Frontera
  160 A2
Aldeavieja 160 B2
Aldeburgh 65 D2
Aldehuela 162 A/B3
Aldehuela de la Bóveda
  159 D2
Aldehuela de Liestos 162 A2
Aldehuela de Yeltes 159 C/D2
Aldehuela del Jerte 159 C/D3,
  165 D1
Aldeia da Mata 164 B/C1
Aldeia da Ponte 159 C2/3
Aldeia do Bispo 159 C2/3
Aldeia do Maio 164 A2/3
Aldeia dos Palheiros
  170 A/B1
Aldeia Nova 165 C3, 170 B1
Aldeire 173 C2
Aldenhoven 79 D2
Aldeno 114 B1
Aldernäset 29 D2, 30 A1/2
Aldersbach 93 C2
Aldershot 64 B3, 76 B1
Aldince 138 B2/3
Aldudes 108 A3, 154 A1
Ale 17 C3
Åled 50 A2
Aledo 168 B3, 174 A1
Alegia 153 D1/2
Alegrete 165 C1/2
Aleksandrija 99 D2
Aleksandrovac 134 B2
Aleksandrovac 134 B3
Aleksandrovka 99 D2
Aleksandrovka 99 D3
Aleksin 75 D2
Aleksinac 135 C3, 140 A2
Aleksis Kivi 25 C2/3, 26 A2/3
Ålem 51 D1, 72 B1
Ålen 33 D2
Alençon 86 A/B2
Alenquer 164 A2
Alentisque 161 D1
Aleria 113 D3
Alès 111 C2
Åles 123 C2
Alesjd 97 C/D3, 98 A3
Alesjaurestugorna 9 D2
Alessándria 113 C1
Alessándria del Carretto
  120 B3, 122 B1
Alessándria della Rocca
  124 B2
Alessano 121 D3
Alesso 107 D2, 126 A2
Ålestrup 48 B2
Ålesund 36 B1
Alet-les-Bains 110 A3, 156 A1
Alevráda 146 A/B1
Alexain 86 A2
Alexandria 141 C2
Alexándria 143 D2
Alexandroúpolis 141 C3,
  145 D1, 145 C/D3, 149 C1
Alf 80 A3
Alfacar 173 C2
Alfajarín 154 B3, 162 B1
Alfambra 162 A/B2
Alfambras 170 A2
Alfamén 154 A3, 162 A1
Alfândega da Fé 159 C1
Alfántega 155 C3, 163 C1
Alfara de Carles dels Ports
  163 C2
Alfarela 158 B1
Alfarnate 172 B2
Alfaro 154 A2/3
Alfarrás 155 C3, 163 C1
Alfatar 141 C2
Alfdorf 91 C1/2
Alfedena 119 C2
Alfeizerão 164 A1
Alfeld 82 A3, 92 A1
Alfeld 68 B3
Alferce 170 A1/2
Alfés 155 C3, 163 C1
Alfhausen 67 D2
Alfonsine 115 C1/2, 117 C1
Alford 61 D3, 65 C1
Alforja 163 D1/2

Ålfoten 36 A1
Alfoz 150 B1
Alfreites 159 C2/3
Alfreton 61 C3, 64 A/B1
Alfta 40 A1
Alfundão 164 B3, 170 A/B1
Algaida 157 D1
Algajola 113 D2
Algalé 165 C2
Algámitas 172 A2
Algar 162 B3, 169 D1
Algar 174 B1
Algar 171 D2, 172 A2
Älgarås 45 D2, 46 A2
Älgård 42 A2
Algarinejo 172 B1/2
Algarra 162 A3, 169 C1
Algarrobo 172 B2
Algatocín 172 A2/3
Algeciras 172 A3
Algemesí 169 D2
Ålgered 35 D3
Algerri 155 C3, 163 C1
Algete 161 C2
Alghero 123 C2
Älghult 51 C1
Älghult 30 B2
Algimia de Alfara 162 B3,
  169 D1
Algimia de Almonacid 162 B3,
  169 D1
Alginet 169 C/D1/2
Algodonales 172 A2
Algora 161 C/D2
Algorta 153 C1
Algoso 159 C1
Algoz 170 A2
Älgsjö 30 B2
Alguaire 155 C3, 163 C1
Alguazas 169 C3, 174 B1
Algueña 169 C3
Algyő 129 D2
Alhama de Almería 173 D2
Alhama de Aragón 161 D1,
  162 A1
Alhama de Granada 172 B2
Alhama de Murcia 169 C3,
  174 A/B1
Alhambra 167 D2, 168 A2
Alhamn 17 C3
Alhaurín de la Torre 172 B2
Alhaurín el Grande 172 B2
Alhendín 173 C2
Alhojärvi 25 D1, 26 A1
Ålholm 53 D2
Alhóndiga 161 C2
Ålhus 36 A/B2
Ali Terme 122 A3, 125 D2
Ália 124 B2
Alía 166 B1
Aliaga 162 B2
Aliaguilla 162 A3, 169 C1
Aliano 120 B3
Aliartos 147 C2
Alibunar 134 B1, 140 A1
Alicún de Ortega 173 C1
Alife 119 D2
Alijó 158 B1
Alikaí 146 A2/3
Alikí 146 A1
Alikí 145 C2
Alikylä 21 C1
Alimena 125 C2
Ålindsby 16 B3
Alingsås 45 C3, 72 A1
Alíns 155 D2
Alinya 155 D2/3
Aliseda 165 D1
Ališići 131 D1
Alistráti 144 B1
Aliud 153 D3, 161 D1
Alivérion 147 D2
Alixan 111 C/D1
Aljaraque 171 C2
Aljažev dom 126 B2
Aljezur 170 A1/2
Aljubarrota 164 A1
Aljucén 165 D2, 166 A2
Aljustrel 164 B3, 170 A/B1

Alkavare kapell 9 C/D3, 15 D1
Alkkia 20 B3
Alkmaar 66 A/B2
Alkoven 93 C/D2
Állai 123 C2
Allaines 87 C2
Allaire 85 C3
Allanche 102 B3
Alland 94 A/B2/3
Allariz 150 B3
Allarmont 89 D2, 90 A2
Alleen 42 B3
Álleghe 107 C2
Allègre 103 C3, 110 B1
Allemagne-de-Provence
  112 A2/3
Allemalehto 12 B2
Allemont 112 A1
Allendale Town 57 D3, 60 B1
Allendorf 80 B1/2
Allendorf (Dillkreis) 80 B2
Allentsteig 94 A2
Allepuz 162 B2
Allersberg 92 A1
Allershausen 92 A2
Alleuze 110 B1
Allevard 104 A3
Allex 111 C/D1
Allgunnen 51 C/D1
Allingåbro 48 B2, 49 C2
Allinge 51 D3, 72 A2
Allmendingen 91 C2
Allo 153 D2
Alloa 56 B1
Allogny 87 D3, 102 A1
Alloluokta kapell 16 A1
Allonnes 87 C2
Allos 112 A/B2
Alloue 101 C2
Alloway 56 B2
Alloza 162 B2
Allsån 17 C2
Allschwil 90 A3
Allstakan 38 B3
Allstedt 82 A1
Allumiere 118 A1
Ally 102 A3, 110 A1
Almacelles 155 C3, 163 C1
Almáchar 172 B2
Almada 164 A2
Almadén 166 B2
Almadén de la Plata 165 D3,
  166 A3, 171 D1
Almadenejos 166 B2
Almagro 167 C/D2
Almajano 153 D3, 161 D1
Almaluez 161 D1
Almansa 169 C2
Almansil 170 B2
Almanza 152 A2
Almarail 153 D3, 161 D1
Almaraz 159 D3, 166 A1
Almargen 172 A2
Almarza 153 D3
Almásfüzitő 95 C/D3
Almásneszmély 95 C/D3
Almatret 163 C1
Almazán 161 D1
Almazora 163 C3, 169 D1
Almedíjar 162 B3, 169 D1
Almedina 167 D2, 168 A2
Almedinilla 172 B1
Almeida 159 D1
Almeida 159 C2
Almeirim 164 A/B2
Almelo 67 C2/3
Almenar 155 C3, 163 C1
Almenar de Soria 153 D3,
  161 D1
Almenara 162 B3, 169 D1
Almendra 159 C1
Almendra 159 C2
Almendral 165 C/D2
Almendral de la Cañada
  160 A3
Almendralejo 165 D2
Almendros 161 C3, 167 D1,
  168 A1
Almería 173 D2
Almesåkra 46 A3, 51 C1
Älmhult 50 B2, 72 A1

Almirós 143 D3, 147 C1,
  148 B1
Almkerk 66 B3
Almodôvar 170 A/B1
Almodóvar del Campo 167 C2
Almodóvar del Pinar 161 D3,
  162 A3, 168 B1
Almodóvar del Río 166 B3,
  172 A1
Almofala 159 C2
Almogía 172 B2
Almoguera 161 C3
Almoharín 165 D2, 166 A2
Almonacid de la Sierra
  162 A1
Almonacid de Toledo 160 B3,
  167 C1
Almonacid de Zorita 161 C2/3
Almonacid del Marquesado
  161 C/D3, 167 D1, 168 A1
Almonaster 165 C/D3, 171 C1
Almondsbury 63 D1
Almonte 171 C2
Almoradí 169 C3, 174 B1
Almorchon 166 B2
Almorox 160 B3
Almoster 164 A1/2
Almourol 164 B1
Almsele 30 B1/2
Almsjönäs 30 B3, 35 D2
Älmsta 41 C3
Almudévar 154 B3
Almundsryd 51 C2
Almundsryd 51 C2, 72 A1
Almuñécar 173 C2
Almunge 40 B3
Almunia de San Juan 155 C3
Almuniente 154 B3
Almuradiel 167 D2/3
Almurfe 151 D1
Almvik 46 B3
Alnaryd 51 C2
Alnmouth 57 D2
Alnwick 54 B3, 57 D2
Alocén 161 C/D2
Aloja 73 D1, 74 A1
Alónia 145 C/D2, 149 C1
Alónnisos 144 B3, 147 D1
Alora 172 B2
Alosno 171 C1
Alozaina 172 A/B2
Alp Guralätsch 105 D2,
  106 A2
Alpalhão 165 C1
Alpandeire 172 A2
Alpanseque 161 C/D1
Alpbach 92 A/B3, 107 C1
Alpe del Trucco 104 B3
Alpe Dévero 105 C2
Alpe di Mera 105 C3
Alpedrinha 158 B3
Alpedriz 158 A3, 164 A1
Alpedroches 161 C1
Alpen 67 C3, 79 D1, 80 A1
Alpens 156 A2
Alpera 169 C2
Alphen aan de Rijn 66 A3
Alpiarça 164 B1/2
Alpirsbach 90 B2
Alpua 18 A3
Alpuente 162 A/B3, 169 C1
Alqueva 165 C3
Alquézar 155 C2/3
Alquife 173 C2
Als 48 B2
Alsasua 153 D2
Alsdorf 79 D2
Alsdorf-Höngen 79 D2
Alsen 29 C3, 34 B1/2
Alseno 114 A1
Alsenz 80 B3
Alset 28 A3, 33 C1
Alsfeld 81 C2
Alsfeld-Eifa 81 C2
Alsheim 80 B3
Ålshult 51 C2
Alsleben 69 C/D3, 82 A1
Alsódabas 129 C1
Alsónémedi 95 D3, 129 C1
Alsónemesapáti 128 A1
Alsóörs 128 B1

Alsószölnök **127** D1
Alstad **50** A3
Alstad **8** B2
Ålstad **8** B3
Alstadhaug **28** B3, **33** D1
Alstahaug **14** A2
Ålstäket **47** D1
Alsterbro **51** C/D1, **72** B1
Alstermo **51** C1
Alston **57** C/D3, **60** B1
Alt Duvenstedt **52** B2/3
Alt-Meteln **53** C3, **69** C1
Alt Schadow **70** B3
Alt-Schönau **69** D1, **70** A1
Älta **47** C/D1
Alta **5** C2
Altamura **120** B2
Altare **113** C2
Altarejos **161** D3, **168** A/B1
Altaussee **93** C3
Altavilla Irpina **119** D3, **120** A2
Altavilla Silentina **119** D3, **120** A2/3
Altdöbern **70** B3, **83** C1
Altdorf **92** A1
Altdorf **105** D1
Altdorf (Landshut) **92** B2
Alte **170** A/B2
Alte Ceccato **107** C3
Altea **169** D2
Altedo **115** C1
Alteidet **5** C2, **5** C2
Altena **80** A/B1
Altenahr **80** A2
Altenau **69** C3
Altenbeken **68** A3, **81** C1
Altenberge **67** D3
Altenbuch (Marktheidenfeld) **81** C3
Altenburg **82** B1/2
Altenburg **94** A2
Altenglan **80** A3, **90** A1
Altenhagen **70** A1
Altenholz **52** B2/3
Altenkirchen **80** A/B2
Altenmarkt **92** B3
Altenmarkt an der Triesting **94** A2/3
Altenmarkt bei Sankt Gallen **93** D3
Altenmarkt im Yspertal **93** D2
Altenmedingen-Bostelwiebeck **69** C1/2
Altenmünster-Zusamzell **91** D2
Altenstadt **81** C2/3
Altensteig **90** B2
Altensteig-Berneck **90** B2
Altentreptow **70** A1
Alter do Chão **165** C1/2
Altfraunhofen **92** B2
Altfriedland **70** B2
Althegnenberg **92** A2
Altheim **91** C/D2
Altheim **93** C2
Althofen **126** B1
Althorpe **61** C/D2/3
Althütte **91** C1/2
Altin **28** B2
Altinoluk **149** C/D1
Altipiani di Arcinazzo **118** B2
Altkalen **70** A1
Altkirch **89** D3, **90** A3
Altkünkendorf **70** B2
Altlandsberg **70** A/B2
Altlengbach **94** A2
Altlewin **70** B2
Altmannstein **92** A1/2
Altmannstein-Mendorf **92** A1/2
Altmannstein-Pondorf **92** A1
Altmünster **93** C3
Altnes **5** C2
Altofonte **124** B2
Altomonte **122** A1
Altomünster **92** A2
Altomünster-Wollomoos **92** A2
Alton **64** B3, **76** A/B1
Altopáscio **114** B2, **116** A1

Altorricón **155** C3, **163** C1
Altötting **92** B2
Altranft **70** B2
Altrincham **59** D2, **60** B3, **64** A1
Altrip **90** B1
Altruppin **70** A2
Altscheid **79** D3
Altshausen **91** C3
Altstätten **91** C3, **105** D1, **106** A1
Altuna **40** A3
Altura **162** B3, **169** C/D1
Altusried **91** D3
Altusried-Kimratshofen **91** D3
Altusried-Krugzell **91** D3
Altwarp **70** B1
Altwigshagen **70** B1
Aluksne **74** A/B1
Alunda **40** B3
Alustante **162** A2
Alva **56** B1
Alvaiázere **158** A3, **164** B1
Alvajärvi **21** D1/2, **22** A1/2
Alvalade **164** B3, **170** A1
Alvaneu Bad **106** A1/2
Alvängen **45** C3
Alvarenga **158** A/B2
Alvares **158** A/B3, **164** B1
Alvaro **158** B3, **164** B1
Alvastra **46** A2
Alvdal **33** C3, **37** D1
Älvdalen **39** C1
Alvega **164** B1
Alverja **164** A2
Alversund **36** A3
Alvesta **50** B1, **51** C1, **72** A1
Alvettula **25** C1/2
Älvho **39** D1
Alviano **117** C3, **118** A/B1
Alvignac **109** D1
Alvik **35** D2/3
Alvik **17** C3
Ålvik **36** B3
Alviksträsk **17** C3
Alvito **119** C2
Alvito **164** B3
Älvkarleby **40** B2
Älvkarleö bruk **40** B2
Älvkarlhed **39** D1, **40** A1
Alvnes **8** B3, **9** C3
Alvnes **9** C3, **15** C1
Alvøen **36** A3
Alvôr **170** A2
Alvøy **36** A3
Älvros **38** B1
Älvros **34** B3
Älvsbacka **39** C3, **45** D1
Älvsbacka **16** A2
Älvsbyn **16** B3
Älvsered **49** D1, **50** A1
Älvsnäs **40** B3
Ålvundeid **32** B2
Ålvundfoss **32** B2
Alwalton **64** B2
Alwinton **57** D2
Alyth **57** C1
Alytus **73** D2, **74** A2
Alzano Lombardo **106** A3
Alzenau **81** C3
Alzey **80** B3
Alzo **105** C3
Alzon **110** B2
Alzonne **110** A3, **156** A1
Amadora **164** A2
Amailloux **101** C1
Åmål **45** C1/2
Amalfi **119** D3
Amaliápolis **143** D3, **144** A3, **147** C1
Amaliás **146** A2/3, **148** A/B2
Amance **89** C3
Amancey **104** A1
Amándola **115** D3, **117** D2/3
Amantea **122** A2
Amantia **142** A2
Amárandon **143** C3
Amárandos **142** B2
Amarante **158** A/B1
Amareleja **165** C3
Amares **150** A/B3, **158** A1

Amárinthos **147** D2
Amaseno **119** C2
Amatrice **117** D3, **119** C1
Amaxádes **145** C1
Amayas **161** D2, **162** A2
Ambarès **108** B1
Ambasaguas **152** A2
Ambazac **101** D2
Ambel **154** A3, **162** A1
Ambelákia **147** D2
Ambelákia **143** D3
Ambelakiótissa **146** B1/2
Ambelón **143** D3
Amberg **82** A/B3, **92** A/B1
Ambérieu-en-Bugey **103** D2
Ambérieux-en-Dombes **103** D2
Ambert **103** C3
Ambialet **110** A2
Ambierle **103** C2
Ambjörby **39** C2
Amblainville **77** D3, **87** C1
Amble-by-the-Sea **57** D2
Ambleside **57** C3, **59** C/D1, **60** B1/2
Amblève **79** D2
Ambleville **77** D3, **87** C1
Amboise **86** B3
Ambra **115** C3, **116** B2
Ambrault **102** A1
Ambrières-le-Grand **86** A2
Ambrógio **115** C1
Ambrona **161** D1/2
Ambronay **103** D2
Amdal **28** A/B3, **33** C/D2
Åmdalsverk **43** C1/2
Amden **105** D1, **106** A1
Ameixial **170** B1/2
Ameixoeira **158** B3, **164** B1
Amel (Amblève) **79** D2
Amélia **117** C3, **118** B1
Amélie-les-Bains-Palalda **156** B2
Amelinghausen **68** B1/2
Amendolara **120** B3, **122** B1
Amer **156** B2
America **79** D1
Amerongen **66** B3
Amersfoort **66** B3
Amersham **64** B3
Amesbury **64** A3, **76** A1
Amezketa **153** D1/2, **154** A1
Amfíklia **147** C1/2
Amfilochía **146** A1, **148** A1/2
Amfípolis **140** B3, **144** B1, **148** B1
Ámfissa **146** B2, **148** B2
Amiães de Baixo **164** A/B1
Amieira **164** B1
Amieira **165** C3
Amiens **77** D2/3
Amigdaléai **143** C2
Amíklai **147** C3
Amíndeon **143** C1/2
Aminne **20** B1
Åminne **50** B1
Amiterno **117** D3, **119** C1
Amla **36** B2
Åmli **43** C2
Åmliden **16** A3, **31** C1
Amlwch **58** B2, **60** A3
Ammälä **20** B3
Ammanford **63** C1
Ämmänsaari **19** C/D2
Ammarnäs **15** C2
Ämmätsä **25** C1, **26** A1
Åmmeberg **46** A2
Ammensleben **69** C3
Ammer **30** A3, **35** C2
Ammer **35** C2
Ammerbuch **91** C2
Ammern **81** D1
Ammerön **35** C2
Amoeiro **150** B2
Åmöneburg **81** C2
Amorbach **81** C3
Amoreanes **170** B1
Amoreira **164** A1
Amorosa **150** A3, **158** A1
Amorosi **119** D3
Åmot **40** A2

Åmot **38** A1/2
Åmot **43** C1
Åmot **43** D1
Åmot **37** D3
Amot **36** B2
Åmotfors **38** B3, **45** C1
Åmotsdal **43** C1
Åmotsdalshytta **32** B3, **37** C/D1
Amou **108** A/B3, **154** B1
Ampezzo **107** D2, **126** A2
Ampfing **92** B2
Amphiareion **147** D2
Ampiaslantta **16** B1
Amplepuis **103** C2
Amposta **163** C2
Ampthill **64** B2
Ampudia **152** A/B3
Ampuero **153** C1
Ampuis **103** D3
Amriswil **91** C3
Åmsele **31** C1
Amsteg **105** D1/2
Amstelveen **66** A/B2/3
Amsterdam **66** B2/3
Amstetten **93** D2/3, **96** A2/3
Amtzell **91** C3
Amulree **56** B1
Amurrio **153** C1/2
Amusco **152** B3
Amusquillo **152** B3, **160** B1
Ámvrakikos Kólpos **146** A1
Åmynnet **30** B3
Ån **29** C3, **34** B2
An Uaimh (Navan) **55** D2
Åna-Sira **42** B3
Anacapri **119** C/D3
Anadia **158** A2
Anadón **162** B2
Anafonítria **146** A2/3
Anagni **118** B2
Añana-Gesaltza **153** C2
Ananjev **99** C3
Anarisstugan **34** A2
Anarrítí **146** B3
Anaya de Alba **159** D2, **160** A2
Ança **158** A3
Ancenis **85** D3
Ancerville-Guë **88** B2
Anché **101** C2
Anchuela del Campo **161** D2, **162** A2
Anchuras **166** B1
Ancin **153** D2
Ancona **117** D2
Ancroft **57** D2
Ancy-le-Franc **88** A/B3
Anda **36** A/B1
Åndalo **106** B2
Åndalsnes **32** A/B2/3, **37** C1
Andaluz **153** C/D3, **161** C1
Andau **94** B3
Andaval **165** C2
Andavias **151** D3, **159** D1
Åndebol **46** B2
Andebu **43** D2, **44** A/B1
Andeer **105** D2, **106** A2
Andelfingen **90** B3
Andelot **89** C2
Andenes **9** C1
Andenne **78** B2
Anderberget **30** A/B3, **35** D2
Anderlues **78** B2
Andermatt **105** D2
Andernach **80** A2
Andernos-les-Bains **108** A1
Anderslöv **50** A/B3
Anderstorp **50** B1
Andijk **66** B2
Andilla **162** B3, **169** C1
Andlau **90** A2
Andoain **153** D1, **154** A1
Andocs **128** B2

Andolsheim **90** A2/3
Andørja **9** C1
Andorra **162** B2
Andorra la Vieja **155** D2
Andosilla **153** D2, **154** A2
Andover **64** A/B3, **76** A1
Andrå **38** A1
Andrafx **157** C1
Andravída **146** A2
Andreapol' **75** C1
Andrejaš **138** B2
Andrest **108** B3, **155** C1
Andretta **120** A2
Andrezieux **103** C3
Ándria **120** B2, **136** A3
Andrijevci **132** B1
Andrijevica **137** D1, **138** A1
Andrítsena **146** B3, **148** B2
Androniáni **147** D1/2
Androúsa **146** B3
Andselv (Bardufoss) **4** A3, **9** D1
Andsnes **4** B2
Andújar **167** C3, **172** B1
Anduze **110** B2
Andviken **29** D3, **34** B1
Andviken **29** D3, **34** B1
Aneby **46** A3
Åneby **38** A3
Anemorráchi **142** B3, **146** A1
Ænes **42** A1
Ånes **32** B2
Ånesletta **9** C1
Ånestad **38** A2
Anet **87** C1
Anetjärvi **19** C1
Anfo **106** B3
Äng **45** C2
Äng **46** A3
Anga **47** D3, **47** D3
Änge **29** C3, **34** B1
Ånge **35** C2/3
Ånge **15** D2
Ängebo **35** C3
Angeja **158** A2
Angelbachtal **90** B1
Angelburg-Lixfeld **80** B2
Ángeles **150** B2
Ängelholm **49** D2, **50** A2, **72** A1
Angeli **6** A3, **11** D1/2
Angelniemi **24** B3
Angelókastron **142** A3
Angelókastron **146** A1/2
Angelókastron **147** C3
Angelsberg **40** B2
Angen **28** A2
Anger **127** C/D1
Angera **105** D2
Angermünde **70** B2, **72** A3
Angern **69** D2/3
Angern **94** B2
Angers **86** A3
Ängersjö **34** B3
Angervikko **23** C1/2
Angerville **87** C2
Ängesån **14** A1
Ängesbyn **17** C2/3
Anghiari **115** C3, **117** C2
Angístrion **147** C/D3
Angle **62** B1
Anglès **110** A3
Anglès **156** B2
Angles-sur-l'Anglin **101** D1
Anglesola **155** D3, **163** D1
Anglure **88** A2
Ango **77** C2/3
Ängom **35** D3
Angoulême **101** C3
Ängskär **40** B2
Ängsnäs **40** A2
Ängsö **40** A3, **47** C1
Angués **154** B2/3
Anguiano **153** C/D2/3
Anguillara Véneta **115** C1
Anguita **161** D2
Angvik **32** B2
Anholt **49** C2
Aniane **110** B2/3
Aniche **78** A2
Anières **104** A2

Aniés 154 B2
Anikščai 73 D2, 74 A2
Anina 135 C1, 140 A1
Anizy-le-Château 78 A/B3
Anjala 26 B2
Anjans fjällstation 29 C3, 34 A1
Anjony 102 A/B3, 110 A1
Anjum 67 C1
Ankaran 126 B3
Ankarede kapell 29 C/D1
Ankarsrum 46 B3
Ankarsund 15 C3
Ankarsvik 35 D3
Ankarvatnet 29 C/D1
Ankele 22 B3
Ankerlia 4 B3, 10 B1
Anklam 70 A/B1, 72 A2/3
Ankum 67 D2
Anlezy 102 B1
Ånn 29 C3, 34 A2
Annaberg 94 A3
Annaberg-Buchholz 82 B2
Annaberg im Lammertal 93 C3
Annaburg 70 A3, 82 B1
Annalong 58 A1
Annan 57 C3, 60 A/B1
Anndalsvågen 14 A3
Anneberg 46 A3
Annecy 104 A2/3
Annefors 40 A1
Annemasse 104 A2
Annerstad 50 B2
Annevoie-Rouillon 79 C2
Anneyron 103 D3
Annonay 103 C/D3
Annone Véneto 107 D3, 126 A3
Annonen 18 A3, 21 C/D1
Annopol 97 C1, 98 A1
Annot 112 A/B2
Annœullin 78 A2
Annula 25 C2
Annweiler 90 B1
Áno Porróia 139 D3, 143 D1, 144 A1
Anola 27 C2
Añón 154 A3, 162 A1
Anor 78 B3
Añora 166 B2/3
Anost 103 C1
Añover de Tajo 160 B3, 167 C1
Anquela del Ducado 161 D2
Anquela del Pedregal 162 A2
Anröchte 80 B1
Ans 48 B2
Ansager 48 A3, 52 A1
Ansbach 91 D1
Anse 103 C/D2
Ansedónia 116 B3
Anserall 155 D2
Ansião 158 A3, 164 B1
Ansignan 156 B1
Ansjö 30 A3, 35 C2
Ansnes 32 B1
Ansnes 4 A3, 9 D1
Ansó 154 B2
Ånstad 8 A3
Anstruther 57 C1
Ansvar 14 A1/2
Antas 174 A2
Antas 158 B2
Antas de Ulla 150 B2
Antegnate 106 A3
Anten 45 C3
Antequera 172 B2
Anterselva/antholz 107 C/D1
Antey-Saint-André 105 C3
Anthée 79 C2
Anthéor-Cap-Roux 112 B3
Anthering 92 B3
Anthótopos 143 D3, 147 C1
Antibes 112 B3
Antícoli Corrado 118 B2
Antignac 102 A/B3
Antignano 114 A3, 116 A2
Antigonea 142 A/B2
Antigüedad 152 B3
Antilankylä 20 B3, 24 B1

Antillo 125 D2
Antillón 154 B3
Antissa 145 D3
Antnäs 17 C3
Antoing 78 A/B2
Antoñana 153 D2
Antraigues-sur-Volane 111 C1
Antrain 85 D2
Antrefftal 81 C2
Antrim 54 A3, 55 D2
Antrodoco 117 C/D3, 118 B1
Antronapiana 105 C2
Anttila 6 B3
Anttila 26 B2
Anttis 17 C1
Anttola 27 C/D1
Antwerpen 78 B1
Antzuola 153 D1
Anundshogen 40 A3, 46 B1
Anutkaski 16 B1/2
Anversa degli Abruzzi 119 C2
Anvin 77 D2
Anya 155 D3
Anzano di Púglia 120 A2
Anzasco 105 C2
Anzat-le-Luguet 102 B3
Anzi 120 B2/3
Anzin 78 A/B2
Anzing 92 A/B2
Ánzio 118 B2
Anzola dell'Emília 114 B1
Aoíz 154 A2
Aosta 104 B3
Aoste 103 D3, 104 A3
Aouste-sur-Sye 111 C/D1
Aovaniemi 12 A/B3
Apahida 97 D3, 98 A3
Apaj 129 C1
Apátfalva 129 D2
Apatin 129 C3
Apatöac 127 D2
Apchon 102 B3
Ape 74 A1
Apécchio 115 C/D3, 117 C2
Apeldoorn 66 B3, 67 C3
Apelern 68 A/B3
Apen 67 D1
Apenburg 69 C2
Apensen 68 B1
Apfelstädt 81 D2, 82 A2
Aphaia 147 D2/3
Apice 119 D3, 120 A2
Apiés 154 B2
Apiro 115 D3, 117 D2
Aplas 16 B2
Apolda 82 A1/2
Apollonia 142 A1/2
Apollonia 149 C2/3
Apollonía 144 A2
Äppelbo 39 C2
Appelscha 67 C2
Appen 68 B1
Appenweier 90 B2
Appenzell 105 D1, 106 A1
Appiano/eppan 107 C2
Appignano 115 D3, 117 D2
Appingedam 67 C1
Appleby 57 C/D3, 60 B1
Appledore 62 B2
Appletreewick 59 D1, 61 C2
Appoigny 88 A2/3
Aprelevka 75 D2
Apremont-la-Forêt 89 C1
Aprica 106 B2
Apricena 120 A1
Aprilia 118 B2
Ápsalos 143 C/D1
Apt 111 D2
Aquiléia 126 A3
Aquilónia 120 A2
Aquilué 154 B2
Aquino 119 C2
Ar 47 D2
Arabba 107 C2
Aracena 165 D3, 171 C1
Arachnéon 147 C3
Aráchova 147 C2
Aráchova 146 B1
Aračinovo 138 B2
Arad 97 C3, 140 A1
Arådalens fjällstation 34 B2

Aragona 124 B2
Aragoncillo 161 D2, 162 A2
Aragózena 146 B2
Aragüas del Solano 154 B2
Aragüés del Puerto 154 B2
Åraksbø 43 C2
Aram 36 A1
Aramaio 153 D1/2
Aramiñon 153 C2
Aramits 108 B3, 154 B1
Aramon 111 C2
Arana-San Bixenti 156 A1
Aranaz 154 A1
Arancón 153 D3, 161 D1
Aranda de Duero 153 C3, 160 B1, 161 C1
Aranda de Moncayo 154 A3, 161 D1, 162 A1
Arandelovac 133 D2, 134 A/B2, 140 A2
Arándiga 154 A3, 162 A1
Arandilla 153 C3, 161 C1
Aranga 150 B1
Aranjuez 161 C3, 167 C/D1
Arañuel 162 B3, 169 C/D1
Aranzueque 161 C2
Arapei 149 D2
Aras 153 D2
Aras de Alpuente 162 A/B3, 169 C1
Arasluoktastugan 9 C3
Áratos 145 C/D1
Arauzo de Miel 153 C3, 161 C1
Aravaca 160 B2
Aravissós 143 D1
Áraxos 146 A/B2
Arazede 158 A3
Arbancón 161 C2
Arbas 109 C3, 155 C/D1
Arbatax 123 D2
Arbeca 155 D3, 163 D1
Arbesbach 93 D2, 96 A3
Arbeteta 161 D2
Arbneš 137 D2
Arbo 150 A/B3
Arboga 46 B1
Arbois 104 A1
Arboleas 174 A1/2
Arbon 91 C3
Arborea 123 C2
Arbório 105 C3
Årbostad 9 C/D1
Årbotten 38 B3, 45 C1
Arbrå 40 A1
Arbroath 54 B2, 57 C1
Arbúcies 156 B2/3
Árbus 123 C3
Årbyn 17 C2
Arc-en-Barrois 88 B2/3
Arc-et-Senans 104 A1
Arc-sur-Tille 88 B3, 103 D1
Arcachon 108 A1
Arčar 135 D3, 140 B2
Arcas 161 D3, 168 B1
Arce 119 C2
Arce 154 A2
Arcen 79 D1
Arces 88 A2
Arcévia 115 D3, 117 C2
Archángelos 139 C3, 143 D1
Archángelos 146 A1
Archánion 146 B1
Archena 169 C3, 174 B1
Arches 89 D2
Archiac 101 C3
Archidona 172 B2
Archipovka 75 C2
Archivel 168 B3, 174 A1
Arcicóllar 160 B3
Arcidosso 116 B3
Arcille 116 B3
Arcis-sur-Aube 88 A/B2
Arciz 141 D1
Arco 106 B2/3
Arçon 104 A/B1
Arconada 152 B2
Arcos 153 C2/3
Arcos de Jalón 161 D1
Arcos de la Frontera 171 D2
Arcos de la Sierra 161 D2/3

Arcos de las Salinas 162 A/B3, 169 C1
Arcos de Valdevez 150 A/B3, 158 A1
Arcusa 155 C2
Arcy-sur-Cure 88 A3
Arda 145 C1
Årdal 42 A2
Årdala 47 C1/2, 47 C1/2
Ardales 172 A/B2
Årdalstangen 37 C2
Árdara 123 C1/2
Ardaúli 123 C2
Ardbeg 56 A2
Árdea 118 B2
Ardee 55 D2, 58 A1
Arden 48 B2
Ardenicès 142 A1
Ardentes 102 A1
Ardes-sur-Couze 102 B3
Ardez 106 B1
Ardgay 54 A/B1/2
Ardglass 58 A1
Ardino 140 B3, 145 C1
Ardisa 154 B2
Ardlussa 54 A2, 55 D1, 56 A1
Ardminish 56 A2
Ardon 104 A1/2
Ardón 151 D2, 152 A2
Ardore 122 A3
Ardre 47 D3
Ardres 77 D1
Ardrishaig 56 A1/2
Ardvasar 54 A2, 55 D1
Åre 29 C3, 34 A1/2
Areatza 153 C/D1
Areias 158 A3, 164 B1
Aremark 44 B1
Arén 155 C2
Arena 122 A2/3
Arenal d'en Castel 157 D1
Arenales del Sol 169 C/D3
Arenas 172 B2
Arenas de Iguña 152 B1
Arenas de San Juan 167 D1/2
Arenas de San Pedro 160 A3
Arenas del Rey 173 C2
Arendal 43 C3
Arendonk 79 C1
Arendsee 69 C2
Arengosse 108 A/B2
Arenillas 161 C1
Areños 152 B1/2
Aréns de Lledó 163 C2
Arenshausen 81 C/D1
Arenys de Mar 156 B3
Arenys de Munt 156 B3
Arenzano 113 C/D2
Arès 108 A1
Ares 150 B1
Ares del Maestre 162 B2
Aresing 92 A2
Arespalditza 153 C1
Åresvik 32 B2
Areta 153 C1
Aréthousa 144 A/B1/2
Aretí 146 A2
Arette 108 B3, 154 B1
Aretxabaleta 153 D1/2
Areu 155 D2
Arevalillo 159 D2, 160 A2
Arévalo 160 A2
Arevattnet 14 B3
Arez 164 B/C1
Arezzo 115 C3, 116 B2
Arfará 146 B3
Arfeuilles 103 C2
Arfons 110 A3
Argalastí 144 A3, 147 C1
Argallón 166 A/B3
Argamasilla de Alba 167 D2, 168 A2
Argamasilla de Calatrava 167 C2
Arganda 161 C3
Arganil 158 B3
Arganil 158 B3, 164 B1
Argantzun 153 C2
Arganza 151 C2
Årgård 28 B2

Argásion 146 A2/3
Argecilla 161 C2
Argegno 105 D2/3, 106 A2/3
Argelaguer 156 B2
Argelès-Gazost 108 B3, 155 C1
Argelès-sur-Mer 156 B2
Argelita 162 B3, 169 D1
Argenbühl-Eglofs 91 C3
Argenschwang 80 A/B3
Argent-sur-Sauldre 87 D3
Argenta 115 C1
Argentan 86 A/B1/2
Argentat 102 A3, 109 D1
Argente 162 A2
Argentella 113 D2/3
Argentera 112 B2
Argenthal 80 A/B3
Argentière 104 B2/3
Argentière-la-Bessée 112 A1
Argenton-Château 100 B1
Argenton-sur-Creuse 101 D1/2, 102 A1/2
Argentona 156 A/B3
Argentré 86 A2
Argentré-du-Plessis 85 D2, 86 A2
Argeriz 151 C3, 158 B1
Argés 160 B3, 167 C1
Argetoaia 135 D2
Argirádes 142 A3
Argiropoúlion 143 D3
Argomariz 153 D2
Árgos 147 C3, 148 B2
Árgos Orestikón 143 C2
Argostólion 148 A2
Arguedas 154 A2/3
Arguis 154 B2
Arguijillo 159 D1
Argy 101 D1
Århus 48 B3
Ariano Ferrarese 115 C1
Ariano Irpino 119 D3, 120 A2
Ariano nel Polésine 115 C1
Arienzo 119 D3
Arild 49 D2, 50 A2
Arilje 133 D3, 134 A3
Arinagour 54 A2, 55 D1
Åringen 14 A2
Aríñiz 153 C/D2
Ariño 162 B2
Arinthod 103 D2, 104 A2
Arisgotas 160 B3, 167 C1
Arísti 142 B2/3
Aritzo 123 D2
Arive 108 A3, 154 A1/2
Ariz 158 B2
Ariza 161 D1, 162 A1
Årjäng 45 C1
Arjeplog 15 D2
Arjona 167 C3, 172 B1
Arjonilla 167 C3, 172 B1
Arkala 18 B2
Arkelstorp 50 B2
Arkítsa 147 C1
Arklow 55 D3, 58 A3
Arkösund 47 C2
Ärla 46 B1
Ärla 46 B1
Arlanc 103 C3
Arlanda 40 B3, 47 C1
Arlanzón 153 C2
Arlempdes 110 B1
Arles 156 B2
Arles 111 C2/3
Arleuf 103 C1
Arlon 79 C/D3
Arma di Tággia 113 C2
Armação de Pera 170 A2
Armadale 56 B2, 57 C2
Armagh 54 A3, 55 D2, 58 A1
Armallones 161 D2
Armamar 158 B2
Armasjärvi 17 C/D2
Arménion 143 D3
Armeno 105 C/D3
Armenteros 159 D2, 160 A2
Armentières 78 A2
Armilla 173 C2
Armintza 153 C1
Armo 122 A3, 125 D1/2

Armutlu 141 D3, 149 D1
Arna 36 A3
Arnac-Pompadour 101 D3
Arnáccio 114 A/B2/3, 116 A2
Arnafjord 36 A/B2/3
Arnage 86 B2/3
Arnager 51 D3
Årnäs 45 D2
Arnäsvall 31 C3
Arnaville 89 C1
Arnavutköy 145 D1/2
Arnay-le-Duc 103 C1
Arnbach 107 D1
Arnberg 31 C1
Arnborg 48 A/B3
Arnbruck 92 B1
Arnéa 144 A/B2
Arneberg 38 B2
Arneburg 69 D2
Arnedillo 153 D2/3
Arnedo 153 D2/3, 154 A2
Arnéguy 108 A3, 154 A1
Årnes 38 B2/3
Årnes 38 A3
Årnes 28 A2, 33 C1
Arnes 163 C2
Arnfels 127 C1/2
Arnhem 66 B3, 67 C3
Árnissa 143 C1/2
Arnö 47 C1
Arnoga 106 B2
Arnön 40 B1
Arnoyhamn 4 B2
Arnsberg 80 B1
Arnsberg-Neheim-Hüsten
  80 B1
Arnschwang 92 B1
Arnsdorf 83 C1
Arnside 59 D1, 60 B2
Arnstadt 81 D2, 82 A2
Arnstein 81 C/D3
Arnstorf 92 B2
Arnuero 153 C1
Arnum 52 A/B1
Aroanía 146 B2
Aroche 165 C3, 171 C1
Arões 158 A2
Aroffe 89 C2
Arola 6 B2, 7 C2
Arolla 105 C2
Arolsen 81 C1
Arolsen-Mengeringhausen
  81 C1
Aron 86 A2
Arona 105 C/D3
Aronkylä 20 B3
Åros 38 A3, 43 D1, 44 B1
Arosa 106 A1
Ärosjåkk 10 A3
Ærøskøbing 53 C2
Årøsund 52 B1
Arouca 158 A2
Årøybukt 4 B3
Årøysund 44 A/B1
Arpáia 119 D3
Arpajon 87 C/D2
Arpajon-sur-Cère 110 A1
Árpás 95 C3, 128 A1
Arpela 17 D2, 18 A1
Arpino 119 C2
Arquà Petrarca 107 C3
Arquata del Tronto 117 D3,
  119 C1
Arquata Scrívia 113 D1
Arques 77 D1/2, 78 A2
Arques 110 A3, 156 A/B1
Arques-la-Bataille 77 C2/3
Arquillos 167 D3, 173 C1
Arrabal 183 A3, 164 A/B1
Arrabal del Portillo 152 B3,
  160 A/B1
Arracourt 89 D1/2
Arraiz 108 A3, 154 A1
Arrakoski 25 D1, 26 A1
Arralolos 164 B2
Arrankorpi 25 C/D2, 26 A2
Arras 78 A2
Arrasate 153 D1/2
Arraute-Charritte 108 A3,
  154 A/B1
Arrázola 153 D1

Årre 48 A3, 52 A1
Arreau 109 C3, 155 C1/2
Arredondo 153 C1
Årrenjarka 15 D1
Arrens 108 B3, 154 B1/2
Arriate 172 A2
Arrie 50 A3
Arrifana 158 A2
Arrigorriaga 153 C1
Arrild 52 A/B1/2
Arriondas 152 A1
Arro 155 C2
Arroba 167 C2, 167 C2
Arrochar 56 B1
Arromanches-les-Bains 76 B3,
  86 A1
Arronches 165 C2
Arróniz 153 D2, 154 A2
Arròs 155 C/D2
Arroyo de Cuéllar 160 B1
Arroyo de la Luz 165 D1
Arroyo de San Serván 165 D2
Arroyomolinos de León
  165 D3, 171 C1
Arroyomolinos de Montánchez
  165 D2, 166 A2
Arruda dos Vinhos 164 A2
Års 48 B2
Ars-en-Ré 100 A2
Ars-sur-Formans 103 D2
Ars-sur-Mozelle 89 C1
Årsandøy 28 B1
Årsdale 51 D3
Arsiè 107 C2
Arsiero 107 C2
Årslev 53 C1
Årsoli 118 B1/2
Årsta havsbad 47 C/D1
Årstein 9 C/D2
Årsunda 40 A2
Arsuni 123 C2
Arsy 78 A3, 87 D1
Artá 157 D1
Árta 146 A1, 148 A1/2
Arta Terme 107 D2, 126 A2
Artajona 154 A2
Artana 162 B3, 169 D1
Artazu 153 D2, 154 A2
Arteaga 153 C/D1
Arteaga 153 C/D1
Artedó 155 D2, 156 A2
Artegna 126 A2
Arteijo 150 A1
Artemare 104 A3
Artemisía 146 B3
Artemísion 147 C1
Arten 107 C2
Artena 118 B2
Artenay 87 C2
Artern 82 A1
Artés 156 A2/3
Artesa de Segre 155 D3,
  163 D1
Arthez-d'Asson 108 B3,
  154 B1
Arthez de-Béarn 108 B3,
  154 B1
Arthon-en-Retz 100 A1
Arthonnay 88 B2/3
Articuza 153 D1, 154 A1
Arties 155 C/D2
Artix 108 B3, 154 B1
Artjärvi 25 D2, 26 A2
Artlenburg 68 B1, 69 C1
Artotína 146 B1
Artsjö 25 D2, 26 A2
Artziniega 153 C1
Arundel 76 B1
Arundel Castle 76 B1
Årup 52 B1
Aruskila 23 C2/3
Årvåg 32 B1/2
Arvaja 25 D1, 26 A1
Arvet 39 D1/2
Arveyres 108 B1
Arvidsjaur 16 A3
Arvidsträsk 16 B3
Årvik 36 A1
Årvik 42 A1
Arvika 38 B3, 45 C1
Årviksand 4 B2

Årvikstrand 42 A1
Åryd 51 C1/2
Arzachena 123 D1
Arzacq-Arraziguet 108 B3,
  154 B1
Aržano 131 D3, 132 A3
Arzano 84 B2/3
Arzbach 80 A/B2
Arzberg 83 C1
Arzberg 82 B3
Arzignano 107 C3
Arzon 85 C3
Arzúa 150 B2
Ås 38 B3
Ås 29 D3, 34 B2
Ås 33 D2
Aš 82 B2/3
Ås 79 C1/2
Åsa 49 D1, 50 A1
Asa 45 D3
Aså 49 C1
Asamati 142 B1
Åsan 28 B2
Åsäng 35 D2/3
Åsarna 34 B2/3
Åsarp 45 D3
Asarum 51 C2, 72 A/B1
Asasp 108 B3, 154 B1
Asbach 80 A2
Åsberget 35 C2
Åsbro 46 A1/2
Asby 46 A3
Ascain 108 A3, 154 A1
Ascha 92 B1
Aschach an der Donau 93 C2
Aschaffenburg 81 C3
Aschau 92 B3, 107 D1
Aschau bei Kraiburg 92 B2
Aschau im Chiemgau 92 B3
Aschau-Sachrang 92 B3
Aschbach Markt 93 D2/3
Ascheberg 67 D3
Ascheberg (Holstein) 52 B3,
  53 C3
Aschersleben 69 C3, 82 A1
Asciano 115 C3, 116 B2
Asco 113 D2/3
Ascó 163 C1/2
Áscoli Piceno 117 D3, 119 C1
Áscoli Satriano 120 A2
Ascona 105 D2
Ascot 64 B3, 76 B1
Ascoux 87 C/D2
Ascq 78 A2
Åse 9 C1
Aséa 146 B3
Åseda 51 C1, 72 A/B1
Åsele 30 B2, 35 D1
Åselet 16 B3
Asemakylä 18 A/B2
Asemakylä 18 A/B2
Asemanseutu 21 C3
Åsen 39 C1
Åsen 39 C1
Åsen 35 C2
Åsen 29 D3, 34 B2
Åsen 28 B3, 33 D1
Åsen 9 C2
Asendorf (Hoya) 68 A2
Åsenhöga 50 B1
Asenovgrad 140 B3
Åsensbruk 45 C2
Åsenvoll 33 D2/3
Åseral 42 B3
Åserud 38 B3
Asfáka 142 B3
Asfeld 78 B3, 88 A/B1
Åsgård 33 C3, 37 D1, 38 A1
Åsgårdstrand 44 B1
Åshammar 40 A2
Ashbourne 61 C3, 64 A1
Ashburne 58 A2
Ashburton 63 C3, 63 C2
Ashby de la Zouch 64 A/B1
Ashford 65 C3, 77 C1
Ashington 54 B3, 57 D2/3
Ashton-under-Lyne 59 D2,
  60 B3
Asiago 107 C2/3
Asige 49 D2, 50 A1

Asikkala 25 D1/2, 26 A1/2
Asín 154 B2
Asinhal 164 B3, 170 B1
Asíni 147 C3
Ask 50 A/B3
Ask 38 A3
Aska 12 B2
Askainen 24 A2
Askanmäki 19 C2
Askeby 46 B2
Asker 38 A3, 43 D1
Askersund 46 A2
Askesta 40 A1
Åskhult 49 D1, 50 A1
Askim 45 C3, 49 D1
Askim 38 A3, 44 B1
Åskloster 49 D1, 50 A1
Askøby 53 C2
Åskogen 17 C2
Askola 25 D2, 26 A2
Asköping 46 B1
Askós 144 A1/2
Askov 48 A/B3, 52 A/B1
Askøy 36 A3
Askra 147 C2
Askrigg 59 D1, 60 B1/2
Askvik 42 A2
Askvoll 36 A2
Aslaksrud 43 D1, 44 A1
Åsli 37 D3
Åsljunga 50 A/B2
Åsmark 38 A2
Asmunti 18 B1
Åsnes 38 B2
Asnfordby 64 B1
Asnœs 49 C3, 53 C/D1
Ásola 106 B3, 114 A/B1
Åsolo 107 C3
Asón 153 C1
Asopía 147 D2
Åsotthalom 129 C/D2
Aspa 32 B2
Aspach 91 C1
Aspang Markt 94 A/B3
Aspariegos 151 D3, 152 A3,
  159 D1
Asparn an der Zaya 94 B2
Aspås 29 D3, 34 B1/2
Aspatria 57 C3, 60 A/B1
Aspberg 45 D1
Aspe 167 C3
Åspeå 30 B3, 35 D1/2
Aspeboda 39 D2
Aspenes 29 C2
Asperg 91 C1/2
Asperget 38 B2
Asperup 48 B3, 52 B1
Aspet 109 C3, 155 C/D1
Aspli 32 B1
Asplia 28 A2/3, 33 C1
Aspliden 16 B2
Aspnäs 35 D2
Aspö 24 A3
Aspö 47 C1
Aspremont 111 D1/2
Aspres-sur-Buëch 111 D1,
  112 A1/2
Aspróchoma 146 B3
Asprogérakas 146 A2
Asprókambos 147 C2
Asprópirgos 147 D2
Asproválta 144 B1/2
Aspsele 30 B2
Assago 105 D3, 106 A3
Assamstadt 91 C1
Asse 78 B2
Assebakte 5 D3, 6 A3, 11 D1
Asseiceira 164 B1
Assels 48 A2
Assémini 123 C/D3
Assen 67 C2
Assens 48 B2
Assens 52 B1
Assergi 117 D3, 119 C1
Asseria 131 C2
Assesse 79 C2
Åssiros 143 D1, 144 A1
Assisi 115 D3, 117 C2
Åsskard 32 B2
Asslar 80 B2
Assling 92 A/B3

Asson 108 B3, 154 B1
Assoro 125 C2
Assumar 165 C2
Astaffort 109 C2
Astakós 146 A1/2, 148 A2
Åstan 28 A3, 33 C1
Åstdalseter 37 D2, 38 A1
Asteasu 153 C1
Asten 79 C/D1
Asten 93 D2
Asti 113 C1
Astillero 152 B1
Astipálea 149 C/D3
Aston 59 D2, 60 B3
Astorga 151 D2
Åstorp 50 A2, 72 A1
Åstrand 39 C2/3
Åsträsk 31 C1
Ástros 147 C3
Astudillo 152 B2/3
Asunta 21 C3
Asvestópetra 143 C2
Aszófő 128 B1
Atalaia 164 B1
Atalánti 147 C1, 148 B2
Atalaya 165 D3
Atalaya de Cañavate 168 B1
Atalho 164 A/B2
Atapuerca 153 C2
Ataquines 160 A1/2
Atarfe 173 C2
Ataun 153 D1/2
Atauta 153 C3, 161 C1
Atea 162 A1/2
Ateca 161 D1, 162 A1
Atei 158 B1
Ateleta 119 C/D2
Atella 120 A/B2
Átena Lucana 120 A3
Atessa 119 D1/2
Ath 78 B2
Atherstone 64 A1/2
Athíkia 147 C2/3
Athínai 147 D2, 148 B2
Athis-Mons 87 D1/2
Athlone 55 C2
Áthos 144 B2
Athy 55 D3
Atienza 161 C1
Atina 119 C2
Atnbrua 33 C3, 37 D1
Åtniksstugan 14 B3, 29 D1
Atnmoen 38 A1
Atostugan 14 B3
Atouguia da Baleia 164 A1
Atrå (Tinn) 43 C1
Åtraters 49 D1, 50 A1
Ätran 49 D1, 50 A1
Åträsk 16 B3
Åträsk 31 C/D1/2
Atri 119 C1
Atripalda 119 D3, 120 A2
Attendorn 80 B1
Attenkirchen 92 A2
Attersee 93 C3, 96 A3
Attichy 78 A3, 87 D1
Attigliano 117 C3, 118 A/B1
Attigny 88 B1
Attleborough 65 C/D2
Attmar 35 D3
Åttonträsk 30 B1
Attre 78 B2
Attu 24 B3
Åtvidaberg 46 B2/3
Atzara 123 D2
Atzendorf 69 C/D3
Au 91 C/D3, 106 A/B1
Au bei Bad Aibling 92 A/B3
Aub 81 D3, 91 C/D1
Aubagnan 108 B2/3, 154 B1
Aubagne 111 D3
Aubange 79 C/D3
Aubel 79 D2
Aubenas 111 C1
Aubenton 78 B3
Auberive 88 B3
Auberives-sur-Varèze 103 D3
Aubeterre-sur-Dronne 101 C3
Aubiet 109 C2/3, 155 C/D1
Aubigny 100 A1/2
Aubigny-au-Bac 78 A2

Aubigny-en-Artois 78 A2
Aubigny-sur-Nère 87 D3
Aubin 110 A1
Aboue 89 C1
Aubrac 110 A/B1
Aubusson 102 A2
Auce 73 C/D1
Auch 109 C2/3, 155 C1
Auchmithie 57 C/D1
Auchterarder 57 C1
Auchtermuchty 57 C1
Auchy-au-Bois 77 D2, 78 A2
Audenge 108 A1
Audenhain 82 B1
Auderville 76 A3
Audeux 89 C3, 104 A1
Audierne 84 A2
Audincourt 89 D3, 104 B1
Audlem 59 D2/3, 60 B3,
   64 A1
Audnedal 42 B3
Audresselles 77 D1
Audruicq 77 D1
Audun-le-Roman 89 C1
Aue 82 B2
Auenheim 90 B1/2
Auerbach 82 B2
Auerbach 82 A3
Auerbach-Michelfeld 82 A3
Auffach 92 A/B3, 107 C/D1
Aufsess 82 A3
Aughrim 58 A3
Augsburg 91 D2, 92 A2
Augsburg-Göggingen 91 D2
Augsburg-Haunstetten 91 D2,
   92 A2
Augusta 125 D3
Augustdorf 68 A3
Augustenborg 52 B2
Augustów 73 D2/3
Auho 19 C2
Aukra 32 A2
Aukrug 52 B3
Auktsjaur 16 A3
Aula Dei 154 B3, 162 B1
Aulanko 25 C2
Aulendorf 91 C3
Auletta 120 A2/3
Aulis 147 D2
Aulla 114 A2
Aullène 113 D3
Aulnay 101 C2
Aulnoye-Aymeries 78 B2/3
Ault 77 C/D2
Aultbea 54 A1/2
Aulus-les-Bains 155 D2
Auma 82 A/B2
Aumale 77 D3
Aumont-Aubrac 110 B1
Aunay-en-Bazois 103 C1
Aunay-sur-Odon 86 A1
Aune 28 A/B2
Auneau 87 C2
Auneuil 77 D3, 87 C1
Auning 49 C2
Aups 112 A3
Aura 24 B2
Aura 24 B2
Aura im Sinngrund 81 C2/3
Auran 28 A/B3, 33 C/D1
Auran asema 24 B2
Auray 85 C3
Aure 32 B2
Aurejärvi 20 B3, 24 B1
Auriac-sur-Vendinelle 109 D3
Auribeau-sur-Siagne 112 B3
Aurich 67 D1
Aurich-Tannenhausen 67 D1
Aurignac 109 C3, 155 C/D1
Aurillac 110 A1
Aurisina 126 B3
Aurland 36 B2/3
Aurolzmünster 93 C2
Auron 112 B2
Auronzo di Cadore 107 D2
Auros 108 B1/2
Auroux 110 B1
Aursfjordbotn 4 A3, 9 D1,
   10 A1
Aursjøhytta 32 B3, 37 C1
Aurskog 38 A3

Aursmoen 38 A1/2
Aursnes 32 A3, 36 B1
Áusa 126 A3
Ausejo 153 D2
Ausónia 119 C2
Austad 42 B2
Austafjord 28 A/B1
Austefjord 32 A3, 36 A/B1
Austertana (Leirpollen) 7 C1
Austevoll 42 A1
Aústis 123 D2
Austmarka 38 B3
Austnes 32 A2
Austråt 28 A3, 33 C1
Austrumdal 42 B2/3
Auterive 109 D3, 155 D1
Autheuil 87 C1
Authon 86 B3
Authon 112 A2
Authon-du-Perche 86 B2
Authon-la-Plaine 87 C2
Autio 18 B2/3
Autio 17 C1
Autol 153 D2/3, 154 A2
Autrèche 86 B3
Autreville 89 C2
Autrey-lès-Gray 89 C3
Autricourt 88 B2
Autry-le Châtel 87 D3
Autti 12 B3
Auttiköngäs 12 B3, 19 C1
Auttoinen 25 C/D1, 26 A1
Autun 103 C1
Auve 88 B1
Auvers 110 B1
Auvila 27 C1
Auvillars 109 C2
Auxerre 88 A3
Auxey-Duresses 103 D1
Auxi-le-Château 77 D2
Auxon 88 A2
Auxonne 89 C3, 103 D1,
   104 A1
Auzances 102 A/B2
Auzat 155 D2
Auzon 102 B3
Åva 24 A2/3, 41 D2
Ava 31 C2/3
Avaborg 31 D1
Avafors 17 C2
Avaheden 16 B2/3
Availles-Limouzine 101 C2
Avala 133 D1, 134 A1/2
Avaldsnes 42 A2
Avallon 88 A3
Avan 17 C3
Avanca 158 A2
Ávas 145 D1
Avasjö 30 A/B1/2
Avaträsk 30 A1/2
Avaviken 16 A3
Avdejevka 75 C3, 99 D1
Ávdira 140 B3, 145 C1,
   149 C1
Avebury Circle 64 A3
Aveinte 160 A2
Aveiras de Cima 164 A2
Aveiro 158 A2
Avelãs do Caminho 158 A2
Avelengo/hafling 107 C2
Avelgem 78 A/B2
Avellaneda 153 D3
Avellino 119 D3, 120 A2
Aven Armand 110 B2
Aven d'Orgnac 111 C2
Aven de Marzal 111 C2
Avenches 104 B1
Avène 110 B2
Averbode 79 C1
Avernak By 52 B2
Aversa 119 C/D3
Avesnes-le-Comte 78 A2
Avesnes-sur-Helpe 78 B2/3
Avesta 40 A3
Avetrana 121 D3
Avezzano 119 C1/2
Aviano 107 D2
Avidagos 158 B3
Avigliana 112 B1
Avigliano 120 A/B2
Avignon 111 C2

Avignonet-Lauragais 109 D3,
   156 A1
Åvikebruk 35 D2/3
Ávila 160 A2
Avilés 151 D1
Avilley 89 C/D3, 104 A1
Avinyó 156 A2/3
Ávio 106 B3
Avión 150 B2
Avioth 79 C3
Åvist 20 B2
Aviz 164 B2
Avize 88 A1
Avliótai 142 A3
Avlón 147 D2
Avlonárion 147 D2
Avlum 48 A2
Avô 158 B3
Avoca 58 A3
Avoine 86 B3, 101 C1
Ávola 125 D3
Avonmouth 63 D1/2
Avord 102 B1
Avoudrey 104 A/B1
Avradsberg 39 C2
Avranches 85 D1/2
Avren 141 C3, 145 D1
Avricourt 89 D1/2, 90 A2
Avrillé 100 A2
Avtovac 132 B3, 137 C1
Avžže 5 C3, 11 C1
Ax-les-Thermes 156 A1
Axat 156 A1
Axbridge 63 D2, 63 D1
Axel 78 B1
Äxelfors 50 A1
Axelsvik 17 C/D3
Axiat 150 D2, 156 A1
Axioúpolis 143 D1
Axmarby 40 A/B2
Axmarsbruk 40 A/B1/2
Axminster 63 C/D2, 63 C/D1
Axvall 45 D2
Ay-sur-Moselle 89 C1
Ayamonte 170 B2
Aycliffe 57 D1, 61 C1
Aydin 149 D2
Aydius 108 B3, 154 B1
Ayegui 153 D2, 154 A2
Ayelo de Malferit 169 C/D2
Ayen 101 D3
Ayer 105 C2
Ayerbe 154 B2
Ayguafreda 156 A3
Aylesbury 64 B2/3
Ayllón 161 C1
Aylsham 65 D1
Ayna 168 B2
Aynac 109 D1
Aynho 64 A/B2
Ayódar 162 B3, 169 D1
Ayora 169 C2
Ayr 54 A3, 55 D1, 56 B2
Äyrinmäki 18 A3
Ayron 101 C1
Äyskoski 22 B2
Ayton 57 D2
Aytré 100 B2
Ayvac k 149 C/D1
Ayval k 149 C/D1
Aywaille 79 C2
Azagra 153 D2/3, 154 A2
Azaila 162 B1
Azambuja 164 A2
Azambujeira 164 A1/2
Azanja 164 B2
Azannes-et-Soumazannes
   89 C1
Azañón 161 D2
Azanúy 155 C3
Azaruja 164 B2
Azay-le-Ferron 101 D1
Azay-le-Rideau 86 B3, 101 C1
Azay-sur-Cher 86 B3, 101 D1
Azenhas do Mar 164 A2
Azinhaga 164 B1
Azinhal 170 B1/2
Azinheira dos Barros 164 B3,
   170 A1
Azkoitia 153 D1
Aznalcázar 171 D1/2

Aznalcóllar 171 D1
Azóia 158 A3, 164 A1
Azpeitia 153 D1
Azuaga 166 A3
Azuara 162 B1
Azuébar 162 B3, 169 D1
Azur 108 A2
Azurara 158 A1
Aztután 160 A3, 166 B1
Azzano Décimo 107 D2/3

B

Baad 91 D3, 106 B1
Baamonde 150 B1
Baar 105 C/D1
Baarle-Hertog 79 C1
Baarn 66 B3
Babadag 141 D1
Babadereköy 145 D3
Babaeski 141 C3
Babakale 145 D3
Babenhausen 81 C3
Babenhausen 91 D2
Babigoszcz 70 B1
Babilafuente 160 A2
Babimost 71 C3
Babin Most 138 B1
Babin Potok 130 B1
Babina Greda 132 B1
Babino Polje 136 B1
Babke 70 A1
Babljak 137 D1
Babócsa 128 A2
Babušnica 139 C1
Bač 138 A1
Bač 129 C3, 133 C1
Bača 126 B2
Bacáicoa 153 D2, 154 A1/2
Bacarés 173 D2
Bacău 98 B3, 141 C1
Baccarat 89 D2
Baceno 105 C2
Bach 109 D2
Bacharach 80 B3
Bachmač 99 D1
Bačina 134 B3
Bačka Palanka 129 C3,
   133 C1
Bačka Topola 129 C3, 140 A1
Bäckan 35 C3
Bäckarna 34 B3
Backaryd 51 C2
Bäckaskog 50 B2/3
Backe 30 A2, 35 C1
Bäckebo 51 C1
Bäckefors 45 C2
Backgränd 25 C3
Bäckhammar 45 D1, 46 A1
Bački Breg 129 C3
Bački Brestovac 129 C3
Bački Jarak 129 D3, 133 D1,
   134 A1
Bački Monoštor 129 C3
Bački Petrovac 129 C3,
   133 C1, 134 A1
Backnang 91 C1
Bäcknäs 16 A3
Bačko Gradište 129 D3
Bačko Novo Selo 129 C3,
   133 C1
Bačko Petrovo Selo 129 D3
Bácoli 119 C3
Bacqueville-en-Caux 77 C3
Bácsalmás 129 C2
Bácsbokod 129 C2
Bácsborsód 129 C2
Bacup 59 D1/2, 60 B2
Bačvani 127 D3, 131 C/D1
Baczyna 71 C2
Bad Abbach 92 B1
Bad Aibling 92 A/B3
Bad Aussee 93 C3
Bad Bentheim 67 C/D2/3
Bad Bergzabern 90 B1

Bad Berka 82 A2
Bad Berleburg 80 B1/2
Bad Berleburg-Aue 80 B1/2
Bad Berleburg-Raumland
   80 B1/2
Bad Berneck 82 A3
Bad Bertrich 80 A3
Bad Bevensen 69 C2
Bad Bibra 82 A1
Bad Blankenburg 82 A2
Bad Bleiberg ob Villach
   126 B2
Bad Bocklet 81 D2/3
Bad Bramstedt 52 B3
Bad Breisig 80 A2
Bad Brückenau 81 C2
Bad Buchau 91 C2/3
Bad Camberg 80 B2
Bad Deutsch Altenburg 94 B2
Bad Doberan 53 D3
Bad Driburg 68 A3, 81 C1
Bad Driburg-Dringenberg
   68 A3, 81 C1
Bad Driburg-Neuenheerse
   68 A3, 81 C1
Bad Düben 69 D3, 72 A3,
   82 B1
Bad Dürkheim 80 B3, 90 B1
Bad Dürrenberg 82 B1
Bad Dürrheim 90 B2/3
Bad Eilsen 68 A/B3
Bad Elster 82 B2
Bad Ems 80 A/B2
Bad Endbach 80 B2
Bad Essen 67 D2/3, 68 A2/3
Bad Feilnbach 92 A/B3
Bad Feilnbach-Au 92 A/B3
Bad Fischau 94 B3
Bad Frankenhausen 82 A1
Bad Freienwalde 70 B2,
   72 A3
Bad Friedrichshall 91 C1
Bad Füssing 93 C2
Bad Gandersheim 68 B3
Bad Gleichenberg 127 D1
Bad Goisern 93 C3
Bad Gottleuba 83 C2
Bad Grund 68 B3
Bad Hall 93 C/D2/3
Bad Harzburg 69 C3
Bad Heilbrunn 92 A3
Bad Herrenalb 90 B1/2
Bad Hersfeld 81 C2
Bad Hofgastein 107 D1,
   126 A1
Bad Homburg 80 B2/3
Bad Honnef 80 A2
Bad Hönningen 80 A2
Bad Iburg 67 D3
Bad Imnau 90 B2
Bad Innerlaterns 106 A1
Bad Ischl 93 C3, 96 A3
Bad Karlshafen 81 C1
Bad Kissingen 81 D2/3
Bad Kleinen 53 C3, 69 C1
Bad Kleinkirchheim 126 B1
Bad Klosterlausnitz 82 A/B2
Bad Kohlgrub 92 A3
Bad König 81 C3
Bad Königshofen 81 D2
Bad Kösen 82 A1
Bad Köstritz 82 A/B2
Bad Kreuznach 80 B3
Bad Krozingen 90 A3
Bad Laer 67 D3
Bad Laer-Glandorf 67 D3
Bad Langensalza 81 D1
Bad Lauchstädt 82 A1
Bad Lausick 82 B1
Bad Lauterberg 69 C3, 81 D1
Bad Lauterberg-Bartolfelde
   81 D1
Bad Liebenstein 81 D2
Bad Liebenwerda 83 C1,
   96 A1
Bad Liebenzell 90 B2
Bad Lippspringe 68 A3,
   81 C1
Bad Marienberg 80 B2
Bad Mergentheim 81 C3,
   91 C1

Bad Mergentheim-
  Herbsthausen 91 C1
Bad Mergentheim-Stuppach
  81 C3, 91 C1
Bad Münder 68 B3
Bad Münder-Bakede 68 B3
Bad Münder-Hachmühlen
  68 B3
Bad Münster-Ebernberg
  80 B3
Bad Münstereifel 79 D2,
  80 A2
Bad Münstereifel-Mutscheid
  79 D2, 80 A2
Bad Münstereifel-Schönau
  79 D2, 80 A2
Bad Muskau 83 D1
Bad Nauheim 80 B2
Bad Nenndorf 68 B2/3
Bad Neuenahr-Ahrweiler
  80 A2
Bad Neuenahr-Ahrweiler-
  Ramersbach 80 A2
Bad Neustadt 81 D2
Bad Oeynhausen 68 A3
Bad Oldesloe 52 B3, 53 C3,
  68 B1
Bad Orb 81 C2/3
Bad Peterstal 90 B2
Bad Pirawarth 94 B2
Bad Pyrmont 68 A/B3
Bad Ragaz 105 D1, 106 A1
Bad Rappenau 91 C1
Bad Reichenhall 92 B3
Bad Rippoldsau 90 B2
Bad Saarow-Pieskow 70 B3
Bad Sachsa 69 C3, 81 D1
Bad Säckingen 90 B3
Bad Salzdetfurth 68 B3
Bad Salzdetfurth-Bodenburg
  68 B3
Bad Salzschlirf 81 C2
Bad Salzuflen 68 A3
Bad Salzungen 81 D2
Bad Sankt Leonhard im
  Lavanttal 127 C1
Bad Sassendorf 67 D3, 80 B1
Bad Schallerbach 93 C2
Bad Schandau 83 C/D2
Bad Schmiedeberg 69 D3,
  70 A3, 82 B1
Bad Schönau 94 B3
Bad Schönborn-
  Langenbrücken 90 B1
Bad Schussenried 91 C3
Bad Schwalbach 80 B3
Bad Schwartau 53 C3, 69 C1
Bad Segeberg 52 B3, 53 C3,
  68 B1
Bad Soden 81 C2/3
Bad Soden 80 B3
Bad Soden-Salmünster
  81 C2/3
Bad Sooden-Allendorf
  81 C/D1
Bad Steben 82 A2
Bad Sulza 82 A1
Bad Sülze 53 D3
Bad Tatzmannsdorf 94 B3,
  127 D1
Bad Teinach-Zavelstein 90 B2
Bad Tennstedt 81 D1, 82 A1
Bad Tölz 92 A3
Bad Überkingen 91 C2
Bad Vellach 126 B2
Bad Vilbel 80 B3
Bad Vöslau 94 B3
Bad Waldsee 91 C3
Bad Wiessee 92 A3
Bad Wildungen 81 C1
Bad Wilsnack 69 D2
Bad Wimpfen 81 C1
Bad Windsheim 81 D3, 91 D1
Bad Wörishofen 91 D3
Bad Wurzach 91 C3
Bad Wurzach-Arnach 91 C3
Bad Wurzach-
  Unterschwarzach 91 C3
Bad Zwischenahn 67 D1/2,
  68 A1/2
Bada 39 C3

Badacsonytomaj 128 A/B1/2
Badajoz 165 C2
Badalona 156 A3
Badalucco 113 C2
Badarán 153 C/D2
Badbergen 67 D2
Badderen 4 B2, 5 C2
Badecz 71 D1/2
Baden 94 B2/3
Baden 90 B3, 105 C1
Baden-Baden 90 B2
Bådenas 162 A/B1/2
Badenweiler 90 A3
Baderna 126 B3, 130 A1
Badersleben 69 C3
Badgastein 107 D1, 126 A1
Badia Calavena 107 C3
Badía Polésine 114 B1
Badia Pratáglia 115 C2,
  116 B1
Badia Tedalda 115 C2/3,
  117 C1/2
Badolato 122 B2/3
Badolatosa 172 B1/2
Badonviller 89 D2, 90 A2
Badules 162 A1/2
Baélls 155 C3
Baena 172 B1
Baesweiler 79 D2
Baeza 167 D3, 173 C1
Båfjelldalen 14 B3
Bagà 156 A2
Bagaladi 122 A3, 125 D2
Bâgé-le-Châtel 103 D2
Bågede 29 D2
Bagenkop 53 C2
Bagergue 155 D2
Bages 110 A/B3, 156 B1/2
Baggård 31 C2
Bagheria 124 B2
Bagn 37 D3
Bagnac-sur-Celé 109 D1,
  110 A1
Bagnacavallo 115 C1/2,
  116 B1
Bagnáia 117 C3, 118 A1
Bagnara Cálabra 122 A3,
  125 D1
Bagnasco 113 C2
Bagnères-de-Bigorre 108 B3,
  155 C1
Bagnères-de-Luchon 155 C2
Bagni 114 A2, 116 A1
Bagni Contursi 120 A2
Bagni di Bórmio 106 B2
Bagni di Gravéggia 105 C/D2
Bagni di Lucca 114 B2,
  116 A1
Bagni di Másino 106 A2
Bagni di Petriolo 114 B3,
  116 B2
Bagni di Rabbi 106 B2
Bagni di Tivoli 118 B2
Bagni di Vinádio 112 B2
Bagno a Rípoli 114 B2,
  116 B1/2
Bagno di Romagna 115 C2,
  116 B1
Bagnoles-de-l' Orne 86 A2
Bagnoli del Trigno 119 D2
Bagnoli di sopra 107 C3,
  115 C1
Bagnoli Irpino 119 D3,
  120 A2
Bagnolo 106 B3
Bagnolo in Piano 114 B1
Bagnolo Piemonte 112 B1
Bagnolo San Vito 114 B1
Bagnols-en-Forêt 112 A/B3
Bagnols-les-Bains 110 B1/2
Bagnols-sur-Cèze 111 C2
Bagnone 114 A2
Bagnorégio 117 C3, 118 A1
Bagod 128 A1
Bagolino 106 B3
Bagrationovsk 73 C2
Bagrdan 134 B2
Bagshot 64 B3, 76 B1
Báguena 162 A2
Bagüés 154 B2
Bahabón de Esgueva 153 C3,
  160 B1

Bahillo 152 B2
Bahrendorf 69 C3
Baia 119 C3
Baia de Aramă 135 D1,
  140 B1
Báia delle Zágare 120 B1,
  136 A3
Baia Domízia 119 C3
Baia Mare 97 D3, 98 A3
Baia Sardinia 123 D1
Baiano 119 D3
Baião 158 B1/2
Baiardo 113 C2
Baienfurt 91 C3
Baierbach 92 B2
Baiersbronn 90 B2
Baiersbronn-
  Klosterreichenbach 90 B2
Baignes-Sainte-Radegonde
  101 C3
Baigneux-les-Juifs 88 B3
Băile Herculane 135 C1,
  140 A/B1
Băile Olănești 140 B1
Bailén 167 C3, 173 C1
Băilești 135 D2, 140 B2
Bailleau-le-Pin 87 C2
Bailleul 78 A2
Bailleul 77 C3
Bailo 154 B2
Bain-de-Bretagne 85 D3
Bains 110 B1
Bains d'Escouloubre 156 A1
Bains-d'Huchet 108 A2
Bains de Préchacq 108 A2
Bains-les-Bains 89 C/D2
Bais 86 A2
Baisieux 78 A2
Baiso 114 B1/2, 116 A1
Baixas 156 B1
Baja 129 C2
Bajánsenye 96 A/B3, 127 D1
Bajgora 138 B1
Bajina Bašta 133 C2
Bajinci 131 D1, 132 A1
Bajmok 129 C2/3
Bajna 95 D3
Bajovo Polje 137 C1
Bajram Curri 138 A2,
  140 A2/3
Bajša 129 C3
Bajzë 137 D2
Bak 96 B3, 128 A1/2
Bakar 126 B3, 130 A/B1
Bakarac 126 B3, 130 A/B1
Bakel 79 C/D1
Bakewell 61 C3, 64 A1
Bakio 153 C/D1
Bakke 42 B3
Bakke 44 B1/2
Bække 48 B3, 52 A/B1
Bakkejord 4 A3, 9 D1
Bakken 38 B2
Bakken 38 B1/2
Bakken 32 B1
Bakken 29 C/D2
Bakko 43 C1
Bækmarksbro 48 A2
Bákoca 128 B2
Bakonybél 128 B1
Bakonycsernye 95 C3, 128 B1
Bakonygyepes 128 A/B1
Bakonyjákó 128 A/B1
Bakonykoppány 128 A/B1
Bakonypéterd 95 C3, 128 B1
Bakonyszirták 95 C3, 128 B1
Bákonyszentkirály 95 C3,
  128 B1
Bakonyszombathely 95 C3,
  128 B1
Bakov nad Jizerou 83 D2
Baksa 128 B2/3
Baksjöliden 30 B2
Baktsjaur 16 A3
Bakum 67 D2, 68 A2
Bakvattnet 29 C2/3, 34 B1
Bala 59 C2/3, 60 A3
Balaci 140 B2
Bălăcița 135 D2
Balaguer 155 C/D3, 163 C/D1
Balaruc-les-Bains 110 B3

Balassagyarmat 95 D2/3,
  97 C2/3
Balata di Baida 124 A2
Balatonakali 128 B1
Balatonalmádi 128 B1
Balatonederics 128 A1/2
Balatonfőkajár 128 B1
Balatonföldvár 128 B1
Balatonfüred 96 B3, 128 B1
Balatonfüzfő 128 B1
Balatonkenese 128 B1
Balatonkeresztúr 96 B3,
  128 A1/2
Balatonlelle 128 A/B1/2
Balatonmagyaród 128 A2
Balatonszemes 128 B1/2
Balatonvilágos 128 B1
Bălăușeri 97 D3, 98 A/B3,
  140 B1
Balazote 168 B2
Balbacil 161 D2
Balbigny 103 C2/3
Balboa 151 C2
Balbriggan 58 A2
Balčik 141 C/D2
Balconete 161 C2
Balcons de la Mescla
  112 A2/3
Baldellou 155 C3, 163 C1
Balderschwang 91 C/D3,
  106 B1
Baldichieri d'Asti 113 C1
Baldock 64 B2, 65 C2
Baldos 158 B2
Bale 130 A1
Baleira 151 C1/2
Baleisão 165 C3, 170 B1
Baleix 108 B3
Balen 79 C1
Balerma 173 D2
Balerno 57 C2
Balesatrate 124 A2
Balestrand 36 B2
Bal kesir 149 D1
Bålinge 50 A/B2
Balingen 90 B2
Balingen-Weilstetten 90 B2
Balizac 108 B1/2
Balje 52 A/B3, 68 A/B1
Bäljom 29 C3, 34 A1
Balk 66 B2
Balkbrug 67 C2
Ballaban 142 A/B2
Ballachulish 56 A1
Ballan-Miré 86 B3, 101 C1
Ballangen 9 C2
Ballangen-Bjørnkåsen 9 C2
Ballantrae 56 A/B3
Ballao 123 D3
Ballasalla 58 B1
Ballcaire d'Urgell 155 D3,
  163 C/D1
Balle 49 C2
Ballebro 52 B2
Ballen 49 C3, 53 C1
Ballenstedt 69 C3, 82 A1
Balleroy 76 B3, 85 D1, 86 A1
Ballerup 49 D3, 50 A3, 53 D1
Ballestar 163 C2
Ballesteros de Calatrava
  167 C2
Ballina 55 C2
Ballinasloe 55 C2/3
Balling 48 A/B2
Ballingslöv 50 B2
Ballinluig 54 B2, 57 C1
Ballino 106 B2
Ballobar 155 C3, 163 C1
Balloch 56 B1/2
Ballon 86 B2
Ballószög 129 C1
Ballots 85 D2/3, 86 A2/3
Ballshi 142 A2
Ballstad 8 A/B2/3
Ballstädt 81 D1/2
Ballum 52 A1/2
Ballycanew 58 A3
Ballycarry 56 A3
Ballycastle 54 A3, 55 D2,
  56 A2/3
Ballyclare 56 A3

Ballydonegan 55 C3
Ballygalley 56 A3
Ballygawley 54 A3, 55 D2
Ballygowan 56 A3, 58 A1
Ballyhalbert 56 A3, 58 A/B1
Ballyhaunis 55 C2
Ballymena 54 A3, 55 D2,
  56 A3
Ballynahinch 56 A3, 58 A1
Ballynaskeagh 58 A1
Ballynure 56 A3
Ballyshannon 55 C2
Ballywalter 56 A3
Balmaseda 153 C1
Balme 104 B3, 112 B1
Balmúccia 105 C3
Balneario de Pozo Amargo
  172 A2
Balneario los Baños 172 B2
Balquhidder 56 B1
Balrath 58 A2
Balsa 158 B1
Balsa de Ves 169 C1/2
Balsby 50 B2/3
Balsfjord 4 A3, 10 A1
Balsicas 169 C3, 174 B1
Balsièges 110 B1/2
Balsorano Nuovo 119 C2
Bålsta 40 B3, 47 C1
Balstad 38 A1
Balsthal 90 A3, 105 C1
Balta 99 C2/3
Balta 135 C/D1
Baltanás 152 B3
Baltar 150 B3, 158 B1
Baltasound 54 A1
Bălțații de Sus 135 D2
Baltijsk (Pillau) 73 C2
Baltrum 67 D1
Balugães 150 A3, 158 A1
Bælum 48 B2
Balvano 120 A2
Balve 80 B1
Balvi 74 A/B1
Balzers 105 D1, 106 A1
Balzhausen 91 D2
Balzo 117 D3, 119 C1
Bamberg 81 D3, 82 A3
Bamble 43 D2, 44 A1/2
Bamburgh 57 D2
Bampton 63 C2, 63 C1
Bampton 64 A3
Bana 95 C3
Bañares 153 C2
Banatск Aranđelovo 129 D2
Banatska Palanka 134 B1
Banatski Brestovac 134 B1/2
Banatski Dvor 129 D3
Banatski Karlovac 134 B1
Banatsko Novo Selo 134 B1
Banbridge 58 A1
Banbury 64 A/B2
Banchory 54 B2
Bande 150 B3
Bandeira 150 A/B2
Bandelow 70 B1
Bandholm 53 C2
Band rma 149 D1
Bando 115 C1
Bandol 111 D3
Băneasa 141 C/D2
Bañeres 169 C2
Banff 54 B2
Bångbro 39 D3
Bangor 60 A3
Bangor 54 A3, 55 D2, 56 A3
Bangor 55 C2
Bangor 84 B3
Bangsund 28 B2
Banhos da Curia 158 A2/3
Banie 70 B2
Banja 138 B2
Banja 133 D3, 134 A/B3,
  138 A1
Banja 133 C3
Banja 133 D2, 134 A/B2
Banja 139 D2
Banja Koviljača 133 C2
Banja Luka 131 D1/2, 132 A1
Banja Rusanda 129 D3
Banja Vrućica 132 B2

Banjani 133 D2, 134 A2
Banjica 138 A1
Banjišta 138 A3
Banjole 130 A1
Banjska 138 B1
Bánk 95 D3
Banka 95 C2
Bankeryd 45 D3, 46 A3
Bankfoot 57 C1
Bankja 139 D1
Banloc 134 B1
Bannalec 84 B2/3
Bannesdorf 53 C2
Bannesdorf-Puttgarden 53 C2
Bannockburn 56 B1
Bañobárez 159 C2
Banon 111 D2
Bañón 162 A2
Baños de Alicún de las Torres 173 C1
Baños de Gigonza 171 D2/3
Baños de la Encina 167 C3, 173 C1
Baños de Ledesma 159 D2
Baños de Molgas 150 B2/3
Baños de Montemayor 159 D2/3
Baños de Panticosa 154 B2
Baños de Río Tobía 153 C/D2
Baños de San Juan 157 D1/2
Baños de Tus 168 A/B3
Baños de Valdearados 153 C3, 161 C1
Baños de Zújar 173 D1
Baños Fuensante 174 A1
Bánov 95 C/D2/3
Banova Jaruga 128 A3, 131 D1
Bánovce nad Bebravou 95 C/D2
Banovići 132 B2
Banská Bystrica 95 D2, 96 B2
Banská Štiavnica 95 D2
Bansko 139 D3, 143 D1
Bansko 139 D2/3
Bantheville 88 B1
Bantry 55 C3
Bantzenheim 90 A3
Banyalbufar 157 C1
Banyoles 156 B2
Banyuls-sur-Mer 156 B2
Banzi 120 B2
Bapaume 78 A2/3
Bapukkåtan 9 C/D3
Baqueira 155 D2
Bár 128 B2, 129 C2
Bar 137 D2
Bar-ar-Lan 84 A2
Bar-le-Duc 88 B1
Bar-sur-Aube 88 B2
Bar-sur-Seine 88 B2
Barahona 161 C/D1
Barajas 161 C2
Barajas del Melo 161 C3
Barajevo 133 D2, 134 A2
Barakaldo/baracaldo 153 C1
Baralla 151 C2
Baranbio 153 C1/2
Baranjsko Petrovo Selo 128 B3
Barano d'Íschia 119 C3
Baranovići 74 A3
Barão de São Miguel 170 A2
Baraolt 98 B3, 141 C1
Barásoain 154 A2
Barbacena 165 C2
Barbadanes 150 B2
Barbadillo 159 D2
Barbadillo de Herreros 153 C3
Barbadillo del Mercado 153 C3
Barbadillo del Pez 153 C3
Barban 130 A1
Bárbara 115 D3, 117 C/D2
Barbarano Romano 117 C3, 118 A1
Barbarano Vicentino 107 C3
Barbaros 141 C3, 149 D1
Barbaste 109 C2
Barbastro 155 C3

Barbate 171 D3
Barbatovac 134 B3, 138 B1
Barbâtre 100 A1
Barbazan 109 C3, 155 C1
Barbele 73 D1, 74 A1
Barbens 155 D3, 163 D1
Barberà de la Conca 155 D3, 163 D1
Barberino di Mugello 114 B2, 116 B1
Barbezieux 101 C3
Barbizon 87 D2
Bärbo 47 C2
Barbonne-Fayel 88 A1/2
Barbotan-les-Thérmes 108 B2
Barbués 154 B3
Barbullushi 137 D2
Barbuñales 155 C3
Barby 69 D3
Barca 161 C/D1
Barca d'Alva 159 C2
Bárcabo 155 C2
Barcarrota 165 C/D2/3
Barcellona Pozzo di Gotto 125 D1/2
Barcelona 156 A3
Barcelonnette 112 A/B2
Barcelos 150 A3, 158 A1
Bárcena del Monasterio 151 C1
Barcheta 169 D2
Barchi 115 D2/3, 117 C2
Barcial 151 D3
Barcillonnette 111 D1/2, 112 A2
Barcina de los Montes 153 C2
Bárcis 107 D2, 126 A2
Barco 158 B3
Barcones 161 C1
Barcos 158 B1/2
Barcs 128 A2/3
Barcus 108 A/B3, 154 B1
Bard 105 C3
Bardal 14 B2
Bardallur 154 A/B3, 162 A1
Bardejov 97 C2
Bardi 114 A1
Bardolino 106 B3
Bardonécchia 112 A/B1
Bardowick 68 B1
Bare 133 C/D3, 137 D1, 138 A1
Bare 133 C3
Bare 133 D2, 134 A/B2
Barèges 108 B3, 155 C1/2
Barenburg 68 A2
Barendorf 69 C1
Bärenklau 70 B3
Bärenstein 82 B2
Bärenstein 83 C2
Barentin 77 C3
Barenton 86 A2
Barfleur 76 A3
Barga 114 A/B2, 116 A1
Bargas 160 B3, 167 C1
Barge 112 B1
Bargemon 112 A3
Bargen 90 B3
Barghe 106 B3
Bargoed 63 C1
Bargrennan 56 B3
Bargteheide 52 B3, 68 B1
Bargum 52 A/B2
Barham 65 D3, 77 C1
Bari 121 C2, 136 A3
Bari Sardo 123 D2
Barič Draga 130 B2
Bárig 169 D2
Barigazzo 114 B2, 116 A1
Barisciano 117 D3, 119 C1
Barjac 111 C2
Barjac 110 B1/2
Barjols 112 A3
Barkow 69 D1
Barkowo 71 D1
Barleben 69 C/D3
Barletta 120 B1/2, 136 A3
Barlieu 87 D3
Barlinek 71 C2, 72 A/B3
Barmouth 59 C3

Barmstedt 52 B3, 68 B1
Barnard Castle 57 D3, 61 C1
Bärnau 82 B3
Barnet 64 B3
Barneveld 66 B3
Barneville-Carteret 76 A3, 85 D1
Barnewitz 69 D2, 70 A2
Barnoldswick 59 D1, 60 B2
Barnówko 70 B2
Barnsley 61 C2/3
Barnstaple 63 C2, 63 C1
Barnstorf 68 A2
Barntrup-Alverdissen 68 A/B3
Baron 87 D1
Baronissi 119 D3, 120 A2
Baronville 89 D1
Barösund 25 C3
Barovo 139 C3, 143 C/D1
Barquilla 159 C2
Barquilla de Pinares 159 D3, 160 A3, 166 A/B1
Barquinha 164 B1
Barr 56 B2/3
Barr 90 A2
Barra 158 A2
Barração 158 A3, 164 A/B1
Barracas 162 B3, 169 C1
Barrachina 162 A/B2
Barraco 160 A/B2
Barrado 159 D3
Barrafranca 125 C2/3
Barrage de Sarrans 110 A1
Barrage de Serre-Ponçon 112 A2
Barrage de Tignes 104 B3
Barrage du Chambon 112 A1
Barranco do Velho 170 B2
Barrancos 165 C3, 171 C1
Barranda 168 B3, 174 A1
Barraqueville 110 A2
Barrax 168 B2
Barre-des-Cévennes 110 B2
Barrea 119 C2
Barreiro 158 A/B2
Barreiro 164 A2
Barrême 112 A2
Barrhead 56 B2
Barrhill 56 B3
Barrière-de-Champlon 79 C3
Barrillos 152 A2
Barrio 150 A3, 158 A1
Barrio de San Pedro 165 C1
Barrio de Santiago 173 C2
Barriomartín 153 D3
Barro 152 A1
Barrô 158 B1/2
Barroca 158 B3
Barrocas e Taias 150 A3
Barromán 160 A2
Barrow-in-Furness 54 B3, 59 C1, 60 A/B2
Barruecopardo 159 C2
Barruelo de Santullán 152 B2
Barry 63 C2
Bårse 53 D2
Barsebäckshamn 49 D3, 50 A3
Barsele 15 D3, 30 B1
Barsinghausen 68 B3
Barssel 67 D1/2
Barssel-Harkebrügge 67 D1/2
Barsviken 35 D2/3
Bartenheim 90 A3
Barth 53 D3, 72 A2
Bartholomä 91 C/D2
Barton 59 D1, 60 B2
Barton-upon-Humber 61 D2
Bartošova Lehôtka 95 D2
Bartoszyce (Bartenstein) 73 C2
Bartow 70 A1
Baru 135 D1
Baruchella 115 C1
Barúmini 123 C/D2/3
Baruth 70 A3
Barvaux 79 C2
Barver 68 A2
Bårvik 5 C1/2
Barwice (Bärwalde) 71 D1
Barwinek 97 C2, 98 A2

Bárzana 151 D1
Bárzio 105 D2/3, 106 A2/3
Bas-en-Basset 103 C3
Basagliapenta 107 D2, 126 A2/3
Bašaid 129 C2
Basardilla 160 B2
Bàscara 156 B2
Baschi 117 C3, 118 A1
Basconcillos del Tozo 152 B2
Basdahl 68 A1
Basedow 69 D1, 70 A1
Basel 90 A3
Baselga di Pinè 107 C2
Baselice 119 D2, 120 A1/2
Basella 155 D3
Basepohl 70 A1
Båsheim 43 D1
Basiana 133 D1, 134 A1
Basicò 125 C/D2
Basildon 65 C3
Basingstoke 64 B3, 76 A1
Baška 130 B1
Baška Voda 131 D3, 132 A3, 136 A/B1
Baške Oštarije 130 B2
Baskemölla 50 B3
Bäskjö 30 B1
Baslow 61 C3, 64 A1
Bäsna 39 D2
Bassacutena 123 D1
Bassai 146 B3
Bassano del Grappa 107 C3
Basse-Bodeux 79 D2
Bassecourt 89 D3, 90 A3, 104 B1
Bassignana 113 C1
Bassilly 78 B2
Bassou 88 A2/3
Bassoues 109 C3, 155 C1
Bassum 68 A2
Bassum-Bramstedt 68 A2
Bassum-Neubruchhausen 68 A2
Båstad 49 D2, 50 A2, 72 A1
Båstad (Heiås) 38 A3, 44 B1
Baštanka 99 D3
Bastardo 117 C3
Bästdal 35 D3, 40 B1
Bastelica 113 D3
Basterud 39 C3
Bastheim 81 D2
Bastia 113 D2
Bastía 107 C3
Bastida 153 C/D2
Bastida 158 A2
Bastogne 79 C/D3
Bastunäs 31 C1/2
Bastuträsk 31 C1
Batajnica 133 D1, 134 A1
Batak 140 B3
Batalha 158 A3, 164 A1
Bátaszék 96 B3, 129 C2
Baté 128 B2
Batea 163 C2
Batelov 94 A1
Baterno 166 B2
Bath 63 D2, 64 A3
Bathgate 57 C2
Bathmen 67 C3
Batignano 116 B3
Batina 129 C3
Batlava 138 B1
Batley 61 C2
Batnfjordsøra 32 A/B2
Batočina 134 B2
Bátovce 95 D2
Batres 160 B3
Batrina 128 A/B3, 132 A/B1
Båtsfjord 7 C1
Båtsjaur 15 D2
Båtskar 37 C2
Båtskärsnäs 17 C/D2/3
Battáglia Terme 107 C3
Battenberg-Dodenau 80 B1/2
Battice 79 C/D2
Battipáglia 119 D3, 120 A2/3
Battle 77 C1
Battonya 97 C3, 140 A1
Baturin 99 D1
Baturino 75 C2

Båtvik 25 C3
Batz-sur-Mer 85 C3
Baud 84 B3
Baudenbach-Mönchsberg 81 D3
Baudreville 87 C2
Baugé 86 A/B3
Baugy 102 B1
Bauladu 123 C2
Bauma 105 D1
Baume-les-Dames 89 C/D3, 104 A/B1
Baumgarten 69 D1, 70 A1
Baumgarten 92 B2
Baumholder 80 A3
Baunach 81 D3
Baunei 123 D2
Bausendorf 80 A3
Bauska 73 D1, 74 A1
Bautzen 83 D1, 96 A1
Bavanište 134 B1
Bavay 78 B2
Bäverhult 31 C1
Bäverträsk 30 B1
Bäverudden 16 B2
Bavorov 93 C/D1
Bawdeswell 65 C/D1
Bawdsey 63 D1
Bawinkel 67 D2
Bawtry 61 C3
Bayárcal 173 C/D2
Bayerbach bei Ergoldsbach 92 B2
Bayerdilling 91 D2
Bayerisch Eisenstein 93 C1
Bayeux 76 B3, 86 A1
Bay nd r 149 D2
Bayo 150 A1
Bayon 89 C/D2
Bayona 150 A3
Bayonne 108 A3, 154 A1
Bayramiç 149 C/D1
Bayreuth 82 A3
Bayrischzell 92 A/B3
Baythorn End 65 C2
Bayubas de Abajo 153 C3, 161 C1
Baza 173 D1
Bazas 108 B1/2
Baziaş 134 B1, 140 A1/2
Baziège 109 D3, 155 D1
Bazoches 88 A1
Bazoches-les-Gallerandes 87 C2
Bazoches-sur-Hoëne 86 B2
Bazoges-en-Paillers 100 B1
Bazolles 103 C1
Bazouges-la-Pérouse 85 D2
Bâzovec 135 D3
Bazsi 128 A1
Bazuel 78 A/B2/3
Bazzano 114 B1/2, 116 B1
Beaconsfield 64 B3
Beade 150 B2
Beaminster 63 D2, 63 D1
Beamud 161 D3, 162 A3
Beáriz 150 B2
Beas 171 C1
Beas de Segura 167 D3, 168 A3
Beasain 153 D1/2
Beateberg 45 D2, 46 A2
Beatenberg 105 C1/2
Beattock 54 B3, 57 C2
Beaubery 103 C2
Beaubru 79 C3
Beaucaire 111 C2
Beaucens 108 B3, 155 C1/2
Beaufays 79 C2
Beaufort 104 B3
Beaufort-du-Jura 103 D1/2, 104 A2
Beaufort-en-Vallée 86 A3
Beaufort-sur-Gervanne 111 D1
Beaugency 87 C3
Beaujeu 103 C/D2
Beaulac 108 B2
Beaulieu 76 A1
Beaulieu Abbey 76 A1
Beaulieu-sous-la-Roche 100 A1

Beaulieu-sur-Dordogne 109 D1
Beaulieu-sur-Loire 87 D3
Beaulieu-sur-Mer 112 B2/3
Beaumarchés 108 B3, 155 C1
Beaumaris 60 A3
Beaumes-de-Venise 111 C/D2
Beaumesnil 86 B1
Beaumetz-lès-Loges 78 A2/3
Beaumont 78 B2/3
Beaumont 109 C1
Beaumont-de-Lomagne 109 C2
Beaumont-du-Gâtinais 87 D2
Beaumont-en-Argonne 79 C3
Beaumont-Hague 76 A3
Beaumont-la-Ferrière 88 A3, 102 B1
Beaumont-la-Ronce 86 B3
Beaumont-le-Roger 86 B1
Beaumont-les-Autels 86 B2
Beaumont-sur-Oise 77 D3, 87 C/D1
Beaumont-sur-Sarthe 86 B2
Beaumont-sur-Vesle 88 A/B1
Beaune 103 D1
Beaune-la-Rolande 87 D2
Beaupréau 85 D3, 86 A3, 100 B1
Beauraing 79 C3
Beauregard 87 C3
Beaurepaire 103 D3
Beaurepaire-en-Bresse 103 D1, 104 A1/2
Beaurières 111 D1
Beauronne 101 C3, 109 C1
Beauvais 77 D3, 87 C1
Beauvallon 112 A3
Beauville 109 C2
Beauvoir-sur-Mer 100 A1
Beauvoir-sur-Niort 100 B2
Beauzée-sur-Aire 88 B1
Beba Veche 129 D2
Bebra 81 C1/2
Bebra-Breitenbach 81 C2
Beccles 65 D2
Becedas 159 D2/3
Beceite 163 C2
Bečej 129 D3, 140 A1
Beceni 141 C1
Becerreá 151 C2
Becerril de Campos 152 B3
Bech 79 D3
Bécherel 85 C2
Bechetu 140 B2
Bechhofen 91 D1
Bechhofen (Zweibrücken) 90 A1
Bechí 162 B3, 169 D1
Běchovice 83 D3
Bechyně 93 D1
Bečići 137 C2
Becilla de Valderaduey 152 A3
Beckenried 105 C/D1
Beckhampton 64 A3
Beckingen-Düppenweiler 79 D3, 80 A3, 89 D1, 90 A1
Beckov 95 C1/2
Beckum 67 D3, 80 B1
Beclean 97 D3, 98 A/B3
Bécon-les-Granits 86 A3
Bečov nad Teplou 82 B3
Becsehely 128 A2
Becsvölgye 127 D1, 128 A1
Bedale 61 C2
Bedale 112 B1/2
Bédar 174 A2
Bédarieux 110 B2/3
Bedburg 79 D1/2, 80 A1/2
Bedburg-Hau 67 C3, 79 D1
Bedburg-Kaster 79 D1/2, 80 A1/2
Beddgelert 60 A3
Beddinge-strand 50 B3
Bédée 85 C2
Bederkesa 52 A/B3, 68 A1
Bedford 64 B2
Bedlington 57 D2/3, 61 C1
Bedmar 167 D3, 173 C1

Bednja 127 D2
Bedoin 111 D2
Bédole 106 B2
Bedónia 113 D2, 114 A1/2
Bedretto 105 C/D2
Bedrule 57 C2
Bedsted 48 A2
Bedum 67 C1
Bedworth 64 A/B2
Beelen 67 D3
Beelitz 70 A3, 72 A3
Beendorf 69 C3
Beenz 70 A1
Beerfelde 70 B2/3
Beerfelden 81 C3, 91 C1
Beerta 67 C/D1/2
Beeskow 70 B3, 72 A3, 96 A1
Beesten 67 D2
Beetsterzwaag 67 C2
Beetz 70 A2
Beetzendorf 69 C2
Beg-Meil 84 B2/3
Begaljica 133 D1/2, 134 A/B1/2
Bégard 84 B1/2
Begejci 129 D3
Begijar 167 D3, 173 C1
Begis 162 B3, 169 C1
Begndalen 37 D3
Begoml' 74 B2
Begonte 150 B1
Begov Han 132 B2
Begues 156 A3
Begunje 126 B2
Begur 156 B2
Behlow 70 B3
Beho 79 D2/3
Béhobie 154 A1
Behramkale 145 D3, 149 C1
Behringen 81 D1/2
Beian 28 A3, 33 C1
Beiarn 14 B1
Beichlingen 82 A1
Beidendorf 53 C3, 69 C1
Beijoz 158 B2
Beilen 67 C2
Beilngries 92 A1
Beilngries-Paulushofen 92 A1
Beilrode 83 C1
Beilstein 80 B2
Beinwil am See 105 C1
Beire 154 A2
Beires 173 D2
Beisfjord 9 D2
Beith 56 B2
Beitostølen 37 C2
Beiuș 97 C/D3, 98 A3, 140 A/B1
Beja 164 B3, 170 B1
Béjar 159 D2/3
Bejís 162 B3, 169 C1
Béke 95 C2/3
Békéscsaba 97 C3
Békéssámson 129 D2
Békésszentandrás 129 D1
Bekkarfjord 6 B1
Bekkelegret 33 C3, 37 D1
Bekken 38 B1
Bekkjarvik 42 A1
Bekkvikdal 32 B1
Bektež 128 B3, 132 B1
Bel'ajevka 99 C3, 141 D1
Bel'cy 99 C3
Bel'ov 75 D2/3
Belá 95 D1
Bela Crkva 134 B1, 140 A1
Bela Crkva 133 C2
Bělá nad Radbuzou 82 B3, 92 B1
Bela Palanka 135 C3, 139 C1, 140 A/B2
Bělá pod Bezdězem 83 D2
Bélábre 101 D1/2
Belair 108 B3, 154 B1
Belaja Cerkov' 99 C2
Belalcázar 166 B2
Belanovce 138 B2
Belanovica 133 D2, 134 A2
Belas 164 A2
Belascoáin 154 A2

Bélavár 128 A2
Belazaima 158 A2
Belcaire 156 A1
Belchite 162 B1
Bělčice 83 C3, 93 C1
Belčin 139 D2
Belčišta 138 B3, 142 B1
Bełcz Wielki 71 D3
Bełczna 71 C1
Belebelka 75 C1
Belecska 128 B2
Beled 94 B3, 128 A1
Belegiš 133 D1, 134 A1
Belej 130 A/B1/2
Beleña 159 D2
Beleña 161 C2
Beleño 152 A1
Bélesta 109 D3, 156 A1
Belfast 54 A3, 55 D2, 56 A3
Belford 57 D2
Belfort 89 D3, 90 A3
Belgern 83 C1
Bélgida 169 C/D2
Belgioioso 105 D3, 106 A3, 113 D1
Belgirate 105 C/D3
Belgodère 113 D2
Belgorod Dnestrovskij 99 C3, 141 D1
Belhade 108 B2
Beli Manastir 128 B3
Beli Potok 135 C3
Belianes 155 D3, 163 D1
Belica 139 D2
Beliet 108 A/B1
Belimel 135 D3
Belin 108 A/B1/2
Belinchón 161 C3
Belišće 128 B3
Beliševo 139 C1
Beljakovci 139 C2
Beljina 133 D2, 134 A2
Bell-lloc d'Urgell 155 C/D3, 163 C/D1
Bella 120 A2
Bellac 101 D2
Bellágio 105 D2/3, 106 A2
Bellano 105 D2, 106 A2
Bellária 115 C/D2, 117 C1
Belle Croix 79 D2
Belle-Isle-en-Terre 84 B2
Bellegarde 111 C2
Bellegarde-du-Loiret 87 D2
Bellegarde-en-Marche 102 A2
Bellegarde-sur-Valserine 104 A2
Belleherbe 89 D3, 104 B1
Bellême 86 B2
Bellenaves 102 B2
Bellencombre 77 C3
Bellerive-sur-Allier 102 B2
Bellevaux 104 B2
Bellevesvre 103 D1, 104 A1
Belleville 103 D2
Belleville-sur-Vie 100 A/B1
Bellevue 78 B3
Bellevue 104 B2/3
Bellevue-la-Montagne 103 C3, 110 B1
Belley 104 A3
Bellheim 90 B1
Bellicourt 78 A3
Bellingen 90 A3
Bellingham 57 D2/3, 60 B1
Bellino 112 B1/2
Bellinzona 105 D2, 106 A2
Bellizzi 119 D3, 120 A2/3
Bellö 46 A/B3, 51 C1
Bello 162 A2
Bellpuig 155 D3, 163 D1
Bellreguart 169 D2
Bellshi 142 A1
Belluno 107 D2
Bellús 169 C/D2
Bellver 155 D3, 163 D1
Bellvik 30 A1/2
Bellvís 154 B3, 162 B1
Belm 67 D3, 68 A3
Belmez 166 B3
Belmez de la Moraleda 167 D3, 173 C1

Belmont-de-la-Loire 103 C2
Belmont-sur-Rance 110 A2
Belmonte 168 A1
Belmonte 151 D1
Belmonte 158 B2/3
Belmonte de Mezquín 163 C2
Belmonte de Tajo 161 C3
Belmullet 55 C2
Belo Blato 129 D3, 133 D1, 134 A1
Belo Brdo 134 B3, 138 B1
Belo Polje 138 A/B1
Belobresca 134 B1
Belogradčik 135 C/D3, 140 B2
Belœil 78 B2
Beloljin 134 B3, 138 B1
Belorado 153 C2
Belosavci 133 D2, 134 A/B2
Bělotín 95 C1
Belotinci 135 D3
Belovo 140 B3
Belp 105 C1
Belpasso 125 C/D2
Belpech 109 D3, 155 D1, 156 A1
Belper 61 C3, 64 A/B1
Beltheim 80 A3
Beltinci 127 D2
Beluša 95 C/D1
Belušić 134 B3
Belvédère-Campomoro 113 D3
Belvédère du Cirque 112 B1
Belvedere Ostrense 115 D3, 117 D2
Belver 164 B1
Belver de los Montes 152 A3, 159 D1, 160 A1
Belvès 109 C1
Belvik 4 A2
Belvis de la Jara 160 A3, 166 B1
Belvis de Monroy 159 D3, 166 A/B1
Belvoir Castle 65 C2
Belyj 75 C1/2
Belyniči 74 B2
Belz 84 B3
Belzig 69 D3, 72 A3
Bembibre 151 C/D2
Bembridge 76 A1/2
Bemmel 66 B3
Bemposta 159 C1
Bemposta 164 B1
Bempton 61 D2
Benabarre 155 C2/3
Benacazón 171 D1/2
Benadalid 172 A2/3
Benafigos 162 B3
Benafim 170 A2
Benagéver Nuevo 162 A/B3, 169 C1
Benaguacil 162 B3, 169 C/D1
Benahadux 173 D2
Benahavís 172 A2/3
Benalmádena 172 B2/3
Benalúa de Guadix 173 C1/2
Benalúa de las Villas 173 C1
Benalup de Sidonia 171 D3
Benamargosa 172 B2
Benamaurel 173 D1
Benamejí 172 B2
Benamocarra 172 B2
Benasal 162 B2
Benasau 169 D2
Benasque 155 C2
Benátky nad Jizerou 83 D2
Benavent de la Conca 155 D3
Benavente 151 B3
Benavente 164 A2
Benavides 151 D2
Benavila 164 B2
Bencatel 165 C2
Bendeleben 81 D1, 82 A1
Bendery 99 C3
Bendorf 80 A/B2
Bene Vagienna 113 C1/2
Benedikt 127 D2
Benediktbeuern 92 A3
Benedita 164 A1

Benegiles 151 D3, 152 A3, 159 D1
Benejama 169 C2
Benejúzar 169 C3, 174 B1
Benesat 97 D3, 98 A3
Benešov 83 D3, 96 A2
Benešov nad Černou 93 D2
Benešov nad Ploučnicí 83 C/D2
Benestare 122 A3
Bénestroff 89 D1, 90 A1/2
Benet 100 B2
Benetutti 123 D2
Beneuvre 88 B3
Bénévent-l'Abbaye 101 D2, 102 A2
Benevento 119 D3, 120 A2
Benfeld 90 A2
Benfica 164 A/B2
Bengeşti 139 D1
Bengtsby 25 D3, 26 A3
Bengtsfors 45 C2
Bengtsheden 39 D2, 40 A2
Beniaján 169 C3, 174 B1
Beničanci 128 B3
Benicarló 163 C2/3
Benicasim 163 C3, 169 D1
Benidorm 169 D2/3
Beniel 169 C3, 174 B1
Benifallet 163 C2
Benifallim 169 D2
Benifayó 169 D1/2
Beniflá 169 D2
Benigànim 169 D2
Benilloba 169 D2
Benimarfull 169 D2
Benínar 173 C/D2
Benisa 169 D2
Benitayo 169 D1/2
Benítsai 142 A3
Benizalón 173 D2
Benkovac 131 C2
Benllech 58 B2, 60 A3
Benlloch 163 C3
Bennebo 40 A3
Benneckenstein 69 C3, 81 D1
Bennekom 66 B3
Bennstedt 82 A1
Bénodet 84 A/B2/3
Bénouville 76 B3, 86 A1
Benquerença de Cima 158 B3, 165 C1
Benquerencia 165 D1, 166 A1
Benquerencia de la Serena 166 A/B2
Bensafrim 170 A2
Bensbyn 17 C3
Bensheim 80 B3
Bensheim-Auerbach 80 B3
Bensjö 35 C2
Benzo 172 A3
Benzu 172 A3
Beočin 133 C/D1, 134 A1
Beograd 133 D1, 134 A1, 140 A1/2
Ber'oza 73 D3, 74 A3
Beram 126 B3, 130 A1
Beranturi 153 C2
Berasáin 154 A1/2
Berastegi 153 D1, 154 A1
Bérat 109 C/D3, 155 D1
Berati 142 A1/2, 148 A1
Beratón 153 D3, 154 A3, 161 D1, 162 A1
Beratshausen-Oberpfraundorf 92 A1
Beratzhausen 92 A1
Bérbaltavár 128 A1
Berbegal 155 C3
Berberana 153 C2
Berbinzana 153 D2, 154 A2
Bercedo 153 C1/2
Berceo 153 C2
Berceto 114 A1
Bercher 104 B1/2
Berchidda 123 D1
Berching 92 A1
Berching-Holnstein 92 A1
Berchtesgaden 92 B3
Bérchules 173 C2

Bercial de Zapardiel 160 A2
Bercimuel 161 C1
Bercimuelle 159 D2, 160 A2
Berck-sur-Mer 77 D2
Bercu 78 A2
Berdal 28 A2, 33 C1
Berdejo 153 D3, 154 A3, 161 D1, 162 A1
Berdičev 99 C2
Berdún 154 B2
Bere Regis 63 D2/3, 63 D1/2
Beregovo 97 C/D2/3, 98 A2
Bereguardo 105 D3, 106 A3, 113 D1
Berek 128 A3
Beremend 128 B3
Berendshagen 53 D3, 69 D1
Berestečko 97 D1, 98 B1
Beretinec 127 D2
Berettyóújfalu 97 C3
Berezan' 99 D1/2
Berežany 97 D2, 98 B2
Berezino 74 B2/3
Berezna 75 C3, 99 D1
Bereznegovatoje 99 D3
Berezovka 99 C/D3
Berg 34 B2
Berg 51 C1
Berg 29 C/D3, 34 B1
Berg 30 A3, 35 C2
Berg 29 C/D3, 34 B1
Berg 28 A3, 33 C1
Berg 14 A3, 28 B1
Berg 29 C2
Berg 126 B1
Berg im Gau 92 A2
Berg (Starnberg) 92 A3
Berga 51 D1
Berga 50 B1
Berga 51 D2
Berga 81 D1, 82 A1
Berga 82 B2
Berga 156 A2
Bergaland 42 A2
Bergama 149 D1/2
Bérgamo 106 A3
Bergantino 114 B1
Bergantzu 153 C/D2
Bergara 153 D1
Bergasa 153 D2/3
Bergatreute 91 C3
Bergatreute-Rossberg 91 C3
Bergbacka 16 B3
Bergby 40 A2
Berge 34 B2
Berge 35 D3
Berge 43 C2
Berge 69 D2, 70 A2
Berge 67 D2
Berge 162 B2
Bergeby 7 C2
Bergeforsen 35 D2/3
Bergen 36 A3
Bergen 66 A/B2
Bergen 72 A2
Bergen 68 B2
Bergen 69 C2
Bergen aan Zee 66 A2
Bergen-Belsen 68 B2
Bergen-Eidsvåg 36 A3
Bergen op Zoom 78 B1
Bergen-Sülze 68 B2
Bergen-Wardböhmen 68 B2
Bergentheim 67 C2
Berger 43 D1, 44 B1
Bergerac 109 C2
Bergères-lès Vertus 88 A1
Bergesserin 103 C2
Berget 33 D3, 38 A1
Berget 28 A3, 33 C1
Berggiesshübel 83 C2
Berghamn 30 B3
Berghaupten 90 B2
Bergheim 79 D2, 80 A1/2
Bergheim-Quadrath 79 D2, 80 A1/2
Berghülen 91 C2
Bergisch-Gladbach 80 A1/2
Bergisch-Glattbach-Bensberg 80 A1/2
Bergkarlås 39 C/D2

Bergkvara 51 D2, 72 B1
Bergland 15 C3
Bergli 32 B1
Berglia 29 C2
Berglund 31 C/D1
Berglund 4 B2
Berglunda 31 C1
Bergnäs 15 D3
Bergnäs 30 B1
Bergnäset 17 C3
Bergneustadt 80 A/B1/2
Bergö 20 A2, 31 D3
Bergondo 150 B1
Bergsäng 39 D2
Bergsäng 39 C3
Bergsbotn 9 C/D1
Bergsfjord 4 B2
Bergshamra 41 C3, 47 D1
Bergsjö 35 D3
Bergsjö 30 A2, 35 C1
Bergsjø 37 C3
Bergsjöåsen 29 D2/3, 30 A2, 35 C1
Bergsmo 28 B2
Bergsnov 28 A/B1
Bergstjärn 34 B2
Bergsund 15 C3, 29 D1
Bergsviken 16 B3
Bergtheim 81 D3
Berguenda 153 C2
Bergues 77 D1
Bergün/bravuogn 106 A2
Bergwitz 69 D3
Bergzow 69 D2/3
Berhida 128 B1
Beringel 164 B3, 170 B1
Beringen 79 C1
Berisha e Vënit 137 D2, 138 A2
Berja 173 C/D2
Berka 81 D2
Berkåk 33 C2
Berkatal-Frankershausen 81 C/D1
Berkeley 63 D1, 64 A3
Berkenbrück 70 B2/3
Berkenthin 53 C3, 69 C1
Berkhamsted 64 B3
Berkheim 91 C/D2/3
Berknes 36 A1
Berkön 17 C3
Berkovica 135 D3, 139 D1, 140 B2
Berkovići 132 B3, 137 C1
Berlanga 166 A3
Berlanga de Duero 161 C1
Berlevåg 7 C1
Berlin (-Ost) 70 A2, 72 A3
Berlstedt 82 A1
Bermellar 159 C2
Bermeo 153 C/D1
Bermillo de Sayago 159 D1
Bern 105 C1
Bernalda 121 C3, 121 C3
Bernardin 126 A/B3
Bernardos 160 B1/2
Bernartice 93 D1
Bernau 70 A2, 72 A3
Bernau 92 B3
Bernau (Hochschwarzwald) 90 B3
Bernaville 77 D2
Bernay 86 B1
Bernburg 69 D3, 82 A1
Berndorf 94 A/B3, 96 A/B3
Berne 68 A1/2
Berneau 79 C/D2
Bernedo 153 D2
Berneval-le-Grand 77 C2/3
Berninches 161 C2
Bernkastel-Kues 80 A3
Bernloch 91 C2
Bernried 92 B1
Bernried-Egg 92 B1/2
Bernsdorf 70 A3, 83 C1
Bernsdorf 83 C1
Bernstadt 83 D1/2
Bernstein 94 B3, 127 D1
Bernués 154 B2
Bernuy-Salinero 160 A/B2
Beromünster 105 C1

Beroun 83 C3, 96 A2
Berovo 139 D3, 140 B3
Berra 115 C1
Berre-l'Étang 111 D3
Berrien 84 B2
Berrobi 153 D1, 154 A1
Berrocal 171 C1
Berrocal de Salvatierra 159 D2
Berrocalejo 159 D3, 160 A3, 166 B1
Bersbo 46 B2
Bersenbrück 67 D2
Berthelming 89 D1, 90 A1/2
Bertincourt 78 A3
Bertinoro 115 C2, 117 C1
Bertnes 14 B1, 14 B1
Bertogne 78 B3
Bertrix 79 C3
Berven 84 A/B1/2
Berwang 91 D3, 106 B1
Berwick upon Tweed 54 B2/3, 57 D2
Berzasca 135 C1/2
Berzence 128 A2
Berzocana 166 A/B1
Berzosa 161 C2
Berzosa 153 C3, 161 C1
Berzovia 134 B1, 140 A1
Beša 95 D2
Besalú 156 B2
Besançon 89 C3, 104 A1
Bescanó 156 B2
Besednice 93 D1/2
Beselich-Schupbach 80 B2
Bešenkoviči 74 B2
Besenyszög 129 D1
Běšiny 93 C1
Beška 133 D1, 134 A1
Besni Fok 133 D1, 134 A1
Bespén 155 C3
Bessaker 28 A2
Bessan 110 B3
Bessarabka 99 C3, 141 D1
Bessay-sur-Allier 102 B2
Bessbrook 58 A1
Besse-en-Chandesse 102 B3
Bessé-sur-Braye 86 B3
Bessèges 111 C2
Bessheim 37 C2
Bessines-sur-Gartempe 101 D2
Besson 102 B2
Best 79 C1
Bestensee 70 A/B3
Bestorp 46 B2/3
Bestul 43 D1/2, 44 A1
Bestwig-Nuttlar 80 B1
Bestwig-Ramsbeck 80 B1
Betanzos 150 B1
Bétera 162 B3, 169 C/D1
Beteta 161 D2, 162 A2
Bétheniville 88 B1
Bethesda 59 C2, 60 A3
Bethmale 109 C3, 155 D1/2
Béthune 78 A2
Bettelainville 89 C/D1
Bettembourg 79 D3
Betten 105 C2
Bettignies 78 B2
Bettingen 79 D3
Bettmeralp 105 C2
Bettna 46 B1/2
Bettna 32 B2
Béttola 113 D1, 114 A1
Bettystown 58 A1/2
Betws-y-Coed 59 C2, 60 A3
Betz 87 D1
Betzdorf 80 B2
Betzenstein 82 A3
Betzenstein-Spies 82 A3
Beuil 112 B2
Beuron 91 C2/3
Beuvry 78 A2
Beuzeville 77 C3, 86 B1
Bevagna 115 D3, 117 C2/3
Beveren 78 B1
Beverley 61 D2
Bevern 68 B3
Bevernungen-Dalhausen 68 A/B3, 81 C1

Beverstedt 68 A1
Beverungen 68 B3, 81 C1
Beverwijk 66 A2
Bevilácqua 107 C3, 114 B1
Béville-le-Comte 87 C2
Bevtoft 52 B1/2
Bewdley 59 D3, 64 A2
Bex 104 B2
Bexhill 77 C1
Beychac-et-Caillau 108 B1
Beydağ 149 D2
Beykoz 141 D3
Beynac-et-Cazenac 109 C/D1
Beynat 102 A3, 109 D1
Bezas 162 A2/3
Bezau 91 C3, 106 A/B1
Bezdan 129 C3
Bezděz 83 D2
Bezdružice 82 B3
Bèze 89 C3
Bežeck 75 D1
Bežerez 85 D2
Bezno 83 D2
Bezvěrov 83 C3
Bezzecca 106 B2/3
Biała 71 C1
Biała Podlaska 73 D3, 97 D1, 98 A1
Białogard (Belgard) 72 B2
Białogórze 83 D1
Białośliwie 71 D1/2
Białowąs 71 D1
Białowieża 73 D3
Biały Bór 71 D1
Białystok 73 D3
Biancavilla 125 C2
Bianco 122 A3
Biandrate 105 C/D3
Biar 169 C2
Biarritz 108 A3, 154 A1
Biarrotte 108 A3, 154 A1
Bias 69 D3
Bias 108 A2
Biasca 105 D2, 106 A2
Biasteri 153 D2
Biatorbágy 95 D3, 129 C1
Biaufond 89 D3, 104 B1
Bibbiena 115 C2/3, 116 B1/2
Bibbona 114 B3, 116 A2
Biberach 90 B2
Biberach 91 C2/3
Biberbach (Wertingen) 91 D2
Bibinje 130 B2
Bibione 107 D3, 126 A3
Biblis 80 B3
Biblis-Nordheim 80 B3
Bibury 64 A3
Bicaj 138 A2
Bicaz 98 B3
Bíccari 120 A1/2
Bicester 64 B2
Bichl 92 A3
Bichlbach 91 D3, 106 B1
Bicorp 169 C2
Bicske 95 D3, 128 B1
Bidache 108 A3, 154 A/B1
Bidania 153 D1
Bidarray 108 A3, 154 A1
Bidart 108 A3, 154 A1
Bidjovagge 5 C3, 11 C1
Bie 46 B1
Biebergmünd-Bieber 81 C3
Biebersdorf 70 B3
Biebertal 80 B2
Biebertal-Frankenbach 80 B2
Biebesheim 80 B3
Biedenkopf 80 B2
Biedenkopf-Wallau 80 B2
Biedrusko 71 D2
Biegen 70 B3
Biel 154 B2
Biel / Bienne 104 B1
Bielefeld 68 A3
Bielefeld-Senne 68 A3
Biella 105 C3
Bielle 108 B3, 154 B1
Biellojaure 15 C2/3
Bielmonte 105 C3

Bielsa 155 C2
Bielsk Podlaski 73 D3
Bielsko-Biała 96 B2
Bienenbüttel 68 B1/2, 69 C1/2
Bieniów 71 C3, 83 D1
Bienno 106 B2/3
Bienservida 168 A2/3
Biéntina 114 B2/3, 116 A1/2
Bienvenida 165 D3, 166 A3
Biere 69 C/D3
Bière 104 A/B2
Bierge 155 C2/3
Bierné 86 A3
Bierwart 79 C2
Bierzwnica 71 C1
Bierzwnik 71 C2
Biescas 154 B2
Biesenthal 70 A/B2
Biessenhofen 91 D3
Bietigheim 91 C1
Bietigheim 90 B1/2
Bièvre 79 C3
Biga 149 D1
Bigadiç 149 D1
Biganos 108 A1
Bigastro 169 C3, 174 B1
Biggar 57 C2
Biggleswade 64 B2
Bignasco 105 D2
Bigorne 158 B2
Bihać 131 C1
Bijela 132 B1
Bijele Poljane 137 C1/2
Bijeljina 133 C1
Bijelo Polje 137 D1, 138 A1
Bijörnvik 25 D3, 26 B3
Bijuesca 153 D3, 154 A3, 161 D1, 162 A1
Bikova 74 A/B1
Bílá 95 C1
Bilalovac 132 B2
Bilbilis 162 A1
Bilbo/bilbao 153 C1
Bileća 137 C1
Biłgoraj 97 D1/2, 98 A1
Bílina 83 C2
Bilishti 140 A3, 142 B2, 148 A1
Biljača 139 C2
Biljanovac 133 D3, 134 A/B3
Bilje 129 C3
Billabona 153 D1, 154 A1
Billdal 45 C3, 49 D1
Billerbeck 67 D3
Billesdon 64 B1/2
Billesholm 50 A2/3
Billiat 104 A2
Billigheim 91 C1
Billinge 50 A/B3
Billingen 32 B3, 37 C1
Billingsfors 45 C2
Billingshurst 76 B1
Billnäs 25 C3, 25 C3
Billom 102 B3
Billsta 30 B3
Billund 48 A/B3, 52 A/B1
Billy 102 B2
Bilovice 95 C1
Bilshausen 81 D1
Bilston 59 D3, 64 A1/2
Bilto 4 B3, 10 B1
Bílý Kostel nad Nisou 83 D2
Bilzen 79 C2
Bíňa 95 D3
Binaced 155 C3, 163 C1
Binas 87 C2/3
Binasco 105 D3, 106 A3
Binbrook 61 D3
Binche 78 B2
Bindalseidet 14 A3, 28 B1
Bindlach 82 A3
Binéfar 155 C3, 163 C1
Bingen 43 D1
Bingen 80 B3
Bingen 91 C2/3
Bingham 61 C3, 64 B1
Bingley 59 D1, 61 C2
Bingsjö 39 D2
Binibeca 157 D1
Binic 85 C2

Biniés 154 B2
Binisafúa 157 D1
Binisalem 157 D1
Binn 105 C2
Binsfeld 79 D3, 80 A3
Binswangen 91 D2
Bioča 138 A1
Bioče 137 D2
Biograd 130 B2/3
Biogradska Gora Nacionalni
  Park 137 D1
Biol 103 D3
Biosca 155 D3, 163 D1
Bioska 133 C2/3, 134 A2/3
Biota 154 A/B2
Bippen 67 D2
Birchington 65 D3, 77 C/D1
Birdlip 63 D1, 64 A2/3
Birgel 79 D2, 80 A2
Birgi 124 A2
Biri 37 D3, 38 A2
Birka 47 C1
Birkeland 43 C3
Birkenfeld 80 A3
Birkenfeld (Calw) 90 B1/2
Birkenhain 81 C2/3
Birkenhead 59 C/D2, 60 B3
Birkenwerder 70 A2
Birkerød 49 D3, 50 A3, 53 D1
Birkestrand 7 C1
Birkfeld 94 A3, 127 C/D1
Bîrlad 98 B3, 99 C3,
  141 C/D1
Birmingham 59 D3, 64 A2
Birnbach 93 C2
Biron 109 C1
Birr 55 C2/3
Birresborn 79 D2/3, 80 A2/3
Birsay 54 B1
Bîrseşti 135 D1
Birstein 81 C2
Birštonas 73 D2
Biržai 73 D1, 74 A1
Bisacquino 124 B2
Bisaurri 155 C2
Biscarrosse 108 A1/2
Biscarrués 154 B2
Bicéglie 120 B2, 136 A3
Bischoffen-Niederweidbach
  80 B2
Bischofsgrün 82 A3
Bischofsheim 81 C/D2
Bischofshofen 93 C3, 126 A1
Bischofsmais-Hochdorf 93 C1
Bischofswerda 83 C/D1,
  96 A1
Bischofswiesen 92 B3
Bischofszell 91 C3
Bischwiller 90 A/B2
Bisegna 119 C2
Bisenti 117 D3, 119 C1
Bishop Auckland 57 D3,
  61 C1
Bishop's Castle 59 C/D3
Bishop's Stortford 65 C/D3
Bishops Waltham 76 A1
Bisignano 122 A/B1
Bisko 131 D3
Biskupiec (Bischofsburg)
  73 C2/3
Biskupija 131 C2
Bismark 69 C/D2
Bismo 32 B3, 37 C1
Bispberg 39 D2/3, 40 A2
Bispfors 30 A3, 35 C2
Bispgården 30 A3, 35 C2
Bispingen 68 B2
Bispingen-Wilsede 68 B1/2
Bissendorf-Wissingen 67 D3,
  68 A3
Bissingen-Diemantstein 91 D2
Bistagno 113 C1
Bistarac 132 B2
Bistreţ 135 D2/3, 140 B2
Bistrica 133 C/D3, 134 A3
Bistrica 137 D1
Bistrica 127 C/D2
Bistrica 139 D2
Bistrica 139 D1/2
Bistričak 132 B2
Bistriţa 97 D3, 98 A/B3

Bitburg 79 D3
Bitche 90 A1
Bítem 163 C2
Bitetto 121 C2
Bitola 138 B3, 140 A3,
  143 C1, 148 A/B1
Bitonto 121 C2, 136 A3
Bitschwiller-lès-Thann 89 D3,
  90 A3
Bitterfeld 82 B1
Bitti 123 D2
Bivio 106 A2
Bivona 124 B2
Bize-Minervois 110 A/B3,
  156 B1
Bizovac 128 B3
Bjåen 42 B1
Bjala 141 C/D2
Bjala 141 C2
Bjännfors 31 D2
Bjærangen 14 B1
Bjäresjö 50 B3
Bjärges 47 D3
Bjärka-Säby 46 B2
Bjarkøy 9 C1
Bjärlöv 50 B2
Bjärnå 24 B3
Bjärnum 50 B2
Bjärred 50 A3
Bjarsjölagard 50 B3
Bjärström 41 C2/3
Bjärten 31 C2
Bjärtrå 30 B3, 35 D2
Bjästa 30 B3
Bjæverskov 49 D3, 50 A3,
  53 D1
Bjelland 42 B3
Bjelovar 128 A2/3
Bjergby 48 B1
Bjerkreim 42 A3
Bjerkvik 9 C/D2
Bjernede Kirke 49 C/D3,
  53 C/D1
Bjerre 48 B3, 52 B1
Bjerringbro 48 B2
Bjøberg 37 C3
Bjolderup 52 B2
Bjøllånes 15 C2
Bjølstad 37 C/D1/2
Bjønnes 43 D2, 44 A1/2
Bjórbo 39 D2
Björboholm 45 C3
Bjordal 42 B3
Bjordal 36 A2
Bjoreidalshytta 36 B3
Björholmen 44 B3
Bjørk 37 C2
Björkås 15 C3
Björkås 9 D1/2, 10 A1/2
Björkbacken 15 C3
Bjorkberg 39 D1
Björkberg 16 B2/3
Björkberg 30 B1
Björkboda 24 B3
Björke 40 A/B2
Bjørke 32 A3, 36 B1
Bjørkelangen 38 A/B3
Bjørketorp 49 D1, 50 A1
Björkfors 46 B3
Björkfors 15 C2/3
Björkfors 17 C/D2
Björkhöjden 30 A3, 35 C1/2
Björkholmen 16 A1
Björkliden 9 D2
Björkliden 31 C1
Björkliden 16 A3
Bjorklinge 40 B3
Björklinge 40 A3
Björklund 16 A3
Bjørkmo 9 C1
Bjørkneset 28 B1
Björkö 24 A3, 41 D2
Björkö 46 A3, 51 C1
Björkö 44 B3, 49 C/D1
Björkö-Arholma 41 C3
Björköby 20 A2, 31 D3
Björkön 35 D3
Björksele 30 B1
Björksele 30 B2, 35 D1
Björksjön 39 D3
Björkvattnet 29 C1/2

Björkvik 46 B2
Björlanda 45 C3, 49 D1,
  50 A1
Bjorli 32 B3, 37 C1
Bjørn 14 A2
Björna 31 C2/3
Björnänge 29 C3, 34 A1/2
Bjørnås 32 B2
Bjornåsbrua 38 A1/2
Björnbäck 30 B2/3, 35 D1
Björnbäck 30 B2/3, 35 D1
Björnberg 34 B3
Björnböle 30 B3
Björneborg 24 A1
Björneborg 45 D1, 46 A1
Bjørnes 14 B2
Bjørnestad 42 B3
Bjørnevasshytta 42 B2
Bjørnevatn 7 C2
Björnhollia 33 C3, 37 D1
Björnlunda 47 C1
Bjørnset 36 A2
Bjørnset 5 C2, 6 A2
Björnsholm 46 B3, 72 B1
Björnsjö 30 B2/3
Bjørnskar 4 A2
Bjørnskinn 9 C1
Bjørnsletta 9 D1/2
Björsarv 35 C3
Björsäter 46 B2
Björsjö 39 D3
Bjørsvik 36 A3
Bjurånäs 17 C2
Bjurbekkdalen 14 B2
Bjurberget 38 B2
Bjurfors 31 D1
Bjurholm 31 C2
Bjuröklubb fiskeläge 31 D1
Bjursås 39 D2
Bjursund 46 B3
Bjurtjärn 45 D1, 46 A1
Bjurträsk 30 B1
Bjurvattnet 31 C2
Bjuv 50 A2/3
Blace 134 B3, 138 B1
Blackbo 40 A3
Blackburn 59 D1/2, 60 B2
Blacke 31 D1
Blackpool 54 B3, 59 C/D1,
  60 B2
Blackrock 58 A1
Blacksnäs 20 A2/3
Blackstad 46 B3
Blackwater 58 A3
Blackwaterfoot 56 A2
Bladåker 40 B3
Bladon 64 A/B2/3
Blaenau Ffestiniog 59 C2/3,
  60 A3
Blaenavon 63 C/D1
Blåfjellhytta 42 B2
Blagaj 131 D2, 132 A2
Blagaj 131 C1
Blagaj 132 B3, 136 B1
Blagdon 63 D2, 63 D1
Blagnac 109 D2/3, 155 D1
Blagodatnoje 99 C/D2/3
Blagoevgrad 139 D2, 140 B3
Blagojev Kamen 135 C2
Blåhammaren 28 B3, 33 D2,
  34 A2
Blaiken 15 C/D3
Blaikliden 29 D1, 30 A1
Blain 85 D3
Blairgowrie 54 B2, 57 C1
Blaise 88 B2
Blaj 97 D3, 98 A3, 140 B1
Blajan 109 C3, 155 C1
Blakeney 65 C/D1
Blakeney 63 D1, 64 A3
Blaker 38 A3
Blaksæter 32 A3, 36 B1
Blakstad 38 A3, 43 D1, 44 B1
Blåmont 89 D2
Blanca 169 C2
Blancas 162 A2
Blancos 150 B3
Blandford Forum 63 D2,
  63 D1
Blanes 156 B3
Blangy-sur-Bresle 77 D2/3

Blankaholm 46 B3, 51 D1
Blankenberge 78 A1
Blankenburg 69 C3
Blankenfelde 70 A2/3
Blankenhain 82 A2
Blankenheim 79 D2, 80 A2
Blankensee 70 A1
Blansko 94 B1, 96 B2
Blanzac 101 C3
Blanzy 103 C1
Blascomillán 160 A2
Blascosancho 160 A/B2
Bläse 47 D3, 47 D2
Blåsmark 16 B3
Blatná 83 C3, 93 C1
Blatná na Ostrove 95 C2/3
Blatné 95 C2
Blatnice 95 C1
Blato 131 D3, 132 A3
Blato 136 A1
Blatten bei Naters 105 C2
Blatten (Lötschen) 105 C2
Blattnicksele 15 D3
Blaubeuren 91 C2
Blaufelden 91 C/D1
Blaufelden-Wiesenbach
  91 C/D1
Blaustein 91 C2
Blåvand 48 A3, 52 A1
Blåvik 46 A3
Blaye-et-Sainte-Lucie 100 B3,
  108 B1
Blaye-les-Mines 109 D2,
  110 A2
Blažejovice 93 C1
Blaževac 132 B1
Blaževo 134 B3, 138 B1
Blázquez 166 B3
Bleckede 69 C1
Blecua 154 B3
Bled 126 B2
Bledzew 71 C2
Bléharies 78 A/B2
Bleialf 79 D2/3
Bleibach 90 B2/3
Bleiburg 127 C2
Bleicherode 81 D1
Bleik 9 C1
Bleikvassli 14 B2
Blekendorf 53 C3
Bleket 44 B3
Blendija 135 C3
Bléneau 87 D3
Blenheim Palace 64 A/B2/3
Blénod-lès-Toul 89 C2
Blera 116 B/C3, 118 A1
Blérancourt 78 A3
Bléré 86 B3, 101 D1
Blerikstugan 15 C3, 29 D1
Blesa 162 B2
Blesje stadmoen 42 B1
Blesle 102 B3
Blesme 88 B1
Blessington 58 A2
Blestua 43 D1
Blet 102 B1
Bletchley 64 B2
Bletterans 103 D1, 104 A1/2
Blickling Hall 65 D1
Blidö 41 C3, 47 D1
Blidsberg 45 D3
Bliecos 153 D3, 161 D1
Blieskastel 89 D1, 90 A1
Blieskastel-Breitfurt 90 A1
Bligny-sur-Ouche 103 C/D1
Blinishti 138 A2
Blinja 127 D3, 131 C1
Blodelsheim 90 A3
Bloemendaal 66 A2/3
Blois 87 C3
Blokhus 33 C2/3, 37 D1
Blokhus 48 B1
Blokzijl 66 B2
Blomberg 68 A3
Blomberg 67 D1
Blomberg-Grossenmarpe
  68 A3
Blomhöjden 29 D1/2
Blommenslyst 52 B1
Blomsholm 44 B2
Blomstermåla 51 D1

Blomvåg 36 A3
Blönsdorf 70 A3
Blonville-sur-Mer 76 B3,
  86 A/B1
Blosenberg 82 A/B2
Bloška Polica 126 B3
Blötberget 39 D3
Błotno 71 C1
Blotzheim 90 A3
Blovice 83 C3, 93 C1
Blowatz 53 C/D3
Blšany 83 C2/3
Bludenz 106 A1
Blumberg 70 A2
Blumberg 90 B3
Blyberg 39 C1/2
Blyth 61 C3, 64 B1
Blyth 54 B3, 57 D2/3, 61 C1
Bnin 71 D3
Bo 46 B1/2
Bø 43 D1/2, 44 A1
Bø 43 C2
Bø 8 B2
Bo'ness 57 C1/2
Boada 159 C/D2
Boadilla 159 C/D2
Boadilla de Ríoseco 152 A3
Boal 151 C1
Boan 137 D1
Boário Terme 106 B2/3
Bobadilla 153 C/D2
Bobadilla 172 B2
Bobadilla del Campo 160 A1
Bóbbio 133 C1
Bóbbio Péllice 112 B1
Boberg 30 A3, 35 C1/2
Böbing 91 D3, 92 A3
Bobingen 91 D2
Böblingen 91 C2
Bobolice 72 B2
Boborás 150 B2
Boboševo 139 D2
Bobota 129 C3
Bobova 133 C/D2, 134 A2
Bobovdol 139 D2, 140 B2/3
Böbrach 93 C1
Bobrinec 99 D2/3
Bobrka 97 D2, 98 A/B2
Bobrowice 73 C3
Bobrówko 71 C2
Bobrujsk 74 B3
Boca do Inferno 164 A2
Bočac 131 D2, 132 A2
Bocairente 169 C2
Bočar 129 D3
Bocchigliero 122 B1
Boceguillas 161 C1
Bochnia 97 C2
Bocholt 67 C3
Bochov 82 B3
Bochum 80 A1
Bocigas de Perales 153 C3,
  161 C1
Bockara 51 D1
Bockenem 68 B3
Bockfliess 94 B2
Bockhorn 67 D1
Bockhorst 67 D2
Böckstein 107 D1, 126 A1
Bockswiese 68 B3
Bocognano 113 D3
Bocşa 135 C1
Bocşa Vasiovei 135 C1
Boczów 71 C3
Boda 39 D2
Boda 40 A1
Böda 51 D1, 72 B1
Boda 30 A3, 35 C/D2
Boda 45 C1
Bodafors 46 A3, 51 C1,
  72 A1
Bodajk 128 B1
Bødal 32 A3, 36 B1/2
Bodani 129 C3, 133 C1
Bodåsgruvan 40 A2
Bodbacka 20 A2/3
Bodbyn 20 A1, 31 D2
Boddin 69 C1
Boden 17 C2/3
Boden 31 C1
Bodenburg 68 B3

Bodenkirchen 92 B2
Bodenkirchen-Aich 92 B2
Bodenmais 93 C1
Bodenteich 69 C2
Bodenwerder 68 B3
Bodenwöhr 92 B1
Bodiam Castle 77 C1
Bodilis 84 A/B2
Bodin 14 B1, 14 B1
Bodiosa Queirã 158 B2
Bodman 91 C3
Bodmin 62 B3
Bodø 14 B1, 14 B1
Bodom 28 B2, 33 D1, 34 A1
Bodön 17 C3
Bodonal de la Sierra 165 D3
Bodrost 139 D2
Bodrum 149 D2
Bodsjö 34 B2
Bodträskfors 16 B2
Boechout 78 B1
Boecillo 152 A/B3, 160 A1
Boek 69 D1, 70 A1
Boën-sur-Lignon 103 C3
Boeza 151 C/D2
Bofors 46 A1
Boga 137 D2
Bogádmindszent 128 B2/3
Bogajo 159 C2
Bogan 28 B1
Bogarra 168 B2
Bogatić 133 C1
Bogatynia 83 D2, 96 A1
Bogaz 141 D3, 149 D1
Bogdanci 139 C3, 143 D1
Bogdaniec 71 C2
Bogdanovo 75 C2
Bogen 38 B3
Bogen 9 C2
Bogen 92 B1
Bogense 48 B3, 52 B1
Bogetići 137 C/D1
Boggsjö 35 C2
Bogholm 9 C/D2
Boglárlelle 96 B3, 128 A/B1/2
Bognanco Fonti 105 C2
Bognelv 5 C2
Bognes 9 C2
Bogno 105 D2, 106 A2
Bognor Regis 76 B1
Bogodol 132 A/B3
Bogojevo 129 C3
Bogomila 138 B3
Bogomolje 132 A3, 136 A/B1
Bogorojca 139 C3, 143 D1
Bögöte 128 A1
Bogovina 135 C2/3
Bogøy 8 B3
Bøgsetsetran 29 C2
Bogstad 36 B1/2
Boguševsk 74 B2
Boguslav 99 C/D2
Bogutovac 133 D3, 134 A/B3
Bogyoszló 94 B3
Bohain-en-Vermandois 78 A/B3
Bohdalice 94 B1
Bohdalov 94 A1
Böheimkirchen 94 A2
Bohinjska Bistrica 126 B2
Böhl-Iggelheim 90 B1
Böhlitz-Ehrenberg 82 B1
Böhmenkirch 91 C2
Böhmfeld 92 A1/2
Bohmte 68 A2/3
Bohmte-Hunteburg 67 D2, 68 A2/3
Bohonal 166 B1
Bohonal de Ibor 159 D3, 160 A3, 166 A/B1
Böhönye 96 B3, 128 A2
Bohult 50 B2
Bohunice 95 D2
Bohuslavice u Gottwaldova 95 C1
Boí 155 C/D2
Boiano 119 D2
Boiro 150 A2
Bois-d'Amont 104 A2
Bois Sir Amé 102 A/B1
Boismont 89 C1

Boissy-Saint-Léger 87 D1/2
Boitzenburg 70 A1
Bóixols 155 D2/3
Boizenburg 69 C1
Bojadła 71 C3
Bojana 139 D1
Bojanowo 71 D3
Bojar 163 C2
Bojarka 99 C1/2
Bojčinovci 135 D3
Bøjden 52 B1/2
Bojkovice 95 C1
Bojnica 135 C2
Bojtiken 15 C3, 29 D1
Boka 134 B1
Bokel 68 A1
Bokel 52 B3, 68 B1
Bökemåla 51 C2
Bokenäs 44 B2/3
Böklund 52 B2
Bokn 42 A2
Bokod 95 C/D3, 128 B1
Boksel 16 A3
Böksholm 51 C1
Bol 131 C/D3, 136 A1
Bol'šakovo 73 C2
Bölan 40 A1
Bolaños de Calatrava 167 C/D2
Bolaños de Campos 152 A3
Bolbec 77 C3
Bolchov 75 D3
Bölcske 129 C1/2
Bolderslev 52 B2
Böle 29 D3, 34 B1/2
Böle 34 B2/3
Böle 17 C2
Bolea 154 B2
Bölebyn 16 B3
Bolemin 71 C2
Bölen 30 A2/3, 35 C1
Böleseter 28 A2
Bolesławiec (Bunzlau) 96 A1
Boleszkowice 70 B2
Bólgheri 114 B3, 116 A2
Bolgrad 141 D1
Boliden 31 D1
Boliqueime 170 A/B2
Boljanići 133 C3
Boljetin 135 C2
Boljevac 135 C2/3, 140 A2
Boljevci 133 D1, 134 A1/2
Bolkesjø 43 C/D1, 44 A1
Bölkow 53 D3
Boll 91 C2
Bollebygd 45 C3, 49 D1
Bollendorf 79 D3
Bollène 111 C2
Bollensdorf 70 A3
Bollerup 50 B3
Bollesetra 5 C2, 6 A2
Bólliga 161 D3
Bollmora 47 D1
Bollnäs 40 A1
Bollstabruk 30 B3, 35 D2
Bollullos de la Mitación 171 D1/2
Bollullos par del Condado 171 C1/2
Bolman 128 B3
Bolmen 50 B1/2
Bolmsö 50 B1
Bolmstad 50 B1
Bolnuevo 174 B1
Bologna 114 B1/2, 116 B1
Bologne 88 B2
Bolognetta 124 B2
Bolognola 115 D3, 117 D2/3
Bologoje 75 C/D1
Bologovo 75 C1
Bolsena 116 B3, 118 A1
Bolsover 61 C3, 64 A/B1
Bolstad 45 C2
Bolsward 66 B2
Boltaña 155 C2
Boltigen 104 B2
Bolton 59 D2, 60 B2/3
Bolton Bridge 59 D1, 61 C2
Bolventor 62 B3
Bolvir 156 A2
Bóly 128 B2/3

Bolzaneto 113 D2
Bolzano / Bozen 107 C2
Bom Jesus 150 A/B3, 158 A1
Bomarsund 41 C/D2/3
Bomba 119 D1/2
Bombarón 173 C2
Bombarral 164 A1/2
Bömenzien 69 C2
Bomlitz 68 B2
Bomlitz-Bommelsen 68 B2
Bømlo 42 A1
Bompart 111 D3
Bomsdorf 70 A/B3, 83 C1
Bomsund 30 A3, 35 C2
Bon Secours 79 C3
Bon Secours 78 A/B2
Bona 102 B1
Bonaduz 105 D1, 106 A1
Bonaguil 109 C1
Bönan 40 B2
Bonansa 155 C2
Bonanza 171 C/D2
Boñar 152 A2
Bonárcado 123 C2
Bonares 171 C1/2
Bonäset 29 C3, 34 A1/2
Bonäset 29 D2, 30 A2, 35 C1
Bonassola 114 A2
Bonastre 163 D1
Bonboillon 89 C3, 104 A1
Boncourt 89 D3, 90 A3, 104 B1
Bondal 43 C1
Bondalseidet 32 A3, 36 A/B1
Bondeno 114 B1
Bonderup 48 B1
Bondstorp 45 D3, 50 B1
Bondues 78 A2
Bonefro 119 D2, 120 A1
Bönen 67 D3, 80 B1
Bones 9 D2
Bonete 169 C2
Bönhamn 30 B3
Boniches 162 A3, 168 B1
Bonifacio 113 D3
Boniswil 90 B3, 105 C1
Bonn 80 A2
Bonn-Bad Godesberg 80 A2
Bonnåsjøen 9 C3
Bonnat 102 A2
Bonnavoulin 56 A1
Bonndorf 90 B3
Bonne-sur-Ménoge 104 A/B2
Bønnerup Strand 49 C2
Bonnétable 86 B2
Bonneuil-Matours 101 C1
Bonneval 87 C2
Bonneval-sur-Arc 104 B3
Bonneville 104 A/B2
Bonnières-sur-Seine 87 C1
Bonnieux 111 D2
Bonny-sur-Loire 87 D3
Bono 123 C/D2
Bono 155 C2
Bonorva 123 C2
Bonrepos 109 D2
Bønsnes 43 D1
Bønsvig 53 D2
Bontveit 36 A3
Bonyhád 128 B2
Bönyrétalap 95 C3
Boock 70 B1
Boofzheim 90 A2
Booischot 79 C1
Boom 78 B1
Boos 77 C3, 87 C1
Boossen 70 B2/3
Boostedt 52 B3
Boothby 61 D3, 64 B1
Bootle 59 C/D2, 60 B3
Bootle 59 C1, 60 A2
Bopfingen 91 D1/2
Boppard 80 A/B2/3
Boquiñeni 154 A3, 162 A1
Bor 50 B1
Bor 82 B3
Bor 135 C2, 140 A/B2
Borač 133 D2, 134 A/B2
Boraja 131 C2
Borås 45 C3, 72 A1
Borba 165 C2

Borbela 158 B1
Borbona 117 D3, 118 B1
Borča 133 D1, 134 A1
Borci 131 D2, 132 A2
Borculo 67 C3
Bordalba 161 D1, 162 A1
Bordány 129 D2
Bordeaux 108 B1
Bordeira 170 A2
Bordères-Louron 155 C2
Bordes 109 C3, 155 C1
Bordesholm 52 B3
Bordighera 112 B2/3, 113 C2/3
Bording Stationsby 48 B2/3
Bordón 162 B2
Bordvedaven 14 B2
Borek Wielkopolski 71 D3
Borello 115 C2, 117 C1
Borelva 14 B1
Borensberg 46 A/B2
Borgå 25 D2/3, 26 A3
Borgafjäll (Avasjö) 29 D1
Borgan 28 A/B1
Borge 44 B1
Borgen 30 B2, 35 D1
Borgentreich 81 C1
Borgentreich-Bühne 81 C1
Borger 67 C2
Börger 67 D2
Borgestad 43 D2, 44 A1
Borggård 46 B2
Borghamn 46 A2
Borghetto 117 C3, 118 B1
Borghetto di Vara 114 A2
Borghetto Santo Spírito 113 C2
Borgholm 51 D1, 72 B1
Borgholzhausen 67 D3, 68 A3
Bórgia 122 B2
Borgloon 79 C2
Børglum kloster 48 B1
Borgo 107 C2
Borgo a Mozzano 114 B2, 116 A1
Borgo alla Collina 115 C2, 116 B1/2
Borgo Grappa 118 B2
Borgo le Taverne 119 D3, 120 A2
Borgo Libertà 120 A/B2
Borgo Pace 115 C2/3, 117 C2
Borgo Piave 118 B2
Borgo San Dalmázio 112 B2
Borgo San Lorenzo 114 B2, 116 B1
Borgo Túfico 115 D3, 117 C/D2
Borgo Val di Taro 114 A1/2
Borgo Vercelli 105 C/D3
Borgoforte 114 B1
Borgofranco 105 C3
Borgomanero 105 C/D3
Borgomasino 105 C3
Borgonovo Lígure 113 D2
Borgoricco 107 C3
Borgorose 117 D3, 118 B1
Borgosésia 105 C3
Borgsjö 35 C2/3
Borgsjö 30 B2
Borgstena 45 C/D3
Borgund 37 C2, 37 C2
Borgvattnet 30 A3, 35 C1/2
Borgvik 45 C1
Borhaug 42 B3
Boriç 137 D2
Boričevac 131 C2
Borines 152 A1
Borislav 97 D2, 98 A2
Bořislav 83 C2
Borisov 74 B2
Borispol' 99 C/D1
Borja 154 A3, 162 A1
Börjelsbyn 17 C2
Börjelslandet 17 C2/3
Borkan 15 C3, 29 D1
Borken 67 C3
Borken 81 C1/2
Borken-Kleinenglis 81 C1/2
Borken-Weseke 67 C3
Borkenes 9 C2

Borkheide 70 A3
Borkhusseter 33 C3, 37 D1
Børkop 48 B3, 52 B1
Borkum 67 C1
Borlänge 39 D2
Borlaug 37 C2
Børlia 33 C2
Borlova 135 C1
Borlu 149 D2
Bormes-les-Mimosas 112 A3
Bórmio 106 B2
Born 69 C2/3
Born 53 D3
Borna 82 B1
Borne 67 C3
Borne 69 C3
Borne 103 C3, 110 B1
Bornem 78 B1
Bornes 159 C1
Bornheim (Bonn) 80 A2
Bornhöved 52 B3
Börnicke 70 A2
Borno 106 B2/3
Bornos 171 D2
Bornova 149 D2
Bornstedt 82 A1
Borobia 153 D3, 154 A3, 161 D1, 162 A1
Borod'anka 99 C1
Borojevići 127 D3, 131 C1
Borotín 83 D3, 93 D1
Boroughbridge 61 C2
Borovan 140 B2
Borovany 93 D1/2
Borovci 135 D3, 139 D1
Borovnica 126 B2/3
Borovo 129 C3, 133 C1
Borovo Selo 129 C3, 133 C1
Borovsk 75 D2
Borowe 83 D1
Borowina 71 C3
Borrby 50 B3, 72 A2
Borrby strandbad 50 B3
Borre 43 D2, 44 B1
Borre 53 D2
Borreby 53 C1/2
Borredà 156 A2
Borrentin 70 A1
Börringe 50 A/B3
Borriol 163 C3, 169 D1
Borris 48 A3
Börrum 46 B2
Børsa 28 A3, 33 C1/2
Borščev 98 B2
Børselv 5 D2, 6 A1/2
Borsfa 128 A2
Borsh 142 A2, 148 A1
Borssele 78 B1
Börssum 69 C3
Borstel 69 D2
Bort-les-Orgues 102 A/B3
Borth 59 C3
Borthwick Castle 57 C2
Bortigali 123 C2
Börtnan 34 B2
Bortnen 36 A1
Borum 48 B2/3
Borup 49 D3, 53 D1
Boruszyn 71 C2/3
Boryszyn 71 C2/3
Borzna 99 D1
Borzonasca 113 D2
Bosa 123 C2
Bosa Marina 123 C2
Bosanci 127 C3, 130 B1
Bosansk Rača 133 C1
Bosanska Dubica 128 A3, 131 D1
Bosanska Gradiška 131 D1, 132 A1
Bosanska Kostajnica 127 D3, 131 C/D1
Bosanska Krupa 131 C1
Bosanska Mezgraja 133 C1/2
Bosanski Aleksandrovac 131 D1, 132 A1
Bosanski Brod 132 B1
Bosanski Dubočac 132 B1
Bosanski Kobaš 132 A/B1
Bosanski Novi 131 C1
Bosanski Petrovac 131 C2

Bosanski Šamac 132 B1
Bosansko Grahovo 131 C2
Bösárkány 95 C3
Bosau 53 C3
Boscastle 62 B2/3
Bosco 115 C/D3, 117 C2
Bosco Chiesanuova 106 B3
Bosco/gurin 105 C/D2
Bösel 67 D2
Bösel-Petersdorf 67 D2
Bøseter 38 A1
Bøsetrene 32 B3, 37 C1
Bosilegrad 139 C2
Bosiljevo 127 C3, 130 B1
Bosjön 39 C3
Boskoop 66 A/B3
Boskovice 94 B1, 96 B2
Bosnek 139 D2
Bošnjace 139 C1
Bošnjaci 133 C1, 133 C1
Bosost 155 C2
Bosque 150 A1
Bössbo 39 C1
Bossbu 42 B2
Bossolasco 113 C1/2
Bøstad (Borge) 8 B2
Bostan 131 D3, 132 A3, 136 B1
Böste läge 50 A/B3
Boston 61 D3, 65 C1
Bostrak 43 C2
Bosut 133 C1
Bőszénfa 128 B2
Bot 163 C2
Boteå 30 B3, 35 D2
Botesdale 65 C/D2
Botevgrad 140 B2
Bothel 57 C3, 60 A/B1
Boticas 150 B3, 158 B1
Botija 165 D1, 166 A1
Botley 76 A1
Botn 5 C2
Botn 4 A/B2/3
Botn 4 A2
Botn 14 A2
Botngård 28 A3, 33 C1
Botnhamn 9 D1
Botnlia 33 D2/3
Bötom 20 A3
Botorrita 154 B3, 162 A/B1
Botoš 129 D3, 133 D1, 134 A/B1
Botoşani 98 B3
Botsmark 31 C/D2
Bottarvegården 47 D3
Bottesford 61 C/D3, 64 B1
Böttingen (Tuttlingen) 90 B2/3
Bottnaryd 45 D3
Botun 138 B3, 142 B1
Bouayé 85 D3, 100 A1
Boubínský prales (Urwald) 93 C1
Boucau 108 A3, 154 A1
Boucé 86 A/B1/2
Bouchain 78 A/B2
Bouchoir 78 A3
Boucoiran 111 C2
Boucq 89 C1/2
Boudrac 109 C3, 155 C1
Bouessay 86 A2/3
Bouesse 101 D1/2, 102 A1/2
Bouillon 79 C3
Bouilly 88 A2
Bouin 100 A1
Boujailles 104 A1
Boúka 146 B3
Boulay-Moselle 89 D1
Bouleternère 156 B1/2
Bouloc 110 A/B2
Boulogne-sur-Gesse 109 C3, 155 C1
Boulogne-sur-Mer 77 D1/2
Bouloire 86 B2/3
Boulouris-sur-Mer 112 B3
Boulzicourt 79 C3
Boumois 86 A/B3, 101 C1
Bourbon-l' Archambault 102 B1/2
Bourbon-Lancy 103 C1/2
Bourbonne-les-Bains 89 C2/3
Bourbourg 77 D1

Bourbriac 84 B2
Bourdeaux 111 D1
Bouresse 101 C2
Bourg-Achard 77 C3, 86 B1
Bourg-Argental 103 C3
Bourg-d'Oueil 155 C2
Bourg-de-Péage 111 C/D1
Bourg-de-Visa 109 C2
Bourg-en-Bresse 103 D2
Bourg-et-Comin 78 B3, 88 A1
Bourg-Lastic 102 A/B3
Bourg-Madame 156 A2
Bourg-Saint-Andéol 111 C2
Bourg-Saint-Maurice 104 B3
Bourg-St-Pierre 104 B2/3
Bourg-sur-Gironde 108 B1
Bourganeuf 102 A2
Bourges 102 A1
Bourgneuf-en-Mauges 86 A3, 100 B1
Bourgneuf-en-Retz 100 A1
Bourgoin-Jallieu 103 D3
Bourgtheroulde 77 C3, 86 B1
Bourgueil 86 B3, 101 C1
Bourmont 89 C2
Bournazel 110 A1/2
Bourne 64 B1
Bournemouth 76 A1/2
Bournezeau 100 B1/2
Bouro 150 A/B3, 158 A1
Bourret 109 C/D2
Boussac 102 A2
Bousse 89 C1
Bouttencourt 77 D2/3
Bouvellemont 79 C3
Bouvières 111 D1/2
Bouvron 85 C/D3
Bouxwiller 90 A1/2
Bouzonville 89 D1
Bova 122 A3
Bova Marina 122 A3
Bovalino Marina 122 A3
Bovallstrand 44 B2
Bovan 135 C3
Bovec 96 A3, 126 A/B2
Bóveda 150 B2
Bóvegno 106 B3
Bovenden 81 C/D1
Bovense 53 C1
Bøverdal 37 C2
Bøverfjord 32 B2
Boves 78 A3
Bóves 112 B2
Bovey Tracey 63 C3, 63 C2
Bovik 41 C2/3
Bovino 120 A2
Bøvlingbjerg 48 A2
Bovolenta 107 C3
Bovolone 107 C3
Bovrup 52 B2
Bowes 57 D3, 60 B1, 61 C1
Bowmore 56 A2
Box 25 C3
Box 25 D3, 26 A3
Box 63 D2, 63 D1, 64 A3
Boxberg 81 C3, 91 C1
Boxholm 46 A2/3
Boxmeer 66 B3, 79 D1
Boxtel 66 B3, 79 C1
Boyardville 100 B2
Boyle 55 C2
Boynes 87 D2
Božaj 137 D2
Božava 130 B2
Bozcaada 145 D3, 149 C1
Bozdoğan 149 D2
Božejov 94 A1
Bozel 104 B3
Boževac 134 B2
Bozhigradi 142 B2
Boží Dar 82 B2
Božica 139 C1/2
Božice 94 B1/2
Bozouls 110 A1/2
Bozovici 135 C1
Bozsok 94 B3, 127 D1
Božurište 139 D1
Bózzolo 114 A/B1
Br'ansk 75 C/D3
Bra 113 C1
Braås 51 C1

Bråbo 51 D1
Brabova 135 D2
Braccagni 116 B3
Bracciano 118 A1/2
Braćevac 135 C2
Bračevci 128 B3, 132 B1
Bracieux 87 C3
Bräcke 35 C2
Brackel 68 B1
Brackenheim 91 C1
Brackley 64 B2
Bracknell 64 B3, 76 B1
Braco 56 B1
Brad 97 D3, 98 A3, 140 B1
Bradford 54 B3, 61 C2
Bradford on Avon 63 D2, 63 D1, 64 A3
Brädikow 69 D2, 70 A2
Brading 76 A1/2
Bradninch 63 C2, 63 C1
Brædstrup 48 B3
Bradwell Waterside 65 C3
Bradworthy 62 B2
Braemar 54 B2
Bràfim 163 D1
Braga 150 A/B3, 158 A1
Bragança 151 C3, 159 C1
Brager 37 D3, 38 A2
Bragin 74 B3, 99 C1
Brahelinna 26 B1
Brahestad 18 A3
Brahetrolleborg 53 C2, 53 C2
Brahmenau 82 B2
Bräila 141 C/D1
Braine-l'Alleud 78 B2
Braine-le-Comte 78 B2
Braintree 65 C2/3
Brajkovići 132 A/B2
Brake 68 A1
Brakel 68 A/B3, 81 C1
Brakel-Bökendorf 68 A/B3, 81 C1
Brakkstad 28 B1/2
Bräkne-Hoby 51 C2
Brålanda 45 C2
Bralitz 70 B2
Brallo 113 D1
Brálos 147 C1, 148 B2
Braloştiţa 135 D2
Bramminge 48 A3, 52 A1
Brampton 57 C3, 60 B1
Bramsche 67 D2/3
Bramsche-Achmer 67 D2/3
Bramsche-Engter 67 D2/3, 68 A2/3
Bramsche-Hesepe 67 D2
Bramsche-Ueffeln 67 D2
Brånaberg 15 C3
Branäs 38 B2
Branca 115 D3, 117 C2
Brancaleone 122 A3
Branchewinda 82 A2
Brand 82 A/B3
Brand 106 A1
Brand-Erbisdorf 83 C2
Brandal 36 A1
Brändåsen 34 A3
Brändberg 16 B2
Brändbo 35 C3
Brandbu 37 D3, 38 A2
Brände 31 C1/2
Brande 48 A/B3, 52 A/B1
Brandenberg 92 A/B3
Brandenburg 69 D2/3, 72 A3
Brandis 82 B1
Brändö 24 A2/3, 41 D2
Brandomil 150 A1/2
Brändön 17 C3
Brandon 65 C2
Brändövik 20 A2, 31 D3
Brandstad 32 B2
Brandstorp 45 D3, 46 A3
Brandval 38 B2/3
Brandvoll 9 D1/2
Brandýs nad Labem-Stará Boleslav 83 D2/3, 96 A1/2
Brandýsek 83 C/D2/3
Braničevo 135 B1/2
Braniewo (Braunsberg) 73 C2
Branišovice 94 B1
Brankovice 94 B1

Brankovina 133 D2, 134 A2
Brännaby 30 A/B1
Brännåker 29 D1, 30 A1
Brännan 31 D1
Brännäs 16 B3, 31 C1
Brännau 16 A3
Brännberg 16 A3
Branne 108 B1
Brännforsliden 31 C1
Brännland 31 C2
Brännö 45 C3, 49 D1
Brännvattnet 31 C/D1
Braňosera 152 B2
Branston 61 D3, 64 B1
Brantevik 50 B3
Brantôme 101 C3
Branzi 106 A2
Braojos 161 C2
Bras-sur-Meuse 89 C1
Braslav 74 A/B1/2
Braşov 141 C1
Brasovo 75 C/D3
Brasparts 84 B2
Brassac 110 A2/3
Brasschaat 78 B1
Brassy 88 A3, 103 C1
Brastad 44 B2
Brataj 142 A2
Bråte 38 A3, 44 B1
Bratina 127 D3
Bratislava 94 B2, 96 B2/3
Bratronice 83 C3
Brattåker 15 C/D3
Brattås 15 C3, 29 D1
Brattås 14 A3
Brattbäcken 30 A2
Bratten 30 B1
Bratteng 14 B3
Brattfjell 4 A2/3
Brattfors 39 C3, 45 D1
Brattfors 31 C2
Bratthøvollseter 33 C/D2/3
Brattknabben 16 B3
Brattland 14 A/B2
Bråttö 41 D3
Brattsbacka 31 C2
Brattset 32 B2
Brattvåg 32 A2/3
Brattvær 32 B1
Bratunac 133 C2
Bråtveit 42 B1
Braubach 80 A/B2/3
Braunau am Inn 93 C2
Braunlage 69 C3, 81 D1
Braunlage-Hohengeiss 69 C3, 81 D1
Bräunlingen 90 B3
Braunsbach 91 C1
Braunsbedra 82 A/B1
Braunschweig 69 C3
Braunschweig-Waggum 69 C3
Bräunsdorf 83 C1/2
Braunton 62 B2
Braunwald 105 D1, 106 A1
Brauron 147 D2
Bravães 150 A3, 158 A1
Bravsko 131 C/D2
Bray (Bri Chualann) 55 D2/3, 58 A2
Bray-sur-Seine 87 D2, 88 A2
Bray-sur-Somme 78 A3
Braye 63 D3
Brazatortas 167 C2
Brazey-en-Plaine 103 D1
Brazuelo 151 D2
Brbinj 130 B2
Brčko 133 C1
Brea 154 A3, 162 A1
Brea de Tajo 161 C3
Breared 50 A2
Breaza 141 C1
Bréban 88 B2
Brebu 135 C1
Brebu Nou 135 C1
Brécey 85 D1
Brechin 54 B2, 57 C1
Breckerfeld 80 A1
Břeclav 94 B2, 96 B2
Brecon 63 C1
Brécy 102 A/B1
Breda 66 A/B3, 79 C1

Bredåker 16 B2
Bredåkra 51 C2
Bredared 45 C3
Bredaryd 50 B1
Bredballe 48 B3, 52 B1
Bredbyn 30 B3, 35 D1
Breddin 69 D2
Bredebro 52 A2
Bredenfelde 70 A1
Bredereiche 70 A1/2
Bredestad 46 A3
Bredevad 52 A/B2
Bredevoort 67 C3
Bredkälen 29 D2/3, 35 C1
Bredsätra 51 D1/2
Bredsel 16 B2/3
Bredsjö 39 D3
Bredstedt 52 A/B2
Bredsten 48 B3, 52 B1
Bredstrup 48 B3, 52 B1
Bredträsk 30 B2
Bree 79 C1
Breganze 107 C3
Bregenz 91 C3
Breginj 126 A2
Bregovo 135 C/D2, 140 A/B2
Breguzzo 106 B2
Bréhal-Plage 85 D1
Brehna 82 B1
Breidablikk 42 B1
Breidenbach 80 B2
Breifonn 42 B1
Breil-sur-Roya 112 B2
Breim 36 A/B1/2
Breisach 90 A2/3
Breistein 36 A3
Breistølen 37 C2/3
Breistrand 9 C2
Breitenbach 81 C2
Breitenbrunn 91 D2/3
Breitenbrunn 92 A1
Breitenbrunn 94 B3
Breitenfelde 69 C1
Breitengüssbach 81 D3, 82 A3
Breitenworbis 81 D1
Breitscheid 80 B2
Breitstetten 94 B3
Breitungen 81 D2
Breive 42 B1
Breivik 7 C1
Breivik 9 C2
Breivik 8 B2
Breivik 15 C1
Breivikbotn 5 C1
Breivikeidet 4 A3
Brejning 48 B3, 52 B1
Brekke 36 A2/3
Brekken 33 D2
Brekken 14 B2
Brekkestø 43 C3
Brekkhus 36 A/B3
Brekksillan 28 B1/2
Breklum 52 A/B2
Brekstad 28 A3, 33 C1
Brélès 84 A2
Bremanger 36 A1
Bremen 68 A2
Bremerhaven 68 A1
Bremervörde 68 A/B1
Bremervörde-Elm 68 A/B1
Bremervörde-Hesedorf 68 A/B1
Bremgarten 90 B3, 105 C1
Bremnes 42 A1
Bremsdorf 70 B3
Bremsnes 32 B2
Brenderup 48 B3, 52 B1
Brenes 171 D1
Brenha 158 A3
Brenna 38 A1
Brenna 8 B2
Brenna 33 D2
Brennberg-Frauenzell 92 B1
Brénnero / Brenner 107 C1
Brennes 4 B3, 10 A/B1
Brennfjell 4 B3, 10 A/B1
Brenngam 6 B1
Brennhaug 33 C3, 37 D1
Brennseter 32 B3, 37 C1

Brennvik 8 B3
Breno 106 B2/3
Brénod 104 A2
Brensbach 81 C3
Brensvik 5 C/D1, 6 A1
Brentónico 106 B3
Brentwood 65 C3
Brescello 114 B1
Bréscia 106 B3
Bresewitz 53 D2/3
Brésimo 106 B2
Breskens 78 A/B1
Bresles 77 D3, 87 C/D1
Bressana Bottarone 113 D1
Bressanone/brixen 107 C1/2
Bressuire 100 B1
Brest 73 D3, 97 D1, 98 A1
Brest 84 A2
Brestanica 127 C2/3
Brestova 130 A1
Brestovac 135 C2
Brestovac 135 C3, 139 C1
Brestovac 139 C1
Brestovac 128 A/B3,
    132 A/B1
Brestovačka Banja 135 C2
Bretenoux 109 D1
Breteuil 86 B1
Breteuil-sur-Noye 77 D3
Brétignolles-sur-Mer 100 A1/2
Bretningen 37 D2, 38 A1
Bretten 90 B1
Brettesnes 8 B2
Bretteville-sur-Laize 86 A1
Breuburg 81 C3
Breuil-Barret 100 B1
Breuil-Cervínia 105 C2/3
Breuilpont 87 C1
Breuna 81 C1
Brevens bruk 46 B1/2
Brevik 47 D1
Breza 132 B2
Breždje 133 D2, 134 A2
Brezičani 131 C/D1
Brežice 127 C2/3
Brezna 133 D3, 134 A/B3
Breznica 127 D2
Březnice 83 C3, 93 C1, 96 A2
Breznik 139 D1, 140 B2
Březno 83 C2
Brezno 97 C2
Brezoi 140 B1
Brézolles 86 B1/2
Brezová pod Bradlom 95 C2
Brezovica 138 B2
Brezovica 134 B3
Brezovica 127 D3
Brezovo Polje 133 C1
Briançon 112 A/B1
Briare 87 D3
Briático 122 A2
Bribir 127 C3, 130 B1
Bričany 98 B2
Bricherásio 112 B1
Bricon 88 B2
Bricquebec 76 A3
Brides 62 B1
Brides-les-Bains 104 B3
Bridge of Allan 56 B1
Bridge of Cally 57 C1
Bridge of Earn 57 C1
Bridge of Orchy 56 B1
Bridgend 63 C1/2
Bridgend 54 A2/3, 55 D1,
    56 A2
Bridgnorth 59 D3, 64 A2
Bridgwater 63 C/D2, 63 C/D1
Bridlington 61 D2
Bridport 63 D2/3, 63 D1/2
Brie-Comte-Robert 87 D1/2
Briec 84 A/B2
Briedel 80 A3
Brielle 66 A3
Brienne-le-Château 88 B2
Brienon-sur-Armançon 88 A2
Brienz 105 C1/2
Brienza 120 A/B3
Brieselang 70 A2
Briesen 70 B2/3
Brieske 83 C1
Brieskow-Finkenheerd 70 B3

Brietlingen 69 C1
Brieva de Cameros 153 C/D3
Brieves 151 C/D1
Briey 89 C1
Brig 105 C2
Brigg 61 D2/3
Brighouse 59 D1/2, 61 C2
Brightlingsea 65 C/D2/3
Brighton 76 B1
Brignais 103 D3
Brignogan-Plage 84 A1/2
Brignoles 112 A3
Brigstock 64 B2
Brihuega 161 C2
Briksdal 36 B1/2
Brill 64 B2/3
Brillon-en-Barrois 88 B1/2
Brilon 80 B1
Brilon-Alme 80 B1
Brilon-Messinghausen 80 B1
Brimnes 36 B3
Briñas 153 C2
Brinches 165 C3, 170 B1
Brincones 159 C1/2
Bríndisi 121 D2
Bringsinghaug 36 A1
Brinje 130 B1
Brinon-sur-Beuvron 88 A3,
    102 B1
Brinon-sur-Sauldre 87 C/D3
Brintbodarne 39 C2
Brínzio 105 D2/3
Brión 150 A2
Brion-sur-Ource 88 B2/3
Brione (Verzasca) 105 D2
Brioni 130 A1
Brionne 77 C3, 86 B1
Brioude 102 B3
Briouze 86 A1/2
Briscous 108 A3, 154 A1
Brisighella 115 C2, 116 B1
Brissac-Quincé 86 A3, 100 B1
Brissago 105 D2
Brist 132 A3, 136 B1
Bristol 63 D1/2
Briton Ferry 63 C1
Brittas 58 A2
Britvica 132 A3
Britz 70 A/B2
Brive-la-Gaillarde 101 D3,
    109 D1
Briviesca 153 C2
Brixen in Tirol 92 B3
Brixham 63 C3, 63 C2
Brixlegg 92 A/B3, 107 C1
Bříza 83 C/D2
Brka 132 B1
Brlog 130 B1
Brna 136 A1
Brnjica 135 C1/2
Brno 94 B1, 96 B2
Bro 47 D3, 47 D2/3, 72 B1
Bro 44 B2
Bro 47 C1
Broadstairs 65 D3, 77 C/D1
Broadway 64 A2
Broager 52 B2
Broaryd 50 A/B1
Broby 26 B2/3
Broby 50 B2, 72 A1
Broc 104 B2
Broćanac 131 C1, 131 C1
Bröckel 68 B2
Brockenhurst 76 A1
Broczyno 71 D1
Brod 133 C3
Brod 138 B3, 140 A3, 143 C1
Brod Moravice 127 C3,
    130 B1
Brod na Kupi 127 C3, 130 B1
Brod Prizrenski 138 A/B2,
    140 A3
Brodarevo 133 C/D3, 134 A3,
    137 D1
Broddbo 40 A3
Broddebo 46 B3
Brodek u Prostějova 94 B1
Brodersby 52 B2
Brodersby-Schönhagen 52 B2
Brodica 135 C2
Brodick 54 A3, 55 D1,
    56 A/B2

Brodnica 73 C3
Brodosavce 138 A/B2
Brody 97 D2, 98 B1/2
Brody 71 C3
Brody 70 B3
Broek 79 D1
Broglie 86 B1
Brójce 71 C2/3
Brojce 71 C1
Brokind 46 B2/3
Brokstedt 52 B3
Brolo 125 C1/2
Bromarv 24 B3
Brome 69 C2
Bromley 65 C3, 76 B1
Bromma 47 C1
Bromma 37 C/D3
Brommösund 45 D2
Bromnes 4 A2
Bromölla 50 B2/3, 72 A1
Brompton 61 D2
Brömsebro 51 C/D2
Bromsgrove 59 D3, 64 A2
Bromyard 59 D3, 63 D1
Bronchales 162 A2
Brønderslev 48 B1
Broni 113 D1
Bronikowo 71 C/D1
Bronkow 70 B3, 83 C1
Brønnøysund 14 A3
Brøns 52 A1/2
Bronte 125 C2
Bronzani Majdan 131 D1,
    132 A1
Broons 85 C2
Broquiès 110 A2
Brørup 48 B3, 52 A/B1
Brösarp 50 B3, 72 A1/2
Brøske 32 B2
Brossac 101 C3
Brøstadbotn 9 D1
Broșteni 135 D1, 140 B1/2
Brøstrud 37 C3
Brotas 164 B2
Brötjemark 46 A3
Broto 155 C2
Brottby 40 B3, 47 D1
Brøttem 28 A3, 33 C2
Brotterode 81 D2
Brøttingsvåg 32 B1
Brøttum 37 D2/3, 38 A2
Brou 86 B2, 87 C2
Brough 54 B3, 57 D3, 60 B1
Broughshane 56 A3
Broughton 57 C2
Broughton in Furness 59 C1,
    60 A/B2
Broughty Ferry 57 C1
Broumov 82 B3
Broumov 96 A/B1
Brouwersdam 66 A3
Brouwershaven 66 A3, 78 B1
Brouzet-lès-Alès 111 C2
Brovallen 40 A3
Brovary 99 C/D1
Brovès 112 A3
Brovst 48 B1
Brownhills 59 D3, 64 A1/2
Brozas 159 C3, 165 C/D1
Brozzo 106 B3
Brtnice 94 A1
Brtonigla 126 A/B3
Bru 36 A2
Bru 42 A2
Brua 33 C/D3
Bruay-en-Artois 78 A2
Brubakk 28 B3, 33 D1
Bruca 124 A2
Bruchhausen-Vilsen 68 A2
Bruchmühlbach 90 A1
Bruchsal 90 B1
Brück 69 D3, 70 A3
Bruck 92 B1
Bruck an der
    Grossglocknerstrasse
    107 D1, 126 A1
Bruck an der Leitha 94 B2/3,
    96 B3
Bruck an der Mur 94 A3,
    96 A3, 127 C1
Brücken 80 A3

Brückl 126 B1/2
Bruckmühl 92 A/B3
Brúcoli 125 D3
Brüel 53 D3, 69 C/D1
Bruère-Allichamps 102 A/B1
Brués 150 B2
Bruflat 37 D3
Bruges 108 B3, 154 B1
Brugg 90 B3, 105 C1
Brugge 78 A1
Brüggen 79 D1
Brüggen (Alfeld) 68 B3
Brühl 80 A2
Bruksvallarna 34 A2/3
Brúlon 86 A2/3
Brumath 90 A/B2
Brummen 67 C3
Brumund sag 38 A2
Brumunddal 38 A2
Bruna 117 C3, 118 B1
Brunau 69 C2
Brunehamel 78 B3
Brunella 123 D1
Brünen 67 C3, 79 D1, 80 A1
Brunete 160 B2/3
Brunflo 34 B2
Brunheda 158 B1
Brunico/bruneck 107 C1
Bruniquel 109 D2
Brunkeberg 43 C1/2
Brunnbach 93 D3
Brunnen 105 D1
Brunnsberg 39 C1
Brunsbüttel 52 A/B3, 68 A/B1
Brunskog 38 B3, 45 C1
Brunssum 79 D2
Bruntál 96 B2
Bruntveit 42 A1
Bruravik 36 B3
Brus 134 B3
Brusago 107 C2
Brusali 42 A3
Brusand 42 A3
Brušane 130 B2
Brusarci 135 D3
Brusasco 113 C1
Brusino Arsízio 105 D2/3,
    106 A2/3
Brúsio 106 B2
Brusnik 135 C2
Brusno Kúpele 95 D2
Brusson 105 C3
Brüssow 70 B1
Brutelles 77 D2
Bruton 63 D2, 63 D1
Bruttig-Fankel 80 A3
Bruvik 36 A3
Bruvno 131 C2
Bruvoll 38 A/B2
Bruxelles / Brussel 78 B2
Bruyéres 89 D2
Bruyères-et-Montbérault
    78 B3
Bruzaholm 46 A/B3
Břvany 83 C2
Brydal 33 D3
Bryn 38 A3, 43 D1
Bryn-Hoffnant 62 B1
Brynamman 63 C1
Bryne 42 A2
Bryngelhögen 34 B2/3
Brynilen 4 B2
Brynje 29 D3, 34 B2
Brynjegård 29 D3, 35 C2
Brynmawr 63 C1
Bryrup 48 B3
Brza Palanka 135 C2
Brzan 134 B2
Brzeće 134 B3, 138 B1
Brzeg (Brieg) 96 B1
Brzezie 71 D1
Brzozowiec 71 C2
Bua 49 D1, 50 A1, 72 A1
Buais 85 D2, 86 A2
Buan 33 C2
Buavåg 42 A1
Bubany 128 A3
Bubari 142 A2/3
Bübbio 113 C1
Bubenreuth 82 A3

Buberget 31 C2
Buberow 70 A2
Bubierca 161 D1, 162 A1
Bubry 84 B2
Bučač 98 B2
Buçaco 158 A2/3
Buccheri 125 C3
Bucchiánico 119 C/D1
Buccino 120 A2
Bucelas 164 A2
Buch-Obenhausen 91 D2
Buchbach 92 B2
Buchbach-Walkersaich 92 B2
Buchboden 106 A/B1
Buchdorf 91 D2
Büchelob 82 A2
Buchen 81 C3, 91 C1
Büchen 69 C1
Buchenau (Lahn) 80 B2
Buchenbach (Freiburg) 90 B3
Buchenhain 70 A1
Buchères 88 A/B2
Buchholz 70 A3
Buchholz 81 D1, 82 A1
Buchholz in der Nordheide
    68 B1
Buchholz-Sprötze 68 B1
Buchloe 91 D2/3
Buchlov 95 C1
Buchlovice 95 C1
Buchlyvie 56 B1
Buchs 105 D1, 106 A1
Buchy 77 C/D3
Bučica 127 D3, 131 C1
Bučin prohod 139 D1
Bučje 135 C3
Bučje 133 C3
Buckden 64 B2
Bückeburg 68 A3
Bücken 68 A/B2
Buckfastleigh 63 C3, 63 C2
Buckhaven 57 C1
Buckie 54 B2
Buckingham 64 B2
Bucklers Hard 76 A1
Buckow 70 B2
Bückwitz 69 D2
Bučovice 94 B1
Bucsu 127 D1
București 141 C1/2
Bucy-les-Pierrepont 78 B3
Bucz 71 D3
Bud 32 A2
Buda 83 D3
Budakalász 95 D3
Budakeszi 95 D3, 129 C1
Budal 33 C2
Buďanovci 133 D1, 134 A1
Budaörs 95 D3, 129 C1
Budapest 95 D3, 97 C3,
    129 C1
Budča 95 D2
Buddbyn 17 C2
Büddenstedt-Neu
    Büddenstedt 69 C3
Buddusò 123 D1/2
Bude 62 B2
Buděč 94 A1
Büdelsdorf 52 B2/3
Budenheim 80 B3
Budens 170 A2
Büderich 67 C3, 79 D1,
    80 A1
Büderscheid 79 D3
Büdesheim 79 D2/3
Budești 141 C2
Budia 161 C/D2
Budimlić Japra 131 C1
Büdingen 81 C2
Budišov 94 A/B1
Budleigh Salterton 63 C3,
    63 C1/2
Budmerice 95 C2
Budoni 123 D1
Búdrio 115 C1
Budva 137 C2
Budyně nad Ohří 83 C/D2
Budzyń 71 D2
Bue 42 A3
Bueña 162 A2
Buenache de Alarcón 161 D3,
    168 B1

Buenache de la Sierra 161 D3, 162 A3
Buenamadre 159 C/D2
Buenasbodas 160 A3, 166 B1
Buenaventura 160 A3
Buenavista de Valdavia 152 B2
Buendía 161 C/D2/3
Buer 45 C1
Bueu 150 A2
Bugarach 156 A1
Bugarra 162 B3, 169 C1
Bugeat 102 A3
Buggerru 123 C3
Buggingen 90 A3
Buglose 108 A2
Bugnara 119 C1/2
Bugojno 131 D2, 132 A2
Bugøyanes 7 C2
Bugøyfjord 7 C2
Bugyi 95 D3, 129 C1
Bühl 90 B2
Bühlertal 90 B2
Bühlertann 91 C1
Bühlerzell 91 C1
Buhuşi 98 B3
Búia 126 A2
Builth Wells 63 C1
Buis-les-Baronnies 111 D2
Buitenpost 67 C1
Buitrago 153 D3, 161 D1
Buitrago del Lozoya 161 C2
Bujalance 167 C3, 172 B1
Bujanovac 139 C2, 140 A2/3
Bujaraloz 162 B1
Buje 126 A/B3, 130 A1
Buk 71 D2/3
Bükköds 128 B2
Bukova Gora 131 D3, 132 A3
Bukovac 131 D1, 132 A1
Bukovac 129 C3
Bukovi 133 D2, 134 A2
Bukovica 133 C2
Bukovica 132 A/B2
Bukovje 126 B3
Buków 71 C3
Bukowiec 71 C/D3
Bukowiec 71 D2
Bulačani 138 B2
Bülach 90 B3
Bulat-Pestivien 84 B2
Bulbuente 154 A3, 162 A1
Buldan 149 D2
Bulgnéville 89 C2
Bulinac 128 A3
Bulken 36 A/B3
Bullange 79 D2
Bullas 168 B3, 174 A1
Bullay 80 A3
Bulle 104 B2
Bulquiza 138 A3, 142 B1
Bultei 123 C/D2
Bulwell 61 C3, 64 B1
Bumbeşti-Jiu 135 D1
Buna 132 B3, 136 B1
Bünde 68 A3
Bunde 67 D1/2
Bunessan 56 A1
Bungay 65 D2
Bunge 47 D3, 47 D2
Bunić 131 C2
Buniel 152 B2
Bunkeflo strand 49 D3, 50 A3
Bunkris 39 C1
Bunleix 102 A2/3
Bunnerviken 29 C3, 34 A2
Buñol 169 C1
Buntingford 65 C2
Buñuel 154 A3
Bunyola 157 C/D1
Buollannjargga 5 D3, 6 A3, 11 D1
Buonabitácolo 120 A/B3
Buonalbergo 119 D3, 120 A2
Buonconvento 114 B3, 116 B2
Burbach-Niederdresselndorf 80 B2
Burbage 64 A3, 76 A1
Burbáguena 162 A2

Burcei 123 D3
Bureå 31 D1
Bureåborg 30 B3, 35 D1
Burela 151 C1
Büren 80 B1
Büren an der Aare 104 B1
Büren-Steinhausen 80 B1
Bures 65 C2
Bureta 154 A3, 162 A1
Burfjord 4 B2
Burford 64 A2/3
Burg 69 D3
Burg 70 B3
Burg 53 C2/3
Burg 52 B3
Burg-Stargard 70 A1
Burg Strechau 93 D3
Burgas 141 C2/3
Burgau 91 D2
Burgau 127 D1
Burgau 170 A2
Burgbernheim 81 D3, 91 D1
Burgbrohl 80 A2
Burgdorf 68 B2
Burgdorf 105 C1
Burgdorf-Ramlingen-Ehlershausen 68 B2
Burgebrach 81 D3
Bürgel 82 A2
Bürgeln 90 A/B3
Burgelo 153 D2
Burgess Hill 76 B1
Burgh 66 A3, 78 B1
Burgh le Marsh 61 D3, 65 C1
Burghammer 83 C/D1
Burghaslach 81 D3
Burghaun 81 C2
Burghausen 92 B2
Burgheim 91 D2, 92 A2
Burghley House 64 B1/2
Búrgio 124 B2
Burgkirchen 92 B2
Burgkunstadt 82 A3
Burglengenfeld 92 A/B1
Burgohondo 160 A2/3
Búrgos 123 C2
Burgsalach 92 A1
Burgschwalbach 80 B2/3
Burgsinn 81 C3
Burgsnäs 34 B2/3
Burgstädt 82 B2
Burgstall 69 C/D2/3
Burgsteinfurt 67 D3
Burgsvik 47 D3, 72 B1
Burgthann 92 A1
Burguete 108 A3, 154 A1/2
Burgui 154 B2
Burguillos 171 D1
Burguillos de Toledo 160 B3, 167 C1
Burguillos del Cerro 165 D3
Burgwald-Ernsthausen 80 B1/2
Burgwedel-Fuhrberg 68 B2
Burgwedel-Grossburgwedel 68 B2
Burgwedel-Wettmar 68 B2
Burgwindheim 81 D3
Burhaniye 149 D1
Buriasco 112 B1
Burie 100 B2/3
Burilovci 139 C2
Burjasot 169 D1
Burk (Dinkelsbühl) 91 D1
Burkardroth-Waldfenster 81 C/D2/3
Burkersdorf 83 C2
Burkhardsdorf 82 B2
Burladingen 91 C2
Burladingen-Hausen 91 C2
Burladingen-Stetten 91 C2
Burnham Market 65 C1
Burnham-on-Crouch 65 C3
Burnham-on-Sea 63 C/D2, 63 C/D1
Burnley 54 B3, 59 D1, 60 B2
Burntisland 57 C1
Burón 152 A1/2
Buronzo 105 C3
Burøy 32 B1/2
Burøysund 4 A2

Burreli 138 A3
Burriana 163 C3, 169 D1
Burs 47 D3
Burscheid 80 A1
Bürserberg 106 A1
Burseryd 50 A/B1
Burstad 5 C/D1, 6 A1
Bürstadt 80 B3, 90 B1
Burtenbach 91 D2
Burton 59 D1, 60 B2
Burton Agnes 61 D2
Burton upon Trent 61 C3, 64 A1
Burtonport 55 C2
Burträsk 31 D1
Buru 97 D3, 98 A3, 140 B1
Buruen 38 A1
Burujón 160 B3, 167 C1
Burvik 31 D1
Burwick 54 B3
Bury 59 D2, 60 B2/3
Bury Saint Edmunds 65 C2
Burzet 111 C1
Busachi 123 C2
Busalla 113 D1/2
Busana 114 A2, 116 A1
Busca 112 B1/2
Busche 107 C2
Buseck-Beuern 81 C2
Busenberg 90 A/B1
Buseto-Palizzolo 124 A2
Buševac 127 D3
Bushati 137 D2
Busigny 78 A/B3
Busjön 31 C1
Busk 97 D2, 98 A/B1/2
Buskhyttan 47 C2
Busko-Zdrój 97 C1/2
Bušletić 132 B1
Busot 169 D2/3
Busovača 132 B2
Bussang 89 D2/3, 90 A3
Busset 102 B2
Busseto 114 A1
Bussière-Badil 101 C3
Bussière-Poitevine 101 D2
Bussö 41 D3
Bussoleno 112 B1
Büssü 128 B2
Bussum 66 B3
Bussy 104 B1
Bustares 161 C1/2
Bustarviejo 160 B2
Bustillo del Oro 152 A3, 159 D1, 160 A1
Bustillo del Páramo 151 D2
Bustnes 14 B2
Busto Arsízio 105 D3
Busto de Bureba 153 C2
Bustos 158 A2
Büsum 52 A/B3
Butan 140 B2
Butera 125 C3
Bütgenbach 79 D2
Buthroton 142 A3
Butjadingen-Burhave 52 A3, 68 A1
Butjadingen-Eckwarden 67 D1, 68 A1
Butjadingen-Langwarden 52 A3, 67 D1, 68 A1
Butjadingen-Stollhamm 67 D1, 68 A1
Butrinti 142 A3
Bütschwil 91 C3, 105 D1, 106 A1
Buttapietra 106 B3
Buttelstedt 82 A1
Buttenheim 82 A3
Buttenwiesen 91 D2
Buttermere 57 C3, 59 C1, 60 A/B1
Buttes 104 B1
Buttlar 81 C/D2
Buttstädt 82 A1
Butzbach 80 B2
Butzen 70 B3
Bützow 53 D3, 69 D1
Buvåg 52 C, 9 C2
Buvassbrenna 37 C3
Buvatn Fjellstue (Engene Fjellstue) 37 D3

Buvik 28 A3, 33 C2
Buvik 32 A/B2
Buvik 4 A3, 9 D1
Buvik 14 B2
Buvika 33 D3
Buxières-les-Mines 102 B2
Buxtehude 68 B1
Buxton 59 D2, 61 C3, 64 A1
Buxy 103 C/D1
Buzançais 101 D1
Buzancy 79 C3, 88 B1
Buzău 141 C1
Buzet 126 B3, 130 A1
Buziaş 140 A1
Byberg11 35 C2/3
Bybjerg 49 D3, 53 D1
Bychov 74 B2/3
Bydalen 34 B2
Bydgoszcz 72 B3
Byerum 51 D1
Byfield 64 B2
Bygd 36 B3
Bygdeå 20 A1, 31 D2
Bygdeträsk 31 D1
Bygdin 37 C2
Bygdslijum 31 D1/2
Bygget 50 A/B1/2
Bygland 43 C2
Byglandsfjord 43 C3
Bygstad 36 A2
Byhleguhre 70 B3
Byholma 50 B1/2
Bykle 42 B2
Bylderup 52 A/B2
Bylnice 95 C1
Byn 35 D3
Byneset 28 A3, 33 C1/2
Byremo 42 B3
Byrkjedal 42 B2
Byrkjelo 36 B1/2
Byrum 49 C1
Byšice-Liblice 83 D2
Byske 31 D1
Býškovice 95 C1
Byssträsk 31 C1/2
Bystré 94 B1
Bystrica 97 D2, 98 A/B2
Bystřice 83 D3
Bystřice nad Pernštejnem 94 B1
Bystřice pod Hostýnem 95 C1
Byszyno 71 C1
Bytča 95 D1, 96 B2
Bytnica 71 C3
Bytom 96 B1/2
Bytom Odrzański (Beuthen) 71 C3
Bytów 72 B3
Bytyń 71 D2
Byvalla 40 A2
Bywell 57 D2/3, 61 C1
Byxelkrok 51 D1, 72 B1
Bzenec 95 C1
Bzovík 95 D2

C

C'urupinsk 99 D3
Ca' Venier 115 C1
Ca'N Jordí 157 C2
Ca'S Catalá 157 C1
Cá Tiepolo 115 C1
Cá Zuliani 115 C/D1
Cabação 164 B2
Caballar 160 B1/2
Cabañaquinta 151 D1, 152 A1
Cabañas 150 B1
Cabañas de la Sagra 160 B3, 167 C1
Cabañas de Virtus 152 B1/2
Cabañas de Yepes 161 C3, 167 D1
Cabañas del Castillo 166 A/B1

Cabanes 163 C3
Cabanillas 161 C2
Cabanillas 154 A3
Cabanne 113 D2
Cabdella 155 D2
Čabdin 127 C/D3
Cabeça Gorda 164 B3, 170 B1
Cabeceiras de Basto 150 B3, 158 B1
Cabeço de Vide 165 C2
Cabella 113 D1
Cabeza de Vaca 165 D3, 171 C1
Cabeza del Buey 166 B2
Cabezamesada 161 C3, 167 D1, 168 A1
Cabezarados 167 C2
Cabezarrubias 167 C2
Cabezas del Villar 160 A2
Cabezas Rubias 165 C3, 171 C1
Cabezón 152 B3, 160 A/B1
Cabezón de la Sal 152 B1
Cabezuela del Valle 159 D3
Cabo de Fabaritx 157 D1
Cabo de Palos 174 B1
Cabo Eubarca 157 C2
Cabo Roig 169 C3, 174 B1
Cabolafuente 161 D1, 162 A1
Cabourg 76 B3, 86 A1
Cabra 172 B1
Cabra 158 B2
Cabra de Mora 162 B2/3
Cabra del Camp 155 D3, 163 D1
Cabra del Santo Cristo 167 D3, 173 C1
Cábras 123 C2
Cabredo 153 D2
Cabreiro 150 A/B3, 158 A1
Cabreiros 150 B1
Cabrejas del Campo 153 D3, 161 D1
Cabrejas del Pinar 153 C3, 161 C1
Cabrela 164 B2
Cabrerets 109 D1/2
Cabril 158 B3
Cabril 158 A/B2
Cabrillanes 151 C2
Cabrillas 159 C/D2
Cabuérniga 152 B1
Cacabelos 151 C2
Čačak 133 D2/3, 134 A2/3, 140 A2
Caçarelhos 151 C/D3, 159 C1
Cáccamo 124 B2
Caccuri 122 B2
Cacela 170 B2
Cáceres 165 D1, 166 A1
Cachopo 170 B1/2
Cachorrilla 159 C3, 165 D1
Čachrov 93 C1
Čachtice 95 C2
Cacia 158 A2
Čačinci 128 B3
Cacova 134 B1
Cadafais 164 A2
Cadalso 159 C3
Cadalso de los Vidrios 160 B3
Cadaqués 156 B2
Cadaval 164 A1/2
Cadavedo 151 C/D1
Čađavica 128 B3
Čađavica 131 D2, 132 A2
Čadca 95 D1, 96 B2
Cadelbosco di sopra 114 B1
Cadelbosco di sotto 114 B1
Cadenazzo 105 D2, 106 A2
Cadenberge 52 A/B3, 68 A1
Cadenet 111 D2
Cadeo 114 A1
Cadeuil 100 B2/3
Cádiar 173 C2
Cadillac 108 B1
Cadillon 108 B3, 155 C1
Cádiz 171 C/D2/3
Cadolzburg 81 D3, 82 A3, 91 D1

Cadouin 109 C1
Cadours 109 C2
Cadreita 154 A2
Cadrete 154 B3, 162 B1
Čadyr-Lunga 99 C3, 141 D1
Caër 86 B1, 87 C1
Caerano di San Marco 107 C3
Caergwrle 59 C/D2, 60 B3
Caerlaverock Castle 57 C3, 60 A1
Caerleon 63 C/D1
Caernarfon 55 D2/3, 58 B2, 60 A3
Caerphilly 63 C1
Caersws 59 C3
Caëstre 78 A2
Caetobriga 164 A2/3
Cagli 115 D3, 117 C2
Cágliari 123 D3
Čagliari 123 D3
Čaglin 128 B3, 132 B1
Cagnano Varano 120 B1
Cagnes-sur-Mer 112 B3
Cahir 55 C3
Cahors 109 D1/2
Cahuzac-sur-Vère 109 D2
Caiazzo 119 D3
Cain Picafort 157 D1
Caiolo 106 A2
Cairnryan 54 A3, 55 D2, 56 A/B3
Cáiro Montenotte 113 C2
Caister-on-Sea 65 D1/2
Caistor 61 D3
Caivano 119 C/D3
Cajarc 109 D1/2
Čajetina 133 C/D3, 134 A3
Čajić 131 D3, 132 A2/3
Čajniče 133 C3
Čakovec 96 B3, 127 D2
Cala 165 D3, 166 A3, 171 C/D1
Cala Blanca 157 D1
Cala Blanes 157 D1
Cala Bona 157 D1
Cala Brava 157 C/D1
Cala Codolá 157 C2
Cala d'Oliva 123 C1
Cala d'Or 157 D1/2
Cala Figuera 157 D1/2
Cala Gonone 123 D2
Cala Grassió 157 C2
Cala Llonga 157 C2
Cala Millor 157 D1
Cala Morell 157 D1
Cala Murada 157 D1
Cala'n Porter 157 D1
Cala Pi 157 D1/2
Cala Ratjada 157 D1
Cala San Vicente 157 D1
Cala San Vicente 157 C2
Cala Tarida 157 C2
Cala Vadella 157 C2
Calabernardo 125 D3
Calabor 151 C3
Calaceite 163 C2
Calacuccia 113 D3
Caladrones 155 C3
Calaf 155 D3, 156 A3, 163 D1
Calafat 135 D2, 140 B2
Calafell La Platja 156 A3, 163 D1/2
Calahonda 173 C2
Calahonda 172 B3
Calahorra 153 D2/3, 154 A2
Calahorra de Boedo 152 B2
Calais 77 D1
Calambrone 114 A3, 116 A2
Calamita 124 A2
Calamocha 162 A2
Calamonte 165 D2, 166 A2
Calañas 171 C1
Calanda 162 B2
Calangiánus 123 D1
Călăraşi 141 C2
Calas de Mallorca 157 D1
Calasanz 155 C3
Calascibetta 125 C2
Calasetta 123 C3
Calasparra 168 B3

Calatafimi 124 A2
Calatañazor 153 C/D3, 161 C1
Calatayud 162 A1
Calatorao 154 A3, 162 A1
Calau 70 B3, 83 C1
Calavino 106 B2
Calbe 69 D3
Calcena 154 A3, 162 A1
Calcinelli 115 D2, 117 C1/2
Calco 105 D3, 106 A3
Caldaro / Kaltern 107 C2
Caldarola 115 D3, 117 D2
Caldas da Felgueira 158 B2
Caldas da Rainha 164 A1
Caldas de Besaya 152 B1
Caldas de Cavaca 158 B2
Caldas de Monchique 170 A1/2
Caldas de Nocedo 152 A2
Caldas de Reyes 150 A2
Caldas de San Adrián 152 A2
Caldas de Vizela 158 A1
Caldas do Gerez 150 B3, 158 A/B1
Caldbeck 57 C3, 60 B1
Calden 81 C1
Calderari 125 C2
Calders 156 A3
Caldes de Bohí 155 C/D2
Caldes de Malavella 156 B2/3
Caldes de Montbui 156 A3
Caldetes 156 B3
Caldiero 107 C3
Caldirola 113 D1
Caldonazzo 107 C2
Calella de Mar 156 B3
Calella de Palafrugell 156 B2/3
Calenzana 113 D2
Calera de León 165 D3, 166 A3, 171 C/D1
Calera y Chozas 160 A3, 166 B1
Caleruega 153 C3, 161 C1
Caleruela 160 A3, 166 B1
Calestano 114 A1
Calgary 56 A1
Cálig 163 C2
Calitri 120 A2
Calivelos 158 B2
Calizzano 113 C2
Callac 84 B2
Callander 56 B1
Calliano 113 C1
Callington 62 B3
Callione 107 C2/3
Callosa de Ensarriá 169 D2
Callosa de Segura 169 C3, 174 B1
Čalma 133 C1
Calne 63 D1/2, 64 A3
Calolziocorte 105 D3, 106 A3
Calonge de les Gavarres 156 B2/3
Calore 119 D3, 120 A2
Calov 108 B2
Čalovo 95 C3
Calpe 169 D2
Caltabellotta 124 A/B2
Caltagirone 125 C3
Caltanissetta 125 C2
Caltavuturo 124 B2
Caltojar 161 C/D1
Caluso 105 C3, 113 C1
Calvaire 85 C2/3
Calvarrasa de Abajo 159 D2, 160 A2
Calvarrasa de Arriba 159 D2
Calvello 120 B3
Calvera 155 C2
Calvi 113 D2
Calvi dell'Úmbria 117 C3, 118 B1
Calviá 157 C1
Calvinet 110 A1
Calvisson 111 C2
Calvörde 69 C2/3
Calvos 150 B3, 158 B1
Calw 90 B2
Calw-Hirsau 90 B2

Calw-Stammheim 90 B2
Calzada de Don Diego 159 D2
Calzada de los Molinos 152 B2
Calzada de Valdunciel 159 D2
Calzada del Coto 152 A2
Calzadilla 159 C3
Calzadilla de la Cueza 152 A/B2
Calzadilla de los Barros 165 D3, 166 A3
Camaiore 114 A2, 116 A1
Camáldoli 115 C2, 116 B1
Camañas 162 A/B2
Camarasa 155 C/D3, 163 C/D1
Camarena de la Sierra 162 A/B3
Camarès 110 A/B2
Camaret-sur-Mer 84 A2
Camargo 152 B1
Camarillas 162 B2
Camariñas 150 A1
Camarma de Esteruelas 161 C2
Camarmeña 152 A1
Camarzana de Tera 151 D3
Camas 171 D1
Cambados 150 A2
Cambéo 150 B2
Camberley 64 B3, 76 B1
Cambil 173 C1
Cambo-les-Bains 108 A3, 154 A1
Camborne 62 A/B3
Cambra 158 A/B2
Cambrai 78 A2/3
Cambre 150 A/B1
Cambridge 65 C2
Cambrils 163 D2
Cambrils de Mar 163 D2
Cambron 77 D2
Cambs 53 C/D3, 69 C1
Camburg 82 A1/2
Câmedo 105 D2
Camelford 62 B3
Camelle 150 A1
Camerino 115 D3, 117 C/D2
Camerota 120 A3
Camigliatello Silano 122 B1/2
Camin 69 C1
Caminha 150 A3, 158 A1
Caminomorisco 159 C/D2/3
Caminreal 162 A2
Camisano Vicentino 107 C3
Cammarata 124 B2
Cammer 69 D3, 70 A3
Cammin 53 D3
Camogli 113 D2
Camoins-les-Bains 111 D3
Camon 109 D3, 156 A1
Campagna 119 D3, 120 A2
Campagne 108 B2
Campagne 109 C1
Campan 109 C3, 155 C1
Campana 122 B1
Campanario 166 A2
Campanas 154 A2
Campanet 157 D1
Campano 171 D3
Campaspero 152 B3, 160 B1
Campbeltown 54 A3, 55 D1, 56 A2
Campbon 85 C3
Campdevànol 156 A2
Campeà 158 B1
Campello 169 D3
Campello Monti 105 C2/3
. Campese 116 A3
Campi Bisénzio 114 B2, 116 B1
Campi Salentina 121 D3
Campíglia 105 C3
Campíglia dei Fosci 114 B3, 116 B2
Campíglia Maríttima 114 B3, 116 A2
Campillo 162 A2/3
Campillo de Altobuey 162 A3, 168 B1
Campillo de Aragón 161 D2, 162 A1/2

Campillo de Aranda 153 C3, 160 B1
Campillo de Arenas 173 C1
Campillo de Ázaba 159 C2
Campillo de Deleitosa 159 D3, 166 A/B1
Campillo de Dueñas 162 A2
Campillo de Llerena 166 A2/3
Campillos 172 A/B2
Campillos-Paravientos 162 A3, 168 B1
Campillos-Sierra 162 A3
Campione 105 D2/3, 106 A2
Campione del Garda 106 B3
Campisábalos 161 C1
Campitello 114 B1
Campitello Matese 119 D2
Campli 117 D3, 119 C1
Campmany 156 B2
Campo 106 A2
Campo 155 C2
Campo 165 C3
Campo de Caso 151 D1, 152 A1
Campo de Criptana 167 D1, 168 A1
Campo di Giove 119 C1/2
Campo di Trens / Freienfeld 107 C1
Campo Lameiro 150 A2
Campo Lígure 113 C/D1/2
Campo Maior 165 C2
Campo Molino 112 B2
Campo Real 161 C2/3
Campo Túres/sand in Tirol 107 C1
Campo-Xeteda 150 A1
Campobasso 119 D2, 120 A1
Campobecerros 151 C2
Campobello di Licata 124 B3
Campobello di Mazara 124 A2
Campocologno 106 B2
Campodársego 107 C3
Campodolcino 105 D2, 106 A2
Campodónico 115 D3, 117 C2
Campofelice di Fitália 124 B2
Campofelice di Roccella 124 B2
Campofiorito 124 B2
Campofórmido 126 A2
Campoforogna 117 C/D3, 118 B1
Campofrío 165 D3, 171 C1
Campogalliano 114 B1
Campolasta/astfeld 107 C1/2
Campolattaro 119 D2/3, 120 A1/2
Campomanes 151 D1
Campomarino 121 C/D3
Campomarino 119 D2, 120 A1
Cámpora San Giovanni 122 A2
Camporeale 124 A2
Camporells 155 C3
Camporredondo 152 B3, 160 B1
Camporredondo de Alba 152 A/B2
Camporrobles 162 A3, 169 C1
Campos 162 B2
Campos 150 B3, 158 B1
Campos del Puerto 157 D1
Campos del Río 169 C3, 174 B1
Camposampiero 107 C3
Camposanto 114 B1
Campotéjar 173 C1
Campoverde 118 B2
Camprodón 156 A/B2
Camps-en-Amiénois 77 D2/3
Camucia 115 C3, 116 B2
Camugnano 114 B2, 116 B1
Camuñas 167 D1
Çan 149 D1
Can Pastilla 157 C/D1
Canach 79 D3
Cañada de Benatanduz 162 B2

Cañada de Calatrava 167 C2
Cañada del Hoyo 161 D3, 162 A3, 168 B1
Cañada-Rosal 172 A1
Cañadajuncosa 168 B1
Čanak 130 B1/2
Çanakkale 149 C/D1
Canal San Bovo 107 C2
Canale 113 C1
Canalejas del Arroyo 161 D2/3
Canales de Molina 161 D2, 162 A2
Canals 169 C/D2
Cañamero 166 B1
Cañaveral 159 C3, 165 D1, 166 A1
Cañaveral de León 165 D3, 171 C1
Cañaveras 161 D2/3
Cañaveruelas 161 C/D2/3
Canazei 107 C2
Cancale 85 C/D1/2
Cancellara 120 B3
Cancello Arnone 119 C3
Cancon 109 C1
Candal 158 A/B2
Candanchú 154 A2
Candás 151 D1, 152 A1
Candasnos 155 C3, 163 C1
Candé 85 D3, 86 A3
Candela 120 A2
Candelario 159 D2/3
Candeleda 160 A3
Candemil 158 B1
Candes-Saint-Martin 86 A/B3, 101 C1
Cándia Lomellina 105 D3, 113 C1
Candilichera 153 D3, 161 D1
Candín 151 C2
Caneças 164 A2
Cañedo 150 B2
Canelli 113 C1
Canero 151 C/D1
Canet 156 B1
Canet de Mar 156 B3
Canet lo Roig 163 C2
Canet-Plage 156 B1
Cañete 162 A3, 168 B1
Cañete de las Torres 167 C3, 172 B1
Cañete la Real 172 A2
Canfranc 154 B2
Cangas 150 A2/3
Cangas de Narcea 151 C1
Cangas de Onís 152 A1
Canha 164 A/B2
Canhestros 164 B3, 170 A1
Canicattì 124 B2/3
Canicattini Bagni 125 C/D3
Canicosa de la Sierra 153 C3
Caniles 173 D1
Canillas de Aceituno 172 B2
Canillas de Albaida 172 B2
Canillas de Esgueva 152 B3, 160 B1
Canillejas 161 C2
Canillo 155 D2, 156 A1/2
Canino 116 B3, 118 A1
Cañizal 159 D1, 160 A1/2
Cañizar 161 C2
Cañizar del Olivar 162 B2
Cañizares 161 D2
Cañizo 151 D3, 152 A3, 159 D1, 160 A1
Čanj 137 C/D2
Canjáyar 173 D2
Canna 120 B3, 122 B1
Canne 120 B1/2, 136 A3
Cánnero Riviera 105 D2
Cannes 112 B3
Canneto 125 C/D1
Canneto 114 B3, 116 A2
Canneto sul Óglio 106 B3, 114 A/B1
Cannigione 123 D1
Cannóbio 105 D2
Cannock 59 D3, 64 A1
Cano 164 B2
Canonbie 57 C3, 60 B1

Canosa di Púglia 120 B2
Canósio 112 B2
Canossa 114 A/B1
Canove 107 C2/3
Canove 113 C1
Canredondo 161 D2
Cansano 119 C2
Cantagallo 159 D2/3
Cantalapiedra 160 A1/2
Cantalejo 160 B1
Cantallops 156 B2
Cantalojas 161 C1
Cantalpino 159 D2, 160 A2
Cantanhede 158 A2/3
Cantavieja 162 B2
Čantavir 129 C/D3
Canterbury 65 C/D3, 77 C1
Cantiano 115 D3, 117 C2
Cantillana 171 D1
Cantimpalos 160 B2
Cantin 78 A2
Cantiveros 160 A2
Cantoral 152 B2
Cantoria 173 D2, 174 A1/2
Cantù 105 D3, 106 A3
Canvey 65 C3
Cany 77 C3
Cany-Barville 77 C3
Canyelles 156 A3, 163 D1
Canyon 5 C2/3, 6 A2
Canzo 105 D3, 106 A2/3
Caoria 107 C2
Cáorle 107 D3, 126 A3
Caorso 114 A1
Caoulet 109 C2
Cap de Creus 156 B2
Cap-de-Pin 108 A2
Cap Fréhel 85 C1/2
Cap Pelat 108 B2
Capáccio 120 A3
Capaci 124 A/B1/2
Capafóns 163 D1
Capafonts La Mussara
 163 D1
Capálbio 116 B3, 118 A1
Capanne 115 C3, 117 C2
Capánnole 115 C3, 116 B2
Capánnoli 114 B3, 116 A2
Capannori 114 B2, 116 A1
Caparde 133 C2
Capareiros 150 A3, 158 A1
Capari 138 B3
Caparica 164 A2
Caparroso 154 A2
Capbreton 108 A2/3, 154 A1
Capdenac-Gare 110 A1
Capdepera 157 D1
Capdesaso 154 B3, 162 B1
Capel 64 B3, 76 B1
Capel Curig 59 C2, 60 A3
Capella 155 C2/3
Capellades 153 D3, 161 D1
Capellen 79 D3
Capendu 110 A3, 156 B1
Capens 109 C/D3, 155 D1
Capestang 110 B3, 156 B1
Capestrano 117 D3, 119 C1
Capileira 173 C2
Capilla 166 B2
Capillas 152 A3
Capinha 158 B3
Capistrello 119 C2
Čaplje 131 D1/2
Čapljina 132 A/B3, 136 B1
Capo Boi 123 D3
Capo d'Orlando 125 C1/2
Capo di Ponte 106 B2
Capo Rizzuto 122 B2
Capodimonte 116 B3, 118 A1
Capolago 105 D2/3, 106 A2/3
Capolíveri 116 A3
Čapor 95 C2
Capoterra 123 C3
Capovalle 106 B3
Cappadócia 118 B2
Cappelle 119 C1/2
Cappelle sul Tavo 119 C1
Capracotta 119 C/D2
Capráia 114 A3
Capránica 117 C3, 118 A1
Caprarola 117 C3, 118 A/B1

Caprese Michelángelo
 115 C2/3, 116 B2
Capri 119 C/D3
Capriati a Volturno 119 C2
Capríccioli 123 D1
Caprile 107 C2
Caprino Bergamasco 105 D3,
 106 A3
Caprino Veronese 106 B3
Căpruța 97 C/D3, 98 A3,
 140 A/B1
Captieux 108 B2
Cápua 119 C/D3
Capurso 121 C2
Capvern 109 C3, 155 C1
Carabaña 161 C3
Carabanchel 160 B2/3
Carabantes 153 D3, 154 A3,
 161 D1, 162 A1
Caracal 140 B2
Caracena 161 C1
Caracenilla 161 D3
Caracuel 167 C2
Caradeuc 85 C2
Caráglio 112 B2
Caraman 109 D3, 155 D1
Caramánico Terme 119 C1
Caramulo 158 A/B2
Caranga 151 D1
Caranguejeira 158 A3,
 164 A/B1
Caransebeş 135 C1,
 140 A/B1
Carantec 84 B1/2
Carapinheira 158 A3
Carasco 113 D2
Carașova 135 C1
Caraula 135 D2
Caravaca 168 B3, 174 A1
Caravággio 106 A3
Carazo 153 C3
Carbajales de Alba 151 D3,
 159 D1
Carbajo 165 C1
Carballeda 151 C2
Carballeda de Avia 150 B2
Carballedo 150 B2
Carballino 150 B2
Carballo 150 B3
Carballo 150 A1
Carbellino 159 C/D1
Carbon-Blanc 108 B1
Carbonara di Po 114 B1
Carbonare di Folgaria
 107 C2/3
Carboneras 174 A2
Carboneras de Guadazaón
 161 D3, 162 A3, 168 B1
Carbonero el Mayor 160 B1/2
Carboneros 167 C/D3
Carbónia 123 C3
Carbonin/schluderbach
 107 D2
Carbonne 109 C/D3, 155 D1
Carbuccia 113 D3
Carcaboso 159 C/D3
Carcabuey 172 B1
Carcagente 169 C/D2
Carcans 100 B3, 108 A1
Carcans-Plage 100 B3,
 108 A1
Cárcar 153 D2, 154 A2
Cárcare 113 C2
Carcassonne 110 A3, 156 A1
Carcastillo 154 A2
Carcelén 169 C2
Carcès 112 A3
Carchel 173 C1
Carchelejo 173 C1
Carcóforo 105 C2/3
Cardedeu 156 A/B3
Cardejón 153 D3, 161 D1
Cardeña 167 C3
Cárdenas 153 C/D2
Cardenete 162 A3, 168 B1
Cardeñosa 160 A2
Cardesse 108 B3, 154 B1
Cardiff 63 C1/2
Cardigan 55 D3, 62 B1
Cardó 163 C2
Cardona 155 D3, 156 A2

Carei 97 C/D3, 98 A3
Carenas 161 D1, 162 A1
Carennac 109 D1
Carentan 76 A3, 85 D1
Carentoir 85 C3
Carev Dvor 138 B3, 142 B1
Carevac 131 D2, 132 A2
Carevdar 127 D2, 128 A2
Cargèse 113 D3
Carhaix-Plouguer 84 B2
Caria 158 B3
Caričin Grad 139 C1, 139 C1
Caridade 165 C2/3
Carignan 79 C3
Carignano 112 B1
Carina 142 B1
Cariñena 162 A1
Carini 124 A/B1/2
Cariño 150 B1
Carínola 119 C3
Carisbrooke Castle 76 A1/2
Carisolo 106 B2
Carlentini 125 C/D3
Carlet 169 C/D1/2
Carling 89 D1
Carlingford 58 A1
Carlisle 54 B3, 57 C3, 60 B1
Carloforte 123 C3
Carlópoli 122 B2
Carlow 53 C3, 69 C1
Carlow 55 D3
Carlsberg 80 B3, 90 B1
Carlsfeld 82 B2
Carlton in Lindrick 61 C3,
 64 B1
Carluke 56 B2
Carmagnola 113 C1
Carmarthen 62 B1
Carmaux 109 D2, 110 A2
Carmena 160 B3, 167 C1
Cármenes 151 D1/2
Carmiano 121 D3
Carmona 171 D1, 172 A1
Carmonita 165 D2, 166 A2
Carnac 84 B3
Carnew 58 A3
Carnforth 59 D1, 60 B2
Cárnia 126 A2
Carnlough 56 A3
Carno 59 C3
Carnon-Plage 110 B3
Carnota 150 A2
Carnoules 112 A3
Carnoustie 57 C1
Carnwath 57 C2
Carolei 122 A2
Carolles 85 D1
Carona 106 A2
Caronia 125 C2
Caronia Marina 125 C2
Carovigno 121 D2
Carovilli 119 C/D2
Carpaneto Piacentino 114 A1
Carpegna 115 C2, 117 C1/2
Carpenédolo 106 B3
Carpentras 111 C/D2
Carpi 114 B1
Carpineti 114 B1/2, 116 A1
Carpineto Romano 118 B2
Cărpiniş 135 C1
Carpino 120 B1
Carpinone 119 D2
Carpinteiro 164 B1/2
Carpio de Azaba 159 C2
Carquefou 85 D3, 100 A1
Carqueiranne 112 A3
Carradale 56 A2
Carral 150 A/B1
Carrapateira 170 A2
Carrapichana 158 B2
Carrara 114 A2, 116 A1
Carrascal del Río 160 B1
Carrascalejo 160 A3, 166 B1
Carrascosa 161 D2
Carrascosa de Abajo 161 C1
Carrascosa de Haro 161 D3,
 168 A1
Carrascosa del Campo
 161 C/D3, 168 A1
Carratraca 172 A/B2
Carrazeda de Anciães 158 B1

Carrazedo 150 B3, 158 B1
Carrbridge 54 B2
Carreço 150 A3, 158 A1
Carrefour-Saint-Jean 76 B3,
 86 A/B1
Carrega Lígure 113 D1
Carregado 164 A2
Carregal do Sal 158 B2
Carregueiros 158 A3, 164 B1
Carreña 152 A1
Carresse 108 A3, 154 B1
Carrickart 55 C2
Carrickfergus 56 A3
Carrión de los Condes 152 B2
Carrión de los Céspedes
 171 C/D1/2
Carrizo de la Ribera 151 D2
Carrizosa 167 D2, 168 A2
Carronbridge 56 B2
Carrouges 86 A2
Carrù 113 C2
Carry-le-Rouet 111 D3
Carskiey 56 A2
Carsóli 118 B1/2
Carsphairn 56 B2/3
Carstairs 54 B3, 56 B2, 57 C2
Cartagena 174 B1
Cártama 172 B2
Cartaxo 164 A2
Cartaya 171 C1/2
Cartelle 150 B2/3
Carteret 76 A3, 85 C/D1
Cartoceto 115 D2/3, 117 C2
Cartuja 171 D2
Carucedo 151 C2
Carúnchio 119 D2
Carvajal 172 B2/3
Carvalhal 158 B2
Cârvarica 139 D2
Carviçaes 159 C1/2
Carvin 78 A2
Carvoeira 164 A2
Carvoeira 164 A2
Carvoeiro 158 B3, 164 B1
Carvoeiro 170 A2
Caryduff 56 A3
Carzig 90 B2
Casa Branca 164 A/B3
Casa Branca 164 B2/3
Casa Branca 164 B2
Casa de Uceda 161 C2
Casa di Garibaldi 123 D1
Casa l'Abate 121 D3
Casabermeja 172 B2
Casacalenda 119 D2, 120 A1
Casais 170 A1/2
Casal Cermelli 113 C/D1
Casal di Príncipe 119 C3
Casalánguida 119 D1/2
Casalarreina 153 C2
Casalbordino 119 D1
Casalborgone 113 C1
Casalbuono 120 A/B3
Casalbuttano 106 A/B3
Casale Monferrato 113 C1
Casalécchio di Reno 114 B1/2,
 116 B1
Casalgrande 115 C1
Casalmaggiore 114 A/B1
Casalmorano 106 A/B3
Casalnuovo 122 A3
Casalnuovo Monterotaro
 119 D2, 120 A1
Casaloldo 106 B3
Casalpusterlengo 106 A3,
 113 D1, 114 A1
Casalromano 106 B3,
 114 A/B1
Casalvécchio di Púglia 119 D2,
 120 A1
Casalvieri 119 C2
Casamássima 121 C2
Casamíccola Terme 119 C3
Casamozza 113 D2
Casar de Cáceres 165 D1,
 166 A1
Casar de Palomero 159 C/D3
Casar de Talavera 160 A3,
 166 B1
Casarabonela 172 A/B2

Casarano 121 D3
Casares 172 A3
Casares de las Hurdes
 159 C/D2
Casariche 172 A/B2
Casarrubios del Monte
 160 B3
Casarsa della Delízia
 107 D2/3, 126 A2/3
Casas Altas 162 A3, 169 C1
Casas Bajas 162 A3, 169 C1
Casas de Don Antonio
 165 D1/2, 166 A1/2
Casas de Don Pedro 166 B2
Casas de Fernando Alonso
 168 A/B1
Casas de Haro 168 B1
Casas de Juan Núñez 168 B2
Casas de Lázaro 168 B2
Casas de los Muneras 168 A2
Casas de los Pinos 168 A/B1
Casas de Millán 159 C3,
 165 D1, 166 A1
Casas de Miravete 159 D3,
 166 A1
Casas de Reina 165 D3,
 166 A3
Casas de Ves 169 C1/2
Casas del Monte 159 D3
Casas del Puerto de Villatoro
 160 A2
Casas-Ibáñez 169 C2
Casasana 161 C/D2
Casasbuenas 160 B3, 167 C1
Casasimarro 168 B1
Casasola de Arión 152 A3,
 160 A1
Casasuertes 152 A1/2
Casatejada 159 D3, 166 A1
Casavieja 160 A3
Casayo 151 C2
Casazza 106 A/B3
Casbas de Huesca 155 C2/3
Cascades du Hérisson 104 A2
Cascais 164 A2
Cascante 154 A3
Cascante del Río 162 A/B3
Cascata del Toce 105 C2
Cáscia 117 C/D3, 118 B1
Casciana Terme 114 B3,
 116 A2
Cáscina 114 B2/3, 116 A1/2
Case della Marina 123 D3
Case Perrone 121 C3
Cáseda 154 A2
Casei Gerola 113 D1
Casekow 70 B1/2
Casel 70 B3, 83 C/D1
Casella 113 D1/2
Caselle in Píttari 120 A3
Caselle Torinese 105 C3,
 112 B1
Casemurate 115 C2, 117 C1
Caseres 163 C2
Caserío de Llanos de Don
 Juan 172 B1/2
Caserta 119 D3
Caserta vécchia 119 D3
Cashel 55 C3
Cashlie 56 B1
Casillas 160 A/B2/3
Casillas de Coria 159 C3,
 165 D1
Casillas de Flores 159 C2/3
Casina 114 A/B1, 116 A1
Casinina 115 D2, 117 C1
Casinos 162 B3, 169 C1
Časkel 52 D2, 6 A2
Čáslav 96 A2
Cásola Valsénio 115 C2,
 116 B1
Cásole d'Elsa 114 B3,
 116 A/B2
Cásoli 119 C/D1
Casória 119 C/D3
Caspe 163 C1
Caspóggio 106 A2
Caspueñas 161 C2
Cassà de la Selva 156 B2/3

Cassagnes-Bégonhès 110 A2
Cassana 115 C1
Cassaniouze 110 A1
Cassano allo Iónio 120 B3, 122 A/B1
Cassano d'Adda 105 D3, 106 A3
Cassano delle Murge 121 C2
Cassano Spínola 113 D1
Cássaro 125 C3
Cassel 78 A2
Casserres 156 A2
Cassíbile 125 D3
Cassine 113 C1
Cassino 119 C2
Cássio 114 A1
Cassis 111 D3
Cassuéjouls 110 A1
Castagnaro 107 C3, 114 B1
Castagneto Carducci 114 B3, 116 A2
Castaignos-Souslens 108 B3, 154 B1
Castalla 169 C2
Castañar de Ibor 159 D3, 160 A3, 166 B1
Castañares de Rioja 153 C2
Castanheira 164 A2
Castanheira de Pera 158 A/B3, 164 B1
Castanheira do Vouga 158 A2
Cástano Primo 105 D3
Castasegna 105 D2, 106 A2
Castéggio 113 D1
Castejón 154 A2/3
Castejón 161 D2/3
Castejón de las Armas 161 D1, 162 A1
Castejón de Monegros 154 B3, 162 B1
Castejón de Sobrarbe 155 C2
Castejón de Sos 155 C2
Castejón de Tornos 162 A2
Castejón de Valdejasa 154 B3
Castejón del Puente 155 C3
Castel Baronia 119 D3, 120 A2
Castel Bolognese 115 C2, 116 B1
Castel d'Aiano 114 B2, 116 A/B1
Castel d'Ário 106 B3, 114 B1
Castel de Cabra 162 B2
Castel del Monte 120 B2, 136 A3
Castel del Monte 117 D3, 119 C1
Castel del Piano 115 C3, 116 B3
Castel del Rio 115 C2, 116 B1
Castel di Iúdica 125 C2
Castel di Lagopésole 120 A/B2
Castel di Sangro 119 C2
Castel Euríalo 125 D3
Castel Fusano 118 A/B2
Castel Gandolfo 118 B2
Castel Maggiore 114 B1
Castel San Gimignano 114 B3, 116 A/B2
Castel San Giórgio 119 D3, 120 A2
Castel San Giovanni 113 D1, 114 A1
Castel San Pietro Terme 115 C1/2, 116 B1
Castel Volturno 119 C3
Castelbelforte 106 B3, 114 B1
Castelbuono 125 C2
Casteldelfino 112 B1/2
Casteleiro 158 B3
Castelfiorentino 114 B3, 116 A/B2
Castelflorite 155 C3, 163 C1
Castelfranc 109 C/D1/2
Castelfranco Emília 114 B1
Castelfranco in Miscano 119 D2/3, 120 A1
Castelfranco Véneto 107 C3

Castelgrande 120 A2
Casteljaloux 108 B2
Castell' Arquato 114 A1
Castell'Azzára 116 B3, 118 A1
Castell de Cabres 163 C2
Castell de Castells 169 D2
Castell de Ferro 173 C2
Castell'Umberto 125 C1/2
Castellabate 120 A3
Castelladral 156 A2
Castellafiume 119 C2
Castellammare del Golfo 124 A2
Castellammare di Stábia 119 D3
Castellamonte 105 C3
Castellana Grotte 121 C2
Castellane 112 A2
Castellaneta 121 C2
Castellanos de Moriscos 159 D2
Castellar de la Frontera 172 A3
Castellar de la Muela 162 A2
Castellar de la Ribera 155 D3
Castellar de N'Huch 156 A2
Castellar de Santiago 167 D2, 168 A2/3
Castellar de Santisteban 167 D3, 168 A3
Castellar del Vallès 156 A3
Castellarano 114 B1, 116 A1
Castellbó 155 D2
Castelldans 155 C/D3, 163 C1
Castelldefels 156 A3
Castelleone 106 A3
Castelletto di Brenzone 106 B3
Castellfollit de la Roca 156 B2
Castellfort 162 B2
Castelli 117 D3, 119 C1
Castellina in Chianti 114 B3, 116 B2
Castellina Maríttima 114 B3, 116 A2
Castelló d'Empúries 156 B2
Castelló de Farfanya 155 C3, 163 C1
Castello di Annone 113 C1
Castello di Fiemme 107 C2
Castello di Quirra 123 D3
Castello Tesino 107 C2
Castellóli 156 A3, 163 D1
Castellón de la Plana 163 C3, 169 D1
Castellón de Rugat 169 D2
Castellote 162 B2
Castellserà 155 D3, 163 D1
Castellterçol 156 A3
Castellúcchio 106 B3, 114 B1
Castellúccio 120 B3, 122 A1
Castellúccio de' Sáuri 120 A1/2
Castellúccio Valmaggiore 120 A1/2
Castelluzzo 124 A1/2
Castelmassa 114 B1
Castelmáuro 119 D2, 120 A1
Castelmoron-sur-Lot 109 C1/2
Castelnau 109 D1
Castelnau 108 B2
Castelnau-Barbarens 109 C3, 155 C1
Castelnau-d'Estrétefonds 109 D2
Castelnau-de-Médoc 108 A/B1
Castelnau-de-Montmiral 109 D2
Castelnau-Magnoac 109 C3, 155 C1
Castelnau-Montratier 109 D2
Castelnau-Rivière-Basse 108 B3, 155 C1
Castelnaudary 109 D3, 156 A1
Castelnou 162 B1
Castelnovo di sotto 114 B1
Castelnovo ne'Monti 114 A/B1/2, 116 A1

Castelnuovo 106 B3
Castelnuovo Berardenga 115 C3, 116 B2
Castelnuovo della Daúnia 119 D2, 120 A1
Castelnuovo di Garfagnana 114 A/B2, 116 A1
Castelnuovo di Val de Cécina 114 B3, 116 A/B2
Castelnuovo Don Bosco 113 C1
Castelnuovo Scrívia 113 D1
Castelo Branco 158 B3, 165 C1
Castelo Branco 159 C1
Castelo de Paiva 158 A2
Castelo de Vide 165 C1
Castelraimondo 115 D3, 117 C/D2
Castelrotto 107 C2
Castelrotto/kastelruth 107 C2
Castelsantángelo 115 D3, 117 D3
Castelsaraceno 120 B3
Castelsardo 123 C1
Castelsarrasin 109 C2
Castelserás 162 B2
Casteltérmini 124 B2
Castelvécchio 107 C3
Castelvécchio Subéquo 119 C1
Castelvétere in Valfortore 119 D2, 120 A1
Castelvetrano 124 A2
Castenédolo 106 B3
Castéra-Verduzan 109 C2
Castets 108 A2
Castiádas 123 D3
Castiello de Jaca 154 B2
Castigaleu 155 C2/3
Castiglion Fibocchi 115 C3, 116 B2
Castiglion Fiorentino 115 C3, 116 B2
Castiglioncello 114 A/B3, 116 A2
Castiglione Chiavarese 113 D2, 114 A2
Castiglione d'Adda 106 A3, 114 A1
Castiglione d'Órcia 115 C3, 116 B2/3
Castiglione dei Pépoli 114 B2, 116 B1
Castiglione del Lago 115 C3, 117 C2
Castiglione della Pescáia 116 A3
Castiglione delle Stiviere 106 B3
Castiglione di Garfagnana 114 A/B2, 116 A1
Castiglione di Sicília 125 D2
Castiglione Mantovano 106 B3
Castiglione Messer Marino 119 D2
Castiglione Olona 105 D3
Castignano 117 D2/3
Castil de Peones 153 C2
Castilblanco 166 B1/2
Castilblanco de los Arroyos 171 D1
Castildelgado 153 C2
Castilfalé 152 A2/3
Castiliscar 154 A2
Castillazuelo 155 C3
Castilleja del Campo 171 C/D1/2
Castilléjar 168 A3, 173 D1
Castillejo de Iniesta 168 B1
Castillejo de Mesleón 161 C1
Castillejo de Robledo 153 C3, 161 C1
Castillejo del Romeral 161 D3
Castillo de Bayuela 160 A3
Castillo de Locubín 172 B1
Castillo de Santueri 157 D1
Castillo de Villamalefa 162 B3
Castillon-en-Couserans 109 C3, 155 D1/2

Castillon-la-Bataille 108 B1
Castillonnès 109 C1
Castillonroy 155 C3, 163 C1
Castilnuevo 161 D2, 162 A2
Castilruiz 153 D3, 154 A3, 161 D1
Castione 105 D2, 106 A2
Castione della Presolana 106 A/B2/3
Castronuevo 105 D2, 106 A2
Castelnuovo Don Bosco 113 C1
Castle Cary 63 D2, 63 D1
Castle Douglas 56 B3, 60 A1
Castlebar 55 C2
Castlebay 54 A2, 55 C/D1
Castlebellingham 58 A1
Castleblayney 55 D2
Castlebridge 58 A3
Castleford 61 C2
Castleton 61 C3, 64 A1
Castletown 58 B1
Castletown 58 A1
Castlewellan 58 A1
Casto 106 B3
Castraz 159 C2
Castrejón 160 A1
Castrelo de Miño 150 B2/3
Castrelo del Valle 150 B3, 151 C3
Castrelos 151 C3, 159 C1
Castres 110 A3
Castricum 66 A2
Castril 168 A3, 173 D1
Castrillo 152 B3, 160 B1
Castrillo de Don Juan 152 B3, 160 B1
Castrillo de Duero 152 B3, 160 B1
Castrillo de la Reina 153 C3
Castrillo de Murcia 152 B2
Castrillo de Onielo 152 B3, 160 B1
Castrillo de Villavega 152 B2
Castrillo Matajudíos 152 B2
Castrillo-Tejeriego 152 B3, 160 B1
Castrillón 151 C1
Castro Caldelas 150 B2, 151 C2
Castro Daire 158 B2
Castro de Rey 150 B1
Castro dei Volsci 119 C2
Castro del Río 172 B1
Castro Laboreiro 150 B3
Castro Marim 170 B2
Castro Urdiales 153 C1
Castro Verde 170 A/B1
Castro Vicente 159 C1
Castrocalbón 151 D2/3
Castrocaro Terme 115 C2, 116 B1
Castrocontrigo 151 D2/3
Castrodeza 152 A3, 160 A1
Castrofilippo 124 B2/3
Castrofuerte 151 D2/3, 152 A2/3
Castrojeriz 152 B2/3
Castromocho 152 A/B3
Castromonte 152 A3, 160 A1
Castronuevo 152 A3, 159 D1, 160 A1
Castronuño 160 A1
Castrop-Rauxel 80 A1
Castropol 151 C1
Castroreale Terme 125 D1/2
Castroverde 151 C1/2
Castroverde de Campos 152 A3
Castroverde de Cerrato 152 B3, 160 B1
Castrovíllari 120 B3, 122 A1
Castuera 166 A/B2
Čata 95 D3
Catadau 169 C/D1/2
Çatalca 141 D3, 149 D1
Catane 135 D2/3
Catánia 125 D2
Catanzaro 122 B2
Catanzaro Lido 122 B2
Catarroja 169 D1
Catenanuova 125 C2
Cateraggio 113 D3

Caterham 65 C3, 76 B1
Čateške Toplice 127 C2/3
Čatež 127 C2/3
Catí 163 C2
Catignano 119 C1
Catlowdy 57 C3, 60 B1
Catoira 150 A2
Catral 169 C3
Cattaéggio 106 A2
Cattenom 79 D3, 89 C/D1
Catterick 61 C1/2
Cattólica 115 D2, 117 C1
Cattólica Eraclea 124 B2
Catus 109 D1
Caudé 162 A2/3
Caudebec-en-Caux 77 C3, 86 B1
Caudete 169 C2
Caudete de las Fuentes 169 C1
Caudiel 162 B3, 169 C/D1
Caudiès-de-Fenouillèdes 156 A/B1
Caudos 108 A1
Caudry 78 A/B2/3
Caujac 109 D3, 155 D1, 156 A1
Caulnes 85 C2
Caulónia 122 B3
Caumont-l' Evente 86 A1
Caunes-Minervois 110 A3, 156 B1
Cauro 113 D3
Caussade 109 D2
Causse-de-la-Selle 110 B2
Čausy 75 C2/3
Cauterets 108 B3
Cauville-sur-Mer 76 B3
Caux 104 B2
Cava d'Aliga 125 C3
Cava d'Íspica 125 C3
Cava de' Tirreni 119 D3, 120 A2
Cavacao 164 A1/2
Cavaglià 105 C3
Cavaillon 111 C/D2
Cavalaire-sur-Mer 112 A3
Cavalese 107 C2
Cavalière 112 A3
Cavallermaggiore 112 B1
Cávalo 106 B3
Cavan 55 C/D2
Cavareno 107 C2
Cavárzere 107 C/D3, 115 C1
Cave del Predil 126 A/B2
Cavernães 158 B2
Cavezzo 114 B1
Cavignac 100 B3, 108 B1
Čavle 126 B3, 130 A/B1
Cavo 116 A3
Cavour 112 B1
Cavtat 137 C1/2
Caya 165 C2
Caya 165 C2
Cayeux-sur-Mer 77 C/D2
Caylus 109 D2
Cayón 150 A1
Cayres 110 B1
Cayrols 110 A1
Cazalegas 160 A3, 166 B1
Cazalilla 167 C3, 173 C1
Cazalla de la Sierra 166 A3, 171 D1
Cazals 109 C/D1
Cazane 135 C2
Cazane 135 C2
Cazaubon 108 B2
Cazaux 108 A1
Cazaux-Savès 109 C3, 155 D1
Cazères-sur-Garonne 109 C3, 155 D1
Cazères-sur-l'Adour 108 B2
Cazevel 164 B3, 170 A/B1
Cazin 131 C1
Čazma 127 D3
Cazorla 167 D3, 168 A3, 173 C/D1
Cazouls-lès-Béziers 110 B3
Cdeynia 70 B2, 72 A3
Cea 152 A2
Ceánuri 153 C/D1

Céaucé **86** A2
Cebanico **152** A2
Cebara **131** D3, **132** A3
Cebas **167** D3, **168** A3, **173** D1
Cebolais de Cima **158** B3, **165** C1
Cebolla **160** A/B3, **167** C1
Cebreros **160** B2
Cebrikovo **99** C3
Cebrones del Río **151** D2/3
Ceccano **119** C2
Cece **96** B3, **128** B1/2
Čečersk **75** C3
Čečeviči **74** B2/3
Čechov **75** D2
Čechtice **83** D3
Čechtín **94** A1
Cécina **114** B3, **116** A2
Ceclavín **159** C3, **165** C/D1
Cedégolo **106** B2
Cedeira **150** B1
Cedillo **158** B3, **165** C1
Cedillo de la Torre **161** C1
Cedovim **158** B2
Cedrillas **162** B2
Cée **150** A2
Cefalù **124** B2
Céggia **107** D3, **126** A3
Cegléd **97** C3, **129** C/D1
Céglie Messápico **121** C2
Čegrane **138** B2/3
Cehegín **168** B3, **174** A1
Cehnice **93** C1
Ceilhes-et-Rocozels **110** B2
Ceillac **112** A/B1
Ceinos de Campos **152** A3
Ceira **158** A3
Čejč **94** B1
Čejkovice **94** B1
Čekalin **75** D2
Cela **164** A1
Celada de Roblecedo **152** B2
Celadas **162** A/B2
Čeladná **95** C/D1
Čelákovice **83** D2/3
Celano **119** C1/2
Celanova **150** B3
Celbridge **58** A2
Ćele Kula **135** C3, **139** C1
Čelebić **131** D2/3
Celeiu **135** D1
Celenza Valfortore **119** D2, **120** A1
Ćelić **133** C1
Čelije **133** D2, **134** A2, **140** A2
Celje **96** A3, **127** C2
Cella **114** B1
Cella **162** A2
Celldömölk **128** A1
Celle **68** B2
Celle-Garssen **68** B2
Celle-Gross Hehlen **68** B2
Celle Lígure **113** C2
Celle-Scheuen **68** B2
Celles-sur-Belle **101** C2
Celles-sur-Ource **88** B2
Celliers **104** A/B3
Cellino San Marco **121** D3
Čelopeci **138** B3, **142** B1
Celorico da Beira **158** B2
Celorico de Basto **158** B1
Céltigos **150** B2
Cemaes Bay **58** B2
Cembra **107** C2
Čemerno **132** B3, **137** C1
Cenad **129** D2
Cenarth **62** B1
Cencenighe **107** C2
Cendejas de la Torre **161** C2
Cenicero **153** D2
Cenicientos **160** B3
Cenizate **168** B1/2
Cenon **108** B1
Censeau **104** A1
Čenta **133** D1, **134** A1
Centallo **112** B1/2
Centelles Aiguafreda **156** A2/3
Cento **114** B1

Centúripe **125** C2
Cepagatti **119** C1
Čepelare **140** B3
Cépet **109** D2
Čepin **128** B3
Čepinci **145** C1
Čepinski Martinci **128** B3
Cepões **158** B2
Čepovan **126** B2
Ceppo **117** D3, **119** C1
Ceprano **119** C2
Čeralije **128** A/B3
Cerami **125** C2
Cérans-Foulletourte **86** A/B3
Cěravě **142** B1
Cerbáia **114** B2/3, **116** B1/2
Cerbère **156** B2
Cercal **164** A1/2
Cercal **164** A/B3, **170** A1
Cerceda **150** A1
Cerceda **160** B2
Cercedilla **160** B2
Cercemaggiore **119** D2, **120** A1
Cerchiara di Calábria **120** B3, **122** B1
Cercs **156** A2
Cercy-la-Tour **103** C1
Cerda **124** B2
Cerdedo **150** A/B2
Cerdeira **159** C2
Cerdeira **158** B3
Cerdeira **158** B3
Cerdido **150** B1
Cérdigo **153** C1
Cerdon-du-Loiret **87** D3
Cerea **107** C3, **114** B1
Ceremošnia **135** C2
Cerénzia **122** B2
Céres **104** B3, **112** B1
Cerese **106** B3, **114** B1
Ceresole Alba **113** C1
Ceresole Reale **104** B3
Céreste **111** D2
Céret **156** B2
Čerević **129** C3, **133** C1, **134** A1
Cerezo de Abajo **161** C1
Cerezo de Arriba **161** C1
Cerezo de Riotirón **153** C2
Ceriale **113** C2
Cerignola **120** B2
Čerikov **75** C2/3
Cérilly **102** B1/2
Čerín **95** D2
Cerisano **122** A1/2
Cerisiers **88** A2
Cerisy-la-Forêt **76** A3, **85** D1, **86** A1
Cerizay **100** B1
Čerkassy **99** D2
Cerklje **126** B3
Cerknica **126** B3
Cerkno **126** B2
Cerler **155** C2
Čern' **75** D3
Čern'achov **99** C1
Čern'achovsk (Insterburg) **73** C2
Cerna **132** B1
Černá Hora **94** B1
Černá v Pošumaví **93** C/D2
Cernadoi **107** C2
Cernătești **135** D2
Cernavoda **141** C/D2
Cernay **89** D3, **90** A3
Cernay-en-Dormois **88** B1
Cerne Abbas **63** D2, **63** D1
Cernégula **153** C2
Černičevo **145** D1
Černigov **99** D1
Černik **95** C/D2
Cernik **128** A3, **131** D1, **132** A1
Černóbbio **105** D3, **106** A3
Černobyl' **99** C1
Černošín **82** B3
Černovcy **98** B2
Černovice **93** D1
Černuc **83** C/D2
Cerollera **163** C2

Cérons **108** B1
Cerósimo **120** B3
Cerovac **134** B2
Cerovac **127** C3, **131** C1
Cerovac **133** C/D1/2, **134** A1/2
Cerovlje **126** B3, **130** A1
Cerovo **95** D2
Cerralbo **159** C2
Cerrédolo **114** B2, **116** A1
Cerreto Sannita **119** D2/3
Cěrriku **138** A3, **142** A1, **148** A1
Certaldo **114** B3, **116** A/B2
Certosa di Pavia **105** D3, **106** A3, **113** C1
Certosa San Lorenzo **120** A/B3
Cerva **158** B1
Cervarolo **114** A/B2, **116** A1
Cervatos **152** B2
Cervatos de la Cueza **152** A/B2/3
Červen' **74** B2/3
Červen brjag **140** B2
Červený Kameň **95** C2
Cervera **155** D3, **163** D1
Cervera de Buitrago **161** C2
Cervera de la Cañada **154** A3, **162** A1
Cervera de los Montes **160** A3
Cervera de Pisuerga **152** B2
Cervera del Llano **161** D3, **168** A/B1
Cervera del Maestre **163** C2
Cervera del Río Alhama **153** D3, **154** A3
Cervéteri **118** A2
Cérvia **115** C2, **117** C1
Cervià de les Garrigues **155** C/D3, **163** C/D1
Cervià de Ter **156** B2
Cervignano del Friuli **126** A3
Cervinara **119** D3
Cervione **113** D3
Cervo **113** C2
Cervo **150** B1
Cervon **88** A3, **103** C1
Červonoarmejsk **97** D2, **98** B1/2
Červonograd **97** D1/2, **98** A/B1
Červonoznamenka **99** C3
Cerzeto **122** A1
Cesana Torinese **112** A/B1
Cesarica **130** B2
Cesarò **125** C2
Cesena **115** C2, **117** C1
Cesenático **115** C/D2, **117** C1
Cěsis **73** D1, **74** A1
Česká Kamenice **83** D2
Česká Kubice **92** B1
Česká Lípa **83** D2, **96** A1
České Budějovice **93** D1, **96** A2
České Velenice **93** D2
Český Brod **83** D3
Český Dub **83** D2
Český Krumlov **93** D1/2, **96** A2
Český Šternberk **83** D3
Český Těšín **96** B2
Češljeva Bara **134** B1/2
Çeşme **149** C2
Cespedosa **159** D2
Cessalto **107** D3
Cessenon **110** B3
Čestereg **129** D3
Čestín **83** D3
Cesuras **150** B1
Cesvaine **74** A1
Cetate **135** D2
Cetina **161** D1, **162** A1
Cetingrad **131** C1
Cetinje **137** C/D2
Četirci **139** D2
Cetraro **122** A1
Ceuta **172** A3
Ceutí **169** C3, **174** B1
Ceva **113** C2

Cevico de la Torre **152** B3, **160** B1
Cevico Navero **152** B3, **160** B1
Cevins **104** A/B3
Cevio **105** D2
Čevo **137** C/D2
Ceyrat **102** B3
Ceyzériat **103** D2
Chabanais **101** C/D2
Chabeuil **111** C/D1
Chablis **88** A3
Chabreloche **103** C2
Chabris **87** C3, **101** D1, **102** A1
Chacim **159** C1
Chaffois **104** A1
Chagny **103** D1
Chaillé-les-Marais **100** B2
Chailley **88** A2
Chailly-en-Bière **87** D2
Chailly-en-Brie **87** D1, **88** A1
Chalabre **109** D3, **156** A1
Chalais **101** C3
Chalamera **155** C3, **163** C1
Chalamont **103** D2
Chalandrítsa **146** B2
Chalet de Peñalara **160** B2
Chalíkion **143** C3
Chalindrey **89** C3
Chálki **143** D3
Chalkiádes **143** D3
Chalkís **147** D2, **148** B2
Challain-la-Potherie **85** D3
Challans **100** A1
Challes-les-Eaux **104** A3
Chalmazel **103** C2
Chalon-sur-Saône **103** D1
Chalonnes-sur-Loire **86** A3, **100** B1
Châlons-sur-Marne **88** B1
Châlons-sur-Vesle **88** A1
Châlus **101** D3
Chalusset **101** D3
Cham **92** B1
Cham **105** C/D1
Cham-Thierlstein **92** B1
Cham-Windischbergerdorf **92** B1
Chamalières-sur-Loire **103** C3, **110** B1
Chamberet **101** D3, **102** A3
Chambéry **104** A3
Chambilly **103** C2
Chamblet **102** B2
Chambley-Bussières **89** C1
Chambly **77** D3, **87** C/D1
Chambois **86** A/B1
Chambon-Sainte-Croix **102** A2
Chambon-sur-Lac **102** B3
Chambon-sur-Voueize **102** A2
Chambord **87** C3
Chamboulive **101** D3, **102** A3
Chamerau **92** B1
Chamonix-Mont-Blanc **104** B2/3
Chamoux-sur-Gelon **104** A3
Champagnac-de-Belair **101** C/D3
Champagnac-le-Vieux **102** B3
Champagne-Mouton **101** C2
Champagney **99** D3
Champagnole **104** A1/2
Champaubert **88** A1
Champdeniers **100** B2
Champdieu **103** C3
Champeaux **87** D2
Champeix **102** B3
Champenoux **89** C/D1/2
Champéry **104** B2
Champex **104** B2
Champier **103** D3
Champigné **86** A3
Champignelles **87** D3
Champigny-sur-Veude **101** C1
Champillet **102** A1/2
Champlitte-et-le-Prélot **89** C3
Champoluc **105** C3
Champoly **103** C2/3
Champorcher **105** C3
Champrond-en-Gatine **86** B2

Champs-sur-Tarentaine **102** A/B3
Champtoceaux **85** D3, **100** B1
Chamrousse **112** A1
Chamusca **164** B1
Chanac **110** B1/2
Chanas **103** D3
Chancy **104** A2
Chandai **86** B1/2
Chandreja de Queija **151** C2/3
Changy **103** C2
Chaniá **148** B3
Chaniótis **144** A/B2/3
Chantada **150** B2
Chantelle **102** B2
Chantelouve **111** D1, **112** A1
Chantemerle **112** A/B1
Chantilly **87** D1
Chantonnay **100** B1
Chão de Codes **164** B1
Chaource **88** A/B2
Chapa **158** B1
Chapaize **103** D1/2
Chapareillan **104** A3
Chapel-en-le-Frith **59** D2, **61** C3, **64** A1
Chapelle-Royale **86** B2
Charavgí **143** C2
Charavines-les-Bains **103** D3, **104** A3
Charches **173** C/D2
Chard **63** C/D2, **63** C/D1
Charenton-du-Cher **102** B1
Charing **65** C3, **77** C1
Charlbury **64** A/B2/3
Charleroi **78** B2
Charlestown **55** C2
Charleville-Mézières **79** C3
Charlieu **103** C2
Charlottenberg **38** B3
Charly **88** A1
Charmeil **102** B2
Charmes-sur-Rhône **111** C1
Charmoille **89** C3
Charmes **89** C/D2
Charny **87** D2/3, **88** A2/3
Charny-sur-Meuse **89** C1
Charolles **103** C2
Chârost **102** A1
Charquemont **89** D3, **104** B1
Charritte-de-Bas **108** A/B3, **154** B1
Charroux **101** C2
Chars **77** D3, **87** C1
Chartres **87** C2
Chásia Óri **143** C3
Chasseneuil-sur-Bonnieure **101** C2/3
Chastellux **88** A3
Château-Arnoux **112** A2
Château-Chinon **103** C1
Château d'If **111** D3
Château d'Ô **86** A/B1/2
Château-d'Oex **104** B2
Château-du-Loir **86** B3
Château-Gontier **86** A3
Château-l'Évêque **101** C/D3
Château-la-Vallière **86** B3
Château-Landon **87** D2
Château-Porcien **78** B3
Château-Queyras **112** A/B1
Château-Renault **86** B3
Château-Salins **89** D1
Château-Thierry **88** A1
Châteaubourg **85** D2
Châteaubriant **85** D3
Châteaudun **87** C2
Châteaugay **102** B2/3
Châteaugiron **85** D2
Châteaulin **84** A/B2
Châteaumeillant **102** A1/2
Châteauneuf **103** C2
Châteauneuf **88** B3, **103** C/D1
Châteauneuf-de-Chabre **111** D2, **112** A2
Châteauneuf-de-Randon **110** B1
Châteauneuf-du-Faou **84** B2
Châteauneuf-du-Pape **111** C2
Châteauneuf-en-Thymerais **87** C2

Châteauneuf-la-Forêt 101 D3, 102 A3
Châteauneuf-les-Bains 102 B2
Châteauneuf-sur-Charente 101 C3
Châteauneuf-sur-Cher 102 A1
Châteauneuf-sur-Loire 87 C/D3
Châteauneuf-sur-Sarthe 86 A3
Châteauneuf-Val-de-Bargis 88 A3, 102 B1
Châteauneut-d' Ille-et-Vilaine 85 C2
Châteauponsac 101 D2
Châteauredon 112 A2
Châteaurenard 87 D2/3
Châteaurenard 111 C2
Châteauroux 101 D1, 102 A1
Châteauroux-les-Alpes 112 A1
Châteauvert 112 A3
Châteauvillain 88 B2
Châtel 104 B2
Châtel-Censoir 88 A3
Châtel-de-Neuvre 102 B2
Châtel-Guyon 102 B2
Châtel-Montagne 103 C2
Châtel-St-Denis 104 B2
Châtel-sur-Moselle 89 C/D2
Châtelaillon-Plage 100 B2
Châteldon 102 B2
Châtelet 78 B2
Châtelineau 78 B2
Châtellerault 101 C1
Châtelus-Malvalaix 102 A2
Châtenois 89 C2
Chatham 65 C3, 77 C1
Châtillon 105 C3
Châtillon-Coligny 87 D3
Châtillon-de-Michaille 104 A2
Châtillon-en-Bazois 103 C1
Châtillon-en-Diois 111 D1
Châtillon-la-Palud 103 D2
Châtillon-sur-Chalaronne 103 D2
Châtillon-sur-Indre 101 D1
Châtillon-sur-Loire 87 D3
Châtillon-sur-Marne 88 A1
Châtillon-sur-Seine 88 B3
Châtillon-sur-Sèvre 100 B1
Châtre 101 C3
Chatsworth 61 C3, 64 A1
Chatteris 65 C2
Chatzís 146 B3
Chau de Ventadour 102 A3
Chauchina 173 C2
Chaudes-Aigues 110 A/B1
Chaudieu 104 A3
Chaudrey 88 B2
Chauffailles 103 C2
Chaulnes 78 A3
Chaumercenne 89 C3, 104 A1
Chaumont 88 B2
Chaumont-en-Vexin 77 D3, 87 C1
Chaumont-sur-Loire 87 C3
Chaumont-sur-Tharonne 87 C3
Chaunay 101 C2
Chauny 78 A3
Chaussin 103 D1, 104 A1
Chauvency-le-Château 79 C3
Chauvigny 101 C1/2
Chavanges 88 B2
Chávarion 146 A2/3
Chaves 150 B3, 158 B1
Chazelles-sur-Loyn 103 C3
Cheadle 59 D2/3, 60 B3, 61 C3, 64 A1
Cheb 82 B3
Checa 161 D2, 162 A2
Cheddar 63 D2, 63 D1
Chedgrave 65 D2
Chef-Boutonne 101 C2
Cheffois 100 B1
Chéggio 105 C2
Cheles 165 C2/3
Chella 169 C2
Chelle-Debat 109 C3, 155 C1
Chelles 87 D1
Chełm 97 D1, 98 A1
Chelmós 146 B3

Chelmsford 65 C3
Chełmża 72 B3
Chełst 71 C2
Cheltenham 63 D1, 64 A2
Chelva 162 B3, 169 C1
Chéméré-le-Roi 86 A2
Chémery-sur-Bar 79 C3
Chemillé 86 A3, 100 B1
Chemillé-sur-Dême 86 B3
Chemin 103 D1
Chemiré-le-Gaudin 86 A/B2/3
Chemnitz 70 A1
Chénérailles 102 A2
Cheniménil 89 D2
Chenoise 87 D2, 88 A2
Chenonceaux 86 B3, 101 D1
Chepstow 63 D1
Chequilla 161 D2, 162 A2
Chera 169 C1
Cherain 79 D2/3
Cherasco 113 C1
Cheray 100 A/B2
Cherbourg 76 A3
Chercos 173 D2, 174 A2
Chérisy 87 C1/2
Cherónia 147 C2
Chéroy 87 D2
Cherson 99 D3
Chert 163 C2
Chertsey 64 B3, 76 B1
Cherveix-Cubas 101 D3
Cheseaux-sur-Lausanne 104 B2
Chesham 64 B3
Cheshunt 65 C3
Chéssy-les-Mines 103 C/D2
Chessy-les-Près 88 A2
Cheste 169 C1
Chester 59 D2, 60 B3
Chester le Street 57 D3, 61 C1
Chesterfield 61 C3, 64 A/B1
Chesters 57 C2
Chételaudren 85 C2
Chevagnes 102 B1/2
Chevanceaux 101 C3
Cheverny 87 C3
Chevillon 88 B2
Chevilly 87 C2
Chevreuse 87 C1/2
Chevron 79 C/D2
Chey 101 C2
Cheylade 102 B3, 110 A1
Chezal-Benoît 102 A1
Chézery-Forens 104 A2
Chialamberto 104 B3
Chiampo 107 C3
Chianale 112 B1
Chianciano Terme 115 C3, 116 B2
Chianni 114 B3, 116 A2
Chiappera 112 B2
Chiappi 112 B2
Chiaramonte Gulfi 125 C3
Chiaramonti 123 C1
Chiaravalle 115 D3, 117 D2
Chiaravalle Centrale 122 B2
Chiaréggio 106 A2
Chiari 106 A/B3
Chiaromonte 120 B3
Chiasso 105 D3, 106 A3
Chiávari 113 D2
Chiavenna 105 D2, 106 A2
Chiché 101 C1
Chichester 76 B1
Chiclana de la Frontera 171 D3
Chiclana de Segura 167 D3, 168 A3
Chieming 92 B3
Chieri 113 C1
Chiesa in Valmalenco 106 A2
Chiesina Uzzanese 114 B2, 116 A1
Chiessi 116 A3
Chieti 119 C/D1
Chiéuti 119 D2, 120 A1
Chièvres 78 B2
Chigwell 65 C3
Chilbolton 64 A/B3, 76 A1
Chilches 162 B3, 169 D1

Chilham 65 C/D3, 77 C1
Chilia Veche 141 D1
Chiliomódion 147 C2/3
Chilivani 123 C1/2
Chillarón de Cuenca 161 D3
Chilleurs-aux-Bois 87 C2
Chillon 104 B2
Chillón 166 B2
Chiloeches 161 C2
Chimay 78 B3
Chimeneas 173 C2
Chimki 75 D1/2
Chinchilla de Monte Aragón 168 B2
Chinchón 161 C3
Chinon 86 B3, 101 C1
Chióggia 107 D3, 115 C1
Chiomonte 112 B1
Chióna 146 B2
Chipiona 171 C2
Chippenham 63 D1/2, 64 A3
Chipping Campden 64 A2
Chipping Norton 64 A2
Chipping Ongar 65 C3
Chipping Sodbury 63 D1/2, 64 A3
Chiprana 162 B1
Chirivel 173 D1, 174 A1
Chirk 59 C/D2/3, 60 B3
Chirnside 57 D2
Chisa 113 D3
Chiusa/klausen 107 C2
Chiusa Scláfani 124 B2
Chiusaforte 107 D2
Chiusi 115 C3, 116 B2
Chiusi della Verna 115 C2/3, 116 B1/2
Chiva de Morella 162 B2
Chivasso 105 C3, 113 C1
Chivy-les-Etouvelles 78 A/B3
Chizé 100 B2
Chlebowo 70 B3
Chlemoútsi 146 A2
Chludowo 71 D2
Chlum u Třeboně 93 D1
Chlumec 83 C2
Chmel'nickij 98 B2
Chmel'nik 99 C2
Chobienice 71 C3
Chociule 71 C3
Chociwel 71 C1
Chodorov 97 D2, 98 A/B2
Chodos 162 B3
Chodov 82 B2/3
Chodová Planá 82 B3
Chodzież 71 D2
Choisy-le-Roi 87 D1
Chojna 70 B2
Chojnice 72 B2/3
Chojniki 74 B3, 99 C1
Chojno 71 D3
Cholet 100 B1
Cholm 75 C1
Cholm Žirkovskij 75 C2
Cholopeniči 74 B2
Chomérac 111 C1
Chomutov 83 C2, 96 A1
Chomutovka 75 C/D3
Chóra 146 B3
Choranche 103 D3, 111 D1
Choreftón 144 A3
Chorges 112 A1/2
Chorin 70 B2
Choristí 144 B1
Chorley 59 D2, 60 B2
Chorol 99 D2
Chortiátis 144 A2
Chospes 168 A/B2
Choszczno 71 C1/2, 72 A/B3
Chotěšov 83 C2
Chotimsk 75 C3
Chotin 98 B2
Chotynec 75 D3
Choumnikón 144 A/B1
Choustník 93 D1
Chouto 164 B1/2
Chouvigny 102 B2
Choye 89 C3, 104 A1
Chrást 83 C3
Chrastava 83 D1
Chilches 162 B3, 169 D1

Chřič 83 C3
Chřísafa 147 C3
Chrisochórion 145 C1
Chrisón 147 C2
Chrisoúpolis 145 C1
Christchurch 76 A1/2
Christiáni 144 B1
Christianón 146 B3
Christiansfeld 52 B1, 52 B1
Chropyně 95 C1
Chróscina 71 D3
Chrudim 96 A/B2
Chrustowo 71 D2
Chrzypsko Wielkie 71 C/D2
Chudleigh 63 C3, 63 C2
Chueca 160 B3, 167 C1
Chulilla 162 B3, 169 C1
Chulmleigh 63 C2, 63 C1
Chur 105 D1, 106 A1
Church Stretton 59 D3
Churwalden 106 A1
Chust 97 D2/3, 98 A2/3
Chvalovice 94 A/B2
Chvalšiny 93 C/D1/2
Chvaščevka 75 D2
Chvastoviči 75 D3
Chyňava 83 C3
Chynorany 95 C/D2
Chýnov 83 D3, 93 D1
Chyrov 97 D2, 98 A2
Chyše 83 C3
Ciacova 134 B1
Ciadoncha 152 B3
Ciadoux 109 C3, 155 C1
Cianciana 124 B2
Ciano d'Enza 114 A/B1
Cibanal 159 C/D1
Cicagna 113 D2
Cicciano 119 D3
Čićevac 134 B3
Čičevo 137 C1/2
Čičmany 95 D1
Cicognolo 114 A1
Ciconicco 107 D2, 126 A2
Cidadelhe 159 C2
Cidones 153 D3, 161 C/D1
Ciechanów 73 C3
Ciemnik 71 C1
Ciempozuelos 161 C3
Cierp 109 C3, 155 C1/2
Cierznie 71 D1
Cieszyn 96 B2
Cieza 169 C3
Cifer 95 C2
Cifuentes 161 C/D2
Cigales 152 A/B3, 160 A1
Čigirin 99 D2
Cigliano 105 C3, 113 C1
Cigudosa 153 D3, 154 A3
Cihuela 154 A3, 161 D1, 162 A1
Cîineni 140 B1
Čilipi 137 C2
Cillamayor 152 B2
Cillán 160 A2
Cillas 161 D2, 162 A2
Cilleros 159 C3
Cilleruelo de Abajo 152 B3, 160 B1
Cilleruelo de Arriba 153 C3, 161 C1
Cillorigo-Castro 152 B1
Cima Cogna 107 D2
Cimalmotto 105 C/D2
Cimanes del Tejar 151 D2
Cimballa 161 D2, 162 A1/2
Ciminna 124 B2
Čimišlija 99 C3, 141 D1
Cimoláis 107 D2
Cîmpeni 97 D3, 98 A3, 140 B1
Cîmpul lui Neag 135 D1, 140 B1
Cîmpulung 140 B1
Cîmpulung Moldovenesc 98 B3
Cinctorres 162 B2
Cinderford 63 D1
Çine 149 D2
Činěves 83 D2
Ciney 79 C2

Cinfães 158 A/B2
Cingia de' Botti 114 A1
Cíngoli 115 D3, 117 D2
Cinigiano 116 B3
Cínovec 83 C2
Cinq-Mars-la-Pile 86 B3, 101 C1
Cinquefrondi 122 A3
Cintegabelle 109 D3, 155 D1
Cintrey 89 C3
Cintruénigo 154 A3
Cional 151 C/D3
Ciordia 153 D2
Cioroiasu 135 D2
Ciosaniec 71 C/D3
Cipérez 159 C/D2
Čiprovci 135 D3
Cirák 94 B3
Cirat 162 B3, 169 C/D1
Cirauqui 153 D2, 154 A2
Cîrbeşti 135 D1
Circuit Automobile 86 B2/3
Cirella 122 A1
Čiren 135 D2
Cirencester 63 D1, 64 A3
Cirey-sur-Vezouze 89 D2, 90 A2
Ciria 153 D3, 154 A3, 161 D1, 162 A1
Cirìè 105 C3, 112 B1
Cirigliano 120 B3
Cîrlibaba 98 B3
Cirò 122 B1
Cirò Marina 122 B1
Ciron 101 D1/2
Čirpan 141 C3
Cirque d'Archiane 111 D1
Cirque de Bonifato 113 D2/3
Cirque de Consolation 104 B1
Cirque de Gavarnie 155 C2
Cirque de Navacelles 110 B2
Cirque de Troumouse 155 C2
Ciruelos 161 C3, 167 C/D1
Ciry-le-Noble 103 C1/2
Cismon del Grappa 107 C2/3
Cisnădie 140 B1
Cisneros 152 A2/3
Čistá 82 B3
Čistá 83 C3
Cisterna di Latina 118 B2
Cisternino 121 C2
Cistierna 152 A2
Ciszkowo 71 D2
Čitluk 132 A/B3, 136 B1
Čitluk 135 C3
Cítov 83 D2
Città del Vaticano 118 B2
Città della Pieve 115 C3, 116 B2/3
Città di Castello 115 C3, 117 C2
Città Sant'Ángelo 119 C1
Cittadella 107 C3
Cittadella del Capo 122 A1
Cittaducale 117 C3, 118 B1
Cittáno Vaticano 118 B2
Cittanova 122 A3
Cittareale 117 D3, 118 B1
Ciucea 97 D3, 98 A3
Ciuchesu 123 D1
Ciucurova 141 D1
Ciudad Encantada 161 D3, 162 A3
Ciudad Real 167 C2
Ciudad Rodrigo 159 C2
Ciudadela 157 C2
Ciupercenii-Noi 135 D2/3
Civaux 101 C2
Cividale del Friuli 126 A2
Cividate Camuno 106 B2/3
Cívita Castellana 117 C3, 118 B1
Civitacampomarano 119 D2, 120 A1
Civitanova del Sánnio 119 D2
Civitanova Marche 117 D2, 130 A3
Civitavécchia 118 A1/2
Civitella Casanova 117 C3, 119 C1
Civitella d'Agliano 117 C3, 118 A1

Civitella del Tronto 117 D3, 119 C1
Civitella di Romagna 115 C2, 116 B1
Civitella Maríttima 114 B3, 116 B2/3
Civitella Roveto 119 C2
Civray 101 C2
Civrieux-d'Azergues 103 C/D2/3
Clachan 56 A2
Clacton-on-Sea 65 D2/3
Clairac 109 C2
Clairvaux-les-Lacs 104 A2
Clamecy 88 A3
Clandon Park 64 B3, 76 B1
Clapham 59 D1, 60 B2
Clare 65 C2
Clarés 154 A3, 162 A1
Clausholm 48 B2
Clausnitz 83 C2
Clausthal-Zellerfeld 68 B3
Cláut 107 D2
Clavière 112 A/B1
Claviere 112 A/B1
Clavijo 153 D2
Claydon 65 D2
Claye-Souilly 87 D1
Cleanovu 135 D2, 140 B2
Clécy 86 A1
Cleethorpes 61 D2/3
Cleeve Abbey 63 C2, 63 C1
Clefmont 89 C2
Cléguérec 84 B2
Clelles-en-Trièves 111 D1, 112 A1
Clémont 87 D3
Clenze 69 C2
Cleobury Mortimer 59 D3, 64 A2
Cléon-d'Andran 111 C/D1
Cléré-les Pins 86 B3
Clères 77 C3
Clergoux 102 A3
Clermain 103 C/D2
Clermont 87 D1
Clermont-Créans 86 A/B3
Clermont-en-Argonne 88 B1
Clermont-Ferrand 102 B2/3
Clermont-l'Hérault 110 B2/3
Clerval 89 D3, 104 B1
Clervaux (Clerf) 79 D3
Cléry-Saint-André 87 C3
Cles 106 B2
Clevedon 63 D1/2
Cleveleys 59 C/D1, 60 B2
Cley 65 C/D1
Clifden 55 C2
Cliffe 65 C3, 77 C1
Clisson 100 A/B1
Clitheroe 59 D1, 60 B2
Cliveden 64 B3
Clogherhead 58 A1/2
Cloghy 56 A3, 58 A/B1
Clonakilty 55 C3
Clondalkin 58 A2
Clonee 58 A2
Clonmel 55 C/D3
Clophill 64 B2
Clopodia 134 B1
Cloppenburg 67 D2, 68 A2
Cloșani 135 D1
Clough 54 A3, 55 D2, 58 A1
Clovelly 62 B2
Cloyes-sur-le-Loir 87 C2
Clue d'Aiglun 112 B2
Clugnat 102 A2
Cluis 102 A1/2
Cluj-Napoca 97 D3, 98 A3
Clun 59 C/D3
Cluny 103 C/D2
Cluses 104 B2
Clusone 106 A/B2/3
Clydebank 56 B2
Clynnog-fawr 58 B2
Coalville 64 A/B1
Coaña 151 C1
Coarraze 108 B3, 154 B1
Coatbridge 56 B2
Cobadin 141 C/D2
Cóbdar 173 D2, 174 A2

Cobertelada 161 D1
Cobeta 161 D2
Cobh 55 C3
Cobham 65 C3, 77 C1
Cobisa 160 B3, 167 C1
Cobos de Cerrato 152 B3
Coburg 81 D2, 82 A2/3
Coburg-Creidlitz 81 D2, 82 A2/3
Coca 160 B1
Cocaali 145 D2
Coccau 126 A/B2
Cocentaina 169 D2
Cochem 80 A3
Cockburnspath 57 C/D1/2
Cockermouth 57 C3, 60 A1
Coclois 88 B2
Coculina 152 B2
Codaruina 123 C1
Codes 161 D2
Codigoro 115 C1
Codlea 141 C1
Codo 162 B1
Codognè 107 D2/3
Codogno 106 A3, 113 D1, 114 A1
Codos 162 A1
Codróipo 107 D2, 126 A2/3
Coentral 158 A/B3
Coesfeld 67 C/D3
Coesfeld-Lette 67 C/D3
Coevorden 67 C2
Cofrentes 169 C1/2
Cogeces de Monte 160 B1
Coggeshall 65 C2/3
Cognac 101 C3
Cogne 104 B3
Cognin 104 A3
Cogoleto 113 C/D2
Cogolin 112 A3
Cogollos 153 C2/3
Cogollos de Guadix 173 C2
Cogollos Vega 173 C2
Cogolludo 161 C2
Cógolo 106 B2
Cohade 102 B3
Coimbra 158 A3
Coimbrão 158 A3, 164 A1
Coín 172 A/B2
Coja 158 B3
Čoka 129 D2/3
Col 126 B2/3
Cola 170 A1
Colares 164 A2
Colarețu 135 D2
Cölbe 80 B2
Cölbe-Bürgeln 81 C2
Cölbe-Schönstadt 81 C2
Colbitz 69 C/D3
Colchester 65 C2/3
Coldingham 57 D2
Colditz 82 B1
Coldstream 57 D2
Colembert 77 D1/2
Colera 156 B2
Coleraine 54 A3, 55 D2
Coleshill 64 A2
Colfiorito 115 D3, 117 C2
Cólico 105 D2, 106 A2
Coligny 103 D2
Colindres 153 C1
Coll de Nargó 155 D2/3
Collado Hermoso 160 B2
Collado-Villalba 160 B2
Collagna 114 A2, 116 A1
Collanzo 151 D1, 152 A1
Collarmele 119 C1/2
Colldejou 163 C/D2
Colle di Tora 117 C3, 118 B1
Colle di Val d'Elsa 114 B3, 116 B2
Colle Isarco/gossensass 107 C1
Colle Sannita 119 D2, 120 A1/2
Collebarucci 114 B2, 116 B1
Collécchio 114 A1
Colleferro 118 B2
Collelongo 119 C2
Collenberg 81 C3
Collepardo 119 C2

Collepasso 121 D3
Collesalvetti 114 A/B3, 116 A2
Collesano 124 B2
Colletorto 119 D2, 120 A1
Colli a Volturno 119 C2
Colli di Montebove 118 B1/2
Collínas 123 C3
Collinée 85 C2
Cóllio 106 B3
Collioure 156 B2
Collobrières 112 A3
Collon 58 A1/2
Collonges 104 A2
Colmar 90 A2/3
Colmars 112 A/B2
Colmberg 91 D1
Colmberg-Geslau 91 D1
Colmenar 172 B2
Colmenar de la Sierra 161 C2
Colmenar de Montemayor 159 D2/3
Colmenar de Oreja 161 C3
Colmenar del Arroyo 160 B2/3
Colmenar Viejo 160 B2
Colmonell 56 A/B2/3
Colne 59 D1, 60 B2
Colobraro 120 B3
Cologna 115 C1
Cologna Véneta 107 C3
Cologne-du-Gers 109 C2/3
Cologno al Sério 106 A3
Colombey-les-Belles 89 C2
Colombey-les-deux-Eglises 88 B2
Colombier 104 B1
Colombiès 110 A2
Colomby 76 A3
Colomera 173 C1/2
Colomers 156 B2
Colonia de San Pedro 157 D1
Colonia de Sant Jordi 157 D1/2
Colonne 113 D1
Colorno 114 A/B1
Colos 164 B3, 170 A1
Cölpin 70 A1
Colsey 64 B3
Colsterworth 61 D3, 64 B1
Colunga 152 A1
Colungo 155 C2/3
Colwyn Bay 59 C2, 60 A3
Colyton 63 C/D2/3, 63 C1/2
Coma 155 D2/3, 156 A2
Coma-ruga 156 A3, 163 D1/2
Comácchio 115 C1
Comănești 98 B3, 141 C1
Comano Terme 106 B2
Comares 172 B2
Combarros 151 D2
Combe Martin 63 C2, 63 C1
Combeaufontaine 89 C3
Comber 56 A3
Combles 78 A3
Combourg 85 D2
Combres 86 B2
Combronde 102 B2
Comeglians 107 D2, 126 A2
Comillas 152 B1
Cómiso 125 C3
Comlosu Mare 129 D3
Commana 84 B2
Commensacq 108 A/B2
Commentry 102 B2
Commequiers 100 A1
Commerau 83 D1
Commercy 89 C1/2
Commessággio 114 B1
Como 105 D3, 106 A3
Comorişte 134 B1
Cómpeta 172 B2
Compiègne 78 A3, 87 D1
Comporta 164 A3
Compreignac 101 D2
Comps-sur-Artuby 112 A2/3
Comrie 56 B1
Comunanza 117 D2/3
Cona 107 C3, 115 C1
Conca 113 D3
Concarneau 84 B2/3

Conceição 170 B2
Conceição 170 B2
Conceição 164 B3, 170 A1
Concerviano 117 C/D3, 118 B1
Concha 161 D2, 162 A2
Conches-en-Ouche 86 B1
Concórdia sulla Sécchia 114 B1
Concots 109 D1/2
Condado 153 C2
Condamine-Châtelard 112 A/B2
Condat-en-Féniers 102 B3
Condat-lès-Monboissier 102 B3
Condé-en-Brie 88 A1
Condé-sur-l' Escaut 78 A/B2
Condé-sur-Noireau 86 A1
Condé-sur-Vesgre 87 C1/2
Condeixa a Nova 158 A3
Condéon 101 C3
Condino 158 B2
Condofuri 122 A3, 125 D2
Condom 109 C2
Condove 112 B1
Condrieu 103 D3
Conegliano 107 D2/3
Conflans-en-Jarnisy 89 C1
Conflans-Sainte-Honorine 87 C1
Conflans-sur-Lanterne 89 C/D3
Conflenti 122 A/B2
Confolens 101 C/D2
Confrides 169 D2
Congleton 59 D2, 60 B3, 64 A1
Congosto de Valdavia 152 B2
Coniale 115 C2, 116 B1
Conil de la Frontera 171 D3
Conimbriga 158 A3
Coniston 59 C/D1, 60 B1/2
Conlie 86 A/B2
Conlig 56 A3
Connah's Quay 59 C/D2, 60 B3
Connantre 88 A1/2
Connaux 111 C2
Connel 56 A1
Connerré 86 B2
Čonoplja 129 C3
Conques 110 A1
Conques-sur-Orbiel 110 A3, 156 A/B1
Conquista 167 C3
Conquista de la Sierra 166 A1
Consélice 115 C1, 116 B1
Consell 157 C/D1
Conselve 107 C3, 115 C1
Consenvoye 89 C1
Consett 57 D3, 61 C1
Constancia 164 B1
Constanța 141 D2
Constantim 151 D3, 159 C/D1
Constantina 166 A3, 171 D1, 172 A1
Consuegra 167 C/D1
Consuma 115 C2, 116 B1/2
Contada 119 D3, 120 A2
Contadero 167 C3
Contarina 115 C1
Contay 78 A3
Contessa Entellina 124 A/B2
Conthil 89 D1
Contigliano 117 C3, 118 B1
Contis-Plage 108 A2
Contres 87 C3
Contrexéville 89 C2
Contrisson 88 B1
Controne 120 A2/3
Conturși 120 A2
Contwig 90 A1
Conty 77 D3
Convento de la Rábida 171 C2
Convento di Fonte Colombo 117 C3, 118 B1
Conversano 121 C2
Conweiler 90 B1/2
Conwy 59 C2, 60 A3

Cookham 64 B3
Coombe Hill 63 D1, 64 A2
Čop 97 C/D2, 98 A2
Copertino 121 D3
Copons 155 D3, 156 A3, 163 D1
Copparo 115 C1
Coppenbrügge 68 B3
Coppet 104 A2
Copplestone 63 C2, 63 C1
Corabia 140 B2
Córaci 122 B2
Corato 120 B2, 136 A3
Coray 84 B2
Corbalán 162 B2/3
Corbeilles-du-Gâtinais 87 D2
Corbera d'Ebre 163 C2
Corbera de Alcira 169 D2
Corbie 78 A3
Corbigny 88 A3, 103 C1
Corbridge 57 D3, 61 C1
Corby 64 B2
Corchiano 117 C3, 118 B1
Corciano 115 C3, 117 C2
Corcieux 89 D2, 90 A2
Córcoles 161 C/D2
Corconne 110 B2
Corconte 152 B1/2
Corcova 135 D1/2
Corcoya 172 B2
Corcubión 150 A2
Cordes 109 D2
Cordesse 103 C1
Cordignano 107 D2/3
Córdoba 166 B3, 172 A/B1
Córdobilla de Lácara 165 D2
Cordovado 107 D2/3, 126 A3
Corduente 161 D2, 162 A2
Corella 154 A2/3
Corera 153 D2
Coreses 151 D3, 152 A3, 159 D1
Corga 158 A2
Corgo 150 B2
Cori 118 B2
Coria 159 C3, 165 D1
Coria del Río 171 D2
Coriano 115 D2, 117 C1
Corigliano Cálabro 122 B1
Corinaldo 115 D2/3, 117 C/D2
Coripe 172 A2
Coristanco 150 A1
Cork (Orcaigh) 55 C3
Corlățel 135 D2
Corlay 84 B2
Corleone 124 B2
Corleto Perticara 120 B3
Corlier 103 D2, 104 A2
Çorlu 141 C/D3, 149 D1
Cormainville 87 C2
Cormatin 103 C/D1/2
Corme 150 A1
Cormeilles 77 C3, 86 B1
Cormery 86 B3, 101 D1
Cormons 126 A2/3
Cormoz 103 D2
Cornago 153 D3
Cornaredo 105 D3, 106 A3
Cornberg 81 C1/2
Cornea 135 C1
Corneliano d'Alba 113 C1
Cornellà del Terri 156 B2
Cornellana 151 D1
Cornerexa 135 C1
Corníglio 114 A1/2
Cornimont 89 D2/3, 90 A3
Corniolo 115 C2, 116 B1
Cornštejn 94 A1
Cornuda 107 C3
Cornudella de Montsant 163 C/D1
Cornudilla 153 C2
Cornus 110 B2
Corny-sur-Moselle 89 C1
Coronado 158 A1
Çorovoda 142 A/B2
Corpa 161 C2
Corps 111 D1, 112 A1
Corps Nuds 85 D2
Corral de Almaguer 161 C3, 167 D1, 168 A1

Corral de Ayllón 161 C1
Corral de Cal 167 C2
Corral-Rubio 169 C2
Corrales 159 D1
Corrales 171 C2
Corran 56 A1
Corre 89 C2/3
Corredoiras 150 B1/2
Corréggio 114 B1
Corrèze 102 A3
Corridónia 117 D2
Corrie 56 A/B2
Corsavy 156 B2
Corsham 63 D2, 64 A3
Corsicana 113 D3
Córsico 105 D3, 106 A3
Čortanovci 133 D1, 134 A1
Corte 113 D3
Corte de Peleas 165 D2
Corte do Pinto 170 B1
Corteconcepción 165 D3,
  171 C1
Cortegada 150 B3
Cortegada 150 B2/3
Cortegana 165 C/D3, 171 C1
Cortelazor 165 D3, 171 C1
Cortemaggiore 114 A1
Cortemilia 113 C1/2
Córteno Golgi 106 B2
Corteolona 106 A3, 113 D1
Corteraso/kurzras 106 B1
Cortes 154 A3, 162 A1
Cortes de Aragón 162 B2
Cortes de Arenoso 162 B3
Cortes de Baza 173 D1
Cortes de la Frontera
  172 A2/3
Cortes de Pallás 169 C1/2
Cortiguera 151 C2
Cortina d'Ampezzo 107 C/D2
Čortkov 98 B2
Cortona 115 C3, 116 B2
Coruche 164 B2
Corullón 151 C2
Coruña del Conde 153 C3,
  161 C1
Corvara in Badia 107 C2
Corvey 68 B3, 81 C1
Corwen 59 C2/3, 60 A3
Coryton 65 C3
Corzu 135 D2
Cosa 116 B3
Cosa 162 A/B2
Cosenza 122 A/B1/2
Cosham 76 A1
Ćosići 131 D2, 132 A2
Cosne-d'Allier 102 B2
Cosne-sur-Loire 87 D3
Cossato 105 C3
Cossé-le-Vivien 85 D2,
  86 A2/3
Cossonay 104 B2
Costa da Caparica 164 A2
Costa de los Pinos 167 D1
Costa Nova 158 A2
Costaros 110 B1
Costeán 155 C3
Costeşti 140 B1/2
Costigliole Saluzzo 112 B1/2
Costur 162 B3
Cosuenda 162 A1
Coswig 69 D3
Coswig 83 C1
Cotehele House 62 B3
Cotillas 168 A2/3
Cotronei 122 B2
Cottanello 117 C3, 118 B1
Cottbus 70 B3, 72 A3,
  83 C/D1, 96 A1
Cottendorf 82 A2
Coubert 87 D1/2
Couches-les-Mines 103 C1
Couço 164 B2
Coucouron 110 B1
Coucy-le-Château Auffrigue
  78 A/B3
Coudes 102 B3
Coudons 156 A1
Couflens 155 D2
Couhé 101 C2
Couilly-Pont-aux-Dames 87 D1

Couiza 110 A3, 156 A1
Coulange-la-Vineuse 88 A3
Coulanges-sur-Yonne 88 A3
Coulans-sur-Gée 86 A/B2
Coullons 87 D3
Coulmier-le-Sec 88 B3
Coulmiers 87 C2/3
Coulommiers 87 D1, 88 A1
Coulon 100 B2
Coulonges-en-Tardenois
  88 A1
Coulonges-sur-l'Autize 100 B2
Coulport 56 B1
Coupar Angus 57 C1
Couptrain 86 A2
Cour-Cheverny 87 C3
Cour-et-Buis 103 D3
Coura 150 A3, 158 A1
Courances 87 D2
Courcelles-Chaussy 89 C/D1
Courcelles-sur-Nied 89 C/D1
Courchaton 89 D3
Courchevel 104 B3
Courcité 86 A2
Courcôme 101 C2
Courçon 100 B2
Courgains 86 B2
Courgenard 86 B2
Courgenay 89 D3, 90 A3,
  104 B1
Courmangoux 103 D2
Courmayeur 104 B3
Courniou 110 A3
Courpière 102 B3
Cours 103 C2
Coursan 110 B3, 156 B1
Coursegoules 112 B2/3
Courseulles-sur-Mer 76 B3,
  86 A1
Courson-les-Carrières 88 A3
Courtacon 88 A1/2
Courtalain 87 C2
Courteilles 86 B1
Courtenay 87 D2, 88 A2
Courthézon 111 C2
Courtomer 86 B1/2
Courtown Harbour 58 A3
Courville-sur-Eure 87 C2
Cousolre 78 B2
Coussac-Bonneval 101 D3
Coussegrey 88 A2/3
Coussey 89 C2
Coustellet 111 D2
Coustouges 156 B2
Coutainville-Plage 85 D1
Coutances 85 D1
Couterne 86 A2
Couthenans 89 D3
Coutras 108 B1
Couvent de Corbara 113 D2
Couvent Sainte-Marie 113 D3
Couvet 104 B1
Couvin 78 B3
Couzan 103 C3
Couze-et-Saint-Front 109 C1
Covadonga 152 A1
Covaleda 153 C3
Covanera 153 C2
Covarrubias 153 C3
Covas 158 A1
Covasna 141 C2
Coveiu 135 D2
Covelães 150 B3, 158 B1
Coventry 64 A/B2
Čovići 130 B1
Covide 150 B3, 158 A/B1
Covigliáio 114 B2, 116 B1
Covilhã 158 B3
Cowbridge 63 C1/2
Cowdenbeath 57 C1
Cowes 76 A1
Cowley 64 B3
Cox 109 C2
Coxwold 61 C2
Cózar 167 D2, 168 A2
Cozes 100 B3
Cozvíjar 173 C2
Cozzano 113 D3
Craco 120 B3
Crăguești 135 C/D1
Craighouse 54 A2/3, 55 D1,
  56 A2

Craignure 56 A1
Crail 57 C1
Crailsheim 91 C/D1
Crailsheim-Jagstheim 91 C/D1
Craiova 140 B2
Cranborne 76 A1
Cranbrook 65 C3, 77 C1
Crançot 103 D1, 104 A1/2
Cranleigh 64 B3, 76 B1
Crans-sur-Sierre 105 C2
Cransac 110 A1
Cranwell 61 D3, 64 B1
Craon 85 D2/3, 86 A2/3
Craponne-sur-Arzon 103 C3
Crasna 99 C3, 141 C/D1
Crassier 104 A2
Craster 57 D2
Crato 165 C1/2
Cravant 87 C3
Craven Arms 59 D3
Crawford 57 C2
Crawinkel 81 D2, 82 A2
Crawley 64 B3, 76 B1
Creagorry 54 A2, 55 C/D1
Creciente 150 B3
Crécy-en-Brie 87 D1
Crécy-en-Ponthieu 77 D2
Crécy-sur-Serre 78 B3
Crediton 63 C2, 63 C1
Creetown 56 B3, 60 A1
Creglingen 81 D3, 91 C/D1
Creil 87 D1
Crema 106 A3
Crémieu 103 D3
Cremlingen 69 C3
Cremona 106 A/B3, 114 A1
Črensovci 127 D2
Créon 108 B1
Crepaja 133 D1, 134 A/B1
Crépey 89 C2
Crépy-en-Laonnois 78 A/B3
Crépy-en-Valois 87 D1
Cres 130 A1
Crescentino 105 C3, 113 C1
Crespadoro 107 C3
Crespino 115 C1
Crespos 160 A2
Cressensac 109 C1
Crest 111 C/D1
Cresta (Avers) 106 A2
Cretas 163 C2
Creully 76 B3, 86 A1
Creussen 82 A3
Creussen-Seidwitz 82 A3
Creutzwald 89 D1, 90 A1
Creuzburg 81 D1/2
Crevalcore 114 B1
Crèvecoeur-le-Grand 77 D3
Crevedia Mare 141 C1/2
Crevillente 169 C3
Crevola d'Óssola 105 C2
Crewe 59 D2, 60 B3, 64 A1
Crewkerne 63 D2, 63 D1
Crézancy 88 A1
Crianlarich 54 A2, 55 D1,
  56 B1
Criccieth 58 B2/3, 60 A3
Crichi 122 B2
Crickhowell 63 C1
Cricklade 64 A3
Crieff 54 B2, 56 B1
Criel-Plage 77 C/D2
Criel-sur-Mer 77 C/D2
Crikvenica 127 C3, 130 B1
Crillon 77 D3
Crimmitschau 82 B2
Crinan 56 A1
Črišnjevo 126 B3, 130 A/B1
Crispiano 121 C2/3
Crissolo 112 B1
Cristina 165 D2, 166 A2
Cristóbal 159 D2
Cristuru Secuiesc 98 B3,
  140 B1

Crna Trava 139 C1
Crnac 128 B3
Crnac 138 A/B1
Crne Lokve 131 D3, 132 A3
Crni Lug 127 C3, 130 B1
Crni Lug 131 C/D2
Črni Vrh nad Idrija 126 B2/3
Crniljevo 133 C2, 134 A2
Črnkovći 128 B3
Črnomelj 127 C3
Črnuče 126 B2
Croci di Calenzano 114 B2,
  116 B1
Crock 81 D2, 82 A2
Crocketford 56 B3, 60 A1
Crocq 102 A2/3
Crodo 105 C2
Croft 57 D3, 61 C1
Croglin 57 C3, 60 B1
Croix de Chamrousse 104 A3,
  112 A1
Croix-Valmer 112 A3
Crolles 104 A3
Cromarty 54 B2
Cromer 65 D1
Cronat 103 C1
Crook 57 D3, 61 C1
Crookhaven 55 C3
Cropalati 122 B1
Crópani 122 B2
Crópani Marina 122 B2
Cros 102 A/B3
Crosby 59 C/D2, 60 B3
Crosmières 86 A3
Crosscar 56 A3, 58 A1
Crossmaglen 58 A1
Crossmichael 56 B3, 60 A1
Crotone 122 B2
Crottendorf 82 B2
Croutelle 101 C2
Crowborough 76 B1
Crowland 64 B1, 65 C1
Crowle 61 C/D2/3
Croxton Kerrial 61 C/D3,
  64 B1
Croydon 65 C3, 76 B1
Crozant 101 D2, 102 A2
Crozon 84 A2
Cruas 111 C1
Crúcoli Torrette 122 B1
Crulai 86 B1/2
Cruseilles 104 A2
Crussol 111 C1
Cruz 158 A1
Cruzy 110 A/B3, 156 B1
Cruzy-le-Châtel 88 B3
Crveni Grm 132 A3, 136 B1
Crvenka 129 C3
Crvljivac 133 C3
Crymmych Arms 62 B1
Csabacsűd 129 D2
Csabrendek 128 A1
Csákánydoroszló 127 D1
Csákberény 95 C/D3, 128 B1
Csákvár 95 D3, 128 B1
Csanytelek 129 C2
Csapod 94 B3
Császár 95 C3, 128 B1
Császártöltés 129 C2
Csávoly 129 C2
Csengőd 129 C2
Csépa 129 D1/2
Csepreg 94 B3, 128 A1
Cserdi 128 B2
Cserebökény 129 D1/2
Cserkeszőlő 129 D1
Csesztreg 127 D1/2
Csokonyavisonta 128 A2
Csömend 128 A/B2
Csongrád 129 D2
Csopak 128 B1
Csór 127 D3
Csorna 95 C3
Csót 95 C3, 128 A/B1
Csurgó 95 B3, 128 A2
Cuacos 159 D3
Cuadros 151 D2
Cualedro 150 B3
Cuart de Poblet 169 D1
Cuatretonda 169 D2
Cuba 164 B3

Cubel 162 A1/2
Cubelles 156 A3, 163 D1
Cubells 155 D3, 163 D1
Cubières 156 A/B1
Cubillas de Cerrato 152 B3,
  160 B1
Cubillas de los Oteros 151 D2,
  152 A2
Cubillos 153 C3, 161 C1
Cubillos 151 D3, 159 D1
Cubla 162 A/B3
Cubo de Bureba 153 C2
Cubo de la Solana 153 D3,
  161 D1
Cucalón 162 A1/2
Cucho 153 C/D2
Cuckfield 76 B1
Cudillero 151 D1
Čudnov 99 C1/2
Cuéllar 160 B1
Cuenca 161 D3
Cuenca 166 A/B3
Cuenca de Campos 152 A3
Cuers 112 A3
Cuerva 160 B3, 167 C1
Cueva de Ágreda 153 D3,
  154 A3, 161 D1, 162 A1
Cueva de Altamira 152 B1
Cueva de Canalobre 169 D2/3
Cueva de la Pileta 172 A2
Cueva de la Vieja 169 C2
Cueva de los Chorros
  168 A/B2/3
Cueva de Minateda 168 B2/3
Cueva de Montesino 167 D2,
  168 A2
Cueva de Valporquero 151 D2,
  152 A2
Cueva del Aguila 160 A3
Cueva del Hierro 161 D2,
  162 A2
Cueva dels Civils y dels
  Cavalls 163 C2/3
Cueva Na Polida 157 D1
Cueva Remigia 163 C2
Cueva Rosegador 163 C2
Cueva Santa 162 B3, 169 C1
Cuevas Bajas 172 B2
Cuevas de Amaya 152 B2
Cuevas de Artá 157 D1
Cuevas de Campanet 157 D1
Cuevas de Nerja 173 C2
Cuevas de San Clemente
  153 C3
Cuevas de San Marcos
  172 B2
Cuevas de Santimaminie
  153 D1
Cuevas de Velasco 161 D3
Cuevas de Vinromá 163 C3
Cuevas del Almanzora 174 A2
Cuevas del Becerro 172 A2
Cuevas del Drach 157 D1
Cuevas del Valle 160 A3
Cuevas dels Hams 157 D1
Cuevas Labradas 162 A/B2
Cuevas Labradas 161 D2,
  162 A2
Cuevas Minadas 161 D2,
  162 A2
Cuges-les-Pins 111 D3,
  112 A3
Cúglieri 123 C2
Cugny 78 A3
Cuijk 66 B3, 79 D1
Cuiseaux 103 D2, 104 A2
Cuisery 103 D1/2
Cujmir 135 D2, 140 B2
Čukljenik 139 C1
Culan 102 A1/2
Culemborg 66 B3
Culgaith 57 C3, 60 B1
Culine 133 C2
Culjković 133 C1/2
Culla 162 B3
Cúllar de Baza 173 D1
Cullera 169 D2
Cullompton 63 C2, 63 C1
Cully 104 B2
Culoz 104 A3
Cuma 119 C3

Cumbernauld 56 B1/2
Cumbres de Enmedio 165 D3, 171 C1
Cumbres de San Bartolomé 165 C/D3, 171 C1
Cumbres Mayores 165 D3, 171 C1
Cumiana 112 B1
Cumieira 158 B1
Cumnock and Holmhead 56 B2
Cumrew 57 C3, 60 B1
Cunault 86 A3, 101 C1
Cunchillos 154 A3, 162 A1
Cunèges 109 C1
Cúneo 112 B2
Cunewalde 83 D1
Cunfin 88 B2
Cunlhat 102 B3
Čunski 130 A/B2
Cuntis 150 A2
Cuorgnè 105 C3
Cupar 57 C1
Cupello 119 D1/2, 120 A1
Cupra Maríttima 117 D2
Cupramontana 115 D3, 117 D2
Čuprene 135 C/D3
Čuprija 134 B2/3
Curalha 150 B3, 158 B1
Čurilovo 74 B1/2
Curon Venosta / Graun im Vinschgau 106 B1
Curraj i Epërm 137 D2, 138 A2
Currelos 150 B2
Curtarolo 107 C3
Curtatone 106 B3, 114 B1
Curtea de Argeş 140 B1
Čurug 129 D3, 134 A1
Cusano Mutri 119 D2
Cuse-et-Adrisans 89 C/D3, 104 A/B1
Cushendall 56 A3
Cushendun 56 A2/3
Cusiano 106 B2
Cusset 102 B2
Cussy-les-Forges 88 A3
Custines 89 C1
Cusy 104 A3
Cutigliano 114 B2, 116 A1
Cutro 122 B2
Cutrofiano 121 D3
Cuvilly 78 A3
Cuxac-d'Aude 110 A/B3, 156 B1
Cuxhaven 52 A3, 68 A1
Cuxhaven-Altenbruch 52 A3, 68 A1
Cuxhaven-Altenwalde 52 A3, 68 A1
Cuzzago 105 C2
Cuzzola 123 D1
Cvikov 83 D2
Čvrstec 128 A2
Cwmbran 63 C/D1
Cybinka 70 B3
Cynwyl Elfed 62 B1
Cysoing 78 A2
Czacz 71 D3
Czaplinek 71 C/D1
Czarne 71 D1
Czarnków 71 D2, 72 B3
Czechy 71 D1
Czempiń 71 D3
Czernina 71 D3
Czersk 72 B2/3
Czerwieńsk 71 C3
Czerwona Woda 83 D1
Częstochowa 96 B1, 97 C1
Człopa 71 C/D2
Człuchów 72 B2/3
Czmoń 71 D3

D

D'at'kovo 75 C/D2/3
D'atlovo 73 D3, 74 A3

D'jakonovo 75 D3
Daaden 80 B2
Dåasdammen 39 D1
Dabar 130 B1
Dabas 129 C1
Dabel 69 D1
Dabie 71 C3
Dabilja 139 C/D3, 143 D1
Dabo 89 D1/2, 90 A2
Dabrowa Tarnowska 97 C1/2
Dąbrówka Wielkopolska 71 C3
Dachau 92 A2
Dachsenhausen 80 A/B2/3
Dačice 94 A1
Dad 95 C/D3, 128 B1
Dädesjö 51 C1
Dadiá 145 D1
Dåfjord 4 A2
Dáfnai 146 B2
Dáfni 144 B2, 149 C1
Dáfni 146 B2/3
Dagali 37 C3
Daganzo de Arriba 161 C2
Dağard 149 D1
Dagarn 39 D3
Dagda 74 A/B1
Dagebüll 52 A2
Daggrø 43 C/D1
Dagmersellen 105 C1
Dagsmark 20 A3
Dahlem 79 D2, 80 A2
Dahlem-Schmidtheim 79 D2, 80 A2
Dahlen 70 A1
Dahlen 69 D2
Dahlen 82 B1
Dahlenburg 69 C1/2
Dahlewitz 70 A3
Dahme 70 A3
Dahme 53 C3
Dahn 90 A/B1
Dähre 69 C2
Dailly 56 B2
Daimiel 167 C/D2
Dajkanberg 15 C3
Dajkanvik 15 C3
Đakovački Selci 128 B3, 132 B1
Đakovica 138 A2, 140 A2/3
Đakovo 128 B3, 132 B1
Dal 30 B3, 35 D2
Dal 38 A3
Dala 30 B3, 35 D2
Đala 129 D2
Dala-Floda 39 D2
Dala-Järna 39 C2
Dalaas 106 A/B1
Dalabojegoatte 5 D3, 6 A3, 11 D1
Dalarö 47 D1
Dalåsen 34 B2
Dalasjö 30 A/B1
Dalavardo 15 C2
Dalbeattie 56 B3, 60 A1
Dalboşet 135 C1
Dalby 50 A/B3, 72 A1/2
Dalby 38 B2
Dalby 58 B1
Dalbyn 39 D1/2
Dale 43 C2
Dale 9 C1
Dale 36 A3
Dale 43 C2
Dale 36 A2
Dale 62 B1
Dalečin 94 B1
Dalen 43 C1/2
Dalen 43 C/D2, 44 A1/2
Dalen 33 C3, 37 D1
Dalen 32 B2/3
Dalen 67 C2
Dalešice 94 A/B1
Dalfors 39 D1
Dalfsen 67 C2
Dalgard 9 D1
Dålgopol 141 C2
Dalhem 46 B3
Dalhem 43 D3, 72 B1
Dalholen 33 C3, 37 D1
Dalías 173 D2

Dalj 129 C3
Dalkeith 57 C2
Dalkey 58 A2
Dallgow 70 A2
Dallmin 69 D1/2
Dalmally 56 A/B1
Dalmellington 56 B2
Dálmine 106 A3
Dalmose 53 C1
Dalry 54 A/B3, 55 D2, 56 B2/3, 60 A1
Dalry 56 B2
Dalrymple 56 B2
Dals Högen 44 B2/3
Dals Långed 45 C2
Dals Rostock 45 C2
Dalsbruk 24 B3
Dalseter 37 D2
Dalseter 33 C2
Dalsfjord 36 A1
Dalsjöfors 45 C/D3
Dalston 57 C3, 60 B1
Dalstuga 39 D1/2, 40 A1/2
Dalsvallen 34 A/B3
Dalton-in-Furness 59 C1, 60 A/B2
Daluis 112 B2
Dalvangen 33 C3, 37 D1
Damásion 143 C/D3
Damaskiné 142 B2
Damazan 109 C2
Damerow 70 B1
Damice 82 B2
Dammartin-en-Goële 87 D1
Damme 67 D2, 68 A2
Damme 78 A1
Damnatz-Landsatz 69 C1/2
Damp-Zweitausend 52 B2
Dampierre 104 A1
Dampierre 87 C1/2
Dampierre-en-Burly 87 D3
Dampierre-sous-Bouhy 87 D3, 88 A3
Dampierre-sur-Boutonne 100 B2
Dampierre-sur-Salon 89 C3
Damsdorf 69 D2/3, 70 A2/3
Damsdorf 52 B3, 53 C3
Damshagen 53 C3, 69 C1
Damüls 106 A/B1
Damvant 89 D3, 90 A3, 104 B1
Damville 86 B1
Damvillers 89 C1
Damwoude 66 B1, 67 C1
Danasjö 15 C/D3
Danby 61 C1
Dancharinea 108 A3, 154 A1
Dangé 101 C1
Dangeau 87 C2
Dangers 87 C2
Dangu 77 D3, 87 C1
Danholm 39 D2, 40 A2
Danilovgarad 137 D2
Danków 71 C2
Dannäs 50 B1
Dannemare 53 C2
Dannemarie 89 D3, 90 A3
Dannemora 40 B3
Dannenberg (Elbe) 69 C2
Dannenberg-Schaafhausen 69 C2
Dannenwalde 70 A2
Dänschendorf-Westermarkelsdorf 53 C2
Danzé 86 B2/3
Daon 86 A3
Daoulas 84 A2
Darabani 98 B2/3
Darány 128 A/B2/3
Darányipuszta 128 B1/2
Dáras 146 B2/3
Darchau 69 C1
Darda 128 B3
Dardha 142 B2
Darfo 106 B2/3
Dargun 70 A1
Darica 141 D3
Darlington 57 D3, 61 C1
Darłowo 72 B2
Darméni 145 D1

Darmstadt 80 B3
Darney 89 C2
Darníus 156 B2
Daroca 162 A1/2
Darque 150 A3, 158 A1
Darro 173 C1/2
Dærtahytta 10 A1/2
Dartford 65 C3, 77 C1
Darthus 37 C1/2
Dartmouth 63 C3, 63 C2
Dartsel 16 B3
Daruvar 128 A3
Darvel 56 B2
Darwen 59 D1/2, 60 B2
Darze 69 D1
Dasburg 79 D3
Dašev 99 C2
Daskalovo 139 D1/2
Dáskion 143 C/D2
Dassel 68 B3
Dassel-Lauenberg 68 B3, 81 C1
Dassel-Marakoldendorf 68 B3
Dassow 53 C3, 69 C1
Datça 149 D2/3
Datteln 67 D3, 80 A1
Dáttilo 124 A2
Daugård 48 B3, 52 B1
Daugavpils 74 A1/2
Daumeray 86 A3
Daumitsch 82 A2
Daun 80 A2/3
Dautphetal-Allendorf 80 B2
Dautzschen 70 A3, 82 B1
Daventry 64 B2
Daviá 146 B3
David-Gorodok 74 A/B3, 98 B1
Davik 36 A1
Davle 83 D3
Dávlia 147 C2
Davor 131 D1, 132 A1
Davos Dorf 106 A1
Davos Platz 106 A1
Dawlish 63 C3, 63 C2
Dax 108 A2/3, 154 B1
Dažnica 132 B1
De Cocksdorp 66 B1/2
De Haan 78 A1
De Haar 66 B3
De Koog 66 A/B1/2
De Kooi 66 A/B2
De Krim 67 C2
De Panne-Bad 78 A1
Deal 65 D3, 77 C/D1
Deão 150 A3, 158 A1
Deauville 76 B3, 86 A/B1
Deba 153 D1
Débanos 153 D3, 154 A3, 161 D1
Debar 138 A3, 140 A3
Debeli Lug 135 C2
Debeljača 133 D1, 134 A/B1
Debenham 65 D2
Dębica 97 C2
Dęblin 73 C3, 97 C1, 98 A1
Debno 70 B2
Debrc 133 D1/2, 134 A1/2
Debrecen 97 C3
Debrznica 71 C3
Debrzno 71 D1
Dečani 138 A1/2
Decazeville 110 A1
Dechtice 95 C2
Decimomannu 123 C3
Děčín 83 C/D2, 96 A1
Decize 102 B1
Deckenpfronn 90 B2
Decollatura 122 A/B2
Decs 129 C2
Dedaj 137 D2
Deddington 64 A/B2
Dedeleben 69 C3
Dedeli 139 C3, 143 D1, 144 A1
Dedelow 70 A/B1
Dedemsvaart 67 C2
Deetz 69 D2, 70 A2
Deetz 69 D2
Défilé de l'Inzecca 113 D3
Dég 128 B1

Degaña 151 C2
Degeberga 50 B3
Degerby 41 D3
Degerby 25 C3
Degerfors 46 A1
Degerfors 31 C2
Degerhamn 51 D2
Degerndorf 92 B3
Degernes 44 B1
Degerselet 17 C2
Degerträsk 16 B3
Deggendorf 92 B1/2
Deggendorf-Natternberg 92 B1/2
Deggenhausertal 91 C3
Degolados 165 C2
Dehesa de Campoamor 169 C3, 174 B1
Dehesas de Guadix 173 C1
Dehesas Viejas 173 C1
Deibow 69 C1/2
Deidesheim 90 B1
Deifontes 173 C1/2
Deining 92 A1
Deinste 68 B1
Deinze 78 A/B1/2
Déiva Marina 113 D2, 114 A2
Dej 97 D3, 98 A3
Deje 39 C3, 45 D1
Dekani 126 B3
Dekanovec 127 D2, 128 A2
Dekélia 147 D2
Deknepollen 36 A1
Del'atin 97 D2, 98 A/B2
Delary 50 B2
Delbrück 68 A3, 80 B1
Delbrück-Boke 68 A3, 80 B1
Delbrück-Ostenland 68 A3
Delbrück-Westenholz 68 A3, 80 B1
Delčevo 139 D2, 140 B3
Delébio 106 A2
Deleitosa 159 D3, 166 A1
Đelekovec 128 A2
Delémont 90 A3, 104 B1
Delfi 147 C2, 148 B2
Delft 66 A3
Delfzijl 67 C1
Delgany 58 A2
Délia 124 B2/3
Delianuova 122 A2
Deliblato 134 B1
Deliceto 120 A2
Delitzsch 82 B1
Delle 89 D3, 90 A3
Delligsen 68 B3
Delligsen-Grünenplan 68 B3
Dello 106 A/B3
Delme 89 C/D1
Delmenhorst 68 A2
Delnice 127 C3, 130 B1
Delsbo 40 A1
Deltaprojekt 66 A3, 78 B1
Delvina 142 A2/3
Delvinákion 142 B2/3
Demandice 95 D2
Demetrias 143 D3, 144 A3, 147 C1
Demidov 75 C2
Demigny 103 D1
Demir Kapija 139 C3, 140 A/B3, 143 D1
Demirci 149 D1/2
Demirköy 141 C/D3
Demjansk 75 C1
Demmin 70 A1, 72 A2/3
Demonte 112 B2
Dému 108 B2
Den Burg 66 A/B2
Den Haag ('s-Gravenhage) 66 A3
Den Ham 67 C2
Den Helder 66 A/B2
Den Hoorn 66 A/B2
Denain 78 A/B2
Denbigh 59 C2, 60 A3
Dendermonde 78 B1
Denekamp 67 C2/3
Đeneral Janković 138 B2
Denia 169 C2/3
Denkendorf 92 A1

Denklingen (Kaufbeuren) 91 D3
Denneville 76 A3, 85 D1
Denno 106 B2
Denny 56 B1/2
Densow 70 A1/2
Dent 59 D1, 60 B2
Dentlein 91 D1
Denzlingen 90 A/B2/3
Deptford 63 D2, 63 D1, 64 A3, 76 A1
Deräs 28 B2
Derbent 149 D2
Derborence 104 B2
Derby 61 C3, 64 A/B1
Dereköy 141 C3
Derenburg 69 C3
Derendingen 105 C1
Dermbach 81 D2
Dermulo 107 C2
Derome 49 D1, 50 A1
Deronje 129 C3
Dersenow 69 C1
Deruta 115 C/D3, 117 C2/3
Dervaig 56 A1
Derval 85 D3
Derventa 132 B1
Dérvio 105 D2, 106 A2
Dervíziana 142 B3
Desa 135 D2/3
Desborough 64 B2
Descargamaría 159 C3
Descartes 102 B1
Desenzano del Garda 106 B3
Desfína 147 C2
Dési 143 C3
Desláti 143 C2/3
Dešov 94 A1
Despotovac 134 B2, 140 A2
Despotovo 129 C3
Dessau 69 D3
Deštná 93 D1
Destriana 151 D2
Désulo 123 D2
Desvres 77 D1/2
Deszk 129 D2
Deta 134 B1, 140 A1
Detčino 75 D2
Detern 67 D1
Detmold 68 A3
Dettelbach 81 D3
Dettingen an der Erms 91 C2
Dettmannsdorf 53 D3
Dettwiller 90 A2
Deuerling 92 A/B1
Deurne 79 C/D1
Deutsch Neudorf 83 C2
Deutsch Wagram 94 B2
Deutschfeistritz 127 C1
Deutschkreutz 94 B3
Deutschlandsberg 127 C1
Deux-Chaises 102 B2
Deva 98 A3, 140 B1
Devecser 128 A1
Deventer 67 C3
Devesset 103 C3, 111 C1
Devil's Bridge 59 C3
Devín 94 B2
Devin 140 B3
Devínska Nová Ves 94 B2
Devizes 63 D2, 63 D1, 64 A3, 76 A1
Devojački Bunar 134 B1
Ðevrske 131 C2/3
Dewsbury 61 C2
Deyá 157 C1
Deza 154 A3, 161 D1, 162 A1
Dezzo 106 B2
Dhërmiu 142 A2
Dhuizon 87 C3
Diakoptón 146 B2
Diakovce 95 C2
Diamante 122 A1
Dianalund 49 C3, 53 C/D1
Diano 113 C2
Diano d'Alba 113 C1
Diano Marina 113 C2
Diarville 89 C2
Diavatá 143 D2, 144 A2
Dicastillo 153 D2, 154 A2

Dichálion 144 B1
Dicomano 115 C2, 116 B1
Didcot 64 A/B3
Dídima 147 C3
Didimótichon 141 C3, 145 D3
Die 111 D1
Diekholzen 68 B3
Diekirch 79 D3
Diélette 76 A3
Dielmissen 68 B3
Dielsdorf 90 B3, 105 C/D1
Diemelsee-Adorf 81 C1
Diemelstadt 81 C1
Diemitz 69 D1/2, 70 A1/2
Diémoz 103 D3
Dienne 102 B3, 110 A1
Dienstedt 82 A2
Diepenau-Essern 68 A2
Diepenau-Lavelsloh 68 A2/3
Diepenheim 67 C3
Diepenveen 67 C3
Diepholz 68 A2
Diepholz-Aschen 68 A2
Dieppe 77 C2/3
Dierberg 70 A2
Dierdorf 80 A/B2
Dieren 67 C3
Diesdorf 69 C2
Diessen 92 A3
Diessen-Rieden 92 A3
Diessenhofen 90 B3
Diest 79 C2
Dietenheim 91 C/D2
Dietenhofen 91 D1
Dietfurt 92 A1
Dietikon 90 B3, 105 C1
Dietingen 90 B2
Dietramszell 92 A3
Dietzenbach 81 C3
Dietzhölztal-Ewersbach 80 B2
Dieulefit 111 C/D1
Dieulouard 89 C1
Dieuze 89 D1, 90 A1/2
Diever 67 C2
Diez 80 B2
Diezma 173 C1/2
Differdange 79 D3
Digerberg 34 B2/3
Digerberget 39 C/D1/2
Digermulen 8 B2
Dignac 101 C3
Dignano 107 D2, 126 A2
Digne 112 A2
Digny 87 C2
Digoin 103 C2
Dijon 88 B3, 103 D1
Dikanäs 15 C3
Dikance 138 A/B2
Dikili 149 C/D1/2
Diksmuide 78 A1
Dílar 173 C2
Dillenburg 80 B2
Dillingen 89 D1, 90 A1
Dillingen 91 D2
Dírna 153 C/D1
Dimaro 106 B2
Dimbach 93 D2
Dímena 147 C3
Dimitrovgrad 139 D1, 140 B2
Dimitrovgrad 141 C3
Dimitsána 146 B3
Dimmelsvik 42 A1
Dimovo 135 C/D3
Dinami 122 A2/3
Dinan 85 C2
Dinant 79 C2
Dinard 85 C1/2
Dinas Mawddwy 59 C3
Dingden 67 C3
Dingelstädt 81 D1
Dingle 44 B2
Dingle 55 C3
Dingolfing 92 B2
Dingwall 54 A/B2
Dinjiška 130 B2
Dinkelsbühl 91 D1
Dinklage 67 D2, 68 A2
Dinslaken-Bottrop 79 D1, 80 A1
Diö 50 B2
Dion 143 D2

Dios le Guarde 159 C/D2
Diósjenő 95 D3
Diou 103 C2
Dippen 56 A2
Dipperz 81 C2
Dippoldiswalde 83 C2
Dirdal 42 A2
Dirinella 105 D2
Dirinella 105 D2
Dirleton 57 C1
Dirlewang 91 D3
Dirmstein 80 B3, 90 B1
Dirráchion 146 B3
Dischingen 91 D2
Dischingen-Ballmertshofen 91 D2
Disemont 77 D2/3
Disenå 38 A/B3
Disentis/mustér 105 D1/2
Disna 74 B2
Diso 121 D3
Dispílion 143 C2
Diss 65 D2
Dissay-sous-Courcillon 86 B3
Dissen 67 D3, 68 A3
Distad 36 B2
Distington 57 C3, 60 A1
Dístomon 147 C2
Distos 147 D2
Dittelbrunn-Hambach 81 D3
Dittersbach 83 C1/2
Dittersdorf 82 A2
Dittrichshütte 82 A2
Ditzingen 91 C1/2
Diustes 153 D3
Diva Slatina 135 D3, 139 D1
Divača 126 B3
Divci 133 D2, 134 A2
Divčibare 133 D2, 134 A2
Dives-sur-Mer 76 B3, 86 A/B1
Diviaka 142 A1
Dividalshytta 10 A2
Divieto 125 D1
Divion 78 A2
Divišov 83 D3
Divonne-les-Bains 104 A2
Divuša 131 C1
Dixmont 88 A2
Dizy-le-Gros 78 B3
Dizy-Magenta 88 A1
Djäkneböle 31 C2
Djat'kovo 75 C/D2/3
Djatlovo 74 A3
Djup 37 C3
Djupa 40 B2/3
Djupdal 30 A1
Djupfjord 9 C2, 9 C2
Djupfors 15 C2
Djuping 8 B3, 9 C3
Djupsjön 29 C3, 34 A/B1
Djuptjärn 31 C2
Djupvasshytta 32 A3, 36 B1
Djupvik 4 B2/3
Djupvik 9 C3, 15 C1
Djuramåla 51 C2
Djuras 39 D2
Djurö 47 D1
Djurröd 50 A/B2/3
Djursholm 47 C/D1
Dłoń 71 D3
Długa Goślina 71 D2
Długoszyn 71 C2
Dmitrijev-L'govskij 75 D3
Dmitrijevka 99 D1
Dmitrov 75 D1
Dno 74 B1
Doagh 56 A3
Dobanovci 133 D1, 134 A1
Dobbertin 53 D3, 69 D1
Dobbiaco/toblach 107 D1/2
Dobele 73 D1
Döbeln 83 C1, 96 A1
Doberlug-Kirchhain 70 A3, 83 C1
Döbern 83 D1
Dobersberg 94 A1
Doberschütz 82 B1
Dobiegniew 71 C2, 72 B3
Doboj 132 B1
Dobra 71 C1
Dobra 135 C1/2

Dobrá Niva 95 D2
Dobrá Voda 95 C2
Dobřany 83 C3
Dobre Miasto (Guttstadt) 73 C2
Dobrevo 139 C2
Dobri 127 D2, 128 A2
Dobri Dol 138 B2
Dobrica 134 B1
Dobričevo 134 B1
Dobřichovice 83 C/D3
Dobrinci 133 D1, 134 A1
Dobrinj 130 A/B1
Dobříš 83 C/D3
Dobritz 69 D3
Dobrljin 131 C1
Dobrna 127 C2
Dobrnič 127 C3
Dobro Polje 132 B3
Dobro Selo 131 C2
Dobrodzień 96 B1
Dobromirci 145 C1
Dobroselica 133 C/D3, 134 A3
Dobrovice 83 D2
Dobrovnik 127 D2
Dobrun 133 C3
Dobruš 75 C3
Dobruševo 138 B3, 143 C1
Dobrzany 71 C1
Dobrzyń 83 D1
Dockasberg 17 C2
Docking 65 C1
Dockmyr 30 A3, 35 C2
Docksta 30 B3
Dockweiler 79 D2, 80 A2/3
Doclea 137 D2
Doclin 135 C1
Döderhult 51 D1
Dodewaard 66 B3
Dödismorän 34 A3
Dodona 142 B3
Dodóni 142 B3
Dödre 34 B2
Dodro 150 A2
Doesburg 67 C3
Doetinchem 67 C3
Dogliani 113 C1/2
Dogna 126 A2
Dognecea 135 C1
Dois Portos 164 A2
Dokka 37 D3
Dokkas 16 B1
Dokkum 67 C1
Doksany 83 C/D2
Dokšicy 74 B2
Doksy 83 D2
Dol-de-Bretagne 85 D2
Dolac 132 B2
Dolac 138 A/B1/2
Dol'any 95 C2
Dólar 173 C/D2
Dolceácqua 112 B2
Dôle 103 D1, 104 A1
Dølemo 43 C2/3
Dolenci 138 B3, 142 B1
Dolenja Vas 127 C3
Dolenjske Toplice 127 C3
Dolga Vas 127 D2
Dolgellau 59 C3
Doli 136 B1
Doliana 142 B3, 148 A1
Dolianova 123 D3
Dolice 71 C1/2
Dolina 97 D2, 98 A2
Dolinskoje 99 C3
Doljane 131 C2
Dolla 103 D1, 104 A1
Dollach im Mölltal 107 D1, 126 A1
Dollar 57 C1
Dollart-Bunderhammrich 67 D1
Dolle 69 C/D2/3
Döllnitz 82 B1
Dollnstein 92 A1/2
Döllstädt 82 A1
Dolna dikanöa 139 D2
Dolná Poruba 95 C/D1
Dolné Orešany 95 C2
Dolné Saliby 95 C2/3

Dolné Vestenice 95 D2
Dolni Balvan 139 C2/3
Dolni Bělá 83 C3
Dolní Bousov 83 D2
Dolní Dâbník 140 B2
Dolní Dvořiště 93 D2
Dolní Kounice 94 B1
Dolní-Kralovice 83 D3
Dolni Lom 135 D3
Dolni Poustevna 83 C/D1/2
Dolní Žandov 82 B3
Dolno Cerovene 135 D3
Dolno Ujno 139 C2
Dolný Kubín 95 D1, 97 C2
Dolný Ohaj 95 C/D2/3
Dolný Turček 95 D2
Dolo 107 C/D3
Dolores 169 C3, 174 B1
Dolovo 134 B1
Dölsach 107 D1, 126 A1
Dolsk 71 D3
Dołuje 70 B1
Dolus-d'Oléron 100 B2
Dom Savica 126 B2
Domanevka 99 C/D3
Dománico 122 A2
Domaniža 95 D1
Domanovići 132 B3, 136 B1
Domart-en-Ponthieu 77 D2
Domaševo 137 C1
Domaşnea 135 C1
Domaso 105 D2, 106 A2
Domats 87 D2, 88 A2
Domažlice 82 B3, 92 B1
Dombås 32 B3, 37 C1
Dombasle-en-Argonne 88 B1
Dombóvár 96 B3, 128 B2
Dombrot-le-Sec 89 C2
Domburg 78 A/B1
Domène 104 A3
Doménikon 143 C2/3
Domeño 154 A/B2
Domeño 162 B3, 169 C1
Domèvre-en-Haye 89 C1
Domèvre-sur-Vezouze 89 D2, 90 A2
Domfessel 89 D1, 90 A1
Domfront 86 A2
Domianí 146 B1
Domingo Pérez 160 B3, 167 C1
Dömitz 69 C1/2
Dommartin 103 C1
Dommartin-Dampierre 88 B1
Dommartin-la-Planchette 88 B1
Dommartin-le-Franc 88 B2
Dommartin-sur-Yèvre 88 B1
Domme 109 C/D1
Dommitzsch 70 A3, 82 B1
Domnanpirtti 19 D2/3
Domnítsa 146 B1
Domodóssola 105 C2
Domokós 146 B1
Domoravce 139 C1/2
Dömös 95 D3
Dompaire 89 C/D2
Dompierre-du-Chemin 85 D2
Dompierre-sur-Besbre 103 C2
Dompierre-sur-Mer 100 B2
Dompierre-sur-Veyle 103 D2
Domptail 89 D2
Domrémy-la-Pucelle 89 C2
Domsjö 31 C3
Dömsöd 129 C1
Dómus de Maria 123 C3
Domusnóvas 123 C3
Don Álvaro 165 D2, 166 A2
Don Benito 166 A2
Doña María Ocaña 173 D2
Doña Mencía 172 B1
Donabate 58 A2
Donado 151 C/D3
Donaghadee 56 A3
Donamaría 108 A3, 154 A1
Donaueschingen 90 B3
Donaueschingen-Wolterdingen 90 B3
Donaustauf 92 B1
Donauwörth 91 D2
Doncaster 61 C2/3

Donegal 55 C2
Dongen 66 B3, 79 C1
Dongo 105 D2, 106 A2
Donhierro 160 A1/2
Donington 61 D3, 64 B1
Doñinos de Salamanca
159 D2
Donja Badanja 133 C2
Donja Bebrina 132 B1
Donja Brela 131 D3, 132 A3
Donja Brezna 137 C/D1
Donja Bukovica 137 D1
Donja Dubravå 128 A2
Donja Grabovica 132 A/B3
Donja Kamenica 135 C3
Donja Konjšćina 127 D2
Donja Ljubata 139 C2
Donja Mutnica 134 B2/3
Donja Omašnica 134 B3
Donja Sabanta 134 B2
Donja Stubičke Toplice
127 D2/3
Donja Suvaja 131 C2
Donja Trnava 135 C3
Donje Ljupče 138 B1
Donje Plananjane 131 C3
Donje Vukovije 132 B2
Donji Barbeš 135 C3, 139 C1
Donji Dragonožec 127 D3
Donji Dušnik 135 C3, 139 C1
Donji Krčin 134 B3
Donji Lapac 131 C2
Donji Miholjac 128 B3
Donji Milanovac 135 C2
Donji Okrug 131 C3
Donji Rujani 131 D3,
132 A2/3
Donji Skugrić 132 B1
Donji Svilaj 132 B1
Donji Vakuf 131 D2, 132 A2
Donji Zemunik 130 B2
Donji Žirovac 131 C1
Donkerbroek 67 C2
Donnalucata 125 C3
Donnemarie-Dontilly 87 D2,
88 A2
Donnersbach 93 C/D3,
126 B1
Donnersbachwald 93 C/D3,
126 B1
Donnersdorf 81 D3
Dønnes 14 A2
Dønnesfjord 5 C1
Donorático 114 B3, 116 A2
Donostia San Sebastián
153 D1, 154 A1
Donovaly 95 D1/2
Donsö 45 C3, 49 D1
Dont 107 C/D2
Dont Forno di Zoldo
107 C/D2
Donville-les-Bains 85 D1
Donzdorf 91 C2
Donzenac 101 D3
Donzère 111 C1/2
Donzy 87 D3, 88 A3, 102 B1
Dooagh 55 C2
Doorn 66 B3
Dørålseter 33 C3, 37 D1
Ðorče Petrov 138 B2
Dorchester 63 D2/3, 63 D1/2
Dørdal 43 D2, 44 A2
Dordrecht 66 A/B3
Dörentrup 68 A3
Dörentrup-Bega 68 A3
Dorfen 92 B2
Dorfgastein 107 D1, 126 A1
Dorgali 123 D2
Dorking 64 B3, 76 B1
Dormagen 80 A1
Dormans 88 A1
Dornach 90 A3, 105 C1
Dornauberg 107 C1
Dornberk 126 B2/3
Dornbirn 91 C3, 106 A1
Dornburg 82 A1/2
Dornburg 80 B2
Dorndorf 81 D2
Dornecy 88 A3
Dornelas 150 B3, 158 B1
Dornes 102 B1

Dornoch 54 B1/2
Dornstadt 91 C/D2
Dornstetten 90 B2
Dornum 67 D1
Dorog 95 D3, 96 B3
Dorogobuž 75 C2
Dorohoi 98 B2/3
Dorotea 30 A2
Dörpen 67 D2
Dörrenbach 90 B1
Dorsten 67 C3, 80 A1
Dorsten-Lembeck 67 C3,
80 A1
Dorsten-Rhade 67 C3, 80 A1
Dorsten-Wulfen 67 C3, 80 A1
Dortan 104 A2
Dortmund 80 A1
Dorum 52 A3, 68 A1
Dörverden 68 A/B2
Dörzbach 91 C1
Dos Aguas 169 C1/2
Dos Hermanas 171 D1/2
Dos Torres 166 B2/3
Dosante 153 C1/2
Dosbarrios 161 C3, 167 D1
Dósolo 114 B1
Dospat 140 B3
Dötlingen 68 A2
Döttingen 80 A2
Douai 78 A2
Douarnenez 84 A2
Doubravník 94 B1
Douchy 87 D2/3
Doudeville 77 C3
Doué-la-Fontaine 86 A3,
100 B1
Douglas 54 A/B3, 55 D2,
58 B1
Douglas 56 B2
Doulaincourt 89 C2
Doulevant-le-Château 88 B2
Doullens 77 D2
Doune 56 B1
Doupov 83 C2
Dourdan 87 C2
Dourgne 109 D3, 110 A3
Douvaine 104 A/B2
Douvres-la-Délivrande 76 B3,
86 A1
Douzy 79 C3
Dovádola 115 C2, 116 B1
Dover 65 D3, 77 C/D1
Døvik 42 A2
Döviken 34 B2
Dovre 33 C3, 37 C/D1
Dovregubbens hall 33 C3,
37 D1
Dovsk 74 B3
Dowlais 63 C1
Downham Market 65 C1/2
Downpatrick 58 A1
Doxáton 144 B1
Doyet 102 B2
Dozón 150 B2
Dozulé 76 B3, 86 A/B1
Dr Petru Groza 97 C/D3,
98 A3, 140 A/B1
Drac 137 D3
Dračevo 138 B2
Dračevo 137 C1
Drachhausen 70 B3
Drachten 67 C1/2
Drag 9 C2/3
Drag 28 B1
Dragalevci 139 D1
Drăgănești Olt 140 B2
Drăgănești-Vlașca 141 C2
Draganovo 141 C2
Dragaš 138 A/B2
Drågåsani 140 B1/2
Draginac 133 C2
Draginje 133 C/D2, 134 A2
Dragland 9 C2
Dragocvet 134 B2/3
Dragoištica 139 C/D2
Dragolovci 132 A/B1
Dragoman 139 D1
Dragomirești 98 B3, 141 C1
Dragoni 119 D2/3
Dragør 49 D3, 50 A3, 53 D1
Dragoš 143 C1

Dragovac 139 C1
Dragovac 134 B1/2
Dragozetiči 130 A1
Dragsfjärd 24 B3
Dragsholm 49 C3, 53 C1
Dragsvik 36 A2
Draguignan 112 A3
Drahnsdorf 70 A3
Drahonice 93 C/D1
Drahovce 95 C2
Drákia 144 A3
Drakótripa 143 C3, 148 A/B1
Drakšenić 128 A3, 131 D1,
132 A1
Dráma 144 B1
Dramalj 130 B1
Drammen 38 A3, 43 D1,
44 A/B1
Drangedal 43 C/D2, 44 A1/2
Drängsered 50 A1
Drangstedt 52 A3, 68 A1
Dransfeld 81 C1
Draschwitz 82 B1
Drasenhofen 94 B2
Drašnice 131 D3, 132 A3,
136 B1
Drassburg 94 B3
Drassmarkt 94 B3
Dravagen 34 A/B3
Drávaszabolcs 128 B3
Drávasztára 128 B3
Drávasztára Zaláta 128 B3
Dravískos 144 B1
Dravograd 96 A3, 127 C2
Drawno 71 C1/2
Drawsko 71 C2
Drawsko Pomorskie 71 C1
Draž 129 C3
Draženov 82 B3, 92 B1
Draževac 133 D2, 134 A2
Drebkau 70 B3, 83 C/D1
Drée 103 C2
Dreetz 69 D2
Drégelypalánk 95 D2/3
Dreglin 73 C3
Drehna 70 A/B3, 83 C1
Dreieich-Sprendlingen 80 B3
Dreileben 69 C2
Dreis (Wittlich) 79 D3, 80 A3
Drejø 53 C2, 53 C2
Dren 134 B3, 138 B1
Drena 106 B2
Drénchia 126 A/B2
Drenovac 139 C1
Drenovci 133 C1
Drenovec 135 D3
Drenovo 139 C3, 143 C1
Drensteinfurt 67 D3
Drensteinfurt-Rinkerode
67 D3
Dresden 83 C1/2, 96 A1
Dreux 87 C1/2
Drevdalen 38 B1
Drevja 14 B2
Dřevohostice 95 C1
Drevsjø 33 D3, 38 B1
Drewen 69 D2
Drewitz 69 D3
Drezdenko 71 C2, 72 B3
Drežnica 130 B1
Drhovy 83 C/D3
Driebergen 66 B3
Driebes 161 C3
Driedorf 80 B2
Dries 78 B1/2
Drijber 67 C2
Drimós 144 A1/2
Drinjača 133 C2
Drionville 77 D1/2
Drist 137 D2
Drivstua 33 C3, 37 D1
Drlače 133 C2
Drnholec 94 B1/2
Drniš 131 C3
Drò 106 B2
Drøbak 38 A3, 44 B1
Drobeta Turnu Severin
135 C/D1/2, 140 A/B1/2
Drobin 73 C3
Drobrovo 126 A/B2
Drochtersen 52 B3, 68 B1

Drochtersen-Assel 52 B3,
68 B1
Drogeham 67 C1
Drogheda 55 D2, 58 A1/2
Drogičin 74 A3, 98 B1
Drogobyč 97 D2, 98 A2
Drogomin 71 C2
Drögsnäs 46 B3
Droisy 87 C1
Droitwich 59 D3, 64 A2
Drokija 99 C2/3
Dromara 58 A1
Drömme 30 B3, 35 D2
Dromod 55 C2
Dromore 56 A3, 58 A1
Dronero 112 B2
Dronfield 61 C3, 64 A/B1
Dronninglund 48 B1
Dronten 66 B2
Drosáton 139 D3, 143 D1,
144 A1
Drosendorf Stadt 94 A1/2
Drösing 94 B2
Drosopigí 143 C2
Drosopigí 142 B3, 143 C3
Drøsselbjerg 49 C3, 53 C1
Drottningholm 47 C1
Drottningkär 51 C2
Droué 86 B2
Drożków 71 C3, 83 D1
Drubravice 131 C3
Druid 59 C2/3, 60 A3
Druja 74 A/B1/2
Drulingen 89 D1, 90 A1/2
Drummore 54 A3, 55 D2,
56 A/B3
Drusenheim 90 B2
Druten 66 B3
Druyes-les-Belles-Fontaines
88 A3
Družba 75 C/D3
Družba 141 C/D2
Družetići 133 D2, 134 A2
Druževo 135 D3, 139 D1
Drvenik 131 D3, 132 A3,
136 B1
Dryburgh Abbey 57 C2
Drymen 56 B1
Drynaholmen 32 A2
Drzonowo 71 D1
Dualchi 123 C2
Duas-Igrejas 151 C/D3,
159 C1
Dub 133 C/D2, 134 A2
Dub 137 C2
Dub nad Moravou 95 C1
Dubá 83 D2
Dubac 137 C1/2
Dubci 133 C/D2/3, 134 A2/3
Duben 70 A/B3
Dübendorf 90 B3, 105 D1
Dubica 128 A3, 131 D1,
132 A1
Dubin 71 D3
Dublin (Baile Átha Cliath)
55 D2, 58 A2
Dublje 133 C1
Dubna 75 D1
Dubňany 94 B1
Dubnica nad Váhom 95 C1
Dubník 95 D3
Dubno 98 B1
Dubočac 132 B1
Dubossary 99 C3
Duboštica 132 B2
Dubovac 134 B1
Dubovo 139 C1
Dubraja 131 C2
Dubrava 131 D1/2, 132 A1
Dubrava 127 D3
Dubrava 137 C1/2
Dubravčak 127 D3
Dubravica 134 B1/2
Dubrovica 74 A3, 98 B1
Dubrovka 74 B1
Dubrovka 98 B1/2
Dubrovnik 137 C1/2
Ducaj 137 D2
Ducey 85 D2
Duchcov 83 C2
Ducherow 70 A/B1

Duchovščina 75 C2
Duči 73 C/D1
Duclair 77 C3
Dudar 95 C3, 128 B1
Duddington 64 B1/2
Dudelange 79 D3
Dudeldorf 79 D3, 80 A3
Duderstadt 81 D1
Duderstadt-Mingerode 81 D1
Dudeștii Vechi 129 D2
Düdingen 104 B1
Dudley 59 D3, 64 A2
Dueñas 152 B3, 160 A/B1
Duerne 103 C3
Dueso 152 A1
Duesund 36 A3
Dueville 107 C3
Duffel 78 B1
Duffield 61 C3, 64 A/B1
Duga Poljana 133 D3, 134 A3,
138 A1
Duga Resa 127 C3, 130 B1
Dugenta 119 D3
Dugo Selo 127 D3
Duinbergen 78 A1
Duingen 68 B3
Duingt 104 A3
Duino 126 A/B3
Duisburg 79 D1, 80 A1
Duisburg-Rheinhausen 79 D1,
80 A1
Duisburg-Walsum 79 D1,
80 A1
Dukati 142 A2
Dukovany 94 B1
Dukštas 74 A2
Dulantzi 153 D2
Duleek 58 A1/2
Dulje 138 B2
Dülmen 67 D3
Dülmen-Buldern 67 D3
Dülmen-Merfeld 67 C/D3
Dulovo 141 C2
Dulpetorpet 38 B2
Dulverton 63 C2, 63 C1
Dumbarton 54 A/B2/3, 55 D1,
56 B1/2
Dumbría 150 A1/2
Dumfries 54 B3, 57 C3,
60 A1
Dümmer 69 C1
Dümpelfeld 80 A2
Dún Laoghaire 55 D2/3,
58 A2
Dun-le-Palestel 101 D2,
102 A2
Dun-sur-Auron 102 A/B1
Dun-sur-Meuse 88 B1
Duna 28 B1/2
Dunaalmás 95 C/D3
Dunaföldvár 96 B3, 129 C1/2
Dunaharaszti 95 D3, 129 C1
Dunajevcy 98 B2
Dunajská Streda 95 C3,
96 B3
Dunakeszi 95 D3
Dunakömlöd 129 C2
Dunapataj 129 C2
Dunaszekcsö 129 C2
Dunaszentgyörgy 129 C2
Dunaújváros 96 B3, 129 C1
Dunavățu de Jos 141 D2
Dunavci 135 D2/3
Dunbar 57 C/D1/2
Dunblane 56 B1
Duncombe 59 D1, 60 B2
Dundalk 55 D2, 58 A1
Dundee 54 B2, 57 C1
Dundonald 56 A3
Dundrum 58 A1
Dunfermline 54 B2, 57 C1
Dungannon 54 A3, 55 D2
Dungarvan 55 C/D3
Dunholme 61 D3, 64 B1
Dunières 103 C3
Ðunis 134 B3
Dunje 139 C3, 143 C1
Dunkeld 57 C1
Dunker 47 C1
Dunkerque 77 D1, 78 A1
Dunleer 58 A1

Dunlop 56 B2
Dunmore 55 C2
Dunmurry 56 A3
Dunningen 90 B2
Dunoon 54 A2/3, 55 D1, 56 A/B1/2
Duns 54 B2/3, 57 C/D2
Dunshaughlin 58 A2
Dunstable 64 B2/3
Dunster 63 C2, 63 C1
Dunwich 65 D2
Đurakovac 138 A1
Durance 108 B2
Durango 153 D1
Duras 109 C1
Đuravci 137 D2
Durban-Corbières 110 A3, 156 B1
Durbe 73 C1
Durbuy 79 C2
Dúrcal 173 C2
Durdat-Larequille 102 B2
Đurđevac 128 A2
Đurđevi Stupovi 138 A1
Đurđevića Tara 133 C3, 137 D1
Đurđevo 129 D3, 133 D1, 134 A1
Düren 79 D2, 80 A2
Düren-Gürzenich 79 D2
Durfort 109 C/D2
Durham 54 B3, 57 D3, 61 C1
Đurinci 133 D2, 134 A/B2
Đurmanec 96 A3, 127 D2
Dürmentingen 91 C2/3
Durmersheim 90 B1
Durness 54 A1
Dürnfeld 126 B1
Dürnkrut 94 B2
Dürnstein 94 A2
Durón 161 C/D2
Dürrboden 106 A/B1/2
Dürrenboden 105 D1
Durrësi 137 D3, 142 A1
Durrow 55 C/D3
Dürrwangen 91 D1
Dursley 63 D1, 64 A3
Durston 63 C/D2, 63 C/D1
Dursunbey 149 D1
Durtal 86 A3
Duruelo de la Sierra 153 C3
Dushman 137 D2, 138 A2
Dušikrava 130 B1/2
Dusina 132 B2/3
Dusnok 129 C2
Düsseldorf 79 D1, 80 A1
Düssnitz 70 A3, 82 B1
Dussoi 107 C/D2
Duszniki 71 D2
Dutovlje 126 B3
Duvberg 34 B3
Duved 29 C3, 34 A1/2
Duvno 131 D3, 132 A3
Duži 137 C1
Duži 136 B1
Dužica 127 D3
Dvärsätt 29 D3, 34 B2
Dverberg 9 C1
Dvor 131 C1
Dvorníky 95 C2
Dvorovi 133 C3
Dvory nad Žitavou 95 C/D3
Dwingeloo 67 C2
Dybbøl 52 B2
Dybvad 49 C1
Dymchurch 77 C1
Dymer 99 C1
Dynäs 30 B3, 35 D2
Dypfest 28 A3, 33 C1
Dyranut 36 B3
Dyreborg 52 B1/2
Dyrnesvågen 32 B1
Džanići 132 B2/3
Džebel 145 C1
Džep 139 C1
Džepčište 138 B2
Dzeržinsk 74 A/B2/3
Działdowo 73 C3
Džigolj 134 B3, 138 B1
Džurin 99 C2

E

Ea 153 D1
Eándion 147 D2
Eaní 143 C2
Eardisley 63 C/D1
Earith 65 C2
Earls Colne 65 C2
Earlston 57 C2
Easdale 56 A1
Easington 57 D3, 61 C1
Easington 61 D2
Easingwold 61 C2
East Aberthaw 63 C2
East Cowes 76 A1
East Dereham 65 C/D1
East Grinstead 65 C3, 76 B1
East Harling 65 C/D2
East Kilbride 56 B2
East Linton 57 C1/2
East-Looe 62 B3
East Retford 61 C3, 64 B1
Eastbourne 77 C1
Eastchurch 65 C3, 77 C1
Eastleigh 76 A1
Eastry 65 D3, 77 C/D1
Eastwood 61 C3, 64 A/B1
Eaton Socon 64 B2
Eaux-Bonnes 108 B3, 154 B1/2
Eauze 108 B2
Ebbo 25 D3, 26 A3
Ebbw Vale 63 C1
Ebeleben 81 D1
Ebelsbach 81 D3
Ebeltoft 49 C2/3
Ebenfurth 94 B3
Ebensee 93 C3, 96 A3
Ebensfeld 81 D3, 82 A3
Ebenweiler 91 C3
Eberbach 91 C1
Ebergötzen 81 D1
Eberhardzell 91 C3
Ebermannsdorf 92 A/B1
Ebermannstadt 82 A3
Ebern 81 D3
Eberndorf 127 C2
Ebersbach 83 D1/2, 96 A1
Ebersbach-Musbach 91 C3
Ebersberg 92 A/B2/3
Ebersburg-Schmalnau 81 C2
Eberschwang 93 C2
Ebersdorf 68 A1
Eberstein 126 B1
Eberswalde 70 B2, 72 A3
Ebnat-Kappel 105 D1, 106 A1
Éboli 119 D3, 120 A2/3
Ebrach 81 D3
Ebreichsdorf 94 B3
Ébreuil 102 B2
Ebsdorfergrund-Dreihausen 81 C2
Ebstorf 68 B2
Ecclefechan 57 C3, 60 A/B1
Eccleshall 59 D3, 60 B3, 64 A1
Eceabat 149 C/D1
Echalar 108 A3, 154 A1
Echallens 104 B2
Echarren 153 D2, 154 A1/2
Echarri-Aranaz 153 D2, 154 A1/2
Échauffour 86 B1/2
Echauri 154 A2
Echevarría 153 D1
Eching 92 B2
Échiré 100 B2
Échourgnac 101 C3, 109 C1
Echt 79 D1
Echtenerbrug 66 B2
Echternach 79 D3
Echzell 81 C2
Écija 172 A1
Ečka 129 D3, 133 D1, 134 A1
Eckartsberga 82 A1
Eckental-Eschenau 82 A3, 92 A1
Eckernförde 52 B2

Eckerö 41 C2/3
Eckerö 41 C2/3
Eckington 61 C3, 64 A/B1
Ecommoy 86 B3
Écouché 86 A1/2
Écouen 87 D1
Écouis 77 C/D3, 87 C1
Écouviez 79 C3
Écs 95 C3
Écueillé 101 D1
Ed 45 C2
Ed 30 B3, 35 D2
Eda 38 B3
Eda glasbruk 38 B3
Edalund Milla 46 B2
Edam 66 B2
Edane 38 B3, 45 C1
Eddelak 52 A/B3
Edderitz 69 D3, 82 A/B1
Eddleston 57 C2
Ede 35 C/D3
Ede 29 D3, 35 C1
Ede 66 B3
Edebäck 39 C3
Edefors 29 D3, 30 A2/3, 35 C1
Edefors 16 B2
Edefors Harads 16 B2
Edeköy 145 D1
Edelschrott 127 C1
Edelsfeld 82 A3, 92 A1
Edemissen 68 B2/3
Eden 30 A/B2, 35 D1
Edenbridge 65 C3, 76 B1
Edenkoben 90 B1
Edermünde-Besse 81 C1
Edertal-Gellershausen 81 C1
Edertal-Hemfurth-Edersee 81 C1
Edertal-Mehlen 81 C1
Édessa 140 A/B3, 143 C/D1/2, 148 B1
Edevik 29 C2, 34 A1
Edewecht 67 D1/2
Edinburgh 54 B2/3, 57 C1/2
Edincy 98 B2/3
Edingen 78 B2
Edipsós 147 C1
Edirne 141 C3, 145 D2
Edland 42 B1
Editz im Burgenland 127 D1
Edlitz Markt 94 A/B3
Édolo 106 B2
Edremit 149 D1
Edsbro 40 B3
Edsbruk 46 B3
Edsbyn 39 D1, 40 A1
Edsele 30 A3, 35 C1/2
Edshult 46 A3, 51 C1
Edsleskog 45 C1/2
Edsvalla 45 D1
Eefde 67 C3
Eeklo 78 A/B1
Eelde-Paterswolde 67 C1/2
Eerding 93 C2, 96 A2/3
Effeltrich 82 A3
Effiat 102 B2
Efira 146 A/B2/3
Efkarpía 139 D3, 143 D1, 144 A1
Eforie Sud 141 D2
Efpálion 146 B2
Efringen-Kirchen 90 A3
Egebjerg 49 D3, 53 D1
Egebjerg Gård 48 B3, 49 C3, 53 C1
Egeln 69 C3
Egelökke 53 C2
Egenäs 45 C1
Eger 97 C3
Egernsund 52 B2
Egersund 42 A3
Egervár 128 A1
Egeskov 53 C1/2
Egestorf 68 B1/2
Egestorf-Evendorf 68 B1/2
Egg 91 C3, 106 A/B1
Eggan 28 A3, 33 C/D1/2
Eggedal 37 D3
Eggenburg 94 A2

Eggenthal 91 D3
Eggesin 70 B1
Eggingen 90 B3
Eggkleiva 28 A3, 33 C2
Egglham 93 C2
Eggstätt 92 B3
Eggum 8 B2
Egham 64 B3, 76 B1
Eghezée 79 C2
Égina 147 D3, 148 B2
Eging 93 C2
Egínion 143 D2
Égion 146 B2, 148 B2
Égletons 102 A2
Egling 92 A3
Egling 91 D2, 92 A2
Egling-Endlhausen 92 A3
Eglisau 90 B3
Égliseneuve-d'Entraigues 102 B3
Egloffstein 82 A3
Egmond aan Zee 66 A2
Egna/neumarkt 107 C2
Egnázia 121 C2
Egósthena 147 C2
Egremont 57 C3, 59 C1, 60 A1
Égreville 87 D2
Egton 61 C/D1
Egtved 48 B3, 52 B1
Egüés 154 A2
Éguilly-sous-Bois 88 B2
Éguzon 101 D2, 102 A2
Egyházasrádóc 127 D1, 128 A1
Egyptinkorp 23 C/D1/2
Ehäjärvi 26 B2
Ehekirchen 92 A2
Ehingen 91 C2
Ehningen 91 C2
Ehra-Lessien 69 C2
Ehrenberg 81 C/D2
Ehrenburg-Schmalförden 68 A2
Ehrenburg-Schweringhausen 68 A2
Ehrenfriedersdorf 82 B2
Ehrenhain 82 B2
Ehrenhausen 127 C1/2
Ehrenkirchen-Kirchhofen 90 A/B3
Ehringshausen 80 B2
Ehrwald 91 D3, 106 B1
Ehtamo 24 B1/2
Eibar 153 D1
Eibau 83 D1/2
Eibenstock 82 B2
Eibergen 67 C3
Eibesbrunn 94 B2
Eibiswald 96 A3, 127 C1/2
Eich (Worms) 80 B3
Eichelsachsen 81 C2
Eichenberg 81 D2
Eichenbrunn 94 B2
Eichendorf 92 B2
Eichendorf-Kröhstorf 92 B2
Eichenzell 81 C2
Eichholz 83 C1
Eichow 70 B3, 83 C/D1
Eichstätt 92 A1/2
Eichstetten 90 A/B2/3
Eichwalde 70 A2/3
Eicklingen 68 B2
Eid 32 A2/3
Eidbukta 14 B2
Eide 36 B3
Eide 42 B3
Eide 32 A/B2
Eidem 14 A3
Eidet 28 A3, 33 C2
Eidfjord 36 B3
Eidhaugen 14 A/B2
Eidkjosen 4 A3, 10 A1
Eidsborg 43 C1/2
Eidsbotn 36 B3
Eidsbugarden 37 C2
Eidsdal 32 A3, 36 B1
Eidsfjord 8 B2
Eidsfoss 43 D1, 44 A1
Eidshaug 28 B1
Eidskog 38 B3

Eidslandet 36 A3
Eidsøra 32 B2
Eidssund 42 A2
Eidstå 43 C2
Eidsvåg 32 B2
Eidsvoll 38 A2/3
Eidsvoll verk 38 A2/3
Eidvågeid 5 C1/2, 6 A1
Eikanger 36 A3
Eikefjord 36 A2
Eikelandsosen 36 A3, 42 A1
Eiken 42 B3
Eikenes 36 A2
Eiksund 36 A1
Eilenburg 82 B1
Eimisjärvi 23 D3
Eimke 68 B2
Eina 37 D3, 38 A2
Einbeck 68 B3
Einbeck-Salzderhelden 68 B3
Einbeck-Wenzen 68 B3
Eindhoven 79 C1
Eines 28 B2/3, 33 D1
Einsiedeln 105 D1
Einvika 28 A/B2
Einville-au-Jard 89 D1/2
Eisdorf 68 B3, 81 D1
Eiselfing 92 B2/3
Eisenach 81 D1/2
Eisenbach-Schollach 90 B3
Eisenberg 82 A/B1/2
Eisenberg 80 B3, 90 B1
Eisenerz 93 D3, 96 A3
Eisenhüttenstadt 70 B3, 72 A3, 96 A1
Eisenkappel 96 A3, 126 B2
Eisenstadt 94 B3, 96 B3
Eisfeld 81 D2, 82 A2
Eisgarn 93 D1/2, 94 A1
Eisleben 82 A1
Eisleben-Helfta 82 A1
Eislingen 91 C2
Eisriesenwelt 93 C3
Eitensheim 92 A1/2
Eiteråga 14 B2
Eiterelvmoen 9 C2
Eiterfeld 81 C2
Eitorf 80 A2
Eivik 14 B1
Eixo 158 A2
Eizeringen 78 B2
Ejby 52 B1
Ejea de los Caballeros 154 A/B2/3
Ejheden 39 D1
Ejsing 48 A2
Ejstrup 48 B3
Ejulve 162 B2
Ekáli 147 D2
Ekängen 46 B2
Ekeberg 45 D3
Ekeby 50 A3
Ekeby 40 B3
Ekebyholm 40 B3
Ekedalen 45 D3
Ekenäs 24 B3
Ekenäs 51 C2
Ekenäs 45 D2
Ekenässjön 46 A3, 51 C1
Ekeren 78 B1
Ekerö 47 C1
Eketånga 49 D2, 50 A2
Ekfors 17 C/D2
Ekkerøy 7 C/D2
Eknäs 24 B3
Ekne 28 B3, 33 D1
Ekolsund 40 B3, 47 C1
Ekora 153 D2
Ekorrsele 31 C1
Ekorrsjö 31 C1
Ekorrträsk 31 C1
Ekra 32 B3, 37 C1
Eksingedal 36 A3
Eksjö 46 A3, 72 A/B1
Ekträsk 31 C1
El Abalario 171 C2
El Álamo 160 B3
El Alcornocal 166 B3, 172 A1
El Almendro 170 B1
El Almicerán 168 A3, 173 D1
El Alquián 173 D2, 174 A2

El Arahal **171** D2, **172** A2
El Arenal **160** A3
El Arenal **157** C/D1
El Ballestero **168** A/B2
El Barco de Avila **159** D2/3
El Barco de Valdeorras
  151 C2
El Berrón **151** D1, **152** A1
El Berrueco **161** C2
El Biutz **172** A3
El Bodón **159** C2
El Bohodón **160** A2
El Bollo **151** C2
El Bonillo **168** A2
El Bosque **172** A2
El Bruc **156** A3, **163** D1
El Brull **156** A2/3
El Burgo **172** A2
El Burgo de Ebro **154** B3,
  162 B1
El Burgo de Osma **153** C3,
  161 C1
El Burgo Ranero **152** A2
El Buste **154** A3
El Cabaco **159** D2
El Cabo de Gata **173** D2,
  174 A2
El Campillo **160** A3, **166** B1
El Campillo **160** A1
El Campo **166** A1/2
El Campo de Peñaranda
  160 A2
El Cañavate **168** B1
El Cardoso de la Sierra
  161 C1/2
El Carpio **167** C3, **172** B1
El Carpio de Tajo **160** B3,
  167 C1
El Casar de Escalona **160** B3,
  167 C1
El Casar de Talamanca
  161 C2
El Castellar **162** B2/3
El Castillo de las Guardas
  171 C/D1
El Centenillo **167** C3
El Cerro de Andévalo **165** C3,
  171 C1
El Collado **162** A/B3, **169** C1
El Collado **153** D3
El Colmenar **172** A2/3
El Coronil **171** D2, **172** A2
El Cubillo **161** C2
El Cubo de Don Sancho
  159 C/D2
El Cubo de Tierra del Vino
  159 D1
El Cuervo **162** A3
El Cuervo **171** D2
El Ejido **173** D2
El Espinar **160** B2
El Estanyol **157** D1/2
El Ferrol del Caudillo **150** B1
El Formigal **154** B2
El Frago **154** B2
El Franco **151** C1
El Frasno **154** A3, **162** A1
El Garrobo **171** D1
El Gastor **172** A2
El Gordo **159** D3, **160** A3,
  166 B1
El Grado **155** C2/3
El Granado **170** B1
El Grao **169** D1
El Grao **157** C1
El Grao de Gandía **169** D2
El Herradón **160** A/B2
El Herrumblar **168** B1
El Higueral **172** B1/2
El Hito **161** C/D3, **167** D1,
  168 A1
El Horcajo **167** C2/3
El Hornillo **160** A3
El Hoyo **167** C2/3
El Hoyo de Pinares **160** B2
El Losar **159** D2/3, **160** A2/3
El Maderal **159** D1
El Madroño **171** C1
El Maillo **159** C/D2
El Masnou **156** A3
El Masroig **163** C1/2

El Molar **161** C2
El Molinillo **167** C1
El Moral **168** B3, **173** D1,
  174 A1
El Moralico **168** A2/3
El Musel **151** D1, **152** A1
Elche de la Sierra **168** B2/3
Elcóaz **154** A/B2
El Palmar **169** C3, **174** B1
El Palmar **169** D1/2
El Palo **172** B2
El Payo **159** C3
El Pedernoso **168** A1
El Pedroso **166** A3, **171** D1
El Pedroso de la Armuña
  159 D2, **160** A2
El Peral **168** B1
El Perelló **169** D1/2
El Perelló **163** C2
El Picazo **168** B1
El Piñero **159** D1
El Pino **150** A/B2
El Pla de Cabra **163** D1
El Pla de Sant Tirs **155** D2
El Plantío **160** B2
El Pobo **162** B2
El Pobo de Dueñas **162** A2
El Pont d'Armentera **155** D3,
  163 D1
El Port de la Selva **156** B2
El Portal **171** D2
El Portil **171** C2
El Poyo **162** A2
El Pozo de Guadalajara
  161 C2
El Pozuelo **171** C1
El Prat de Llobregat **156** A3
El Provencio **168** A1
El Puente del Arzobispo
  160 A3, **166** B1
El Puerto de Mazarrón
  174 B1
El Puerto de Santa María
  171 D2/3
El Quintanar **153** C/D3
El Raposo **165** D3, **166** A3
El Rasillo **153** C/D2/3
El Real de la Jara **165** D3,
  166 A3, **171** D1
El Real de San Vicente
  160 A3
El Recuenco **161** D2
El Redal **153** D2
El Rocío **171** C2
El Rompido **171** C2
El Ronquillo **165** D3, **166** A3,
  171 D1
El Royo **153** D3, **161** C/D1
El Rubio **172** A1/2
El Sabinar **168** B3
El Saler **169** D1
El Salobral **168** B2
El Saucejo **172** A2
El Serrat **155** D2, **156** A1/2
El Soleràs **155** C3, **163** C1
El Tejar **172** B2
El Tiemblo **160** B2/3
El Toboso **167** D1, **168** A1
El Tormillo **155** C3, **163** C1
El Torno **159** D3
El Toro **162** B3, **169** C1
El Tosalet **169** D2
El Tranco **167** D3, **168** A3,
  173 D1
El Vendrell **156** A3, **163** D1
El Villar **167** C2
El Villar de Arnedo **153** D2,
  154 A2
El Vilosell **155** D3, **163** D1
El Viso **166** B2/3
El Viso **169** C1/2
El Viso del Alcor **171** D1/2,
  172 A1/2
Elämäjärvi **21** D1/2, **22** A1/2
Elantxobe **153** D1
Elassón **143** C/D3, **148** B1
Elateia **147** C1
Eláti **143** C3
Elátia **143** D3
Elátia **147** C1/2
Elatochórion **142** B3
Elatoú **146** B1/2
Elbasani **138** A3, **142** A1,
  148 A1

Elbeuf **77** C3, **86** B1
Elbingerode **69** C3
Elblag (Elbing) **73** C2
Elburg **66** B2
Elche **169** C3
Elche de la Sierra **168** B2/3
Elcóaz **154** A/B2
Elda **169** C2/3
Eldagsen **68** B3
Eldalsosen **36** A/B2
Eldena **69** C1
Eldforsen **39** C2
Eléa **146** B3
Elefsís **147** D2, **148** B2
Eleftheríani **146** B1/2
Elefthérion **143** D3
Eleftherochórion **143** C2
Eléftheron **142** B2
Eleftheroúpolis **144** B1
Eleja **73** D1, **74** A1
Elemir **129** D3, **134** A1
Elena **141** C2
Elenheimen **5** C1/2
Eleochória **144** A2
Eleoúsa **142** B3
Eleutherai **147** C/D2
Elgå **33** D3
Elgå **33** D3
Elgeta **153** D1
Elgin **54** B2
Elgóibar **153** D1
Elgorriaga **154** A1
Elgsnes **9** C1
Elhovo **141** C3
Eliå5en **38** B1
Elie **57** C1
Elijärvi **17** D2/3, **18** A1
Elimäenkylä **21** C3
Elimäki **26** B2
Elin Pelin **140** B2/3
Elis **146** A2
Elisejna **139** D1
Elissón **146** B3
Elizondo **108** A3, **154** A1
Eljaröd **50** B3
Ełk (Łyck) **73** C/D2/3
Elland **61** C2
Ellefsplass **33** D3
Ellenberg **91** D1
Ellesmere **59** D2/3, **60** B3
Ellesmere Port **59** D2, **60** B3
Elling **49** C1
Ellingen **91** D1, **92** A1
Ellinikón **147** D2
Ellivuori **24** B1
Ellmau **92** B3
Ellös **44** B3
Ellrich **81** D1
Ellwangen **91** D1
Ellwangen-Rindelbach **91** D1
Ellzee **91** D2
Ellzee-Stoffenried **91** D2
Elmelunde **53** D2
Elmshorn **52** B3, **68** B1
Elmstein **90** A/B1
Elne **156** B1/2
Elnesvågen **32** A2
Elorrio **153** D1
Elorz **154** A2
Elöszállás **129** C1
Els Prats de Rei **155** D3,
  156 A3, **163** D1
Els Torms **155** C3, **163** C1
Elsdorf **79** D2, **80** A2
Elsenborn **79** D2
Elsenfeld **81** C3
Elsfleth **68** A1
Elsfleth-Moorriem **68** A1
Elshø **38** B1
Elsloo **67** C2
Elspe-Cobbenrode **80** B1
Elspeet **66** B3
Elsrud **37** D3
Elst **66** B3
Elster **70** A3
Elsterberg **82** B2
Elsterwerda **83** C1
Elstra **83** C/D1
Eltdalen **38** B1
Eltendorf **127** D1

Eltravåg **42** A1
Eltville **80** B3
Eltziego **153** D2
Elva **112** B1/2
Elvanfoot **56** B2, **57** C2
Elvas **165** C2
Elvåsen **28** B1
Elvdal **38** B1
Elve **42** B3
Elvebakken **6** B1
Elvekrok **5** D1, **6** B1
Elven **85** C3
Elvenes **7** C/D2
Elveng **28** A2/3, **33** C1
Elverum **38** A/B2
Elveseter **37** C2
Elvestad **38** A3, **44** B1
Elvevollen **4** A/B3, **10** A1
Elvran **28** B3, **33** D1/2
Elxleben **81** D2, **82** A2
Elxleben **82** A1/2
Ely **65** C2
Elz **80** B2
Elzach **90** B2
Elzach-Prechtal **90** B2
Elze **68** B3
Emådalen **39** D1
Embid **162** A2
Embid de Ariza **161** D1,
  162 A1
Embid de la Ribera **154** A3,
  162 A1
Embleton **57** D2
Emboríon **149** C3
Embrun **112** A1/2
Embún **154** B2
Emden **67** C/D1
Emersacker **91** D2
Emkarby **41** C2/3
Emkendorf **52** B3
Emlichheim **67** C2
Emmaboda **51** C2, **72** A/B1
Emmaljunga **50** B2
Emmeloord **66** B2
Emmelshausen **80** A/B3
Emmen **67** C2
Emmen **105** C1
Emmenbrücke **105** C1
Emmendingen **90** A/B2/3
Emmer-Compascuum **67** C2
Emmerich **67** C3
Emmerich-Elten **67** C3
Emmersdorf an der Donau
  94 A2
Emmerthal **68** B3
Emmerthal-Emmern **68** B3
Emmerthal-Grohnde **68** B3
Emmerting **92** B2
Emolahti **21** D1, **22** A1
Emospohja **21** D2, **22** A2
Empo **24** B2/3
Émpoli **114** B2/3, **116** A/B1/2
Emptinne **79** C2
Emsbüren **67** D2/3
Emsbüren-Elbergen **67** D2
Emsdetten **67** D3
Emsfors **51** D1
Emskirchen **81** D3, **91** D1
Emstal **81** C1
Emstek **67** D2, **68** A2
Emsworth **76** A/B1
Ena **154** B2
Enafors **28** B3, **33** D2, **34** A2
Enånger **40** A1
Enanlahti **27** D1
Enare **6** B3
Enarsvedjan **29** C3, **34** B1
Enåsen **35** C3
Encamp **155** D2, **156** A2
Encausse-les-Thermes **109** C3,
  155 C/D1
Encinacorba **162** A1
Encinas de Abajo **159** D2,
  160 A2
Encinas Reales **172** B2
Encinasola **165** C/D3, **171** C1
Encío **153** C2
Enciso **153** D3
Endalsetra **33** C2
Endelave By **48** B3, **52** B1
Enden **37** D1/2

Enden **32** B3, **37** C1
Éndine **106** A/B3
Endingen **90** A2/3
Endorf **92** B3
Endre **47** D3, **47** D2/3
Endresplass **14** B3, **29** C1
Endrinal **159** D2
Enebakk **38** A3, **44** B1
Enebakkneset **38** A3, **44** B1
Eneby **46** B3
Enériz **154** A2
Enese **95** C3
Enez **141** C3, **145** D1/2,
  149 C1
Enfield **65** C3
Engan **14** A2
Engdal **32** B2
Engelberg **105** C1
Engelhartszell **93** C2
Engelia **37** D3, **38** A2
Engeln **68** A2
Engelskirchen **80** A1/2
Engelskirchen-Ründeroth
  80 A1/2
Engelsviken **44** B1
Engen **90** B3
Engen-Talmühle **90** B3
Enger **68** A3
Engerda **82** A2
Engerdal **38** B1
Engerdallsetra **33** D3, **38** B1
Engerneset **38** B1
Enghien (Edingen) **78** B2
Engjan **32** B2
Englefontaine **78** B2/3
Engstingen-Grossengstingen
  91 C2
Enguera **169** C2
Enguídanos **162** A3, **168** B1
Engvik **4** A2
Enix **173** D2
Enkenbach **80** B3, **90** A/B1
Enkhuizen **66** B2
Enkirch **80** A3
Enklinge **24** A3, **41** D2
Enköping **40** A3, **47** C1
Enmoerr **33** C2
Enna **125** C2
Ennepetal **80** A1
Ennezat **102** B2
Ennigerloh **67** D3
Ennigerloh-Enniger **67** D3
Ennigerloh-Westkirchen
  67 D3
Enningdal **44** B2
Ennis **55** C3
Enniscorthy **55** D3
Enniskean **55** C3
Enniskerry **58** A2
Enniskillen **55** C/D2
Ennistimon **55** C3
Enns **93** D2, **96** A2/3
Eno **23** D2
Enokunta **25** C1
Enonekiö **11** C2, **12** A1
Enonkoski **23** C3
Enonkylä **18** B3
Enonlahti **26** B1
Ens **66** B2
Enschede **67** C3
Ensdorf **92** A1
Ensisheim **90** A3
Enskogen **35** C3
Enstaberga **47** C2
Enter **67** C3
Entlebuch **105** C1
Entràcque **112** B2
Entradas **164** B3, **170** B1
Entraigues **112** A1
Entrains-sur-Nohain **88** A3
Entrambasmestas **152** B1
Entraunes **112** A/B2
Entraygues-sur-Truyère
  110 A1
Entre-os-Rios **158** A2
Entrechaux **111** D2
Entrena **153** D2
Entrevaux **112** B2
Entrèves **104** B3
Entrimo **150** B3
Entrín Bajo **165** C/D2

Entroncamento 164 B1
Entzheim 90 A2
Envendos 164 B1
Envermeu 77 C2/3
Enviken 39 D2, 40 A2
Enying 128 B1
Enzersdorf im Thale 94 B2
Enzinger Boden 107 D1, 126 A1
Enzklösterle 90 B2
Eosazia 113 D3
Épaignes 77 C3, 86 B1
Épannes 100 B2
Epanomí 140 B3, 143 D2, 144 A2, 148 B1
Epároz 154 A2
Epe 66 B2/3, 67 C2/3
Épernay 88 A1
Épernon 87 C2
Epfig 90 A2
Ephesos 149 D2
Epidauros (Hieron Asklepiou) 147 C3, 148 B2
Epidaurum 137 C1/2
Épierre 104 A/B3
Épila 154 A3, 162 A1
Épinal 89 D2
Episcópia 120 B3, 122 A1
Episkepsis 142 A3
Episkopí 147 D3
Epitálion 146 A/B3
Époisses 88 A/B3
Epoo 25 D3, 26 A3
Eppelborn 89 D1, 90 A1
Eppelheim 90 B1
Eppenbrunn 90 A1
Eppendorf 83 C2
Epping 65 C3
Eppingen 91 C1
Eppingen-Richen 91 C1
Eppishausen-Mörgen 91 D2
Épreville 77 C3
Epsom 64 B3, 76 B1
Eptachórion 142 B2
Eptálofos 147 C1/2
Epworth 61 C/D2/3
Équi Terme 114 A2, 116 A1
Eracléa 107 D3, 126 A3
Eraclea Mare 107 D3, 126 A3
Eraclea Minoa 124 B2
Eräjärvi 25 C1
Eräjärvi 27 C1
Erásmion 145 C1
Eratiní 146 B2
Eratinón 145 C1
Eratíra 143 C2
Erba 105 D3, 106 A3
Erbach 81 C3
Erbach 91 C2
Erbach-Ebersberg 81 C3, 91 C1
Erbalunga 113 D2
Erbendorf 82 B3
Erbendorf-Grötschenreuth 82 B3
Ercé 155 D2
Ercheu 78 A3
Érchie 121 D3
Ercolano 119 D3
Ercsi 95 D3, 96 B3, 129 C1
Érd 95 D3, 96 B3, 129 C1
Erdek 141 C/D3, 149 D1
Erdevik 133 C1
Erding 92 A/B2
Erding-Langengeisling 92 A/B2
Erdut 129 C3
Éréac 85 C2
Ereira 164 A2
Eremo dei Cárceri 115 D3, 117 C2
Eresfjord 32 B2
Eretria 147 D2
Erétria 147 D2
Erezée 79 C2
Erfde 52 B2/3
Erftstadt 79 D2, 80 A2
Erfurt 81 D2, 82 A1/2
Ergersheim-Ermetzhofen 91 D1
Ergersheim-Neuherberg 81 D3, 91 D1

Érgli 73 D1, 74 A1
Ergolding 92 B2
Ergoldsbach 92 B2
Érice 124 A2
Ericeira 164 A2
Eriksberg 46 B1/2
Eriksberg 30 A1
Eriksbu 43 C/D1
Erikslund 35 C2/3
Eriksmåla 51 C2
Eriksvik 47 D1
Erímanthos Óros 146 B2
Eringsboda 51 C2
Erithraí 147 C/D2
Érize-la-Petite 89 C1
Erkelenz 79 D1
Erkheim 91 D2/3
Erkner 70 A/B2/3
Erkrath 80 A1
Erla 154 B2/3
Erlangen 82 A3, 92 A1
Erlau 81 D2
Erlenbach(am Main) 81 C3
Erlensee 81 C3
Erli 113 C2
Erlsbach 107 D1
Ermelo 66 B2/3
Ermenoville 87 D1
Ermidas 164 B3, 170 A1
Ermióni 147 C3, 148 B2
Ermoúpolis 149 C2
Ermsleben 69 C3, 82 A1
Ermua 153 D1
Erndtebrück 80 B1/2
Ernée 85 D2, 86 A2
Ernestinovo 128 B3
Ernsgaden 92 A2
Ernstbrunn 94 B2
Eroles 155 C/D2/3
Erolzheim 91 C/D2/3
Erpfendorf 92 B3
Erquy 85 C1/2
Erra 164 B2
Errazu 108 A3, 154 A1
Errezil 153 D1
Errindlev 53 C2
Erro 108 A3, 154 A1/2
Erseka 140 A3, 142 B2, 148 A1
Érsekvadkert 95 D2/3
Ershausen 81 D1
Ersmark 31 D1
Ersnäs 17 C3
Erstein 90 A2
Erstfeld 105 D1
Ersvik 14 B1
Ertebølle 48 B2
Ertenvåg 14 B1
Ertingen 91 C2/3
Erto 107 D2
Ertsjärv 17 C1/2
Ervalla 46 A/B1
Ervas Tenras 159 C2
Ervasti 19 C2
Ervedal 158 B2/3
Ervedal 164 B2
Ervedosa 158 B1/2
Ervenik 131 C2
Ervidel 164 B3, 170 A/B1
Ervik 36 A1
Ervik 32 B2
Ervillers 78 A2/3
Ervy-le-Châtel 88 A2
Erwitte 68 A3, 80 B1
Erwitte-Bad Westernkotten 68 A3, 80 B1
Erxleben 69 C3
Es Caló 157 C2
Es Caná 157 C2
Es Cubells 157 C2
Es Pujols 157 C2
Esbjerg 48 A3, 52 A1
Esbo 25 C3
Escairón 150 B2
Escalada 152 B2
Escalaplano 123 D3
Escalhão 159 C2
Escaló 155 D2
Escalona 160 B3
Escalonilla 160 B3, 167 C1
Escalos de Baixo 158 B3, 165 C1

Escalos de Cima 158 B3, 165 C1
Escamilla 161 D2
Escañuela 167 C3, 172 B1
Escarabajosa 160 A/B3
Escariche 161 C2/3
Escároz 108 A3, 154 A/B1/2
Escarrilla 154 B2
Escatrón 162 B1
Esch-sur-Alzette 79 D3
Esch-sur-Sûre 79 D3
Eschach 91 C3
Eschau 81 C3
Eschede 68 B2
Eschede-Starkshorn 68 B2
Eschede-Weyhausen 68 B2
Eschenbach 82 A3
Eschenburg-Eibelshausen 80 B2
Eschenlohe 92 A3
Eschershausen 68 B3
Eschwege 81 D1
Eschweiler 79 D2
Escó 154 B2
Escobedo de Almazán 153 D3, 161 D1
Escombreras 174 B1
Escos 108 A3, 154 B1
Escosse 109 D3, 155 D1, 156 A1
Escucha 162 B2
Escúllar 173 D2
Escurial 166 A2
Escurial de la Sierra 159 D2
Esens 67 D1
Esens-Bensersiel 67 D1
Esfiliana 173 C2
Esgos 150 B2
Esgueira 158 A2
Esher 64 B3, 76 B1
Eskdale 59 C1, 60 A/B1/2
Eskeland 42 A1
Eskelinkosi 22 B2
Eskilsäter 45 D2
Eskilstrup 53 D2
Eskilstuna 46 B1
Eskoja 21 C1
Eskön 40 B2
Eskoriatza 153 D1/2
Eslarn 82 B3, 92 B1
Eslava 154 A2
Eslida 162 B3, 169 D1
Eslohe 80 B1
Eslohe-Reiste 80 B1
Eslöv 50 A/B3, 72 A1/2
Esme 149 D2
Esnandes 100 B2
Espadaña 159 C/D2
Espalion 110 A1
Esparragal 172 B1
Esparragalejo 165 D2
Esparragosa de Caudillo 166 B2
Esparragosa de la Serena 166 A/B2
Esparreguera 156 A3
Esparron 111 D3, 112 A3
Espeja 159 C2
Espejo 172 B1
Espejo 153 C2
Espejón 153 C3, 161 C1
Espeland 36 A3
Espelette 108 A3, 154 A1
Espelkamp 68 A2/3
Espelúy 167 C3, 173 C1
Espera 171 D2
Espéraza 110 A3, 156 A1
Espergærde 49 D3, 50 A2/3, 53 D1
Espéria 119 C2
Espinardo 169 C3, 174 B1
Espinhal 158 A3, 164 B1
Espinho 158 A2
Espinilla 152 B1/2
Espinosa de Cerrato 152 B3
Espinosa de Cervera 153 C3, 161 C1

Espinosa de Henares 161 C2
Espinosa de los Monteros 153 C1/2
Espinosa de Villagonzalo 152 B2
Espinoso del Rey 160 A3, 166 B1
Espirito Santo 170 B1
Esplantas 110 B1
Esplegares 161 D2
Esplús 155 C3, 163 C1
Espolla 156 B2
Espondeilhan 110 B3
Esponellá 156 B2
Espoo 25 C3
Espoo/esbo 25 C3
Esporles 157 C1
Esposende 150 A3, 158 A1
Espot 155 D2
Esprels 89 C/D3
Espronceda 153 D2
Esquedas 154 B2
Esquivias 160 B3
Esrange 10 B3
Essai 86 B2
Esse 20 B1
Essen 80 A1
Essen 78 B1
Essen-Kettwig 80 A1
Esserteaux 77 D3
Essertenne-et-Cecey 89 C3, 104 A1
Essing 92 A1
Essingen (Aalen) 91 C/D2
Esslingen 91 C2
Essômes-sur-Marne 88 A1
Essoyes 88 B2
Essvik 35 D3
Estació d'Amposta 163 C2
Estada 155 C3
Estadilla 155 C3
Estagel 156 B1
Estaing 110 A1
Estaires 78 A2
Estallenchs 157 C1
Estang 108 B2
Estarreja 158 A2
Estavayer-le-Lac 104 B1
Este 107 C3, 115 C3
Estebanvela 161 C1
Estela 158 A1
Estella 153 D2
Estensvoll 33 C3, 37 D1
Estepa 172 A1/2
Estépar 152 B2/3
Estepona 172 A3
Esterasa de Medina 161 D1/2
Estercuel 162 B2
Estérencuby 108 A3, 154 A/B1
Esternay 88 A1
Esterri d'Àneu 155 D2
Estertal-Bösingfeld 68 A/B3
Esterwegen 67 D2
Esterzili 123 D2
Esthal 90 B1
Estibella 162 B3, 169 D1
Estiche 155 C3, 163 C1
Estissac 88 A2
Estivareilles 102 A/B2
Estoi 170 B2
Estômbar 170 A2
Estopiñán 155 C3
Estorf 68 A/B1
Estoril 164 A2
Estorninos 159 C3, 165 C1
Estrées-Saint-Denis 78 A3, 87 D1
Estreito 158 B3, 164 B1
Estremera 161 C3
Estremoz 165 C2
Estriégana 161 D2
Estuna 41 C3
Estvad 48 A/B2
Esztergom 95 D3, 96 B3
Étables 101 C1
Étables-sur-Mer 85 C1/2
Étagnac 101 C/D2
Étain 89 C1
Étais-la Sauvin 88 A3
Etalle 79 C3

Étampes 87 C/D2
Étang-sur-Arroux 103 C1
Étaples 77 D2
Étaules 100 B3
Étauliers 100 B3
Étel 84 B3
Etelä-Vartsala 24 A2, 41 D2
Eteläinen 25 C1
Eteläähti 18 A/B3, 21 D1, 22 A1
Etelämaa 24 A1
Etelhem 47 D3
Etinezinde 158 A1/2
Étoges 88 A1
Etolikón 146 A2
Eton 64 B3
Étréauport 78 B3
Étréchy 87 C/D2
Étrépagny 77 D3, 87 C1
Etropole 140 B2
Étroubles 104 B3
Ettal 92 A3
Ettelbrück 79 D3
Etten-Leur 79 C1
Ettenheim 90 A/B2
Ettenstatt 92 A1
Ettington 64 A2
Ettlingen 90 B1
Ettringen 91 D2/3
Étuz 89 C3, 104 A1
Etxebarri 153 D1
Etyek 95 D3, 129 C1
Etzenricht 82 B3, 92 B1
Eu 77 C/D2
Euerdorf 81 C/D3
Eugénie-les-Bains 108 B2/3, 154 B1
Eúgenikon 145 D1
Eugmo 20 B1
Eugui 108 A3, 154 A1/2
Eulate 153 D2
Eupen 79 D2
Eura 24 A/B2
Eurajoki 24 A1/2
Eurasburg 92 A2
Eursinge 67 C2
Euskirchen 79 D2, 80 A2
Eutin 53 C3
Eutresis 147 C2
Eväjärvi 25 C1, 26 A1
Evanger 36 A/B3
Évaux-les-Bains 102 A/B2
Evenesdal 15 C1
Évenos 112 A3
Evenskjær 9 C2
Evenstad 38 A1
Evergem 78 B1
Evermov 83 C2/3
Everöd 50 B3
Everswinkel 67 D3
Evertsberg 39 C1/2
Evesham 63 D1, 64 A2
Évians-les-Bains 104 B2
Evijärvi 21 C2
Evinochórion 146 A/B2
Evínos 146 B2
Évisa 113 D3
Evitskog 25 C3
Evje 43 D2
Evjen 14 B1
Evolène 105 C2
Evora 164 B2
Evoramonte 165 C2
Évran 85 C2
Évrange 79 D3
Évrecy 86 A1
Évreux 87 C1
Évron 86 A2
Évropos 139 C3, 143 C/D1
Évzoni 139 C3, 143 D1
Ewijk 66 B3
Exaplátanos 143 C/D1
Exaplátanos 140 B3, 145 C1, 149 C1
Éxarchos 147 C1/2
Excideuil 101 D3
Exeter 63 C2/3, 63 C1/2
Exmes 86 B1

Exmouth 63 C3, 63 C2
Exochí 144 B1
Extertal 68 A3
Extremo 150 A3
Eydehamn 43 C3
Eye 65 D2
Eye 64 B1/2, 65 C1/2
Eyemouth 57 D2
Eyguians 111 D2, 112 A2
Eyguières 111 C/D2/3
Eygurande 102 A/B3
Eygurande-et-Gardefeuil 101 C3, 108 B1
Eylie 155 D2
Eymet 109 C1
Eymoutiers 102 A3
Eysteinkyrkja 33 C3, 37 D1
Eystrup 68 A/B2
Ezaro 150 A2
Eczaray 153 C2
Ezcurra 154 A1
Ezeriş 135 C1
Ezine 149 C/D1

F

Fabara 163 C1/2
Fabas 109 C3, 155 D1
Fåberg 36 B1/2
Fåberg 37 D2, 38 A1
Fabero 151 C2
Fabian 155 C2
Fåborg 52 B1/2
Fabrègues 110 B3
Fabrezan 110 A3, 156 B1
Fabriano 115 D3, 117 C2
Fabrízia 122 A/B3
Facha 150 A3, 158 A1
Facheca 169 D2
Facinas 171 D3
Facture 108 A1
Fadagosa 165 C1
Fadd 129 C2
Faédis 126 A2
Faenza 115 C2, 116 B1
Faeto 119 D2/3, 120 A1/2
Fafe 158 A/B1
Făgăraş 140 B1
Fågelberget 29 D2
Fågelfors 51 C/D1
Fågelmara 51 C/D2
Fågelsjö 39 D1
Fågelsta 46 A2
Fågelsundet 40 B2
Fågelvik 46 B3
Fagerhaug 33 C2
Fagerheim 37 C3
Fagerhøi 37 D2
Fagerholt 44 B1/2
Fagerhult 44 B2
Fagerhult 51 C1
Fagernes 37 C/D2/3
Fagernes 4 A3, 10 A1
Fagersanna 45 D2, 46 A2
Fagersta 39 D3, 40 A3
Fagerstrand 38 A3, 44 B1
Fagervik 25 C3
Fagervika 14 A2
Fåget 98 A3, 140 A/B1
Fäggeby 39 D2, 40 A2
Fåglavik 45 C/D3
Fagnano Castello 122 A1
Fago 154 B2
Fahrenhorst 68 A2
Fahrenzhausen-Grossnöbach 92 A2
Fahrland 70 A2
Fahy 89 D3, 90 A3, 104 B1
Fai della Paganella 107 C2
Faia 158 B1
Faido 105 D2
Faimes 79 C2
Fairford 64 A3
Fairlie 56 B2
Faissault 78 B3

Fajão 158 B3
Fakenham 65 C1
Fåker 34 B2
Fakovići 133 C2
Fakse 53 D1
Fakse Ladeplads 53 D1/2
Falaise 86 A1
Falaise d'Aval 76 B3
Fålasjø 30 B3, 35 D2
Falcade 107 C2
Falces 154 A2
Falconara Maríttima 115 D2/3, 117 D2
Falcone 125 C/D1/2
Faleide 32 A3, 36 B1
Falerna 122 A2
Falerum 46 B2/3
Falešty 99 C3
Falirákion 149 D3
Falkenberg 49 D2, 50 A1, 72 A1
Falkenberg 83 C1
Falkenberg 92 B2
Falkenberg 82 B3
Falkenhagen 69 D1/2
Falkenhain 82 B1
Falkenrehde 70 A2
Falkensee 70 A2
Falkenstein 82 B2
Falkenstein 92 B1
Falkenthal 70 A2
Falkirk 56 B1/2
Falkland 57 C1
Falköping 45 D3
Fall 37 D3, 38 A2
Fallet 34 A/B2/3
Fällfors 20 A1, 31 D2
Fällfors 16 B3
Fallingbostel 68 B2
Fallingbostel-Dorfmark 68 B2
Fällkäl 30 B2, 35 D1
Fällsvikshamnen 30 B3
Falltorp 38 B2
Falmouth 62 B3
Falset 163 C/D1/2
Falstone 57 C/D2/3
Fálticeni 98 B3
Fältjägarstugan 34 A2
Falun 39 D2
Fana 36 A3, 42 A1
Fanano 14 B2, 116 A1
Fanári 147 C3
Fanárion 145 C1
Fanárion 143 C3
Fanefjord Kirke 53 D2
Fangel 53 C1, 53 C1
Fanghetto 112 B2
Fanjeaux 109 D3, 156 A1
Fankel 80 A3
Fannrem 28 A3, 33 C2
Fano 115 D2, 117 C/D1
Fanø Vesterhavsbad 48 A3, 52 A1
Fantoft 36 A3
Fanzara 162 B3, 169 D1
Fão 150 A3, 158 A1
Fara 127 C3
Fara Novarese 105 C/D3
Fara San Martino 119 C/D1/2
Farád 94 B3
Faraján 172 A2/3
Faramontanos de Tábara 151 D3, 159 D1
Farasdués 154 A/B2
Fårbo 51 D1, 72 B1
Farchant 92 A3
Farcheville 87 D2
Fardella 120 B3, 122 A1
Færder 44 B1/2
Fareham 76 A1
Färentuna 47 C1
Fårevejle 49 C3, 53 C1
Fårevejle Stby 49 C3, 53 C1
Farfa 117 C3, 118 B1
Fargau-Pratjau 53 C3
Färgelanda 45 C2
Färila 40 A1
Faringdon 64 A3
Faringe 40 B3
Fäeringtofta 50 A/B2/3
Farini d'Olmo 113 D1, 114 A1

Färjestaden 51 D2, 72 B1
Farkadón 143 C/D3
Farlete 154 B3, 162 B1
Färlöv 50 B2/3
Farná 95 D2/3
Färnäs 39 C/D2
Farnborough 64 B3, 76 B1
Farnborough 65 C3, 76 B1
Farnese 116 B3, 118 A1
Farnham 64 B3, 76 B1
Farningham 65 C3, 77 C1
Farnworth 59 D2, 60 B2/3
Fårö 47 D3, 47 D2
Faro 170 B2
Faro do Alentejo 164 B3
Fårösund 47 D3, 47 D2
Farra d'Alpago 107 D2
Farrington Gurney 63 D2, 63 D1
Farrou 109 D1/2, 110 A2
Fársala 143 D3, 147 C1, 148 B1
Farsaliótis 143 C/D3
Farsø 48 B2
Farstad 32 A2
Farsund 42 B3
Farum 49 D3, 50 A3, 53 D1
Fårup 48 B2
Fasano 121 C2
Fassberg 68 B2
Fasterholt 48 A/B3
Fastov 99 C1/2
Fatež 75 D3
Fátima 158 A3, 164 A/B1
Fatmomakke 15 C3, 29 D1
Fättjaur 15 C3, 29 D1
Faucogney 89 D2/3
Faugères 110 B3
Fauguerolles 109 C1/2
Faulenrost 69 D1, 70 A1
Faulquemont 89 D1
Faulungen 81 D1
Fauquembergues 77 D2
Fáurei 141 C1
Fauske 15 C1
Fauville-en-Caux 77 C3
Fauvillers 79 C3
Fåvang 37 D2, 38 A1
Favara 124 B3
Favareta 169 D2
Faverges 104 A/B3
Faverney 89 C3
Faverolles 87 C1/2
Faversham 65 C3, 77 C1
Favignana 124 A2
Favone 113 D3
Fawley 76 A1
Fay-aux-Loges 87 C2/3
Fay-de-Bretagne 85 C/D3
Fay-sur-Lignon 111 C1
Fayence 112 A/B3
Fayet 110 A/B2
Fayl-Billot 89 C3
Fayón 163 C1
Fažana 130 A1
Fécamp 77 C3
Feces de Abajo 150 B3, 158 B1
Feda 42 B3
Fedje 36 A3
Fefor 37 D2
Fegen 50 A1
Feggeklit 48 A/B1/2
Fégréac 85 C3
Fegyvernek 129 D1
Fehérvárcsurgó 95 C/D3, 128 B1
Fehrbellin 69 D2, 70 A2
Fehring 127 D1
Feichten 106 B1
Feios 36 B2
Feira 158 A2
Feiring 38 A2
Feistritz am Wechsel 94 A/B3
Feiteira 170 B2
Feitos 150 A3, 158 A1
Feketić 129 C/D3
Fekjan 37 C3
Felanitx 157 D1
Felchow 70 B2
Feldbach 96 A/B3, 127 D1

Feldberg 70 A1
Feldberg 90 B3
Felde 52 B2/3
Feldkirch 106 A1
Feldkirchen in Kärnten 96 A3, 126 B1/2
Feldkirchen-Westerham 92 A3
Felgueiras 158 A/B1
Feliceto 113 D2
Felina 114 A/B1/2, 116 A1
Félines-Termenès 110 A3, 156 B1
Felino 114 A1
Felísio 115 C2, 116 B1
Felitto 120 A3
Félix 173 D2
Felixstowe 65 D2
Felizzano 113 C1
Fell 79 D3, 80 A3
Fellbach 91 C2
Felletin 102 A2
Fellingfors 14 B3
Fellingsbro 46 B1
Felsberg-Gensungen 81 C1
Felsőrajk 128 A1/2
Felsőszentiván 129 C2
Felsted 52 B2
Felton 57 D2
Feltre 107 C2
Femanger 42 A1
Femsjö 50 A/B1
Femundsenden 33 D3
Femundshytta 33 D3
Fendeille 109 D3, 156 A1
Fene 150 B1
Fenékpuszta 128 A1/2
Fener 107 C2/3
Fenes 9 C1
Fenestrelle 112 B1
Fénétrange 89 D1, 90 A1/2
Fengersfors 45 C2
Fenny Stratford 64 B2
Fensmark 53 D1
Feolin Ferry 56 A2
Feragen 33 D2/3
Ferchland 69 D2/3
Ferdinandovac 128 A2
Ferdinandshof 70 B1
Fère-Champenoise 88 A1
Fère-en-Tardenois 88 A1
Ferentillo 117 C3, 118 B1
Ferentino 118 B2
Férento 117 C3, 118 A1
Férez 168 B3
Feria 165 D2/3
Feričanci 128 B3
Ferla 125 C3
Ferlach 126 B2
Fermignano 115 D2/3, 117 C2
Fermo 117 D2, 130 A3
Fermoselle 159 C1
Fermoy 55 C3
Fernán Núñez 172 B1
Fernancaballero 167 C2
Ferney-Voltaire 104 A2
Fernhurst 76 B1
Ferns 58 A3
Ferragudo 170 A2
Férrai 141 C3, 145 D1, 145 D3, 149 C1
Ferrandina 120 B3
Ferrara 115 C1
Ferrara di Monte Baldo 106 B3
Ferreira 150 B1
Ferreira do Alentejo 164 B3, 170 A/B1
Ferreira do Zêzere 158 A3, 164 B1
Ferreiros 150 A3, 158 A1
Ferreras de Abajo 151 D3, 159 D1
Ferreras de Arriba 151 D3, 159 C/D1
Ferrerías 157 D1
Ferreruela 162 A2
Ferret 104 B2/3
Ferrette 89 D3, 90 A3, 104 B1

Ferriere 113 D1, 114 A1
Ferrière-Larçon 101 D1
Ferrières 100 B2
Ferrières 108 B3, 154 B1
Ferrières-en-Gâtinais 87 D2
Ferrières-Saint-Mary 102 B3, 110 B1
Ferrières-sur-Sichon 103 C2
Ferring 48 A2
Fertília 123 C1/2
Fertőd 94 B3
Fertőszentmiklós 94 B3
Fervença 158 A/B1
Ferwerd 66 B1
Festøy 32 A3, 36 A/B1
Festvåg 8 B2
Festvåg 8 B3
Fetești 141 C/D2
Fetsund 38 A3
Feucht 92 A1
Feuchtwangen 91 D1
Feudingen 80 B1/2
Feugarolles 109 C2
Feurs 103 C3
Fevåg 28 A3, 33 C1
Fevik 43 C3
Ffestiniog 59 C2/3, 60 A3
Fiamignano 117 D3, 118 B1
Fiane 43 C2/3
Fiano 105 C3, 112 B1
Fiastra 115 D3, 117 D2
Ficarolo 114 B1
Fichtelberg 82 A3
Fichtenau-Wildenstein 91 D1
Fichtenberg 91 C1
Fichtenwalde 70 A3
Ficulle 117 C3, 118 A1
Fidenza 114 A1
Fidjeland 42 B2
Fiè allo Scíliar/völs Am Schlern 107 C2
Fieberbrunn 92 B3
Fienvillers 77 D2
Fiera di Primiero 107 C2
Fierbinţi 141 C1/2
Fierbinţi Tîrg 141 C1/2
Fieri 142 A1/2, 148 A1
Fiesch 105 C2
Fiésole 114 B2, 116 B1
Figalía 146 B3
Figeac 109 D1, 110 A1
Figeholm 51 D1
Figline Valdarno 114 B2/3, 116 B2
Figueira da Foz 158 A3
Figueira de Castelo Rodrigo 159 C2
Figueira dos Cavaleiros 164 B3, 170 A/B1
Figueiredo de Alva 158 B2
Figueiró 158 B2
Figueiró do Campo 158 A3
Figueiró dos Vinhos 158 A3, 164 B1
Figuera 155 D3, 156 A3, 163 D1
Figueral 157 C2
Figueres 156 B2
Figuerola d'Orcau 155 D2/3
Figueruelas 154 A/B3, 162 A1
Fiholm 46 B1
Fiksdal 32 A2/3
Filadélfia 122 A/B2
Filáki 143 D3, 147 C1
Filákion 141 C3, 145 D2/3
Filaktí 143 C3, 146 B1
Filettino 119 C2
Filey 61 D2
Filí 147 D2
Fília 146 B3, 148 B2
Fília 145 D3
Filiaşi 135 D2, 140 B1/2
Filiátai 142 B3
Filiatrá 146 B3, 148 A/B2
Filipjakov 130 B2/3
Filipstad 39 C3, 45 D1, 46 A1
Filitosa 113 D3
Fillan 32 B1
Fillingsnes 32 B1
Fillsta 29 D3, 34 B2
Filottrano 115 D3, 117 D2

Filskov 48 A/B3, 52 A/B1
Filsum 67 D1
Filton 63 D1/2
Filtvet 38 A3, 44 B1
Filzmoos 93 C3, 126 A/B1
Finale di Rero 115 C1
Finale Emília 114 B1
Finale Ligure 113 C2
Fiñana 173 D2
Finbo 41 C2
Finby 24 B3
Finby 41 C/D2/3
Findon 76 B1
Fines 173 D1/2, 174 A1/2
Finestrat 169 D2
Finisterre 150 A2
Finja 50 B2
Finkenthal 70 A1
Finnanger 28 B1/2
Finnart 56 B1
Finnbacka 39 D2
Finnberget 39 C1
Finnbyen 8 A2/3
Finneby 35 C3
Finneidfjord 14 B2
Finnemisj kapell 5 C/D2, 6 A2
Finnentrop 80 B1
Finnerödja 46 A1/2
Finnes 14 B1
Finnes 9 C1
Finnfjordeidnet 4 A3, 9 D1
Finngruvan 39 C2
Finnhamn 47 D1
Finning 91 D2/3, 92 A2/3
Finnjord 4 A3, 9 D1, 10 A1
Finnkroken 4 A2
Finnmyren 16 B3
Finnøy 9 C3
Finnøy 42 A2
Finnsäter 29 C3, 34 B1
Finnset 32 B3, 37 C1
Finnskog 38 B2
Finnsnes 9 D1
Finntorp 45 C1
Finnträsk 16 B3
Finnvik 42 A2
Finnvik 4 A2
Finnvik 5 C1, 6 A1
Finnvollan 29 C1
Fino Mornasco 105 D3, 106 A3
Finow 70 A/B2
Fins 78 A3
Finsand 37 D3
Finse 36 B3
Finsjö 51 D1
Finsland 42 B3
Finspång 46 B2
Finstad 33 D3
Finstad 38 B2
Finsterwalde 70 A/B3, 72 A3, 83 C1, 96 A1
Finström 41 C2/3
Fintel 68 B1/2
Fintry 56 B1
Fionnay 104 B2
Fionnphort 54 A2, 55 D1
Fiorenzuola d'Arda 114 A1
Firanli 145 D3
Firenze 114 B2, 116 B1/2
Firenzuola 117 C3, 118 B1
Firenzuola 114 B2, 116 B1
Firminy 103 C3
Firmo 122 A1
Firovo 75 C1
Fiscal 155 C2
Fischach 91 D2
Fischamend Markt 94 B2, 96 B2/3
Fischbach 90 A1
Fischbach 94 A3, 127 C/D1
Fischbach (Birkenfeld) 80 A3
Fischen 91 D3, 106 B1
Fiskå 36 A1
Fiskåhaugen 28 B1
Fiskarheden 39 C1/2
Fiskbæk 48 B2
Fiskebäckskil 44 B2/3
Fiskebøl 8 B2
Fiskeby 46 B2

Fiskefjord 8 B2, 9 C2
Fiskeläge 31 D1/2
Fiskevollen 33 D3
Fiskö 24 A2/3, 41 D2
Fiskøy 9 C2
Fisksätra 47 D1
Fisksjölandet 29 D3, 30 A3, 35 C2
Fisktjønnmoen 14 B2
Fismes 88 A1
Fitero 153 D3, 154 A3
Fitíai 146 A1
Fitjar 42 A1
Fiuggi 118 B2
Fiuggi Fonte 118 B2
Fiumalbo 114 B2, 116 A1
Fiumata 117 C/D3, 118 B1
Fiumefreddo 125 D2
Fiumefreddo Brúzio 122 A2
Fivizzano 114 A2, 116 A1
Fix-Saint-Geneys 103 C3, 110 B1
Fjågesund 43 C2
Fjäl 29 D3, 34 B2
Fjälbyn 31 D1
Fjälkinge 50 B2/3
Fjällandet 29 D3, 35 C2
Fjållåsen 10 A3
Fjällbacka 44 B2
Fjällbosjö 15 C/D3
Fjällnäs 32 D2/3, 34 A2/3
Fjällsjönäs 15 C/D3
Fjällskäfte 46 B1
Fjand Gårde 48 A2
Fjæra 42 B1
Fjärås 49 D1, 50 A1
Fjardhundra 40 A3
Fjære 43 C3
Fjærland 36 B2
Fjelberg 42 A1
Fjell 36 A3
Fjell 28 B2
Fjellerup 49 C2
Fjellkjøsa 28 A3, 33 C1/2
Fjellsrud 38 A3
Fjellstad 4 A3, 9 D1
Fjellstøl 43 C/D1
Fjellvær 32 B1
Fjelstrup 52 B1
Fjenneslev 53 D1
Fjerritslev 48 B1
Fjølvika 28 B1
Fjordgård 9 D1
Fjørtoft 32 A2
Fjugesta 46 A1
Flå 37 D3
Flå 28 A3, 33 C2
Flaach 90 B3
Fladungen 81 D2
Flaka 41 C/D3
Flaka 41 C/D3
Flakaträsk 15 C/D3
Flakk 28 A3, 33 C1
Flakkebjerg 53 C1
Flakstad 8 A/B2/3
Flåm 36 B3
Flamatt 104 B1
Flammersfeld 80 A2
Flåmseter 33 C3, 37 D1
Flärke 31 C2/3
Flarken 31 D1/2
Flassans-sur-Issole 112 A3
Flata 5 D2, 6 A2
Flatabø 42 A/B1
Flatdal 43 C1
Flåte 42 A1
Flateby 38 A3, 44 B1
Flateland 42 B2
Flaten 43 C2/3
Flåten 4 B2
Flåtestøa 38 A/B1
Flatholmen 44 B3
Flatmark 32 B3, 37 C1
Flatøydegard 37 D3
Flatråker 42 A1
Flatsetra 33 C3, 37 D1
Flått 28 B1
Flattach 126 A1
Flattnitz 126 B1
Flatval 32 B1
Flatvoll 37 C/D3

Flauenskjold 48 B1
Flavigny-sur-Moselle 89 C2
Flawil 91 C3, 105 D1, 106 A1
Flayat 102 A2/3
Flechtingen 69 C3
Fleckeby 52 B2
Flecken Zechlin 69 D1/2, 70 A1/2
Fleet 64 B3, 76 A/B1
Fleetmark 69 C2
Fleetwood 59 C/D1, 60 B2
Flekke 36 A2
Flekkefjord 42 B3
Flemløse 52 B1
Flen 39 D2/3
Flen 46 B1
Flensburg 52 B2
Flenstad 28 A2, 33 C1
Fléres/pflersch 107 C1
Flermoen 38 B1
Flers 86 A1/2
Flesberg 43 D1
Flesje 36 B2
Flesnes 9 C2
Flessau 69 C/D2
Flesvik 32 B1
Fleurance 109 C2
Fleuré 101 C2
Fleurey-lès-Faverney 89 C3
Fleurie 103 C/D2
Fleurier 104 B1
Fleurus 78 B2
Fleurville 103 D2
Fleury 77 D3, 87 C1
Fleury-en-Bière 87 D2
Fleury-sur-Andelle 77 C/D3, 87 C1
Flez 88 A3
Flickerbäcken 38 B1
Flieden 81 C2
Flims Dorf 105 D1, 106 A1
Flims Waldhaus 105 D1, 106 A1
Flines-les-Râches 78 A2
Flins-sur-Seine 87 C1
Flint 59 C2, 60 A/B3
Flintbek 52 B3
Flirsch 106 B1
Flisa 38 B2
Flisby 46 A3
Fliseryd 51 C1/2
Flivik 46 B3, 51 D1
Flix 163 C1
Flize 79 C3
Flø 36 A1
Floby 45 D3
Floda 45 C3
Floda 46 B1
Floda 31 C/D1
Flogny 88 A2/3
Flöha 82 B2, 83 C2
Floirac 108 B1
Flor 34 B3
Flôr da Rosa 165 C1/2
Flora 28 B3, 33 D1
Florac 110 B2
Florejachs 155 D3, 163 D1
Florennes 79 C2
Florensac 110 B3
Florentin 135 D2
Florenville 79 C3
Flores de Ávila 160 A2
Florešty 99 C2/3
Florídia 125 D3
Flórina 143 C1/2
Flórinas 123 C1
Florø 36 A2
Flörsbach 81 C3
Flörsbachtal 81 C3
Florstadt-Niederflorstadt 81 C2
Floss 82 B3
Flossenbürg 82 B3
Flosta 43 C/D3, 44 A2
Flostrand 14 B2
Flötningen 33 D3, 34 A3, 38 B1
Fløttumsetra 33 C2
Flovika 8 B2
Fluberg 37 D3, 38 A2
Flüelen 105 D1

Flüh 90 A3, 105 C1
Flumet 104 B3
Flúmini 123 D3
Fluminimaggiore 123 C3
Flums 105 D1, 106 A1
Fluorn-Winzeln 90 B2
Flurkmark 20 A1, 31 C/D2
Flyggsjö 31 C2
Flyinge 50 A/B3
Flykälen 29 D2/3, 34 B1
Flyn 30 A2/3, 35 C1
Flytsåsen 39 D1, 40 A1
Fobello 105 C2/3
Foča 133 C2
Foça 149 C/D2
Fochabers 54 B2
Focşani 141 C1
Foeni 140 A1
Fogdö 47 C1
Fóggia 120 A1
Foglianise 119 D3, 120 A2
Föglö 41 D3
Fogueteiro 164 A2
Fohnsdorf 127 C1
Fóiano di Chiana 115 C3, 116 B2
Foiano Valfortore 119 D2, 120 A1/2
Foix 109 D3, 155 D1/2, 156 A1
Fojnica 132 B3, 137 C1
Fojnica 132 B2
Fokhaugstova 32 A3, 36 B1
Fokino 75 C/D3
Fokovci 127 D1/2
Fokstua 33 C3, 37 C/D1
Foldereid 28 B1
Foldingbro 48 A/B3, 52 A/B1
Fole 47 D3, 47 D2/3
Folelli 113 D2/3
Folgaria 107 C2/3
Folgosa 158 B1/2
Folgoso de Caurel 151 C2
Folgoso de la Ribera 151 C/D2
Foligno 115 D3, 117 C2/3
Folkärna 40 A3
Folkestad 36 A/B1
Folkestone 65 D3, 77 C1
Folkingham 61 D3, 64 B1
Follafoss 28 B2, 33 D1
Follandsvangen 33 C3, 37 D1
Folldalsverk 33 C3, 37 D1
Follebu 37 D2, 38 A1
Follina 107 C/D2/3
Föllinge 29 D3, 34 B1
Follónica 114 B3, 116 A2/3
Fombelaux 101 D3
Fombellida 152 B3, 160 B1
Foncea 153 C2
Foncine-le-Bas 104 A2
Foncouverte 110 A2
Fondamente 110 B2
Fondi 119 C2
Fondo 107 C2
Fondón 173 D2
Föne 35 C3
Fonelas 173 C1
Fonfría 162 A/B2
Fonfría 151 D3, 159 D1
Fonn 36 B2
Fonnebostsjøn 36 A3
Fonnes 36 A3
Fonni 123 D2
Fonó 128 B2
Fons 111 C2
Fonsagrada 151 C1
Font Romeu 156 A2
Fontaine-Chalendray 101 C2
Fontaine-de-Vaucluse 111 D2
Fontaine-Française 89 C3
Fontaine Henry 76 B3, 86 A1
Fontaine-la-Soret 77 C3, 86 B1
Fontaine-le-Dun 77 C3
Fontaine-sur-Coole 88 B1
Fontainebleau 87 D2
Fontana Liri 119 C2
Fontanarejo 167 C1/2
Fontane 113 C2
Fontanellato 114 A1

Fontanelle 107 D3
Fontanelle 114 A1
Fontanetto Po 113 C1
Fontaniva 107 D3
Fontannes 103 C3
Fontanosas 167 C2, 167 C2
Fonte Blanda 116 B3
Fonte Bôa 170 A1
Fontécchio 117 D3, 119 C1
Fontellas 154 A3
Fontenay-le-Comte 100 B2
Fontenay-sur-Loing 87 D2
Fontenay-Trésigny 87 D1/2
Fontet 108 B1
Fontevrault-l' Abbaye 86 A/B3, 101 C1
Fontfroide 110 A/B3, 156 B1
Fontgombault 101 D1
Fonti del Clitunno 117 C3, 118 B1
Fontibre 152 B1/2
Fontiveros 160 A2
Fontvieille 111 C2/3
Fonyód 128 A/B1/2
Fonz 155 C3
Fonzaleche 153 C2
Fonzaso 107 C2
Fóppolo 106 A2
Fôra 51 D1
Foradada 155 D3, 163 D1
Foradada de Tosca 155 C2
Foråsen 29 D3, 34 B1
Forbach 90 B2
Forbach 89 D1, 90 A1
Forbach-Schönmünzach 90 B2
Förby 24 B3
Forcall 162 B2
Forcalqueiret 112 A3
Forcalquier 111 D2
Forcarey 150 A/B2
Force 117 D2/3
Forchheim 83 C2
Forchheim 82 A3
Forchtenau 94 B3
Forchtenberg 91 C3
Førde 42 A1
Førde 36 B2
Førde 36 A2
Förderstedt 69 C/D3
Fordingbridge 76 A1
Fordongiánus 123 C2
Fore 14 B1
Forenza 120 B2
Forest-Montiers 77 D2
Foresta Burgos 123 C2
Føresvik 42 A2
Forfar 54 B2, 57 C1
Forges-les-Eaux 77 D3
Forheim-Aufhausen 91 D2
Foria 120 A3
Forio 119 C3
Forjães 150 A3, 158 A1
Førland 42 B3
Forli 115 C2, 116 B1, 117 C1
Forli del Sánnio 119 C/D2
Forlimpópoli 115 C2, 117 C1
Formby 59 C/D2, 60 B2/3
Formerie 77 D3
Fórmia 119 C2/3
Formiche Alto 162 B2/3
Formiche Bajo 162 B3
Formiche di Grosseto 116 A3
Formícola 119 C/D3
Formigal 154 B2
Formigaleso 155 C2
Formígine 114 B1
Formigliana 105 C3
Formignana 115 C1
Formiguères 156 A1/2
Fornalutx 157 C/D1
Fornebu 38 A3
Fornelli 123 C1
Fornells 157 D1
Fornells 157 C1
Fornells de la Muntanya 156 A2
Fornelos de Montes 150 A2
Fornes 9 C/D1/2
Fornes 9 C2
Fornes 9 C1/2
Fornes 173 C2

Forneset 4 A/B3, 10 A1
Forni Avoltri 107 D2, 126 A2
Forni di Sopra 107 D2, 126 A2
Forni di Sotto 107 D2, 126 A2
Forno 112 B1
Forno Allione 106 B2
Forno Alpi Gráie 104 B3
Forno di Zoldo 107 C/D2
Fórnoles 163 C2
Fornols 155 D2, 156 A2
Fornos de Algedres 158 B2
Fornovo di Taro 114 A1
Forradal 28 B3, 33 D1
Forráskút 129 D2
Fors 31 C3
Fors 40 A3
Forsa 40 A1
Forsand 42 A2
Forsbacka 40 A2
Forsbacka 15 D2/3
Forsby 25 D2, 26 A2/3
Forsed 30 B3, 35 D2
Forserum 46 A3
Forshaga 45 D1
Forsheda 50 B1
Forsland 14 A2
Förslövsholm 49 D2, 50 A2
Forsmark 40 B2
Forsmark 15 C3
Forsmo 30 B3, 35 D2
Forsmo 30 A2/3, 35 C/D1
Forsmo 30 A2/3, 35 C/D1
Forsnacken 15 C3
Forsnäs 16 A2
Forsnäs 16 B2
Forsnäs 30 A/B2, 35 D1
Forsnes 32 B1
Forsøl 5 C1, 6 A1
Forssa 25 C2
Forst 70 B3, 72 A3, 83 D1, 96 A1
Forstau 93 C3, 126 A/B1
Forsvik 46 A2
Fort Augustus 54 A2, 55 D1
Fort la Latte 85 C1/2
Fort-Mahon-Plage 77 D2
Fort William 54 A2, 55 D1
Fortanete 162 B2
Forte dei Marmi 114 A2, 116 A1
Forte di Bibbona 114 B3, 116 A2
Förtha 81 D2
Fortingall 56 B1
Fortino 120 A/B3
Fortun 37 C2
Fortuna 169 C3
Fortuneswell 63 D3, 63 D2
Forvik 14 A3
Fos 155 C2
Fos-sur-Mer 111 C/D3
Fosdinovo 114 A2
Foskros 34 A3
Fosmark 42 A/B2
Fosnavåg 36 A1
Foss 28 A3, 33 C2
Foss 28 B1/2
Fossacésia 119 D1
Fossacésia Marina 119 D1
Fossano 113 C1/2
Fossbakken 9 D2
Fossbakken 33 C3, 37 D1
Fossbua 10 A2
Fosse 37 D2
Fossé 87 C3
Fossemagne 101 D3, 109 C1
Fosser 38 A/B3, 44 B1
Fosses-La-Ville 79 C2
Fosses-la-Ville 79 C2
Fossestølen 36 A2/3
Fossestrand 5 D2, 6 A2
Fosseter 33 C3, 37 D1
Fossheim 37 C2/3
Fossholt 37 D3
Fossli 36 B3
Fosso Ghiáia 115 C2, 117 C1
Fóssoli 114 B1
Fossombrone 115 D2/3, 117 C2

Fót 95 D3
Fotheringhay 64 B2
Fotolívos 144 B1
Foucarmont 77 D2/3
Fouesnant 84 A/B2/3
Fougères 85 D2
Fougères-sur-Bièvre 87 C3
Fougerolles 89 C/D2/3
Foulain 89 C2
Foulsham 65 C/D1
Fountains Abbey 61 C2
Fouras 100 B2
Fourchambault 102 B1
Fourfourás 149 C3
Foúrka 142 B2
Fourmies 78 B3
Fourná 146 B1
Fournels 110 B1
Fournols 102 B3
Fourques 156 B1/2
Fourquet 109 C2
Fours 103 C1
Fours 112 A/B2
Fovant 63 D2, 63 D1, 76 A1
Foz 151 C1
Foz da Sousa 158 A2
Foz de Arouce 158 A3
Foz de Calanda 162 B2
Foz do Arelho 164 A1
Frabosa Soprana 113 C2
Fraddon 62 B3
Frades de la Sierra 159 D2
Fraeyming-Merlebach 89 D1, 90 A1
Frafjord 42 A/B2
Fraga 155 C3, 163 C1
Fragagnano 121 C3
Fragneto Monforte 119 D2/3, 120 A2
Frahier-et-Chatebier 89 D3
Frailes 173 C1
Fraire 78 B2
Fraize 89 D2, 90 A2
Frameries 78 B2
Framlingham 65 D2
Främlingshem 40 A2
Frammersbach 81 C3
Främmestad 45 C2/3
Framnäs 16 A1
França 151 C3, 159 C1
Francardo 113 D2/3
Francavilla al Mare 119 C/D1
Francavilla di Sicilia 125 D2
Francavilla Fontana 121 C/D2/3
Francavilla in Sinni 120 B3, 122 A1
Franco 158 B1
Francofonte 125 C3
Francorchamps 79 D2
Frändefors 45 C2
Franeker 66 B1/2
Frangy 104 A2
Frankenau 81 C1
Frankenberg 82 B2
Frankenberg 81 C1
Frankenburg am Hausruck 93 C2/3
Frankenfels 94 A3, 96 A3
Frankenhardt-Gründelhardt 91 C/D1
Frankenheim 81 D2
Frankenmarkt 93 C3
Frankenstein 90 B1
Frankenthal 80 B3, 90 B1
Frankershausen 81 C/D1
Frankfurat-Markendorf 70 B3
Frankfurt 70 B2/3, 72 A3, 96 A1
Frankfurt 80 B3
Frankrike 29 C3, 34 A/B1
Frånö 30 B3, 35 D2
Fránscia 106 A/B2
Fränsta 35 C2/3
Františkovy Lázně 82 B3
Frascati 118 B2
Frascineto 120 B3, 122 A/B1
Fraserburgh 54 B2
Frashëri 142 B2
Frasne 104 A1
Frasnes-lez-Buissenal 78 B2

Fratel 158 B3, 164 B1
Frauenau 93 C1
Frauenfeld 90 B3
Frauenkirchen 94 B3
Frauenstein 83 C2
Fraugde 53 C1
Frayssinet 109 D1
Frayssinet-le-Gélat 109 C/D1
Frechas 159 C1
Frechen 80 A2
Frechilla 152 A3
Frechilla de Almazán 161 D1
Freden 68 B3
Fredensborg 49 D3, 50 A3, 53 D1
Fredericia 48 B3, 52 B1
Frederiksberg 53 C/D1
Frederiksborg Slot 49 D3, 50 A3, 53 D1
Frederikshavn 49 C1
Frederiksoord 67 C2
Frederikssund 49 D3, 53 D1, 72 A1/2
Frederiksværk 49 D3, 50 A3, 53 D1
Fredes 163 C2
Fredrika 30 B2
Fredriksberg 39 C3
Fredriksdal 46 A3
Fredrikshamn 26 B2
Fredrikstad 44 B1
Fredros 38 B3
Fredvang 8 A2/3
Fregenal de la Sierra 165 D3
Freginals 163 C2
Frehne 69 D1
Frei 32 B2
Freiamt-Ottoschwanden 90 A/B2
Freiberg 83 C2, 96 A1
Freiburg 90 A/B3
Freiburg 83 B3, 68 A/B1
Freiburg-Tiengen 90 A/B3
Freiensteinau 81 C2
Freigericht 81 C3
Freihung 82 A/B3, 92 A/B1
Freila 173 D1
Freiland 94 A3
Freilassing 92 B3
Freilingen 80 B2
Freisen 80 A3, 90 A1
Freising 92 A2
Freistadt 93 D2, 96 A2
Freistatt 68 A2
Freital 83 C1/2
Freixedas 159 C2
Freixenet de Segarra 155 D3, 163 D1
Freixianda 158 A3, 164 B1
Freixiosa 158 B2
Freixo 165 C2
Freixo de Espada a Cinta 159 C2
Fréjus 112 A/B3
Frekhaug 36 A3
Frelsdorf 68 A1
Fremdingen 91 D1
Frensdorf 81 D3
Frenštát pod Radhoštěm 95 C/D1
Freren 67 D2
Fréscano 154 A3, 162 A1
Freshwater 76 A1/2
Fresnay-sur-Sarthe 86 A/B2
Fresne-Saint-Mamès 89 C3
Fresneda de Altarejos 161 D3, 168 A/B1
Fresneda de la Sierra 161 D2/3
Fresneda de la Sierra Tirón 153 C2
Fresnedillas 160 B2
Fresnedo 151 C2
Fresnedoso de Ibor 159 D3, 160 A3, 166 A/B1
Fresnes-en-Woëvre 89 C1
Fresnes-sur-Apance 89 C2/3
Fresnes-sur-Escaut 78 A/B2
Fresnillo de las Dueñas 153 C2
Fresno-Alhandiga 159 D2

Fresno de Cantespino 161 C1
Fresno de Caracena 161 C1
Fresno de la Ribera 151 D3, 152 A3, 159 D1, 160 A1
Fresno de Riotirón 153 C2
Fresno de Sayago 159 D1
Fresno de Torote 161 C2
Fresnoy-Folny 77 C/D2/3
Fressonneville 77 D2
Fresvik 36 B2
Frétigney-et-Velloreille 89 C3, 104 A1
Frettes 89 C3
Freudenberg 80 B2
Freudenberg 81 C3
Freudenberg (Amberg) 82 A/B3, 92 A/B1
Freudenstadt 90 B2
Frévent 77 D2
Freyburg 82 A1
Freyenstein 69 D1
Freystadt 92 A1
Freystadt-Burggriesbach 92 A1
Freyung 93 C1/2
Frías 153 C2
Frías de Albarracín 162 A2/3
Fribourg/freiburg 104 B1
Frick 90 B3
Frickenhausen am Main 81 D3
Frickenhausen-Linsenhofen 91 C2
Frickingen 91 C3
Fridafors 51 C2
Fridaythorpe 61 C/D2
Fridingen 91 C3
Fridolfing 92 B3
Frieda 81 D1
Friedberg 80 B2
Friedberg 91 D2
Friedberg 94 A/B3, 127 D1
Friedburg 93 C2/3
Friedeburg 82 A1
Friedeburg 67 D1
Friedeburg-Horsten 67 D1
Friedenfels 82 B3
Friedenshorst 70 A2
Friedersdorf 70 A/B3
Friedersdorf 83 C1
Friedewald (Bad Hersfeld) 81 C2
Friedland 70 B3
Friedland 70 A1
Friedland 81 C/D1
Friedland-Stockhausen 81 C/D1
Friedrichroda 81 D2
Friedrichsbrunn 69 C3, 81 D1, 82 A1
Friedrichshafen 91 C3
Friedrichshain 83 D1
Friedrichskoog 52 A/B3
Friedrichsluga 70 A3, 83 C1
Friedrichsruhe 69 D1
Friedrichstadt 52 A/B2/3
Friedrichsthal 70 B1/2
Friedrichsthal 89 D1, 90 A1
Friedrichswalde 70 A/B2
Frielendorf 81 C1/2
Friesach 94 A3, 126 B1
Friesack 69 D2, 70 A2
Friesenheim (Lahr) 90 A/B2
Friesenried 91 D3
Friesoythe 67 D2
Friesoythe-Edewechterdamm 67 D1/2
Friesoythe-Gehlenberg 67 D2
Friesoythe-Markhausen 67 D2
Friesoythe-Neuscharrel 67 D2
Friggesby 25 C3
Friggesund 25 C3
Friitala 24 A1
Frijsenborg 48 B2
Frilandsmuseum Hjerl Hede 48 A/B2
Frillesås 49 D1, 50 A1, 72 A1
Frillesås 49 D1, 50 A1
Frinnaryd 46 A3
Frinton 65 D2/3
Friockheim 57 C1

Friol 150 B1/2
Fristad 45 C/D3, 72 A1
Fristad 15 C/D3
Fritsla 45 C3, 49 D1, 50 A1
Fritzlar 81 C1
Froan 32 B1
Fröderyd 51 C1
Frödinge 46 B3
Frogner 38 A3
Frognerseteren 38 A3
Frohburg 82 B1/2
Frohnhausen (Dillkreis) 80 B2
Frohnleiten 96 A3, 127 C1
Froidos 88 B1
Froissy 77 D3
Fröjel 47 D3, 72 B1
Froland 43 C3
Frome 63 D2, 63 D1, 64 A3
Fromentel 86 A1/2
Fromentine 100 A1
Frómista 152 B2/3
Frönäs 20 A2/3
Fronhausen-Bellnhausen 80 B2
Fronreute-Blitzenreute 91 C3
Fronsac 108 B1
Fronteira 165 C2
Frontenay-Rohan-Rohan 100 B2
Frontenex 104 A/B3
Frontenhausen 92 B2
Frontignan 110 B3
Fronton 109 D2
Frøsendal 28 A/B2
Frosinone 119 C2
Frosolone 119 D2
Frosta 28 A3, 33 C/D1
Frostavallen 50 B3
Frostkåge 31 D1
Frøstup 48 A/B1
Frövi 46 A/B1
Frøyrak 43 C2
Fruges 77 D2
Frunzovka 99 C3
Frutak 137 C/D1/2
Frutigen 105 C2
Frýdek-Místek 96 B2
Frýdlant 83 D1/2, 96 A1
Fryele 50 B1
Fryksås 39 C1
Fryksta 45 D1
Frymburk 93 C/D2
Fryšták 95 C1
Fteliá 142 B3
Fthiotís 146 B1
Fubine 113 C1
Fucécchio 114 B2, 116 A1/2
Fuencalderas 154 B2
Fuencaliente 167 C3
Fuencarral 160 B2, 161 C2
Fuencubierta 172 A1
Fuendejalón 154 A3, 162 A1
Fuendetodos 162 B1
Fuengirola 172 B2/3
Fuenlabrada 160 B3
Fuenlabrada de los Montes 166 B2
Fuenllana 167 D2, 168 A2
Fuenmayor 153 D2
Fuensalida 160 B3
Fuensanta 168 B1/2
Fuensanta de Martos 173 C1
Fuente-Álamo 169 C2
Fuente-Álamo de Murcia 174 B1
Fuente Amarga 171 D3
Fuente de Cantos 165 D3, 166 A3
Fuente de Pedro Naharro 161 C3, 167 D1, 168 A1
Fuente de Piedra 172 B2
Fuente de Santa Cruz 160 A/B1
Fuente del Arco 166 A3
Fuente del Maestre 165 D2
Fuente el Fresno 167 C1/2
Fuente el Olmo de Fuentidueña 160 B1
Fuente el Olmo de Iscar 160 B1
Fuente el Saz 161 C2

Fuente el Saz de Jarama 161 C2
Fuente el Sol 160 A1/2
Fuente la Higuera 169 C2
Fuente la Lancha 166 B2/3
Fuente Ovejuna 166 B3
Fuente Palmera 172 A1
Fuente Santa 151 D1, 152 A1
Fuente-Tójar 172 B1
Fuentealbilla 168 B1/2
Fuentebravia 171 D2/3
Fuentecambrón 161 C1
Fuentecén 152 B3, 160 B1
Fuenteguinaldo 159 C2
Fuentelárbol 153 C/D3, 161 C1
Fuentelespino de Haro 161 C/D3, 168 A1
Fuentelespino de Moya 162 A3, 169 C1
Fuentelmonje 161 D1
Fuentelsaz 161 D2, 162 A1/2
Fuentemilanos 160 B2
Fuentenovilla 161 C2/3
Fuentepelayo 160 B1
Fuentepinilla 153 C/D3, 161 C1
Fuenterrebollo 160 B1
Fuenterroble de Salvatierra 159 D2
Fuenterrobles 162 A3, 169 C1
Fuentes 161 D3, 162 A3, 168 B1
Fuentes Claras 162 A2
Fuentes de Andalucía 172 A1
Fuentes de Ayódar 162 B3, 169 D1
Fuentes de Cesna 172 B2
Fuentes de Ebro 154 B3, 162 B1
Fuentes de Jiloca 162 A1
Fuentes de León 165 D3, 171 C1
Fuentes de Magaña 153 D3
Fuentes de Nava 152 A/B3
Fuentes de Oñoro 159 C2
Fuentes de Ropel 152 A3
Fuentes de Rubielos 162 B3
Fuentes de Valdepero 152 B3
Fuentesaúco 159 D1, 160 A1
Fuentesaúco de Fuentidueña 160 B1
Fuentesoto 160 B1
Fuentespina 153 C3, 160 B1, 161 C1
Fuentidueña 160 B1
Fuentidueña de Tajo 161 C3
Fuerte del Rey 167 C3, 173 C1
Fuertescusa 161 D2
Fugelsta 30 A3, 35 C2
Fügen 92 A3, 107 C1
Fugleberg 9 C1/2
Fuglebjerg 53 C/D1
Fuglefjell 7 D1
Fuglefjell 4 B2
Fuglefjell 4 B2
Fuglefjell 8 A3
Fuglefjell 8 A3
Fuglefjell 7 C/D1
Fuglefjell 7 D1
Fuglefjell 7 C1
Fuglefjell 28 A/B1
Fuglefjell 7 C/D2
Fuglefjell 4 A/B2
Fuglefjell 4 B1
Fuglefjell 5 D1, 6 A1
Fuglefjell 7 C1
Fuglefjell 6 B1
Fuglefjell 5 D1, 6 B1
Fuglefjell 5 D1, 6 A1
Fuglefjell 5 D1, 6 A/B1
Fuglefjellet 14 A2
Fuglem 28 A/B3, 33 C/D2
Fuglstad 29 C1
Fuglvik 32 B2
Fulda 81 C2
Fuldera 106 B2
Fulleda 155 D3, 163 D1
Fullerö 40 A3, 46 B1

Fullsjön 30 A3, 35 C1
Fullsjön 30 A3, 35 C1
Fülöpszállás 129 C1/2
Fulpmes 107 C1
Fulunäs 38 B1
Fumay 79 C3
Fumel 109 C1/2
Funäs 34 B2
Funäsdalen 34 A2/3
Funcheira 164 B3, 170 A1
Fundão 158 B3
Fundres 107 C1
Fúndres/pfunders 107 C1
Fundulea 141 C1/2
Funes 154 A2
Fünfstetten 91 D1/2
Funtana 130 A1
Furadouro 158 A2
Furci 119 D2
Fure 36 A2
Furenes 36 A2/3
Furnace 56 A1
Furnes 38 A2
Fürstenau 67 D2
Fürstenau 68 A/B3
Fürstenau-Schwagstorf 67 D2
Fürstenberg 70 A1/2
Fürstenfeld 96 A/B3, 127 C1
Fürstenfeldbruck 92 A2
Fürstenstein 93 C2
Fürstenwalde 70 B2/3, 72 A3
Fürstenwerder 70 A1
Fürstenzell 93 C2
Fürstenzell-Sandbach 93 C2
Fürth 81 C3
Fürth 81 D3, 82 A3, 92 A1
Furth 92 A/B2
Furth im Wald 92 B1
Furtwangen 90 B2/3
Furuberg 35 C3
Furuby 51 C1/2
Furudal 39 D1
Furudalseter 28 B2
Furuflaten 4 A/B3, 10 A1
Furuhult 35 D2
Furunäs 16 B2
Furuögrund 31 D1
Furusjö 45 D3
Furusund 41 C3, 47 D1
Furutangvik 29 C1
Furuvik 40 B2
Fusa 42 A1
Fuscaldo 122 A1
Fusch an der Grossglocknerstrasse 107 D1, 126 A1
Fuseta 170 B2
Fushë Arëzi 138 A2
Fushë-Kruja 137 D3, 138 A3, 142 A1
Fushë Muhërri 138 A3
Fusine Laghi 126 A/B2
Fúsio 105 D2
Füssen 91 D3
Fussy 87 D3, 102 A/B1
Fustiñana 154 A3
Futog 129 C/D3, 133 C/D1
Futrikelv 4 A2
Füzesabony 97 C3
Fužine 127 C3, 130 B1
Fyns Hoved 49 C3, 53 C1
Fynshav 52 B2
Fyrås 29 D3, 35 C1
Fyresdal 43 C2
Fyrkat 48 B2

G

Gabaldón 161 D3, 162 A3, 168 B1
Gabarret 108 B2
Gabas 108 B3, 154 B1/2
Gabasa 155 C3
Gabbro 114 A/B3, 116 A2
Gabčíkovo 95 C3

Gabela 132 A/B3, 136 B1
Gabellino 114 B3, 116 A/B2
Gaber 139 D1
Gabicce Mare 115 D2, 117 C1
Gablingen 91 D2
Gaboł 52 A/B1
Gabriac 110 A1/2
Gabrica 140 A2/3
Gabrica 138 B2
Gabrovac 135 C3, 139 C1
Gabrovo 141 C2
Gaby 105 C3
Gacé 86 B1
Gacko 132 B3, 137 C1
Gadbjerg 48 B3, 52 B1
Gäddede 29 C/D2
Gadebusch 53 C3, 69 C1
Gædenen 105 C1/2
Gádor 173 D2
Gádoros 129 D2
Gadžin Han 135 C3, 139 C1
Gaël 85 C2
Gaerwen 58 B2, 60 A3
Găești 141 C1/2
Gaeta 119 C3
Gafanhoeira 164 B2
Gáfete 165 C1
Gaflenz 93 D3
Gagarin 75 D2
Gägelow 53 C3, 69 C1
Gaggenau 90 B1/2
Gaggi 125 D2
Gággio Montano 114 B2, 116 A/B1
Gagliano Castelferrato 125 C2
Gagliano del Capo 121 D3
Gagnef 39 D2
Gagsmark 16 B3
Gahro 70 A/B3, 83 C1
Gaibana 115 C1
Gæidno 6 B2
Gaienhofen-Hemmenhofen 91 C3
Gaildorf 91 C1
Gailey 59 D3, 64 A1
Gailingen 90 B3
Gaillac 109 D2
Gaillefontaine 77 D3
Gaillon 77 D3, 87 C1
Gainsborough 61 C/D3, 64 B1
Gaiole in Chianti 114 B3, 116 B2
Gáios 142 A/B3
Gairloch 54 A2
Gáiro 123 D2
Gáiro Scalo 123 D2
Gais 91 C3, 105 D1, 106 A1
Gaishorn 93 D3
Gaj 134 B1
Gaj 128 A3, 131 D1
Gajary 94 B2
Gajewo 71 D2
Gajsin 99 C2
Gajtaninovo 144 B1
Gajvoron 99 C2
Gakovo 129 C3
Gala 158 A3
Galambok 128 A2
Galan 109 C3, 155 C1
Galanito 11 C1/2, 11 C1/2
Galanta 95 C2
Galapagar 160 B2
Galápagos 161 C2
Galar 154 A2
Galaroza 165 D3, 171 C1
Galashiels 54 B3, 57 C2
Galatás 147 D3, 148 B2
Galați 141 C/D1
Galatina 121 D3
Galatiní 143 C2
Galatísta 144 A2
Galátone 121 D3
Galaxídion 147 C2
Galbarra 153 D2
Galdakao 153 C1
Galeata 115 C2, 116 B1
Galegos 165 C1
Galenbeck 70 A/B1
Galera 168 A3, 173 D1

Galeria 113 D2/3
Galgojavrre 4 B3, 10 B1
Galič 97 D2, 98 A/B2
Galicea Mare 135 D2
Galičica Nacionalni Park 138 B3, 142 B1
Galičnik 138 A/B3
Galíndez 153 C2
Galinduste 159 D2, 160 A2
Galipsós 144 B1
Galisteo 159 C/D3, 165 D1, 166 A1
Galižana 130 A1
Gallarate 105 D3
Gallardon 87 C2
Gällared 49 D1, 50 A1
Gallareto 113 C1
Gallegos de Argañán 159 C2
Gallejaur 16 A3
Galliate 105 D3
Gallicano 114 A/B2, 116 A1
Gallicano nel Lázio 118 B2
Gällinge 49 D1, 50 A1
Gállio 107 C2/3
Gallipienzo 154 A1
Gallípoli 121 D3
Gällivare 16 B1
Gallneukirchen 93 D2
Gällö 35 C2
Gallo 115 D2, 117 C1/2
Gallspach 93 C2
Gällstad 45 D3
Gallúccio 119 C2
Gallur 154 A3, 162 A1
Galovac 130 B2
Gålsjö bruk 30 B3, 35 D2
Galston 56 B2
Galtabäck 49 D1, 50 A1
Galtby 24 A3
Galten 33 D3, 38 B1
Galten 5 C1
Galten 48 B2/3
Galtisjaur 15 D2
Gâltjärn 30 B3, 35 D2
Galtström 35 D3
Galtür 106 B1
Galugnano 121 D3
Galve 162 B2
Galve de Sorbe 161 C1
Galveias 164 B2
Galven 40 A1
Gálvez 160 B3, 167 C1
Galway (An Ghaillimh) 55 C2/3
Gama 153 C1
Gamaches 77 D2/3
Gamarde-les-Bains 108 A/B2
Gambach (Friedberg) 80 B2
Gámbara 106 B3
Gambarana 113 C/D1
Gambárie 122 A3
Gambassi 114 B3, 116 A/B2
Gambatesa 119 D2, 120 A1
Gambolò 105 D3, 113 D1
Gamfoss 15 C1
Gamil 150 A3, 158 A1
Gaming 93 D3, 96 A3
Gaminiz 153 C1
Gamlakarleby 20 B1
Gamleby 83 B2, 72 B1
Gammalvallen 34 B3
Gammel Estrup 49 C2, 49 C2
Gammel Skagen 49 C1
Gammelboliden 16 B3
Gammelby 25 D2, 26 A2/3
Gammelstad (Nederluleå) 17 C3
Gammelvær 4 B2
Gammertingen 91 C2
Gams 105 D1, 106 A1
Gams bei Hieflau 93 D3
Gamvik 7 C1
Gamvik 5 C2
Gamvik 5 C1, 6 A1
Gamzigrad 135 C2/3
Gâmzovo 135 C/D2
Gan 108 B3, 154 B1
Gáname 159 D1
Ganceviči 74 A3
Ganda di Martello/gand 106 B2
Ganddal 42 A2

Ganderkesee 68 A2
Ganderkesee-Brink 68 A2
Gandesa 163 C2
Gandía 169 D2
Gandino 106 A/B3
Gandra 150 A3, 158 A1
Gandria 105 D2
Gandvik 7 C2
Gangelt 79 D2
Ganges 110 B2
Gånghester 45 C/D3
Gangi 125 C2
Gangkofen 92 B2
Gankofen-Obertrennbach 92 B2
Gannat 102 B2
Gannay-sur-Loire 103 C1
Gånsager 52 A/B1/2
Gansdalen 38 A3
Gänserndorf 94 B2, 96 B2/3
Gånsvik 35 D2/3
Gánt 95 D3, 128 B1
Ganthem 47 D3
Ganton 61 D2
Gaočiči 133 C2
Gap 112 A1/2
Gapohytta 4 B3, 10 A1
Gara 129 C2
Gara Hitrino 141 C2
Gara Pirin 139 D3
Garaballa 162 A3, 169 C1
Garaguso 120 B2/3
Garaño 151 D2
Garavan 112 B2/3
Garbagna 113 D1
Garbayuela 166 B3
Garbom 25 D2, 26 A2
Garbsen 68 B2/3
Garching 92 B2/3
Garching bei München 92 A2
García 163 C1/2
Garcíaz 166 A1
Garcihernández 159 D2, 160 A2
Garcinarro 161 C/D3
Garda 106 B3
Gardanne 111 D3
Gårdby 51 D2
Gärde 29 C3, 34 B1
Garde 47 D3, 47 D2
Garde 154 B2
Gardelegen 69 C2
Gardíkion 143 C3
Gardíkion 146 B1
Gardíkion 142 B3
Garding 52 A2/3
Gardinovci 129 D3, 133 D1, 134 A1
Gärdnäs 29 D2
Gardnås 15 D3
Gardno 70 B1
Gardone Riviera 106 B3
Gardone Val Trómpia 106 B3
Gardonne 109 C1
Gardouch 109 D3, 155 D1
Gårdsby 51 C1
Gardsenden 32 B3, 37 C1
Gårdsjö 45 D2, 46 A2
Gardsjönäs 15 C3
Gårdskär 40 B2
Gärdslösa 51 D1/2
Garein 108 B2
Garelochhead 56 B1
Garešnica 128 A3
Garéssio 113 C2
Gargaliáni 146 B3, 148 A/B2
Gargallo 162 B2
Garganta El Chorro 172 A2
Garganta la Olla 159 D3
Gargantiel 166 B2
Gargantilla 160 A3, 166 B1
Gargellen 106 A/B1
Garggogæcce 6 B1
Gargia 5 C2, 6 A2
Gargilesse-Dampierre 101 D2, 102 A2
Gargjaur 15 D3
Gargnano 106 B3
Gárgoles de Abajo 161 C/D2
Gargüera 159 D3, 166 A1
Gargždai 73 C1/2

Garijp 66 B1/2, 67 C1/2
Garitz 69 D3
Garkleppvollen 28 B3, 33 D2
Garlasco 105 D3, 113 D1
Garlieston 56 B3, 60 A1
Garlin 108 B3, 154 B1
Garlitos 166 B2
Gârljano 139 C2
Garlstorf 68 B1
Garmisch-Partenkirchen 92 A3
Garmisch-Partenkirchen-
Griesen 91 D3, 92 A3
Garnat-sur-Engièvre 103 C1/2
Garpenberg 40 A2
Garphyttan 46 A1
Garphytte nationalpark 46 A1
Garrafe de Torío 151 D2,
152 A2
Garralda 108 A3, 154 A1/2
Garray 153 D3, 161 D1
Garrel 67 D2, 68 A2
Garrigil 57 C/D3, 60 B1
Garriguella 156 B2
Garrovillas 159 C3, 165 D1
Garrow 56 B1
Garrucha 174 A2
Gars am Inn 92 B2
Gars am Kamp 94 A2
Garsås 39 D2
Gärsnäs 50 B3
Garstang 59 D1, 60 B2
Garth 63 C1
Gartow 69 C2
Gartz 70 B1/2
Garvão 170 A1
Garve 54 A2
Garvin 159 D3, 160 A3,
166 B1
Garwolin 73 C3, 97 C1, 98 A1
Garzyn 71 D3
Gasa 15 D3
Gåsborn 39 C3
Gåsbu 32 B3, 37 C1
Gaschurn 106 A/B1
Gascueña 161 D3
Gåsenstugan 34 A2
Gåsholma 40 A/B2
Gaskashytta 9 D2, 10 A2
Gaskeluokt 15 C/D3
Gasny 87 C1
Gaspoltshofen 93 C2/3
Gassano 114 A2, 116 A1
Gasselsdorf 127 C1/2
Gasselte 67 C2
Gässjön 30 A3, 35 C2
Gasteiz Vitoria 153 C/D2
Gasteren 67 C2
Gastoúni 146 A2/3
Gastoúrion 142 A3
Gata de Gorgos 169 D2
Gátaia 134 B1
Gatehouse of Fleet 56 B3,
60 A1
Gateshead 54 B3, 57 D3,
61 C1
Gátova 162 B3, 169 C/D1
Gattendorf 94 B2/3
Gatteo al Mare 115 C/D2,
117 C1
Gattières 112 B2/3
Gattinara 105 C3
Gatwick 64 B3, 65 C3, 76 B1
Gau-Algesheim 80 B3
Gau-Odernheim 80 B3
Gaucín 172 A3
Gaukheihytta 42 B2
Gaupne 36 B2
Gausdal 37 D2
Gautefall 43 C2
Gautelishytta 9 D2/3
Gauting 92 A2/3
Gautsbu 32 B3, 37 C1
Gautsjø 32 B3, 37 C1
Gavà 156 A3
Gavaloú 146 A/B1/2
Gavardo 106 B3
Gavarnie 155 C2
Gavi 113 D1
Gavião 164 B1
Gavirate 105 D3
Gävle 40 A/B2

Gavnø 53 D1/2
Gavoi 123 D2
Gavorrano 114 B3, 116 A2/3
Gavrákia 143 C/D3, 146 B1
Gavray 85 D1
Gávrion 149 C2
Gávros 143 C2
Gävunda 39 C2
Gävunda 39 C2
Gaweinstal 94 B2
Gawroniec 71 C1
Gåxsjö 29 D3, 34 B1
Gazoldo degli Ippóliti 106 B3,
114 B1
Gázoros 144 B1
Gazzuolo 114 B1
Gbelce 95 D3
Gdańsk (Danzig) 72 B2
Gdynia 72 B2
Gea de Albarracin 162 A2/3
Geaune 108 B2/3, 154 B1
Geay 101 C1
Gebhardshain 80 B2
Gebhardshain-Elkenroth
80 B2
Gebra 81 D1
Gebra 81 D1
Gebze 141 D3
Gedern 81 C2
Gedinne 79 C3
Gedney Drove End 61 D3,
65 C1
Gèdre 155 C2
Gedser 53 D2
Gedsted 48 B2
Geel 79 C1
Geertruidenberg 66 B3, 79 C1
Geeste 67 D2
Geeste-Dalum 67 C/D2
Geeste-Gross-Hespe 67 C/D2
Geeste-Osterbrock 67 D2
Geesthacht 68 B1
Gefell 82 A2
Géfira 143 D1/2, 144 A1/2
Gefiria 143 C/D3, 146 B1
Gefrees 82 A3
Gehrden 68 B2/3
Gehren 81 D2, 82 A2
Geijersholm 39 C3
Geilenkirchen 79 D2
Geilo 37 C3
Geiranger 32 A3, 36 B1
Geisa 81 C/D2
Geiselhöring 92 B1/2
Geiselwind 81 D3
Geisenfeld 92 A2
Geisenhausen 92 B2
Geisenheim 80 B3
Geising 83 C2
Geisingen 90 B3
Geislingen 91 C2
Geisnes 28 B1
Geistthal 127 C1
Geitastrand 28 A3, 33 C1/2
Geiterygghytta 36 B3
Geithain 82 B1/2
Geithus 43 D1
Geitvågen 8 B3, 14 B1
Gejuelo del Barro 159 D2
Gel'm'azov 99 D2
Gela 125 C3
Geldermalsen 66 B3
Geldern 79 D1
Geldrop 79 C1
Geleen 79 D2
Gelenau 82 B2
Gelibolu 141 C3, 149 C/D1
Gelida 156 A3
Gellershausen 81 C1
Gelnhausen 81 C2/3
Gelsa 154 B3, 162 B1
Gelse 128 A2
Gelsenkirchen 80 A1
Gelsted 52 B1
Geltendorf 91 D2/3, 92 A2/3
Gelting 82 B2
Gema 159 D1
Gembloux 79 C2
Gemenc 129 C2
Gémenos 111 D3
Gemert 79 C1

Gémir 109 D2
Gemla 51 C1/2
Gemlik 141 D3
Gemona del Friuli 126 A2
Gémozac 100 B3
Gemünden 81 C3
Gemünden 81 C1/2
Gemünden 80 A3
Gemünden-Ehringshausen
81 C2
Gemuño 160 A2
Genarp 50 B3
Génave 168 A2/3
Genazzano 118 B2
Gençay 101 C2
Gendrey 89 C3, 104 A1
Gendringen 67 C3
Génelard 103 C1/2
Genemuiden 67 C2
General-Toševo 141 C/D2
Generalski Stol 127 C3,
130 B1
Genestoso 151 C/D1/2
Genêts 85 D1/2
Genevad 50 A2
Genève 104 A2
Gengenbach 90 B2
Génicourt-sur-Meuse 89 C1
Genillé 87 C3, 101 D1
Genk 79 C2
Genlis 88 B3, 103 D1
Gennep 67 C3, 79 D1
Genner 52 B1/2
Gennes 86 A3, 101 C1
Gennes-sur-Glaize 86 A2/3
Genola 112 B1/2
Génolhac 110 B2
Genouilly 103 C1/2
Génova 113 D2
Génova-Dória 113 D2
Génova-Nervi 113 D2
Génova-Pegli 113 D2
Génova-Voltri 113 C/D2
Gensingen 80 B3
Gent 78 B1
Genthin 69 D2/3
Gentioux 102 A2/3
Genzano di Lucánia 120 B2
Genzano di Roma 118 B2
Geologinen tutkimusasema
12 B1
Georgenthal 81 D2
Georgítsion 146 B3
Georgsheil 67 D1
Georgsmarienhütte 67 D3
Gepatschhaus 106 B1
Ger 108 B3, 155 C1
Ger 108 B3, 155 C1
Ger 86 A1/2
Ger 156 A2
Gera 82 B2
Gera Lário 105 D2, 106 A2
Geraardsbergen 78 B2
Gerabronn 91 C1
Gerace 122 A3
Gerakaroú 144 A2
Gerakiní 144 A2, 148 B1
Gérardmer 89 D2, 90 A2/3
Geras 94 A2
Gerb 155 C/D3, 163 C/D1
Gerbéviller 89 D2
Gerbini 125 C2
Gerbstedt 69 C/D3, 82 A1
Gerca 98 B2/3
Gerdau 68 B2
Gereméas 123 D3
Gerena 171 D1
Geretsried 92 A3
Gérgal 173 D2
Gergei 123 D2/3
Gerhardshofen-Birnbaum
81 D3
Geria 158 A3
Gerichshain 82 B1
Gerindote 160 B3, 167 C1
Geringswalde 82 B1
Gerlé 109 C3, 155 C1/2
Gerlos 107 C/D1
Germade 150 B3
Germaringen 91 D3
Germay 89 C2

Germering-Unterpfaffenhofen
92 A2/3
Germersheim 90 B1
Germigny-des-Prés 87 C/D3
Germont 79 C3, 88 B1
Gernay-la-Ville 87 C1/2
Gernika-Lumo 153 C/D1
Gernrode 69 C3, 82 A1
Gernsbach 90 B2
Gernsheim 80 B3
Gerola Alta 105 D2, 106 A2
Geroldsbach-Strobenried
92 A2
Geroldsgrün 82 A2
Geroldstein 80 B3
Gerolimín 148 B3
Gerolzhofen 81 D3
Geroplátanos 142 B2/3
Gerovo 126 B3
Gerri de la Sal 155 D2
Gersau 105 C/D1
Gersfeld 81 C/D2
Gersheim 89 D1, 90 A1
Gersten 67 D2
Gerstetten 91 C/D2
Gersthofen 91 D2, 92 A2
Gerstungen 81 D1/2
Gerswalde 70 A/B1/2
Gerthausen 81 D2
Gerwisch 69 D3
Gerzen (Vilsbiburg) 92 B2
Gescher 67 C3
Geseke 68 A3, 80 B1
Gésera 154 B2
Gessertshausen 91 D2
Gestalgar 162 B3, 169 C1
Gesté 85 D3, 100 B1
Gesten 48 B3, 52 A/B1
Gesto 150 B1
Gesualdo 119 D3, 120 A2
Gesunda 39 C2
Geta 41 C2
Getafe 160 B3
Getan 29 C3, 34 A/B1
Getan 29 C3, 34 A/B1
Getaria 153 D1
Getbo 39 D3
Getinge 49 D2, 50 A1/2,
72 A1
Gettorf 52 B2/3
Geve 150 A2
Gevelsberg 80 A1
Gevgelija 139 C3, 140 A/B3,
143 D1, 148 B1
Gevrey-Chambertin 88 B3,
103 D1
Gevsjön 29 C3, 34 A1/2
Gex 104 A2
Geyer 82 B2
Geyikli 145 D3
Gföhl 94 A2
Ghedi 106 B3
Gheorghe Georghiu-Dej 98 B3,
141 C1
Gheorghieni 98 B3, 141 C1
Gherla 97 D3, 98 A3
Ghiffa 105 D2/3
Ghigo 112 B1
Ghilad 134 B1
Ghilarza 123 C2
Ghirla 105 D2/3
Ghislarengo 105 C3
Ghisonaccia 113 D3
Ghisoni 113 D3
Giáltra 147 C1
Giâmos 33 D2
Giannitsá 143 D1/2
Giants Ring 56 A3
Giardinetto 120 A1/2
Giardini 125 D2
Giarole 113 C1
Giarratana 125 C3
Giarre 125 D2
Giat 102 A/B2/3
Giaveno 112 B1
Giazza 107 C3
Giba 123 C3
Gibellina 124 A2
Gibostad 4 A3, 9 D1
Gibraleón 171 C1/2
Gibraltar 172 A3

Gic 95 C3, 96 B3, 128 B1
Gideåvallen 31 C2/3
Giebelstadt 81 C/D3
Gieboldehausen 81 D1
Giekerk 66 B1
Gielow 69 D1, 70 A1
Gien 87 D3
Giengen 91 D2
Giens 112 A3
Giera 134 B1
Gières 104 A3, 111 D1,
112 A1
Giessen 80 B2
Giessübel 82 A2
Gieten 67 C2
Giethoorn 67 C2
Gievnjegoikka 5 C3, 11 C1
Gif-sur-Yvette 85 C1/2
Giffaumont 88 B2
Gifford 57 C2
Gifhorn 69 C2
Gifhorn-Kästorf 69 C2
Gifhorn-Wilsche 69 C2, 69 C2
Gige 128 A/B2
Gigean 110 B3
Gigen 140 B2
Gíglio Porto 116 A3
Gignac 110 B2/3
Gijón 151 D1, 152 A1
Gil 155 D2
Gilåu 97 D3, 98 A3, 140 B1
Gildeskål 14 B1
Gilena 172 A2
Gilford 58 A1
Gillberga 45 C1
Gilleleje 49 D3, 50 A2, 72 A1
Gillenfeld 80 A3
Gillhovs Kapell 34 B2
Gillingham 63 D2, 63 D1
Gillingham 65 C3, 77 C1
Gillstad 45 C2
Gilserberg 81 C2
Gilserberg-Moischeid 81 C1/2
Gimat 109 C2
Gimdalen 30 A3, 35 C2
Gimigliano 122 B2
Gimileo 153 C/D2
Gimnón 147 C2/3
Gimo 40 B3
Gimont 109 C2/3, 155 C/D1
Gimsøy 8 B2
Ginasservis 111 D2/3, 112 A3
Ginés 171 D1/2
Ginestar 163 C2
Ginestra degli Schiavoni
119 D2/3, 120 A2
Ginosa 121 C2/3
Ginostra 125 D1
Ginzo de Limia 150 B3
Gioi 120 A3
Gióia dei Marsi 119 C2
Gióia del Colle 121 C2
Gióia Sannítica 119 D2/3
Gióia Táuro 122 A3
Gioiosa Iónica 122 A/B3
Gioiosa Marea 125 C1/2
Giornico 105 D2
Giovinazzo 121 C2, 136 A3
Gìrbovu 135 D1
Girecourt-sur-Durbion 89 D2
Girifalco 122 B2
Gìrnic 135 C1
Giromagny 89 D3, 90 A3
Girona 156 B2
Gironda 150 B3, 158 B1
Gironella 156 A2
Gironnville-sous-les-Côtes
89 C1
Girvan 54 A3, 55 D2, 56 B2
Gisburn 59 D1, 60 B2
Gisira Pagana 125 C3
Giske 36 B1
Gislaved 50 B1, 72 A1
Gislev 53 C1/2
Gisløy 8 B1
Gisors 77 D3, 87 C1
Gisselås 29 D3, 35 C1
Gisselfeld 53 D1
Gissi 119 D1/2
Gisslarbo 39 D3, 46 B1
Gissträsk 31 C1

Gistad 46 B2
Gistain 155 C2
Gistel 78 A1
Gistrup 48 B1/2
Giswil 105 C1
Githion 148 B2/3
Gittelde 68 B3
Giubega 135 D2, 140 B2
Giuleşti 140 B1/2
Giulianova 119 C1
Giurgeni 141 C/D1/2
Giurgiu 141 C2
Giussano 105 D3, 106 A3
Give 48 B3, 52 B1
Givet 79 C3
Givors 103 D3
Givry 78 B2
Givry 103 D1
Givry-en-Argonne 88 B1
Givskud 48 B3, 52 B1
Gizdavac 131 C3
Gizeux 86 B3
Giżycko (Lötzen) 73 C2
Gizzeria 122 A2
Gizzeria Lido 122 A2
Gjælen 14 B1
Gjæsingen 28 A/B2
Gjedved 48 B3, 52 B1
Gjendebu 37 C2
Gjendesheim 37 C2
Gjengedal 36 A1/2
Gjengstøa 32 B1
Gjerdvik 36 A2
Gjerlev 48 B2
Gjermundshamn 42 A1
Gjern 48 B2
Gjerrild 49 C2
Gjerstad 43 C/D2, 44 A2
Gjersvik 29 C1
Gjesås 38 B2
Gjestal 42 A2
Gjesvær 5 D1, 6 A1
Gjevillvasshytta 33 C2
Gjirokastra 142 A/B2, 148 A1
Gjøl 48 B1
Gjølme 28 A3, 33 C1/2
Gjøra 32 B2/3, 37 C/D1
Gjorslev 50 A3, 53 D1
Gjøvdal 43 C2
Gjøvik 38 A2
Gjøvik 9 C/D1
Gjueševo 139 C2, 140 A/B3
Gla 147 C2
Gladdenstedt 69 C2
Gladenbach 80 B2
Gladstad 14 A3
Glaisin 69 C1
Glamis 57 C1
Glamis Castle 57 C1
Glamoč 131 D2, 132 A2
Glamsbjerg 52 B1
Glan-Münchweiler 80 A3,
   90 A1
Glandieu 103 D3, 104 A3
Glanshammar 46 A/B1
Glarus 105 D1, 106 A1
Glasgow 54 A/B2/3, 55 D1,
   56 B2
Glashütte 83 C2
Glashütten 127 C1
Glassdrummond 58 A1
Glastonbury 63 D2, 63 D1
Glauchau 82 B2
Glava 38 B3, 45 C1
Glava Glasbruk 45 C1
Glavanovci 139 C1
Glavatičevo 132 B3
Glavnik 138 B1
Gledić 134 B3
Gledica 133 D3, 134 A3
Gleichen-Bremke 81 D1
Glein 14 A2
Gleina 82 A1
Gleinstätten 127 C1/2
Gleisdorf 96 A/B3, 127 C/D1
Gleissenberg 92 B1
Glen 34 A/B2
Glenariffe 56 A3
Glenarm 56 A3
Glenbarr 56 A2
Glencoe 56 A/B1

Glencolumbkille 55 C2
Glenluce 56 B3
Glenties 55 C2
Gleschendorf 53 C3
Glesne 43 D1
Glesvær 36 A3, 42 A1
Gletsch 105 C2
Glienicke 70 B3
Glífa 147 C1, 148 B1/2
Glifáda 147 D2, 148 B2
Gliki 142 B3
Glimåkra 50 B2
Glimminge 50 B2
Glimmingehus 50 B3
Glina 127 D3, 131 C1
Glinka 71 D3
Glissjöberg 34 B3
Glitterheim 37 C2
Gliwice (Gleiwitz) 96 B1/2
Globino 99 D2
Globočica 138 B2
Glod'any 98 B3
Gloggnitz 94 A3
Glogovac 138 B1
Glogovica 135 C2
Glogovnica 127 D2
Głogów (Glogau) 71 C/D3,
   96 A/B1
Glomfjord 14 B1
Glommen 49 D2, 50 A1,
   72 A1
Glommersträsk 16 A3
Glömminge 51 D2
Glonn 92 A/B3
Glos-la-Ferrière 86 B1
Glösa 29 C3, 34 B1/2
Gløshaug 28 B2
Glóssa 144 A/B3, 147 D1
Glössbo 40 A1
Glossop 59 D2, 60 B3, 61 C3
Glöte 34 A/B3
Gløtleger 33 C3, 37 D1
Glottertal 90 B2/3
Gløtvola 33 D3, 38 B1
Gloucester 63 D1, 64 A2/3
Glöwen 69 D2
Gložan 129 C3, 133 C1
Głubczyce (Leobschütz)
   96 B1/2
Glubokoje 74 B2
Gluchov 75 C3
Głuchowo 71 D3
Glücksburg 52 B2
Glückstadt 52 B3, 68 B1
Glud 48 B3, 52 B1
Gluggvatnet 14 B3
Glumsø 53 D1
Glun 111 C1
Glušci 133 C1
Glusk 74 B3
Glyngøre 48 A/B2
Glynn 56 A3
Glypha 146 B2
Gmund 92 A3
Gmünd 93 D2, 96 A2
Gmünd 126 A/B1
Gmunden 93 C3, 96 A3
Gnarp 35 D3
Gnarrenburg 68 A1
Gnarrenburg-Karlshöfen
   68 A1
Gnarrenburg-Kuhstedt 68 A1
Gnas 127 D1
Gnesta 47 C1
Gnevsdorf 69 D1
Gniew 72 B2/3
Gniezno 72 B3
Gnisvärd 47 C/D3
Gnjilane 138 B2, 140 A2/3
Gnocchetta 115 C1
Gnoien 53 D3
Gnosjö 50 B1
Goathland 61 D1/2
Goatteluobbal 10 B1/2
Goč 134 B3
Goce Delčev 139 D2/3
Goce Delčev 140 B3
Goch 67 C3, 79 D1
Gochsheim (Schweinfurt)
   81 D3
Göd 95 D3

Göda 83 C/D1
Godall 162 B2
Godalming 64 B3, 76 B1
Godby 41 C/D2/3
Godeč 139 D1, 140 B2
Godegård 46 A2
Godejord 29 C2
Godelleta 169 C1
Goderville 77 C3
Godiasco 113 D1
Godisa 128 B2
Godmanchester 64 B2, 65 C2
Gödöllő 97 C3
Godovič 126 B2/3
Gödre 128 B2
Godshill 76 A2
Godstone 65 C3, 76 B1
Godus 133 C2
Goes 78 B3
Góglio 105 C2
Gogolewo 71 C1
Göhlsdorf 70 A2/3
Göhrde 69 C1/2
Göhren 82 B1/2
Goirle 79 C1
Góis 158 A/B3
Góito 106 B3
Goizueta 153 D1, 154 A1
Gojani i Epёrm 138 A2
Gökçe 145 D2
Gokels 52 B3
Göksholm 46 B1
Gol 37 C3
Golå 37 D2
Golaja Pristan' 99 D3
Gołańcz 71 D2
Gölby 41 C3
Gölcali 145 D2/3
Golchen 70 A1
Gölcük 141 D3
Golczewo 70 B1, 71 C1
Gołdap 73 C/D2
Goldbach 81 D1/2
Goldbeck 69 D2
Goldberg 69 D1
Goldelund 52 A/B2
Goldenbaum 70 A1
Goldenstedt 68 A2
Golegã 164 B1
Golemo Selo 139 C1
Golenice 70 B2
Goleniów (Gollnow) 70 B1,
   72 A/B2/3
Golešovo 144 A/B1
Golfe Juan 112 B3
Golfo Aranci 123 D1
Gölle 128 B2
Göllersdorf 94 A/B2
Gollhofen 81 D3, 91 D1
Gollin 70 A2
Golling an der Salzach 93 C3
Göllingen 81 D1, 82 A1
Gollmitz 70 A/B1
Gollonboc 142 B1
Golmayo 153 D3, 161 D1
Golmés 155 D3, 163 D1
Golpejas 159 D2
Golssen 70 A3
Golubac 134 B1/2, 140 A1/2
Golubinci 133 D1, 134 A1
Golubovec 127 D2
Golzow 70 A/B2
Golzow 69 D3, 70 A3
Golzow 70 B2
Gomadingen 91 C2
Gomagoi 106 B2
Gómara 153 D3, 161 D1
Gomaringen 91 C2
Gombrén 156 A2
Gomel' 75 C3
Gomeznarro 161 C1
Gomezserracín 160 B1
Gommern 70 A3
Gomolava 133 C/D1, 134 A1
Gompertshausen 81 D2
Gomphoi 143 C3
Gonçalo Bocas 159 C2
Goncelin 104 A3
Gondelsheim 90 B1
Gondershausen 80 A2/3
Gondifelos 158 A1

Gondo 105 C2
Gondomar 150 A3
Gondomar 158 A1/2
Gondrecourt-le-Château 89 C2
Gönen 149 D1
Gonesse 87 D1
Gonfaron 112 A3
Goni 123 D3
Gonnesa 123 C3
Gönnheim 80 B3, 90 B1
Gonnord 86 A3, 100 B1
Gónnos 143 D3
Gonnosfanádiga 123 C3
Gonnosnò 123 C2
Gontinhães 150 A3, 158 A1
Gönyü 95 C3
Gonzaga 114 B1
Goodwood House 76 B1
Goole 61 C2
Goor 67 C3
Gogolewo 71 C1
Göpfritz an der Wild 94 A2
Goppenstein 105 C2
Göppingen 91 C2
Goppollen 37 D2, 38 A1
Gopshus 39 C1/2
Gor 173 C/D2
Góra 71 D3
Gora 127 D3, 131 C1
Góra Kalwaria 73 C3, 97 C1
Goračići 133 D2/3, 134 A3
Gorafe 173 C/D1
Goraiolo 114 B2, 116 A1/2
Goraiolo 114 B2, 116 A1
Goražde 133 C3
Görcsöny 128 B2/3
Gördalen 38 B1
Gordaliza del Pino 152 A2
Gordes 111 D2
Gördes 149 D1/2
Górdola 105 D2
Gordon 57 C2
Gordona 105 D2, 106 A2
Gordoncillo 152 A3
Gordoxola 153 C1
Gorebridge 57 C2
Gorey 63 D3
Gorey 58 A3
Gorga 118 B2
Gorga 169 D2
Gorges de Galamus 156 A/B1
Gorges de Kakouetta
   108 A/B3, 154 B1
Gorges de l'Ardèche
   111 C1/2
Gorges de l'Asco 113 D2/3
Gorges de la Restonica
   113 D3
Gorges de Prunelli 113 D3
Gorges du Cians 112 B2
Gorges du Daoulas 84 B2
Gorges du Fier 104 A2/3
Gorges du Lot 110 A1
Gorges du Toul Gonlic 84 B2
Gorges Supérieures du Cians
   112 B2
Görgeteg 128 A2
Gorgómilos 142 B3
Gorgonzola 105 D3, 106 A3
Gorgopótamos 146 B1
Gorica 130 B2
Gorica 131 D3, 132 A3
Goričan 128 A2
Goriče 126 B2
Goricy 75 D1
Gorinchem 66 B3
Goring 64 B3
Gorino Ferrarese 115 C1
Goritsá 147 C3
Göritz 69 D3
Göritz 70 B1
Gorízia 126 A/B2/3
Gorki 75 C2
Gorleben 69 C2
Gorleston 65 D1/2
Gørlev 49 C3, 53 C1
Gorlice 97 C2
Görlitz 83 D1, 96 A1
Gormaz 153 C3, 161 C1
Gorna Gnojnica 135 D3
Gorna Koznica 139 D2
Gorni Cibâr 135 D3

Gornja Briska 137 D2
Gornja Bukovica 133 C/D2,
   134 A2
Gornja Čadjavica 133 C1
Gornja Klina 138 B1
Gornja Ljubovida 133 C2
Gornja Ljuta 132 B3
Gornja Ploča 131 C2
Gornja Radgona 96 A/B3,
   127 D1/2
Gornja Stubičke Toplice
   127 D2/3
Gornja Trepča 133 D2,
   134 A2/3
Gornja Tuzla 133 C2
Gornjak 134 B2
Gornjane 135 C2
Gornje Gadimlje 138 B2
Gornje Jelenje 130 A/B1
Gornje Morakovo 137 D1
Gornje Zimlje 132 B3
Gornji Banjani 133 D2,
   134 A2
Gornji Grad 127 C2
Gornji Hrgovi 132 B1
Gornji Klasnić 127 D3,
   131 C1
Gornji Kneginec 127 D2
Gornji Komarevo 127 D3,
   131 C1
Gornji Kosinj 130 B1/2
Gornji Lapac 131 C2
Gornji Malovan 131 D2/3,
   132 A2
Gornji Milanovac 133 D2,
   134 A2
Gornji Podgradci 131 D1,
   132 A1
Gornji Ribnik 131 D2, 132 A2
Gornji Šeher 131 D1/2,
   132 A1
Gornji Vakuf 132 A/B2
Gornji Žabar 132 B1
Gorno Nerezi 138 B2
Goro 115 C1
Gorochov 97 D1, 98 A/B1
Gorodec 98 B1
Gorodenka 98 B2
Gorodišče 99 D2
Gorodn'a 75 C3, 99 D1
Gorodok 97 D2, 98 A2
Gorodok 98 B2
Górowo Iławeckie (Landsberg)
   73 C2
Gorredijk-Kortezwaag 67 C2
Gorron 86 A2
Gorsium 128 B1
Gorssel 67 C3
Gortyna 146 B3
Gortyn 146 B3
Görvik 30 A2/3, 35 C1
Görzke 69 D3
Górzna 71 D1
Gorzów Wielkopolski
   (Landsberg) 71 C2,
   72 A/B3
Górzyca 70 B2
Gorzyń 71 C2
Gosaldo 107 C2
Gosau 93 C3
Göschenen 105 D1/2
Goscikowo 71 C2/3
Gościm 71 C2
Gosdorf 127 D1/2
Gosforth 57 C3, 59 C1,
   60 A1/2
Gösing an der Mariazellerbahn
   94 A3
Goslar 68 B3, 69 C3
Goslar-Hahndorf 68 B3, 69 C3
Goslar-Hahnenklee 68 B3
Goslar-Oker 69 C3, 69 C3
Gospić 130 B2
Gospođinci 129 D3, 133 D1,
   134 A1
Gosport 76 A1
Gossa 69 D3, 82 B1
Gössäter 45 D2
Gossau 91 C3, 105 D1,
   106 A1
Gössenheim 81 C3

Gössl 93 C3
Gössnitz 82 B2
Gössweinstein 82 A3
Gössweinstein-Behringersmüle 82 A3
Gostivar 138 B2/3, 140 A3
Göstling an der Ybbs 93 D3, 96 A3
Gostomia 71 D1/2
Gostyń 71 D3, 72 B3, 96 B1
Goszczanowo 71 C2
Göta 45 C3
Götafors 46 A3, 50 B1
Göteborg 45 C3, 49 D1
Göteborg-Agnesberg 45 C3
Götene 45 D2
Gotha 81 D2
Gothem 47 D3, 47 D2/3
Gotlunda 46 B1
Gottby 41 C3
Gotthun 69 D1, 70 A1
Göttingen 81 C/D1
Gottlob 129 D2/3
Gottne 30 B3, 35 D1/2
Gottröra 40 B3, 47 C/D1
Gottsbüren 81 C1
Gottskär 49 D1, 50 A1
Gottwaldov 95 C1, 96 B2
Götzendorf an der Leitha 94 B2/3
Götzis 91 C3, 106 A1
Gouarec 84 B2
Gouda 66 A/B3
Goudargues 111 C2
Gouesnou 84 A2
Gouffre de Padirac 109 D1
Goulaine 85 D3, 100 A/B1
Gouméi 146 B2
Gouménissa 143 D1
Goumois 89 D3, 104 B1
Gouneau 109 C2
Goúra 146 B2
Gourdon 109 D1
Gourin 84 B2
Gournay 87 D1
Gournay-en-Bray 77 D3
Gournay-sur-Aronde 78 A3
Gourock 56 B1/2
Gouveia 158 B2
Gouveias 159 C2
Gouviá 142 A3
Gouvinhas 158 B1/2
Gouzon 102 A2
Govedarci 139 D2
Govedari 136 B1
Govérnolo 114 B1
Goviller 89 C2
Goyatz 70 B3
Gozd 126 B2
Gozdnica 83 D1
Gozdowice 70 B2
Gozée 78 B2
Gozzano 105 C/D3
Grab 137 C1/2
Grab 133 C3, 137 D1
Gräben 69 D3
Graben-Neudorf 90 B1
Grabenstätt 92 B3
Gråbo 45 C3
Gråborg 51 D2
Grabovac 133 D1/2, 134 A1/2
Grabovac 131 D3, 132 A3
Grabovci 133 D1, 134 A1
Grabovica 131 D3, 132 A3
Grabovica 135 C2
Grabow 69 C/D1
Grabowhöfe 69 D1, 70 A1
Grabowno 71 D1/2
Grabrovnica 128 A2/3
Graça do Divor 164 B2
Gračac 134 B3
Gračac 137 C2
Gračanica 138 B1/2
Gračanica 132 B1
Gračanica 133 C2
Graçay 102 A1
Grad 127 D1
Gradac 132 A3, 136 B1
Gradac 133 C3
Gradac 133 D3, 134 A/B3
Gradačac 132 B1

Građani 137 C/D2
Gradara 115 D2, 117 C1
Graddis fjellstue 15 C1
Gräddö 41 C3
Gradec 127 D2/3
Gradec 135 C/D2
Gradefes 152 A2
Grades 126 B1
Gradevo 139 D2
Gradignan 108 B1
Gradine 139 D1
Gradisca d'Isonzo 126 A/B2/3
Gradišče 127 D2
Gradište 132 B1
Gradište 139 C2
Gradizsk 99 D2
Grado 126 A3
Grado 151 D1
Grádoli 116 B3, 118 A1
Gradsko 139 C3
Gradskovo 135 C2
Graena 173 C2
Gräfelfing 92 A2/3
Grafenau 93 C1/2
Grafenau-Haus 93 C1/2
Gräfenberg 82 A3
Gräfenhainichen 69 D3, 82 B1
Grafenhausen 90 B3
Grafenrheinfeld 81 D3
Gräfenroda 81 D2
Grafenschlag 94 A2
Gräfentonna 81 D1
Grafenwöhr 82 A/B3
Graffer 32 B3, 37 C1
Graffoe 61 D3, 64 B1
Grafing 92 A/B2/3
Gräfsnäs 45 C3
Gráglia 105 C3
Gragnano 119 D3
Grahovo 126 B2
Grahovo 137 C1/2
Graine 65 C3, 77 C1
Graja de Campalbo 162 A3, 169 C1
Grajal de Campos 152 A2
Grajewo 73 C/D2/3
Gram 52 A/B1
Gramada 135 C/D2/3
Gramais 106 B1
Gramat 109 D1
Gramkow 53 C3, 69 C1
Grammatikón 147 D2
Gramméni Oxiá 146 B1
Grammichele 125 C3
Grampound 62 B3
Gramsbergen 67 C2
Gramshi 142 A/B1
Gramzow 70 B1/2
Gran 37 D3, 38 A2/3
Granada 173 C2
Granäs 15 C3
Granåsen 30 A/B2, 35 C/D1
Granátula de Calatrava 167 C2
Granberget 30 A1/2
Granberget 20 A1, 31 D2
Granbergsliden 16 A3, 31 C1
Granbergsträsk 16 A/B3, 31 C1
Granboda 41 C/D3
Grancey-le-Château 88 B3
Grand Canyon du Verdon 112 A2/3
Grand Champ 85 C3
Grand-Couronne 77 C3, 86 B1
Grand Croix 104 B3, 112 B1
Grand-Fougeray 85 D3
Grand Phare 84 B3
Grand-Rozoy 88 A1
Grandas de Salime 151 C1
Grandcamp-les-Bains 76 A3, 85 D1, 86 A1
Grande Albergo Etna 125 C/D2
Grandes Grottes 84 A2
Grândola 164 B3
Grandpré 88 B1
Grandrieu 110 B1
Grands Goulets 111 D1
Grandson 104 B1
Grandvillars 89 D3, 90 A3

Grandvilliers 77 D3
Grane 14 B3
Grañén 154 B3
Granera 156 A3
Grangärde 39 D3
Grange-over-Sands 59 D1, 60 B2
Grangemouth 56 B1/2, 57 C1/2
Granges-de-Crouhens 109 C3, 155 C1/2
Granges-sur-Aube 88 A2
Granges-sur-Vologne 89 D2, 90 A2
Grängesberg 39 D3
Grängshyttan 39 D3, 46 A1
Grängsjö 35 D3
Grängsjö 40 A1
Granheim 37 C3
Granhult 51 C1
Granhult 17 C1
Granieri 125 C3
Graninge 30 A/B3, 35 D2
Gräningen 69 D2
Granítsa 146 A/B1
Granja 158 A2
Granja 165 C3
Granja de Iniesta 168 B1
Granja de Moreruela 151 D3, 159 D1
Granja de Torrehermosa 166 A/B3
Granjinha 158 B2
Grankulla 25 C3
Granliden 31 D1
Gränna 46 A3
Grannäs 15 C3
Grannäs 15 D3
Granollers 156 A3
Granön 31 C2
Granön 29 D2, 30 A1
Grañón 153 C2
Granschütz 82 B1
Granschütz-Grimma 82 B1
Gransee 70 A2, 72 A3
Gränsgård 15 D3
Gransherad 43 C/D1, 44 A1
Gransjö 30 A/B3, 35 D2
Gransjö 16 B2
Gransjön 38 B2/3
Gränssjö 14 B3, 15 C3
Grantham 61 D3, 64 B1
Grantown-on-Spey 54 B2
Granträsk 8 B3
Granträsk 16 B3
Granträskmark 16 B3
Grantshouse 57 D2
Granvik 24 B3
Granvika 33 C/D3
Granville 85 D1
Granvin 36 B3
Granyena de les Garrigues 155 C3, 163 C1
Grao de Sagunto 162 B3, 169 D1
Grasbakken 7 C2
Gräsberg 39 D3
Grasellenbach-Wahlen 81 C3, 91 C1
Gräsgård 51 D2
Grasleben 69 C3
Grasleben-Twülpstedt 69 C2/3
Gräslotten 29 C3, 34 A/B1
Gräsmark 38 B3
Grasmere 57 C3, 59 C/D1, 60 B1
Gräsmyr 12 C2
Gräsö 40 B2
Grassano 120 B2
Grassau 92 B3
Grasse 112 B3
Gråssjö 35 C2
Grästed 49 D3, 50 A2/3
Gråsten 52 B2
Gråstorp 45 C2
Gratangen 9 D2
Gratens 109 C3, 155 D1
Gråtneset 14 B2
Gråträsk 16 A/B3
Gratteri 124 B2
Gratwein 127 C1

Graulhet 109 D2
Graus 155 C2/3
Graustein 83 D1
Grautheller 42 B2
Grávalos 153 D3, 154 A2/3
Gravanes 32 A3, 36 B1
Gravberget 38 B2
Gravdal 42 A3
Gravdal 8 A/B2
Grave 66 B3
Gravedona 105 D2, 106 A2
Gravéggia 105 C/D2
Graveide 43 C1
Gravelines 77 D1
Gravellona Toce 105 C/D2/3
Gravelotte 89 C1
Gravendal 39 C3
's-Gravenhage 66 A3
Grävenwiesbach 80 B2
Gravesend 65 C3, 77 C1
Gravfjorden 14 A3, 28 B1
Gravina in Púglia 120 B2
Gravmark 20 A1, 31 D2
Gravoúna 145 C1
Gray 89 C3, 104 A1
Grayan-et-l'Hôpital 100 B3
Grays 65 C3
Graz 96 A3, 127 C1
Grazalema 172 A2
Grčarice 127 C3
Grdelica 139 C1
Gréalou 109 D1
Great Ayton 61 C1
Great Driffield 61 D2
Great Dunmow 65 C2/3
Great Harwood 59 D1/2, 60 B2
Great Malvern 63 D1, 64 A2
Great Missenden 64 B3
Great Rowsley 61 C3, 64 A1
Great Torrington 62 B2
Great Witley 59 D3, 64 A2
Great Yarmouth 65 D1/2
Grebbestad 44 B2
Grebenac 134 B1
Grebenau 81 C2
Grebenka 99 D1/2
Grebenstein 81 C1
Gréccio 117 C3, 118 B1
Greda 127 D2
Greding 92 A1
Greding-Kraftsbuch 92 A1
Gredstedbro 48 A3, 52 A1
Greencastle 58 A1
Greenlaw 57 C/D2
Greenloaning 56 B1
Greenock 54 A2/3, 55 D1, 56 B1/2
Greenore 58 A1
Greenwich 65 C3
Grefrath 79 D1
Grefsgård 37 C3
Gréggio 105 C3
Greifenburg 126 A1/2
Greifenstein-Allendorf 80 B2
Greiffenberg 70 B2
Greifswald 72 A2
Greillenstein 94 A2
Grein 93 D2, 96 A2/3
Greiz 82 B2
Gremersdorf 53 C3
Grenå 49 C2
Grenade 109 C/D2
Grenade-sur-l'Adour 108 B2
Grenås 29 D3, 30 A2, 35 C1
Grenåskilen 29 D3, 30 A2, 35 C1
Grenchen 104 B1
Grenier-Montgon 102 B3
Greningen 29 D3, 35 C1/2
Grenoble 104 A3, 111 D1, 112 A1
Grense-Jakobselv 7 D2
Gréoux-les-Bains 111 D2, 112 A2/3
Gresenhorst 53 D3
Gressåmoen 29 C2
Gresse 69 C1
Gresslivollen 33 D2
Gressoney-La-Trinité 105 C3
Gressoney-Saint-Jean 105 C3

Gressvik 44 B1
Gresten 93 D3
Gretna Green 57 C3, 60 B1
Grettstadt 81 D3
Greussen 81 D1, 82 A1
Greux 89 C2
Grevbäck 45 D2, 46 A2
Greve 114 B3, 116 B2
Greve Strand 49 D3, 50 A3, 53 D1
Greven 69 C1
Greven 67 D3
Greven-Reckenfeld 67 D3
Grevená 143 C2, 148 A/B1
Grevenbroich 79 D1, 80 A1
Grevenbroich-Gustorf 79 D1, 80 A1/2
Grevenítion 142 B3
Grevenmacher 79 D3
Grevesmühlen 53 C3, 69 C1
Grevie 49 D2, 50 A2
Grey Abbey 56 A3
Greystoke 57 C3, 60 B1
Greystones 58 A2
Grez-en-Bouère 86 A2/3
Grèzes 109 D1
Grgar 126 A/B2
Grieben 69 D2/3
Griegos 162 A2
Gries 126 A1
Gries am Brenner 107 C1
Gries in Sellrain 107 C1
Griesalp 105 C2
Griesbach 93 C2
Griesen 91 D3
Griesheim 80 B3
Grieskirchen 93 C2
Griesstätt 92 B3
Griffen 127 C1/2
Grignan 111 C/D1/2
Grigno 107 C2
Grignols 108 B2
Grigoriopol' 99 C3
Grijó 158 A2
Grijó 151 C3, 159 C1
Grijota 152 B3
Grijpskerk 67 C1
Grillby 40 A/B3, 47 C1
Grimaldi 122 A2
Grimaud 112 A3
Grimdalen 43 C1/2
Grime's Grave 65 C2
Grimentz 105 C2
Grimeton 49 D1, 50 A1
Grimma 82 B1
Grimmared 49 D1, 50 A1
Grimsås 50 B1
Grimsbu 33 C3, 37 D1
Grimsby 61 D2/3
Grimsdalshytta 33 C3, 37 D1
Grimslöv 50 B2, 51 C2
Grimsmark 31 D1/2
Grimsmyrheden 39 C2
Grimstad 43 C3
Grimstad 32 B2
Grindaheim 37 C2
Grinde 36 B2
Grindelwald 105 C2
Grinder 38 B2
Grindheim 42 B3
Grindjord 9 C/D2
Grindsted 48 A/B3, 52 A/B1
Grinkiškis 73 C2
Grinneröd 45 C3
Griñón 160 B3
Grip 32 A/B2
Gripenberg 46 A3
Gripport 89 C/D2
Gripsholm 47 C1
Grisel 154 A3, 162 A1
Grisignano di Zocco 107 C3
Grisolles 109 C/D2
Grisslehamn 41 C3
Grisvåg 32 B1/2
Grizzana 114 B2, 116 B3
Grjaznovo 75 D2
Grljan 135 C2/3
Grljevac 131 C/D3
Gröbenzell 92 A2
Gröbers 82 B1

Grobina 73 C1
Gröbming 93 C3
Gröbzig 69 D3, 82 A/B1
Grocka 133 D1/2, 134 B1/2
Grödig 92 B3
Grödinge 47 C1
Gröditsch 70 B3
Gröditz 83 C1
Grodno 73 D2/3
Grodzisk Mazowiecki 73 C3, 97 C1
Grodzisk Wielkopolski 71 D3
Groenlo 67 C3
Groesbeek 66 B3, 67 C3
Grohote 131 C3
Groitzsch 82 B1
Groix 84 B3
Grójec 73 C3, 97 C1
Grolanda 45 D3
Groléjac 109 C/D1
Grolloo 67 C2
Grömitz 53 C3
Grömitz-Cismar 53 C3
Gromo Santa Maria 106 A/B2
Grøna 32 B3, 37 C1
Grönahög 45 D3
Gronau 67 C3
Gronau-Epe 67 C3
Gronau (Leine) 68 B3
Grönbo 16 B3
Grønbua 37 C2
Gröndalen 33 D2, 34 A2
Grøndalen 38 A/B1
Grönenbach 91 D3
Grong 28 B2
Grönhögen 51 D2, 72 B1
Groningen 67 C1
Groningen 69 C3
Gröningen 91 C/D1
Grønlia 14 B3
Grønligrotten 14 B2
Grønnes 32 A2
Grønningen 28 A3, 33 C1
Grono 105 D2, 106 A2
Grønøysetra 33 C3, 37 D1
Grönskåra 51 C1, 72 B1
Grønvik 42 A2
Grönviken 35 C2
Grønvollfoss 43 C/D1, 44 A1
Groomsport 56 A3
Grootegast 67 C1/2
Gropello 113 D1
Groppo San Giovanne 114 A1
Grorud 43 D1/2, 44 A1
Grosbois-en-Montagne 88 B3, 103 C/D1
Grosbreuil 100 A1/2
Grósio 106 B2
Grošnica 134 B2
Gross Buchholz 69 D2
Gross-Dölln 70 A2
Gross Gastrose 70 B3
Gross-Gerau 80 B3
Gross-Gerungs 93 D2
Gross Köris 70 A/B3
Gross-Kreutz 70 A2/3
Gross-Leine 70 B3
Gross Lieskow 70 B3
Gross-Miltzow 70 A1
Gross-Nemerow 70 A1
Gross Oesingen 69 C2, 69 C2
Gross-Ossnig 70 B3, 83 C/D1
Gross-Pankow 69 D2
Gross Reken 67 C3
Gross Rietz 70 B3
Gross-Salitz 69 C1
Gross Sankt Florian 127 C1
Gross Särchen 83 C/D1
Gross Schönebeck 70 A2
Gross-Siegharts 94 A2
Gross-Umstadt 81 C3
Gross Warnow 69 C/D1
Gross-Welle 69 D2
Gross-Welzin 69 C1
Gross-Werzin 69 D2
Gross-Wittensee 52 B2/3
Gross Wokern 53 D3, 69 D1
Gross-Ziethen 70 B2
Grossa 113 D3
Grossalmerode 81 C1
Grossalsleben 69 C3

Grossarl 126 A1
Grossbodungen 81 D1
Grossbothen 82 B1
Grossbottwar 91 C1
Grossdobritz 83 C1
Grossefehn 67 D1
Grossefehn-Bagband 67 D1
Grossefehn-Strackholt 67 D1
Grossenbrode 53 C3
Grossenehrich 81 D1, 82 A1
Grossengottern 81 D1
Grossenhain 83 C1, 96 A1
Grossenkneten 67 D2, 68 A2
Grossenkneten-Sage 67 D2, 68 A2
Grossenlüder 81 C2
Grossenlupnitz 81 D1/2
Grossensee 68 B1
Grossenstein 82 B2
Grossenwiehe 52 B2
Grossenzersdorf 94 B2
Grosser Rachel 93 C1
Grossereix 101 D2
Grosserlach 91 C1
Grosseto 116 B3
Grossfurra 81 D1
Grosshabersdorf 91 D1
Grosshansdorf 68 B1
Grossharthau 83 C1
Grosshartmannsdorf 83 C2
Grosshartmannsdorf 127 D1
Grossheide 67 D1
Grossheimschuh 127 C1/2
Grossheubach 81 C2
Grosshöchstetten 105 C1
Grosskayna 82 A/B1
Grosskrut 94 B2
Grosslittgen 79 D3, 80 A3
Grossmehring 92 A2
Grossmugl 94 B2
Grossnaundorf 83 C1
Grossostheim 81 C3
Grosspertholz 93 D2
Grosspetersdorf 127 D1
Grossraming 93 D3
Grossräschen 83 C1
Grossreifling 93 D3
Grossrinderfeld 81 C3
Grossröhrsdorf 83 C1
Grossrosenburg 69 D3
Grossrosseln 89 D1, 90 A1
Grossschirma 83 C1/2
Grossschönau 83 D2
Grossschweinbarth 94 B2
Grosssölk 93 C3, 126 B1
Grosssolt 52 B2
Grossthiemig 83 C1
Grosswarasdorf 94 B3
Grossweikersdorf 94 A2
Grosswilfersdorf 127 D1
Grosswudicke 69 D2
Grostenquin 89 D1, 90 A1
Grosuplje 127 C2/3
Grøtavær 9 C1
Grøtfjord 4 A2
Grötholen 38 B1
Grötingen 35 C2
Grotli 32 A/B3, 37 C1
Grötlingbo 47 D3
Grøtnesdalen 4 A2
Grotta Azzurra 119 C/D3
Grotta di Bossea 113 C2
Grotta di Nettuno 123 C2
Grotta di Tibério 118 B2/3
Grotta Zinzulusa 121 D3
Grottáglie 121 C2/3
Grottaminarda 119 D3, 120 A2
Grottammare 117 D2/3
Grotte de Clamouse 110 B2
Grotte de Dargilan 110 B2
Grotte de l'Apothicairerie 84 B3
Grotte de la Sainte Baume 111 D3
Grotte de Labouiche 109 D3, 155 D1, 156 A1
Grotte de Médous 108 B3, 155 C1
Grotte de Niaux 155 D2, 156 A1

Grotte de Pech Merle 109 D1
Grotte des Demoiselles 110 B2
Grotte di Castro 116 B3, 118 A1
Grotte du Loup 108 B3, 155 C1
Grotte Santo Stéfano 117 C3, 118 A1
Grotteria 122 A/B3
Grottes d'Oxocelhaya 108 A3, 154 A/B1
Grottes de Bétharram 108 B3, 154 B1
Grottes de Crozon 84 A2
Grøttingen 28 A2, 33 C1
Gròttole 120 B2/3
Grouw 66 B1/2
Grova 43 C2
Grøvdalsbu 32 B2/3
Grove 150 A2
Gröveldalsvallen 34 A3
Grövels fjellstation 34 A3
Grovfjord 9 C2
Grøvseter 37 C2
Grøvudalshytta 32 B3, 37 C1
Grožnjan 126 B3, 130 A1
Grua 38 A3
Grubbe 40 A1
Grubbe 30 B2, 35 D1
Grubben 14 B3
Gruben 33 D3
Grubišno Polje 128 A3
Grubo 69 D3
Gruda 137 C2
Grude 131 D3, 132 A3, 136 B1
Grudovo 141 C2/3
Grudziądz 72 B3
Grue Finnskog 38 B2
Gruffelingen 79 D2/3
Gruissan 110 B3, 156 B1
Gruja 135 C/D2
Grumbach 83 C1/2
Grumento Nova 120 B3
Grumo Áppula 121 C2
Grums 45 C/D1
Grünau im Almtal 93 C3
Grünbach am Schneeberg 94 A3
Grünberg 81 C2
Grünburg 93 C/D3
Grundagssätern 34 A3
Grundfors 15 C3, 29 D1
Grundforsen 38 B1
Grundsjö 35 C3
Grundsjö 30 A2, 35 C1
Grundsund 44 B2/3
Grundsunda 41 D2/3
Grundsunda 31 C3
Grundtjärn 30 B2/3, 35 D1
Grundträsk 16 B3
Grundträsk 16 A3
Grundträsk 16 A3
Grundträskliden 16 A3
Grundvattnet 16 B2/3
Grüneberg 70 A2
Grünendeich 68 B1
Grünewald 83 C1
Grünewalde 83 C1
Grungedal 42 B1
Grünhain 82 B2
Grünheide 70 A/B2/3
Grünkraut 90 A3
Grunnfarnes 9 C1
Grunnfjord 4 A2
Grunnførfjorden 8 B2
Grunow 70 B3
Grünsfeld 81 C3, 91 C1
Grünstadt 80 B3, 90 B1
Grüntal 70 A/B2
Gruomba 15 D1/2
Grupčin 138 B2
Grutness 54 B1, 54 A1
Gruvberget 40 A1
Gruvefelt 33 D2
Gruyères 104 B2
Gruža 134 B2/3
Grycksbo 39 D2
Gryfice 71 C1, 72 A/B2/3
Gryfino 70 B1, 72 A3

Gryllefjord 9 C1
Grymyr 37 D3, 38 A2/3
Grynberget 30 A2, 35 C/D1
Gryt 47 C2/3
Gryta 32 B1
Gryte 28 B3, 33 D1
Grytgöl 46 B2
Grythyttan 39 C3, 46 A1
Grytnäs 47 C2
Grytsjö 29 D1, 30 A1
Grytstorp 46 B2
Gryttyesbo 40 A1
Grzebienisko 71 D2/3
Grzmiąca 71 D1
Gschwend 91 C1
Gsokonyavisonta 128 A2
Gstaad 104 B2
Gsteig bei Gstaad 104 B2
Guadahortuna 173 C1
Guadalajara 161 C2
Guadalaviar 162 A2/3
Guadalcanal 166 A3, 171 D1
Guadalcázar 166 B3, 172 A1
Guadalest 169 D2
Guadalix de la Sierra 160 B2, 161 C2
Guadalmez 166 B2
Guadalmina 172 A3
Guadalupe 166 B1
Guadamur 160 B3, 167 C1
Guadarrama 160 B2
Guadix 173 C2
Guagno 113 D3
Guájar Alto 173 C2
Gualachulain 56 A/B1
Gualchos 173 C2
Gualda 161 C/D2
Gualdo Tadino 115 D3, 117 C2
Gualtieri 114 B1
Guarcino 119 C2
Guarda 158 B2
Guardamar del Segura 169 C3, 174 B1
Guardamíglio 114 A1
Guardas Viejas 173 D2
Guardavalle 122 B2/3
Guardea 117 C3, 118 A/B1
Guárdia 120 A2
Guardia de Ares 155 D2
Guardia de Noguera 155 D2
Guárdia Perticara 120 B3
Guárdia Sanframondi 119 D2/3
Guardiagrele 119 C/D1
Guardialfiera 119 D2, 120 A1
Guardiola de Berga 156 A2
Guardistallo 114 B3, 116 A2
Guardo 152 A2
Guareña 165 D2, 166 A2
Guarrate 159 D1, 160 A1
Guarromán 167 C/D3, 173 C1
Guasa 154 B2
Guasila 123 C/D3
Guastalla 114 B1
Gúbbio 115 D3, 117 C2
Gubbträsk 15 D3
Guberevac 134 B3
Gubin 70 B3, 72 A3, 96 A1
Guča 133 D3, 134 A3
Guča Gora 132 A/B2
Guchen 155 C2
Gúdar 162 B2
Gudavac 131 C1
Guddal 36 A2
Gudensberg 81 C1
Gudhem 45 D2/3
Gudhjem 51 D3, 72 A/B2
Gudme 53 C2
Gudmontorp 50 B3
Gudow 69 C1
Gudsø 48 B3, 52 B1
Gudumbro 48 A2
Gudvangen 36 B3
Guebwiller 89 D2/3, 90 A3
Guéhenno 85 C2/3
Güéjar-Sierra 173 C2
Guémar 90 A2
Guémené-Penfao 85 C/D3
Guémené-sur-Scorff 84 B2
Güeñes 153 C1

Guer 85 C2/3
Guérande 85 C3
Guéret 102 A2
Guérigny 102 B2
Güesa 154 A/B2
Guéthary 108 A3, 154 A1
Gueugnon 103 C1/2
Gúglia 114 B1/2, 116 A/B1
Güglingen 91 C1
Guglionesi 119 D2, 120 A1
Gugutka 145 D1
Gühlen Glienicke 69 D2, 70 A2
Guia 170 A2
Guia 158 A3, 164 A1
Guichen 85 C/D2
Guide Post 57 D2/3
Guidizzolo 106 B3
Guidognia-Montecélio 118 B2
Gúglia 114 B1/2, 116 A/B1
Guignes 87 D2
Guijo 166 B2/3
Guijo de Ávila 159 D2
Guijuelo 159 D2
Guildford 64 B3, 76 B1
Guillaumes 112 B2
Guillena 171 D1
Guillestre 112 A/B1
Guimara 153 C3, 160 B1
Guimarães 158 A1
Guimiliau 84 A/B2
Guînes 77 D1
Guingamp 84 B2
Guintanilla 151 D2
Guipavas 84 A2
Guipry 85 C/D3
Guirguillano 154 A2
Guisando 160 A3
Guisborough 61 C1
Guiscard 78 A3
Guise 78 B3
Guisséry 84 A1/2
Guissona 155 D3, 163 D1
Guitiriz 150 B1
Guîtres 101 C3, 108 A1
Gujan-Mestras 108 A1
Gulbene 74 A1
Gulboviken 34 B2
Guldborg 53 D2
Gulen 36 A2/3
Gulgofjorden 7 C1
Gullabo 51 C/D2
Gullane 57 C1
Gullänget 31 C3
Gullaskruv 51 C1
Gullbrø 36 A/B3
Gulleråsen 39 D1/2
Gullholmen 44 B3
Gullholmen 9 C2
Gullön 16 A3
Gullringen 46 B3
Gullspång 45 D2, 46 A1/2
Gullstein 32 B2
Güllük 149 D2
Gulpen 79 D2
Gülpinar 145 D3
Gulsele 30 B2, 35 D1
Gulsvik 37 D3
Gültz 70 A1
Gülzow 53 D3, 69 D1
Gumboda 31 D2
Gumiel de Hizán 153 C3, 160 B1, 161 C1
Gummark 31 D1
Gummarksnoret 31 D1
Gümmenen 104 B1
Gummersbach 80 A1/2
Gummersbach-Derschlag 80 A/B1/2
Gumpelstadt 81 D2
Gumpersdorf 92 B2
Gumpoldskirchen 94 B2/3
Gumtow 69 D2
Gümüldür 149 D2
Gunaras 128 B2
Gundelfingen 91 D2
Gundelsheim 91 C1
Gundertshausen 92 B2/3
Gundheim 80 B3
Gundinci 132 B1

Gunnarn 30 B1
Gunnarsberg 15 D3
Gunnarsbyn 17 C2
Gunnarskog 38 B3, 45 C1
Gunnarvattnet 29 C/D2, 34 B1
Gunnebo 46 B3
Gunnilbo 39 D3, 40 A3
Günselsdorf 94 B3
Gunsleben 69 C3
Gunsta 40 B3
Güntersberge 69 C3, 81 D1,
  82 A1
Guntersblum 80 B3
Guntersdorf 94 A/B2
Guntín 150 B2
Guntramsdorf 94 B2/3
Günzburg 91 D2
Gunzenhausen 91 D1
Günzerode 81 D1
Gura Humorului 98 B3
Gura Văii 135 C1/2
Gura Zlata 135 C/D1
Gurahonţ 97 C/D3, 98 A3,
  140 A/B1
Gurgazo 113 D3
Guri i zi 137 D2
Gurk 126 B1
Gurrea de Gállego 154 B3
Gurs 108 A/B3, 154 B1
Gusborn 69 C2
Gušće 127 D3, 131 C/D1
Gusendos de los Oteros
  152 A2
Gusev 73 C/D2
Gusinje 137 D2, 138 A1/2
Gusmar 142 A2
Gúspini 123 C3
Gussago 106 B3
Gusselby 39 D3, 46 A/B1
Güssing 127 D1
Gussola 114 A1
Gusswerk 94 A3
Gustafs 39 D2
Gustav Adolf 39 C3
Gustavsberg 45 C2
Gustavsberg 47 D1
Gustavsfors 45 C1
Güsten 69 C/D3
Gustorf 79 D1
Güstrow 53 D3, 69 D1
Gusum 46 B2
Gütenbach 90 B2/3
Gutengermendorf 70 A2
Gutenstein 94 A3
Gütersloh 68 A3
Gutierre Muñoz 160 A/B2
Guttannen 105 C2
Guttaring 126 B1
Gützkow 70 A1
Guvåg 8 B2
Guyhirn 65 C1/2
Gvardejsk (Tapiau) 73 C2
Gvarv 43 C/D1/2, 44 A1
Gvozd 137 D1
Gwda Wielka 71 D1
Gwieździn 71 D1
Gy 89 C3, 104 A1
Gyál 95 D3, 129 C1
Gyékényes 128 A2
Gyldensten 48 B3, 52 B1
Gyljen 17 C2
Gyllene Uttern 45 D3, 46 A3
Gylling 48 B3, 52 B1
Gyltvik 9 C3
Gyömrő 129 C1
Gyöngyös 97 C3
Gyönk 128 B2
Győr 95 C3, 96 B3
Győrvár 128 A1
Gysinge 40 A2/3
Gyttorp 46 A1
Gyula 97 C3, 140 A1
Gyulafirátót 128 B1
Gyulakeszi 128 A1
Gyülevész 128 A1
Gyvasshytta 42 B2

H

Haacht 79 C2
Haag 92 B2
Haag 93 D2/3
Haag am Hausruck 93 C2
Haahainen 22 B1
Haaksbergen 67 C3
Haan 80 A1
Haapa-Kimola 25 D2, 26 A/B2
Haapajärvi 21 D1, 22 A1
Haapajärvi 27 C2
Haapakoski 20 B2
Haapakoski 22 B3
Haapakumpu 13 C2/3
Haapala 26 B2
Haapala 27 C1
Haapalahti 23 D2
Haapaloso 23 D3
Haapaluoma 20 B3
Haapamäki 21 D1/2, 22 A1/2
Haapamäki 21 C3
Haapamäki 22 B2
Haapamäki 23 C3
Haaparanta 13 C3
Haapasaari 26 B3
Haapasalmi 23 D3
Haapavaara 23 D1, 23 D3
Haapavesi 18 A/B3, 21 D1,
  22 A1
Haapovaara 23 D2/3
Haar 92 A2/3
Haaraaoja 18 B3
Haarada 21 D2, 22 A2
Haarajoki 22 B3
Haarajoki 25 D2, 26 A2/3
Haarasaajo 12 A3, 17 D2
Haarbach 93 C2
Haarinka 21 D2, 22 A2
Haarlem 66 A2/3
Haaroinen 24 B2
Haataja 19 C/D1
Haavisto 25 C2
Habach 92 A3
Habartice 83 D1/2
Habas 18 A3, 154 B1
Habay-la-Neuve 79 C3
Habkern 105 C1/2
Hablingbo 47 D3
Habo 45 D3, 72 A1
Håbol 45 C2
Habsburg 90 B3, 105 C1
Habscheid 79 D2/3
Håby 44 B2
Hachenburg 80 B2
Hacinas 153 C3
Hackås 34 B2
Häckeberga 50 B3
Hacketstown 58 A3
Hadamar 80 B2
Hädanberg 30 B2/3, 35 D1
Haddenham 65 C2
Haddington 57 C1/2
Haddon Hall 61 C3, 64 A1
Hademstorf 68 B2
Hadersdorf am Kamp 94 A2
Haderslev 52 B1
Haderup 48 A/B2
Hadleigh 65 C/D2
Hadmersleben 69 C3
Hadrian's Wall 57 D3
Hadsel 8 B2
Hadselsand 8 B2
Hadsten 48 B2
Hadsund 48 B2
Haedington 64 B3
Haeggeriset 38 B1
Haelen 79 D1
Haffkrug-Scharbeutz 53 C3
Hafslo 36 B2
Hafstad 32 B2
Haga 34 B2
Haga 38 A2
Hagafoss 37 C3
Haganj 127 D2/3
Hagaström 40 A2
Hagby 51 D2
Hage 33 C2
Hage 67 D1

Hagebök 53 C/D3
Hægebostad 42 B3
Hagelstadt 92 B1/2
Hagen 80 A1
Hagen 67 D3
Hagen 68 A1
Hagen-Hohenlimburg 80 A2
Hagenow 69 C1
Hagenwerder 83 D1
Hagétaubin 108 B3, 154 B1
Hagetmau 108 B2/3, 154 B1
Hagfors 39 C3
Häggås 30 A1
Häggåsen 30 B3, 35 D2
Häggdånger 35 D2/3
Häggenås 29 D3, 34 B1/2
Häggnäset 29 D2
Häggsåsen 34 B2
Häggsjöbränna 29 C3, 34 A1
Häggsjömon 30 B2, 35 D1
Häggsjön 29 C/D2, 34 B1
Haglebu 37 C/D3
Hagley 59 D3, 64 A2
Hagnillseter 33 C3, 37 D1
Hagondange 89 C1
Hagshult 50 B1
Hagsta 40 A2
Haguenau 90 A/B1/2
Håhellerhytta 42 B2
Hahn 80 A3
Hahnbach 82 A3, 92 A1
Hahnenklee-Bockswiese
  68 B3
Hahót 128 A2
Haiger 80 B2
Haigerloch 90 B2
Häijää 24 B1
Haikela 23 D1
Haiko 25 D3, 26 A3
Hailsham 77 C1
Hailuoto 18 A2
Haina-Löhlbach 81 C1/2
Hainburg an der Donau 94 B2,
  96 B2/3
Hainfeld 94 A2/3, 96 A/B3
Hainichen 83 C2
Hajala 24 B2
Hajdúböszörmény 97 C3
Hajdučica 134 B1
Hajnówka 73 D3
Hajós 129 C2
Hakadal 38 A3
Håkafot 29 D2
Håkantorp 45 C2/3
Hakasuo 19 C2/3
Hakenberg 70 A2
Hakenstedt 69 C3
Håkjerringnes 9 D1
Hakkas 16 B1
Hakkenpää 24 A2
Häkkilä 21 D2, 22 A2
Häkkilä 22 B3
Häkkiskylä 21 C3
Hakkstabben 5 C2
Håknäs 31 C2/3
Hakokylä 19 C/D2/3
Hakulinranta 18 B2
Halaesa 125 C2
Hålaforsen 30 A/B2/3,
  35 C/D1
Halámky 93 D1/2
Hålandsosen 42 B2
Halastelki iskola 129 C/D2
Halászi 95 C3
Halbe 70 A/B3
Halbenrain 127 D1/2
Hålberg 16 A3
Halberstadt 69 C3
Halblech-Buching 91 D3
Halblech-Trauchgau 91 D3
Halbturn 94 B3, 96 B3
Hald Ege 48 B2
Halden 44 B1
Haldensleben 69 C3
Haldenwang 91 D3
Halesworth 65 D2
Halfing 92 B3
Hålgö 47 C2
Halhjem 42 A1
Halifax 59 D1/2, 61 C2
Halikarnassos 149 D2

Halikko 24 B2/3
Hälilä 23 C1
Halileli 145 D2/3
Halk 52 B1/2
Halkia 25 D2, 26 A2
Halkivaha 24 B1/2
Halkokumpu 22 B3
Halkosaari 20 B2
Hall 47 D2
Hall in Tirol 92 A3, 107 C1
Hälla 30 B2, 35 D1
Hallabro 51 C2
Hällabrottet 46 A1
Hålland 29 C3, 34 A2
Hallapuro 21 C2
Hallaryd 50 B2
Hallaskar 36 B3, 42 B1
Hallavaara 19 C2/3
Hallbergmoos 92 A2
Hällbo 40 A1
Hällbyrunn 46 B1
Hälle 44 B1/2
Halle 82 A/B1
Halle 68 A3
Halle 78 B2
Halle-Hörste 67 D3, 68 A3
Halle-Neustadt 82 A/B1
Hällefors 39 C3, 46 A1
Hälleforsnäs 46 B1
Hallein 93 C3
Hällekis 45 D2
Hallen 29 C/D3, 34 B2
Hallen 29 D3, 30 A2, 35 C1
Hallen 34 B2
Hallenberg 80 B1
Hallenberg-Hesborn 80 B1
Hallencourt 77 D2/3
Hallerud 45 D2, 46 A2
Hällesjö 30 A3, 35 C2
Hällestad 46 B2
Hällevadsholm 44 B2
Hällevik 51 C2/3
Hälleviksstrand 44 B3
Hållfjället 29 C3, 34 A2
Hällfors 16 B3, 31 D1
Halli 25 C1
Hallila 25 D2, 26 A2
Hallingby 37 D3, 38 A2/3
Hallingskeid 36 B3
Hällinmäki 22 B3
Hållnäs 40 B2
Hällnäs 31 C1/2
Hällnäs 15 D2, 16 A2
Hallsberg 46 A1
Hallschlag 79 D2
Hallshuk 47 D3, 47 D2
Hällsjö 30 B3, 35 D2
Hallstad 45 D3
Hallstahammar 40 A3, 46 B1
Hallstatt 93 C3, 96 A3
Hallstavik 41 C3
Hållstugan 39 C1
Halltal 107 C1
Halluin 78 A2
Hällvattnet 30 A2, 35 C1
Hallviken 29 D3, 35 C1
Halma 79 C3
Halmeniemi 26 B1
Halmeu 97 D3, 98 A2/3
Halmrast 37 D3, 38 A2
Halmstad 49 D2, 50 A2,
  72 A1
Halna 45 D2, 46 A2
Halne 37 C3
Halos 147 C1
Halosenniemi 18 A/B2
Hals 32 B2
Hals 9 C1
Hals 28 B2
Hals 48 B1/2
Halsa 14 B1
Halsanaustan 32 B2
Hälsingfors 31 C2
Hälsingtuna 40 B1
Halskov 53 C1
Halsnøykloster 42 A1
Halstead 65 C2
Halstedkloster 53 C2
Halstenbek 68 B1
Halsua 21 C1/2
Hålta 45 C3

Haltdalen 33 D2
Haltern 67 C/D3, 80 A1
Haltern-Hamm 67 C/D3,
  80 A1
Halttula 18 A1/2
Haltwhistle 57 C/D3, 60 B1
Hälvä 27 D1
Halvarsgårdarna 39 D2
Halver 80 A1
Ham 78 A3
Hämäläinen 12 B2
Hamar 38 A2
Hamarhaug 42 A1
Hamarinperä 18 A1
Hamarneset 14 B2
Hamarøy 9 C2/3
Hamarøy 14 A/B2
Hambergen 68 A1
Hambühren 68 B2
Hamburg 52 B3, 68 B1
Hamburg-Kirchwerder 68 B1
Hamburgsund 44 B2
Hambye 85 D1
Hamdorf 52 B3
Hämeenkyrö 24 B1
Hämeenlinna 25 C2
Hämelerwald 68 B2/3
Hameln 68 A/B3
Hamersleben 69 C3
Hamilton 56 B2
Hamina 26 B2
Haminalahti 22 B2
Haminanmäki 25 D1, 26 A1
Hamlagrø 36 A/B3
Hamlagrøosen 36 A/B3
Hamleperä 21 D1, 22 A1
Hamm 67 D3, 80 B1
Hamm-Bockum-Hövel 67 D3,
  80 A/B1
Hamm-Heessen 67 D3, 80 B1
Hamm-Pelkum 67 D3,
  80 A/B1
Hammar 46 A2
Hammarby 40 A2
Hammarland 41 C2/3
Hammarn 39 C3, 46 A1
Hammarnäs 29 C/D3, 34 B2
Hammarö 45 D1
Hammarsbyn 39 C2
Hammarstrand 30 A3, 35 C2
Hammaslahti 23 D3
Hamme 78 B1
Hamme-Mille 79 C2
Hammel 48 B2
Hammelburg 81 C/D3
Hammelburg-Gauaschach
  81 C/D3
Hammelspring 70 A2
Hammenhög 50 B3
Hammer 28 B2
Hammer 28 B2, 33 D1, 34 A1
Hammer 28 B2
Hammerdal 29 D3, 35 C1
Hammerfest 5 C1, 6 A1
Hammershøj 48 B2
Hammershus 51 D3
Hammerum 48 A/B2/3
Hamminkeln 67 C3, 79 D1
Hamminkeln-Brünen 67 C3,
  79 D1, 80 A1
Hamminkeln-Dingden 67 C3,
  79 D1
Hamn 32 B1
Hamnbukt 5 D2, 6 A2
Hamneidet 4 B2
Hamnes 32 B2
Hamnes 4 B2/3
Hamnes 28 B2
Hamningberg 7 C/D1
Hamnøy 8 A3
Hamnsund 9 C2/3
Hamnsundet 14 A3
Hamnvågernes 4 A3, 9 D1,
  10 A1
Hamnvik 9 C2
Hamoir 79 C2
Hampetorp 46 B1
Hamra 39 D1
Hamrångefjärden 40 A2
Hamremoen 43 D1
Hamstreet 77 C1

Hamula 21 D2, 22 A/B2
Hamula 22 B2
Hamzali 139 D3, 143 D1
Hån 45 C1
Han Knežica 131 C/D1
Han Pijesak 133 C2
Han-sur-Lesse 79 C3
Han-sur-Nied 89 D1
Hana 7 C1/2
Hanau 81 C3
Hanau-Grossauheim 81 C3
Hanau-Steinheim 81 C3
Handen 47 C/D1
Handewitt 52 B2
Handlová 95 D2, 96 B2
Handog 29 D3, 34 B2
Handöl 28 B3, 34 A2
Handrup 67 D2
Handsjö 34 B2/3
Handstein 14 A/B2
Handsverk 37 C2
Hanerau-Hademarschen 52 B3
Hanestad 33 C/D3, 38 A1
Hangaskylä 20 B3
Hangasmäki 25 C2
Hangastenmaa 26 B1
Hangelsberg 70 B2/3
Hånger 50 B1
Hangö/hanko 24 B3
Hanhikoski 12 B3
Hanhimaa 11 D3, 12 A1/2
Hanhivirta 23 C3
Hanho 21 C3, 25 C1
Hankamäki 23 C2
Hankamäki 22 B3
Hankasalmen asema 22 A/B3
Hankasalmi 21 D3, 22 A/B3
Hanko 24 B3
Hankø bad 44 B1
Hannäs 46 B2/3
Hännilä 27 C1
Hännilä 21 C/D2/3, 22 A2/3
Hänninen 19 D1
Hänniskylä 21 D3, 22 A3
Hannover 68 B2/3
Hannukainen 11 C3, 12 A2
Hannumäki 17 C1
Hannusperä 18 B2
Hannusranta 19 C2/3
Hannut 79 C2
Hanö 51 C2/3
Hanøy kapell 8 B2
Hanshagen 53 C3, 69 C1
Hansjö 39 C/D1/2
Hansnes 4 A2
Hanstedreservatet 48 A1
Hanstedt (Harburg) 68 B1
Hanstholm 48 A1
Häntälä 24 B2
Hantháza 129 C/D1
Haou 108 A3, 154 B1
Haparanda/haaparanta 17 D2/3, 18 A1
Haparanda hamn 17 D3, 18 A1
Häppälä 21 D3, 22 A/B3
Hapträsk 16 B2
Hara 39 C3
Häradsbygden 39 D2
Haranes 28 B1
Haras du Pin 86 B1/2
Harbach 93 D2
Harbak 28 A2, 33 C1
Härbergsdalen 29 D1
Harbo 40 A/B3
Harboøre 48 A2
Harburg 91 D2
Harburg-Ebermergen 91 D2
Hårby 52 B1/2
Harcourt 77 C3, 86 B1
Hardegarijp 66 B1
Hardegsen 68 B3, 81 C1
Hardelot-Plage 77 D1/2
Hardenberg 67 C2
Harderwijk 66 B2/3
Hardeshøj 52 B2
Hardheim 81 C3, 91 C1
Hardheim-Bretzingen 81 C3, 91 C1
Hardom 25 D2, 26 A/B2
Hardt (Rottweil) 90 B2

Hareid 36 A1
Harelbeke 78 A2
Haren 67 C1/2
Haren 67 C/D2
Haren-Rütenbrock 67 C/D2
Haren-Wesuwe 67 C/D2
Hareskov 49 D3, 50 A3, 53 D1
Harestad 45 C3
Harestua 38 A3
Harewood 61 C2
Harewood House 61 C2
Harfleur 76 B3
Harg 40 B3
Hargnies 79 C3
Hargshamn 40 B3
Harhala 25 C1
Haringvlietdam 66 A3
Harivaara 23 D2
Harjakangas 24 A/B1
Harjakopski 24 A/B1
Harjankylä 20 B3
Härjänvatsa 25 C3
Harjavalta 24 A/B1
Harjula 18 B1
Harjumaa 26 B1
Harjunkylä 20 A/B2/3
Harjunmaa 22 B3, 26 B1
Harjunpää 24 A1
Harjunsalmi 25 D1, 26 A1
Härkäneva 21 C1
Harkány 128 B3
Härkeberga 40 A/B3, 47 C1
Härkinvaara 23 C/D2/3
Härkmeri 20 A3
Härkmeri 20 A3
Härkmyran 16 B1/2
Härkönen 17 D2/3, 18 A1
Harlech 60 A3
Harleston 65 D2
Hårlev 50 A3, 53 D1
Harlingen 66 B1/2
Harlösa 50 B3
Harlow 65 C2/3
Härlunda 50 B2
Härmä 20 B2
Härmä 19 D1
Harmaalamranta 21 D2, 22 A2
Harmainen 25 D1, 26 A1
Harmanec 95 D1/2
Harmånger 35 D3
Härmänkylä 19 D2/3
Harmanli 141 C3, 145 D2
Härmänmäki 19 C2/3
Hármas 129 C1
Harmer Hill 59 D3, 60 B3
Harndrup 48 B3, 52 B1
Harnekop 70 B2
Hårnes 32 A2
Hårnes 28 A2
Härnösand 35 D2/3
Haro 153 C2
Háromfa 128 A2
Härpe 25 D3, 26 A3
Harpefoss 37 D2
Harpenden 64 B2/3
Harplinge 49 D2, 50 A2
Harpstedt 68 A2
Harrejaure 16 B1
Harrelv 7 C1
Harrogate 54 B3, 61 C2
Harrold 64 B2
Harrow 64 B3
Harrsjö 15 C3
Harrsjöhöjden 29 D2, 30 A1
Harrsjön 29 D2, 30 A1
Harrström 20 A2/3
Harrvik 15 C3
Härryda 45 C3, 49 D1
Harsa 39 D1, 40 A1
Harsefeld 68 B1
Harsewinkel 67 D3, 68 A3
Hårsjøen 33 D2/3
Harskirchen 89 D1, 90 A1/2
Harsleben 69 C3
Harsprånget 16 A/B1
Harstad 9 C2
Harstena 47 C2
Harsum 68 B3
Harsvik 28 A2, 33 C1

Harta 129 C2
Hartberg 94 A3, 96 A/B3, 127 D1
Hårte 35 D3
Hartenholm 52 B3, 68 B1
Hartennes-et-Taux 88 A1
Hartha 82 B1
Hartland 62 B2
Hartlepool 54 B3, 61 C1
Hartmannsdorf 82 B2
Hartola 25 D1, 26 A1
Hartola 26 B2
Hartosenpää 26 B1
Harvaluoto 24 B2/3
Harvasstua 14 B3, 29 D1
Harwich 65 D2
Harzgerode 69 C3, 82 A1
Hasborn 80 A3
Haseldorf 68 B1
Häselgehr 91 D3, 106 B1
Haselund 52 A/B2
Haselünne 67 D2
Håsjö 30 A3, 35 C2
Håsjö Gamla 30 A3, 35 C2
Haskovo 141 C3
Haslach 90 B2
Haslach an der Mühl 93 C2
Hasle 51 D3
Hasle-Rüegsau 105 C1
Haslemere 64 B3, 76 B1
Haslemoen 38 B2
Haslev 53 D1
Hasmark 49 C3, 53 C1
Hasnon 78 A/B2
Hasparren 108 A3, 154 A1
Hassel 35 C/D3
Hassel (Hoya) 68 A/B2
Hassela 35 C/D3
Hasselfelde 69 C3, 82 A1
Hasselfors 46 A1
Hasselö 46 B3
Hasselt 67 C2
Hasselt 79 C2
Hasselvik 28 A3, 33 C1
Hassfurt 81 D3
Hassi 25 D1, 26 A1
Hässjö 35 D2/3
Hassleben 81 D1, 82 A1
Hässleholm 50 B2, 72 A1
Hasslerör 45 D2
Hasslö 51 C2
Hassloch 90 B1
Hæstad 14 A2
Hästbacka 21 C1
Hästbo 40 A/B2
Hästholmen 46 A2
Hastière-Lavaux 79 C2/3
Hastings 77 C1
Hästö 24 B3
Hästveda 50 B2
Hasvik 5 C1/2
Hatě 94 A/B2
Hațeg 140 B1
Hatfield 61 C2/3
Hatfield 64 B3, 65 C3
Hatherleigh 63 C2, 63 C1
Hathersage 61 C3, 64 A1
Hatsola 27 C1
Hattem 67 C2
Hatten 90 B1/2
Hatten-Kirchhatten 68 A2
Hattevik 32 B1
Hattfjelldal 14 B3
Hatting 48 B3, 52 B1
Hattingen 80 A1
Hattlinghus 28 B2
Hattstedt 52 A/B2
Hattula 25 C2
Hattuselkonen 23 D1
Hattuvaara 23 D1, 23 D2
Hatulanmäki 22 B1
Hatunkylä 23 D2
Hatvan 97 C3
Hatvik 36 A3, 42 A1
Hatzfeld 80 B1/2
Haubourdin 78 A2
Haudo 24 A2
Hauenstein 90 A/B1
Haugastøl 37 C3
Hauge 42 A/B3
Haugen 37 D2

Haugen 33 D3
Haugesund 42 A2
Haugfoss 43 D1
Haugfoss 43 C2
Haughom 42 B3
Haugnes 9 C1
Haugsdorf 94 A/B2
Haugseter 37 C2
Hauho 25 C2
Haukå 36 A2
Haukanmaa 21 D3, 22 A3
Haukedal 36 A/B2
Haukeligrend 42 B1
Haukeliseter 42 B1
Haukijärvi 24 B1
Haukijärvi 19 C2
Haukilahti 21 C2
Haukilahti 19 D2/3
Haukimäki 22 B1/2
Haukiniemi 23 C2
Haukipudas 18 A/B2
Haukitaipale 12 A/B3, 18 A/B1
Haukivuoren asema 22 B3, 26 B1
Haukivuori 22 B3, 26 B1
Haukivuori 22 B3
Hauklappi 27 C1
Hauknes/andfiska 14 B2
Haundorf-Obererlbach 91 D1
Haunetal 81 C2
Haunia 24 B1
Haurida 46 A3
Haus 36 A3
Haus 93 C3, 126 B1
Hausach 90 B2
Häusern 90 B3
Hausham 92 A3
Hausjärvi 25 C/D2, 26 A2
Hauske 42 A2
Hausmannstätten 127 C1
Haustreisa 14 B3
Hausvik 42 B3
Hautajärvi 13 C3
Hautakylä 21 C2/3
Haute-Nendaz 104 B2
Hautecombe 104 A3
Hautefort 101 D3
Hauteluce 104 B3
Hauterives 103 D3
Hauteville-Lompnès 103 D2, 104 A2/3
Hautjärvi 25 D2, 26 A2
Hautmont 78 B2
Hautomäki 22 B2
Hauxton 65 C2
Hauzenberg 93 C2
Hauzenberg-Germannsdorf 93 C2
Hauzenberg-Oberneureuth 93 C2
Håvberget 39 C/D2/3
Havdhem 47 D3
Havdrup 49 D3, 50 A3, 53 D1
Havelange 79 C2
Havelberg 69 D2
Havelte 67 C2
Havelterberg 67 C2
Håven 39 D1
Haverdalsstrand 49 D2, 50 A2
Haverfordwest 55 D3, 62 B1
Haverhill 65 C2
Haverö 34 B3
Häverödal 40 B3, 41 C3
Håverud 65 C2
Håvilsrud 38 B3
Havířov 96 B2
Havixbeck 67 D3
Hävla bruk 46 B1/2
Havlíčkův Brod 94 A1, 96 A2
Hävlingstugan 34 A3
Havnbjerg 52 B2
Havndal 48 B2
Havneby 52 A1/2
Havnsø 49 C3, 53 C1
Havnsund 32 A2/3, 36 B1
Havola 26 B2, 27 C2
Havøysund 5 D1, 6 A1
Håvra 35 C3
Havsa 141 C3
Havsnäs 30 A2, 35 C1

Havsnäs 30 A2, 35 C1
Havstenssund 44 B2
Havtorsbygget 39 C1
Havumäki 21 D3, 22 A/B3, 26 A/B1
Hawarden 59 C/D2, 60 B3
Hawes 59 D1, 60 B1/2
Hawick 54 B3, 57 C2
Hawkhurst 77 C1
Hay on Wye 63 C1
Hayange 89 C1
Haydon Bridge 57 D3, 60 B1
Hayfield 61 C3, 64 A1
Häyhtiönmaa 24 B1
Hayingen 91 C2
Hayle 62 A/B3
Hayrabolu 141 C3, 149 C1
Haywards Heath 76 B1
Hazas de Cesto 153 C1
Hazebrouck 78 A2
Hazlov 82 B1
Headcorn 65 C3, 77 C1
Heager 48 A2/3
Heanor 61 C3, 64 A/B1
Heathfield 77 C1
Heathrow 64 B3
Hebnes 42 A2
Heby 40 A3
Hèches 109 C3, 155 C1
Hechingen 91 C2
Hecho 154 B2
Hechtel 79 C1
Hechthausen 52 B3, 68 A/B1
Heckelberg 70 B2
Heckington 61 D3, 64 B1
Hecklingen 69 C3
Hedalen 37 D3
Hedared 45 C3
Hédauville 78 A3
Hedberg 16 A3
Hedby 39 D2
Heddal 43 C/D1, 44 A1
Hedderen 42 B2
Hede 34 A/B2/3
Hede 45 C2
Hédé 85 C/D2
Hedehusene 49 D3, 50 A3, 53 D1
Hedemora 40 A2/3
Heden 15 D3
Hedenäset 17 D2
Hedensted 48 B3, 52 B1
Hedersleben 69 C3
Hedersleben 82 A1
Hédervár 95 C3
Hedesunda 40 A2
Hedeviken 34 B2/3
Hedlo 36 B3
Hedmark 30 B1
Hedon 61 D2
Hee 48 A2/3
Heede 67 D2
Heek 67 C/D3
Heemstede 66 A2/3
Heer 79 C/D2
Heer-Agimont 79 C3
Heerbrugg 91 C3, 106 A1
Heerde 67 C2/3
's-Heerenberg 67 C3
Heerenveen 66 B2
Heerlen 79 D2
Heesch 66 B3, 79 C1
Heeslingen 68 A/B1
Heestrand 44 B2
Heeze 79 C1
Hegge 37 C2
Heggenes 37 C2
Heggmo 14 B2
Heggmoen 8 B3, 14 B1
Heggstad 28 B2, 33 D1
Hegræ 28 B3, 33 D1
Hegset 28 B3, 33 D2
Hegyfalu 94 B3, 128 A1
Heia 4 A3, 9 D1, 10 A1
Heia 28 B2
Heidal 37 D2
Heiddorf 69 C1/2
Heide 52 A/B3
Heideck 92 A1
Heidelberg 90 B1
Heiden 67 C3

Heiden 91 C3, 106 A1
Heidenau 83 C1/2
Heidenau 68 B1
Heidenheim 91 D2
Heidenheim (Gunzenhausen) 91 D1
Heidenheim-Hechlingen 91 D1
Heidenreichstein 93 D1/2, 94 A1/2
Heidenrod 80 B2/3
Heidenrod-Geroldstein 80 B3
Heidenrod-Laufenselden 80 B2/3
Heiderscheid 79 D3
Heigenbrücken 81 C3
Heikendorf 52 B2/3
Heikkilä 19 D1
Heikkurila 27 C1
Heiland 43 C2
Heilbronn 91 C1
Heiligenberg 91 C3
Heiligenblut 107 D1, 126 A1
Heiligengrabe 69 D1/2
Heiligenhafen 53 C3
Heiligenhaus 80 A1
Heiligenkreuz 94 A/B2/3
Heiligenkreuz im Lafnitztal 127 D1
Heiligenstadt 81 D1
Heiligenstadt-Burggrub 82 A3
Heiligkreuzsteinach 80 B3, 90 B1
Heiloo 66 A/B2
Heilsbronn 91 D1
Heiltz-le-Maurupt 88 B1
Heim 32 B1
Heimbach (Birkenfeld) 80 A3
Heimbach (Schleiden) 79 D2
Heimburg 69 C3
Heimdal 28 A3, 33 C1/2
Heimertingen 91 D2/3
Heimola 12 B2
Heimseta 36 A1/2
Heinäaho 22 B2
Heinälammi 24 B1
Heinämaa 25 D2, 26 A2
Heinäperä 21 D1, 22 B1
Heinäpohja 21 D2, 22 A2
Heinävaara 23 C2
Heinävaara 23 D3
Heinäveden asema 23 C3
Heinävesi 23 C3
Heinersdorf 70 B2/3
Heinersreuth (Bayreuth) 82 A3
Heiniemi 26 B1
Heinijärvi 18 A/B3
Heinikoski 18 A/B1/2
Heinisuo 18 B1
Heinjoki 24 B2
Heinlahti 26 B2/3
Heino 67 C2
Heinola 25 D1/2, 26 A1/2
Heinolan maalaiskunta 25 D1/2, 26 A/B1/2
Heinolanperä 18 A3
Heinoniemi 23 C/D3
Heinoo 24 B1
Heinsberg 79 D1
Heinsberg-Karken 79 D1
Heinsburg-Randerath 79 D1/2
Heintaival 22 B2/3
Heist-op-den-Berg 79 C1
Heitersheim 90 A3
Heituinlahti 26 B2
Hejde 47 D3, 47 D3
Hejlsminde 52 B1
Hejnice 83 D2
Hejnsvig 48 A/B3, 52 A/B1
Hejnum 47 D3, 47 D2
Hekal 142 A2
Helags fjällstation 34 A2
Helbra 82 A1
Heldburg 81 D2/3
Helden 79 D1
Heldrungen 82 A1
Helechal 166 B2
Helfenberg 93 C/D2
Helfštýn 95 C1
Helgådalen 28 B2/3, 33 D1
Helgeli 4 B2/3
Helgenäs 46 B3

Helgenæs Kirke 49 C3
Helgeroa 43 D2, 44 A1/2
Helgheim 36 A/B2
Helgoland 52 A3
Helgøy 38 A2
Helgøy 4 A2
Helgum 30 A/B3, 35 C/D2
Helgum 30 A/B3, 35 D2
Heligfjäll 30 A1
Hell 28 A/B3, 33 C/D1
Hella 36 B2
Helland 32 A2/3
Helland 9 C2/3
Helland 32 B1/2
Helland 42 A2
Hellandsbygd 42 B1
Hellanmaa 20 B2
Hellarmo 15 C1
Helle 43 D2, 44 A2
Helle 42 A2
Helle 42 B2
Helle 8 A3
Helleland 42 A3
Hellemobotn 9 C3
Hellendoorn 67 C2/3
Hellenthal 79 D2
Hellenthal-Hollerath 79 D2
Hellenthal-Losheim 79 D2
Hellenthal-Reifferscheid 79 D2
Hellesøy 36 A3
Hellested 50 A3, 53 D1
Hellesvik 14 A/B2
Hellesylt 32 A3, 36 B1
Hellevad 52 B1/2
Hellevassbu 42 B1
Hellevik 36 A2
Hellevoetsluis 66 A3
Helligvær 8 B3
Hellín 168 B2/3
Hellmonsödt 93 D2
Hellnes 4 B2
Hellsö 24 A3, 41 D3
Hellvik 42 A3
Helmbrechts 82 A2/3
Helmdon 64 B2
Helmond 79 C1
Helmsdale 54 B1
Helmsley 61 C2
Helmstedt 69 C3
Helnæs By 52 B1/2
Helnessund 8 B3
Helppi 12 A2, 17 D1
Helsingborg 49 D3, 50 A2/3, 72 A1
Helsinge 49 D3, 50 A2/3
Helsingfors 25 C/D3, 26 A3
Helsingør 49 D3, 50 A2/3, 72 A1
Helsinki 25 C/D3, 26 A3
Helsinki 24 A2, 41 D2
Helston 62 A/B3
Heltersberg 90 A/B1
Helvécia 129 C1
Helvetinkolu 21 C3
Hemau 92 A1
Hemel Hempstead 64 B3
Hemer 80 B1
Hemfurt-Edersee 81 C1
Hemhofen 81 D3, 82 A3
Héming 89 D1/2, 90 A2
Hemingbrough 61 C2
Hemling 30 B2
Hemmesta 47 D1
Hemmet 48 A3, 52 A1
Hemmingen 31 C1
Hemmingen 68 B2/3
Hemmingsmark 16 B3
Hemmonranta 23 C2
Hemmoor 52 A/B3, 68 A/B1
Hemnebygda 32 A3, 36 A/B1
Hemnes 38 A3, 44 B1
Hemnesberget 14 B2
Hemsbach (Mannheim) 80 B3, 90 B1
Hemse 47 D3, 72 B1
Hemsedal 37 C3
Hemsjö 35 C2
Hemsjö 51 C2
Hemslingen 68 B2
Hemsön 35 D2

Hen 38 A3
Hen 32 B2/3
Henån 44 B2/3
Hénanbihen 85 C2
Henarejos 162 A3, 169 C1
Hendaye 108 A3, 154 A1
Hendset 32 B2
Hendy 63 C1
Hengelo 67 C3
Hengelo 67 C3
Hengersberg 93 C2
Hénin-Liétard 78 A2
Henley-in-Arden 64 A2
Henley on Thames 64 B3
Hennan 35 C3
Henndorf am Wallersee 93 C3
Henne Strand 48 A3, 52 A1
Henneberg 81 D2
Hennebont 84 B2/3
Hennef 80 A2
Hennef-Uckerath 80 A2
Hennickendorf 70 A3
Hennigsdorf 70 A2
Henning 28 B2, 33 D1
Henningen 69 C2
Henningsvær 8 B2
Hennstedt 52 B3
Hennstedt 52 A/B3
Hénoville 77 D2
Henri-Chapelle 79 D2
Henrichemont 87 D3, 102 A/B1
Henriksfjäll 15 C3, 29 D1
Hensås 37 C2
Henstedt-Ulzburg 52 B3, 68 B1
Henstridge 63 D2, 63 D1
Henvålen 34 A2
Hepoköngäs 19 C2/3
Hepolanperä 17 D3, 18 A1
Heppenheim 80 B3, 90 B1
Herad 42 B3
Heradsbygd 38 A/B2
Heraion 147 C2
Heraion 147 C3
Herajärvi 25 C/D1, 26 A1
Herajoki 25 C2, 26 A2
Herajoki 23 D2
Heraklea 143 C1
Herálec 94 A1
Herand 36 A/B3
Heraniemi 23 D2
Herbault 87 C3
Herbertingen 91 C2/3
Herbés 163 C2
Herbesthal 79 D2
Herbignac 85 C3
Herbitzheim 89 D1, 90 A1
Herbolzheim 90 A/B2
Herborn 80 B2
Herbrechtingen 91 D2
Herbrechtingen-Hausen 91 D2
Herbstein 81 C2
Herce 153 D2/3
Herceg Novi 137 C2
Hercegszántó 129 C2/3
Herdla 36 A3
Herdorf 80 B2
Herdwangen-Schönach 91 C3
Héréchou 109 C3, 155 C1
Hereford 63 D1
Herefoss 43 C3
Herencia 167 D1
Herend 128 B1
Herentals 79 C1
Hérépian 110 B3
Herfølge 50 A3, 53 D1
Herford 68 A3
Herguijuela 166 A2
Héricourt 89 D3
Héricourt-en-Caux 77 C3
Hérimoncourt 89 D3, 90 A3, 104 B1
Heringen 81 D1, 82 A1
Heringen-Widdershausen 81 C/D2
Heringsdorf 53 C3
Herisau 91 C3, 105 D1, 106 A1
Hérisson 102 B2

Herk-de-Stad 79 C2
Herland 36 A2
Herleshausen 81 D1/2
Herleshausen-Nesselröden 81 D1/2
Herlufmagle 53 D1
Hermagor 126 A2
Hermannsburg 68 B2
Hermannshof 53 D3
Hermansjö 30 B3, 35 D1
Hermansjö 30 B3, 35 D1
Hermansverk 36 B2
Hérmedes de Cerrato 152 B3, 160 D1
Herment 102 A/B3
Hermeskeil 80 A3
Hermeskeil 80 A3
Hermisende 151 C3
Hermitage Castle 57 C2
Hermsdorf 82 A/B2
Hermsdorf 83 C2
Hernani 153 D1, 154 A1
Herne 80 A1
Herne Bay 65 D3, 77 C1
Hernes 28 A3, 33 C1
Herning 48 A/B2/3
Heroldsberg 82 A3, 92 A1
Heroldstatt-Ennabeuren 91 C2
Herøy 14 A2
Herpf 81 D2
Herråkra 51 C1
Herrala 25 D2, 26 A2
Herramélluri 153 C2
Herräng 41 C3
Herraskylä 21 C3
Herre 43 D2, 44 A1/2
Herredsgrensen 14 B1
Herrenberg 90 B2
Herrenchiemsee 92 B3
Herrera 172 A/B1/2
Herrera de Alcántara 158 B3, 165 C1
Herrera de los Navarros 162 A/B1/2
Herrera de Pisuerga 152 B2
Herrera de Valdecañas 152 B3
Herrera del Duque 166 B2
Herreros 153 C/D3, 161 C/D1
Herreros 151 D2/3
Herreros de Suso 160 A2
Herreruela 165 C1
Herrhamra 47 C1/2
Herrieden 91 D1
Herrieden-Neunstetten 91 D1
Herringbotn 14 B2/3
Herrischried 90 B3
Herritslev 53 D2
Herrljunga 45 C/D3
Herrljunga 45 C/D3
Herrnhut 83 D1/2
Herrö 34 B3
Herröskatan 41 C/D3
Herrsching 92 A3
Herrskog 30 B3, 35 D2
Herrstein 80 A3
Herrvik 47 D3, 47 D3
Herry 87 D3, 102 B1
Hersbruck 82 A3, 92 A1
Herschbach 80 A/B2
Herschbach 80 B2
Herscheid 80 A/B1
Herselt 79 C1
Hersin-Coupigny 78 A2
Herstal 79 C2
Herstmonceux Castle 77 C1
Hersvik 36 A2
Herte 40 A1
Hertford 65 C2/3
's-Hertogenbosch 66 B3, 79 C1
Hervás 159 D3
Hervideros de Fuensanta 167 C2
Herxheim 90 B1
Herxheim 80 B3, 90 B1
Herzberg 69 D1
Herzberg 70 A2
Herzberg 70 A3, 72 A3, 83 C1, 96 A1
Herzberg 68 B3, 81 D1
Herzberg-Scharzfeld 68 B3, 81 D1

Herzberg-Sieber 68 B3, 81 D1
Herzebrock 67 D3, 68 A3
Herzfelde 70 B2
Herzlake 67 D2
Herzogenaurach 81 D3, 91 D1
Herzogenbuchsee 105 C1
Herzogenburg 94 A2
Herzsprung 69 D2
Hesdin 77 D2
Hesel 67 D1
Heskestad 42 B3
Hesnæs 53 D2
Hesperange 79 D3
Hessdalen 33 D2
Hesselagergård 53 C2
Hessen 69 C3
Hesseneck-Kailbach 81 C3, 91 C1
Hessenreuth 82 A/B3
Hessisch Lichtenau 81 C1
Hessisch Oldendorf 68 A/B3
Hessisch Oldendorf-Fischbeck 68 A/B3
Hessisch Oldendorf-Hemeringen 68 A/B3
Hestad 36 A2
Hestedt 69 C2
Hestenesøyri 36 A1
Hestmon 14 A1/2
Hestnes 32 B1
Hestøy 14 A2
Hestra 50 B1
Hestra 46 A3
Hestvika 32 B1
Hetekylä 18 B2
Hetlevik 36 A3
Hettstedt 69 C3, 82 A1
Hetzerath 79 D3, 80 A3
Heubach 81 D2, 82 A2
Heubach 97 C2
Heudebouville 77 C3, 87 C1
Heusden 79 C1
Heustreu 81 D2
Heusweiler 89 D1, 90 A1
Heves 97 C3
Hévíz 128 A1/2
Hevlín 94 B2
Hevosoja 26 B2
Hexham 54 B3, 57 D3, 60 B1
Heyrieux 103 D3
Heysham 54 B3, 59 D1, 60 B2
Heytesbury 63 D2, 63 D1, 64 A3
Hidasnémeti 97 C2
Hiddenhausen 68 A3
Hieflau 93 D3
Hiekkasärkät 21 C1
Hiendelaencina 161 C2
Hiers-Brouage 100 B2
Hiersac 101 C3
Hietakangas 13 C2
Hietakylä 22 B3
Hietama 21 D3, 22 A3
Hietana 25 D2, 26 A/B2
Hietanen 26 B1
Hietaniemi 13 C2
Hietaniemi 19 C1
Hietaniemi 11 D2/3, 12 B1
Hietaniemi 26 B1
Hietaperä 19 D2/3, 23 C1
Hietoinen 25 C/D2, 26 A2
Hiettanen 12 A2, 17 D1
High Wycombe 64 B3
Higham Ferrers 64 B2
Higrav 8 B2
Higuera 159 D3, 166 A1
Higuera de Arjona 167 C3, 172 B1
Higuera de Calatrava 167 C3, 172 B1
Higuera de la Serena 166 A2
Higuera de la Sierra 165 D3, 171 C1
Higuera de las Dueñas 160 A/B3
Higuera de Llerena 165 D3, 166 A3
Higuera de Vargas 165 C2/3
Higuera la Real 165 D3
Higueras 162 B3, 169 C/D1

Higueruela 169 C2
Higueruela 162 A3, 169 C1
Higueruelas 162 B3, 169 C1
Hihnavaara 13 C2
Hiidenkirnut 12 A/B3
Hiidenkylä 21 D1, 22 A1
Hiilinki 21 C/D2, 22 A2
Hiirikylä 23 C1
Hiirola 26 B1
Hiisijärvi 19 C2/3
Hiiskoski 23 D2
Hiitelä 25 D2, 26 A2
Hiittinen 24 B3
Hiittinen 24 B3
Híjar 162 B1/2
Hikiä 25 C2, 26 A2
Hilchenbach 80 B1/2
Hildburghausen 81 D2
Hilden 80 A1
Hilders 81 C/D2
Hildesheim 68 B3
Hilgertshausen-Tandern 92 A2
Hilgertshausen-Tandern-
  Hilgertshausen 92 A2
Hillared 45 C/D3
Hille 68 A2/3
Hillebola 40 B2
Hillegom 66 A2/3
Hiller 28 B1
Hillerød 49 D3, 50 A3, 53 D1,
  72 A1
Hillerse 68 B2/3, 69 C2/3
Hillerstorp 50 B1
Hilleshamn 9 C/D2
Hillesheim 79 D2, 80 A2
Hillesøy 4 A3
Hillestad 43 D1/2, 44 A/B1
Hilli 21 C1
Hillilä 21 C1
Hillmersdorf 70 A3, 83 C1
Hillosensalmi 26 B1/2
Hillringsberg 45 C1
Hillsborough 56 A3
Hilltown 58 A1
Hilpoltstein 92 A1
Hilter 67 D3
Hiltunen 19 D1
Hilvarenbeek 79 C1
Hilversum 66 B3
Hilzingen 90 B3
Himalangaani 26 B1
Himanka 21 C1
Himankakylä 21 C1
Himara 142 A2
Himberg 94 B2/3
Himbergen 69 C2
Himesháza 128 B2
Himmelberg 126 B1/2
Himmelpforten 52 B3,
  68 A/B1
Hinckley 64 A/B2
Hindås 45 C3, 49 D1, 72 A1
Hindelang 91 D3
Hindelbank 105 C1
Hindeloopen 66 B2
Hindenberg 70 A2
Hindersby 25 D2, 26 A/B2
Hindersön 17 C3
Hinderwell 61 C/D1
Hindhår 25 D2/3, 26 A2/3
Hindhead 64 B3, 76 B1
Hindley 59 D2, 60 B2/3
Hindon 63 D2, 63 D1, 64 A3
Hindrem 28 A3, 33 C1
Hindseter 37 C2
Hinganmaa 11 D3, 12 B2
Hingham 65 C/D1/2
Hinkaperä 18 B3, 21 D1,
  22 A1
Hinnerjoki 24 A/B2
Hinnerup 48 B2
Hinneryd 50 B2
Hinojal 159 C3, 165 D1,
  166 A1
Hinojales 165 D3, 171 C1
Hinojos 171 C/D1/2
Hinojosa 161 D2, 162 A2
Hinojosa de Duero 159 C2
Hinojosa de la Sierra 153 D3,
  161 C/D1
Hinojosa de San Vicente
  160 A3

Hinojosa del Duque 166 B2/3
Hinojosa del Valle 165 D2/3,
  166 A2/3
Hinojosas de Calatrava
  167 C2
Hinova 135 C/D2
Hinrichshagen 53 D3
Hinrichshagen 70 A1
Hinte 67 C/D1
Hinte-Loppersum 67 C/D1
Hinterhornbach 106 B1
Hinterrhein 105 D2, 106 A2
Hinterriss 92 A3
Hintersee 70 B1
Hintersee 93 C3
Hinterstoder 93 C/D3
Hinterthal 92 B3, 107 D1,
  126 A1
Hintertux 107 C1
Hinterzarten 90 B3
Hinthaara 25 D2/3, 26 A2/3
Hinx 108 A2/3, 154 B1
Hio 150 A2/3
Hippolytushoef 66 B2
Hirlău 98 B3
Hirrlingen 91 C2
Hirschaid 81 D3, 82 A3
Hirschau 82 A/B3, 92 A/B1
Hirschbach 82 A3, 92 A1
Hirschberg 82 A2
Hirschfelde 83 D1/2
Hirschhorn 90 B1
Hirsilä 25 C1
Hirsingue 89 D3, 90 A3
Hirsjärvi 25 C2
Hirson 78 B3
Hîrşova 141 C/D1/2
Hirtshals 48 B1
Hirvaanmäki 21 D2, 22 A2/3
Hirvas 12 A3
Hirvaskoski 19 C2
Hirvaskylä 21 D3, 22 A3
Hirvasperä 18 A2/3
Hirvasvaara 13 C3
Hirveäkuaru 12 B2
Hirvelä 18 B2
Hirvelä 19 D2/3, 23 D1
Hirvelä 26 B2
Hirvenlahti 25 D1, 26 B1
Hirvensalmi 26 B1
Hirvihaara 25 D2, 26 A2
Hirvijärvi 20 B3
Hirvijärvi 25 C1
Hirvijärvi 22 B1
Hirvijärvi 17 C2
Hirvijoki 20 B2
Hirvikylä 21 C3
Hirvilahti 22 B2
Hirvimäki 21 D3, 22 A3
Hirvirangas 21 D3, 22 A3
Hirvisalo 25 D1/2, 26 A/B1/2
Hirvivaara 23 D2
Hirvlax 20 B2
Hirwaun 63 C1
Hirzenhain 81 C2
Hisar 149 D1/2
Hishult 50 A/B2
Hisøy 43 C3
Hissjön 31 C/D2
Hita 161 C2
Hitchin 64 B2
Hitis 24 B3
Hitis 24 B3
Hittarp 49 D3, 50 A2
Hitterdal 33 D2/3
Hittisau 91 C/D3, 106 A/B1
Hitzacker 69 C1/2
Hitzendorf 127 C1
Hitzkirch 105 C1
Hiukkajoki 27 D1
Hjåggsjö 31 C2
Hjallerup 48 B1
Hjältanstorp 35 C3
Hjältevad 46 A/B3, 51 C1
Hjardemal Klit 48 A/B1
Hjartdal 43 C1
Hjelle 37 C2
Hjelle 32 A3, 36 B1
Hjelle 36 A/B1
Hjellebotn 28 B2
Hjellestad 42 A1

Hjelmelandsvagen 42 A2
Hjelmset 14 A3, 28 B1
Hjerkinn 33 C3, 37 D1
Hjerm 48 A2
Hjerpsted 52 A2
Hjerting 48 A3, 52 A1
Hjo 45 D2/3, 46 A2
Hjøllund 48 B3
Hjølmo 36 B3
Hjørring 48 B1
Hjorte 52 B1
Hjorted 46 B3
Hjortkvarn 46 A/B2
Hjortsberga 50 B1
Hjortskarmoen 14 B3
Hjulsjö 39 D3, 46 A1
Hlinky 82 B3
Hlohovec 95 C2, 96 B2
Hluboká nad Vltavou 93 D1
Hluboš 83 C3
Hluk 95 C1
Hnanice 94 A/B1/2
Hoberg 29 C2/3, 34 A1
Hobøl 38 A3, 44 B1
Hobro 48 B2
Höchberg 81 C/D3
Hochdonn 52 B3
Hochdorf 105 C1
Höchenschwand 90 B3
Höchenschwand-
  Tiefenhäusern 90 B3
Hochfelden 90 A2
Hochfilzen 92 B3
Höchheim-Irmelshausen
  81 D2
Hochkirch 83 D1
Hochosterwitz 126 B1/2
Hochsölden 106 B1
Hochspeyer 80 B3, 90 A/B1
Höchst 81 C3
Höchstadt 81 D3
Höchstädt 91 D2
Hochstadt 90 B1
Höchstenbach 80 A/B2
Hochwolkersdorf 94 B3
Hockenheim 90 B1
Hockeroda 82 A2
Hocksjö 30 A2, 35 C1
Hodal 33 D3
Hoddesdon 65 C3
Hodenhagen 68 B2
Hodkovice nad Mohelkou
  83 D2
Hódmezővásárhely 97 C3,
  129 D2, 140 A1
Hodnet 59 D3, 60 B3
Hodonín 94 B1/2, 96 B2
Hodoš 96 A/B3, 127 D1
Hodošan 127 D2, 128 A2
Hoedekenskerke 78 B1
Hoek van Holland 66 A3
Hoemsbu 32 B2/3, 37 C1
Hoenderloo 66 B3
Hoensbroek 79 D2
Hof 38 B2
Hof 82 A/B2
Hof 80 B2
Hof am Leithagebirge 94 B3
Hofbieber 81 C2
Hofbieber-Kleinsassen 81 C2
Höfer 68 B2
Hoff 32 A3, 36 B1
Hofgeismar 81 C1
Hofgeismar-Hümme 81 C1
Hofheim 81 D3
Hofheim 80 B3
Hofkirchen im Mühlkreis
  93 C2
Hofles 28 B1
Hofors 40 A2
Höganäs 49 D2/3, 50 A2,
  72 A1
Högberget 16 A3
Högbo 40 A2
Hogboda 38 B3, 45 C/D1
Högby 51 D1, 72 B1
Högbynäs 29 D2, 30 A2
Högerud 38 B3, 45 C1
Högfjällshotellet 39 C1
Högfors 39 D3
Hogfors 40 A3

Högfors 40 A3
Höggnabba 21 C2
Högheden 15 D2
Högheden 16 A3
Höghult 46 B3
Högklint 47 C/D3, 47 D2/3
Högkulla 31 C1
Högland 31 C2
Höglekardalen 34 B2
Höglunda 30 A3, 35 C2
Högnäset 29 D2, 30 A1
Hogndalen 14 B1
Hognerud 45 C1
Hognes 28 B1
Hognfjord 9 C2
Högsåra 24 B3
Högsäter 45 C1
Högsäter 38 B3
Högsäter 45 C2
Högsby 51 D1, 72 B1
Høgset 32 A/B2
Högsjö 46 B1/2
Högsta 29 C/D3, 34 B2
Högvålen 34 A3
Högyész 128 B2
Hohberg 90 B2
Hohburg 82 B1
Höheinöd 90 A1
Hohen Neuendorf 70 A2
Hohenaltheim 91 D2
Hohenaspe 52 B3
Hohenau 94 B2
Hohenberg 94 A3
Hohenberg-Krusemark 69 D2
Hohenbrünzow 70 A1
Hohenbucko 70 A3, 83 C1
Hohenburg 92 A1
Hohenburg-Mendorferbuch
  92 A1
Hohenems 91 C3, 106 A1
Hohenfels (Parsberg) 92 A1
Hohenfurch 91 D3, 92 A3
Hohengüstow 70 B1
Hohenhameln 68 B3
Höhenkirchen 92 A2/3
Hohenleipisch 83 C1
Hohenleuben 82 B2
Hohenlinden 92 A/B2
Hohenlockstedt 52 B3
Hohenmölsen 82 B1
Hohenpeissenberg 91 D3,
  92 A3
Hohenpolding-Sulding 92 B2
Hohenpriessnitz 82 B1
Hohenroda 81 C/D2
Hohensaaten 70 B2
Hohenschwangau 91 D3
Hohenseeden 69 D3
Hohenseefeld 70 A3
Hohenstein-Bernloch 91 C2
Hohenstein-Ernstthal 82 B2
Hohentauern 93 D3, 126 B1
Hohenthann (Rottenburg)
  92 B2
Hohenwarsleben 69 C3
Hohenwart (Schrobenhausen)
  92 A2
Hohenwarth 92 B1
Hohenwarth 94 A2
Hohenwarthe 69 C/D3
Hohenwestedt 52 B3
Hohenziatz 69 D3
Hohn 52 B2/3
Höhn 80 B2
Hohne 68 B2
Höhnstedt 82 A1
Hohnstein 83 C1/2
Hohnstorf 69 C1
Höhr-Grenzhausen 80 A/B2
Hohwacht 53 C3
Hoilola 23 D3
Hoisko 21 C2
Højby 49 C/D3, 53 D1
Højer 52 A2
Højerup 50 A3, 53 D1
Højreby 53 C2
Højslev Stationsby 48 A/B2
Hojsova Stráž 93 C1
Hok 45 D3, 50 B1
Hokka 26 B1
Hokkaskylä 21 C3

Hokksund 43 D1, 44 A1
Hökmark 28 B2
Hökön 50 B2
Hököpinge 50 A3
Hokovce 95 D2
Hokstad 28 B3, 33 D1
Hol 45 C3
Hol 37 C3
Holaforsen 30 A/B2/3,
  35 C/D1
Holand 29 C2
Holand 9 C2
Holand 14 B1
Holand 14 A/B2
Holbæk 49 D3, 53 D1
Holbeach 61 D3, 65 C1
Holckenhavn 53 C1
Holdhus 42 A1
Holdorf 67 D2, 68 A2
Holdorf-Gramke 67 D2, 68 A2
Høle 42 A2
Hole 38 A3, 43 D1
Holeby 53 C2
Holen 33 C3, 37 D1
Hølen 44 B1
Holešov 95 C1
Holevik 36 A2
Holevik 36 A2
Holguera 159 C3, 165 D1,
  166 A1
Holíč 94 B1/2
Hölick 40 B1
Holiseva 21 D3, 25 C/D1,
  26 A1
Holja 25 C1
Höljäkkä 23 C/D1/2
Höljes 38 B2
Holkestad 8 B3
Hollabrunn 94 A/B2, 96 A/B2
Holland-on-Sea 65 D2/3
Hollandsche Veld 67 C2
Hollås 28 B2, 33 D1
Holle 68 B3
Holleben 82 A/B1
Høllen 43 C3
Hollenbach 92 A2
Hollenegg 127 C1
Hollenstedt 68 B3, 81 C/D1
Hollenstedt 68 B1
Hollfeld 82 A3
Hollingsholm 32 A2
Hölloch 105 D1
Hollola 25 D2, 26 A2
Hollsand 29 D2, 35 C1
Hollum 66 B1
Höllviksnäs 50 A3
Holm 20 B1/2
Holm 35 C/D2
Holm 30 B3, 35 D1/2
Holm 14 A3, 28 B1
Holm 8 B1/2
Holm 14 B2
Holm 52 B2
Holm 57 C2
Holmajärvi 10 A3
Holmbukt 4 B2
Holme 36 A1/2
Holme 64 B2
Holmec 127 C2
Holmedal 42 A1
Holmegård 53 D1
Holmegil 45 C1
Holmen 37 D3, 38 A2
Holmen 4 B3, 10 B1
Holmenkollen 38 A3
Holmes Chapel 59 D2, 60 B3
Holmesletta 4 A2
Holmestrand 43 D1, 44 A/B1
Holmfirth 61 C2/3
Holmfors 16 B3
Holmisperä 21 D2, 22 A2
Holmön 20 A1, 31 D2
Holmsbu 38 A3, 43 D1,
  44 B1
Holmsjö 30 B2, 35 D1
Holmsjö 51 C2
Holmsta 30 A3, 35 C/D2
Holmstad 8 B2
Holmstrand 30 A3, 35 C/D2
Holmsund 20 A1, 31 D2
Holmsvattnet 28 B2

Holmsveden 40 A1
Holmträsk 30 B2, 35 D1
Holmträsk 31 C1
Holmträsk 31 C1
Holmträsk 16 B3
Holmvassdalen 14 B3, 29 C1
Hölö 47 C1/2
Holøydal 33 D3
Holsby 46 A3, 51 C1
Holsen 36 A/B2
Holsengsetra 28 B2, 34 A1
Holsljunga 49 D1, 50 A1
Holstebro 48 A2
Holsted 48 A/B3, 52 A/B1
Holsteinborg 53 C1/2
Holsworthy 62 B2
Holt 59 D2, 60 B3
Holt 65 D1
Holte 49 D3, 50 A3, 53 D1
Holten 67 C3
Holtet 38 B2
Holtet 44 B2
Holtinkylä 18 B2
Holubov 93 D1/2
Holum 42 B3
Holungen 81 D1
Holungsøyi 32 B3, 37 C/D1
Holvik 43 C1
Holvik 28 B1/2
Holwerd 66 B1
Holyhead 55 D2/3, 58 B2
Holywell 59 C2, 60 A/B3
Holywood 56 A3
Holzappel 80 A/B2
Holzdorf 70 A3, 83 C1
Holzengel 81 D1, 82 A1
Holzgau 106 B1
Holzgerlingen 91 C2
Holzhausen (Hofgeismar)
  81 C1
Holzheim 91 D2
Holzkirchen 92 A3
Holzminden 68 B3
Holzminden-Neuhaus 68 B3,
  81 C1
Holzthaleben 81 D1
Holzweissig 69 D3, 82 B1
Homberg 79 D1, 80 A1
Homberg 81 C1/2
Homberg (Alsfeld) 81 C2
Hombornes 14 A3, 28 B1
Homburg 89 D1, 90 A1
Homburg-Einöd 90 A1
Homesh 138 A3
Hommelstø 14 A3, 29 C1
Hommelvik 28 A/B3, 33 C/D1
Hommersåk 42 A2
Homps 110 A3, 156 B1
Homstad 28 B2
Hondarribia 153 D1, 154 A1
Hondón de las Nieves 169 C3
Hondón de los Frailes 169 C3
Hondschoote 78 A1/2
Hønefoss 38 A3, 43 D1
Honfleur 86 B1
Høng 49 C3, 53 C1
Hongsand 28 A2
Hongset 14 A3
Honiton 63 C2, 63 C1
Honkajärvi 20 A3, 24 A1
Honkajoki 20 B3, 24 B1
Honkakoski 24 A/B1
Honkakoski 22 B1/2
Honkalahti 27 C2
Honkamukka 13 C2
Honkaranta 21 D2, 22 A2
Honkilahti 24 A/B2
Honko 20 B3
Honkola 24 B2
Honningsvåg 36 A1
Honningsvåg 5 D1, 6 B1
Honnstad 32 B2
Hönö 44 B3, 49 C/D1
Honrubia 161 D3, 168 B1
Honrubia de la Cuesta 160 B1
Hønseby 5 C1/2, 6 A1
Hontalbilla 160 B1
Hontanar 160 B3, 167 C1
Hontanaya 161 C3, 167 D1,
  168 A1
Hontangas 152 B3, 160 B1

Hontianska Vrbica 95 D2
Hontianske Nemce 95 D2,
  96 B2/3
Hontianske Tesáre 95 D2
Hontoba 161 C2
Hontomín 153 C2
Höntönvaara 23 D2
Hontoria de la Cantera
  153 C3
Hontoria del Pinar 153 C3,
  161 C1
Hönttö 23 D2
Hoofddorp 66 A/B2/3
Hoog-Soeren 66 B3
Hoogersmilde 67 C2
Hoogeveen 67 C2
Hoogezand-Sappemeer
  67 C1/2
Hoogkerk 67 C1
Hoogstede 67 C2
Hoogstraten 79 C1
Hook 64 B3, 76 A/B1
Höör 50 B3, 72 A1/2
Hoorn 66 B2
Hopelandsjøen 36 A3
Hopen 32 B1
Hopen 9 C3
Hopen 28 A2
Hoppegarten 70 B2
Hoppenrade 53 D3, 69 D1
Hopperstad 36 B2
Hoppula 12 B3
Hopseidet 6 B1
Hopsten 67 D2/3
Hopsten-Schale 67 D2
Hoptrup 52 B1/2
Hora Svatého Šebestiána
  83 C2
Horažďovice 93 C1
Horb am Neckar 90 B2
Horb-Dettingen 90 B2
Horbelev 53 D2
Hörby 50 B3, 72 A1/2
Hørby 49 C1
Horcajada de la Torre 161 D3,
  168 A1
Horcajo de la Rivera 159 D2/3,
  160 A2/3
Horcajo de las Torres 160 A2
Horcajo de los Montes
  166 B1
Horcajo de Montemayor
  159 D2/3
Horcajo de Santiago 161 C3,
  167 D1, 168 A1
Horcajo-Medianero 159 D2,
  160 A2
Horche 161 C2
Horda 50 B1
Hordabø 36 A3
Hořelice 83 C/D3
Hořesedly 83 C2/3
Høreslia 37 D3
Horezu 140 B1
Horgen 105 D1
Hörgertshausen 92 A/B2
Horgoš 129 D2, 140 A1
Horhausen 80 A2
Horia 141 C/D1/2
Hořice na Šumavě 93 C/D2
Höringhausen 81 C1
Horjul 126 B2
Horka 83 D1
Hörken 39 D3
Horley 64 B3, 65 C3, 76 B1
Hormakumpu 11 D3, 12 A2
Hormigos 160 B3
Hormilleja 153 C/D2
Hormisto 24 A/B1
Horn 46 B3
Horn 37 D3, 38 A2
Horn 14 A2
Horn 14 A3
Horn 94 A2, 96 A2
Horn-Bad Meinberg 68 A3
Horná Mariková 95 C/D1
Horná Štubňa 95 D1/2
Hornachos 165 D2, 166 A2
Hornachuelos 166 B3, 172 A1
Hornbach 90 A1
Hornbæk 49 D3, 50 A2/3

Hornberg 90 B2
Hornberga 39 C/D1
Hornburg 69 C3
Horncastle 61 D3, 64 B1,
  65 C1
Horndal 40 A2/3
Horndal 9 C3
Horndean 76 A/B1
Horne 52 B1/2
Horné Lefantouce 95 C2
Horneburg 68 B1
Hörnefors 31 C2
Hornhausen 69 C3
Horní Bečva 95 C/D1
Horní Bobrová 94 A/B1
Horní Cerekev 94 A1
Horní Lideč 95 C1
Horní Lomná 95 D1
Horní Planá 93 C2
Horní Slavkov 82 B3
Horní Stropnice 93 D2
Horní Vltavice 93 C1
Hornindal 32 A3, 36 B1
Hørning 48 B3
Hörningsholm 47 C1
Hornmyr 30 B1
Hornnes 43 C3
Horno 70 B3
Hornos 168 A3
Hornoy 77 D2/3
Hornsea 61 D2
Hörnsjö 31 C2
Hornsjø 38 A1
Hornslet 48 B2, 49 C2
Hornsved 49 D3, 53 D1
Hornu 78 B2
Hornum 48 B2
Hörnum 52 A2
Horný Tisovník 95 D2
Horo 20 A3
Horonkylä 21 D2, 22 A2
Hořovice 83 C3
Horred 49 D1, 50 A1
Horrmundsvalla 39 C1
Horschen Althorschen
  81 C1/2
Horsdal 14 B1
Horsens 48 B3, 52 B1
Horsforth 61 C2
Horsgard 32 A/B2
Horsham 76 B1
Horsham Saint Faith 65 D1
Hørsholm 49 D3, 50 A3,
  53 D1
Hörsingen 69 C3
Horsmaanaho 23 C2
Horsnes 4 A/B3, 10 A1
Horšovský Týn 82 B3, 92 B1
Horst 79 D1
Horst 52 B3, 68 B1
Hörstel 67 D2/3
Hörstel-Dreierwalde 67 D2/3
Horstmar 67 D3
Horta 158 B2
Horta de Sant Joan 163 C2
Horten 43 D1/2, 44 B1
Hortigüela 153 C3
Hortlax 16 B3
Horton 63 C/D2, 63 C/D1
Horton 59 D1, 60 B2
Hørve 49 C3, 53 C1
Hörvik 51 C2/3
Hosanger 36 A3
Hösbach 81 C3
Hoscheid 79 D3
Hosen 28 A2, 33 C1
Hosenfeld 81 C2
Hosenfeld-Hainzell 81 C2
Hosingen 79 D3
Hosio 18 B1
Hosjö 39 D2, 40 A2
Hospental 105 C/D2
Hospice de France 155 C2
Hospital 155 C2
Hospital de Órbigo 151 D2
Hospitalet de Llobregat
  156 A3
Hossa 19 D2
Hossegor 108 A2/3, 154 A1
Hössjö 31 C2
Hössjön 30 A2, 35 C1

Hossmo 51 D2
Hössna 45 D3
Hostalric 156 B3
Höstanäs 25 C3
Hostens 108 B1/2
Hošteradice 94 B1
Hosterias de Ordesa 155 C2
Hostikka 27 C2
Hostomice 83 C3
Hoston 28 A3, 33 C2
Höstoppen 29 D2, 30 A2,
  35 C1
Hostouň 82 B3, 92 B1
Hostrup 48 B1
Hotagen 29 C/D2, 34 B1
Hotedršica 126 B2/3
Hötensleben 69 C3
Hoting 30 A2, 35 C1
Hotton 79 C2
Hou 49 C1
Houdain 78 A2
Houdan 87 C1
Houdelaincourt-sur-Ornair
  89 C2
Houdremont 79 C3
Houécourt 89 C2
Houeillès 108 B2
Houffalize 79 C/D3
Houghton le Spring 57 D3,
  61 C1
Houlgate 76 B3, 86 A/B1
Hourtin 100 B3, 108 A1
Hourtin-Plage 100 B3
Houthalen 79 C1
Houtsala 24 A3
Houtskär 24 A3, 41 D2/3
Houtskari 24 A3, 41 D2/3
Hov 46 A2
Hov 14 A2
Hov 48 B3, 53 C1
Hova 45 D2, 46 A2
Høvåg 43 C3
Hovdala 50 B2
Hovde 43 C2/3
Hovden 8 B1/2
Hovden 42 B1
Hove 48 A2
Hove 76 B1
Hovedgård 48 B3, 52 B1
Hövelhof 68 A3
Hoven 48 A3, 52 A1
Hovenäset 44 B2
Hovet 42 B2
Hovet 37 C3
Hovězí 95 C1
Höviksnäs 45 C3
Hoviland 37 D3, 38 A2
Hovin 43 C1
Hovlös 17 C2
Hovmantorp 51 C1/2, 72 A/B1
Høvreslia 37 D3
Høvringen 33 C3, 37 D1
Hovslätt 45 D3
Howard 61 C2
Howden 61 C2
Howth 58 A2
Höxter 68 B3, 81 C1
Höxter-Fürstenau 68 A/B3
Höxter-Godelheim 68 A/B3,
  81 C1
Hoya 68 A/B2
Hoya-Gonzalo 168 B2
Hoya Gonzalo 160 B2
Høyanger 36 A/B2
Høydal 32 A3, 36 A/B1
Høydal 36 A2
Høydalsmo 43 C1/2
Hoyerswerda 83 C/D1, 96 A1
Høyholm 14 A3
Höykkylä 21 C2
Hoylake 59 C2, 60 A/B3
Høylandet 28 B1/2
Hoym 69 C3, 82 A1
Hoyocasero 160 A2/3
Hoyos 159 C3
Hoyos del Espino 160 A2/3
Höytiä 21 D3, 22 A3
Hoyuelos de la Sierra 153 C3
Hrachoviště 93 D1
Hradec Králové 96 A/B1/2
Hrádek 94 B2

Hrádek nad Nisou 83 D2
Hranice 82 B2
Hranice 95 C1, 96 B2
Hrasnica 132 B2/3
Hrastnik 127 C2
Hrastovlje 126 B3
Hřensko 83 C/D2
Hrge 132 B2
Hrob 83 C2
Hroboňovo 95 C3
Hronská Dúbrava 95 D2
Hronský Beňadik 95 D2
Hrotovice 94 A/B1
Hroznětín 82 B2
Hrtkovci 133 C/D1, 134 A1
Hrubieszów 97 D1, 98 A1
Hrubý Šúr 95 C3
Hrušovany nad Jevišovkou
  94 B1/2
Hrustovača pećina 131 D2
Hrvace 131 C/D3
Huaröd 50 B3
Huarte 154 A2
Huarte Araquil 153 D2,
  154 A1/2
Hubberholme 59 D1, 60 B2
Huben 107 D1, 126 A1
Hückelhoven 79 D1
Hückeswagen 80 A1
Hucknall 61 C3, 64 B1
Hucksjösen 30 A3, 35 C2
Hucqueliers 77 D2
Huddersfield 61 C2
Huddinge 47 C1
Huddunge 40 A3
Hude 68 A1/2
Hude-Wüsting 68 A1/2
Hudiksvall 40 A/B1
Huecas 160 B3, 167 C1
Huedin 97 D3, 98 A3
Huélago 173 C1
Huélamo 161 D3, 162 A3
Huelgoat 84 B2
Huelma 173 C1
Huelva 171 C2
Huelves 161 C3, 168 A1
Huéneja 173 C/D2
Huercal-Overa 174 A1/2
Huérmeces 152 B2
Huerta de Arriba 153 C3
Huerta de Valdecarábanos
  161 C3, 167 C/D1
Huerta del Marquesado
  162 A3
Huerta del Rey 153 C3,
  161 C1
Huertahernando 161 D2
Huérteles 153 D3
Huertezuela 167 C2/3
Huerto 154 B3
Huesa 167 D3, 168 A3,
  173 C1
Huesa del Común 162 B2
Huesca 154 B2/3
Huéscar 168 A3, 173 D1
Huete 161 C/D3
Huétor-Tájar 172 B2
Hüfingen 90 B3
Huftarøy 42 A1
Hugh Town 62 A3
Huglfing 92 A3
Hugulia 30 D2/3
Huhdasjärvi 26 B2
Huhmarkoski 20 B2
Huhtamo 24 B2
Huhtiankylä 21 C/D3, 22 A3
Huhtilampi 23 D3
Huhus 23 D2
Huikko 21 D3, 22 A3
Huikola 18 B3
Huissinkylä 20 B2
Huittinen 24 B1/2
Huizen 66 B3
Hukanmaa 11 C3
Hukkajärvi 23 D1
Hukkula 23 C2
Hulån 39 C2
Hulín 95 C1
Huljala 25 D2, 26 A2
Hullaryd 46 A3
Hüllhorst-Schnathorst 68 A3

Hullsjön 35 C/D2/3
Hulsig 49 C1
Hulst 78 B1
Hulsund 28 A3, 33 C1
Hult 46 A3
Hulta 41 C/D2/3
Hultafors 45 C3, 49 D1
Hultanäs 51 C1
Hulterstad 51 D2
Hultsbruck 46 B2
Hultsfred 46 B3, 51 C/D1
Hultsjö 51 C1
Hum 135 C3
Hum 137 C1
Humada 152 B2
Humalajoki 21 C2
Humanes 161 C2
Humbécourt 88 B2
Humble 53 C2
Humenné 97 C/D2, 98 A2
Humes 89 C2/3
Humilladero 172 B2
Humlebæk 49 D3, 50 A3, 53 D1
Humlum 48 A2
Hummelholm 31 C2
Hummelshain 82 A2
Hummeltal 82 A3
Hummelvik 32 B1
Hummelvik 4 B2
Humpolec 94 A1
Humppi 21 C2
Humppila 24 B2
Hundåla 14 A/B2
Hundberg 4 A3, 10 A1
Hundeidvik 32 A3, 36 B1
Hundeluft 69 D3
Hundested 49 D3, 53 D1
Hundholmen 9 C2
Hundisburg 69 C3
Hundorp 37 D2
Hundslund 48 B3, 52 B1
Hundsnes 42 A2
Hundvik 36 A1
Hundvin 36 A3
Hunedoara 140 B1
Hünengräber 67 D2, 68 A2
Hünfeld 81 C2
Hünfelden 80 B2
Hünfelden-Kirberg 80 B2
Hunge 34 B2
Hungen 81 C2
Hungen-Villingen 81 C2
Hungerford 64 A3, 76 A1
Huningue 90 A3
Hunmanby 61 D2
Hunnebostrand 44 B2
Hunnes 34 A1
Hunstanton 65 C1
Huntingdon 64 B2, 65 C2
Huntly 54 B2
Hünxe 67 C3, 79 D1, 80 A1
Huopanankoski 21 D2, 22 A2
Huorso 9 C3
Huotari 22 B1
Hüpstedt 81 D1
Hurbanovo 95 C/D3
Hurdal 38 A2
Hures-la-Parade 110 B2
Hurezani 135 D1, 140 B1/2
Huriel 102 A/B2
Hurissalo 27 C1
Hurskaala 22 B3
Hurst Green 77 C1
Hürtgenwald 79 D2
Hürth 80 A2
Hurttala 27 C2
Huruksela 26 B2
Hurum 37 C2
Hurup 48 A2
Hurva 50 B3
Huså 29 C3, 34 A1
Husaby 45 D2
Husbands Bosworth 64 B2
Husby 40 A2
Husby 14 A2
Husby-Långhundra 40 B3
Huşi 99 C3, 141 C/D1
Husinec 93 C1
Huskasnäs 35 C3
Husnes 42 A1

Husøy 36 A2
Husøy 9 D1
Hustad 32 A2
Hustopeče 94 B1
Husu 27 C2
Husum 31 C3
Husum 52 A/B2
Husvik 28 B2
Husvika 14 A2/3
Hutisko-Solanec 95 C/D1
Hutovo 136 B1
Hüttau 93 C3, 126 A1
Hüttenberg 126 B1
Hüttenberg-Rechtenbach 80 B2
Hutthurm 93 C2
Hutton Cranswick 61 D2
Hutton Rudby 61 C1
Hüttschlag 126 A1
Huttula 27 C2
Huttula 21 C/D3, 22 A3
Huttula 26 B1
Huttwil 105 C1
Hutunvaara 23 D2
Huuhanaho 26 B1
Huuhkaala 27 C1
Huuki 11 C3, 12 A2
Huutijärvi 25 C1
Huutokoski 22 B3
Huutokoski 23 C2
Huutoniemi 6 B3
Huuvari 25 D2, 26 A2
Huy 79 C2
Hvalpsund 48 B2
Hvar 131 C3, 136 A1
Hverringe 49 C3, 53 C1
Hvidbjerg 48 A2
Hvide Sande 48 A3
Hvitsten 38 A3, 44 B1
Hvittingfoss 43 D1/2, 44 A1
Hvožd'any 83 C3, 93 C1
Hybo 40 A1
Hycklinge 46 B3
Hyde 59 D2, 60 B3
Hyen 36 A1/2
Hyenville 85 D1
Hyères 112 A3
Hylestad 42 B2
Hylla 28 B2/3, 33 D1
Hyllekrog 53 C2
Hyllestad 36 A2
Hyllinge 49 D3, 50 A2/3
Hyllinge 53 D1
Hyllingsvollen 33 D2
Hyltebruk 50 A/B1, 72 A1
Hynnekleiv 43 C2/3
Hyödynknylä 21 D2, 22 A/B2
Hyönölä 25 C2/3
Hypämäki 23 C/D3
Hypiö 12 B3
Hyppeln 44 B3, 49 C/D1
Hyräkäs 18 B2/3
Hyrlä 25 C/D2/3, 26 A3
Hyry 18 A/B1
Hyrynsalmi 19 C2/3
Hyssna 45 C3, 49 D1, 50 A1
Hythe 77 C1
Hythe 76 A1
Hytölä 21 D3, 22 A3
Hytti 27 C2
Hyttikoski 18 B3
Hyttön 40 B2
Hyväniemi 19 C1
Hyvikkälä 25 C2
Hyvinge 25 C2
Hyvinkää 25 C2, 26 A2
Hyvölänranta 18 B3, 22 A/B1
Hyypiänniemi 23 C3
Hyypiö 12 B3
Hyyppä 20 B3
Hyyrylä 25 C1

I

Iacobeni 98 B3
Iam 134 B1

Íasmos 145 C1
Ibahernando 165 D1, 166 A1
Ibarranguelu 153 D1
Ibbenbüren 67 D3
Ibdes 161 D1, 162 A1
Ibeas de Juarros 153 C2
Ibestad 9 C1/2
Ibi 169 C/D2
Ibieca 154 B2/3, 155 C2/3
Ibiza 157 C2
Ibros 167 D3, 173 C1
Ichenhausen 91 D2
Ichtershausen 81 D2, 82 A2
Ičn'a 99 D1
Idanha a Nova 158 B3, 165 C1
Idar-Oberstein 80 A3
Idbacka 30 A2, 35 C1
Idd 44 B1/2
Iden 69 D2
Idiazabal 153 D1/2
Idivuoma 10 B2
Idkerberget 39 D2
Idoméni 139 C3, 143 D1
Idre 34 A3, 38 B1
Idrija 126 B2
Idstein 80 B2/3
Idstein-Wörsdorf 80 B2/3
Idvattnet 30 A/B1
Idvor 133 D1, 134 A/B1
Iecava 73 D1, 74 A1
Ielsi 119 D2, 120 A1
Ieper 78 A2
Ierápetra 149 C3
Ierissós 140 B3, 144 B2, 148 B1
Ieropigí 142 B2
Iérzu 123 D2
Iesi 115 D3, 117 D2
Ifanes 151 D3, 159 C/D1
Iffeldorf 92 A3
Iffezheim 90 B1/2
Ifjord 6 B1
Ifta 81 D1/2
Iga Vas 126 B3
Igal 128 B2
Igalo 137 C2
Igea 153 D3, 154 A3
Igea Marina 115 C/D2, 117 C1
Igelfors 46 B2
Igensdorf 82 A3
Igerøy 14 A3
Iggelheim 90 B1
Iggesund 40 A1
Iggön 40 B2
Iglésias 123 C3
Iglesias 152 B2/3
Igling 91 D2/3
Igls 107 C1
Ignaberga 50 B2
Igñeada 141 C/D3
Igorre 153 C/D1
Igoumenítsa 142 B3, 148 A1
Igrane 131 D3, 132 A3, 136 B1
Igrejinha 164 B2
Igriés 154 B2
Igualada 155 D3, 156 A3, 163 D1
Igualeja 172 A2
Igüeña 151 D2
Iguerande 103 C2
Ihamaniemi 23 C3
Iharosberény 128 A2
Ihlienworth 52 A/B3, 68 A1
Ihlow 67 D1
Iholdy 108 A3, 154 A/B1
Ihotunlahti 22 B1
Ihringen 90 A2/3
Ii 18 A/B2
Iijärvi 6 B3
Iinattijärvi 19 C2
Iironranta 21 C2
Iiruu 21 C2
Iisalmi 22 B1
Iisvesi 22 B3
Iittala 25 C2
Iitti 25 D2, 26 B2
Iittula 24 B2/3
Iivantiira 19 D2/3

IJmuiden 66 A2
IJsselmuiden 66 B2
IJzendijke 78 B1
Ika 126 B3, 130 A1
Ikaalinen 24 B1
Ikast 48 B2/3
Ikervár 128 A1
Ikkala 21 C3
Ikkala 25 C2
Ikkeläjärvi 20 B3
Ikornnes 32 A3, 36 B1
Ikosenniemi 18 B2
Il Bívio 114 B2, 116 B1
Il Castagno 114 B3, 116 A2
Ilandža 134 B1
Ilanz 105 D1, 106 A1
Ilava 95 C/D1
Ilavainen 24 A1/2
Iława 73 C2/3
Ilche 155 C3
Ilchester 63 D2, 63 D1
Île d'Aix 100 B2
Ilford 65 C3
Ilfracombe 62 B2, 63 C2
Ílhavo 158 A2
Ilia 98 A3, 140 A/B1
Ilidža 132 B2/3
Iliókastron 147 C/D3
Iirska Bistrica 126 B3
Iljanvaara 23 D1, 23 D2
Iljičovsk 99 C/D3, 141 D1
Iljino 75 C1
Ilkeston 61 C3, 64 A/B1
Ilkley 59 D1, 61 C2
Illana 161 C3
Illano 151 C1
Illar 173 D2
Illats 108 B1
Illby 25 D2/3, 26 A2/3
Ille-sur-Têt 156 B1
Illereichen-Altenstadt 91 D2
Illerkirchberg 91 C/D2
Illertissen 91 D2
Illescas 160 B3
Illfeld-Wiegersdorf 81 D1, 82 A1
Illfurth 89 D3, 90 A3
Illiers 87 C2
Illingen 91 C1
Illkirch Graffenstaden 90 A/B2
Illmitz 94 B3
Illo 24 B1/2
Illora 173 C2
Illueca 154 A3, 162 A1
Ilmajoki 20 B2/3
Ilmenau 81 D2, 82 A2
Ilminster 63 D2, 63 D1
Ilmola 17 D2/3, 18 A1
Ilmolahti 21 D2, 22 A2
Ilok 129 C3, 133 C1
Ilola 25 D2/3, 26 A2/3
Ilomantsi 23 D2/3
Iłowa 83 D1
Iłowiec 71 D1
Ilsbo 35 D3
Ilsede 68 B3
Ilsenburg 69 C3
Ilseng 38 A2
Ilshofen 91 C1
Ilskov 48 A/B2
Ilvesjoki 20 B3
Ilveskorpi 18 A3
Ilz 127 D1
Imatra 27 C2
Imatrankoski 27 C2
Imeno 127 C2
Imera 124 B2
Ímera 143 C/D2
Imeron 145 C1
Imfors 30 A2/3, 35 C/D1
Imingen 37 C3
Immeln 50 B2
Immenhausen-Holzhausen 81 C1
Immenreuth 82 A/B3
Immenstaad 91 C3
Immenstadt 91 D3
Immingham 61 D2
Immola 27 C1/2
Ímola 115 C2, 116 B1
Imón 161 C/D1/2

Imotski 131 D3, 132 A3
Impéria 113 C2
Imphy 102 B1
Impiö 19 C1
Impruneta 114 B2/3, 116 B1/2
İmroz 145 D2
Imsenden 38 A1
Imst 106 B1
Ina 21 C1/2
Inari 6 B3
Inari 23 D2
Inarinköngäs 5 D3, 6 A/B3, 11 D1
Inca 157 D1
Inchenhofen 92 A2
Incio 151 C2
Incisa in Val d'Arno 114 B2/3, 116 B2
Incisioni rupestri (Parco Nazionale) 106 B2
Indal 35 D2
Inden 79 D2
Inderdalen 14 B2
Indija 133 D1, 134 A1, 140 A1
Indre Billefjord 5 D2, 6 A1/2
Indre Brenna 5 D1/2, 6 A/B1
Indre Fræna 32 A2
Indre Leirpollen 5 D2, 6 A1/2
Indre Matre 42 A1
Ineu 97 C3, 140 A1
Infantado 164 A2
Infiesto 152 A1
Ingå 25 C3
Ingå station 25 C3
Ingatestone 65 C3
Ingatorp 46 A/B3
Ingdalen 28 A3, 33 C1
Ingedal 44 B1
Ingelfingen 91 C1
Ingelheim 80 B3
Ingelmunster 78 A1/2
Ingelstad 51 C2, 72 A/B1
Ingersheim 89 D2, 90 A2/3
Ingleton 59 D1, 60 B2
Ingliston 57 C1/2
Ingolstadt 92 A2
Ingolstadt-Dünzlau 92 A2
Ingolstadt-Unsernherrn 92 A2
Ingøy 5 C1, 6 A1
Ingrandes-sur-Loire 85 D3, 86 A3
Inguiniel 84 B2
Ingulec 99 D3
Ingulsvatn 29 C1
Ingurtosu 123 C3
Ingvallsbenning 39 D3, 40 A2/3
Ingwiller 90 A1/2
Inha 21 C3
Iniesta 166 B1
Iniö 24 A2/3, 41 D2
Inke 128 A2
Inkee 19 C1
Inkere 24 B2/3
Inkerilä 26 B2
Inkoo 25 C3
Innala 21 C3
Innansjön 31 D1
Inndyr 14 B1
Innerkrems 126 B1
Innerleithen 57 C2
Innertällmo 30 B2, 35 D1
Innertavle 20 A1, 31 D2
Innerthal 105 D1
Innertkirchen 105 C1/2
Innervillgraten 107 D1
Innfjorden 32 A3, 37 C1
Innhavet 9 C3
Innsbruck 107 C1
Innset 9 D2, 10 A2
Innset 33 C2
Inntorget 14 A3, 28 B1
Innvik 32 A3, 36 B1
Inói 147 D2
Inowrocław 72 B3
Ins 104 B1
Inseros 45 C3, 49 D1
Insingen 91 D1

Insjön 39 D2
Insjön 30 B1
Íñsko 71 C1
Instefjord 36 A2/3
Însurăţei 141 C/D1
Interlaken 105 C1/2
Întorsura Buzăului 141 C1
Intra 105 C/D2/3
Intróbio 106 A2/3
Inveraray 54 A2, 55 D1, 56 A/B1
Invergarry 54 A2, 55 D1
Inverkeilor 57 C1
Inverkeithing 57 C1
Inverness 54 A/B2
Inveruno 105 D3
Inverurie 54 B2
Inviken 29 D1/2
Inzell 92 B3
Inzersdorf im Kremstal 93 C/D3
Ioánnina 142 B3, 148 A1
Iolanda di Savóia 115 C1
Ionava 73 D2, 74 A2
Ioniškis 73 D1, 74 A1
Íos 149 C2/3
Ipáti 146 B1
Ipazter 153 D1
Ipel'ský Sokolec 95 D2/3
Iphofen 81 D3
Ipolytarnóc 97 C2/3
Ípsala 141 C3, 145 D3, 149 C/D1
Ipsheim 81 D3, 91 D1
Ípsos 142 A3
Ipsoús 146 B3
Ipswich 65 D2
Iráklia 139 D3, 140 B3, 144 A1
Iráklion 149 C3
Irañeta 153 D2, 154 A1/2
Irdning 93 C/D3
Iregszemcse 128 B1/2
Irig 133 D1, 134 A1
Irijo 150 B2
Irinovac 131 C1
Iriški Venac 133 C/D1, 134 A1
Irissarry 108 A3, 154 A/B1
Irjanne 24 A1/2
Irninniemi 19 D1
Ironbridge 59 D3, 64 A1/2
Irrel 79 D3
Iršava 97 D2/3, 98 A2
Irschenberg 92 A/B3
Irsina 120 B2
Iruecha 161 D1/2, 162 A1/2
Iruelos 159 C1/2
Irún 108 A3, 153 D1, 154 A1
Irura 153 D1, 154 A1
Irurita 108 A3, 154 A1
Irurzun 154 A1/2
Irvine 56 B2
Irxleben 69 C3
Is-sur-Tille 88 B3
Isaba 154 B2
Isaccea 141 D1
Isane 36 A1
Ísaris 146 B3
Isaszeg 129 C1
Isbister 54 A1
Isbre 4 B2, 5 C2
Isca sullo Iónio 122 B2
Iscar 160 A/B1
Ischgl 106 B1
Íschia 119 C3
Íschia di Castro 116 B3, 118 A1
Ischitella 120 B1
Iscroni 135 D1
Isdes 87 C/D3
Ise 44 B1
Iselle 105 C2
Iseltwald 105 C1/2
Isenbüttel 69 C2/3
Iseo 106 A/B3
Isérables 104 B2
Iserlohn 80 A/B1
Iserlohn-Letmathe 80 A/B1
Isérnia 119 C/D2
Ishmi 137 D3, 142 A1

Ishol 33 C2/3
Isigny-sur-Mer 76 A3, 85 D1
Ísili 123 D2/3
Iskola 24 A2/3
Iskrec 139 D1
Iskrovci 139 C/D1
Iškuras 5 D3, 6 A/B3, 11 D1
Isla Canela 170 B2
Isla Cristina 170 B2
Isla Ravena 157 D1
Isla Ravena 157 D1
Isle of Whithorn 54 A/B3, 55 D2, 56 B3, 60 A1
Isles-sur-Suippes 88 B1
Ismaning 92 A2
Ismantorpsborg 51 D2
Isnäs 25 D2/3, 26 A3
Isnestoften 5 C2
Isny 91 C/D3
Iso-Äiniö 25 D1/2, 26 A1/2
Iso-Evo 25 C/D2, 26 A2
Iso Leppijärvi 20 A3, 24 A1
Iso-Rahi 24 A2, 41 D2
Isohaara 17 D2/3, 18 A1
Isohalme 13 C3
Isojoki (Storå) 20 A/B3
Isokumpu 19 C1/2
Isokylä 12 B3
Isokylä 21 C2
Isokylä 20 B2
Isokylä 18 A/B3
Isokylä 17 C1
Isokyrö 20 B2
Isola 112 B2
Ísola d'Asti 113 C1
Ísola del Cantone 113 D1
Ísola del Gran Sasso d'Itália 117 D3, 119 C1
Ísola del Liri 119 C2
Ísola della Scala 106 B3
Ísola delle Fémmine 124 B1
Ísola di Capo Rizzuto 122 B2
Ísola Dovarese 106 B3, 114 A1
Ísola Fossara 115 D3, 117 C2
Ísola Rossa 123 C1
Isoláccia 106 B2
Isona 155 D2/3
Isoniemi 20 B3
Isoperä 24 B2
Isorella 106 B3
Isòvol 156 A2
Ispagnac 110 B2
Isperih 141 C2
Íspica 125 C3
Ispra 105 D3
Ispringen 90 B1/2
Issakka 23 C1
Isselburg 67 C3
Isselburg-Werth 67 C3
Issenheim 89 D2/3, 90 A3
Issigeac 109 C1
Íssime 105 C3
Issogne 105 C3
Issoire 102 B3
Issoncourt 89 C1
Issoudun 102 A1
Íssum 79 D1
Issy-l'Évêque 103 C1
Ist 130 B2
Istán 172 A2/3
Ístanbul 141 D3
Istarske Toplice 126 B3, 130 A1
Istebna 95 D1
Isterberg-Wengsel 67 C/D2/3
Isthmía 147 C2
Ístia d'Ombrone 116 B3
Istiaia 147 C1
Istibanja 139 C2
Istiéa 147 C1
Istok 138 A1
Istra 75 D1/2
Isträsk 16 B2/3
Istres 111 C/D3
Istunmäki 21 D2, 22 A/B2/3
Istvándi 128 A/B2/3
Isuerre 154 B2
Itä-Ähtäri 21 C2/3
Itä-Aure 21 C3
Itä-Karttula 22 B2

Itäkoski 22 B1/2
Itäkylä 21 C2
Itálica 171 D1
Itäranta 19 C2/3, 22 B1
Itéa 143 C/D3
Itéa 146 B2, 147 C2
Itháki (Vathí) 146 A2, 148 A2
Íti Óros 146 B1
Ítrabo 173 C2
Itri 119 C2/3
Ittenhausen 91 C2
Ittenheim 90 A2
Itterbeck 67 C2
Ittervoort 79 C/D1
Ittireddu 123 C2
Íttiri 123 C1/2
Itzehoe 52 B3, 68 B1
Itzgrund-Kaltenbrunn 81 D3
Ivacevici 74 A3
Ivajlovgrad 141 C3, 145 D1, 145 D2/3
Ivalo 12 B1
Ivalon Matti 11 D2, 12 B1
Iván 94 B3, 128 A1
Ivančice 94 B1
Ivančici 132 B2
Ivanec 127 D2
Ivangrad 137 D1, 138 A1
Ivanić Grad 127 D3
Ivanjci 127 D2
Ivanjica 133 D3, 134 A3, 140 A2
Ivanjska 131 D1, 132 A1
Ivanka pri Nitre 95 C2
Ivankovo 128 B3, 132 B1
Ivano-Frankovsk 97 D2, 98 A/B2
Ivanovice na Hané 94 B1
Ivanovka 99 C3
Ivanovo 74 A3, 98 B1
Ivanovo Selo 128 A3
Ivanska 128 A3
Ivarrud 14 B3, 29 C1
Ivars d'Urgell 155 D3, 163 D1
Ivars de Noguera 155 C3, 163 C1
Iveland 43 C3
Iven 70 A1
Ivenack 70 A1
Iversfjord 6 B1, 7 C1
Ívira 144 B1
Ivje 74 A2
Ivla 50 B2
Ivorra 155 D3, 163 D1
Ivoy-le-Pré 87 D3, 102 A/B1
Ivrea 105 C3
Ivry-en-Montagne 103 C/D1
Ivry-la-Bataille 87 C1
Ivybridge 63 C3, 63 C2
Iwuy 78 A/B2/3
Ixworth 65 C2
Iz'aslav 98 B1/2
Iž Veli 130 B2
Izalzu 108 A3, 154 B1/2
Izarra 153 C2
Izbište 134 B1
Izeda 151 C3, 159 C1
Izegem 78 A1/2
Izmail 141 D1
İzmir 149 D2
İzmit 141 D3
Iznájar 172 B2
Iznalloz 173 C1/2
Iznatoraf 167 D3, 168 A3, 173 C/D1
İznik 141 D3
Izola 126 A/B3
Izsák 129 C1/2
Izvor 138 B3, 140 A3, 142 B1
Izvor 139 C2
Izvor 139 C3, 140 A3
Izvor 139 D2
Izvor Buna 132 B3, 136 B1

J

Jäähdyspohja 21 C3
Jääjoki 21 C/D2, 22 A2

Jääkärikämppä 18 B1
Jaakonvaara 23 D2
Jaala 26 B2
Jaalanka 19 C2
Jaalanka 19 C3
Jaama 23 D3
Jääskönkylä 12 A2/3, 17 D1
Jaatila 12 A3, 18 A/B1
Jabalera 161 C3
Jabaloyas 162 A3
Jabalquinto 167 C/D3, 173 C1
Jabarella 154 B2
Jabbeke 78 A1
Jablan Do 137 C2
Jablanac 130 B1/2
Jablanica 132 A/B3
Jablanica 135 C2/3
Jablanovac 127 D2/3
Jablonec nad Jizerou 83 D2
Jablonec nad Nisou 83 D2
Jablonica 95 C2
Jabłonna 71 C/D3
Jablonné v Podještědí 83 D2
Jablonov 97 D2, 98 B2
Jablunkov 95 D1
Jabugo 165 C/D3, 171 C1
Jabuka 133 D1, 134 A/B1
Jabukovac 135 C2
Jabukovac 127 D3, 131 C1
Jabukovik 139 C1
Jaca 154 B2
Jachenau 92 A3
Jáchymov 82 B2
Jackarby 25 D2/3, 26 A3
Jäckvik 15 D2
Jade 67 D1, 68 A1
Jade-Schweiburg 67 D1, 68 A1
Jäder 46 B1.
Jadraque 161 C2
Jaén 167 C3, 173 C1
Jagel 52 B2/3
Jægerspris 49 D3, 53 D1
Jægervatn 4 A/B2/3
Jagnjilo 130 D2, 134 B2
Jagodin 83 D1
Jagotin 99 D1/2
Jagow 70 A/B1
Jagsthausen 91 C1
Jagstzell 91 C/D1
Jahkola 25 C/D2, 26 A2
Jahnsfelde 70 B2
Jahodná 95 C2/3
Jahorina 132 B3
Jajce 131 D2, 132 A2
Ják 127 D1, 128 A1
Jakabszállás 129 C1/2
Jäkälävaara 19 C1
Jakimovo 135 D3
Jakkukylä 18 B2
Jakkula 20 B2
Jákó 128 A/B2
Jakobsbakken 15 C1
Jakobsberg 47 C1
Jakobstad 20 B1
Jakokoski 23 D2/3
Jakoruda 140 B3
Jakovo 139 D3, 144 A1
Jakšić 128 B3, 132 A/B1
Jalance 169 C2
Jalasjärvi 20 B3
Jalasjoki 24 B2
Jalhay 79 D2
Jaligny 103 C2
Jalkala 22 B3
Jallais 86 A3, 100 B1
Jalón 169 D2
Jaluna 22 B2
Jamali 23 D2
Jämäs 19 D2/3, 23 C/D1
Jambol 141 C2/3
Jamena 133 C1
Jametz 79 C3, 89 C1
Jämijärven asema 24 B1
Jämijärvi 24 B1
Jamikow 70 B1/2
Jäminkipohja 25 C1
Jämjö 51 C/D2, 72 B1

Jammerdal 38 B3
Jamnička Kiselica 127 D3
Jämnvallen 34 B3
Jamoigne 79 C3
Jampol' 98 B1/2
Jampol' 99 C2
Jämpsä 19 D1
Jämsä 25 D1, 26 A1
Jamsä 21 C1
Jämsänkoski 25 D1, 26 A1
Jämshög 50 B2
Jämtkrogen 35 C2/3
Jämtön 17 C2/3
Jamu Mare 134 B1
Janakkala 25 C2
Jančе 138 A/B3
Jandelsbrunn 93 C2
Jäniskylä 26 B1
Jänismajat 22 B2/3
Janiszowice 71 C3
Janj 131 D2, 132 A2
Janja 133 C1/2
Janjevo 138 B1/2
Janjina 136 B1
Jänkä 21 C2
Jänkälä 13 C2
Jänkänalusta 10 A3
Jänkisjärvi 17 C1/2
Jankkila 7 C2
Jankov 83 D3
Jánoshalma 97 B/C3, 129 C2
Jánosháza 96 B3, 128 A1
Jánossomorja 94 B3
Janova Lehota 95 D2
Janovice nad Úhlavou 93 C1
Janów Lubelski 97 C/D1, 98 A1
Jänschwalde 70 B3
Jansjö 30 A/B2/3, 35 D1
Jansjö 30 A/B2/3, 35 D1
Jänsmässholmen 29 C3, 34 B1
Jantarnyj 73 C2
Janzé 85 D2
Jäpåsen 39 D1/2
Jäppilä 22 B3
Jaraba 161 D1/2, 162 A1/2
Jaraco 169 D2
Jaraczewo 71 D3
Jarafuel 169 C2
Jaraicejo 159 D3, 166 A1
Jaraiz de la Vera 159 D3
Jarak 133 C/D1, 134 A1
Jarandilla 159 D3
Jaray 153 D3, 161 D1
Järbo 40 A2
Jarcevo 75 C2
Jard-sur-Mer 100 A2
Jaren 37 D3, 38 A2
Jarfjordbotn 7 C/D2
Jargeau 87 D3
Jarhoinen 12 A3, 17 D1
Jarkovac 133 D1, 134 B1
Järkvissle 30 A3, 35 C/D2
Järlåsa 40 A/B3
Jarlovo 139 D2
Jarmen 70 A1
Jarmolincy 98 B2
Järna 47 C1
Jarnac 101 C3
Järnäs 31 C3
Järnäsklubb 31 C3
Järnboås 39 D3, 46 A1
Järnforsen 51 C1
Järnmalm gruvor 10 B3
Järnskog 38 B3, 45 C1
Jarny 89 C1
Jarocin 72 B3, 96 B1
Jaroměř 96 A/B1/2
Jaroměřice 94 A1
Jaroslavice 94 B2
Jarosław 97 D2, 98 A1/2
Jarošov nad Nežárkou 93 D1, 94 A1
Järpås 45 C2
Järpen 29 C3, 34 A/B1/2
Järpliden 38 B2
Jarplund 52 B2
Jarplund-Weding 52 B2
Jarque 154 A3, 162 A1
Jarrow 57 D3, 61 C1

Järsnäs 46 A3
Järvberget 30 B2, 35 D1
Järvberget 30 B2, 35 D1
Järvelä 25 D2, 26 A2
Järvelänranta 19 D2/3
Järvenpää 25 C/D2/3, 26 A2/3
Järvenpää 25 C1
Järvenpää 27 C1
Järvenpää 23 D2
Järvenpää 11 C3, 12 A2
Järvenpää 22 B1
Järvenpää 23 C2
Järvenpää 20 A/B3
Järvensuu 7 C3
Järvikylä 18 B3
Järvikylä 21 C/D1
Järvinen 25 D2, 26 A2
Järvirova 12 A2, 17 D1
Järvsjö 30 B1
Järvsö 40 A1
Järvtjärn 31 D1
Jarzé 86 A3
Jaša Tomic 134 B1
Jasaksö 41 C2
Jasenak 127 C3, 130 B1
Jasenica 131 C1
Jasenice 131 C2
Jasenjani 132 B3
Jasenovac 128 A3, 131 D1, 132 A1
Jasenovo 133 D3, 134 A3
Jasenovo 134 B1
Jasień 71 C3
Jasika 134 B3
Jasin'a 97 D2/3, 98 A/B2
Jaskyňa Izbica 95 D1/2
Jasło 97 C2
Jasnaja Poljana 75 D2
Jastrebarsko 127 C/D3
Jastrowie 71 D1, 72 B3
Jastrzębie-Zdrój 96 B2
Jászalsószentgyörgy 129 D1
Jászapáti 129 D1
Jászberény 97 C3, 129 D1
Jászkisér 129 D1
Jászladány 129 D1
Jät 51 C2
Jatabe 153 C1
Játar 173 C2
Játiva 169 C/D2
Jättendal 35 D3
Jättensjö 35 C2/3
Jättölä 25 C2/3
Jatuni 11 C2
Jatznik 70 B1
Jauge 108 B1
Jaulin 154 B3, 162 B1
Jaulnay 101 C1
Jaun 104 B2
Jaunay-Clan 101 C1
Jaunjelgava 74 A1
Jaunpiebalga 74 A1
Jaunsaras 154 A1
Jaurakainen 18 B2
Jaurakkajärvi 19 C2
Jaurakkajärvi 19 C2
Jaurrieta 108 A3, 154 A/B1/2
Jausiers 112 A/B2
Jåvall 38 A/B3, 44 B1
Javarus 12 B3
Jávea 169 D2
Jävenitz 69 C2
Javerlhac 101 C3
Javier 154 A/B2
Javierregay 154 B2
Javierrelatre 154 B2
Javorani 131 D2, 132 A1/2
Javorov 97 D2, 98 A1/2
Jävre 16 B3
Jävrebodarna 16 B3
Javron 86 A2
Jawor (Jauer) 96 A/B1
Jaworzno 87 C2
Jayena 173 C2
Jazak 133 C/D1, 134 A1
Jazbina 127 D2
Jebjerg 48 A/B2
Jedburgh 54 B3, 57 C2
Jedincy 98 B2/3
Jedlina 82 B3

Jedľové Kostoľany 95 D2
Jedovnice 94 B1
Jędrzejów 97 C1
Jedrzychowice 71 D3
Jeesiö 11 D3, 12 B2
Jegunovce 138 B2
Jekabpils 74 A1
Jekimoviči 75 C2
Jektevik 42 A1
Jeľna 75 C2
Jelah 132 B1/2
Jelanec 99 D3
Jelašnica 135 C3
Jelenec 95 C/D2
Jelenia Góra (Hirschberg) 96 A/B1
Jelenin 71 C3
Jelgava 73 D1, 74 A1
Jelling 48 B3, 52 B1
Jels 52 A/B1
Jelsa 42 A2
Jelsa 131 D3, 136 A1
Jelšane 126 B3
Jemappes 78 B2
Jemgum 67 D1
Jemgum-Ditzum 67 D1
Jemnice 94 A1
Jena 82 A2
Jenbach 92 A3, 107 C1
Jeneč 83 C/D3
Jenikowo 71 C1
Jenlain 78 B2
Jenneret 79 C2
Jensåsvoll 33 D2
Jenstad 32 B3, 37 C1
Jenzat 102 B2
Jeppo 20 B2
Jepua 20 B2
Jeres del Marquesado 173 C2
Jeresa 169 D2
Jerez de la Frontera 171 D2
Jerez de los Caballeros 165 C/D3
Jerggul (Holmestrand) 5 D3, 6 A3, 11 D1
Jergucati 142 A/B2/3
Jérica 162 B3, 169 C/D1
Jerichow 69 D2
Jerka 71 D3
Jerši 75 C/D2
Jerslev 48 B1
Jerstad 8 B2
Jerte 159 D3
Jerup 49 C1
Jérusalem 78 B3
Jerxheim 69 C3
Jesberg 81 C1/2
Jesenice 83 D3
Jesenice 83 C3
Jesenice 96 A3, 126 B2
Jeseník 96 B1/2
Jeseritz 69 C2/3
Ješín 83 C/D2/3
Jésolo 107 D3
Jessen 70 A3, 82 B1
Jessheim 38 A3
Jessnitz 69 D3, 82 B1
Jesteburg 68 B1
Jestřebí 83 D2
Jetnemsstugan 14 B3, 29 D1
Jettingen 90 B2
Jettingen-Scheppach 91 D2
Jetzendorf 92 A2
Jeumont 78 B2
Jevenstedt 52 B3
Jever 52 A3, 67 D1
Jevišovice 94 A1
Jevnaker 37 D3, 38 A3
Jevremovac 133 C1, 134 A1/2
Jezerane 130 B1
Jezerce 138 B2
Jezerišče 74 B1/2
Jezero 131 D2, 132 A2
Jezersko 126 B2
Jiana Mare 135 C/D2
Jibou 97 D3, 98 A3
Jičín 96 A1/2
Jieprenjåkkstugan 9 D2, 10 A2
Jieznas 73 D2, 74 A2

Jihlava 94 A1, 96 A2
Jijona 169 C/D2/3
Jillesnåle 15 C/D2/3
Jílové u Prahy 83 D3
Jiltjer 15 D3
Jimbolia 129 D3, 140 A1
Jimena 167 D3, 173 C1
Jimena de la Frontera 172 A3
Jince 83 C3
Jindřichovice 82 B2
Jindřichovice pod Smrkem 83 D2
Jindřichův Hradec 93 D1, 96 A2
Jinošov 94 B1
Jiřetín pod Jedlovou 83 D2
Jiříkov 83 D1/2
Jirkov 83 C2
Jirueque 161 C2
Jistebnice 83 D3, 93 D1
Joachimshof 69 D2
Joachimsthal 70 A/B2
Joachimsthal 93 D2
Jochberg 92 B3, 107 D1
Jock 17 C1
Jockas 27 C1
Jódar 167 D3, 173 C1
Jodoigne 79 C2
Joensuu 23 D3
Joensuu 24 B2/3
Joesjö 14 B3
Joeström 15 C2/3
Johannelund 31 C1/2
Johannestorp 16 B2
Johanngeorgenstadt 82 B2
Johannisfors 40 B2
Johannisholm 39 C2
Johanniskirchen 92 B2
Johansfors 51 C2
Johnsbach 93 D3
Johnstone 56 B2
Johovac 132 B1
Jöhstadt 83 C2
Joigny 88 A2
Joinville 88 B2
Jokela 25 C/D2, 26 A2
Jokela 25 C1, 26 A1
Jokela 12 A3, 17 D1
Jokela 12 B3
Jokela 22 B2
Jøkelfjord 4 B2
Joki-Kokko 18 B2
Jokijärvi 22 B2
Jokijärvi 19 C2
Jokikunta 25 C2/3
Jokikylä 18 A/B1
Jokikylä 19 C2/3
Jokikylä 21 C1
Jokikylä 21 D1, 22 A1
Jokikylä 20 B3
Jokikylä 20 A2, 31 D3
Jokilampi 19 C1
Jokiniemi 25 C2
Jokioinen 24 B2
Jokiperä 20 B2
Jokipii 20 B3
Jokitörmä 6 B3
Jokivarsi 21 C3
Jokkmokk 16 A/B1/2
Jokue 25 D2, 26 A/B2
Jolanki 12 A3, 17 D1/2
Jølby 48 A2
Jøldalshytta 33 C2
Joloskylä 18 B2
Jomala 41 C/D3
Jomala 41 C3
Jømna 38 A/B2
Jönåker 46 B2
Jonasvollen 33 D3
Jonchery-sur-Vesle 88 A1
Joncy 103 C1/2
Jondal 36 A3, 42 A/B1
Jönköping 45 D3, 46 A3, 72 A1
Jönköping-Huskvarna 45 D3, 46 A3, 72 A1
Jönköping-Norahammar 45 D3
Jonku 19 C2
Jonquières 111 C/D2
Jons 103 D2/3

Jonsa 22 B2
Jonsberg 47 C2, 47 C2
Jonstorp 49 D2, 50 A2
Jonzac 100 B3
Jorairátar 173 C2
Jorba 155 D3, 156 A3, 163 D1
Jordbru 47 C/D1
Jordbru 8 B3, 15 C1
Jordbrugrotten 14 B2
Jördenstorf 53 D3, 69 D1
Jordet 38 B1
Jordfallet 5 C2
Jorgastak 5 D3, 6 A3, 11 D1
Jörk 68 B1
Jörlanda 45 C3
Jormlien 29 C1
Jormua 19 C2/3
Jormvattnet 29 C1
Jörn 16 A/B3, 31 C1
Jörn 16 B3, 31 C/D1
Joroinen 22 B3
Jørpeland 42 A2
Jorquera 168 B2
Jørstad 28 B2
Josa 162 B2
Jošanica 134 B2
Jošanica 135 C3
Jošanička Banja 134 B3
Josipdol 127 C3, 130 B1
Josipovac 128 B3
Josnes 87 C3
Jössefors 38 B3, 45 C1
Josselin 85 C2
Jossgrund-Burgjoss 81 C2/3
Jøssinghamn 42 B3
Jøssund 28 A/B2
Jøssund 28 A2/3, 33 C1
Jostedal 36 B2
Jøstølen 32 B2
Jotkajavrre 5 C2/3, 6 A2
Jotunheimen Fjellstue 37 C2
Jou 158 B1
Jou-sous-Monjou 110 A1
Joucou 156 A1
Joué-sur-Erdre 85 D3
Jouet-sur-l' Aubois 102 B1
Jougné-Remouchamps 79 C2
Joukio 27 D1
Joukokylä 19 C2
Joure 66 B2
Jõusen 20 B1
Joutsa 25 D1, 26 A/B1
Joutsenmäki 23 C3, 27 C1
Joutseno 27 C2
Joutsijärvi 13 C3
Joux-la-Ville 88 A3
Jouy-le-Châtel 87 D1/2, 88 A1/2
Jouy-le-Potier 87 C3
Jovan 30 B1
Jove 150 B1
Juan-les-Pins 112 B3
Juånåset 35 C2/3
Juankoski 23 C2
Jübek 52 B2
Jubera 153 D2/3
Jubia 150 B1
Jublains 86 A2
Jubrique 172 A2/3
Jüchen 79 D1, 80 A1
Juchnov 75 D2
Jüchsen 81 D2
Judaberg 42 A2
Judenau 94 A/B2
Judenburg 96 A3, 127 C1
Judinsalo 25 D1, 26 A1
Juelsminde 48 B3, 52 B1
Juf 106 A2
Juggijaur 16 B1
Jugon 85 C2
Jugorje 127 C3
Juhtimäki 24 B1
Juillac 101 D3
Juist 67 C1
Jukajärvi 27 C1
Jukkasjärvi 10 A/B3
Juktfors 15 D3
Jukua 19 C1

Julåsen 35 C2/3
Jule 29 C2
Jülich 79 D2
Juliénas 103 C/D2
Julita 46 B1
Julma-Ölkky 19 D1/2
Julmattlammit 21 C/D2, 22 A2/3
Jumaliskylä 19 D2/3
Jumeaux 102 B3
Jumesniemi 24 B1
Jumièges 77 C3, 86 B1
Jumilhac-le-Grand 101 D3
Jumilla 169 C2/3
Juminen 22 B1/2
Jumisko 13 C3
Jumkil 40 B3
Juncal 164 A1
Juncosa de les Garrigues 163 C/D1
Juneda 155 C/D3, 163 C/D1
Jung 45 C/D2
Jungdalshytta 37 C3
Junget 48 A/B3, 52 A/B1
Jungfraujoch 105 C2
Jungsund 20 A2, 31 D3
Junik 138 A2
Juniville 78 B3, 88 B1
Junkerdal 15 C1
Junkerträsk 16 B2
Junnanonja 18 B3
Junnikkala 27 C1
Junosuando 10 B3
Junqueira 159 C1
Junquera de Ambía 150 B2/3
Junsele 30 A/B2, 35 D1
Junttilanvaara 19 D2
Juntusranta 19 D2
Juojärvi 23 C3
Juoksengi 12 A3, 17 D1/2
Juoksenki 12 A3, 17 D1/2
Juokslahti 25 D1, 26 A1
Juokuanvaara 17 D2/3, 18 A1
Juonto 19 D2/3
Juorkuna 18 B2
Juornaankylä 25 D2, 26 A2
Juotasniemi 12 B3
Jur pri Bratislave 94 B2
Jurançon 108 B3, 154 B1
Juratiški 74 A2
Jurbarkas 73 C/D2
Juré 103 C2
Jurignac 101 C3
Jurilovca 141 D1/2
Jurjevo 130 B1
Jūrmala 73 D1, 74 A1
Jurmo 24 A2, 41 D2
Jurmo 24 A3
Jurmu 19 C2
Juromenha 165 C2
Jurques 86 A1
Jurunbron 15 C1
Jurva 20 B2/3
Jurvala 27 C2
Jurvansalo 21 D2, 22 A2
Jussac 110 A1
Jussey 89 C3
Juta 128 B2
Jüterbog 70 A3, 72 A3, 96 A1
Jutis 15 D2
Juujärvi 12 B3
Juuka 23 C2
Juuma 13 C3, 19 D1
Juupajoki 25 C1
Juupakylä 20 B3
Juurikka 23 D3, 27 D1
Juurikalahti 23 C1
Juurikkamäki 23 C2/3
Juutinen 22 B1
Juutinkumu 12 B2
Juutinva A 19 D2/3, 23 D1
Juva 27 C1
Juvigny-le-Tertre 85 D1/2, 86 A1/2
Juvigny-sous-Andaine 86 A2
Juvola 23 C3
Juvvasshytta 37 C2
Juzennecourt 88 B2
Južny 99 C/D3
Jyderup 49 C3, 53 C1

Jylängänjoki 21 D1, 22 A/B1
Jylhä 21 D2, 22 B2
Jylhä 21 C1
Jylhämä 18 B3
Jyllinge 49 D3, 50 A3, 53 D1
Jyllinkoski 20 B3
Jyrkänkoski 19 D1
Jyrkkä 22 B1
Jyväskylä 21 D3, 22 A3

K

Kaakamo 17 D2/3, 18 A1
Kaamanen 6 B3
Kaamasmukka 6 B3, 11 D1
Kaanaa 25 C1
Kaanaa 25 D2, 26 A2
Kääpälä 26 B2
Kaarakkala 22 B1
Kaaresuvanto 10 B2
Kaarina 24 B2/3
Kaarlela 20 B1
Käärmelehto 12 A/B2
Kaarnalampi 23 C3
Kaarnijärvi 12 B3
Kaarssen 69 C1/2
Kaarst 79 D1, 80 A1
Kaartilankoski 27 C1
Kaava 6 B2
Käävänkülä 26 B1/2
Kaavi 23 C2
Kabböle 25 D3, 26 A3
Kåbdalis 16 A/B2
Kabelväg 8 B2
Kać 129 D3, 133 D1, 134 A1
Kačanička Klisura 138 B2
Kačanik 138 B2
Kačarevo 133 D1, 134 A/B1
Kačikol 138 B1
Kácov 83 D3
Kaczkowo 71 D3
Kaczory 71 D1/2
Kadaň 83 C2
Kadarkút 128 A/B2
Kåddis 31 C/D2
Kadrifakovo 139 C2/3
Käenkoski 23 D2
Kåfjord 5 D1, 6 A/B1
Kåfjord 5 C2
Kåfjord 4 B3, 10 A/B1
Kåfjordbotn 4 B3, 10 B1
Kagarlyk 99 C/D2
Kåge 31 D1
Kågeröd 50 A2/3
Kagul 141 C/D1
Kahl 81 C3
Kahla 82 A2
Kähtävä 18 A3, 21 C1
Kaiáfas 146 B3
Kaibing 127 D1
Kaidankylä 25 C1
Kainach bei Voitsberg 127 C1
Kainasto 20 B3
Kaindorf 127 D1
Kainu 21 C1/2
Kainulasjärvi 17 C1
Kainuunkylä 12 A3, 17 D2,
    18 A1
Kainuunmäki 22 B1
Kaipiainen 26 B2
Kaipola 25 D1, 26 A1
Kairala 12 B2
Kaisajoki 17 D2, 18 A1
Kaisepakte 10 A2, 10 A2
Kaiser-Wilhelm-Koog 52 A/B3
Kaisers 106 B1
Kaisersbach 91 C1
Kaisersesch 80 A2/3
Kaiserslautern 80 B3, 90 A/B1
Kaiserstuhl 90 B3
Kaisheim 91 D2
Kaitainen 27 C2
Kaitainen 22 B3
Kaitainsalmi 19 C2/3, 23 C1
Kaitajärvi 12 A3, 17 D2

Kaitjärvi 26 B2
Kaitum 10 A3
Kaitumjaurestugorna 9 D3
Kaivomäki 26 B1
Kajaani 19 C2/3
Kajama 21 D2, 22 A2
Kajanki 11 C2/3, 12 A1
Kajava 19 D1
Kajo 23 C2
Kakanj 132 B2
Kakarriqi 137 D2/3
Kakavi 142 B3
Käkelä 19 C2
Kakerbeck 69 C2
Käkilahti 18 B3, 22 B1
Kakolewo 71 D3
Kakriala 26 B1
Kakskerta 24 B2/3
Kälä 25 D1, 26 A/B1
Kalá Nerá 144 A3, 147 C1
Kalače 138 A1
Kalajoki 18 A3, 21 C1
Kalak 6 B1
Kalakoski 20 B3
Kalamákion 143 D3, 144 A3
Kalamákion 144 A3
Kalamariá 143 D2, 144 A2
Kalámata 146 B3, 148 B2
Kalambáka 143 C3, 148 A/B1
Kalambákion 144 B3
Kalamítsion 144 B2/3
Kálamos 147 D2
Kálamos 146 A1/2
Kalándra 144 A2/3, 148 B1
Kalanti 24 A2, 41 D2
Kalaraš 99 C3
Kälarne 30 A3, 35 C2
Kalávrita 146 B2, 148 B2
Kalawa 71 C2/3
Kalax 20 A3
Kalbach-Veitsteinbach 81 C2
Kalbe 69 C2
Kalce 126 B2/3
Káld 128 A1
Kaldfarnes 9 C1
Kaldjord 8 B2
Kaldvåg 9 C2/3
Kalefeld-Echte 68 B3, 81 D1
Kalek 83 C2
Kaleköy 145 D2, 149 C1
Kalela 24 B2
Kälen 35 C2/3
Kaléndzion 146 B2
Kaléndzion 142 B3
Kalenić 134 B3
Kalesija 133 C2
Kaleva 24 B2
Kalhovd 43 C1
Kali 130 B2
Kalí 143 C/D1
Kaliáni 147 C2
Kálimnos 149 D2/3
Kalindría 139 D3, 143 D1,
    144 A1
Kalinin 75 D1
Kaliningrad (Königsberg)
    73 C2
Kalinkoviči 74 B3, 99 C1
Kalinovik 132 B3
Kalinovka 99 C2
Kalisz 72 B3, 96 B1
Kalisz Pomorski 71 C1
Kalíves 145 C1/2
Kalívia 146 B2/3
Kalix 17 C2/3
Kalixforsbron 10 A3
Kaljazin 75 D1
Kalje 127 C3
Kaljula 27 C1
Kaljunen 27 D1
Kalkar 67 C3, 79 D1
Kalkar-Grieth 67 C3, 79 D1
Kalkberget 30 A2, 35 C1
Kalkbruk 25 D3, 26 A3
Kalkhorst 53 C2
Kalkkiainen 12 B3
Kalkkimaa 17 D2, 18 A1
Kalkkinen 25 D1, 26 A1
Kall 29 C3, 34 A1
Kall 79 D2, 80 A2
Källa 51 D1

Kallax 17 C3
Kallbäck 25 D3, 26 A3
Källebäcken 45 D3, 46 A3
Kallenhardt 80 B1
Kållered 45 C3, 49 D1
Källerstad 50 B1
Källeryd 50 B1
Kalletal 68 A3
Kalletal-Langenholzhausen
    68 A3
Kallinge 51 C2
Kallio 21 C3, 25 C1
Kallioaho 21 D3, 22 A/B3
Kalliokylä 21 D1, 22 A/B1
Kalliola 25 D2, 26 A2
Kallioniemi 21 D2, 22 A2
Kalliosalmi 12 B3
Kallipéfki 143 D2/3
Kallislahti 27 C1
Kallithéa 144 A2
Kallithéa 146 B3
Kalliuskoski 19 C2
Kallmora 39 D1
Kallmünz 92 A/B1
Kallmünz-Rohrbach 92 A/B1
Kallo 11 C/D3, 12 A2
Källom 30 B3, 35 D2
Kallön 15 D2/3
Kalloní 149 C1
Kalloní 147 C/D3
Kallrör 29 C3, 34 A1
Kallsedet 29 C3, 34 A1
Källsjö 49 D1, 50 A1
Kallsta 29 D3, 34 B1/2
Kallträsk 20 A3
Källunge 47 D3, 47 D2/3
Kallunki 13 C3
Källvik 47 C2
Källvik 40 A/B1
Kallvik 9 C2
Kallvike 31 D1/2
Kalmankaltio 11 D2, 12 A1
Kalmar 51 D2, 72 B1
Kalmari 21 C/D2, 22 A2
Kalmavirta 21 C/D3, 22 A3
Kalmomäki 23 C1
Kalmthout 78 B1
Kalna 135 C3
Kálna nad Hronom 95 D2
Kalnciems 73 D1, 74 A1
Kalnik 127 D2
Kalø 49 C2
Kalocsa 96 B3, 129 C2
Kalógria 146 A2
Kalón Nerón 146 B3
Kalonérion 143 C2
Kalótichon 145 C1
Kalotina 139 D1
Kalovka 75 C1
Káloz 128 B1
Kalpáki 142 B3
Kalpio 19 C2/3
Kals 107 D1, 126 A1
Kalsdorf bei Graz 127 C1
Källsjärv 17 C2
Kalsk 71 C3
Kaltbrunn 105 D1, 106 A1
Kaltenkirchen 52 B3, 68 B1
Kaltennordheim 81 D2
Kaluđerovo 134 B1
Kaluga 75 D2
Kalundborg 49 C3, 53 C1
Kaluš 97 D2, 98 A/B2
Kalvåg 36 A1/2
Kalvarija 78 D2
Kalvatn 32 A3, 36 B1
Kalvbäcken 30 B2, 35 D1
Kalvehave 53 D2
Kalvhögen 30 A2, 35 C1
Kälviä 21 C1
Kalviträsk 31 C1
Kalvitsa 26 B1
Kalvola 25 C2
Kalvsvik 51 C2
Kalwang 93 D3, 127 C1
Kalýdon 146 A/B2
Kám 128 A1
Kämäränkylä 19 D2/3, 23 D1
Kamári 21 D2, 22 A2
Kamári 143 D3, 144 A3
Kamarína 146 A1

Kamen' 74 B2
Kamen 67 D3, 80 A/B1
Kamen'-Kaširskij 73 D3,
    74 A3, 97 D1, 98 B1
Kámena Voúrla 147 C1
Kamenari 137 C2
Kamenec 73 D3
Kamenec-Podol'skij 98 B2
Kamenica 135 C3
Kamenica 133 C/D2, 134 A2
Kamenica 138 B1/2
Kamenica 139 C2
Kamenice nad Lipou 93 D1,
    94 A1
Kamenický Šenov 83 D2
Kameničná 95 C3
Kamenka 99 D2
Kamenka 99 C3, 141 D1
Kamenka 99 C2/3
Kamenka-Bugskaja 97 D2,
    98 A/B1/2
Kamenný Újezd 93 D1/2
Kameno Pole 140 B2
Kamenšćak 127 D2
Kamensko 128 A3
Kamensko 131 D3, 132 A3
Kamenz 83 C1
Kami 21 C1
Kamień Pomorski 72 A2
Kamienica 71 D2
Kamieniec 71 D3
Kammerforst 81 D1
Kamlunge 17 C2
Kammela 24 A2, 41 D2
Kämmenniemi 25 C1
Kammerforst 81 D1
Kamnik 96 A3, 126 B2
Kamøyvær 5 D1, 6 B1
Kamp-Lintfort 79 D1, 80 A1
Kampen 66 B2
Kampen 52 A2
Kampevoll 9 C/D1
Kämpinge 50 A3
Kampor 130 B1
Kamsjön 31 C1/2
Kamula 21 D1, 22 A/B1
Kamýk nad Vltavou 83 C/D3
Kanal 126 A/B2
Kanala 21 C1/2
Kanália 143 D3, 144 A3
Kanálion 146 A1
Kanallákion 142 B3, 146 A1
Kandel 90 B1
Kandern 90 A3
Kandersteg 105 C2
Kandestederne 49 C1
Kándia 147 C3
Kandíla 146 A1
Kandíla 147 C2/3
Kandira 141 D3
Kanev 99 D2
Kanfanar 130 A1
Kangaasvieri 21 C1
Kangádion 146 A/B2
Kangas 18 A3, 21 C1
Kangas 20 B2
Kangasaho 21 C2
Kangasala 25 C1
Kangashäkki 21 D3, 22 A3
Kangaskylä 18 B3, 21 D1,
    22 A1
Kangaskylä 21 C1, 22 A1
Kangaskylä 21 C2
Kangaslahti 23 C2
Kangaslampi 23 C3
Kangasniemi 22 B3, 26 B1
Kangosfors 11 C3
Kangosjärvi 11 C3, 12 A2
Kania 71 C1
Kanina 142 A2
Kanjiža 129 D2
Kankaanpää 24 B1
Kankaanpää 21 C3, 25 C1
Kankainen 21 D3, 22 A3
Kankainen 22 B3
Kankari 20 B3
Kankari 18 B3
Kankenseter 38 B1/2
Känna 50 B1/2
Kännäkkä 19 C1
Kannas 19 C/D2
Kannonkoski 21 D2, 22 A2

Kannus 21 C1
Kannusjärvi 26 B2
Kannuskoski 26 B2
Kanona 133 D3, 134 A3
Kanpezu-Santi Kurtz 153 D2
Känsäkangas 21 C1
Kanstad 9 C2
Kantala 22 B3
Kanteemaa 24 B2
Kantokylä 18 A3, 21 C1
Kantola 19 C2/3
Kantomaanpää 12 A3, 17 D2
Kantornes 4 A3, 9 D1, 10 A1
Kantti 20 B3
Kantvik 25 C3
Kanunki 24 B2
Kánya 128 B1/2
Kaonik 132 B2
Kapandrítion 147 D2
Kaparéllion 147 C2
Kapela 128 A2/3
Kapellen 78 B1
Kapellen 94 A3
Kapelln 94 A2
Kapfenberg 94 A3, 96 A3,
    127 C1
Kapfenstein 127 D1
Kápi 145 D3
Kaplice 93 D2, 96 A2
Kaporin 134 B2
Kaposfő 128 A/B2
Kaposszekcső 129 C2
Kaposszenkcső 128 B2
Kaposvár 96 B3, 128 B2
Kapp 38 A2
Kappel 53 C2
Kappel 80 A3
Kappel am Albis 105 C/D1
Kappel-Grafenhausen 90 A/B2
Kappeln 52 B2
Kappelsär 41 C3, 47 D1
Kappelshamn 47 D3, 47 D2,
    72 B1
Kapperapalo 11 D2, 12 A1
Kappl 106 B1
Kaprun 107 D1, 126 A1
Kapsochóra 144 A/B2/3
Káptalanfa 128 A1
Kaptol 128 B3
Kapusta 12 A3, 17 D2, 18 A1
Kapuvár 94 A3, 96 B3
Käpylä 18 A3
Käpysalo 22 B2
Karabiga 141 C3, 149 D1
Karaburun 149 C/D2
Karacabey 149 D1
Karacaköy 141 D3
Karačev 75 D3
Karaincirli 145 D2
Karan 133 D2, 134 A2/3
Karankamäki 22 B1
Karaova 149 D2
Karasjok 5 D3, 6 A2/3, 11 D1
Karatmanovo 139 C2/3
Karats 16 A1
Karatu 25 C3
Káravos 147 D2
Karavukovo 129 C3
Karbäcken 29 D2, 30 A1/2
Karben 81 C2
Karbenning 40 A3
Kårberg 46 A1/2
Kårböle 35 C3
Karby 48 A2
Karcag 97 C3
Kardámila 149 C2
Kardašova Řečice 93 D1
Kardeljevo (Ploče) 132 A3,
    136 B1
Karden 80 A2/3
Kardis 12 A2/3, 17 D1
Karditsa 143 C3, 146 B1,
    148 B1
Kardoskút 129 D2
Kârdžali 141 C3
Kåremo 51 D1/2
Karesuando 10 B2
Kargowa 71 C3
Kårhamn 5 C1/2
Karhe 24 B1

Karhila 21 C3
Karhujärvi 13 C3
Karhukangas 18 A/B3
Karhula 26 B2
Karhulankylä 21 C3
Karhunkierros 13 C3, 19 D1
Karhunoja 24 B2
Karhunpesäkivi 6 B3
Kariá 143 D2/3
Kariá 146 A1
Kariá 147 C3
Kariaí 144 B2
Kariaí 147 C3
Karianí 144 B1/2
Karigasniemi 5 D3, 6 A/B3, 11 D1
Karihaug 9 C2
Karijoki 20 A3
Karilanmaa 25 D1, 26 A1
Karinainen 24 B2
Käringön 44 B3
Karinkanta 18 A2
Karinusbua 38 A/B1
Karis 25 C3
Karise 50 A3, 53 D1
Karitena 146 B3
Karítsa 143 D3, 144 A3
Karjaa 25 C3
Karjala 24 A/B2
Karjalaisenniemi 13 C3, 19 C1
Karjalohja 25 C3
Karjanlahti 20 B2
Kärjenkoski 20 A3
Kärjenniemi 25 C1
Karjula 25 C1
Kärkäjoki 12 B2
Karkalmpi 25 D1, 26 A1
Karkaloú 146 B3, 148 B2
Kärkiskylä 18 A3, 21 C1
Kärkkäälä 21 D3, 22 A3
Karkkila 25 C2
Karkku 24 B1
Kärkölä 25 C2
Kärkölä 25 D2, 26 A2
Karl-Marx-Stadt (Chemnitz) 82 B2
Karlå 20 A3
Karlby 24 A3, 41 D3
Karlebotn 7 C2
Karleby 20 B1
Karlholmsbruck 40 B2
Karlobag 130 B2
Karlovac 127 C3, 131 C1
Karlovásion 149 C/D2
Karlovčić 133 D1, 134 A1
Karlovo 140 B2/3
Karlovy Vary 82 B2/3
Karlsbäck 31 C2
Karlsbad-Langensteinbach 90 B1/2
Karlsberg 39 D1
Karlsborg 46 A2
Karlsborg 17 C2/3
Karlsby 46 A2
Karlsfeld 92 A2
Karlshamn 51 C2, 72 A/B1
Karlshausen 79 D3
Karlshöfen 68 A1
Karlshuld 92 A2
Karlskoga 46 A1
Karlskron 92 A2
Karlskron-Pobenhausen 92 A2
Karlskrona 51 C2, 72 B1
Karlslunde Strand 49 D3, 50 A3, 53 D1
Karlsøy 4 A/B2
Karlsro 16 B2
Karlsruhe 90 B1
Karlstad 45 D1
Karlstadt 4 A3, 9 D1, 10 A1
Karlstadt 81 C3
Karlstadt-Wiesenfeld 81 C3
Karlstein 94 A1/2
Karlštejn 83 C/D3
Karlsten 15 D3
Karlstift 93 D2, 96 A2
Karmacs 128 A1
Karmanovo 75 D1/2
Karmansbo 39 D3, 46 B1
Kärnä 21 D2, 22 A2

Kärnä 21 C2
Kårnare 140 B2
Karnevaara 11 C3
Karnin 70 B1
Karnobat 141 C2/3
Kororo 126 A/B3
Karow 69 D1
Kärpänkylä 19 D1
Karpenísion 146 B1
Karperón 143 C2/3
Kärra 49 D1, 50 A1
Karrantza 153 C1
Kärrbo 40 A3, 47 C1
Karrebæksminde 53 D1/2
Kärrgruvan 39 D3, 40 A3
Karsaikkovvara 22 B1
Kärsämä 18 B3
Kärsämäki 21 D1, 22 A1
Karsanlahti 22 B2
Kársava 74 A/B1
Karsbo 51 C/D2
Karsikas 21 D1, 22 A1
Karsko 71 C2
Kårsta 40 B3, 47 D1
Karstädt 69 D1/2
Kårstø 42 A2
Karstorp 51 C2
Karstula 21 C2
Karsvall 39 D1
Kartal 141 D3, 149 D1
Kartavoll 42 A3
Kårtjevuolle 9 D3
Karttula 22 B2
Kartuzy 72 B2
Karuna 24 B3
Karungi 17 D2, 18 A1
Karunki 17 D2, 18 A1
Karup 48 B2
Karvala 21 C2
Kärväskylä 21 D2, 22 A2
Kårvatn 32 B2
Karvia 20 B3
Karvik 4 B2, 9 D1
Karvik 4 B2
Karvila 23 C3
Karvio 23 C3
Karvoskylä 21 C/D1, 22 A1
Karvsor 20 B2
Kås 48 B1
Kasaböle 20 A3, 24 A1
Kasala 20 A3, 24 A1
Käsatakka 9 C3
Kåseberga 50 B3
Kasejovice 83 C3, 93 C1
Kasendorf 82 A3
Kasfjord 9 C1/2
Kašin 75 D1
Kašina 127 D2/3
Kasiniemi 25 C1, 26 A1
Kaskei 27 C2
Kasker 15 D2
Kaskii 27 C1
Kaskinen 20 A3
Kaskö 20 A3
Käsmä 19 C/D1
Kasnäs 24 B3
Káspakas 145 C3
Kasperki 95 D1
Kašperské Hory 93 C1
Kassa 12 A2, 17 D1
Kassel 81 C1
Kässijärvi 7 C3
Kassiópi 142 A3
Kassiterá 145 D1
Kassope 146 A1
Kastanéa 146 B2, 148 B2
Kastanéa 148 B2
Kastanéa 143 C3, 146 B1, 148 A/B1
Kastanéa 143 C/D2
Kastaní 142 B3
Kastav 185 B3, 130 A1
Kaštel Stari 131 C3
Kastelholm 41 C/D2/3
Kastellaun 80 A3
Kastélyosdombó 128 A/B2/3
Kasterlee 79 C1
Kastl 92 A1
Kastlösa 51 D2
Kastorf 53 C3, 69 C1
Kästorf (Gifhorn) 69 C2

Kastoría 140 A3, 143 C2, 148 A1
Kastórion 146 B3
Kastrákion 147 C2
Kástron 147 C2
Kástron 144 A3, 147 D1
Kástron tís Oréas 143 D3
Kastrup 49 D3, 50 A3, 53 D1
Kasukkala 27 C2
Kaszczor 71 C/D3
Katafa 127 D1, 128 A1
Katajamäki 23 C1/2
Katajamäki 22 B3
Katajamäki 22 B2
Katákolon 146 A3, 148 A/B2
Kataloinen 25 C/D2, 26 A2
Katápola 149 C2/3
Kåtaselet 16 A/B3
Katavothra 143 C3, 146 A1
Katelbogen 53 D3, 69 D1
Kateríni 143 D2
Katerma 19 D2/3, 23 D1
Katholm 49 C2
Katinhäntä 24 A2
Kätkäsuvanto 11 C2/3
Kätkävaara 12 A3, 17 D2, 18 A1
Kätkesuando 11 C2/3
Katlanovo 139 C2
Katlanovska Banja 139 C2
Káto Achaïa 146 A/B2, 148 A/B2
Kató Alepochórion 147 C2
Káto Alepochórion 143 D3
Káto Almirí 147 C2/3
Káto Drosíni 145 D1
Káto Figália 146 B3
Káto Gotzéa 144 A3, 147 C1
Káto Klinaí 143 C1
Káto Makrinou 146 B2
Káto Nevrokópion 140 B3, 144 B1
Káto Orfaná 143 D3
Káto Tithoréa 147 C1/2
Katochí 146 A2
Katoúna 146 A1
Katovice 93 C1
Katowice 96 B1/2
Katrineberg 40 A1/2
Katrineholm 46 B1/2
Kats 66 A3, 78 B1
Katsikás 142 B3
Kattarp 49 D3, 50 A2
Kättbo Norra 39 C2
Kattelus 21 C3
Katthammarsvik 47 D3, 47 D3
Kattila-aho 23 D3
Kattilainen 26 B2
Kattilanmäki 23 C3
Kattilasaari 17 D2
Kattisavan 30 B1
Kattisberg 31 C1
Kattisträsk 31 C1
Katunci 139 D3, 144 A1
Katusice 83 D2
Katwijk 66 A3
Katymár 129 C2
Katzelsdorf 94 B2
Katzenelnbogen 80 B2/3
Katzhütte 81 D2, 82 A2
Katzweiler 80 B3, 90 A1
Kaub 80 B3
Kaufbeuren 91 D3
Kaufbeuren-Neugablonz 91 D3
Kaufering 91 D2/3
Kaufungen 81 C1
Kauhajärvi 21 C2
Kauhajärvi 20 B3
Kauhajoki 20 B3
Kauhava 20 B2
Kaukalampi 25 D2, 26 A2
Kauklahti 25 C3
Kaukola 20 B3
Kaukola 24 B3
Kaukonen 11 D3, 12 A2
Kaukuri 24 B3
Kaulinranta 12 A3, 17 D2
Kaulio 26 B2
Kaulsdorf 82 A2
Kaunas 73 D2, 74 A2

Kauniainen 25 C3
Kaunisjoensuu 12 A2, 17 D1
Kaunissaari 26 B3
Kaunisvaara 11 C3, 12 A2, 17 C/D1
Kaupanger 36 B2
Kauppila 20 A/B3
Kauppila 22 B3
Kauppilanmäki 22 B1
Kaurajärvi 20 B2
Kaurissalo 24 A2, 41 D2
Kauronkylä 19 D2/3
Kausala 25 D2, 26 B2
Kaušany 99 C3, 141 D1
Kaustby 21 C1
Kaustinen 21 C1
Kautokeino 5 C3, 11 C1
Kauttua 24 A/B2
Kautzen 94 A1
Kavadarci 139 C3, 140 A/B3, 143 C1
Kavajä 137 D3, 142 A1
Kavak 141 C3, 149 C/D1
Kavála 140 B3, 144 B1, 149 C1
Kavarna 141 D2
Kavlerud 38 B2
Kävlinge 50 A3
Kávos 142 A/B3
Kawcze 71 D3
Kawnonsaha 21 D2, 22 A2
Kaxås 29 C3, 34 B1
Kaxholmen 45 D3, 46 A3
Käylä 13 C3, 19 D1
Käymäjärvi 11 C3, 17 C1
Kayna 82 B1/2
Käyrämö 12 B2
Käyrämö 12 B3
Kaysersberg 89 D2, 90 A2/3
Kazanci 131 C/D2/3
Kažani 138 B3, 142 B1
Kazanlâk 141 C2/3
Kazatin 99 C2
Kazincbarcika 97 C2/3
Kaźmierz 71 D2
Kbely 83 D2/3
Kéa 149 C2
Kebnekaise fjällstation 9 D3, 10 A3
Kecel 129 C2
Kecskemét 97 C3, 129 C/D1
Kédainiai 73 D2, 74 A2
Kédros 143 C/D3, 146 B1
Kedzierzyn-Koźle 96 B1/2
Kefalárion 147 C2
Kefalárion 147 C3
Kéfalos 149 D2/3
Kefenrod 81 C2
Kefermarkt 93 D2
Kehl 90 A/B2
Kehl-Bodersweier 90 A/B2
Kehl-Goldscheuer 90 A/B2
Kehnert 69 D3
Kehrig 80 A2/3
Kehrigk 70 B3
Kehro 24 B2
Keighley 61 C2
Keihärinkoski 21 D2, 22 A2
Keihäskoski 24 B2
Keikyä 24 B1
Keills 56 A1/2
Keimola 25 C3, 26 A3
Keinäsperä 18 B2
Keipene 73 D1, 74 A1
Keisala 21 C2
Keisanmäki 26 B2
Keistiö 24 A2/3, 41 D2
Keitele 21 D2, 22 A/B2
Keitelepohja 21 D2, 22 A2
Keith 54 B2
Kekäleniemi 27 C/D1
Kekkilä 21 D2, 22 A2/3
Kelankylä 18 B1
Kelberg 80 A2
Kelbra 81 D1, 82 A1
Kelč 95 C1
Kelchsau 92 B3, 107 C/D1
Kělcyra 140 A3, 142 A/B2, 148 A1
Keléd 128 A1

Kelevíz 128 A2
Kelheim 92 A/B1
Kelheim-Weilenburg 92 A1/2
Keljonkangas 21 D3, 22 A3
Kelkheim 80 B3
Kelkkala 24 B3
Kell 80 A3
Kella 81 D1
Kélla 143 C1/2
Kellahti 24 A1
Kellarpelto 27 C1
Kellenhusen 53 C3
Kellinghusen 52 B3
Kellmünz 91 D2/3
Kello 18 A/B2
Kellokoski 25 C/D2, 26 A2
Kelloniemi 12 B3
Kelloselkä 13 C3
Kelmė 73 C/D1/2
Kelontekemä 11 D3, 12 A/B2
Kelottijärvi 10 B2
Kelso 57 C/D2
Kelsterbach 80 B3
Keltiäinen 25 C2
Keltti 26 B2
Kelujärvi 12 B2
Kelvä 23 D2
Kelvedon 65 C2/3
Kemberg 69 D3, 70 A3, 82 B1
Kembs 90 A3
Kemence 95 D2/3
Kemeneshőgyész 95 C3, 128 A1
Kemer 149 D2
Kémes 128 B3
Kemi 17 D3, 18 A1
Kemihaaran rajavartioasema 13 C1
Kemijärvi 12 B3
Kemilä 19 D1
Kemin maalaiskunta 17 D2/3, 18 A1
Keminvaara 19 C2
Kemiö 24 B3
Kemnath 82 A/B3
Kemnath 92 B1
Kempele 18 A/B2
Kempen-Hülsd 79 D1, 80 A1
Kempen-Niederrhein 79 D1
Kempenich 80 A2
Kempfeld-Katzenloch 80 A3
Kempten 91 D3
Kempten-Sankt Mang 91 D3
Kemptthal 90 B3, 105 D1
Kendal 54 B3, 59 D1, 60 B1/2
Kenderes 129 D1
Kendrikón 139 D3, 143 D1, 144 A1
Kéndron 146 A/B2
Kenespahta 6 B2
Kengis 17 C/D1
Kengyel 129 D1
Kenilworth 64 A2
Kenmare 55 C3
Kenmore 54 B2, 56 B1
Kenraalinkylä 23 D3
Kentford 65 C2
Kenton 63 C3, 63 C2
Kenzingen 90 A/B2
Kepno 96 B1
Kepsut 149 D1
Keramídion 143 D3, 144 A3
Keramítsa 142 B3
Keramotí 145 C1
Keräntöjärvi 11 C3
Keräs-Sieppi 11 C2/3, 12 A1
Keraséa 143 C2
Kerasóna 142 B3, 146 A1
Keratéa 147 D2/3
Kerava 25 D2/3, 26 A3
Kérazan 84 A2/3
Kerdílion Óros 144 A/B1
Kerekegyháza 129 C1
Kerepes 95 D3
Kerimäki 27 C/D1
Keriniemi 27 C1
Kériolet 84 B2/3
Keríon 146 A3, 148 A2
Kerisalo 22 B3

Kerjean 84 A1/2
Kerken-Nieukerk 79 D1
Kerkétion Óros 143 C3
Kerkhove 78 A/B2
Kerkineon 143 D3, 144 A3
Kerkini 139 D3, 143 D1, 144 A1
Kérkira 142 A3, 148 A1
Kerkkoo 25 D2/3, 26 A2/3
Kerkola 24 B2
Kerkonkoski 22 B2/3
Kerkrade 79 D2
Kerma 23 C3
Kermaria 85 C1/2
Kernascléden 84 B2
Kernhof 94 A3
Kerns 105 C1
Kernuz 84 A2/3
Kerpen 79 D2, 80 A2
Kerpen-Blatzheim 79 D2, 80 A2
Kerpen-Türnich 79 D2, 80 A2
Kershopefoot 57 C3, 60 B1
Kersilö 12 B2
Kerta 128 A1
Kerteminde 49 C3, 53 C1
Kértezi 146 B2
Kerttuankylä 20 B2
Kervo 25 D2/3, 26 A3
Kesälahti 27 D1
Keşan 141 C3, 145 D3, 149 C/D1
Kesäranta 27 C1
Kesariani 147 D2
Keselyûs 129 C2
Kesilö 25 D1, 26 A/B1
Keski-Posio 19 C1
Keskijärvi 23 D3
Keskikylä 18 A2/3
Keskikylä 21 C2
Keskikylä 20 B3
Keskikylä 18 B3
Keskikylä 18 A3
Keskinen 19 D2/3
Keskipiiri 18 A/B2
Kesova Gora 75 D1
Kesseli 23 D1
Kestanbol 145 D3
Kesti 20 A/B3
Kestilä 18 B3
Kestilä 18 A/B2
Keswick 54 B3, 57 C3, 60 A/B1
Keszeg 95 D3
Keszthely 96 B3, 128 A1/2
Ketomella 11 C2, 12 A1
Keträvaara 19 D2
Kętrzyn (Rastenburg) 73 C2
Ketsch 90 B1
Kettering 64 B2
Kettershausen 91 D2
Kettlewell 59 D1, 60 B2
Kéty 128 B2
Ketzin 70 A2
Keula 81 D1
Keuruu 21 C3
Keväjärvi 6 B3, 13 C1
Kevelaer 79 D1
Kevelaer-Winnekendonk 67 C3, 79 D1
Kevi 129 D3
Kevo 6 B2
Keynsham 63 D2, 63 D1
Keyritty 23 C2
Kežmarok 97 C2
Khić 134 A/B2/3
Kianí 145 D1
Kiannanniemi 19 D2
Kiáton 147 C2, 148 B2
Kibæk 48 A3
Kiberg 7 D1/2
Kičevo 138 B3, 140 A3, 142 B1
Kidderminster 59 D3, 64 A2
Kidlington 64 A/B2/3
Kidwelly 62 B1
Kiefersfelden 92 B3
Kiehtäjä 19 C2
Kiekinkoski 19 D3, 23 D1
Kieksiäisvaara 17 C/D1
Kiel 52 B2/3

Kielce 97 C1
Kielder 57 C2/3
Kienberg 92 B2/3
Kienitz 70 B2
Kiental 105 C2
Kieri 17 D2
Kierinki 12 A/B2
Kierspe 80 A/B1
Kierun 15 C/D1
Kiesen 105 C1
Kiesilä 26 B1
Kiesima 22 B2
Kietävälä 27 C1
Kietävälä 27 C1
Kietz 70 B2
Kifíno Selo 132 B3, 137 C1
Kifisiá 147 D2, 148 B2
Kifísos 147 C2, 148 B2
Kifjord 6 B1
Kihlanki 11 C3, 12 A2
Kihniö 20 B3
Kihniön asema 20 B3
Kiikala 25 C2/3
Kiikka 24 B1
Kiikoinen 24 B1
Kiilisjärvi 17 C2
Kiilopään-Eräkeskus 12 B1
Kiimavaara 19 D2/3
Kiiminki 18 B2
Kiiskilä 21 C1
Kiiskilä 27 C1
Kiistala 11 D3, 12 A1/2
Kijev 99 C/D1
Kijevo 132 B3
Kijevo 131 C2/3
Kijevo 138 A/B1/2
Kikasjärvi 17 C/D2
Kikinda 129 D3, 140 A1
Kikorze 71 C1
Kil 45 D1
Kil 46 A1
Kil 43 C/D2, 44 A2
Kila 45 C1
Kila 46 B2
Kila Kiila 24 B3
Kilafors 40 A1
Kilane 43 C/D2, 44 A1/2
Kilás 147 C3
Kilb 94 A2/3
Kilberget 16 B3
Kilberry 56 A2
Kilboghamn 14 A/B2
Kilbotn 9 C2
Kilcreggan 56 B1/2
Kilcullen 55 D2/3
Kile 44 B2
Kilebygd 43 D2, 44 A1
Kilen 43 C2
Kilija 141 D1
Kilkee 55 C3
Kilkeel 58 A1
Kilkenny 55 C/D3
Kilkinkylä 26 B1
Kilkís 143 D1, 144 A1
Kilkís 143 D1, 144 A1
Killarney 55 C3
Killearn 56 B1
Killeberg 50 B2
Killin 56 B1
Killiney 58 A2
Killingi 10 A3
Killíni 146 A2
Killinkoski 21 C3
Killnick 58 A3
Killorglin 55 C3
Killough 58 A1
Killyleagh 56 A3, 58 A1
Kilmacolm 56 B2
Kilmaluag 54 A2
Kilmarnock 54 A/B3, 55 D1, 56 B2
Kilmartin 56 A1
Kilmelford 56 A1
Kilmory 56 A1/2
Kilninver 56 A1
Kilpisjärvi 4 B3, 10 B1
Kilpua 18 A3
Kilsmo 46 B1
Kilsyth 56 B1/2
Kilvakkala 24 B1

Kilvenaapa 12 B3, 18 B1
Kilvo 16 B1
Kilwinning 56 B2
Kimbolton 64 B2
Kími 147 D1/2, 149 C2
Kiminki 21 C2
Kimito 24 B3
Kimméria 145 C1
Kimola 25 D2, 26 B2
Kimonkylä 25 D2, 26 A/B2
Kimry 75 D1
Kimstad 46 B2
Kinahmo 23 C/D2
Kincardine on Forth 57 C1
Kindberg 94 A3
Kindelbrück 82 A1
Kinderåsen 34 B2
Kinding 92 A1
Kinéta 147 C/D2
Kineton 64 A/B2
King's Lynn 65 C1
Kingarth 56 A/B2
Kings Thorn 63 D1
Kingsbarn 57 C1
Kingsberg 40 A2
Kingsbridge 63 C3, 63 C2
Kingsclere 64 B3, 76 A1
Kingston 64 B3, 76 B1
Kingston upon Hull 61 D2
Kingswear 63 C3, 63 C2
Kington 59 C3, 63 C/D1
Kinisjärvi 12 A2, 17 D1
Kinkton 56 A1
Kinloch 54 A2, 55 D1
Kinloch Rannoch 54 A/B2, 55 D1, 56 B1
Kinlochleven 54 A2, 55 D1, 56 A/B1
Kinn 37 D3, 38 A2
Kinn 9 C1
Kinna 45 C3, 49 D1, 50 A1, 72 A1
Kinna-Skene 49 D1, 50 A1, 72 A1
Kinnared 50 A1
Kinnarp 45 D3
Kinnbäck 31 D1
Kinnegad 55 D2
Kinni 26 B1
Kinnula 21 C/D2
Kinnulanlahti 22 B2
Kinrooi-Kessenich 79 C/D1
Kinross 57 C1
Kinsale 55 C3
Kinsarvik 36 B3
Kintaus 21 D3, 22 A3
Kintus 24 B1
Kiónion 146 A2
Kiosque 155 C2
Kiparissía 146 B3
Kipárissos 143 D3
Kipfenberg 92 A1
Kípi 142 B3
Kipiná 18 B2
Kipourión 143 C2/3
Kippel 105 C2
Kippford 56 B3, 60 A1
Kippinge 53 D2
Kirakka-Olli 7 C2
Kirakkajärvi 7 C2
Kirakkakóngäs 6 B3
Kirazl 149 C/D1
Kirbymoorside 61 C2
Kirchardt 91 C1
Kirchbach 126 A1/2
Kirchbach in Steiermark 127 C/D1
Kirchberg 82 B2
Kirchberg 91 C/D1
Kirchberg 80 A3
Kirchberg 105 C1
Kirchberg am Wagram 94 A2
Kirchberg am Walde 93 D2, 94 A2
Kirchberg am Wechsel 94 A3
Kirchberg an der Pielach 94 A2/3
Kirchberg an der Raab 127 C/D1
Kirchberg in Tirol 92 B3, 107 D1

Kirchberg (Regen) 93 C1/2
Kirchdorf 53 C3
Kirchdorf 68 A2
Kirchdorf 92 B2
Kirchdorf 94 A3, 127 C1
Kirchdorf an der Krems 93 C/D3, 96 A3
Kirchdorf (Freising) 92 A2
Kirchdorf im Wald 93 C1
Kirchehrenbach 82 A3
Kirchen-Sieg 80 B2
Kirchendemenreuth 82 B3
Kirchenlamitz 82 A/B3
Kirchenthumbach 82 A3
Kirchhain 81 C2
Kirchheilingen 81 D1
Kirchheim 91 C1
Kirchheim 81 C3
Kirchheim (Hersfeld) 81 C2
Kirchheim im Innkreis 93 C2
Kirchheim unter Teck 91 C2
Kirchhundem 80 B1
Kirchhundem-Oberhundem 80 B1
Kirchhundem-Rahrbach 80 B1/2
Kirchlauter 81 D3
Kirchlinteln 68 A/B2
Kirchlinteln-Sehlingen 68 B2
Kirchroth 92 B1
Kirchschlag in der Buckligen Welt 94 B3
Kirchweidach 92 B2/3
Kirchzarten 90 B3
Kircubbin 56 A3, 58 A/B1
Kiriákion 147 C2
Kirjais 24 A/B3
Kirjakkala 24 B3
Kirjala 24 B2/3
Kirk Michael 58 B1
Kırkağaç 149 D1/2
Kirkbride 57 C3, 60 A/B1
Kirkby in Ashfield 61 C3, 64 B1
Kirkby Lonsdale 59 D1, 60 B2
Kirkby Stephen 57 C/D3, 59 D1, 60 B1
Kirkcaldy 54 B2, 57 C1
Kirkcambeck 57 C3, 60 B1
Kirkcolm 56 A/B3
Kirkconnel 56 B2
Kirkcowan 56 B3
Kirkcudbright 56 B3, 60 A1
Kirke Hvalsø 49 D3, 53 D1
Kirkeby 28 B3, 33 D1
Kirkeby 52 A1/2
Kirkehamn 42 B3
Kirkehavn 53 C1/2
Kirkenær 38 B2
Kirkenes (Kirkkoniemi) 7 C2
Kirkham 59 D1/2, 60 B2
Kirki 145 D1
Kirkintilloch 56 B1/2
Kirkkonummi 25 C3
Kirkkopahta 11 C3
Kirklareli 141 C2
Kirkmichael 57 C1
Kirknesvågen 28 B2, 33 D1
Kirkoswald 57 C3, 60 B1
Kirkpatrick 57 C3, 60 A/B1
Kirkton 57 C2
Kirkton of Largo 57 C1
Kirkvollen 33 D2
Kirkwall 54 B1
Kirkwhelpington 57 D2/3, 61 C1
Kirn 80 A3
Kirnicki 141 D1
Kirnujärvi 17 C1
Kirov 75 C/D2
Kirovograd 99 D2
Kirra 147 C2
Kirriemuir 57 C1
Kirton in Lindsey 61 D3
Kirtorf 81 C2
Kiruna 10 A3
Kiruna-Tuolluvaara 10 A/B3
Kisa 46 B3, 72 A1
Kisbér 95 C3, 96 B3, 128 B1
Kisela Voda 138 B2
Kiseljak 132 B2

Kiseljak 133 C2
Kishajmás 128 B2
Kisiljevo 134 B1/2
Kišin'ov 99 C3
Kiskassa 128 B2/3
Kisko 24 B3
Kiskomárom 128 A2
Kisköre 129 D1
Kiskőrös 97 C3, 129 C2
Kiskundorozsma 129 D2
Kiskunfélegyháza 97 C3, 129 D2
Kiskunhalas 97 C3, 129 C2
Kiskunlacháza 129 C1
Kiskunmajsa 97 C3, 129 C/D2
Kismaros 95 D3
Kisoroszi 95 D3
Kissakoski 26 B1
Kissala 27 D1
Kissanlahti 23 C1/2
Kisslegg 91 C3
Kisslegg-Waltershofen 91 C3
Kistanje 131 C2
Kistelek 129 D2
Kisterenye 97 C3
Kistrand 5 D2, 6 A1
Kisújszállás 97 C3
Kisurisstugan 9 C/D3
Kisvárda 97 C/D2/3, 98 A2
Kiszkowo 71 D2
Kiszombor 129 D2
Kitee 23 D3
Kiteenlahti 23 D3
Kitinoja 20 B2
Kitka 13 C3, 19 C/D1
Kitkiöjärvi 11 C3
Kitkiojoki 11 C3
Kitrinópetras 145 D1
Kítros 143 D2
Kitsi 23 D2
Kittelfjäll 15 C3, 29 D1
Kittilä 11 D3, 12 A2
Kittlitz 83 D1
Kittsee 94 B2/3
Kitula 25 C3
Kituperä 18 B3, 21 D1, 22 B1
Kitzingen 81 D3
Kitzscher 82 B1
Kiukainen 24 A/B1/2
Kiuruvesi 22 B1
Kiutaköngäs 13 C3
Kivarinjärvi 19 C2
Kivercy 98 B1
Kivérion 147 C2
Kivesjärvi 19 C2/3
Kiveslahti 19 C2/3
Kivijärvi 21 C/D2, 22 A2
Kivijärvi 18 B2
Kivik 50 B3, 72 A1/2
Kivikangas 21 C2
Kivikylä 24 A2
Kivilahti 23 D2
Kivilompolo 12 A3, 17 D2
Kiviniemi 26 B2/3
Kivipaja 27 C1
Kiviperä 19 D1
Kivipirtti 12 A3, 17 D2
Kiviranta 19 D1
Kivisuo 25 D1, 26 A1
Kivivaara 23 D1
Kivivaara 19 C2
Kivivaara 23 D3
Kivotós 143 C2
Kjækan 5 C2/3
Kjårnes 9 C2/3
Kjeldebotn 9 C2
Kjeldøiu 36 B3
Kjellerup 48 B2
Kjengsnes 9 C2
Kjennsvasshytta 14 B2
Kjerrengvoll 33 D2
Kjerret 38 B3
Kjerringøy 8 B3
Kjerringvåg 32 B1
Kjerringvik 28 B2/3, 33 D1
Kjerringvik 9 C2
Kjerringvik 43 D2, 44 A/B1/2
Kjerstad 32 A2
Kjerstivika 28 B2
Kjevik 43 C3

Kjevik 43 C3
Kjølen 44 B1
Kjøli turisthytte 33 D2
Kjøllefjord 6 B1
Kjølsdal 36 A1
Kjølstad 28 B1
Kjoltan 15 C1
Kjøpmannskjer 43 D2, 44 B1
Kjøpsvik 9 C2/3
Kjørsvik 32 B1
Kjorvihytta 15 C1
Kjosen 43 C/D2, 44 A1
Kjul 14 A3
Kjustendil 139 C/D2,
　140 B2/3
Klåbu 28 B2
Kl'ačno 95 D1
Kladanj 132 B2
Kläden 69 C/D2
Klädesholmen 44 B3
Kladnica 133 D3, 134 A3
Kladnica 139 D1/2
Kladnice 131 C3
Kladno 83 C2/3, 96 A2
Kladovo 135 C/D2
Kladruby 82 B3
Klagenfurt 96 A3, 126 B2
Klågerup 50 A/B3
Klagshamn 50 A3
Klagstorp 50 A/B3
Klaipėda (Memel) 73 C1/2
Klamila 26 B2
Klampenborg 49 D3, 50 A3,
　53 D1
Klana 126 B3, 130 A1
Klanac 130 B1/2
Klanjec 127 C/D2
Klanxbüll 52 A2
Kläppe 29 D3, 34 B2
Kläppen 16 A3
Kläppsjö 30 B2, 35 D1
Kläppsjö 30 B2, 35 D1
Klarabro 38 B2
Klarup 48 B1/2
Klašnice 131 D1, 132 A1
Klášterec nad Ohří 83 C2
Kláštor pod Znievom 95 D1
Klatovy 93 C1, 96 A2
Klaukkala 25 C3
Klaus an der Pyhrnbahn
　93 C/D3
Klausen-Leopoldsdorf
　94 A/B2/3
Klauvnes 4 B2
Klazienaveen 67 C2
Kleemola 21 C1
Klegod 48 A3
Klein Bademeusel 70 B3,
　83 D1
Klein Berssen 67 D2
Klein-Koschen 83 C1
Klein Lüben 69 D2
Klein-Machnow 70 A2/3
Klein-Muckrow 70 B3
Klein-Mühlingen 69 D3
Klein Oschersleben 69 C3
Kleinarl 126 A1
Kleinau 69 C2
Kleingiesshübel 82 A2
Kleinglödnitz 126 B1
Kleinhaugsdorf 94 A/B2
Kleinkrausnik 70 A3, 83 C1
Kleinmünchen 93 D2
Kleinpaschleben 69 D3
Kleinrinderfeld 81 C3
Kleinsaubernitz 83 D1
Kleinwelka 83 D1
Kleinwusterwitz 69 D2
Kleiv 37 C/D3
Kleiva 8 B2
Kleive 32 A/B2
Kleivegrend 43 C2
Klek 129 D3, 133 D1, 134 A1
Klek 136 B1
Klemensker 51 D3
Klemetinvaara 19 C2/3
Klemetsrud 38 A3
Klemetstad 5 D2, 6 A2
Klenak 133 C/D1, 134 A1
Klenčí pod Čerchovem 92 B1
Klenica 71 C3

Klenike 139 C2
Klenovica 130 B1
Klepci 132 A/B3, 136 B1
Klepp 42 A2
Kleppen 28 B2/3, 33 D1,
　34 A1
Kleppestø 36 A3
Kleptow 70 B1
Kletn'a 75 C3
Klettbach 82 A2
Klettgau-Bühl 90 B3
Klettgau-Erzingen 90 B3
Klettwitz 83 C1
Klevar 43 D1, 44 A/B1
Kleve 67 C3
Klevshult 50 B1
Kličev 74 B3
Kličevac 134 B1
Kliening 127 C1
Klietz 69 D2
Klimatiá 142 B3
Kliment 141 C2
Klimoviči 75 C2/3
Klimovo 75 C3
Klimpfjäll 14 B3, 29 D1
Klin 75 D1
Klina 138 A/B1/2
Klinča Selo 127 C/D3
Klincy 75 C3
Klinga 28 B2
Klingenberg 9 C3
Klingenmünster 90 B1
Klingenthal 82 B2
Klintebjerg 49 C3, 53 C1
Klintehamn 47 D3, 47 D3,
　72 B1
Klintholm 53 D2
Kliplev 52 B2
Klippan 50 A2, 72 A1
Klippen 15 C2
Klis 131 C3
Klisoúra 143 C2
Klisoúra 142 B3, 148 A1
Klisura 139 C1
Klisura 139 D2
Klitmøller 48 A1
Klitten 39 C1
Klitten 83 D1
Kljaci 131 C3
Kljajićevo 129 C3
Kljake 131 C3
Kljasticy 74 B1/2
Ključ 131 D2, 132 A2
Klobouky 94 B1
Kłobuck 96 B1
Kłobuczyn 71 C3
Klobuk 131 D3, 132 A3,
　136 B1
Klockarberg 39 D2
Klockow 70 A1
Klockow 70 A/B1
Klockrike 46 A/B2
Kłoden 70 A3, 82 B1
Kłodzko (Glatz) 96 B1/2
Kløfta 38 A3
Klokkarstua 38 A3, 43 D1,
　44 B1
Klokkarvik 36 A3, 42 A1
Klokočevac 135 C2
Klokočevci 128 B3
Klokočov 95 D1
Kloosterburen 67 C1
Kloosterhaar 67 C2
Kloosterzande 78 B1
Kłopot 70 B3
Klos 138 A3, 142 A1
Klöse 31 C2
Kloštar 128 A2/3
Kloštar Ivanić 127 D3
Kloster-Birnau 91 C3
Kloster Sankt Trudpert
　90 A/B3
Kloster Zinna 70 A3
Klosterfelde 70 A2
Klostermansfeld 82 A1
Klosterneuburg 94 B2
Klosterreichenbach 90 B2
Klosters 106 A/B1
Kloten 39 D3
Kloten 90 B3, 105 D1

Klotten 80 A2/3
Klötze 69 C2
Klovborg 48 B3, 52 B1
Kløven 32 B1
Klöverfors 16 B3, 31 D1
Klöverträsk 16 B3
Klöveskog 45 C2
Kløvfors 14 B3
Klövsjö 34 B2/3
Klubbfors 16 B3
Klubbukt 5 C/D1/2, 6 A1
Kluckshåckren 29 C3,
　34 A/B2
Kluczbork 96 B1
Kluczewo 71 C/D1
Kluess 53 D3, 69 D1
Klupe 132 A/B1/2
Klüsserath 80 A3
Klutmark 31 D1
Klütz 53 C3, 69 C1
Knaben gruver 42 B3
Knåda 39 D1, 40 A1
Knaften 31 C1
Knap-dale 56 A2
Knapstad 38 A3, 44 B1
Knäred 50 A/B2
Knaresborough 61 C2
Knarsdale 57 C/D3, 60 B1
Knarvik 36 A3
Knebel 49 C2/3
Kneippbyn 47 D3, 47 D2/3
Knetzgau 81 D3
Kneža 140 B2
Knežak 126 B3
Kneževi Vinogradi 129 C3,
　129 C3
Kneževo 128 B3
Knežina 133 C2, 133 C2
Kněžmost 83 D2
Knić 132 D2, 134 B2/3
Knićanin 133 D1, 134 A1
Knighton 59 C/D3, 63 C/D1
Knin 131 C2
Knislinge 50 B2
Knittelfeld 96 A3, 127 C1
Knittlingen 90 B1
Knivsta 40 B3, 47 C1
Knižecí Pláně 93 C1
Knjaževac 135 C3, 140 A/B2
Knokke-Heist 78 A1
Knoppe 35 D3
Knott End 59 C/D1, 60 B2
Knowle 64 A2
Knudshoved 53 D2
Knüllwald 81 C2
Knüllwald-Remsfeld 81 C1/2
Knutby 40 B3
Knuthenborg 53 C2
Knutsford 59 D2, 60 B3
Knutsvik 42 A2
Koarholanmäki 19 C2/3
Kobarid 126 A/B2
Kobbevåg 4 A3, 9 D1, 10 A1
Kobbfoss 7 C3
København 49 D3, 50 A3,
　53 D1, 72 A1/2
Kobenz 127 C1
Koberg 45 C3
Kobern-Gondorf 80 A2
Koblenz 80 A/B2
Koblenz 90 B3
Kobrin 73 D3, 74 A3, 97 D1,
　98 A/B1
Kobylanka 70 B1
Kočani 139 C2, 140 A/B3
Koceljevo 133 C/D2, 134 A2
Kočerin 131 D3, 132 A3
Kočerinovo 139 D2
Kočerov 99 C1
Kočevje 127 C3
Kočevska Reka 127 C3
Kochel 92 A3
Kochel-Walchensee 92 A3
Kočov 82 B3
Kocs 95 C/D3
Kocsér 129 D1
Kocsola 128 B2
Kodal 43 D2, 44 A1
Kodĕr-Shëngjergji 137 D2,
　138 A2
Kodesjärvi 20 B3

Kodiksalm 24 A/B2
Kodisjoki 24 A2
Koekange 67 C2
Köfering (Regensburg) 92 B1
Köflach 96 A3, 127 C1
Køge 49 D3, 50 A3, 53 D1,
　72 A2
Kogel 69 D1
Kohiseva 22 B3
Kohlberg 82 A/B3, 92 A/B1
Kohma 23 C2
Kohtavaara 23 C1/2
Koijärvi 25 C2
Koikkala 27 C1
Koikul 16 B2
Köinge 49 D1, 50 A1
Koirakoski 22 B1
Koiravaara 23 C1
Koisjärvi 25 C2/3
Koitila 19 C1
Koitsanlahti 27 D1
Koivio 21 C3, 25 C1
Koivistonkylä 21 D3, 22 A3
Koivu 18 A1
Koivula 13 C2
Koivulahti 20 A/B2
Koivumaa 12 A2/3, 17 D1
Koivumäki 23 C3
Koivumäki 21 C2
Koivumäki 22 B2
Koivuniemi 18 A/B1
Koivuniemi 23 C/D3
Koivuvaara 23 D2/3
Köjan 29 C3, 34 A2
Kojanlahti 23 C2/3
Kojetín 95 C1
Kojola 20 B2
Kojonperä 24 B2
Kojsko 126 A/B2
Kökar 24 A3, 41 D3
Kokašice 82 B3
Kokava nad Rimavicou 97 C2
Kokelv 5 D1, 6 A1
Kokemäki 24 B1/2
Kokheden 16 B2
Kokin Brod 133 D3, 134 A3
Kokkila 24 B3
Kokkila 25 C2
Kókkini Ekklisía 143 C3
Kokkiní Neró 143 D3,
　144 A3
Kokkinókastro 147 D1
Kokkinopilós 143 D2
Kokkokylä 18 B1
Kokkola 25 C1
Kokkola/karleby 20 B1
Kokkolahti 23 C1
Kokkoniemi 19 D2
Kokkosenlahti 26 B1
Kokkovaara 12 A2, 17 D1
Koklë 142 B1/2
Köklot 20 A2, 31 D3
Kokonvaara 23 C2
Kokořín 83 D2
Kokory 95 C1
Kokoti 137 D2
Kokra 126 B2
Kokseby 53 D2
Koksijde-Bad 78 A1
Kokträsk 16 A3
Köla 38 B3, 45 C1
Kola 131 D1/2, 132 A1
Kolan 130 B2
Kolari 12 A2, 17 D1
Kolari 134 B2
Kolarinsaari 11 C3, 12 A2
Kolárovo 95 C3, 96 B3
Kolåsen 29 C3, 34 A1
Kolašin 137 D1
Kolbäck 40 A3, 46 B1
Kołbaskowo 70 B1
Kolbermoor 92 B3
Kolbnitz 126 A1
Kolbu 38 A2
Kolby Kås 49 C3, 53 C1
Kolchikón 144 A1/2
Kołczewo 70 B1
Koldby 48 A2
Kolding 48 B3, 52 B1
Koler 16 B3
Kolerträsk 16 B3

Kölesd 128 B2
Kolho 21 C3
Koli 22 C2
Kolín 83 D3, 96 A2
Kolind 49 C2
Kolindrós 143 D2
Kolinec 93 C1
Kölingared 45 D3
Kolka 73 C/D1
Kolkanranta 27 C1
Kolkku 21 D2, 22 A2
Kolkonjärvi 19 C1
Kolkonpää 23 C3, 27 C1
Kolkontaipale 23 C3
Kolkwitz 70 B3, 83 C/D1
Kollaja 18 B2
Kölleda 82 A1
Kollerschlag 93 C2
Kollerud 38 B3
Kollínai 146 B3
Kollum 67 C1
Kolm-Saigurn 107 D1, 126 A1
Kolma 22 B3
Kölmjärv 17 C2
Köln 80 A2
Köln-Porz 80 A2
Köln-Rondorf 80 A2
Kolno 73 C/D3
Koło 72 B3, 96 B1
Kołobrzeg (Kolberg) 72 B2
Kolodistoje 99 C2
Kolomyja 97 D2, 98 B2
Kolonjë 142 A2
Koloveč 83 C3, 93 C1
Kolovrat 133 C3, 137 D1
Kólpos Antíkiras 147 C2
Kólpos Mirambéllou 149 C3
Kolppi 20 B1
Kolsätter 34 B3
Kölsjön 35 C3
Kolsko 71 C3
Kølstrup 53 C1
Kolsva 39 D3, 40 A3, 46 B1
Kolta 95 D2/3
Kolu 21 C2/3
Kolunić 131 C2
Kolvaa 24 B2
Kolvanan Uuro 23 D2
Kolvereid 28 B1
Kølvrå 48 B2
Komádi 97 C3
Komagfjord 5 C2, 6 A2
Komagvær 7 C/D1/2
Komariči 75 D3
Komarin 99 C/D1
Komárno 95 C3, 96 B3
Komárom 95 C3, 96 B3
Kombótion 146 A1
Komen 126 B3
Komi 24 B1
Komílion 146 A1
Komin 127 D2
Kominternovskoje 99 C/D3
Komiža 136 A1
Komjatice 95 C2
Komló 128 B2
Komlőd 95 C/D3
Kommelhaug 9 C2
Kommėnon 146 A1
Kommerniemi 27 C1
Komniná 143 C2
Komninón 143 C2
Komoran 138 B1/2
Komorniki 71 D2/3
Komossa 20 B2
Kompakka 23 D3
Kompelisvaara 17 C1
Kömpöc 129 D2
Komrat 99 C3, 141 D1
Komsomol'skoje 99 C2
Komu 21 D1, 22 A1
Komula 23 C1
Komulanköngäs 19 C2/3
Konak 134 B1
Konakovo 75 D1
Konarevo 133 D3, 134 A/B3
Konäs 29 C3, 34 A1
Končanica 128 A3
Kondiás 145 C2
Kondopoúli 145 C3
Kondovázena 146 B2/3

Kondrovo 75 D2
Koněprusy 83 C3
Køng 53 D2
Konga 51 C2
Köngäs 5 D3, 6 A/B3, 11 D1
Köngäs 11 D3, 12 A1/2
Köngäs 12 B3
Kongasmäki 19 C2/3
Kongensgruve 43 D1, 44 A1
Kongenshus Hede 48 B2
Kongensvoll 28 A3, 33 C1
Konginkangas 21 D2, 22 A2/3
Kongsberg 43 D1, 44 A1
Kongsbergseter 43 C1
Kongselva 8 B2
Kongsfjord 7 C1
Kongsli 4 A3, 10 A1
Kongsmoen 28 B1
Kongsness 36 A/B2
Kongsvinger 38 B3
Kongsvoll 33 C3, 37 D1
Koniarovce 95 C2
Königerode 82 A1
Königs-Wusterhausen 70 A3, 72 A3, 96 A1
Königsberg 81 D3
Königsbronn 91 C/D2
Königsbrück 83 C1
Königsbrunn 91 D2, 92 A2
Königsdorf 92 A3
Königsee 82 A2
Königsfeld im Schwarzwald 90 B2/3
Königshütte 69 C3, 81 D1
Königslutter 69 C3
Königsmoos-Wagenhofen 92 A2
Königstein 80 B2/3
Königstetten 94 A/B2
Königswartha 83 C/D1
Königswiesen 93 D2
Königswinter 80 A2
Königswinter-Oberpleis 80 A2
Konin 72 B3, 96 B1
Koningsbosch 79 D1
Konispoli 142 A/B3
Kónitsa 142 B2, 148 A1
Konjavo 139 D2
Konjevrate 131 C3
Konjic 132 B3
Konjsko 137 C1/2
Konken 80 A3, 90 A1
Könnern 69 D3, 82 A1
Konnersreuth 82 B3
Konnerud 43 D1, 44 A1
Konnevesi 21 D3, 22 A/B3
Könni 20 B2
Konnuslahti 22 B3
Könölä 17 D2, 18 A1
Konolfingen 105 C1
Konopiště 83 D3
Konopište 139 C3, 143 C/D1
Konotop 99 D1
Konotop 71 C3
Konotop 71 C1
Konradsreuth 82 A2/3
Końskie 97 C1
Konsko 139 C3, 143 D1
Konsmo 42 B3
Konstanz 91 C3
Konstanz-Dettingen 91 C3
Kontich 78 B1
Kontinjoki 19 C2/3, 22 B1
Kontiolahti 23 D2/3
Kontiomäki 19 C2/3
Kontiomäki 22 B3
Kontioranta 23 D2/3
Kontiovaara 23 D2
Kontiovaara 23 D2
Kontkala 23 C2/3
Kontojärvi 12 A3
Kontókalion 142 A3
Kontosjärvi 7 C3, 13 C1
Konttajärvi 12 A3, 17 D1
Konttila 18 B1
Konttimäki 21 C/D3, 22 A3
Konz 79 D3, 80 A3
Konzell 92 B1
Köörtilä 24 A1
Kopačevo 129 C3
Kopanica 71 C3

Kopardal 14 A2
Koparnes 36 A1
Koper 126 B3
Köpernitz 70 A2
Kopervik 42 A2
Kopidlno 83 D2
Kopilovci 135 D3
Köping 40 A3, 46 B1
Köpinge 50 B3
Köpingebro 50 B3
Köpingsvik 51 D1
Kopisto 18 A3
Kopliku 137 D2
Köpmanholmen 30 B3
Köpmannebro 45 C2
Koporice 134 B3, 138 B1
Koposperä 21 D1, 22 A1
Koppang 38 A1
Koppangen 4 B3
Kopparberg 39 D3
Koppelo 6 B3, 12 B1
Koppelo 23 C1
Kopperå 28 B3, 33 D1/2
Koppom 38 B3, 45 C1
Kopravaara 23 C/D2
Koprivlen 144 B1
Koprivna 132 B1
Koprivnica 135 C2
Koprivnica 96 B3, 128 A2
Koprivnice 95 C1
Koprivnik 127 C3
Kopsa 18 A3
Kopti 99 D1
Kor'ukovka 75 C3, 99 D1
Korače 132 B1
Korahosenniemi 19 C/D1
Koraj 133 C1
Korakiána 142 A3
Korapela 11 D3, 12 A1
Koravenkylä 21 C1
Korbach 81 C1
Korbevac 139 C1/2
Korbovo 135 C/D2
Korbulić 138 B2
Korça 140 A3, 142 B2, 148 A1
Korčula 136 B1
Korczyców 71 C3
Kordel 79 D3, 80 A3
Korec 98 B1
Korentokylä 19 C2
Korentovaara 23 D1
Kórfos 147 C2/3
Korgen 14 B2
Koria 26 B2
Koridallós 143 C3
Korifásion 146 B3
Korifí 143 C2
Korinth 53 C2, 53 C2
Kórinthos 147 C2, 148 B2
Kórinthos 147 C2
Koriseva 23 D2
Korisós 143 C2
Korita 136 B1
Korita 137 C1
Koríthion 146 A2
Koritnica 135 C3, 139 C1
Korjukovka 75 C3, 99 D1
Korkana 19 D2/3
Korkatti 18 A/B3, 21 D1, 22 A1
Korkea 19 D3, 23 D1
Korkeakangas 23 D3
Korkeakoski 25 C1
Korkeaoja 24 B1
Korkeela 25 C/D1, 26 A1
Korkeporten 5 D1, 6 A/B1
Korkiamaa 17 D2, 18 A1
Körle 81 C1
Körmend 96 B3, 127 D1
Kormu 25 C2
Kormu 18 B3
Korneuburg 94 B2
Kórnik 71 D3
Kornsjø 44 B2
Kornstad 32 A2
Kornwestheim 91 C1/2
Környe 95 C/D3
Koromačno 130 A1
Koróni 148 B2/3
Korónia 147 C2

Koronoúda 143 D1, 144 A1
Koronowo 72 B3
Koropíon 147 D2, 148 B2
Köröshegy 128 B1
Korospohja 25 D1, 26 A1
Korosten' 99 C1
Köröstetétlen 129 D1
Korostyšev 99 C1/2
Korouoma 19 C1
Korovatiči 74 B3, 99 C1
Körperich 79 D3
Korpi 21 C1
Korpi 24 A/B2
Korpi 24 B2
Korpijärvi 26 B1
Korpijoki 21 D1, 22 A/B1
Korpikå 17 C2
Korpikoski 26 B1
Korpilahti 21 D3, 22 A3
Korpilombolo 17 C1
Korpilompolo 12 A3, 17 D1
Korpimäki 23 C2
Korpinen 22 B2
Korpo 24 A3
Korpoström 24 A3
Korppinen 21 D2, 22 A2
Korppoo 24 A3
Kors 32 B3, 37 C1
Korså 40 A2
Korsbäck 20 A2, 31 D3
Korsberga 45 D2/3, 46 A2
Korsbyn 30 B2
Korsen 28 B2
Korsfjord 5 C2, 6 A2
Korshamn 42 B3
Korshavn 44 B1/2
Korsholm 20 A2
Korskrogen 39 D1
Korsmo 38 A/B3
Korsmyrbränna 29 D3, 35 C1/2
Korsmyrbränna 29 D3, 35 C1/2
Korsnäs 20 A2, 31 D3
Korsnäs 39 D2
Korsnes 9 C2
Korsö 24 A2/3, 41 D2
Korsør 53 C1
Korssjøen 33 D3
Korssjön 31 D1/2
Korsträsk 16 B3
Korsu 23 D1
Korsun'-Ševčenkovskij 99 D2
Korsveien 28 A3, 33 C2
Korsvoll 32 B2
Korte 21 C1
Kortejärvi 21 C2
Kortekangas 22 B1
Kortesalmi 25 D1, 26 B1
Kortesjärvi 20 B2
Kortevaara 19 D2/3, 23 D1
Kortgene 78 B1
Kortrijk 78 A2
Kortteinen 23 C2
Korvala 12 B3
Korvaluoma 20 B3, 24 B1
Korvanniemi 19 C2/3, 22 B1
Korvenkylä 18 B2
Korweiler 80 A3
Koryčany 94 B1
Korytnica-kúpele 95 D1
Kos 149 D2/3
Kosančić 139 C1
Košava 135 D2
Kösching 92 A1/2
Kościan 71 D3, 72 B3, 96 B1
Kościerzyna 72 B2
Kosel 138 B3, 142 B1
Košetice 83 D3, 93 D1, 94 A1
Košice 83 D3
Košice 97 C2
Kosieczyn 71 C3
Kosierz 71 C3
Kosjerić 133 D2, 134 A2, 140 A2
Koška 128 B3
Koskama 11 D3, 12 A/B2
Koskela 18 B3
Koskenjoki 21 D1, 22 B1
Koskenkorva 20 B2/3
Koskenkylä 25 D2, 26 A2/3

Koskenkylä 24 A/B2
Koskenkylä 25 C1/2
Koskenkylä 17 D2, 18 A1
Koskenlaskupaikka 19 D2/3, 23 C1
Koskenmäki 19 D2/3
Koskenmylly 25 D1, 26 A/B1
Koskenniska 6 B3, 11 D1/2
Koskenpää 21 C/D3, 22 A3
Koskenperä 21 C/D1, 22 A1
Koski 24 B2
Koski 24 B3
Koski 25 D2, 26 A2
Koski 25 C3
Koskimäki 20 B2/3
Koskue 20 B3
Koskullskulle 16 B1
Košljun 130 A/B1
Kosman 133 C3, 137 C1
Kosmás 147 C3
Kosmonosy 83 D2
Kosola 20 B2
Kosola 27 C/D1
Kosov 97 D2, 98 B2
Kosovo Polje 138 B1
Kosovrasti 138 A/B3
Kosovska Kamenica 138 B1/2
Kóspallag 95 D3
Kossdorf 83 C1
Kössen 92 B3
Kost 83 D2
Kost'ukoviči 75 C3
Kosta 51 C1/2, 72 A/B1
Kósta 147 C3
Kostajnica 127 D3, 131 C/D1
Košť'álkov 94 A1
Kostamo 12 B3
Kostanjevac 127 C3
Kostanjevica 127 C3
Kostebrau 83 C1
Kostelec 93 D1
Kostelec na Hané 94 B1
Kostelec nad Černými Lesy 83 D3
Kostelec nad Labem 83 D2/3
Kostenec 140 B3
Koštice 83 C2
Kostinbrod 139 D1
Kostojevići 133 C/D2, 134 A2
Kostolac 134 B1/2
Kostrina 97 C/D2, 98 A2
Kostrzyn 70 B2
Kostrzyn 71 D2
Kosturino 139 C3, 143 D1
Kosula 23 C3
Koszalin (Köslin) 72 B2
Kőszeg 94 B3, 127 D1, 128 A1
Koszyce 71 D1/2
Kotajärvi 19 D2/3, 23 D1
Kotajärvi 18 B2
Kotala 13 C2
Kotala 21 C3
Kotalanperä 18 B2
Kotamaa 12 B2
Kotás 143 C1/2
Kotasalmi 22 B2
Kotel 141 C2
Köthen 69 D3, 82 A/B1
Kothen 81 C2
Kotikylä 22 B1/2
Kotila 19 C2/3
Kotiranta 19 D2
Kotka 26 B2/3
Kotor 137 C2
Kotor Varoš 131 D2, 132 A1/2
Kotoriba 128 A2
Kotorsko 132 B1
Kotovsk 99 C3
Kotovsk 99 C3
Kotrónia 145 D1
Kötschach-Mauthen 107 D1/2, 126 A1/2
Köttsjön 30 A3, 35 C2
Kötz 91 D2
Kötzting 92 B1
Koufália 143 D1/2
Koufós 144 B2/3
Kouhi 21 D3, 22 A/B3
Koukounariés 147 C/D1

Koúkoura 147 C2
Koúmanis 146 B2/3
Koura 20 B2/3
Kouřim 83 D3
Kouroútas 146 A2/3
Koutaniemi 19 C2/3, 22 B1
Koutsochéra 146 A/B2/3
Koutsócheron 143 D3
Koutus 12 A3, 17 D1
Kouva 19 C1
Kouvola 26 B2
Kovačevci 139 D2
Kovačica 133 D1, 134 A/B1, 140 A1
Kovářská 82 B2
Kovel' 97 D1, 98 A/B1
Kovelahti 24 B1
Kovero 23 D3
Kovero 24 A2
Kovero 24 B1
Koversada 130 A1
Kovilj 129 D3, 133 D1, 134 A1
Kovin 134 B1, 140 A1/2
Kovjoki 20 B1/2
Kövra 34 B2
Köyceğiz 149 D2/3
Köyhäjoki 21 C1
Köyhänperä 21 C/D1, 22 A1
Köyliö 24 B2
Köyliönkylä 24 B2
Kozáni 143 C2
Kozara Nacionalni Park 131 D1, 132 A1
Kozarac 128 B3
Kozarac 131 D1, 132 A1
Kozármisleny 128 B2
Kozel'sk 75 D2
Kozelec 99 C/D1
Kozí Hrádek 93 D1
Kozica 131 D3, 132 A3, 136 B1
Kozienice 97 C1, 98 A1
Kozina 126 B3
Kozje 127 C2
Kožlany 83 C3
Kozluk 133 C2
Kozly 83 C2
Kozmice 83 D3
Kozojedy 83 C3
Kozolupy 83 C3
Kożuchów 71 C3
Kožuhe 132 B1
Kräkkiö 24 B1/2
Kräckelbäcken 39 C1
Krackow 70 B1
Kraddsele 15 C/D2/3
Kraftsdorf 82 A/B2
Kragenæs 53 C2
Kragerø 43 D2, 44 A2
Kragi 71 D1
Kraguljevac 134 B2, 140 A2
Krahne 69 D3
Kraiburg 92 B2
Kraichtal 90 B1
Krajenka 71 D1
Krajišnik 129 D3, 134 B1
Krajková 82 B2/3
Krajkovac 135 C3, 139 C1
Krajn 137 D2
Krajné 95 C2
Krajnik Dolny 70 B2
Kråkan 31 C3
Kråkberget 8 B2
Krakhella 36 A2
Krækkjahytta 37 C3
Kräklingbo 47 D3, 47 D3
Kråklivollen 28 A3, 33 C2
Kråkmo 9 C2
Krakovec 83 C3
Kraków 97 C2
Krakow am See 53 D3, 69 D1
Kråkshult 46 A/B3, 51 C1
Kråkstad 38 A3, 44 B1
Králíky 96 B2
Kraljëa Sutjeska 132 B2
Kraljeva 126 B3, 130 A/B1
Kraljevo 133 D3, 134 B3, 140 A2
Kráľov Brod 95 C2/3
Kral'ovany 95 D1

Kralovice 83 C3
Kralupy nad Vltavou
  83 C/D2/3, 96 A1/2
Kramfors 30 B3, 35 D2
Kramnitse 53 C2
Krampen 94 A3
Krampenes 7 C/D2
Krampfer 69 D2
Kråmvik 43 C1
Kramvik 7 D1/2
Kranéa 143 C3
Kranéa Deskátis 143 C2/3
Kranevo 141 C/D2
Krångede 30 A3, 35 C2
Kranichfeld 82 A2
Kranídion 147 C3
Kranj 96 A3, 126 B2
Kranjska Gora 96 A3, 126 B2
Kransvik 14 B1
Krapiel 71 C1
Krapina 127 D2
Krapinske Toplice 127 D2
Krapkowice 96 B1/2
Kraselov 93 C1
Krašic 127 C3
Krasilov 98 B2
Káslava 74 A/B1/2
Kraslice 82 B2
Krásná Hora nad Vltavou
  83 C/D3
Krásná Lípa 83 D2
Kraśnik 97 C/D1, 98 A1
Krásno 82 B3
Krásno nad Kysucou 95 D1
Krasno Polje 130 B1
Krasnogorodskoje 74 B1
Krasnoil'sk 98 B2/3
Krasnoje 75 C2
Krasnopolje 75 C3
Krasnopolje 74 B2
Krasnyj 75 C2
Krasnyje Okny 99 C3
Krasnystaw 97 D1, 98 A1
Kratovo 139 C2, 140 A/B3
Kraubath 93 D3, 127 C1
Krauchenwies 91 C2/3
Krautheim 91 C1
Krautscheid (Prüm) 79 D3
Kravaře 83 D2
Kravarsko 127 D3
Krčedin 133 D1, 134 A1
Kreba 83 D1
Krefeld 79 D1, 80 A1
Kreien 69 D1
Kreien 69 D1
Kreiensen 68 B3
Kreischa 83 C1/2
Krej Lura 138 A2/3
Krekilä 21 C1
Křelovice 83 D3, 94 A1
Kremenčug 99 D2
Kremenec 98 B1/2
Kremenica 143 C1
Kremincy 97 D2/3, 98 A/B2
Kremmen 70 A2
Kremna 133 C2/3
Kremnica 95 D2
Krems an der Donau 94 A2,
  96 A2/3
Kremsbrücke 126 A/B1
Kremsmünster 93 C/D2/3
Křemže 93 D1
Krepoljin 134 B2
Krepsko 71 D1
Kreševo 132 B2/3
Kresna 139 D2/3
Kressberg-Mariäkappel 91 D1
Kressbronn 91 C3
Kréstena 146 B3
Kretinga 73 C1/2
Kreuth 92 A3
Kreuzau 79 D2
Kreuzen 93 D2
Kreuzen 126 A/B1/2
Kreuzenstein 94 B2
Kreuzlingen 91 C3
Kreuztal 80 B1/2
Kreuztal-Krombach 80 B1/2
Kreuzwirt 94 A3, 127 D1
Kría Vrísi 143 D2
Kričev 75 C2/3

Kričevci 127 D2
Kriebstein 82 B1/2
Krieglach 94 A3
Kriegsfeld 80 B3
Krien 70 A1
Krimml 107 C/D1
Krimpen aan de Lek 66 A/B3
Křinec 83 D2/3
Kringlevasshytta 42 B2
Krionéri 146 B2
Krionérion 147 C2
Kripan 153 D2
Kristallopigí 142 B2
Kristdala 51 D1, 72 B1
Kristianopel 51 D2, 72 B1
Kristiansand 43 C3
Kristiansand-Randesund
  43 C3
Kristianstad 50 B2/3, 72 A1/2
Kristiansund 32 A/B2
Kristiinankaupunki 20 A3
Kristineberg 39 C1
Kristineberg 16 A3, 30 B1
Kristinefors 38 B2
Kristinehamn 45 D1, 46 A1
Kristinehov 50 B3
Kristinestad 20 A3
Kristóni 143 D1, 144 A1
Kristvalla 51 D1/2
Kristvik 28 A/B3, 33 C/D1
Kriva Feja 139 C1/2
Kriva Palanka 139 C2,
  140 A/B3
Krivajevići 132 B2
Kriváň 97 C2
Krivelj 135 C2
Krivi Vir 135 C3
Krivodol 135 D3
Krivogaštani 138 B3, 143 C1
Krivoj Rog 99 D2/3
Krivoje Ozero 99 C2/3
Křivoklát 83 C3
Krivolak 139 C3
Križ 127 D2
Křižanov 94 A/B1
Križevci 127 D2
Križevci 127 D2
Križišče 130 A/B1
Krk 130 A/B1
Krka 127 C3
Krmčine 130 B2
Krnjeuša 131 C1/2
Krnjevo 134 B2
Krnov 96 B2
Krobia 71 D3
Krobielewko 71 C2
Krødsherad 43 D1
Krögis 83 C1
Krognes 7 D1
Krogsbølle 49 C3, 53 C1
Krokan 43 C1
Krokedal 38 A3, 44 B1
Krokeide 36 A3, 42 A1
Krokek 46 B2
Krokelv 5 D1, 6 A1
Kroken 14 B3, 29 C/D1
Kroken 4 A3
Kroken 36 B2
Kroken 43 C/D2, 44 A2
Kroken 36 B2
Kroken 33 D3
Krokfors 15 C2/3
Krokhaug 33 C3, 37 D1
Kroknäs 34 B2/3
Krokom 29 D3, 34 B2
Kroksätra 38 B1/2
Krokselvmoen 14 B2
Kroksjö 31 C/D2
Kroksjö 30 B1
Krokstad 28 A3, 33 C2
Krokstadelva 43 D1, 44 A1
Krokstrand 44 B1/2
Krokträsk 17 C2
Krokvåg 30 A3, 35 C2
Krokvik 10 A3
Krolevec 99 D1
Królpa 82 A2
Kroměříž 95 C1, 96 B2
Krompachy 97 C2
Kromy 75 D3
Kronach 82 A2/3

Kronberg 80 B2/3
Kronburg 91 D3
Kronoberg 51 C1
Kronoby/kruunupyy 20 B1
Kronogård 16 A/B2
Kronogård 16 A3
Kronsågen 16 A/B1
Kronstorf 93 D2/3
Kröpelin 53 D3
Kropp 52 B2/3
Kroppenstedt 69 C3
Kropstädt 69 D3, 70 A3
Krościenko 97 C/D2, 98 A2
Krośniewice 73 C3, 96 B1,
  97 C1
Krosno 97 C2, 98 A2
Krosno Odrzańskie (Crossen)
  71 C3, 72 A/B3, 96 A1
Krossbu 37 C2
Krostitz 82 B1
Krotoszyn 72 B3, 96 B1
Kröv 80 A3
Krovlli 145 C/D1
Krpimen 138 B1
Krraba 138 A3, 142 A1
Kršan 126 B3, 130 A1
Krško 127 C2/3
Krstac 137 C1
Krstatice 131 D3, 132 A3,
  136 B1
Krstinja 127 C/D3, 131 C1
Krstur 129 D2
Křtiny 94 B1
Krüden 69 C/D2
Kruë i Fushës 137 D2
Kruft 80 A2
Kruishoutem 78 A/B1/2
Kruja 137 D3, 138 A3,
  142 A1
Krumbach 91 D2
Krumbach Markt 94 B3
Krummesse 53 C3, 69 C1
Krummhörn 67 C/D1
Krummhörn-Greetsiel 67 C/D1
Krummhörn-Rysum 67 C1
Krumovgrad 141 C3, 145 D1
Krün 92 A3
Krupa 131 D2, 132 A1/2
Krupa 131 C2
Krupac 135 C/D3, 139 C/D1
Krupaja 134 B2
Krupanj 133 C2
Krupina 95 D2
Krupište 139 C2/3
Krupka 83 C2
Krupki 74 B2
Kruså 52 B2
Kruščica 131 D2, 132 A2
Kruščica 132 A/B2
Kruščica 134 B1
Kruse 137 D2
Krušedol Selo 133 D1,
  134 A1
Kruševac 134 B3, 140 A2
Kruševo 138 B3, 143 C1
Krutå 14 B3
Kruth 89 D2/3, 90 A3
Krutvatn 14 B3
Kruusila 24 B2/3
Kryckeltjärn 31 C2
Krylbo 40 A3
Krynica 97 C2
Krystallgrotten 14 B2
Krzęcin 71 C2
Krzemieniewo 71 D1
Krzepielow 71 C/D3
Krzeszyce 71 C2
Krzystkowice 71 C3
Krzywin 71 D3
Krzyz 71 C2
Ksiąz Wielkopolski 71 D3
Kšinná 95 C/D1/2
Kuaejoki 21 C2
Kubbe 30 B2/3, 35 D1
Kubinka 75 D1/2
Küblis 106 A1/2
Kubrat 141 C2
Kučevo 135 C2, 140 A1/2
Kuchen 91 C2
Kuchl 93 C3
Kuçi 142 A2

Kučište 138 A1
Kuerlinkat 11 C3, 12 A2
Kufstein 92 B3
Kuggeboda 51 C2
Kuggören 40 B1
Kuha 18 B1
Kuhakoski 27 C1
Kuhala 27 C1/2
Kuhlhausen 69 D2
Kuhmalahti 25 C1
Kuhmo 19 D2/3, 23 C/D1
Kuhmoinen 25 D1, 26 A1
Kühren 82 B1
Kuikka 21 D3, 22 A3
Kuikkaperä 18 B2
Kuikkavaara 19 C/D2/3
Kuikooaho 22 B2
Kuinre 66 B2
Kuisma 23 D2/3
Kuittila 23 D1, 23 D2
Kuitula 26 B1
Kuivainen 27 C1
Kuivajärvi 19 D2/3
Kuivajärvi 25 D1, 26 A/B1
Kuivakangas 17 C/D2
Kuivalahti 24 A1, 41 D1
Kuivaniemi 18 A1/2
Kuivanto 25 D2, 26 A2
Kuivasjärvi 18 A/B2
Kuivasjärvi 20 B3
Kukasjärvi 12 A/B2
Kukaskylä 21 D2, 22 A2
Kukësi 138 A2, 140 A3
Kukkalampi 23 D2
Kukko 21 C2
Kukkola 17 D2, 18 A1
Kukkolankoski 17 D2, 18 A1
Kukkolankoski 17 D2, 18 A1
Kukljica 130 B2
Kukonkylä 21 C3
Kukujevci 133 C1
Kula 129 C3
Kula 135 C2/3, 140 A/B2
Kula 149 D2
Kulata 139 D3, 144 A1
Kuldiga 73 C/D1
Kulen Vakuf 131 C2
Kulennoinen 27 C/D1
Kulho 23 D3
Kulhuse 49 D3, 53 D1
Kulina 134 B3
Kulju 25 C1
Kulla 24 B3
Kullaa 24 A/B1
Kulladal 50 A3
Kullavik 45 C3, 49 D1
Kullo 25 D3, 26 A3
Küllstedt 81 D1
Kulltorp 50 B1
Kulmbach 82 A3
Kuloharju 19 C1
Kuløyholmen 42 A1
Külsheim 81 C3
Kultakivi 27 D1
Kultala 12 B1
Kultaranta 24 A/B2/3
Kultima 11 C2
Kulvemäki 22 B1
Kumane 129 D3
Kumanovo 139 C2, 139 C2,
  140 A3
Kumhausen-Niederkam 92 B2
Kumiseva 21 D1, 22 A1
Kumkale 145 D2/3
Kumla 46 A1
Kumla 40 A3
Kumlinge 24 A3, 41 D2/3
Kummelby 46 B2
Kummerow 70 A1
Kümmersbruck-Köfering
  82 A3, 92 A1
Kumo 24 B1/2
Kumpula 21 C2
Kumpumäki 21 D2, 22 A2
Kumpuranta 23 C3, 27 D1
Kumpuselkä 21 D2, 22 A2
Kumpuvaara 18 B1
Kumrovec 127 C/D2
Kun'ja 75 C1
Kundl 92 A/B3
Kunes 6 B1/2, 6 B1/2

Kungälv 45 C3
Kungas 21 C1
Kungsängen 47 C1
Kungsåra 40 A3, 47 C1
Kungsäter 49 D1, 50 A1
Kungsbacka 49 D1, 50 A1,
  72 A1
Kungsfors 40 A2
Kungsgården 40 A2
Kungshamn 44 B2
Kungslena 45 D2/3
Kungsör 46 B1
Kunhegyes 97 C3, 129 D1
Kuni 20 A/B2
Kuninkaanlähde 24 B1
Kunna 14 B1
Kunnasniemi 23 C/D2/3
Kunovice 95 C1
Kunovo 139 C1
Kunowo 71 D3
Kunrau 69 C2
Kunštát 94 B1
Kunszentmárton 97 C3,
  129 D1
Kunszentmiklós 129 C1
Kunžak 94 A1
Künzelsau 91 C1
Künzing 93 C2
Kuohatti 23 C/D1
Kuohenmaa 25 C1
Kuohijoki 25 C1
Kuohu 21 D3, 22 A3
Kuoksajärvi 12 A/B3
Kuoksu 10 B3
Kuolio 19 C1
Kuollejaur 16 A2
Kuomiokoski 26 B1
Kuona 21 D1, 22 A1
Kuopio 22 B2
Kuoppala 21 C2/3
Kuoppaniva 5 D3, 6 A/B3,
  11 D1
Kuora 23 D2
Kuorevaara 23 C/D2
Kuorevesi 25 C1, 26 A1
Kuorpak 16 A1
Kuorsumaa 24 B1
Kuortane 21 C2
Kuortti 26 B1
Kuosku 13 C2
Kuotojärvi 17 C/D2
Kup 128 C2
Kupari 137 C1/2
Kupci 134 B3
Kupferzell 91 C1
Kupinovo 133 D1, 134 A1/2
Kupiškis 73 D1/2, 74 A1/2
Küplü 145 D1
Kuppenheim 90 B1/2
Kupres 131 D2/3, 132 A2
Küps 82 A2/3
Kupusina 129 C3
Kurbinovo 142 B1
Kurbneshi 138 A2/3
Kurd 128 B2
Kurenlahti 27 C1/2
Kurheim Grimmialp 105 C2
Kurhila 25 D1/2, 26 A2
Kurikankylä 20 B3
Kurikka 20 B3
Kurim 94 B1
Kurisjärvi 25 C2
Kurjala 23 C3
Kurjenkylä 20 B3
Kurkela 25 C3
Kurkikylä 19 C2
Kurkkio 11 C/D2/3, 12 A1
Kürnach 81 C/D3
Kurolanlahti 22 B2
Kurort Jonsdorf 83 D2
Kurort Kipsdorf 83 C2
Kuröw 97 C/D1, 98 A1
Kurravaara 10 A/B3
Kurrokvejk 15 D2
Kuršenai 73 D1/2
Kursk 75 D3
Kursu 13 C3
Kuršumlija 134 B3, 138 B1,
  140 A2
Kuršumlijska Banja 138 B1

Kurtakko 11 C3, 12 A2
Kürten 80 A1/2
Kurtti 19 C2
Kurtto 19 C2/3
Kuru 25 C1
Kuru 25 C/D2, 26 A2
Kurujärvi 12 B2
Kurvinen 19 D1/2
Kusadak 134 B2
Kuşadas 149 D2
Kušalino 75 D1
Kusel 80 A3, 90 A1
Kusey 69 C2
Kusmark 31 D1
Küsnacht 90 B3, 105 D1
Kussjön 31 C2
Küssnacht am Rigi 105 C/D1
Kustavi 24 A2, 41 D2
Kusuri 23 D1
Kutas 128 A2
Kutemainen 21 D2, 22 A2
Kutemajärvi 22 B3
Kutenholz 68 A/B1
Kutila 25 C2
Kutina 128 A3, 131 D1
Kutjaurestugan 9 C3
Kutjevo 128 B3
Kutlovo 134 B2
Kutná Hora 83 D3
Kutno 73 C3, 97 C1
Kutrikko 13 C3
Kuttainen 11 C2
Kuttanen 11 C2
Kuttura 12 B1
Kuttusoja 13 C2
Kúty 94 B2
Kutzleben 81 D1, 82 A1
Kuukasjärvi 18 B1
Kuuksenvaara 23 D2/3
Kuumiainen 24 A1, 41 D1
Kuumu 19 D2/3
Kuurila 25 C2
Kuurtola 19 C/D2
Kuusaa 21 D1, 22 A1
Kuusaa 21 D3, 22 A3
Kuusajärvi 11 D3, 12 A2
Kuusajoki 11 D3, 12 A2
Kuusamo 19 D1
Kuusankoski 26 B2
Kuusijärvi 21 C3
Kuusijärvi 18 B1
Kuusijärvi 19 C2
Kuusilahti 17 C1
Kuusiranta 18 B3, 22 B1
Kuusiston linna 24 B2/3
Kuusivaara 12 B3
Kuusjärvi 22 C2/3
Kuusjoki 24 B2
Kuuskanlahti 19 C2/3
Kuuslathi 22 B2
Kuvansi 22 B3
Kuvaskangas 20 A3, 24 A1
Kuvšinovo 75 C/D1
Kuženkino 75 C1
Kuzma 127 D1
Kuzmin 133 C1
Kuznecovka 74 B1
Kuźnica Żelichowska 71 C/D2
Kvåle 42 B3
Kvalfjord 5 C2
Kvalnes 14 B1
Kvalnes 8 B3
Kvalnes 8 B2
Kvalnesodden 14 A2
Kvaløyhamn 14 A2
Kvaløyseter 28 A2
Kvaløysletta 4 A2/3
Kvalsund 5 C1/2, 6 A1
Kvalsund 36 A1
Kvalsvik 36 A1
Kvalvåg 42 A1
Kvalvåg 32 B2
Kvam 37 D2
Kvam 28 B2
Kvammen 36 A2
Kvammen 32 B2
Kvamskogen 36 A3
Kvamsøy 36 A/B2
Kvænangsbotn 5 C2/3
Kvænangstua 5 C2/3
Kvanløse 49 D3, 53 D1

Kvannås 9 D1
Kvanndal 36 B3
Kvanne 32 B2
Kvannli 14 B3, 29 C1
Kvänum 45 D2/3
Kvarnåsen 31 C1
Kvarnberg 39 D1
Kværndrup 53 C1/2
Kvarnsjö 34 B2/3
Kvarntorp 46 A/B1
Kvarsebo 46 B2
Kvås 42 B3
Kvelde 43 D2, 44 A1
Kvelia 29 C2
Kvellandstrand 42 B3
Kvemoen 29 C2
Kvenvær 32 B1
Kvernaland 42 A2
Kvernes 32 A/B2
Kvernhusvik 28 A3, 33 C1
Kvernland 28 A2
Kverrestad 50 B3
Kvevlax 20 A/B2
Kvicksund 46 B1
Kvig 8 B3
Kvikkjokk 15 D1
Kvikne 33 C2/3
Kvikne 37 D2
Kvilda 93 C1
Kvilldal 42 B1/2
Kvillsfors 51 C1
Kvimo 20 B2
Kvinen 42 B2
Kvinesdal 42 B3
Kvinlog 42 B3
Kvipt 43 C2
Kvissle 30 B3, 35 D2
Kvissleby 35 D3
Kvistbro 46 A1
Kvisvik 32 B2
Kvitberget 5 C2, 6 A1
Kviteseid 43 C1/2
Kviting 14 A/B2
Kvitnes 32 A/B2
Kvitnes 7 C1
Kvitsand 14 B3, 29 C1
Kvitsøy 42 A2
Kvittingen 42 B3
Kwidzyń (Marienwerder) 73 C2/3
Kwilcz 71 C/D2
Kyarnåsen 31 C1
Kybartai 73 C/D2
Kycklingvattnet 29 C/D1/2
Kyellmyra 38 B2
Kyjov 94 B1, 96 B2
Kyläinpää 20 B2
Kylämä 25 C/D1, 26 A1
Kyläniemi 27 C1
Kylänlahti 23 D2
Kyläsaari 24 A1
Kyle of Lochalsh 54 A2, 55 D1
Kyleakin 54 A2, 55 D1
Kyllaj 47 D3, 47 D2
Kyllburg 79 D3, 80 A3
Kylmäkoski 25 C2
Kylmäkoski 25 C2
Kylmälä 18 B3
Kylmämäki 22 B3
Kylören 31 C3
Kymbo 45 D3
Kymentaka 25 D2, 26 B2
Kymönkoski 21 D2, 22 A2
Kyngäs 18 B2
Kynsiperä 19 C1
Kynsivaara 19 C1
Kynšperk nad Ohří 82 B3
Kypäräjärvi 23 C3
Kypärävaara 19 C/D2/3
Kypäsjärvi 17 C2
Kyritz 69 D2
Kyrkås 29 D3, 34 B2
Kyrkesund 44 B3
Kyrkheden 39 C3
Kyrkhult 51 C2
Kyrkjebø 36 A2
Kyrkjestølane 37 C2
Kyrksæterøra 32 B2
Kyrkslätt 25 C3
Kyrö 24 B2

Kyrönlahti 25 C1
Kyröskoski 24 B1
Kyrping 42 A1
Kyrsyä 27 C1
Kysucké Nové Mesto 95 D1
Kysucký Lieskovec 95 D1
Kytäjä 25 C2
Kytäkylä 18 A/B3, 21 D1, 22 A1
Kytömäki 19 C2/3
Kyyjärvi 21 C2
Kyynämöinen 21 D3, 22 A3
Kyynärö 25 C1, 26 A1
Kyynelniemi 7 C3

L

L'Abeele 78 A2
L'Aber-Wrac'h 84 A1/2
L'Absie 100 B1/2
L'Aigle 86 B1/2
L'Aiguillon-sur-Mer 100 A/B2
L'Albagés 155 C/D3, 163 C1
L'Albenc 103 D3
L'Alpe-d'Huez 104 A3, 112 A1
L'Ametlla de Mar 163 C/D2
L'Ametlla de Montsec 155 C/D3
L'Ampolla 163 C2
L'Áquila 117 D3, 119 C1
L'Arboç 156 A3, 163 D1
L'Arbresle 103 C/D2/3
L'Armentera 156 B2
L'Auberson 104 A/B1
L'Échalp 112 B1
L'Enveja 163 C2
L'Épine 88 B1
L'Erée 63 D3
L'Erkelsbrugge 77 D1, 78 A2
L'Escala 156 B2
L'Escarène 112 B2
L'Espérou 110 B2
L'Espluga Calba 155 D3, 163 D1
L'Espluga de Francolí 155 D3, 163 D1
L'Espunyola 155 D3, 156 A2
L'Esquirol 156 A/B2
L'Estany 156 A2/3
L'Estartit 156 B2
L'Estréchure 110 B2
L'Etac 63 D3
L'gov 75 D3
†1 Guardia 150 A3, 158 A1
L'Herbaudière 100 A1
L'Herbergement 100 A/B1
L'Hermet 109 D2, 110 A2
L'Hôpital-du-Grosbois 89 C/D3, 104 A1
L'Hospitalet 155 D2, 156 A1/2
L'Hospitalet de l'Infant 163 C/D2
L'Île Bouchard 101 C1
L'Île Rousse 113 D2
L'Isle-Adam 87 C/D1
L'Isle d'Abeu 103 D3
L'Isle-de-Noé 109 C3, 155 C1
L'Isle-en-Dodon 109 C3, 155 C/D1
L'Isle-Jourdain 101 C/D2
L'Isle-Jourdain 109 C2/3, 155 D1
L'Isle-sur-la-Sorgue 111 C/D2
L'Isle-sur-le-Doubs 89 D3, 104 B1
L'Isle-sur-Serein 88 A3
L'Ospedale 113 D3
L'ubar 99 C1/2
L'ubaševka 99 C2/3
L'uboml' 97 D1, 98 A1
L'udinovo 75 C/D2/3
L'vov 97 D2, 98 A2
L'Vov 97 D2, 98 A2

La Adrada 160 A/B3
La Aguilera 153 C3, 160 B1
La Alameda 153 D3, 154 A3, 161 D1, 162 A1
La Alameda 167 C2
La Alameda de Gardón 159 C2
La Alameda de la Sagra 160 B3, 167 C1
La Alberca 159 D2
La Alberguería de Argañán 159 C2/3
La Albuera 165 C/D2
La Aldehuela 159 D2, 160 A2/3
La Algaba 171 D1
La Aliseda de Tormes 159 D3, 160 A2/3
La Almarcha 161 D3, 168 A/B1
La Almolda 154 B3, 162 B1
La Almunia de Doña Godina 154 A3, 162 A1
La Azohía 171 B1
La Baconnière 85 D2, 86 A2
La Balme-les-Grottes 103 D2/3
La Baña 151 C2/3
La Bañeza 151 D2
La Barca de la Florida 171 D2
La Barraque-Saint-Jean 110 A2
La Barre-de-Monts 100 A1
La Barre-en-Ouche 86 B1
La Barrosa 171 D3
La Barthe-de-Neste 109 C3, 155 C1
La Bassée 78 A2
La Bastide-de-Bousignac 109 D3, 156 A1
La Bastide-de-Sérou 109 D3, 155 D1
La Bastide-des-Jourdans 111 D2
La Bastide-Puylaurent 110 B1
La Bastie 111 D2, 112 A2
La Bâtie-Neuve 112 A1/2
La Baule 85 C3
La Baule-Escoublac 85 C3
La Bazoché-Gouët 86 B2
La Bégude-Blanche 112 A2
La Bégude-de-Mazenc 111 C/D1
La Belle Étoile 88 A2
La Bérarde 112 A1
La Bisbal d'Empordà 156 B2
La Bisbal de Falset 163 C1
La Bola 150 B3
La Bouille 77 C3, 86 B1
La Bourboule 102 B3
La Bouteille 78 B3
La Bóveda de Toro 159 D1, 160 A1
La Bresse 89 D2, 90 A3
La Bretagne 77 C3, 86 B1
La Bretesche 85 C3
La Brévine 104 B1
La Brillanne 111 D2, 112 A2
La Cabrera 161 C2
La Caillère 100 B1/2
La Caletta 123 D1/2
La Caletta 123 C3
La Calmette 111 C2
La Calzada de Béjar 159 D2/3
La Calzada de Calatrava 167 C2
La Calzada de Oropesa 160 A3, 166 B1
La Campana 172 A1
La Canal 157 C2
La Cañiza 150 B2/3
La Canourgue 110 B1/2
La Canya 156 B2
La Capelle 78 B3
La Carlota 172 A1
La Carolina 167 C/D3
La Cava 163 C2
La Cavalerie 110 B2
La Caze 110 B2
La Celle 102 A3
La Celle-en-Morvan 103 C1

La Celle-Saint-Avant 101 C1
La Cellera de Ter 156 B2
La Cerca 153 C2
La Chaise-Dieu 103 C3
La Chaize-le-Vicomte 100 A/B1
La Chamba 103 C3
La Chambre 104 A/B3
La Chapelaude 102 A/B2
La Chapelle 79 C3
La Chapelle 85 C2/3
La Chapelle d' Angillon 87 D3, 102 A/B1
La Chapelle-en-Serval 87 D1
La Chapelle-en-Valgaudemard 112 A1
La Chapelle-en-Vercors 111 D1
La Chapelle-Gauthier 87 D2
La Chapelle-Glain 85 D3
La Chapelle-la-Reine 87 D2
La Chapelle-Laurent 102 B3, 110 B1
La Chapelle-Rainsouin 86 A2
La Chapelle-Saint Blaise 86 B3, 101 C1
La Chapelle-Saint-Laurent 100 B1
La Chapelle-sur-Erde 85 D3, 100 A1
La Charce 111 D1/2
La Charité-sur-Loire 87 D3, 102 B1
La Chartre-sur-le-Loir 86 B3
La Châtaigneraie 100 B1
La Châtre 102 A1/2
La Chaussée-sur-Marne 88 B1
La Chaux-de-Fonds 104 B1
La Cheminée 89 D3, 104 B1
La Cheppe 88 B1
La Chèze 85 C2
La Cierva 161 D3, 162 A3, 168 B1
La Ciotat 111 D3
La Cité 110 A3, 156 A/B1
La Clayette 103 C2
La Clusaz 104 A/B2/3
La Cluse-et-Mijoux 104 A/B1
La Codoñera 163 C2
La Codosera 165 C1/2
La Colle-Saint-Michel 112 A2
La Coma 155 D2/3, 156 A2
La Coquille 101 D3
La Coronada 166 A2
La Corte 165 C/D3, 171 C1
La Coruña 150 A/B1
La Côte-Saint-André 103 D3
La Coucourde 111 C1
La Couronne 111 C/D3
La Courtine-le-Trucq 102 A3
La Couvertoirade 110 B2
La Crèche 101 C2
La Croisière 101 D2
La Croix-Haute 111 D1, 112 A1
La Croix-Laurent 85 D3
La Croix-Saint-Ouen 78 A3, 87 D1
La Croixille 85 D2
La Crosetta 107 D2
La Cumbre 165 D1, 166 A1
La Cure 104 A2
La Drée 103 C1
La Espina 151 C/D1
La Estrada 150 A2
La Estrella 160 A3, 166 B1
La Fajolle 156 A1
La Farga de Moles 155 D2
La Fatarella 163 C1/2
La Felguera 151 D1, 152 A1
La Felipa 168 B2
La Fère 78 A/B3
La Ferrière 100 A/B1
La Ferrière-en-Parthenay 101 C1
La Ferrière-sous-Jougne 104 A/B1/2
La Ferrière-sur-Risle 86 B1
La Ferté-Alais 87 D2
La Ferté-Beauharnais 87 C3
La Ferté-Bernard 86 B2

La Ferté-Fresnel 86 B1
La Ferté-Gaucher 87 D1,
88 A1
La Ferté-Imbault 87 C3
La Ferté-Macé 86 A2
La Ferté-Milon 87 D1, 88 A1
La Ferté-Saint-Aubin 87 C3
La Ferté-Saint-Cyr 87 C3
La Ferté-sous Jouarre 87 D1,
88 A1
La Ferté-Vidame 86 B2
La Feuillie 77 D3, 87 C1
La Flèche 86 A/B3
La Florida 151 C/D1
La Fotelaie 76 A3, 85 D1,
86 A1
La Fouillade 109 D2, 110 A2
La Fourche 86 B2
La Franqui 110 B3, 156 B1
La Fregeneda 159 C2
La Fresneda 163 C2
La Frette 103 D3
La Frontera 161 D2/3
La Frua 105 C2
La Fuencaliente 167 C2
La Fuente de San Esteban
159 C/D2
La Fuliola 155 D3, 163 D1
La Gacilly 85 C3
La Galera del Pla 163 C2
La Garde 110 B1
La Garde-Freinet 112 A3
La Garganta 159 D2/3
La Garnache 100 A1
La Garonnette 112 A/B3
La Garriga 156 A3
La Garrovilla 165 D2
La Gendretière 87 C3, 102 A1
La Ginebrosa 162 B2
La Gineta 168 B2
La Golada 150 B2
La Grafouillère 102 A3,
109 D1
La Granada 165 D3, 171 C1
La Granadella 163 C1
La Grand'Combe 111 C2
La Grand Croix 103 C3
La Grande Motte 111 C3
La Granja d'Escarp 155 C3,
163 C1
La Granjuela 166 B3
La Grave-en-Oisans 112 A1
La Gravelle 85 D2, 86 A2
La Groise 78 B3
La Guarda 166 A2
La Guardia 161 C3, 167 D1
La Guardia de Jaén 167 C/D3,
173 C1
La Guàrdia Lada 155 D3,
163 D1
La Gudiña 151 C3
La Guerche-de-Bretagne
85 D2/3
La Haba 166 A2
La Haye-Descartes 101 C/D1
La Haye-du-Puits 76 A3,
85 D1
La Haye-Pesnel 85 D1
La Hermida 152 B1
La Herrera 167 D3, 168 A3
La Herrería 168 B2
La Higuera 169 C2
La Hiniesta 151 D3, 159 D1
La Hinojosa 163 D1,
168 A/B1
La Horcajada 159 D2, 160 A2
La Horra 152 B3, 160 B1
La Houssoye 77 D3, 87 C1
La Hoz de la Vieja 162 B2
La Hulpe 78 B2
La Hutte 86 A/B2
La Iglesuela 160 A3
La Iglesuela del Cid 162 B2
La Iruela 167 D3, 168 A3,
173 C/D1
La Isla 152 A1
La Isleta de Escullos 174 A2
La Jana 163 C2
La Javie 112 A2
La Jonchère-Saint-Maurice
101 D2

La Joncosa 163 C/D1
La Jonquera 156 B2
La Lama 150 A/B2
La Lantejuela 172 A1/2
La Lapa 165 D2/3
La Léchère 105 C2/3
La Lima 114 B2, 116 A1
La Línea 172 A3
La Llacuna 155 D3, 156 A3,
163 D1
La Losilla 153 D3, 161 D1
La Loupe 86 B2
La Louviére 78 B2
La Luisiana 172 A1
La Machine 102 B1
La Maddalena 123 D1
La Mailleraye-sur-Seine 77 C3
La Malène 110 B2
La Marina 169 C3, 174 B1
La Martella 120 B2
La Mata 160 B3, 167 C1
La Mata 169 C3, 174 B1
La Mata de los Olmos 162 B2
La Mata de Monteagudo
152 A2
La Mata de Morella 162 B2
La Matilla 160 B1/2
La Maucarrière 101 C1
La Meillaraye-de-Bretagne
85 D3
La Membrolle-sur-Choiselle
86 B3
La Mierla 161 C2
La Mine 76 A/B3, 85 D1,
86 A1
La Molina 156 A2
La Mongie 109 C3, 155 C1/2
La Monnerie-le-Montel
103 C2/3
La Morera 165 D2
La Morte 112 A1
La Mothe 110 B1/2
La Mothe-Achard 100 A1/2
La Mothe-Saint-Héraye
101 C2
La Motte-Chalancon 111 D1/2
La Motte-du-Caire 112 A2
La Muda 107 C/D2
La Mudarra 152 A3, 160 A1
La Muela 154 A/B3, 162 A/B1
La Mure 111 D1, 112 A1
La Musara 163 D1
La Nava 165 C/D3, 171 C1
La Nava de Ricomalillo
160 A3, 166 B1
La Nava de Santiago 165 D2
La Neuveville 104 B1
La Neuville 78 A2
La Nocle-Maulaix 103 C1
La Nuncia 169 D2
La Oliva 154 A2
La Paca 168 B3, 174 A1
La Pacaudière 103 C2
La Pallice 100 B2
La Palma del Condado
171 C1/2
La Palud-sur-Verdon 112 A2/3
La Parra 165 D2/3
La Parra de las Vegas 161 D3,
168 B1
La Parrilla 152 B3, 160 A/B1
La Patte-d' Oie 87 C/D1
La Pedraja de Portillo
160 A/B1
La Pedriza 172 B2
La Peraleja 161 D3
La Pernelle 76 A3
La Peroja 150 B2
La Péruse 101 C2
La Pesquera 168 B1
La Petite-Pierre 89 D1,
90 A1/2
La Petrízia 122 B2
La Pinilla 161 C1
La Plagne 104 B3
La Plama 174 B1
La Plama d'Ebre 163 C1
La Platja d'Aro 156 B2/3
La Plaza 151 D1
La Pobla de Cérvoles
163 C/D1

La Pobla de Lillet 156 A2
La Pobla de Massaluca
163 C1/2
La Pobletta de Bellveí 155 D2
La Pola de Gordón 151 D2,
152 A2
La Portella 155 C3, 163 C1
La Portellada 163 C2
La Póveda de Soria 153 D3
La Preste 156 A/B2
La Primaube 110 A2
La Puebla 157 D1
La Puebla de Almoradiel
161 C3, 167 D1, 168 A1
La Puebla de Cazalla 171 D2
La Puebla de Fantova 155 C2
La Puebla de Híjar 162 B1
La Puebla de los Infantes
166 B3, 172 A1
La Puebla de Montalbán
160 B3, 167 C1
La Puebla de Roda 154 B2
La Puebla de Valdavia 152 B2
La Puebla de Valverde 162 B3
La Puebla del Río 171 D2
La Puerta 161 C/D2
La Puerta de Segura 168 A3
La Punt-Chamues-ch
106 A/B2
La Punta 113 D3
La Punta 123 C3
La Puye 101 C/D1
La Rábita 173 C2
La Rambla 172 A/B1
La Reale 123 C1
La Regeserie 85 D3
La Réole 108 B1
La Riaille 112 B1
La Riba 163 D1
La Riba de Escalote 161 C1
La Riera de Gaià 163 D1/2
La Rinconada 171 D1
La Rixouse 104 A2
La Robla 151 D2, 152 A2
La Roca de la Sierra 165 D2
La Roche 104 B1/2
La Roche-aux-Fées 85 D2/3
La Roche-Bernard 85 C3
La Roche-Chalais 101 C3,
108 B1
La Roche-Derrien 84 B1
La Roche-des-Arnauds
112 A1/2
La Roche-en-Ardenne 79 C2/3
La Roche-en-Brénil 88 A/B3,
103 C1
La Roche-Jagu 84 B1/2
La Roche-Posay 101 D1
La Roche-sur-Foron 104 A/B2
La Roche-sur-Yon 100 A/B1
La Roche-Vineuse 103 C/D2
La Rochebeaucourt-et-
Argentine 101 C3
La Rochecourbon 100 B2/3
La Rochefoucauld 101 C3
La Rochelle 100 B2
La Rochepot 103 C/D1
La Rocherolle 101 D1/2,
102 A1/2
La Rochette 104 A3
La Roda 151 C1
La Roda 168 B1/2
La Roda de Andalucía
172 A/B2
La Roë 85 D2/3
La Romana 169 C3
La Romieu 109 C2
La Roque-Sainte-Marguerite
110 B2
La Rösa 106 A/B2
La Rúa 151 C2
La Sabina 157 C2
La Sagrada 159 D2
La Sainte-Baume 111 D3,
112 A3
La Salvetat-Peyralès 110 A2
La Salvetat-sur-Agout 110 A3
La Sarraz 104 B1/2
La Saulce 112 A2
La Sauve-Majeure 108 B1
La Seca 160 A1

La Selle-sur-le-Bied 87 D2
La Selva 119 C2
La Selva 163 D1
La Sénia 163 C2
La Sentiu de Suó 155 C/D3,
163 C/D1
La Serre 102 A3
La Seu d'Urgell 155 D2,
156 A2
La Seyne-sur-Mer 112 A3
La Silva 150 A1
La Solana 167 D2, 168 A2
La Source 87 C3
La Souterraine 101 D2
La Spézia 114 A2
La Suze-sur-Sarthe 86 A/B2/3
La Tala 159 D2, 160 A2
La Talaudière 103 C3
La Teijeira 150 B2
La Terrasse-sur-Dorlay
103 C/D3
La Teste 103 C/D3
La Teste-de-Buch 108 A1
La Thuile 104 B3
La Toba 161 C2
La Toja 150 A2
La Torre 160 A2
La Torre de Cabdella 155 D2
La Torre de Esteban Hambrán
160 B3
La Torre de l'Espanyol
163 C1/2
La Torresaviñán 161 C/D2
La Tour-Blanche 101 C3
La Tour-d'Aigues 111 D2
La Tour-d'Auvergne 102 B3
La Tour-du-Pin 103 D3,
104 A3
La Tranche-sur-Mer 100 A/B2
La Tremblade 100 B2/3
La Trimouille 101 D2
La Trinité 63 D3
La Trinité-Porhoët 85 C2
La Trinité-sur-Mer 84 B3
La Trique 100 B1
La Tuca 155 C/D2
La Turballe 85 C3
La Umbría 165 D3, 171 C1
La Unión 174 B1
La Unión de Campos 152 A3
La Vachey 104 B3
La Vaivre-de-Seveux 89 C3
La Vansa 155 D2, 156 A2
La Vecilla 152 A2
La Vega 152 B1
La Vega 151 C2/3
La Vellés 159 D2, 160 A2
La Ventosa 161 D3
La Veredilla 167 C2
La Verna 115 C2/3, 116 B1/2
La Verpillière 103 D3
La Victoria 172 A/B1
La Vid 153 C3, 161 C1
La Vidola 159 C1/2
La Vieille-Lyre 86 B1
La Vilella Baixa 163 C1
La Villa 107 C2
La Villa 116 A3
La Villa de Don Fadrique
161 C3, 167 D1, 168 A1
La Villa/stern 107 C2
La Villedieu 101 C2
La Villedieu 102 A3
La Villedieu-du-Clain 101 C2
La Villedieu-en-Fontenette
89 C3
La Villetelle 102 A2
La Visaille 104 B3
La Voulte-sur-Rhône 111 C1
La Wantzenau 90 A/B2
La Yesa 162 B3, 169 C1
La Yunta 162 A2
La Zaida 162 B1
La Zarza de Pumareda
159 C1/2
La Zenia 169 C3, 174 B1
Laa an der Thaya 94 B2
Laaben 94 A2/3
Laage 53 D3, 69 D1
Laaja 19 C2
Laajaranta 21 D2/3, 22 A2/3

Laajoki 24 A/B2
Laakamäki 22 B2
Laakirchen 93 C3
Laamala 27 C1
Laamala 27 C1
Laanila 12 B1
Laasala 21 C2
Laasphe 80 B2
Laasphe-Feudingen 80 B2
Laasphe-Holzhausen 80 B1/2
Laatzen 68 B2/3
Laax 105 D1, 106 A1
Labajos 160 B2
Labarde 108 B1
Labastide-Beauvoir 109 D3
Labastide-Clairence 108 A3,
154 A1
Labastide-d'Anjou 109 D3,
156 A1
Labastide-Murat 109 D1
Labastide-Rouairoux 110 A3
Labastide-Saint-Pierre 109 D2
Labata 155 C2/3
Lábatlan 95 D3
Labayen 108 A3, 154 A1
Łabędzie 71 C1
Labejau 109 D2
Labenne 108 A3, 154 A1
Laberweinting 92 B2
Laberweinting-Hofkirchen
92 B2
Labin 130 A1
Labinoti-Fushë 138 A3,
142 A/B1
Lablachère 111 C1/2
Lábod 128 A2
Laboe 52 B2/3
Laboreiro 150 B2
Labouheyre 108 A2
Laboutarié 109 D2, 110 A2
Labrède 108 B1
Labrit 108 B2
Labroye 77 D2
Labruguière 110 A3
Laburgade 109 D2
Lacalm 110 A/B1
Lacanau 108 A1
Lacanau-Océan 108 A1
Lacapelle-Marival 109 D1
Laćarak 133 C1
Lacarre 108 A3, 154 A/B1
Lacaune 110 A2/3
Lacave 109 D1
Lacco Ameno 119 C3
Lacedónia 120 A2
Lacey Park 64 B3, 76 B1
Lacey Park 64 B3, 76 B1
Lachamp 101 D3, 102 A3
Lachanás 140 B3, 144 A1,
148 B1
Lachapelle-sous-Rougemont
89 D3, 90 A3
Láchar 173 C2
Lachen 105 D1
Lachendorf 68 B2
Lachva 74 A/B3, 98 B1
Laçi 137 D3
Lacísled 134 B3
Läckeby 51 D1/2
Läckö 45 D2
Lacock 63 D2, 64 A3
Lacona 116 A3
Láconi 123 C/D2
Lacourt 109 C/D3, 155 D1/2
Lacq 108 B3, 154 B1
Lacroix-Bàrrez 110 A1
Lacrouzette 110 A2/3
Lacunza 153 D2, 154 A1/2
Lad 128 A/B2
Ladánybene 129 C1
Ladapeyre 102 A2
Ladbergen 67 D3
Ladby 53 C1
Låddejåkkstugan 9 C3
Ladelund 52 A/B2
Ladenburg 80 B3, 90 B3
Ladendorf 94 B2
Ladero 153 D2
Ladignac-le-Long 101 D3
Ladíspoli 118 A2
Ladne Vode 134 B2

Ladoeiro 158 B3, 165 C1
Ladon 87 D2
Ladoye-sur-Seille 104 A1/2
Laer 67 D3
Laerru 123 C1
Laffrey 111 D1, 112 A1
Lafnitz 94 A/B3, 127 D1
Lafrançaise 109 C/D2
Lagan 50 B1
Laganadi 122 A3, 125 D1/2
Lagares 158 B2/3
Lagares 158 A1/2
Lagaro 114 B2, 116 B1
Lage 68 A3
Lageosa 158 B2
Lägerdorf 52 B3
Lagfors 35 D2
Laggars 20 B2
Laginá 143 D1/2, 144 A1/2
Lagnieu 103 D2
Lagny-sur-Morin 87 D1
Lago 122 A2
Lagôa 170 A2
Lagôa 151 C3, 159 C1
Lagoaça 159 C1/2
Lagonegro 120 B3
Lagonísi 147 D2/3
Lagor 108 B3, 154 B1
Lagorce 111 C1/2
Lagos 170 A2
Lagosanto 115 C1
Łagów 71 C2/3
Lagran 153 D2
Lagrasse 110 A3, 156 B1
Lägsta 30 B2, 35 D1
Laguarres 155 C2/3
Laguarta 155 C2
Laguenne 102 A3
Laguépie 109 D2
Lagueruela 162 A2
Laguiole 110 A1
Laguna de Cameros 153 D3
Laguna de Negrillos 151 D2/3, 152 A2/3
Laguna del Marquesado 162 A3
Lagunarrota 155 C3, 163 C1
Lagunilla 159 D2/3
Lagunilla del Jubera 153 D2
Lähdejänkkä 12 A3, 17 D2
Lähden 67 D2
Lahdenkylä 21 C3, 25 C1
Lahdenperä 21 C/D2
Lahenpää 17 C1
Laheycourt 88 B1
Lahn 67 D2
Lahnajärvi 25 C3
Lahnajärvi 17 C1
Lahnakoski 20 B1
Lahnalahti 22 B3
Lahnanen 21 D1, 22 A/B1
Lahnasjärvi 22 B1
Lahnasuando 17 C1
Lahntal 80 B2
Lahntal-Caldern 80 B2
Laholm 50 A2, 72 A1
Laholuoma 20 B3, 24 B1
Lahovaara 23 C2
Lahr 90 A/B2
Lahr-Reichenbach 90 A/B2
Lahstedt 68 B3
Lähteenkylä 24 B1/2
Lahti 25 D2, 26 A2
Lahti 24 A2
Lahtiranta 18 A3
Lahtolahti 23 C2
Laichingen 91 C2
Laichingen-Feldstetten 91 C2
Laichingen-Machtolsheim 91 C2
Laignes 88 B3
Laiguéglia 113 C2
Laihia 20 B2
Laikko 27 C/D1
Laimbach am Ostrong 93 D2, 94 A2
Laimoluokta 10 A2
Lainate 105 D3, 106 A3
Lainio 10 B3
Lairg 54 A/B1/2
Laisbäck 15 D3

Laissac 110 A2
Laisstugan 15 C2
Laïsta 142 B2/3
Láista 142 B2/3
Laisvall 15 D2
Laisvallsby 15 D2
Laiterla 24 B3
Laitiala 25 D2, 26 A2
Laitiala 26 B1
Laitikkala 25 C1
Laitila 24 A2
Laivajärvi 17 D2/3, 18 A1
Laives 103 D1/2
Láives/leifers 107 C2
Lajkovac 133 D2, 134 A2
Lajksjö 30 A2
Lajosmizse 129 C1
Lakaluoma 20 B2
Lakaniemi 21 C2
Lakasjö 30 B2, 35 D1
Lakatnik 139 D1
Lakaträsk 16 B2
Lakavica 139 C3
Łąkie 71 D1
Lákion 149 C/D2
Låkka 142 A/B3
Lakkópetra 146 A/B2
Lakócsa 128 A/B2/3
Lakolk 52 A1/2
Lakomäki 21 D2, 22 A2
Laksåvik 32 B1
Lakselv 5 D2, 6 A2
Lakshola 9 C3
Laktaši 131 D1, 132 A1
Lálas 146 B3
Lalbenque 109 D2
Lalić 129 C3
Lalín 150 B2
Lalinci 133 D2, 134 A2
Lalinde 109 C1
Lalley 111 D1, 112 A1
Lalling 93 C1/2
Lalm 33 C3, 37 C/D1
Lalouvesc 103 C3, 111 C1
Laluenga 155 C3
Lalueza 154 B3, 162 B1
Laluque 108 A2
Lam 93 C1
Lama 150 A3, 158 A1
Lama dei Peligni 119 C/D1/2
Lama Mocogno 114 B2, 116 A1
Lamagistère 109 C2
Lamaids 102 A/B2
Lamalou-les-Bains 110 B3
Lamanère 156 B2
Lamanon 111 D2/3
Lamarche 89 C2
Lamarosa 164 B2
Lamarque 100 B3, 108 B1
Lamas d'Olo 158 B1
Lamas de Mouro 150 B3
Lamastre 111 C1
Lambach 93 C2/3
Lamballe 85 C2
Lambesc 111 D2/3
Lámbia 146 B2/3, 148 A/B2
Lamborn 39 D2, 40 A2
Lambourn 64 A3
Lambrecht 90 B1
Lamegal 159 C2
Lamego 158 B2
Lamía 147 C1
Lamington 57 C2
Lamland 41 C/D3
Lamlash 56 A/B2
Lammasaho 22 B2
Lammasperä 21 C3
Lammhult 51 C1, 72 A1
Lammi 21 C2
Lammi 25 C/D2, 26 A2
Lamminmäki 22 B3
Lamminperä 18 B1/2
Lammu 23 C3
Lamorteau 79 C3
Lamothe-Cassel 109 D1
Lamotte-Beuvron 87 C3
Lampaanjärvi 22 B2
Lampaluoto 24 A1, 41 D1
Lampaul 84 A2

Lampeland 43 D1
Lamperila 22 B2
Lampertheim 80 B3, 90 B1
Lampeter 63 C1
Lampinsaari 18 A3
Lampiselkä 12 B2
Lamposaari 27 C2
Lamppi 24 A1
Lamprechtshausen-Kirchendorf 92 B3
Lämsänkylä 19 D1
Lamsfeld 70 B3
Lamspringe 68 B3
Lamstedt 52 A/B3, 68 A/B1
Lamstedt-Grossenhain 68 A1
Lamu 18 B3, 21 D1, 22 A1
Lamure-sur-Azergues 103 C2
Lana 107 C2
Lanabukt 7 C/D2
Lanaja 154 B3, 162 B1
Lanarce 110 B1
Lanark 56 B2
Láncara 151 C2
Lancaster 54 B3, 59 D1, 60 B2
Lanchester 57 D3, 61 C1
Lanciano 119 D1
Lancin 103 D3, 104 A3
Landåsen 37 D3, 38 A2
Landau 92 B2
Landau 90 B1
Landcross 62 B/C2
Landeck 106 B1
Landedo 151 C3, 159 C1
Landensberg 91 D2
Landerneau 84 A2
Landersfjorden 6 B1/2, 6 B1
Landeryd 50 A/B1
Landesbergen 68 A/B2
Landete 162 A3, 169 C1
Landévant 84 B3
Landin 69 D2
Landivisiau 84 A/B2
Landivy 85 D2, 86 A2
Landkirchen 53 C2/3
Landl 92 A/B3
Landön 29 C/D3, 34 B1
Landquart 106 A1
Landrecies 78 B2/3
Landres 89 C1
Landriano 105 D3, 106 A3, 113 D1
Landsberg 82 B1
Landsberg 91 D2/3, 92 A2/3
Landsbro 51 C1
Landshut 92 B2
Landskrona 49 D3, 50 A3, 72 A1/2
Landstuhl 90 A1
Landvetter 45 C3, 49 D1
Lanestosa 153 C1
Laneuville-sur-Meuse 79 C3, 88 B1
Långå 34 A2/3
Långå 48 B2
Langa 160 A2
Langa de Duero 153 C3, 161 C1
Langa del Castillo 162 A1
Langadás 144 A1/2
Langádia 144 B3
Langadíkia 144 A2
Långåminne 20 A/B2
Langangen 43 D2, 44 A1/2
Långared 45 C3
Långäröd 50 B3
Långås 49 D1/2, 50 A1
Långasjö 51 C2
Langau 94 A1/2
Langayo 152 B3, 160 B1
Långbäcken 30 B1/2
Langballig 52 B2
Långban 39 C3
Långbergsöda 41 C/D2/3
Långbo 39 D1, 40 A1
Langdorf 93 C1
Langeac 102 B3, 110 B1
Langeais 86 B3, 101 C1
Langebæk 53 D2
Långede 40 A1
Långedrag 45 C3, 49 D1

Längelmäki 25 C1
Langelsheim 68 B3
Langen 33 D3
Langen 52 A3, 68 A1
Langen 80 B3
Langen 106 B1
Langen-Neuenwalde 52 A3, 68 A1
Langenaltheim 91 D1/2, 92 A1/2
Langenargen 91 C3
Langenau 91 D2
Langenbach (Freising) 92 A2
Langenberg 67 D3, 68 A3, 80 B1
Langenburg 91 C1
Langeneichstädt 82 A1
Langenenslingen 91 C2
Langenes 8 B1
Langenfeld 80 A1
Langenfeld 80 A2
Längenfeld 106 B1
Langenfeld (Scheinfeld) 81 D3, 91 D1
Langenhagen 68 B2
Langenhahn 80 B2
Langenhorn 52 A/B2
Langenlois 94 A2
Langenmosen 92 A2
Langenneufnach 91 D2
Langenselbold 81 C2/3
Langenthal 105 C1
Langenwang 94 A3
Langenwetzendorf 82 B2
Langenzenn 81 D3, 91 D1
Langeoog 67 D1
Langernyw 59 C2, 60 A3
Langerwehe 79 D2
Langesi 36 A1
Langesø 52 B1
Langesund 43 D2, 44 A1/2
Langevåg 32 A3, 36 B1
Langevåg 42 A1
Langewahl 70 B2/3
Langewiesen 81 D2, 82 A2
Langfjell 14 B2
Langfjord 5 C2
Langfjordbotn 7 C2
Långflon 38 B2
Långforsselet 17 C2
Langhamn 9 C/D1
Långhed 40 A1
Langhirano 114 A1
Langholm 54 B3, 57 C2/3
Länglingen 29 D3, 30 A2, 35 C1
Långlöt 51 D2
Långnäs 41 C/D3
Långnäs 41 C/D3
Långnäs 41 D3
Langnes 4 A3, 9 D1
Langø 53 C2
Langogne 110 B1
Langon 108 B1
Langør 49 C3, 53 C1
Langquaid 92 B1/2
Langraiz 153 C/D2
Langres 89 C2/3
Langrune-sur-Mer 76 B3, 86 A1
Långsådalen 29 C3, 34 A/B1
Langsåvoll 28 B3, 33 D1
Langschlag 93 D2
Långsel 17 C2
Långsel 17 C2
Långsele 30 A1
Långsele 30 B2/3, 35 D1
Långsele 30 A/B3, 35 D2
Långsele 31 C/D1
Långsele 30 B2/3, 35 D1
Långserud 45 C1
Långset 14 A/B2
Långshyttan 40 A2
Långsjön 16 B2/3
Långsjön 47 D1
Långskog 35 D3
Langstrand 5 C1
Långträsk 16 B3

Långträsk 31 C1
Långträsk 17 C/D2
Långträsk 16 B3
Långudden 15 D2
Languidic 84 B2/3
Languilla 161 C1
Langula 81 D1
Langvatn 14 B2/3
Långvattnet 15 C/D3, 30 A1
Langvattnet 31 C2
Långvattnet 30 B2, 35 D1
Långvattnet 31 C1
Långvik 25 C3
Långviken 15 D2/3, 16 A2/3
Långviksmon 31 C2
Långvinds bruk 40 A/B1
Langwedel-Etelsen 68 A/B2
Langweid 91 D2
Langwies 106 A1
Lanhezes 150 A3, 158 A1
Lanildut 84 A2
Lanivet 62 B3
Lanjarón 173 C2
Länke 28 A/B3, 33 C/D1
Länkipohja 25 C1, 26 A1
Lanklaar 79 C/D1/2
Lankojärvi 12 A3, 17 D1
Lankoori 24 A1, 41 D1
Lanmeur 84 B1/2
Länna 47 C1
Lannabruck 46 A1
Lännahom 40 B3
Lannavaara 10 B2/3
Lannemezan 109 C3, 155 C1
Lannevesi 21 D3, 22 A3
Lannilis 84 A1/2
Lannion 84 B1
Lanouaille 101 D3
Lansån 17 C2
Länsi-Aure 20 B3, 24 B1
Länsi-Teisko 25 C1
Länsi-Vuokko 23 C2
Länsikoski 19 D1
Länsikoski 17 D2, 18 A1
Länsikylä 21 C2
Lansjärv 17 C1
Lanslebourg-Mont-Cenis 104 B3
Lanslevillard 104 B3, 112 B1
Lanta 109 D3, 155 D1
Lantadilla 152 B2
Lantto 19 D2/3
Lanuéjols 110 B2
Lanusei 123 D2
Lanvéoc 84 A2
Lanvollon 85 C2
Lány 83 C3
Lanz 69 C/D2
Lanz 108 A3, 154 A1
Lanza 150 B1/2
Lanzahita 160 A3
Lanžhot 94 B2
Lanzo d'Intelvi 105 D2/3, 106 A2
Lanzo Torinese 105 C3, 112 B1
Laon 78 B3
Laons 87 C1/2, 87 C1/2
Lapad 137 C1
Lápafő 128 B2
Lapajärvi 13 C3
Lapalisse 103 C2
Lapallioto 18 A3
Lapalud 111 C2
Lapan 142 B2
Lápas 146 A/B2
Laperdiguera 155 C3
Lapeyrade 108 B2
Lapeyrouse 103 C2
Lapeza 173 C2
Lapford 62 A2, 63 C1
Lapin kirkko 6 B3
Lapinhelvetti 11 C3, 12 A2
Lapinjärvi 25 D3, 26 A/B2
Lapinjärvi 21 D2, 22 A2
Lapinjoki 24 A1/2
Lapinkylä 25 C3
Lapinlahti 22 B2
Lapinneva 20 B3, 24 B1
Lapleau 102 A3
Laplje Selo 138 B1/2

Laplume 109 C2
Lapoblación 153 D2
Lapoutroie 89 D2, 90 A2
Lapovo 134 B2
Lappago/lappach 107 C1
Lappajärvi 21 C2
Lappalaisten kesätuvat 6 A3, 11 C2, 12 A1
Läppe 46 B1
Lappea 12 A2, 17 C/D1
Lappeenranta 27 C2
Lappers 25 C3
Lappersdorf-Hainsacker 92 B1
Lappfjärd/lappväärtti 20 A3
Lappfors 20 B1/2
Lapphaugen 9 D2
Lappi 24 A2
Lappi 19 D2
Lappila 25 D2, 26 A2
Lappo 20 B2
Lappo 24 A3, 41 D2
Lappohja 24 B3
Lappoluobbal 5 C3, 6 A3, 11 C1
Lapponia 6 B3
Lapporten 9 D2, 10 A2
Lappträsk 25 D2, 26 A/B2
Lappträsk 16 A3
Lappvattnet 31 D1
Lappvik 24 B3
Laprade 110 A3
Lapradelle 156 A1
Laprugne 103 C2
Lâpseki 149 C/D1
Lapua 20 B2
Lăpuşna 98 B3, 141 C1
Lăpuşnicel 135 C1
Lapväärtti 20 A3
Łapy 73 C/D3
Laqueuille 102 B3
Laracha 150 A1
Laragh 58 A2/3
Laragne-Montéglin 111 D2
Larbert 56 B1/2
Lärbro 47 D3, 47 D2, 72 B1
Larceveau-Arros-Cibits 108 A3, 154 A/B1
Larchant 87 D2
Larche 101 D3, 109 D1
Larche 112 B2
Lârdal 43 C1/2
Lærdalsøyri 36 B2
Lardaro 106 B2
Larderello 114 B3, 116 A2
Lardero 153 D2
Lárdos 149 D3
Lardosa 158 B3, 165 C1
Laredo 153 C1
Laredorte 87 C1
Laredorte 110 A3, 156 B1
Laren 67 C3
Laren 66 B3
Largentière 111 C1
Largs 56 B2
Lariano 118 B2
Lárimna 147 C/D1/2
Larino 119 D2, 120 A1
Lárisa 143 D3, 148 B1
Larkollen 44 B1
Larmor-Plage 84 B3
Larne 34 A3, 55 D2, 56 A3
Larochette 79 D3
Laroles 173 C/D2
Laroque-d'Olmes 109 D3, 156 A1
Laroque-Timbaut 109 C2
Laroquebrou 109 D1, 110 A1
Larraga 153 D2, 154 A2
Larraona 153 D2
Larrasoaña 108 A3, 154 A1/2
Larrate 153 C2
Larrau 108 A3, 154 B1
Larrazet 109 C2
Larrêt 89 C3
Larseng 4 A3, 9 D1, 10 A1
Larsmo 20 B1
Larsnes 36 A1
Larumbe 108 A3, 154 A1/2
Laruns 108 B3, 154 B1/2
Larv 45 C/D3
Larva 167 D3, 168 A3, 173 C1

Larvik 43 D2, 44 A1/2
Larvik 42 A2
Lärz 69 D1, 70 A1
Las Arenas 152 A/B1
Las Bordas 155 C2
Las Cabezadas 161 C2
Las Cabezas de San Juan 171 D2
Las Caldas 151 D1
Las Casas 154 B3
Las Cuerlas 162 A2
Las Cuevas de Cañart 162 B2
Las Fraguas 153 C/D3, 161 C/D1
Las Herencias 160 A3, 166 B1
Las Illas 156 B2
Las Labores 167 D1/2
Las Majadas 161 D3, 162 A2/3
Las Mesas 167 D1, 168 A1
Las Navas de la Concepción 166 A/B3, 172 A1
Las Navas del Marqués 160 B2
Las Negras 174 A2
Las Nieves 150 A/B3
Las Parras de Castellote 162 B2
Las Pedroñeras 168 A1
Las Pedrosas 154 B3
Las Peralosas 167 C2
Las Preses 156 A/B2
Las Rotas 169 D2
Las Rozas 152 B2
Las Rozas 160 B2
Las Torcas 161 D3, 162 A3
Las Veguillas 159 D2
Las Ventas 153 C2/3
Las Ventas con Peña Aguilera 160 B3, 167 C1
Las Ventas de Retamosa 160 B3
Las Ventas de San Julián 160 A3, 166 B1
Las Vertientes 173 D1
Las Vilás de Tubó 155 C2
Las Villas de Benicasim 163 C3, 169 D1
Lasalle 110 B2
Läsänkoski 26 B1
Lasarte 153 D1, 154 A1
Låsby 48 B2/3
Lascaux (fermées) 109 C/D1
Lascellas 155 C3
Lascelle 102 A/B3, 110 A1
Lascuarre 155 C2/3
Lasel 79 D3, 80 A3
Lasgraisses 109 D2, 110 A2
Lasinja 127 D3, 131 C1
Łasko 71 C2
Laško 127 C2
Laškov 94 B1
Lasovo 135 C3
Laspaúles 155 C2
Lassahn 69 C1
Lassan 70 B1
Lassay 86 A2
Lassee 94 B2
Lassekrog 35 C3
Lasseube 108 B3, 154 B1
Lassigny 78 A3
Lassila 24 B1
Lassing 93 D3
Lassnitz 126 B1
Lasswade 57 C2
Lastanosa 155 C3, 163 C1
Lastebasse 107 C2/3
Lastic 102 A/B3
Lastours 110 A3, 156 A/B1
Lastovo 136 A1
Lastra a Signa 114 B2, 116 B1/2
Lastras de Cuéllar 160 B1
Lastres 152 A1
Låstringe 47 C2
Lastrup 67 D2
Lastukoski 23 C2
Lastva 137 C1
Laterza 121 C2/3
Lathen 67 D2

Latheron 54 B1
Lathus 101 D2
Latiana 121 D2/3
Latikberg 30 B1
Latillé 101 C1/2
Latina 118 B2
Latisana 107 D3, 126 A3
Latorps-bruk 46 A1
Latour-de-France 156 B1
Latovaino 24 B2
Latresne 108 B1
Latrónico 120 B3, 122 A1
Latronquière 109 D1, 110 A1
Latschau 106 A/B1
Latterbach 105 C1/2
Lattuna 13 C2
Latva 18 B3
Latvaset 21 D1, 22 A1
Lau 47 D3
Laubach 80 A3
Laubach 81 C2
Laubrières 85 D2
Laubsdorf 70 B3, 83 D1
Laucha 82 A1
Lauchhammer 83 C1, 96 A1
Lauda-Königshofen 81 C3, 91 C1
Laudal 42 B3
Lauder 57 C2
Laudio 153 C1
Lauenbrück 68 B1/2
Lauenburg 69 C1
Lauenen 104 B2
Lauf 82 A3, 92 A1
Laufach 81 C3
Laufen 92 B3
Laufen 90 A3, 105 C1
Laufenburg 90 B3
Laufenburg (Baden) 90 B3
Lauffen 91 C1
Laugerie 109 C1
Laugharne 62 B1
Laugnac 109 C2
Lauhankylä 24 B1/2
Lauhovd 43 C/D1
Lauingen 91 D2
Laujar de Andarax 173 D2
Laukaa 21 D3, 22 A3
Laukansalo 23 C3
Lauker 16 A/B3
Laukka 18 B2/3
Laukka-aho 23 C2
Laukkala 22 B2
Laukuluspa 10 A3, 10 A3
Laukvik 4 A2, 9 D1
Laukvik 5 C2
Laukvik 4 A2
Laukvik 8 B2
Laukvik 8 B3
Launceston 62 B3
Launois 78 B3
Launonen 25 C2
Laupen 104 B1
Laupheim 91 C2
Laurbjerg 48 B2
Laureana di Borrello 122 A2/3
Laurenburg 80 B2
Laurenzana 120 B3
Lauria 120 B3, 122 A1
Laurière 101 D2
Laurino 120 A3
Lauris-sur-Durance 111 D2
Laurito 120 A3
Lauritsala 27 C2
Lausanne 104 B2
Lauscha 82 A2
Laussonne 111 C1
Lauta 83 C1
Lautakoski 10 B3, 17 C1
Lautamaa 17 D2, 18 A1
Lautaporras 25 C2
Lautela 25 C2
Lautenbach 90 B2
Lautenbach 89 D2/3, 90 A3
Lauter 47 D3, 47 D2
Lauter 82 B2
Lauterbach 81 C2
Lauterbourg 90 B1
Lauterbrunnen 105 C2
Lauterecken 80 A/B3
Lauterhofen 92 A1

Lauterhofen-Traunfeld 92 A1
Lauterstein-Weissenstein 91 C2
Lautertal 81 D2, 82 A2
Lautertal 81 C2
Lautertal-Gadernheim 80 B3
Lautiosaari 17 D3, 18 A1
Lautrec 109 D2/3, 110 A2/3
Lauttakulma 25 C1
Lauttavaara 19 C2
Lauttijärvi 24 A1
Lauvareid 42 A1
Lauvåsen 37 D2
Lauvåsen 37 D2
Lauve 43 D2, 44 A/B1/2
Lauvnes 42 B3
Lauvøy 28 A2, 33 C1
Lauvsjølia 29 C2
Lauvsnes 28 A/B2
Lauvstad 36 A1
Lauvuskylä 23 C/D1
Lauzerte 109 C/D2
Lauzun 109 C1
Lavagna 113 D2
Laval 85 D2, 86 A2
Laval-Atger 110 B1
Lavala 19 D2
Lavamünd 96 A3, 127 C2
Lavangen 9 D2
Lavardac 109 C2
Lavardin 86 B3
Lavau 87 D3
Lavaur 109 D2/3
Lavaveix-les-Mines 102 A2
Lavelanet 109 D3, 156 A1
Lavello 120 B2
Laven 48 B2/3
Lavenham 65 C2
Lavergne 108 B1
Lavezzola 115 C3
Lavia 24 B1
Laviano 120 A2
Lavid de Ojeda 152 B2
Lavik 36 A3
Lavik 9 D1
Lavik 36 A2
Lavínio Lido di Enea 118 B2
Lavis 107 C2
Lavit 109 C2
Låvong 14 A/B2
Lavos 158 A3
Lavoûte-Chilhac 102 B3, 110 B1
Lavre 164 B2
Lávrion 147 D3
Lavry 74 A/B1
Lavsjö 30 A2
Laxå 46 A1/2
Laxbäcken 30 A1
Laxe 150 A1
Laxede 16 B2
Laxenburg 94 B2/3
Laxey 58 B1, 60 A2
Laxo 54 A1
Laxsjö 29 D2/3, 34 B1
Laxsjön 35 D2
Laxtjärn 39 C3
Laxton 61 C3, 64 B1
Laxviken 29 D2/3, 34 B1
Layana 154 A2
Läyliäinen 25 C2
Layna 161 D1/2
Layos 160 B3, 167 C1
Layrac 109 C2
Laytown 58 A1/2
Laz 84 B2
Laza 150 B3
Lazagurría 153 D2
Lazarádes 143 C2/3
Lazarevac 133 D2, 134 A2
Lazarevo 129 D3, 134 A/B1
Lazaropole 138 A/B3
Lazise 106 B3
Lazkao 153 D1/2
Lázně Kynžvart 82 B3
Laznica 135 C2
Lazonby 57 C3, 60 B1
Lazzaro 122 A3, 125 D2

Le Barcarès 156 B1
Le Barp 108 A/B1
Le Béage 111 C1
Le Beausset 111 D3, 112 A3
Le Bec-Hellouin 77 C3, 86 B1
Le Bettex 104 B3
Le Biot 86 A1/2
Le Biot 104 B2
Le Blanc 101 D1
Le Bleymard 110 B1/2
Le Bois 104 B3
Le Boisle 108 B2
Le Bonhomme 89 D2, 90 A2
Le Boréon 112 B2
Le Boulou 156 B2
Le Bourg 109 D1
Le Bourg-d'Oisans 112 A1
Le Bourg-Saint-Léonard 86 A/B1/2
Le Bourget 87 D1
Le Bourget-du-Lac 104 A3
Le Bourgneuf-la-Forêt 85 D2, 86 A2
Le Brassus 104 A2
Le Breuil 103 C2, 103 C2
Le Brugeron 103 C3
Le Bugue 109 C1
Le Buisson 110 B1
Le Buisson-Cussac 109 C1
Le Busseau 100 B1/2
Le Canadel-sur-Mer 112 A3
Le Castella 122 B2
Le Cateau 78 A/B2/3
Le Catelet 78 A2
Le Caylar 110 B2
Le Châble 104 B2
Le Chambon-Feugerolles 103 C3
Le Chambon-sur-Lignon 103 C3, 111 C1
Le Champ-Saint-Père 100 A/B2
Le Château-d'Oléron 100 B2
Le Châtelard 104 B2
Le Châtelard 104 A3
Le Châtelet-en-Berry 102 A1/2
Le Châtelet-en-Brie 87 D2
Le Châtellier 86 A1/2
Le Cheylard 111 C1
Le Chiáviche 114 B1
Le Collet-de-Dèze 110 B2
Le Colombier 111 C1/2
Le Conquet 84 A2
Le Creusot 103 C1
Le Croisic 85 C3
Le Crotoy 77 D2
Le Désert 112 A1
Le Donjon 103 C2
Le Dorat 101 D2
Le Faou 84 A2
Le Faouët 84 B2
Le Ferriere 118 B2
Le Fleix 109 C1
Le Folgoët 84 A1/2
Le Fond-de-France 104 A3, 112 A1
Le Fossat 109 D3, 155 D1
Le Fousseret 109 C3, 155 D1
Le Fromental 110 B1
Le Gault-Perche 86 B2
Le Grand-Bourg 102 A2
Le Grand-Lemps 103 D3
Le Grand-Lucé 86 B2/3
Le Grand-Pressigny 101 C/D1
Le Grau-du-Roi 111 C3
Le Gua 100 B3
Le Havre 76 B3
Le Hérie-la-Viéville 78 B3
Le Hohwald 89 D2, 90 A2
Le Houga 108 B2
Le Lardin 101 D3, 109 C/D1
Le Lauzet 112 A2
Le Lavandou 112 A3
Le Levancher 104 B2/3
Le Liège 87 C3, 101 D1
Le Lion-d'Angers 86 A3
Le Locle 104 B1
Le Logis du Pin 112 A/B2/3
Le Lonzac 102 A3
Le Loroux-Bottereau 85 D3, 100 A/B1

Le Louroux-Béconnais 85 D3, 86 A3
Le Luc 112 A3
Le Lude 86 B3
Le Malzieu-Ville 110 B1
Le Mans 86 B2
Le Mas 112 B2
Le Mas-d'Agenais 109 C1/2
Le Mas-d'Azil 109 D3, 155 D1
Le Masnau-Massuguiès 110 A2
Le Massegros 110 B2
Le May-sur-Evre 86 A3, 100 B1
Le Mayet-de-Montagne 103 C2
Le Mechenin 101 D3
Le Mêle-sur-Sarthe 86 B2
Le Ménil 89 C/D2
Le Merlerault 86 B1/2
Le Mesnil-Amelot 87 D1
Le Mesnil-Herman 85 D1
Le Mirandol 109 D1
Le Moline 114 A1
Le Monastier-sur-Gazeille 110 B1
Le Monêtier-Allemont 111 D1/2, 112 A2
Le Monêtier-les-Bains 112 A1
Le Mont-Dore 102 B3
Le Mont-Saint-Michel 85 D1/2
Le Montenvers 104 B2/3
Le Montet 102 B2
Le Moustier 109 C1
Le Muret 108 A/B1/2
Le Muy 112 A3
Le Neubourg 77 C3, 86 B1
Le Noirmont 89 D3, 104 B1
Le Nouvion-en-Thiérache 78 B3
Le Palais 84 B3
Le Paly 85 C2
Le Pas 110 A2
Le Péage-de-Roussillon 103 D3
Le Perray-en-Yvelines 87 C1/2
Le Perrier 100 A1
Le Perron 86 B2
Le Perthus 156 B2
Le Pin-en-Mauges 86 A3, 100 B1
Le Pin-la-Garenne 86 B2
Le Planey 104 B3
Le Plessis-Belleville 87 D1
Le Poiré-sur-Vie 100 A1
Le Pondy 102 B1
Le Pont 104 A/B1/2
Le Pont-de-Beauvoisin 104 A3
Le Pont-de-Claix 111 D1
Le Pont-de-Montvert 110 B2
Le Pont du Travo 113 D3
Le Pontet 111 C2
Le Pontet 104 A3
Le Pontet 100 B3, 108 B1
Le Ponthou 84 B1/2
Le Porge 108 A1
Le Port-Boulet 86 B3, 101 C1
Le Portel 77 D1/2
Le Pouldu 84 B3
Le Pouliguen 85 C3
Le Pouzin 111 C1
Le Prada 108 B2
Le Prese 106 B2
Le Puy 110 B1
Le Puy-Notre-Dame 101 C1
Le Quesnoy 78 B2
Le Repas 85 D1
Le Rocher-Mézangers 86 A2
Le Roux 112 B1
Le Rozier 110 B2
Le Russey 89 D3, 104 B1
Le Saret 109 D3, 155 D1
Le Sauze 112 A/B2
Le Sel-de-Bretagne 85 D2/3
Le Sépey 104 B2
Le Teil 111 C1
Le Teilleul 85 D2, 86 A2
Le Temple-de-Bretagne 85 C/D3, 100 A1
Le Temple-de-Médoc 108 A1
Le Theil-sur-Huisne 86 B2

Le Thillot 89 D2/3
Le Thor 111 C/D2
Le Thoronet 112 A3
Le Touquet-Paris-Plage 77 D2
Le Tourne 108 B1
Le Touvet 104 A3
Le Translay 77 D2/3
Le Trayas 112 B3
Le Tréport 77 C/D2
Le Truel 110 A2
Le Val André 85 C2
Le Val Richer 86 A/B1
Le Verdon-sur-Mer 100 B3
Le Vernet 112 A2
Le Vernet-la-Varenne 102 B3
Le Veurdre 102 B1
Le Vieux Bourg 85 C/D2
Le Vigan 110 B2
Le Vigean 108 B1
Le Vigen 101 D3
Le Ville 115 C3, 117 C2
Le Vivier-sur-Mer 85 C/D2
Leadenham 61 D3, 64 B1
Leadhills 56 B2
Leányvár 95 D3
Łeba 72 B2
Lebach 89 D1, 90 A1
Lebane 139 C1
Lebbeke 78 B1/2
Lebeña 152 B1
Lébénymiklós 95 C3
Lebesby 6 B1
Łebork (Lauenburg) 72 B2
Lebrija 171 D2
Lebus 70 B2/3
Leca da Palmeira 158 A1/2
Leça do Bálio 158 A1/2
Lecce 121 D3
Lecco 105 D3, 106 A2/3
Lece 138 B1
Lécera 162 B1/2
Lech 106 B1
Lechago 162 A2
Lechbruck 91 D3
Lechená 146 A2
Lechlade 64 A3
Lechovice 94 B1/2
Leči 73 C1
Leciñena 154 B3, 162 B1
Leck 52 A/B2
Lectoure 109 C2
Lecumberri 108 A3, 153 D1/2, 154 A1
Lecumberry 108 A3, 154 A/B1
Łęczyca 73 C3, 96 B1, 97 C1
Łęczyca 71 C1
Ledaña 168 B1
Ledanca 161 C2
Ledbury 63 D1, 64 A2
Ledeč nad Sázavou 83 D3
Ledenika 135 D3, 139 D1
Lederzeele 77 D1, 78 A2
Ledesma 159 D2
Ledesma de Soria 153 D3, 161 D1
Ledeuix 108 B3, 154 B1
Lédignan 111 C2
Leding 30 B2/3
Lednice 94 B1/2
Lednické Rovne 95 C/D1
Ledreborg 49 D3, 53 D1
Lędyczek 71 D1
Lee 48 B2
Leeds 61 C2
Leegebruch 70 A2
Leek 67 C1/2
Leek 59 D2, 60 B3, 64 A1
Leenaun 55 C2
Leende 79 C1
Leer 67 D1
Leer-Loga 67 D1
Leerbeek 78 B2
Leerdam 66 B3
Leese 68 A/B2
Leeuwarden 66 B1
Leezen 68 B1
Lefinnlia 32 B3, 37 C1
Lefkadition 146 B1/2
Lefkás 146 A1, 148 A1/2

Lefkímmi 142 A3, 148 A1
Lefkón 139 D3, 144 A1
Léfktra 146 B3, 148 A/B2
Lefktrá 147 C2
Leganiel 161 C3
Legarda 153 C/D2
Legarda 154 A2
Legau 91 D3
Legazpi 153 D1/2
Legden 67 C/D3
Légé 100 A1
Legionowo 73 C3, 97 C1
Legnago 107 C3, 114 B1
Legnano 105 D3, 106 A3
Legnica (Liegnitz) 96 A/B1
Légny 103 C/D2
Legoland 48 B3, 52 A/B1
Legorreta 153 D1/2
Legrad 128 A2
Legrená 147 D3
Léguevin 109 C/D3, 155 D1
Legutio 153 D1/2
Lehčevo 135 D3
Lehesten 82 A2
Lehmäjoki 20 B2
Lehmen 80 A2/3
Lehmikumpu 17 D2, 18 A1
Lehmivaara 23 C1
Lehmo 23 D2/3
Lehndorf 82 B2
Lehnice 95 C2/3
Lehnin 69 D3, 70 A3
Lehrberg 91 D1
Lehre 69 C3
Lehre-Flechtorf 69 C2/3
Lehrte 68 B2/3
Lehrte-Hämelerwald 68 B2/3
Lehrte-Immensen 68 B2/3
Lehtimäki 21 C2
Lehtiniemi 13 C3, 19 C1
Lehtoi 23 D3
Lehtola 19 C/D2/3, 23 C1
Lehtoperä 21 D1/2, 22 A1/2
Lehtovaara 19 C2
Lehtovaara 19 C1/2
Lehtovaara 19 C2/3, 22 B1
Lehtovaara 12 B2
Lehtovaara 23 D2
Leibnitz 96 A3, 127 C1
Leicester 64 B1/2
Leiden 66 A3
Leidenborn 79 D3
Leiferde 68 B2/3, 69 C2/3
Leigh 59 D2, 60 B3
Leighton Buzzard 64 B2
Leikanger 36 A1
Leikanger 36 B2
Leikanger 36 A1
Leimen (Heidelberg) 90 B1
Leimrieth 81 D2
Leine 37 C2
Leinefelde 81 D1
Leinesodden 14 A2
Leinfelden-Echterdingen 91 C2
Leingarten 91 C1
Leini 105 C3, 113 C1
Leino 19 C2
Leino 27 C2
Leinovaara 23 C/D3
Leinstrand 28 A3, 33 C1/2
Leioa 153 C1
Leipämäki 23 C3
Leipheim 91 D2
Leipivaara 19 C2
Leipojärvi 16 B1
Leipzig 82 B1
Leira 32 B2
Leira 37 C/D3
Leira 28 A3, 33 C1
Leiranger 8 B3
Leirbakk 29 C2
Leirbotn 5 C2, 6 A2
Leiret 38 A/B2
Leirfjord 14 A2
Leiria 158 A3, 164 A1
Leiro 150 B2
Leirosa 158 A3, 164 A1
Leirosen 14 A/B2
Leirvåg 9 C1
Leirvassbu 37 C2

Leirvik 36 A2
Leirvik 28 B1
Leirvik 28 A2/3, 33 C1
Leirvik 42 A1
Leirvika 14 B2
Leisnig 82 B1
Leissigen 105 C2
Leiston 65 D2
Leith 57 C1/2
Leitzersdorf 94 B2
Leitzkau 69 D3
Leivonmäki 25 D1, 26 A/B1
Leivonmäki 23 C3
Leixlip 58 A2
Leiza 153 D1/2, 154 A1
Leizen 69 D1
Leka 14 A3, 28 B1
Lekåsa 45 C3
Lekeitio 153 D1
Lekenik 127 D3
Lekeryd 46 A3
Leknes 32 A3, 36 B1
Leknes 8 A/B2
Łęknica 83 D1
1leko 139 D1/2
Leksand 39 D2
Leksberg 45 D2
Leksvik 28 A3, 33 C1
Lekvattnet 38 B3
Lel'čicy 74 B3, 99 C1
Lelkendorf 69 D1, 70 A1
Lellainen 24 A/B2
Lelystad 66 B2
Lem 48 A3
Lem 48 A2
Lembach 90 A/B1
Lemberg 89 D1, 90 A1
Lemberk 83 D2
Lembeye 108 B3, 155 C1
Lembruch 68 A2
Lemesjö 31 C2
Lemförde 68 A2
Lemgo 68 A3
Lemgow-Schmarsau 69 C2
Lemi 27 C2
Lémie 104 B3, 112 B1
Lemierzyce 70 B2
Lemke (Nienburg-Weser) 68 A/B2
Lemlahti 24 A1, 41 D1
Lemland 41 C/D3
Lemmenjoki 6 B3, 11 D1/2
Lemmer 66 B2
Lemnia 141 C1
Lempäälä 25 C1
Lempdes 102 B3
Lempyy 22 B3
Lemu 24 A/B2
Lemvig 48 A2
Lena 38 A2
Lenart 127 D2
Lences de Bureba 153 C2
Lencloître 101 C1
Lencouacq 108 B2
Lend 92 B3, 107 D1, 126 A1
Lendava 127 D2
Lendinara 115 C1
Lendinez 167 C3, 172 B1
Lendum 48 B1
Lengau 92 B3, 107 D1
Lengdorf 92 B2
Lengefeld 83 C2
Lengenfeld 82 B2
Lengenfeld 81 D1
Lengenfeld 94 A2
Lengenwang 91 D3
Lengerich 67 D2
Lengerich 67 D3
Lenggries 92 A3
Lenggries-Vorderriss 92 A3
Lengronne 85 D1
Lengyeltóti 128 A/B2
Lenhovda 51 C1, 72 A/B1
Lenk im Simmental 105 C2
Lenkovcy 98 B1
Lennartsfors 45 C1
Lennestadt-Altenhundem 80 B1
Lennestadt-Elspe 80 B1
Lennestadt-Kirchveischede 80 B1

Lenningen-Schopfloch 91 C2
Lennoxtown 56 B1/2
Leno 106 B3
Lénola 119 C2
Lenovac 135 C3
Lens 78 B2
Lens 78 A2
Lensahn 53 C3
Lensvik 28 A3, 33 C1
Lenti 127 D2, 128 A2
Lentiira 19 D2/3
Lentiira 19 D2/3
Lenting 92 A2
Lentini 125 C/D3
Lenvik 4 A3, 9 D1
Lenzburg 90 B3, 105 C1
Lenzen 69 C2
Lenzerheide/lai 106 A1/2
Lenzkirch 90 B3
Leoben 93 D3, 94 A3, 96 A3, 127 C1
Leobersdorf 94 B3
Leofreni 117 D3, 118 B1
Leogang 92 B3, 107 D1, 126 A1
Léognan 108 B1
Leominster 59 D3, 63 D1
Léon 108 A2
León 151 D2, 152 A2
Leonberg 91 C2
Léoncel 111 D1
Leondárion 146 B3
Leonessa 117 C/D3, 118 B1
Leonforte 125 C2
Leonídion 147 C3, 148 B2
Leonstein 93 C/D3
Leonte 150 B3, 158 A/B1
Leontion 146 B2
Leopoldov 95 C2
Leopoldsburg 79 C1
Leopoldshagen 70 B1
Leovo 99 C3, 141 D1
Leoz 154 A2
Lepaa 25 C2
Lepel' 74 B2
Lepenski Vir 135 C2
Lepetane 137 C2
Lepikkomäki 23 C3
Lepikontorppa 22 B2
Lepistönmäki 20 B2
Lepoglava 127 D2
Leposavici 138 B1
Lépoura 147 D2, 149 C2
Leppäjärvi 11 C2
Leppäkoski 25 C1, 26 A1
Leppäkoski 25 C2, 26 A2
Leppälä 27 C2
Leppälä 6 B2
Leppälahti 23 C3
Leppälahti 22 B2
Leppälahti 21 D3, 22 A3
Leppälänkylä 21 C2
Leppämäki 23 C3
Leppärinne 21 D1, 23 D2
Leppäselkä 21 D2, 22 A/B2
Leppävesi 21 D3, 22 A3
Leppävirta 22 B3
Leppiaho 18 B1
Leppilampi 25 C2
Leppin 69 C/D2
Leppiniemi 18 B2/3
Lépreon 146 B3
Lepşa 98 B3, 141 C1
Lepsala 25 D1, 26 A/B1
Lepsény 128 B1
Léquile 121 D3
Lerbäck 46 A1/2
Lerberg 43 D1
Lerberget 49 D2/3, 50 A2
Lercara Friddi 124 B2
Lerchenborg 49 C3, 53 C1
Lerdal 45 C2
Lerdala 45 C2
Lerga 154 A2
Lérici 114 A2
Lerín 153 D2, 154 A2
Lerkil 49 D1
Lerma 153 C3
Lermon 29 C1/2
Lermoos 91 D3, 106 B1
Lerna 147 C3

Lérouville 89 C1
Lerrain 89 C2
Lerum 45 C3, 72 A1
Lerwick 54 A1
Les 155 C2
Les Abrets 104 A3
Les Aix-d'Angillon 87 D3,
  102 A/B1
Les Ajustons 110 B1/2
Les Ancizes-Comps 102 B2
Les Andelys 77 C/D3, 87 C1
Les Arcs-sur-Argens 112 A3
Les Aubiers 100 B1
Les Avellanes 155 C/D3,
  163 C1
Les Baux 111 C2
Les Bertins 87 D3, 88 A3,
  102 B1
Les Billaux 108 B1
Les Bordes 87 D3
Les Borges Blanques
  155 C/D3, 163 C/D1
Les Borges del Camp
  163 D1/2
Les Bouchoux 104 A2
Les Brenets 104 B1
Les Cabanes-de-Lapalme
  110 A/B3, 156 B1
Les Cabannes 155 D2,
  156 A1
Les Cabòries 156 A3, 163 D1
Les Calanche 113 D3
Les Cammazès 109 D3,
  110 A3
Les Clots 112 A1
Les Contamines-Montjoie
  104 B3
Les Cortalets 156 A/B2
Les Deux Alpes 112 A1
Les Diablerets 104 B2
Les Eaux-Chaudes 108 B3,
  154 B1/2
Les Échelles 104 A3
Les Escaldes 155 D2, 156 A2
Les Essarts 100 B1
Les Estables 111 C1
Les Étangs 89 C/D1
Les Eyzies-de-Tayac 109 C1
Les Farguettes 110 A2
Les Fins 104 B1
Les Forges 85 D2
Les Forges 85 C2
Les Fourgs 104 A/B1
Les Gets 104 B2
Les Goudes 111 D3
Les Halles 103 C3
Les Haudères 105 C2
Les Hayons 77 C/D3
Les Herbiers 100 B1
Les Hôpitaux-Neufs 104 A/B1
Les Islettes 88 B1
Les Lèches 109 C1
Les Llosses 156 A2
Les Lucs-sur-Boulogne
  100 A1
Les Marécottes 104 B2
Les Matelles 110 B2
Les Mazures 79 C3
Les Mées 111 D2, 112 A2
Les Me)Nuires 104 B3,
  112 A1
Les Mesnuls 87 C1/2
Les Moutiers-les-Mauxfaits
  100 A/B2
Les Ollières-sur-Eyrieux
  111 C1
Les Oluges 155 D3, 163 D1
Les Ormes 101 C1
Les Pargots 104 B1
Les Pieux 76 A3
Les Pilles 111 D1/2
Les Planes d'Hostoles 156 B2
Les Plans-sur-Bex 104 B2
Les Ponts-de-Cé 86 A3
Les Ponts-de-Martel 104 B1
Les Quatre-Bras 78 B2
Les Riceys-Haut 88 B2
Les Rochers 85 D2
Les Rosaires 85 C2
Les Rosiers 86 A3, 101 C1
Les Rousses 104 A2

Les Sables-d'Olonne 100 A2
Les Salles-du-Gardon 111 C2
Les Salles-sur-Verdon
  112 A2/3
Les Settons 88 A/B3, 103 C1
Les Sièges 88 A2
Les Sorinières 85 D3, 100 A1
Les Ternes 110 B1
Les Thilliers-en-Vexin 77 D3,
  87 C1
Les Trois Moutiers 101 C1
Les Vans 111 C1/2
Les Verrières 104 A/B1
Les Vignes 110 B2
Lesaca 108 A3, 154 A1
Lešak 134 B3, 138 A/B1
Lešani 138 B3, 142 B1
Lesbury 57 D2
Lescar 108 B3, 154 B1
Lešče 127 C3, 130 B1
Lesce 126 B2
Lescun 108 B3, 154 B1/2
Lesencefalu 128 A1
Lésina 120 A1
Lesja 32 B3, 37 C1
Lesjaskog 32 B3, 37 C1
Lesjaverk 32 B3, 37 C1
Lesjöfors 39 C3
Leskelä 18 B3, 21 D1, 22 A1
Leskova 138 A1
Leskovac 139 C1, 140 A2
Leskovice 83 D3, 93 D1,
  94 A1
Leskovik 135 C3
Leskoyiku 142 B2
Leslie 57 C1
Lesmont 88 B2
Leśna 83 D1
Lešná 95 C1
Lešnica 133 C1/2
Leśniów Wielki 71 C3
Lesnoje 99 C3, 141 D1
Lesovaara 19 D2
Lesparre-Médoc 100 B3
Lesquin 78 A2
Lessach 126 B1
Lessay 76 A3, 85 D1
Lessebo 51 C2, 72 A/B1
Lessines 78 B2
Lestelle-Bétharram 108 B3,
  154 B1
Lesterps 101 C/D2
Lestijärvi 21 C1
Lesund 32 B1/2
Lesura 135 D3
Leszno 71 D3, 72 B3, 96 B1
Letchworth 64 B2
Letičev 99 C2
Letino 119 C/D2
Letkés 95 D3
Letku 25 C2
Letovanić 127 D3, 131 C1
Letovice 94 B1
Letsbo 35 C3
Letschin 70 B2
Letter 68 B2/3
Letterkenny 55 C2
Lettingsvollan 33 D3
Letur 168 B3
Letuš 127 C2
Letux 162 B1
Letzlingen 69 C2/3
Leuben 83 C1
Leubingen 82 A1
Léuca 121 D3
Leuchars 57 C1
Leuglay 88 B3
Leugnies 78 B2/3
Leuk 105 C2
Leukerbad 105 C2
Leuna 82 A/B1
Leušen' 99 C3
Leutenberg 82 A2
Leutershausen 91 D1
Leutkirch 91 C/D3
Leutkirch-Friesenhofen
  91 C/D3
Leutkirch-Gebrazhofen
  91 C/D3
Leutkirch-Herlazhofen
  91 C/D3

Leutschach 127 C1/2
Leuven 79 C2
Leuze 78 A/B2
Levadiá 147 C2
Levajok fjellstue 6 B2, 6 B2
Leväkylä 22 B3
Lévane 115 C3, 116 B2
Levänen 27 C1/2
Levang 43 D2, 44 A2
Levanger 28 B3, 33 D1
Levani 142 A2
Levanjska Varoš 128 B3,
  132 B1
Levanpelto 24 A/B1
Levanto 25 D2, 26 A2
Lévanto 114 A2
Lévanzo 124 A2
Leväranta 12 B3
Leväsjoki 24 A1
Leveld 37 C3
Leven 54 B2, 57 C1
Levene 45 C2
Levens 112 B2
Leverano 121 D3
Leveråsvallen 34 B3
Leverkusen 80 A1/2
Leverkusen-Opladen 80 A1/2
Levet 102 A1
Levice 95 D2, 96 B2/3
Lévico 107 C2
Levide 47 D3
Levídion 146 B3
Levie 113 D3
Levier 104 A1
Lévignac 109 C/D2/3, 155 D1
Levignen 87 D1
Levijoki 21 C2
Levitunturi 11 D3, 12 A2
Levo oja 18 B2
Levonperä 21 C/D1, 22 A1
Levroux 101 D1, 102 A1
Levski 140 B2
Lewes 76 B1
Lewice 71 C2
Leyburn 54 B3, 59 D1,
  61 C1/2
Leymen 90 A3
Leysin 104 B2
Leżajsk 97 C/D1/2, 98 A1/2
Lezama 156 B1
Lezama 153 C1/2
Lezardrieux 84 B1
Lézat-sur-Lèze 109 D3,
  155 D1
Lezay 101 C2
Lezha 137 D3
Lézignan-Corbières 110 A3,
  156 B1
Ležimir 133 C1
Lézinnes 88 A/B3
Lezoux 102 B2/3
Lezuza 168 A/B2
Lia 28 B3, 33 D1
Lia 8 B1/2
Liabø 32 B2
Liabygda 32 A3, 36 B1
Liancourt 87 D1
Lianokládian 146 B1
Liapádes 142 A3
Liart 78 B3
Liarvåg 42 A2
Liatorp 50 B2, 72 A1
Liaunet 28 B1
Libčeves 83 C2
Libčhov 83 D2
Libeliče 127 C2
Liber 151 C2
Liberec 83 D2, 96 A1
Liběšice 83 C/D2
Líbeznice 83 D2/3
Libin 79 C3
Libochovice 83 C2
Libofsha 142 A1
Libohova 142 B2
Libourne 108 B1
Liboussou 109 C1/2
Librazhdi 138 A3, 140 A3,
  142 B1
Librilla 169 C3, 174 B1
Libros 162 A3
Libuň 83 D2

Lič 127 C3, 130 B1
Licata 124 B3
Licenza 118 B1/2
Liceras 161 C1
Lich 81 C2
Lichás 147 C1
Lichères-près-Aigremont
  88 A3
Lichfield 64 A1
Lichoslavl' 75 D1
Lichtenau 68 A3, 81 C1
Lichtenau 90 B2
Lichtenau 94 A2
Lichtenau-Atteln 68 A3,
  81 C1
Lichtenau-Kleinenberg 81 C1
Lichtenberg 82 A2
Lichtenborn 79 D3
Lichtenegg 94 B3
Lichtenfels 82 A3
Lichtenfels-Goddelsheim
  81 C1
Lichtenfels-Sachsenberg
  81 C1
Lichtensteig 105 D1, 106 A1
Lichtenstein 82 B2
Lichtenstein 91 C2
Lichtenstein-Unterhausen
  91 C2
Lichtenvoorde 67 C3
Lička Kaldrma 131 C2
Lički Jasenica 130 B1
Lički Osik 130 B2
Ličko Lešće 130 B1/2
Ličko Petrovo Selo 131 C1
Licodia Eubea 125 C3
Licq-Atherey 108 A/B3,
  154 B1
Licques 77 D1
Lid 39 C3
Lid 42 B1
Lida 73 D2, 74 A2
Lidar 37 C2
Liden 35 C/D2
Liden 30 A1
Lidgatu 30 A/B3, 35 D1/2
Lidhult 50 B1/2, 72 A1
Lidice 83 C/D2/3
Lidingö 47 C/D1
Lidköping 45 D2
Lido Azzurro 121 C3
Lido degli Estensi 115 C1
Lido dei Pini 118 B2
Lido delle Nazoni 115 C1
Lido di Camaiore 114 A2,
  116 A1
Lido di Copanello 122 B2
Lido di Jésolo 107 D3,
  126 A3
Lido di Metaponto 121 C3
Lido di Mortelle 122 A3,
  125 D1
Lido di Portonuovo 120 B1,
  136 A2/3
Lido di Siponto 120 B1
Lido di Tarquínia 116 B3,
  118 A1
Lido di Volano 115 C1
Lido Silvana 121 C3
Lidón 162 A/B2
Lidoríkion 146 B1/2
Lidsjöberg 29 D2
Lidzbark Warmiński
  (Heilsberg) 73 C2
Liebenau 93 D2
Liebenau (Nienburg-Weser)
  68 A/B2
Liebenthal 70 A2
Liebenwalde 70 A2
Liebertswolkwitz 82 B1
Lieboch 127 C1
Liebschütz 82 A2
Liebstadt 83 C2
Liechtenstein Klamm 93 C3,
  126 A1
Liedakkala 17 D2/3, 18 A1
Liédena 154 A2
Liedenpohja 21 C3
Liedon asema 24 B2
Lieg 80 A3
Liège 79 C2

Liehittäjä 17 C/D2
Liekokylä 18 B1
Lieksa 23 D2
Lielax 24 B3
Lien 29 C3, 34 B1
Lien 29 C3, 34 B1
Lienen 67 D3
Lienen-Kattenvenne 67 D3
Lienz 107 D1, 126 A1
Liepaja 73 C1
Liepen 70 A1
Liepimä 11 C3, 12 A1
Lièpvre 89 D2, 90 A2
Lierbyen 43 D1, 44 A/B1
Liérganes 153 C1
Lierstall 80 A2/3
Liesa 154 B2/3
Liesborn 68 A3, 80 B1
Liesjärvi 21 C3
Lieskau 70 B3, 83 C1
Lieso 25 C2, 26 A2
Liesse 78 B3
Liessel 79 C/D1
Liestal 90 A/B3, 105 C1
Liești 141 C1
Lieto 24 B2
Liétor 168 B2/3
Lietzen 70 B2
Lieurey 77 C3, 86 B1
Lieusaint 87 D2
Lievestuore 21 D3, 22 A3
Lievikoski 24 B1
Lievoperä 18 B3
Liezen 93 C/D3, 96 A3
Liffol-le-Grand 89 C2
Lifjell Turisthotell 43 C/D1/2,
  44 A1
Lifton 62 B3
Ligardes 109 C2
Ligares 159 C2
Úgatne 74 A1
Ligescourt 77 D2
Lignano Pineta 126 A3
Lignano Sabbiadoro 126 A3
Ligné 85 D3
Ligneuville 79 D2
Lignières 102 A1
Ligny-en-Barrois 89 C1/2
Ligny-en-Brionnais 103 C2
Ligny-le-Châtel 88 A2/3
Ligny-le-Ribault 87 C3
Ligónchio 114 A/B2, 116 A1
Ligóurion 147 C3
Ligueil 101 D1
Lihjamo 21 C3
Liikasenvaara 13 C3
Liikavaara 16 B1
Liimattala 22 B2/3
Liinamaa 20 B2
Liinanki 12 A3, 17 D1/2
Liipantönkkä 20 B2
Liitonjoki 21 D2, 22 A2
Liittoperä 21 D1, 22 A1
Lijeva Rijeka 137 D1/2
Likenäs 39 C2
Liléa 147 C1/2
Lilienfeld 94 A2/3
Lilienthal 68 A1/2
Lilienthal-Worpswede 68 A1/2
Liljanovo 139 D3
Liljedal 45 C/D1
Liljendal 25 C2, 26 A2
Lillå 16 B2
Lilla Edet 45 C3
Lillåfors 16 B2
Lillån 46 A/B1
Lilland 9 C2
Lillby 20 B1/2
Lille 78 A2
Lille Lerresfjord 5 C2, 6 A1/2
Lille Skendsved 49 D3, 50 A3,
  53 D1
Lillebonne 77 C3
Lillefjord 5 D1, 6 A1
Lillehammer 37 D2, 38 A1/2
Lillehamn 42 B3
Lilleidet 8 A/B2
Lilleng 9 C2
Lillerød 49 D3, 50 A3, 53 D1
Lillers 78 A2
Lillesand 43 C3

Lillestrøm 38 A3
Lillevollen 28 B3, 33 D1
Lillhärdal 34 B3, 39 C1
Lillholmsjön 29 D3, 34 B1
Lillholmträsk 31 C1
Lillkågeträsk 31 D1
Lillkyro 20 B2
Lillmälö 24 A/B3
Lillmörtsjö 35 C2/3
Lillo 161 C3, 167 D1, 168 A1
Lillögda 30 B1/2
Lillpite 16 B3
Lillsaivis 17 C2
Lillselet 17 C1/2
Lillström 35 C/D2/3
Lillsved 47 D1
Lillviken 29 D2, 30 A2
Lillviken 15 C2
Lima 39 C2
Limanowa 97 C2
Limátola 119 D3
Limay 87 C1
Limbach (Mosbach) 81 C3, 91 C1
Limbach-Oberfrohna 82 B2
Limbaži 73 D1, 74 A1
Limburg 80 B2
Limede 158 A3
Limedsforsen 39 C2
Limenária 140 B3, 145 C2, 149 C1
Limerick (Luimneach) 55 C3
Limes 106 B2
Limhamn 49 D3, 50 A3
Limín 144 B1/2
Liminka 18 A/B2/3
Liminpuro 19 C2/3
Limmared 45 D3, 50 A/B1, 72 A1
Limmen 66 A/B2
Límni 147 C/D1
Límni Ilíki 147 C/D2
Límni Ioánninon 144 A1/2
Límni Kerkínis 139 D3, 144 A1
Limoges 101 D2/3
Limogne 109 D1/2
Limoise 102 B1
Limone Piemonte 112 B2
Limone sul Garda 106 B3
Limonest 103 D2/3
Limours 87 C2
Limoux 110 A3, 156 A1
Limpias 153 C1
Lin 138 A/B3, 142 B1
Lina älv 16 B1
Linanäs 47 D1
Linards 101 D3
Linares 167 C/D3, 173 C1
Linares de la Sierra 165 D3, 171 C1
Linares de Mora 162 B2/3
Linares de Riofrío 159 D2
Linás de Broto 154 B2
Lincluden Abbey 57 C3, 60 A1
Lincoln 61 D3, 64 B1
Linda 82 A2
Lindärva 45 D2
Lindås 36 A3
Lindåskroken 43 D1, 44 A1
Lindau 69 D3
Lindau 91 C3
Lindau 52 B2/3
Linde 48 A2
Lindelse 53 C2
Linden 81 D2
Lindenberg im Allgäu 91 C3
Lindenborg 48 B1/2
Lindenfels 81 C3
Lindenhayn 82 B1
Lindern 67 D2
Linderöd 50 B3
Lindesberg 39 D3, 46 A/B1
Lindesnäs 39 C2/3
Lindesnes 42 B3
Lindfors 39 C3, 45 D1
Lindholm Høje 48 B1
Lindholmen 40 B3, 47 C/D1
Lindlar 80 A1/2
Lindö 46 B2

Lindome 45 C3, 49 D1
Líndos 149 D3
Lindoso 150 B3, 158 A/B1
Lindow 70 A2
Lindsdal 51 D2
Lindshammar 51 C1
Lindwedel-Hope 68 B2
Liné 83 C3
Lingbo 40 A1/2
Linge 32 A3, 36 B1
Lingen 67 D2
Lingen-Brögbern 67 D2
Lingen-Estringen 67 D2
Linghed 39 D2, 40 A2
Lingslätö (Barnens ö) 41 C3
Linguaglossa 125 D2
Linkenheim-Hochstetten 90 B1
Linkka 17 C/D2
Linköping 46 B2
Linkuva 73 D1, 74 A1
Linlithgow 57 C1/2
Linna 21 C3
Linnankylä 20 B3
Linnankylä 21 D2/3, 22 A2/3
Linnerud 38 A/B1/2
Linneryd 51 C2
Linnes 38 B1
Linnes 29 C2, 34 B1
Linnés Hammarby 40 B3
Linnich 79 D2
Linsell 34 B3
Linthal 105 D1, 106 A1
Linthe 70 A3
Linton 65 C2
Lintorpet 38 B2
Lintula 11 D3, 12 A1/2
Lintulan luostari 23 C3
Linvika 14 B2
Linxe 108 A2
Linyola 155 D3, 163 C/D1
Linz 80 A2
Linz 93 D2, 96 A2/3
Lion 76 B3, 86 A1
Lioni 120 A2
Lípari 125 C/D1
Lipe 134 B2
Lipenec 83 C2
Liperi 23 C3
Lipiany 71 C2
Lipica 126 B3
Lipik 128 A3, 131 D1
Lipinki Łużyckie 71 C3, 83 D1
Lipinvaara 23 C1
Lipka 71 D1
Lipkany 98 B2
Lipkovo 138 B2
Lipljan 138 B1/2
Lipník nad Bečvou 95 C1
Lipno 73 C3
Lipno 71 D3
Lipno nad Vltavou 93 C/D2
Lipolist 133 C1
Lipomo 105 D3, 106 A3
Liposthey 108 A/B2
Lipova 140 A1
Lipovac 135 C3
Lipovac 133 C1
Lipovec 99 C2
Lipovo Polje 130 B1/2
Lippetal-Herzfeld 67 D3, 68 A3, 80 B1
Lippetal-Lippborg 67 D3, 80 B1
Lippó 128 B3
Lippstadt 68 A3, 80 B1
Lippstadt-Benninghausen 68 A3, 80 B1
Lippstadt-Hörste 68 A3, 80 B1
Liptál 95 C1
Liptovská Lúžna 95 D1
Liptovská Osada 95 D1
Liptovská Teplá 95 D1
Liptovský Mikuláš 97 C2
Lipůvka 94 B1
Liria 162 B3, 169 C1
Lirkía 147 C3
Lis 138 A3
Lisac 132 A/B2
Lisboa 164 A2
Lisburn 54 A3, 55 D2, 56 A3

Liseleje 49 D3
Liselund 53 D2
Líšeň 94 B1
Lisiera 107 C3
Lisieux 86 B1
Lisina 134 B3, 138 A/B1
Liskeard 62 B3
Lisle-sur-Tarn 109 D2
Lisma 11 D2, 12 A/B1
Lišnja 132 A1
Lišov 93 D1
Lisovići 132 B1/2
Lispeszentadorján 128 A2
Lisse 66 A3
Lisskogsåsen 39 C2
Lissus 137 D3
List 52 A2
Lísta 142 B3
Listed 51 D3
Listerby 51 C2
Lištica 132 A/B3, 136 B1
Lit 29 D3, 34 B2
Lit-et-Mixe 108 A2
Litava 95 D2
Litcham 65 C1
Litchfield 64 A/B3, 76 A1
Liteň 83 C/D3
Lithaiká 146 A3
Lití 143 D1/2, 144 A1/2
Litice 83 C3
Litija 127 C2
Litlos 42 B1
Litmaniemi 23 C2/3
Litobratřice 94 B1
Litóchoron 143 D2
Litoměřice 83 C/D2, 96 A1
Litschau 93 D1
Litslena 40 B3, 47 C1
Litsnäset 29 D3, 34 B2
Littiäinen 17 C/D2
Little Moreton Hall 59 D2, 60 B3, 64 A1
Little Petherick 62 B3
Little Walsingham 65 C1
Littlehampton 76 B1
Littleport 65 C2
Litvínov 83 C2, 96 A1
Liubcova 135 C1/2
Liukkunen 23 D2
Liumseter 37 D2
Livaderón 143 C2
Livádion 144 A2
Livádion 143 C/D2
Livanátai 147 C1
Livarot 86 B1
Livártzion 146 B2
Livata 118 B2
Livek 126 A/B2
Liverá 143 C2
Livernon 109 D1
Liverpool 59 C/D2, 60 B3
Livigno 106 A/B2
Liviöjärvi 17 C1
Livno 131 D3, 132 A2/3
Livo 18 B1/2
Livø 48 A/B2
Livold 127 C3
Livonniska 19 C1
Livonsaari 24 A2
Livorno 114 A3, 116 A2
Livorno Antignano 114 A3, 116 A2
Livorno Ferráris 105 C3, 113 C1
Livorno Quercianella 114 A/B3, 116 A2
Livron-sur-Drôme 111 C1
Livry-Gargan 87 D1
Lixheim 89 D1, 90 A2
Lizard 62 B3
Lizartza 153 D1, 154 A1
Lizoáin 154 A2
Lizy-sur-Ourcq 87 D1, 88 A1
Lizzano 121 C3
Lizzano in Belvedere 114 B2, 116 A1
Lizzola 106 A/B2
Ljig 133 D2, 134 A2
Ljønåvoll 33 D3

Ljønes 15 C1
Ljørdal 38 B1
Ljøsheim 38 A1/2
Ljosland 42 B2
Ljubaništa 142 B1
Ljuben 140 B2/3
Ljubija 131 C/D1
Ljubimec 141 C3, 145 D2
Ljubin 138 B2
Ljubina 132 B2
Ljubinić 133 D2, 134 A2
Ljubinje 137 C1
Ljubiš 133 D3, 134 A3
Ljubljana 96 A3, 126 B2
Ljubno 127 C2
Ljubojno 140 A3, 142 B1, 148 A1
Ljuboml' 97 D1, 98 A1
Ljubostinja 134 B3
Ljubovija 133 C2
Ljubuški 132 A3, 136 B1
Ljugarn 47 D3, 72 B1
Ljung 45 C/D3
Ljungå 35 C2
Ljungaverk 35 C2/3
Ljungby 50 B1/2, 72 A1
Ljungbyhed 50 A2/3
Ljungbyholm 51 D2, 72 B1
Ljungdalen 34 A2
Ljungsarp 45 D3, 50 B1
Ljungsbro 46 B2
Ljungskile 45 C2/3
Ljuså 16 B2
Ljusdal 40 A1
Ljusfallshammar 46 A/B2
Ljusfors 46 B2
Ljusliden 15 C3, 29 D1
Ljusne 40 A/B1
Ljusnedalen 34 A2/3
Ljusterö 41 C3, 47 D1
Ljustorp 35 D2/3
Ljusträsk 16 A/B2/3
Ljusvattnet 31 D1
Ljutice 133 D2, 134 A2
Ljutoglava 138 B2
Ljutomer 127 D2
Lladorre 155 D2
Lladurs 155 D3, 156 A2
Llafranc 156 B2
Llagostera 156 B2/3
Llamas de la Ribera 151 D2
Llanbadarn-Fynydd 59 C3
Llanberis 59 C2, 60 A3
Llancà 156 B2
Llandeilo 63 C1
Llandinabo 63 D1
Llandovery 63 C1
Llandrindod Wells 59 C3, 63 C1
Llandudno 59 C2, 60 A3
Llandyssul 62 B1
Llanelli 62 B/C1
Llanerchymedd 58 B2
Llanes 152 A/B1
Llanfaethlu 58 B2
Llanfair Caereinion 59 C3
Llanfairfechan 59 C2, 60 A3
Llanfarian 59 C3
Llanfihangel Ystrad 59 C3, 63 C1
Llanfyllin 59 C3
Llangadock 63 C1
Llangefni 58 B2, 60 A3
Llangoed 60 A3
Llangollen 59 C2/3, 60 A/B3
Llangranog 62 B1
Llangurig 59 C3
Llanidloes 59 C3
Llanrwst 59 C2, 60 A3
Llanthaedr ym Mochnant 59 C3, 60 A/B3
Llanthony Priory 63 C/D2, 63 C/D1
Llantrisant 63 C1/2
Llanwrda 63 C1
Llanwrtyd Wells 63 C1
Llanymynech 59 C/D3
Llardecans 163 C1
Llavorsí 155 D2
Lledó 156 B2
Lleida 155 C3, 163 C1

Llera 165 D2/3, 166 A2/3
Llerena 165 D3, 166 A3
Llers 156 B2
Lles 155 D2, 156 A2
Llessui 155 D2
Llimiana 155 D3
Llinars de l'Aigua d'Ora 155 D2/3, 156 A2
Llivia 156 A2
Lloret de Mar 156 B3
Lloseta 157 D1
Llovio 152 A1
Llubí 157 D1
Llucmajor 157 D1
Llwyngwril 59 C3
Llyswen 63 C1
Lnáře 83 C3, 93 C1
Lo 30 B3, 35 D2
Lo 78 A1/2
Löa 39 D3
Loanhead 57 C2
Loano 113 C2
Loarre 154 B2
Löbau 83 D1, 96 A1
Lobbæk 51 D3
Lobbsch-Waldwimmersbach 91 C1
Löbejün 69 D3, 82 A/B1
Lobenstein 82 A2
Lobera de Onsella 154 B2
Löberöd 50 B3
Łobez 71 C1
Lobn'A 75 D1
Löbnitz 53 D3
Löbnitz 82 B1
Lobón 165 D2
Lobor 127 D2
Loburg 69 D3
Łobżenica 71 D1
Locana 104 B3
Locarno 105 D2
Locate di Triulzi 105 D3, 106 A3
Loccum 68 A/B2
Lochaline 54 A2, 55 D1, 56 A1
Lochboisdale 54 A2, 55 C/D1
Lochbuie 56 A1
Lochcarron 54 A2, 55 D1
Lochdonhead 56 A1
Lochearnhead 56 B1
Lochem 67 C3
Loches 101 D1
Lochgelly 57 C1
Lochgilphead 54 A2, 55 D1, 56 A1
Lochgoilhead 56 A/B1
Lochinver 54 A1
Lochmaben 57 C2/3, 60 A1
Lochmaddy 54 A2
Łochowice 71 C3
Lochranza 56 A2
Lochvica 99 D1
Lochwinnoch 56 B2
Lockerbie 57 C3, 60 A/B1
Lockne 34 B2
Locknevi 46 B3
Löcknitz 70 B1
Locksta 30 B2
Locmaria 84 B3
Locmariaquer 84 B3, 85 C3
Locminé 85 C2/3
Locorotondo 121 C2
Locri 122 A/B3
Locri Epizefiri 122 A3
Locronan 84 A2
Loctudy 84 A2/3
Lodares de Osma 153 C3, 161 C1
Lodby 46 B2
Lødding 28 B1
Lodè 123 D1/2
Lodenau 83 D1
Lodersleben 82 A1
Löderup 50 B3
Loderups strandbad 50 B3
Lodève 110 B2/3
Lodi 105 D3, 106 A3, 113 D1
Løding 14 B1
Lødingen 9 C2
Lodosa 153 D2, 154 A2

Lödöse 45 C3
Łódź 73 C3, 97 C1
Loeches 161 C2/3
Loen 32 A3, 36 B1
Loenen 67 C3
Løfallstrand 42 A1
Lofer 92 B3
Löffingen 90 B3
Lofsdalen 34 A3
Loftahammar 46 B3
Lofthouse 59 D1, 61 C2
Lofthus 36 B3
Lofthus 9 C3
Loftus 61 C1
Log 126 A/B2
Loga 42 B3
Logatec 126 B2/3
Lögdeå 31 C2/3
Logišin 74 A3
Logodaš 139 D2
Lõgow 69 D2, 70 A2
Lograto 106 A/B3
Logron 87 C2
Logroño 153 D2
Logrosán 166 A/B1
Logstein 28 A3, 33 C1
Løgstør 48 B1/2
Loguivy-Plougras 84 B2
Løgumkloster 52 A/B2
Lohals 53 C2
Lohärad 40 B3
Lohberg 93 C1
Lohéac 85 C/D2/3
Lohiaanta 19 C1
Lohijärvi 12 A3, 17 D2
Lohijoki 21 D1, 22 A1
Lohikoski 27 C1
Lohiniva 12 A2, 17 D1
Lohjan asema 25 C3
Lohmar 80 A2
Lohmar-Wahlscheid 80 A2
Lohmen 53 D3, 69 D1
Lohmen 83 C1/2
Löhnberg 80 B2
Löhnberg-Niederhausen
    80 B2
Löhne 68 A3
Lohne 67 D2, 68 A2
Lohnsburg 93 C2
Lohnsfeld 80 B3, 90 A/B1
Loholm 15 D2
Lohr 81 C3
Lohra 80 B2
Lohsa 83 D1
Lohtaja 21 C1
Loiano 114 B2, 116 B1
Loiching 92 B2
Loiching-Wendelskirchen
    92 B2
Loimaa 24 B2
Loimaan maalaiskunta 24 B2
Lóiri 123 D1
Loivos 150 B3, 158 B1
Loja 172 B2
Lojev 75 C3, 99 C/D1
Lojsta 47 D3
Løjt Kirkeby 52 B1/2
Loka Brunn 39 C3, 46 A1
Lokakylä 21 D2, 22 A2
Lokalahti 24 A2, 41 D2
Lokca 95 D1
Loke 34 B2
Løken 37 C2
Løken 38 A3, 44 B1
Løkeng 4 B2
Loker 78 A2
Lokeren 78 B1
Loket 82 B2/3
Lokka 13 C2
Løkken 28 A3, 33 C2
Løkken 48 B1
Lokkiperä 21 C1
Loknja 74 B1
Lokve 127 C3, 130 B1
Lokve 126 B2
Lollar 80 B2
Lom 32 B3, 37 C1
Lom 135 D3, 140 B2
Loma-Koli 23 D2
Lomajärvi 11 D3, 12 A2
Lomåsen 29 D3, 34 B1

Lomåsen 29 D3, 34 B1
Lombardore 105 C3
Lombez 109 C3, 155 D1
Lombheden 17 C2
Lomello 113 D1
Lomen 37 C2
Lominchar 160 B3
Lomma 50 A3
Lommatzsch 83 C1
Lomme 78 B2
Lommel 79 C1
Lomnice 82 B2/3
Lomnice nad Lužnicí 93 D1
Lompolo 11 D2/3, 12 A1
Lomsjö 30 A/B2
Łomża 73 C/D3
Lonato 106 B3
Lončari 132 B1
Lončarica 128 A3
Londinières 77 C/D3
London 65 C3
Londonderry 54 A3, 55 C/D2
Lonevåg 36 A3
Long Compton 64 A2
Long Eaton 61 C3, 64 A/B1
Long Melford 65 C2
Long Stratton 65 D2
Long Sutton 61 D3, 65 C1
Longaníkos 146 B3, 148 B2
Longare 107 C3
Longares 162 A1
Longarone 107 D2
Longeau 89 C3
Longega/zwischenwasser
    107 C1/2
Longeville 100 A2
Longeville-les-Saint-Avold
    89 D1
Longford 55 C2
Longformacus 57 C/D2
Longhorsley 57 D2/3
Longjumeau 87 D1/2
Longlaville 79 C/D3
Longleat House 63 D2, 63 D1,
    64 A3
Longlier 79 C3
Longnes 87 C1
Longnor 61 C3, 64 A1
Longny-au-Perche 86 B2
Longobucco 122 B1
Longpont 87 D1, 88 A1
Longpont 87 C/D2
Longpré-les-Corps-Sainte
    77 D2
Longré 101 C2
Longridge 59 D1, 60 B2
Longroiva 158 B2
Longton 59 D2/3, 60 B3,
    64 A1
Longtown 57 C3, 60 B1
Longué 86 A3
Longueville-sur-Scie 77 C3
Longuyon 79 C3, 89 C1
Longvic 88 B3, 103 D1
Longwy 79 C/D3
Lonigo 107 C3
Lonin 28 A2, 33 C1
Löningen 67 D2
Löningen-Wachtum 67 D2
Lonja 128 A3, 131 D1
Lonkka 19 D2
Lönnewitz 83 C1
Lönnhammar 25 C3
Lonny 78 B3
Lons-le-Saunier 103 D1,
    104 A1/2
Lönsboda 50 B2, 72 A1
Lønsdal 15 C1
Lønset 33 C2/3
Lønset 32 A2
Lønstrup 48 B1
Loon op Zand 66 B3, 79 C1
Loon-Plage 77 D1
Loosdorf 94 A2
Lopar 130 B1
Lopare 133 C1/2
Lopătari 141 C1
Lopatica 138 B3, 143 C1
Lopera 167 C3, 172 B1
Loporzano 154 B2/3
Loppa 4 B2

Loppersum 67 C1
Loppi 25 C2
Loqueffret 84 B2
Lora de Estepa 172 A/B2
Lora del Río 171 D1, 172 A1
Loranca de Tajuña 161 C2
Loranca del Campo 161 C/D3
Loràs 29 D3, 35 C1
Lorca 174 A1
Lorch 91 C2
Lorch 80 B3
Lordosa 158 B2
Loreley 80 A/B3
Lorentzweiler 79 D3
Lorenzago di Cadore 107 D2
Lorenzana 151 C1
Lorenzana 151 D2, 152 A2
Lorenzo 113 D3
Loreo 115 C1
Loreto 117 D2
Loreto Aprutino 119 C1
Lórev 129 C1
Lorgues 112 A3
Lórica 122 B2
Lorient 84 B3
Loriga 158 B3
Loriguilla 162 B3, 169 C1
Loriol-sur-Drôme 111 C1
Lormes 88 A3, 103 C1
Loro Ciuffenna 115 C3,
    116 B2
Loro Piceno 115 D3, 117 D2
Lorquin 89 D1/2, 90 A2
Lörrach 90 A3
Lorrez-le-Bocage 87 D2
Lorris 87 D2/3
Lorsch 80 B3
Lörudden 35 D3
Lorup 67 D2
Lorvão 158 A3
Los 39 C1
Los Alares 166 B1
Los Alcázares 174 B1
Los Arañoñes 154 B2
Los Arcos 153 D2
Los Balbases 152 B2/3
Los Barrios 172 A3
Los Barrios de Bureba 153 C2
Los Berengueles 173 C2
Los Cerralbos 160 A/B3,
    167 C1
Los Corrales 172 A2
Los Corrales de Buelna
    152 B1
Los Cortijos 167 C1/2
Los Hinojosos 161 C3,
    167 D1, 168 A1
Los Marines 165 D3, 171 C1
Los Martínez 169 C3, 174 B1
Los Molares 171 D2
Los Molinos 160 B2
Los Morenos 166 B3, 172 A1
Los Navalmorales 160 A/B3,
    166 B1
Los Navalucillos 160 A/B3,
    166 B1
Los Nogales 151 C2
Los Olmos 162 B2
Los Palacios y Villafranca
    171 D2
Los Rábanos 153 D3, 161 D1
Los Santos 159 D2
Los Santos de la Humosa
    161 C2
Los Santos de Maimona
    165 D2/3, 166 A2/3
Los Valencianos 174 A1
Los Villares 173 C1
Los Villares de Soria 153 D3,
    161 D1
Los Yebenes 160 B3, 167 C1
Losa del Obispo 162 B3,
    169 C1
Loscos 162 A/B1/2
Løset 38 A1
Loshamn 42 B3
Losheim 79 D3, 80 A3
Loshult 50 B2
Løsning 48 B3, 52 B1
Losomäki 23 C2
Losovaara 19 C2

Lossa/finne 82 A1
Lossburg 90 B2
Losse 108 B2
Losser 67 C3
Lossiemouth-Branderburgh
    54 B2
Lössnitz 82 B2
Lossvik 9 C3
Lostwithiel 62 B3
Löt 51 D1
Lote 36 A/B1
Loten 42 A2
Løten 38 A2
Lotorp 46 B2
Lotte 67 D3
Lottefors 40 A1
Löttorp 51 D1
Lotyń 71 D1
Lotzorai 123 D2
Louargat 84 B1/2
Loubeyrat 102 B2
Loučeň 83 D2
Loučka 95 C1
Loudéac 85 C2
Loudes 103 C3, 110 B1
Loudun 101 C1
Loue 17 D2, 18 A1
Loué 86 A2
Louejärvi 12 A3, 17 D2
Louejoki 12 A3, 17 D2, 18 A1
Loughborough 64 B1
Loughbrickland 58 A1
Loughor 63 C1
Lougratte 109 C1
Louhans 103 D1/2
Louhisaari 24 A2
Louhossoa 108 A3, 154 A1
Louisiana 49 D3, 50 A3,
    53 D1
Loukee 26 B1
Loukeinen 23 C2
Loukkojärvi 18 B2
Louko 20 B3
Loukolampi 22 B3
Loukusa 19 C1
Loulay 100 B2
Loulé 170 B2
Louny 83 C2, 96 A1/2
Lourdes 108 B3, 155 C1
Lourdes 150 B1
Lourdios-Ichère 108 B3,
    154 B1
Louredo 150 B3, 158 A/B1
Loures 164 A2
Loures-Barousse 109 C3,
    155 C1
Lourical 158 A3, 164 A/B1
Lourinhã 164 A1/2
Loúros 146 A1
Lourosa 158 B3
Lourosa 158 A2
Loury 87 C2
Lousã 158 A3
Lousa 164 A2
Lousada 158 A1
Lousame 150 A2
Louth 61 D3, 65 C1
Louth 58 A1
Loutrá 145 C2
Loutrá 144 A1/2
Loutrá Aridéas 143 C1
Loutrá Edipsoú 147 C1
Loutrá Eleftherón 140 B3,
    144 B1/2
Loutrá Ipátis 146 B1
Loutrá Irmínis 146 A2
Loutrá Kaiáfa 146 B3,
    148 A/B2
Loutrá Kaïtsis 146 B1
Loutrá Killínis 146 A2
Loutrá Sidirókastrou 139 D3,
    144 A1
Loutrá Smokóvou 146 B1
Loutrá Vólvis 144 A2
Loutrákion 147 C2
Loutrákion 146 A1
Loutrón 146 A1
Loutrón Elénis 147 C2
Loutrós 145 D1
Loutrós 143 D3
Loútsa 147 D2

Louveigné 79 C2
Louvie-Juzon 108 B3, 154 B1
Louviers 77 C3, 87 C1
Louvigné du-Désert 85 D2
Louvois 88 A/B1
Louvres 87 D1
Lövånger 31 D1/2
Lovanperä 21 D1, 22 A1
Lövås 30 B1/2
Løvås 43 D1/2, 44 A1
Lovasbereny 95 D3, 128 B1
Lövåsen 30 A3, 35 C1/2
Lovászpatona 95 C3,
    128 A/B1
Lövberg 29 D1
Lövberga 30 A2, 35 C1
Lövdalen 34 A/B2
Loveč 140 B2
Løvenborg 49 C/D3, 53 D1
Lóvere 106 A/B3
Lóvero 106 B2
Lövestad 50 B3
Lovikka 17 C1
Lovinac 131 C2
Lovios 150 B3, 158 A/B1
Loviš3e 136 A/B1
Lövnäs 39 C1
Lövnäs 30 A1
Lövö 94 B3, 128 A1
Lovosice 83 C2
Løvøyen 33 D2
Lovran 126 B3, 130 A1
Lovreč 130 A1
Lovreć 131 D3, 132 A3
Lovrenc na Pohorju 127 C2
Løvrødsvollen 33 C/D2
Lövsjön 39 C2/3
Lövstabruk 40 B2
Lövstrand 30 A1
Lövtjärn 40 A1/2
Lovund 14 A2
Lövvattnet 31 D1
Lövvik 35 D2
Lövvik 35 D2
Lövvik 30 A2
Lowdham 61 C3, 64 B1
Löwenberg 70 A2
Löwenstein 91 C1
Lowestoft 65 D2
Łowicz 73 C3, 97 C1
Łowicz Wałecki 71 C1
Loxstedt 68 A1
Loxstedt-Bexhövede 68 A1
Loxstedt-Dedesdorf 68 A1
Loxstedt-Stotel 68 A1
Löytana 21 D2, 22 A2
Löytövaara 19 C1
Löyttymäki 25 C/D2, 26 A2
Löytynmäki 22 B2
Lož 126 B3
Lozen 139 D1/2
Łozice 70 B1/2
Loznica 133 C2
Loznicy 75 C1
Lozôac 131 C2
Lozovik 134 B2
Lozoya 160 B2
Lozoyuela 161 C2
Lozzo di Cadore 107 D2
Luanco 151 D1
Luarca 151 C1
Lubań (Lauban) 83 D1, 96 A1
Lubanowo 70 B1/2
Lübars 69 D3
Lubasz 71 D2
Lübbecke 68 A3
Lübben 70 B3, 72 A3, 96 A1
Lübbenau 70 B3
Lubczyna 70 B1
Lübeck 53 C3, 69 C1
Lübeck-Travemünde 53 C3,
    69 C1
Lubenec 83 C2/3
Lubia 150 D3, 161 D1
Lubiatowo 71 C1/2
Lubiesz 71 C/D1
Lubieszewo 71 C1
Lubiń 71 D3
Lublin 96 A/B1
Lublin 97 C/D1, 98 A1

Lubliniec 96 B1
Lubniewice 71 C2
Lubno 71 D1
Lubny 99 D1/2
Lubochňa 95 D1
Luboń 71 D2/3
Lubosz 71 C/D2
Łubowo 71 D1
Lubrín 174 A2
Lubrza 71 C3
Lubsko 71 C3
Lübtheen 69 C1
Luby 82 B2/3
Lübz 69 D1
Luc-en-Diois 111 D1
Lucainena 173 C/D2
Lucainena de las Torres
 173 D2, 174 A2
Lucan 58 A2
Lúcar 173 D1/2
Luçay-le-Mâle 101 D1
Lucca 114 A/B2, 116 A1
Luče 127 C2
Lucelle 89 D3, 90 A3, 104 B1
Lucena 172 B1/2
Lucena de Jalón 154 A3,
 162 A1
Lucena del Cid 162 B3
Lucena del Puerto 171 C1/2
Lucenay-l'Évêque 103 C1
Lučenec 97 C2/3
Luceni 154 A/B3, 162 A1
Lucens 104 B1/2
Lucera 120 A1
Luché-Pringé 86 A/B3
Luchente 169 D2
Lüchow 69 C2
Luciana 167 C2
Lučice 133 D3, 134 A/B3
Lucignano 115 C3, 116 B2
Lucillo 151 C/D2
Lucillos 160 A/B3, 166 B1
Lucito 119 D2, 120 A1
Luck 97 D1, 98 B1
Lucka 82 B1
Luckau 70 A/B3, 72 A3,
 96 A1
Luckenwalde 70 A3, 72 A3,
 96 A1
Lucksta 35 D3
Lückstedt 69 C/D2
Luco de' Marsi 119 C2
Luco de Bordón 162 B2
Luçon 100 B2
Ludbreg 127 D2, 128 A2
Lüdenscheid 80 A/B1
Lüderitz 69 D2
Lüdersdorf 53 C3, 69 C1
Lüdge-Elbrinxen 68 A/B3
Lüdge-Rischenau 68 A/B3
Ludgershall 64 A3, 76 A1
Ludgo 47 C2
Ludiente 162 B3
Lüdinghausen 67 D3, 80 A1
Ludlow 59 D3
Ludomy 71 D2
Luduș 97 D3, 98 A3, 140 B1
Ludvika 39 D3
Ludwigsau 81 C2
Ludwigsau-Ersrode 81 C1/2
Ludwigsburg 91 C1/2
Ludwigsdorf 83 D1
Ludwigsfelde 70 A3
Ludwigshafen 80 B3, 90 B1
Ludwigshafen Am Bodensee
 91 C3
Ludwigslust 69 C1
Ludwigsstadt 82 A2
Ludza 74 B1
Luelmo 159 D1
Luesia 154 B2
Luesma 162 A/B1/2
Lug 129 C3, 133 C1
Lug 129 C3
Lug 137 C1
Lugagnano Val d'Arda 114 A1
Lugán 152 A2
Lugano 105 D2, 106 A2
Lugar Nuevo 167 C3, 172 B1
Lugar Nuevo de Fenollet
 169 C/D2

Lugau 82 B2
Lügde 68 A/B3
Lugendorf 94 A2
Ługi 71 C2
Lugnano in Teverina 117 C3,
 118 A/B1
Lugnarohögen 50 A2
Lugnås 45 D2
Lugnvik 29 D3, 34 B2
Lugnvik 30 B3, 35 D2
Lugny 103 D2
Lugo 115 C1/2, 116 B1
Lugo 150 B1/2
Lugoj 140 A1
Lugones 151 D1
Lugros 173 C2
Lugueros 151 D1/2, 152 A2
Lugugnana 107 D3, 126 A3
Luhačovice 95 C1
Luhalahti 24 B1
Luhanka 25 D1, 26 A1
Luhe-Wildenau 82 B3, 92 B1
Luhtapohja 23 D2/3
Luhtikylä 25 D2, 26 A2
Luikonlahti 23 C2
Luino 105 D2
Luintra 150 B2
Luiro 12 B2
Luisenthal 81 D2
Lújar 173 C2
Lúka 95 C2
Luka 130 B2/3
Luka 136 B1
Luka 136 B1
Luka 132 B3
Luka 135 C2
Luka-Barskaja 99 C2
Lukácsháza 94 B3, 127 D1,
 128 A1
Lukare 138 A1
Lukavac 132 B2
Lukavac 132 B3, 137 C1
Lukavec 83 D3, 93 D1
Lukavica 132 B1
Lukićevo 129 D3, 133 D1,
 134 A1
Lukino 75 D2/3
Lukkarila 22 B2
Lukkaroinen 18 A3
Lukovica 127 C2, 127 C2
Lukovit 140 B2
Lukovo 138 A/B3, 142 B1
Lukovo 134 B3, 138 B1
Lukovo 135 C3
Lukovo-Šugarje 130 B2
Łuków 73 C/D3, 97 C/D1,
 98 A1
Luksefjell 43 D1/2, 44 A1
Lula 123 D2
Luleå 17 C3
Lüleburgaz 141 C3
Lumbarda 136 B1
Lumbier 154 A2
Lumbrales 159 C2
Lumbreras 153 D3
Lumbres 77 D1/2
Lumijoki 18 A2/3
Lumio 113 D2
Lummelunda 47 D3, 47 D2
Lummelunds bruk 47 D3,
 47 D2
Lummimetsö 18 A3
Lummukka 20 B2
Lumparland 41 C/D3
Lumpiaque 154 A3, 162 A1
Lumsheden 40 A2
Luna 154 B2/3
Lunano 115 C/D2, 117 C1/2
Lunas 110 B2/3
Lund 50 A3, 72 A1/2
Lund 28 B1
Lund 53 D1/2
Lunda 40 B3, 47 C1
Lundbäck 31 D1
Lunde 30 B3, 35 D2
Lunde 43 C/D2, 44 A1
Lunde 36 B2
Lunde 37 D2, 38 A1
Lundeborg 53 C2
Lundeby 44 B1
Lundebyvollen 38 B2

Lunden 52 A/B2/3
Lundenes 9 C1/2
Lunderseter 38 B2/3
Lunderskov 48 B3, 52 B1
Lundkälen 29 D3, 34 B2
Lundsberg 45 D1, 46 A1
Lundsbrunn 45 D2
Lundsjön 29 D3, 34 B1
Lünebach 79 D3
Lüneburg 68 B1
Lunel 111 C2/3
Lünen 67 D3, 80 A1
Lunestedt 68 A1
Lunéville 89 D2
Lungern 105 C1
Lungro 122 A1
Lungsjön 30 A3, 35 C1
Luninec 74 A/B3, 98 B1
Lunkkaus 13 C2
Lunnäset 34 A/B2/3
Lunndörsstugan 34 A2
Lünne 67 D2
Lunow 70 B2
Lunz am See 93 D3
Luode 21 C3, 25 C1
Luogosanto 123 D1
Luopa 20 B3
Luopajärvi 20 B3
Luopioinen 25 C1
Luoppoperä 19 C2
Luostanlinna 23 C2
Luosu 11 C3, 12 A2
Luoto 20 B1
Luotola 26 B2
Luovankylä 20 A/B3
Lupac 135 C1
Lupeni 135 D1, 140 B1
Lupiac 109 C2/3, 155 C1
Lupiana 161 C2
Lupiñén 154 B2/3
Lupión 167 D3, 173 C1
Lupoglav 127 D3
Lupoglav 126 B3, 130 A1
Luppa 82 B1
Luque 172 B1
Lúras 123 D1
Lurbe-Saint-Christau 108 B3,
 154 B1
Lurcy-Lévy 102 B1
Lure 89 D3
Lureuil 101 D1
Lurgan 58 A1
Lurgrotte 127 C1
Luri 113 D2
Lurøy 14 A2
Lury-sur-Arnon 102 A1
Lus-la-Croix-Haute 111 D1
Lušci Palanka 131 C1/2
Lüsens 107 C1
Lusévera 126 A2
Lushnja 142 A1, 148 A1
Lusi 25 D1, 26 A1
Lusiana 107 C3
Lusignan 101 C2
Lusigny-sur-Barse 88 B2
Lusminki 19 D1
Lusón/lüsen 107 C1
Luspa 10 B2
Luss 56 B1
Lussac 108 B1
Lussac-les-Châteaux 101 C/D2
Lussac-les-Eglises 101 D2
Lussan 111 C2
Lustad 28 B2, 33 D1, 34 A1
Lustenau 91 C3, 106 A1
Luštěnice 83 D2
Luster 36 B2
Lutago/luttach 107 C1
Lutherstadt Wittenberg 69 D3,
 70 A3, 72 A3
Lütjenburg 53 C3
Lutnes 38 B1/2
Lutol Suchy 71 C2/3
Luton 64 B2/3
Luton Hoo 64 B2/3
Lutry 104 B2
Lutta 24 A1/2
Lütte 69 D3
Lutter am Barenberge 68 B3
Lutterworth 64 B2
Lutzelbourg 89 D1/2, 90 A2

Lützen 82 B1
Lutzerath 80 A3
Lutzmannsburg 94 B3
Lützow 53 C3, 69 C1
Luujoki 18 A/B1
Luukkola 27 C1
Luukkonen 27 C1
Luumäen asema 27 C2
Luumäki 27 C2
Luupujoki 22 B1
Luupuvesi 22 B1
Luusniemi 22 B3, 26 B1
Luusua 12 B3
Luutalahti 23 D3
Luvia 24 A1
Luvos 16 A1
Luxembourg 79 D3
Luxeuil-les-Bains 89 C/D3
Luxey 108 B2
Luyego 151 D2
Luyères 88 B2
Luynes 86 B3
Luz 170 A2
Luz 170 B2
Luz-Saint-Sauveur 108 B3,
 155 C1
Lužani 128 A/B3, 132 A/B1
Luzarches 87 D1
Luzás 155 C2/3
Luzenac 155 D2, 156 A1
Luzern 105 C1
Lužki 74 B2
Luzo 158 A2/3
Luzón 161 D2
Luzy 103 C1
Luzzara 114 B1
Luzzi 122 A/B1
Lwówek 71 C/D2
Lychen 70 A1/2
Lycke 45 C3, 45 C3
Lyckeby 51 C2
Lycksele 31 C1
Lydd 77 C1
Lydham 59 C/D3
Lydney 63 D1, 64 A3
Lye 47 D3
Lyestad 45 D2
Lygna 37 D3, 38 A2
Lykintö 23 C1
Lykkja 37 C3
Lykkja 37 C2
Lykosoura 146 B3
Lyly 25 C1
Lylykylä 19 C2
Lylyvaara 23 D2/3
Lyme Regis 63 C/D2/3,
 63 C/D1/2
Lymington 76 A1
Lympne 77 C1
Lyndhurst 76 A1
Lyne 48 A3, 52 A1
Lyngdal 43 D1
Lyngdal 42 B3
Lyngseidet 4 B3, 10 A1
Lyngsnes 28 B1
Lyngvær 8 B2
Lynton 63 C2, 63 C1
Lyø 52 B2
Lyökki 24 A2, 41 D2
Lyon 103 D3
Lyons-la-Forêt 77 C/D3, 87 C1
Lysá nad Labem 83 D2/3
Lysá pod Makytou 95 C/D1
Lysebotn 42 B2
Lysekil 44 B3
Lysekloster 36 A3, 42 A1
Lysnes 9 D1
Lysøysund 28 A2/3, 33 C1
Lyss 104 B1
Lystrup 48 B2
Lysvoll 9 C2
Lytham 59 C/D1/2, 60 B2
Lytham Saint Anne's
 59 C/D1/2, 60 B2
Lyxaberg 15 D3, 30 B1

M

Maakeski 25 D1, 26 A1
Maalahti 20 A2, 31 D3
Maalismaa 18 B2
Maam Cross 55 C2
Maaninka 22 B2
Maaninkavaara 13 C3
Maanselkä 23 C1
Maarala 27 C1
Maaria 24 B2
Maarianhamina 41 C3
Maarianvaara 23 C2
Maarlanperä 21 D1, 22 A/B1
Maarssen 66 B3
Maaseik 79 C/D1
Maaselka 19 D2/3
Maasmechelen 79 C2
Maasmolm-Bad 52 B2
Maassluis 66 A3
Maastricht 79 C/D2
Määttälä 21 C1
Määttälänvaara 19 D1
Maavesi 22 B3
Mablethorpe 61 D3, 65 C1
Macael 173 D1/2, 174 A1/2
Maçanet de Cabrenys 156 B2
Maçanet de la Selva 156 B3
Mação 164 B1
Maccagno 105 D2
Macchiagódena 119 D2
Macchiareddu 123 C/D3
Macclesfield 59 D2, 60 B3,
 64 A1
Maceda 150 B2/3
Macedo de Cavaleiros 151 C3,
 159 C1
Maceira 158 B2
Macelj 127 D2
Macerata 117 D2
Maceráta Féltria 115 C/D2,
 117 C1
Machault 88 B1
Machecoul 100 A1
Macherádon 146 A3
Machilly 104 A/B2
Machliny 71 D1
Machrihanish 56 A2
Machynlleth 59 C3
Macieira 158 A1
Măcin 141 C/D1
Macinaggio 113 D2
Mácine 115 D3, 117 C/D2
Mačkat 133 C/D3, 134 A3
Macken 80 A2/3
Mackenrode 81 D1
Mačkovci 127 D1
Macocha 94 B1
Macomér 123 C2
Macon 78 B3
Mâcon 103 D2
Macotera 160 A2
Macquenoise 78 B3
Macroom 55 C3
Macugnaga 105 C2/3
Mačul'niki 75 C2
Macure 131 C2
Madan 145 C1
Madängsholm 45 D3
Madaras 129 C2
Maddalena 112 B1
Maddalena Spiággia
 123 C2/3
Maddaloni 119 D3
Made 66 A/B3, 79 C1
Madeira 158 B3, 164 B1
Madekoski 18 B2
Maderuelo 161 C1
Madésimo 105 D2, 106 A2
Madetkoski 12 B1/2
Madlan 42 A2
Madona 74 A1
Madonna del Bosco 115 C1
Madonna della Neve
 117 C/D3, 118 B1
Madonna della Pace 118 B2
Madonna di Campíglio
 106 B2
Madonna di Ponte 105 D2

Madonna di Tirano 106 B2
Madrid 160 B2/3, 161 C2/3
Madrid El Pardo 160 B2
Madridejos 167 D1
Madrigal 161 C1
Madrigal de la Vera 159 D3, 160 A3
Madrigal de las Altas Torres 160 A2
Madrigalejo 166 A2
Madrigalejo del Monte 153 C3
Madriguera 161 C1
Madrigueras 168 B1/2
Madrona 160 B2
Madroñera 166 A1
Maella 163 C1/2
Mäenkylä 21 C3
Mäentaka 24 B2
Mäeruş 141 C1
Maesteg 63 C1
Maeztu 153 D2
Mafalda 119 D2, 120 A1
Mafjordhamn 5 C1, 6 A1
Mafra 164 A2
Magacela 166 A2
Magalas 110 B3
Magallón 154 A3, 162 A1
Magán 160 B3, 167 C1
Magaña 153 D3, 161 D1
Magasa 106 B3
Magaz de Cepeda 151 D2
Magdala 82 A2
Magdeburg 69 C/D3
Magellara 138 A3
Magenta 105 D3
Magerholm 32 A3, 36 B1
Magesq 108 A2
Maggia 105 D2
Maghera 54 A3, 55 D2
Magione 115 C3, 117 C2
Maglaj 132 B2
Maglavit 135 D2
Magleby 53 C2
Maglehem 50 B3
Magliano de' Marsi 119 C1/2
Magliano in Toscana 116 B3, 118 A1
Magliano Sabina 117 C3, 118 B1
Maglič 133 D3, 134 A/B3
Máglie 121 D3
Magnac-Laval 101 D2
Magnières 89 D2
Magnor 38 B3
Magny-Cours 102 B1
Magny-en-Vexin 87 C1
Mágocs 128 B2
Magolsheim 91 C2
Magouládes 142 A3
Maguelone 110 B3
Maguilla 166 A3
Magura 138 B1/2
Magura 135 C/D3
Magyaratád 128 B2
Magyaregregy 128 B2
Magyarfalva 94 B3
Magyarkeszi 128 B1/2
Magyarmecske 128 B2/3
Magyarszék 128 B2
Mahide 151 C/D3, 159 C1
Mahlsdorf 69 C2
Mahón 157 D1
Mahora 168 B1/2
Mahovo 127 D3
Mähring 82 B3
Maials 163 C1
Măicăneşti 141 C1
Maicas 162 B2
Maîche 89 D3, 104 B1
Máida 122 A/B2
Máida Marina 122 A2
Maidan 135 C1
Maiden Castle 63 D2/3, 63 D1/2
Maiden Newton 63 D2/3, 63 D1
Maidenhead 64 B3
Maidstone 65 C3, 77 C1
Maienfeld 105 D1, 106 A1
Maiero 115 C1

Maigmo 169 C/D2/3
Maignelay 77 D3, 78 A3
Mailhac-sur-Benaize 101 D2
Maillat 103 D2, 104 A2
Maillezais 100 B2
Mailly-la-Ville 88 A3
Mailly-le-Camp 88 B1/2
Mainar 162 A1/2
Mainburg 92 A2
Mainburg-Lindkirchen 92 A2
Mainhardt 91 C1
Mainiemi 26 B1
Mainleus 82 A3
Mainleus-Buchau 82 A3
Mainsat 102 A2
Maintenon 87 C2
Mainua 19 C2/3, 22 B1
Mainz 80 B3
Maiorca 158 A3
Maiorga 164 A1
Maiori 119 D3
Mairena del Alcor 171 D1/2
Mairos 151 C3, 158 B1
Maisach 92 A2
Maisey-le-Duc 88 B3
Maison Forestière 113 D2
Maison-Laffitte 87 C/D1
Maison-Rouge 87 D2, 88 A2
Maissau 94 A2
Maisse 87 D2
Maissin 79 C3
Maitenbeth 92 B2
Maivala 27 C1
Maizières-lès-Metz 89 C1
Maizières-lès-Vic 89 D1/2, 90 A2
Maja 127 D3, 131 C1
Majadas 159 D3, 166 A1
Majaelrayo 161 C1/2
Majava 19 C/D1
Majavasuvanto 13 C2
Majavatn 14 B3, 29 C1
Majdan 129 D2
Majdanpek 135 C2
Majilovac 134 B1/2
Majkić Japra 131 C1
Majovakylä 18 B1
Makarska 131 D3, 132 A3, 136 A/B1
Makejevskoje 75 D1
Mäkelä 25 D2, 26 A2
Mäkikylä 21 C3
Makkola 23 C3, 27 C1
Makkola 21 D3, 22 A/B3
Makó 97 C3, 129 D2, 140 A1
Makole 127 C/D2
Makov 95 D1, 96 B2
Makovac 138 B1
Makovo 138 B3, 143 C1
Makrakómi 146 B1, 148 B1/2
Mákri 145 D1
Makríammos 145 C1/2
Makriráchi 146 B1
Maksamaa 20 B2
Maksaticha 75 D1
Maksniemi 17 D3, 18 A1
Mæl 43 C1
Malå 16 A3
Malá 173 C2
Mala Bršljanica 128 A3
Mala Čista 131 C3
Mala Kladuša 131 C1
Mala Krsna 134 B2
Mala Mitrovica 133 C1, 134 A1
Mala Subotica 127 D2
Malá-Vännäs 16 A3
Malacky 94 B2, 96 B2
Málaga 172 B2
Málaga del Fresno 161 C2
Malagón 167 C2
Malaguilla 161 C2
Malahide 58 A2
Malahvianvaara 19 D2/3
Malaja Viska 99 D2
Malalbergo 115 C1
Malanquilla 154 A3, 161 D1, 162 A1
Malarby 24 B3
Mälarhusens strandbad 50 B3
Mäläskä 18 B3

Malaucène 111 D2
Malaunay 77 C3
Mälävaara 13 C3
Malax 20 A2, 31 D3
Malborghetto 126 A2
Malbork (Marienburg) 73 C2
Malborn 80 A3
Malbuisson 104 A/B1
Malcésine 106 B3
Malchin 53 D3, 69 D1, 70 A1
Malching 93 C2
Malchow 69 D1
Malcocinado 166 A3
Maldegem 78 A/B1
Maldon 65 C3
Malè 106 B2
Malefougasse 111 D2, 112 A2
Malemort-sur-Corrèze 101 D3, 102 A3, 109 D1
Mælen 28 B2
Malente 53 C3
Mälerås 51 C1
Malesco 105 C/D2
Malesherbes 87 D2
Malesína 147 C1/2
Malestroit 85 C3
Maletićevo 134 B1
Malexander 46 A/B3
Malfa 125 C1
Malga Mare 106 B2
Malgrat de Mar 156 B3
Malhadas 151 C/D3, 159 C1
Malham 59 D1, 60 B2
Malhu 21 C/D3, 22 A3
Mali Borak 133 D2, 134 A2
Mali Đerdap 135 C1/2
Mali Idoš 129 C2
Mali Lošinj 130 A/B2
Mali Zvornik 133 C2
Malicorne-sur-Sarthe 86 A/B3
Malijai 112 A2
Mälilla 51 C1, 72 B1
Malin 99 C1
Malingsbo 39 D3
Malinska 130 A/B1
Maliqi 142 B1/2
Mališevo 138 A/B1/2
Maliskylä 21 C/D1, 22 A1
Maljasalmi 23 C2/3
Maljevac 131 C1
Maljovica 139 D2
Malkara 141 C3, 149 C/D1
Malkenes 42 A1
Malkilla 23 C3
Malko Târnovo 141 C3
Mallaig 54 A2, 55 D1
Mållångssta 39 D1, 40 A1
Mallaranny 55 C2
Mallemort 111 D2
Mallén 154 A3, 162 A1
Mallersdorf-Pfaffenberg 92 B2
Málles Venosta/mals 106 B1/2
Malling 48 B3
Mallinkainen 25 C2, 26 A2
Malliss 69 C1/2
Mallnitz 126 A1
Mallow 55 C3
Mallusjoki 25 D2, 26 A2
Malm 28 B2, 33 D1
Malmåsen 38 B1
Malmbäck 46 A3, 50 B1
Malmberget 16 B1
Malmédy 79 D2
Malmesbury 63 D1, 64 A3
Malmköping 47 C1
Malmö 50 A3, 72 A2
Malmön 44 B2
Malmslätt 46 B2
Malnes 8 B2
Malo 107 C3
Malo Konjari 138 B3, 143 C1
Malo-les-Bains 77 D1, 78 A1
Maloja 106 A2
Malojaroslavec 75 D2
Malonty 93 D2
Malorita 73 D3, 97 D1, 98 A1
Malovăţu 135 C/D1/2
Måløy 36 A1

Malpartida 160 A2
Malpartida de Cáceres 165 D1
Malpartida de Corneja 159 D2, 160 A2
Malpartida de la Serena 166 A2
Malpartida de Plasencia 159 D3, 165 D1, 166 A1
Malpas 59 D2, 60 B3
Malpica 150 A1
Malpica 160 A/B3, 167 C1
Malpica 158 B3, 165 C1
Malpica de Arba 154 A/B2
Malsch (Karlsruhe) 90 B1/2
Malschwitz 83 D1
Målselv 4 A3, 9 D1, 10 A1
Målsetsløl 36 B2/3
Malsfeld 81 C1
Malšice 93 D1
Malsjö 45 C/D1
Målsnes 4 A3, 9 D1, 10 A1
Målsryd 45 C/D3
Malsta 40 B1
Malstedt 68 A/B1
Malta 126 A/B1
Malta 159 C2
Maltat 103 C1
Maltbränna 31 C1
Maltby 61 C3
Malterdingen 90 A/B2
Malterhausen 70 A3
Maltesholm 50 B3
Malton 54 B3, 61 C/D2
Maluenda 162 A1
Mælum 43 D2, 44 A1
Malung 39 C2
Malungen 35 D3
Malungen 38 A/B2
Malungsfors 39 C2
Małuszów 71 C2/3
Malva 151 D3, 152 A3, 159 D1, 160 A1
Malveira 164 A2
Malveira da Serra 164 A2
Malvik 28 A3, 33 C/D1/2
Malý Krtíš 95 D2
Malženice 95 C2
Mamaia 141 D2
Mamarrosa 158 A2
Mambrillas de Lara 153 C3
Mamers 86 B2
Mammendorf 92 A2
Mamming 92 B2
Mámmola 122 A3
Mamoiada 123 D2
Mamolar 153 C3
Mamone 123 D2
Mamonovo (Heiligenbeil) 73 C2
Mamuräi 137 D3
Manacor 157 D1
Manacore 120 B1
Manamansalo 18 B3
Mañaria 153 D1
Manasija 134 B2
Mănăstirea Tismana 135 D1
Mancera de Abajo 160 A2
Mancera de Arriba 160 A2
Mancha Real 167 C/D3, 173 C1
Manchester 59 D2, 60 B3
Manchita 165 D2, 166 A2
Manchones 162 A1/2
Manciano 116 B3, 118 A1
Manciet 108 B2
Mancourt-sur-Orne 89 C1
Mandal 42 B3
Måndalen 32 A2/3, 36 B1
Mandanici 125 D2
Mándas 123 D3
Mandatoríccio 122 B1
Mandayona 161 C/D2
Mandello del Lário 105 D2/3, 106 A2/3
Manderscheid 79 D3, 80 A3
Mandling 93 C3, 126 A/B1
Mandø 52 A1
Mandoúdion 147 D1
Mándras 147 D2
Mandres-la-Côte 89 C2

Mandrica 145 D1
Mandúria 121 C/D3
Mane 109 C3, 155 D1
Manerba del Garda 106 B3
Mañeru 153 D2, 154 A2
Mâneset 28 B1
Mánesis 146 B3
Manětín 83 C3
Maneviči 97 D1, 98 B1
Mánfa 128 B2
Manfredónia 120 B1
Mangalia 141 D2
Mángana 145 C1
Mangen 38 B3
Manger 36 A3
Mångsbodarna 39 C1/2
Mangskog 38 B3, 45 C1
Mangualde 158 B2
Manhay 79 C2
Manheulles 89 C1
Maniago 107 D2, 126 A2
Maninghem-au-Mont 77 D2
Manisa 149 D2
Manises 169 C/D1
Manjärv 16 B2/3
Manjaur 31 C1
Mank 94 A2/3
Mankala 25 D2, 26 A/B2
Månkarbo 40 B2/3
Mankila 18 A/B3
Manlleu 156 A2
Mánna 147 C2
Mannersdorf am Leithagebirge 94 B3
Mannersdorf an der Rabnitz 94 B3, 127 D1
Mannervaara 23 D3
Mannheim 80 B3, 90 B1
Männikkö 17 C1
Männikkövaara 19 C1
Mannila 24 B2
Manningtree 65 C/D2
Mannseterbakken 33 D3
Manojlovac slap 131 C2/3
Manolás 146 A2
Manoppello 119 C1
Manosque 111 D2
Manresa 156 A3, 163 D1
Mansares 158 A2
Månsåsen 34 B2
Manschnow 70 B2
Mansfeld 82 A1
Mansfield 61 C3, 64 B1
Mansilla 153 C3
Mansilla de las Mulas 152 A2
Mansle 101 C2
Mansoniemi 24 B1
Månsta 39 C1
Manteigas 158 B2/3
Mantel 82 B3
Mantes 87 C1
Mantgum 66 B1/2
Manthelan 101 C/D1
Mantiel 161 C/D2
Mäntijärvi 12 A3
Mantila 20 B3
Mäntlahti 26 B2
Måntorp 30 A1
Mantorp 46 A/B2
Mántova 106 B3, 114 B1
Mäntsälä 25 D2, 26 A2
Mänttä 21 C3
Mäntyharju 26 B1
Mäntyharjun asema 26 B1
Mäntyjärvi 19 C1
Mäntylahti 22 B2
Mäntylänperä 18 A3
Mäntylärvi 23 C2
Mäntyluoto 24 A1, 41 C1
Mäntyvaara 17 C1
Manzac-sur-Vern 101 C3, 109 C1
Manzalvos 151 C3
Manzanal de Arriba 151 C/D3
Manzanares 167 D2
Manzanares el Real 160 B2
Manzaneque 160 B3, 167 C1
Manzanera 162 B3, 169 C1
Manzanilla 171 C1/2
Manzat 102 B2

Manziana 118 A1
Maoča 132 B1
Maqueda 160 B3
Mar de Cristal 174 B1
Mar'ina Gorka 74 B2/3
Mara 162 A1
Maradik 133 D1, 134 A1
Maråkerby 40 A/B1
Maranchón 161 D2
Maranello 114 B1
Marano 114 B2, 116 A/B1
Marano di Nápoli 119 C/D3
Marano Lagunare 126 A3
Marans 100 B2
Mǎrǎşeşti 141 C1
Marateca 164 A/B2
Marathías 146 B2
Marathón 147 D2
Marathópolis 146 B3
Maraye-en-Othe 88 A2
Marazion 62 A/B3
Marazoleja 160 B2
Marazovel 161 C/D1
Marbach 91 C1
Marbach an der Donau 93 D2, 94 A2
Marbache 89 C1
Mårbacka 39 C3, 45 D1
Marbella 172 A/B2/3
Marboz 103 D2
Mårbu 43 C1
Marburg 80 B2
Marburg-Cappel 80 B/C2, 81 C2
Marby 29 D3, 34 B2
Marc 155 D2, 156 A1
Marça 163 C/D1/2
Marcali 128 A2
Marcaltő 95 C3, 128 A1
Marčana 130 A1
Marcaria 106 B3, 114 B1
Marcelová 95 C/D3
Marcén 154 B3, 162 B1
Marcena 106 B2
Marcenais 101 C3, 108 B1
Marcenat 102 B3
Mârčevo 135 D3
March 65 C2
March-Hugstetten 90 A/B2/3
Marchais 78 B3
Marchamalo 161 C2
Marchaux 89 C3, 104 A1
Marche-en-Famenne 79 C2/3
Marchegg 94 B2, 96 B2/3
Marchena 172 A1/2
Marchenoir 87 C3
Marcheprime 108 A/B1
Marchiennes 78 A2
Marchtrenk 93 C/D2
Marciac 108 B3, 155 C1
Marciana 116 A3
Marciana Marina 116 A3
Marcianise 119 C/D3
Marcigny 103 C2
Marcilhac-sur-Celé 109 D1
Marcillac-la-Croisille 102 A3
Marcillac-la-Croze 102 A3, 109 D1
Marcillac-Vallon 110 A1/2
Marcillat-en-Combraille 102 A/B2
Marcilloles 103 D3
Marcilly-en-Gault 87 C3
Marcilly-sur-Eure 87 C1
Marcilly-sur-Seine 88 A2
Marck 77 D1
Marckolsheim 90 A2
Marco 106 B2/3
Marco de Canaveses 158 A/B1/2
Marcoing 78 A2/3
Mårdaklev 50 A1
Marden 63 D1
Mardie 87 C2/3
Mårdsel 16 B2
Mårdsjö 30 A1/2
Mårdsund 29 C3, 34 B2
Mære 28 B2, 33 D1
Marèges 102 A3
Mareilly-en-Villette 87 C3
Mareilly-le-Hayer 88 A2

Marennes 100 B2/3
Maresquel 77 D2
Maretz 78 A/B3
Mareuil-en-Brie 88 A1
Mareuil-le-Port 88 A1
Mareuil-sur-Arnon 102 A1
Mareuil-sur-Aÿ 88 A1
Mareuil-sur-Belle 101 C3
Mareuil-sur-Lay 100 B1/2
Mareuil-sur-Ourcq 87 D1, 88 A1
Marevo 75 C1
Margam 63 C1
Margarítion 142 B3
Margate 65 D3, 77 C/D1
Margaux 100 B3, 108 B1
Margerie 88 B2
Margès 103 D3, 111 C/D1
Margherita di Savóia 120 B1/2, 136 A3
Marghita 97 C/D3, 98 A3
Margone 104 B3, 112 B1
Margonin 71 D2
Margut 79 C3
María 173 D1, 174 A1
Maria Alm am Steinernen Meer 92 B3, 107 D1, 126 A1
María de Huerva 154 B3, 162 A/B1
María de la Salud 157 D1
Maria Elend 126 B2
Maria Laach 80 A2
Maria Neustift 93 D3
Maria Saal 126 B1/2
Maria Taferl 94 A2
Maria Wörth 126 B2
Mariager 48 B2
Marialva 158 B2
Marianka 94 B2
Mariannelund 46 B3, 51 C1, 72 B1
Marianópoli 124 B2
Mariánské Lázně 82 B3
Mariapfarr 126 B1
Mariazell 94 A3, 96 A3
Maribo 53 C/D2
Maribor 96 A3, 127 C/D2
Marica 141 C3
Marieberg 17 C2
Marieby 34 B2
Mariedamm 46 A2
Mariefred 47 C1
Mariehamn 41 C3
Marieholm 50 A3
Marielyst 53 D2
Marienberg 83 C2
Marienborg 53 D2
Marienhagen 68 B3
Marienheide 80 A1
Marienmünster 68 A/B3
Marienmünster Bredenborn 68 A/B3
Mariental 69 C3
Mariënvelde 67 C3
Mariestad 45 D2
Marifjøra 36 B2
Marignane 111 D3
Marigny 85 D1
Marigny-le-Châtel 88 A2
Marija Bistrica 127 D2
Marikostinovo 139 D3, 140 B3, 144 A1
Marín 150 A2
Marina 131 C3
Marina del Cantone 119 D3
Marina di Alberese 116 A/B3
Marina di Amendolara 120 B3, 122 B1
Marina di Andora 113 C2
Marina di Badolato 122 B2/3
Marina di Belvedere 122 A1
Marina di Camerota 120 A3
Marina di Campo 116 A3
Marina di Carrara 114 A2, 116 A1
Marina di Castagnet Donorático 114 B3, 116 A2
Marina di Castellaneta 121 C3
Marina di Cécina 114 A/B3, 116 A2

Marina di Chiéuti 119 D2, 120 A1
Marina di Fuscaldo 122 A1
Marina di Gáiro 123 D2
Marina di Gioiosa Iónica 122 A/B3
Marina di Grosseto 116 A/B3
Marina di Lícola 119 C3
Marina di Mancaversa 121 D3
Marina di Maratea 120 A/B3, 122 A1
Marina di Massa 114 A2, 116 A1
Marina di Nováglie 121 D3
Marina di Orosei 123 D2
Marina di Palma 124 B3
Marina di Pietrasanta 114 A2, 116 A1
Marina di Pisa 114 A2/3, 116 A2
Marina di Ragusa 125 C3
Marina di Sant'António 122 B2/3
Marina di Sorso 123 C1
Marina di Torre Grande 123 C2
Marina di Vasto 119 D1/2
Marina San Giovanni 119 D1
Marina San Vito 119 D1
Marina Schiavonea 122 B1
Marine d'Albo 113 D2
Marine de Meria 113 D2
Marine De Porticciolo 113 D2
Marine de Sisco 113 D2
Marineo 124 B2
Marines 77 D3, 87 C1
Marines 162 B3, 169 C/D1
Maringues 102 B2
Marinha Grande 158 A3, 164 A1
Marinkainen 21 C1
Marino 118 B2
Mariol 102 B2
Mariotto 120 B2
Maristova 37 C2
Marjaliza 167 C1
Marjaniemi 18 A2
Marjoniemi 25 D1, 26 A1
Marjotaipale 25 D1, 26 B1
Marjovaara 23 D3
Mark 30 A1
Mark-Kleeberg 82 B1
Marka 14 B1
Markabygd 28 B3, 33 D1
Markaryd 50 B2, 72 A1
Markdorf 91 C3
Markee 70 A2
Markelo 67 C3
Marken 20 B1/2
Markersdorf 82 B2
Market Deeping 64 B1
Market Drayton 59 D2/3, 60 B3, 64 A1
Market Harborough 64 B2
Market Rasen 61 D3, 64 B1
Market Weighton 61 C/D2
Markgrafneusiedl 94 B2
Markgrafpieske 70 B2/3
Markgröningen 91 C1/2
Markina 153 D1
Markiniz 153 D2
Märkisch Buchholz 70 A/B3
Markitta 16 B1
Markkina 10 B2
Markkleeberg 82 B1
Markkula 21 C1
Marklohe-Lemke 68 A/B2
Marknesse 66 B2
Markneukirchen 82 B2
Márkó 128 B1
Markópoulon 147 D2
Markovac 134 B2
Markovac 134 B1
Markovgrad 138 B3, 143 C1
Markovičevo 134 B1
Markranstädt 82 B1
Marksuhl 81 D2
Markt Allhau 94 A/B3, 127 D1
Markt Berolzheim 91 D1
Markt Bibart 81 D3, 91 D1

Markt Erlbach 81 D3, 91 D1
Markt Indersdorf 92 A2
Markt Nordheim-Herbolzheim 81 D3, 91 D1
Markt Piesting 94 A/B3
Markt Rettenbach 91 D3
Markt Sankt Florian 93 D2
Markt Sankt Martin 94 B3
Markt Schwaben 92 A/B2
Marktbergel 81 D3, 91 D1
Marktheidenfeld 81 C3
Marktjärn 35 C2/3
Marktl 92 B2
Marktleugast 82 A2/3
Marktleuthen 82 A/B3
Marktoberdorf 91 D3
Marktoberdorf-Leuterschach 91 D3
Marktredwitz 82 B3
Marktrodach 82 A2/3
Markušica 128 B3, 129 C3, 132 B1
Markvarec 94 A1
Marl 67 D3, 80 A1
Marlborough 64 A3, 76 A1
Marle 78 B3
Marlieux 103 D2
Marlishausen 81 D2, 82 A2
Marlow 53 D3
Marlow 64 B3
Marma 40 B2
Marmagne 103 C1
Marmande 108 B1/2
Marmara 141 C3, 149 D1
Marmaris 149 D2/3
Marmaverken 40 A1
Marmeleiro 158 B3, 164 B1
Marmelete 170 A1/2
Marmirolo 106 B3, 114 B1
Marmolejo 167 C3, 172 B1
Marmore 117 C3, 118 B1
Marmoutier 89 D1/2, 90 A2
Marnach 79 D3
Marnay 89 C3, 104 A1
Marne 52 A/B3
Marne-la-Vallée 87 D1
Mårnes 14 B1
Marnheim 80 B3
Marnitz 69 D1
Maroilles 78 B2/3
Maroldsweisach 81 D2/3
Marolles-les-Braults 86 B2
Maromme 77 C3, 86 B1
Marone 106 B3
Marónia 145 C/D1
Mårösjö 29 D3, 30 A3, 35 C2
Maroslele 129 D2
Maróstica 107 C3
Marotta 115 D2, 117 D1/2
Mårøyfjord 6 B1
Marpingen 80 A3, 90 A1
Marquartstein 92 B2
Marquion 78 A2/3
Marquise 77 D1
Marradi 115 C2, 116 B1
Marrasjärvi 12 A3, 17 D1
Marraskoski 12 A3
Mars 111 C1
Mars-la-Tour 89 C1
Marsac-en-Livradois 103 C3
Marságlia 113 D1
Marsala 124 A2
Marsango 107 C3
Marsannay-la-Côte 88 B3, 103 D1
Marsanne 111 C1
Marsberg-Bredelar 81 C1
Marsberg-Essentho 81 C1
Marsberg-Meerhof 81 C1
Marsberg-Westheim 81 C1
Marsciano 115 C3, 117 C3
Marseillan 110 B3
Marseille 111 D3
Marseille-en-Beauvaisis 77 D3
Marseilles-les-Aubigny 102 B1
Marshfield 63 D1/2, 64 A3
Mársia 117 D3, 119 C1
Mársico 120 A/B3
Mársico Nuovo 120 A/B3
Marsjärv 17 C1
Marsliden 29 D1

Maršovice 83 D3
Marssac-sur-Tarn 109 D2, 110 A2
Märsta 40 B3, 47 C1
Marstal 53 C2
Marstein 32 B3, 37 C1
Marstrand 44 B3
Marsvinsholm 50 B3
Märsylä 21 C1
Marszow 71 C3, 83 D1
Mart'janovo 74 B1
Marta 116 B3, 118 A1
Martano 121 D3
Martel 109 D1
Martelange 79 C/D3
Mártély 129 D2
Mårtensboda 31 D1
Martfeld 68 A2
Martfü 129 D1
Marthon 101 C3
Martiago 159 C2
Martignacco 126 A2
Martigné 86 A2
Martigné-Briand 86 A3, 100 B1
Martigné-Ferchaud 85 D3
Martigny 104 B2
Martigny-les-Bains 89 C2
Martigues 111 C/D3
Martiherrero 160 A2
Martikkala 22 D2
Martim Longo 170 B1
Martimo 17 D2, 18 A1
Martímporra 151 D1, 152 A1
Martin 95 D1, 96 B2
Martín de la Jara 172 A2
Martín de Yeltes 159 C/D2
Martín del Río 162 B2
Martín Muñoz de las Posadas 160 A/B2
Martina Franca 121 C2
Martina (Martinsbruck) 106 B1
Martinci 133 C1
Martinet 155 D2, 156 A2
Martínez 159 D2, 160 A2
Martinniemi 18 A/B2
Martínon 147 C1/2
Martinroda 81 D2, 82 A2
Martinsberg 93 D2, 94 A2
Martinšćica 130 A1
Martinsicuro 117 D3
Martinska 131 C2
Mártis 123 C1
Martizay 101 D1
Martock 63 D2, 63 D1
Martofte 49 C3, 53 C1
Martonoš 129 D2
Martonvaara 23 C/D2
Martonvásár 95 D3, 129 C1
Martorell 156 A3
Martos 172 B1
Martres-de-Veyre 102 B3
Martres-Tolosane 109 C3, 155 D1
Martron 101 C3
Martti 13 C2
Marttila 24 B2
Marttila 25 C2
Marttisenjärvi 22 B1
Marum 67 C1/2
Marunowo 71 D2
Marvão 165 C1
Marvejols 110 B1
Marvik 42 A2
Marxheim 91 D2, 92 A2
Marxwalde 70 B2
Marxzell 90 B1/2
Märy 24 B2/3
Maryport 54 B3, 57 C3, 60 A1
Marzabotto 114 B2, 116 B1
Marzahna 70 A3
Marzahne 69 D2
Marzocca 115 D2/3, 117 D2
Mas-Cabardès 110 A3, 156 A/B1
Mas de Barberans 163 C2
Mas de las Matas 162 B2
Masalcolreig 155 C3, 163 C1
Masamagrell 169 D1

Mascalucia 125 C/D2
Mascaraque 160 B3, 167 C1
Mascarenhas 151 C3, 159 C1
Masdenverge 163 C2
Masegoso 168 B2
Masegoso de Tajuña 161 C/D2
Maselheim 91 C2/3
Måsenes 5 D1, 6 B1
Masera 105 C2
Masevaux 89 D3, 90 A3
Masfjorden 36 A3
Masham 61 C2
Masi 5 C3, 6 A3, 11 C1
Masi Torello 115 C1
Maside 150 B2
Måskenåive 15 D3
Maskjok 7 C1/2
Masku 24 A/B2
Maslacq 108 B3, 154 B1
Maslenica 130 B2, 131 C2
Maslinica 131 C3
Masllorenç 163 D1
Maso Corto 106 B1
Masomäki 21 D2, 22 A2
Måsøy 5 D1, 6 A1
Masquefa 156 A3
Massa 114 A2, 116 A1
Massa Fiscáglia 115 C1
Massa Lombarda 115 C1/2, 116 B1
Massa Maríttima 114 B3, 116 A2
Massa Martana 117 C3, 118 B1
Massafra 121 C2/3
Massagettes 102 B3
Massalubrense 119 D3
Massarosa 114 A2, 116 A1
Massat 109 D3, 155 D2
Massay 87 C3, 102 A1
Massbach-Poppenlauer 81 D2/3
Massello 112 B1
Masseret 101 D3
Masseria 107 C1
Masseria/maiern 107 C1
Masseria Piede Rocca 119 C2
Masseube 109 C3, 155 C1
Massiac 102 B3
Massing 92 B2
Mässlingen 34 A2
Mästerby 47 D3, 47 D3
Masterelv 5 D1, 6 A1
Mästocka 50 A/B2
Masua 123 C3
Masueco 159 C1/2
Masungsbyn 10 B3
Måsvik 4 A2
Maszewo 70 B3
Maszewo 71 C1
Mata de Alcántara 159 C3, 165 C/D1
Mata de Cuéllar 160 B1
Mata Mourisca 158 A3, 164 A1
Matabuena 160 B1/2
Matadeón de los Oteros 152 A2
Matala 18 A/B1
Matalalahti 22 B1
Matalascañas 171 C2
Matamala de Almazán 153 D3, 161 C/D1
Matanza 152 A2/3
Matanza de Soria 153 C3, 161 C1
Matapozuelos 160 A1
Matara 23 C2
Mataramäki 22 B3
Mataraselkä 12 B2
Mataró 156 A/B3
Matarredonda 172 A1/2
Mataruška Banja 133 D3, 134 A/B3
Mätäsvaara 23 C/D1/2
Matejče 138 B2
Matélica 115 D3, 117 C/D2
Matera 120 B2
Materija 126 B3
Matešévo 137 D1

Mátészalka 97 C/D3, 98 A2/3
Matet 162 B3, 169 C/D1
Mateus 158 B1
Matfen 57 D3
Matfors 35 D3
Matha 101 C2
Mathay 89 D3, 104 B1
Mathildedal 24 B3
Mathopen 36 A3
Mathry 62 B1
Máti 147 D2
Matignon 85 C2
Matilla de los Caños del Río 159 D2
Matino 121 D3
Mátion 146 B2/3
Mátion 145 D1
Matka 138 B2
Matkakoski 17 D2, 18 A1
Matkaniva 18 A3
Matkavaara 19 C2/3
Matku 24 B2
Matlock 61 C3, 64 A1
Matlock Bath 61 C3, 64 A1
Matnäset 34 B2
Matojärvi 17 D2
Matos 158 A3, 164 A1
Matosinhos 158 A1/2
Matour 103 C2
Matre 36 A3
Matrei am Brenner 107 C1
Matrei in Osttirol 107 D1
Matreier Tauernhaus 107 D1
Mätsäkansa 25 C1/2
Matsdal 15 C3
Mattaincourt 89 C2
Mattarello 107 C2
Matteröd 50 B2
Mattersburg 94 B3
Mattighofen 93 C2/3
Mattila 19 D1
Mattilanmäki 13 C3
Mattilanperä 18 A3
Mattinata 120 B1
Mattinen 24 A2
Mattisudden 16 A/B1/2
Mattmar 29 C3, 34 B2
Mattön 40 A2/3
Mattsmyra 39 D1
Måttsund 17 C3
Matulji 126 B3, 130 A1
Matute 153 C/D2/3
Maubeuge 78 B2
Maubourguet 108 B3, 155 C1
Maubranche 102 A/B1
Mauchline 56 B2
Mauer 90 B1
Mauerkirchen 93 C2
Mauern (Freising) 92 A/B2
Mauguio 111 C2/3
Maukkula 23 D3
Maula 17 D2, 18 A1
Maulbronn 90 B1
Maulde 78 A/B2
Maule 87 C1
Mauléon-Licharre 108 A/B3, 154 B1
Maulévrier 100 B1
Maunola 27 C1
Maunu 10 B3
Maunu 10 B2
Maunu 10 B2
Maunujärvi 11 D3, 12 A2
Maunula 18 B2
Maura 38 A3
Maurach 92 A3, 107 C1
Maure-de-Bretagne 85 C2/3
Maureilhan 110 B3, 156 B1
Mauriac 102 A3
Maurnes 9 C2
Mauron 85 C2
Maurs 110 A1
Maurset 36 B3
Maurstad 36 A1
Mauru 18 B1
Maurumaa 24 A2, 41 D2
Maury 156 B1
Mausoléo 113 D2
Maussac 102 A3
Maussane 111 C2/3
Mausundvær 32 B1

Mautern an der Donau 94 A2
Mautern in Steiermark 93 D3, 127 C1
Mauterndorf 96 A3, 126 A/B1
Mauth 93 C1/2
Mauth-Finsterau 93 C1
Mauthausen 93 D2
Mauvezin 109 C2
Mauzé-sur-le-Mignon 100 B2
Mauzun 102 B3
Mavas 15 C1
Mavrélion 143 C3
Mavrodéndrion 143 C2
Mavrothálassa 144 B1
Mavrovi Hanovi 138 A/B3
Mavrovo 138 A/B3
Mavrovoúnion 143 D3
Maxhütte-Haidhof 92 B1
Maxmo 20 B2
Maxwelltown 57 C3, 60 A1
May-en-Multien 87 D1, 88 A1
Mayalde 159 D1
Maybole 56 B2
Mayen 80 A2
Mayenne 86 A2
Mayerhofen 126 A1
Mayet 86 B3
Maynooth 58 A2
Mayorga 152 A3
Mäyränperä 18 A3, 21 C/D1, 22 A1
Mayrhofen 107 C1
Mäyry 21 C2
Mazagón 171 C2
Mazaleón 163 C2
Mazamet 110 A3
Mazara del Vallo 124 A2
Mazarákia 142 B3
Mazarambroz 160 B3, 167 C1
Mazarete 161 D2
Mazaricos 150 A2
Mazarrón 174 B1
Mazarulleque 161 C3
Mázaszászvár 128 B2
Mazaterón 153 D3, 154 A3, 161 D1
Maze 86 A3
Mažeikiai 73 C/D1
Mazères 109 D3, 155 D1, 156 A1
Mazérolles 108 B3, 154 B1
Mazeyrolles 109 C1
Mazières-en-Gâtine 101 C2
Mazin 131 C2
Mázion 142 B2
Mazirbe 73 C/D1
Mazuecos 161 C3
Mazuelo de Muñó 152 B2/3
Mažurani 130 B2
Mazzarino 125 C3
Mazzarrá Sant'Andrea 125 D1/2
Mazzarrone 125 C3
Mcensk 75 D3
Mchy 71 C1
Mealhada 158 A2/3
Méan 79 C2
Meana Sardo 123 C3
Meaño 150 A2
Meåstrand 30 A3, 35 C2
Meathas Truim (Edgeworthstown) 55 C/D2
Meaulne 102 A/B1/2
Meaux 87 D1
Meåvollan 33 C/D2
Mebygda 29 C2
Mecerreyes 153 C3
Mechelen 78 B1
Mechernich 79 D2, 80 A2
Mechowo 71 C1
Mecina 173 C2
Meckenbeuren (Ravensburg) 91 C3
Meckenheim 80 A2
Mecklenburg 53 C3, 69 C1
Meco 161 C2
Mêda 158 B2
Medak 130 B2
Medåker 46 B1
Meddo 67 C3
Mede 113 C/D1

Medebach 80 B1
Međeja 126 B3, 130 A1
Medelby 52 A/B2
Medelim 159 C3
Medellín 165 D2, 166 A2
Medemblik 66 B2
Medena Selišta 131 D2, 132 A2
Medesano 114 A1
Medevi 46 A2
Medewitz 69 D3
Medgidia 141 D2
Medhamn 45 D1/2
Mediana 135 C3, 139 C1
Mediana de Aragón 154 B3, 162 B1
Mediaş 97 D3, 98 A/B3, 140 B1
Medicina 115 C1/2, 116 B1
Medina Azahara 166 B3, 172 A/B1
Medina de las Torres 165 D3
Medina de Pomar 153 C2
Medina de Ríoseco 152 A3, 160 A1
Medina del Campo 160 A1
Medina-Sidonia 171 D3
Medinaceli 161 D1/2
Medinci 128 B3
Medinilla 159 D2
Mediona 155 D3, 156 A3, 163 D1
Medkovec 135 D3
Medle 31 D1
Médole 106 B3
Medrano 153 D2
Medskogen 38 B2
Medskogsbygget 34 A2/3
Medstugan 28 B3, 33 D1, 34 A1
Medulin 130 A1
Medumajdan 131 C1
Meduno 107 D2, 126 A2
Medved'ov 95 C3
Medveda 134 B3
Medveda 138 B1, 140 A2
Medvida 131 C2
Medvode 126 B2
Medvodje 126 B2
Medyn' 75 D2
Medzilaborce 97 C2, 98 A2
Medžitlija 143 C1
Meeder 81 D2, 82 A2
Meerane 82 B2
Meerbeck 68 A/B2/3
Meerbusch 79 D1
Meerle 79 C1
Meersburg 91 C3
Meerssen 79 C/D2
Mefjordbotn 9 D1
Mefjordvær 9 C/D1
Megála Kalívia 143 C3
Megáli Panagiá 144 A/B2
Megáli Vólvi 144 A1/2
Megalochórion 143 C3
Megalopolis 146 B3
Mégara 147 C/D2, 148 B2
Mégaron 143 C2
Mégève 104 B3
Megina 161 D2, 162 A2
Mehadia 135 C1
Mehamn 6 B1
Mehedeby 40 B2
Méhoudin 86 A2
Mehring (Trier) 79 D3, 80 A3
Mehringen 69 C3, 82 A1
Mehrstetten 91 C2
Mehun-sur-Yèvre 87 C/D3, 102 A1
Mehus 9 C1
Meigle 57 C1
Meijel 79 D1
Meilen 105 D1
Meilhan 108 B2
Meillant 102 A/B1
Meimoa 159 C3
Méina 105 C/D3
Meine 69 C2/3
Meinersen 68 B2
Meinerzhagen 80 A/B1
Meinerzhagen-Valbert 80 A/B1

Meineweh 82 A/B1
Meinhardt-Frieda 81 D1
Meiningen 81 D2
Meira 151 C1
Meiringen 105 C1/2
Meis 150 A2
Meisburg 79 D3, 80 A3
Meisenheim 80 A/B3
Meisingset 32 B2
Meissen 83 C1, 96 A1
Meitingen 91 D2
Mejorada 160 A3, 166 B1
Mel 107 C/D2
Melago/melag 106 B1
Melaje 133 D3, 138 A1
Melalahti 19 C2/3
Melangseidet 4 A3, 9 D1, 10 A1
Melás 143 C1/2
Melbeck 68 B1/2
Melbourne 61 C3, 64 A/B1
Melbu 8 B2
Melby 49 D3, 53 D1
Meldal 33 C2
Méldola 115 C2, 117 C1
Meldorf 52 A/B3
Melegnano 105 D3, 106 A3
Melen 28 B3, 33 D1, 34 A1
Melenci 129 D3
Melendugno 121 D3
Meleta 114 B3, 116 B2
Meleti 106 A3, 114 A1
Mélezet 112 A/B1
Melfi 120 A/B2
Melgaço 150 B2
Melgar de Arriba 152 A2/3
Melgar de Fernamental 152 B2
Melgar de Tera 151 D3
Melgar de Yuso 152 B2/3
Melheim 32 A3, 36 A/B1
Melhus 28 A3, 33 C2
Melhus 32 B2
Melick 79 D1
Mélida 154 A2
Melides 164 A/B3
Melígalás 146 B3
Melíki 143 D2
Melilli 125 D3
Mélisey 89 D3
Mélissa 145 C1
Melíssi 143 C2/3
Melissourgós 144 A2
Melíti 143 C1
Mélito di Porto Salvo 122 A3, 125 D2
Melívia 145 C1
Melívia 143 D3, 144 A3
Melk 94 A2, 96 A2/3
Melkoniemi 27 D1
Melksham 63 D2, 63 D1, 64 A3
Mellajärvi 12 A3, 17 D2
Mellakoski 12 A3, 17 D2
Mellansel 30 B3
Mellansjö 35 C3
Mellansjö 17 C3
Mellansvartbäck 31 C2
Mellbystrand 49 D2, 50 A2
Melle 68 A3
Melle 101 C2
Melle-Buer 68 A3
Melle-Neuenkirchen 68 A3
Melle-Riemsloh 68 A3
Mellen 69 C/D1/2
Mellensee 70 A3
Melleray 86 B2
Mellerud 45 C2
Mellerup 48 B2
Mellide 150 B2
Mellifont Abbey 58 A1/2
Mellilä 24 B2
Mellingen 82 A2
Mellingen 90 B3, 105 C1
Mellingsmoen 29 C1
Mellösa 46 B1
Mellrichstadt 81 D2
Mellrichstadt-Bahra 81 D2
Melnica 134 B2
Melnice 130 B1
Mělnické Vtelno 83 D2

Mělník **83** D2, **96** A1/2
Melnik **139** D3
Melo **158** B2
Melón **150** B2/3
Melpers **81** D2
Melrand **84** B2
Melrose **57** C2
Melsomvik **43** D2, **44** A/B1
Melsträsk **16** B3
Melsungen **81** C1
Meltaus **12** A3
Meltausjoki **12** A/B3
Meltingen **28** A/B2/3, **33** C/D1
Meltola **25** C3
Meltola **27** C2
Melton Mowbray **64** B1
Meltosjärvi **12** A3, **17** D2
Melun **87** D2
Melun-Sénart **87** D2
Melvich **54** B1
Mélykút **129** C2
Melzo **106** A3
Mem **46** B2
Memaliaj **142** A2
Membrilla **167** D2
Membrio **165** C1
Memëlishti **138** A/B3, **142** B1
Memmelsdorf (Bamberg)
 81 D3, **82** A3
Memmingen **91** D3
Memmingen-Steinheim
 91 D2/3
Memurubu **37** C2
Menággio **105** D2, **106** A2
Menai Bridge **58** B2, **60** A3
Menàrguens **155** C/D3,
 163 C1
Menars **87** C3
Menasalbas **160** B3, **167** C1
Menat **102** B2
Menata **115** C1
Mendavia **153** D2
Mende **129** C1
Mende **110** B1
Menden **80** B1
Menden-Lendringsen **80** B1
Mendenítsa **147** C1
Mendibieu **108** A/B3, **154** B1
Mendig **80** A2
Mendiga **164** A1
Mendigorría **154** A2
Mendrisio **105** D3, **106** A2/3
Ménéac **85** C2
Menemen **149** D2
Menen **78** A2
Menesjärvi **6** B3, **11** D2,
 12 B1
Menetou-Salon **87** D3,
 102 A/B1
Ménétréol-sur-Sancerre **87** D3,
 102 B1
Ménétréol-sur-Sauldre **87** D3
Menfi **124** A2
Ménfőcsanak **95** C3
Mengabril **165** D2, **166** A2
Mengamuñoz **160** A2
Mengara **115** D3, **117** C2
Mengen **91** C2/3
Mengerskirchen **80** B2
Mengeš **126** B2
Mengíbar **167** C3, **173** C1
Mengkofen-Weichshofen
 92 B2
Menídion **146** A1
Menigoute **101** C2
Meníkion Óros **144** B1
Menkijärvi **21** C2
Mennecy **87** D2
Menonen **24** B2
Mens **111** D1, **112** A1
Mensignac **101** C3
Menslage **67** D2
Mentana **118** B1/2
Menthon-Saint-Bernard
 104 A3
Menton **112** B2/3
Méntrida **160** B3
Menz **70** A2
Méounes-les-Montrieux
 112 A3
Meppel **67** C2

Meppen **67** D2
Meppen-Helte **67** D2
Meppen-Versen **67** C/D2
Mequinenza **163** C1
Mer **87** C3
Mera **150** B1
Meråker **28** B3, **33** D1
Meranges **155** D2, **156** A2
Merano/meran **107** C1/2
Merasjärvi **11** C3
Merasjärvi **10** B3
Merate **105** D3, **106** A3
Mercadal **157** D1
Mercatale **115** C3, **117** C2
Mercatino Conca **115** C/D2,
 117 C1
Mercato San Severino **119** D3,
 120 A2
Mercato Saraceno **115** C2,
 117 C1
Merceana **164** A2
Mercus **109** D3, **155** D2,
 156 A1
Merdrignac **85** C2
Mere **63** D2, **63** D1, **64** A3
Merelim **150** A3, **158** A1
Merenlahti **27** C2
Mérens-les-Vals **156** A1/2
Méréville **87** C2
Mergozzo **105** C/D2/3
Méribel-les-Allues **104** B3
Meriç **145** D1
Mérida **165** D2, **166** A2
Mérigon **109** C/D3, **155** D1
Merijärvi **18** A3
Merikarvia **24** A1
Meriläinen **21** C1/2
Merimasku **24** A2
Merimotelli **24** A2, **41** D2
Měřín **94** A1
Mering **92** A2
Merjärv **20** B1
Merkenes **15** C1
Merkine **73** D2, **74** A2
Merklín **83** C3, **93** C1
Merlara **115** C1
Merlimont-Plage **77** D2
Mern **53** D2
Mernye **128** B2
Merópi **146** B3
Merošina **135** C3, **139** C1
Mers-les-Bains **77** C/D2
Mersch **79** D3
Merseburg **82** A/B1
Mersevát **95** C3, **128** A1
Mertajärvi **10** B2
Mertendorf **82** A1
Merthyr Tydfil **63** C1
Mertingen **91** D2
Mértola **170** B1
Merton **63** C2
Mertzwiller **90** A1/2
Méru **77** D3, **87** C1
Merufe **150** A/B3
Mervans **103** D1
Merville **78** A2
Merxheim **80** A/B3
Méry-sur-Oise **87** C/D1
Méry-sur-Seine **88** A2
Merzamemi **125** D3
Merzdorf **70** A3
Merzenich (Düren) **79** D2,
 80 A2
Merzenstein **93** D2, **94** A2
Merzig **79** D3, **80** A3, **89** D1
Merzig-Besseringen **79** D3,
 80 A3
Merzig-Brotdorf **79** D3, **80** A3,
 90 A1
Mesagne **121** D2/3
Mesão Frio **158** B1/2
Mesas de Ibor **159** D3,
 166 A/B3
Meschede **80** B1
Meschede-Calle **80** B1
Meschede-Eversberg **80** B1
Meschede-Freienohl **80** B1
Meschede-Remblinghausen
 80 B1
Meschers-sur-Gironde **100** B3
Mescoules **109** C1

Meščovsk **75** D2
Mesegar **160** B3, **167** C1
Mešeišta **138** B3, **142** B1
Meselefors **30** A/B1
Mesenikólas **143** C3
Mesić **134** B1
Mesinge **49** C3, **53** C1
Meskjer **4** A3, **9** D1
Meskusvaara **19** C/D1
Meslay-du-Maine **86** A2/3
Mesnalien **38** A1/2
Mesnières-en-Bray **77** C/D3
Mèsocco **105** D2, **106** A2
Mesochóra **143** C3
Mésola **115** C1
Mesolóngion **146** A/B2
Mesón del Viento **150** A/B1
Mesones **161** C2
Mesones de Isuela **154** A3,
 162 A1
Mesopótamon **142** B3
Mesoraca **122** B2
Mespelbrunn **81** C3
Messac **85** C/D3
Messaure **16** B1
Messdorf **69** C/D2
Messei **86** A1/2
Messejana **164** B3, **170** A/B1
Messel **80** B3
Messelt **38** A1
Messene **146** B3
Méssia **144** B1
Messigny **88** B3
Messina **122** A3, **125** D1/2
Messina Mili Marina **122** A3,
 125 D1/2
Messina Sparta **122** A3,
 125 D1
Messina Torre Faro **122** A3,
 125 D1
Messíni **146** B3, **148** B2
Messkirch **91** C3
Messkirch-Rohrdorf **91** C3
Mestanza **167** C2
Městec Králové **83** D2/3
Mestilä **24** A/B2
Mestlin **69** D1
Město-Touškov **83** C3
Mestrino **107** C3
Mesvres **103** C1
Metajna **130** B2
Metaljka **133** C3
Metallikón **143** D1, **144** A1
Metamórfosis **144** A/B2
Metanópoli **105** D3, **106** A3
Metapontum **121** C2/3
Metaxás **143** C2
Metelen **67** C/D3
Meteóra **143** C3
Méthana **147** C/D3
Methil **57** C1
Methóni **143** D2
Methven **57** C1
Metković **136** B1
Metlika **127** C3
Metnitz **96** A3, **126** B1
Metno **70** B2
Metóchion **146** A2
Metovnica **135** C2
Metsäkylä **19** C2
Metsäkylä **18** A3
Metsäkylä **26** B2
Metsäkylä **25** C2
Metsälä **19** C1/2
Metsälä **20** A3
Metsämaa **24** B2
Metsolahti **21** D3, **22** A3
Métsovon **143** C3
Mettälä **26** B2
Mettendorf (Bitburg) **79** D3
Mettet **79** C2
Mettingen **67** D3
Mettlach **79** D3, **80** A3
Mettlach-Orscholz **79** D3
Mettlach-Weiten **79** D3
Mettmann **80** A1
Metz **89** C1
Metzdorf **70** B2
Metzervisse **89** C/D1
Metzingen **91** C2
Meucon **85** C3

Meulan **87** C1
Meung-sur-Loire **87** C3
Meurville **88** B2
Meuselwitz **82** B1/2
Mevagissey **62** B3
Mevassvika **28** B1/2
Mexborough **61** C3
Mexilhoeira Grande **170** A2
Meximieux **103** D2
Meyenburg **69** D1
Meymac **102** A3
Meyrargues **111** D2/3
Meyrin **104** A2
Meyrueis **110** B2
Meyssac **102** A3, **109** D1
Mezalocha **154** A/B3,
 162 A/B1
Mezdra **140** B2
Mèze **110** B3
Mežgorje **97** D2, **98** A2
Mézidon **86** A/B1
Mézières-en-Brenne **101** D1
Mézières-sur-Issoire **101** D2
Mézières-sur-Seine **87** C1
Mézilhac **111** C1
Mézilles **87** D3, **88** A3
Mézin **109** C2
Mezőberény **97** C3
Mezőcsokonya **128** A/B2
Mezőfalva **129** C1
Mezőhék **129** C1
Mezőkövesd **97** C3
Mezőörs **95** C3
Mezőszilas **128** B1/2
Mezőtúr **97** C3, **129** D1
Mezquita de Jarque **162** B2
Mezzana **106** B2
Mezzano **107** C2
Mezzaselva/mittewald **107** C1
Mezzoiuso **124** B2
Mezzoldo **106** A2
Mezzolombardo **107** C2
Miajadas **165** D2, **166** A2
Mialet **101** D3
Miami la Platja **163** C/D2
Miasteczko Krajeńskie
 71 D1/2
Miastko **72** B2
Michalovce **97** C/D2, **98** A2
Michalovy Hory **82** B3
Michelau im Steigerwald
 81 D3
Michelau in Oberfranken
 82 A3
Michelbach Markt **94** A2/3
Micheldorf in Oberösterreich
 93 C/D3
Michelfeld (Schwäbisch Hall)
 91 C1
Michelsneukirchen **92** B1
Michelstadt **81** C3
Michendorf **70** A3
Michíon **146** A/B2
Michorzewo **71** D2/3
Mickelsträsk **31** C/D2
Mičurin **141** C/D2
Mid-Calder **57** C2
Mid Yell **54** A1
Middalsbu **42** B1
Middelburg **78** A/B1
Middelfart **48** B3, **52** B1
Middelharnis **66** A3
Middelharnis-Sommelsdijk
 66 A3
Middelkerke-Bad **78** A1
Middelstum **67** C1
Middenmeer **66** B2
Middleham **59** D1, **61** C2
Middlesbrough **54** B3, **61** C1
Middleton **59** D1, **60** B2
Middleton **59** D2, **60** B2/3
Middleton in Teesdale **57** D3,
 60 B1
Middleton Stoney **64** B2
Middlewich **59** D2, **60** B3,
 64 A1
Midéa **147** C3
Midhurst **76** B1
Midlum **52** A3, **68** A1
Midões **158** B2/3
Midsund **32** A2

Midtgulen **36** A1/2
Midtleger **42** B1
Midtli **38** B1/2
Midtskogberget **38** B1/2
Midye **141** C/D3
Miechów **97** C1/2
Miedes **162** A1
Miedes de Atienza **161** C1
Międzybórz **71** D1
Miedzychód **71** C2
Międzyrzec Podlaski **73** C/D3,
 97 D1, **98** A1
Międzyrzecz **71** C2, **72** B3,
 96 A1
Międzyzdroje **70** B1
Miehikkälä **27** C2
Miehlen **80** B2/3
Miejska Górka **71** D3
Miekojärvi **17** C2
Miélan **109** C3, **155** C1
Mielec **97** C1/2
Mielęcin **71** C/D1/2
Mielęcin **70** B2
Mielslahti **19** C2/3
Mieluskylä **18** A3, **21** C/D1,
 22 A1
Miengo **152** B1
Mierasjärvi **6** B2/3
Mieraslompolo **6** B2
Miercurea-Ciuc **98** B3, **141** C1
Mieres **156** B2
Mieres **151** D1, **152** A1
Mierlo **79** C1
Miesakjaurestugan **9** D2
Miesbach **92** A3
Mieścisko **71** D2
Mieste **69** C2
Miesterhorst **69** C2
Mieszkowice **70** B2
Mietingen **91** C2
Mietinkylä **27** C1/2
Mieto **20** B3
Mietoinen **24** A/B2
Miettilä **27** C/D1
Mifol **142** A2
Migennes **88** A2
Migliarino **114** A2, **116** A1/2
Migliónico **120** B2/3
Migné **101** D2
Miguel Esteban **167** D1,
 168 A1
Miguélañez **160** B1/2
Miguelturra **167** C2
Mihai-Viteazu **141** D1/2
Mihajlovac **134** B2
Mihajlovac **135** C2
Mihajlovo **135** D3
Mihályfa **128** A1
Mihályi **94** B3
Mihla **81** D1
Miiluranta **21** D1, **22** A1
Mijares **160** A3
Mijas **172** B2/3
Mijoux **104** A2
Mikaševiči **74** A/B3, **98** B1
Mikínai **147** C3
Mikkeli **26** B1
Mikkeli **26** B1
Mikkelvik **4** A2
Mikkola **11** D3, **12** B2
Mikleuš **128** B3
Míkonos **149** C2
Mikosszéplak **128** A1
Mikrevo **139** D3
Mikrókambos **143** D1, **144** A1
Mikromiliá **144** B1
Mikrón Dérion **145** D1
Mikrópolis **144** B1
Mikrothívai **143** D3, **144** A3,
 147 C1
Mikróvalton **143** C2
Mikulášovice **83** C/D1/2
Mikulincy **98** B2
Mikulino **75** D1
Mikulov **94** B1/2, **96** B2
Mikulov **83** C2
Mikulovice **96** B1/2
Milagres **158** A3, **164** A1
Milagro **154** A2
Miłaków **71** C3
Milano **105** D3, **106** A3

Milano 159 C2
Milano Maríttima 115 C2, 117 C1
Milâs 149 D2
Milatovac 135 C2
Milazzo 125 D1
Milborne Port 63 D2, 63 D1
Mildenhall 65 C2
Miléai 144 A3, 147 C1
Milena 124 B2
Milešévo 133 C/D3, 137 D1
Miletići 130 B2
Mileto 122 A2
Miletos 149 D2
Milevsko 83 D3, 93 D1
Milford 64 B3, 76 B1
Milford Haven 55 D3, 62 B1
Milhão 151 C3, 159 C1
Míli 147 C3
Míli 147 D1
Milići 133 C2
Milíčín 83 D3, 93 D1
Milín 83 C3, 93 C1
Milína 144 A3, 147 C1
Milis 123 C2
Militello in Val di Catánia 125 C3
Mill 66 B3, 79 C/D1
Millana 161 D2
Millançay 87 C3
Millares 169 C1/2
Millas 156 B1
Millau 110 B2
Millésimo 113 C2
Millevaches 102 A3
Millisle 56 A3
Millom 54 B3, 59 C1, 60 A/B2
Millport 56 A/B2
Millstatt 126 A/B1
Milly 87 D2
Milmarcos 161 D2, 162 A1/2
Milmersdorf 70 A/B1/2
Milna 131 C3, 136 A1
Milna 131 C3, 136 A1
Milnathort 57 C1
Milngavie 56 B1/2
Milnthorpe 59 D1, 60 B2
Miločer 137 C2
Milohnić 130 A/B1
Mílos 149 C2/3
Miloševo Do 133 C/D3, 134 A3, 137 D1
Miloševa Kula 135 C2, 140 A/B2
Miloševac 132 B1
Miloševo 135 C2
Miloslavci 139 C1
Miloti 137 D3
Milovidy 74 A3
Milow 69 D2
Milówka 95 D1
Miltach 92 B1
Miltenberg 81 C3
Milton Keynes 64 B2
Milutinovac 135 C2
Milverton 63 C2, 63 C1
Mimizan 108 A2
Mimizan-Plage 108 A2
Mimoň 83 D2
Minack Theatre 62 A3
Miñana 153 D3, 161 D1
Minas de Oro Romanas 151 C1
Minas de Ríotinto 171 C1
Mînăstirea 141 C2
Minaya 168 A/B1/2
Minde 164 A/B1
Mindelheim 91 D2/3
Minden 68 A3
Mindin 85 C3, 100 A1
Mindnes 14 A2/3
Mindszent 129 D2
Mindtangen 14 A2/3
Minehead 63 C2, 63 C1
Mineo 125 C3
Minerbe 107 C3
Minerbio 113 D2
Minérbio 115 C1
Minerve 110 A3, 156 B1
Minervino Murge 120 B2
Minfeld 90 B1

Minglanilla 168 B1
Mingorría 160 A2
Miničevo 135 C3
Minkiö 24 B2
Minne 35 C3
Minnesund 38 A2
Miño 150 B1
Miño de San Esteban 153 C3, 161 C1
Minsk 74 A/B2
Mińsk Mazowiecki 73 C3, 97 C1
Minster 65 D3, 77 C/D1
Minsterley 59 D3
Minturnae 119 C2/3
Minturno 119 C2/3
Miodnica 71 C3
Miokovićevo 128 A3
Miolans 104 A3
Mionica 133 D2, 134 A2
Mionnay 103 D2
Mios 108 A1
Mira 107 C/D3
Mira 162 A3, 169 C1
Mira 158 A2
Míra 143 D3
Mirabel 159 C/D3, 165 D1, 166 A1
Mirabella 119 D3, 120 A2
Mirabella Imbáccari 125 C2/3
Mirador Fito 152 A1
Miradoux 109 C2
Miraflores de la Sierra 160 B2
Mirálrio 161 C2
Miramar 158 A2
Miramare 115 D2, 117 C1
Miramas 111 C/D3
Mirambeau 100 B3
Mirambel 162 B2
Miramont-de-Guyenne 109 C1
Miranda de Arga 153 D2, 154 A2
Miranda de Ebro 153 C2
Miranda del Castañar 159 D2
Miranda do Corvo 158 A3
Miranda do Douro 151 D3, 159 C/D1
Mirande 109 C3, 155 C1
Mirandela 159 C1
Mirandilla 165 D2, 166 A2
Mirándola 114 B1
Mirano 107 C/D3
Mirantes 151 D2
Miravci 139 C3, 143 D1
Miraveche 153 C2
Miravet 163 C2
Miravete 162 B2
Miré 86 A3
Mirebeau-en-Poitou 101 C1
Mirebeau-sur-Bèze 89 C3
Mirecourt 89 C2
Mirepoix 109 D3, 156 A1
Mireval 110 B3
Mirgorod 99 D1/2
Miribel 103 D2/3
Mířkov 82 B3, 92 B1
Mirna 127 C2/3
Mirna Peč 127 C3
Mironovka 99 C/D2
Mirošévce 139 C1
Mirosławiec 71 C/D1
Mirošov 83 C3
Mirotice 83 C3, 93 C1
Mirovice 83 C3, 93 C1
Mirow 70 A1
Mirtíski 145 D1
Mirto Crosia 122 B1
Mirtófiton 144 B1
Mirueña 160 A2
Misano Adriático 115 D2, 117 C1
Mišar 133 C/D1
Misburg 68 B2/3
Misi 12 B3
Misilmeri 124 B2
Miske 129 C2
Miskolc 97 C2/3
Miškovići 130 B2
Mislina 136 A1
Mišnjak 130 B1/2
Missanello 120 B3

Missilä 22 B1
Missillac 85 C3
Mistelbach an der Zaya 94 B2, 96 B2
Misten 8 B3
Misterbianco 125 C/D2
Misterhem 33 D3, 38 A1
Misterhult 46 B3, 51 D1
Mistorf 53 D3, 69 D1
Mistrás 146 B3, 148 B2
Mistretta 125 C2
Místros 147 D2
Misurina 107 D2
Misvær 15 C1
Mitanderfors 38 B3
Míthimna 145 D3
Mítikas 146 A1
Mitilíni 149 C/D1/2
Mitrašinci 139 D2/3
Mitrópolis 143 C3, 146 B1
Mitrovac 133 C2/3
Mittådalen 34 A2
Mittel-Neufnach 91 D2
Mittelberg 97 D3, 106 B1
Mittelberg 106 B1
Mittelbiberach 91 C2/3
Mittenwald 92 A3, 107 C1
Mittenwalde 70 A/B1/2
Mittenwalde 70 A3
Mitterbach am Erlaufsee 94 A3
Mitterding 93 C2
Mitterdorf an der Raab 127 C1
Mitterndorf im Steir.salzkammergut 93 C3
Mittersheim 89 D1, 90 A1/2
Mittersill 107 D1
Mitterteich 82 B3
Mitterweissenbach 93 C3
Mittewald an der Drau 107 D1, 126 A1
Mittweida 82 B1/2
Mitwitz 82 A2/3
Mizil 141 C1
Mjällby 51 C2/3
Mjällom 30 B3
Mjåvatn 43 C2
Mjåvatn 43 C3
Mjöbäck 49 D1, 50 A1
Mjøensetra 33 C3, 37 D1
Mjöhult 49 D2/3, 50 A2
Mjölan 17 C2
Mjölby 46 A2
Mjølfjell 36 B3
Mjølkarlia 14 B3
Mjölkbäcken 15 C2
Mjømna 36 A2/3
Mjøndalen 43 D1, 44 A1
Mjørlund 37 D3, 38 A2
Mjösebo 51 C/D1
Mjösjöby 31 C2
Mjösund 24 B3
Mjöträsk 17 C2
Mladá Boleslav 83 D2, 96 A1/2
Mladá Vožice 83 D3, 93 D1
Mladenovac 133 D2, 134 A2, 140 A2
Mladenovo 129 C3, 133 C1
Mladikovine 132 A/B2
Mlado Nagoričane 139 C2
Mladotice 83 C3
Mława 73 C3
Mlini 137 C1/2
Mlinište 131 D2, 132 A2
Mnich 93 D1
Mnichov 82 B3
Mnichovice 83 D3
Mnichovo Hradiště 83 D2
Mníšek 83 C2
Mníšek pod Brdy 83 C/D3
Mo 44 B2
Mo 30 A/B3, 35 C/D2
Mo 45 C1/2
Mo 30 A3, 35 C1
Mo 32 A3, 36 B1
Mo 37 D2, 38 A1/2
Mo 32 B2
Mo 43 C2
Mo 38 A/B2

Mo 36 A3
Mo i Rana 14 B2
Moan 29 C3, 34 B2
Moaña 150 A2/3
Moarottaja 19 C1
Moat of Urr 56 B3, 60 A1
Moča 95 D3
Mocejón 160 B3, 167 C1
Mochales 161 D1/2, 162 A1/2
Mochov 83 D2/3
Mochtín 83 C3, 93 C1
Mochy 71 C/D3
Möckern 69 D3
Mockfjärd 39 D2
Möckmühl 91 C1
Möckmühl-Züttlingen 91 C1
Mockrehna 82 B1
Moclín 173 C1
Modane 104 B3, 112 A/B1
Modbury 63 C3, 63 C2
Módena 114 B1
Módica 125 C3
Modigliana 115 C2, 116 B1
Mödling 94 B2/3
Modra 95 C2
Modran 132 B1
Modřany 83 D3
Modrava 93 C1
Modriča 132 B1
Modrište 138 B3
Modruš 130 B1
Modrý Kameň 95 D2
Modrze 71 D3
Modugno 121 C2, 136 A3
Moelingen 79 C/D2
Moelv 38 A2
Moen 28 B3, 33 D1
Moen 4 A3, 9 D1, 10 A1
Moen 28 B3, 33 D1, 34 A1
Moena 107 C2
Moers 79 D1, 80 A1
Mofalla 45 D2, 46 A2
Moffat 57 C2
Mogadouro 159 C1
Møgeltønder 52 A2
Mogen 43 C1
Mogente 169 C2
Móggio Udinese 126 A2
Mögglingen 91 C/D1/2
Mogila 138 B3, 143 C1
Mogilev 74 B2
Mogilev-Podol'skij 99 C2
Móglia 114 B1
Mogliano Véneto 107 D3
Moglica 142 B1/2
Mogón 167 D3, 168 A3, 173 C/D1
Mogor 150 B1
Mogorić 131 C2
Mógoro 123 C3
Moguer 171 C2
Mohács 128 B2/3, 129 C2/3
Moharras 168 A/B2
Moheda 50 B1, 51 C1
Mohedas 159 C/D2
Mohedas de la Jara 160 A3, 166 B1
Mohelnice 96 B2
Möhkö 23 D1, 23 D3
Möhne-Günne 80 B1
Möhnesee-Körbecke 80 B1
Moholm 45 D2, 46 A2
Mohorn 83 C1/2
Mohorte 161 D3, 162 A3, 168 B1
Mohrkirch 52 B2
Moi 42 B3
Moi 42 B3
Moià 156 A2/3
Móie 115 D3, 117 D2
Moikipää 20 A2, 31 D3
Moimenta da Beira 158 B2
Moimenta de Mac Dão 158 B2
Moira 58 A1
Moirans 103 D3, 104 A3
Moirans-en-Montagne 104 A2
Moisdon-la-Rivière 85 D3
Moisiovaara 19 D2/3
Moissac 109 C2
Moisselles 87 D1

Moisund 43 C3
Moïta 113 D3
Moita 164 A2
Moita 158 A/B3
Moita dos Ferreiros 164 A1/2
Möja 47 D1
Mojácar 174 A2
Mojados 160 A/B1
Mojkovac 137 D1
Mojstrana 126 B2
Møklevika 29 C1
Möklinta 40 A3
Mokošica 137 C1
Mokra Gora 133 C3
Mokreš 135 D3
Mokrice 127 C/D3
Mokrin 129 D2/3
Mokro 132 B2/3
Mokro Polje 131 C2
Mokronog 127 C2/3
Mokrós 144 B1
Möksy 21 C2
Mol 79 C1
Mol 129 D3
Mola di Bari 121 C2, 136 B3
Molacillos 151 D3, 152 A3, 159 D1
Molare 113 C1
Molaretto 104 B3, 112 B1
Molat 130 B2
Molbergen 67 D2
Mold 59 C2, 60 A/B3
Moldava v Krušných horách 83 C2
Molde 32 A2
Moldøra 28 A2/3, 33 C/D1
Moldova Nouă 135 C1, 140 A1/2
Moldova Veche 134 B1/2
Møldrup 48 B3, 52 B1
Moldvik 4 B2
Molesme 88 B2/3
Molezuelas de la Carballeda 151 D3
Molfetta 120 B2, 136 A3
Moliden 30 B3
Molières 109 D2
Moliets-et-Maa 108 A2
Molina Aterno 119 C1
Molina de Aragón 161 D2, 162 A2
Molina de Segura 169 C3, 174 B1
Molina di Ledro 106 B2/3
Molinella 115 C1
Molini di Túres/mühlen 107 C1
Molinicos 168 B2/3
Molinos 162 B2
Molinos de Duero 153 C/D3, 161 C1
Molins de Rei 156 A3
Moliterno 120 B3
Molitg 156 A/B1/2
Molivosképastos 142 B2
Möljeryd 51 C2
Molkojärvi 12 A2
Molkoköngäs 12 A2/3, 17 D1
Molkom 39 C3, 45 D1
Mollans-sur-Ouveze 111 D2
Möllbrücke 126 A1
Mölle 49 D2, 50 A2
Møllebogen 14 A3, 28 B1
Molledo 152 B1
Möllenbeck 70 A1
Möllenhagen 70 A1
Mollerussa 155 C/D3, 163 C/D1
Mollet del Vallès 156 A3
Móllia 105 C3
Molliens-Vidame 77 D2/3
Mollina 172 B2
Mollis 105 D1, 106 A1
Mollišjok 5 C/D3, 6 A2, 11 C/D1
Mölln 53 C3, 69 C1
Molló 156 A/B2
Mollösund 44 B3
Mölltorp 46 A2
Molnári 128 A2
Mølnarodden 8 A2/3

Mölnbo 47 C1
Mølnbukt 28 A3, 33 C1
Mölndal 45 C3, 49 D1, 72 A1
Mölnlycke 45 C3, 49 D1
Molodečno 74 A/B2
Mólos 147 C1
Moloy 88 B3
Molpe 20 A2, 31 D3
Molschleben 81 D1/2
Molsheim 90 A2
Molunat 137 C2
Molve 128 A2
Molveno 106 B2
Molvízar 173 C2
Momán 150 B1
Momarken 38 A3, 44 B1
Mombaróccio 115 D2, 117 C1
Mombaruzzo 113 C1
Mombeja 164 B3, 170 B1
Mombeltrán 160 A3
Momblona 161 D1
Mombuey 151 C/D3
Momčilgrad 141 C3, 145 C1
Mömlingen 81 C3
Mommark 52 B2
Mommila 25 C/D2, 26 A2
Momo 105 C/D3
Momrak 43 C2
Momyr 28 A2, 33 C1
Mon Idée 78 B3
Monå 20 B2
Monachil 173 C2
Monaco 112 B2/3
Monaghan 55 D2
Monamolin 58 A3
Monäs 20 B1/2
Monasterace Marina 122 B3
Monasterio de Cristo 151 C1
Monasterio de las Huelgas
    153 C2
Monasterio de Leyre
    154 A/B2
Monasterio de Lluc 157 D1
Monasterio de Piedra 161 D1,
    162 A1/2
Monasterio de Poblet 163 D1
Monasterio de Rodilla 153 C2
Monasterio de Vega 152 A2/3
Monasterio de Yuste 159 D3
Monasterio El Paular 160 B2
Monasterio Montserrat
    156 A3
Monasterio San Miguel de
    Escalade 152 A2
Monasterio San Salvador
    157 D1
Monasterio Santes Creus
    163 D1
Monastir 123 C/D3
Monastirákion 146 A1
Monastyriska 97 D2, 98 B2
Monbahus 109 C1
Monbrun 109 C2/3, 155 D1
Moncada 169 D1
Moncalieri 113 C1
Moncalvillo de Huete
    161 C/D3
Moncalvo 113 C1
Monção 150 A3
Moncarapacho 170 B2
Monceau-sur-Sambre 78 B2
Mönchdorf 93 D2
Mönchengladbach 79 D1
Mónchio delle Corti 114 A1/2,
    116 A1
Monchique 170 A1/2
Monchy-Humieres 78 A3
Monclar-de-Quercy 109 D2
Moncófar 162 B3, 169 D1
Moncontour-de-Bretagne
    85 C2
Moncontour-de-Poitou 101 C1
Moncoutant 100 B1
Monda 172 A/B2
Mondariz 150 A2/3
Mondéjar 161 C2/3
Mondello 124 B1
Mondicourt 78 A2
Mondim de Basto 158 B1
Mondolfo 115 D2,
    117 C/D1/2

Mondoñedo 151 C1
Mondorf-les-Bains 79 D3
Mondoubleau 86 B2
Mondoví 113 C2
Mondragon 111 C2
Mondragone 119 C3
Mondsee 93 C3
Monéglia 113 D2, 114 A2
Monegrillo 154 B3, 162 B1
Monein 108 B3, 154 B1
Monemvasía 148 B2/3
Moneo 153 C2
Monesi 113 C2
Monesiglio 113 C2
Monesterio 165 D3, 166 A3,
    171 D1
Monestier-de-Clermont
    111 D1
Monestiès 109 D2, 110 A2
Moneva 162 B1/2
Monfalcone 126 A/B3
Monfero 150 B1
Monflanquin 109 C1
Monfort 109 C2
Monforte 165 C2
Monforte 158 B3, 165 C1
Monforte de Lemos 150 B2
Monforte de Moyuela
    162 A/B2
Monforte del Cid 169 C3
Monforte San Giórgio
    125 D1/2
Monghidoro 114 B2, 116 B1
Mongiana 122 A/B2/3
Mongiardino Lígure 113 D1
Mongstad 36 A3
Monguelfo/welsberg
    107 C/D1
Monguillem 108 B2
Monheim 80 A1
Moní Agías Lávras 146 B2
Moní Chiliandaríou 144 B2
Moní Elónis 147 C3
Moní Ikosifiníssis 144 B1
Moní Loukoú 147 C3
Moní Megístis Lávras 144 B2
Moní Osíou Louká 147 C2
Moniaive 56 B2/3
Monica 133 D2, 134 A2
Mönichkirchen 94 A/B3
Monifieth 57 C1
Moniga del Garda 106 B3
Monikie 57 C1
Monistrol-d'Allier 110 B1
Monistrol de Monts 156 A3
Monistrol-sur-Loire 103 C3
Mönkebude 70 B1
Monmouth 63 D1
Monnai 86 B1
Monnaie 86 B3
Monni 25 C2, 26 A2
Mönni 23 D2/3
Monnickendam 66 B2
Monninkylä 25 D2, 26 A2/3
Monó Ágios Ioánnis 144 A/B1
Monola 26 B2
Monópoli 121 C2
Monor 97 C3, 129 C1
Monóvar 169 C3
Monpazier 109 C1
Monreal 80 A2
Monreal 154 A2
Monreal del Campo 162 A2
Monreal del Llano 167 D1,
    168 A1
Monreale 124 B2
Monroy 159 D3, 165 D1,
    166 A1
Monroyo 163 C2
Mons 78 B2
Mons 112 A/B3
Monsagro 159 C/D2
Monsanto 159 C3, 165 C1
Monsaraz 165 C2/3
Monschau 79 D2
Monschau-Imgenbroich 79 D2
Monschau-Kalterherberg
    79 D2

Mönsheim 90 B1/2
Monsols 103 C2
Mønsted 48 B2
Mönsterås 51 D1, 72 B1
Monsteroy 42 A2
Monsummano Terme 114 B2,
    116 A1
Mont-de-Marsan 108 B2
Mont-Louis 156 A2
Mont-roig del Camp 163 D2
Mont-Saint-Vincent 103 C1/2
Mont-Saxonnex 104 A/B2
Mont-sous-Vaudrey 103 D1,
    104 A1
Montabaur 80 B2
Montaberner 169 C/D2
Montagnac 110 B3
Montagnana 107 C3, 115 C1
Montagny 103 C2
Montagut de Fluvià 156 B2
Montaigu 100 A/B1
Montaigu-de-Quercy 109 C2
Montaiguët-en-Forez 103 C2
Montaigut-en-Combraille
    102 B2
Montaigut-sur-Save
    109 C/D2/3, 155 D1
Montalba-d'Amélie 156 B2
Montalba-le-Château 156 B1
Montalbán 162 B2
Montalbán de Córdoba
    172 A/B1
Montalbanejo 161 D3,
    168 A1
Montalbano Elicona 125 C/D2
Montalbano Iónico 120 B3
Montalbo 161 C/D3, 168 A1
Montalbos 168 B2
Montalcino 114 B3, 116 B2
Montaldo di Cósola 113 D1
Montalegre 150 B3, 158 B1
Montalivet-les-Bains 100 B3
Montallegro 124 B2/3
Montalto delle Marche
    117 D2/3
Montalto di Castro 116 B3,
    118 A1
Montalto Marina 116 B3,
    118 A1
Montalto Pavese 113 D1
Montalto Uffugo 122 A1
Montalvão 165 C1
Montalvo 164 A/B3
Montalvo 164 B1
Montamarta 151 D3, 159 D1
Montán 162 B3, 169 C/D1
Montana 105 C2
Montañana 155 C2/3
Montanara 106 B3, 114 B1
Montánchez 165 D1/2,
    166 A1/2
Montanejos 162 B3,
    169 C/D1
Montaner 108 B3, 155 C1
Montano Antília 120 A3
Montargil 164 B2
Montargis 87 D2
Montari 25 D2, 26 A2
Montastruc 109 C3, 155 C1
Montastruc-la-Conseillère
    109 D2/3
Montauban 109 D2
Montauban-de-Bretagne
    85 C2
Montauriol 109 D3, 155 D1
Montázzoli 119 D2
Montbard 88 B3
Montbazens 110 A1/2
Montbazon 86 B3, 101 C/D1
Montbéliard 89 D3, 90 A3
Montbenoît 104 A/B1
Montblanc 163 D1
Montbovon 104 B2
Montbozon 89 C/D3, 104 A1
Montbras 89 C2
Montbrison 103 C3
Montbron 101 C3
Montbrun 101 D3
Montbrun-les-Bains 111 D2
Montceau-les-Mines 103 C1
Montceaux-les-Provins
    88 A1/2

Montcenis 103 C1
Montchanin-les-Mines 103 C1
Montcornet 78 B3
Montcuq 109 C/D2
Montdardier 110 B2
Montdidier 78 A3
Monte Carlo 112 B2/3
Monte Cerignone 115 C/D2,
    117 C1
Monte Claro 165 C1
Monte Clerigo 170 A1/2
Monte da Pedra 164 B1
Monte de Trigo 165 C3
Monte di Prócida 119 C3
Monte Gordo 158 B3, 164 B1
Monte Picayo 162 B3, 169 D1
Monte Real 158 A3, 164 A1
Monte Redondo 158 A3,
    164 A1
Monte Romano 116 B3,
    118 A1
Monte Salgueiro 150 B1
Monte San Biágio 119 C2
Monte San Giovanni Incárico
    119 C2
Monte San Giusto 117 D2
Monte San Savino 115 C3,
    116 B2
Monte San Vito 115 D3,
    117 D2
Monte Sant'Ángelo 120 B1
Monteagudo 161 D3, 162 A3,
    168 B1
Monteagudo 154 A3
Monteagudo de las Vicarías
    161 D1
Monteagudo del Castillo
    162 B2
Montealegre 152 A3, 160 A1
Montealegre del Castillo
    169 C2
Montearagón 160 A/B3,
    166 B1
Montebello Iónico 122 A3,
    125 D2
Montebello Veronese 107 C3
Montebelluna 107 C/D3
Montébilloy 87 D1
Montebourg 76 A3
Montebruno 113 D2
Montecalvo Irpino 119 D3,
    120 A2
Montecarotto 115 D3,
    117 C/D2
Montecastrilli 117 C3, 118 B1
Montecatini Terme 114 B2,
    116 A1
Montecatini Val di Cécina
    114 B3, 116 A2
Montécchio 115 D2, 117 C1
Montécchio Emília 114 A/B1
Montécchio Maggiore 107 C3
Montecélio 118 B2
Montech 109 C/D2
Montechiaro d'Asti 113 C1
Montecorvino Rovella 119 D3,
    120 A2
Montecreto 114 B2, 116 A1
Montederramo 150 B2/3
Montedoro 124 B2
Montefalco 117 C3
Montefalcone di Val Fortore
    119 D2, 120 A1/2
Montefalcone in Val Fortore
    119 D2, 120 A1/2
Montefalcone nel Sánnio
    119 D2
Montefano 117 D2
Montefiascone 117 C3,
    118 A1
Montefiorino 114 B2, 116 A1
Montefiávio 118 B1/2
Monteforte 119 D3, 120 A2
Monteforte d'Alpone 107 C3
Montefrío 172 B1/2
Montegalda 107 C3
Montegiordano Marina
    120 B3, 122 B1
Montegiórgio 117 D2
Montegranaro 117 D2
Montegrotto Terme 107 C3

Montehermoso 159 C3
Montejaque 172 A2
Montejicar 173 C1
Montejo 153 C2
Montejo 159 D2
Montejo De la Vega 153 C3
Montejo de la Sierra 161 C2
Montejo de Tiermes 161 C1
Montel-de-Gelat 102 A/B2
Montelánico 118 B2
Montelavar 164 A2
Monteleone d'Orvieto 115 C3,
    117 C2/3
Monteleone di Púglia 120 A2
Monteleone di Spoleto
    117 C/D3, 118 B1
Montelepre 124 A/B2
Montélimar 111 C1
Montella 119 D3, 120 A2
Montellano 171 D2, 172 A2
Montelupo Fiorentino 114 B2,
    116 A/B1/2
Montemaggiore Belsito
    124 B2
Montemagno 113 C1
Montemarano 119 D3,
    120 A2
Montemarcello 114 A2
Montemayor 172 B1
Montemayor de Pililla 152 B3,
    160 B1
Montemboeuf 101 C2/3
Montemerano 116 B3,
    118 A1
Montemésola 121 C2/3
Montemiletto 119 D3, 120 A2
Montemilone 120 B2
Montemolín 165 D3, 166 A3
Montemónaco 117 D3
Montemor-o-Novo 164 B2
Montemor-o-Velho 158 A3
Montemurro 120 B3
Montendre 100 B3
Montenegro de Cameros
    153 C/D3
Montenero 114 A/B3, 116 A2
Montenero di Bisáccia
    119 D2, 120 A1
Montenero Sabino 117 C3,
    118 B1
Montepiano 114 B2, 116 B1
Montépilloy 87 D1
Montepulciano 115 C3,
    116 B2
Monteras 159 C/D1/2
Monterchi 115 C3, 117 C2
Monterde 161 D1/2,
    162 A1/2
Monterde 162 A2
Montereale 117 D3, 118 B1
Montereale Valcellina 107 D2
Montereau-Faut-Yonne 87 D2
Monterénzio 115 C2, 116 B1
Monteriggioni 114 B3,
    116 B2
Monteroni d'Árbia 114 B3,
    116 B2
Monteroni di Lecce 121 D3
Monterosi 117 C3, 118 A/B1
Monterosso al Mare 114 A2
Monterosso Almo 125 C3
Monterotondo 118 B1/2
Monterotondo Maríttimo
    114 B3, 116 A2
Monterrey 150 B3
Monterroso 150 B2
Monterrubio de Demanda
    153 C3
Monterrubio de la Serena
    166 B2
Monterrubio de la Sierra
    159 D2
Monterubbiano 117 D2
Montes Velhos 164 B3,
    170 A/B1
Montesa 169 C2
Montesano Salentino 121 D3
Montesano Scalo 120 A/B3
Montesano Sulla Marcellana
    120 A/B3
Montesárchio 119 D3

Montescaglioso 121 C2/3
Montesclaros 160 A3
Montese 114 B2, 116 A/B1
Montesilvano Marina
 119 C/D1
Montespértoli 114 B2/3,
 116 B2
Montespluga 105 D2, 106 A2
Montesquieu-Volvestre
 109 C/D3, 155 D1
Montesquiou-sur-Losse
 109 C3, 155 C1
Monteux 111 C/D2
Montevarchi 115 C3, 116 B2
Montevécchio 123 C3
Montevécchio 123 C3
Monteverde 120 A2
Monteverdi Maríttimo 114 B3,
 116 A2
Montezémolo 113 C2
Montfaucon 100 B1
Montfaucon 88 B1
Montfaucon-en-Velay 103 C3,
 111 C1
Montferrat 112 A3
Montfleur 103 D2, 104 A2
Montfort 79 D1
Montfort-en-Chalosse
 108 A/B2/3
Montfort-l'Amaury 87 C1
Montfort-sur-Meu 85 C2
Montfort-sur-Risle 77 C3,
 86 B1
Montfranc 110 A2
Montgai 155 D3, 163 D1
Montgaillard 108 B3, 155 C1
Montgenèvre 112 A/B1
Montgomery 59 C3
Montguyon 101 C3
Monthermé 79 C3
Monthey 104 B2
Monthois 88 B1
Monthureux-sur-Saône 89 C2
Monti 123 D1
Monticchio Bagni 120 A2
Monticelli d'Ongina 114 A1
Monticelli Terme 114 A/B1
Montichiari 106 B3
Monticiano 114 B3, 116 B2
Montiel 167 D2, 168 A2
Montier-en-Der 88 B2
Montieri 114 B3, 116 A/B2
Montiers-sur-Saulx 89 C2
Montíglio 113 C1
Montignac 101 D3, 109 C/D1
Montigny 89 D2, 90 A2
Montigny-le-Roi 89 C2
Montigny-sur-Aube 88 B2/3
Montigny-sur-Canne 103 C1,
 103 C1
Montijo 165 D2
Montijo 164 A2
Montilla 172 B1
Montillana 173 C1
Montivilliers 76 B/C3
Montizón 167 D3, 168 A3
Montjay 111 D2
Montjean-sur-Loire 86 A3
Monthéry 87 C/D2
Montlieu-la-Garde 101 C3
Montluçon 102 A/B2
Montluel 103 D2/3
Montmarault 102 B2
Montmartin-sur-Mer 85 D1
Montmédy 79 C3
Montmélian 104 A3
Montmeyan 112 A3
Montmeyran 111 C/D1
Montmirail 86 B2
Montmirail 88 A1
Montmirey-le-Château 89 C3,
 103 D1, 104 A1
Montmoreau-Saint-Cybard
 101 C3
Montmorency 87 D1
Montmorillon 101 D2
Montmort 88 A1
Montmuran 85 C/D2
Montóggio 113 D2
Montoir-de-Bretagne 85 C3,
 100 A1

Montoire-sur-le-Loir 86 B3
Montoito 165 C2/3
Montolieu 110 A3, 156 A1
Montório 153 C2
Montório al Vomano 117 D3,
 119 C1
Montório nei Frentani 119 D2,
 120 A1
Montoro 167 C3, 172 B1
Montpellier 110 B3
Montpellier-le-Vieux 110 B2
Montpezat 111 C2
Montpézat 109 C3, 155 D1
Montpezat-de-Quercy 109 D2
Montpezat-sous-Bauzon
 111 C1
Montpon-Ménestérol 108 B1
Montpont-en-Bresse 103 D1/2
Montîdon-Labessonnié
 110 A2
Montréal 110 A3, 156 A1
Montréal-de-Gers 109 C2
Montréjeau 109 C3, 155 C1
Montrésor 87 C3, 101 D1
Montresta 123 C2
Montret 103 D1
Montreuil-aux-Lions 87 D1,
 88 A1
Montreuil-Bellay 101 C1
Montreuil-sur-Mer 77 D2
Montreux 104 B2
Montrevault 85 D3, 100 B1
Montrevel-en-Bresse 103 D2
Montrichard 87 C3, 87 C3,
 101 D1
Montricoux 109 D2
Montroc 104 B2
Montrond 104 A1
Montrond-les-Bains 103 C3
Montrose 54 B2, 57 C/D1
Montrottier 104 A2/3
Montroy 169 C1
Monts-sur-Guesnes 101 C1
Montsalvy 110 A1
Montsauche 88 A3, 103 C1
Montsaunès 109 C3, 155 D1
Montsecret 86 A1
Montségur 109 D3, 155 D2,
 156 A1
Montseny 156 A/B3
Montsoreau 86 A/B3, 101 C1
Montsûrs 86 A2
Montuenga 160 A/B2
Montuiri 157 D1
Monturque 172 B1
Monumento a Colón 171 C2
Monumento a los Maîtires del
 Mar 150 A3
Monza 105 D3, 106 A3
Monze 110 A3, 156 A/B1
Monzón 155 C3
Monzón de Campos 152 B3
Moorenweis 92 A2
Moormerland 67 D1
Moormerland-Oldersum 67 D1
Moormerlland-Neermoor
 67 D1
Moos-Langenisarhofen 92 B2
Moosbach (Vohenstrauss)
 82 B3, 92 B1
Moosbrunn 94 B2/3
Moosburg 92 A/B2
Moosinning 92 A2
Moosthenning 92 B2
Mór 95 C/D3, 96 B3, 128 B1
Mora 39 C2
Mora 160 B3, 167 C1
Mora 164 B2
Móra d'Ebre 163 C2
Mora de Rubielos 162 B3
Mora de Santa Quiteria
 168 B2
Móra la Nova 163 C2
Moraby 39 D2
Moracz 70 B1
Moradillo de Roa 152 B3,
 160 B1
Moraes 159 C1
Morag 73 C2/3
Mórahalom 129 D2
Moraira 169 D2

Moraïtika 142 A3
Moral 161 C1
Moral de Calatrava 167 C/D2
Moral de la Reina 152 A3
Moraleda de Zafayona 172 B2
Moraleja 159 C3
Moraleja del Vino 152 A3,
 159 D1
Morales 161 C1
Morales de Toro 152 A3,
 159 D1, 160 A1
Morales de Valverde 151 D3
Morales del Vino 159 D1
Moralina 151 D3, 159 D1
Moralzarzal 160 B2
Moraña 150 A2
Morannes 86 A3
Morano Cálabro 120 B3,
 122 A1
Morano sul Po 105 C3,
 113 C1
Morasverdes 159 C/D2
Morata 174 A/B1
Morata de Jalón 154 A3,
 162 A1
Morata de Jiloca 162 A1
Morata de Tajuña 161 C3
Moratalla 168 B3
Moratilla de los Meleros
 161 C2
Moravče 127 C2
Moravița 134 B1
Moravská Nová Ves 94 B1/2
Moravské Budějovice 94 A1,
 96 A/B2
Moravské Lieskové 95 C1/2
Moravský Ján 94 B2
Moravský Krumlov 94 B1
Morbach 80 A3
Morbach-Gonzerath 80 A3
Morbegno 106 A2
Mörbisch am See 94 B3
Mörbylånga 51 D2, 72 B1
Morcenx 108 A2
Morciano di Romagna 115 D2,
 117 C1
Morcillo 159 C3, 165 D1
Morcone 119 D2, 120 A1/2
Morcote 105 D2/3
Morcuera 161 C1
Mordelles 85 C/D2
Morecambe 59 D1, 60 B2
Moreda 173 C1
Morée 87 C2/3
Morehampstead 63 C3,
 63 C1/2
Moreira 158 A1
Moreira do Rei 158 A/B1
Mørekvam 37 C2/3
Morella 163 C2
Moreni 141 C1
Moreruela de Tábara 151 D3,
 159 D1
Móres 123 C2
Morés 154 A3, 162 A1
Morestel 103 D3, 104 A3
Moret-sur-Loing 87 D2
Moreton in Marsh 64 A2
Moretta 112 B1
Moreuil 78 A3
Morez 104 A2
Morfasbukten 9 C/D2/3
Morfasso 114 A1
Mórfion 142 B3
Morgat 84 A2
Morgedal 43 C1/2
Mörgen 91 D2
Morges 104 B2
Morgex 104 B3
Morgins 104 B2
Morgny 77 D3, 87 C1
Morgongåva 40 A3
Morgovejo 152 A2
Morhange 89 D1
Mørholmen 43 C3
Mori 106 B2/3
Moriani-Plage 113 D3
Møriaunet 28 A2, 33 C1
Morienval 87 D1
Moriles 172 B1
Morillas Zubilana 153 C2

Morille 159 D2
Morillejo 161 D2
Morillo de Monclus 155 C2
Morina 138 A2, 140 A2/3
Moringen 68 B3, 81 C1
Moringen-Fredelsloh 68 B3,
 81 C1
Moripen 43 C2/3
Moritzburg 83 C1
Moriville 89 D2
Morjärv 17 C2
Mørke 49 C2
Morken 28 A2, 33 C1
Morkkaperá 12 B3
Mörkö 47 C1/2
Mørkøv 49 C3, 53 C/D1
Morkovice 94 B1
Mørkret 38 B1
Mørkri 36 B2
Morl 82 A/B1
Morlaàs 108 B3, 154 B1
Morlaix 84 B1/2
Morlanne 108 B3, 154 B1
Mörlen 80 B2
Morley 61 C2
Mörlunda 51 C/D1, 72 B1
Mormanno 120 B3, 122 A1
Mormant 87 D2
Mornant 103 C/D3
Mornay-Berry 102 B1
Mornesi 113 C/D1
Mörnsheim 91 D1/2, 92 A1/2
Moročno 74 A3, 98 B1
Mörön 17 C3
Morón de Almazán 161 D1
Morón de la Frontera 172 A2
Moror 155 C/D3
Moros 161 D1, 162 A1
Morosaglia 113 D2/3
Morović 133 C1
Morozzo 112 B2, 113 C2
Morpeth 54 B3, 57 D2/3
Morrfällsviken 30 B3
Morriston 63 C1
Mörrum 51 C2
Morsains 88 A1
Morsbach 80 A/B2
Mörsch 90 B1
Mörsil 29 C3, 34 A/B2
Mörskom 25 D2, 26 A2
Mørsvikbotn 9 C3
Mortagne-au-Perche 86 B2
Mortagne-sur-Gironde 100 B3
Mortagne-sur-Sèvre 100 B1
Mortágua 158 A/B2/3
Mortain 85 D1/2, 86 A1/2
Mortara 105 D3, 113 C/D1
Mörtberg 16 B2
Morteau 104 B1
Mortegliano 126 A2/3
Mortemart 101 D2
Mortenshals 4 A3, 9 D1,
 10 A1
Mortensjordet 5 D1, 6 A/B1
Mortenslund 29 C2
Mörtfors 46 B3, 51 D1
Mortrée 86 A/B1/2
Mortsund 8 B2/3
Mörtträsk 16 B2
Morup 49 D2, 50 A1
Morups Tånge 49 D2, 50 A1
Moryń 70 B2
Morzine 104 B2
Mos 150 A2/3
Mosa 25 D2, 26 B2
Mosàs 46 A1
Mosätt 34 B3
Mosbach 91 C1
Mosbach-Neckarelz 91 C1
Mosby 43 C3
Mosca 151 C3, 159 C1
Moscardón 162 A2/3
Moscavide 164 A2
Mošćenička Draga 126 B3,
 130 A1
Moschendorf 127 C1
Moschófiton 143 C3
Moschopótamos 143 D2
Mosel 82 B2
Mosigkau 69 D3

Mosina 71 D3
Mosiny 71 D1
Mosjøen 14 A/B2/3
Moskaret 33 C3, 37 D1
Moskog 36 A2
Moskosel 16 A2/3
Moskuvaara 12 B2
Moskva 75 D1/2
Moso in Passíria/moos in
 Passeiertal 107 C1
Mosonmagyaróvár 95 C3,
 96 B3
Mosonszolnok 94 B3
Mošorin 129 D3, 133 D1,
 134 A1
Mošovce 95 D1
Mosqueruela 162 B2/3
Moss 44 B1
Mossala 24 A3, 41 D2/3
Mossaträsk 30 B2, 35 D1
Mossebo 50 B1
Mossiberg 39 C1
Mössingen 91 C2
Mössingen-Bad
 Sebastiansweiler 91 C2
Mosso Santa Maria 105 C3
Møsstrand 43 C1
Most 83 C2, 96 A1
Mostad 8 A3
Mostar 132 B3, 136 B1
Moste 126 B2
Moster 42 A1
Mosterhamn 42 A1
Mosterøy 42 A2
Mostiska 97 D2, 98 A2
Mostøl 42 B1
Móstoles 160 B2/3
Mostrim 55 C/D2
Mosty 73 D3, 74 A3
Mosty 71 C1
Mosty u Jablunkova 95 D1
Mosvik 28 A/B2/3, 33 D1
Mota de Altarejos 161 D3,
 168 B1
Mota del Cuervo 167 D1,
 168 A1
Mota del Marqués 152 A3,
 160 A1
Motala 46 A2
Moteŝice 95 C1/2
Motherwell 56 B2
Möthlow 69 D2, 70 A2
Motilla del Palancar 168 B1
Motilleja 168 B2
Mötingselberget 30 A/B1
Motjärnshyttan 39 C3
Motnik 127 C2
Motovun 126 B3, 130 A1
Motril 173 C2
Motta 107 C3
Motta di Livenza 107 D3
Motta Montecorvino 119 D2,
 120 A1
Motta Visconti 105 D3,
 113 D1
Möttingen 91 D1/2
Móttola 121 C2
Möttönen 21 C2
Mötzing-Schönach 92 B1/2
Mou 48 B1/2
Mouchamps 100 B1
Mouchan 109 C2
Mouchard 104 A1
Moudon 104 B1/2
Moúdros 145 C3
Mouflers 77 D2
Mougon 101 C2, 101 C2
Mouhijärvi 24 B1
Mouilleron-en-Pareds 100 B1
Moulay 86 A2
Mouleydier 109 C1
Mouliherne 86 A/B3
Moulin-Mage 110 A2/3
Moulin-Neuf 109 D3, 156 A1
Moulins 102 B1/2
Moulins-Engilbert 103 C1
Moulins-la-Marche 86 B1/2
Moulismes 101 D2
Moult 86 A1
Mountain Ash 63 C1
Moura 165 C3, 170 B1

Mourão 165 C3
Moure 150 A3, 158 A1
Mourenx 109 C3, 155 C1
Mourèze 110 B2/3
Mouriès 111 C2/3
Mouriès 139 D3, 143 D1, 144 A1
Mouríkion 147 C/D2
Mouriscas 164 B1
Mourmelon-le-Grand 88 B1
Mouronho 158 B3
Mourujärvi 13 C3
Moussey 89 D1/2
Moustey 108 A/B2
Moustier 109 C1
Moustiers-Sainte-Marie 112 A2
Mouthe 104 A1/2
Mouthier-Haute-Pierre 104 A1
Mouthoumet 110 A3, 156 B1
Moutier 104 B1
Moûtiers 104 B3
Moutiers-au-Perche 86 B2
Mouton 100 B3
Moux 88 A/B3, 103 C1
Moux 110 A3, 156 B1
Mouy-de-l' Oise 77 D3, 87 D1
Mouzákion 146 B2/3
Mouzákion 143 C3
Mouzay 79 C3, 89 C1
Mouzon 79 C3
Møvik 36 A3
Moville 55 D2
Moxhe 79 C2
Moyenvic 89 D1
Moyeuvre-Grande 89 C1
Möykky 20 B3
Möykkylä 18 A3
Möykkylänperä 18 B3, 22 B1
Moyuela 162 B1/2
Možajsk 75 D2
Mozárbez 159 D2
Mozgovo 135 C3
Mózia 124 A2
Mozirje 127 C2
Mozoncillo 160 B1/2
Mozyr' 74 B3, 99 C1
Mozzánica 106 A3
Mragowo 73 C2/3
Mrakovica 131 D1, 132 A1
Mramor 135 C3, 139 C1
Mramorak 134 B1
Mratinje 133 C3, 137 C1
Mrazovac 131 C1
Mrčajevci 133 D2/3, 134 A/B2/3
Mrežičko 139 C3, 143 C1
Mrkalji 133 C2
Mrkonjić Grad 131 D2, 132 A2
Mrkopalj 127 C3, 130 B1
Mrzla Vodica 127 C3, 127 C3, 130 B1
Mšec 83 C2/3
Mšené-lázně 83 C/D2
Mšeno 83 D2
Mstislavl' 75 C2
Mszczonów 73 C3, 97 C1
Múccia 115 D3, 117 C/D2
Much 80 A2
Much Wenlock 59 D3
Mücheln 82 A1
Mucientes 152 A/B3, 160 A1
Mücka 83 D1
Mücke-Flensungen 81 C2
Mücke-Nieder-Ohmen 81 C2
Mudanya 141 D3, 149 D1
Mudau 81 C3, 91 C1
Müddersheim 79 D2, 80 A2
Müden (Aller) 68 B2
Muel 154 A/B3, 162 A/B1
Muelas del Pan 151 D3, 159 D1
Mués 153 D2
Muga de Sayago 159 C/D1
Mugaire 108 A3, 154 A1
Mugardos 150 B1
Muge 164 A/B2
Mügeln 82 B1
Mügeln 70 A3
Muggensturm 90 B1/2

Muggia 126 B3
Mugía 150 A1
Muğla 149 D2
Mugron 108 A/B2
Mühlacker 90 B1
Mühlbach am Hochkönig 93 C3, 126 A1
Muhlbach-sur-Munster 89 D2, 90 A2/3
Mühlbeck 69 D3, 82 B1
Mühlberg 83 C1
Mühlberg 81 D2, 82 A2
Mühldorf 92 B2
Mühldorf 94 A2
Mühlen Eichsen 53 C3, 69 C1
Mühlhausen 81 D1
Mühlhausen (Höchstadt) 81 D3
Mühlhausen (Neumarkt) 92 A1
Mühlingen 91 C3
Mühltroff 82 A/B2
Muhola 21 C/D2, 22 A2
Muhos 18 B2/3
Muhr 91 D1
Muhr 126 A/B1
Muiden 66 B2/3
Muides-sur-Loire 87 C3
Muiños 150 B3
Muir of Ord 54 A/B2
Muirkirk 56 B2
Muittan 21 C/D2/3, 22 A2/3
Mujdžiči 131 D2, 132 A2
Mujejärvi 23 C/D1
Mukačevo 97 D2, 98 A2
Mukařov 83 D3
Mukkajärvi 17 C1/2
Mukkavaara 13 C2
Mukkavaara 16 B1
Mula 14 B2
Mula 168 B3, 174 A/B1
Mulda 83 C2
Mulfingen 91 C1
Mülheim 80 A1
Mulhouse 89 D3, 90 A3
Muljula 23 D3
Mulkwitz 83 D1
Mullerup 49 C3, 53 C1
Müllheim 90 A3
Mullhyttan 46 A1
Mullingar 55 C/D2
Müllrose 70 B3
Mullsjö 45 D3, 72 A1
Mullsjö 31 C2
Mulsanne 86 B2/3
Multia 21 C3
Multra 30 B3, 35 D2
Munakka 20 B2
Munapirtti 26 B2/3
Münchberg 82 A2/3
Müncheberg 70 B2, 72 A3
München 92 A2
Münchenbernsdorf 82 A/B2
Münchhausen (Marburg) 80 B1/2
Münchsmünster 92 A2
Münchweiler an der Rodalbe 90 A/B1
Mundaca 153 C/D1
Mundal 36 B2
Münden 81 C1
Münden-Hedemünden 81 C1
Munderfing 93 C2/3
Munderkingen 91 C2
Mundesley 65 D1
Mundford 65 C2
Mundheim 42 A1
Mune 126 B3, 130 A1
Munébrega 162 A1
Munera 168 A/B2
Mungia 153 C1
Muniesa 162 B2
Munilla 153 D3
Munka Ljungby 50 A2
Munkbyn 35 C2/3
Munkedal 44 B2
Munkedals bruk 44 B2
Munkflohögen 29 D3, 34 B1
Munkfors 39 C3
Munktorp 40 A3, 46 B1
Munne 26 B2

Münnerstadt 81 D2/3
Muñogalindo 160 A2
Muñopedro 160 B2
Muñopepe 160 A2
Muñotello 160 A2
Muñoveros 160 B1/2
Munsala 20 B1/2
Münsingen 91 C2
Münsingen 105 C1
Münsingen-Bremelau 91 C2
Münsingen-Buttenhausen 91 C2
Münsingen-Magolsheim 91 C2
Munsö 47 C1
Münster 67 D3
Munster 68 B2
Münster 105 C2
Munster 89 D2, 90 A2/3
Munster-Alvern 68 B2
Munster-Breloh 68 B2
Münster-Hiltrup 67 D3
Münster-Nienberge 67 D3
Munster-Oerrel 68 B2
Münster-Sprakel 67 D3
Münster-Wolbeck 67 D3
Münstermaifeld 80 A2/3
Münstertal 90 A/B3
Munsvattnet 29 D2
Münzkirchen 93 C2
Muodoslompolo 11 C3
Muonio 11 C3, 12 A1/2
Muotkajärvi 11 C2
Muotkanmaja 12 B1
Muotkanruoktu 6 B3
Muotkavaara 11 C3, 12 A1/2
Mur-de-Barrez 110 A1
Mur-de-Bretagne 85 C2
Mur-de-Sologne 87 C3
Murakeresztúr 128 A2
Murakka 25 D1, 26 A1
Muráň 97 C2
Muras 150 B1
Muraszemenye 127 D2
Murat 102 B3, 110 A/B1
Murat sur-Vèbre 110 A/B2/3
Murata 119 C2
Muratl 141 C3, 149 D1
Murau 96 A3, 126 B1
Muravera 123 D3
Murazzano 113 C2
Murça 158 B1
Murça 158 B2
Murchante 154 A3
Murci 116 B3, 118 A1
Murcia 169 C3, 174 B1
Mureck 127 C/D1/2
Mureşenii Bîrgăului 98 A/B3
Muret 109 D3, 155 D1
Murg 105 D1, 106 A1
Murgaševo 138 B3, 143 C1
Murgeni 99 C3, 141 C/D1
Murgia 153 C/D2
Muri 105 C1
Murias de Paredes 151 D2
Muriel Viejo 153 C3, 161 C1
Murieta 153 D2
Murillo de Gállego 154 B2
Murillo de Río Leza 153 D2
Murillo el Fruto 154 A2
Murino 137 D1/2, 138 A1
Mürlenbach 79 D3, 80 A3
Murnau 92 A3
Muro 113 D2
Muro 169 D2
Muro 157 D1
Muro de Aguas 153 D3
Muro en Cameros 153 D2/3
Muro Lucano 120 A2
Murol 102 B3
Murole 25 C1
Muron 100 B2
Muros 150 A2
Muros de Nalón 151 D1
Murowana Goślina 71 D2
Murrë 138 A3
Murrhardt 91 C1
Murronkylä 18 B2/3
Murska Sobota 96 A/B3, 127 D1/2
Mursko Središće 127 D2

Murtas 173 C2
Murtede 158 A2/3
Murten 104 B1
Murter 131 C3, 131 C3
Murtfü 129 D1
Murtino 139 D3, 143 D1
Murto 18 B2
Murtoinen 22 B3
Murtolahti 22 B2
Murtomäki 19 C2/3, 22 B1
Murtomäki 22 B2
Murtosa 158 A2
Murtovaara 19 D1
Murueta 153 C/D1
Murum 45 D3
Murvica 130 B2
Murviel-les-Beziers 110 B3
Mürzsteg 94 A3
Mürzzuschlag 94 A3, 96 A/B3
Müsch 80 A2
Muşeteşti 135 D1
Musetrene 37 C/D2
Musile di Piave 107 D3
Muskö 47 C/D1/2
Mušov 94 B1
Mussalo 26 B2/3
Musselburgh 57 C1/2
Musselkanaal 67 C/D2
Mussidan 109 C1
Mussomeli 124 B2
Mussy-sur-Seine 88 B2
Mustafa Kemalpaşa 149 D1
Müstair 106 B2
Mustajärvi 21 C3
Mustajärvi 20 B3
Mustajärvi 25 D1/2, 26 A1/2
Mustajoki 24 B1
Mustamaa 20 B2
Mustamaa 18 B3
Mustasaari 20 A2, 31 D3
Mustavaara 19 C/D2
Mustila 26 B2
Mustinlahti 23 C2/3
Mustio 25 C3
Mustion asema 25 C3
Mustolanmäki 23 C1
Mustolanmutka 19 C2/3, 23 C1
Mušutište 138 B2
Muta 127 C2
Mutala 25 C1
Mutalahti 23 D3
Mutanj 133 D2, 134 A2
Mutriku 153 C1
Mutterstadt 90 B1
Mutzig 90 A2
Mutzschen 82 B1
Muurame 21 D3, 22 A3
Muurasjärvi 21 D1, 22 A1
Muurikkala 27 C2
Muurla 24 B3
Muurola 12 A3
Muurola 26 B2
Muuruvesi 23 C2
Muusko 12 B3
Muxagata 159 C2
Muzillac 85 C3
Mužla 95 D3
Mužlja 129 D3, 133 D1, 134 A1
Muzzana del Turgnano 126 A3
Mycielin 71 C3
Myckelasen 34 B2
Myckelgensjö 30 B2/3, 35 D1
Myckelsjö 35 D2/3
Myckle 31 D1
Mycklebostad 9 C/D1
Myckling 35 D2/3
Myennes 87 D3
Myggsjö 39 C1
Myhinpää 22 B3
Myjava 95 C2
Mykenai 147 C3
Mykland 43 C2/3
Mykland 36 A/B1/2
Myklebost 32 B2
Myklebostad 8 B3
Myklebust 36 B1/2
Myllperä 21 C/D2, 22 A2

Myllyklä 25 C2
Myllykoski 26 B2
Myllykoski 20 B2
Myllykylä 25 C3
Myllylahti 19 D2
Myllymaa 24 B1
Myllymäki 21 C3
Myllyperä 18 A/B3
Mynämäki 24 A/B2
Mynttilä 26 B1
Myra 40 A1
Myran 38 B3, 45 C1
Myrdal 36 B3
Myre 8 B1
Myreng 37 D2
Myrheden 16 B3
Myrheden 16 B3
Myrholen 39 D2
Myrkky 20 A3
Myrland 9 C1/2
Myrland 8 A/B2
Myrlandshaugen 9 C/D2
Myrlia 4 A3, 9 D1, 10 A1
Myrmoen 33 D2
Myrskylä 25 D2, 26 A2
Myrvang 9 C2
Myrviken 34 B2
Mysen 44 B1
Myślenice 97 C2
Myślibórz 70 B2
Myssjö 34 B2
Myssjön 35 C/D3
Mysuseter 37 D1/2
Mýto 83 C3

N

Nå 36 B3, 42 B1
Na Xamena 157 C2
Naamanka 19 C1/2
Naamankylä 18 B3
Naamijoki 12 A3, 17 D1
Naantali 24 A/B2/3
Naappila 25 C1
Naarajärvi 22 B3
Naarden 66 B2/3
Näärinki 27 C1
Naarjoki 24 A/B2
Naartijärvi 17 D2
Naarva 23 D2
Nääs 45 C3
Naas 55 D2/3
Näätämö 7 C2
Näätänmaa 23 C3
Näätävaara 19 D2
Naatula 24 B1/2
Nabbelund 51 D1
Nabburg 92 B1
Načeradec 83 D3, 93 D1
Náchod 96 A/B1/2
Nacimiento 173 D2
Nacka 47 D1
Näckådalen 39 C1
Näcksåsen 29 D2, 30 A2, 35 C1
Nådab 97 C3, 140 A1
Nadalj 129 D3
Nadarzyce 71 D1
Nádasdladány 128 B1
Naddvik 37 C2
Nådendal 24 A/B2/3
Nådlac 97 C3, 140 A1
Nadrljan 129 D2/3
Nadvornaja 97 D2, 98 A/B2
Näfels 105 D1, 106 A1
Náfpaktos 146 B2
Náfplion 147 C3, 148 B2
Nafría la Llana 153 C/D3, 161 C1
Naggen 35 C3
Nago 106 B2/3
Nagold 90 B2
Nagold-Hochdorf 90 B2
Nagu 24 A3
Nagyargencs 95 C3, 128 A1

Nagyatád 96 B3, 128 A2
Nagybajom 128 A/B2
Nagybaracska 129 C2
Nagycenk 94 B3
Nagydorog 129 C2
Nagygyimót 95 C3, 128 A/B1
Nagyhalász 97 C2/3, 98 A2/3
Nagyharsány 128 B3
Nagyigmánd 95 C3
Nagykanizsa 96 B3, 128 A2
Nagykapornak 128 A1/2
Nagykáta 97 C3, 129 C/D1
Nagykónyi 128 B2
Nagykörös 129 C/D1
Nagykörű 129 D1
Nagylengyel 128 A1/2
Nagymágocs 129 D2
Nagymaros 95 D3
Nagyoroszi 95 D2/3
Nagyszénás 129 D2
Nagyvázsony 128 A/B1
Naharros 161 D3
Nahrstedt 69 C/D2
Nahwinden 82 A2
Naidâş 134 B1
Naila 82 A2
Nailloux 109 D3, 155 D1
Nailsworth 63 D1, 64 A3
Nairn 54 B2
Naisjärvi 17 C2
Naizin 85 C2
Najac 109 D2
Nájera 153 C/D2
Näkkälä 11 C2, 12 A1
Naklo 126 B2
Nakło nad Notecią 72 B3
Nakovo 129 D3
Nakskov 53 C2
Nalda 153 D2
Nälden 29 C/D3, 34 B1/2
Näljänkä 19 C2
Nalkki 19 C2/3
Nálles/nals 107 C2
Nalliers 100 B2
Naltijärvi 11 D2, 12 A1
Nalzen 109 D3, 155 D1/2, 156 A1
Nalžovské Hory 93 C1
Namborn 80 A3, 90 A1
Nambroca 160 B3, 167 C1
Namdalseid 28 B2
Nämdö 47 D1
Náměšť nad Oslavou 94 A/B1
Namlos 91 D3, 106 B1
Namnå 38 B2
Nampont-Saint-Martin 77 D2
Namsos 28 B2
Namsvassgardan 29 C1
Namur 79 C2
Namysłów 96 B1
Nancy 89 C1/2
Nandlstadt 92 A2
Nangis 87 D2
Nannestad 38 A3
Nans-les-Pins 111 D3, 112 A3
Nantes 85 D3, 100 A1
Nanteuil-le-Haudoin 87 D1
Nantiat 101 D2
Nantrow 53 D3
Nantua 103 D2, 104 A2
Nantwich 59 D2, 60 B3, 64 A1
Náousa 140 A/B3, 143 C/D2, 148 B1
Napajedla 95 C1
Napapiiri 12 A/B3
Nápola 124 A2
Nápoli 119 C/D3
Napp 8 A/B2
Nárai 127 D1
Narberth 62 B1
Nærbø 42 A3
Nårbo 42 A3
Narbonne 110 A/B3, 156 B1
Narbonne-Plage 110 B3, 156 B1
Narbuvollen 33 D3
Narcao 123 C3
Narcy 87 D3, 102 B1
Nard 128 B3
Nardò 121 D3

Närhilä 21 D2, 22 A/B2
Narila 22 B3, 26 B1
Narita 22 B3
Narkaus 12 B3, 18 B1
Narken 17 C1
Narni 117 C3, 118 B1
Naro 124 B3
Naro-Fominsk 75 D2
Naroč' 74 A2
Narodiči 99 C1
Nåroy 36 B2/3
Nærøy 36 B2/3
Nærøy 28 B1
Närpes 20 A3
Närpiö 20 A3
Narppa 21 C1
Narrillos de Rebollar 160 A2
Narros del Castillo 160 A2
Närsäkkälä 27 D1
Närsen 39 C2/3
Nærsnes 38 A3, 43 D1, 44 B1
Nærsnes 38 A3, 44 B1
Narta 128 A3
Närtesalo 27 C1
Nårunga 45 C3
Naruska 13 C2
Narva 24 B1
Närvä 25 D1, 26 A1
Närvijoki 20 A/B2/3
Narvik 9 C/D2
Narvik-Ankenes 9 C/D2
Naryškino 75 D3
Narzole 113 C1/2
Näs 41 C/D2
Näs 30 A/B3, 35 D2
Näs 34 B2
Næs 53 D2
Näs bruk 40 A3
Näsåker 30 A/B3, 35 D1/2
Nasaseter 29 C1
Näsåud 97 D3, 98 A/B3
Näsberg 39 D1
Näsby 51 D2
Našec 138 A/B2
Näset 45 C3, 49 D1
Näset 35 C2/3
Näset 39 D1
Näset 29 D2, 30 A1
Näshult 51 C1
Našice 128 B3
Näske 30 B3
Näsland 31 C2
Nassau 80 B2
Nassenfels 92 A1/2
Nassenheide 70 A2
Nassereith 91 D3, 106 B1
Nässja 46 A2
Nässjö 30 A2/3, 35 C1
Nässjö 46 A3, 72 A1
Nässundet 45 D1, 46 A1
Nastan 136 A1
Nästangsjö 30 A1
Nastätten 80 B2/3
Nästelsjö 34 B2/3
Nästi 24 A2
Nastola 25 D2, 26 A2
Næstved 53 D1/2
Näsum 50 B2
Näsvattnet 30 A/B1
Näsviken 40 A1
Natalinci 134 B2
Naters 105 C2
Nattavaara by 16 B1
Nattavaara station 16 B1
Nattheim 91 D2
Nättraby 51 C2
Naturno/naturns 106 B1/2
Naturreservat 33 C3, 37 D1
Naturreservatet 49 C2
Naucelle 110 A2
Nauders 106 B1
Nauen 70 A2, 72 A3
Naulaperä 19 C2
Naulavaara 23 C1
Naumburg 82 A1
Naumburg 81 C1
Naundorf 83 C1/2
Naundorf 70 A3, 82 B1
Naunhof 82 B1
Nauraua 18 B2

Naustbukta 28 B1
Naustdal 36 A2
Nausterstøa 33 C3
Naustvilla 32 B3, 37 C1
Nauthella 42 A1
Nautijaur 16 A1
Nautsund 36 A2
Nauviale 110 A1
Nauvo 24 A3
Näva 38 B3, 45 C1
Nava 151 D1, 152 A1
Nava de Arévalo 160 A2
Nava de Béjar 159 D2
Nava de la Asunción 160 B1/2
Nava de Roa 152 B3, 160 B1
Nava de Sotrobal 160 A2
Nava del Rey 160 A1
Navacarros 159 D2/3
Navacepeda de Tormes 160 A2/3
Navacepedilla de Corneja 160 A2
Navacerrada 167 C2
Navacerrada 160 B2
Navaconcejo 159 D3
Navafría 160 B2
Navahermosa 160 B3, 167 C1
Naval 155 C2/3
Navalacruz 160 A2
Navalagamella 160 B2
Navalcaballo 153 D3, 161 D1
Navalcán 160 A3
Navalcarnero 160 B3
Navaleno 153 C3, 161 C1
Navales 159 D2, 160 A2
Navalilla 160 B1
Navalmanzano 160 B1
Navalmoral de la Mata 159 D3, 166 A/B1
Navalmoralejo 160 A3, 166 B1
Navalón 169 C2
Navalonguilla 159 D3, 160 A3
Navalperal de Pinares 160 B2
Navalpino 166 B2
Navaluenga 160 A2/3
Navalvillar de Ibor 160 A3, 166 B1
Navalvillar de Pela 166 A/B2
Navamorcuende 160 A3
Navarcles 156 A3
Navardún 154 A/B2
Navares de las Cuevas 160 B1
Navarredondilla 160 A2
Navarrenx 108 A/B3, 154 B1
Navarrés 169 C2
Navarrete 153 D2
Navarrete del Río 162 A2
Navars 156 A2/3
Navas de Estena 167 C1
Navas de Jorquera 168 B1/2
Navas de Oro 160 B1
Navas de San Juan 167 D3, 173 C1
Navas de Tolosa 167 C/D3
Navas del Madroño 159 C3, 165 D1
Navas del Rey 160 B2/3
Navasa 154 B2
Navascués 154 A/B2
Navasfrías 159 C3
Navata 156 B2
Navatrasierra 160 A3, 166 B1
Nave 106 B3
Nave 159 C2/3
Nave de Haver 159 C2
Nävekvarn 47 C2, 47 C2
Navelli 117 D3, 119 C1
Navelsaker 32 A3, 36 A/B1
Nåverdal 33 C2
Näverede 29 D3, 35 C2
Näverkärret 39 D3, 46 B1
Näverliden 16 A3
Näverrys 18 B1
Naverstad 44 B2
Naves 102 A3
Naves 104 B3
Navès 155 D3, 156 A2
Naveta d'Es Tudóns 157 D1

Navezuelas 166 B1
Navia 151 C1
Navia de Suarna 151 C1/2
Navilly 103 D1
Navioci 132 B1/2
Navis 107 C1
Navit 4 B2/3
Navl'a 75 C/D3
Năvodari 141 D2
Náxos 149 C2
Nay 108 B3, 154 B1
Nayland 65 C2
Nazaré 164 A1
Nazilli 149 D2
Ndërfushë 137 D3, 138 A2/3
Ndrejaj 137 D2, 138 A2
Ndroqi 137 D3, 142 A1
Néa Anchíalos 143 D3, 144 A3, 147 C1
Néa Artáki 147 D2
Néa Epídavros 147 C2
Néa Fókea 144 A2
Néa Iraklítsa 144 A2
Néa Kallikrátia 144 A2
Néa Kallísti 145 C1
Néa Karváli 144 B1
Néa Kerdília 144 A2
Néa Máditos 144 A/B2
Néa Mesángala 143 D2/3
Néa Michanióna 143 D2, 144 A2
Néa Moudaniá 144 A2, 148 B1
Néa Péramos 144 B1
Néa Plagiá 144 A2
Néa Potídea 144 A2
Néa Psará 147 D2, 148 B2
Néa Róda 144 B2
Néa Sánda 141 C3, 145 D1, 149 C1
Néa Skióni 144 A/B2/3
Néa Stíra 147 D2
Néa Ténedos 144 A2
Néa Tríglia 144 A2
Néa Zíchni 140 B3, 144 B1
Néamákri 147 D2
Néant-sur-Yvel 85 C2
Neápolis 140 A3, 143 C2, 148 A/B1
Neath 63 C1
Nebel 52 A2
Nebelin 69 D2
Nebljusi 131 C2
Nebra 82 A1
Nebreda 153 C3
Nečajannoje 99 D3
Nečemice 83 C2/3
Neckarbischofsheim 91 C1
Neckargemünd 90 B1
Neckargerach 91 C1
Neckarsulm 91 C1
Neckartailfingen 91 C2
Neckenmarkt 94 B3
Necropoli di Pantálica 125 C/D3
Necrópoli Etrusca 114 B2, 116 B1
Necrópoli Pantálica 125 C/D3
Necrópolis Romana 171 D1, 172 A1
Nečtiny 83 C3
Nečujam 131 C3
Neda 150 B1
Nedalens turisthytta 33 D2
Nedansjö 35 C/D3
Nedaški 99 C1
Neded 95 C2/3
Nedelišče 127 D2
Nederbrakel 78 B2
Nederby 48 A/B2
Nedervetil 20 B1
Nederweert 79 C/D1
Nedlitz 69 D3
Nedre Eggedal 43 D1
Nedre Flåsjön 17 C2
Nedre Gerdsjö 39 D2
Nedre Heimdalen 37 C2
Nedre Kuouka 16 B1/2
Nedre Parakka 10 B3
Nedre Soppero 10 B2/3
Nedre Tollådal 14 B1

Nedre Voljakkala 17 D2, 18 A1
Nedrefosshytta 4 B3, 10 B1
Nedstrand 42 A2
Née Karié 143 D3
Neede 67 C3
Needham Market 65 C/D2
Neerpelt 79 C1
Neetze 69 C1
Nefyn 58 B2/3
Negádes 142 B3
Negenborn 68 B3
Negorci 139 C3, 143 D1
Negotin 135 C2, 140 A/B2
Negotino 139 C3, 143 C/D1
Negovanovci 135 D2
Negredo 161 C2
Negreira 150 A2
Nègrepelisse 109 D2
Negreşti 97 D3, 98 A2/3
Negru Vodă 141 C/D2
Nehvonniemi 23 D1
Neiden 7 C1
Neila 153 C3
Neira de Jusá 151 C2
Neistenkangas 12 A3, 17 D1
Neitisuando 10 B3
Neittävä 18 B3
Nejdek 82 B2
Neksø 51 D3, 72 A/B2
Nelas 158 B2
Nelidovo 75 C1
Neljäntuulen tupa 6 B3
Nellimö 7 C3
Nellingen 91 C2
Nellingen 91 C2
Nelson 59 D1, 60 B2
Nelvik 32 B1/2
Neman (Ragnit) 73 C/D2
Neméa 147 C2/3
Neméa 147 C2/3
Nemesszalók 95 C3, 128 A1
Nemesvid 128 A2
Németkér 129 C2
Nemila 132 B2
Nemirov 99 C2
Nemours 87 D2
Nemšová 95 C1
Nenagh 55 C3
Nendeln 106 A1
Nennhausen 69 D2
Nensjö 30 B3, 35 D2
Nentershausen 81 C/D1/2
Nentershausen 80 B2
Nenthead 57 C/D3, 60 B1
Nenzing 106 A1
Neochórion 143 C3, 146 B1
Neochórion 146 A2
Neochórion 146 A2
Neochórion 144 A3, 147 C1
Néon Ginekókastron 143 D1, 144 A1
Néon Kavaklíon 145 C1
Néon Monastírion 143 D3, 146 B1
Néon Petrítsi 139 D3, 144 A1
Néos Marmarás 144 B2
Neós Páos 146 B2/3
Nepas 153 D3, 161 D1
Nepi 117 C3, 118 B1
Nepomuk 83 C3, 93 C1, 96 A2
Nérac 109 C2
Neraïda 142 B3
Neratovice 83 D2/3
Nerău 129 D2/3
Nerdal 32 B2
Néré 101 C2
Neresheim 91 D2
Neresnica 135 C2
Nereta 73 D1, 74 A1
Nereto 117 D3, 119 C1
Nerezine 130 A1/2
Nerežišče 131 C/D3, 136 A1
Neringa 73 C2
Néris-les-Bains 102 B2
Nerja 173 C2
Nerkoo 22 B2
Nermo 37 D2, 38 A1
Néronde 103 C2/3
Nérondes 102 B1

Nerpio 168 B3, 173 D1
Nersingen 91 D2
Nerskogen 33 C2
Nerva 171 C1
Nervesa della Battaglia 107 C/D3
Nes 42 A2
Nes 9 C2
Nes 36 A2
Nes 36 B2
Nes 38 A2
Nes 37 D3
Nes 38 A3
Nes 29 C2
Nes 29 C2
Nes 32 B2
Nes 66 B1
Nes Røstlandet 8 A3
Nesan 29 C1
Nesbøsjøen 36 A3
Nesbyen 37 C3
Neschholz 69 D3, 70 A3
Neschwitz 83 C/D1
Nesebår 141 C/D2/3
Neset 4 B2
Nesflaten 42 B1
Nesheim 36 A/B3
Nesland 42 B2
Nesland 43 C2
Nesland 8 A/B3
Neslandsvatn 43 C/D2, 44 A2
Nesna 14 A2
Nesodden 38 A3, 44 B1
Nesoddtangen 38 A3
Nesperal 158 A/B3, 164 B1
Nespereira 150 B2
Nespereira 158 A/B2
Nesse-Nessmersiel 67 D1
Nesseby 7 C2
Nesselwang 91 D3
Nesso 105 D2/3, 106 A2/3
Nestáni 147 C3
Nestar 152 B2
Nestavoll 33 C3, 37 D1
Nestelbach bei Graz 127 C1
Nesterov 97 D2, 98 A1/2
Neštin 129 C3, 133 C1
Neston 59 C/D2, 60 B3
Nestórion 140 A3, 142 B2, 148 A1
Nesttun 36 A3
Nesviž 74 A3
Neteka 131 C2
Netlandsnes 42 B3
Netolice 93 C/D1
Netphen 80 B2
Netretić 127 C3
Nettancourt 88 B1
Nettersheim 79 D2, 80 A2
Nettersheim-Tondorf 79 D2, 80 A2
Nettetal 79 D1
Nettetal-Kaldenkirchen 79 D1
Nettetal-Lobberich 79 D1
Nettlebed 64 B3
Nettuno 118 B2
Netvořice 83 D3
Netzschkau 82 B2
Neu Büddenstedt 69 C3
Neu-Isenburg 80 B3
Neu Kosenow 70 A/B1
Neu Lübbenau 70 B3
Neu-Moresnet 79 D2
Neu St. Johann 105 D1, 106 A1
Neu-Ulm 91 C/D2
Neu-Ulm-Pfuhl 91 C/D2
Neu-Wendischthun 69 C1
Neu Wulmstorf 68 B1
Neu-Zittau 70 A/B2/3
Neualbenreuth 82 B3
Neubörger 67 D2
Neubrandenburg 70 A1, 72 A2/3
Neubrück 70 B3
Neubrunn (Marktheidenfeld) 81 C3
Neubukow 53 D3
Neubulach 90 B2
Neuburg 92 A2
Neuburg am Inn 93 C2

Neuburg-Zell 92 A2
Neuburxdorf 83 C1
Neuchâtel 104 B1
Neuching 92 A2
Neudau 127 D1
Neudenau 91 C1
Neudingen 90 B3
Neudorf 82 B2
Neudorf-Platendorf 69 C2
Neudrossenfeld 82 A3
Neue Schleuse 69 D2
Neuenbürg 90 B1/2
Neuendettelsau 91 D1
Neuendorf 79 D2
Neuenhagen 70 A/B2
Neuenhaus 67 C2
Neuenkirchen 68 A2
Neuenkirchen 67 D3
Neuenkirchen 52 A/B3
Neuenkirchen (Oldenburg) 67 D2
Neuenkirchen (Soltau) 68 B2
Neuenkirchen-Vörden 67 D2, 68 A2
Neuenrade 80 B1
Neuensalz 82 B2
Neuenstein 91 C1
Neuenstein-Aua 81 C2
Neuental-Zimmersrode 81 C1/2
Neuenweg 90 A/B3
Neuerburg 79 D3
Neuf-Brisach 90 A2/3
Neufahrn 92 B2
Neufahrn (Freising) 92 A2
Neufahrn-Piegendorf 92 B2
Neufchâteau 79 C3
Neufchâteau 89 C2
Neufchâtel-en-Bray 77 C/D3
Neufchâtel-sur-Aisne 78 B3, 88 A1
Neufelden 93 C2
Neugattersleben 69 C/D3
Neugersdorf 83 D1/2
Neuharlingersiel 67 D1
Neuhaus 81 D2, 82 A2
Neuhaus 69 C1
Neuhaus 82 A3
Neuhaus 52 A/B3, 68 A1
Neuhaus-Schierschnitz 82 A2
Neuhausen 83 C2
Neuhausen am Rheinfall 90 B3
Neuhausen ob Eck 91 C3
Neuhof 81 C2
Neuhofen an der Krems 93 C/D2/3
Neuillé-Pont-Pierre 86 B3
Neuilly-l'Evêque 89 C2/3
Neuilly-le-Réal 102 B2
Neuilly-Saint-Front 87 D1, 88 A1
Neukalen 69 D1, 70 A1
Neukirch 83 C/D1
Neukirchen 52 A2
Neukirchen am Walde 93 C2
Neukirchen an der Enknach 93 C2
Neukirchen-Balbini 92 B1
Neukirchen bei Heilig Blut 92 B1
Neukirchen (Sulzbach-Rosenberg) 82 A3, 92 A1
Neukirchen-Vluyn 79 D1, 80 A1
Neukirchen (Ziegenhain) 81 C2
Neukloster 53 D3, 69 C/D1
Neulengbach 94 A2
Neulietzegöricke 70 B2
Neulikko 19 C2
Neulingen-Bauschlott 90 B1
Neulise 103 D2
Neulussheim 90 B1
Neum 136 B1
Neumagen-Dhron 80 A3
Neumarkt 92 A1
Neumarkt am Wallersee 93 C3
Neumarkt an der Raab 127 D1

Neumarkt an der Ybbs 93 D2/3
Neumarkt im Hausruckkreis 93 C2
Neumarkt im Mühlkreis 93 D2
Neumarkt in Steiermark 126 B1
Neumarkt-Sankt Veit 92 B2
Neumünster 52 B3
Neunagelberg 93 D1/2
Neunburg 92 B1
Neunburg-Kemnath 92 B1
Neung-sur-Beuvron 87 C3
Neunkirch 90 B3
Neunkirchen 89 D1, 90 A1
Neunkirchen 94 A/B3, 96 A/B3
Neunkirchen am Brand 82 A3, 92 A1
Neunkirchen (Miltenberg) 81 C3
Neunkirchen-Seelscheid 80 A2
Neunkirchen (Siegen) 80 B2
Neunkirchen-Wiebelskirchen 89 D1, 90 A1
Neupetershain 83 C/D1
Neupölla 94 A2
Neureichenau-Altreichenau 93 C2
Neuried-Ichenheim 90 A/B2
Neuruppin 69 D2, 70 A2, 72 A3
Neusäss 91 D2
Neuschoo 67 D1
Neuschwanstein 91 D3
Neusiedl an See 94 B3
Neuss 79 D1, 80 A1
Neussargues 102 B3, 110 A/B1
Neustadt 82 A2
Neustadt 83 C/D1/2
Neustadt 69 D2
Neustadt 53 C3
Neustadt 80 A2
Neustadt 81 C3
Neustadt am Kulm 82 A3
Neustadt am Rennsteig 81 D2, 82 A2
Neustadt am Rübenberge 68 B2
Neustadt am Rübenberge-Dudensen 68 B2
Neustadt am Rübenberge-Eilvese 68 B2
Neustadt am Rübenberge-Mandelsloh 68 B2
Neustadt am Rübenberge-Mardorf 68 A/B2
Neustadt am Rübenberge-Schneeren 68 A/B2
Neustadt an der Aisch 81 D3, 91 D1
Neustadt an der Donau 92 A1/2
Neustadt an der Waldnaab 82 B3
Neustadt an der Weinstrasse 90 B1
Neustadt bei Coburg 82 A2
Neustadt-Geinsheim 90 B1
Neustadt-Glewe 69 C/D1
Neustadt (Marburg) 81 C2
Neustift im Stubaital 107 C1
Neustrelitz 70 A1, 72 A3
Neustupov 83 D3
Neuves-Maisons 89 C2
Neuvic 101 C3, 109 C1
Neuvic-d'Ussel 102 A3
Neuville 78 B2
Neuville-aux-Bois 87 C2
Neuville-de-Poitou 101 C1
Neuville-en-Condroz 79 C2
Neuville-lès-Decize 102 B1
Neuville-sur-Ain 103 D2
Neuville-sur-Saône 103 D2/3
Neuville-sur-Touques 86 B2
Neuvilly-en-Argonne 88 B1
Neuvola 22 B3
Neuvosenniemi 19 C2/3

Neuvy-Pailloux 102 A1
Neuvy-Saint-Sépulchre 102 A1/2
Neuvy-Sautour 88 A2
Neuvy-sur-Barangeon 87 C/D3, 102 A1
Neuvy-sur-Loire 87 D3
Neuwied 80 A2
Neuwiller 90 A1/2
Neuzelle 70 B3
Névache 112 A/B1
Nevade 140 A2
Neveklov 83 D3
Nevel' 74 B1
Nevernes 14 A3
Nevers 102 B1
Nevesinje 132 B3, 137 C1
Nevest 131 C3
Neviano 121 D3
Nevlunghavn 43 D2, 44 A2
New Abbey 57 C3, 60 A1
New Alresford 64 B3, 76 A1
New Cumnock 56 B2
New Galloway 56 B3
New Holland 61 D2
New Luce 56 B3
New Mills 59 D2, 60 B3, 61 C3, 64 A1
New Quay 58 B3, 62 B1
New Radnor 59 C3, 63 C1
New Romney 77 C1
New Ross 55 D3
New Scone 57 C1
Newark-on-Trent 61 C/D3, 64 B1
Newbiggin-by-the-Sea 57 D2/3
Newborough 58 B2
Newbridge 63 C1
Newbridge on Wye 59 C3, 63 C1
Newburgh 57 C1
Newbury 64 A/B3, 76 A1
Newby Bridge 59 C/D1, 60 B2
Newcastle 58 A1
Newcastle 58 A2
Newcastle Emlyn 62 B1
Newcastle-under-Lyme 59 D2, 60 B3, 64 A1
Newcastle upon Tyne 54 B3, 57 D3, 61 C1
Newcastleton 57 C2/3
Newenden 77 C1
Newent 63 D1, 64 A2
Newhaven 76 B1
Newlyn East 62 B3
Newmarket 65 C2
Newnham 63 D1, 64 A2/3
Newport 65 C2
Newport 59 D3, 64 A1
Newport 76 A1/2
Newport 62 B1
Newport 63 C/D1
Newport-on-Tay 57 C1
Newport Pagnell 64 B2
Newquay 62 B3
Newry 54 A3, 55 D2, 58 A1
Newstead Abbey 61 C3, 64 B1
Newton 59 D2, 60 B3
Newton Abbot 63 C3, 63 C2
Newton Hamilton 58 A1
Newton Stewart 54 A/B3, 55 D2, 56 B3, 60 A1
Newtonabbey 56 A3
Newtonmore 54 B2, 55 D1
Newtown 59 C3
Newtown Butler 54 A3, 55 C/D2
Newtownards 56 A3
Nexon 101 D3
Nezavertajlovka 99 C3, 141 D1
Nežin 99 D1
Nianfors 40 A1
Niannoret 40 A1
Niaux 155 D2, 156 A1
Nibbiano 113 D1
Nibe 48 B1/2
Nicaj-Shalë 137 D2, 138 A2
Nicastro 122 A/B2

Niccone 115 C3, 117 C2
Nice 112 B2/3
Nickelsdorf 94 B3, 96 B3
Nicolinț 134 B1
Nicolosi 125 C/D2
Nicosia 125 C2
Nicótera 122 A2/3
Nicótera Marina 122 A2/3
Nidda 81 C2
Nidda-Eichelsdorf 81 C2
Nidderau 81 C2/3
Nide 31 D1
Nideck 89 D2, 90 A2
Nideggen 79 D2
Nidrí 146 A1
Nidríon 146 A1
Nidzica (Neidenburg) 73 C3
Niebla 171 C1/2
Niebüll 52 A2
Nieder-Ramstadt 80 B3
Nieder-Seifersdorf 83 D1
Niederaichbach 92 B2
Niederanven 79 D3
Niederaula 81 C2
Niederbipp 105 C1
Niederbobritzsch 83 C2
Niederbronn-les-Bains 90 A1
Niederfell 80 A2/3
Niederfeulen 79 D3
Niederfinow 70 B2
Niedergurig 83 D1
Niederheimbach 80 B3
Niederkassel 80 A2
Niederkrüchten 79 D1
Niederlahnstein 80 A/B2
Niederlandin 70 B2
Niedernai 90 A2
Niederndodeleben 69 C3
Niederolm 80 B3
Niederorschel 81 D1
Niedersachswerfen 81 D1, 82 A1
Niederstetten 91 C1
Niederstotzingen 91 D2
Niedersulz 94 B2
Niederurnen 105 D1, 106 A1
Niederviehbach-Lichtensee 92 B2
Niederwölz 126 B1
Niederzier 79 D2
Niederzissen 80 A2
Niedoradz 71 C3
Niegosław 71 C2
Nieheim 68 A/B3
Niekursko 71 D1/2
Niel 78 B1
Niella Tánaro 113 C2
Niemegk 69 D3, 70 A3
Niemelä 6 B2
Niemelä 13 C3
Niemelä 6 B2
Niemenkylä 20 A/B2/3
Niemenkylä 24 B1
Niemi 24 A1, 41 D1
Niemica 70 B1
Niemijärvi 23 D1
Niemis 17 C/D2
Niemisel 17 C2
Niemisjärvi 21 D3, 22 A/B3
Niemistenkylä 25 D1, 26 A/B1
Niemisvesi 21 D2
Nienborstel-Barlohe 52 B3
Nienburg 69 D3
Nienburg 68 A/B2
Nienburg-Holtorf 68 A/B2
Nienburg-Langendamm 68 A/B2
Nienhagen 68 B2
Niepart 71 D3
Niepruszewo 71 D2/3
Nierstein 80 B3
Niesa 11 C3, 12 A2
Niesi 12 B2/3
Niesky 83 D1, 96 A1
Niestetal 81 C1
Nietsak 16 B1
Nieul 101 D2
Nieul-le-Dolent 100 A1/2
Nieul-sur-l'Autise 100 B2
Nieuw-Amsterdam 67 C2
Nieuw-Heeten 67 C2/3

Nieuw-Schoonebeek 67 C2
Nieuwe-Pekela 67 C1/2
Nieuweburg 66 B2
Nieuwerbrug 66 A/B3
Nieuwerkerk 66 A3, 78 B1
Nieuweschans 67 C/D1/2
Nieuwkoop 66 A/B3
Nieuwleusen 67 C2
Nieuwolda 67 C1
Nieuwpoort 66 B3
Nieuwpoort 78 A1
Nieuwpoort-Bad 78 A1
Nieva 160 B2
Niewisch 70 B3
Nigrán 150 A3
Nigrita 140 B3, 144 A1, 148 B1
Nihajlovgrad 135 D3, 140 B2
Niinikoski 25 D2, 26 A2
Niinilahti 21 D2, 22 A2
Niinimäki 23 C3
Niinimäki 21 D1, 22 A1
Niinisaari 27 C1
Niinisalo 24 B1
Niinivesi 21 D2, 22 A/B2
Niirala 23 D3
Niittylahti 23 D3
Niitynpää 24 B2
Níjar 174 A2
Nijbroek 67 C3
Nijemci 133 C1
Nijeveen 67 C2
Nijkerk 66 B3
Nijmegen 66 B3
Nijverdal 67 C2/3
Nikaranperä 21 C/D3, 22 A3
Níkea 143 D3
Niki 143 D3
Nikifóros 144 B1
Nikinci 133 C/D1, 134 A1
Nikísiani 140 B3, 144 B1, 148 B1
Nikítas 144 A/B2
Nikitsch 94 B3
Nikkala 17 D2/3, 18 A1
Nikkaluokta 9 D3, 10 A3
Nikkaroinen 25 D1, 26 A1
Nikkeby 4 B2
Nikkilä 25 D3, 26 A3
Nikolajev 99 D3
Nikolajev 97 D2, 98 A2
Nikoličevo 135 C2
Nikolince 134 B1
Nikopol 140 B2
Nikopolis 146 A1
Nikópolis 144 A1
Nikšić 137 C/D1
Nilakkavuoma 10 A3
Nilivaara 11 D3, 12 A2
Nilivaara 16 B1
Nilsebu 42 B2
Nilsiä 23 C2
Nîmes 111 C2
Nímis 126 A2
Nin 130 B2
Nine 158 A1
Ninfa 118 B2
Ninove 78 B2
Niort 100 B2
Nipen 9 C2
Nipivatn 5 C2, 6 A2
Niš 135 C3, 139 C1, 140 A2
Nisa 165 C1
Nisákion 142 A3
Niscemi 125 C3
Niška Banja 135 C3, 139 C1
Niska-Pietilä 27 C/D1/2
Niskalehto 12 B3, 19 C1
Niskankorpi 21 C1
Niskanpää 12 A3, 17 D2
Niskanperä 12 A/B3
Nisko 97 C/D1/2, 98 A1
Niskos 20 B3
Nissan-lez-Enserune 110 B3, 156 B1
Nissedal 43 C2
Nissinvaara 19 D1
Niton 76 A2
Nitra 95 C2, 96 B2/3
Nitrianske Pravno 95 D1/2
Nitrianske Rudno 95 D1/2

Nitry 88 A3
Nittedal 38 A3
Nittel 79 D3
Nittenau 92 B1
Nittendorf-Etterzhausen 92 A/B1
Nittkvarn 39 D3
Nittsjö 39 D2
Niukkala 27 D1
Niva 19 D2/3
Niva 18 B2
Nivågård 49 D3, 50 A3, 53 D1
Nivala 21 C/D1
Nivala 12 B2
Nivankylä 12 A/B3
Nivelles 78 B2
Nivnice 95 C1
Niwica 83 D1
Niwiska 71 C3
Nizy-le-Comte 78 B3
Nizza Monferrato 113 C1
Njakaure 16 B2
Njallejaur 16 A/B3
Njavve 15 D1, 16 A1
Njeguševo 129 C/D3
Njetsavare 16 B1
Njivice 126 B3, 130 A/B1
Njunjes 15 D1, 16 A1
Njunjesstugan 15 D1
Njuorggam 6 B2
Njurundabommen 35 D3
Njutånger 40 A1
Noailles 101 D3, 109 D1
Noailles 77 D3, 87 C/D1
Noain 154 A2
Noáin 154 A2
Noasco 104 B3
Nöbbele 51 C2
Noblejas 161 C3, 167 D1
Nocé 86 B2
Noceda 151 C/D2
Nocera Inferiore 119 D3
Nocera Tirinese 122 A2
Nocera Umbra 115 D3, 117 C2
Noceto 114 A1
Nochten 83 D1
Noci 121 C2
Nocíglia 121 D3
Nocina 153 C1
Nocito 154 B2
Nódalo 153 C/D3, 161 C/D1
Nodeland 43 C3
Nods 104 A/B1
Noépoli 120 B3, 122 A/B1
Noeux-les Mines 78 A2
Noevci 139 D1
Noez 160 B3, 167 C1
Nofuentes 153 C2
Nogales 165 C/D2
Nogara 107 C3, 114 B1
Nogaro 108 B2
Nogent-en-Bassigny 89 C2
Nogent-l'Artaud 88 A1
Nogent-le-Roi 87 C2
Nogent-le-Rotrou 86 B2
Nogent sur Oise 87 D1
Nogent-sur-Seine 88 A2
Nogent-sur-Vernisson 87 D3
Nógrád 95 D3
Nograles 161 C1
Noguera 162 A2
Nogueras 162 A/B1/2
Nogueruelas 162 B2
Nohant 102 A1/2
Nohfelden 80 A3, 90 A1
Noidans-le-Ferroux 89 C3
Noirétable 103 C2/3
Noirmoutier-en-l'Ile 100 A1
Noja 153 C1
Nojamaa 27 C1
Nojewo 71 D2
Nokka 25 D1, 26 A/B1
Nol 45 C3
Nola 119 D3
Nolay 103 C/D1
Nolay 153 D3, 161 D1
Noli 113 C2
Nolmyra 40 B3
Nolvik 15 C3

Nombela 160 B3
Nomécourt 88 B2
Nomény 89 C/D1
Noméxy 89 C/D2
Nomparedes 153 D3, 161 D1
Nompatelize 89 D2
Nonancourt 87 C1
Nonant-le-Pin 86 B1/2
Nonántola 114 B1
Nonaspe 163 C1/2
None 112 B1
Nonnenhorn 91 C3
Nonnweiler 80 A3
Nonnweiler-Primstal 80 A3, 90 A1
Nontron 101 C/D3
Nonza 113 D2
Noordbergum 66 B1, 67 C1
Noordeinde 66 B2
Noordwijk 66 A3
Noordwijkerhout 66 A3
Noordwolde 67 C2
Noormarkku 24 A1
Nopala 26 B2
Nopankylä 20 B2/3
Noposenaho 21 C2
Noppo 25 C2
Nor 40 A1
Nor 35 C2
Nor 38 B2/3
Nora 30 B3, 35 D2
Nora 39 D3, 46 A1
Nora 123 C/D3
Nørager 48 B2
Norainkylä 20 B3
Norberg 40 A3
Nórchia 116 B3, 118 A1
Nórcia 117 C/D3, 118 B1
Nord-Frøya 32 B1
Nord-Lenangen 4 A/B2
Nord-Odal 38 A/B2
Nord-Rätansbyn 34 B2/3
Nord-Sel 33 C3, 37 D1
Nord-Statland 28 B2
Nörd-Stensvattnet 30 A2, 35 C1
Nordagutu 43 C/D1/2, 44 A1
Nordana 35 D2
Nordanå 35 D3
Nordanåker 30 A3, 35 C1/2
Nordanås 15 C3
Nordanås 30 B1/2
Nordanholen 39 D2
Nordankäl 30 A2, 35 C1
Nordansjö 30 A1
Nordansjö 30 A1
Nordausques 77 D1
Nordberg 32 B3, 37 C1
Nordborg 52 B2
Nordbotn 32 B1
Nordby 38 A/B1
Nordby 48 A3, 52 A1
Nordby 49 C3, 53 C1
Nordby Bruk 38 A3
Nördbyn 16 B3
·Norddal 36 A2
Norddal 32 A3, 36 B1
Norddyrøy 32 B1
Nordeide 36 A2
Norden 16 A/B2
Norden 67 C/D1
Norden-Norddeich 67 C/D1
Nordendorf 91 D2
Nordenham 68 A1
Nordenham-Esenshamm 68 A1
Norderåsen 29 D3, 34 B1
Norderhov 38 A3, 43 D1
Norderney 67 C/D1
Norderö 29 D3, 34 B2
Norderstapel 52 B2/3
Norderstedt 52 B3, 68 B1
Nordfjordbotn 4 A3, 9 D1, 10 A1
Nordfjordeid 36 A1
Nordfold 8 B3
Nordgard 33 D3
Nordhalben 82 A2
Nordhallen 29 C3, 34 A1
Nordhallen 29 C3, 34 A1
Nordhastedt 52 A/B3

Nordhausen 81 D1
Nordheim 32 B2
Nordheim vor der Rhön 81 D2
Nordholz 52 A3, 68 A1
Nordholz-Spieka 52 A3, 68 A1
Nordhorn 67 C/D2
Nordhorn-Brandlecht 67 C/D2/3
Nordhus 5 C2
Nordingrå 30 B3
Nordkisa 38 A3
Nordkjosbotn 4 A3, 10 A1
Nordkrekling 28 B1
Nordland 8 A3
Nordlandskorsen 28 B1
Nordli 14 B3, 29 C1
Nördlingen 91 D1/2
Nordlysobservatoriet 4 A3, 10 A1
Nordmaling 31 C2/3
Nordmannset 5 D1, 6 B1
Nordmannset 5 D1, 6 A1
Nordmannvik 6 B1, 6 B1
Nordmark 39 C3
Nordmela 9 C1
Nordnesøy 14 A1/2
Nordomsjön 39 C1
Nordpå 33 D2
Nordre Osen 38 B1
Nordsand 9 C1
Nordseter 37 D2, 38 A1
Nordsinni 37 D3
Nordsjö 40 A1
Nordsjö 30 A2, 35 C1
Nordsjö 40 A1
Nordsjona 14 B2
Nordskaget 32 B1
Nordskot 8 B3
Nordstemmen 68 B3
Nordstrand-Süden 52 A2
Nordstrand-Süderhafen 52 A/B2
Nordvågen 5 D1, 6 B1
Nordværnes 14 A/B1
Nordvik 24 B3
Nordvik 32 B1
Nordvik 14 A2
Nordvik 8 B3, 15 C1
Nordvika 32 B1
Nordwalde 67 D3
Nore 43 C1
Noresund 43 D1
Norg 67 C2
Norges-laville 88 B3
Norham 57 D2
Norheimsund 36 A/B3
Nørholm 43 C3
Norinkylä 20 B3
Norma 118 B2
Nornäs 39 C1
Noroy-le-Bourg 89 C/D3
Norra Drängsmark 31 D1
Norra Finnskoga 38 B2
Norra Fjällnäs 15 C2/3
Norra Flymen 51 C2
Norra Hede 34 A/B2/3
Norra Holmnäs 16 A/B3
Norra Kölviken 45 C1
Norra Möckleby 51 D2
Norra Nordsjö 31 C2
Norra polcirkeln 17 C1/2
Norra Rörum 50 B2/3
Norra Sandsjö 46 A3, 51 C1
Norra Sunderbyn 17 C3
Norra Tannflo 30 A/B3, 35 D1/2
Norra Tresund 30 A1
Norra Unnaryd 45 D3, 50 B1
Norra Unstrand 15 C/D3
Norra Vallgrund 20 A2, 31 D3
Norra Vånga 45 C3
Norråker 29 D2, 30 A1
Norrala 40 A1
Norrbäck 30 B1
Norrbacka 16 A3
Norrberg 15 D3, 30 A/B1
Norrboda 41 D3
Norrboda 40 B2
Norrboda 39 D1/2
Norrby 30 B1

Norrbyn 31 C3
Norrbyn 31 C2/3
Norrbyn 39 D1
Nørre Åby 48 B3, 52 B1
Nørre Alslev 53 D2
Nørre Arup 48 A/B1/2
Nørre Broby 52 B1
Nørre Knudstrup 48 B2
Nørre Nebel 48 A3, 52 A1
Nørre Snede 48 B3
Nørre Vorupør 48 A1/2
Nørresundby 48 B1
Norrfjärden 35 D3
Norrfjärden 16 B3
Norrfjärden 20 A1, 31 D2
Norrfors 31 C2
Norrfors 30 B2
Norrgård 31 C1
Norrhult-Klavreström 51 C1
Norriån 17 C2
Norrköping 46 B2
Norrmark 24 A1
Norrmesunda 30 B3, 35 D1
Norrmjöle 31 C2
Norrnäs 20 A3
Norrow Water Castle 58 A1
Norrsjö 29 D2, 30 A1
Norrsunda 40 B3, 47 C1
Norrsundet 40 A/B2
Norrtälje 41 C3
Norrvik 30 B1
Nors 48 A1/2
Norsholm 46 B2
Norsjö 31 C1
Norsjövallen 31 C1
Norsminde 48 B3
Nørstedalsseter 37 C2
Nort-sur-Erde 85 D3
Nörten-Hardenberg 68 B3, 81 C/D1
North Berwick 57 C1
North Newbald 61 D2
North Petherton 63 C/D2, 63 C/D1
North Somercotes 61 D3
North Sunderland 57 D2
North Tawton 63 C2, 63 C1
North Tidworth 64 A3, 76 A1
North Walsham 65 D1
Northallerton 61 C1/2
Northam 62 B2
Northampton 64 B2
Northeim 68 B3, 81 C/D1
Northeim-Hohnstedt 68 B3, 81 C/D1
Northeim-Sudheim 68 B3, 81 C/D1
Northleach 64 A2/3
Northwich 59 D2, 60 B3, 64 A1
Northwold 65 C2
Nortorf 52 B3
Nortrup 67 D2
Norvalahti 12 A/B3
Norvasalmi 12 A/B3
Nörvenich 79 D2, 80 A2
Norwich 65 D1/2
Nos 32 A3, 36 A/B1
Nøsen 37 C3
Nøsenseter 37 C3
Nosovka 99 D1
Nøss 9 C1
Nossa Senhora d'Ajuda 165 C2
Nossa Senhora da Esperança 165 C2
Nossa Senhora do Cabo 164 A3
Nossebro 45 C3
Nössemark 45 C1
Nossen 83 C1/2
Nossentiner Hütte 69 D1
Nösund 44 B3
Noszlop 128 A1
Notaresco 117 D3, 119 C1
Nötbolandet 31 C3
Notiós Evvoïkós Kólpos 147 D2
Notmarkskov 52 B2
Nötö 24 A3
Noto 125 C/D3

Noto Antica 125 C/D3
Notodden 43 C/D1, 44 A1
Notre Dame 112 B2
Notre-Dame-d'Aspres 86 B1/2
Notre-Dame de la Salette
   111 D1, 112 A1
Notre-Dame-de-Monts 100 A1
Notre-Dame-de-Sanilhac
   101 C/D3, 109 C1
Notre-Dame des Fontaines
   113 C2
Notre-Dame-du Mai 111 D3,
   112 A3
Nøtterøy 43 D2, 44 B1
Nottingham 61 C3, 64 B1
Nottuln 67 D3
Nottuln-Appelhülsen 67 D3
Nottuln-Darup 67 D3
Nouan-le-Fuzelier 87 C3
Nouans-les-Fontaines 101 D1
Nougaroulet 109 C2/3,
   155 C1
Nousiainen 24 A/B2
Nousu 13 C2
Nouvion-en-Ponthieu 77 D2
Nova 127 D1/2, 128 A1/2
Nová Baňa 95 D2
Nova Breznica 138 B2
Nova Bukovica 128 B3
Nová Bystřice 93 D1, 94 A1
Nova Crnja 129 D3
Nova Gorica 126 A/B2/3
Nova Gradiška 128 A3,
   131 D1, 132 A1
Nová Hospoda 93 C1
Nova Kasaba 133 C2
Nova Levante/welschnofen
   107 C2
Nova Pazova 133 D1, 134 A1
Nová Pec 93 C2
Nova Ponente/deutschnofen
   107 C2
Nová Říše 94 A1
Nova Sela 132 A3, 136 B1
Nova Siri 120 B3
Nova Siri Stazione 120 B3
Nova Topola 131 D1, 132 A1
Nova Varoš 133 C/D3,
   134 A3
Nova Vas 126 B3
Nova Zagora 141 C2/3
Novaci 135 D1, 140 B1
Novaci 138 B3, 143 C1
Novaci 133 D2, 134 A2
Novaféltria 115 C2, 117 C1
Novaja Odessa 99 D3
Novaja Praga 99 D2
Novaja Ušica 98 B2
Nováky 95 D2
Novales 154 B3
Novalja 130 B2
Novara 105 D3
Novara di Sicília 125 D2
Novate Mezzola 105 D2,
   106 A2
Nové Hrady 93 D1/2
Nové Město na Moravě
   94 A/B1
Nové Mesto nad Váhom
   95 C2, 96 B2
Nové Město pod Smrkem
   83 D2
Nové Mitrovice 83 C3, 93 C1
Nové Sady 95 C2
Nové Strašeci 83 C2/3
Nové Zámky 95 C3, 96 B3
Novelda 169 C3
Novellara 114 B1
Noventa di Piave 107 D3
Noventa Vicentina 107 C3
Novés 160 B3, 167 C1
Novgorod-Severskij 75 C3,
   99 D1
Novgorodka 74 B1
Novgorodka 99 D2
Novi-Bečej 129 D3
Novi di Módena 114 B1
Novi-Dojran 139 C/D3,
   143 D1
Novi han 139 D1/2
Novi Iskår 139 D1

Novi Karlovci 133 D1, 134 A1
Novi Kneževac 129 D2
Novi Lígure 113 D1
Novi Marof 96 A/B3, 127 D2
Novi Pazar 133 D3, 134 A3,
   138 A1, 140 A2
Novi Pazar 141 C2
Novi Sad 129 D3, 133 C/D1,
   134 A1, 140 A1
Novi Šeher 133 B2
Novi Slankamen 133 D1,
   134 A1
Novi Vinodolski 130 B1
Noviercas 153 D3, 154 A3,
   161 D1, 162 A1
Novigrad 131 C2
Novigrad 126 A/B3, 130 A1
Novij Bug 99 D3
Novillas 154 A3
Novion-Porcien 78 B3
Novo Brdo 138 B1/2
Novo Korito 135 C3
Novo Mesto 127 C3
Novo Miloševo 129 D3
Novo Selo 139 D3, 143 D1,
   144 A1
Novo Selo 135 D2
Novoarchangel'sk 99 C/D2
Novograd-Volynskij 99 C1
Novogrudok 74 A2/3
Nóvoli 114 B2, 116 B1
Novomirgorod 99 D2
Novopetrovskoje 75 D1
Novopolock 74 B2
Novoržev 74 B1
Novoselë 142 A2
Novoselica 98 B2
Novosokol'niki 74 B1
Novoukrainka 99 D2
Novovolynsk 97 D1, 98 A1
Novozavidovskij 75 D1
Novozybkov 75 C3
Novska 128 A3, 131 D1,
   132 A1
Nový Bor 83 D2
Nový Hrozenkov 95 C/D1
Nový Jičín 96 B2
Nový Knín 83 C/D3
Nový Přerov 94 B1/2
Novy Rychnov 94 A1
Nowa Dęba 97 C1/2, 98 A1
Nowa Sól (Neusalz) 71 C3,
   72 B3, 96 A/B1
Nowe 72 B2/3
Nowe Bielawy 71 C3
Nowe Biskupice 70 B2/3
Nowe Miasteczko 71 C3
Nowe Warpno 70 B1
Nowe Worowo 71 C/D1
Nowiny Wielkie 71 C2
Nowogard 71 C1, 72 A/B2/3
Nowogród Bobrżanski 71 C3
Nowy Dwór Gdański 73 C2
Nowy Dwór Mazowiecki
   73 C3
Nowy Sącz 97 C2
Nowy Tomyśl 71 C/D2/3
Noya 150 A2
Noyal 85 C2
Noyalo 85 C3
Noyant 86 B3
Noyant-de-Touraine 101 C1
Noyant-la-Plaine 86 A3,
   101 C1
Noyelles-sur-Mer 77 D2
Noyen-sur-Sarthe 86 A/B2/3
Noyers 88 A3
Noyers-sur-Cher 87 C3,
   101 D1
Noyers-sur-Jabron 111 D2,
   112 A2
Noyon 78 A3
Nozay 85 D3
Nozeroy 104 A1
Nuaillé 100 B1
Nuasjärvi 12 A3, 17 D1
Nuasniemi 12 A3, 17 D1
Nubledo 151 D1
Nucşoara 135 D1
Nueil-sur-Argent 100 B1
Nuenen 79 C1

Nueno 154 B2
Nuestra Señora de Cura
   157 D1
Nuestra Señora de la Peña de
   Fra 159 C/D2
Nuestra Señora del Pilar
   157 C2
Nueva 153 C1
Nueva 152 A1
Nueva Carteya 172 B1
Nuévalos 161 D1, 162 A1
Nuevo Baztán 161 C2/3
Nughedu Santa Vittória
   123 C2
Nuijamaa 27 C2
Nuits 88 B3
Nuits-Saint-Georges 103 D1
Nukari 25 C2, 26 A2
Nules 162 B3, 169 D1
Nulles 163 D1
Nulvi 123 C1
Numana 117 D2, 130 A3
Numancia 153 D3, 161 D1
Numandorp 66 A3, 78 B1
Nümbrecht 80 A2
Nummela 25 C2
Nummenkylä 25 C2
Nummenpää 25 C2/3
Nummi 25 C2/3
Nummi 24 A/B2
Nummi-Pusula 25 C2/3
Nummijärvi 20 B3
Nummikoski 20 B3
Numminen 25 D2, 26 A2
Nünchritz 83 C1
Nuneaton 64 A/B2
Nunnanen 11 C/D2, 12 A1
Nunnanlahti 23 C/D2
Nunnington 61 C2
Nuño Gómez 160 A/B3
Nuñomoral 159 C/D2/3
Nunsdorf 70 A3
Nunspeet 66 B2/3
Nuojua 18 B3
Nuoksujärvi 17 C1
Nuoramoinen 25 D1, 26 A1
Nuorgam 6 B2
Nuoritta 18 B2
Núoro 123 D2
Nuorpiniemi 5 D3, 6 B2
Nuortikon 16 B1
Nuorunka 19 C1
Nuottionranta 17 D2
Nuraghe Sant'Antine 123 C2
Nuraghe Seruci 123 C3
Nurágus 123 C/D2
Nuráhe su Nuraxi 123 C2/3
Nurallao 123 D2
Nuráminis 123 C/D3
Núria 156 A2
Nurmaa 26 B1
Nurmes 23 C1
Nurmesklyä 23 C1
Nurmesperä 21 D1, 22 A1
Nurmijärvi 23 D1/2
Nurmijärvi 25 C2/3
Nurmo 20 B2
Nürnberg 82 A3, 91 D1,
   92 A1
Nürnberg-Fischbach 92 A1
Nürnberg-Katzwang 91 D1,
   92 A1
Nurri 123 D2/3
Nürtingen 91 C2
Nus 105 C3
Nusco 119 D3, 120 A2
Nusfjord 8 A/B2/3
Nusnäs 39 C/D2
Nusplingen 91 C2
Nussdorf am Inn 92 B3
Nuštar 129 C3, 133 C1
Nüsttal-Morles 81 C2
Nutheim 43 C1
Nuttuperä 21 D1, 22 A1
Nuutila 18 B3
Nuuksujärvi 10 B3
Nuupas 18 B1
Nuutajärvi 24 B2
Nuutilanmäki 26 B1
Nuvsvåg 5 C2
Nuvvus 6 B2

Nvutånger 40 A1
Ny Hellesund 43 C3
Ny Hesselager 53 C1/2
Nya Bastuselet 16 A3
Nyadal 30 B3, 35 D2
Nyåker 31 C2
Nyåkern 34 B3
Nyåkerstjärn 31 C2
Nyalka 95 C3
Nyárlörinc 129 D1
Nybäck 31 D1
Nybble 45 D1, 46 A1
Nybergsund 38 B1
Nyborg 53 C1
Nybro 51 C/D2, 72 B1
Nyby 20 A2, 31 D3
Nyby 29 D3, 35 C2
Nyby 30 B1/2
Nybyn 17 C2
Nydala 50 B1
Nye 51 C1
Nyergesújfalu 95 D3
Nygård 38 A2
Nygård 9 D1
Nygard 38 A1
Nygården 14 B3
Nyhammar 39 D2/3
Nyhamnsläge 49 D2, 50 A2
Nyhem 30 A3, 35 C2
Nyhyttan 39 D3, 46 A1
Nyírabrány 97 C/D3, 98 A3
Nyirád 128 A1
Nyírbátor 97 C/D3, 98 A2/3
Nyíregyháza 97 C3
Nykälä 22 B3
Nykarleby 20 B1
Nyker 51 D2
Nykirke 37 D3, 38 A2
Nykirke 43 D1, 44 B1
Nykøbing 49 D3, 53 D1
Nykøbing 53 D2
Nykøbing 48 A/B2
Nyköping 47 C2
Nyköping-Oppeby 47 C2
Nykrogen 40 A3
Nykroppa 39 C3, 45 D1,
   46 A1
Nyksund 8 B1
Nykvåg 8 B2
Nykvarn 47 C1
Nyland 30 B3, 35 D2
Nyland 30 B3, 35 D2
Nyland 31 C2/3
Nyland 31 C2
Nyliden 31 C2
Nymburk 83 D2/3
Nymindegab 48 A3, 52 A1
Nymo 4 B2
Nymoen 38 B1
Nymoen 14 B2
Nynäshamn 47 C2
Nyon 104 A2
Nyons 111 D2
Nyord 53 D2
Nyřany 83 C3
Nyrolä 21 D3, 22 A3
Nyrsko 93 C1
Nyrud 7 C3
Nysa (Neisse) 96 B1/2
Nysäter 45 C1
Nysätern 34 A2/3
Nyseter 33 C2/3
Nyseter 37 C/D2
Nyseter 32 B3, 37 C1
Nyseter 38 B1
Nyskoga 38 B2
Nyskolla 38 A1
Nyslott 27 C1
Nysø 53 D2
Nystad 24 A2, 41 D2
Nysted 53 D2
Nystrand 16 B3
Nysund 45 D1, 46 A1
Nytjärn 30 B2, 35 D1
Nytorp 17 C1
Nyträsk 31 D1
Nyúl 95 C3
Nyvik 30 A3, 35 C2
Nyvik 29 C1
Nyvoll 5 C2, 6 A2

O

O Sítio 164 A1
Oakengates 59 D3, 64 A1
Oakham 64 B1/2
Oanes 42 A2
Obalj 132 B3
Oban 54 A2, 55 D1, 56 A1
Obanos 154 A2
Obbnäs 25 C3
Obbola 20 A1, 31 C/D2
Obdach 127 C1
Obejo 166 B3, 172 A/B1
Obeliai 73 D1/2, 74 A1
Ober-Cunnersdorf 83 D1/2
Ober-Ramstadt 80 B3
Oberammergau 92 A3
Oberasbach (Fürth) 81 D3,
   91 D1, 92 A1
Oberau 92 A3
Oberaula 81 C2
Oberaurach-Kirchaich 81 D3
Oberaurach-Unterschleichach
   81 D3
Oberbergkirchen 92 B2
Oberbodnitz 82 A2
Oberdachstetten 91 D1
Oberderdingen-Flehingen
   90 B1
Oberdrauburg 107 D1,
   126 A1/2
Oberelsbach 81 D2
Oberfeistritz 127 C/D1
Obergrafendorf 94 A2
Obergünzburg 91 D3
Obergurgl 106 B1, 107 C1
Oberhaching 92 A2/3
Oberharmersbach 90 B2
Oberhausen 80 A1
Oberhof 81 D2
Oberhofen am Thunersee
   105 C1/2
Oberiberg 105 D1
Oberkappel 93 C2
Oberkirch 90 B2
Oberkochen 91 C/D2
Oberkotzau 82 A/B2/3
Oberlahnstein 80 A/B2
Oberland 81 C2
Oberlungwitz 82 B2
Obermassfeld-Grimmenthal
   81 D2
Obermehler 81 D1
Obermodern 90 A1/2
Obernai 90 A2
Obernberg am Brenner
   107 C1
Obernberg am Inn 93 C2
Obernburg 81 C3
Oberndorf 90 B2
Oberndorf 52 A/B3, 68 A/B1
Oberndorf am Lech 91 D2
Oberndorf an der Melk
   94 A2/3
Oberndorf bei Salzburg 92 B3
Obernkirchen 68 A/B3
Obernzenn 81 D3, 91 D1
Oberoderwitz 83 D1/2
Oberort 93 D3, 94 A3
Oberpframmern 92 A2/3
Oberpöring 92 B2
Oberreute 91 C/D3
Oberriet 105 D1, 106 A1
Oberröblingen 82 A1
Oberrot 91 C1
Obersinn 81 C2/3
Oberstaufen 91 C/D3
Oberstdorf 91 D3, 106 B1
Oberstenfeld 91 C1
Obersulm 91 C1
Obersüssbach-Obermünchen
   92 A/B2
Obertilliach 107 D1/2,
   126 A1/2
Obertrubach 82 A3
Obertrum am See 93 C3
Oberursel 80 B2/3
Obervellach 126 A1
Oberviechtach 92 B1

Oberwart 94 B3, 96 A/B3, 127 D1
Oberweiler (Bitburg) 79 D3
Oberweissbach 82 A2
Oberwesel 80 A/B3
Oberweser-Gieselwerder 81 C1
Oberweser-Oedelsheim 81 C1
Oberwiesenthal 82 B2
Oberwölz 126 B1
Obidos 164 A1
Obilić 138 B1
Obing 92 B3
Obing-Frabertsham 92 B2/3
Objat 101 D3
Obladis 106 B1
Obljaj 127 D3, 131 C1
Obninsk 75 D2
Obod 137 C/D2
Obodovka 99 C2
Obón 162 B2
Oborniki 71 D2, 72 B3
Obornjača 129 D3
Oborovo 127 D3
Obory 83 C/D3
Obra 71 C/D3
Obreja 135 C1
Obrenovac 133 D1/2, 134 A1/2, 140 A1/2
Obrež 133 D1, 134 A1/2
Obrigheim (Mosbach) 91 C1
Obrov 126 B3
Obrovac 131 C2
Obrovac 131 D3
Obrovac 129 C3, 133 C1
Obršani 138 B3, 143 C1
Obrtići 133 C2/3
Obryta 71 C1
Obrzycko 71 D2
Obsteig 91 D3, 92 A3, 106 B1
Obuchov 99 C/D1/2
Obudovac 132 B1
Očakov 99 D3
Ocana 113 D3
Ocaña 161 C3, 167 D1
Occhiobello 115 C1
Occimiano 113 C1
Očevlja 132 B2
Ochagavía 154 A/B1/2
Ochandiano 153 D1/2
Ochiltree 56 B2
Ochla 71 C3
Ochsenfurt 81 D3
Ochsenfurt-Hopferstadt 81 D3
Ochsenhausen 91 C/D2/3
Ochtendung 80 A2
Ochtrup 67 C/D3
Očihov 83 C2/3
Ockelbo 40 A2
Öckerö 44 B3, 49 C/D1
Ockholm 52 A2
Ocrkavlje 132 B3
Ócsa 95 D3, 129 C1
Öcsény 129 C2
Öcsöd 129 D1
Octeville 76 A3
Octeville-sur-Mer 76 B3
Öd 29 D3, 34 B2
Ödåkra 49 D3, 50 A2
Odda 42 B1
Odden 4 B3, 10 A/B1
Odder 48 B3, 52 B1
Oddesund 48 A2
Ödeborg 45 C2
Odeceixe 170 A1
Odeleite 170 B1/2
Odelzhausen 92 A2
Odemira 170 A1
Ödemiş 149 D2
Odén 155 D2/3
Ödena 155 D3, 156 A3, 163 D1
Odensbacken 46 B1
Odensberg 45 D3
Odense 53 C1, 53 C1
Odensjö 50 B1/2
Oderberg 70 B2
Odernheim 80 A/B3
Oderzo 107 D3
Ödeshög 46 A2/3

Odessa 99 C/D3, 141 D1
Odestugu 45 D3, 46 A3, 50 B1
Odiáxere 170 A2
Odiham 64 B3, 76 A/B1
Ødis 52 B1
Odivelas 164 A2
Odivelas 164 B3
Odkarby 41 C/D2
Ödkarby 41 C/D2
Odlandstø 42 A3
Odoev 75 D2
Odón 162 A2
Odoorn 67 C2
Odorheiul Secuiesc 98 B3, 141 C1
Odra 127 D3
Ødsted 48 B3, 52 B1
Oduniskelesi 145 D3
Odžaci 129 C3
Odžak 133 C3, 137 D1
Odžak 132 B1
Oebisfelde 69 C2
Oechsen 81 D2
Oed 93 D2/3
Oederan 83 C2
Oeffelt 66 B3, 79 C1
Oegstgeest 66 A3
Oeiras 164 A2
Oelde 67 D3, 68 A3
Oelde-Stromberg 67 D3, 68 A3
Oelsig 70 A3, 83 C1
Oelsnitz 82 B2
Oelsnitz 82 B2
Oelze 82 A2
Oelzschau 82 B1
Oensingen 90 A/B3, 105 C1
Oer-Erkenschwick 67 C/D3, 80 A1
Ö)Erö 41 D3
Oettingen 91 D1
Oetzen-Stöcken 69 C2
Ofärne 40 A1
Ofena 117 D3, 119 C1
Offenbach 90 B1
Offenbach 80 B3
Offenbach-Hundheim 80 A/B3, 90 A1
Offenberg 92 A/B1/2
Offenburg 90 B2
Offenhausen 82 A3, 92 A1
Offenseealm 93 C3
Offerberg 40 A1
Offerdal 29 C3, 34 B1
Offersøy 9 C2
Offida 117 D2/3
Offingen (Günzburg) 91 D2
Ofte 42 B3
Ofte 43 C1/2
Ofterschwang 91 D3
Oftringen 90 A/B3, 105 C1
Ogardy 71 C2
Ogéviller 89 D2
Oggelshausen 42 A3
Oggevatn 43 C3
Oggiono 105 D3, 106 A3
Ogliara 119 D3, 120 A2
Ogliastro Cilento 120 A3
Ogna 42 A3
Ognica 70 B2
Ogoja 139 D1
Ogradena 135 C1/2
Ogre 73 D1, 74 A1
Ogrosen 70 B3, 83 C1
Ogulin 127 C3, 130 B1
Ohanes 173 D2
Ohensaari 24 A/B2
Ohey 79 C2
Ohkola 25 D2, 26 A2
Ohlstadt 92 A3
Öhn 29 D2, 30 A2, 35 C1
Ohrdruf 81 D2
Ohrid 138 B3, 140 A3, 142 B1, 148 A1
Öhringen 91 C1
Ohtaanniemi 23 C2
Ohtanajärvi 17 C1
Ohtinen 25 C2
Ohtola 21 C3
Oiä 158 A2
Oijärvi 18 B1

Oijusluoma 19 D1
Oikarainen 12 B3
Oikemus 21 C1
Oimbra 150 B3, 158 B1
Oinaala 25 C2
Oinas 12 B3
Oinasjärvi 25 C2
Oinasjärvi 22 B1
Oinaskylä 21 D2, 22 A/B2
Oiniadai 146 A2
Oinoskylä 21 C/D2, 22 A2
Oion 153 D2
Oiron 101 C1
Oirschot 79 C1
Oiselay-et-Grachaux 89 C3, 104 A1
Oisemont 85 C1/2
Oitti 25 C/D2, 26 A2
Oittila 25 D1, 26 A1
Oix 156 B2
Öja 20 B1
Öja 47 D3
Ojakkala 25 C3
Ojakylä 18 A2
Ojakylä 18 B3
Ojakylä 18 B3, 21 D1, 22 A1
Ojakylä 18 A3, 21 C1
Ojakylä 21 D1, 22 A1
Ojakylä 21 D1, 22 A1
Ojala 21 C2
Ojanpera 18 B3, 22 B1
Ojanperä 21 C/D1, 22 A1
Öjarn 29 D2, 34 B1
Öje 29 C2
Öjebyn 16 B3
Ojén 172 A/B2/3
Ojós 169 C3, 174 B1
Ojos Negros 162 A2
Öjung 39 D1
Ojurås 39 D2
Öjvasslan 34 A3, 39 C1
Okehampton 63 C2/3, 63 C1/2
Okkelberg 28 B3, 33 D1
Okkenhaug 28 B3, 33 D1
Oklaj 131 C2/3
Oknica 98 B2
Öknö 51 D1
Okol 137 D2, 138 A2
Okoli 127 D3
Okonek 71 D1
Okruglica 139 C1
Oksajärvi 10 B3, 11 C3
Oskakoski 21 C2
Oksava 21 D1, 22 A1
Oksbøl 48 A3, 52 A1
Oksby 48 A3, 52 A1
Økseidet 11 C1
Øksendalsøra 32 B2
Øksendrup 53 C1/2
Øksengard 15 C1
Øksfjord 5 C2
Øksna 38 A2
Øksnes 8 B1/2
Øksnes 28 B2
Øksneshamn 8 B2
Okstad 28 A/B3, 33 C/D2
Øksvoll 28 A2/3, 33 C1
Okt'abr'skij 74 B3
Oktoniá 147 D2
Okučani 128 A3, 131 D1, 132 A1
Olalhas 158 A3, 164 B1
Olalla 162 A/B2
Olargues 110 A/B3
Olazagutía 153 D2
Olba 162 B3
Olbernhau 83 C2
Olbersdorf 83 D2
Olbersleben 82 A1
Ólbia 123 D1
Olby 102 B3
Olching 92 A2
Oldeboorn 66 B2
Oldebroek 66 B2
Oldeide 36 A1
Oldemarkt 67 C2
Olden 32 A3, 36 B1
Oldenburg 53 C2
Oldenburg 67 D1/2, 68 A1/2
Oldenswort 52 A/B2/3

Oldenzaal 67 C2/3
Olderbakken 4 B3, 10 A/B1
Olderdalen 4 B3, 10 A/B1
Olderfjord 5 D1/2, 6 A1
Oldernes 5 C/D2, 6 A1
Oldervik 4 A2/3
Oldervik 4 A3, 9 D1, 10 A1
Oldervik 14 B2
Oldham 59 D2, 60 B2/3
Oldisleben 82 A1
Oldsum 52 A2
Oleby 38 B3
Oledo 158 B3, 165 C1
Oléggio 105 D3
Oleiros 150 A/B1
Oleiros 150 A2
Oleiros 158 B3, 164 B1
Ølen 42 A1
Olesa de Montserrat 156 A3
Oleśnica (Oels) 96 B1
Olešnice 94 B1
Oletta 113 D2
Olette 156 A2
Olevsk 98 B1
Olfen 67 D3, 80 A1
Ølgod 48 A3, 52 A1
Olhain 78 A2
Olhalvo 164 A2
Olhão 170 B2
Olhava 18 A/B2
Oliana 155 D3
Olías 172 B2
Olías del Rey 160 B3, 167 C1
Olib 130 B2
Oliena 123 D2
Oliete 162 B2
Olígirtos 143 D3
Olimbiás 143 C2
Olimpiás 144 B2
Olingen 79 D3
Olingskog 39 C1
Oliola 155 D3, 163 D1
Olite 154 A2
Olius 155 D3, 156 A2
Oliva 169 D2
Oliva de la Frontera 165 C3
Oliva de Mérida 165 D2, 166 A2
Oliva de Plasencia 159 D3
Olivadi 122 B2
Olival 158 A3, 164 A/B1
Olivarella 125 D1/2
Olivares 171 D1
Olivares de Duero 152 B3, 160 B1
Olivares de Júcar 161 D3, 168 A/B1
Oliveira de Azeméis 158 A2
Oliveira de Frades 158 A/B2
Oliveira do Bairro 158 A2
Oliveira do Hospital 158 B2/3
Olivella 156 A3, 163 D1
Olivenza 165 C2
Olivèse 113 D3
Olivet 87 C3
Olivone 105 D2, 106 A2
Olkamangi 12 A3, 17 D1
Olkkajärvi 12 B3
Olkusz 97 C1/2
Olla de Altea 169 D1
Ollebacken 29 D3, 34 B1
Ollería 169 C/D2
Ollerton 61 C3, 64 B1
Olli 21 C2
Olliergues 103 C3
Ollikkala 26 B1
Ollila 24 B2
Ollila 13 C3
Ollilanniemi 19 C/D2/3
Öllölä 23 D3
Ollsta 29 D3, 35 C1/2
Ollsta 29 D3
Ölme 45 D1, 46 A1
Olmeda de la Cuesta 161 D2/3
Olmeda del Rey 161 D3, 162 A3, 168 B1
Olmedilla de Alarcón 161 D3, 168 B1
Olmedilla de Eliz 161 D3
Olmedillo de Roa 152 B3, 160 B1

Olmedo 123 C1
Olmedo 160 A1
Olmi Cappella 113 D2
Olmillos de Castro 151 D3, 159 D1
Olmillos de Sasamón 152 B2
Olmo 115 C3, 116 B2
Olmo al Brembo 106 A2
Olmos de la Picaza 152 B2
Olney 64 B2
Olocau 162 B3, 169 C/D1
Olocáu del Rey 162 B2
Olofsbo 49 D2, 50 A1
Olofsfors 31 C2/3
Olofström 50 B2, 72 A1
Olombrada 160 B1
Olomouc 96 B2
Olonne-sur-Mer 100 A1/2
Olonzac 110 A3, 156 B1
Oloron-Sainte-Marie 108 B3, 154 B1
Olost 156 A2
Olot 156 A/B2
Olovo 132 B2
Olpe 80 B1/2
Olšanka 99 C/D2
Olšany u Prostějova 94 B1
Olsäter 39 C3, 45 D1
Olsberg-Bigge 80 B1
Olsborg 4 A3, 9 D1, 10 A1
Olsbrücken 80 A/B3, 90 A1
Olsene 78 A/B1/2
Olseröd 50 B3
Ölserud 45 D2
Olshammar 46 A2
Olší 94 B1
Olsker 51 D3
Olsrud 4 A3, 10 A1
Olst 67 C2/3
Olsvik 14 A3, 28 B1
Olsztyn (Allenstein) 73 C2/3
Oltedal 42 A2
Olten 90 A/B3, 105 C1
Olteniţa 141 C2
Oltre Vara 114 A2
Oltyně 83 D3, 93 D1
Olula de Castro 173 D2
Olvasjärvi 18 B2
Ølve 42 A1
Olvega 153 D3, 154 A3, 161 D1, 162 A1
Olvenstedt 69 C/D3
Olvera 172 A2
Olvés 162 A1
Olympia 146 B3
Olynthos 144 A2
Olzai 123 D2
Omagh 54 A3, 55 C/D2
Ombersley 59 D3, 64 A2
Omeath 58 A1
Omegna 105 C2/3
Omellóns 155 D3, 163 D1
Omenamäki 23 C1
Omiš 131 D3
Omišalj 126 B3, 130 A/B1
Ommen 67 C2
Omoljica 133 D1, 134 B1
Omonville-la-Rogue 76 A3
Ömossa 20 A3
Omsjö 30 B2/3, 35 D1
Omurtag 141 C2
Ön 34 B2/3
Øn 36 A2
Oña 153 C2
Onano 116 B3, 118 A1
Onara 107 C3
Onarheim 42 A1
Oñati 153 D1/2
Onchan 58 B1
Onda 162 B3, 169 D1
Ondara 169 D2
Ondarroa 153 D1
Ondřejov 83 D3
Ondres 108 A3, 154 A1
Onéglia 113 C2
Onesse-et-Laharie 108 A2
Ongstad 8 B2
Önhult 46 B3
Onil 169 C2
Onís 152 A1
Onkamaa 26 B2

Onkamo 23 D3
Onkamo 13 C3
Onkeroinen 25 D2, 26 A2
Onkijoki 24 B2
Onkiniemi 25 D1, 26 A1
Onnaing 78 B2
Önnesmark 31 D1
Önnestad 50 B2/3
Önningeby 41 C/D3
Onno 105 D2/3, 106 A2/3
Onøy 14 A2
Onsaker 37 D3, 38 A2/3
Onsala 49 D1, 50 A1
Onsevig 53 C2
Önskan 30 B3, 35 D1/2
Onslunda 50 B3
Onšovice 94 A1
Onstwedde 67 C/D2
Ontaneda 152 B1
Onteniente 169 C2
Ontiñena 155 C3, 163 C1
Ontojoki 19 C/D2/3, 23 C1
Onttola 23 C/D3
Ontur 168 B2
Önusberg 16 B3
Onzonilla 151 D2, 152 A2
Oombergen 78 B1/2
Ooperi 20 B2
Oost-Cappel 78 A1/2
Oostburg 78 A/B1
Oostduinkerke-Bad 78 A1
Oostende 78 A1
Oosterbeek 66 B3
Oosterend 66 B1
Oosterhesselen 67 C2
Oosterhout 66 A/B3, 79 C1
Oosterwolde 67 C2
Oosthuizen 66 B2
Oostkamp 78 A1
Oostmalle 79 C1
Oostvleteren 78 A1/2
Oostvoorne 66 A3
Oostwold 67 C1
Ootmarsum 67 C2
Opalenica 71 D2/3
Opaljenik 133 D3, 134 A3
Opatija 126 B3, 130 A1
Opatovac 129 C3, 133 C1
Opava 96 B2
Ope 29 D3, 34 B2
Openica 138 B3, 142 B1
Opi 119 C2
Oplenac 133 D2, 134 A/B2
Opočka 74 B1
Opole (Oppeln) 96 B1
Opoul 156 B1
Opovo 133 D1, 134 A1
Oppach 83 D1
Oppbod 34 B2/3
Oppdal 33 C2/3
Oppeano 107 C3
Oppeby 46 B3
Oppegård 38 A3, 44 B1
Oppegård 38 A/B2
Oppeid 9 C2/3
Oppenau 90 B2
Oppenheim 80 B3
Opphaug 28 A3, 33 C1
Oppheim 36 B3
Opphus 38 A1
Óppido Lucano 120 B2
Óppido Mamertina 122 A3
Oppin 82 B1
Opponitz 93 D3
Oppsjø 30 B3, 35 D2
Oppstryn 32 A3, 36 B1
Oppurg 82 A2
Oprişoru 135 D2
Oprtalj 126 B3, 130 A1
Opsaheden 39 C2
Opshaugvik 32 A3, 36 B1
Ópusztaszer 129 D2
Opuzen 136 B1
Ör 51 C1
Or'ol 75 D3
Öra 45 D3
Øra 4 B2
Ora/auer 107 C2
Orada 165 C2
Orada 165 C3, 170 B1
Oradour-sur-Glane 101 D2

Oradour-sur-Vayres 101 D3
Orago 105 D3
Orahova 128 A3, 131 D1, 132 A1
Orahovac 138 A/B2, 140 A2/3
Orahovica 128 B3
Oraison 111 D2, 112 A2
Orajärvi 12 A3, 17 D1
Orajärvi 12 B2
Orange 111 C2
Orani 123 D2
Oranienbaum 69 D3, 82 B1
Oranienburg 70 A2, 72 A3
Orašac 137 C1
Orašac 133 D2, 134 A/B2
Orašac 139 C1
Orasi 137 C/D2
Orasi 113 D3
Orašje 132 B1
Oräştie 140 B1
Oratoire 112 A1
Orava 20 B2
Oravainen 20 B2
Oravais 20 B2
Oravala 26 B2
Oravankylä 21 D1, 22 A1
Oravasaan 21 D3, 22 A3
Oravi 23 C3
Oravikoski 22 B3
Oravisalo 23 C/D3
Oravița 135 C1, 140 A1
Oravivaara 19 C2/3
Oravská Lesná 95 D1
Oravská Polhora 97 C2
Oravské Veselé 95 D1
Oravský Podzámok 95 D1
Orba 169 D2
Orbaiceta 108 A3, 154 A/B1/2
Ørbæk 53 C1
Orbassano 112 B1
Orbe 104 B1/2
Orbec-en-Auge 86 B1
Örberga 46 A2
Orbetello 116 B3
Örby 49 D1, 50 A1
Orca 158 B3, 165 C1
Orcajo 162 A1/2
Orcau 155 D2/3
Orce 173 D1
Orcera 168 A2
Orchamps 104 A1
Orchamps-Vennes 104 B1
Orches 101 C1
Orcheta 169 D2
Orchies 78 A2
Orchomenos 146 B3
Orchomenos 147 C2
Orchomenós 147 C2
Orcières 112 A1
Orcines 102 B2/3
Orcival 102 B3
Orcun 108 B3, 154 B1
Órdenes 150 A/B1/2
Ordino 155 D2, 156 A2
Ordizia 153 D1/2
Ordona 120 A/B1/2
Öre 31 C2/3
Ore 39 D1/2
Ore 42 B3
Orea 162 A2
Orebić 136 B1
Örebro 46 A/B1
Örebro-Adolfsberg 46 A1
Orebygård 53 D2
Öregcsertő 129 C2
Öreglak 128 A/B2
Öregrund 40 B2
Orehoved 53 D2
Orei 147 C1
Orel 75 D3
Orellana de la Sierra 166 A/B2
Orellana la Vieja 166 A/B2
Ören 149 D2
Orense 150 B2
Oreovica 134 B2
Öreryd 50 B1
Orés 154 B2
Oreškovica 134 B2
Öretjärndalen 30 A3, 35 C2
Orford 65 D2

Organya 155 D2
Orgaz 160 B3, 167 C1
Orgejev 99 C3
Orgelet-le Bourget 103 D2, 104 A2
Ørgenvika 37 D3
Orgères-en-Beauce 87 C2
Orgiano 107 C3
Orgon 111 C/D2
Orgósolo 123 D2
Orgovány 129 C1/2
Orhaneli 149 D1
Orhangazi 141 D3
Óri Kiparissías 146 B3
Ória 121 C/D3
Oria 173 D1, 174 A1
Orient 157 C/D1
Origny-Sainte-Benoite 78 A/B3
Orihuela del Tremedal 162 A2
Orikon 142 A2
Oriku 142 A2
Orilampi 26 B1/2
Orimattila 25 D2, 26 A2
Oriniemi 24 B1/2
Oriniemi 23 C/D2
Orinnoro 22 B3
Orio 153 D1, 154 A1
Oriola 164 B3
Oriolo 120 B3, 122 B1
Oripää 24 B2
Orisberg 20 B2
Oristano 123 C2
Öriszentpéter 127 D1
Oriveden asema 25 C1
Orivesi 25 C1
Orjães 158 B2/3
Orjahovo 140 B2
Orjasjärvi 17 C/D2
Orjavik 32 A2
Ørje 44 B1
Orjiva 173 C2
Orkanger 28 A3, 33 C2
Örkelljunga 50 A/B2, 72 A1
Orkelsjøhytta 33 C2/3, 37 D1
Örkény 97 C3, 129 C1
Orkla 33 C3, 37 D1
Orkland 28 A3, 33 C2
Orlamünde 82 A2
Ørland 28 A3, 33 C1
Orléans 87 C2/3
Orlec 130 A/B1
Orlik nad Vltavou 83 C/D3, 93 C/D1
Orljane 135 C3, 139 C1
Orljani 138 B1
Orlovat 129 D3, 133 D1, 134 A/B1
Orlu 156 A1
Órma 143 C1
Ormaiztegi 153 D1/2
Ormaryd 46 A3
Ormea 113 C2
Ormemyr 43 C/D1, 44 A1
Ormes 87 C2/3
Ormhult 50 C2
Ormília 144 A/B2
Órmos 143 D2, 144 A2
Órmos Panagiás 144 B2
Órmos Prínou 145 C1/2
Ormož 127 D2
Ormskirk 59 D2, 60 B2/3
Ornaisons 110 A3, 156 B1
Ornans 104 A1
Ornäs 39 D2
Ørnes 14 B1
Orneta 73 C2
Ørnfjord 9 D1
Ørnhøj 48 A2/3
Ornö 47 D1/2
Örnsköldsvik 31 C3
Oroix 108 B3, 155 C1
Orol 150 B1
Orolik 129 C3, 133 C1
Orom 129 D2/3
Orón 153 C2
Oron-la-Ville 104 B2
Oropesa 160 A3, 166 B1
Oropesa de Mar 163 C3
Ororbia 154 A2
Orosei 123 D2

Orosháza 97 C3, 129 D2, 140 A1
Oroso 150 A/B1/2
Oroszlány 95 C/D3, 128 B1
Oroszló 128 B2
Orotelli 123 D2
Oroz-Betelu 108 A3, 154 A1/2
Orozko 153 C1
Orphin 87 C2
Orpierre 111 D2
Orrefors 51 C1/2, 72 B1
Orrestad 42 A3
Orrios 162 B2
Orrmo 39 C1
Orroli 123 D2/3
Orrskog 40 B2
Orrviken 34 B2
Orsa 39 C/D1/2
Orša 74 B2
Orsago 107 D2/3
Orsara di Púglia 120 A1/2
Orsay 87 C/D1/2
Örsbäck 31 C2
Örsebo 46 A/B3
Orsennes 101 D2, 102 A2
Örserum 46 A3
Orsia 105 C3
Orsières 104 B2
Örsjö 51 C2
Ørslev 49 C3, 53 C1
Ørslevkloster 48 B2
Ørsnes 32 A2/3
Orsogna 119 C/D1
Orsoja 135 D3
Orsomarso 120 B3, 122 A1
Orşova 135 C1/2, 140 A/B1/2
Örspuszta 128 B1
Ørsta 36 A/B1
Ørsted 52 B1
Ørsted 49 C2, 49 C2
Örsundsbro 40 B3, 47 C1
Orta 105 C/D3
Orta Nova 120 A/B1/2
Ortaklar 149 D2
Orte 117 C3, 118 B1
Ortenberg-Selters 81 C2
Ortenburg-Iglbach 93 C2
Ortenburg-Wolfachau 93 C2
Orth an der Donau 91, 96 B2/3
Orthez 108 A/B3, 154 B1
Orthovoúnion 143 C3
Ortigosa 153 C/D3
Ortigueira 150 B1
Ortilla 154 B2/3
Ortisei/sankt Ulrich 107 C2
Ortişoara 140 A1
Ortnevik 36 A/B2
Orto 113 D3
Ortolano 117 D3, 119 C1
Örtomta 46 B2
Orton 57 C3, 59 D1, 60 B1
Ortona 119 D1
Ortona de' Marsi 119 C2
Ortrand 83 C1
Örträsk 31 C2
Ortsjö 35 D3
Ortueri 123 C2
Orubica 131 D1, 132 A1
Ørum 49 C2
Ørum 48 B2
Orune 123 D2
Orusco 161 C3
Ørvella 43 C/D1, 44 A1
Orvieto 117 C3, 118 A1
Orville 88 B2
Orvínio 118 B1
Orzinuovi 106 A/B3
Os de Balaguer 155 C3, 163 C1
Osa 36 B3
Osa de la Vega 161 C/D3, 167 D1, 168 A1
Osanica 135 C2
Osann-Monzel 80 A3
Osara 24 B1
Osbruk 50 B1
Osburg 79 D3, 80 A3
Osby 50 B2, 72 A1
Oščadnica 95 D1
Oschatz 83 C1, 96 A1

Oschersleben 69 C3
Óschiri 123 D1
Osdalssetter 38 A/B1
Ose 42 B2
Øse 48 A3, 52 A1
Osebol 39 C2
Osečina 133 C2
Osečná 83 D2
Oseja 154 A3, 162 A1
Oseja de Sajambre 152 A1
Osek 83 C2
Osenovo 139 D2
Osera 38 A3, 162 B1
Oset 38 A1
Oset 37 C3
Osidda 123 D2
Osieczna 71 D3
Osiek nad Noteć 71 D2
Osíglia 113 C2
Osijek 128 B3, 129 C3
Osilnica 127 C3
Ósilo 123 C1
Ósimo 117 D2
Osinów Dolny 70 B2
Osipaonica 134 B2
Osipoviči 74 B3
Osječenica 137 C1
Oskar 51 C/D2
Oskarshamn 51 D1, 72 B1
Oskarström 50 A1/2, 72 A1
Oslany 95 D2
Oslättfors 40 A2
Oslavany 94 B1
Oslavička 94 A1
Osli 94 B3
Oslo 38 A3
Øsløs 48 A/B1/2
Ošm'Any 74 A2
Osma 12 A/B2/3
Osma 153 C2
Osmakova 135 C3, 139 C1
Osmaneli 141 D3
Ösmo 47 C1/2
Osnabrück 67 D3
Osnäs 24 A2, 41 D2
Ośno Lubuskie 70 B2
Osoppo 107 D2, 126 A2
Osor 130 A1/2
Osor 156 B2
Osorno 152 B2
Osøyra 42 A1
Ospedaletti 113 C2/3
Ospitale di Cadore 107 D2
Ospitaletto 106 A/B3
Oss 66 B3
Óssa 144 A1
Ossa de Montiel 168 A2
Ossauskoski 17 D2, 18 A1
Össeby-Garn 40 B3, 47 D1
Ossès 108 A3, 154 A1
Ossi 123 C1
Ossiach 126 B1/2
Ossmannstedt 82 A1/2
Osso 155 C3, 163 C1
Ossun 108 B3, 155 C1
Ost'or 99 C/D2
Östanä 50 B2
Östanbäck 31 D1
Östanberg 24 B3
Östanbjörke 39 C3
Östansjö 46 A1
Östansjö 16 A2
Östansjö 39 C1
Östansjö 40 A1
Östansjö 15 D2
Östanvik 39 D1
Oštarije 127 C3, 130 B1
Ostaškov 75 C1
Ostatija 133 D3, 134 A3
Östavall 35 C2/3
Ostbevern 67 D3
Østbirk 48 B3, 52 B1
Östbjörka 39 D2
Östby 30 B2, 35 D1
Østby 38 B1
Östbyn 35 C2/3
Östbyn 35 C2
Östbyn 31 D2
Osted 49 D3, 53 D1
Osteel 67 D1
Ostellato 115 C1

Ostenfeld 52 B2
Ostenholz 68 B2
Øster Hurup 48 B2
Öster Karup 49 D2, 50 A2
Øster Løgum 52 B1/2
Oster-Ohrstedt 52 B2
Öster Ritjemjåkk 9 C/D3
Öster Själevad 31 C3
Öster Sönnarslöv 50 B3
Øster Vrå 48 B1
Østerbø 36 B3
Osterburg 69 D2
Osterburken 81 C3, 91 C1
Østerby 48 A3
Østerby 53 C2
Østerby 49 C1
Østerbybruk 40 B3
Österbymo 46 A/B3, 72 A/B1
Ostercappeln 67 D2/3, 68 A2/3
Østerdalsisen 14 B2
Österfärnebo 40 A2/3
Österforse 30 A/B3, 35 D2
Östergraninge 30 B3, 35 D2
Österhaninge 47 D1
Österhankmo 20 A/B2
Osterheide-Osternholz 68 B2
Osterhofen 93 C2
Osterhofen-Obergessenbach 92 B2
Osterholz-Scharmbeck 68 A1
Østerhus 42 B2
Østerild 48 A1
Österkorsberga 51 C1
Østerlars 51 D3
Österlövsta 40 B2
Østermarie 51 D3
Östermark 20 A/B3
Ostermiething 92 B2/3
Östernoret 30 B2, 35 D1
Österö 20 B2
Osterode 68 B3, 81 D1
Osterode-Dorste 68 B3, 81 D1
Östersele 31 C2
Österslöv 50 B2
Österstrand 30 B2, 35 D1
Österstråsjö 35 C3
Österström 35 C/D2/3
Östersund 29 D3, 34 B2
Östersundom 25 D3, 26 A3
Österunda 40 A/B3
Östervåla 40 A/B3
Östervallskog 38 B3, 45 C1
Osterwieck 69 C3
Osterzell 91 D3
Ostffyasszonyfa 94 B3, 128 A1
Ostfildern 91 C2
Östhammar 40 B2/3
Ostheim 81 D2
Osthofen 80 B3
Óstia 118 A/B2
Ostiano 106 B3, 114 A1
Ostíglia 114 B1
Ostiz 154 A1/2
Östloning 35 D2/3
Östmark 38 B2/3
Östmarkum 30 B3, 35 D2
Ostnäs 20 A1, 31 D2
Östomsjön 39 C1
Ostoróg 71 D2
Óstra 115 D2/3, 117 D2
Östra Åliden 16 B3, 31 C/D1
Östra Ämtervik 38 B3, 45 D1
Östra Ed 46 B3
Östra Eknö 46 B3
Östra Frölunda 50 A/B3
Östra Galåbodarna 34 B2
Östra Grevie 50 A3
Östra Hjoggböle 31 D1
Östra Husby 46 B2
Östra Karup 49 D2, 50 A2
Östra Ljungby 50 A2
Östra Malmagen 33 D2/3, 34 A2/3
Östra Näsberget 39 C2
Östra Ny 46 B2
Östra Ryd 46 B2
Östra Sjulsmark 20 A1, 31 D2
Östra Stugusjö 35 C2/3

Östraby 50 B3
Ostrach 91 C3
Ostrach-Habsthal 91 C2/3
Östrand 16 B2/3
Ostrau 83 C1
Ostrau 69 D3, 82 A/B1
Ostrava 96 B2
Oštrelj 131 C2
Ostriconi 113 D2
Östringen 90 B1
Ostritz 83 D1/2
Ostróda (Osterode) 73 C2/3
Ostrog 98 B1/2
Ostroh 95 C1
Ostrołęka 73 C3
Östromsjön 39 C1
Ostropole 71 D1
Ostrošickij Gorodok 74 B2
Ostrov 74 B1
Ostrov 82 B2
Ostrov 141 C2
Ostrov nad Oslavou 94 A1
Ostrov u Macochy 94 B1
Ostrovačice 94 B1
Ostrów Mazowiecka 73 C3
Ostrów Wielkopolski 96 B1
Ostrowice 71 C1
Ostrowiec 70 B2
Ostrowiec Świętokrzyski 97 C1, 98 A1
Ostrožac 131 C1
Ostružnica 133 D1, 134 A1/2
Ostryna 73 D2/3, 74 A2/3
Ostseebad Ahrenshoop 53 D3
Ostseebad Boltenhagen 53 C3
Ostseebad Dierhagen 53 D3
Ostseebad Graal-Müritz 53 D3
Ostseebad Heiligendamm 53 D3
Ostseebad Kühlungsborn 53 D3
Ostseebad Nienhagen 53 D3
Ostseebad Prerow 53 D2/3, 72 A2
Ostseebad Rerik 53 D3
Ostseebad Wustrow 53 D3
Ostseebad Zingst 53 D2/3
Ostuni 121 C/D2
Ostvik 31 D1
Østvika 29 C1
Osuna 172 A2
Oswestry 59 C/D3, 60 B3
Oszkó 128 A1
Osztopán 128 A/B2
Ota 164 A2
Otalampi 25 C2/3
Otamo 24 A1
Otanmäki 18 B3, 22 B1
Otava 26 B1
Otavice 131 C3
Oteiza 153 D2, 154 A2
Oteo 153 C1/2
Oteren 4 A/B3, 10 A1
Otero de Bodas 151 D3
Otero de las Dueñas 151 D2, 152 A2
Otero de Rey 150 B1
Oterstranda 14 B1
Otervik 14 A3, 28 B1
Oteševo 142 B1
Othery 63 D2, 63 D1
Otiñar 173 C1
Otívar 173 C2
Otley 61 C2
Otlo 28 A/B3, 33 C/D1
Otnes 38 A1
Otočac 130 B1
Otočec 127 C3
Ötofta 50 A/B3
Otok 133 C1
Otoka 131 C1
Otorowo 71 D2
Ótranto 121 D3
Otrokovice-Kvítkovice 95 C1, 96 B2
Otta 37 D1/2
Ottana 123 C/D2
Ottaviano 119 D3
Ottenby 72 B1
Ottendorf-Okrilla 83 C1

Ottenhöfen 90 B2
Ottenschlag 94 A2
Ottensheim im Mühlkreis 93 C/D2
Ottenstein 68 B3
Otter Ferry 56 A1/2
Otterbach 90 A/B1
Otterbäcken 45 D2, 46 A1/2
Otterberg 80 B3, 90 A/B1
Otterburn 54 B3, 57 D2/3
Otterfing 92 A3
Otterlo 66 B3
Otterndorf 52 A/B3, 68 A1
Ottersberg 68 A/B1/2
Ottersøy 28 B1
Ottersweier 90 B2
Otterup 49 C3, 53 C1
Ottervattnet 31 C2
Ottervik 28 B2
Ottery Saint Mary 63 C2/3, 63 C1/2
Öttevény 95 C3
Ottmarsheim 90 A3
Ottnang 93 C2
Ottobeuren 91 D3
Ottobiano 105 D3, 113 D1
Ottobrunn 92 A2/3
Ottone 113 D1
Ottonträsk 31 C2
Ottrau 81 C2
Ottsjö 29 C3, 34 A2
Ottsjön 29 D3, 34 B1
Ottweiler 89 D1, 90 A1
Otvöskónyi 128 A2
Otxandio 153 D1/2
Otyń 71 C3
Otzberg-Lengfeld 81 C3
Ouanne 88 A3
Ouarville 87 C2
Oucques 87 C3
Ouddorp 66 A3
Oude-Pekela 67 C1/2
Oudega 66 B1/2, 67 C1/2
Oudenaarde 78 A/B2
Oudeschild 66 A/B2
Oudeschoot 66 B2, 67 C2
Oudewater 66 B3
Oudon 85 D3, 100 A/B1
Ougney 89 C3, 103 D1, 104 A1
Ouguela 165 C2
Ouistreham 76 B3, 86 A1
Oulainen 18 A3
Oulanka 13 C3
Oulchy-le-Château 88 A1
Oulins 87 C1
Oullins 103 D3
Oulu 18 A/B2
Oulujoki 18 A/B2
Oulunsalo 18 A/B2
Oulx 112 B1
Oundle 64 B2
Oura 150 B3, 158 B1
Ouranópolis 144 B2
Ourique 170 A/B1
Ourondo 158 B3
Ouroux-en-Morvan 88 A3, 103 C1
Ouroux-sur-Saône 103 D1
Ourville-en-Caux 77 C3
Ousse 108 B3, 154 B1
Ousson-sur-Loire 87 D3
Outakoski 5 D3, 6 B2, 11 D1
Outarville 87 C2
Outeiro 151 C3, 159 C1
Outokumpu 23 C2/3
Outovaara 12 B3
Ouville-la-Rivière 77 C2/3
Ouzouer-le-Marché 87 C2/3
Ouzouer-sur-Loire 87 D3
Ovada 113 C/D1
Ovågen 36 A3
Ovanåker 39 D1, 40 A1
Ovanmyra 39 D2
Ovar 158 A2
Ovča 133 D1, 134 A/B1
Ovčar Banja 133 D2/3, 134 A2/3
Ovčarsko-Kablarska Klisura 133 D2/3, 134 A2/3
Ovče Polje 139 C2/3

Övedskloster 50 B3
Ovelgönne 67 D1, 68 A1
Ovelgönne-Oldenbrock 67 D1, 68 A1
Over Feldborg 48 A/B2
Over Jerstal 52 B1/2
Over Simmelkær 48 A/B2
Överälve 35 C3
Överammer 30 A3, 35 C2
Överäng 29 C3, 34 A1
Överås 32 B2
Overath 80 A1/2
Overby 49 C3, 53 C1
Øverbygd 4 A3, 10 A1
Øvergård 4 A3, 10 A1
Övergård 48 B2
Överhogdal 34 B3
Overijse 78 B2
Överkalix 17 C2
Överlännäs 30 B3, 35 D2
Överlida 49 D1, 50 A1
Overloon 79 D1
Övermalax 20 A2, 31 D3
Övermark 20 A3
Overmere 78 B1
Överste Nyland 31 C2
Overton 59 C/D2/3, 60 B3
Övertorneå 17 D2
Övertorneå 12 A3, 17 D2
Øverturingen 34 B2/3
Överum 46 B3, 72 B1
Ovesholm 50 B2/3
Ovidiopol' 99 C3, 141 D1
Ovidiu 141 D2
Oviedo 151 D1
Oviglio 113 C1
Oviken 34 B2
Ovíndoli 119 C1
Övitsby 25 C3
Ovodda 123 D2
Övra 30 A/B2, 35 C/D1
Övre Åbyn 31 D1
Øvre Årdal 37 C2
Øvre Åstbru 38 A1
Övre Björknäs 15 C3
Övre Brännträsk 16 B2
Øvre Brennelv 5 D2, 6 A2
Øvre Espedal 42 A/B2
Övre Granberg 16 B3
Øvre Grundsel 16 B3
Øvre Jervan 28 A3, 33 C1/2
Øvre Kildal 4 B3
Övre Långträsk 16 A3
Øvre Moen 42 B2
Øvre Nyland 31 C2
Övre Parakka 10 B3
Øvre Rendal 33 D3
Øvre Rindal 33 C2
Øvre Sirdal 42 B2
Övre Soppero 10 B2/3
Övre Svartlå 16 B2
Övre Tväråselet 16 B3
Øvrebø 43 C3
Øvrebygd 42 A3
Øvrenes 5 D2, 6 A2
Ovronnaz 104 B2
Ovruč 99 C3
Øvstebo 42 A1
Øvstestøl 32 A/B3, 36 B1
Ovtočiči 137 C/D2
Ovtrup 48 A3, 52 A1
Owen 91 C2
Owingen (Überlingen) 91 C3
Owinska 71 D2
Owschlag 52 B2/3
Öxabäck 49 D1, 50 A1
Oxberg 39 C1/2
Oxelösund 47 C2
Oxford 64 A/B3
Oxílithos 147 D1/2
Oxkangar 20 B2
Öxnered 45 C2
Oxsjön 35 C3
Øy 43 C2
Oy-Mittelberg 91 D3
Oya 150 A3
Oyace 104 B3
Øyan 32 C/D3
Oyangen 28 A3, 33 C1
Oyarzún 154 A1

Øye 32 B2
Øye 32 A3, 36 B1
Øyenkilen 44 B1
Øyer 37 D2, 38 A1
Øyestranda 42 B3
Øyfjell 43 C1
Øyhelle 8 B2
Øyjord 8 B3
Øynan 37 C3
Øynes 9 C1/2
Øynes 15 C1
Oyonnax 103 D2, 104 A2
Øyra 5 C2
Oyrières 89 C3
Oysang 43 C/D2, 44 A2
Øyslebø 42 B3
Øystad Moskusgård 9 D2
Øystese 36 A/B3
Oyten 68 A2
Oyten-Bassen 68 A2
Oyten-Schanzendorf 68 A/B2
Oyteti Stalin (Kuçovë) 142 A1/2
Øyungen 38 A1
Øyvatnet 9 C2
Oza de los Ríos 150 B1
Ozalj 127 C3
Ozariči 74 B3
Ózd 97 C2/3
Ozeta 153 D2
Ozieri 123 C/D1/2
Ozora 128 B1/2
Ozzano Monferrato 113 C1

P

Pääaho 19 C2
Paaaso 25 D1, 26 A/B1
Pääjärvi 21 C2
Paaki 19 C2/3
Paakkila 23 C2
Paakkola 17 D2, 18 A1
Paalasmaa 23 C/D2
Pääsinniemi 25 D1, 26 A1
Paatela 27 C1
Paattinen 24 B2
Paatus 6 B2
Paavola 18 A3
Paavonvaara 23 D3
Pabianice 97 C1
Pabillónis 123 C3
Pabneukirchen 93 D2
Påbo 45 D3
Pabradė 74 A2
Paceco 124 A2
Pacentro 119 C1/2
Pachino 125 C/D3
Pačir 129 C3
Pack 127 C1
Paço de Sousa 158 A1/2
Paços de Ferreira 158 A1
Pacov 83 D3, 93 D1
Pacsa 128 A1/2
Pacy-sur-Eure 87 C1
Padankoski 25 C1, 26 A1
Padasjoki 25 D1, 26 A1
Padborg 52 B2
Padej 129 D3
Padene 131 C2
Padenghe sul Garda 106 B3
Paderborn 68 A3, 80 B1
Paderborn-Sande 68 A3, 80 B1
Paderborn-Schloss Neuhaus 68 A3, 80 B1
Paderborn-Wewer 68 A3, 80 B1
Padern 156 B1
Paderne 170 A/B2
Padiham 59 D1, 60 B2
Padina 141 C1/2
Padina 133 D1, 134 B1
Padinska Skela 133 D1, 134 A1
Padirac 109 D1

Pádola 107 D2
Pádova 107 C3
Padragkút 128 A/B1
Padrela 150 B3, 158 B1
Padrenda 150 B3
Pádria 123 C2
Padrón 150 A2
Padru 123 D1
Padstow 62 B3
Padul 173 C2
Padula 120 A/B3
Paduli 119 D3, 120 A2
Padva 24 B3
Paesana 112 B1
Paese 107 C/D3
Paestum 120 A3
Pag 130 B2
Pagánica 117 D3, 119 C1
Pagánico 114 B3, 116 B2/3
Pagny-sur-Meuse 89 C1/2
Pago Veiano 119 D2/3,
   120 A2
Pagode-de-Chanteloup 86 B3
Pagoúria 145 C1
Paguera 157 C1
Paharova 17 C1
Páhi 129 C2
Pahkakoski 18 B2
Pahkakumpu 13 C3
Pahkala 21 C1
Pahkasalo 18 A3
Pähl 92 A3
Pahtaoja 17 D2, 18 A1
Pahuvaara 19 D2
Paialvo 164 B1
Paião 158 A3
Paijärvi 26 B2
Paikkarin torppa 25 C3
Páïkon Óros 140 A/B3,
   143 D1, 148 B1
Pailhès 109 D3, 155 D1,
   156 A1
Paillart 77 D3
Paimbœf 85 C3, 100 A1
Paimio 24 B2/3
Paimpol 84 B1
Paimpont 85 C2
Painsalo 22 B1
Painswick 63 D1, 64 A2/3
Painten 92 A1
Paio Pires 164 A2
Paisco 106 B2
Paisley 56 B2
Paistivuoma 12 A2, 17 D1
Paisua 22 B1
Paittasjärvi 11 C2
Päiväjoki 12 B3
Päiväkunta 21 D3, 22 A3,
   25 D1, 26 A1
Päiviälä 23 C3, 27 C1
Pajala 17 C/D1
Pajares 153 D3
Pajares 161 C2
Pajares de los Oteros 151 D2,
   152 A2
Pajarón 162 A3, 168 B1
Pajaroncillo 162 A3, 168 B1
Pajujärvi 22 B2
Pajukoski 23 C1
Pajulankylä 26 B1
Pajuniemi 18 A2
Pajuskylä 22 B2
Páka 127 D2, 128 A2
Pakaa 25 D2, 26 A2
Pakarila 22 B2/3
Pakinainen 24 A3
Pakisvaara 12 A3, 17 D2
Pakkala 25 C1
Pakola 11 C3, 12 A2, 17 D1
Pakosław 71 D3
Pakoštane 130 B2/3
Pákozd 128 B1
Pakrac 128 A3, 131 D1
Paks 96 B3, 129 C2
Paksundiemi 10 B3
Palacios de Benaver 152 B2
Palacios de la Sierra 153 C3
Palacios de Sanabria 151 C3
Palacios del Sil 151 C/D2
Palaciosrubios 160 A2
Paladru 103 D3, 104 A3

Palafrugell 156 B2
Palagiano 121 C2/3
Palagonía 125 C2/3
Paláia 114 B3, 116 A2
Palaiseau 87 C/D1/2
Palamás 143 C/D3
Palamonastíri 143 C3
Palamós 156 B2/3
Påläng 17 C2/3
Palanga 73 C1/2
Palanzano 114 A1/2, 116 A1
Palárikovo 95 C2/3
Palas de Rey 150 B2
Palata 119 D2, 120 A1
Palatítsa 143 D2
Palatna 138 B1
Palau 123 D1
Palau Sverdera 156 B2
Palazuelos 161 C/D2
Palazzo Adriano 124 B2
Palazzo del Pero 115 C3,
   116 B2
Palazzo San Gervásio 120 B2
Palazzolo Acréide 125 C3
Palazzolo sull' Óglio 106 A/B3
Palazzolo Vercellese 113 C1
Palazzuolo sul Sénio 115 C2,
   116 B1
Pålböle 20 A1, 31 D2
Pale 132 B2/3
Paleá Epídavros 147 C3
Palena 119 C2
Palencia 152 B3
Palenciana 172 B2
Palenzuela 152 B3
Paleochóra 148 B3
Paleochóra 147 D2/3
Paleochórion 144 A/B2
Paleokastrítsa 142 A3,
   148 A1
Paleómonastiri 143 C3
Paleópirgos 146 B2
Paleópolis 145 C/D2
Palermo 124 B1/2
Palermo Ácqua dei Corsari
   124 B2
Páleros 146 A1
Palestrina 118 B2
Palheiros 158 B1
Palheiros da Tocha 158 A2/3
Palheiros de Quiairos 158 A3
Palhoça 158 A2
Páli 94 B3, 128 A1
Pali 125 C2
Paliano 118 B2
Palič 129 C/D2
Palikkala 24 B2
Palinges 103 C1/2
Palinuro 120 A3
Palionéllini 143 D2
Palioúrion 144 A/B2/3,
   148 A1
Paliseul 79 C3
Palivuk 132 A/B2
Paljakanpuisto 19 C2/3
Paljakka 19 C2/3
Paljakka 26 B1/2
Paljakka 13 C/D3, 19 D1
Paljakka 19 C2
Paljakka 30 A/B3, 35 D2
Påljorda 14 A/B3
Pälkäne 25 C1
Pälkem (Vitträsk) 16 B2
Palkisoja 12 B1
Pallagorio 122 B1/2
Pallanza 105 C/D2/3
Pallares 165 D3, 166 A3,
   171 D1
Pallaruelo de Monegros
   154 B3, 162 B1
Pallastunturi 11 C3, 12 A1
Palling 92 B3
Pallíni 147 D2
Pallonen 23 D2
Palma 164 A/B2/3
Palma Campánia 119 D3
Palma de Mallorca 157 C1
Palma del Río 172 A1
Palma di Montechiaro 124 B3
Palma Nova 157 C1
Pálmaces de Jadraque
   161 C2

Palmanova 126 A2/3
Palmela 164 A2
Palmeral de Elche 169 C3
Palmi 122 A3, 125 D1
Palmižana 131 C3, 136 A1
Pålnostugan 9 D2
Palo 113 C2
Palo del Colle 121 C2, 121 C2,
   136 A3
Palojärvi 11 C2
Palojärvi 12 A3
Palojärvi 12 B3
Palojoensuu 11 C2
Palokangas 22 B3
Palokastër 142 A2
Palokki 23 C3
Palomaa 6 B3
Palomäki 23 C2
Palomar de Arroyos 162 B2
Palomares del Campo
   161 C/D3, 168 A1
Palomas 165 D2, 166 A2
Palombara Sabina 118 B1/2
Palomera 161 D3, 162 A3
Palonselkä 11 D3, 12 A2
Palonurmi 23 C2
Paloperä 13 C2
Paloperä 11 C3, 12 A2
Palos de la Frontera 171 C2
Palosenjärvi 22 B1
Palosenmäki 21 D3, 22 A/B3
Palovaara 18 B1
Pals 156 B2
Palsasuo 10 B2
Palsasuo 6 B2/3
Pålsboda 46 A/B1
Pålsböle 25 C3
Palsgård 48 B3, 52 B1
Palsina 21 C3, 25 C1
Palsselkä 11 D3, 12 B2
Paltamo 19 C2/3
Paltanen 22 B3
Paltaniemi 19 C2/3
Pältsastugorna 10 A/B1
Palù di Férsina 107 C2
Palus 24 A/B1
Paluzza 126 A2
Påmark 24 A/B1
Pambukovica 133 D2, 134 A2
Pamhagen 94 B3
Pamiątkowo 71 D2
Pamiers 109 D3, 155 D1,
   156 A1
Pamilo 23 D2
Pamparato 113 C2
Pampelonne 110 A2
Pampilhosa 158 B3, 164 B1
Pampilhosa do Botão
   158 A2/3
Pamplona/iruñea 154 A2
Panagía 145 C1/2
Panagiá 147 D2
Panagjurište 140 B2/3
Panajë 142 A2
Panassac 109 C3, 155 C1
Pancalieri 112 B1
Pančarevo 139 D1/2
Pančevo 133 D1, 134 A/B1,
   140 A1
Pancorbo 153 C2
Pancrudo 162 A/B2
Pandino 106 A3
Pandrup 48 B1
Panelia 24 A/B1/2
Panenský Týnec 83 C2
Panes 152 B1
Panetolikón Óros 146 B1
Panevéggio 107 C2
Panevéžys 73 D1/2, 74 A1/2
Pangbourne 64 B3
Pangéon Óros 144 B1
Paničište 139 D2
Panillo 155 C2
Panissières 103 C2/3
Paniza 162 A1
Panka 22 B2
Pankajärvi 23 D1/2
Pankakoski 23 D2
Pankasz 127 D1
Panker 53 C1
Panni 120 A2

Pannonhalma 95 C3
Panoias 158 B2
Panoias 95 B3, 170 A1
Panórama 143 D2, 144 A2
Pântäne 20 B3
Panticosa 154 B2
Pantoja 160 B3, 167 C1
Pantón 150 B2
Panttila 20 B2/3
Páola 122 A1/2
Pápa 96 B3, 128 A1
Páparis 146 B3
Paparotti 126 A2
Papasídero 120 B3, 122 A1
Pápateszér 95 C3, 128 A/B1
Papenburg 67 D2
Papenburg-Aschendorf 67 D2
Papinniemi 23 D3
Pappás 144 A1
Pappenheim 81 D2
Pappenheim 91 D1, 92 A1
Pappilanvaara 19 C2/3, 23 C1
Pappinen 25 D1, 26 A1
Pappinen 24 B2
Papraća 133 C2
Papradno 95 D1
Papsuuo 18 B3, 22 B1
Parábita 121 D3
Paraćin 134 B2/3, 140 A2
Paracuellos 162 A3, 168 B1
Paracuellos de Jarama
   161 C2
Paracuellos de Jiloca 162 A1
Parada de Cunhos 158 B1
Parada de Rubiales 159 D1/2,
   160 A1/2
Parada del Sil 150 B2
Paradas 171 D2, 172 A2
Paradaseca 151 C2
Paradela 150 B2
Paradela 150 B3, 158 B1
Paradísia 146 B3
Parainen 24 B3
Paralía 147 D1/2
Paralía 143 D2
Paralía 146 B2
Paralía Avlídos 147 D2
Paralía Iríon 147 C3
Paralía Tiroú 147 C3
Parálion Ástros 147 C3,
   148 B2
Paralovo 138 B1/2
Paramé 85 C1/2
Paramio 151 C3, 159 C1
Paramithiá 142 B3
Páramo 150 B2
Páramo del Sil 151 C2
Paranéstion 144 B1
Paranhos 158 B2
Paraños 150 A/B2/3
Parantala 21 D3, 22 A3
Parapótamos 142 B3
Paravóla 146 A/B1/2
Paray-le-Monial 103 C2
Parc de Prafrance 110 B2
Parcé-sur-Sarthe 86 A2/3
Parcent 169 D2
Parchen 69 D2/3
Parchim 69 D1
Parcoul 101 C3, 108 B1
Parczew 97 D1, 98 A1
Pardilla 153 C3, 160 B1
Pardubice 96 A/B2
Paredes 160 B3
Paredes 158 A1/2
Paredes de Coura 150 A3,
   158 A1
Paredes de Nava 152 A/B3
Paredes de Sigüenza
   161 C/D1
Paredes de Viadores
   158 A/B1/2
Pareja 161 C/D2
Parentis-en-Born 108 A2
Parey 69 D2/3
Parga 150 B1
Párga 142 B3, 148 A1
Pargas 24 B3
Pargas 24 B3
Pargny-sur-Saulx 88 B1
Parhalahti 18 A3

Parigné-l'Évêque 86 B2/3
Parikkala 27 D1
Paris 87 D1
Parisot 109 D2
Parissavara 23 D2
Pärjänsuo 19 C1/2
Parkajoki 11 C3
Parkalompolo 11 C3
Parkano 20 B3
Parkkila 21 D1, 22 A1
Parkkila 26 B1
Parkkila 19 C2
Parkkima 21 D1, 22 A1
Parkku 25 C1
Parkstetten 92 B1
Parkua 19 C2/3, 22 B1
Parkumäki 23 C3, 27 C1
Parla 160 B3
Pärlan 16 A1/2
Parma 114 A1
Parndorf 94 B3
Párnica 95 D1
Parola 25 C2
Parona di Valpolicella 106 B3
Páros 149 C2
Parowa 83 D1
Parque da Pena 164 A2
Parracombe 63 C2, 63 C1
Pårraskårsa 10 A3, 10 A3
Parsau 69 C2
Parsberg 92 A1
Parsberg-Willenhofen 92 A1
Parsdorf 92 A2/3
Parseçko 71 D1
Parsów 70 B1
Parstein 70 B2
Partaharju 22 B3
Partakko 6 B2
Partakoski 27 C1/2
Partaloa 173 D1/2, 174 A1/2
Partanna 124 A2
Partenen 106 A/B1
Partenstein 81 C3
Parthenay 101 C1
Parthénion 147 C3
Partille 45 C3, 49 D1
Partinello 113 C3
Partinico 124 A2
Partizani 133 D2, 134 A2
Partizánske 95 C/D2
Partizanske Vode 133 C/D3,
   134 A3
Partoş 134 B1
Pårup 48 B2/3
Parviainen 19 C2
Pârvomaj 141 C3
Påryd 51 C/D2, 72 B1
Parzán 155 C2
Pas de Cère 110 A1
Pas-en-Artois 78 A2
Pasaia Donibane 153 D1,
   154 A1
Paşaköy 145 D1
Pasala 21 D2, 22 A2
Paşcani 98 B3
Pasewalk 70 B1, 72 A3
Pasi 26 B2
Pasi 26 B2
Pasiano 107 D2/3
Pasikovci 128 A/B3, 131 D1,
   132 A1
Påskallavik 51 D1, 72 B1
Pasmajärvi 12 A2, 17 D1
Pašman 130 B2/3
Passail 127 C1
Passais 86 A2
Passau 93 C2
Passau-Heining 92 B2
Passetto 107 C/D3, 115 C1
Passignano sul Trasimeno
   115 C3, 117 C2
Passò 158 B2
Passopisciaro 125 C/D2
Passos 158 B1
Passow 70 B1/2
Passow 69 C1
Passugg 106 A1
Pástena 119 D2
Pástena 119 C2
Pasto 20 B3
Pastorello 114 A1

Pastores 159 C2
Pastow 53 D3
Pastrana 161 C2/3
Pastricciola 113 D3
Pastriz 154 B3, 162 B1
Pasvalys 73 D1, 74 A1
Pata 95 C2
Pataholm 51 D1
Pataias 158 A3, 164 A1
Patajoki 25 D1, 26 A1
Patana 21 C2
Pătaş 135 C1
Patay 87 C2
Pateley Bridge 61 C2
Pateniemi 18 A/B2
Patergassen 96 A3, 126 B1
Paterna 169 C/D1
Paterna de la Madera 168 A/B2
Paterna de Rivera 171 D2/3
Paterna del Campo 171 C/D1
Paterna del Río 173 D2
Paternion 126 A/B1/2
Paternò 125 C2
Paternópoli 119 D3, 120 A2
Patersdorf 92 B1
Pathhead 57 C2
Patiní 142 B3, 146 A1
Patiópoulon 146 A1
Pătîrlagele 141 C1
Patitírion 147 D1
Patokoski 12 A3
Patoniemi 13 C3, 19 C/D1
Patoniva 6 B2
Patosi 142 A2, 148 A1
Pátrai 146 B2, 148 A/B2
Pátrica 118 B2
Patrikka 23 D1, 23 D3
Patrington 61 D2
Pattada 123 D1/2
Pattensen 68 B3
Pattensen-Schulenburg 68 B3
Patterdale 57 C3, 60 B1
Patti 125 C/D1/2
Pattijoki 18 A3
Pättikkä 10 B2
Pättikkäkoski 10 B2
Pătulele 135 D2
Páty 95 D3, 129 C1
Pau 108 B3, 154 B1
Pauillac 100 B3, 108 A/B1
Paukarlahti 22 B3
Paukkaja 23 D2
Paul 158 B3
Pauland 30 B1
Paularo 107 D2, 126 A2
Paulhac-en-Margeride 110 B1
Paulhaguet 102 B3, 110 B1
Paulhan 110 B3
Paulilátino 123 C2
Paulinenaue 69 D2, 70 A2
Paull 61 D2
Paullo 105 D3, 106 A3
Pauls 163 C2
Pausa 82 A/B2
Pausele 30 B1
Pauträsk 30 B1
Pauvres 78 B3, 88 B1
Pavia 105 D3, 106 A3, 113 D1
Pavia 164 B2
Pavías 162 B3, 169 C/D1
Pavilly 77 C3
Pavilosta 73 C1
Pavino Polje 133 C3, 137 D1
Pávliani 146 B1
Pavlica 133 D3, 134 A/B3
Pavlikeni 141 C2
Pavlíkov 83 C3
Pávlos 147 C1/2
Pavullo nel Frignano 114 B2, 116 A1
Päwesin 69 D2, 70 A2
Pawłowice 71 D3
Pawłowo Zońskie 71 D2
Payerne 104 B1
Paymogo 165 C3, 170 B1
Payrac 109 D1
Pazardžik 140 B3
Pazin 126 B3, 130 A1
Paziols 156 B1

Pazo de Irijoa 150 B1
Peacehaven 76 B1
Peal de Becerro 167 D3, 168 A3, 173 C1
Peanía 147 D2
Péaule 85 C3
Peć 138 A1, 140 A2/3
Pécane 131 C2
Péccioli 114 B3, 116 A2
Pécel 129 C1
Pečenjevce 139 C1
Pechão 170 B2
Pechea 141 C/D1
Pechern 83 D1
Pechina 173 D2
Peći 131 C2
Pećigrad 131 C1
Pećinci 133 D1, 134 A1
Pecka 133 C2
Peckatel 70 A1
Pečky 83 D3
Pecław 71 C/D3
Pecorara 113 D1
Pecorone 120 B3, 122 A1
Pečory 74 A/B1
Pécs 128 B2
Pécsvárad 128 B2
Pečurice 137 D2
Pedaso 117 D2
Pederoa 107 C1/2
Pederobba 107 C2/3
Pedersöre/pietarsaaren 20 B1
Pederstrup 53 C2
Pedescala 107 C2/3
Pedorido 158 A2
Pedra Furada 158 A1
Pedrajas 153 D3, 161 C/D1
Pedrajas de San Esteban 160 A/B1
Pedralba 162 B3, 169 C1
Pedralva de la Pradería 151 C3
Pedras Salgadas 150 B3, 158 B1
Pedraza 160 B1/2
Pedraza de Alba 159 D2, 160 A2
Pedreguer 169 D2
Pedreira 150 B1
Pedreña 153 C1
Pedrera 172 A2
Pedro Abad 167 C3, 172 B1
Pedro Martínez 173 C1
Pedro Muñoz 167 D1, 168 A1
Pedroche 166 B2/3
Pedrógão 165 C3, 170 B1
Pedrógão 158 A3, 164 A1
Pedrógão 158 B3
Pedrógão Grande 158 A/B3, 164 B1
Pedrógão Pequeno 158 A/B3, 164 B1
Pedrola 154 A/B3, 162 A1
Pedrosa de Duero 152 B3, 160 B1
Pedrosa del Rey 152 A2
Pedrosillo de los Aires 159 D2
Pedrosillo el Ralo 159 D2, 160 A2
Pedroso 153 C/D2/3
Pedroso de Acim 159 C3, 165 D1, 166 A1
Peebles 57 C2
Peel 54 A3, 55 D2, 58 B1
Peera 10 B1/2
Pefkíon 147 C1
Pefkotón 139 C3, 143 C/D1
Pega 159 C2
Pegalajar 167 C/D3, 173 C1
Pegau 82 B1
Peggau 127 C1
Pegnitz 82 A3
Pego 169 D2
Pegões Velhos 164 A/B2
Pegolotte 107 C/D3, 115 C1
Pehčevo 139 D2/3
Pehula 24 B1
Peine 68 B2/3
Peine-Stederdorf 68 B2/3
Peinikanniemi 19 D1

Péio 106 B2
Peipohja 24 B1/2
Peïra-Cava 112 B2
Peisey-Nancroix 104 B3
Peissen 69 D3, 82 A1
Peissenberg 92 A3
Peiting 91 D3
Peitz 70 B3
Pekankylä 19 D2/3
Pekanpää 17 D2, 18 A1
Pekkala 12 B3, 18 B1
Pekkula 23 D3
Peklino 75 C2/3
Pelahustán 160 A/B3
Pelariga 158 A3, 164 A/B1
Pelarrodríguez 159 C/D2
Pelasgía 147 C1
Pelayos de la Presa 160 B2/3
Pełczyce 71 C2
Peleas de Arriba 159 D1
Pélekas 142 A3
Pelhřimov 83 D3, 94 A1, 96 A2
Pelilla 159 D1/2
Pelinnaion 143 C3
Pelkkikangas 20 B2
Pelkoperä 18 A/B3
Pelkosenniemi 12 B2
Pella 44 B1
Péllaro 122 A3, 125 D2
Pellegrino Parmense 114 A1
Pellegrue 108 B1
Pellérd 128 B2
Pellesmäki 22 B2
Pellevoisin 101 D1
Pellinge 25 D3, 26 A3
Pellingen 79 D3, 80 A3
Pellinki 25 D3, 26 A3
Pello 12 A3, 17 D1
Pello 12 A3, 17 D1
Pellosniemi 26 B1
Pellossalo 27 C/D1
Pellworm-Ostersiel 52 A2
Pellworm-Waldhusen 52 A2
Peloche 166 B2
Pelso 18 B3
Peltokangas 21 C2
Peltosalmi 22 B1/2
Peltovuoma 11 C2, 12 A1
Pélussin 103 C/D3
Pély 129 D1
Pemar 24 B2/3
Pembridge 59 D3, 63 D1
Pembroke 55 D3, 62 B1
Pembroke Dock 62 B1
Pemfling-Grafenkirchen 92 B1
Pempelijärvi 17 C1
Pen-y-groes 58 B2, 60 A3
Pena 150 B1/2
Penacova 158 A3
Peñafiel 152 B3, 160 B1
Penafiel 158 A1/2
Peñaflor 166 B3, 172 A1
Peñaflor de Hornija 152 A3, 160 A1
Penagos 152 B1
Peñalba 155 C3, 163 C1
Peñalba de San Esteban 153 C3, 161 C1
Peñalén 161 D2, 162 A2
Peñalsordo 166 B2
Penalva do Castelo 158 B2
Peñalver 161 C2
Penamacor 159 C3
Peñaranda de Bracamonte 160 A2
Peñaranda de Duero 153 C3, 161 C1
Peñarroya de Tastavíns 163 C2
Peñarroya-Pueblonuevo 166 B3
Peñarrubia 172 A/B2
Peñas de San Pedro 168 B2
Peñascosa 168 A/B2
Peñausende 159 D1
Penc 95 D3
Pencader 62 B1
Penchard 87 D1
Pendagií 146 B1/2

Pendálofos 142 B2
Pendápolis 144 A/B1
Pendueles 152 B1
Penedono 158 B2
Penela 158 A3, 164 B1
Pénestin 85 C3
Pengerjoki 21 C/D3, 22 A3
Penhale 62 B3
Penhas Juntas 151 C3, 159 C1
Peniche 164 A1
Penicuik 57 C2
Penig 82 B2
Peninki 21 D1/2, 22 A1/2
Peñíscola 163 C2/3
Penistone 61 C2/3
Penkridge 59 D3, 64 A1
Penkun 70 B1
Penmaenmawr 59 C2, 60 A3
Penmarch 84 A2/3
Pennabilli 115 C2, 117 C1
Pennala 25 D2, 26 A2
Pennapiedimonte 119 C/D1
Penne 42 B3
Penne 117 D3, 119 C1
Penningby 41 C3, 47 D1
Peno 75 C1
Peæon de Ifach 169 D2
Penrhyndeudraeth 59 C2/3, 60 A3
Penrith 54 B3, 57 C3, 60 B1
Penryn 62 B3
Pensala 20 B2
Pentinniemi 18 B1
Penttäjä 17 C/D1
Pentti 26 B2
Penttilänlahti 22 B2
Penttilänvaara 19 D1
Penzance 62 A3
Penzberg 92 A3
Pénzesgyör 128 B1
Penzlin 70 A1
Pepelište 139 C3
Pépinster 79 C/D2
Pepovo 71 D3
Peqini 142 A1
Pér 95 C3
Pera Boa 158 B3
Perä-Hyyppä 20 B3
Perä-Musko 23 D3
Perä-Posio 19 C1
Peracense 162 A2
Perachóra 147 C2
Perafita 156 A2
Peral 158 B3, 164 B1
Peral de Arlanza 152 B3
Perälä 20 A3
Peralada 156 B2
Peralbillo 167 C2
Peraleda de la Mata 159 D3, 160 A3, 166 A/B1
Peraleda de San Román 159 D3, 160 A3, 166 B1
Peraleda de Zaucejo 166 A/B2/3
Peralejos de las Truchas 161 D2, 162 A2
Perales de Tajuña 161 C3
Perales del Alfambra 162 A/B2
Perales del Puerto 159 C3
Peralta 154 A2
Peralta de Alcofea 155 C3
Peralta de la Sal 155 C3
Peraltilla 155 C3
Peralva 170 B2
Peralveche 161 D2
Pérama 142 B3
Pérama 147 D2
Peramola 155 D3
Peranka 19 D2
Peränkylä 24 A1
Perarolo 107 C3
Perarolo di Cadore 107 D2
Perarrúa 155 C2
Peräseinäjoki 20 B3
Peräsilta 25 C1
Perast 137 C2
Perat 142 B2, 148 A1
Perazancas 152 B2
Perbál 95 D3

Percy 85 D1
Perdasdefogu 123 D3
Perdiguera 154 B3, 162 B1
Pérdika 147 D3
Pérdika 142 B3
Peréa 143 D2, 144 A2
Perečin 97 C/D2, 98 A2
Peredo 159 C1
Pereg 129 C1
Pereiro 170 B1
Pereiro de Aguiar 150 B2
Perejaslav-Chmelnickii 99 D1/2
Perelhal 150 A3, 158 A1
Peremyšl' 75 D2
Peremyšl'any 97 D2, 98 A/B2
Pérfugas 123 C1
Perg 93 D2
Perga 99 C1
Pérgine Valdarno 115 C3, 116 B2
Pérgine Valsugana 107 C2
Pérgola 115 D3, 117 C2
Pergusa 125 C2
Perho 21 C2
Peri 106 B3
Periam 140 A1
Periana 172 B2
Périers 76 A3, 85 D1
Pérignac 100 B3
Périgné 101 C2
Périgueux 101 C/D3, 109 C1
Perilla de Castro 151 D3, 159 D1
Perillo 150 A/B1
Perino 113 D1, 114 A1
Perişoru 135 D2
Peristerá 144 A2
Perithórion 144 B1
Perivol 139 C/D2
Perjasica 127 C3, 130 B1
Perkam 92 B1/2
Perkáta 129 C1
Perkiömäki 20 B2
Perkupa 97 C2
Perl 79 D3, 89 C/D1
Perl-Borg 79 D3
Perleberg 69 D2
Perlez 129 D3, 133 D1, 134 A1, 140 A1
Perly 104 A2
Permantokoski 12 B3
Përmeti 142 B2
Pernancha de Cima 164 B2
Pernarec 83 C3
Pernek 94 B2
Pernes 164 A/B1
Pernes-les-Fontaines 111 C/D2
Pernik 139 D1/2, 140 B2/3
Perninik 82 B2
Perniö 24 B3
Perniön asema 24 B3
Pernitz 94 A3, 96 A/B3
Pernoo 26 B2
Pernu 19 C1
Peroguarda 164 B3, 170 B1
Peroniel del Campo 153 D3, 161 D1
Péronne 78 A3
Perorrubio 160 B1
Perosa Argentina 112 B1
Pérouges 103 D2
Perpignan 156 B1
Perranporth 62 B3
Perrecy-les-Forges 103 C1/2
Perrero 112 B1
Perreux 103 C2
Perrigny-sur-Loire 103 C2
Perros-Guirec 84 B1
Persac 101 C/D2
Persberg 39 C3, 45 D1, 46 A1
Persenbeug 93 D2
Pershagen 47 C1
Pershore 63 D1, 64 A2
Persi 113 D1
Persnäs 51 D1
Persön 17 C3
Perštejn 83 C3
Perstorp 50 B2, 72 A1

Pertengo 105 C/D3, 113 C1
Perth 54 B2, 57 C1
Perthes 88 B1/2
Pertisau 92 A3
Perttaus 12 A/B2/3
Pertteli 24 B2/3
Perttula 25 C2/3
Pertuis 111 D2/3
Pertunmaa 26 B1
Pertusa 155 C3
Peruc 83 C2
Peručac 133 C2
Perúgia 115 C3, 117 C2
Perunkajärvi 12 B3
Perušić 130 B1/2
Péruwelz 78 A/B2
Pervijze 78 A1
Pervomajsk 99 C/D2/3
Perwez 79 C2
Pesadas de Burgos 153 C2
Pésaro 115 D2, 117 C1
Pescantina 106 B3
Pesčanyj Brod 99 C/D2
Pescara 119 C/D1
Pescasséroli 119 C2
Péschici 120 B1
Peschiera del Garda 106 B3
Péscia 114 B2, 116 A1
Pescina 119 C1/2
Pesco Sannita 119 D2/3,
　120 A2
Pescolanciano 119 D2
Pescopagano 120 A2
Pescopennataro 119 C/D2
Pescueza 159 C3, 165 D1
Peshkëpija 142 A2
Peshkopija 138 A3, 140 A3
Pesiökylä 19 C2
Pesiönranta 19 C2
Pesmes 89 C3, 103 D1,
　104 A1
Peso da Régua 158 B1/2
Pesočani 138 B3, 142 B1
Pesoz 151 C1
Pesquera de Duero 152 B3,
　160 B1
Pessac 108 B1
Pessalompolo 12 A3, 17 D2
Pessáni 145 D1
Pessegueiro do Vouga
　158 A2
Pessoux 79 C2
Pestá 142 B3
Peštani 138 B3, 142 B1
Peşteana Jiu 135 D1
Peštera 140 B3
Peştişani 135 D1
Pešurići 133 C2/3
Peszéradacs 129 C1
Petääkylä 21 D2, 22 A2
Petäävesi 21 D3, 22 A3
Petacciato Marina 119 D1/2,
　120 A1
Petäiskylä 23 C1
Petäjäjärvi 18 B1
Petäjäkangas 18 B2
Petäjäkoski 18 A3, 21 C1
Petäjämäki 22 B3
Petäjäskoski 12 A3, 18 A/B1
Petäjavaara 19 C2/3, 23 C1
Petalax 20 A2, 31 D3
Pétange 79 D3
Petanjci 127 D2
Petar u Sumi 130 A1
Pétas 146 A1
Petäys 22 B1
Peteranec 128 A2
Peterborough 64 B1/2,
　65 C1/2
Peterhead 54 B2
Peterlee 57 D3, 61 C1
Petersberg-Marbach 81 C2
Petersborg 4 A3, 9 D1, 10 A1
Petersdorf 53 C2
Petersfield 76 A/B1
Petershagen 70 B2/3
Petershagen 68 A2/3
Petershagen-Ovenstädt
　68 A2/3
Petershagen-Windheim
　68 A2/3

Petershausen 92 A2
Peterstow 63 D1
Petiknäs 31 C1
Petikträsk 16 A/B3, 31 C1
Petilia Policastro 122 B2
Petín 151 C2
Petit-Fossard 87 D2
Petit-Mars 85 D3
Petkula 12 B2
Petkus 70 A3
Petlovača 133 C1
Petolahti 20 A2, 31 D3
Petra 157 D1
Pétra 143 D2
Petragalla 120 B2
Petralia Sottana 125 C2
Petrálona 144 A2
Petraná 143 C2
Petrčane 130 B2
Petrel 169 C2/3
Petrela 137 D3, 138 A3,
　142 A1
Petrella Liri 119 C1/2
Petrella Salto 117 C/D3,
　118 B1
Petrella Tifernina 119 D2,
　120 A1
Petreto-Bicchisano 113 D3
Petrič 139 D3, 140 B3,
　144 A1
Petrijanec 127 D2
Petrijevci 128 B3
Petrikov 74 B3, 99 C1
Petrila 135 D1
Petrinja 127 D3, 131 C1
Petröec 138 B2
Pétrola 168 B2
Petronà 122 B2
Petronell-Carnuntum 94 B2
Petrŏo Brdo 126 B2
Petroşeni 135 D1, 140 B1
Petroúlion 143 C3
Petroússa 144 B1
Petrovaara 23 C2
Petrovac 134 B2, 140 A2
Petrovac 137 C/D2
Petrovaradin 129 D3, 133 D1,
　134 A1
Petrovčić 133 D1, 134 A1
Petrovice 83 C2
Petrovice 93 C1
Petrovice 83 C/D3, 93 D1
Petrovice 83 C3, 93 C1
Petrovo 139 D3, 144 A/B1
Petrovo Selo 135 C1/2
Petruma 23 C3
Petržalka 94 B2
Petsäki 146 B2
Petschow 53 D3
Petsmo 20 A/B2, 31 D3
Petsund 38 A3
Pettäikkö 18 B3
Pettbol 40 B3
Pettenbach 93 C3
Petting 92 B3
Pettorano sul Gízio 119 C2
Pettorazza Grimani 107 C3,
　115 C1
Petworth 76 B1
Peuerbach 93 C2, 96 A2/3
Peulje 131 C2
Peura 17 D2, 18 A1
Peurajärvi 18 B1
Peuralinna 21 C2
Peurasuvanto 12 B1/2
Peuravaara 19 C2/3
Peutaniemi 19 D2
Pevensey 77 C1
Pewsey 64 A3, 76 A1
Peyrat-le-Château 101 D2/3,
　102 A2/3
Peyrebrune 109 D1
Peyrehorade 108 A3,
　154 A/B1
Pézenas 110 B3
Pezinok 95 C2
Pezuela de las Torres
　161 C2/3
Pfaffendorf 70 B3
Pfaffenhofen 91 D2
Pfaffenhofen 92 A2

Pfaffenhofen 92 A3, 107 C1
Pfaffenhofen-Tegernbach
　92 A2
Pfaffenhoffen 90 A1/2
Pfäffikon 105 D1
Pfäffikon 90 B3, 105 D1
Pfaffing 92 B2/3
Pfaffing-Springlbach 92 B2/3
Pfafflar 106 B1
Pfalzgrafenweiler 90 B2
Pfarrkirchen 92 B2
Pfatter 92 B1
Pfatter-Geisling 92 B1
Pfeffenhausen 92 A/B2
Pfinztal-Berghausen 90 B1
Pförring-Forchheim 92 A1/2
Pforzheim 90 B1/2
Pfreimd 82 B3, 92 B1
Pfronstetten-Tigerfeld 91 C2
Pfronten 91 D3
Pfullendorf 91 C3
Pfullendorf-Denkingen 91 C3
Pfullingen 91 C2
Pfungstadt 80 B3
Pfyn 91 C3
Phaistos 149 C3
Phalsbourg 89 D1, 90 A2
Phare de Cordouan 100 B3
Phare de Pertusato 113 D3
Pheneos 146 B2
Pherai 143 D3
Philippeville 78 B2
Philippi 144 B1
Philippsburg 90 B1
Philippsreut 93 C1/2, 96 A2
Philippsthal-Heimboldshausen
　81 C/D2
Philippsthal (Werra) 81 C/D2
Phlious 147 C2/3
Phoenike 142 A2/3
Phyáselkä 23 D3
Phyhämaa 24 A2, 41 D2
Phyle 147 D2
Physkeis 146 B2
Piacenza 113 D1, 114 A1
Piádena 106 B3, 114 A/B1
Piagge 115 D2, 117 C/D1/2
Piamprato 105 C3
Pian Castagna 113 C1/2
Pian Castagnáio 116 B3,
　118 A1
Pian della Mussa 104 B3,
　112 B1
Piana 113 D3
Piana Crixia 113 C2
Piana degli Albanesi 124 B2
Pianazzo 105 D2, 106 A2
Piancáldoli 114 B2, 116 A1
Piandelagotti 114 B2, 116 A1
Piandimeleto 115 C/D2/3,
　117 C1/2
Pianella 119 C1
Pianella 114 B3, 116 B2
Pianello Val Tidone 113 D1
Pianezza 112 B1
Piano del Re 112 B1
Piano Laceno 119 D3, 120 A2
Pianoro 114 B2, 116 B1
Pianosa 116 A3
Pianottoli-Caldarello 113 D3
Pians 106 B1
Piansano 116 B3, 118 A1
Pias 165 C3, 170 B1
Piasecznik 71 C1
Piaseczno 70 B2
Piasek 70 B2
Piaski 71 D3
Piastre 114 B2, 116 A1
Piatra Neamt 98 B3
Piazza 107 C2/3
Piazza al Sérchio 114 A2,
　116 A1
Piazza Armerina 125 C2/3
Piazza Brembana 106 A2/3
Piazze 116 B2/3
Piazzola sul Brenta 107 C3
Pićan 126 B3, 130 A1
Picão 158 B2
Picão 158 B2
Picasent 169 C/D1

Piccovagia 113 D3
Picerno 120 A/B2
Picher 69 C2
Pickering 61 C/D2
Pico 119 C2
Picón 167 C2
Picquigny 77 D2/3
Pie di Via 114 A1
Piecnik 71 C/D1
Piedicavallo 105 C3
Piédicorte-di-Gaggio 113 D3
Piedicroce 113 D3
Piediluco 117 C3, 118 B1
Piedimonte Etneo 125 D2
Piedimonte Maltese 119 D2
Piedimulera 105 C2
Piedipaterno 117 C3, 118 B1
Piedivalle 117 C/D3
Piedrabuena 167 C2
Piedrafita 151 C2
Piedrafita 151 D1/2
Piedrahíta 159 D2, 160 A2
Piedralaves 160 A2/3
Piedras Albas 159 C3, 165 C1
Piedratajada 154 B2/3
Piegaro 115 C3, 117 C2/3
Piehinki 18 A3
Pieksämäki 22 B3
Pieksänlahti 27 C1
Pielavesi 22 B2
Pielpajärven lapin kirkko
　6 B3
Pielungo 107 D2, 126 A2
Piène-Basse 112 B2
Pieńsk 83 D1
Pienza 115 C3, 116 B2
Piera 156 A3, 163 D1
Pierowall 54 B1
Pierowall 54 B1
Pierre 103 D1
Pierre-Buffière 101 D3
Pierrefeu-du-Var 112 A3
Pierrefitte-Nestalas 108 B3,
　155 C1/2
Pierrefitte-sur-Aire 89 C1
Pierrefonds 87 D1
Pierrefontaine-les-Varans
　89 D3, 104 B1
Pierrefort 110 A1
Pierrelatte 111 C1/2
Pierroton 108 A/B1
Piertinjaure 16 A1/2
Piesaskylä 21 D3, 22 A3
Piesau 82 A2
Piesjoki 5 D3, 6 B2, 11 D1
Pieski 71 C2/3
Piešt'any 95 C2, 96 B2
Pietarsaari 20 B1
Pietra Lígure 113 C2
Pietra Montecorvino 119 D2,
　120 A1
Pietracamela 117 D3, 119 C1
Pietralba 113 D2
Pietralunga 115 C/D3, 117 C2
Pietramelara 119 C/D2/3
Pietraperzía 125 C2
Pietrapórzio 112 B2
Pietraróia 119 D2
Pietrasanta 114 A2, 116 A1
Pieve al Toppo 115 C3,
　116 B2
Pieve del Cáiro 113 D1
Pieve di Bono 106 B2/3
Pieve di Cadore 107 D2
Pieve di Livinallongo 107 C2
Pieve di Soligo 107 C/D2/3
Pieve di Teco 113 C2
Pieve Santo Stéfano 115 C2/3,
　117 C2
Pieve Tesino 107 C2
Pieve Torina 115 D3,
　117 C/D2
Pieve Vécchia 106 B3
Pievepélago 114 B2, 116 A1
Pigaí 145 C1
Pigaí 143 C3, 146 A/B1,
　148 A/B1
Pignataro Maggiore 119 C/D3
Pignola 120 B2/3
Pihkainmäki 22 B2
Pihkala 18 B3

Pihlajalahti 27 C1
Pihlajalahti 25 C1
Pihlajamäki 19 C2/3
Pihlajavaara 23 D1, 23 D2
Pihlajaveden-asema 21 C3
Pihlajavesi 21 C3
Pihlava 24 A1
Pihtipudas 21 D2, 22 A2
Pihtisulku 21 C3
Pihtšoskordši 4 B3, 10 B1
Piikkiö 24 B2/3
Piilijärvi 10 B3
Piilo 28 D2
Piippola 18 B3, 21 D1, 22 A1
Piipsjärvi 18 A3
Piispa 23 C2
Piispajärvi 19 D2
Piittisjärvi 12 B3, 18 B1
Pikajärvi 12 A/B3
Pikalji 137 D2
Pikis 24 B2/3
Pikkarala 18 B2
Pikkavaaraa 13 C3
Pikku-Kulus 12 B3
Pikkujaakko 16 B1
Pila 115 C/D1
Pila 104 B3
Pila Canale 113 D3
Piła (Schneidemühl) 71 D1/2,
　72 B3
Pilas 171 C/D1/2
Pilastri 114 B1
Pilat-Plage 108 A1
Piléa 143 D2, 144 A2
Pilgrimstad 34 B2
Píli 147 D2
Pílion 147 D1
Pílion Óros 143 D3, 144 A3
Pilis 129 C1
Piliscsaba 95 D3
Pilisszentkereszt 95 D3
Pilisvörösvár 95 D3
Piłka 71 C/D2
Pilkkaasajo 17 C1
Pille-l'Ardit 108 B2
Pillingsdorf 82 A2
Pilpala 25 C2
Pilsach-Dietkirchen 92 A1
Pilštanj 127 C2
Pilsting 92 B2
Pilträsk 16 A/B2/3
Piña de Campos 152 B2/3
Pina de Ebro 154 B3, 162 B1
Piñar 173 C1
Pinarejo 161 D3, 168 A/B1
Pinarejos 160 B1
Pinarello 113 D3
Pinarhisar 141 C3
Pinay 103 C2/3
Pincara 115 C1
Pincehely 128 B1/2
Pineda 161 D3
Pineda de la Sierra 153 C2/3
Pineda de Mar 156 B3
Piñel de Arriba 152 B3,
　160 B1
Pinela 151 C3, 159 C1
Pinell de Solsonés 155 D3
Pinerolo 112 B1
Pineto 119 C1
Piney 88 B2
Pinggau 94 A/B3, 127 D1
Pinhal Novo 164 A2
Pinhão 158 B1/2
Pinheiro 150 A/B3, 158 A1
Pinheiro Grande 164 B1
Pinhel 159 C2
Pinilla de los Barruecos
　153 C3
Pinilla de los Moros 153 C3
Pinilla de Molina 161 D2,
　162 A2
Pinilla del Olmo 161 C/D1
Pinjainen 25 C3
Pinkafeld 94 A/B3, 127 D1
Pinneberg 52 B3, 68 B1
Pino 113 D2
Pino 151 D3, 159 D1
Pino de Val 150 A2
Pino del Río 152 A/B2
Pinofranqueado 159 C3

Pinols 102 B3, 110 B1
Pinos de Miramar 163 D2
Pinos Puente 173 C2
Pinoso 169 C3
Pinsaguel 109 D3, 155 D1
Pinseque 154 A/B3, 162 A/B1
Pinsk 74 A3, 98 B1
Pintamo 19 C2
Pintano 154 B2
Pinto 160 B3
Pinzano al Tagliamento 107 D2, 126 A2
Pinzio 159 C2
Pinzolo 106 B2
Pióbbico 115 C/D3, 117 C2
Piojärvi 27 C1
Piombino 114 B3, 116 A2/3
Pionsat 102 B2
Pioppo 124 A/B2
Pióraco 115 D3, 117 C/D2
Piossasco 112 B1
Piotrków Trybunalski 97 C1
Piove di Sacco 107 C/D3
Piovene-Rocchette 107 C3
Pióvera 113 C/D1
Pioz 161 C2
Pipriac 85 C3
Piqerasi 142 A2
Piqueras 161 D3, 162 A3, 168 B1
Piqueras 162 A2
Pir'atin 99 D1/2
Piran 126 A/B3
Piras 123 D1
Pirciato 125 C1
Pireéfs 147 D2, 148 B2
Pirgadíkia 144 B2
Pirgi 144 B1
Pirgi 143 C2
Pirgí 149 C2
Pirgos 143 D2, 144 A2
Pírgos 147 C1/2
Pírgos 146 A/B3
Pirgoz 145 D2
Piriac-sur-Mer 85 C3
Pirin 139 D3
Pirkkala 25 C1
Pirmasens 90 A1
Pirna 83 C1/2, 96 A1
Pirok 138 B2
Pirompré 79 C3
Pirot 135 C/D3, 139 C1, 140 A/B2
Pirovac 131 C3
Pirrttikoski 12 B3
Pirsógianni 142 B2, 148 A1
Pirttijärvi 24 A1
Pirttijärvi 23 D3
Pirttikoski 25 C2
Pirttikoski 18 A3
Pirttikylä 20 A2/3
Pirttikylä 21 C3
Pirttimäki 23 C1
Pirttimäki 22 B1
Pirttimäki 22 B2
Pirttinen 20 B2
Pirttiniemi 21 C1
Pirttiniemi 17 C1
Pirttivaara 19 D2
Pirttivaara 23 D2/3
Pirttivuopio 10 A3, 10 A3
Pirunkirkko 13 C/D2
Pîrvova 135 C1
Pisa 12 A3, 17 D2, 18 A1
Pisa 23 C2
Pisa 114 A/B2/3, 116 A1/2
Pisa Tirrénia 114 A2/3, 116 A2
Pisak 131 D3, 132 A3
Pisana 107 C3, 115 C1
Pisany 100 B3
Pisarovina 127 D3
Pišča 73 D3, 97 D1, 98 A1
Pisciatello 113 D3
Pisciotta 120 A3
Piscu Vechi 135 D2/3
Pisek 93 C/D1, 96 A2
Pishkashi 138 A3, 142 B1
Piškorevci 128 B3, 132 B1
Pisodérion 143 C1/2
Pisogne 106 B3

Pissos 108 A/B2
Pisticci 120 B3
Pisto 19 D2
Pistóia 114 B2, 116 A1
Pisz (Johannisburg) 73 C2/3
Pitäjänmäki 21 D1, 22 A1
Pitarque 162 B2
Pite-Altervattnet 16 B3
Piteå 16 B3
Piteå-Munksund 16 B3
Pitești 140 B1
Pithagórion 149 D2
Pithiviers 87 C/D2
Pitigliano 116 B3, 118 A1
Pitillas 154 A2
Pitkäaho 22 B3, 26 B1
Pitkäjärvi 24 B2
Pitkälä 27 C/D1
Pitkälahti 22 B2
Pitkälahti 27 C1
Pitkälahti 23 C3
Pitkälahti 22 B2/3
Pitkäluoto 24 A2, 41 D1/2
Pitkäsalo 21 C2
Pitkäsenkyla 18 A3, 21 C1
Pitlochry 54 B2, 56 B1, 57 C1
Pitomača 128 A2/3
Pitres 173 C2
Pitsund 16 B3
Pittenweem 57 C1
Pitvaros 129 D2
Pivka 126 B3
Pivnica 128 A3
Pivnice 129 C3
Pivski Manastir 133 C3, 137 C1
Pizarra 172 B2
Pizzighettone 106 A3, 114 A1
Pizzo 122 A2
Pizzolato 124 A2
Pizzoli 117 D3, 119 C1
Pjätteryd 50 B2
Pjelax 20 A3
Pjesker 16 A3
Pjesörn 31 C1
Plaaz 53 D3, 69 D1
Plabennec 84 A2
Plaffeien 104 B1/2
Plaisance 110 A2
Plaisance-du-Gers 108 B3, 155 C1
Pláka 147 C3
Plameira 150 A2
Plan 155 C2
Plan d'Orgon 111 C/D2
Plan-de-Baix 111 D1
Plan-du-Lac 104 B2
Plan-du-Var 112 B2
Planá 82 B3
Plana 137 C1
Plána 144 A/B2
Planá nad Lužnicí 93 D1
Plaňany 83 D3
Pláncios 107 C1/2
Plancoët 85 C2
Plandište 134 B1
Planes 169 D2
Planfoy 103 C3
Planica 126 B2
Plánice 93 C1
Planina 127 C2
Planina 126 B3
Planina 126 B2
Planinica 135 C2/3
Plankenfels 82 A3
Planoles 156 A2
Plasencia 159 D3, 166 A1
Plasencia del Monte 154 B2
Plasenzuela 165 D1, 166 A1
Plasiá 143 D3
Plaški 130 B1
Plassen 38 B1/2
Plassi 18 A3
Plášť'ovce 95 D2
Plasy 83 C3
Plat 137 C1/2
Platak 126 B3, 130 A/B1
Platamón 143 D2/3
Platamón 145 C1
Platamona Lido 123 C1
Platania 122 A/B2

Plataniá 147 C/D1, 148 B1/2
Plataniá 144 B1
Plátanos 148 B3
Plátanos 146 B3
Plátanos 143 D2
Plátanos 147 C1
Plátanos 146 B1/2
Platanótopos 144 B1
Platanoúsa 142 B3
Platanóvrisi 146 B3
Platariá 142 B3
Plate 69 C1
Plateaí 147 C/D2
Platí 122 A3
Platí 145 C3
Platí 143 D2
Platíčevo 133 C/D1, 134 A1
Platíkambos 143 D3
Platíschis 126 A2
Platístomon 146 B1
Platta (Medel) 105 D1/2
Plattling 92 B2
Plau 69 D1
Plaue 81 D2, 82 A2
Plauen 82 B2
Plav 138 A1/2
Plava Laguna 130 A1
Plavca 130 B1
Plave 126 A/B2
Plavecký Mikuláš 95 C2
Plavinas 74 A1
Plavíševita 135 C2
Plavna 135 C2
Plavnica 137 D2
Plavsk 75 D2/3
Pławce 71 D3
Playa de Oropesa 163 C3
Playa de Pineda 163 D2
Playa de San Juan 169 D3
Playa de Tabernes 169 D2
Pleaux 102 A3, 110 A1
Pleine-Fougères 85 D2
Pleinfeld 91 D1, 92 A1
Pleinfeld-Ramsberg 91 D1, 92 A1
Pleiskirchen 92 B2
Plélan-le-Grand 85 C2
Plélan-le-Petit 85 C2
Plémet 85 C2
Plenas 162 B1/2
Pléneuf-Val-André 85 C2
Plenița 135 D2
Plérin 85 C2
Pleš 133 B3
Pleščenicy 74 B2
Plešín 133 D3, 134 A3, 138 A1
Plessé 85 C/D3
Plestin-les-Grèves 84 B1/2
Pleszew 72 B3, 96 B1
Pleterje 127 C3
Pleternica 128 B3, 132 B1
Plettenberg 80 B1
Pleubian 84 B1
Pleumartin 101 C/D1
Pleuron 146 B2
Pleurs 88 A1/2
Pleven 140 B2
Pleyben 84 B2
Pleystein 82 B3
Pliego 168 B3, 174 A/B1
Pliešovce 95 D2
Pliezhausen 91 C2
Plitvice 131 C1, 131 C1
Plitvička Jezera 131 C1, 131 C1
Plitvički Ljeskovac 131 C1, 131 C1
Pljevlja 133 C3, 137 D1
Ploaghe 123 C1
Plobsheim 90 A/B2
Plochingen 91 C2
Płock 73 C3
Ploemeur 84 B3
Ploërmel 85 C2/3
Ploiești 141 C1
Plomárion 149 C/D1/2
Plombières-les-Bains 89 D2/3
Plomin 130 A1
Plön 53 C3
Plonéour-Lanvern 84 A2/3

Plonévez-du-Faou 84 B2
Płońsk 73 C3
Płońsko 71 C1/2
Plössberg 82 B3
Plössberg-Schönficht 82 B3
Ploștina 135 D1
Plou 162 B2
Plouagat 84 B/C2, 85 C2
Plouaret 84 B1/2
Plouay 84 B2/3
Ploubalay 85 C2
Plœuc-sur-Lié 85 C2
Ploudalmézeau 84 A2
Plouescat 84 A1/2
Plouézec 85 C1
Plougasnou 84 B1/2
Plougastel-Daoulas 84 A2
Plouguenast 85 C2
Plouguerneau 84 A1/2
Plouha 85 C2
Plouharnel 84 B3
Plouhinec 84 A2
Plouigneau 84 B1/2
Ploumanach 84 B1
Plouray 84 B2
Plovdiv 140 B3
Plozevet 84 A2
Plumelec 85 C3
Plumlov 94 B1
Plumpton 57 C3, 60 B1
Plungė 73 C1/2
Pluvigner 84 B/C3
Plužina 135 C3
Plužine 133 C3, 137 C1
Plymouth 62 B3, 63 C3
Plzeň 83 C3, 96 A2
Pniewo 71 C1
Pniewy 71 C/D2, 72 B3
Pobar 153 D3, 161 D1
Poběžovice 82 B3, 92 B1
Pobiedziska 71 D2
Pobla de Claramunt 155 D3, 156 A3, 163 D1
Pobla de Segur 155 D2
Pobla del Duc 169 D2
Pobladura del Valle 151 D3, 152 A3
Poblete 167 C2
Poboleda 163 C/D1
Pobrde 133 D3, 134 A3, 138 A1
Počátky 94 A1
Počep 75 C3
Pöchlarn 94 A2
Počinok 75 C2
Počitelj 132 A/B3, 136 B1
Pockau 83 C2
Pocking 93 C2
Pöcking 92 A3
Pocklington 61 C/D2
Poco do Inferno 158 B2/3
Poćuta 133 C/D2, 134 A2
Podberez'je 74 B1
Podbořany 83 C2/3
Podčetrtek 127 C2
Poděbrady 83 D2/3, 96 A2
Podence 151 C3, 159 C1
Podensac 108 B1
Podersdorf am See 94 B3
Podgajci Posavski 133 C1
Podgajcy 98 B2
Podgaje 71 D1
Podgora 131 D3, 132 A3, 136 B1
Podgorač 128 B3
Podgorac 135 C2/3
Podgorić 128 A3
Podgorica 126 B2
Podgorje 126 B3
Podgrab 132 B3
Podgrad 126 B3
Podhum 131 D3, 132 A3
Podivín 94 B1/2
Podkoren 126 B2
Podkova 141 C3, 145 C1
Podlapača 131 C2, 131 C2
Podlugovi 132 B2
Podnanos 126 B3
Podnovlje 132 B1
Podochórion 144 B1

Podol'sk 75 D2
Podpeč 126 B2/3
Podrašnica 131 D2, 132 A2
Podravska Moslavina 128 B3
Podravska Slatina 128 A/B3
Podravske Sesvete 128 A2/3
Podravski Novi Grad 128 A2
Podromanija 133 C2, 133 C2/3
Podsreda 127 C2
Podsused 127 D3
Podturen 127 D2
Podujevo 138 B1, 140 A2
Podvelež 132 B3, 136 B1
Podvinje 128 B3, 132 B1
Podvoločisk 98 B2
Podvrška 135 C2
Podwilcze 71 C1
Pogar 132 B2
Poggiardo 121 D3
Poggibonsi 114 B3, 116 B2
Póggio a Caiano 114 B2, 116 B1
Póggio Mirteto 117 C3, 118 B1
Póggio Moiano 117 C3, 118 B1
Póggio Renático 114 B1
Póggio Rusco 114 B1
Póggio Valleversa 113 C1
Poggiodomo 117 C3, 118 B1
Pöggstall 94 A2
Pogny 88 B1
Pogoniani 142 B2/3
Pogorzela 71 D3
Pogradeci 140 A3, 142 B1, 148 A1
Pohja 25 C1, 26 A1
Pohja 21 D2, 22 A2
Pohja-Lankila 27 C1
Pohja/pojo 25 C3
Pohjälahti 18 B1
Pohjalahti 25 C1
Pohjankylä 24 B3
Pohjansaha 24 A1, 41 D1
Pohjaslahti 21 C3
Pohjois-li 18 A/B2
Pohjoislahti 21 C3
Pohjola 25 D1, 26 A1
Pohořelice 94 B1, 96 B2
Pohoří na Šumavě 93 D2
Pohtimolampi 12 A3
Poiana Mare 135 D2/3
Poiana Mărului 135 C1
Poiana Teiului 98 B3
Poiares 158 A3
Poijula 19 C2
Poikelus 25 C1
Poikko 24 A2/3
Poikmetsä 25 C/D2, 26 A2
Point Sublime 110 B2
Poirino 113 C1
Poisieuy 102 A1
Poissy 87 C1
Poitiers 101 C1/2
Poix 77 D3
Poix-Terron 79 C3
Pojani 142 A1/2
Pojanluoma 20 B2/3
Pojate 134 B3
Pojo 25 C3
Pokka 11 D2, 12 A/B1
Pokkola 24 B2
Pokljuka 126 B2
Pokupsko 127 D3, 131 C1
Pol 151 C1
Pola de Allande 151 C1
Pola de Laviana 151 D1, 152 A1
Pola de Lena 151 D1
Pola de Siero 151 D1, 152 A1
Pola de Somiedo 151 D1
Polače 136 B1
Połajewo 71 D2
Polán 160 B3, 167 C1
Polari 130 A1
Polch 80 A2
Połczyn-Zdrój 71 C/D1, 72 B2/3
Poleñino 154 B3, 162 B1

Polesella 115 C1
Polessk (Labiau) 73 C2
Polesskoje 99 C1
Polgár 97 C3
Polgárdi 96 B3, 128 B1
Polhov Gradec 126 B2
Polia 122 A/B2
Polianí 146 B3
Poliçani 142 B2, 148 A1
Policastrello 122 A1
Police 70 B1
Políchnitos 149 C1/2
Policko 71 C2
Poličnik 130 B2
Policoro 120 B3, 121 C3
Polídendron 143 D2
Polígiros 144 A2, 148 B1
Polignac 103 C3, 110 B1
Polignano a Mare 121 C2
Poligny 104 A1
Políkastron 140 A/B3, 143 D1, 148 B1
Polístena 122 A3
Politiká 147 D1/2
Polizzi Generosa 124 B2
Pöljä 22 B2
Poljak 130 B2
Poljana 134 B2
Poljana 127 C2
Poljana 128 A3, 131 D1
Poljanak 131 C1, 131 C1
Poljane Gorenja Vas 126 B2
Poljčane 127 C2
Polje 132 B1
Poljica 131 D3, 132 A3, 136 A1
Poljice 132 B2
Poljice Popovo 137 C1
Polla 120 A2/3
Pölläkkä 22 B3
Pölläkkä 23 C3
Pöllau 94 A3, 127 D1
Polle 68 B3
Polleben 82 A1
Pollença 157 D1
Pollenfeld 92 A1
Pollenzo 113 C1
Pollfoss 32 B3, 37 C1
Pollhagen 68 A/B2/3
Póllica 120 A3
Polling 92 A3
Polling 92 B2
Pollos 160 A1
Póllwitz 82 B2
Polmak 6 B2, 7 C2
Polná 94 A1
Polne 71 D1
Polock 74 B2
Polonkylä 19 C/D1/2
Polonnoje 98 B1/2
Polopos 173 C2
Polperro 62 B3
Polruan 62 B3
Pöls ob Judenburg 126 B1
Polsingen-Döckingen 91 D1
Polski Gradec 141 C3
Polski Trâmbeš 141 C2
Polso 21 C2
Polttila 24 A2, 41 D2
Polusperä 18 A3
Polvela 23 C2
Polvenkylä 20 B3
Polverigi 115 D3, 117 D2
Polvijärvi 23 C2
Polvijärvi 23 C2
Polvikoski 23 D1
Polviniemi 19 C2
Polz 69 C2
Polzela 127 C2
Pomar 155 C3, 163 C1
Pomarance 114 B3, 116 A2
Pomarão 170 B1
Pomarez 108 A/B2/3, 154 B1
Pomarkku 24 A/B1
Pomáz 95 D3
Pombal 158 A3, 164 A/B1
Pomer 154 A3, 161 D1, 162 A1
Pomezí nad Ohří 82 B3
Pomézia 118 B2
Pomigliano d'Arco 119 D3

Pömiö 17 D2/3, 18 A1
Pommersfelden 81 D3
Pomorie 141 C/D2/3
Pomošnaja 99 D2
Pomoy 89 C/D3
Pompei 119 D3
Pompei Scavi 119 D3
Pompignan 110 B2
Pomposa 115 C1
Pomssen 82 B1
Poncé-sur-le-Loir 86 B3
Poncin 103 D2, 104 A2
Pondisménon 139 D3, 144 A1
Pondokeraséa 139 D3, 144 A1
Ponferrada 151 C2
Poniec 71 D3
Ponikovica 133 D2/3, 134 A2/3
Pons 100 B3
Ponsa 25 C1
Ponsacco 114 B2/3, 116 A2
Ponso 107 C3, 115 C1
Pont 104 B3
Pont-à-Marcq 78 A2
Pont-à-Mousson 89 C1
Pont-Audemer 77 C3, 86 B1
Pont-Authou 77 C3, 86 B1
Pont-Aven 84 B2/3
Pont Canavese 105 C3
Pont-Carral 109 C/D1
Pont-Croix 84 A2
Pont-d' Ouilly 86 A1
Pont-d'Ain 103 D2
Pont d'Arc 111 C1/2
Pont-de-Dore 102 B2/3
Pont-de-l'Arche 77 C3, 87 C1
Pont-de-l'Isère 111 C1
Pont-de-la-Maye 108 B1
Pont-de-Labeaume 111 C1
Pont de Molins 156 B2
Pont-de-Pany 88 B3, 103 D1
Pont-de-Rhodes 109 D1
Pont-de-Roide 89 D3, 104 B1
Pont-de-Salars 110 A2
Pont de Suert 155 C/D2
Pont de Tréboul 110 A/B1
Pont-de-Vaux 103 D2
Pont-de-Veyle 103 D2
Pont-du-Château 102 B2/3
Pont-du-Gard 111 C2
Pont-du-Loup 112 B2/3
Pont du Roi 155 C/D2
Pont-en-Royans 103 D3, 111 D1
Pont-et-Massène 88 B3
Pont-Farcy 85 D1, 86 A1
Pont-Hébert 76 A3, 85 D1
Pont-l'Abbé 84 A2/3
Pont-l'Evêque 76 B3, 86 B1
Pont-Saint-Esprit 111 C2
Pont-Saint-Martin 105 C3
Pont-Saint-Pierre 77 C3, 87 C1
Pont-Sainte-Maxence 87 D1
Pont-sur-Yonne 87 D2, 88 A2
Pontacq 108 B3, 155 C1
Pontailler-sur-Saône 89 C3, 103 D1, 104 A1
Pontão 158 A3, 164 B1
Pontardawe 63 C1
Pontarion 102 A2
Pontarlier 104 A/B1
Pontassieve 114 B2, 116 B1/2
Pontaubault 85 D1/2
Pontaumur 102 B2/3
Pontavert 78 B3, 88 A1
Pontcharra 104 A3
Pontchâteau 85 C3
Ponte 105 C/D2
Ponte a Elsa 114 B2/3, 116 A1/2
Ponte a Moriano 114 B2, 116 A1
Ponte Cáffaro 106 B3
Ponte Castirla 113 D3
Ponte d'Ólio 113 D1, 114 A1
Ponte da Barca 150 A/B3, 158 A1
Ponte de Lima 150 A3, 158 A1

Ponte de Sor 164 B1/2
Ponte delle Arche 106 B2
Ponte di Barbarano 107 C3
Ponte di Ferro 115 C/D3, 117 C3
Ponte di Legno 106 B2
Ponte di Nava 113 C2
Ponte di Piave 107 D3
Ponte Leccia 113 D2/3
Ponte Nelle Alpi 107 D2
Ponte Nossa 106 A/B2/3
Ponte-Nuovo 113 D2
Ponte San Pietro 106 A3
Ponte-Tresa 105 D2/3
Ponte Tresa 105 D2/3
Pontebba 126 A2
Pontecagnano 119 D3, 120 A2
Ponteceno di sopra 114 A1
Pontecorvo 119 C2
Pontedássio 113 C2
Pontedera 114 B2/3, 116 A2
Pontefract 61 C2
Pontegrande 105 C2/3
Pontelagoscuro 115 C1
Ponteland 57 D3, 61 C1
Pontelandolfo 119 D2/3, 120 A1/2
Pontelongo 107 C/D3
Pontenure 114 A1
Pontenx-les-Forges 108 A2
Pontepetri 114 B2, 116 A1
Ponterwyd 59 C3
Pontes 158 A3, 164 B1
Pontesbury 59 D3
Pontevedra 150 A2
Pontevico 106 B3
Pontfaverger-Moronvilliers 88 B1
Pontgibaud 102 B2/3
Ponthierry 87 D2
Ponticino 115 C3, 116 B2
Pontigny 88 A2/3
Pontijou 87 C3
Pontínia 118 B2
Pontinvrea 113 C2
Pöntiö 21 C1
Pontivy 85 C2
Pontlevoy 87 C3, 101 D1
Pontoise 87 C1
Ponton 106 B3
Pontones 168 A3, 173 D1
Pontons 155 D3, 156 A3, 163 D1
Pontonx-sur-l'Adour 108 A2
Pontorson 85 D2
Pontrémoli 114 A2
Pontresina 106 A/B2
Pontrhydfendigaid 59 C3
Pontrieux 84 B1/2
Pontrilas 63 D1
Ponts 155 D3, 163 D1
Ponts-de-Sains 78 B3
Pöntsö 11 C/D3, 12 A1/2
Pöntsönlahti 23 C/D3
Pontvallain 86 B3
Pontypool 63 C/D1
Pontypridd 63 C1
Ponza 118 B3
Ponzone 113 C1/2
Poola 20 A/B2
Poole 63 D2, 63 D1/2, 76 A1/2
Popel'n'a 99 C1/2
Poperinge 78 A2
Pópoli 117 D3, 119 C1
Popova Šapka 138 B2
Popovac 134 B2/3
Popovača 127 D3, 128 A3
Popovica 135 C2
Popovica 140 B3
Popovo 141 C2
Popowo Kościelne 71 D2
Poppel 79 C1
Poppenhausen 81 D3
Poppenhausen 81 C2
Poppi 115 C2/3, 116 B1/2
Poprad 97 C2
Pópulo 158 B1
Populónia 114 A/B3, 116 A2/3

Poraovaara 12 B3
Porartikoski 12 B2
Porcari 114 B2, 116 A1
Porches 170 A2
Porchov 74 B1
Porcuna 167 C3, 172 B1
Pordenone 107 D2/3, 126 A2
Pordic 85 C2
Poreč 126 A/B3, 130 A1
Poreč'je 75 D1/2
Pori 24 A1
Poříčí nad Sázavou 83 D3
Porjus 16 A/B1
Porkkalyät 21 C/D3, 22 A3
Porkkala 25 C3
Pörknäs 20 B1
Porla 46 A1/2
Porlammi 25 D2, 26 A2
Porlezza 105 D2, 106 A2
Porlock 63 C2, 63 C1
Pornainen 25 D2/3, 26 A2/3
Pornássio 113 C2
Pörnbach 92 A2
Pornic 100 A1
Pornóapáti 127 D1
Porokylä 23 C1
Pörölänmäki 22 B3
Póros 147 D3
Porost 71 D1
Porozina 130 A1
Porquera 150 B3
Porquerolles 112 A3
Porras 25 C2
Porraskoski 25 C/D1/2, 26 A1/2
Porrassalmi 26 B1
Porrentruy 89 D3, 90 A3, 104 B1
Porreres 157 D1
Porretta Terme 114 B2, 116 A/B1
Porriño 150 A3
Porsangmoen 5 D2, 6 A2
Pörsänmäki 22 B2
Porsgrunn 43 D2, 44 A1
Porsgrunn-Brevik 43 D2, 44 A1/2
Porsgrunn-Eidanger 43 D2, 44 A1
Porsgrunn-Heistad 43 D2, 44 A1/2
Porsifors 16 B2
Porspoder 84 A2
Port Appin 56 A1
Port Askaig 54 A2/3, 55 D1, 56 A2
Port-Bail 76 A3, 85 D1
Port Barcarès 156 B1
Port Camargue 111 C3
Porcari 154 B3, 60 A/B1
Port d'Agres 110 A1
Port-de-Bouc 111 C3
Port-de-la-Meule 100 A1
Port-de-Lanne 108 A3, 154 A/B1
Port-de-Piles 101 C1
Port de San Miguel 157 C2
Port Dinorwic 59 C2, 60 A3
Port Ellen 54 A3, 55 D1, 56 A2
Port-en-Bessin 76 B3, 86 A1
Port'Èrcole 116 B3
Port Erin 54 A3, 55 D2, 58 B1
Port Glasgow 56 B1/2
Port-Grimaud 112 A3
Port-Joinville 100 A1
Port-la-Nouvelle 110 B3, 156 B1
Port Laoise 55 C/D3
Port-Leucate 156 B1
Port Logan 54 A/B3
Port-Louis 84 B3
Port Navalo 85 C3
Port of Menteith 56 B1
Port of Ness 54 A1
Port-Saint-Louis-du-Rhône 111 C3
Port Saint Mary 58 B1
Port-Saint-Père 85 D3, 100 A1

Port-Sainte-Marie 109 C2
Port Soderick 58 B1
Port-sur-Saône 89 C3
Port Talbot 63 C1
Port-Vendres 156 B2
Port William 56 B3
Porta Westfalica-Barkhausen 68 A3
Portadown 54 A3, 55 D2, 58 A1
Portaferry 54 A3, 55 D2, 58 A/B1
Portaje 159 C3, 165 D1
Portalegre 165 C1/2
Portalrubio 162 A/B2
Portalrubio de Guadamajud 161 C/D3
Portals Vells 157 C1
Portariá 143 D3, 144 A3
Portas 150 A2
Portbou 156 B2
Porté 156 A2
Porte de la Creu 157 C2
Portel 110 A/B3, 156 B1
Portel 165 C3
Portell de Morella 162 B2
Portese 106 B3
Portet-d'Aspet 109 C3, 155 C/D1/2
Portets 108 B1
Porteynon 62 B1
Portezuelo 159 C3, 165 D1
Porth Mellin 62 A/B3
Porthcawl 63 C1/2
Porticcio 113 D3
Pórtici 119 D3
Pórtico di Romagna 115 C2, 116 B1
Portile de fier (Eisernes Tor) 135 C1/2
Portillo 160 B3
Portimão 170 A2
Portimo 18 B1
Portimojärvi 12 A3, 17 D2
Portinatx 157 C2
Portinho da Arabida 164 A2/3
Portishead 63 D1/2
Portmadoc 60 A3
Portman 174 B1
Portmarnock 58 A2
Portnacroish 56 A1
Portnaguiran 54 A1
Portnahaven 54 A3, 55 D1
Porto 113 D3
Porto 151 C3
Porto Azzurro 116 A3
Porto Botte 123 C3
Pórto Cárras 144 B2
Porto Cerésio 105 D2/3
Porto Cesáreo 121 D3
Pórto Chéli 147 C3
Porto-Colom 157 D1
Porto Conte 123 C1/2
Porto Covo 164 A3, 170 A1
Porto Cristo 157 D1
Porto d'Áscoli 117 D2/3
Porto de Lagos 170 A2
Porto de Mós 164 A1
Porto di Brenzone 106 B3
Porto Empédocle 124 B3
Porto Garibaldi 115 C1
Pórto Lágo 145 C1
Porto Levante 125 C/D1
Porto Levante 115 C1
Porto Mantovano 106 B3, 114 B1
Porto Maurízio 113 C2
Porto Palma 123 C3
Porto Palo 124 A2
Petro Petro 157 D1/2
Porto-Pollo 113 D3
Porto Potenza Picena 117 D2, 130 A3
Pórto Ráfti 147 D2
Porto Recanati 117 D2, 130 A3
Porto San Giórgio 117 D2, 130 A3
Porto Sant'Elpídio 117 D2, 130 A3

Porto Santo Stéfano 116 B3
Porto Tórres 123 C1
Porto-Vecchio 113 D3
Portobuffolè 107 D2/3
Portoferráio 116 A3
Portofino 113 D2
Portogruaro 107 D3, 126 A3
Portom 20 A2/3
Portomaggiore 115 C1
Portomouro 150 A1/2
Portonovo 150 A2
Portopalo 125 D3
Portorož 126 A/B3
Portoscuso 123 C3
Portovénere 114 A2
Portovesme 123 C3
Portpatrick 56 A/B3
Portree 54 A2, 55 D1
Pörtschach am Wörther See
126 B2
Portsmouth 76 A1
Portsonachan 56 A/B1
Portugalete 153 C1
Portumna 55 C2/3
Portunhos 158 A3
Porvoo 25 D2/3, 26 A3
Porzuna 167 C2
Posada 123 D1/2
Posada 152 A1
Posada 151 D1
Posada de Valdeón 152 A1
Posadas 166 B3, 172 A1
Posav Bregi 127 D3
Poschiavo 106 A/B2
Posedarje 130 B2
Poseidón 147 D3
Poshnja 142 A1/2
Pósina 107 C3
Posio 19 C1
Positano 119 D3
Possagno 107 C2/3
Possåsen 38 B2
Possendorf 83 C1/2
Pössneck 82 A2
Post-mawr 62 B1
Posta 117 C/D3, 118 B1
Posta Piana 120 B2
Póstal 107 C2
Postau 92 B2
Postavy 74 A/B2
Postbauer-Heng 92 A1
Postiglione 120 A2/3
Postioma 107 C/D3
Postira 131 C/D3
Postneset 6 B1
Postojna 126 B3
Postojnska Jama 126 B3
Postoloprty 83 C2
Postřížín 83 D2/3
Postvåg 36 A3
Posušje 131 D3, 132 A3
Poteaux 79 D2
Potenza 120 B2
Potenza Picena 117 D2
Potes 152 B1
Potka 4 B3
Potkraj 131 D3, 132 A3
Potoci 131 C/D2
Potok 127 D3
Potós 145 C2
Potoskavaara 23 D3
Potríes 169 D2
Potsdam 70 A2/3, 72 A3
Pottendorf 94 B3
Pottenstein 82 A3
Pottenstein 94 A/B3
Pöttmes 92 A2
Potton 64 B2, 65 C2
Potůčky 82 B2
Pouan-les-Vallées 88 A/B2
Pouancé 85 D3
Pougny 104 A2
Pougues-les-Eaux 102 B1
Pouillé 100 B1/2
Pouilley-les-Vignes 89 C3,
104 A1
Pouillon 108 A3, 154 B1
Pouilly-en-Auxois 88 B3,
103 C1
Pouilly-sous-Charlieu 103 C2
Pouilly-sur-Loire 87 D3,
102 B1

Pouilly-sur-Saône 103 D1
Poulaines 87 C3, 101 D1,
102 A1
Pouldreuzic 84 A2
Poule-lès-Écharmeaux 103 C2
Poúlithra 147 C3
Poullaouen 84 B2
Poulton-le-Fylde 59 C/D1,
60 B2
Pourcieux 111 D3, 112 A3
Pourión 144 A3
Pourrain 88 A3
Pouru 21 C3
Pousa Flores 158 A3, 164 B1
Poussu 19 D1
Pouttula 20 B2
Pouxeux 89 D2
Pouy-de-Touges 109 C3,
155 D1
Pouyastruc 109 C3, 155 C1
Pouzauges 100 B1
Pouzilhac 111 C2
Považská Bystrica 95 D1,
96 B2
Poveda de la Sierra 161 D2,
162 A2
Povíglio 114 B1
Povlja 131 D3, 136 A1
Povljana 130 B2
Povoa 165 C3
Póvoa de Lanhoso 150 B3,
158 A1
Póvoa de Varzim 158 A1
Póvoa e Meadas 165 C1
Powalice 71 C1
Poyatos 161 D2, 162 A2
Pöylä 24 B2/3
Poyo 150 A2
Pöyry 26 B1
Poysdorf 94 B2
Pöytä 24 B2
Poza de la Sal 153 C2
Poza de la Vega 152 A/B2
Pozal de Gallinas 160 A1
Pozaldez 160 A1
Pozalmuro 153 D3, 154 A3,
161 D1
Pozán de Vero 155 C3
Požarevac 134 B1/2,
140 A1/2
Pozdeň 83 C2/3
Požega 133 D2/3, 134 A2/3,
140 A2
Pożeranje 138 B2
Poznań 71 D2/3, 72 B3,
96 B1
Pozo Alcón 168 A3, 173 C/D1
Pozo-Cañada 168 B2
Pozo de la Serna 167 D2,
168 A2
Pozo-Lorente 168 B2
Pozoamargo 168 B1
Pozoantiguo 152 A3, 159 D1,
160 A1
Pozoblanco 166 B3
Pozohondo 168 B2
Pozondón 162 A2
Pozořice 94 B1
Pozorrubio 161 C3, 167 D1,
168 A1
Pozos de Hinojo 159 C2
Pożrzadło 71 C3
Pozuel de Ariza 161 D1
Pozuel del Campo 162 A2
Pozuelo 168 B2
Pozuelo de Alarcón 160 B2
Pozuelo de Aragón 154 A3,
162 A1
Pozuelo de Calatrava 167 C2
Pozuelo de la Orden 152 A3,
160 A1
Pozuelo de Zarzón 159 C3
Pozuelo del Rey 161 C2/3
Pozuelos de Calatrava 167 C2
Pozza di Fassa 107 C2
Poźadło Wielke 71 C1
Pozzallo 125 C3
Pozzo San Nicola 123 C1
Pozzolengo 106 B3
Pozzomaggiore 123 C2
Pozzuoli 119 C3

Pozzuolo 115 C3, 116 B2
Pra Loup 112 A2
Prača 133 C3
Prachatice 93 C1, 96 A2
Pracht 80 A/B2
Prackenbach 92 B1
Prada 151 C2
Prádanos de Ojeda 152 B2
Pradejón 153 D2, 154 A2
Pradell de la Teixeta
163 C/D1/2
Pradelles 110 B1
Prades 156 A/B1/2
Prades 163 D1
Prades-le-Lez 110 B2/3
Pradiélis 126 A2
Pradilla de Ebro 154 A3,
162 A1
Pradillo 153 D3
Pradléves 112 B2
Prado del Rey 171 D2,
172 A2
Pradoluengo 153 C2
Prados Redondos 161 D2,
162 A2
Pragelato 112 B1
Prágersko 127 C/D2
Prägraten 107 D1
Praha 83 D3, 96 A2
Prahecq 101 C2
Prahovo 135 C2
Práia a Mare 120 B3, 122 A1
Praia da Rocha 170 A2
Praia de Mira 158 A2
Praia de Vieira 158 A3,
164 A1
Praia do Areia Branca
164 A1/2
Praia Grande 164 A2
Pralboino 106 B3
Pralognan-la-Vanoise 104 B3
Prámanda 142 B3
Prameny 82 B3
Pranjani 133 D2, 134 A2
Prapatnica 131 C3
Praranger 104 B3
Prarayé 105 C2/3
Prasiá 143 C3, 146 A/B1
Práśily 93 C1
Praskovče 134 B3
Prästkulla 24 B3
Prästö 41 C/D2/3
Præstø 53 D2, 72 A2
Prat de Comte 163 C2
Prat-et-Bonrepaux 109 C3,
155 D1
Pratau 69 D3, 70 A3
Pratdip 163 C/D2
Prati di Tivo 117 D3, 119 C1
Prati di Tivo 117 D3, 119 C1
Pratjau 53 C3
Prato 114 B2, 116 B1
Prato all' Isarco/blumau
107 C2
Prato Cárnico 107 D2, 126 A2
Prato della Résia 126 A2
Prátola 119 D3, 120 A2
Prátola Peligna 119 C1/2
Pratolino 114 B2, 116 B1
Pratomagno/prastmann
107 C/D1
Prats de Lluçanès 156 A2
Prats-de-Mollo-la-Preste
156 A/B2
Prauthoy 89 C3
Pravdinsk (Friedland) 73 C2
Pravia 151 D1
Prazzo 112 B2
Pré-en-Pail 86 A2
Pré-Saint-Didier 104 B3
Prebl 127 C1
Přebuz 82 B2
Préchac 108 B1/2
Prechtal 90 B2
Précigné 86 A3
Přečistoje 75 C2
Précy-sous-Thil 88 B3
Predáppio 115 C2, 116 B1
Predazzo 107 C2
Preddvor 126 B2
Predeal 141 C1

Predejane 139 C1
Predel 126 A/B2
Predešti 135 D2
Predgrad 127 C3
Preding 127 C1
Predlitz 96 A3, 126 B1
Predmier 95 D1
Přední Výtoň. 93 C/D2
Predolje 132 B3, 137 C1
Predosa 113 C/D1
Predošćica 130 A1
Preetz 52 B3
Préfailles 100 A1
Pregarten 93 D2, 96 A2/3
Pregnana 105 D3
Pregrada 127 C/D2
Preiļi 74 A1
Preignac 108 B1
Preixens 155 D3, 163 D1
Préjano 153 D3
Prekaja 131 C/D2
Preko 130 B2
Prekonoška Pećina 135 C3
Preljina 133 D2, 134 A2/3
Prelog 127 D2, 128 A2
Premana 105 D2, 106 A2
Premantura 130 A1
Premeno 105 D2/3
Prémery 88 A3, 102 B1
Premià de Mar 156 A/B3
Premnitz 69 D2
Prémontré 78 A/B3
Premuda 130 A/B2
Prenčov 95 D2
Prenjasi 138 A3, 142 B1
Prenzlau 70 B1, 72 A3
Přerov 95 C1, 96 B2
Prescot 59 D2, 60 B3
Preševo 139 C2
Presicce 121 D3
Presjeka 137 C1
Preslav 141 C2
Prešov 97 C2
Prespa 128 A3
Pressac 101 C2
Pressath 82 A/B3
Pressbaum 94 A/B2
Presseck 82 A2/3
Pressel 82 B1
Pressig 82 A2
Prestatyn 59 C2, 60 A3
Presteigne 59 C/D3
Prestesetra 29 C2
Přeštice 83 C3, 93 C1, 96 A2
Preston 59 D1/2, 60 B2
Prestwick 56 B2
Pretor 142 B1
Pretoro 119 C/D1
Prettin 70 A3, 82 B1
Pretzier 69 C2
Pretzsch 70 A3, 82 B1
Pretzschendorf 83 C2
Preuilly-sur-Claise 101 D1
Preussisch-Oldendorf 68 A3
Preussisch-Oldendorf-
Holzhausen 68 A3
Preusslitz 69 D3, 82 A1
Prévenchères 110 B1
Préveranges 102 A2
Préveza 146 A/B1, 148 A1/2
Prez-vers-Noréaz 104 B1
Prezelle 69 C2
Prgomet 131 C3
Priaranza del Bierzo 151 C2
Priay 103 D2
Pribeta 95 C/D3
Priboj 139 C1
Priboj 133 C3
Priboj 133 C1/2
Příbram 83 C3, 96 A2
Přibyslav 94 A1
Pricchsenstadt 81 D3
Prichsenstadt-Neuses 81 D3
Pričinović 133 C1, 134 A1
Pridvorci 132 B3, 137 C1
Pridvorica 138 A/B1
Pridvorica 133 D3, 134 A3
Priego 161 D2
Priego de Córdoba 172 B1

Priekopa 95 D1
Priekule 73 C1
Prien 92 B3
Prienai 73 D2
Prieros 70 A/B3
Priestewitz 83 C1
Prievidza 95 D2, 96 B2
Prignano Cilento 120 A3
Prigradica 136 A1
Prigrevica 129 C3
Prijeboj 131 C1
Prijedor 131 D1
Prijepolje 133 C3
Prilep 138 B3, 140 A3,
143 C1
Prilike 133 D3, 134 A3
Priluka 131 D3, 132 A2/3
Priluki 99 D1
Přimda 82 B3
Primel-Trégastel 84 B1/2
Primišlje 127 C3, 130 B1
Primolano 107 C2
Primorsko 141 C/D3
Primošten 131 C3
Princetown 63 C3, 63 C2
Prinsehytta 37 C2
Prinzersdorf 94 A2
Príolo Gargallo 125 D3
Prioro 152 A2
Prisad 143 C1
Přísečnice 83 C2
Prisjan 139 C1
Prismala 20 B2
Prisoje 131 D3, 132 A3
Prissac 101 D2
Priština 138 B1, 140 A2/3
Prittriching 91 D2, 92 A2
Pritzerbe 69 D2
Pritzier 69 C1
Pritzwalk 69 D1/2
Privas 111 C1
Priverno 118 B2
Privlaka 130 B2
Privlaka 133 C1
Prizren 138 A/B2, 140 A3
Prizzi 124 B2
Prnjavor 132 A/B1
Prnjavor 133 C1
Probištip 139 C2
Probstzella 82 A2
Prócchio 116 A3
Prócida 119 C3
Prodo 117 C3, 118 A/B1
Pródromos 139 C3, 143 C/D1
Pródromos 146 A1/2
Pródromos 147 C2
Proença-a-Nova 158 B3,
164 B1
Proença-a-Velha 158 B3,
165 C1
Proevska Banja 139 C2
Profítis 144 A2
Prohor Pčinjski 139 C2
Prokópion 147 D1
Prokuplje 134 B3, 138 B1,
140 A2
Prolom 138 B1
Prómachi 143 C1
Promachón 139 D3, 144 A1
Promajna 131 D3, 132 A3,
136 A/B1
Promírion 144 A3, 147 C/D1
Pronstorf 53 C3, 68 B1,
69 C1
Propiac-les-Bains 111 D2
Propriano 113 D3
Prosek 138 A2/3
Prosigk 69 D3, 82 B1
Prosiměřice 94 B1
Proskinás 147 C1/2
Prosotsáni (Pirsópolis) 140 B3,
144 B1, 148 B1
Prossedi 118 B2
Prosselsheim 81 D3
Prostějov 94 B1, 96 B2
Protivanov 94 B1
Protivín 93 C/D1
Prottes 94 B2
Prötzel 70 B2
Prousós 146 B1
Provadija 141 C2

Provatón 145 D1
Provença 164 A3, 170 A1
Provenchères-lès-Darney 89 C2
Provenchères-sur-Fave 89 D2, 90 A2
Provés/proveis 106 B2
Provins 88 A2
Provo 133 D1/2, 134 A1/2
Prozor 132 A/B2/3
Prozoroki 74 B2
Prudhoe 57 D3, 61 C1
Prudnik (Neustadt) 96 B1/2
Prulláns 155 D2, 156 A2
Prüm 79 D2/3
Prun 106 B3
Pruna 172 A2
Prunelli di-Fiumorbo 113 D3
Prunéřov 83 C2
Prunetta 114 B2, 116 A1
Prunișor 135 D2
Prusac 131 D2, 132 A2
Prušce 71 D2
Pruszków 73 C3, 97 C1
Prut 99 C3, 141 C/D1
Prutting 92 B3
Prutz 106 B1
Pružany 73 D3, 74 A3
Prüzen 53 D3, 69 D1
Pružina 95 D1
Przechlewo 71 D1
Przelewice 71 C1/2
Przemęt 71 D3
Przemyśl 97 D2, 98 A2
Przewóz 83 D1
Pržno 137 C2
Przybiernów 70 B1
Przybychowo 71 D2
Przybymierz 71 C3
Przyłęg 71 C2
Przytoczna 71 C2
Psača 139 C2
Psachná 147 D1/2
Psárion 147 C2/3
Psathópirgos 146 B2
Pskov 74 B1
Pšov 83 C3
Pšovlky 83 C3
Pszczew 71 C2
Ptaszkowo 71 D3
Pteleós 147 C1
Ptéri 146 B2
Ptič' 74 B3, 99 C1
Ptoïon 147 C/D2
Ptolemaïs 140 A3, 143 C2, 148 A/B1
Ptuj 96 A/B3, 127 D2
Ptujska Gora 127 C/D2
Puanunsuo 19 D1
Pucarevo 132 A/B2
Puchberg am Schneeberg 94 A3
Puchheim 92 A2
Púchov 95 C/D1, 96 B2
Pucioasa 141 C1
Pučišča 131 D3, 136 A1
Puck 72 B2
Puckeridge 65 C2
Pudarica 130 B1/2
Pudasjärvi Kurenalus 18 B2
Puddletown 63 D2/3, 63 D1/2
Puderbach (Neuwied) 80 A/B2
Puebla de Albortón 162 B1
Puebla de Alcocer 166 B2
Puebla de Alfindén 154 B3, 162 B1
Puebla de Almenara 161 C3, 167 D1, 168 A1
Puebla de Arenoso 162 B3
Puebla de Beleña 161 C2
Puebla de Benifasar 163 C2
Puebla de Don Fadrique 168 A/B3, 173 D1
Puebla de Don Rodrigo 166 B2
Puebla de Eca 161 D1
Puebla de la Calzada 165 D2
Puebla de la Reina 165 D2, 166 A2
Puebla de Lillo 152 A1/2
Puebla de Obando 165 D2

Puebla de Sanabria 151 C3
Puebla de Sancho Pérez 165 D2/3
Puebla de Trives 151 C2
Puebla de Vallbona 162 B3, 169 C/D1
Puebla de Valles 160 B3
Puebla de Yeltes 159 C/D2
Puebla del Brollón 151 C2
Puebla del Caramiñal 150 A2
Puebla del Maestre 165 D3, 166 A3, 171 D1
Puebla del Príncipe 167 D2, 168 A2
Puebla del Prior 165 D2, 166 A2
Puebla del Salvador 168 B1
Puebla San Miguel 162 A/B3, 169 C1
Puebla Tornesa 163 C3
Pueblanueva 160 A3, 166 B1
Puéchabon 110 B2
Puendeluña 154 B2/3
Puente-Almuhey 152 A2
Puente Caldelas 150 A2
Puente-Ceso 150 A1
Puente de Domingo Flórez 151 C2
Puente de Génave 167 D3, 168 A3
Puente de Montañana 155 C2/3
Puente del Congosto 159 D2, 160 A2
Puente dela Reina 154 A2
Puente Duero 152 A/B3, 160 A1
Puente Genil 172 A/B1/2
Puente Nuevo 151 C1
Puente Nuevo 172 A2
Puente Olveira 150 A1/2
Puente Outes 150 A2
Puente Romano 159 C3, 165 C/D1
Puente-Sampayo 150 A2
Puente-Viesgo 152 B1
Puenteareas 150 A3
Puentedeume 150 B1
Puentedeva 150 B3
Puentedura 153 C3
Puentenansa 152 B1
Puentes de García Rodríguez 150 B1
Puentevea 150 A2
Puerto Cabrera 157 D2
Puerto de Alcudia 157 D1
Puerto de Andraitx 157 C1
Puerto de Burriana 163 C3, 169 D1
Puerto de Campos 157 D1/2
Puerto de Motril 173 C2
Puerto de Pollença 157 D1
Puerto de San Vicente 166 B1
Puerto de Santa Cruz 166 A1
Puerto de Sóller 157 C1
Puerto de Vega 151 C1
Puerto Lápice 167 D1
Puerto Lumbreras 174 A1
Puerto Moral 165 D3, 171 C1
Puerto Real 171 D2/3
Puerto Serrano 171 D2, 172 A2
Puertollano 167 C2
Puertomarín 150 B2
Puertomingalvo 162 B3
Puget-Théniers 112 B2
Puget-Ville 112 A3
Pugnac 100 B3, 108 B1
Puhos 23 D3
Puhos 19 C2
Puichéric 110 A3, 156 B1
Puig 169 D1
Puig-reig 156 A2
Puigcerdà 156 A2
Puigpunyent 157 C1
Puigverd de Lleida 155 C3, 163 C1
Puiseaux 87 D2
Puisieux 78 A2/3
Puisserguier 110 B3, 156 B1

Puivert 109 D3, 110 A3, 156 A1
Pujerra 172 A2/3
Pujols-sur-Dordogne 108 B1
Puka 137 D2, 138 A2
Pukaro/pockar 25 D2, 26 A/B2
Pukavik 51 C2
Pukiš 133 C1
Pukkila 25 D2, 26 A2
Pula 130 A1
Pula 123 C/D3
Pulaj 137 D2/3
Puławy 97 C/D1, 98 A1
Pulborough 76 B1
Púlfero 126 A/B2
Pulgar 160 B3, 167 C1
Pulheim 79 D1, 80 A1/2
Pulheim-Sinnersdorf 79 D1, 80 A1/2
Pulheim-Stommeln 79 D1/2, 80 A1/2
Pulju 11 D2, 12 A1
Pulkau 94 A2
Pulkkaviita 13 C2
Pulkkila 18 B3
Pulkkila 25 D1/2, 26 A1/2
Pulkkinen 21 C2
Pulkonkoski 22 B2
Pullach 92 A2/3
Pullenreuth 82 A/B3
Pulliala 26 B1
Pulpí 174 A1/2
Pulsa 27 C2
Pulsano 121 C3
Pulsnitz 83 C1
Pułtusk 97 C/D1
Pułtusk 73 C3
Pulversheim 89 D2/3, 90 A3
Pumpsaint 63 C1
Punat 130 A/B1
Punkaharju 27 D1
Punkaharjun asema 27 D1
Punkalaidun 24 B2
Punkasalmi 27 D1
Punkka 26 B1
Punta Ala 116 A3
Punta Križa 130 A/B1/2
Punta Prima 157 C1
Punta Secca 125 C3
Punta Skala 130 B2
Punta-Umbría 171 C2
Puokio 19 C2/3
Puolakkavaara 12 B2
Puolanka 19 C2
Puolitaival 11 C2, 12 A1
Puoliväli 22 B2
Puoltikasvaara 10 B3
Puotila 24 A2
Puottaure 16 B2
Pupnatska Luka 136 A/B1
Puračič 132 B2
Puralankylä 21 C/D2, 22 A2
Puranuvaara 19 C/D1
Puras 19 D2
Purchena 173 D1/2, 174 A1/2
Pürgen-Stoffen 91 D3, 92 A3
Pürgg 93 C/D3
Purgstall 93 D2/3, 94 A2/3
Purkersdorf 94 B2
Purkijaur 16 A1/2
Purmerend 66 B2
Purmo 20 B1/2
Purmojärvi 20 B2
Purnumukka 12 B1
Purnuvaara 10 B3
Purontaka 21 C1
Purroy de la Solana 155 C3
Purujosa 154 A3, 161 D1, 162 A1
Purullena 173 C1/2
Puschwitz 83 C/D1
Püspökladány 97 C2
Pussay 87 C2
Pussemange 79 C3
Pusteci 142 B1/2
Pusterwald 126 B1
Pustevny 95 C/D1
Pustoška 74 B1
Pusula 25 C2/3
Puszczykowo 71 D3

Pusztamagyaród 128 A2
Pusztamérges 129 C2
Pusztamonostor 129 C/D1
Pusztaszabolcs 129 C1
Pusztaszemes 128 B1/2
Pusztavám 95 C/D3, 128 B1
Putaja 24 B1
Putanges-Pont-Écrepin 86 A1
Puthossalo 23 D3
Putifigari 123 C2
Putignano 121 C2
Putikko 27 D1
Putkela 23 D3
Putkilahti 25 D1, 26 A1
Putkivaara 18 B1
Putlitz 69 D1
Putna 98 B2/3
Putous 6 B2
Putte 78 B1
Puttelange-les-Farschwiller 89 D1, 90 A1
Putten 66 B3
Püttlingen 89 D1
Putula 25 D2, 26 A2
Putzu Idu 123 C2
Puukari 23 C1
Puukkoinen 25 D1, 26 A1
Puukkokumpu 17 D2, 18 A1
Puuluoto 17 D2/3, 18 A1
Puumala 27 C1
Puuppola 21 D3, 22 A3
Puutikkala 25 C1, 26 A1
Puutossalmi 22 B2/3
Puutteenperä 17 D3, 18 A1
Puy-Guillaume 102 B2
Puy-l'Évêque 109 C/D1/2
Puydrouard 100 B2
Puylagarde 109 D2
Puylaroque 109 D2
Puylaurens 109 D3
Puymiclan 109 C1
Puymirol 109 C2
Puyoô 108 A3, 154 B1
Puyravault 100 B2
Puzol 162 B3, 169 D1
Pwllheli 55 D3, 58 B2/3
Pyhäjärvi 6 B3, 11 D1/2
Pyhäjärvi 21 D1, 22 A1
Pyhajärvi 12 B2/3
Pyhäjoki 18 A3
Pyhäjoki 24 B2
Pyhäkylä 19 C/D2
Pyhältö 26 B2
Pyhänkoski 18 A3
Pyhäntä 18 B3, 21 D1, 22 A/B1
Pyhäntä 19 C2/3
Pyhäntaka 25 D2, 26 A2
Pyhäportti 18 A/B1
Pyhäranta 24 A2, 41 D2
Pyhäsalmi 21 D1, 22 A1
Pyhäselkä 23 D3
Pyhäskoski 18 B2
Pyhra 94 A2
Pyhtää 26 B2/3
Pylälahti 21 D2, 22 A2
Pyle 63 C1/2
Pylkönmäki 21 C2/3
Pylos 146 B3
Pylvänälä 22 B3, 26 B1
Pyntäinen 24 A/B1
Pyöli 24 B2
Pyöli 25 C3
Pyöree 22 B1
Pyörni 20 A/B2/3
Pyrbaum 92 A1
Pyrrönperä 18 B3, 21 D1, 22 A1
Pyrzyce 70 B2
Pyšely 83 D3
Pytalovo 74 B1
Pyttbua 32 B3, 37 C1
Pyttis 26 B2/3
Pyydyskylä 21 D2/3, 22 A2/3
Pyykkölänvaara 19 C/D2/3
Pyyli 24 B3
Pyyrinlahti 21 D2/3, 22 A2/3

Q

Qeparoi 142 A2
Quadrazaes 159 C2/3
Quaglietta 120 A2
Quakenbrück 67 D2
Qualiano 119 C/D3
Quarré-les-Tombes 88 A3, 103 C1
Quart 104 B3
Quart d'Onyar 156 B2
Quarteira 170 A/B2
Quarto d'Altino 107 D3
Quartu Sant'Élena 123 D3
Quédillac 85 C2
Quedlinburg 69 C3
Queensferry 57 C1/2
Queijada 150 A3, 158 A1
Queipo 171 D2
Queis 82 B1
Quejo 153 C1
Quel 153 D2/3, 154 A2
Quelaines 86 A2/3
Quelfes 170 B2
Quellendorf 69 D3, 82 B1
Quemada 153 C3, 161 C1
Quend 77 D2
Quenstedt 69 C3, 82 A1
Queralbs 156 A2
Quercianella 114 A/B3, 116 A2
Querença 170 B2
Querfurt 82 A1
Quérigut 156 A1
Quero 167 D1, 168 A1
Querol 155 D3, 163 D1
Quéron 85 D1
Querschied 89 D1, 90 A1
Quesa 169 C2
Quesada 167 D3, 168 A3, 173 C1
Quesnoy-sur-Deûle 78 A2
Questembert 85 C3
Quettehou 76 A3
Quetzdölsdorf 82 B1
Queyrac 100 B3
Quiberon 84 B3
Quiberville 77 C2/3
Quickborn 52 B3, 68 B1
Quiévrain 78 B2
Quiévrechain 78 B2
Quillan 56 B1
Quillebeuf-sur-Seine 77 C3, 86 B1
Quimerch 84 A/B2
Quimper 84 A/B2
Quimperlé 84 B2/3
Quincoces de Yuso 153 C1/2
Quinéville 76 A3
Quingey 104 A1
Quinson 112 A2/3
Quintana de la Serena 166 A2
Quintana del Marco 151 D2/3
Quintana del Puente 152 B3
Quintana Redonda 153 D3, 161 C/D1
Quintana y Congosto 151 D2/3
Quintanaloranco 153 C2
Quintanapalla 153 C2
Quintanar de la Orden 161 C3, 167 D1, 168 A1
Quintanar de la Sierra 153 C3
Quintanar del Rey 168 B1
Quintanarraya 153 C3, 161 C1
Quintanilha 151 C3, 159 C1
Quintanilla de Abajo 152 B3, 160 B1
Quintanilla de Arriba 152 B3, 160 B1
Quintanilla de la Mata 153 C3
Quintanilla de las Torres 152 B2
Quintanilla de San García 153 C2
Quintanilla de Trigueros 152 B3, 160 A/B1
Quintanilla Sobresierra 153 C2

Quintin 85 C2
Quinto de Ebro 154 B3, 162 B1
Quintos 165 C3, 170 B1
Quinzano d'Óglio 106 A/B3
Quiroga 151 C2
Quirra 123 D3
Quissac 110 B2
Quistello 114 B1
Qukësi 138 A3, 142 B1
Qvidja 24 B3
Qyteti Stalin (Kuçovë) 142 A1/2, 148 A1

R

R'abcevo 75 C2
R'asnopol' 99 D3
Raaattama 11 C2/3, 12 A1
Raab 93 C2
Raabs an der Thaya 94 A1/2
Raahe 18 A3
Raajärvi 12 B3
Raakku 13 C3
Rääkkylä 23 C/D3
Raalte 67 C2/3
Raanujärvi 12 A3, 17 D1
Raappananmäki 19 C2/3
Raate 19 D2/3
Raatti 23 C2
Rab 130 B1/2
Rabac 130 A1
Rabacal 158 A3, 164 B1
Råbäck 45 D2
Råbade 150 B1
Råbafüzes 127 D1
Rábahidvég 127 D1, 128 A1
Rabanal del Camino 151 C/D2
Rabanera del Pinar 153 C3, 161 C1
Rábano 152 B3, 160 B1
Rábano de Sanabria 151 C3
Rabastens 109 D2
Rabastens-de-Bigorre 108 B3, 155 C1
Rabbalshede 44 B2
Rabenau 81 C2
Rabenstein 94 A2/3
Råberg 30 B1
Rabí 93 C1
Rabiša 135 C/D3
Råbjerg Mile 49 C1
Rabka 97 C2
Rabrovo 134 B2
Rabrovo 139 C3, 143 D1
Rabštejn 94 A/B1
Rabuiese 126 B3
Råby-Rönö 47 C2
Rača 94 B2
Rača 138 B1
Rača 134 B2
Rača 133 C2
Rácale 121 D3
Racalmuto 124 B2
Răcarii de Sus 135 D2
Răcășdia 134 B1
Racconigi 113 C1
Rače 127 C/D2
Ráchai 147 C1
Rachecourt-sur-Marne 88 B2
Râches 78 A2
Ráches 147 C1
Rachov 97 D2/3, 98 A/B2/3
Racibórz (Ratibor) 96 B2
Racimierz 70 B1
Račinovci 133 C1
Račišće 136 A/B1
Rača vas 126 B3, 130 A1
Ráckeve 129 C1
Racksund 15 C2
Racot 71 D3
Råda 39 C3
Rada de Haro 168 A1
Radalj 133 C2
Radanovići 137 C2

Rădăuți 98 B2/3
Radawnica 71 D1
Radcliffe 59 D2, 60 B2/3
Radda in Chianti 114 B3, 116 B2
Raddusa 125 C2
Råde 44 B1
Radeberg 83 C1
Radebeul 83 C1
Radeburg 83 C1
Radeče 127 C2
Radechov 97 D1/2, 98 A/B1/2
Radeçin 71 C2
Rådelsbråten 38 B2
Radenbeck (Gifhorn) 69 C2
Radenci 127 D2
Radenthein 126 B1
Radevormwald 80 A1
Radiče 139 C3
Radičófani 115 C3, 116 B2/3
Radicóndoli 114 B3, 116 A/B2
Radijovce 138 B2
Radimlije 132 B3, 136 B1
Radiumbad Brambach 82 B2/3
Radlje ob Dravi 127 C2
Radljevo 133 D2, 134 A2
Rådmansö 41 C3
Radmer an der Hasel 93 D3
Radmirje 127 C2
Radnevo 141 D2
Radnica 71 C3
Radnice 83 C3
Radoboj 127 D2
Radohova Vas 127 C2/3
Radoinja 133 C/D3, 134 A3
Radolfzell 91 C3
Rådom 30 A/B3, 35 C/D2
Radom 97 C1
Radomir 139 D1/2
Radomsko 97 C1
Radomyšl' 99 C1
Radomyšl 93 C1
Radona 161 D1
Radonice 83 C2
Radošina 95 C2
Radošovce 95 C2
Radoszyce 97 C/D2, 98 A2
Radotín 83 C/D3
Radovesice 83 C2
Radovići 137 C2
Radoviš 139 C3, 140 A/B3
Radovljica 126 B2
Radovnica 139 C2
Radowo Wielkie 71 C1
Radstadt 93 C3, 96 A3, 126 A1
Radstock 63 D2, 63 D1, 64 A3
Raduč 131 C2
Răducăneni 99 C3
Radujevac 135 C/D2
Radun' 73 D2, 74 A2
Raduša 138 B2
Radviliškis 73 D1/2
Radwanow 71 C3
Radzyń Podlaski 73 C/D3, 97 C/D1, 98 A1
Raesfeld 67 C3, 80 A1
Ráfales 163 C2
Raffadali 124 B2
Rafína 147 D2
Rafjord 7 C1
Rafnes 43 C2
Rafsbotn 5 C2, 6 A2
Raftsjöhöjden 29 D3, 34 B1
Ragazzola 114 A1
Rågeleje 49 D3, 50 A2
Rägelin 69 D2
Raggsjö 31 C1
Raggsteinhytta 37 C3
Raglan 63 D1
Rágol 173 D2
Ragösen 69 D3
Ragow 70 B3
Rågsveden 39 C2
Raguhn 69 D3, 82 B1
Ragunda 30 A3, 35 C2
Ragusa 125 C3
Råhällan 40 A2

Rahden 68 A2/3
Rahikka 20 B3
Rahikkala 27 C1
Rahja 21 C1
Rahkonen 21 C1
Rahnlavaara 23 C2
Råholt 38 A3
Rahula 26 B1
Rahula 26 B1
Raiano 119 C1/2
Raijala 24 B1/2
Raikuu 23 C/D3
Räimä 22 B2
Rain 91 D2, 92 A2
Rain-Bayerdilling 91 D2, 92 A2
Rainbach im Mühlkreis 93 D2
Raippaluoto 20 A2, 31 D3
Raippo 27 C2
Räisälä 13 C3
Raisdorf 52 B3
Raisikio 18 B1
Raisio 24 A/B2
Raisjavrre 5 C3, 10 B1
Raistimäki 21 D3, 22 A/B3
Raitapera 21 C2
Raitoo 25 C2
Raittijärvi 4 B3, 10 B1
Raiutula 6 B3
Raivala 24 B1
Raja-Jooseppi 13 C1
Rajac 133 D3, 134 A3
Rajala 11 D3, 12 B2
Rajalahti 24 B3
Rajamäki 25 C2, 26 A2
Rajavartioasema 19 D1
Rajcza 95 D1
Rajé 138 A2
Rajec 95 D1
Rájec-Jestřebí 94 B1
Rajhrad 94 B1
Rajić 128 A3, 131 D1, 132 A1
Rajka 94 B3
Raka 127 C2/3
Rakalj 130 A1
Rakeie 38 B3
Rakek 126 B3
Rakicke 142 B1/2
Rakita 139 D1
Rakitnica 128 A2/3
Rakkestad 44 B1
Rakneset 14 A2
Rákos 129 D2
Rakov 74 A/B2
Raková 95 D1
Rakova Bara 135 C2
Rakovac 132 A/B1
Rakovica 131 C1, 131 C1
Rakovica 135 C3
Rakovník 83 C3, 96 A2
Rakovski 140 B2/3
Råkvåg 28 A3, 33 C1
Raldon 107 C3
Ralja 133 D2, 134 A/B2
Ralsko 83 D2
Ram 134 B1
Ramacastañas 160 A3
Ramacca 125 C2/3
Rämälä 26 B1
Ramales de la Victoria 153 C1
Ramalhal 164 A2
Ramanj 15 D1/2
Ramatuelle 112 A/B3
Ramberg 8 A2/3
Ramberg 90 B1
Rambervillers 89 D2
Rambo 31 C2
Rambouillet 87 C2
Rambucourt 89 C1
Ramerupt 88 B2
Rameški 75 D1
Ramin 70 B1
Ramkvilla 51 C1
Ramlingen-Ehlershausen 68 B2
Rämmen 39 C3
Rammsjö 30 A3, 35 C2
Ramna 135 C1
Ramnäs 40 A3, 46 B1
Ramne 44 B2

Ramnous 147 D2
Rampillon 87 D2
Ramså 9 C1
Ramsau 92 B3
Ramsberg 39 D3, 46 A/B1
Ramsbottom 59 D2, 60 B2
Ramsele 30 A2/3, 35 C1
Ramsele 31 C2
Ramsen 80 B3, 90 B1
Ramsey 64 B2, 65 C2
Ramsey 54 A/B3, 55 D2, 58 B1, 60 A1/2
Ramsgate 65 D3, 77 C/D1
Ramshö station 35 C3
Rämshyttan 39 D2/3
Rämshyttan-turist station 39 D2/3
Ramsjö kyrkby 35 C3
Ramsjö station 35 C3
Rämsöö 24 B1
Ramstadlandet 28 A/B1
Ramstein-Miesenbach 80 A3, 90 A1
Ramsund 9 C2
Ramsvik 8 B3
Ramundberget 33 D2, 34 A2
Ramvik 30 B3, 35 D2
Ramygala 73 D2, 74 A2
Råna 42 A3
Råna 9 C2
Råna 9 C3
Ranalt 107 C1
Rånäs 40 B3
Rånåsfoss 38 A3
Rance 78 B2/3
Ránchio 115 C2, 117 C1
Rancířov 94 A1
Randaberg ferjekai 42 A2
Randabygd 32 A3, 36 A/B1
Rändalen 34 A3
Randalsvollen 15 C2
Randan 102 B2
Randazzo 125 C/D2
Randbøl 48 B3, 52 B1
Randbøl Hede 48 B3
Randegg 93 D3
Randen 32 B3, 37 C1
Randers 48 B2
Randijaur 16 A1
Randín 150 B3, 158 B1
Randsfjord 37 D3, 38 A3
Randsundet 34 A3
Randsverk 37 C2
Råneå 17 C2/3
Ranemsletta 28 B2
Ranes 32 B2
Rånes 86 A1/2
Ranft 105 C1
Rangendingen 91 C2
Rangsby 20 A3
Rangsdorf 70 A3
Ranhados 158 B2
Ranheim 28 A3, 33 C1
Ranis 82 A2
Rankinen 18 A/B3
Rankovići 132 A/B2
Rankweil 106 A1
Rannankylä 21 D1, 22 A1
Rännelanda 45 C2
Rannoch Station 56 B1
Rannungen 81 D3
Ranovac 134 B2
Ransarstugan 14 B3, 29 D1
Ransäter 39 C3, 45 D1
Ransbach-Baumbach 80 A/B2
Ransjö 34 B3
Ransta 40 A3
Ranstadt 81 C2
Ranta 6 B3
Rantajärvi 12 A3, 17 D1
Rantakangas 21 C2
Rantakylä 26 B1
Rantala 22 B2/3
Rantala 26 B2
Rantasalmen asema 23 C3, 27 C1
Rantasalmi 23 C3
Rantisila 18 B3
Ranttila 5 D3, 6 A/B3, 11 D1
Rantum (Sylt) 52 A2
Rantzau 53 C3

Ranua 18 B1
Ranum 48 B1/2
Rånvassbotn 9 C2
Ranzo 113 C2
Rao 151 C2
Raon-l'Etape 89 D2, 90 A2
Rapakkojoki 22 B1
Rapala 25 D1, 26 A1
Rapallo 113 D2
Rapolano Terme 115 C3, 116 B2
Rapolla 120 A/B2
Raposa 164 B2
Raposeira 170 A2
Rapoula 159 C2/3
Rapperswil 105 D1
Räpplinge 51 D1/2
Rappy 109 D3, 156 A1
Rapsáni 143 D3
Rapukkåtan 9 C3
Ras 133 D3, 134 A3, 138 A1
Rasal 154 B2
Råsälä 22 B2/3
Rasbo 40 B3
Rascafría 160 B2
Rasdorf 81 C2
Raseborg 25 C3
Raseiniai 73 D2
Raševica 134 B2/3
Rasimäki 22 B1
Rasines 153 C1
Rasinkylä 19 C2/3
Rasinperä 18 B3
Rasivaara 23 D3
Råsjö 35 C2/3
Raška 133 D3, 134 A/B3, 138 A/B1, 140 A2
Raskršće 132 B2/3
Raslina 131 C3
Rasno 132 A3, 136 B1
Rasovo 135 D3
Rasquera 163 C2
Rássina 115 C2/3, 116 B2
Rast 135 D2/3
Rastabynes 5 C2, 6 A1
Rastatt 90 B1/2
Rasteby 4 A/B3, 10 A1
Rastede 67 D1, 68 A1
Rastenfeld 94 A2
Rasteš 138 B2/3
Rasti 11 D3, 12 A2
Rasti 23 D3, 27 D1
Rastina 129 C2/3
Rastinkylä 23 D1
Rastinkylä 23 C/D1
Rastovac 137 C/D1
Rastow 69 C1
Råstrand 15 D3
Rasueros 160 A3
Rasvåg 42 B3
Råsvani 141 C1/2
Ratan 20 A1, 31 D2
Ratasjärvi 12 A3, 17 D2
Ratasvuoma 12 A3, 17 D2
Rateče 126 B2
Ratekau 53 C3
Rath Luirc 55 C3
Rathcoole 58 A2
Rathdrum 58 A2/3
Rathenow 69 D2
Rathfriland 58 A1
Rathnew 58 A2/3
Rathsweiler 80 A3, 90 A1
Ratibořské Hory 83 D3, 93 D1
Ratikylä 20 B3
Ratingen 80 A1
Ratíškovice 94 B1
Ratkovo 129 C3
Ratno 73 D3, 74 A3, 97 D1, 98 A/B1
Ratoath 58 A2
Rattelsdorf 82 A3
Rattenberg 92 A/B3, 107 C1
Rattersdorf 94 B3, 96 B3, 127 D1
Rattosjärvi 12 A3, 17 D1
Rättvik 39 D2
Ratu 20 A1, 31 D2
Ratula 25 D2, 26 A2
Ratula 26 B2
Ratzdorf 70 B3

Ratzeburg 53 C3, 69 C1
Rätzlingen 69 C2/3
Raubergshytta 32 B3, 37 C1
Raubling 92 B3
Raudanjoki 12 B2/3
Raudaskylä 21 C1
Raudasmäki 21 C1
Raudeberg 36 A1
Raudnes 42 A2
Rauduskylä 11 D3, 12 A1/2
Raufoss 37 D3, 38 A2
Rauha 27 C2
Rauhala 11 C3, 12 A1/2
Rauhaniemi 27 C1
Rauhellern 37 C3, 43 C1
Rauhenebrach-Untersteinbach 81 D3
Rauland 43 C1
Rauland fjellstoge 43 C1
Raulhac 110 A1
Rauma 24 A2, 41 D1
Raumo 24 A2, 41 D1
Rauris 107 D1, 126 A1
Rauscedo 107 D2, 126 A2
Rauschenberg (Marburg) 81 C2
Rausjødalssetra 33 D3
Raustøl 43 C2/3
Rautajärvi 25 C1
Rautalampi 22 B3
Rautaperä 7 C2/3
Rautas 10 A3
Rautasluspe 10 A2/3, 10 A2/3
Rautavaara 23 C1/2
Rautila 24 A2
Rautio 18 A3, 21 C1
Rautionmäki 21 D2/3, 22 A2/3
Rautjärvi 27 C/D1
Rautu 24 B1
Rauvanniemi 27 D1
Rauvantaipalle 23 C2
Rauvatn 14 B2
Rauville-la-Bigot 76 A3
Rava-Russkaja 97 D1/2, 98 A1/2
Ravadasköngäs 6 B3, 11 D2, 12 B1
Ravan 132 B2
Ravanica 134 B2
Ravanusa 124 B3
Ravatn 14 B3
Ravattila 27 C2
Ravča 131 D3, 132 A3, 136 B1
Ravel 102 B2/3
Ravello 119 D3
Ravelsnes 4 B2
Rävemåla 51 C2
Raven 127 D2/3
Ravenglass 59 C1, 60 A1/2
Ravenna 115 C1/2, 117 C1
Ravenna Casal Borsetti 115 C1
Ravenna Ghibullo 115 C2, 117 C1
Ravenna Lido di Classe 115 C2, 117 C1
Ravenna Lido di Sávio 115 C2, 117 C1
Ravenna Marina di Ravenna 115 C1/2, 117 C1
Ravenna Marina Romea 115 C1, 117 C1
Ravenna Mezzano 115 C1/2, 117 C1
Ravenna Punta Marina 115 C1/2, 117 C1
Ravenna Sant'Alberto 115 C1
Ravensburg-Eschach 91 C3
Ravensburg-Weingarten 91 C3
Ravensburg-Weingarten-Taldorf 91 C3
Ravijoki 26 B2
Ravioskorpi 25 D1, 26 A1
Rävlanda 45 C3, 49 D1
Ravna Dubrava 139 C1
Ravna Gora 127 C3, 130 B1
Ravnastua 5 D3, 6 A2, 11 D1
Ravne na Koroškem 127 C2
Ravni 132 B3

Ravniš3e 134 B3
Ravnje 133 C1
Ravno 131 D3, 132 A2/3
Ravnstrup 48 B2
Ravsted 52 A/B2
Rawa Mazowiecka 73 C3, 97 C1
Rawicz 71 D3, 96 B1
Rawtenstall 59 D1/2, 60 B2
Rayleigh 65 C3
Räyrinki 21 C2
Räyskälä 25 C2
Ražana 133 D2, 134 A2
Ražanac 130 B2
Razboj 131 D1, 132 A1
Razbojna 134 B3
Razdel'naja 99 C3
Razdol 139 D3, 140 B3
Razdrto 126 B3
Razgrad 141 C2
Ražice 93 C/D1
Razlog 139 D2, 140 B3
Re 105 C/D2
Reading 64 B3, 76 A/B1
Real 158 A2
Réalmont 109 D2, 110 A2
Réaumur 100 B1
Réaup 109 C2
Rebais 87 D1, 88 A1
Rébénacq 108 B3, 154 B1
Rebild 48 B2
Rebild Bakker Nat.park 48 B2
Rebirechioulet 109 C3, 155 C1
Rebolledo de la Torre 152 B2
Rebollo de Duero 161 C/D1
Rebollosa de Jadraque 161 C2
Rebordelo 151 C3, 159 C1
Recanati 117 D2
Rečane 75 C1
Recarei 158 A1/2
Recas 160 B3, 167 C1
Recco 113 D2
Recea 135 D2
Recey-sur-Ource 88 B3
Rechnitz 94 B3, 127 D1
Rečica 74 B3
Rečica 127 C/D3
Recke 67 D2/3
Reckendorf 81 D3
Recklinghausen 67 C/D3, 80 A1
Reclaw 70 B1
Recoaro Terme 107 C3
Recogne 79 C3
Recologne 89 C3, 104 A1
Recoules-Prévinquières 110 A/B2
Recuerda 161 C1
Reculver 65 D3, 77 C1
Recz 71 C1
Redalen 38 A2
Redange 79 D3
Redcar 61 C1
Redditch 64 A2
Redekin 69 D2
Redessan 111 C2
Redhill 64 B3, 65 C3, 76 B1
Redice 137 D1
Rédics 96 B3, 127 D2
Redinha 158 A3, 164 B1
Redon 85 C3
Redondela 150 A2/3
Redondo 165 C2
Redruth 62 B3
Redslared 49 D1, 50 A1
Reedham 65 D1/2
Rees 67 C3
Reeth 61 C1, 61 C1/2
Reetz 69 D1/2
Reetz 69 D3
Reffannes 101 C1/2
Reftele 50 B1
Refugio Club Alpino 160 A3
Regalbuto 125 C2
Regen 93 C1, 96 A2
Regensburg 92 B1
Regenstauf 92 B1
Reggello 115 C2/3, 116 B1/2

Réggio Catafório 122 A3, 125 D1/2
Réggio di Calábria 122 A3, 125 D1/2
Réggio nell' Emília 114 B1
Reggiolo 114 B1
Reghin 97 D3, 98 A/B3, 140 B1
Regis Breitingen 82 B1
Regna 46 B2
Regnitzlosau 82 B2
Regny 103 C2
Reguengo de Fetal 158 A3, 164 A1
Reguengo Grande 164 A1/2
Reguengos de Monsaraz 165 C2/3
Rehau 82 B2/3
Rehberg 69 D2
Rehburg 68 A/B2
Rehburg-Loccum-Bad Rehburg 68 A/B2/3
Rehden 68 A2
Rehlingen 89 D1
Rehlingen-Biringen 79 D3
Rehna 53 C3, 69 C1
Rehula 27 C2
Reichelsheim 81 C3
Reichenau 91 C3
Reichenau 105 D1, 106 A1
Reichenau an der Rax 94 A3
Reichenbach 82 B2
Reichenbach 83 D1
Reichenbach im Kandertal 105 C2
Reichenbach (Roding) 92 B1
Reichenbach-Steegen 80 A3, 90 A1
Reichenberg 70 B2
Reichenberg (Würzburg) 81 C/D3
Reichenfels 127 C1
Reichenthal 93 D2
Reichertshausen 92 A2
Reichertshofen 92 A2
Reichmannsdorf 82 A2
Reichshof-Denklingen 80 A/B2
Reichshof-Eckenhagen 80 A/B1/2
Reichshoffen 90 A1
Reigada 159 C2
Reigate 64 B3, 76 B1
Reignac 100 B3
Reignac 101 C3
Reigosa 150 B/C1
Reijolanmäki 23 D3
Reila 24 A2, 41 D1/2
Reillo 161 D3, 162 A3, 168 B1
Reims 88 A1
Rein 28 A3, 33 C1
Reina 165 D3, 166 A3
Reinach 105 C1
Reinbek 68 B1
Reindalsseter 32 A3, 36 B1
Reine 8 A3
Reinfeld 53 C3, 69 C1
Reinfjord 4 B2
Reingard 14 B1
Reinhardshagen-Veckerhagen 81 C1
Reinhardtsgrimma 83 C2
Reinheim 33 C3, 37 D1
Reinheim 81 C3
Reinli 37 D3
Reinosa 152 B1/2
Reinøysund 7 C/D2
Reinsfeld 80 A3
Reinskar 4 A2
Reinskareng 14 B3, 29 C/D1
Reinsnos 42 B1
Reinsvoll 37 D3, 38 A2
Reisbach 92 B2
Reisbach-Haberskirchen 92 B2
Reischach (Altötting) 92 B2
Reisjärvi 21 C1
Reiskirchen (Giessen) 81 C2
Reistad 38 A3, 43 D1, 44 A/B1

Reit im Winkl 92 B3
Reitan 32 B3, 37 C1
Reitan 33 D2
Reitano 125 C2
Reite 9 C/D1/2
Reitkalli 26 B2
Reittiö 22 B2
Reitzenhain 83 C2
Rejas 153 C3, 161 C1
Rejmyra 46 B2
Rejsby 52 A1/2
Rekeland 42 A/B3
Rekhulet 17 C2
Rekijoki 24 B2
Rekikoski 24 B1/2
Rekivaara 23 D3
Rekovac 134 B2/3
Rekowo 70 B1
Reletti 18 A3
Reliquias 170 A1
Reljinac 134 B3, 138 B1
Relleu 169 D2
Remagen 80 A2
Rémalard 86 B2
Remchingen 90 B1
Remda 82 A2
Remdalen 14 B3, 29 D1
Remeskylä 21 D1, 22 A/B1
Remich 79 D3
Remiremont 89 D2
Remmarbäcken 30 B2/3, 35 D1
Remmarbäcken 30 B2/3, 35 D1
Remmaren 30 B2, 35 D1
Remmen 34 B3
Remolinos 154 A/B3, 162 A1
Remollon 112 A2
Remoulins 111 C2
Remplin 69 D1, 70 A1
Remscheid 80 A1
Rémuzat 111 D1/2
Rena 38 A1/2
Rena 166 A2
Renaison 103 C2
Renålandet 29 D2, 35 C1
Renåseter 38 A1
Renazé 85 D3
Renchen 90 B2
Rendal 32 B2
Rendalen fjellstue 38 A1
Rende 122 A1/2
Rendína 144 A/B2
Rendína 146 B1
Rendo 159 C2/3
Rendsburg 52 B2/3
Renedo 152 B3, 160 A/B1
Renedo de Valdavia 152 B2
Renera 161 C2
Renescure 77 D1, 78 A2
Renesse 66 A3
Renfors 31 C/D1
Renfrew 56 B2
Rengínion 147 C1
Rengonkylä 20 B3
Rengsdorf 80 A2
Rengsjö 40 A1
Renholmen 31 D1
Reni 141 D1
Renieblas 153 D3, 161 D1
Renko 25 C2
Renkomäki 25 D2, 26 A2
Renkum 66 B3
Rennebu 33 C2
Rennerod 80 B2
Rennertshofen 91 D2, 92 A2
Rennertshofen-Ammerfeld 91 D2, 92 A2
Rennes 85 D2
Rennes-les-Bains 110 A3, 156 A1
Renningen 91 C2
Rennweg 126 A/B1
Rens 52 A/B2
Rensjön 30 A3, 35 C1
Rensjön 10 A2/3
Rensved 34 B2
Rentería 154 A1
Rentjärn 16 A3, 31 C1
Renträsk 16 A3
Renvallen 16 A3

Renviken 16 A3
Répcelak 94 B3, 128 A1
Repki 75 C3, 99 C/D1
Replot 20 A2, 31 D3
Repojoki 11 D2, 12 B1
Reposaari 24 A1, 41 D1
Reppen 14 B1
Repušnica 135 C3
Repvåg 5 D1, 6 A/B1
Requejo 151 C3
Requena 169 C1
Réquista 110 A2
Reriz 158 B2
Resane 107 C3
Resanovci 131 C2
Resarö 47 D1
Resäske pećina 135 C2
Resavica 134 B2
Resele 30 B3, 35 D1/2
Resen 138 B3, 140 A3, 142 B1, 148 A1
Resende 158 B2
Résia 106 B1
Résia/reschen 106 B1
Reşiţa 135 C1, 140 A1
Resko 71 C1
Resmo 51 D2
Resnik 133 D1, 134 A1/2
Reso 24 A/B2
Resö 44 B2
Ressons-sur-Matz 78 A3
Restábal 173 C2
Restad 45 C2
Restelica 138 A/B2
Resuttano 124 B2
Retamal 166 A2
Retamosa 166 A/B1
Retamoso 160 A3, 166 B1
Retascón 162 A1/2
Rethel 78 B3
Rethem 68 B2
Réthimnon 149 C3
Retiendas 161 C2
Retiers 85 D2/3
Retiro 165 C2
Retjons 108 B2
Retkovci 128 B3, 132 B1
Retortillo 159 C2
Retortillo de Soria 161 C1
Retournac 103 C3, 111 C1
Rétság 95 D3
Rettenberg 91 C3
Rettenegg 94 A3
Retuerta 153 C3
Retuerta de Bullaque 167 C1
Retunen 23 C2
Retz 94 A2
Retzow 69 D1
Reuden 69 D3
Reudnitz 82 B2
Reugny 102 A/B2
Reugny 86 B3
Reuilly 102 A1
Reus 163 D1/2
Reusel 79 C1
Reuterstadt Stavenhagen 70 A1
Reuti (Hasliberg) 105 C1/2
Reutlingen 91 C2
Reutlingen-Gönningen 91 C2
Reutte 91 D3
Reutuaapa 18 B1
Rev 51 D2
Revel 109 D3
Reventin-Vaugris 103 D3
Révere 114 B1
Revest-du-Bion 111 D2
Révfülöp 128 A/B1
Revholmen 44 B1
Revigny-sur-Ornain 88 B1
Revilla del Campo 153 C2/3
Revin 79 C3
Revine 107 C3
Revište 95 D2
Revlingen 33 D3
Řevnice 83 C/D3
Revò 107 C2
Revonlahti 18 A3
Revsnes 36 B2
Revsnes 9 C2
Revsnes 28 A2, 33 C1

Revsneshamn 5 C/D1, 6 A1
Revsund 34 B2
Rexbo 39 D2
Reynel 89 C2
Rēzekne 74 A/B1
Rezepin 70 B2/3, 72 A/B3, 96 A1
Rezina 99 C3
Reznos 153 D3, 154 A3, 161 D1, 162 A1
Rezzato 106 B3
Rezzo 113 C2
Rezzoáglio 113 D1/2
Rgošte 135 C3
Rgotina 135 C2, 140 A/B2
Rhade 67 C3, 80 A1
Rhälänmäki 22 B1
Rhauderfehn-Burlage 67 D2
Rhauderfehn-Collinghorst 67 D1/2
Rhauderfehn-Westrhauderfehn 67 D1/2
Rhaunen 80 A3
Rhayader 59 C3
Rheda-Wiedenbrück 68 A3
Rhede 67 C3
Rhede (Ems) 67 D2
Rheden 67 C3
Rheinau 90 B3
Rheinau-Freistett 90 B2
Rheinbach 80 A2
Rheinbach-Hilberath 80 A2
Rheinberg 79 D1
Rheinberg-Borth 79 D1
Rheinböllen 80 A/B3
Rheine 67 D3
Rheine-Mesum 67 D3
Rheineck 91 C3
Rheinfall 90 B3
Rheinfelden 90 A/B3
Rheinfelden 90 A/B3
Rheinhausen 90 A2
Rheinsberg 70 A2
Rheinstetten-Mörsch 90 B1
Rheinzabern 90 B1
Rhêmes-Notre-Dame 104 B3
Rhenen 66 B3
Rhens 80 A/B2/3
Rhiconich 54 A1
Rhinow 69 D2
Rho 105 D3, 106 A3
Rhosllanerchrugog 59 C/D2, 60 B3
Rhumspringe 81 D1
Rhyhän-Häkinkansallipuisto 21 D2, 22 A2
Rhyl 59 C2, 60 A3
Riace 122 B3
Riace Marina 122 B3
Riaguas de San Bartolomé 161 C1
Riala 40 B3, 47 D1
Rialb de Noguera 155 D2
Rianjo 150 A2
Riaño 152 A2
Rians 111 D2/3, 112 A3
Riaza 161 C1
Riba de Saelices 161 D2
Riba-roja d'Ebre 163 C1
Ribadavia 150 B2/3
Ribadelago 151 C3
Ribadeo 151 C1
Ribadesella 152 A1
Ribaflecha 153 D2
Ribaforada 154 A3
Ribagorda 161 D2/3
Ribamar 164 A2
Ribarci 139 C2
Ribare 134 B3
Ribarredonda 161 D2
Ribarroja 169 C/D1
Ribarska Banja 134 B3
Ribas 152 B3
Ribas 154 A/B2/3
Ribas de Sil 151 C2
Ribatajada 161 D2/3
Ribchester 59 D1, 60 B2
Ribe 52 A1
Ribeauvillé 89 D2, 90 A2
Ribécourt 78 A3
Ribeira 150 A2

Ribeira de Fraguas 158 A2
Ribeira de Pena 150 B3, 158 B1
Ribeiradio 158 A2
Ribemont 78 A/B3
Ribera 124 B2
Ribera Alta 173 C1
Ribera de Cardós 155 D2
Ribera del Fresno 165 D2, 166 A2
Ribérac 101 C3
Ribes de Freser 156 A2
Ribesalbes 162 B3, 169 D1
Ribnica 127 C3
Ribnica 126 B3
Ribnica na Krivaji 132 B2
Ribnica na Pohorju 127 C2
Ribnik 130 B2
Ribnik 127 C3
Ribnitz-Damgarten 53 D3, 72 A2
Ribolla 114 B3, 116 A/B2/3
Ribota 161 C1
Ricadi 122 A2, 125 D1
Říčany 83 D3
Riccall 61 C2
Riccia 119 D2, 120 A1
Riccio 115 C3, 116 B2
Riccione 115 D2, 117 C1
Rich Hill 58 A1
Richelieu 101 C1
Richisau 105 D1
Richmond 57 D3, 59 D1, 61 C1/2
Rickenbach-Willaringen 90 B3
Rickleå 20 A1, 31 D2
Rickling 52 B3
Rickmansworth 64 B3
Ricla 154 A3, 162 A1
Ricote 169 C3, 174 B1
Ridasjärvi 25 C/D2, 26 A2
Riddarhyttan 39 D3
Riddes 104 B2
Ridica 129 C2/3
Riebnesluspen 15 D2
Riec-sur-Bélon 84 B2/3
Riečnica 95 D1
Ried im Innkreis 93 C2, 96 A2/3
Ried im Oberinntal 106 B1
Riedau 93 C2
Riede 68 A2
Rieden-Vilshofen 92 A/B1
Riedenburg 92 A1
Riedenburg-Meihern 92 A1
Riedenhaim 81 C/D3, 91 C/D1
Riedhausen (Saulgau) 91 C3
Riedlingen 91 C2
Riedstadt-Wolfskehlen 80 B3
Riegelsberg 89 D1, 90 A1
Riegersburg 94 A1/2
Riegersburg 127 D1
Riegersdorf 126 B2
Riego de la Vega 151 D2
Riekofen-Taimering 92 B1
Rielasingen-Worblingen 90 B3
Riello 151 D2
Rielves 160 B3, 167 C1
Riemst 79 C2
Rieneck 81 C3
Riénsena 152 A1
Rieponlahti 22 B2/3
Riepsdorf 53 C3
Riesa 83 C1, 96 A1
Rieschweiler-Mühlbach 90 A1
Riese Pio X 107 C3
Rieseby 52 B2
Riesi 125 C3
Riessen 70 B3
Rieste 67 D2
Riestedt 82 A1
Rietavas 73 C1/2
Rietbad 105 D1, 106 A1
Rietberg 68 A3
Rietberg-Mastholte 68 A3, 80 B1
Rietheim-Weilheim 90 B2/3
Rieti 117 C3, 118 B1
Rietschen 83 D1
Rieumes 109 C3, 155 D1
Rieupeyroux 110 A2

Rieutord 111 C1
Rieutort-de-Randon 110 B1
Rieux 109 C/D3, 155 D1
Rieux-Minervois 110 A3, 156 B1
Rievaulx Abbey 61 C2
Riez 112 A2/3
Riezlern 91 D3, 106 B1
Riffien 172 A3
Rifiano/riffian 107 C1/2
Rifúgio del Teodulo 105 C2/3
Riga 73 D1, 74 A1
Rigács 128 A1
Riggisberg 105 C1
Rignac 110 A1/2
Rignano Flamínio 117 C3, 118 B1
Rignano Gargánico 120 A/B1
Rigney 89 C3, 104 A1
Rigny-Ussé 86 B3, 101 C1
Rigolato 107 D2, 126 A2
Rihtniemi 24 A2, 41 D1/2
Riihikoski 24 B2
Riihimäki 25 C2, 26 A2
Riihiniemi 25 D1, 26 A/B1
Riihivaara 23 D1
Riihivaara 19 D2/3, 23 D1
Riihivalkama 25 C2
Riihivuori 21 D3, 22 A3
Riiho 24 B1
Riiho 21 C3
Riikonkumpu 11 D3, 12 A2
Riipi 20 A/B3
Riipi 11 D3, 12 B2
Riipisenvaara 12 A3, 17 D1
Riisikkala 25 C2
Riispyy 20 A3, 24 A1
Riistavesi 23 C2
Riitiala 24 B1
Rijeka 127 C3, 131 C1
Rijeka 126 B3, 130 A1
Rijeka Crnojevića 137 C2/3
Rijssen 67 C3
Riksgränsen 9 D2
Rila 139 D2
Rillé 86 B3
Rillo 162 A/B2
Rilly-sur-Loire 87 C3
Rilski manastir 139 D2, 140 B3
Rima 105 C3
Rimala 20 A/B2
Rimasco 105 C3
Rimaucourt 89 C2
Rimavská Sobota 97 C2/3
Rimbach (Kötzting) 92 B1
Rimbo 40 B3
Rimeize 110 B1
Rimella 105 C2/3
Rimforsa 46 B3
Rímini 115 D2, 117 C1
Rimmilä 25 C2
Rîmnicu Sărat 141 C1
Rîmnicu Vîlcea 140 B1
Rimont 109 C/D3, 155 D1
Rimpar 81 C/D3
Rimske Toplice 127 C2
Rincón de la Victoria 172 B2
Rincón de Soto 154 A2
Rindal 32 B2
Rindarøy 32 A2
Rinde 36 B2
Rinella 125 C1
Ringarum 46 B2
Ringe 53 C1/2
Ringebu 37 D2, 38 A1
Ringelai 93 C1/2
Ringen 28 A3, 33 C2
Ringkøbing 48 A3
Ringmer 76 B1
Ringnäs 39 C1
Ringnes 37 D3
Ringselet 15 C/D2
Ringsted 49 D3, 53 D1
Ringvattnet 29 D2, 30 A2
Ringwood 76 A1
Rinkaby 50 B3
Rinna 46 A2
Rinøyvåg 9 C2
Rinteln 68 A3
Rinteln-Steinbergen 68 A/B3

Río 151 C2
Rio de Mel 158 B2
Rio de Moinhos 164 B1
Rio di Pusteria/mühlbach 107 C1
Rio dos Moinhos 165 C2
Rio Frio 151 C3, 159 C1
Rio Maior 164 A1
Rio Marina 116 A3
Rio Mau 158 A1
Rio Saliceto 114 B1
Rio Torto 151 C3, 158 B1
Riobianco/weissenbach 107 C1
Riocavado de la Sierra 153 C3
Riocerezo 153 C2
Riodeva 162 A/B3
Riofrío 172 B2
Riofrío 160 A2
Riofrío del Llano 161 C1/2
Riogordo 172 B2
Rioja 173 D2
Riola di Vergato 114 B2, 116 B1
Riola Sardo 123 C2
Riolo Terme 115 C2, 116 B1
Riolobos 159 C/D3, 165 D1, 166 A1
Riom 102 B2
Riom-ès-Montagnes 102 B3
Riomaggiore 114 A2
Riomar 163 C/D2
Ríon 146 B2, 148 A/B2
Rion-des-Landes 108 A2
Ríonegro del Puente 151 D3
Rionero in Vúlture 120 A/B2
Rionero Sannítico 119 C2
Riópar 168 A/B2/3
Ríos 151 C3
Riosa 151 D1
Ríoscuro 151 C/D2
Ríoseco 153 C3, 161 C1
Ríoseco de Tapia 151 D2
Riospaso 151 D1/2
Riotord 103 C3
Riotorto 151 C1
Riovéggio 114 B2, 116 B1
Rioz 89 C3, 104 A1
Řip 83 C/D2
Ripač 131 C1/2
Ripacándida 120 A/B2
Ripanj 133 D1/2, 134 A/B1/2
Riparbella 114 B3, 116 A2
Ripatransone 117 D2/3
Ripley 61 C2
Ripley 61 C3, 64 A/B1
Ripoll 156 A2
Ripon 54 B3, 61 C2
Riposto 125 D2
Rippig 79 D3
Ripsa 47 C1/2
Riqueval 78 A3
Risan 137 C2
Risarven 39 D1, 40 A1
Risbäck 30 B2/3, 35 D1
Risbäck 29 D1, 30 A1
Risberg 39 C1/2
Risberg 31 C1
Risbrunn 34 B3
Risca 63 C1
Riscle 108 B2/3, 155 C1
Risco 166 B2
Rise 29 C/D3, 34 B1
Riseberga kloster 46 A1
Risede 29 D2
Riseley Common 64 B3, 76 A/B1
Risliden 31 C1
Risnes 36 A3
Risnes 36 A2
Risnes 42 B3
Rišňovce 95 C2
Risögrund 17 C2/3
Risöhäll 20 B1
Risør 43 C/D2/3, 44 A2
Risøyhamn 9 C1
Rispéscia 116 B3
Rissna 35 C2
Ristedt 69 C2
Risteli 23 C/D1

Ristiina 26 B1
Ristijärvi 19 C2/3
Ristijärvi 25 C1, 26 A1
Ristikangas 21 D3, 22 A/B3
Ristilä 13 C3, 19 C1
Ristilampi 12 B3
Ristinge 53 C2
Ristinkylä 23 C3
Ristniemi 24 B3
Ristonmännikkö 12 B2
Ristovac 139 C2
Risträsk 20 A1, 31 D2
Risträsk 30 B1
Ristreţu 135 D2/3, 140 B2
Risudden 17 D2
Risulahti 27 C1
Risum-Lindholm 52 A/B2
Risuperä 21 C2
Ritakoski 6 B3
Ritíni 143 D2
Ritoniemi 22 B2
Ritopek 133 D1, 134 A/B1/2
Rittärylä 19 C2/3
Ritterhude 68 A1/2
Rittersdorf 79 D3
Rittersgrün 82 B2
Ritzerow 70 A1
Ritzleben 69 C2
Riudecols 163 D1/2
Riudóms 163 D1/2
Riutta 21 C1
Riuttala 24 B1
Riuttala 22 B2
Riuttaskylä 21 C3
Riva 106 B2/3
Riva-Bella 76 B3, 86 A1
Riva di Túres / Rain in Taufers 107 C1
Rivanazzano 113 D1
Rivarolo Canavese 105 C3, 112 B1, 113 C1
Rivarolo Mantovano 114 A/B1
Rive-de-Gier 103 C/D3
Riverbulet 5 C2
Rivergaro 114 A1
Rives 103 D3, 104 A3
Rivesaltes 156 B1
Rivière-sur-Tarn 110 B2
Rivières-le-Bois 89 C3
Rivignano 107 D2/3, 126 A2/3
Rivisóndoli 119 C2
Rivola 115 C2, 116 B1
Rívoli 112 B1
Rivolta d'Adda 106 A3
Rixheim 90 A3
Rixö 44 B2
Rízai 147 C3
Rizárion 143 C/D1/2
Rízoma 143 C3
Rjånes 36 A1
Rjukan 43 C1
Rljeća 132 B2
Rö 35 D2
Ro Ferrara 115 C1
Roa 37 D3, 38 A2/3
Røa 38 B1
Roa 152 B3, 160 B1
Roade 64 B2
Röån 30 A2, 35 C/D1
Roan 28 A2
Roana 107 C2/3
Roanne 103 C2
Roasjö 45 C3, 50 A1
Roavvegiedde 6 B2
Röbäck 31 C2
Róbbio 105 D3, 113 C1
Robecco d'Óglio 106 A/B3
Röbel 69 D1, 70 A1, 72 A3
Røberg 28 A3, 33 C1
Robert-Espagne 88 B1
Robertsfors 20 A1, 31 D2
Robič 126 A/B2
Robin Hood's Bay 61 D1
Robleda 159 C2/3
Robledillo de Gata 159 C2/3
Robledillo de Mohernando 161 C2
Robledillo de Trujillo 165 D1, 166 A1/2
Robledo 168 A/B2

Robledo 151 C2
Robledo de Chavela 160 B2
Robledo de Corpes 161 C1/2
Robledo del Mazo 160 A3, 166 B1
Robledollano 159 D3, 160 A3, 166 A/B1
Robles 151 D2, 152 A2
Röblingen 82 A1
Robliza de Cojos 159 D2
Robregordo 161 C2
Robres 154 B3
Robres del Castillo 153 D2/3
Roč 126 B3, 130 A1
Rocafort de Queralt 155 D3, 163 D1
Rocamadour 109 D1
Rocca di Mezzo 117 D3, 119 C1
Rocca di Neto 122 B2
Rocca di Papa 118 B2
Rocca Mássima 118 B2
Rocca Pia 119 C2
Rocca Priora 115 D2/3, 117 D2
Rocca San Casciano 115 C2, 116 B1
Rocca Sinibalda 117 C3, 118 B1
Roccabianca 114 A1
Roccadáspide 120 A3
Roccafranca 106 A/B3
Roccagorga 118 B2
Roccalbegno 116 B3, 118 A1
Roccalumera 125 D2
Roccamena 124 A2
Roccamonfina 119 C2/3
Roccanuova 120 B3
Roccaraso 119 C2
Roccasecca 119 C2
Roccasicura 119 C/D2
Roccastrada 114 B3, 116 B2
Roccaverano 113 C1/2
Roccavione 112 B2
Roccella Iónica 122 B3
Rocchetta Sant'António 120 A2
Rocha 170 A2
Rochdale 59 D2, 60 B2/3
Roche-Bonne 111 C1
Roche d'Oëtre 86 A1
Rochebloine 111 C1
Rochebrune 104 B3
Rochechouart 101 D2/3
Rochefort 79 C3
Rochefort-en-Terre 85 C3
Rochefort-en-Yvelines 87 C2
Rochefort-Montagne 102 B3
Rochefort-sur-Loire 86 A3, 100 B1
Rochefort-sur-Mer 100 B2
Rochemaure 111 C1
Rochemolles 112 A/B1
Rochers de Ham 85 D1, 86 A1
Rocheservière 100 A1
Rochester 65 C3, 77 C1
Rochetaillée 103 D2/3
Rochetaillée-sur-Aujon 88 B3
Rochford 65 C3
Rochlitz 82 B1/2
Rociana 171 C1/2
Rockanje 66 A3
Rockenhausen 80 B3, 90 A/B1
Rockesholm 39 D3, 46 A1
Rockhammar 39 D3, 46 A/B1
Rockmyrheden 15 D3
Rockneby 51 D1/2
Ročov 83 C2/3
Rocroi 78 B3
Rød 28 B1
Róda 142 A3
Roda de Isábena 155 C2
Roda de Ter 156 A2
Rodach 81 D2
Rodach-Mährenhausen 81 D2
Rodal 32 B2
Rodalben 90 A1

Rödånäs 31 C2
Rodange 79 D3
Rødberg 28 A3, 33 C1
Rødberg 37 C3
Rødby 53 C2
Rødbyhavn 53 C2
Rødding 52 A/B1
Rødding 48 A2
Rödeby 51 C2
Rodeiro 150 B2
Rødekro 52 B1/2
Rodel 54 A2
Rodellar 155 C2
Rodelund 48 B3
Roden 67 C1/2
Ródenas 162 A2
Rødenes 38 A/B3, 44 B1
Rodenkirchen 68 A1
Rodenkirchen-Rondorf 80 A2
Rödental-Oeslau 82 A2
Rödermark-Ober-Roden 81 C3
Rodewisch 82 B2
Rodez 110 A2
Rodheim vor der Höhe 80 B2/3
Rodi Gargánico 120 B1
Rodiá 143 D3
Rodiá 146 B3
Rodiezmo 151 D2, 152 A2
Roding 92 B1
Roding-Neubäu 92 B1
Rödingbäck 15 C2
Rödinghausen 68 A3
Rödinghausen-Bieren 68 A3
Rödingsträsk 16 B2
Rödingträsk 30 B1
Rødkærsbro 48 B2
Rodleben 69 D3
Rödmyra 39 D1, 40 A1
Rodolívos 144 B1
Rödön 29 D3, 34 B2
Rodópolis 139 D3, 143 D1, 144 A1
Ródos 149 D3
Rødøy 14 A/B1
Rødsand 9 C1
Rødsjøseter 28 A3, 33 C1
Rødsvollen 33 C/D3
Rødtangen 43 D1, 44 B1
Rødungstøl 37 C3
Rödvattnet 30 B2, 35 D1
Rødven 32 A2
Rødvig 53 D1
Roermond 79 D1
Roeselare 78 A1/2
Roetgen 79 D2
Röfors 46 A1/2
Rogač 131 C3
Rogača 133 D2, 134 A/B2
Rogačev 74 B3
Rogačica 138 B1/2, 139 C1/2
Rogačica 133 C2
Rogalin 71 D3
Rogäsen 69 D3
Rogaška Slatina 127 C/D2
Rogatec 127 C/D2
Rogatica 133 C3
Rogatin 97 D2, 98 A/B2
Rogätz 69 D3
Rogenstugan 34 A3
Roggel 79 D1
Roggenburg 91 D2
Roggiano Gravina 122 A1
Rogliano 122 A/B2
Rognan 32 B1/2
Rognan 15 C1
Rogne 32 A2
Rognes 33 C2
Rogny 87 D3
Rógoi 142 B3, 146 A1
Rogozhina 137 D3, 142 A1, 148 A1
Rogoznica 131 C3
Rogoźno 71 D2
Rogsta 34 B2
Rogsta 40 A/B1
Rohan 85 C2
Rohr 81 D2
Rohr 92 A/B2
Rohrau 94 B2/3
Rohrbach an der Lafnitz 94 A/B3, 127 D1

Rohrbach in Oberösterreich 93 C2, 96 A2
Rohrbach-les-Bitche 89 D1, 90 A1
Rohrbach-les-Dieuze 89 D1
Rohrbeck 70 A3
Röhrnbach 93 C2
Roigheim 91 C1
Rois 150 A2
Roisel 78 A3
Roismala 24 B1
Roitzsch 82 B1
Roitzsch 82 B1
Roivanen 12 B1
Rojales 169 C3, 174 B1
Röjan 34 B2/3
Rojas 153 C2
Röjdåfors 38 B2
Röjdåsen 38 B2/3
Röjeråsen 39 D2
Röjtökmuzsaj 94 B3
Rok 46 A2
Rökå 16 A3, 31 C1
Röke 50 B2
Rokitnica 71 C3
Røkkum 32 B2
Røkland 15 C1
Roknäs 16 B3
Rokovci 129 C3, 129 C3, 133 C1
Rokowo Szczecinske 71 D1
Röksta 30 B3
Rokuankansallispuisto 18 B3
Rokycany 83 C3, 96 A2
Rokytnice 95 C1
Rolampont 89 C2/3
Rolandstorpet 29 C/D1/2
Rold 48 B2
Røldal 42 B1
Rolde 67 C2
Rolfs 17 C2/3
Rolfstorp 91 D1, 50 A1
Rolica 164 A1
Rollag 43 C/D1
Rollán 159 D2
Rolle 104 A/B2
Rollos de Arriba 168 B3, 174 A1
Rollot 78 A3
Rollset 28 B3, 33 D2
Rølvåg 14 A2
Rolvsøy 44 B1
Roma 47 D3, 47 D3, 72 B1
Roma 118 B2
Roma-Fiumicino 118 A/B2
Roma-Focene 118 A/B2
Roma-Fregene 118 A2
Roma-Lido di Castel Fusáno 118 A/B2
Roma-Lido di Óstia 118 A/B2
Romagnano Sésia 105 C3
Romakloster 47 D3, 47 D3
Romaldkirk 57 D3, 60 B1
Roman 98 B3
Romana 123 C2
Romancos 161 C2
Romanillos de Medinaceli 161 C/D1
Romano alto 107 C3
Romanones 161 C2
Romans-sur-Isère 103 D3, 111 C/D1
Romanshorn 91 C3
Romedal 38 A2
Romenay 103 D2
Romeral 161 C3, 167 D1
Römerstein 91 C2
Romfo 32 B2/3
Romhány 95 D3
Römhild 81 D2
Romilly-sur-Seine 88 A2
Romme 39 D2
Rommenäs 38 B3, 45 C1
Romny 99 D1
Romont 104 B1/2
Romorantin-Lanthenay 87 C3
Romppala 23 D2
Romrod 81 C2
Romsey 76 A1
Romsila 24 B2/3
Rømskog 38 B3, 45 C1

Romstad 28 B2
Røn 37 C2
Rönäs 14 B2/3
Roncade 107 D3
Roncal 154 B2
Ronce-les-Bains 100 B2/3
Roncegno 107 C2
Roncesvalles 108 A3, 154 A1
Ronchamp 89 D3
Ronchi dei Legionari 126 A/B3
Ronciglione 117 C3, 118 A1
Ronco 115 C2, 117 C1
Ronco Canavese 105 C3
Ronco Scrivia 113 D1
Roncofreddo 115 C2, 117 C1
Ronda 172 A2
Rondablikk 37 D2
Rondanina 113 D1/2
Rønde 49 C2
Rondelli 114 B3, 116 A2/3
Rondvassbu 33 C3, 37 D1
Ronehamn 47 D3
Ronfe 158 A1
Rong 36 B3
Rongesund 36 A3
Ronkaisaperä 21 D1, 22 A1
Rönkönvaara 23 C3
Rönnäng 44 B3
Rönnås 16 A3
Rönnberg 16 A3
Rønne 51 D3, 72 A2
Ronneburg 82 B2
Ronneby 51 C2, 72 A/B1
Rønnede 53 D1
Rönneshytta 46 A1/2
Rönnholm 20 A2
Rönnholm 31 C3
Rönninge 47 C1
Rönnliden 16 A3
Rönnön 29 C3, 34 B1
Ronnynklä 21 D2, 22 A2
Rönö 47 C2, 47 C2
Ronsberg 91 D3
Ronse 78 A/B2
Rønsvik 32 B1/2
Ronta 114 B2, 116 B1
Rontsa 23 C2
Roodeschool 67 C1
Röölä 24 A/B3
Roosendaal 78 B1/2
Roosinpohja 21 C3
Ropeid 42 A1/2
Ropenkåtan 14 B3
Roperuelos del Páramo 151 D2/3
Ropinsalmi 10 B2
Ropotovo 138 B3, 143 C1
Roquebillière 112 B2
Roquebrun 110 A/B3
Roquecourbe 110 A2/3
Roquefort 108 B2
Roquefort-sur-Soulzon 110 A/B2
Roquemaure 111 C2
Roquesteron 112 B2
Roquetaillade 108 B1/2
Roquetas de Mar 173 D2
Roquetes 163 C2
Roquevaire 111 D3
Rörbäck 17 C2/3
Rörbäcksnäs 38 B1/2
Rørby 49 C3, 53 C1
Rore 131 C/D2
Roreto Chisone 112 B1
Rørholt 43 D2, 44 A1/2
Röron 44 B3, 49 C/D1
Rörön 34 B2
Røros 33 D2/3
Rørøy 14 A3
Rorschach 91 C3, 106 A1
Rørstad 8 B3
Rörvattnet 29 C/D2, 34 B1
Rørvig 49 D3, 53 D1
Rörvik 50 B1, 51 C1
Rørvik 28 A3, 33 C1
Rørvik 28 A3, 33 C1

Rosário 170 A/B1
Rosarno 122 A3
Roscanvel 84 A2
Rosche 69 C2
Roscoff 84 B1
Roscommon 55 C2
Roscrea 55 C3
Rose 137 C2
Rose 122 A/B1
Rosegg 126 B2
Rosell 163 C2
Roselle 116 B3
Rosenberg 91 C/D1
Rosenburg 94 A2
Rosendahl-Darfeld 67 D3
Rosendahl-Holtwick 67 C/D3
Rosendahl-Osterwick 67 C/D3
Rosendal 42 A1
Rosendal 28 B1
Rosenfeld 90 B2
Rosenfors 51 C/D1
Rosengarten 91 C1
Rosengarten 68 B1
Rosenheim 92 B3
Rosenholm 48 B2, 49 C2
Rosenow 70 A1
Rosenthal 83 C2
Rosenthal 81 C1/2
Rosentorp 39 D1
Roses 156 B2
Roseto degli Abruzzi 119 C1
Roseto Valfortore 119 D2, 120 A1/2
Rosheim 90 A2
Rósia 114 B3, 116 B2
Roşia Jiu 135 D1
Rosice 94 B1
Rosières-en-Blois 89 C2
Rosières-en-Santerre 78 A3
Rosiers-d'Égletons 102 A3
Rosignano Marittimo 114 A/B3, 116 A2
Rosignano Solvay 114 A/B3, 116 A2
Rosinedal 31 C2
Roşiorii de Vede 140 B2
Rositz 82 B1/2
Roški slap 131 C3
Roskilde 49 D3, 53 D1, 72 A2
Rosko 71 D2
Roskoveci 142 A1/2
Röslau 82 A/B3
Roslavl' 75 C2
Roslev 48 A/B2
Roslin 57 C2
Rosmaninhal 159 C3, 165 C1
Røsnæs Kloster 49 C3, 53 C1
Rosnay-l' Hopital 88 B2
Rosny-sur-Seine 87 C2/3
Rosolina 115 C1
Rosolina Mare 107 D3, 115 C1
Rosolini 125 C/D3
Rosoman 139 C3, 143 C1
Rosporden 84 B2
Rösrath 80 A2
Ross-on-Wye 63 D1
Rossa 105 D2, 106 A2
Rossano 122 B1
Rossas 158 A2
Rossenes 36 A3
Rossfjord 4 A3, 9 D1
Rosshaupten 91 D3
Rosshyttan 40 A3
Rossiglione 113 C/D1/2
Rossillon 103 D2/3, 104 A3
Rossio do São do Tejo 164 B1
Rossla 81 D1, 82 A1
Rossland 36 A3
Rosslare 58 A3
Rosslare Harbour 55 D3, 58 A3
Rosslau 69 D3
Rossleben 82 A1
Rossleithen 93 D3
Rossön 30 A2, 35 C1
Rossow 69 D2, 70 A2
Rossow 70 A1
Rosswein 83 C1
Røst 36 A1

Rostadalen 4 A3, 10 A1
Rostahytta 10 A1
Röstånga 50 A/B2/3
Rostarzewo 71 C/D3
Rostassac 109 C/D1
Roštín 95 C1
Rostock 53 D3, 72 A2
Rostock-Petersdorf 53 D3
Rostock-Warnemünde 53 D3
Rostrenen 84 B2
Rostrevor 58 A1
Rostrup 48 B2
Rostudel 84 A2
Røstvollen 33 D3
Rösund 25 C3
Røsvassbukt 14 B2
Rosvik 17 C3
Røsvik 9 C3
Rosvoll 32 B1/2
Röszke 129 D2
Rot 39 C1
Rot 91 C/D3
Rot am See 91 C/D1
Rot am See-Brettheim
  91 C/D1
Rot-Ellwangen 91 C3
Rota 9 C3
Rota 171 C/D2
Rota Greca 122 A1
Roteberg 39 D1, 40 A1
Rotello 119 D2, 120 A1
Rotenburg 81 C1/2
Rotenburg 68 B1/2
Rotenburg-Mulmshorn
  68 A/B1/2
Rotglá 169 C/D2
Roth 91 D1, 92 A1
Roth 80 A/B2
Roth 79 D2
Rötha 82 B1
Rotha 82 A1
Rothbury 57 D2
Röthelstein 94 A3, 127 C1
Rothemühl 70 B1
Röthenbach (Allgäu) 91 C/D3
Röthenbach im Emmental
  105 C1
Rothenbuch 81 C3
Rothenburg 83 D1
Rothenburg ob der Tauber
  91 D1
Rothenfels 81 C3
Rothenklempenow 70 B1
Rothenthurm 126 B1
Rotherham 61 C3
Rothesay 54 A2/3, 55 D1,
  56 A/B2
Rotonda 120 B3, 122 A1
Rotondella 120 B3
Rótova 169 D2
Rotsjö 30 A3, 35 C2
Rotsund 4 B2
Rott 91 D3, 92 A3
Rott 92 B3
Rottach-Egern 92 A3
Røttangen 9 C3
Rottås 32 B2
Rottenbach 82 A2
Röttenbach 91 D1, 92 A1
Rottenbuch 91 D3, 92 A3
Rottenburg 92 A/B2
Rottenburg 91 C2
Rottenburg-Ergenzingen
  90 B2
Rottendorf (Würzburg)
  81 C/D3
Rottenmann 93 D3
Rotterdam 66 A3
Rotthalmünster 93 C2
Röttingen 81 C/D3, 91 C/D1
Rottleberode 81 D1, 82 A1
Rottmersleben 69 C3
Rottne 51 C1
Rottnemon 38 B2/3
Rottneros 39 C3, 45 C/D1
Rottofreno 113 D1, 114 A1
Rottweil 90 B2
Roturas 160 A3, 166 A/B1
Rötviken 29 C/D2, 34 B1
Rötz 92 B1
Roubaix 78 A2

Rouchovany 94 A/B1
Roudnice nad Labem 83 C/D2
Roudouallec 84 B2
Rouen 77 C3, 87 C1
Rouffach 89 D2/3, 90 A3
Rouffignac 101 D3, 109 C1
Rougé 85 D3
Rougemont 89 C/D3,
  104 A/B1
Roughsike 57 C3, 60 B1
Rougnac 101 C3
Rouillac 101 C2/3
Roujan 110 B3
Roukala 21 C1
Roukalahti 23 C/D3
Roulans 89 C/D3, 104 A1
Roundwood 58 A2
Roupy 78 A3
Rouravaara 11 D3, 12 A1/2
Rousínov 94 B1
Roussac 101 D2
Rouvignies 78 A/B2
Rouvray 88 A/B3
Rouvroy-sur-Audry 78 B3
Rouy 102 B1
Rovakka 17 C/D1
Rovala 13 C2
Rovala 12 B3
Rovanjska 130 B2
Rovanpää 11 D3, 12 A2
Rovastinaho 18 B1
Rovato 106 A/B3
Rovensko pod Troskou 83 D2
Roverbella 106 B3
Róvere Veronese 107 C3
Rovereto 105 D2, 106 A2
Rovereto in Piano 107 D2
Rovereto 107 C2/3
Rövershagen 53 D3
Roverud 38 B3
Roviaí 147 C1
Rovigo 115 C1
Rovinari 135 D1
Rovinj 130 A1
Rovinjsko Selo 130 A1
Roviśce 128 A2/3
Rovisuvanto 5 D3, 6 A/B2/3,
  11 D1
Rovno 98 B1
Røvollen 33 D3
Rovon 103 D3, 104 A3
Rów 70 B2
Rowardennan 56 B1
Roxburgh 57 C/D2
Roxenbaden 46 B2
Roxförde 69 C2/3
Royal Leamington Spa 64 A2
Royal Tunbridge Wells 64 B3,
  76 B1
Royan 100 B3
Royat 102 B2/3
Roybon 103 D3
Roye 78 A3
Royères-de-Vassivières
  102 A2/3
Røyken 38 A3, 43 D1, 44 B1
Røykenvik 37 D3, 38 A2
Röykkä 25 C2
Røymoen 32 B3, 37 C1
Røyrvik 29 C1
Røysheim 37 C2
Røysing 28 B2, 33 D1
Royston 65 C2
Röyttä 17 D3, 18 A1
Røytvoll 14 A3, 28 B1
Royuela 162 A2/3
Róża Wielka 71 D1/2
Rožďalovice 83 D2
Rožaj 138 A1, 140 A2
Rozalén del Monte 161 C3,
  167 D1, 168 A1
Rózan 73 C3
Różanki 71 C2
Rozay-en-Brie 87 D1/2
Roženski manastir 139 D3
Rozières-sur-Mouzon 89 C2
Rozkoš 94 A1
Rožmberk nad Vltavou 93 D2
Rožmitál pod Třemšínem
  83 C3, 93 C1
Rožňava 97 C2

Rožnov 98 B2
Rožnov pod Radhoštěm
  95 C1
Rozoy-sur-Serre 78 B3
Roztoky 83 D2/3
Rozvadov 82 B3
Rřesheni 137 D3, 138 A2/3
Ruabon 59 C/D2/3, 60 B3
Ruanes 165 D1, 166 A1
Rubbestadneset 42 A1
Rübenau 83 C2
Rubeža 137 C/D1
Rubí de Bracamonte 160 A1
Rubián 150 B2
Rubielos Bajos 168 B1
Rubielos de la Cérida 162 A2
Rubielos de Mora 162 B3
Rubiera 114 B1
Rubiku 137 D3
Rubjerg Knude 48 B1
Rubkow 70 A/B1
Rublacedo de Abajo 153 C2
Rucava 73 C1
Ruchocice 71 D3
Ruda 51 D1
Rudanka 132 B1
Rudanmaa 24 A/B1
Rudari 135 D2
Rudawica 83 D1
Rudbøl 52 A2
Ruddington 61 C3, 64 B1
Rude 127 C/D3
Ruden 127 C1/2
Rüdenhausen 81 D3
Rüdersdorf 70 A/B2, 72 A3
Ruderting 93 C2
Rüdesheim 80 B3
Rüdesheim-Assmannshausen
  80 B3
Rudíkov 94 A1
Rudilla 162 A/B2
Rudina 135 D1
Rüdingsdorf 70 A/B3
Rudinice 133 C3, 137 C1
Rudki 97 D2, 98 A2
Rudkøbing 53 C2
Rudn'a 75 C2
Rudna Glava 135 C2
Rudnica 134 B3, 138 A/B1
Rudnica 133 C3
Rudnik 138 A/B1
Rudnik 133 D2, 134 A2
Rüdnitz 70 A2
Rudo 133 C3
Rudolstadt 82 A2
Rudozem 140 B3, 145 C1
Ruds Vedby 49 C3, 53 C1
Rudsgrend 43 C/D1
Rudskoga 45 D1/2, 46 A1
Rue 77 D2
Rueda 160 A1
Rueda de Jalón 154 A3,
  162 A1
Rueda de la Sierra 161 D2,
  162 A2
Rueil-Malmaison 87 C/D1
Ruelle-sur-Touvre 101 C3
Ruerrero 152 B2
Ruesta 154 B2
Ruffano 121 D3
Ruffec 101 C2
Ruffieu 104 A2
Ruffieux 104 A3
Rúfina 114 B2, 116 B1
Rugby 64 A/B2
Rugeley 59 D3, 64 A1
Ruggstorp 51 D1
Rugles 86 B1
Rugsund 36 A1
Ruguilla 161 C/D2
Ruhala 25 C1
Ruhällen 40 A3
Rühen 69 C2
Ruhkaperä 21 D1, 22 A1
Ruhla 81 D2
Rühlow 70 A1
Ruhmannsfelden 92 B1
Ruhpolding 92 B3
Ruhpolding-Seehaus 92 B3
Ruhstorf 93 C2
Ruhstorf-Schmidham 93 C2

Ruhvana 27 D1
Ruidera 167 D2, 168 A2
Ruínas 123 C2
Ruinen 67 C2
Ruinerwold 67 C2
Ruines-en-Margeride 110 B1
Ruiväes 150 B3, 158 B1
Ruka 19 D1
Rukajärvi 19 D1
Rukkisenperä 18 A3
Rullbo 39 D1
Rülzheim 90 B1
Rum 128 A1
Ruma 133 C/D1, 134 A1,
  140 A1
Rumburk 83 D1/2, 96 A1
Rumenka 129 C/D3, 133 C/D1,
  134 A1
Rumigny 78 B3
Rumilly 104 A3
Rumilly-en-Cambrésis 78 A2/3
Rummukkala 23 C3
Rumo 23 C1
Rumont 89 C1
Rumpu 27 C2
Runcorn 59 D2, 60 B3
Runde 36 A1
Rundhaug 4 A3, 9 D1, 10 A1
Rundmoen 14 B2
Rundvik 31 C2/3
Runemo 40 A1
Rungsted 49 D3, 50 A3,
  53 D1
Runkaus 18 A1
Runni 22 B1
Runsten 51 D2
Ruohokangas 13 C1
Ruohola 18 B1/2
Ruokojärvi 12 A2, 17 D1
Ruokojärvi 23 C3, 27 C/D1
Ruokojärvi 17 C1/2
Ruokolahti 27 C1
Ruokotaipale 27 C1
Ruokto 16 A1, 16 A1
Ruolahti 25 D1, 26 A1
Ruoms 111 C1/2
Ruona 21 C2
Ruona 18 B1
Ruonajärvi 12 A2/3, 17 D1
Ruopsa 12 B3
Ruorasmäki 25 D1, 26 B1
Ruosniemi 24 A1
Ruotanen 21 D1, 22 A1
Ruoti 120 A/B2
Ruotinkulä 21 D3, 22 A3
Ruotsalo 20 B1
Ruotsinkylä 26 B2
Ruotsinpyhtää 26 B2
Ruotten 19 C2
Ruovesi 21 C3, 25 C1
Rupa 126 B3, 130 A1
Rupakivi 13 C3
Rupea 98 B3, 140 B1
Ruppendorf 83 C2
Ruppichteroth 80 A2
Rupt-sur-Moselle 89 D2/3
Rus 167 D3, 173 C1
Rušani 128 A/B2/3
Rúscio 117 C3, 118 B1
Ruše 127 C2
Ruše 127 C2
Ruse 141 C2
Rusele 30 B1
Rusetu 141 C1
Ruševo 128 B3, 132 B1
Rush 58 A2
Rushden 64 B2
Rushtë 138 A2
Rusi 25 D1, 26 A1
Rusinowo 71 C1
Rusinowo 71 C/D1/2
Ruskamen 131 D3, 132 A3
Ruske 30 A/B2, 35 D1
Ruskeala 25 D1, 26 A1
Ruskeala 25 C3
Ruski Krstur 129 C3
Rusko 24 B2
Rusko Selo 129 D3
Ruskola 24 B3
Ruskele 31 C1
Ruskträsk 31 C1

Rusovce 94 B2/3
Rüsselsheim 80 B3
Russelurt 5 C2
Russelv 4 B2
Russenes 5 D1/2, 6 A1
Russhaugen 9 C2
Russi 115 C2, 117 C1
Russkaja 98 B2/3
Rust 94 B3
Rustefjelbma 7 C1
Rusteseter 32 B3, 37 C1
Rustrel 111 D2
Ruszów 83 D1
Rutalahti 21 D3, 22 A3,
  26 A1
Rutalahti 25 D1/2, 26 A1/2
Rutava 24 B2
Rute 47 D3, 47 D2
Rute 172 B1/2
Rutesheim 91 C2
Rüthen 80 B1
Rutherglen 56 B2
Ruthin 59 C2, 60 A/B3
Ruthwell 57 C3, 60 A1
Rüti 105 D1
Rutigliano 121 C2
Rutino 120 A3
Rutledal 36 A2
Rütli 105 D1
Rutna 16 B1
Ruto 20 A/B2
Rutvik 17 C3
Ruuhijärvi 12 A3, 17 D1
Ruuhijärvi 25 D2, 26 A2
Ruuhimäki 21 D3, 22 A3
Ruukki 18 A3
Ruunaa 23 D2
Ruunala 25 C2
Ruuponsaari 21 D2, 22 A2
Ruurlo 67 C3
Ruutana 22 B1
Ruutana 25 C1
Ruuvaoja 13 C2
Ruvallen 34 A2
Ruvanaho 13 C3
Ruvaslahti 23 C/D2
Ruvo del Monte 120 A2
Ruvo di Púglia 120 B2,
  136 A3
Ruza 75 D1/2
Ružany 73 D3, 74 A3
Ružić 131 C3
Ružin 99 C2
Ružinci 135 D3
Ružomberok 97 C2
Ry 48 B3
Rybnica 99 C3
Rybnik 96 B2
Rychnov 83 D2
Rychtářov 94 B1
Ryczeń 71 D3
Ryczywół 71 D2
Rydaholm 50 B1
Rydal 45 C3, 49 D1, 50 A1
Rydboholm 45 C3, 49 D1
Ryde 76 A1/2
Rydland 37 D1/2, 38 A1
Rydöbruk 50 A1
Rydsgård 50 B3
Rydsnäs 46 A3
Rydzyna 71 D3
Rye 48 B3
Rye 77 C1
Rygg 36 A/B1/2
Rygge 44 B1
Ryggefjord 5 D1, 6 A1
Ryggesbo 39 D1, 40 A1
Ryhälä 27 C1
Rykene 43 C3
Rykroken 33 C3, 37 C1
Ryl'sk 75 D3
Rymań 71 C1
Rymättylä 24 A/B2/3
Ryningsnäs 51 C/D1
Rynkäinen 20 B3, 24 A/B1
Ryönanjoki 22 B1
Ryphusseter 33 C3, 37 C1
Rypin 73 C3
Ryppefjord 5 C1, 6 A1
Ryr 45 C2
Rysjedalsvåg 36 A2

Ryssby 50 B1/2
Ryssdal 36 A/B1/2
Rytilahti 13 C3
Rytinki 19 C1
Rytky 21 D1, 22 B1/2
Rytkynperä 18 A3, 21 D1, 22 A1
Ryttylä 25 C2, 26 A2
Ryumgård 49 C2
Rzeczenica 71 D1
Rześnica 70 B1
Rzeszów 97 C/D2, 98 A1/2
Ržev 75 C/D1
Rzewnowo 70 B1

S

S'Agaró 156 B3
S'Algar 157 C1
Sa Riera 156 B2
Sa Tuna 156 B2
Sääksjärvi 21 C2
Sääksjärvi 25 D2, 26 A/B2
Sääksjärvi 20 B1/2
Sääksjärvi 24 B1
Sääksjärvi 25 D2, 26 A2
Sääksmäki 25 C1/2
Saal 53 D3
Saal 92 A/B1
Saalbach 92 B3, 107 D1
Saalburg 82 A2
Saaldorf 82 A2
Saaldorf-Surheim 92 B3
Saales 89 D2, 90 A2
Saalfeld 82 A2
Saalfelden am Steinernen Meer 92 B3, 107 D1, 126 A1
Saanen 104 B2
Säänjärvi 26 B2
Saaramaa 26 B2
Saarbrücken 89 D1, 90 A1
Saarbrücken-Dudweiler 89 D1, 90 A1
Saarburg 79 D3
Sääre 73 C1
Saarela 23 D1
Saarenkirkko 27 D1
Saarenkylä 21 C/D2, 22 A2
Saarenmaa 24 A1/2
Säärenperä 18 A2
Saaresmäki 18 B3, 22 B1
Saari 27 D1
Saari 25 D2, 26 A2
Saari-Kämä 18 B1
Saariharju 18 B1
Saarijärvi 21 D2/3, 22 A2/3
Saarijärvi 24 B1
Saarikas 21 D3, 22 A3
Saarikoski 10 B2
Saarikoski 18 A/B3
Saarikylä 19 D2
Saarilampi 21 D3, 22 A3
Saarimäki 23 C1
Saario 23 D3
Saaripudas 11 C3
Saarivaara 19 D2/3
Saarivaara 23 C2
Saarivaara 23 D3
Saarlouis 89 D1, 90 A1
Saarmund 70 A3
Saarwellingen 89 D1, 90 A1
Saas Almagell 105 C2
Saas Fee 105 C2
Saas Grund 105 C2
Saasenheim 90 A2
Sääskilahti 18 B1
Säävälä 18 B2
Šabac 133 C/D1, 134 A1
Sabadell 156 A3
Săbăoani 98 B3
Sabarat 109 D3, 155 D1
Sabáudia 118 B2/3
Sabbioneta 114 B1
Sabero 152 A2

Sabile 73 C/D1
Sabiñánigo 154 B2
Sabinov 97 C2
Sabiote 167 D3, 173 C1
Šabla 141 D2
Sablé-sur-Sarthe 86 A3
Sables-d' Or-les-Pins 85 C1/2
Sablonnières 88 A1
Sæbø 32 A3, 36 B1
Sæbø (Øvre Eidfjord) 36 B3
Sabóia 170 A1
Sæbøvik 42 A1
Sabres 108 B2
Sabrosa 158 B1
Sabugal 159 C2/3
Sæby 49 C1
Sacavém 164 A2
Sacecorbo 161 D2
Sacedón 161 C/D2
Saceruela 166 B2
Sachsenbrunn 81 D2, 82 A2
Sachsendorf 70 B2
Sachsenhagen 68 A/B2/3
Sachsenheim 91 C1
Sachsenheim-Hohenhaslach 91 C1
Sachy 79 C3
Sacile 107 D2/3
Sacra di San Michele 112 B1
Sacramenia 152 B3, 160 B1
Săcueni 97 C/D3, 98 A3
Sada 150 B1
Sada de Sangüesa 154 A2
Sádaba 154 A2
Sadelkow 70 A1
Sadjem 16 B1
Sadovec 140 B2
Sądów 70 B3
Sadská 83 D2/3
Sädvaluspen 15 C/D2
Sady 71 D2
Saelices 161 C3, 167 D1, 168 A1
Saelices de Mayorga 152 A2/3
Saelices del Río 152 A2
Saelices el Chico 159 C2
Saepinum 119 D2
Saerbeck 67 D3
Saetre 38 A3, 43 D1, 44 B1
Saeul 79 D3
Safa 165 C3
Šafárikovo 97 C2
Säffle 45 C1
Saffron Walden 65 C2
Safonovo 75 C2
Šafov 94 A1/2
Säfsnäs 39 C2
Saga 28 A3, 33 C1
Sagar 83 D1
Sågen 39 C3
Sagiáda 142 A/B3
Sagides 161 D1/2
Sågliden 34 A3
Sågmyra 39 D2
Sagone 113 D2
Sagra 169 D2
Sagrado 126 A/B2/3
Sagres 170 A2
Sagu 24 B3
Sagunto 162 B3, 169 D1
Sagvåg 42 A1
Ságvár 128 B1
Sahagún 152 A2
Sahalahti 25 C1
Sahankylä 20 B3
Sahinpuro 23 C2
Sahloinen 21 D3, 22 A3
Šahovići 133 C3, 137 D1
Sahrajärvi 21 C/D3, 22 A3
Sahún 155 C2
Šahy 95 D2/3, 96 B2/3
Saignelégier 89 D3, 104 B1
Saignes 102 A/B3
Saija 13 C2/3
Säijä 25 C1
Saikari 22 B2
Saillagouse 156 A2
Saillans 111 D1
Saimaanranta 27 C1/2
Säimen 23 C3

Sain-Bel 103 C/D2/3
Sains-du-Nord 78 B2/3
Saint-Affrique 110 A/B2
Saint-Agnan-en-Vercors 111 D1
Saint-Agnant 100 B2
Saint Agnes 62 B3
Saint-Agrève 111 C1
Saint-Aignan 109 C2
Saint-Aignan-sur-Cher 87 C3, 101 D1
Saint-Aigulin 101 C3, 108 B1
Saint-Alban-sur-Limagnole 110 B1
Saint Albans 64 B3
Saint-Alvère 109 C1
Saint-Amand-de-Vendôme 86 B3
Saint-Amand-en-Puisaye 87 D3
Saint-Amand-les-Eaux 78 A/B2
Saint-Amand-Mont-Rond 102 A/B1
Saint-Amand-sur-Fion 88 B1
Saint-Amans-des-Cots 110 A1
Saint-Amans-la-Lozère 110 B1
Saint-Amans-Soult 110 A3
Saint-Amant-de-Boixe 101 C2/3
Saint-Amant-Roche-Savine 103 C3
Saint-Amant-Tallende 102 B3
Saint-Amarin 89 D2/3, 90 A3
Saint-Ambroix 111 C2
Saint-Amé 89 D2
Saint-Amour 103 D2
Saint-Andiol 111 C/D2
Saint-André-d'Hébertot 86 B1
Saint-André-de-Corcy 103 D2
Saint-André-de-Cubzac 108 B1
Saint-André-de-l'Eure 87 C1
Saint-André-de-Najac 109 D2, 110 A2
Saint-André-de-Sangonis 110 B2/3
Saint-André-de-Valborgne 110 B2
Saint-André-le-Bouchoux 103 D2
Saint-André-les-Alpes 112 A2
Saint-André-sur-Cailly 77 C3
Saint Andrews 54 B2, 57 C1
Saint-Angel 102 A3
Saint Anne 63 D3
Saint-Anthème 103 C3
Saint-Antoine 113 D3
Saint-Antoine 108 B1
Saint-Antoine-de-Ficalba 109 C2
Saint-Antonin-Noble-Val 109 D2
Saint-Août 102 A1
Saint-Arcons-d'Allier 102 B3, 110 B1
Saint-Arnoult-en-Yvelins 87 C2
Saint Asaph 59 C2, 60 A3
Saint-Astier 101 C3, 109 C1
Saint-Auban 112 A/B2
Saint-Auban-sur-l'Ouvèze 111 D2
Saint Aubin 104 B1
Saint-Aubin-d' Aubigné 85 D2
Saint-Aubin-de-Blaye 100 B3
Saint-Aubin-du-Cormier 85 D2
Saint-Aubin-sur-Aire 89 C1/2
Saint-Aubin-sur-Mer 76 A/B3
Saint-Augustin 102 A3
Saint-Aulaye 101 C3, 108 B1
Saint Austell 62 B3
Saint Austell-Fowey 62 B3
Saint-Avit 102 A/B2/3
Saint-Avold 89 D1, 90 A1
Saint-Aygulf 112 A/B3
Saint-Bard 102 A2
Saint-Bauzille-de-Putois 110 B2
Saint-Béat 109 C3, 155 C1/2
Saint-Beauzély 110 A/B2
Saint Bees 57 C3, 59 C1, 60 A1

Saint-Benin-d' Azy 102 B1
Saint-Benoît-du-Sault 101 D2
Saint-Benoît-en-Diois 111 D2
Saint-Benoît-en-Woëvre 89 C1
Saint-Benoît-en-Woëvre 87 D1
Saint-Bertrand-de-Comminges 109 C3, 155 C1
Saint Blaise 104 B1
Saint-Blaise-la-Roche 89 D2, 90 A2
Saint Blazey 62 B3
Saint-Blin 89 C2
Saint-Bonnet-de-Bellac 101 D2
Saint-Bonnet-de-Joux 103 C2
Saint-Bonnet-en-Champsaur 112 A1
Saint-Bonnet-le-Château 103 C3
Saint-Bonnet-le-Courreau 103 C3
Saint-Bonnet-le-Froid 103 C3, 111 C1
Saint-Bonnet-près-Riom 102 B2
Saint-Bonnet-sur-Gironde 100 B3
Saint Boswells 57 C2
Saint-Branchs 86 B3, 101 C/D1
Saint Brelade 63 D3
Saint-Brévin-les-Pins 85 C3, 100 A1
Saint-Briac-sur-Mer 85 C1/2
Saint-Brice-en-Coglès 85 D2
Saint-Brieuc 85 C2
Saint-Broing-les-Moines 88 B3
Saint-Calais 86 B2/3
Saint-Cannat 111 D2/3
Saint-Caradec 85 C2
Saint Cast 85 C1/2
Saint-Céré 109 D1
Saint Cergue 104 A2
Saint-Cernin 102 A/B3, 110 A1
Saint-Cézaire-sur-Siagne 112 B3
Saint-Chamant 102 A3, 109 D1
Saint-Chamas 111 C/D3
Saint-Chamond 103 C3
Saint-Chély-d'Apcher 110 B1
Saint-Chély-d'Aubrac 110 A/B1
Saint-Chéron 87 C2
Saint-Chinian 110 A/B3
Saint-Christol-lès-Alès 111 C2
Saint-Christoly-Médoc 100 B3
Saint-Christophe-du-Ligneron 100 A1
Saint-Christophe-en-Bazelle 87 C3, 101 D1, 102 A1
Saint-Christophe-en-Brionnais 103 C2
Saint-Christophe-le-Chaudry 102 A1/2
Saint-Christophe-le-Jajolet 86 A/B1/2
Saint-Ciers-sur-Gironde 100 B3
Saint-Cirq-Lapopie 109 D1/2
Saint-Clair-sur-Epte 77 D3, 87 C1
Saint-Clar 109 C2
Saint-Clar-de-Rivière 109 C/D3, 155 C1
Saint-Claud-sur-le-Son 101 C2
Saint-Claude-sur-Bienne 104 A2
Saint Clears 62 B1
Saint Colombier 85 C3
Saint-Côme-d'Olt 110 A1
Saint-Constant 110 A1
Saint-Cosme-en-Vairais 86 B2
Saint-Cricq-Chalosse 108 B2/3, 154 B1
Saint-Cyprien 109 C1
Saint-Cyprien-Plage 156 B1/2
Saint-Cyr-du-Vaudreuil 77 C3, 87 C1
Saint-Cyr-en-Talmondais 100 A/B2

Saint-Cyr-l'Ecole 87 C1
Saint-Cyr-les-Vignes 103 C3
Saint-Cyr-sur-Menthon 103 D2
Saint-Cyr-sur-Mer 111 D3, 112 A3
Saint-Dalmas-le-Selvage 112 B2
Saint David's 55 D3, 62 A/B1
Saint Day 62 B3
Saint-Denis 85 C1
Saint-Denis 110 A3, 156 A1
Saint-Denis-d'Anjou 86 A3
Saint-Denis-d'Oléron 100 A/B2
Saint-Denis-de-Gastines 85 D2, 86 A2
Saint-Denis-en-Bugey 103 D2
Saint-Denis-sur-Sarthon 86 A/B2
Saint-Didier-en-Velay 103 C3
Saint-Didier-sur-Chalaronue 103 D2
Saint-Dié 89 D2, 90 A2
Saint-Dier-d'Auvergne 102 B3
Saint-Disdier 111 D1, 112 A1
Saint-Dizier 88 B2
Saint-Dizier-Leyrenne 101 D2, 102 A2
Saint Dogmaels 62 B1
Saint-Donat 102 B3
Saint-Dyé-sur-Loire 87 C3
Saint-Élix-Theux 109 C3, 155 C1
Saint-Émilion 108 B1
Saint-Esteben 108 A3, 154 A/B1
Saint-Estèphe 100 B3
Saint-Étienne 103 C3
Saint-Étienne-de-Baïgorry 108 A3, 154 A1
Saint-Étienne-de-Lugdarès 110 B1
Saint-Étienne-de-Montluc 85 C/D3, 100 A1
Saint-Étienne-de-Saint-Geoirs 103 D3
Saint-Étienne-de-Tinée 112 B2
Saint-Étienne-du-Grès 111 C2
Saint-Étienne-en-Dévoluy 111 D1, 112 A1
Saint-Étienne-les-Orgues 111 D2, 112 A2
Saint-Étienne-Vallée-Française 110 B2
Saint-Fargeau 87 D3
Saint-Félicien 103 C/D3, 111 C1
Saint-Félix 100 B2
Saint-Félix-de-Sorgues 110 A/B2
Saint-Félix-Lauragais 109 D3
Saint-Fiacre 84 B2
Saint Fillans 56 B1
Saint-Firmin-en-Valgodemard 112 A1
Saint-Florent 113 D2
Saint-Florent-des-Bois 100 A/B1/2
Saint-Florent-le-Vieil 85 D3, 100 B1
Saint-Florent-sur-Cher 102 A1
Saint-Florentin 88 B2
Saint-Flour 102 B3, 110 B1
Saint-Flovier 101 D1
Saint-Fort-sur-Gironde 100 B3
Saint-Fort-sur-le-Né 101 C3
Saint-François-Longchamp 104 A/B3
Saint-Front-sur-Lémance 109 C1
Saint-Fulgent 100 B1
Saint-Gabriel-Brécy 76 B3, 86 A1
Saint-Galmier 103 C3
Saint-Gaudens 109 C3, 155 C1
Saint-Gaultier 101 D1/2
Saint-Gein 108 B2
Saint-Gély-du-Fesc 110 B2/3
Saint-Genès-Champespe 102 B3
Saint-Genest-Malifaux 103 C3

Saint-Gengoux-le-National 103 C/D1/2
Saint-Geniès-de-Malgoirès 111 C2
Saint-Geniez-d'Olt 110 A/B1/2
Saint-Génis-de-Saintonge 100 B3
Saint-Génis-des-Fontaines 156 B2
Saint-Genis-Laval 103 D3
Saint-Genis-Pouilly 104 A2
Saint-Genix-sur-Guiers 103 D3, 104 A3
Saint-Geoire-en-Valdaine 104 A3
Saint-Georges de Didonne 100 B3
Saint-Georges-de-Luzençon 110 A/B2
Saint-Georges-de-Reneins 103 C/D2
Saint-Georges-du-Bois 86 A/B2/3
Saint-Georges-du-Vièvre 77 C3, 86 B1
Saint-Georges-en-Couzan 103 C3
Saint-Georges-sur-la-Prée 87 C3, 102 A1
Saint-Georges-sur-Loire 86 A3
Saint-Geours-de-Maremme 108 A2/3
Saint-Gérand-le-Puy 102 B2
Saint-Gérard 79 C2
Saint-Germain-de-Calberte 110 B2
Saint-Germain-de-Confolens 101 C/D2
Saint-Germain-de-Joux 104 A2
Saint-Germain-des-Fossés 102 B2
Saint-Germain-du-Bois 103 D1
Saint-Germain-du-Plain 103 D1
Saint-Germain-en-Laye 87 C1
Saint-Germain-l'Herm 102 B3
Saint-Germain-Laval 102 C2/3
Saint-Germain-Lembron 102 B3
Saint-Germain-lès-Arlay 103 D1, 104 A1/2
Saint-Germain-les-Belles 101 D3
Saint-Germain-Lespinasse 103 C2
Saint Germans 62 B3
Saint-Germé 108 B2/3, 154 B1
Saint-Germer-de-Fly 77 D3, 87 C1
Saint-Gervais-d'Auvergne 102 B2
Saint-Gervais-les-Bains 104 B2/3
Saint-Gervais-sur-Mare 110 B2/3
Saint-Gildas-de-Rhuys 85 C3
Saint-Gildas-des-Bois 85 C3
Saint-Gilles 111 C2/3
Saint-Gilles-Croix-de-Vie 100 A1
Saint-Gingolph 104 B2
Saint-Girons 109 C/D3, 155 D1/2
Saint-Girons-en-Marensin 108 A2
Saint-Gobain 78 A/B3
Saint-Goin 108 B3, 154 B1
Saint-Gondon 87 D3
Saint-Gorgon-Main 104 A/B1
Saint-Gravé 85 C3
Saint-Guénolé 84 A2/3
Saint-Guilhem-le-Désert 110 B2
Saint-Héand 103 C3
Saint Helens 59 D2, 60 B3
Saint Helier 63 D3
Saint-Herbot 84 A2
Saint-Hilaire 110 A3, 156 A1
Saint-Hilaire-Bonneval 101 D3

Saint-Hilaire-Cottes 77 D2, 78 A2
Saint-Hilaire-de-Court 87 C3, 102 A1
Saint-Hilaire-de-Villefranche 100 B2/3
Saint-Hilaire-des-Loges 100 B2
Saint-Hilaire-du-Harcouët 85 D2
Saint-Hilaire-Fontaine 103 C1
Saint-Hilaire-le-Grand 88 B1
Saint Hippolyte 89 D3, 90 A3, 104 B1
Saint-Hippolyte-du-Fort 110 B2
Saint-Honorat 112 B3
Saint-Honoré-les-Bains 103 C1
Saint-Hubert 79 C3
Saint Imier 89 D3, 104 B1
Saint Ives 62 A3
Saint Ives 65 C2
Saint-James 85 D2
Saint-Jaques 105 C3
Saint-Jean-aux-Bois 87 D1
Saint-Jean-Brévelay 85 C2/3
Saint-Jean-d'Angély 100 B2
Saint-Jean-d'Angle 100 B2/3
Saint-Jean-d'Illac 108 A/B1
Saint-Jean-de Barrou 110 A3, 156 B1
Saint-Jean-de-Bournay 103 D3
Saint-Jean-de-Côle 101 D3
Saint Jean-de-Daye 76 A3, 85 D1, 86 A1
Saint-Jean-de-Fos 110 B2/3
Saint-Jean-de-Linières 86 A3
Saint-Jean-de-Losne 103 D1
Saint-Jean-de-Luz 108 A3, 154 A1
Saint-Jean-de-Maruéjols 111 C2
Saint-Jean-de Maurienne 104 A/B3, 112 A1
Saint-Jean-de-Monts 100 A1
Saint-Jean-de-Sixt 104 A/B2/3
Saint-Jean-de-Verges 109 D3, 155 D1, 156 A1
Saint-Jean-du-Bruel 110 B2
Saint-Jean-du-Doigt 84 B1/2
Saint-Jean-du-Gard 110 B2
Saint-Jean-en-Royans 111 D1
Saint-Jean-la-Bussière 103 C2
Saint-Jean-le-Centenier 111 C1
Saint-Jean-le-Priche 103 D2
Saint-Jean-le-Thomas 85 D1
Saint-Jean-les-Deux-Jumeaux 87 D1
Saint-Jean-Pied-de-Port 108 A3, 154 A/B1
Saint-Jean-Poutge 109 C2
Saint-Jean-Rohrbach 89 D1
Saint-Jean-Soleymieux 103 C3
Saint-Jean-sur-Erve 86 A2
Saint-Jeoire 104 A/B2
Saint-Jeure-d'Ay 103 C/D3, 111 C1
Saint John 63 D3
Saint John's Chapel 57 D3, 60 B1
Saint Johns 58 B1
Saint-Jores 76 A3, 85 D1
Saint-Jouan-de-l' Isle 85 C2
Saint-Jouin-de-Marnes 101 C1
Saint-Juéry 110 A2
Saint-Julien-Beychevelle 100 B3, 108 B1
Saint-Julien Boutières 111 C1
Saint-Julien-Chapteuil 111 C1
Saint-Julien-de-l'Escap 100 B2
Saint-Julien-du-Sault 88 A2
Saint-Julien-en-Beauchêne 111 D1, 112 A1
Saint-Julien-en-Born 108 A2
Saint-Julien-en-Genevois 104 A2
Saint-Julien-en-Quint 111 D1
Saint-Julien-l'Ars 111 C1/2
Saint-Julien-le-Faucon 86 A/B1

Saint-Julien-Molin-Molette 103 C/D3
Saint-Julien-sur-le-Suran 103 D2, 104 A2
Saint-Junien 101 D2
Saint Just 62 A3
Saint-Just-en-Chaussée 78 A3
Saint-Just-en-Chevalet 103 C2
Saint-Just-sur-Loire 103 C3
Saint-Juste-Ibarre 108 A3, 154 B1
Saint-Justin 108 B2
Saint Keverne 62 B3
Saint-Lambert-du-Lattay 86 A3, 100 B1
Saint-Lary 109 C2
Saint-Lary 155 C2
Saint-Laurent 89 D2
Saint-Laurent-d'Aigouze 111 C2/3
Saint-Laurent-de-Cerdans 156 B2
Saint-Laurent-de-Chamousset 103 C3
Saint-Laurent-de-la-Cabrerisse 110 A3, 156 B1
Saint-Laurent-de-la-Salanque 156 B1
Saint-Laurent-de-Mûre 103 D3
Saint-Laurent-de-Neste 109 C3, 155 C1
Saint-Laurent-des-Autels 85 D3, 100 B1
Saint-Laurent-des-Eaux 87 C3
Saint-Laurent-du-Pont 104 A3
Saint-Laurent-en-Caux 77 C3
Saint-Laurent-en-Gâtines 86 B3
Saint-Laurent-en-Grandvaux 104 A2
Saint-Laurent-et-Benon 100 B3, 108 A/B1
Saint-Laurent-les-Bains 110 B1
Saint-Laurent-sur-Gorre 101 D2/3
Saint-Laurent-sur-Mer 76 A/B3, 85 D1, 86 A1
Saint-Laurent-sur-Saône 103 D2
Saint-Laurent-sur-Sèvre 100 B1
Saint-Léger-des-Vignes 102 B1
Saint-Léger-en-Yvelines 87 C1/2
Saint-Léger-sous-Beuvray 103 C1
Saint-Léger-sous-Cholet 100 B1
Saint-Léger-sur-Dheune 103 C/D1
Saint-Léon 109 D3, 155 D1
Saint-Léonard-de-Noblat 101 D2/3
Saint-Léonard-des-Bois 86 A/B2
Saint Leonards 77 C1
Saint-Leu-d' Esserent 87 D1
Saint-Lizier 109 C/D3, 155 D1
Saint-Lô 85 D1
Saint-Louis 90 A3
Saint-Loup-de-Fribois 86 A/B1
Saint-Loup-de-la-Salle 103 D1
Saint-Loup-de-Naud 87 D2, 88 A2
Saint-Loup-du-Dorat 86 A2/3
Saint-Loup-sur-Semouse 89 C/D2/3
Saint Luc 105 C2
Saint-Lunaire 85 C1/2
Saint-Lys 109 C/D3, 155 D1
Saint-Macaire 108 B1
Saint-Maclou 77 C3, 86 B1
Saint-Magne 108 B1
Saint-Maixent-l'École 101 C2
Saint-Malo 85 C1/2
Saint-Mamest 109 C1
Saint-Mamet-la-Salvetat 110 A1
Saint-Marc-sur-Seine 88 B3

Saint-Marcel 103 D1
Saint-Marcel-de-Careiret 111 C2
Saint-Marcellin 103 D3, 111 D1
Saint-Marcet 109 C3, 155 C/D1
Saint-Mard-de-Réno 86 B2
Saint-Mars-la-Jaille 85 D3
Saint-Martain-la-Rivière 101 C2
Saint-Martial-d'Artenset 109 C1
Saint-Martin 110 B2/3
Saint-Martin-au-Laërt 77 D1/2
Saint-Martin-d' Auxigny 87 D3, 102 A1
Saint-Martin-d'Ablois 88 A1
Saint-Martin-d'Ardèche 111 C2
Saint-Martin-d'Entraunes 112 A/B2
Saint-Martin-d'Estréaux 103 C2
Saint-Martin-d'Oney 108 B2
Saint-Martin-d'Oydes 109 D3, 155 D1, 156 A1
Saint-Martin-de-Boscherville 77 C3, 86 B1
Saint-Martin-de-Crau 111 C2/3
Saint-Martin-de-Londres 110 B2
Saint-Martin-de-Ré 100 A/B2
Saint-Martin-de-Seignanx 108 A3, 154 A1
Saint-Martin-de-Valamas 111 C1
Saint-Martin-des-Besaces 85 D1, 86 A1
Saint-Martin-du-Puy 88 A3, 103 C1
Saint-Martin-du-Var 112 B2/3
Saint-Martin-en-Bresse 103 D1
Saint-Martin-en-Campagne 77 C2/3
Saint-Martin-en-Haut 103 C3
Saint-Martin-la-Méanne 102 A3, 109 D1
Saint-Martin-Osmonville 77 C/D3
Saint-Martin-sur-Ouanne 87 D3, 88 A3
Saint-Martin-Valmeroux 102 A3, 110 A1
Saint-Martin-Vésubie 112 B2
Saint-Martory 109 C3, 155 D1
Saint-Mathieu 101 C/D3
Saint-Mathieu 84 A2
Saint-Mathurin 86 A3
Saint-Matré 109 C/D1/2
Saint Maurice 104 B2
Saint-Maurice-de-Ventalon 110 B2
Saint-Maurice-les-Charencey 86 B1/2
Saint-Maurice-Navacelles 110 B2
Saint-Maurice-sur-Aveyron 87 D3
Saint-Maurice-sur-Moselle 89 D2/3, 90 A3
Saint-Maurin 109 C2
Saint Mawes 62 B3
Saint-Maximin-la-Sainte-Baume 111 D3, 112 A3
Saint-Médard-de-Guizières 108 B1
Saint-Médard-en-Jalles 108 B1
Saint-Méen-le-Grand 85 C2
Saint-Menoux 102 B1/2
Saint-Mesmin 100 B1
Saint Michael's Mount 62 A3
Saint-Michel 109 C3, 155 C1
Saint-Michel-Chef-Chef 85 C3, 100 A1
Saint-Michel-de-Castelnau 108 B2
Saint-Michel-de-Maurienne 104 A/B3, 112 A1

Saint-Michel-en-Grève 84 B1/2
Saint-Michel-en-l'Herm 100 B1
Saint-Michel-Mont Mercure 100 B1
Saint-Mihiel 89 C1
Saint-Montant 111 C1/2
Saint-Nazaire 85 C3, 100 A1
Saint-Nazaire-en-Royans 103 D3, 111 D1
Saint-Nazaire-le-Désert 111 D1
Saint-Nectaire 102 B3
Saint Neots 64 B2
Saint-Nicolas-de-la-Grave 109 C2
Saint-Nicolas-de-Port 89 C/D1/2
Saint-Nicolas-de-Redon 85 C3
Saint-Nicolas-du-Pélem 84 B2
Saint-Omer 77 D1/2
Saint-Pair-sur-Mer 85 D1
Saint-Palais 108 A3, 154 B1
Saint-Palais-sur-Mer 100 B3
Saint-Papoul 109 D3, 156 A1
Saint-Pardoux-la-Rivière 101 C/D3
Saint-Parres-lès-Vaudes 88 B3
Saint-Paul-Cap-de-Joux 109 D2/3
Saint-Paul-de-Fenouillet 156 B1
Saint-Paul-de-Jarrat 109 D3, 155 D1/2, 156 A1
Saint-Paul-de-Varax 103 D2
Saint-Paul-des-Landes 110 A1
Saint-Paul-et-Valmalle 110 B2/3
Saint-Paul-le-Jeune 111 C2
Saint-Paul-lès-Dax 108 A2
Saint-Paul-lez-Durance 111 D2/3, 112 A3
Saint-Paul-sur-Ubaye 112 A/B1/2
Saint-Paul-Trois-Châteaux 111 C2
Saint-Paulien 103 C3, 110 B1
Saint-Pé-de-Bigorre 108 B3
Saint-Pée-sur-Nivelle 108 A3, 154 A1
Saint-Péravy-la-Colombe 87 C2
Saint-Péray 111 C1
Saint-Père 88 A3
Saint-Père-en-Retz 85 C3, 100 A1
Saint Peter Port 63 D3
Saint-Péver 84 B2
Saint-Pey-d'Armens 108 B1
Saint Philbert-de-Bouaine 100 A1
Saint-Philbert-de-Grand-Lieu 100 A1
Saint-Pierre 110 A/B2
Saint-Pierre-à-Champ 100 B1
Saint-Pierre-Chérignat 101 D2, 102 A2
Saint-Pierre-d'Entremont 104 A3
Saint-Pierre-d'Oléron 100 A/B2
Saint-Pierre-de-Boeuf 103 D3
Saint-Pierre-de-Chartreuse 104 A3
Saint-Pierre-de-Chignac 101 D3, 109 C1
Saint-Pierre-de-Fursac 101 D2
Saint-Pierre-de-la-Fage 110 B2
Saint-Pierre-des-Nids 86 A/B2
Saint-Pierre-du-Chemin 100 B1
Saint-Pierre-Église 76 A3
Saint-Pierre-en-Port 77 C3
Saint-Pierre-le-Moûtier 102 B1
Saint-Pierre-les-Bois 102 A1
Saint-Pierre-Quiberon 84 B3
Saint-Pierre-sur-Dives 86 A/B1
Saint-Pierre-sur-Mer 110 B3, 156 B1
Saint-Pierre-sur-Orthe 86 A2
Saint-Pierre-Toirac 109 D1
Saint-Pierreville 111 C1

Saint-Plancard 109 C3, 155 C1
Saint-Pois 85 D1, 86 A1/2
Saint-Poix 85 D2, 86 A2/3
Saint-Pol-de-Léon 84 B1/2
Saint-Pol-sur-Mer 77 D1, 78 A1
Saint-Polgues 103 C2
Saint-Pons 110 A3
Saint-Porchaire 100 B2/3
Saint-Pourçain-sur-Besbre 103 C2, 103 C2
Saint-Pourçain-sur-Sioule 102 B2
Saint-Priest-des-Champs 102 B2
Saint-Priest-Laprugne 103 C2
Saint-Privat 102 A3, 110 A1
Saint-Privat-d'Allier 110 B1
Saint-Privé 87 D3
Saint-Prix 111 C1
Saint-Puy 109 C2
Saint-Quay-Portrieux 85 C1/2
Saint-Quentin 78 A3
Saint-Quentin-les-Anges 85 D3, 86 A3
Saint-Rambert-d'Albon 103 D3
Saint-Rambert-en-Bugey 103 D2, 104 A2/3
Saint-Rambert-sur-Loire 103 C3
Saint-Raphaël 112 A/B3
Saint-Remèze 111 C1/2
Saint-Rémy 86 A1
Saint-Rémy 109 C1
Saint-Rémy-de-Provence 111 C2
Saint-Rémy-du-Plain 85 D2
Saint-Rémy-sur-Dore 103 C2
Saint Renan 84 A2
Saint-René 85 C2
Saint-Revèrien 88 A3, 102 B1
Saint-Riquier 77 D2
Saint-Romain-de-Colbosc 77 C3
Saint-Romain-de-Jalionas 103 D3
Saint-Romans 103 D3, 111 D1
Saint-Rome-de-Cernon 110 A/B2
Saint-Rome-de-Tarn 110 A/B2
Saint-Saëns 77 C/D3
Saint-Samson-la-Poterie 77 D3
Saint-Satur 87 D3, 102 B1
Saint-Saturnin 102 B3
Saint-Saturnin-d'Apt 111 D2
Saint-Saud-Lacoussière 101 D3
Saint-Saulge 102 B1
Saint-Sauves-d'Auvergne 102 B3
Saint-Sauveur 100 A1
Saint-Sauveur-de-Montagut 111 C1
Saint-Sauveur-en-Puisaye 87 D3, 88 A3
Saint-Sauveur-le-Vicomte 76 A3, 85 D1
Saint-Sauveur-Lendelin 85 D1
Saint-Sauveur-sur-Tinée 112 B2
Saint-Savin 108 B3, 155 C1/2
Saint-Savin 101 D1/2
Saint-Savin 100 B3, 108 B1
Saint-Savinien 100 B2
Saint-Seine-en-Bâche 103 D1, 104 A1
Saint-Seine-l' Abbaye 88 B3
Saint-Sernin-sur-Rance 110 A2
Saint-Servan-sur-Mer 85 C1/2
Saint-Sever 108 B2
Saint-Sever-Calvados 85 D1, 86 A1
Saint-Séverin 101 C3
Saint-Soupplets 87 D1
Saint-Sulpice 109 D2
Saint-Sulpice-de-Favières 87 C/D2

Saint-Sulpice-les-Feuilles 101 D2
Saint-Sulpice-sur-Lèze 109 D3, 155 D1
Saint-Sylvestre-sur-Lot 109 C1/2
Saint-Symphorien 108 B1/2
Saint-Symphorien-d'Ancelles 103 D2
Saint-Symphorien-d'Ozon 103 D3
Saint-Symphorien-de-Lay 103 C2
Saint-Symphorien-sur-Coise 103 C3
Saint-Thégonnec 84 B2
Saint-Thibault 88 B3, 103 C1
Saint-Thibéry 110 B3
Saint-Thiébault 89 C2
Saint-Trivier-de-Courtes 103 D2
Saint-Trivier-sur-Moignans 103 D2
Saint-Trojan-les-Bains 100 B2/3
Saint-Tropez 112 A/B3
Saint-Urcize 110 A/B1
Saint Ursanne 89 D3, 90 A3, 104 B1
Saint-Vaast-la-Hougue 76 A3
Saint-Valéry-en-Caux 77 C2/3
Saint-Valéry-sur-Somme 77 D2
Saint-Vallier 103 D3, 111 C1
Saint-Vallier-de-Thiey 112 B2/3
Saint-Vaury 102 A2
Saint-Venant 78 A2
Saint-Véran 112 B1
Saint-Vincent 105 C3
Saint-Vincent-de-Connezac 101 C3, 109 C1
Saint-Vincent-de-Tyrosse 108 A2/3, 154 A1
Saint-Vincent-sur-Jabron 111 D2
Saint-Vit 89 C3, 104 A1
Saint-Vivien-de-Médoc 100 B3
Saint-Wandrille 77 C3
Saint-Yan 103 C2
Saint-Ybars 109 D3, 155 D1
Saint-Yorre 102 B2
Saint-Yrieix-la-Perche 101 D3
Saint-Yrieix-le-Déjalat 102 A3
Saint-Yvy 84 B2
Saint-Zacharie 111 D3
Sainte-Adresse 76 B3
Sainte-Anne 86 B2
Sainte-Anne-d' Auray 85 C3
Sainte-Bazeille 108 B1
Sainte-Cécile 103 C/D2
Sainte Croix 104 B1
Sainte-Croix 111 D1
Sainte-Croix-en-Plaine 90 A2/3
Sainte-Croix-Volvestre 109 C/D3, 155 D1
Sainte-Engrâce 108 A/B3, 154 B1
Sainte-Énimie 110 B2
Sainte-Eulalie-en-Born 108 A2
Sainte-Feyre 102 A2
Sainte-Foy-de-Longas 109 C1
Sainte-Foy-l'Argentière 103 C3
Sainte-Foy-la-Grande 109 C1
Sainte-Gauburge-Sainte-Colombe 86 B1/2
Sainte-Gemme-la-Plaine 100 B2
Sainte-Geneviève-sur-Argence 110 A1
Sainte-Hélène 108 A/B1
Sainte-Hermine 100 B1/2
Sainte-Jalle 111 D2
Sainte-Livrade-sur-Lot 109 C1/2
Sainte-Lucie-di-Tallano 113 D3
Sainte-Marguerite 77 C2/3
Sainte-Marie-aux-Mines 89 D2, 90 A2
Sainte-Marie-de-Campan 109 C3, 155 C1

Sainte-Marie-de-Vars 112 A/B1/2
Sainte-Marie-et-Sicché 113 D3
Sainte-Maure-de-Touraine 101 C1
Sainte-Maxime-sur-Mer 112 A/B3
Sainte-Menehould 88 B1
Sainte-Mère-Eglise 76 A3, 85 D1
Sainte-Montaine 87 D3
Sainte-Odile 90 A2
Sainte-Sévère-sur-Indre 102 A2
Sainte-Suzanne 86 A2
Sainte-Thorette 102 A1
Saintes 100 B2/3
Saintes-Maries-de-la-Mer 111 C3
Saintfield 56 A3, 58 A1
Sainville 87 C2
Sairakkala 25 D2, 26 A2
Sairinen 24 A2
Saissac 110 A3, 156 A1
Saittarova 10 B3, 17 C1
Saiva 10 A3, 10 A3, 16 A1
Saivomuotka 11 C2/3
Sajaniemi 25 C2
Šajkaš 129 D3, 133 D1, 134 A1
Sajvis 17 D2/3
Säkäjärvi 26 B2, 27 C2
Sakarétsi 146 A1
Šakiai 73 D2
Säkinmäki 22 A3
Säkkilä 13 C3, 19 D1
Sakrihei 14 B2
Saksala 24 B2
Saksenvik 15 C1
Sakskøbing 53 D2
Saksnes 32 B2
Saksumdal 37 D2, 38 A1/2
Säkylä 24 B2
Sala 40 A3
Šal'a 95 C2
Sala Consilina 120 A/B3
Salacgrīva 73 D1, 74 A1
Salach 91 C2
Salahmi 22 B1
Salamajärvi 21 C2
Salamanca 159 D2
Salamanperän luonnonpuisto 21 C2
Salamís 147 D2
Salandra 120 B2/3
Salanki 11 D2, 12 A1
Salantai 73 C1
Salaparuta 124 A2
Salar 172 B2
Salardú 155 D2
Salaš 135 C2
Salas 151 D1
Salás 155 D2
Salas Altas 155 C2/3
Salas de los Infantes 153 C3
Salau 155 D2
Salavaux 104 B1
Salberg 31 C2
Salberget 31 C1
Salbohed 40 A3
Salbris 87 C3
Salceda 150 A3
Salching 92 B1/2
Salcia 135 D2
Šalčininkai 74 A2
Salcombe 63 C3, 63 C2
Sălcuţa 135 D2
Saldaña 152 A/B2
Saldeana 159 C2
Saldón 162 A2/3
Saldus 73 C/D1
Sale 59 D2, 60 B3
Sale 113 D1
Saleby 45 C/D2
Salem 91 C3
Salemertal 91 C2
Salemi 124 A2
Sälen 39 C1
Salen 28 B1
Salen 54 A2, 55 D1, 56 A1

Salen 54 A2, 55 D1, 56 A1
Salenpää 26 B2
Salernes 112 A3
Salerno 119 D3, 120 A2
Salers 102 A/B3, 110 A1
Salettes 110 B1
Salford 59 D2, 60 B3
Salgen-Hausen 91 D2/3
Salgótarján 97 C2/3
Salgueiro 158 B3, 165 C1
Salgüero de Juarros 153 C2/3
Salhus 36 A3
Sali 130 B2/3
Sálice Salentino 121 D3
Sálice Terme 113 D1
Salientes 151 C/D2
Saliers 111 C2/3
Salies-de-Béarn 108 A3, 154 B1
Salies-du-Salat 109 C3, 155 D1
Salignac 109 D1
Salihli 149 D2
Salillas 154 B3
Salillas de Jalón 154 A3, 162 A1
Salin-de-Giraud 111 C3
Salin-les-Thermes 104 B3
Salinas 169 C2/3
Salinas 151 D1
Salinas 161 D3, 162 A3, 168 B1
Salinas 155 C2
Salinas de Hoz 155 C2/3
Salinas de Jaca 154 B2
Salinas de Léniz 153 D1/2
Salinas de Oro 153 D2, 154 A2
Salinas de Pisuerga 152 B2
Salinas del Manzano 162 A3
Saline di Volterra 114 B3, 116 A2
Salinillas de Bureba 153 C2
Sälinkää 25 D2, 26 A2
Salins-les-Bains 104 A1
Salir 170 B2
Salir do Porto 164 A1
Salisbury 64 A3, 76 A1
Salizzole 107 C3, 114 B1
Salka 95 D3
Sälkastugorna 9 D3
Salla 13 C3
Salla 127 C1
Sallanches 104 B2/3
Sallent 156 A2/3
Sallent de Gállego 154 B2
Salles 108 A/B1
Salles-Curan 110 A2
Salles-sous-Bois 111 C/D1/2
Salles-sur-l'Hers 109 D3, 155 D1, 156 A1
Sallgast 83 C1
Sallins 58 A2
Sällsjö 29 C3, 34 B2
Salmchâteau 79 D2
Salmenkylä 22 B3, 26 B1
Salmentaka 25 C1
Salmerón 161 D2
Salmiech 110 A2
Salmijärvi 11 C3, 12 A2
Salmijärvi 19 C2
Salmijoenkuru 13 C3
Salminen 19 C/D1
Salminen 22 B2/3
Salmivaara 13 C3
Salmtal 80 A3
Salo 24 B2/3
Salò 106 B3
Salo-Issakka 27 C2
Salo-Miehikkälä 26 B2
Salobre 168 A2
Salobreña 173 C2
Saloinen 18 A3
Saloinen 25 C2, 26 A2
Salokylä 23 C/D3
Salomó 163 D1
Salon-de-Provence 111 D2/3
Salonae 131 C3
Saloníki 142 B3
Salonta 97 C3

Saloranta 27 C1
Salorino 165 C1
Salornay-sur-Guye 103 C/D2
Salorno/salurn 107 C2
Salou 163 D2
Salpakangas 25 D2, 26 A2
Salreu 158 A2
Salsadella 163 C2/3
Salsån 34 B2
Salsbruket 28 B1
Salses 156 B1
Salsomaggiore Terme 114 A1
Salsta 40 B3
Salt 156 B2
Saltash 62 B3
Saltburn-by-the-Sea 61 C1
Saltbuvik 28 B2
Saltcoats 56 B2
Saltfleet 61 D3
Saltoluokta fjällstation 9 D3
Saltsjöbaden 47 D1
Saltum 48 B1
Saltveit 42 A2
Saltvik 41 C/D2/3
Saltvik 40 A/B1
Saltvik 51 D1
Saludécio 115 D2, 117 C1
Salussola 105 C3
Saluzzo 112 B1
Salvacañete 162 A3
Salvada 164 B3, 165 C3, 170 B1
Salvador 159 C3
Salvador de Zapardiel 160 A1/2
Salvages 110 A2/3
Salvagnac 109 D2
Salvaleón 165 C/D2/3
Salvaterra de Magos 164 A2
Salvaterra do Extremo 159 C3, 165 C1
Salvatierra de Esca 154 B2
Salvatierra de los Barros 165 D2/3
Salvatierra de Miño 150 A3
Salvatierra de Santiago 165 D1/2, 166 A1/2
Salviac 109 C/D1
Sælvig 49 C3, 53 C1
Salzbergen 67 D2/3
Salzburg 93 C3
Salzderhelden 68 B3
Salzfurtkapelle 69 D3, 82 B1
Salzgitter 68 B3
Salzgitter Bad 68 B3
Salzgitter-Gebhardshagen 68 B3
Salzgitter-Lebenstedt 68 B3
Salzgitter-Thiede 68 B3, 69 C3
Salzhausen 68 B1
Salzhemmendorf 68 B3
Salzhemmendorf-Lauenstein 68 B3
Salzkotten 68 A3, 80 B1
Salzmünde 82 A1
Salzwedel 69 C2
Salzweg 93 C2
Sama de Langreo 151 D1, 152 A1
Samadet 108 B2/3, 154 B1
Samarína 142 B2
Samassi 123 C3
Samatan 109 C3, 155 D1
Sambiase 122 A/B2
Sambin 87 C3
Samboal 160 B1
Sambor 97 D2, 98 A2
Sambuca di Sicília 124 A2
Sambuci 118 B2
Samedan 106 A2
Samekappelet 6 B1
Samer 77 D1/2
Sámi 146 A2, 148 A2
Samikón 106 B3
Sammakko 16 B1
Sammakkovaara 23 C1
Sammakkovaara 23 C2
Sammaljoki 25 B1/2
Såmmarlappastugan 15 D1
Sammatti 25 C3

Sammichele di Bari 121 C2
Samminmaja 24 A/B1
Samnanger 36 A3
Samnaun 106 B1
Samobor 127 C/D3
Samodreža 138 B1
Samoëns 104 B2
Samokov 138 B3
Samokov 138 B3
Samokov 139 D2, 140 B2/3
Samone 105 C3
Samora Correia 164 A2
Šamorín 95 C2/3
Samoš 134 B1
Samos 151 C2
Sámos 149 D2
Samothráki (Chora) 145 C/D2
Samper de Calanda 162 B1/2
Samper del Salz 162 B1
Sampéyre 112 B1/2
Sampieri 125 C3
Sämsjölandet 30 A/B2, 35 D1
Samswegen 69 C/D3
Samugheo 123 C2
San Adrián 153 D2, 154 A2
San Adrián de Juarros
   153 C2/3
San Ágata de'Goti 119 D3
San Amaro 150 B2
San Andrés del Congosto
   161 C2
San Andrés del Rabanedo
   151 D2, 152 A2
San Aniol de Finestres
   156 B2
San Antolín 151 C1/2
San Antonio Abad 157 C2
San Asensio 153 C/D2
San Bartolomé de la Torre
   171 C1
San Bartolomé de las Abiertas
   160 A3, 166 B1
San Bartolomé de Pinares
   160 A/B2
San Bartolomeo del Cervo
   113 C2
San Bartolomeo in Galdo
   119 D2, 120 A1/2
San Benedetto 118 B2
San Benedetto del Tronto
   117 D2/3
San Benedetto in Alpe
   115 C2, 116 B1
San Benedetto Po 114 B1
San Benito 166 B2
San Bernardino 105 D2,
   106 A2
San Biágio di Callalta 107 D3
San Biágio Platani 124 B2
San Biase 120 A3
San Biase 119 D2
San Bonifácio 107 C3
San Bou 157 D1
San Bruno 119 D2
San Carlo 124 B2
San Carlo (Val Bavona)
   105 C/D2
San Carlos 157 C2
San Carlos del Valle 167 D2,
   168 A2
San Casciano in Val di Pesa
   114 B2/3, 116 B2
San Cassiano 107 C2
San Cassiano dei Bagni
   116 B3
San Cassiano/sankt Kassian
   107 C2
San Cataldo 119 C2
San Cataldo 124 B2
San Cataldo 121 D3
San Cebrián de Campos
   152 B2/3
San Cebrián de Castro
   151 D3, 159 D1
San Cebrián de Mazote
   152 A3, 160 A1
San Cebrián de Mudá 152 B2
San Cesáreo 118 B2
San Cesário di Lecce 121 D3
San Chírico Nuovo 120 B2
San Chírico Raparo 120 B3

San Cipirello 124 A/B2
San Ciprián 150 B1
San Cipriano d'Aversa 119 C3
San Cipriano Picentino
   119 D3, 120 A2
San Claudio al Chienti 117 D2
San Clemente 115 C2,
   116 B1
San Clemente 168 A/B1
San Clemente 157 D1
San Clemente al Vomano
   117 D3, 119 C1
San Colombano al Lambro
   105 D3, 106 A3, 113 D1
San Cosme de Barreiros
   151 C1
San Constantino Albanese
   120 B3, 122 A/B1
San Cristóbal 157 D1
San Cristóbal de Cea 150 B2
San Cristóbal de Cuéllar
   160 B1
San Cristóbal de Entreviñas
   151 D3, 152 A3
San Cristóbal de la Cuesta
   159 D2
San Cristóbal de la Polantera
   151 D2
San Cristóbal de la Vega
   160 A/B1/2
San Croce 114 B2/3,
   116 A1/2
San Damiano d'Asti 113 C1
San Damiano Macra 112 B2
San Daniele del Friuli 107 D2,
   126 A2
San Daniele Po 114 A1
San Demétrio Corone
   122 A/B1
San Demétrio ne' Vestini
   117 D3, 119 C1
San Donà di Piave 107 D3
San Dónaci 121 D3
San Donato Val di Comino
   119 C2
San Emiliano 151 D1/2
San Esteban de Gormaz
   153 C3, 161 C1
San Esteban de Nogales
   151 D3
San Esteban de Pravia
   151 D1
San Esteban de Valdueza
   151 C2
San Esteban del Molar
   151 D3, 152 A3
San Esteban del Valle 160 A3
San Fele 120 A2
San Felice/sankt Felix 107 C2
San Felice sul Panaro 114 B1
San Felices 153 D3, 154 A3
San Felices de los Gallegos
   159 C2
San Ferdinando 122 A3
San Ferdinando di Púglia
   120 B1/2
San Fernando 171 D3
San Fernando 157 C2
San Fili 122 A1/2
San Foca 121 D3
San Francesco 117 C3,
   118 B1
San Francisco Javier 157 C2
San Frankcesco 119 D1
San Fratello 125 C2
San Fulgencio 169 C3,
   174 B1
San Gabriele 115 C1
San Galgano 114 B3, 116 B2
San García de Ingelmos
   160 A2
San Gavino Monreale 123 C3
San Gémini 117 C3, 118 B1
San Genésio 105 D3, 106 A3,
   113 D1
San Germano Vercellese
   105 C3
San Giácomo 112 B2
San Giacomo 107 C1
San Giácomo d'Acri 122 B1
San Giácomo delle Segnate
   114 B1

San Giácomo di Véglia
   107 D2
San Giacomo/sankt Jakob
   107 C1
San Gimignano 114 B3,
   116 A/B2
San Ginésio 115 D3, 117 D2
San Giórgio 115 D2, 117 C1
San Giórgio del Sánnio
   119 D3, 120 A2
San Giórgio della Richinvelda
   107 D2, 126 A2
San Giórgio di Livenza
   107 D3, 126 A3
San Giórgio di Lomellina
   105 D3, 113 D1
San Giórgio di Nogaro 126 A3
San Giórgio di Piano 114 B1
San Giórgio in Bosco 107 C3
San Giórgio Iónico 121 C3
San Giórgio la Molara
   119 D2/3, 120 A2
San Giórgio Lucano 120 B3,
   122 B1
San Giovanni 107 C/D1
San Giovanni 107 C2
San Giovanni a Piro 120 A3
San Giovanni Bianco
   106 A2/3
San Giovanni Ilarione 107 C3
San Giovanni in Croce
   114 A/B1
San Giovanni in Fiore 122 B2
San Giovanni in Persiceto
   114 B1
San Giovanni Reatino 117 C3,
   118 B1
San Giovanni Rotondo
   120 A/B1
San Giovanni/sankt Johann
   107 C1
San Giovanni Sínis 123 C2
San Giovanni Suérgiu 123 C3
San Giovanni Valdarno
   115 C3, 116 B2
San Giuliano Terme 114 A/B2,
   116 A1/2
San Giustino 115 C3, 117 C2
San Giusto Canavese 105 C3
San Godenzo 115 C2, 116 B1
San Gregório 117 D3, 119 C1
San Gregório 150 B3
San Gregório da Sássola
   118 B2
San Gregório Magno 120 A2
San Guido 114 B3, 116 A2
San Ignacio de Loyola 153 D1
San Ildefonso o la Granja
   160 B2
San Javier 169 C3, 174 B1
San Jorge 163 C2
San Jorge 157 C2
San José 174 A2
San José 172 B1
San Juan Bautista 157 C2
San Juan Bautista 152 B3
San Juan de Alicante 169 D3
San Juan de Aznalfarache
   171 D1/2
San Juan de la Nava 160 A2
San Juan de la Peña 154 B2
San Juan de los Terreros
   174 A1/2
San Juan de Mozarrifar
   154 B3, 162 B1
San Juan de Nieve 151 D1
San Juan del Olmo 160 A2
San Juan del Puerto 171 C1/2
San Lázzaro di Sávena
   114 B1/2, 116 B1
San Leo 115 C2, 117 C1
San Leonardo de Siete
   Fuéntes 123 C2
San Leonardo de Yagüe
   153 C3, 161 C1
San Leonardo in Passíria
   107 C1
San Leone 124 B3
San Lorenzo 119 C2/3
San Lorenzo a Merse 114 B3,
   116 B2

San Lorenzo al Mare 113 C2
San Lorenzo Bellizzi 120 B3,
   122 A/B1
San Lorenzo de Calatrava
   167 C2/3
San Lorenzo de Descardazar
   157 D1
San Lorenzo de El Escorial
   160 B2
San Lorenzo de la Parrilla
   161 D3, 168 A/B1
San Lorenzo in Banale 106 B2
San Lorenzo in Campo
   115 D3, 117 C2
San Lorenzo Nuovo 116 B3,
   118 A1
San Lucia del Mela 125 D1/2
San Lúcido 122 A1/2
San Lugano 107 C2
San Luis de Sabinillas 172 A3
San Luiso 157 D1
San Mamés de Campos
   152 B2
San Marcello Pistoiese
   114 B2, 116 A1
San Marcial 159 D1
San Marco 120 A3
San Marco Argentaro 122 A1
San Marco dei Cavoti
   119 D2/3, 120 A1/2
San Marco in Lámis 120 A/B1
San Marino 130 B1
San Marino 115 C/D2, 117 C1
San Martín 151 C3
San Martín 159 C2
San Martín 172 A3
San Martín de Boniches
   162 A3, 168 B1
San Martín de la Vega
   161 C3
San Martin de la Vega del
   Alberche 160 A2
San Martín de Maldá 155 D3,
   163 D1
San Martín de Moncayo
   154 A3, 162 A1
San Martín de Montalbán
   160 B3, 167 C1
San Martín de Pusa 160 A/B3,
   166 B1
San Martín de Unx 154 A2
San Martín de Valdeiglesias
   160 B2/3
San Martín del Pedroso
   151 C3, 159 C1
San Martín del Pimpollar
   160 A2/3
San Martín del Río 162 A2
San Martino 107 C2/3
San Martino Buon Albergo
   107 C3
San Martino de Pénsilis
   119 D2, 120 A1
San Martino di Castrozza
   107 C2
San Martino di Cellina 107 D2
San Martino di Lota 113 D2
San Martino in Rio 114 B1
San Mateo 157 C2
San Mateo 163 C2
San Mateo de Gállego 154 B3,
   162 B1
San Máuro Forte 120 B3
San Menáio 120 B1
San Michele 107 D3, 126 A3
San Michele 115 D2/3,
   117 C/D2
San Michele 118 B2
San Michele al Tagliamento
   107 D3, 126 A3
San Michele all'Ádige 107 C2
San Michele di Ganzaría
   125 C3
San Michele Salentino
   121 C/D2
San Miguel 157 C2
San Miguel de Aguayo
   152 B1/2
San Miguel de Bernúy 160 B1
San Miguel de Salinas 169 C3,
   174 B1

San Miguel de Serrezuela
   160 A2
San Miguel de Valero 159 D2
San Miguel del Arroyo 160 B1
San Millán de la Cogolla
   153 C2
San Millán de Lara 153 C3
San Millán de San Zadornil
   153 C2
San Miniato 114 B2/3,
   116 A1/2
San Muñoz 159 D2
San Nicola da Crissa
   122 A/B2
San Nicola dell'Alto 122 B1/2
San Nicolás del Puerto
   166 A3, 171 D1, 172 A1
San Nicolò d'Arcidano 123 C2
San Nicolò di Comélico
   107 D2
San Nicolò Ferrarese 115 C1
San Nicolò Gerrei 123 D3
San Pablo 167 C1
San Pancrázio 107 C2
San Pancrázio 114 A1
San Pancrázio Salentino
   121 D3
San Pancrázio/sankt Pankraz
   107 C2
San Pantaleo 123 D1
San Pantaleón de Losa
   153 C2
San Páolo di Civitate 120 A1
San Pedro 168 B2
San Pedro Alcántara 172 A3
San Pedro Bercianos 151 D2,
   152 A2
San Pedro de la Nave 151 D3,
   159 D1
San Pedro de Latarce 152 A3,
   159 D1, 160 A1
San Pedro de Mérida 165 D2,
   166 A2
San Pedro de Palmiches
   161 D2
San Pedro del Pinatar 169 C3,
   174 B1
San Pedro Manrique 153 D3
San Pelayo de Guareña
   159 D1/2
San Pellegrino Terme 106 A3
San Piero in Bagno 115 C2
San Piero Patti 125 C/D2
San Pietro 125 C3
San Pietro in Casale 114 B1
San Pietro in Palazzi 114 B3,
   116 A2
San Pietro in Valle 117 C3,
   118 B1
San Pietro/sankt Peter
   107 C/D1
San Pietro Vara 113 D2,
   114 A2
San Pietro Vernótico 121 D3
San Polo d'Enza 114 A/B1
San Polo di Piave 107 D3
San Quírico d'Órcia 115 C3,
   116 B2
San Rafael 157 C2
San Rafael 160 B2
San Rafael del Rio 163 C2
San Remo 113 C2/3
San Román 160 A3
San Román de Cameros
   153 D2/3
San Román de la Cuba
   152 A2/3
San Roque 172 A3
San Roque de Ríomiera
   153 C1
San Rufo 120 A3
San Salvatore Monferrato
   113 C1
San Salvo 119 D1/2, 120 A1
San Saturnino 150 B1
San Savino 115 C3, 117 C2
San Sebastián de los
   Ballesteros 172 A/B1
San Sebastiano 106 B3
San Sebastiano Curone
   113 D1

San Secondo Parmense
114 A1
San Severino Lucano 120 B3,
122 A1
San Severino Marche 115 D3,
117 D2
San Severo 120 A1
San Silvestre de Guzmán
170 B1/2
San Sosti 122 A1
San Stino di Livenza 107 D3
San Telmo 165 C3, 171 C1
San Tirso de Abres 151 C1
San Valentino alla Muta/sankt
Valentin 106 B1
San Valentino in Abruzzo
Citeriore 119 C1
San Venanzo 117 C3
San Vicente de Alcántara
165 C1
San Vicente de la Barquera
152 B1
San Vicente de Toranzo
152 B1
San Vicente del Raspeig
169 C/D3
San Vigílio/sankt Vigil 107 C2
San Vigílio/sankt Vigil
107 C1/2
San Vincenzo 114 B3, 116 A2
San Vincenzo Valle Roveto
119 C2
San Vitero 151 C/D3, 159 C1
San Vito 123 D3
San Vito al Tagliamento
107 D2/3, 126 A2/3
San Vito dei Normanni
121 D2
San Vito di Cadore 107 C/D2
San Vito lo Capo 124 A1/2
San Vito Romano 118 B3
San Vittore delle Chiuse
115 D3, 117 C/D2
San Zeno Navíglio 106 B3
San Zenone degli Ezzelini
107 C3
Sanaüja 155 D3, 163 D1
Sancelles 157 D1
Sancergues 87 D3, 102 B1
Sancerre 87 D3, 102 B1
Sancey-le-Grand 89 D3,
104 B1
Sancheville 87 C2
Sanchidrián 160 A/B2
Sanchonuño 160 B1
Sancoins 102 B1
Sancti-Spíritus 159 C2
Sancti-Spíritus 166 B2
Sand 31 C2
Sand 42 A/B2
Sanda 41 D3
Sanda 51 C2
Sanda 43 C/D1/2
Sandaméri 146 B2
Sandane 36 A/B1/2
Sandanski 139 D3, 140 B3
Sandanski 139 D3
Sandared 45 C3, 49 D1
Sandarne 40 A/B1
Sandås 30 B1
Sandau 69 D2
Sandbach 93 C2
Sandbach 59 D2, 60 B3,
64 A1
Sandbäckshult 51 D1
Sandbank 56 A/B1/2
Sandberg 81 C/D2
Sandbukt 4 B2
Sandbukta 28 A/B2, 33 C/D1
Sandby 53 C2
Sanddal 36 A/B2
Sande 36 A2
Sande 36 B2
Sande 36 A/B1/2
Sande 36 A/B1/2
Sande 43 D1, 44 A/B1
Sande 67 D1
Sande-Gödens 67 D1
Sandefjord 43 D2, 44 A/B1
Sandeggen 4 A3
Sandeid 42 A1

Sandemar 47 D1
Sandersdorf 69 D3, 82 B1
Sandersleben 69 C/D3, 82 A1
Sanderstølen 37 C3
Sandfors 31 D1
Sandgate 65 D3, 77 C1
Sandhamn 25 C/D3, 26 A3
Sandhamn 47 D1
Sandhaug 42 B1
Sandhead 56 A/B3
Sandhem 45 D3
Sandianes 150 B3
Sandillon 87 C3
Sandim 158 A2
Sandl 93 D2
Sandland 4 B2
Sandmo 29 C2
Sandnäset 35 C2
Sandnäset 34 B2
Sandnes 8 B2
Sandnes 9 C2
Sandnes 9 C1/2
Sandnes 42 A2
Sandneshamn 4 A3
Sandnessjøen 14 A2
Sandö 30 B3, 35 D2
Sando 159 D2
Sandomierz 97 C1, 98 A1
Sándorfalva 129 D2
Sandøsund 44 B1/2
Sandoval de la Reina 152 B2
Sandown 76 A2
Sandøy 32 A2
Sandrigo 107 C3
Sandringham 65 C1
Sandsbråten 43 D1
Sandsbro 51 C1
Sandsele 15 D3
Sandset 8 B2
Sandshamn 36 A1
Sandsjö 39 D1
Sandsjö 15 D3
Sandsjö 30 B1
Sandslån 30 B3, 35 D2
Sandstad 38 B2
Sandstad 32 B1
Sandstedt 68 A1
Sandtangen 7 C2
Sandtorg 9 C2
Sandvarp 30 B3, 35 D2
Sandvatn 42 B3
Sandvig 51 D3
Sandvik 51 D1
Sandvik 46 A2/3
Sandvik 4 A3, 9 D1
Sandvik 4 A3, 9 D1, 10 A1
Sandvika 38 A3, 43 D1
Sandvika 32 B2
Sandvika fjellstue 28 B3,
33 D1, 34 A1
Sandvika fjellstue 28 B3,
33 D1, 34 A1
Sandvika (Nordli) 29 C2
Sandviken 29 C2, 34 A1
Sandviken 40 A2
Sandviken 16 A1
Sandviken 29 D3, 34 B1
Sandvikvåg 42 A1
Sandwich 65 D3, 77 C/D1
Sandy 64 B2
Sâner 44 B1
Sånga 30 B3, 35 D2
Sangarcía 160 B2
Sangarrén 154 B3
Sángas 147 C3
Sangenjo 150 A2
Sangerhausen 82 A1
Sanginjoki 18 B2
Sanginjoki 18 B2
Sanginkylä 18 B2
Sangis 17 C/D2/3
Sangüesa 154 A2
Sanguinet 108 A1/2
Sanguinetto 107 C3, 114 B1
Saní 144 A2
Sanica Gornja 131 C/D2
Sanitz 53 D3
Sänkimäki 22 B2
Sanksnäs 15 D3
Sankt Aegyd am Neuwalde
94 A3

Sankt Andrä 96 A3, 127 C1
Sankt Andrä 94 B2
Sankt Andreasberg 69 C3,
81 D1
Sankt Anton am Arlberg
106 B1
Sankt Anton an der Jessnitz
94 A3
Sankt Antönien-Castels
106 A1
Sankt Augustin 80 A2
Sankt Blasien 90 B3
Sankt Donat 126 B1/2
Sankt Englmar 92 B1
Sankt Gallen 93 D3
Sankt Gallen 91 C3, 105 D1,
106 A1
Sankt Gallenkirch 106 A/B1
Sankt Gangloff 82 A/B2
Sankt Georgen am Reith
93 D3
Sankt Georgen an der Gusen
93 D2
Sankt Georgen an der Stiefing
127 C1
Sankt Georgen im Attergau
93 C3
Sankt Georgen ob Judenburg
126 B1
Sankt Gilgen 93 C3
Sankt Goar 80 A/B3
Sankt Goarshausen 80 A/B3
Sankt Ibb 49 D3, 50 A3
Sankt Ingbert 89 D1, 90 A1
Sankt Jakob bei Mixnitz
94 A3, 127 C1
Sankt Johann am Tauern
93 D3, 96 A3, 126 B1
Sankt Johann im Pongau
93 C3, 126 A1
Sankt Johann im Walde
107 D1, 126 A1
Sankt Johann in der Haide
127 D1
Sankt Johann in Tirol 92 B3
Sankt Lambrecht 126 B1
Sankt Leonhard am Forst
94 A2
Sankt Leonhard im Pitztal
106 B1
Sankt Lorenzen am Wechsel
94 A3, 127 D1
Sankt Lorenzen im Lesachtal
107 D1/2, 126 A1/2
Sankt Marein am Pickelbach
127 C/D1
Sankt Marein im Mürztal
94 A3, 127 C1
Sankt Margarethen 52 B3,
68 A/B1
Sankt Margarethen an der
Raab 127 C/D1
Sankt Margarethen im
Burgenland 94 B3
Sankt Märgen 90 B3
Sankt Margrethen 91 C3,
106 A1
Sankt Martin am Grimming
93 C3, 126 B1
Sankt Michael im Burgenland
127 D1
Sankt Michael im Lungau
126 A/B1
Sankt Michael in
Obersteiermark 93 D3,
96 A3, 127 C1
Sankt Michaelisdonn 52 A/B3
Sankt Moritz 106 A2
Sankt Münster-Sprakel 67 D3
Sankt Niklaus 105 C2
Sankt Nikolai im Sölktal 93 C3,
126 B1
Sankt Olof 50 B3
Sankt Oswald bei Freistadt
93 D2
Sankt Oswald in Freiland
127 C1
Sankt Pankraz 93 C/D3
Sankt Paul 127 C1/2
Sankt Peter-Ording 52 A2/3
Sankt Pölten 94 A2, 96 A2/3

Sankt Ruprecht an der Raab
127 C/D1
Sankt Stefan an der Gail
126 A/B2
Sankt Stefan im Rosental
127 C/D1
Sankt Urban 105 C1
Sankt Valentin 93 D2
Sankt Veit an der Glan 96 A3,
126 B1
Sankt Veit an der Gölsen
94 A2/3
Sankt Veit im Mühlkreis
93 C/D2
Sankt Veit in Defereggen
107 D1
Sankt Willibald 93 C2
Sankt Wolfgang 92 B2
Sankt Wolfgang im
Salzkammergut 93 C3
Sanlúcar de Barrameda
171 C/D2
Sanlúcar de Guadiana 170 B1
Sanlúcar la Mayor 171 D1/2
Sanluri 123 C3
Sannås 44 B2
Sannazzaro de'Burgondi
113 D1
Sannicandro di Bari 121 C2
Sannicandro Gargánico
120 A1
Sannidal 43 C/D2, 44 A2
Sännsjölandet 29 D3
Sanok 97 C/D2, 98 A2
Sanquhar 56 B2
Sansa 156 A1/2
Sansac-de-Marmiesse 110 A1
Sansepolcro 115 C3, 117 C2
Sanski Most 131 C/D1/2
Sansol 153 D2
Sant'Ágata de'Goti 119 D3
Sant'Ágata del Bianco 122 A3
Sant'Ágata di Ésaro 122 A1
Sant'Ágata di Militello 125 C2
Sant'Ágata di Púglia 120 A2
Sant'Ágata Féltria 115 C2,
117 C1
Sant'Ágata sui Due Golfi
119 D3
Sant'Ágata sul Santerno
115 C1/2, 116 B1
Sant'Agostino 114 B1
Sant'Anastasia 119 D3
Sant'Anatólia di Narco 117 C3,
118 B1
Sant'Andrea 123 D3
Sant'Andrea Bagni 114 A1
Sant'Andrea Bonagia 124 A2
Sant'Andrea Frius 123 D3
Sant Andreu de Llavaneres
156 A/B3
Sant'Ángelo 119 C3
Sant'Ángelo 122 B1
Sant'Ángelo 120 A/B2
Sant'Ángelo in Formis
119 C/D3
Sant'Ángelo in Lízzola 115 D2,
117 C1
Sant'Ángelo in Vado
115 C/D2/3, 117 C2
Sant'Ángelo Lodigiano
105 D3, 106 A3, 113 D1
Sant'Ángeloa Fasanella
120 A3
Sant'Anna Arresi 123 C3
Sant'Anna d'Alfaedo 106 B3
Sant'Anna di Valdieri 112 B2
Sant'Ántimo 115 C3,
116 B2/3
Sant'Antíoco 123 C3
Sant'Antíoco di Bisárcio
123 C1
Sant Antoni de Calonge
156 B2/3
Sant'António 123 D1
Sant'António di Santadi
123 C2/3
Sant'António Morignone
106 B2

Sant'Apollinare in Classe
115 C2, 117 C1
Sant'Arcángelo 120 B3
Sant Augustí de Lluçanès
156 A2
Sant Bartomeu del Grau
156 A2
Sant Boi de Llusanés 156 A2
Sant Carles de la Ràpita
163 C2
Sant Celoni 156 A/B3
Sant Cugat de Vallés 156 A3
Sant'Elia a Pianisi 119 D2,
120 A1
Sant'Elia Fiumerápido 119 C2
Sant Elm 157 C1
Sant'Elpídio a Mare 117 D2
Sant'Eufémia a Maiella
119 C1
Sant'Eutízio 117 C/D3
Sant Feliu de Codines 156 A3
Sant Feliu de Guíxols 156 B3
Sant Feliu de Llobregat
156 A3
Sant Feliu de Pallerols 156 B2
Sant Feliu Sasserra 156 A2
Sant Genis de Vilasar
156 A/B3
Sant Gregori 156 B2
Sant Hilari Sacalm 156 B2/3
Sant'Illário d'Enza 114 A/B1
Sant Jaume dels Domenys
156 A3, 163 D1
Sant Joan de les Abadesses
156 A2
Sant Juliá 155 D2, 156 A2
Sant Julian 155 D2
Sant Llorenç de Morunys
155 D2/3, 156 A2
Sant Llorenç Savall 156 A3
Sant Martí d'Empúries 156 B2
Sant Martí de Llémena
156 B2
Sant Martí de Maldà 155 D3,
163 D1
Sant Martí de Torroella
155 D3, 156 A3
Sant Martí Sapresa 156 B2
Sant Martí Sarroca 155 D3,
156 A3, 163 D1
Sant Martí Sasgayolas 155 D3,
156 A3, 163 D1
Sant Michel 26 B1
Sant'Omobono Imagna
106 A3
Sant Pau de Segúries
156 A/B2
Sant Pere de Ribes 156 A3,
163 D1
Sant Pere de Riubebitlles
155 D3, 156 A3, 163 D1
Sant Pere de Ronda 156 B2
Sant Pere de Torelló 156 A2
Sant Pere Pescador 156 B2
Sant Pol de Mar 156 B3
Sant Privat d'En Bas
156 A/B2
Sant Quintí de Mediona
155 D3, 156 A3
Sant Quirze de Besora
156 A2
Sant Sadurní d'Anoia 156 A3,
163 D1
Sant Sadurní de l'Heura
156 B2
Sant Salvador de Guardiola
155 D3, 156 A3, 163 D1
Sant Salvador de Toló 155 D3
Sant Vicenç 155 D2, 156 A2
Sant Vicenç de Castellet
156 A3
Santa Amalia 165 D2, 166 A2
Santa Ana 165 D1, 166 A1/2
Santa Ana 164 B3
Santa Ana de Cambas 170 B1
Santa Ana do Campa 164 B2
Santa Ana la Real 165 C/D3,
171 C1
Santa Bárbara 163 C2
Santa Bárbara de Casa
165 C3, 171 C1

Santa Bárbara de Nexe
170 B2
Santa Bárbara de Padrões
170 B1
Santa Calobra 157 C/D1
Santa Catarina da Fonte do
Bispo 170 B2
Santa Caterina di Pittinuri
123 C2
Santa Caterina Valfurva
106 B2
Santa Caterina Villarmosa
124 B2
Santa Cesarea Terme 121 D3
Santa Cilia de Jaca 154 B2
Santa Clara a Nova 170 A/B1
Santa Clara a Velha 170 A1
Santa Clara de Louredo
164 B3, 170 B1
Santa Coloma 153 D2
Santa Coloma de Farnés
156 B2/3
Santa Coloma de Queralt
155 D3, 163 D1
Santa Colomba de Somoza
151 D2
Santa Comba 150 A1/2
Santa Comba Dão 158 A/B2/3
Santa Comba de Rossas
151 C3, 159 C1
Santa Cristina 150 B1
Santa Cristina de Valmadrigal
152 A2
Santa Croce Camerina 125 C3
Santa Croce del Sánnio
119 D2, 120 A1/2
Santa Croce di Magliano
119 D2, 120 A1
Santa Cruz 164 A2
Santa Cruz 170 B1
Santa Cruz 164 A/B3, 170 A1
Santa Cruz da Trapa
158 A/B2
Santa Cruz de Grío 162 A1
Santa Cruz de la Serós
154 B2
Santa Cruz de la Sierra
166 A1
Santa Cruz de la Zarza
161 C3, 167 D1, 168 A1
Santa Cruz de los Cáñamos
167 D2, 168 A2
Santa Cruz de Moya 162 A3,
169 C1
Santa Cruz de Mudela 167 D2
Santa Cruz de Nogueras
162 A/B1/2
Santa Cruz de Pinares
160 A/B2
Santa Cruz del Retamar
160 B3
Santa Doménica Talao 120 B3,
122 A1
Santa Doménica Vittória
125 C/D2
Santa Elena 167 D3
Santa Elena de Jamuz
151 D2/3
Santa Elisabetta 124 B2
Santa Eufemia 166 B2
Santa Eufémia d'Aspromonte
122 A3
Santa Eufémia Lamézia
122 A/B2
Santa Eugenia 157 D1
Santa Eulalia 153 D2/3
Santa Eulalia 162 A2
Santa Eulalia 152 A1
Santa Eulália 165 C2
Santa Eulalia de Gállego
154 B2
Santa Eulalia de Oscos
151 C1
Santa Eulalia del Río 157 C2
Santa Eulalia la Mayor
154 B2/3
Santa Fé 156 A/B3
Santa Fiora 116 B3, 118 A1
Santa Gadea del Cid 153 C2
Santa Galdana 157 D1
Santa Gertrude/sankt
Gertraud 106 B2

Santa Inés 157 C2
Santa Iria 165 C3, 170 B1
Santa Justa 164 B2
Santa Lecina 155 C3, 163 C1
Santa Leocádia 158 A/B1/2
Santa Liestra y San Quílez
155 C2
Santa Linya 155 C/D3
Santa Luce 114 B3, 116 A2
Santa Lucia 123 D1/2
Santa Luzia 164 B3, 170 A1
Santa Maddalena/sankt
Magdalena 107 D1
Santa Magdalena de Pulpis
163 C2/3
Santa Margalida 157 D1
Santa Margarida da Coutada
164 B1
Santa Margarida da Serra
164 A/B3, 170 A1
Santa Margarida de Montbui
155 D3, 156 A3, 163 D1
Santa Margarida do Sado
164 B3, 170 A1
Santa Margherita 123 C3
Santa Margherita di Belice
124 A2
Santa Margherita Lígure
113 D2
Santa Marta 122 A1
Santa María 157 C/D1
Santa Maria a Piè di Chienti
117 D2
Santa Maria a Vico 119 D3
Santa Maria al Bagno 121 D3
Santa Maria Cápua Vétere
119 C/D3
Santa María d'Anglona
120 B3
Santa María de Campo Rus
168 A/B1
Santa María de Cayón 152 B1
Santa María de Huerta
161 D1
Santa María de las Hoyas
153 C3, 161 C1
Santa María de los Caballeros
159 D2/3, 160 A2/3
Santa María de Melque
160 B3, 167 C1
Santa María de Mercadillo
153 C3, 161 C1
Santa María de Merlès
156 A2
Santa María de Meyà 155 D3
Santa María de Naranco
151 D1
Santa María de Oló 156 A2/3
Santa María de Riaza 161 C1
Santa María de Sando 159 D2
Santa María degli Ángeli
115 D3, 117 C2
Santa María del Campo
152 B3
Santa María del Páramo
151 D2, 152 A2
Santa María del Taro 113 D2,
114 A1/2
Santa María del Val 161 D2,
162 A2
Santa Maria della Strada
119 D2, 120 A1
Santa Maria della Versa
113 D1
Santa Maria di Licodia 125 C2
Santa Maria di Merino 120 B1,
136 A2
Santa Maria de Neápolis
123 C3
Santa Maria di Porto Novo
117 D2, 130 A3
Santa Maria di Propezzano
119 C1
Santa Maria di Siponto
120 B1
Santa Maria im Münstertal
106 B2
Santa Maria la Palma 123 C1
Santa Maria la Real de Nieva
160 B2
Santa Maria Maggiore
105 C/D2

Santa Maria Rezzónico
105 D2, 106 A2
Santa Marina 151 D1
Santa Marina de Valdeón
152 A1
Santa Marina del Rey 151 D2
Santa Marina Salina 125 C1
Santa Marinella 118 A1/2
Santa Marta 165 D2
Santa Marta 168 B2
Santa Marta de Magasca
165 D1, 166 A1
Santa Marta de Penaguião
158 B1/2
Santa Ninfa 124 A2
Santa Olalla 160 B3, 167 C1
Santa Olalla del Cala 165 D3,
166 A3, 171 D1
Santa Pau 156 B2
Santa Pola 169 C/D3
Santa Pola del Este 169 C/D3
Santa Ponça 157 C1
Santa Severa 113 D2
Santa Severa 118 A2
Santa Severina 122 B2
Santa Sofia 115 C2, 116 B1
Santa Sofia 164 B2
Santa Sofia d'Epiro 122 A/B1
Santa Susana 165 C2
Santa Suzana 164 B2/3
Santa Teresa di Riva 125 D2
Santa Teresa Gallura 123 D1
Santa Valburga/sankt Walburg
106 B2
Santa Victoria do Ameixial
165 C2
Santa Vittória 164 B3, 170 B1
Santa Vittória in Matenano
117 D2
Santacara 154 A2
Santadi 123 C3
Santaella 172 A/B1
Santafé 173 C2
Santahamina 25 C/D3, 26 A3
Santana 164 A2/3
Santana da Serra 170 A1
Santander 152 B1
Santandria 157 D1
Santanyi 157 D1/2
Santar 158 B2
Santarcángelo di Romagna
115 C/D2, 117 C1
Santarém 164 A/B1/2
Santas Martas 152 A2
Sante Trinità di Saccárgia
123 C1
Santed 162 A2
Santena 113 C1
Santenay 103 C/D1
Santéramo in Colle 121 C2
Santesteban 108 A3, 154 A1
Santhià 105 C3
Santiago 158 B2
Santiago de Alcántara 165 C1
Santiago de Calatrava 167 C3,
172 B1
Santiago de Compostela
150 A2
Santiago de la Espada
168 A3, 173 D1
Santiago de la Puebla 160 A2
Santiago de la Ribera 169 C3,
174 B1
Santiago del Campo 159 C3,
165 D1, 166 A1
Santiago do Cacém 164 A/B3,
170 A1
Santiago do Escoural 164 B2
Santiago Maior 165 C2
Santiago Millas 151 D2
Santibáñez de Ayllón 161 C1
Santibáñez de Béjar 159 D2
Santibáñez de la Peña
152 A/B2
Santibáñez de Tera 151 D3
Santibáñez de Vidriales
151 D3
Santibañez el Alto 159 C3
Santibáñez Zarzaguda 153 C2
Santillana 152 B1
Santillana de Campos 152 B2

Santiponce 171 D1
Santiso 150 B2
Santisteban del Puerto
167 D3, 168 A3
Santiuste de San Juan
Bautista 160 A/B1/2
Santiz 159 D1/2
Santo Aleixo 165 C3, 171 C1
Santo Aleixo 165 C2
Santo Amador 165 C3,
170 B1
Santo Amaro 165 C2
Santo André 164 A3, 170 A1
Santo Antão 164 A2
Santo António das Areias
165 C1
Santo Cruz del Comercio
172 B2
Santo Domingo de la Calzada
153 C2
Santo Domingo de Silos
153 C3
Santo Estêvão 170 B2
Santo Estêvão 159 C3
Santo Estêvão 164 A2
Santo Pietro-di-Tenda 113 D2
Santo Spírito 121 C2, 136 A3
Santo Stéfano Belbo 113 C1
Santo Stéfano d'Áveto
113 D1/2, 114 A1
Santo Stéfano di Cadore
107 D2, 126 A2
Santo Stéfano di Camastra
125 C2
Santo Stéfano di Magra
114 A2
Santo Stéfano Quisquina
124 B2
Santo Stino di Livenza
107 D3
Santo Tirso 158 A1
Santo Tomás 157 D1
Santo Tomé 167 D3, 168 A3,
173 C1
Santok 71 C2
Santolea 162 B2
Santomera 169 C3, 174 B1
Santoña 153 C1
Santorcaz 161 C2
Santoseso 151 D1
Santovenia 151 D3, 152 A3,
159 D1
Santovka 95 D2
Santpedor 156 A3
Santu Lussúrgiu 123 C2
Santuário d'Oropa 105 C3
Santuario de Aránzazu
153 D2
Santuario di Montenero
114 A/B3, 116 A2
Santuário Hera Lacinia
122 B2
Santurde 153 C2
Santurdejo 153 C2
Sanxay 101 C2
Sanza 120 A3
Sanzoles 159 D1, 160 A1
São Barnabé 170 A/B1/2
São Bartolomeu da Serra
164 A/B3, 170 A1
São Bartolomeu de Messines
170 A2
São Bartolomeu dos Galegos
164 A1/2
São Bento 150 A3, 158 A1
São Brás de Alportel 170 B2
São Braz 165 C3, 170 B1
São Braz de Regedouro
164 B2/3
São Cristovão 164 B2/3
São Domingos 170 B1
São Domingos 164 B3,
170 A1
São Felix 158 B2
São Francisco da Serra
164 A/B3, 170 A1
São Gregorio 164 B2
São Gregorio 150 B3
São Jacinto 158 A2
São Joãn da Madeira 158 A2
São Joaninho 158 A/B2

São João da Pesqueira
158 B1/2
São João da Ribeira 164 A1/2
São João da Serra 158 A2
São João da Venda 170 B2
São João de Tarouca 158 B2
São João do Monte 158 A/B2
São João dos Caldeireiros
170 B1
São Leonardo 165 C3
São Lourenço 164 A2/3
São Lourenço 150 B/C3,
151 C3, 158 B1
São Lourenço de Mamporcão
165 C2
São Luiz 170 A1
São Mamêde de Riba Tua
158 B1
São Manços 164 B3
São Marcos da Ataboeira
170 B1
São Marcos da Serra
170 A1/2
São Marcos do Campo
165 C3
São Martinho 158 A/B3
São Martinho 164 B2
São Martinho 158 B1
São Martinho das Amoreiras
170 A1
São Martinho do Porto
164 A1
São Mateus 164 B2
São Matias 164 B2
São Matias 164 B3, 170 B1
São Miguel de Acha 158 B3,
165 C1
São Miguel de Machede
165 C2
São Miguel de Poiares
158 A/B3
São Miguel do Pinheiro
170 B1
São Pedro 151 C3, 159 C1
São Pedro da Cadeira 164 A2
São Pedro da Torre 150 A3
São Pedro de Muel 158 A3,
164 A1
São Pedro de Solis 170 B1
São Pedro do Sul 158 B2
São Quintino 164 A2
São Romão 158 B2/3
São Romão 165 C2
São Romão 164 B2
São Sebastião de Gommes
Aires 170 A/B1
São Sebastião dos Carros
170 B1
São Simão 164 A2/3
São Teotónio 170 A1
São Tiago 159 C1
São Torcato 158 A1
São Vicente 165 C2
São Vicente da Beira 158 B3,
165 C1
Saorge 112 B2
Saou 111 C/D1
Sápai 141 C3, 145 D1,
149 C1
Saparevo banja 139 D2
Sapataria 164 A2
Sapiãos 150 B3, 158 B1
Sapolno 71 D1
Sappada 107 D2, 126 A2
Sappee 25 C1/2, 26 A1/2
Sappee 25 C/D1, 26 A1
Sappen 4 B3, 10 B1
Sappetsele 15 D3
Sappisaasi 10 B3
Sapri 120 A/B3, 122 A1
Sapsalampi 21 C3
Saques 154 B2
Sara 20 B3
Saraby 5 C2, 6 A1
Sarajärvi 19 C1
Sarajärvi 27 C/D1
Sarajevo 132 B2/3
Sarakína 143 C2
Saramo 23 C1
Saramon 109 C3, 155 C/D1
Saranda 142 A3, 148 A1

Sarandinovo 138 B3, 143 C1
Saraorci 134 B2
Säräsiniemi 18 B3
Sarata 99 C3, 141 D1
Saray 141 C/D3
Sarayköy 149 D2
Sarbia 71 D2
Sarbinowo 70 B2
Sárbogárd 128 B1
Sarche 106 B2
Sárdara 123 C3
Sardas 154 B2
Sardoal 164 B1
Sare 108 A3, 154 A1
Šarengrad 129 C3, 133 C1
Šarenik 133 D3, 134 A3
Šarenik 133 D3, 134 A3
Sarentino/sarntheim 107 C1/2
Sarezzo 106 B3
Sargans 105 D1, 106 A1
Sári 129 C1
Sari d'Orcino 113 D3
Sari-di-Porto-Vecchio 113 D3
Sariano 114 B1
Saricaali 145 D1
Sar göl 149 D2
Sariñena 155 C3, 162 B1
Sárisáp 95 D3
Sarjankylä 21 C/D1, 22 A1
Sarjankylä 21 C/D2, 22 A2
Sárjåsjaurestugan 15 C/D1
Särkelä 13 C2/3
Särkelä 19 C/D1
Sárkeresztes 95 C/D3, 128 B1
Sárkeresztúr 128 B1
Särkijärvi 11 C3, 12 A1/2
Särkijärvi 19 C2
Särkijärvi 18 B1
Särkijärvi 19 D2/3, 23 C/D1
Särkikylä 21 C2
Särkilahti 25 D1, 26 A1
Särkilahti 27 C/D1
Särkiluoma 19 D1
Särkimo 20 B2
Särkisalmi 27 D1
Särkisalo 21 D2, 22 A2
Särkisalo 24 B3
Särkivaara 23 C1/2
Sarkola 24 B1
Şarköy 141 C3, 149 D1
Sarlat-la-Canéda 109 C/D1
Sarleinsbach 93 C2
Sarliac-sur-l'Isle 101 D3
Sărmaşu 97 D3, 98 A/B3,
140 B1
Sármellék 128 A1/2
Sarmijärvi 7 C3
Sarmingstein 93 D2
Särna 39 C1
Sarnadas 158 B3, 165 C1
Särnaheden 38 B1
Sarnano 115 D3, 117 D2
Sarnen 105 C1
Sárnico 106 A/B3
Sarno 119 D3
Sarnow 70 A/B1
Sarnowa 71 D3
Sarnthein 107 C2
Sarny 98 B1
Särö 45 C3, 49 D1, 50 A1
Sarone 107 D2
Saronís 147 D3
Saronno 105 D3, 106 A3
Sárosd 128 B1
Šarovce 95 D2/3
Sarpsborg 44 B1
Sarralbe 89 D1, 90 A1
Sarrance 108 B3, 154 B1
Sarras 103 D3, 111 C1
Sarratella 163 C3
Sarre-Union 89 D1, 90 A1
Sarreaus 150 B3
Sarrebourg 89 D1/2, 90 A2
Sarreguemines 89 D1, 90 A1
Sarria 150 B2
Sarrión 162 B3
Sarroca de Bellera 155 C/D2
Sarroca de Segre 155 C3,
163 C1
Sarroch 123 C/D3
Sarron 108 B3, 154 B1

Sársina 115 C2, 117 C1
Sarstedt 68 B3
Sárszentlörinc 128 B2
Sárszentmiklós 128 B1
Sartaguda 153 D2, 154 A2
Sartène 113 D3
Sárti 144 B2
Sartilly 85 D1
Sartirana Lomellina 113 C/D1
Saruhanlı 149 D2
Sarule 123 D2
Sárvár 96 B3, 128 A1
Sarvaš 129 C3
Sarvela 20 B3
Sarvijoki 20 A/B2
Sarvikas 21 C2/3
Sarvikumpu 23 C3
Sarvinki 23 D2/3
Sarvisalo 27 D1
Sarvisvaara 16 B1
Sarvsalö 25 D3, 26 A3
Särvsjön 34 A2/3
Sarzana 114 A2
Sarzeau 85 C3
Sarzeda 158 B2
Sarzedas 158 B3, 165 C1
Sarzedo 158 B2
Šaš 128 A3, 131 D1, 132 A1
Sas van Gent 78 B1
Sasa 139 C2
Sasamón 152 B2
Sasca-Română 135 C1
Sásd 128 B2
Sasi 24 B1
Sasina 131 D1
Šášov 95 D2
Sassali 12 A/B2
Sássari 123 C1
Sássari Argentiera 123 C1
Sássari La Corte 123 C1
Sássari Palmadula 123 C1
Sássari Stintino 123 C1
Sassello 113 C2
Sassenage 104 A3
Sassenberg 67 D3
Sassuolo 114 B1
Šaštínske Stráže 94 B2
Satanov 98 B2
Satão 158 B2
Säter 45 D2
Säter 39 D2/3, 40 A2
Sæter 32 A2
Saterland-Scharrel 67 D2
Saterland-Strücklingen
67 D1/2
Sätila 45 C3, 49 D1, 50 A1
Satillieu 103 C/D3, 111 C1
Satolas 103 D3
Sátoraljaújhely 97 C2/3
Šatornja 133 D2, 134 A/B2
Šatov 94 A/B1/2
Satow 53 D3
Sätrabrunn 40 A3
Sátrai 145 C1
Sætran 9 C2
Sætran 9 C2
Satriano di Lucánia
120 A/B2/3
Satrup 52 B2
Šatry 75 C1
Såttåhaugvoll 33 C/D2
Sattajärvi 17 D2, 18 A1
Sattajärvi 17 C/D1
Sattanen 12 B2
Satteins 106 A1
Sattel 105 D1
Sattledt 93 C2/3
Sättna 35 D2/3
Satu Mare 97 D3, 98 A3

Satulung 97 D3, 98 A3
Saubach 82 A1
Saubusse 108 A2/3, 154 A/B1
Saúca 161 D2
Saucats 108 B1
Saucedilla 159 D3, 166 A1
Saucelle 159 C2
Sauda 42 B1
Saudal 15 D2
Saudasjøen 42 B1
Saudron 89 C2
Sauerbrunn 94 B3
Sauerlach 92 A3
Saugon 100 B3, 108 B1
Saugues 110 B1
Saujon 100 B3
Saukkojärvi 18 B1
Saukkokoski 10 B2
Saukkola 17 D2, 18 A1
Saukkola 25 C3
Saukkola 21 D3, 22 A3
Saukkoperukka 23 C1
Saukkoriipi 12 A3, 17 D1
Saukonkylä 21 C2
Saukonperä 24 B1
Saukonsaari 27 C1
Sauland 43 C1, 44 A1
Saulce-sur-Rhône 111 C1
Sauldorf-Krumbach 91 C3
Saulgau 91 C3
Saulges 86 A2
Saulgrub 91 D3, 92 A3
Saulieu 88 B3, 103 C1
Sault 111 D2
Sault-Brénaz 103 D2/3,
104 A3
Sault-de-Navailles 108 B3,
154 B1
Saulx 89 C/D3
Saulxures-sur-Moselotte
89 D2/3, 90 A3
Saulzet 102 B2
Saumur 86 A/B3, 101 C1
Saunajärvi 23 D1
Saunajoki 24 B1
Saunakylä 21 C2
Saunakylä 20 B3
Saunavaara 12 B2/3
Saundersfoot 62 B1
Sauøy 32 B1
Sauquillo de Paredes 161 C1
Saura 14 B1
Saura 14 A/B2
Saurat 109 D3, 155 D2,
156 A1
Saurier 102 B3
Sáuris 107 D2, 126 A2
Saussy 88 B3
Sausvatn 14 A3, 29 C1
Sausvatnet 14 A3, 29 C1
Saut du Doubs 104 B1
Sauvagnat 102 A/B2/3
Sauve 110 B2
Sauveterre-de-Béarn 108 A3,
154 B1
Sauveterre-de-Guyenne
108 B1
Sauveterre-de-Rouergue
110 A2
Sauviat-sur-Vige 101 D2,
102 A2
Sauvo 24 B3
Sauxillanges 102 B3
Sauze d'Oulx 112 B1
Sauzé-Vaussais 101 C2
Sauzet 109 C/D1/2
Sauzon 84 B3
Sava 121 C/D3
Savalberget 33 C3, 37 D1
Savalen 33 C3, 37 D1
Savaloja 18 A/B3
Sävar 20 A1, 31 D2
Sævareid 42 A1
Savci 127 D2
Säve 45 C3
Sävedalen 45 C3, 49 D1
Savelli 122 B1/2
Savelli 117 D3, 118 B1
Savenaho 25 D1, 26 A1

Savenay 85 C3, 100 A1
Säveni 98 B2/3
Saverdun 109 D3, 155 D1,
156 A1
Saverne 89 D1/2, 90 A2
Savero 26 B2
Sävi 24 B1
Sävia 22 B2
Saviaho 23 C1
Säviäntaipale 22 B2
Savigliano 112 B1, 113 C1
Savignac-les-Eglises 101 D3
Savignano di Rigo 115 C2,
117 C1
Savignano Irpino 119 D3,
120 A2
Savignano sul Rubicone
115 C/D2, 117 C1
Savigné-l'Évêque 86 B2
Savigno 114 B2, 116 B1
Savigny-sur-Braye 86 B2/3
Savijärvi 23 D1
Savijoki 25 D2, 26 A2
Savikylä 23 C1/2
Savilahti 27 C1/2
Savina Voda 138 A1
Savifñan 154 A3, 162 A1
Saviniemi 25 C2
Savino Selo 129 C3
Savio 21 D3, 22 A3
Sávio 115 C2, 117 C1
Saviore d'Adamello 106 B2
Saviselkä 21 D1, 22 A1
Savitaipale 27 C2
Sävja 40 B3
Sævlandsvik 42 A2
Sævlandsvik 42 A2
Šavnik 137 D1
Savo 25 C1
Savo 25 C1
Savognin 106 A2
Sávoly 128 A2
Savona 113 C2
Savonkylä 21 C2
Savonlinna 27 C1
Savonranta 23 C3
Sævråsvåg 36 A3
Sävsjö 46 A3, 51 C1, 72 A1
Sävsjön 39 C3
Sävsjön 31 C1
Sävsjöström 51 C1
Savudrija 126 A/B3
Savukoski 13 C2/3
Savulahti 22 B2
Sawston 65 C2
Sax 169 C2/3
Saxdalen 39 D3
Saxmundham 65 D2
Saxnäs 29 D1, 30 A1
Saxnäs 15 D3
Sayat 102 B3
Sayatón 161 C2/3
Sayda 83 C2
Säynäjä 19 C1
Säynätsalo 21 D3, 22 A3
Säyneinen 23 C2
Säynejärvi 23 D3, 27 D1
Säynelahti 23 C3
Säytsjärvi 6 B3
Sazes de Lorvão 158 A3
Scaër 84 B2
Scăieşti 135 D2
Scalasaig 54 A2, 55 D1,
56 A1
Scalby 61 D2
Scalea 120 B3, 122 A1
Scaletta Zanclea 122 A3,
125 D2
Scálzeri 107 C2/3
Scandale 122 B2
Scandiano 114 B1
Scandicci 114 B2, 116 B1/2
Scandolara Ravara 114 A1
Scanno 119 C2
Scano di Montiferro 123 C2
Scansano 116 B3
Scanzano 121 C3
Scăpău 135 C/D2
Scarborough 61 D2
Scardovari 115 C/D1
Scarinish 54 A2, 55 D1

Scário 120 A3
Scarlino 114 B3, 116 A2/3
Scarmafigi 112 B1
Scarperia 114 B2, 116 B1
Scarva 58 A1
Scáuri 119 C2/3
Šćepan Polje 133 C3, 137 C1
Scey-sur-Saône 89 C3
Schaafheim 81 C3
Schaan 105 D1, 106 A1
Schachendorf 127 D1
Schackenborg 52 A2
Schadeleben 69 C3
Schaffhausen 90 B3
Schafstädt 82 A1
Schäftlarn 92 A3
Schagen 66 A/B2
Schalkau 81 D2, 82 A2
Schangnau 105 C1
Schanz 91 D3
Schapbach 90 B2
Scharbeutz 53 C3
Scharbeutz-Gleschendorf
53 C3
Scharbeutz-Haffkrug 53 C3
Schärding 93 C2
Scharfling 93 C3
Scharnebeck 69 C1
Scharnitz 92 A3, 107 C1
Schartau 69 C/D2
Schattwald 91 D3
Schauenstein 82 A2/3
Schechingen 91 C1/2
Scheelenborg 49 C3, 53 C1
Scheemda 67 C1/2
Scheessel 68 B1/2
Scheessel-Westervesede
68 B1/2
Schefflenz 91 C1
Schéggia 115 D3, 117 C2
Scheibbs 94 A3
Scheibenberg 82 B2
Scheidegg 91 C3
Scheifling 96 A3, 126 B1
Scheinfeld 81 D3
Schelklingen 91 C2
Schellerten 68 B3
Schemmerhofen-Aufhofen
91 C2
Schenefeld 52 B3
Schenklengsfeld 81 C2
Schermbeck 67 C3, 80 A1
Schermen 69 D3
Schernsdorf 70 B3
Scherpenzeel 66 B3
Scherpenzeel 66 B2
Schesslitz 82 A3
Scheveningen 66 A3
Scheyern 92 A2
Schiedam 66 A3
Schieder-Schwalenberg
68 A/B3
Schierke 69 C3, 81 D1
Schierling 92 B1/2
Schierling-Eggmühl 92 B1/2
Schiermonnikoog 67 C1
Schiers 106 A1
Schiffdorf 68 A1
Schiffdorf-Wehdel 68 A1
Schifferstadt 90 B1
Schildau 82 B1
Schildow 70 A2
Schillingsfürst 91 D1
Schilpário 106 B2
Schiltach 90 B2
Schio 107 C3
Schirmeck 89 D2, 90 A2
Schirnding 82 B3
Schitu-Duca 99 C3
Schkeuditz 82 B1
Schkölen 82 A1/2
Schköna 69 D3, 82 B1
Schlabendorf 70 A/B3
Schladen 69 C3
Schladming 93 C3, 96 A3,
126 B1
Schlagsdorf 53 C3, 69 C1
Schlangen 68 A3
Schlangenbad 80 B3
Schleching 92 B3
Schleiden 79 D2

Schleiden-Gemünd 79 D2
Schleife 83 D1
Schleitheim 90 B3
Schleiz 82 A2
Schleswig 52 B2
Schleusingen 81 D2
Schlieben 70 A3, 83 C1
Schliersee 92 A/B3
Schliersee-Valepp 92 A/B3
Schlitz 81 C2
Schlitz-Willofs 81 C2
Schloss Wildegg 94 A/B2/3
Schlossvippach 82 A1
Schlotheim 81 D1
Schluchsee 90 B3
Schlüchtern 81 C2
Schlüsselfeld 81 D3
Schmalkalden 81 D2
Schmallenberg 80 B1
Schmallenberg-Dorlar 80 B1
Schmallenberg-Fredeburg 80 B1
Schmatzin 70 A1
Schmelz 80 A3, 89 D1, 90 A1
Schmidmühlen 92 A/B1
Schmiedeberg 70 B1/2
Schmiedeberg 83 C2
Schmiedefeld 81 D2
Schmölln 82 B2
Schmölln 70 B1
Schnackenburg 69 C/D2
Schnaitsee 92 B2/3
Schnaittach 82 A3, 92 A1
Schnaittenbach 82 A/B3, 92 A/B1
Schnaittenbach-Kemnath 82 B3, 92 B1
Schneeberg 82 B2
Schnega 69 C2
Schneidlingen 69 C3
Schneizelreuth-Melleck 92 B3
Schnelldorf-Oberampfrach 91 D1
Schneverdingen 68 B1/2
Schneverdingen-Heber 68 B2
Schoenberg 79 D2
Schöffengrund 80 B2
Schöftland 90 B3, 105 C1
Schöfweg 93 C1/2
Scholen-Anstedt 68 A2
Schollene 69 D2
Schöllkrippen 81 C3
Schöllnach 93 C2
Schömberg 90 B2
Schöna 83 C1
Schonach 90 B2
Schönaich 91 C2
Schönau-Unterzeitlarn 92 B2
Schönbach 93 D2
Schönbeck 70 A1
Schönberg 53 C3, 69 C1
Schönberg 93 C1/2
Schönberg 53 C2/3, 53 C2/3
Schönbergerstrand 53 C2/3, 53 C2/3
Schönbrunn 81 D2, 82 A2
Schönebeck 69 D3
Schönebeck 69 D2
Schöneben 93 C2
Schöneck 82 B2
Schönecken 79 D3
Schönefeld 70 A2/3
Schönenberg-Kübelberg 90 A1
Schöneuche 70 A/B2
Schönewalde 70 A3
Schönfeld 70 A/B2
Schönfeld 94 B2
Schongau 91 D3, 92 A3
Schöngleina 82 A2
Schönhausen 69 D2
Schönheide 82 B2
Schöningen 69 C3
Schönsee 82 B3, 92 B1
Schönthal 92 B1
Schonungen 81 D3
Schonungen-Löffelsterz 81 D3
Schönwald 90 B2/3
Schönwald (Rehau) 82 B2/3
Schönwalde 70 A2
Schönwalde 70 A/B3

Schönwalde 53 C3
Schoonebeek 67 C2
Schoonhoven 66 A/B3
Schoonloo 67 C2
Schoonoord 67 C2
Schopfheim 90 A/B3
Schopfheim-Gersbach 90 A/B3
Schopfloch (Dinkelsbühl) 91 D1
Schopfloch (Freudenstadt) 90 B2
Schöppenstedt 69 C3
Schöppingen 67 C/D3
Schora 69 D3
Schörfling am Attersee 93 C3
Schorndorf 91 C2
Schortens 67 D1
Schoten 78 B1
Schotten 81 C2
Schramberg 90 B2
Schrecksbach 81 C2
Schrems 93 D2, 94 A2
Schrick 94 B2
Schriesheim 80 B3, 90 B1
Schrobenhausen 92 A2
Schröcken 106 B1
Schrozberg 91 C/D1
Schrozberg-Leuzendorf 91 C/D1
Schruns 106 A/B1
Schuby 52 B2
Schulenburg (Leine) 68 B3
Schulzendorf 70 B2
Schulzhytta 28 B3, 33 D2
Schüpfheim 105 C1
Schuttertal 90 B2
Schuttertal-Schweighausen 90 B2
Schüttorf 67 C/D2/3
Schützen am Gebirge 94 B3
Schwaan 53 D3, 69 D1
Schwabach 91 D1, 92 A1
Schwabach-Grossschwarzenlohe 92 A1
Schwabhausen bei Dachau 92 A2
Schwäbisch Gmünd 91 C2
Schwäbisch Hall 91 C1
Schwabmünchen 91 D2
Schwadorf 94 B2/3
Schwaförden 68 A2
Schwalmstad-Treysa 81 C2
Schwalmstadt-Ziegenhain 81 C2
Schwalmtal 81 C2
Schwanau-Ottenheim 90 A/B2
Schwanbeck 70 A1
Schwanberg 127 C1/2
Schwanden 105 D1, 106 A1
Schwandorf 92 B1
Schwanebeck 69 C3
Schwanenstadt 93 C2/3
Schwanewede 68 A1
Schwanewede-Meyenburg 68 A1
Schwanfeld 81 D3
Schwangau 91 D3
Schwanheide 69 C1
Schwanstetten-Schwand 92 A1
Schwante 70 A2
Schwarme 68 A2
Schwarmstedt 68 B2
Schwarza 81 D2
Schwarza 82 A2
Schwarzach 81 D3
Schwarzach 92 B1
Schwarzach im Pongau 93 C3, 107 D1, 126 A1
Schwarzau am Steinfelde 94 B3
Schwarzau im Gebirge 94 A3
Schwarzbach 81 D2
Schwärzelbach-Neuwirthshaus 81 C2/3
Schwarzenau 94 A2
Schwarzenbach 82 A2
Schwarzenbach 82 A/B2/3
Schwarzenbach (Neustadt) 82 A/B3

Schwarzenbek 69 C1, 69 C1
Schwarzenberg 82 B2
Schwarzenborn 81 C2
Schwarzenborn 79 D3, 80 A3
Schwarzenburg 104 B1
Schwarzenfeld 92 B1
Schwarzheide 83 C1
Schwarzhofen-Zangenstein 92 B1
Schwarzsee 104 B1/2
Schwarzwaldalp 105 C1/2
Schwaz 92 A3, 107 C1
Schwechat 94 B2, 96 B2/3
Schwedt 70 B2, 72 A3
Schwefelberg-Bad 104 B1/2
Schwegenheim 90 B1
Schweich 79 D3, 80 A3
Schweickershausen 81 D2/3
Schweinfurt 81 D3
Schweinitz 69 D3
Schweinitz 70 A3
Schweinrich 69 D1/2, 70 A1/2
Schweitenkirchen-Sünzhausen 92 A2
Schwelm 80 A1
Schwemsal 82 B1
Schwendi 91 C/D2
Schwenningen (Stockach) 90 B2/3, 91 C2/3
Schwepnitz 83 C1
Schwerin 69 C1
Schwerte 80 A/B1
Schwetzingen 90 B1
Schweyen 90 A1
Schwiesau 69 C2
Schwinkendorf 69 D1, 70 A1
Schwülper 68 B2/3, 69 C2/3
Schwyz 105 D1
Sciacca 124 A2
Sciáves 107 C1
Sciáves/schabs 107 C1
Scicli 125 C3
Sciez 104 A/B2
Scilla 122 A3, 125 D1
Ščit 132 A2/3
Sčitarjevo 127 D3
Scoarta 140 B1
Scoglitti 125 C3
Scole 65 D2
Scopello 105 C3
Scorbé-Clairvaux 101 C1
Scordia 125 C3
Ščors 99 C/D1
Scorzè 107 C/D3
Scotch Corner 57 D3, 61 C1
Scotter 61 C/D3
Scourie 54 A1
Scrabster 54 B1
Ščučin 73 D2/3, 74 A2/3
Scunthorpe 61 C/D2/3
Scuol/schuls 106 B1
Seaca de Pădure 135 D2
Seaford 76 B1
Seaham 61 C1
Seamer 61 D1/2
Seascale 59 D1, 60 B1/2
Seaton 63 C/D2/3, 63 C1/2
Sebber Kloster 48 B1/2
Sebergham 57 C3, 60 B1
Sebersdorf 127 D1
Sebeş 98 A3, 140 B1
Šebestov 94 B1
Sebež 74 B1
Sebnitz 83 C/D1/2
Seč 83 C3, 93 C1
Sečanj 134 B1, 140 A1
Secaşeni 135 C1
Secastilla 155 C2/3
Secca Grande 124 B2
Séchault 88 B1
Seckach 81 C3, 91 C1
Seckau 127 C1
Seclin 78 A2
Secondigny 100 B1/2
Secorún 155 C2
Sečovce 97 C2
Secugnago 106 A3
Seda 73 C/D1
Seda 164 B2
Sedan 79 C3
Sedano 153 C2

Sedbergh 59 D1, 60 B1/2
Seddülbahir 149 C1
Sedella 172 B2
Sedgefield 57 D3, 61 C1
Sédico 107 C/D2
Sédilo 123 C2
Sédini 123 C1
Sedlare 138 B1/2
Sedlčany 83 D3
Sedlec 83 C2
Sedlec-Prčice 83 D3, 93 D1
Sedlice 93 C1
Sedlitz 83 C1
Sedrina 106 A3
Sedrun 105 D1/2
Šeduva 73 D1/2, 74 A1/2
Sedzère 108 B3, 155 C1
See 83 D1
Seebach 126 B1
Seebad Ahlbeck 70 B1
Seebad Heringsdorf 70 B1
Seebeck 70 A2
Seebenstein 94 A/B3
Seeboden 126 A/B1
Seefeld 92 A2/3
Seefeld 94 B2
Seefeld in Tirol 92 A3, 107 C1
Seeg 91 D3
Seegrehna 69 D3
Seehaus 93 C3
Seehausen 69 C3
Seehausen 69 D2
Seelingstädt 82 B2
Seelow 70 B2
Seelscheid 80 A2
Seelze 68 B2/3
Seeon-Seebruck 92 B3
Seerhausen 83 C1
Sées 86 B2
Seesen 68 B3
Seesen-Grossrhuden 68 B3
Seeshaupt 92 A3
Seetal 126 B1
Seevetal 68 B1
Seewald-Besenfeld 90 B2
Seewiesen 94 A3
Séez 104 B3
Seferihisar 149 C/D2
Seffern 79 D3
Sefkerin 133 D1, 134 A1
Segalstad bru 37 D2, 38 A1
Segarcea 140 B2
Segart 162 B3, 169 D1
Seged 131 C3
Segeletz 69 D2
Segelnes 9 C/D2
Segelvik 4 B2
Segelvik 4 B2
Segerstad 51 D2
Segesd 128 A2
Segesta 124 A2
Seggiano 115 C3, 116 B2/3
Seglinge 41 D2/3
Seglora 45 C3, 49 D1, 50 A1
Segmon 45 C/D1
Segni 118 B2
Segonzac 101 C3
Segorbe 162 B3, 169 C/D1
Segovia 160 B2
Segrate 105 D3, 106 A3
Segré 86 A3
Segrie 86 A/B2
Segura 159 C3, 165 C1
Segura de la Sierra 168 A3
Segura de León 165 D3, 171 C1
Segura de los Baños 162 B2
Sehnde 68 B2/3
Seia 158 B2/3
Seiches-sur-le-Loir 86 A3
Seida 7 C1/2
Seiersberg 127 C1
Seierstad 28 B1/2
Seignelay 88 A2/3
Seignosse 108 A2/3, 154 A1
Seikka 21 D1/2, 22 A1/2
Seilhac 102 A3
Seillans 112 A/B3
Seimsdal 37 C2

Seimsfoss 42 A1
Seinäjoki 20 B2
Seini 97 D3, 98 A3
Seinsheim 81 D3, 91 D1
Seipäjärvi 12 B2
Seira 155 C2
Seissan 109 C3, 155 C1
Seitajärvi 13 C2
Seitenoikea 19 C2/3
Seitenstetten Markt 93 D2/3
Seitlax 25 D3, 26 A3
Seixal 164 A2
Seixo 158 B2
Seixo de Gatães 158 A3
Sejerby 49 C3, 53 C1
Sejerslev 48 A/B1/2
Sejlflod 48 B1/2
Sekkemo 4 B2
Šekovići 133 C2
Sel 30 B3
Sel 33 C3, 37 D1/2
Sel'co 75 C/D3
Selånger 35 D2/3
Selaño 152 A1
Selänsalmi 19 C1
Seläntaus 21 D2, 22 A2
Selb 82 B3
Selbu 28 B3, 33 D2
Selby 61 C2
Selca 131 D3, 132 A3, 136 A1
Selca 137 D2
Selce 130 B1
Selçuk 149 D2
Selde 48 A/B2
Selen 28 A/B2, 33 C/D1
Selendi 149 D2
Selenica 142 A2
Selent 53 C3
Sélestat 90 A2
Selet 30 A3, 35 C2
Selet 16 B3
Selet 16 B3, 31 D1
Seleuš 134 B1
Selevac 134 B2
Selfjord 8 A2/3
Selgua 155 C3, 163 C1
Selí 143 C2
Selianítika 146 B2
Seligenstadt 81 C3
Seligenthal 81 D2
Selimiye 149 D2
Selinunte 124 A2
Selishta 138 A3
Selište 135 C2/3
Seližarovo 75 C1
Selja 39 C2
Seljänkulma 24 B2
Selje 36 A1
Seljeåsen 21 C1
Seljelvnes 4 A3, 10 A1
Seljeset 36 A2
Seljestad 42 B1
Seljord 43 C1/2
Selkälä 13 C3
Selkentjakkstugan 29 D1
Selkirk 57 C2
Sella 107 C2
Sella 169 D2
Sella di Corno 117 D3, 118 B1
Sellano 115 D3, 117 C3
Sellerich 79 D2/3
Selles-sur-Cher 87 C3, 101 D1
Sellières 104 A1
Sellrain 107 C1
Sellye 128 B3
Selm 67 D3, 80 A1
Selm-Bork 67 D3, 80 A1
Selmes 164 B3
Selmsdorf 53 C3, 69 C1
Selnes 28 A2, 33 C1
Selnes 9 C2
Selnes 28 B2
Selnica 127 C2
Selommes 87 C3
Selongey 88 B3
Sélonnet 112 A2
Selseng 36 B2
Selsey 76 B1/2
Selsingen 68 A/B1

Selsjön 30 B3, 35 D2
Selters 80 B2
Selters-Niederselters 80 B2
Seltjärn 30 B2/3, 35 D1
Seltz 90 B1/2
Selva 113 D1/2, 114 A1
Selva 157 D1
Selva di Cadore 107 C/D2
Selva di Progno 107 C3
Selva di Val Gardena 107 C2
Selvåg 32 B1
Selvik 36 A2
Selvik 38 A3, 43 D1, 44 A/B1
Selvino 106 A3
Sem'onovka 99 D1
Sem (Semsbyen) 43 D2,
   44 A/B1
Sembadel 103 C3
Sembrancher 104 B2
Semeljci 128 B3, 132 B1
Semič 127 C3
Semily 83 D2
Seminara 122 A3
Semizovac 132 B2
Semkovo 139 D2
Semlow 53 D3
Semmenstedt 69 C3
Semoine 88 A/B1/2
Semoutiers 88 B2
Šempeter 127 C2
Semproniano 116 B3, 118 A1
Semriach 127 C1
Semur-en-Auxois 88 B3
Sena 151 D2
Sena 155 C3, 163 C1
Senáles/schnals 106 B1/2
Sénarport 77 D2/3
Senas 111 D2
Senčur 126 B2
Senden 67 D3
Senden 91 C/D2
Sendenhorst 67 D3
Sendim 159 C1
Senec 95 C2, 96 B2/3
Séneghe 123 C2
Senés 173 D2, 174 A2
Senftenberg 83 C1, 96 A1
Senftenberg 94 A2
Senhora da Atalaia 164 A2
Senhora da Graça dos
   Padrões 170 B1
Senhora das Neves 164 B3,
   170 B1
Senica 95 C2, 96 B2
Senigállia 115 D2/3, 117 D1/2
Sénis 123 C2
Senise 120 B3
Senj 130 B1
Senje 134 B2
Senjehopen 9 C/D1
Senjski Rudnik 134 B2
Senlis 87 D1
Sennecey-le-Grand 103 D1/2
Sennen 62 A3
Senno 74 B2
Sennybridge 63 C1
Senonches 86 B2
Senones 89 D2, 90 A2
Senorbì 123 D3
Senožeče 126 B3
Senrjošt 126 B2
Sens-de-Bretagne 85 D2
Sens-sur-Yonne 88 A2
Senta 129 D2/3, 140 A1
Senterada 155 D2
Šentilj 127 C/D1/2
Šentjanž 127 C2
Šentjernej 127 C3
Šentjur 127 C2
Šentrupert 127 C2
Šentvid 126 B2
Šentvid na Slemenu 127 C2
Seoane de Caurel 151 C2
Seon 90 B3, 105 C1
Šepak 133 C2
Sepänkylä 27 C1
Šepetovka 98 B1/2
Sepólno Krajeńskie 72 B3
Seppälä 25 C2
Seppois-le-Bas 89 D3, 90 A3
Septèmes-les-Vallons 111 D3

Septeuil 87 C1
Septfonds 109 D2
Septfonds 87 D3
Sepulcro-Hilario 159 C/D2
Sepúlveda 160 B1
Sequals 107 D2, 126 A2
Sequeros 159 D2
Seraincourt 78 B3
Seraing 79 C2
Serapicos 150 B3, 158 B1
Seravezza 114 A2, 116 A1
Şercaia 140 B1
Sercoeur 89 D2
Sereď 95 C2, 96 B2/3
Seredina-Buda 75 C/D3
Seregélyes 128 B1
Seregno 105 D3, 106 A3
Sérent 85 C3
Serfaus 106 B1
Seriate 106 A3
Sérifontaine 77 D3, 87 C1
Sérigny 100 B2
Serina 106 A2/3
Serino 119 D3, 120 A2
Serinyà 156 B2
Sermaize-les-Bains 88 B1
Sérmide 114 B1
Sermoneta 118 B2
Sernache de Bomjardim
   158 A/B3, 164 B1
Sernache dos Alhos 158 A3
Sernancelhe 158 B2
Serón 173 D1/2
Serón de Nágima 161 D1
Seròs 155 C3, 163 C1
Serpa 165 C3, 170 B1
Serpins 158 A/B3
Serpuchov 75 D2
Serra 162 B3, 169 D1
Serra 164 B1
Serra da Boa Fé 164 B2
Serra de El-Rei 164 A1
Serra Nova 157 D1
Serra Orrios 123 D2
Serra San Bruno 122 A/B2/3
Serrabonne 156 B1/2
Serracapriola 119 D2, 120 A1
Serrada 107 C2/3
Serrada 152 A3, 160 A1
Serradell 155 C/D2
Serradifalco 124 B2
Serradilla 159 D3, 165 D1,
   166 A1
Serradilla del Arroyo 159 C2
Sérrai 139 D3, 144 A/B1
Serral 155 D3, 163 D1
Serramanna 123 C3
Serramazzoni 114 B1/2,
   116 A1
Serranillos 160 A2/3
Serranillos 160 B3
Serrant 86 A3
Serrastretta 122 B2
Serravalle 117 C/D3, 118 B1
Serravalle di Chienti 115 D3,
   117 C2
Serravalle Scrívia 113 D1
Serre 120 A2/3
Serrejón 159 D3, 166 A1
Serrenti 123 C3
Serres 111 D1/2
Serres-sur-Arget 109 D3,
   155 D1/2, 156 A1
Serri 123 D2/3
Serrières 103 D3
Sersale 122 B2
Sertã 158 A/B3, 164 B1
Sertig Dörfli 106 A1/2
Servance 89 D3
Serverette 110 B1
Sérvia 143 C2
Servian 110 B3
Serviana 142 B3
Servigliano 117 D2
Sesa 154 B3
Seščinskij 75 C2/3
Seseña 160 B3
Sesimbra 164 A2/3
Seskarö 17 D3
Sésklon 143 D3, 144 A3
Sesma 153 D2, 154 A2

Sessa Aurunca 119 C2/3
Sessa Cilento 120 A3
Sesslach 81 D3, 82 A2/3
Sesta Godano 114 A2
Šestanovac 131 D3, 132 A3
Sestao 153 C1
Sestino 115 C2/3, 117 C1/2
Sesto Calende 105 D3
Sesto Fiorentino 114 B2,
   116 B1
Sesto San Giovanni 105 D3,
   106 A3
Séstola 114 B2, 116 A1
Sestri Levante 113 D2
Sestriere 112 B1
Sestrunj 130 B2
Sesvete 127 D3
Séta 147 D1/2
Setcases 156 A2
Sète 110 B3
Setenil 172 A2
Seter 33 D3
Setermoen (Bardu) 9 D1/2
Seternes 32 A2
Setervik 28 A2
Setil 164 A2
Setiles 162 A2
Setså 15 C1
Setskog 38 B3, 45 C1
Séttima 113 D1, 114 A1
Séttimo San Pietro 123 D3
Séttimo Torinese 113 C1
Séttimo Vittone 105 C3
Settle 59 D1, 60 B2
Setúbal 164 A2
Seubersdorf 92 A1
Seui 123 D2
Seulingen 81 D1
Seurre 103 D1
Sevalla 40 A3, 46 B1
Sevaster 142 A2
Sevelen 105 D1, 106 A1
Sevenoaks 65 C3, 76 B1,
   77 C1
Sevenum 79 D1
Sever 158 A2
Sévérac-le-Château 110 B2
Severin na Kupi 127 C3,
   130 B1
Séveso 105 D3, 106 A3
Ševětín 93 D1
Sevettijärvi 7 C2/3
Sévignacq 108 B3, 154 B1
Sevilla 171 D1/2
Sevilleja de la Jara 160 A3,
   166 B1
Sevlievo 140 B2
Sevnica 127 C2
Sevsk 75 C/D3
Sewekow 69 D1, 70 A1
Sewen 89 D3
Sexcles 102 A3, 109 D1,
   110 A1
Seyches 109 C1
Seyda 70 A3
Seyne-les-Alpes 112 A2
Seyssel 104 A2/3
Seysses 109 D3, 155 D1
Sežana 126 B3
Sézanne 88 A1/2
Sezulfe 151 C3, 159 C1
Sezze 118 B2
Sfântu Gheorghe 141 D1
Sfércia 115 D3, 117 D2
Sferro 125 C2
Sfîntu-Gheorghe 141 C1
Sforzacosta 115 D3, 117 D2,
   130 A3
Sgúrgola 118 B2
Shaftesbury 63 D2, 63 D1
Shaldon 63 C3, 63 C2
Shanklin 76 A2
Shannon Airport 55 C3
Shap 57 C3, 60 B1
Sheerness 65 C3, 77 C1
Sheffield 61 C3, 64 A/B1
Shefford 64 B2
Shëngjergji 138 A3, 142 A1
Shëngjini 137 D2/3
Shënmëria 142 A1
Shepton Mallet 63 D2, 63 D1

Sherborne 63 D2, 63 D1
Sherburn 61 D2
Sherburn in Elmet 61 C2
Sheringham 65 D1
Shieldaig 54 A2
Shijaku 137 D3, 142 A1
Shipdham 65 C1/2
Shipley 59 D1, 61 C2
Shipston on Stour 64 A2
Shiroka 137 D2
Shoeburyness 65 C3
Shoreham-by-Sea 76 B1
Shorwell 76 A2
Shotley 65 D2
Shrewsbury 59 D3
Shupenza 138 A3, 142 B1
Siamanna 123 C2
Siátista 143 A3, 143 C2,
   148 A/B1
Šiauliai 73 D1/2
Šibari 122 B1
Sibbesse 68 B3
Sibbhult 50 B2
Sibbo 25 D3, 26 A3
Šibenik 131 C3
Sibinj 128 B3, 132 B1
Sibiu 140 B1
Sibnica 133 D2, 134 A2
Šibovska 132 A/B1
Sibratsgfäll 91 C/D3,
   106 A/B1
Sičevo 135 C3
Siciny 71 D3
Siculiana 124 B2/3
Siculiana Marina 124 B2/3
Šid 133 C1
Sidárion 142 A3
Siddeburen 67 C1
Sideby 20 A3
Sidensjö 30 B3, 35 D2
Siderno 122 A/B3
Sidirókastron 139 D3, 140 B3,
   144 A1, 148 B1
Sidirókastron 146 B3
Sidirón 145 D1
Sidmouth 63 C2/3, 63 C1/2
Sidskogen 39 D1, 40 A1
Siebe 11 C1/2
Siebeldingen 90 B1
Siebnen 105 D1
Siecq 101 C2/3
Siedenbrünzow 70 A1
Siedenburg 68 A2
Siedenlangenbeck 69 C2
Siedlce 73 C/D3, 97 C/D1,
   98 A1
Siedlice 71 C1
Siedlisko 71 C3
Siegbach 80 B2
Siegburg 80 A2
Siegen 80 B2
Siegen-Eiserfeld 80 B2
Siegen-Hüttental 80 B2
Siegenburg 92 A2
Sieghartskirchen 94 A/B2
Siegsdorf 92 B3
Siekierki 70 B2
Siekkinen 19 C1/2
Sielow 70 B3
Siemczyno 71 C/D1
Siemiatycze 73 C/D3, 97 D1
Sien 80 A3
Siena 114 B3, 116 B2
Sieniawa 71 C2/3
Sieppijärvi 12 A2, 17 D1
Sieradz 96 B1
Sieraków 71 C/D2
Sieravuori 24 B2
Sierck-les-Bains 79 D3,
   89 C/D1
Sierndorf 94 B2
Sierning 93 D2/3
Sierpc 73 C3
Sierra 168 B2
Sierra de Fuentes 165 D1,
   166 A1
Sierra de Luna 154 B3
Sierra de Yeguas 172 A/B2
Sierra-Engarcerán 163 C3
Sierre 105 C2
Sierro 173 D1/2

Siétamo 154 B2/3
Siete Iglesias de Trabancos
   160 A1
Sieversdorf 69 D2
Sieverstedt 52 B2
Sievi 21 C1
Sievin asema 21 C1
Sifjord 9 C1
Sigdal 43 D1
Sigean 110 A/B3, 156 B1
Sigena 155 C3, 163 C1
Sigerfjord 9 C2
Sigersvoll 42 B3
Siggebohyttan 39 D3, 46 A1
Siggelkow 69 D1
Siggjarvåg 42 A1
Sighetul Marmaţiei 97 D3,
   98 A2/3
Sighişoara 97 D3, 98 A/B3,
   140 B1
Sigillo 115 D3, 117 C2
Sigmaringen 91 C2/3
Sigmundsherberg 94 A2
Signa 114 B2, 116 B1/2
Signau 105 C1
Signes 111 D3, 112 A3
Signy-l' Abbaye 78 B3
Signy-le-Petit 78 B3
Sigogne 101 C3
Sigonce 111 D2, 112 A2
Sigridsbu 43 C/D1
Sigtuna 40 B3, 47 C1
Sigüenza 161 C/D2
Sigüés 154 B2
Sigurdsristningen 46 B1
Sihtuuna 17 D2, 18 A1
Siika-Kämä 12 B3, 18 B1
Siikainen 24 A1
Siikajärvi 19 C2
Siikajoki 18 A2/3
Siikakoski 26 B2
Siikala 25 C2
Siikalainen 19 D1
Siikalampi 18 B1
Siikamäki 22 B3
Siikasaari 23 C/D3
Siikava 26 B2
Siikavaara 23 D2
Siilinjärvi 22 B2
Siimes 12 A2, 17 D1
Siipyy 20 A3
Siitama 25 C1
Siivikko 19 C2
Sijarinska Banja 138 B1
Sikaminéa 145 D3
Sikås 29 D3, 35 C1
Sikavuono 6 B3
Sikeå 20 A1, 31 D2
Sikéa 144 B2
Sikfors 39 C/D3
Sikfors 16 B3
Siki 144 A3, 147 C1
Sikiá 144 B2
Sikiá 146 A/B1/2
Sikidallseter 37 C2
Sikkerlia 38 A2
Sikkola 11 D3, 12 A1/2
Siklós 128 B3
Siknäs 17 C2/3
Sikory 71 C/D1
Sikoúrion 143 D3
Sikselberg 31 C1
Sikselet 15 D2
Siksjö 30 B1
Siksjö 30 B1/2
Siksjön 16 A/B3
Siksjönäs 30 A1
Sikyon 147 C2
Sil 30 A2, 35 C1
Sila 14 A/B2
Šilale 73 C/D2
Silandro/schlanders 106 B2
Silánus 123 C2
Silba 130 B2
Silbaš 129 C3, 133 C1
Silberstedt 52 B2
Silberstedt-Esperstoft 52 B2
Silbertal 106 A/B1
Šile 141 D3
Silenrieux 78 B2/3
Siles 168 A3

Silfiac 84 B2
Síligo 123 C2
Silió 152 B1
Sifiqua 123 C3
Silistra 141 C2
Silivri 141 C/D3, 149 D1
Siljan 43 D2, 44 A1
Siljansfors 39 C2
Siljansnäs 39 D2
Siljeåsen 29 D2, 30 A2
Silkeborg 48 B2/3
Silken 39 D3
Silla 114 B2, 116 A/B1
Silla 169 D1
Sillano 114 A2, 116 A1
Sillanpää 25 C2
Sillans-la-Cascade 112 A3
Sillé-le-Guillaume 86 A2
Silleda 150 B2
Sillerud 45 C1
Sillery 88 A/B1
Silli 144 B1, 145 C1
Sillian 107 D1
Silloth 57 C3, 60 A1
Sillre 35 C/D2
Silmutjoki 21 D2/3, 22 A/B2/3
Šilo 130 B1
Sils 156 B2/3
Silsand 9 D1
Silsjönäs 30 A2, 35 C1
Siltaharju 12 B1
Siltakylä 26 B2/3
Siltavaara 23 C/D1
Silute 73 C2
Silvacane 111 D2/3
Silvakkajoki 12 A3, 17 D2, 18 A1
Silvåkra 50 B3
Silvalen 14 A2
Silvana Mánsio 122 B1/2
Silvaplana 106 A2
Silvares 158 B3
Silvberg 39 D2/3
Silverberg 15 C3
Silverdalen 46 B3, 51 C1
Silves 170 A2
Silvi 119 C1
Silyalde 158 A2
Silz 106 B1
Simanala 23 C3
Simancas 152 A/B3, 160 A1
Simandre 103 D1/2
Šimanovci 133 D1, 134 A1
Simaság 94 B3, 128 A1
Simat de Valldigna 169 D2
Simav 149 D1/2
Simavik 5 C2
Simáxis 123 C2
Simbach 92 B2
Simbach 92 B2
Simbach-Haunersdorf 92 B2
Simbario 122 A/B2
Simeå 40 A1
Simeonovo 139 D1/2
Simi 149 D3
Simiane-la-Rotonde 111 D2
Simin Han 133 C2
Simitli 139 D2, 140 B3
Simlångsdalen 50 A2, 72 A1
Simleul-Silvaniei 97 D3, 98 A3
Simlinge 50 A/B3
Simmelsdorf 82 A3, 92 A1
Simmerath 79 D2
Simmerath-Einruhr 79 D2
Simmerath-Steckenborn 79 D2
Simmern 80 A3
Simmertal 80 A3
Simo 17 D3, 18 A1
Simola 27 C2
Simonby 24 B3
Simonfa 128 B2
Simoniemi 17 D3, 18 A1
Simonkylä 17 D3, 18 A1
Simonneau 101 C3, 108 B1
Simonsberg 52 A/B2/3
Simonstorp 46 B2
Simonswald 90 B2/3
Simontornya 128 B1/2
Simópoulon 146 A/B2/3
Simorre 109 C3, 155 C1

Simpele 27 D1
Simpiänniemi 26 B1
Simplon 105 C2
Simpnäs 41 C3
Simrishamn 50 B3, 72 A2
Simskälä 41 D2
Simuni 130 B2
Sinabelkirchen 127 D1
Sinac 130 B1
Sinaia 141 C1
Sinalunga 115 C3, 116 B2
Sinarádes 142 A3
Sinarcas 162 A3, 169 C1
Sincetatä 12 A/B3
Sindal 48 B1
Sindelfingen 91 C2
Sindía 123 C2
Sındırgı 149 D1
Síndos 143 D2, 144 A2
Sines 164 A3, 170 A1
Sineu 157 D1
Singen 90 B3
Singhofen 80 B2/3
Singistugorna 9 D3
Singö 41 C3
Singra 162 A2
Singsas 33 C/D2
Singusdal 43 C/D2, 44 A1
Siniscóla 123 D2
Sinj 131 C/D3
Sinlabajos 160 A2
Sinn 80 B2
Sinnai 123 D3
Sinnes 42 B2
Sinnes 32 B2
Sînnicolau Mare 129 D2, 140 A1
Sinntal 81 C2
Sinntal-Jossa 81 C2/3
Sinntal-Oberzell 81 C2
Sinntal-Sterbfritz 81 C2
Sint-Anthonis 66 B3, 79 D1
Sint-Eloois 78 A2
Sint-Joris-Winge 79 C2
Sint Nicolaasga 66 B2
Sint-Niklaas 78 B1
Sint-Oedenrode 79 C1
Sint-Pieters-Kapelle 78 A1
Sint-Truiden 79 C2
Šintava 95 C2
Sintra 164 A2
Sinzheim 90 B2
Sinzig 80 A2
Siófok 96 B3, 128 B1
Sion 104 B2
Sion-les-Mines 85 D3
Sion-sur-l' Océan 100 A1
Siorac-en-Périgord 109 C1
Sip 135 C1/2
Sipola 18 B3
Sipoo 25 D3, 26 A3
Šipovo 131 D2, 132 A2
Sippola 26 B2
Šiprage 132 A2
Sira 42 B3
Siracusa 125 D3
Siradan 109 C3, 155 C1/2
Siran 109 D1, 110 A1
Siresa 154 B2
Siret 98 B2/3
Sirevåg 42 A3
Sirig 129 D3
Sirijorda 14 A/B3
Sirkka 11 D3, 12 A2
Sirkkamäki 21 D3, 22 A/B3
Sirma fjellstue 6 B2
Sirmione 106 B3
Sirmium 133 C1, 134 A1
Sirnihtä 23 C/D2
Sirniö 19 C1
Široka Kula 130 B2
Široko Polje 128 B3, 132 B1
Širokolanovka 99 D3
Sirotino 74 B2
Sirrkakoski 12 A3, 17 D1
Siruela 166 B2
Širvintos 73 D2, 74 A2
Sisak 127 D3, 131 C1
Sisamón 161 D1/2, 162 A1/2
Šišan 130 A1
Sisante 168 B1

Sisatto 24 B1
Sisco 113 D2
Šišenci 135 C2
Sisești 135 D1
Šišicy 74 A/B3
Šišljavic 127 C/D3
Sissa 114 A1
Sissach 90 A/B3, 105 C1
Sissala 21 C2
Sissola 23 D2
Sissonne 78 B3
Sistelo 150 A/B3
Sisteron 111 D2, 112 A2
Sistiana 126 A/B3
Sistranda 32 B1
Sitas kåte 9 C/D2/3
Sitasjaurestugorna 9 D3
Sitges 156 A3
Sitía 149 C3
Sitneš 132 A1
Sitnica 131 D2, 132 A2
Sitno 71 D1
Sitno 131 C3
Sitojaurestugan 16 A1
Sitrama 151 D3
Sittard 79 D1/2
Sittensen 68 B1
Sitter 28 A/B2
Sittingbourne 65 C3, 77 C1
Sitzendorf 82 A2
Sitzendorf an der Schmida 94 A2
Sitzenroda 82 B1
Siuntio 25 C3
Siuro 24 B1
Siurua 18 B1/2
Siurunmaa 12 B2
Siusi/seis 107 C2
Sivac 129 C3
Sivakkavaara 23 C1
Sivakkavaara 23 C2
Siviri 144 A2
Sívota 142 A/B3
Sívros 146 A1
Sivry 78 B2/3
Sixpenny Handley 63 D2, 63 D1, 76 A1
Sixt 104 B2
Sizergh Castle 59 D1, 60 B2
Sizun 84 A/B2
Själevad 31 C3
Själlarim 16 B2
Sjenica 133 D3, 134 A3, 138 A1, 140 A2
Sjeničak Lasinjski 127 D3, 131 C1
Sjö Slott 40 B3, 47 C1
Sjoa 37 D2
Sjøåsen 28 B2
Sjöberg 30 A1
Sjöbo 50 B3, 72 A2
Sjöbotten 31 D1
Sjöbrånet 31 C1
Sjöfallsstugan 9 D3
Sjøholt 32 A3, 36 B1
Sjøli 38 A1
Sjömarken 45 C3, 49 D1
Sjømoen 28 A3, 33 C2
Sjonhagen 14 B2
Sjørring 48 A1/2
Sjørup 48 A/B2
Sjösanden 39 C/D2
Sjursvollen 33 D2
Sjusjøen 38 A1/2
Skå 47 C1
Skåbu 37 D2
Skåde 48 B3
Skademark 31 C3
Skadovsk 99 D3
Skafidiá 146 A3
Skafså 43 C1/2

Skaftet 46 B3
Skaftung 20 A3
Skag 41 C2/3
Skaga 14 A2
Skage 28 B2
Skagen 49 C1
Skagshamn 31 C3
Skagstad 8 B3
Skaidi 5 C/D2, 6 A1
Skaite 16 B1
Skaiti 15 C1
Skaitihytta 15 C1
Skála 147 C1
Skála 146 A2
Skála Leptokariás 143 D2
Skála Litochórou 143 D2
Skála Oropoú 147 D2, 148 B2
Skála Rachoníou 145 C1/2
Skála Sagiadas 142 A/B3
Skála Skotínas 143 D2/3
Skålan 34 B2/3
Skaland 9 C/D1
Skalat 98 B2
Skålbygge 39 D1
Skälderviken 49 D2, 50 A2
Skåldö 24 B3
Skålevik 43 C3
Skalica 94 B1/2
Skalice 83 D2
Skalité 95 D1
Skallelv 7 C/D2
Skällinge 49 D1, 50 A1
Skallsjön 30 A3, 35 C1
Skallskog 39 D2
Skalmé 95 D1
Skalmodalen 14 B3
Skalmsjö 30 B2/3, 35 D1
Skalná 82 B3
Skålö 39 C2
Skalotí 140 B3, 144 B1
Skals 48 B2
Skålsjön 39 D1, 40 A1
Skælskør 53 C1
Skalstugan 28 B3, 33 D1, 34 A1
Skålvik 14 A3, 28 B1
Skamlingsbanke 48 B3, 52 B1
Skamsdalshytta 32 B3, 37 C1
Skån 35 C3
Skandáli 145 C3
Skanderborg 48 B3
Skåne-Tranås 50 B3
Skånes Fagerhult 50 B2
Skånes Värsjö 50 B2
Skåningsbukt 4 A/B2
Skänninge 46 A2
Skanör-Falsterbo 50 A3
Skansbacken 39 C2
Skansen 28 B3, 33 D1
Skansholm 30 A1
Skåpafors 45 C2
Skape 71 C3
Skar 9 C2
Skar 15 C1
Skara 45 D2
Skäran 31 D2
Skäråsen 34 A3
Skærbæk 52 A1/2
Skærberget 38 B1/2
Skarberget 9 C2
Skärblacka 46 B2
Skåre 45 D1
Skare 42 B1
Škare 130 B1
Skåren 14 A3
Skåret 38 B1
Skaret 4 B2
Skärhamn 44 B3
Skärkdalen 34 A2
Skärlöv 51 D2
Skarmunken 4 A3, 10 A1
Skarnes 38 B3
Skarp Salling 48 B1/2
Skarpdalsvollen 28 B3, 33 D2
Skärplinge 40 B2
Skarpnåtö 41 C2
Skärså 40 A/B1
Skärsnäs 50 B2
Skarstad 9 C2
Skarstein 9 C1
Skarsvåg 5 D1, 6 A/B1

Skarult 50 B3
Skärvagen 34 A3
Skarvfjordhamn 5 C1
Skarvsjöby 30 B1
Skarvvik 5 D1, 6 A1
Skarżysko-Kamienna 97 C1
Skattkärr 45 D1
Skattungbyn 39 D1
Skatval 28 A/B3, 33 C/D1
Skatvik 9 C/D1
Skau 28 A3, 33 C1
Skaugvoll 14 B1
Skaule 15 C2
Skaulo 10 B3
Skaun 28 A3, 33 C2
Skavdal 9 C1
Skævinge 49 D3, 50 A3, 53 D1
Skavnakk 4 B2
Skavvik 5 D1, 6 A1
Skeberg 39 D2
Skebobruk 40 B3, 41 C3
Skebokvarn 46 B1
Skedaudde 46 B2
Skedbrostugan 34 A3
Skede 46 A3, 51 C1
Skedevi 46 B1/2
Skedsmokorset 38 A3
Skee 44 B2
Skegness 65 C1
Skegrie 50 A3
Skei 36 B2
Skei 32 B2
Skei 14 A3, 28 B1
Skeie 42 B3
Skela 133 D1/2, 134 A1/2
Skelde 52 B2
Skellefteå 31 D1
Skellefthamn 31 D1
Skelleftestrand 31 D1
Skelund 48 B2
Skender Vakuf 131 D2, 132 A2
Skeppshamn 35 D2/3
Skeppshult 50 A/B1, 72 A1
Skeppsvik 41 C3
Skeppsvik 20 A1, 31 D2
Skerninge 53 C2
Skerries 58 A2
Sketaj 137 D3, 142 A1
Ski 38 A3, 44 B1
Ski Center 147 C1/2
Skíathos 144 A3, 147 D1, 148 B1/2
Skibbereen 55 C3
Skibby 49 D3, 53 D1
Skibotn 4 B3, 10 A1
Skidra C/D1/2
Skidstuga 15 C3
Skien 43 D2, 44 A1
Skifors 45 C1
Skillefjordnes 5 C2, 6 A2
Skillingaryd 46 A3, 50 B1, 72 A1
Skillinge 50 B3
Skillingmark 38 B3, 45 C1
Skinnarbu 43 C1
Skinnskatteberg 39 D3
Skipagurra 7 C2
Skipmannvik 15 C1
Skipnes 8 B1/2
Skipness 56 A2
Skipsea 61 D2
Skipstadsand 44 B1/2
Skipton 54 B3, 59 D1, 60 B2
Skiptvet 44 B1
Skirö 51 C1
Skíros 149 C1/2
Skirva 43 C/D1
Skiti 143 D3, 144 A3
Skivarp 50 B3
Skive 48 A/B2
Skivjane 138 A2
Skivsjön 31 C2
Skjåholmen 5 C1/2, 6 A1
Skjåk 32 B3, 37 C1
Skjåmoen 14 B2/3
Skjånes 7 C1
Skjånes 14 B2
Skjårberger 9 C2
Skjærhalden 44 B1/2

Skjåvik 14 B3
Skjeberg 44 B1
Skjee 43 D2, 44 A/B1
Skjeggedal 43 C2
Skjelåvollen 33 D3
Skjeljavik 42 A1
Skjellelv 9 C/D1/2
Skjelnes 4 A3, 10 A1
Skjelten 32 A2/3
Skjern 48 A3
Skjerstad 15 C1
Skjervøy 4 B2
Skjevik 28 B2, 33 D1
Skjold 42 A1/2
Skjoldehamn 9 C1/2
Skjolden 36 B2
Skjomen 9 C/D2
Skjøtningberg 6 B1
Sklabiňa 95 D1
Sklíthron 143 C2
Skoby 40 B3
Skočivir 143 C1
Škocjanska Jama 126 B3
Skodje 32 A3, 36 B1
Skodsborg 49 D3, 50 A3,
    53 D1
Skødstrup 48 B2
Škofije 126 B3
Škofja Loka 126 B2
Škofljica 126 B2/3
Skog 40 A1
Skogaby 50 A2
Skogadalsbøen 37 C2
Skogalegeseter 37 D2
Skogalund 45 D1, 46 A1
Skoganvarre 5 D2, 6 A2
Skogboda 41 D3
Skoger 43 D1, 44 A/B1
Skogfoss 7 C2/3
Skoghall 45 D1
Skoghult 51 C/D1
Skogly 7 C3
Skogmo 14 A3
Skogn 28 B3, 33 D1
Skognes 4 A3, 9 D1
Skogså 17 C2
Skogsby 51 D2
Skogstad 37 C2
Skogstorp 46 B1
Skoki 71 D2
Skokloster 40 B3, 47 C1
Sköldinge 46 B1/2
Sköldvik 25 D3, 26 A3
Skole 97 D2, 98 A2
Skollenborg 43 D1, 44 A1
Sköllersta 46 A/B1
Skóllis 146 B2, 148 A/B2
Skoltebyen 7 C2
Skölvene 45 C/D3
Skongseng 14 B2
Skópelos 147 D1, 148 B1/2
Skopiá 147 C1
Skopje 138 B2, 140 A3
Skorenovac 134 B1
Skorica 134 B3
Skorild 28 A3, 33 C1/2
Skórka 71 D1
Skorovassgruver 29 C1/2
Skorovatn 29 C1/2
Skørping Stationsby 48 B2
Skorstad 28 B1/2
Skotfoss 43 D2, 44 A1
Skotoússa 139 D3, 144 A1
Skoträsk 15 D3
Skotselv 43 D1
Skotterud 38 B3
Skottevik 43 C3
Skottorp 50 A2
Skoulikariá 146 A1
Skoúra 147 C3
Skoútari 144 A/B1
Skovballe 53 C2
Skovby 52 B1/2
Skovby 48 B3, 52 B1
Skovby 52 B2
Skövde 45 D2
Skovlund 48 A3, 52 A1
Skrá 139 C3, 143 D1
Skrad 127 C3, 130 B1
Skradin 131 C3
Skradinski buk 131 C3

Skråmestø 36 A3
Skrämträsk 31 D1
Skranstad 9 C3
Skrea 49 D2, 50 A1
Skredsvik 45 C2
Skreia 38 A2
Skreland 43 C2
Skridulaupbu 32 A3, 36 B1
Skrittskog 24 B3
Skriveri 73 D1, 74 A1
Skrolsvik 9 C1
Skromberga 50 A3
Skrova 8 B2
Skruv 51 C2
Skucku 34 B2
Skudeneshavn 42 A2
Skule 30 B3
Skulerud 38 A/B3, 44 B1
Skulgam 4 A2/3
Skulsfjord 4 A2
Skultorp 45 D2
Skultuna 40 A3, 46 B1
Skummeslövsstrand 49 D2,
    50 A2
Skurdalen 37 C3
Skurträsk 31 C2
Skurup 50 B3
Skute 37 D3, 38 A2
Skutskär 40 B2
Skutvik 4 A3, 9 D1, 10 A1
Skutvik 8 B2/3
Skvira 99 C2
Skwierzyna 71 C2, 72 A/B3
Skyarp 50 A/B1
Skýcov 95 D2
Skyllberg 46 A1/2
Skyttmon 29 D3, 30 A3,
    35 C1/2
Skyttorp 40 B3
Slabce 83 C3
Slabinja 128 A3, 131 C/D1
Slådalsveien 32 B3, 37 C1
Sládečkovce 95 C2
Sládkovičovo 95 C2
Slagelse 53 C1
Slagnäs 15 D3
Slagstad 9 C1
Slaidburn 59 D1, 60 B2
Slanci 133 D1, 134 A/B1
Slane 58 A1/2
Slangenseter 37 D2
Slangerup 49 D3, 50 A3,
    53 D1
Slănic 141 C1
Slano 136 B1
Slaný 83 C2/3
Slapany 82 B3
Slåstad 38 B2/3
Slatina 140 B2
Slatina 133 D2/3, 134 A3
Slatina 133 D2, 134 A2
Slatina 138 B2
Slatina 127 D2/3
Slatina 131 D1, 132 A1
Slatina 132 B1
Slatina-Timiş 135 C1
Slatine 131 C3
Slatinski Drenovac 128 A/B3
Slättåkra 49 D2, 50 A1/2
Slåttevik 42 A2
Slätthög 50 B1
Slåttholen 8 B2
Slättmon 35 D2
Slåttön 29 D3, 34 B2
Slattum 38 A3
Slåttvik 8 B2
Slavgorod 75 C3
Slavičín 95 C1
Slavina 133 C1/2, 134 A1/2
Slavinja 135 D3, 139 D1
Slavkov u Brna 94 B1
Slavonice 94 A1
Slavonska Požega 128 A/B3,
    132 A/B1
Slavonske Bare 128 B3
Slavonski Brod 132 B1
Slavonski Kobaš 132 A/B1
Slavonski Šamac 132 B1
Slavotin 135 D3
Slavuta 98 B1/2
Sława 71 C1

Sława 71 C/D3
Sławoborze 71 C1
Sleaford 61 D3, 64 B1
Sleen 67 D2
Sleights 61 C/D1
Sleihage 78 A1/2
Sleipa 37 C3, 37 C3
Slemmestad 38 A3, 43 D1,
    44 B1
Sleneset 14 A2
Sleng 16 A2/3
Sletta 5 C2
Sletta 9 D1
Sletterstrand 48 B1
Slíač 95 D2
Sliač-kúpele 95 D2
Sliedrecht 66 A/B3
Sligo (Sligeach) 55 C2
Slímnitsa 142 B2
Slinde 36 B2
Slindon 76 B1
Slipra 28 A/B3, 33 C/D1
Slipsikstugan 29 D1
Slipstensjön 31 C1
Slišane 138 B1
Slite 47 D3, 47 D2, 72 B1
Sliven 141 C2/3
Slivnica 127 C/D2
Slivnica 139 D1
Šljivovica 133 C2/3
Slobodka 99 C2/3
Slobodzeja 99 C3, 141 D1
Slobozia 141 C1/2
Slochteren 67 C1
Slöinge 49 D2, 50 A1/2
Slonim 74 A3
Słonowice 71 C1
Słońsk 70 B2
Sloten 66 B2
Slotten 5 D1, 6 A1
Slottet 36 A3
Slottsbron 45 C/D1
Slough 64 B3
Sloup 94 B1
Slovac 133 D2, 134 A2
Slovenj-gradec 96 A3, 127 C2
Slovenska Bistrica 96 A3,
    127 C2
Slovenska L'upča 95 D2
Slovenské Ďarmoty 95 D2/3
Slovenske Konjice 127 C2
Słubice 70 B2/3
Sluck 74 A/B3
Sluderno/schluderns 106 B1/2
Sluis 78 A1/2
Šluknov 83 D1/2
Slunj 131 C1, 131 C1
Słupsk (Stolp) 72 B2
Slušovice 95 C1
Slussen 45 C2/3
Smadalarö 47 D1
Smådalseter 37 C2/3
Smådalsseter 37 C2
Smålandsstenar 50 B1, 72 A1
Smalfjord 7 C1
Smardzewo 71 C3
Šmarje 127 C2
Šmarješke Toplice 127 C2/3
Šmartno 126 B2
Šmartno ob Paki 127 C2
Šmartno ob Paki 127 C2
Småvatna 29 C1
Smečno 83 C2/3
Smedås 33 D2/3
Smedby 51 D2
Smedby 51 D2
Smědeč 93 C/D1
Smederevo 134 B1/2,
    140 A1/2
Smederevska Palanka 134 B2,
    140 A2
Smedjebacken 39 D3
Smedjeviken 29 C3, 34 A1
Smedjeviken 29 C3, 34 A1
Smedsbo 39 D2
Smedsbyn 17 C2/3
Smedstorp 50 B3
Smela 99 D2
Smeland 43 C2
Smelror 7 D1
Smessenbroek 78 B1/2

Smigádi 145 D1
Śmigiel 71 D3
Šmiklavž 127 C2
Smilčić 130 B2
Smilde 67 C2
Smiljan 130 B2
Smiljan 145 C1
Smilovci 139 D1
Śmiłowo 71 D1/2
Smiltene 73 D1, 74 A1
Smines 8 B1/2
Smines 28 B1
Smínthi 145 C1
Smjadovo 141 C2
Smogasjøen 32 B1
Smøgen 44 B2
Smøhamn 36 A1/2
Smøjlovo 74 B1
Smojmirovo 139 D3
Smokovliani 136 B1
Smokvica 136 A1
Smokvica 139 C3, 143 D1
Smolenice 95 C2
Smolensk 75 C2
Smolice 71 D3
Smoljan 140 B3
Smoljanovci 135 D3
Smolnica 70 B2
Smørfjord 5 D1/2, 6 A1
Smorgon' 74 A2
Smørliseter 37 C2
Smorten 8 B2
Smygehamn 50 A/B3
Sn'atyn 98 B2
Snäckgärdsbaden 47 D3,
    47 D2/3
Snaith 61 C2
Snappertuna 25 C3
Snaptun 48 B3, 52 B1
Snarby 4 A2/3
Snåre 20 B1
Snåsa 28 B2
Snedsted 48 A1/2
Sneek 66 B2
Snejbjerg 48 A/B2/3
Snekkersten 49 D3, 50 A2/3
Snerta 38 B1
Snertinge 49 C3, 53 C1
Snesudden 16 B2
Snigirevka 99 D3
Snillfjord 28 A3, 33 C1/2
Snina 97 C/D2, 98 A2
Šnjegotina 132 A1
Snöberg 35 C2/3
Snøde 53 C2
Snøfjord 5 D1, 6 A1
Snogebæk 51 D3
Snössvallen 39 C1
Soave 107 C3
Sober 150 B2
Søberg 8 B2
Sobernheim 80 A/B3
Soběslav 93 D1, 96 A2
Sobotište 95 C2
Sobotka 83 D2
Sobra 136 B1
Sobradillo 159 C2
Sobrado 150 B1/2
Sobral da Adiça 165 C3,
    170 B1
Sobral de Abilheira 164 A2
Sobral de Monte Agraço
    164 A2
Sobral do Campo 158 B3,
    165 C1
Sobreira Formosa 158 B3,
    164 B1
Sobrón 153 C2
Søby 52 B2
Soča 126 A/B2
Sočanica 138 B1
Soccia 113 D3
Sochaczew 73 C3, 97 C1
Sochaux 89 D3, 90 A3
Sochós 144 A1
Soci 115 C2, 116 B1/2
Socovos 168 B3
Socuéllamos 167 D1,
    168 A1/2
Sodalen 35 C/D2/3
Sodankylä 12 B2

Söderåkra 51 D2
Söderarm 41 C3
Söderås 39 D2
Söderbärke 39 D3
Söderfors 40 A/B2
Söderhamn 40 A1
Söderhamn-Stugsund 40 A/B1
Söderhögen 34 B2/3
Söderköping 46 B2
Söderlångvik 24 B3
Södertälje 47 C1
Söderudden 20 A2, 31 D3
Södervik 20 A1, 31 C/D2
Södra 31 D1
Södra Brännträsk 16 B3
Sodra Finnskoga 38 B2
Södra Harads 16 B2
Södra Johannisberg 15 D3
Södra Leringen 35 C2/3
Södra Löten 38 B2
Södra Noret 30 B2, 35 D1
Södra Sandby 50 A/B3
Södra Sandby 51 D2
Södra Sandvik 35 C3
Södra Skärvången 29 D3,
    34 B1
Södra Sunderbyn 17 C3
Södra Tannflo 30 A/B3,
    35 D1/2
Södra Tresund 30 A1
Södra Unnaryd 50 B1
Södra Vallgrund 20 A2, 31 D3
Södra Vi 46 B3
Södrany 45 C/D1
Sodražica 126 B3
Sodupe 153 C1
Soest 66 B3
Soest 67 D3, 80 B1
Sofádes 143 C/D3, 146 B1
Sofaditikos 143 C/D3, 146 B1
Sofija 139 D1, 140 B2
Sofikón 147 C2/3, 148 B2
Sofuentes 154 A2
Sögel 67 D2
Sogliano al Rubicone 115 C2,
    117 C1
Soglio 105 D2, 106 A2
Sogndal 36 B2
Sogndalstrand 42 A/B3
Søgne 43 C3
Sognefjellhytata 37 C2
Soham 65 C2
Sohland 83 D1/2
Söhlde-Hoheneggelsen 68 B3
Söhlde-Nettlingen 68 B3
Sohren 80 A3
Soidinvaara 19 C2/3, 23 C1
Soignies 78 B2
Soini 21 C2
Soinilansalmi 23 C3
Soinlahti 22 B2
Soinlahti 22 B1
Soissons 78 A2, 88 A1
Soivio 19 D1
Soizy-aux-Bois 88 A1
Söjtör 128 A2
Sokal' 97 D1/2, 98 A/B1
Söke 149 D2
Sokli 13 C2
Soklot 20 B1
Sokndal 42 B3
Sok.nedal 33 C2
Soko Banja 135 C3, 140 A3
Sokojärvi 23 D2
Sokolac 133 C2
Sokolac 131 D2, 132 A2
Sokolov 82 B2/3
Sokołów Podlaski 73 C/D3,
    97 C/D1
Sola 23 C2/3
Sola 42 A2
Solagna 107 C3
Solana de Béjar 159 D2/3
Solana de los Barros 165 D2
Solana de Ríoalmar 160 A2
Solana del Pino 167 C2/3
Solanillos del Extremo
    161 C/D2
Solares 153 C1
Solarino 125 D3
Solarussa 123 C2

Solberg 15 D2
Solberg 30 B2, 35 D1
Solberga 46 A3
Solberget 16 B1
Solca 98 B3
Solčava 127 C2, 127 C2
Solda/sulden 106 B2
Sölden 106 B1
Soldeu 155 D2, 156 A1/2
Soleggen 37 C1/2
Solem 28 A/B3, 33 C/D2
Solenzara 113 D3
Solera 173 C1
Solera de Gabaldón 161 D3, 162 A3, 168 B1
Solesmes 78 A/B2/3
Soleto 121 D3
Solevåg 32 A3, 36 A/B1
Solf 20 A2, 31 D3
Solferino 106 B3
Solfonn 42 B1
Solheim 36 A2/3
Solheimsstul 37 C3
Solheimsvik 42 B1
Solignac 101 D3
Soligorsk 74 A/B3
Solin 131 C3
Soline 130 B2
Solingen 80 A1
Solitude 91 C2
Solivella 155 D3, 163 D1
Solkan 126 A/B2/3
Solkei 27 C1/2
Söll 92 B3
Sollacaro 113 D3
Sollana 169 D1/2
Sollebrunn 45 C3
Solleftea 30 B3, 35 D2
Sollenau 94 B3
Sollentuna 47 C1
Sóller 157 C/D1
Sollerön 39 C/D2
Sollia 37 D1/2, 38 A1
Söllichau 69 D3, 70 A3, 82 B1
Solliden 51 D1/2
Solliès-Pont 112 A3
Sollihøgda 38 A3, 43 D1
Solms-Oberndorf 80 B2
Solmyra 39 D3, 40 A3, 46 B1
Solna 47 C1
Solnečnogorsk 75 D1
Solnes 7 C/D2
Solnje 138 B2
Solofra 119 D3, 120 A2
Solojärvi 6 B3
Solothurn 105 C1
Solpke 69 C2
Solre-le-Château 78 B2/3
Solre-sur-Sambre 78 B2
Solrød Strand 49 D3, 50 A3, 53 D1
Solsem 28 B1
Sølsnes 32 A2
Solsona 155 D3, 156 A2
Solstad 4 A3, 9 D1, 10 A1
Solstadström 46 B3, 51 D1
Solsvik 36 A3
Solt 96 B3, 129 C1/2
Soltau 68 B2
Soltendieck 69 C2
Soltvadkert 129 C2
Solumshamn 35 D2/3
Solund 36 A2
Solunto 124 B1/2
Sölvesborg 50 B2/3, 51 C2/3, 72 A1
Solvorn 36 B2
Solynieve 173 C2
Soma 149 D1/2
Sømådal 33 D3
Somberek 128 B2
Sombernon 88 B3, 103 C/D1
Sombor 129 C3
Someenjärvi 26 B1
Someren 79 C1
Somerniemi 25 C2
Somero 24 B2
Someronkylä 18 A3, 21 C1
Somerton 63 D2, 63 D1
Somma Lombardo 105 D3

Sommacampagna 106 B3
Sommariva del Bosco 113 C1
Sommarö 24 B3
Sommarøy 4 A3
Sommarset 9 C3
Sommatino 124 B2/3
Somme-Tourbe 88 B1
Sommen 46 A3
Sommepy-Tahure 88 B1
Sömmerda 82 A1
Sommersted 52 B1
Sommesous 88 B1
Sommières 111 C2
Sommières-du-Clain 101 C2
Somo 153 C1
Somogyapáti 128 B2
Somogyszob 128 A2
Somogyvár 128 A/B2
Somolinos 161 C1
Somorrostro 153 C1
Somosierra 161 C2
Somozas 150 B1
Sompuis 88 B1/2
Sompujärvi 18 A1
Son 44 B1
Son 150 A2
Son Parc 157 D1
Son Servera 157 D1
Sonceboz 89 D3, 104 B1
Soncillo 153 C2
Soncino 106 A3
Sóndalo 106 B2
Sondby 25 D3, 26 A3
Søndeled 43 C/D2, 44 A2
Sønder Broby 53 C1
Sønder Dalby 50 A3, 53 D1
Sønder Felding 48 A3, 52 A1
Sønder Kirkeby 53 D2
Sønder Kongerslev 48 B2
Sønder Nissum 48 A2
Sønder Omme 48 A/B3, 52 A/B1
Sønder Onsild 48 B2
Sønderborg 52 B2
Sønderby 52 B2
Sønderby 53 C/D2
Sønderhav 52 B2
Sønderho 52 A1
Sondershausen 81 D1
Sønderso 48 B3, 52 B1
Sønderup 48 B3, 52 B1
Søndervig 48 A2/3
Sóndrio 106 A2
Sonega 164 A/B3, 170 A1
Soneja 162 B3, 169 D1
Songeons 77 D3
Sonka 12 A3, 17 D1/2
Sonkaja 23 D2/3
Sonkajärvi 22 B1
Sonkakoski 22 B1
Sonkamuotka 11 C2
Sönkkä 23 C3
Sonneberg 82 A2
Sonneborn 81 D1/2
Sonnefeld 81 D2/3, 82 A2/3
Sonnewalde 70 A/B3, 83 C1
Sonnino 118 B2
Sonntag 106 A/B1
Sonogno 105 D2
Sonsbeck 67 C3, 79 D1
Sonseca 160 B3, 167 C1
Sonstorp 46 B2
Sonta 129 C3
Sontheim 91 D2
Sontheim 91 D3
Sonthofen 91 D3
Sontra 81 C/D1/2
Sontra-Wichmannshausen 81 C/D1
Söörmarkku 24 A1
Sopeira 155 C/D2
Sopela 153 C1
Sopje 128 B3
Sopoćani 133 D3, 138 A1
Soponya 128 B1
Sopot 133 D2, 134 A/B2
Sopotnica 138 B3, 140 A3, 142 B1, 143 C1
Şopotu Nou 135 C1
Sopron 94 B3, 96 B3
Sopronhorpács 94 B3

Šor 133 C2
Sør-Arnøy 14 B1
Sør-Aukra 32 A2
Sør Eldøseter 37 D2
Sør-Flatanger 28 A2
Sør-Frøya 32 B1
Sør-Lenangen 4 A/B2
Sør-Tverrfjord 4 B2
Sør-Tverrfjord 4 B2
Sora 119 C2
Soragna 114 A1
Soråker 35 D2/3
Soraluze 153 D1
Sorano 116 B3, 118 A1
Sorbara 114 B1
Sorbas 174 A2
Sørbø 42 A2
Sörböle 35 D3
Sorbollano 113 D3
Sórbolo 114 A/B1
Sörby 39 C3
Sörbygden 35 C2
Sörbyn 17 C2
Sore 108 B2
Søre Herefoss 43 C3
Søre Osen 38 B1
Söréd 95 C/D3, 128 B1
Søreidet 4 A2
Sören 17 C2/3
Sörenberg 105 C1
Soresina 106 A3
Sorèze 109 D3, 110 A3
Sörfjärden 35 D3
Sørfjorden 9 C2
Sörfors 9 D1
Sörfors 29 D1/2, 30 A1
Sörforsa 40 A1
Sorges 101 D3
Sørgjæslingan 28 A1
Sórgono 123 D2
Sorgues-sur-l'Ouvèze 111 C2
Sørgutvik 14 A3, 28 B1
Sori 113 D2
Soria 153 D3, 161 D1
Soriano Cálabro 122 A2
Soriano nel Cimino 117 C3, 118 A/B1
Sorihuela del Guadalimar 167 D3, 168 A3
Sorila 25 C1
Sørjær 28 A2
Sørkedalen 38 A3, 43 D1
Sorken 33 D3
Sørkjosen 4 B2/3
Sørli 29 C2
Sørli 9 D1
Sørli 9 C2
Sörliden 30 B1
Sörmark 38 B3
Sørmarka 28 A2, 33 C1
Sormás 128 A2
Sörmjöle 31 C2
Sørmo 9 D2
Sørmo 14 B3, 29 C1
Sornac 102 A3
Sørnesøy 14 A1/2
Sorno 83 C1
Sorø 49 C/D3, 53 C/D1
Sørodden 14 A3
Soroki 99 C2/3
Soroksár 95 D3, 129 C1
Sørreisa 4 A3, 9 D1
Sorrento 119 D3
Sørrollnes 9 C2
Sorsa 18 B3, 22 B1
Sorsakoski 22 B3
Sorsele 15 D3
Sörsidan 17 C3
Sörsjön 39 C1
Sørskjomen 9 C/D2
Sorso 123 C1
Sørstraumen 4 B2
Sort 155 D2
Sortelha 158 B3
Sortino 125 C/D3
Sörtjärn 34 B3
Sortland 9 C2
Sørum 37 D3, 38 A2

Sørumsand 38 A3
Sorunda 47 C1/2
Sörup 52 B2
Sørvågen 8 A3
Sörvallen 34 A3
Sørvær 4 B1
Sørværøy 8 A3
Sörvattnet 34 A3
Sørvik 9 C/D1/2
Sørvika 33 D3
Sörviken 34 B3
Sörviksnäset 30 A2/3, 35 C1
Sorzano 153 D2
Sos 108 B2
Sos del Rey Católico 154 A/B2
Sösdala 50 B2/3
Sosés 155 C3, 163 C1
Sošice 127 C3
Sösjö 30 A3, 35 C2
Sosnica 99 D1
Sosnowiec 96 B1/2, 97 C1/2
Soso 18 B2/3
Sospel 112 B2
Sospiro 114 A1
Sossoniemi 19 D1
Šoštanj 127 C2
Šostka 75 C3, 99 D1
Sot 133 C1
Sot de Chera 162 B3, 169 C1
Sotaseter 32 A/B3, 37 C1
Sotés 153 D2
Soteska 127 C3
Sotillo de la Adrada 160 A/B3
Sotillo de la Ribera 152 B3, 160 B1
Sotillo de las Palomas 160 A3
Sotillo del Rincón 153 D3
Sotin 129 C3, 133 C1
Sotka 18 B2/3
Sotkajärvi 18 B2/3
Sotkamo 19 C2/3, 23 C1
Sotkuma 23 C/D2/3
Soto de la Vega 151 D2
Soto de los Infantes 151 D1
Soto de Luiña 151 D1
Soto de Sajambre 152 A1
Soto de San Esteban 153 C3, 161 C1
Soto del Barco 151 D1
Soto del Real 160 B2
Soto en Cameros 153 D2/3
Soto y Amío 151 D2
Sotobañado y Priorato 152 B2
Sotodosos 161 D2
Sotogrande 172 A3
Sotomayor 150 A2
Sotopalacios 153 C2
Sotos 161 D3
Sotoserrano 159 D2
Sotresgudo 152 B2
Sotta 113 D3
Søttaren 14 A/B2
Sottens 104 B2
Sotteville-sur-Mer 77 C2/3
Sottomarina 107 D3
Sottrum 68 A/B1/2
Sottunga 41 D3
Sotuélamos 168 A2
Souain-Perthes-lès-Hurlus 88 B1
Soual 109 D3, 110 A3
Souchez 78 A2
Soúda 148 B3
Soudé 88 B1
Soueix 109 C/D3, 155 D1/2
Souesmes 87 C/D3
Souflíon 141 C3, 145 D1, 145 D3, 149 C1
Sougné-Remouchamps 79 C/D2
Souillac 109 D1
Souilly 89 C1
Soukainen 24 A2
Soulac-sur-Mer 100 B3
Soulaines-Dhuys 88 B2
Soulatge 110 A3, 156 B1
Soulaucourt-sur-Mouzon 89 C2
Soulgé-le-Bruant 86 A2

Soúlion 146 B2
Soulópoulon 142 B3
Soultz 90 A3
Soultz-sous-Forêts 90 A/B1
Soumoulou 108 B3
Soúnion 147 D3
Souppes-sur-Loing 87 D2
Souprosse 108 B2
Souquet 108 A2
Source de la Loue 104 A1
Source du Lison 104 A1
Sourdeval 85 D1, 86 A1/2
Sourdun 88 A2
Soure 158 A3
Sournia 156 A/B1
Soúrpi 147 C1
Sourton 63 C2/3
Sousceyrac 109 D1, 110 A1
Souselo 158 A/B2
Soustons 108 A2
South Brent 63 C3, 63 C2
South Cave 61 D2
South Hayling 76 A/B1
South Molton 63 C2, 63 C1
South Shields 54 B3, 57 D3, 61 C1
South Willingham 61 D3, 64 B1, 65 C1
Southam 64 A/B2
Southampton 76 A1
Southborough 65 C3, 77 C1
Southend 56 A2
Southend-on-Sea 65 C3
Southerness 57 C3, 60 A1
Southminster 65 C3
Southport 59 C/D2, 60 B2
Southwell 61 C3, 64 B1
Southwold 65 D2
Souto 164 B1
Souto da Casa 158 B3
Souto de Carpalhosa 158 A3, 164 A1
Souto Maior 158 B1
Souvála 147 D2/3
Souvigné 86 B3
Souvigny 102 B1/2
Souzel 165 C2
Souzelas 158 A3
Søvassli 28 A3, 33 C2
Sovata 98 B3, 140 B1
Sövdeborg 50 B3
Sover 107 C2
Soverato 122 B2
Sovereto 120 B2, 136 A3
Soveria Mannelli 122 A/B2
Sövestad 50 B3
Sovetsk (Tilsit) 73 C2
Søvik 32 A3
Sovikdal 32 A3, 36 B1
Sowia Góra 71 C2
Söyrinki 21 C2
Sozopol 141 C/D2/3
Spa 79 D2
Špačince 95 C2
Spadafora 125 D1
Spaichingen 90 B2/3
Špaj 135 C3, 139 C1
Spakenburg 66 B3
Spalding 61 D3, 64 B1, 65 C1
Spálené Poříčí 83 C3, 93 C1
Spalt 91 D1, 92 A1
Spången 50 A/B2/3
Spångenäs 46 B3, 51 D1
Spangenberg 81 C1
Spangeried 42 B3
Španovica 128 A3, 131 D1
Spantekow 70 A1
Sparanise 119 C3
Sparbu 28 B2, 33 D1
Sparreholm 47 C1, 47 C1
Spárti 147 C3, 147 C3, 148 B2
Spartílas 142 A3
Spas 138 B3, 143 C1
Spas-Demensk 75 C/D2
Spáta 147 D2
Speicher 79 D3, 80 A3
Speichersdorf 82 A3
Speke 38 B3, 45 C1
Spekedalssetra 33 D3
Spelle-Venhaus 67 D2/3

Spello 115 D3, 117 C2/3
Spenge 68 A3
Spennymoor 57 D3, 61 C1
Spenshult 50 A1/2
Spentrup 48 B2
Sperchiás 146 B1
Sperenberg 70 A3
Sperlinga 125 C2
Sperlonga 119 C2/3
Sperone 124 A2
Spétsai 147 C3
Speyer 90 B1
Spezzano Albanese 122 A/B1
Spezzano della Sila
   122 A/B1/2
Spiegelau 93 C1
Spiegelberg 91 C1
Spiekeroog 67 D1
Spielfeld 127 C/D1/2
Spiez 105 C1/2
Spiggen 17 C3
Spigno Monferrato 113 C1/2
Spilamberto 114 B1
Spíle 142 A2
Spíleon 143 C2/3
Spiliá 143 D3
Spilimbergo 107 D2, 126 A2
Spílion 149 C3
Spillersboda 41 C3, 47 D1
Spilling 42 B3
Spillum 28 B2
Spilsby 61 D3, 65 C1
Spinazzola 120 B2
Spincourt 89 C1
Spinetta Marengo 113 C/D1
Spinoso 120 B3
Špionica 132 B1
Spira 15 D1/2
Špišić-Bukovica 128 A3
Spišská Belá 97 C2
Spišská Nová Ves 97 C2
Spital am Pyhrn 93 D3
Spital am Semmering 94 A3
Spiterstulen 37 C2
Spittal an der Drau 96 A3,
   126 A/B1
Spitz 94 A2
Spjald 48 A2/3
Spjærøy 44 B1/2
Spjelkavik 32 A3, 36 B1
Spjutsbygd 51 C2
Spjutsund 25 D3, 26 A3
Spjutvik 9 C2
Split 131 C3
Splügen 105 D2, 106 A2
Spodnje Hoče 127 C/D2
Spodnji Brnik 126 B2
Spodsbjerg 53 C2
Špogi 74 A1
Špola 99 D2
Spoláïta 146 A1
Spoleto 117 C3, 118 B1
Spølrem 14 A/B3
Spondigna/spondinig 106 B2
Sponvika 44 B1/2
Spornitz 69 C/D1
Spotorno 113 C2
Spøttrup 48 A2
Spraitbach 91 C1/2
Sprakensehl 68 B2, 69 C2
Spreenhagen 70 B2/3
Spreewitz 83 D1
Spremberg 83 C/D1, 96 A1
Sprendlingen (Bingen) 80 B3
Spresiano 107 D3
Springe 68 B3
Springliden 16 A3
Spruga 105 C/D2
Spuhlija 127 D2
Spuž 137 D2
Spydeberg 38 A3, 44 B1
Squillace 122 B2
Squinzano 121 D3
Srbac 131 D1, 132 A1
Srbica 138 B1
Srbobran 129 C/D3, 140 A1
Srebnoje 99 D1
Srebrenica 133 C2
Središčě 127 D2
Središte 141 C2
Srednogorci 145 C1

Šrem 71 D3, 72 B3, 96 B1
Sremska Kamenica 133 D1,
   134 A1
Sremska Mitrovica 133 C1
Sremska Rača 133 C1
Sremski Karlovci 129 D3,
   133 D1, 134 A1
Sreser 136 B1
Srnetica 131 C/D2
Srní 93 C1
Srnice 132 B1
Sroczyn 71 D2
Srpska Crnja 129 D3
Srpske Moravice 127 C3,
   130 B1
Srpski-Itebej 129 D3, 140 A1
Srpski Miletić 129 C3
Staatz 94 B2
Stabbestad 43 D2, 44 A2
Stabbforsmoen 14 B3
Staby 48 A2
Stachy 93 C1
Stackmora 39 D1/2
Staddajåkkstugorna 15 C/D1
Stade 52 B3, 68 B1
Stadecken-Elsheim 80 B3
Stadensen-Breitenhees 68 B2,
   69 C2
Stadil 48 A2/3
Stadl an der Mur 126 B1
Stadsås 30 A1
Stadskanaal 67 C2
Stadtallendorf 81 C2
Stadthagen 68 A/B2/3
Stadtilm 82 A2
Stadtkyll 79 D2
Stadtlauringen 81 D2/3
Stadtlauringen-Ballingshausen
   81 D3
Stadtlauringen-Wettringen
   81 D3
Stadtlengsfeld 81 D2
Stadtlohn 67 C3
Stadtoldendorf 68 B3
Stadtprozelten 81 C3
Stadtroda 82 A2
Stadtschlaining 94 B3,
   127 D1
Stadtsteinach 82 A3
Stadum 52 A/B2
Stäfa 105 D1
Staffans 17 D2/3
Staffanstorp 50 A/B3
Staffelstein 82 A3
Stáffolo 113 D3, 117 D2
Stafford 59 D3, 60 B3, 64 A1
Staggträsk 15 D3
Stágira 144 B2
Stagno 114 A/B3, 116 A2
Stahovica 126 B2
Stai 38 A1
Stainach 93 C/D3
Staindrop 57 D3, 61 C1
Staines 64 B3
Stainville 88 B1/2
Stainz 127 C1
Staíti 122 A3
Staitz 82 A/B2
Stajićevo 129 D3, 133 D1,
   134 A1
Stakevci 135 C3
Stakknes 32 B2
Stakkvik 4 A2
Stalać 134 B3
Stålboga 47 C1, 47 C1
Stalbridge 63 D2, 63 D1
Štalcerji 127 C3
Stalden 105 C2
Stalham 65 D1
Stalheim 36 B3
Stall 107 D1, 126 A1
Stallarholmen 47 C1
Ställberg 39 D3
Ställdalen 39 D3
Stallogargo 5 C1/2, 6 A1
Stalltjärnstugan 29 C3, 34 A1
Stalltjärnstugan 34 A1
Stallwang 92 B1
Stalmine 59 C/D1, 60 B2
Staloluoktastugorna 9 C3,
   15 C/D1

Stalowa Wola 97 C/D1, 98 A1
Stamford 64 B1/2
Stamford Bridge 61 C3
Stammham 92 A1/2
Stamná 146 A2
Stamnes 36 A3
Stamora-Germană 134 B1
Stams 106 B1
Stamseter 32 B3, 37 C1
Stamsried 92 B1
Stamsund 8 B2
Stanari 132 B1
Standal 32 A3, 36 B1
Standnes 36 A2
Stånga 47 D3, 72 B1
Stange 38 A2
Stangerode 69 C3, 82 A1
Stanghella 107 C3, 115 C1
Stangnes 9 C1
Stanhope 57 D3, 61 C1
Stanišić 129 C2/3
Stanisławów 73 C3, 97 C1
Štanjel 126 B3
Stanke Dimitrov 139 D2,
   140 B3
Staňkov 82 B3, 93 C1
Stankovci 131 C3
Stanley 57 C1
Stanós 144 A/B2
Stanovice 82 B2/3
Stans 92 A3, 107 C1
Stans 105 C1
Stansted Mountfitchet 65 C2
Stanzach 91 D3, 106 B1
Stapar 129 C3
Stapelburg 69 C3
Stapelford Park 64 B1
Staphorst 67 C2
Stappogiedde 6 B1, 7 C1
Stara Baška 130 B1
Stará Bystrica 95 D1
Stara Gradina 128 A/B3
Stara Gradiška 128 A3,
   131 D1, 132 A1
Stara Łubianka 71 D1
Stará L'ubovňa 97 C2
Stara Moravica 129 C3
Stara Novalja 130 B2
Stara Pazova 133 D1, 134 A1
Stará Role 82 B2/3
Stará Turá 95 C1/2
Stará Voda 82 B3
Stara Woda 71 C3
Stara Zagora 141 C2/3
Staraja Toropa 75 C1
Staraja Ušica 98 B2
Staravina 139 C3, 143 C1
Stare Czarnowo 70 B1
Stare Długie 71 D3
Stare Drawsko 71 C/D1
Staré Hory 95 D1/2
Staré Město u Uherské
   Hradiště 95 C1
Stare Osieczno 71 C2
Staré Sedlo 83 C/D3, 93 C/D1
Stargard Szczecinski 71 C1,
   72 A/B3
Stårheim 36 A1
Stari Banovci 133 D1, 134 A1
Stari Bar 137 D2
Stari-Dojran 139 C/D3,
   143 D1
Stari Farkašić 127 D3, 131 C1
Stari Grad 131 C/D3, 136 A1
Stari Gradac 128 A2/3
Stari Jankovci 129 C3,
   133 C1
Stari Lec 134 B1
Stari Log 127 C3
Stari Majdan 131 C/D1
Stari Mikanovci 128 B3,
   132 B1
Stari Trg 127 C3, 130 B1
Starica 75 D1
Starigrad 130 B1
Starigrad-Paklenica 130 B2
Starnberg 92 A3
Stærnes 43 C/D1
Stärnö 51 C2
Staro Nagoričane 139 C2

Staro Orjahovo 141 C/D2
Staro Petrovo Selo 128 A/B3,
   131 D1, 132 A1
Starodub 75 C3
Starogard 71 C1
Starogard Gdański 72 B2
Staroizborsk 74 B1
Starokazačʼe 99 C3, 141 D1
Starokonstantinov 98 B2
Starosiedle 70 B3
Starše 127 C/D2
Starsiedel 82 B1
Starup 48 A3, 52 A1
Stary Chwalim 71 D1
Starý Hrozenkov 95 C1
Starý Plzenec 83 C3
Stary Tomyśl 71 C/D2/3
Staryj Sambor 97 D2, 98 A2
Staryje Dorogi 74 B3
Stassfurt 69 C/D3
Staszów 97 C1
Stathelle 43 D2, 44 A1/2
Statraск 16 B2
Staufen 80 A3
Staupåmoen 14 B1
Staurust 32 B3, 37 C1
Stavanger 42 A2
Stavarmon 30 B3, 35 D1/2
Stavaträsk 16 B3, 31 D1
Stave 9 C1
Stavelot 79 D2
Staven 28 A2, 33 C1
Stavenisse 66 A3, 78 B1
Staveren 66 B2
Stavern 43 D2, 44 A1/2
Stavišče 99 C2
Stavkirke 37 C3
Stavn 48 B1/2
Stavnäs 45 C1
Stávoli Gnivizza 126 A2
Stavre 35 C2
Stavre 29 C/D3, 34 B1/2
Stavreviken 35 D2/3
Stavrodrómion 146 B3
Stavrós 140 B3, 144 B2,
   148 A1
Stavrós 143 D3, 146 B1
Stavrós 146 A2
Stavrós 147 D2
Stavrós 143 C/D2
Stavroúpolis 140 B3, 145 C1,
   149 C1
Stavsjø 38 A2
Stavsjö bruk 46 B2
Stavsnäs 47 D1
Steane 43 C2
Stebleva 138 A3, 142 B1
Stechelberg 105 C2
Štěchovice 83 D3
Steckborn 91 C3
Steeg 106 B1
Steenbergen 66 A3, 78 B1
Steenbergen 67 C1/2
Steenderen 67 C3
Steenvoorde 78 A2
Steenwijk 67 C2
Stefăneşti 98 B3
Stefáni 146 A1
Steffenberg-
   Niedereisenhausen 80 B2
Stegaros 43 C1
Stegaurach 81 D3
Stege 53 D2, 72 A2
Stegeborg 46 B2
Stegelitz 69 D3
Stegersbach 127 D1
Stehag 50 B3
Steige 89 D2, 90 A2
Steigen 8 B3
Steigertal 81 C2
Steigra 82 A1
Steikvassli 14 B2
Steimbke 68 B2
Steimbke-Lichtenhorst 68 B2
Stein 92 B3
Stein 126 A1/2
Stein 90 B3
Stein am Rhein 90 B3
Steinach B2
Steinach am Brenner 107 C1
Steinakirchen am Forst
   93 D2/3

Steinau 81 C2
Steinau 52 A/B3, 68 A1
Steinau-Ulmbach 81 C2
Steinbach 83 C2
Steinbach am Wald 82 A2
Steinbach-Hallenberg 81 D2
Steinbergdalshytta 36 B3
Steinbergkirche 52 B2
Steinbueng 33 C2
Steinbukt 6 B1, 6 B1
Steine 36 B3
Steine 28 B1
Steinebrück 79 D2/3
Steinen (Lörrach) 90 A/B3
Steinestø 36 A3
Steinfeld 67 D2, 68 A2
Steinfort 79 D3
Steinfurt-Borghorst 67 D3
Steingaden 91 D3
Steingaden-Wies 91 D3,
   92 A3
Steinhagen 68 A3
Steinhausen 80 B1
Steinhausen-Rottum 91 C2/3
Steinheid 82 A2
Steinheim 4 A3, 9 D1
Steinheim 68 A/B3
Steinheim 91 C/D2
Steinhöfel 70 B2/3
Steinhorst 68 B2
Steinibach 105 D1, 106 A1
Steinigtwolmsdorf 83 C/D1
Steinkjer 28 B2, 33 D1
Steinkjer 29 C2, 33 D1
Steinkyrkja 33 C3, 37 D1
Steinland 8 B1/2
Steinløysa 32 B2
Steinsåsen 33 D2/3
Steinsdorf 70 B3
Steinshamn 32 A2
Steinsland 36 A2/3
Steinsland 14 A/B1/2
Steinslandsseter 36 A/B2/3
Steinsvik 36 A1
Steinsvollen 4 A2
Steinvik 38 A1
Steinwiesen 82 A2
Steisslingen 91 C3
Stelle 68 B1
Stemshaug 32 B1/2
Stemwede 68 A2
Stemwede-Dielingen 68 A2
Stemwede-Levern 68 A2/3
Stemwede-Twiehausen
   68 A2
Stená Pétras 143 D2
Stenåsa 51 D2
Stenay 79 C3, 88 B1
Stenbacken 10 A2, 10 A2
Stenbjerg 48 A1/2
Stenbrohult 50 B2
Stendal 69 D2
Stenderup 48 B3, 52 B1
Stengårdshult 45 D3, 50 B1
Stení Dírfios 147 D1/2
Sténico 106 B2
Steninge strand 49 D2, 50 A2
Stenje 142 B1
Stenkullen 45 C3
Stenlille 49 C/D3, 53 D1
Stenløse 49 D3, 50 A3, 53 D1
Stennammar 46 B1
Stennäs 30 B2
Stensdalsstugorna 34 A2
Stensele 15 D3, 30 B1
Stensjö 30 A3, 35 C2
Stensjön 46 A3, 51 C1
Stenstorp 45 D2/3
Stenstrand 15 C3, 30 A1
Stensträsk 16 A/B3
Stenstrup 53 C2
Stensund 15 D3
Stensund 15 D3, 16 A3
Stensund 31 C1
Stensund 15 D2
Stenträsk 16 A/B2
Stenudden 15 D1/2
Stenungsund 45 C3
Stenvadet 9 C1
Stepanci 138 B3, 143 C1

Stephanskirchen (Rosenheim) 92 B3
Stepień 71 D1
Stepnica 70 B1
Stepojevac 133 D2, 134 A2
Sterley 69 C1
Stérna 147 C3
Sternberg 53 D3, 69 D1
Sternenfels 90 B1
Sterringi 32 B3, 37 C1
Sterup 52 B2
Steszew 71 D3, 72 B3, 96 B1
Štětí 83 D2
Stetten am kalten Markt 91 C2/3
Steutz 69 D3
Stevanovac 137 D1
Stevenage 64 B2, 65 C2
Stewarton 56 B2
Steyerberg 68 A2
Steyning 76 B1
Steyr 93 D2/3, 96 A2/3
Steyregg 93 D2
Stia 115 C2, 116 B1
Štiavnik 95 D1
Stickney 61 D3, 65 C1
Stiege 69 C3, 81 D1, 82 A1
Stiens 66 B1
Stift Göttweig 94 A2
Stigen 45 C2
Stigen 38 B1
Stigliano 120 B3
Stigsjö 35 D2/3
Stigtomta 47 C2, 47 C2
Stiklestad 28 B3, 33 D1
Stilís 147 C1, 148 B1/2
Stilla 5 C2, 6 A2
Stilling 48 B3
Stilo 122 B3
Stilton 64 B2
Stimánga 147 C2
Štimlje 138 B2, 140 A2/3
Stîna de Vale 97 C/D3, 98 A3, 140 A/B1
Stinápari 135 C1
Stio 120 A3
Štip 139 C3, 140 A/B3
Stipshausen 80 A3
Stípsi 145 D3
Stíra 147 D2, 149 C2
Stirling 54 B2, 56 B1
Štirovača 130 B1/2
Štitar 133 C1
Štítary 94 A1
Štivan 130 A1
Štivica 128 A/B3, 131 D1, 132 A1
Stjärnhov 47 C1
Stjärnorp 46 B2
Stjärnsund 40 A2
Stjärnsund 46 A2
Stjern 28 A2, 33 C1
Stjerneobservatoriet 4 B3, 10 A/B1
Stjørdal 28 A/B3, 33 C/D1
Stjørna 28 A3, 33 C1
Stø 8 B1
Stobi 139 C3, 143 C1
Stobno 71 D1/2
Stobreč 131 C/D3
Stoby 50 B2
Stocka 35 D3
Stockach 91 C3
Stockach-Mahlspüren 91 C3
Stöckalp 105 C1
Stockaryd 51 C1
Stockbäcken 16 B3
Stockbridge 64 A/B3, 76 A1
Stöcke 20 A1, 31 C/D2
Stockelsdorf 53 C3, 69 C1
Stocken 44 B3
Stockerau 94 B2, 96 A/B2/3
Stockholm 47 C1
Stockport 59 D2, 60 B3
Stöcksjö 20 A1, 31 C/D2
Stockton-on-Tees 54 B3, 57 D3, 61 C1
Stod 28 B2, 33 D1
Stod 83 C3, 93 C1
Stöde 35 C/D2/3
Stödtlen 91 D1

Stoetze-Hohenzethen 69 C2
Stoholm 48 B2
Stoina 135 D1/2
Stoke Ferry 65 C1/2
Stoke-on-Trent 59 D2, 60 B3, 64 A1
Stokeasay Castle 59 D3
Stokesley 57 D3, 61 C1
Stokkasjøen 14 A2/3
Stokke 43 D2, 44 A/B1
Stokkemarke 53 C2
Stokkvågen 14 A/B2
Stokmarknes 8 B2
Stoky 94 A1
Stol'cy 74 A3
Stolberg 81 D1, 82 A1
Stolberg 79 D2
Stolberg-Gressenich 79 D2
Stolberg-Zeifall 79 D2
Stöle 43 D2, 44 A2
Stølen 32 B2
Stølen 33 C3, 37 D1
Stølensetra 33 C3, 37 D1
Stolin 74 A/B3, 98 B1
Stollberg 82 B2
Stöllet 39 C2
Stolpe 70 B2
Stolpen 83 C1/2
Stolvizza 126 A2
Stolzenau 68 A2
Stolzenau-Nendorf 68 A2
Stolzenhain 70 A3
Stómion 143 D3
Stömne 45 C1
Stomorska 131 C3, 136 A1
Ston 136 B1
Stonařov 94 A1
Stone 59 D2/3, 60 B3, 64 A1
Stonehaven 54 B2
Stonehenge 64 A3, 76 A1
Stongfiorden 36 A2
Stonglandseidet 9 C1
Stønnesbotn 9 D1
Stony Stratford 64 B2
Stopanja 134 B3
Stor-Elvdal 38 A1
Storå 20 A/B3
Storå 39 D3, 46 A1
Storå 9 C2/3
Stora Anna 46 B2
Stora Blåsjön 29 C/D1
Stora Dyrön 44 B3
Stora Laxemar 51 D1
Stora Mellby 45 C3
Stora Mellösa 46 B1
Stora Olofsholm 47 D3, 47 D2
Stora Råda 45 D2, 46 A1/2
Stora Skedvi 39 D2, 40 A2
Stora Stensjön 29 C2, 34 A/B1
Stora Sundby 46 B1
Stora Vika 47 C2
Storabränna 29 D2, 34 B1
Storån 34 B3
Storås 33 C2
Störåsen 29 D3, 34 B1
Störåsen 30 A3, 35 C2
Storbacka 20 B2
Storbeck 69 D2, 70 A2
Storberg 16 A3
Storberget 17 C1
Storbergvika 29 C2, 34 B1
Storbo 38 B1
Storborgaren 30 B2, 35 D1
Storbränna 29 D3, 34 B1
Storbränna 29 D3, 34 B1
Storbudalsetra 33 C2
Storbukt 5 C1/2, 6 A1
Storby 41 C2/3
Storby 41 C2/3
Stordal 32 A3, 36 B1
Stordal 28 B3, 33 D1/2
Stordalselv 4 A3, 10 A1
Štore 127 C2
Store Darum 48 A3, 52 A1
Store Heddinge 50 A3, 53 D1, 72 A2
Store Merløse 49 D3, 53 D1
Store Molvik 7 C1
Store Skageseter 37 C/D2
Storebro 46 B3, 51 C/D1

Storebru 36 A2
Storekorsnes 5 C2, 6 A2
Storelv 5 C1
Storelvvoll 33 D2
Støren 33 C2
Storeng 4 B2
Storenga 15 C1
Storerikvollen 33 D2
Storestølen 37 C3
Storfinnträsk 16 B3
Storfjäten 34 A3
Storfjord 4 A3, 10 A1
Storfors 39 C3, 45 D1, 46 A1
Storforshei 14 B2
Storfosna 28 A3, 33 C1
Storfossen 9 D2
Storglomvassbrakka 14 B1
Storhögen 29 D3, 35 C1/2
Storhøliseter 37 D2
Storholmsjön 29 D3, 34 B1
Storholmsjön 29 D3, 34 B1
Storjord 14 B1
Storjorda 14 B1
Storjuktan 15 D3
Storjungfrun 40 B1
Storkläppvallen 34 A2
Storkow 70 B3
Storkowo 71 C1
Storkyro 20 B2
Storli 32 B2
Storli 4 A3, 9 D1
Storli 4 A3, 9 D1
Storlien 28 B3, 33 D1/2, 34 A2
Storlien 28 B3, 33 D1/2
Storlögda 30 B2
Stormark 31 D1
Stormoen 15 C1
Stormyren 15 D3
Stornarella 120 A/B2
Stornäs 29 D1
Stornes 9 C1/2
Stornorrfors 31 C2
Stornoway 54 A1
Storo 106 B2/3
Storoddan 32 B1/2
Storødegårdseter 38 A2
Storöhamn 17 C3
Storožinec 98 B2/3
Storrensjön 28 B3, 34 A1
Storrödtjärnstugan 34 A3
Storrøsta 33 C/D3
Storsand 16 B2
Storsand 38 A3, 43 D1, 44 B1
Storsandsjö 31 C1/2
Storsätern 34 A3
Storsävarträsk 31 C1
Storsele 30 A/B1
Storselsøy 14 A1/2
Storsjö 34 A2
Storsjön 40 A1
Storsjön 30 B2
Storskog 7 C/D2
Storslett 9 C3
Storslett (Nordreisa) 4 B2/3
Storsteinnes 4 A3, 9 D1, 10 A1
Storsteinnes 14 B2/3
Storsund 16 B3
Storträsk 16 A3
Storulvåns fjällstation 28 B3, 34 A2
Storulvsjön 35 C3
Storuman 15 D3, 30 B1
Storvedjan 17 C2
Storvik 40 A2
Storvik 5 C1, 6 A1
Storvik 5 C2
Storvik 4 B2
Storvist 20 B2
Storvollen 4 A2
Storvollseter 32 B3, 37 C1
Storvreta 40 B3
Stössen 82 B2
Stötten am Auerberg 91 D3
Stotternheim 81 D1, 82 A1
Stouby 48 B3, 52 B1
Stourbridge 59 D3, 64 A2
Stourhead House 63 D2, 63 D1, 64 A3

Stourport-on-Severn 59 D3, 64 A2
Støvring 48 B2
Stow 57 C2
Stow on the Wold 64 A2
Stowmarket 65 C/D2
Stožec 93 C1/2
Stra 107 C3
Straach 69 D3, 70 A3
Strabane 54 A3, 55 C/D2
Stracia 122 A3
Stracin 139 C2
Straczno 71 D1
Strada San Zeno 115 C2, 116 B1
Stradalovo 139 D2
Stradbroke 65 D2
Stradella 113 D1
Stradella 106 B3, 114 B1
Straden 127 D1
Straelen 79 D1
Stragari 133 D2, 134 A/B2
Straiton 56 B2
Strakonice 93 C1, 96 A2
Strålsnäs 46 A2/3
Stralsund 72 A2
Strand 31 C2
Strand 42 A2
Strand 9 C2
Strand 14 B2
Stranda 32 A3, 36 B1
Strandåker 31 C1/2
Strandalshytta 42 B2
Strandby 49 C1
Strande 52 B2/3
Strandebarm 36 A3, 42 A1
Strandlinjer 5 D2, 6 A2
Strandlykkja 38 A2
Strandudden 45 D1, 46 A1
Strandval 28 B1
Strandvik 42 A1
Strangford 54 A3, 55 D2, 56 A3, 58 A/B1
Strängnäs 47 C1
Strängnäs 15 D3, 30 B1
Strangolagalli 119 C2
Strångsjö 46 B2
Strångsund 34 B2/3
Stráni 95 C1
Stranice 127 C2
Stránoma 146 B1/2
Stranorlar 55 C2
Stranraer 54 A3, 55 D2, 56 A/B3
Strasbourg 90 A/B2
Strasburg 70 A/B1
Strašice 83 C3
Strašín 93 C1
Straškov-Vodochody 83 C/D2
Strass im Zillertal 92 A3, 107 C1
Strass in Steiermark 127 C/D1/2
Strássa 39 D3, 46 A/B1
Strassberg (Sigmaringen) 91 C2
Strassburg 126 B1
Strassenhaus 80 A2
Strasskirchen 92 B1/2
Strasswalchen 93 C3
Straszów 83 D1
Stratford Saint-Mary 65 C/D2
Stratford-upon-Avon 64 A2
Strathaven 56 B2
Strathblane 56 B1/2
Strathyre 56 B1
Stratoníki 144 B2
Stratónion 144 B2
Stratos 146 A1
Stratton 62 B2
Strau 126 B2
Straubenhardt-Conweiler 90 B1/2
Straubing 92 B1/2
Straum 32 B1
Straum 14 B2
Straumbu 33 C3, 37 D1
Straume 43 C1
Straume 8 B2

Straume 43 C/D2, 44 A1/2
Straume 36 A3
Straumen 32 B1/2
Straumen 4 A3, 9 D1
Straumen 9 C3, 15 C1
Straumen 14 B1
Straumen 9 C2
Straumen 28 B1
Straumfjordnes 4 B2
Straumsbotn 9 C/D1
Straumshamn 36 A/B1
Straumshella 4 A3, 9 D1
Straumsli 4 A3, 9 D1, 10 A1
Straumsnes 9 C/D1
Straumsnes 8 B2
Straupitz 70 B3
Strausberg 70 B2
Straussfurt 81 D1, 82 A1
Stráž 82 B3
Stráž nad Nežárkou 93 D1
Stráž pod Ralskem 83 D2
Straža 134 B1
Straža 127 C3
Straže 127 D2
Strazeele 78 A2
Strážek 94 B1
Strazilovo 133 D1, 134 A1
Strážkovice 93 D1/2
Strážnice 95 C1
Strážný 93 C1, 96 A2
Strážov 93 C1
Streatley 64 B3
Strečno 95 D1
Street 63 D2, 63 D1
Strehaia 135 D2, 140 B1/2
Strehla 83 C1
Střekov 83 C2
Strekov 95 D3
Strelníky 95 C2
Strem 127 D1
Strembo 106 B2
Strendene 14 B3
Strengberg 93 D2/3
Strengelvåg 8 B1
Strengen 43 C/D2, 44 A1
Strenggjerdet 14 A2
Strensall 61 C2
Stresa 105 C/D2/3
Stretford 59 D2, 60 B3
Streufdorf 81 D2
Strezimirovci 139 C1
Strezovce 138 B1
Strib 48 B3, 52 B1
Striberg 39 D3, 46 A1
Stříbrná Skalice 83 D3
Stříbro 82 B3
Stridbäck 16 B3
Strigno 107 C2
Štrigova 127 D2
Strijbeek 79 C1
Střílky 94 B1
Strimasund 15 C2
Strindmoen 28 B2
Strmac 128 A3, 131 D1, 132 A1
Strmen 128 A3, 131 D1
Strmica 131 C2
Strmilov 94 A1
Strobl 93 C3
Strøby 50 A3, 53 D1
Strofiliá 147 D1, 148 B2
Strojkovce 139 C1
Ström 31 C2
Strøm 38 B3
Strömbacka 35 C/D3
Stromberg 80 B3
Strómboli 125 D1
Stromeferry 54 A2, 55 D1
Strömfors 26 B2
Strömfors 16 A3, 31 C/D1
Strömfors 31 D1
Strömfors 16 B3
Stromi 28 B1
Strömma 24 B3
Strömma 41 C2/3
Strömma 47 D1
Strømmen 34 A3
Strømmen 33 C3, 37 D1
Strømmen 5 D1, 6 A1
Strømmen 28 B2/3, 33 D1
Strømmen 38 A3

Strömnäs 30 A2/3, 35 C1
Stromness 54 B1
Strompdalen 29 C1
Strömsberg 40 B2
Strömsbro 40 A/B2
Strömsbruk 35 D3
Strömsholm 40 A3, 46 B1
Strömsnäs 30 A3, 35 C2
Strömsnäs 17 C2
Strömsnäsbruk 50 B2
Strømsoddbygda 37 D3
Strömstad 44 B2
Strömsund 29 D2/3, 30 A2, 35 C1
Strömsund 15 C/D3
Strömsund 17 C2
Strona 105 C2/3
Stróngoli 122 B1/2
Stronsdorf 94 B2
Stroobrugge 78 A/B1
Stroppiana 105 C/D3, 113 C1
Strøsvik 14 B1
Stroud 63 D1, 64 A3
Štrpce 138 B2
Struan 56 B1
Struer 48 A2
Struga 70 B1
Struga 138 A/B3, 140 A3, 142 B1, 148 A1
Strullendorf 81 D3, 82 A3
Strumica 139 C/D3, 140 A/B3, 143 D1
Strunjan 126 A/B3
Struppen 4 A3, 9 D1, 10 A1
Struth 81 D1
Strüth (Loreley) 80 B3
Strycksele 31 C1
Stryj 97 D2, 98 A2
Stryken 38 A3
Stryn 32 A3, 36 B1
Strzelce Krajeńskie 71 C2
Strzelce Opolskie 96 B1/2
Strzelno 72 B3
Strzmiele 71 C1
Stubbekøbing 53 D2, 72 A2
Stubberup 49 C3, 53 C1
Stubbuden 16 B1
Stuben 106 B1
Stubenberg 93 C2
Štubik 135 C2
Stubline 133 D2, 134 A2
Studená 94 A1
Studena 139 C1
Studena 139 D1/2
Studenci 131 D3, 132 A3
Studenica 133 D3, 134 A/B3
Studenzen 127 C/D1
Studsvik 47 C2
Stuer 69 D1
Stugudal 33 D2
Stuguflaten 32 B3, 37 C1
Stuguliseter 33 C3, 37 D1
Stugun 29 D3, 30 A3, 35 C2
Stühlingen 90 B3
Stühlingen-Grimmelshofen 90 B3
Stuhr 68 A2
Stuhr-Brinkum 68 A2
Stuhr-Seckenhausen 68 A2
Stuibenfall 106 B1
Stulln 82 B3, 92 B1
Stülpe 70 A3
Stumiaga 106 B2
Stumlia 37 D2/3, 38 A2
Stumsnas 39 D2
Stuoraoaivve 5 C3, 11 C1
Stupari 132 B2
Stupava 94 B2
Stupinigi 112 B1
Stupnik 127 D3
Sturefors 46 B2
Sturkö 51 C2/3
Sturno 119 D3, 120 A2
Štúrovo 95 D3, 96 B3
Sturup 50 A/B3
Sturzelbronn 90 A1
Stutensee-Blankenloch 90 B1
Stuttgart 91 C2
Stuvland 14 A/B2
Stvolny 83 C3
Styggberget 35 C3

Styggdalen 14 B3, 29 C1
Styggedalen 4 A/B3, 10 A1
Stymphalos 147 C2
Stypułów 71 C3
Styri 38 A2/3
Styrkesnes 9 C3
Styrmannstø 4 A/B2
Styrnäs 30 B3, 35 D2
Styrsö 45 C3, 49 D1
Styrvoll 43 D2, 44 A1
Su 155 D3, 163 D1
Suances 152 B1
Suaningi 17 C1
Suaredda 123 D1
Suave Mar 150 A3, 158 A1
Subate 74 A1
Subbersta 30 B3, 35 D2
Subbiano 115 C3, 116 B2
Subiaco 118 B2
Subotica 129 C2, 140 A1
Subotište 133 D1, 134 A1
Sučany 95 D1
Suceava 98 B3
Sučevići 131 C2
Suchá Hora 97 C2
Suchań 71 C1
Suchdol nad Lužnicí 93 D1/2
Suchiničí 75 D2
Sucina 169 C3, 174 B1
Sückau 69 C1
Suckow 69 D1
Sućuraj 132 A3, 136 B1
Süd-Rätansbyn 34 B2/3
Sudanell 155 C3, 163 C1
Sudbø 43 C1
Südbrookmerland-Moordorf 67 D1
Sudbury 65 C2
Suddesjaur 16 A2
Süderbrarup 52 B2
Suderburg 68 B2, 69 C2
Süderlugum 52 A/B2
Süderwöhrden 52 A/B3
Südlohn 67 C3
Sudok 16 B2
Sudoměřice u Bechyně 93 D1
Sudovaja Višn'a 97 D2, 98 A2
Sudovec 127 D2
Sueca 169 D2
Suellacabras 153 D3, 161 D1
Suelli 123 D3
Sueros de Cepeda 151 D2
Suèvres 87 C3
Şugag 140 B1
Sugenheim-Deutenheim 81 D3, 91 D1
Sugères 102 B3
Sugnet 39 C1
Suha 132 B2
Suha Punta 130 B1/2
Suhl 81 D2
Suhlendorf 69 C2
Suho Polje 133 C1
Suhopolje 128 A/B3
Suhostrel 139 D2/3
Suhr 90 B3, 105 C1
Šuica 131 D3, 132 A2/3
Suijavaara 11 C2
Suinula 25 C1
Suinula 25 C1
Suippes 88 B1
Sukarrieta 153 C/D1
Sukeva 22 B1
Sukobin 137 D2
Sukošan 130 B2
Sükösd 129 C2
Sukovo 139 C/D1
Suksela 24 B2
Sukthi 137 D3, 142 A1
Sul 28 B3, 33 D1
Sulå 35 D2/3
Sula 32 B1
Šul'a 95 D2
Sulby 58 B1
Suldal 42 B1/2
Sulechów 71 C3
Sulęcin 71 C2
Sulejów 97 C1
Suleskar 42 B2
Sulesund 36 A/B1
Sulgen 91 C1

Sulibórz 71 C1
Sulików 83 D1
Sulina 141 D1
Sulingen 68 A2
Sulitjelma 15 C1
Sulkava 27 C1
Sulkava 25 D2, 26 A2
Sulkava 22 B1/2
Sulkavanjärvi 21 D2, 22 A2
Sulkavanjärvi 22 B1/2
Sulkavanperä 21 D1, 22 A1/2
Sully 103 C1
Sully-sur-Loire 87 D3
Sulmona 119 C1/2
Sulseter 37 D2
Sultaniçe 145 D2
Sulva 20 A2, 31 D3
Sulviken 29 C3, 34 A1
Sülysáp 129 C1
Sulz 90 B2
Sulzano 106 B3
Sulzbach 91 C1
Sulzbach 89 D1, 90 A1
Sulzbach am Kocher 91 C1
Sulzbach-Rosenberg 82 A3, 92 A1
Sulzbacham Main 81 C3
Sulzdorf-Oberessfeld 81 D2/3
Sulzemoos-Einsbach 92 A2
Sulzfeld am Main 81 D3
Sumacárcel 169 C2
Sumartin 131 D3, 132 A3, 136 A1
Sumbilla 108 A3, 154 A1
Šumburk 83 D2
Sümeg 96 B3, 128 A1
Šumen 141 C2
Sumiainen 21 D3, 22 A3
Sumiswald 105 C1
Šumjači 75 C2
Summa 26 B2
Sumony 128 B2/3
Šumperk 96 B2
Sumsa 19 D2/3
Sumstad 28 A2
Sünching 92 B1/2
Sund 41 C/D2/3
Sund 35 C3
Sund 30 B3
Sund 8 A2/3
Sund 14 B1
Sundborn 39 D2, 40 A2
Sundbron 30 B3, 35 D2
Sundby 20 B1
Sunde 42 A1
Sunde 32 B1
Sunderland 54 B3, 57 D3, 61 C1
Sundern 80 B1
Sundern-Allendorf 80 B1
Sundern-Endorf 80 B1
Sundern-Hachen 80 B1
Sundet 29 C3, 34 A1
Sundklakk 8 B2
Sundlisetra 33 C2
Sundö 31 C2
Sundom 20 A2, 31 D3
Sundom 17 C2/3
Sunds 48 A/B2/3
Sundsbø 32 A2
Sundsfjord 14 B1
Sundskør 28 A2, 33 C1
Sundsli 42 B2
Sundsvall 35 D3
Sundsvoll 14 A3
Sundvollen 38 A3, 43 D1
Suni 123 C2
Sunja 127 D3, 131 C/D1
Sunnan 28 B2, 33 D1
Sunnanhed 39 D1/2
Sunnansjö 39 D3
Sunnansjö 15 C3
Sunnansjö 31 C2
Sunndal 36 A1/2
Sunndalsøra 32 B2
Sunne 39 C3
Sunne 29 D3, 34 B2
Sunnemo 39 C3
Sunnersberg 45 C/D2
Sunnersta 30 B2, 35 D1
Suo-Anttila 27 C2

Suodenniemi 24 B1
Suojanperä 7 C3
Suojoki 20 A/B3
Suolahti 21 D3, 22 A3
Suolovuobme 5 C3, 6 A2, 11 C1
Suomasema 25 C1
Suomela 25 C2/3
Suomenkeski-piste 18 B3, 21 D1, 22 A1
Suomenlinna 25 C/D3, 26 A3
Suomenniemi 26 B1
Suomijärvi 20 B3
Suomusjärvi 25 C3
Suomussalmi 19 C/D2
Suonenjoki 22 B3
Suoniala 27 C2
Suoniemi 24 B1
Suonnankylä 19 C1
Suontaka 24 A2
Suontee 22 B3
Suonttajärvi 11 C2
Suopajärvi 12 A/B3
Suopelto 21 D2, 22 A/B2
Suopelto 25 D1, 26 A1
Suorajärvi 19 D1
Suorva 9 D3
Šuošjavrre 5 C/D3, 6 A3, 11 C/D1
Suostola 12 B2
Suotukylä 21 D1, 22 A1
Suovaaraa 23 C2
Suovanlahti 21 D2, 22 A2
Super Nedaz 104 B2
Superbagnères 155 C2
Superbesse 102 B3
Supersano 121 D3
Supetar 131 C/D3
Supetarska Draga 130 B1
Supino 118 B2
Süplingen 69 C3
Šuplja Stijeno 133 C3, 137 D1
Süpplingen 69 C3
Supru 7 C2/3
Süptitz 82 B1
Supuru de Jos 97 D3, 98 A3
Surahammar 40 A3, 46 B1
Suraž 74 B2
Suraž 75 C3
Surčin 133 D1, 134 A1
Surd 128 A2
Surdulica 139 C1, 140 A/B2
Surgères 100 B2
Surhuisterveen 67 C1/2
Súria 156 A2/3
Surier 104 B3
Šurlan 128 B1
Surnadalsøra 32 B2
Surnuinmäki 22 B3
Sursee 105 C1
Surte 45 C3
Surwold 67 D2
Sury-ès-Bois 87 D3
Susa 112 B1
Susak 130 A2
Susch 106 B1
Suscinio 85 C3
Susegana 107 D2/3
Sušice 93 C1, 96 A2
Susikas 25 C2
Süssen 91 C2
Susten 105 C2
Susteren 79 D1
Sustrum 67 D2
Susurluk 149 D1
Şuţeşti 141 C1
Sutivan 131 C3
Sutjeska 132 B2
Sutjeska 129 D3, 134 A/B1
Sutjeska Klisura 132 B3, 137 C1
Sutkavankylä 21 C3
Sutme 29 D1
Sutomore 137 C/D2
Sutri 117 C3, 118 A1
Sútrio 107 D2, 126 A2
Sutterton 61 D3, 65 C1
Süttö 95 D3
Sutton 65 C2
Sutton Coldfld. 64 A1/2

Sutton in Ashfield 61 C3, 64 B1
Sutton on Sea 61 D3, 65 C1
Sutton Scotney 64 A/B3, 76 A1
Suttrop 80 B1
Suur-Miehikkälä 26 B2
Suur-Saimaa 27 C1/2
Suurikylä 27 D1·
Suurimäki 22 B2
Suurlahti 27 C1
Suutala 21 C2/3
Suutarinkylä 18 B3
Suva Reka 138 B2
Suvanto 12 B2
Suvantokumpu 11 D3, 12 B2
Suvereto 114 B3, 116 A2
Suvodol 138 B3
Suvorov 75 D2
Suvorovo 75 D1
Suwałki 73 C/D2
Suze-la-Rousse 111 C2
Suzzara 114 B1
Sv'ataja Vol'a 74 A3
Svabensverk 39 D2, 40 A1/2
Svaipavalle 15 C2
Švajcernica 128 B3
Sval'ava 97 D2, 98 A2
Svalöv 50 A3
Svanavattnet 30 A2, 35 C/D1
Svaneholm 50 B3
Svaneke 51 D3, 72 A/B2
Svanesund 45 C3
Svängsta 51 C2
Svaningen 29 D2
Svannäs 16 A2
Svansele 31 C1
Svansele 29 D2
Svanskog 45 C1
Svanstein 17 D1
Svanström 31 D1
Svanvik 7 C2/3
Svappavaara 10 B3
Svardal 36 A2
Svardnes 7 D1
Svärdsjö 39 D2, 40 A2
Svarstad 43 D1/2, 44 A1
Svartå 46 A1
Svärta 47 C2
Svartbäck 26 B2/3
Svartberg 17 C2
Svartbyn 17 C2
Svarthamarseter 37 D2
Svarthaugen 33 D3
Svärtinge 46 B2
Svartisdalen 14 B2
Svartliden 31 C1
Svartlöga 41 C3, 47 D1
Svartnäs 40 A2
Svartnes 7 D1/2
Svartnes 14 B1
Svartöstaden 17 C3
Svartvik 35 D3
Svarvar 20 A2, 31 D3
Svatsum 37 D2
Sved 29 C3, 34 A/B1
Sved 29 C3, 34 A/B1
Svedala 50 A/B3, 72 A2
Svedasai 73 D1/2, 74 A1/2
Svedja 40 A1
Svedjan 16 B3
Svedje 31 C2/3
Svedje 29 D2, 30 A1/2
Sveg 34 B3
Sveindal 42 B3
Sveio 42 A1
Svelgen 36 A1/2
Svelvik 38 A3, 43 D1, 44 B1
Svenarum 46 A3, 50 B1
Švenčionys 74 A2
Svendborg 53 C2
Svene 43 D1
Svenes 42 C2/3
Svenljunga 50 A1, 72 A1
Svennevad 46 A/B1/2
Svenningvik 14 B3, 29 C1
Svensby 4 A3
Svensbygd 50 B1
Svenshögen 45 C3
Svenskby 24 B3

Svenstavik 34 B2
Svenstorp 50 A3
Svenstrup 48 B1/2
Sverdiá 145 C2/3
Sveta Marija 136 B1
Sveta Nedelja 127 C/D3
Sveta Petka 134 B2/3
Sveti Areh 127 C2
Sveti Arhandel 138 B2
Sveti Arhandel 131 C2
Sveti Bogorodica 138 A/B3,
   142 B1
Sveti Janez 126 B2
Sveti Joakim-Osogovski
   139 C2
Sveti Jovan Bigorski
   138 A/B3
Sveti Jurij 127 D1
Sveti Martin 131 C/D3
Sveti Naum 140 A3, 142 B1,
   148 A1
Sveti Nikita 138 B2
Sveti Nikola 137 D2/3
Sveti Nikole 139 C2
Sveti Pantelejmon 138 B2
Sveti Rok 131 C2
Sveti Stefan 137 C2
Svetiloviči 75 C3
Světlík 93 C/D2
Svetlogorsk 74 B3
Svetlovodsk 99 D2
Svetozar Miletić 129 C3
Svetozarevo 134 B2, 140 A2
Svetvinčenat 130 A1
Švihov 83 C3, 93 C1
Svilajnac 134 B2, 140 A2
Sviland 42 A2
Svilengrad 141 C3, 145 D2
Svindal 44 B1
Svindalen 9 C1
Svineng 5 D3, 6 A3, 11 D1
Svines 14 A2
Svinesund 44 B1/2
Svinevoll 43 D1/2, 44 A/B1
Svinhult 46 A/B3
Svinica 135 C2
Svinište 138 B3
Svinnegarn 40 A3, 47 C1
Svinninge 49 C3, 53 C1
Svinvik 32 B1/2
Svištov 141 C2
Svitavy 96 B2
Svode 139 C1
Svodín 95 D3
Svoge 139 D1, 140 B2
Svolvær 8 B2
Svora 36 A1
Svorkmo 28 A3, 33 C2
Svortemyr 36 A2
Svrčinovec 95 D1
Svrljig 135 C3, 140 A/B2
Svukuriset 33 D3
Swadlincote 64 A1
Swaffham 65 C1/2
Swaffham Prior 65 C2
Swalmen 79 D1
Swanage 63 D2, 76 A2
Swansea 63 C1
Swarzędz 71 D2/3
Sweetheart Abbey 57 C3,
   60 A1
Świdnica 71 C3
Świdnica (Schweidnitz) 96 B1
Świdwin 71 C1, 72 B2/3
Świebodzin 71 C3, 72 A/B3,
   96 A1
Świecie 72 B3
Świeradów Zdrój 83 D2
Świętno 71 C/D3
Swindon 64 A3
Swineshead 61 D3, 64 B1,
   65 C1
Świnoujście (Swinemünde)
   70 B1, 72 A2/3
Swinton 57 D2
Swisttal-Essig 80 A2
Swobnica 70 B2
Swords 58 A2
Syčovka 75 C/D1/2
Sydänmaa 20 B2/3
Sydänmaa 24 A1/2

Sydänmaa 24 B1
Sydänmaankylä 21 D1, 22 A1
Sydnes 42 A1
Sydomo 24 A/B3
Sygnesand 36 B2
Sykäräinen 21 C1
Syke 68 A2
Syke-Barrien 68 A2
Syke-Heiligenfelde 68 A2
Sykkylven 32 A3, 36 B1
Sylling 38 A3, 43 D1
Sylstationen 33 D2, 34 A2
Sylt-Ost-Keitum 52 A2
Syltefjord 7 C1
Syltevikmyra 7 C/D1
Sylvänä 24 B2
Sylvanès 110 A/B2
Synsiö 22 A/B3
Sypniewo 71 D1
Sypniewo 71 D1
Syrau 82 B2
Syri 21 C1
Syrjä 23 C3
Syrjäntaka 25 C2, 26 A2
Sysmä 25 D1, 26 A1
Sysslebäck 38 B2
Syston 64 B1
Syt'kovo 75 C/D1
Syterstugan 15 C2
Syväjärvi 12 B2
Syväjärvi 10 B2, 11 C2
Syvälahti 23 C3
Syvänniemi 22 B2
Syvänsi 22 B3
Syvde 36 A1
Syvdsnes 36 A1
Syvinki 21 C3
Syvsten 49 C1
Syyspohja 27 C1
Szabadbattyán 128 B1
Szabadhidvég 128 B1/2
Szabadszállás 129 C1
Szakály 128 B2
Szakcs 128 B2
Szakmár 129 C2
Szalánta 128 B2/3
Szalkszentmárton 129 C1
Szamocin 71 D2
Szamotuły 71 D2
Szantód 128 B1
Szany 95 C3, 128 A1
Szarvas 97 C3, 129 D1
Százhalombatta 95 D3,
   129 C1
Szczecin (Stettin) 70 B1,
   72 A3
Szczecinek (Neustettin) 71 D1,
   72 B2/3
Szczekociny 97 C1
Szczerców 96 B1
Szczuczarz 71 C/D2
Szczuczyn 73 C/D2/3
Szczytno (Ortelsburg) 73 C2/3
Szederkény 128 B2/3
Szeged 97 C3, 129 D2,
   140 A1
Szeghalom 97 C3
Szegvár 129 D2
Székesfehérvár 96 B3,
   128 B1
Székkutas 129 D2
Szekszárd 96 B3, 129 C2
Szemerecsörnye 128 A2
Szend 95 C3
Szentendre 95 D3
Szentes 97 C3, 129 D2,
   140 A1
Szentgotthárd 127 D1
Szentkút 95 C3, 128 A/B1
Szentlászló 128 B2
Szentlőrinc 128 B2
Szentmártonkáta 129 C/D1
Szenyér 128 A2
Szerencs 97 C2/3
Szigetszentmiklós 95 D3,
   129 C1
Szigetszentmiklos 95 D3,
   129 C1
Szigetújfalu 95 D3, 129 C1
Szigetvár 128 B2
Szigliget 128 A1/2

Szil 95 C3, 128 A1
Szilvágy 127 D1, 128 A1/2
Szkaradowo 71 D3
Szlichtynogowa 71 C/D3
Szob 95 D3
Szöllősgyörök 128 A/B1/2
Szolnok 97 C3, 129 D1
Szombathely 96 B3
Szomor 95 D3
Szőny 95 C3
Szprotawa (Sprottau) 96 A1
Szulok 128 A/B2
Szwecja 71 D1
Szydłowo 71 D1/2

T

T'ačbev 97 D2/3, 98 A2/3
Tå 40 A1
Taalintehdas 24 B3
Taapajärvi 12 A2, 17 D1
Taasia 25 D2, 26 A/B2
Taatsijärvi 11 D2, 12 A/B1
Taaurainen 19 D1
Taavetti 26 B2
Tab 128 B1/2
Tabanera de Cerrato 152 B3
Tabanovce 139 C2
Tábara 151 D3, 159 D1
Taberg 45 D3, 46 A3
Tabernas 154 B3
Tabernas 173 D2, 174 A2
Tabernes de Valldigna 169 D2
Taberno 174 A1
Tabiano Terme 114 A1
Taboada 150 B2
Taboadela 150 B2/3
Taboado 158 A/B1/2
Tábor 83 D3, 93 D1, 96 A2
Taborska Jama 126 B2/3
Tábua 158 B2/3
Tabuaço 158 B1/2
Tabuenca 154 A3, 162 A1
Tabula Traiana 135 C1/2
Tác 128 B1
Taceno 105 D2, 106 A2
Tacherting 92 B2/3
Tacherting-Peterskirchen
   92 B2/3
Tachov 82 B3
Tackåsen 39 D1
Tacken 69 D1/2
Täcktom 24 B3
Tadcaster 61 C2
Tådene 45 C2
Taennilä 12 B3
Tafalla 154 A2
Tafjord 32 A3, 36 B1
Täfteå 31 C3
Täfteå 20 A1, 31 D2
Tåganes 42 A2
Tågarp 50 A3
Tággia 113 C2
Tagliacozzo 118 B1/2
Táglio di Po 115 C1
Tagnon 78 B3, 88 B1
Tågsjöberg 30 A2, 35 C/D1
Tågsjöberg 30 A2, 35 C/D1
Tahkoranta 22 B3
Tähtelä 25 C3
Tähtelä 12 B2
Tahús 155 D2
Tai di Cadore 107 D2
Taïgetos Óros 146 B3
Taillebourg 100 B2/3
Taimoniemi 21 D2, 22 A2
Tain 54 B2
Tain-l'Hermitage 103 D3,
   111 C1
Tainijoki 18 B1
Taininiemi 18 B1
Taipale 12 B3
Taipale 24 B1
Taipale 18 A/B2

Taipale 22 B1/2
Taipaleenharju 18 B2
Taipaleenkylä 20 B3
Taipaleensuu 11 C3, 12 A1/2
Taipalsaari 27 C2
Taipana 126 A2
Taipas 150 A/B3, 158 A1
Taiskirchen im Innkreis 93 C2
Taivalkoski 19 C1/2
Taivalmaa 20 B3
Taivassalo 24 A2
Tajmište 138 B3
Tajov 95 D2
Tajueco 153 C3, 161 C1
Takácsi 95 C3, 128 A1
Takelvdal 4 A3, 9 D1, 10 A1
Takene 45 D1
Takkula 25 C3
Takkula 24 B2
Taklax 20 A2/3
Takovo 133 D2, 134 A2
Taksony 95 D3, 129 C1
Tal'noje 99 C/D2
Talamanca 157 C2
Talamantes 154 A3, 162 A1
Talamona 106 A2
Talamone 116 B3
Talana 123 D2
Talarn 155 C/D2/3
Talarrubias 166 B2
Talaván 159 C/D3, 165 D1,
   166 A1
Talavera 155 D3, 163 D1
Talavera de la Reina 160 A3,
   166 B1
Talavera la Real 165 C/D2
Talayuela 159 D3, 166 A1
Talayuelas 162 A3, 169 C1
Talcy 87 C2
Tales 162 B3, 169 D1
Talgarth 63 C1
Talhadas 158 A2
Táliga 165 C2
Talla 115 C3, 116 B2
Tallaght 58 A2
Tallard 112 A2
Tallås 15 D3
Tallåsen 35 C3
Tallåsen 38 B2
Tällberg 39 D2
Tallberg 31 C2
Tallberget 17 C2
Taller 108 A2
Tallhed 39 D1
Talljärv 17 C2
Tallnäs 15 D2
Talloires 104 A3
Tallsjö 30 B2
Tallsund 16 A3
Tallträsk 31 C/D1
Tallträsk 30 B1
Tällträsk 16 B3
Talluskylä 22 B2
Talmont 100 A2
Talmont 100 B3
Talsano 121 C3
Talsi 73 C/D1
Tålsmark 20 A1, 31 D2
Talusperä 18 A3, 21 C1
Talviainen 25 C1, 26 A1
Talvik 5 C2
Talvikstua 5 C2
Talybont 59 C3
Tamajón 161 C2
Tamame 159 D1
Tamames 159 D2
Tamanhos 158 B2
Támara 152 B2/3
Tamarinda 157 D1
Tamarite de Litera 155 C3,
   163 C1
Tamási 96 B3, 128 B2
Tambach-Dietharz 81 D2
Tåme 31 D1
Tåmeträsk 31 D1
Taminaschlucht 105 D1,
   106 A1
Tammela 25 C2
Tammela 19 D1
Tammerfors 25 C1
Tammijärvi 25 D1, 26 A1

Tammijärvi 25 D1, 26 A1
Tammilahti 25 D1, 26 A1
Tammisaari 24 B3
Tammisilta 24 B2/3
Tamnay-en-Bazois 103 C1
Tamnes 33 D2
Tampere 25 C1
Tamsweg 126 B1
Tämta 45 C3
Tamurejo 166 B2
Tamworth 64 A1/2
Tana Bru 7 C1/2
Tanagård 7 C1
Tanágra 147 D2
Tanai/thanai 106 B1/2
Tananger 42 A2
Tancarville 77 C3
Tändärei 141 C/D1/2
Tanderagee 58 A1
Tandö 39 C2
Tandsbyn 34 B2
Tandsjöborg 39 D1
Tångaberg 49 D1, 50 A1
Tanganheira 164 A/B3,
   170 A1
Tångböle 29 C3, 34 A1/2
Tangen 44 B1
Tangen 5 C2
Tangen 38 A2
Tangen 42 B1
Tangen 38 B3
Tänger 39 D2, 40 A2
Tangerhütte 69 D2/3
Tangermünde 69 D2
Tangleger 33 C3, 37 D1
Tangsjöstugan 38 B1
Tängvattnet 15 C2/3
Tanhua 12 B2
Taninges 104 B2
Tankapirtti 12 B1
Tankavaaran kultakila 12 B1
Tankolampi 21 D3, 22 A3
Tanlay 88 A/B3
Tann 81 C/D2
Tann (Pfarrkirchen) 92 B2
Tanna 82 A2
Tannadice 57 C1
Tannåker 50 B1
Tännäs 34 A2/3
Tannay 88 A3, 103 C1
Tänndalen 33 D2/3, 34 A2/3
Tanne 69 C3, 81 D1
Tannenbergsthal 82 B2
Tännesberg 82 B3, 92 B1
Tannhausen (Aalen) 91 D1
Tannheim 91 D3
Tannheim (Biberach) 91 C/D3
Tannila 18 B2
Tannsjön 30 A2/3, 35 C1
Tanowo 70 B1
Tantallon Castle 57 C1
Tantonville 89 C2
Tantow 70 B1
Tanttila 25 C/D2, 26 A2
Tanum 44 B2
Tanumshede 44 B2
Tanus 110 A2
Taormina 125 D2
Tapale 113 C2
Tapaninkylä 19 D2/3
Tapfheim 91 D2
Tapia de Casariego 151 C1
Tápióbicske 129 C1
Tápiógyörgye 129 D1
Tapioles 152 A3, 159 D1
Tapionkylä 12 A3
Tapionniemi 12 B3
Tápiószele 129 D1
Tápiószentmárton 129 C/D1
Tápiószőlős 129 D1
Tapojärvi 11 C3, 12 A2
Tapolca 96 B3, 128 A1
Tapolcafő 95 C3, 128 A/B1
Tapperskar 14 B2
Taps 52 B1
Tar 126 A/B3, 130 A1
Taracena 161 C2
Taradell 156 A2/3
Taraklija 141 D1
Taramundi 151 C1

Tarancón 161 C3, 167 D1, 168 A1
Tarancueña 161 C1
Táranto 121 C3
Tarare 103 C2
Taraš 129 D3
Tarašča 99 C2
Tarascon 111 C2
Tarascon-sur-Ariège 155 D2, 156 A1
Tarasp-Fontana 106 B1
Taravilla 161 D2, 162 A2
Tarazona 154 A3, 162 A1
Tarazona de Guareña 160 A1/2
Tarazona de la Mancha 168 B1/2
Tårbæk 49 D3, 50 A3, 53 D1
Tárbena 169 D2
Tarbert 54 A1/2
Tarbert 54 A2/3, 55 D1, 56 A2
Tarbert 55 C3
Tarbes 108 B3, 155 C1
Tarbet 54 A2, 55 D1, 56 B1
Tarcento 126 A2
Tarčin 132 B2/3
Tardajos 152 B2
Tardajos de Duero 153 D3, 161 D1
Tardelcuende 153 D3, 161 C/D1
Tardets-Sorholus 108 A/B3, 154 B1
Tardienta 154 B3
Tardobispo 159 D1
Tärendö 17 C1
Tarfalastugan 9 D3
Targon 108 B1
Târgoviște 141 C2
Tarhapää 21 C3
Tariego 152 B3, 160 B1
Tarifa 171 D3, 172 A3
Tarján 95 D3
Tarleton 59 D2, 60 B2
Tarm 48 A3, 52 A1
Tarmstedt 68 A1/2
Tärnaby 15 C3
Tarnala 27 D1
Tärnamo 15 C3
Tärnasjöstugan 15 C2
Tärnet 7 C/D2
Tarnobrzeg 97 C1, 98 A1
Tarnów 97 C2
Tarnów 70 B/C2
Tarnówka 71 D1
Tarnowo 71 D2
Tarnowo Podgórne 71 D2
Tärnsjö 40 A3
Tårnvik 6 B1
Tårnvik 8 B3
Taroda 161 D1
Tarouca 158 B2
Tarp 52 B2
Tarporley 59 D2, 60 B3
Tarquínia 116 B3, 118 A1
Tarraälvshyddan 15 D1
Tarragona 163 D1/2
Tårrajaur 16 A2
Tarraluoppalstugorna 15 D1
Tàrrega 155 D3, 163 D1
Tarrekaisestugan 15 D1
Tarrés 155 D3, 163 D1
Tarroja de Segarra 155 D3, 163 D1
Tårs 53 C2
Tårs 48 B1
Tarsele 30 A/B2, 35 C/D1
Tàrsia 122 A/B1
Tartanedo 161 D2, 162 A2
Tártano 106 A2
Tartas 108 A/B2
Tărtășești 141 C1/2
Tarusa 75 D2
Tarutino 99 C3, 141 D1
Tarvaala 21 D2/3, 22 A2/3
Tarvainen 24 A/B2
Tarvasjoki 24 B2
Tarvin 59 D2, 60 B3
Tarvísio 126 A/B2
Täsch 105 C2

Tåsjö 30 A2
Tåşnad 97 C/D3, 98 A3
Tasov 94 A/B1
Tasovčići 132 A/B3, 136 B1
Tasovice 94 A/B1/2
Tass 129 C1
Tassin-la-Demi-Lune 103 D3
Tåstrup 49 D3, 50 A3, 53 D1
Tát 95 D3
Tata 95 C/D3
Tataháza 129 C2
Tatarbunary 141 D1
Tatárszentgyörgy 129 C1
Tåtorp 45 D2, 46 A2
Tattershall 61 D3, 64 B1, 65 C1
Tau 42 A2
Tauberbischofsheim 81 C3, 91 C1
Taucha 82 B1
Tauer 70 B3
Taufkirchen 92 B2
Taufkirchen 92 B2
Taufkirchen an der Pram 93 C2
Taulé 84 B1/2
Taulignan 111 C/D1/2
Taüll 155 C/D2
Taulu 25 D1, 26 A1
Taunton 63 C/D2, 63 C1
Taunusstein-Neuhof 80 B3
Tauragė 73 C/D2
Taurianova 122 A3
Taurisano 121 D3
Tauste 154 A3, 162 A1
Tauves 102 A/B3
Tauvo 18 A2/3
Tavakli Isk 145 D3
Tavankut 129 C2
Tavannes 89 D3, 104 B1
Tavasbarlang 128 A1
Tavascan 155 D2
Tavastehus 25 C2
Tavastila 26 B2
Tavastkenkä 18 B3, 21 D1, 22 A/B1
Tavastkyro 24 B1
Taveiro 158 A3
Tavela 19 C/D1
Tavelsjö 31 C2
Taverna 122 B2
Taverna Piccinini 117 D3, 119 C1
Tavernelle 115 C3, 117 C2/3
Tavernelle 114 A2, 116 A1
Tavernelle Val di Pesa 114 B3, 116 B2
Tavernes 112 A3
Tavérnola Bergamasca 106 A/B3
Tavérnole sul Mella 106 B3
Taverny 87 C/D1
Taviano 121 D3
Tavíkovice 94 A/B1
Tavira 170 B2
Tavistock 62 B3
Tavoleto 115 D2, 117 C1
Täxan 30 A2, 35 C1
Taxenbach 92 B3, 107 D1, 126 A1
Taynuilt 56 A1
Tayport 57 C1
Tayvallich 56 A1
Tazones 151 D1, 152 A1
Tczew 72 B2
Tealby 61 D3, 64 B1
Teana 120 B3
Teano 119 C2/3
Teba 172 A2
Tébar 168 B1
Tebay 57 C3, 59 D1, 60 B1
Tebeljevo 127 C2
Tecklenburg 67 D3
Teckomatorp 50 A3
Tecuci 141 D1
Teerijärvi 21 C1
Teeriranta 19 D2
Teerivaara 18 B1
Teersalo 24 A2/3
Teesside 54 B3, 57 D3, 61 C1

Tegea 147 C3
Tegelen 79 D1
Tegelsmora 40 B2/3
Tegelträsk 30 B2, 35 D1
Tegernau 90 A/B3
Tegernsee 92 A3
Teggiano 120 A3
Téglio 106 A/B2
Tegneby 44 B3
Teichel 82 A2
Teichwolframsdorf 82 B2
Teigen 4 A/B2
Teigen 32 B3, 37 C1
Teignmouth 63 C3, 63 C2
Teijeiro 150 B1
Teijo 24 B3
Teillet 110 A2
Teisendorf 92 B3
Teisko 25 C1
Teisnach 92 B1
Teistungen 81 D1
Teixoso 158 B3
Tejadillos 162 A3
Tejado 153 D3, 161 D1
Tejares 160 B1
Tejeda de Tiétar 159 D3, 166 A1
Tejeiro 150 B1
Tejn 51 D3
Tekeriš 133 C2
Tekija 135 C1/2
Tekija 133 C2
Tekirdağ 141 C3, 149 D1
Tekovské Lužany 95 D2/3
Teksdal 28 A2/3, 33 C1
Tekućica 132 B1
Telavåg 36 A3
Telč 94 A1, 96 A2
Teleneští 99 C3
Telerig 144 A1
Telese 119 D3
Telford 59 D3, 64 A1/2
Telfs 92 A3, 107 C1
Telgte 67 D3
Telheira 170 A1
Teljo 23 D1
Telkkälä 18 B1
Tellancourt 79 C3
Tellingstedt 52 B3
Telnes 14 A/B1/2
Telnice 94 B1
Telões 158 B1
Telšiai 73 C/D1/2
Telti 123 D1
Teltow 70 A2/3
Telve 107 C2
Témbi 143 B2
Tembleque 161 C3, 167 D1
Temelín 93 D1
Temerin 129 D3, 133 D1, 134 A1, 140 A1
Temkino 75 D2
Temmes 18 B3
Tempelseter 37 D3
Témpio Pausánia 123 D1
Templeuve 78 A2
Templin 70 A1/2, 72 A3
Temse 78 B1
Temska 135 C3, 139 C1
Ten Boer 67 C1
Tenala/tenhola 24 B3
Tenay 103 D2
Tenbury Wells 59 D3
Tenby 62 B1
Tence 103 C3, 111 C1
Tende 112 B2
Tendilla 161 C2
Tenebrón 159 C2
Tengen 90 B3
Tengen-Watterdingen 90 B3
Tenhult 45 D3, 46 A3
Tenigerbad 105 D1/2
Tenja 129 C3, 129 C3
Tennenbronn 90 B2
Tennevik 9 C2
Tennevoll 9 C2
Tennilä 25 D2, 26 A2
Tenno 106 B2/3
Tennsjö 30 B2
Tennskjær 4 A3, 9 D1
Tennstrand 8 B2

Tennvalen 14 A2
Tensta 40 B3
Tenterden 65 C3, 77 C1
Tentúgal 158 A3
Teora 120 A2
Teovo 138 B3
Tepasto 11 D3, 12 A1
Tepelena 142 A2, 148 A1
Teplá 82 B3
Teplice 83 C2, 96 A1
Teplingan 28 B1
Tepsa 11 D3, 12 A/B2
Ter Apel 67 C/D2
Terälahti 25 C1
Téramo 117 D3, 119 C1
Terborg 67 C3
Terchová 95 D1
Terechovka 75 C3, 99 D1
Teregova 135 C1
Teremia 129 D2/3
Terena 165 C2
Terento/terenten 107 C1
Teresa 162 B3, 169 C1
Teresa de Cofrentes 169 C2
Terešov 83 C3
Terespol 73 D3, 97 D1, 98 A1
Terezín 83 C/D2
Terezino Polje 128 A2/3
Tergnier 78 A3
Terheijden 66 A/B3, 79 C1
Terjärv 21 C1
Terlet 67 C3
Terlizzi 120 B2, 136 A3
Termachovka 99 C1
Termas de Monfortinho 159 C3, 165 C1
Terme 122 A/B1
Terme di Brénnero/brennerbad 107 C1
Terme di Casteldória 123 C1
Terme di Miradolo 106 A3, 113 D1
Terme di Sárdara 123 C3
Terme di Torre Canne 121 C2
Terme di Valdieri 112 B2
Terme Luigiane 122 A1
Termeno/tramin 107 C2
Térmens 155 C/D3, 163 C1
Termes 110 A3, 156 B1
Termes de Orion 156 B2/3
Termignon 104 B3, 112 B1
Términi Imerese 124 B2
Terminiers 87 C2
Terminón 153 C2
Térmoli 119 D2, 120 A1
Termunten 67 C1
Ternant 88 B3, 103 D1
Terndrup 48 B2
Ternell 79 D2
Terneuzen 78 B1
Terni 117 C3, 118 B1
Ternitz 94 A/B3
Ternopol' 98 B2
Terpani 142 A2
Térpillos 139 D3, 143 D1, 144 A1
Terpnás 143 C3, 148 A1
Terque 173 D2
Terracina 118 B2/3
Terrades 156 B2
Terradillos de Templarios 152 A2
Terråk 14 A3, 28 B1
Terralba 123 C2/3
Terranho 158 B2
Terranova da Síbari 122 A/B1
Terranova di Pollino 120 B3, 122 A/B1
Terranuova Bracciolini 115 C3, 116 B2
Terras do Bouro 150 A/B3, 158 A1
Terrasini 124 A1/2
Terrassa 156 A3
Terrasson-la-Villedieu 101 D3, 109 C/D1
Terrateig 169 D2
Terravécchia 122 B1
Terrer 162 A1
Terriente 162 A2/3

Terrinches 167 D2, 168 A2
Terrugem 164 A2
Tersløse 49 C3, 53 C1
Tertenía 123 D2/3
Teruel 162 A/B2/3
Tervahauta 24 B1
Tervajoki 20 B2
Tervakoski 25 C2
Tervala 21 C/D3, 22 A3, 25 D1, 26 A1
Tervavaara 19 C2
Tervel 141 C2
Tervola 17 D2, 18 A1
Tervolan asema 17 D2, 18 A1
Terz 94 A3
Terzone San Pietro 117 C/D3, 118 B1
Tésa 95 D2/3
Tešanj 132 B1/2
Teschendorf 70 A2
Tesijoki 25 D2/3, 26 A/B2/3
Teslić 132 B1/2
Tesserete 105 D2
Tessin 53 D3
Tessy-sur-Vire 85 D1, 86 A1
Testa del Gargano 120 B1, 136 A2/3
Testa dell'Acqua 125 C/D3
Tét 95 C3
Tetbury 63 D1, 64 A3
Teterow 53 D3, 69 D1, 72 A2/3
Teteven 140 B2
Teti 123 D2
Tetovo 138 B2, 140 A3
Tetrálofon 143 C2
Tettau 82 A2
Tettnang 91 C3
Tettnang-Langnau 91 C3
Teuchern 82 A/B1
Teufen 91 C3, 105 D1, 106 A1
Teufenbach 126 B1
Teulada 123 C3
Teulada 169 D2
Teupitz 70 A3
Teurajärvi 11 C3, 12 A2, 17 D1
Teurajärvi 17 C1
Teuro 25 C2
Teusajaurestugorna 9 D3
Teuschnitz 82 A2
Teutleben 81 D2
Teutschenthal 82 A1
Teuva 20 A/B3
Tevaniemi 24 B1
Tevansjö 35 C2
Teväntö 25 C2
Tevel 128 B2
Tewkesbury 63 D1, 64 A2
Thakovuori 22 B2
Thal 81 D2
Thale 69 C3, 82 A1
Thalfang 80 A3
Thalgau 93 C3
Thalheim 82 B2
Thalkirch 105 D2, 106 A2
Thalmässing 92 A1
Thame 64 B3
Thann 89 D3, 90 A3
Thannhausen 91 D2
Thaon 76 B3, 86 A1
Thaon-les-Vosges 89 D2
Tharandt 83 C1/2
Thárros 123 C2
Tharsis 171 C1
Thásos 140 B3, 145 C1/2, 149 C1
Thásos 145 C1/2
Thaxted 65 C2
Thaya 94 A1/2
Thayngen 90 B3
The Mumbles 63 C1
The Trossachs 56 B1
Theddlethorpe Saint Helen 61 D3, 65 C1
Thedinghausen 68 A2
Theessen 69 D3
Theilenhofen-Dornhausen 91 D1

Theix 85 C3
Themar 81 D2
Thénezay 101 C1
Thenon 101 D3, 109 C1
Theodorákion 143 C/D1
Theodóriana 143 C3
Theológos 147 C1
Théoule-sur-Mer 112 B3
Thermes-d'Armagnac
   108 B2/3, 155 C1
Thérmi 143 D2, 144 A2
Thermiá 144 B1
Thermísia 147 C/D3
Thérmon (Kefalóvrison)
   146 B1/2
Thermopylai 147 C1
Thérmos 146 B1/2
Thernberg 94 B3
Thérouanne 77 D1/2
Thespiaí 147 C2
Thesprotikón 142 B3, 146 A1
Thessaloníki 140 B3, 143 D2,
   144 A2, 148 B1
Thetford 65 C2
Theux 79 C/D2
Thevet-Saint-Julien 102 A1/2
Thézan 110 A3, 156 B1
Thèze 108 B3, 154 B1
Thiaucourt-Regniéville 89 C1
Thiberville 77 C3, 86 B1
Thibie 88 B1
Thiéblemont-Farémont 88 B1
Thiendorf 83 C1
Thiene 107 C3
Thierhaupten 91 D2, 92 A2
Thierhaupten-Baar 91 D2,
   92 A2
Thierhaupten-Unterbaar 91 D2
Thiers 102 B2/3
Thiersheim 82 B3
Thiesi 123 C2
Thiézac 110 A1
Thionville 89 C1
Thíra 149 C3
Thiron 86 B2
Thirsk 54 B3, 61 C2
Thisóa 146 B3
Thisted 48 A1/2
Thísvi 147 C2
Thívai 147 C/D2, 148 B2
Thiviers 101 D3
Thizy 103 C2
Thoirette 103 D2, 104 A2
Thoissey 103 D2
Thoisy-la-Berchère 88 B3,
   103 C1
Tholen 78 B1
Tholey-Theley 80 A3, 90 A1
Tholón 146 B3
Thomatal 126 B1
Thonac 101 D3, 109 C1
Thônes 104 A/B2/3
Thonon-les-Bains 104 A/B2
Thorame-Basse 112 A2
Thorame-Haute 112 A2
Thorens-Glières 104 A2/3
Thorigné-sur-Dué 86 B2
Thorigny-sur-Oreuse 88 A2
Thorikón 147 D3
Thörl 94 A3
Thornaby-on-Tees 57 D3,
   61 C1
Thornbury 63 D1
Thorne 61 C2/3
Thorney 65 C1/2
Thornhill 54 B3, 56 B2/3,
   57 C2/3
Thornton 59 C/D1, 60 B2
Thorsager 49 C2
Thorsø 48 B2
Thouarcé 86 A3, 100 B1
Thouars 101 C1
Thourie 85 D2/3
Thrapston 64 B2
Threave Castle 56 B3, 60 A1
Threshfield 59 D1
Thuès-les-Bains 156 A2
Thueyts 111 C1
Thuin 78 B2
Thuir 156 B1/2
Thun 105 C1/2

Thüngen 81 C3
Thurey 103 D1
Thurles 55 C3
Thurøby 53 C2
Thursby 57 C3, 60 B1
Thurso 54 B1
Thury-Harcourt 86 A1
Thusis 105 D1/2, 106 A1/2
Thyborøn 48 A2
Thyregod 48 B3, 52 B1
Thyrnau 93 C2
Tiarp 45 D3
Ţibăneşti 141 C/D1
Tibro 45 D2, 46 A2
Tickhill 61 C3
Tidaholm 45 D3
Tidan 45 D2, 46 A2
Tidersrum 46 B3
Tidö 46 B1
Tiedra 152 A3, 160 A1
Tiefenbach 82 B3, 92 B1
Tiefenbach 93 C2
Tiefenbronn 90 B1/2
Tiefencastel 106 A1/2
Tiefensee 70 B2
Tiel 66 B3
Tielt 78 A/B1/2
Tiemassaari 23 C3
Tienen 79 C2
Tierga 154 A3, 162 A1
Tiermas 154 A/B2
Tierp 40 B2
Tierzo 161 D2, 162 A2
Tiffauges 100 B1
Tigănaşi 135 C2
Ţigăneşti 141 C1/2
Tighnabruaich 56 A1/2
Tignes 104 B3
Tigy 87 C/D3
Tihany 128 B1
Tihilä 21 D1, 22 A/B1
Tihusniemi 22 B3
Tiingvoll 32 B2
Tiistenjoki 20 B2
Tiitilankylä 22 B2
Tijesno 131 C3
Tijola 173 D1/2
Tikkakoski 21 D3, 22 A3
Tikkala 21 D3, 22 A3
Tikkala 23 D3
Til-Châtel 88 B3
Tilburg 79 C1
Tilbury 65 C3, 77 C1
Tilh 108 A/B3, 154 B1
Tilkainen 24 B2
Tillberga 40 A3, 46 B1
Tilleda 82 A1
Tillicoultry 57 C1
Tillières-sur-Avre 86 B1
Tillikkala 26 B1
Tilly 101 D2
Tilly-sur-Seulles 76 B3, 86 A1
Tiltrem 28 A2, 33 C1
Tim 48 A2/3
Timau 107 D2, 126 A2
Timbákion 149 C3
Timbonäs 38 B3
Timelkam 93 C3
Timfristós 146 B1
Timişoara 140 A1
Timmele 45 D3
Timmendorfer Strand 53 C3
Timmernabben 51 D1
Timmersdala 45 D2
Timmervik 45 C2
Timoniemi 19 D2/3, 23 C1
Timrå 35 D2/3
Tinahely 58 A3
Tinajas 161 C/D2/3
Tinalhas 158 B3, 165 C1
Tinca 97 C/D3, 98 A3
Tinchebray 86 A1
Tineo 151 C/D1
Tinglev 52 B2
Tingsryd 51 C2, 72 A/B1
Tingstäde 47 D3, 47 D2
Tingvatyn 42 B3
Tinizong 106 A2
Tinjan 126 B3, 130 A1
Tinnoset 43 C/D1, 44 A1
Tinnye 95 D3

Tinos 149 C2
Tintagel 62 B2/3
Tinţăreni 135 D2
Tinténiac 85 C/D2
Tintern Abbey 63 D1
Tintern Parva 63 D1
Tintigny 79 C3
Tione di Trento 106 B2
Tipasjärvi 23 C1
Tipasjoki 19 C2/3, 23 C1
Tipasoja 19 C3, 23 C1
Tipperary 55 C3
Tirana 137 D3, 138 A3,
   142 A1
Tirano 106 B2
Tiraspol' 99 C3
Tire 149 D2
Tirgo 153 C2
Tîrgovişte 141 C1
Tîrgu Bujor 141 C/D1
Tîrgu Cărbuneşti 135 D1
Tîrgu-Frumos 98 B3
Tîrgu Jiu 135 D1, 140 B1
Tîrgu Lăpuş 97 D3, 98 A3
Tîrgu Mureş 97 D3, 98 A/B3,
   140 B1
Tîrgu-Neamţ 98 B3
Tîrgu Ocna 98 B3, 141 C1
Tîrgu Secuiesc 98 B3, 141 C1
Tirig 163 C2/3
Tiriolo 122 B2
Tirli 116 A3
Tîrnaveni 97 D3, 98 A/B3,
   140 B1
Tirnavos 143 D3, 148 B1
Tirpersdorf 82 B2
Tirrénia 114 A2/3, 116 A2
Tirro 6 B2
Tirschenreuth 82 B3
Tirschenreuth-Wondreb 82 B3
Tirstrup 49 C2
Tirteafuera 167 C2
Tiryns 147 C3
Tiscar 167 D3, 168 A3,
   173 C/D1
Tisleidalen 37 C/D3
Tismana 135 D1
Tišnov 94 B1, 96 B2
Tisselskog 45 C2
Tistrup 48 A3, 52 A1
Tisvildeleje 49 D3, 50 A2/3
Tiszaalpár 129 D1/2
Tiszabecs 97 D2/3, 98 A2/3
Tiszabö 129 D1
Tiszaföldvár 129 D1
Tiszafüred 97 C3
Tiszakécske 129 D1
Tiszaroff 129 D1
Tiszasüly 129 D1
Tiszatenyő 129 D1
Tiszavárkony 129 D1
Tiszavasvári 97 C3
Titaguas 162 A/B3, 169 C1
Titel 133 D1, 134 A1
Tithoréa 147 C1/2
Titisee-Neustadt 90 B3
Titisee-Neustadt 90 B3
Tito 120 A/B2/3
Titograd 137 D2
Titov Drvar 131 C2
Titov Veles 139 C3, 140 A3
Titova Korenica 131 C1/2
Titova Mitrovica 138 B1,
   140 A2
Titova pećina 131 D2
Titovo Užice 133 D2/3,
   134 A2/3, 140 A2
Titovo Velenje 96 A3, 127 C2
Titran 32 B1
Tittelsnes 42 A1
Titting 92 A1
Tittling 93 C2
Tittmoning 92 B2/3
Tittmoning-Wiesmühl 92 B3
Titu 141 C1/2
Titulcia 161 C3
Titz 79 D1/2
Titz-Rödingen 79 D2
Tiuccia 113 D2
Tiukka 20 A3

Tiukurova 13 C3
Tiukuvaara 11 D3, 12 A2
Tiurajärvi 11 C3, 12 A2
Tiurana 155 D3
Tivat 137 C2
Tived 46 A2
Tivenys 163 C2
Tiverton 63 C2, 63 C1
Tivissa 163 C2
Tivoli 118 B2
Tivsjön 35 C2
Tizac-de-Courton 108 B1
Tizzano 113 D3
Tjábingen 28 B3, 34 A2
Tjåkkelestugan 14 B3, 29 D1
Tjälder 47 D3, 47 D2/3
Tjällmo 46 A/B2
Tjälme 10 A2
Tjåmotis 15 D1, 16 A1
Tjæreborg 48 A3, 52 A1
Tjärn 30 B2, 35 D1
Tjärnberg 16 A3
Tjärnkullen 29 D1
Tjärnmyrberget 29 D2, 30 A1
Tjarnö 44 B2
Tjärö 51 C2
Tjäruträsk 17 C2
Tjåurek 10 A3, 10 A3
Tjautjas 10 B3, 16 B1
Tjeldnes 9 C2
Tjeldstø 36 A3
Tjeldsund 9 C2
Tjele 48 B2
Tjelle 32 B2
Tjentište 132 B3, 137 C1
Tjernet 14 B3
Tjöck 20 A3
Tjolmen 14 B3
Tjolöholm 49 D1, 50 A1
Tjøme 43 D2, 44 B1
Tjønnefoss 43 C2
Tjørholm 42 B2
Tjörnarp 50 B2/3
Tjøtta 14 A2/3
Tjourenstugan 29 C2, 34 A1
Tjuda 24 B3
Tjugum 36 B2
Tjuonajåkk 9 D3, 10 A3
Tjurkö 51 C2
Tkon 130 B2/3
Tlmače 95 D2
Tlumač 97 D2, 98 B2
Tlumačov 95 C1
Toano 114 B2, 116 A1
Toba 81 D1
Tobarra 168 B2
Tobed 162 A1
Tobelbad 127 C1
Tobermory 56 A1
Toberonochy 56 A1
Tobo 40 B2/3
Tobolić 130 B1
Toby 20 A/B2
Tocane-Saint-Apre 101 C3
Tocha 158 A3
Tocina 171 D1
Töcksfors 45 C1
Tocón 172 B2
Todal 32 B2
Todal 32 B2
Todi 117 C3, 118 B1
Todmorden 59 D1/2, 60 B2
Todolella 162 B2
Todorovo 131 C1
Todtmoos 90 B3
Todtnau 90 B3
Todtnau-Todtnauberg 90 B3
Toén 150 B2
Töffedal 45 C2
Tofta 47 C/D3, 47 D3
Toftaholm 50 B1
Tofte 43 D1, 44 B1
Toftlund 52 A/B1/2
Töging am Inn 92 B2
Tohmajärvi 23 D3
Tohmo 12 B3
Toholampi 21 C1
Toija 24 B3
Toijala 25 C2
Toikkala 26 B2

Toivakka 21 D3, 22 A3
Toivakka 18 B1
Toivala 22 B2
Toiviaiskylä 21 D1, 22 A/B1
Toivola 26 B1
Töjby 20 A2/3
Tojšići 133 C2, 133 C2
Tokačka 145 C/D1
Tokaj 97 C2/3
Tokod 95 D3
Tököl 95 D3, 129 C1
Tolbuhin 141 C/D2
Toledo 160 B3, 167 C1
Tolentino 115 D3, 117 D2
Tolfa 118 A1
Tolg 51 C1
Tolga 33 D3
Tolinas 151 C1
Tolja 18 B1
Tolkee 23 D1
Tolkis/tolkkinen 25 D3, 26 A3
Tollarp 50 B3, 72 A1/2
Tollesbury 65 C3
Tølløse 49 D3, 53 D1
Töllsjö 45 C3
Tolmezzo 107 D2, 126 A2
Tolmin 96 A3, 126 B2
Tolna 129 C2
Tolnanémedi 128 B1/2
Toločin 74 B2
Tolofón 146 B2
Tolón 147 C3, 148 B2
Tolonen 12 B1
Tolosa 153 D1, 154 A1
Tolosa 165 C1
Tolosenmäki 23 D3
Tolox 172 A2
Tolpaniemi 19 D1
Tolsburgen 47 D3, 47 D3
Tolsby 45 C1
Tolskepp 46 B2
Tolstoje 98 B2
Tolva 13 C3, 19 C1
Tolva 155 C2/3
Tolvanniemi 19 C1
Tolve 120 B2
Tomar 164 B1
Tomaševac 129 D3, 133 D1,
   134 A/B1
Tomaševka 97 D1, 98 A1
Tomašica 131 C/D1
Tomášikovo 95 C2/3
Tomašpol' 99 C2
Tomaszów Mazowiecki 97 C1
Tombeboeuf 109 C1/2
Tomelilla 50 B3, 72 A2
Tomelloso 167 D2, 168 A2
Tomiño 150 A3
Tommerdalen 28 A3, 33 C1
Tømmernes 9 C3
Tommerup 52 B1
Tommerup Stationsby 52 B1
Tømmervåg 32 B2
Tömörd 94 B3, 127 D1,
   128 A1
Tompa 129 C2
Tomra 32 A2/3
Tomter 38 A3, 44 B1
Tôň 95 C3
Tona 156 A2/3
Tonara 123 D2
Tonbridge 65 C3, 77 C1
Tondela 158 A/B2
Tønder 52 A/B2
Tongeren 79 C2
Tongue 54 A/B1
Tönisvorst-Sankt Tönis 79 D1,
   80 A1
Tønjum 36 B2
Tonkopuro 13 C3
Tonnay-Boutonne 100 B2
Tonnay-Charente 100 B2
Tonneins 109 C2
Tonnerre 88 A3
Tönnersjö 50 A2
Tønnes 14 A/B2
Tönnet 39 C3
Tönning 52 A/B2/3
Tonquédec 84 B1/2
Tonsåsen 37 D3
Tønsberg 43 D2, 44 B1

Tonstad 42 B3
Toopanjoki 23 C/D2
Topares 168 B3, 173 D1, 174 A1
Topas 159 D1/2
Töpchin 70 A3
Töpen 82 A/B2
Topeno 25 C2
Toplana 137 D2, 138 A2
Toplęt 135 C1
Topli Do 135 C/D3, 139 C/D1
Topliţa 98 B3
Topol'čany 95 C2, 96 B2
Topol'čianki 95 D2
Topola 133 D2, 134 A/B2
Topolčani 138 B3, 143 C1
Topolovac 127 D3, 131 C1
Topolovăţu Mare 140 A1
Topolovgrad 141 C3
Topolšica 127 C2
Toponár 128 B2
Toporów 71 C3
Töppeln 82 A/B2
Topsham 63 C2/3, 63 C1/2
Topusko 127 D3, 131 C1
Tor Vaiánica 118 B2
Torà de Riubregós 155 D3, 163 D1
Torajärvi 25 C2
Toral de los Guzmanes 151 D2/3, 152 A2/3
Toral de los Vados 151 C2
Torás 162 B3, 169 C1
Toras Sieppi 11 C3, 12 A1/2
Torasalo 23 C3
Torasjärvi 17 C1
Toravaara 19 D2
Torbal 149 D2
Torbay 63 C3, 63 C2
Törböle 17 C2
Tórbole 106 B2/3
Torcello 107 D3
Torcy-le-Grand 77 C3
Torda 129 D3
Tordehumos 152 A3, 160 A1
Tordellego 162 A2
Tordera 156 B3
Tordesillas 160 A1
Tordesilos 162 A2
Tordillos 159 D2, 160 A2
Tordómar 152 B3
Töre 17 C2
Töreboda 45 D2, 46 A2
Toreby 53 D2
Torekov 49 D2, 50 A2
Torella de' Lombardi 119 D3, 120 A2
Torella del Sánnio 119 D2
Torelló 156 A2
Toreno 151 C2
Torestorp 49 D1, 50 A1
Torfinnsbu 37 C2
Torfou 100 B1
Torgåsmon 39 C2
Torgau 72 A3, 82 B1, 96 A1
Torgelow 70 B1
Torhamn 51 C1/D2/3, 72 B1
Torhout 78 A1
Torhus 32 A2
Torigni-sur-Vire 85 D1, 86 A1
Torija 161 C2
Toril 162 A3
Torino 112 B1
Torino di Sangro Marina 119 D1
Toriseva 21 C3
Torittu 25 C/D1, 26 A1
Torla 155 C2
Torlengua 161 D1
Torljane 138 B1
Törmänen 12 B1
Törmänki 12 A3, 17 D1
Törmänmäki 19 C2/3
Tormantos 153 C2
Törmäsenvaara 19 D1
Törmäsjärvi 12 A3, 17 D2
Törmäsniva 12 A2, 17 C/D1
Tórmini 106 B3
Tormua 19 D2
Tornada 164 A1
Tornadizos de Ávila 160 A/B2

Tornavacas 159 D3
Tørnby 38 B3, 45 C1
Torneå 17 D2/3, 18 A1
Tørnes 9 C2/3
Tornes 28 A2, 33 C1
Torneträsk 10 A2, 10 A2
Törnevik 46 B2/3
Torning 48 B2
Tornio 17 D2/3, 18 A1
Tornjoš 129 D3
Torno 105 D3, 106 A2/3
Tornos 162 A2
Torö 47 C2
Toro 152 A3, 159 D1, 160 A1
Törökkoppány 128 B2
Törökszentmiklós 97 C3, 129 D1
Toróni 144 B2/3, 148 B1
Toropec 75 C1
Torp 41 C3
Torp 41 C3
Torp 51 D1
Torpa 46 A3
Torpa 45 D3
Torpa 50 B2
Torpa 37 D3
Torpè 123 D1/2
Torpo 37 C3
Torpoint 62 B3
Torpsbruk 51 C1
Torpshammar 35 C2/3
Torquemada 152 B3
Torraca 120 A/B3, 122 A1
Torralba 123 C2
Torralba 161 D3
Torralba de Aragón 154 B3, 162 B1
Torralba de Burgo 153 C3, 161 C1
Torralba de Calatrava 167 C2
Torralba de los Sisones 162 A2
Torralba de Oropesa 160 A3, 166 B1
Torralba del Río 153 D2
Torralbilla 162 A1
Torrão 164 B3
Torröble 31 C2
Torre 150 A3, 158 A1
Torre a Ma 121 C2
Torre Alháquime 172 A2
Torre Annunziata 119 D3
Torre Astura 118 B2
Torre Baja 162 A3
Torre Beretti 113 C/D1
Torre-Cardela 173 C1
Torre das Vargens 164 B1/2
Torre de' Pásseri 117 D3, 119 C1
Torre de Arcas 163 C2
Torre de Don Miguel 159 C3
Torre de Dona Chama 151 C3, 159 C1
Torre de Embesora 163 C3
Torre de Endoménech 163 C3
Torre de Hércules 150 A/B1
Torre de Juan Abad 167 D2, 168 A2
Torre de la Higuera 171 C2
Torre de las Arcas 162 B2
Torre de Miguel Sesmero 165 C/D2
Torre de Moncorvo 159 C1/2
Torre del Bierzo 151 C/D2
Torre del Campo 167 C3, 173 C1
Torre del Compte 163 C2
Torre del Greco 119 D3
Torre del Lago Puccini 114 A2, 116 A1
Torre del Mar 172 B2
Torre di Bari 123 D2
Torre Horadada 169 C3, 174 B1
Torre la Ribera 155 C2
Torre los Negros 162 A/B2
Torre Melissa 122 B1/2
Torre Mileto 120 A/B1
Torre Orsáia 120 A3
Torre-Pacheco 169 C3, 174 B1

Torre Pedrera 115 C/D2, 117 C1
Torre Péllice 112 B1
Torre Pelosa 123 C1
Torre Santa Caterina 123 D3
Torre Santa Sabina 121 D2
Torre Santa Susanna 121 D3
Torre Vignola 123 C/D1
Torrearévalo 153 D3
Torrebeleña 161 C2
Torreblacos 153 C3, 161 C1
Torreblanca 163 C3
Torreblascopedro 167 C/D3, 173 C1
Torrebruna 119 D2
Torrecaballeros 160 B2
Torrecampo 166 B2/3
Torrechiva 162 B3, 169 D1
Torrecilla 161 D3
Torrecilla de Alcañiz 163 C2
Torrecilla de la Jara 160 A3, 166 B1
Torrecilla de la Orden 160 A1
Torrecilla de los Ángeles 159 C3
Torrecilla de Valmadrid 154 B3, 162 B1
Torrecilla del Monte 153 C3
Torrecilla del Rebollar 162 A/B2
Torrecilla en Cameros 153 D2
Torrecillas de la Tiesa 166 A1
Torrecuadrada de los Valles 161 C/D2
Torrecuadradilla 161 D2
Torredembarra 163 D1/2
Torredonjimeno 167 C3, 172 B1
Torrefarrera 155 C3, 163 C1
Torregáveta 119 C3
Torregrossa 155 C/D3, 163 C/D1
Torrehermosa 161 D1
Torreiglesias 160 B1/2
Torreira 158 A2
Torrejón de Ardoz 161 C2
Torrejón de la Calzada 160 B3
Torrejón del Rey 161 C2
Torrejón el Rubio 159 D3, 165 D1, 166 A1
Torrejoncillo 159 C3, 165 D1
Torrejoncillo del Rey 161 D3, 168 A1
Torrelaguna 161 C2
Torrelameu 155 C3, 163 C1
Torrelapaja 153 D3, 154 A3, 161 D1, 162 A1
Torrelavega 152 B1
Torrellas 154 A3, 162 A1
Torrelobatón 152 A3, 160 A1
Torrelodones 160 B2
Torremaggiore 120 A1
Torremanzanas 169 D2
Torremayor 165 D2
Torremegía 165 D2
Torremezzo di Falconara 122 A1/2
Torremocha 162 A2
Torremocha 165 D1, 166 A1
Torremocha del Pinar 161 D2, 162 A2
Torremolinos 172 B2/3
Torremontalbo 153 C/D2
Torremormojón 152 A/B3
Torrenieri 115 C3, 116 B2
Torrenostra 163 C3
Torrente 169 C/D1
Torrente de Cinca 155 C3, 163 C1
Torrenueva 168 A/B2
Torrenueva 173 C2
Torreorgaz 165 D1, 166 A1
Torreperogil 167 D3, 173 C1
Torrequebradilla 167 C/D3, 173 C1
Torrequemada 165 D1, 166 A1
Torres 167 D3, 173 C1
Torres Cabrera 166 B3, 172 B1

Torres de Albánchez 168 A3
Torres de Albarracín 162 A2
Torres de Berellén 154 B3, 162 A/B1
Torres de la Alameda 161 C2/3
Torres de Segre 155 C3, 163 C1
Torres del Obispo 155 C2/3
Torres del Río 153 D2
Torres Novas 164 B1
Torres Vedras 164 A2
Torresandino 152 B3, 160 B1
Torrescárcela 152 B3, 160 B1
Torretta 124 B1/2
Torretta 114 B1
Torretta Granítola 124 A2
Torrevelilla 162 B/C2
Torrevieja 169 C3, 174 B1
Torrflonäs 34 B3
Torri del Benaco 106 B3
Torri di Quartesolo 107 C3
Torricella 121 C3
Torricella Peligna 119 C/D1/2
Torrico 160 A3, 166 B1
Torríglia 113 D2
Torrijas 162 B3, 169 C1
Torrijo de la Cañada 154 A3, 161 D1, 162 A1
Torrijo del Campo 162 A2
Torrijos 160 B3, 167 C1
Tørring 48 B3, 52 B1
Torrita 117 D3, 118 B1
Torrita di Siena 115 C3, 116 B2
Torrita Tiberina 117 C3, 118 B1
Torrivaara 17 C1
Torro 25 C2
Torroella de Fluviá 156 B2
Torroella de Montgrí 156 B2
Torrox 172 B2
Torrubia 161 D2, 162 A2
Torrubia de Soria 153 D3, 154 A3, 161 D1, 162 A1
Torrubia del Campo 161 C3, 167 D1, 168 A1
Torrubio del Castillo 161 D3, 168 B1
Torrvål 39 C/D1/2
Torsåker 30 B3, 35 D2
Torsåker 40 A2
Torsäng 39 D2
Torsansalo 27 C/D1
Torsås 51 C/D2
Torsbo 45 D3
Torsborg 34 A/B2
Torsbua 32 B3, 37 C1
Torsby 39 C3
Torsby 38 B3
Torsenget 33 C2
Torsfjärden 29 D2
Torshälla 46 B1
Torsholma 24 A3, 41 D2
Torsken 9 C1
Torslanda 45 C3, 49 D1
Torsminde 48 A2
Torsmo 39 D1
Torsnes 44 B1
Torsnes 36 B3, 42 A1
Torsö 45 D2
Torstrup 48 A3, 52 A1
Torsvåg 4 A2
Torsvid 45 D2, 46 A1/2
Törtel 129 D1
Tortellà 156 B2
Torteval 63 D3
Tortinmäki 24 B2
Tórtola 161 D3, 168 B1
Tórtola de Henares 161 C2
Tórtoles 160 A2
Tortolì 123 D2
Tortona 113 D1
Tórtora 120 B3, 122 A1
Tortorella 120 A/B3
Tortoreto Lido 119 C1
Tortorici 125 C2
Tortosa 163 C2
Tortozendo 158 B3
Tortuera 161 D2, 162 A2
Tortuna 40 A3, 46 B1

Toruń 72 B3
Torup 50 A1, 72 A1
Torup 50 A3
Torup Strand 48 A/B1
Torvastad 42 A2
Torvetjønn 43 C1
Torvik 36 A1
Tørvikbtgd 36 A/B3, 42 A1
Torvikbukt 32 B2
Torvinen 12 B2
Torviscón 173 C2
Torvoila 25 C1/2
Torvund 36 A2
Toržok 75 D1
Torzym 71 C2/3
Tosantos 153 C2
Tosas 156 A2
Tosbotn 14 A/B3, 29 C1
Toscana Nueva 168 A/B3, 173 D1, 174 A1
Toscolano-Maderno 106 B3
Tosen 14 A3, 29 C1
Tosos 162 A/B1
Tossa de Mar 156 B3
Tossåsen 34 A2
Tossåsen 34 B2
Tossavanlahti 21 D2, 22 A2
Tösse 45 C2
Tosse 108 A2/3, 154 A1
Tossignano 115 C2, 116 B1
Tost 155 D2
Tostared 49 D1, 50 A1
Tostedt 68 B1
Tószeg 129 D1
Totalán 172 B2
Totana 168 B3, 174 A/B1
Totanés 160 B3, 167 C1
Tôtes 77 C3
Tótkomlós 97 C3, 140 A1
Totland 36 A1
Totland 76 A1/2
Tøtlandsvik 42 B2
Totnes 63 C3, 63 C2
Totra 40 A/B2
Tøttdal 28 B2
Tottenham 65 C3
Tottijärvi 24 B1
Totton 76 A1
Tótvázsony 128 B1
Touça 158 B2
Toucy 88 A3
Touët-sur-Var 112 A2
Touffou 101 C1/2
Toul 89 C1/2
Toulon 111 D3, 112 A3
Toulon-sur-Allier 102 B2
Toulon-sur-Arroux 103 C1
Toulouse 109 D3, 155 D1
Tour de la Parata 113 C3
Tour Laffon 109 D3, 155 D1/2
Toural 150 A2
Tourcoing 78 A3
Tourlaville 76 A3
Tournai 78 A/B3
Tournan-en-Bric 87 D1/2
Tournay 109 C3, 155 C1
Tournevite 101 D3
Tournoël 102 B2
Tournon 103 D3, 111 C1
Tournon-d'Agenais 109 C1/2
Tournon-Saint-Martin 101 D1
Tournus 103 D1/2
Touro 150 A/B2
Touro 158 B2
Tourouvre 86 B2
Tours 86 B3, 101 C/D1
Tours de Merle 102 A3, 109 D1, 110 A1
Tourtoirac 101 D3
Tourula 24 B2
Tourves 111 D3, 112 A3
Toury 87 C2
Tous 169 C2
Touvedo 150 A/B3, 158 A1
Touvois 100 A1
Toužim 82 B3
Tovačov 95 C1
Tovarišovo 129 C3, 133 C1
Tovarnik 129 C3, 133 C1
Tovdal 43 C2

Tøvik 32 A2
Tovik 9 C2
Tövsala 24 A2
Tow Law 57 D3, 61 C1
Towcester 64 B2
Town Yetholm 57 D2
Toxótai 145 C1
Töyrenperä 21 C/D2, 22 A2
Töysä 21 C3
Töysänperä 21 C/D3, 22 A3
Tózar 173 C1/2
Tözeggyzrmajor 94 B3
Trabada 151 C1
Trabanca 159 C1
Trabazos 151 C3, 159 C1
Traben-Trarbach 80 A3
Trabia 124 B2
Trabotivište 139 D2
Trachiá 147 C3
Tracy-le-Val 78 A3
Tradate 105 D3
Trädet 45 D3
Trafoi 106 B2
Tragacete 161 D2/3, 162 A2/3
Trahiá 147 C3
Traid 161 D2, 162 A2
Traiguera 163 C2
Traînel 88 A2
Traiskirchen 94 B2/3
Traismauer 94 A2
Traitsching 92 B1
Trakiszki 73 D2
Trakošćan 127 D2
Tralee 55 C3
Trælleborg 53 C1
Trælnes 14 A3, 28 B1
Tramacastiel 162 A3
Tramaríglio 123 C1/2
Tramayes 103 C/D2
Tramelan 89 D3, 104 B1
Tramnitz 69 D2
Tramonti di sopra 107 D2, 126 A2
Tramonti di sotto 107 D2, 126 A2
Tramore 55 D3
Tramútola 120 B3
Trân 139 C/D1, 140 A/B2
Træna 14 A2
Tranås 46 A3
Tranby 38 A3
Trancoso 158 B2
Trandal 32 A3, 36 B1
Tranderup 52 B2, 53 C2
Tranebjerg 49 C3, 53 C1
Tranekær Slot 53 C2
Tranemo 50 A/B1, 72 A1
Tranent 57 C1/2
Tranevåg 42 B3
Trangdalen 5 C2
Trångmon 29 D1/2
Trångsviken 29 C3, 34 B2
Tranhult 50 B1
Trani 120 B1/2, 136 A3
Trankil 45 C1
Tranøy 9 C/D1
Tranøy 9 C2
Trans 85 D2
Transtrand 39 C1/2
Tranum 48 B1
Tranvik 41 C/D2/3
Trápani 124 A2
Trápani Fulgatore 124 A2
Trápani Marausa 124 A2
Trápani Rilievo 124 A2
Trappes 87 C1
Traryd 50 B2, 72 A1
Trasacco 119 C2
Träskvik 20 A3
Träslövsläge 49 D1, 50 A1
Trasmiras 150 B3
Trasobares 154 A3, 162 A1
Traspinedo 152 B3, 160 B1
Trassem 79 D3
Tråstølen 36 B3
Tratalías 123 C3
Traun 93 C/D2
Traunreut 92 B3
Traunstein 92 B3
Tråvad 45 C/D2/3

Travagliato 106 B3
Traversella 105 C3
Traversétolo 114 A/B1
Travnik 132 A/B2
Travnik 126 B3
Trazegnies 78 B2
Trbovlje 96 A3, 127 C2
Trbuk 132 B1/2
Trébago 153 D3, 161 D1
Trebaséleghe 107 C/D3
Trebatice 95 C2
Trebatsch 70 B3
Trebbin 70 A3
Trebel 69 C2
Třebenice 83 C2
Trèbes 110 A3, 156 A/B1
Trébeurden 84 B1
Třebíč 94 A1, 96 A/B2
Trebinje 137 C1
Trebisacce 120 B3, 122 B1
Trebnje 127 C2/3
Třeboň 93 D1, 96 A2
Třeboň 83 C2/3
Tréboul 84 A2
Trebsen 82 B1
Trebujena 171 D2
Trebur-Geinsheim 80 B3
Trecastagni 125 C/D2
Trecastle 63 C1
Trecate 105 D3
Trecenta 115 C1
Tredegar 63 C1
Tredózio 115 C2, 116 B1
Treffurt 81 D1
Trefnant 59 C2, 60 A3
Tregaron 59 C3
Trégastel-Plage 84 B1
Tregde 42 B3
Tregnano 107 C3
Tregony 62 B3
Tréguier 84 B1
Trégunc 84 B2/3
Trehörna 46 A2/3
Trehörningen 31 C/D2
Trehörningsjö 31 C2
Tréia 115 D3, 117 D2
Treib 105 D1
Treignac 102 A3
Treilles 110 A/B3, 156 B1
Treis 80 A2/3
Trekanten 51 D2
Trekilen 29 D3, 34 B1
Trekljano 139 C1/2
Trekljano 139 C1/2
Trelan 85 C/D3
Trélazé 86 A3
Trélechamp 104 B2
Trelleborg 50 A3, 72 A2
Trélon 78 B3
Tremelkovo 139 D1/2
Tremes 164 A1
Tremezzo 105 D2/3, 106 A2
Tremmen 70 A2
Trémorel 85 C2
Třemošná 83 C3
Tremp 155 C/D2/3
Trenčianska Teplá 95 C1
Trenčianska Turná 95 C1/2
Trenčianske Teplice 95 C1
Trenčín 95 C1, 96 B2
Trendelberg-Deisel 81 C1
Trendelburg 81 C1
Trengereid 36 A3
Trenta 126 B2
Trento 107 C2
Treon 87 C1/2
Trepča 127 D3, 131 C1
Trepča 137 D1, 138 A1
Trepča 138 B1
Trepido 122 A2
Treponti 106 B3
Treppeln 70 B3
Trepucó 157 C1
Trepuzzi 121 D3
Treriksröset 10 A/B1
Trescore Balneário 106 A3
Tresenda 106 B2
Tresfjord 32 A2/3, 36 B1
Tresjuncos 161 C/D3, 167 D1, 168 A1
Tresnurághes 123 C2

Trespaderne 153 C2
Tresparrett Posts 62 B2/3
Třešť 94 A1
Trets 111 D3
Tretten 37 D2, 38 A1
Tretten 4 B2
Treuchtlingen 91 D1, 92 A1
Treuen 82 B2
Treuenbrietzen 70 A3, 72 A3
Treungen 43 C2
Trevélez 173 C2
Trevenzuolo 106 B3
Trèves 110 B2
Trevi 117 C3
Trevi nel Lázio 118 B2
Treviana 153 C2
Trévières 76 A/B3, 85 D1, 86 A1
Trevíglio 106 A3
Trevignano Romano 118 A/B1
Treviño 153 C/D2
Treviso 107 D3
Treviso Bresciano 106 B3
Trevol 102 B1/2
Trévoux 103 D2
Trézelles 103 C2
Trezzano san Naviglio 105 D3, 106 A3
Trezzo sull' Adda 105 D3, 106 A3
Trgovište 139 C2
Trhové Mýto 95 C3
Trhové Sviny 93 D1/2
Trhový Štěpánov 83 D3
Triacastela 151 C2
Triaize 100 B2
Triana 116 B3, 118 A1
Triánta 149 D3
Triaucourt-en-Argonne 88 B1
Tribaldos 161 C3, 167 D1, 168 A1
Tribanj Krušćica 130 B2
Tribano 107 C3, 115 C1
Triberg 90 B2/3
Tribsees 53 D3
Tricárico 120 B2/3
Tricase 121 D3
Tricase Porto 121 D3
Tricerro 105 C3, 113 C1
Tricésimo 126 A2
Trichiana 107 C/D2
Tricot 78 A3
Trie-sur-Baïse 109 C3, 155 C1
Triebel 82 B2
Trieben 93 D3, 96 A3
Triebes 82 B2
Triefenstein-Lengfurt 81 C3
Triel-sur-Seine 87 C1
Triengen 105 C1
Trier 79 D3, 80 A3
Trier-Ehrang 79 D3, 80 A3
Trierweiler 79 D3
Trieste 126 B3
Triftern 92 B2
Trigachos 164 B3, 170 B1
Triggiano 121 C2
Triglitz 69 D1/2
Trígonon 143 C1/2
Trigueros 171 C1/2
Trigueros del Valle 152 B3, 160 A/B1
Trijebine 133 D3, 134 A3, 137 D1, 138 A1
Trijueque 161 C2
Trikala 143 C3, 148 A/B1
Trikala 147 C2
Trikérion 147 C1
Trilj 131 D3
Trillevallen 29 C3, 34 A2
Trillo 161 C/D2
Trindade 164 B3, 170 B1
Trindade 159 C1
Tring 64 B2/3
Trinità 113 C2
Trinità d' Agultu 123 C1
Trinitápoli 120 B1/2
Trinité 113 D3
Trino 105 C3, 113 C1
Triollo 152 A/B2
Triora 113 C2
Trípi 146 B3

Trípolis 146 B3, 147 C3, 148 B2
Triponzo 117 C3
Tripótama 146 B2
Tripótamon 146 A/B1
Tripótamos 144 B2
Tripoteau 108 B1
Trippstadt 90 A/B1
Triptis 82 A2
Triste 154 B2
Trittau 68 B1
Trittenheim 80 A3
Trivento 119 D2
Trivero 105 C3
Trivigno 120 B2/3
Trizac 102 A/B3
Trjavna 141 C2
Trnava 95 C2, 96 B2/3
Trnjani 128 B3, 132 B1
Trnovec nad Váhom 95 C2
Trnovo 132 B3
Trnovo 126 A/B2
Troarn 76 B3, 86 A1
Trobajo del Camino 151 D2, 152 A2
Tröbitz 83 C1
Trochtelfingen 91 C2
Trödje 40 A/B2
Troense 53 C2
Trofa 158 A1
Trofors 14 B3
Trøgaset 37 C/D3
Trogen 82 A/B2
Trogen 91 C3, 106 A1
Trogir 131 C3
Trøgstad 38 A3, 44 B1
Trøgstad (Skjønhaug) 38 A3, 44 B1
Troia 149 C1
Tróia 120 A1/2
Tróia 164 A2/3
Troina 125 C2
Trois-Ponts 79 D2
Trois-Villes 108 A/B3, 154 B1
Troisdorf 80 A2
Troisdorf-Sieglar 80 A2
Troissereux 77 D3
Troisvierges 79 D3
Troizen 147 C/D3
Trojan 140 B2
Trojane 127 C2
Trojanova Tabla 135 C1/2
Troldhede 48 A3
Troldkirken 48 B1/2
Trolla 28 A3, 33 C1
Trollberget 16 A2
Trolle-Ljungby 50 B2/3
Trolleholm 50 A/B3
Trollerud 14 B3, 29 C/D1
Trollhättan 45 C2/3
Trollheimshytta 32 B2
Trollholmsundet 5 D2, 6 A1/2
Trollkirke 32 A2
Trollstigveien 32 A/B3
Trollsved 35 D3
Tromello 105 D3, 113 D1
Tromsdalen 4 A3
Tromsnes 37 D2
Tromsø 4 A3
Tromvik 4 A2/3
Troncedo 155 C2
Tronchón 162 B2
Tronco 151 C3, 158 B1
Trondheim 28 A3, 33 C1
Trondjord 4 A2
Trones 29 C1
Tronhus 37 C2
Trönninge 50 A2
Tröno 40 A1
Tronoša 133 C2
Tronsjø 33 C/D3
Tronstad 38 A3, 43 D1
Trontveit 43 C2
Tronvik 28 A3, 33 C/D1
Tronzano Vercellese 105 C3, 113 C1
Troo 86 B3
Troon 56 B2
Tropea 122 A2
Trópea 146 B3
Tropeoúchos 143 C1/2

Tropoja 138 A2
Trosa 47 C2
Trosky 83 D2
Trošmarija 127 C3, 130 B1
Trosna 75 D3
Trossingen 90 B2/3
Trost'anec 99 C2
Tröstau 82 A/B3
Trostberg 92 B2/3
Trosterud 38 B3, 45 C1
Trötvik 38 B3
Trou de Bozouls 110 A1/2
Troubítsion 146 B3
Trouville-sur-Mer 76 B3, 86 A/B1
Troviscal 158 B3, 164 B1
Trowbridge 63 D2, 63 D1, 64 A3
Troyes 88 A/B2
Trpanj 136 B1
Trpezi 138 A1
Trpinja 129 C3, 133 C1
Trsat 126 B3, 130 A/B1
Tršice 95 C1
Trstená 97 C2
Trstena 139 C1
Trstenik 138 B1
Trstenik 134 B3
Trstenik 136 B1
Trsteno 137 C1
Trstice 95 C2/3
Trstín 95 C2
Trubčevsk 75 C3
Trubia 151 D1
Trubjela 137 C1
Trubschachen 105 C1
Truchas 151 C/D2/3
Truébano 151 D1/2
Trujillanos 165 D2, 166 A2
Trujillo 165 D1, 166 A1
Trun 105 D1/2, 106 A1
Trun 86 A/B1
Truro 62 B3
Trușești 98 B3
Trustrup 49 C2
Trutnov 96 A/B1
Truva (Troja) 145 D2/3
Truvbacken 29 C3, 34 B1/2
Trvaala 21 D3, 22 A3
Tryggelev 53 C2
Trypití 144 B2
Tryserum 46 B2/3
Trysil (Innbygda) 38 B1
Tržac 131 C1
Trzcianka 71 D2, 72 B3
Trzciel 71 C2/3
Trzcińsko Zdrój 70 B2
Trzebicz 71 C2
Trzebiechów 71 C3
Trzebiel 70 B3, 83 D1
Trzebież 70 B1
Trzebnica 96 B1
Trzec 127 D2
Trzemeszno Lubuskie 71 C2
Tržič 96 A3, 126 B2
Tsamandás 142 B3
Tsangaráda 144 A3, 148 B1
Tsaritsáni 143 D3
Tsarkasiános 146 A2
Tsasouna 23 D1, 23 D2
Tschernitz 83 D1
Tševtjävri 7 C2/3
Tsieleljåkkstugan 15 D1
Tsotílion 143 C2
Tsoukalochóri 143 C2
Tua 28 A/B2, 33 D1
Tubba 37 C3
Tubbergen 67 C2
Tubilla del Agua 152 B2
Tübingen 91 C2
Tübingen-Unterjesingen 91 C2
Tubize 78 B2
Tubre/taufers 106 B1/2
Tučapy 93 D1
Tučepi 121 D3, 132 A3, 136 B1
Tuchan 110 A3, 156 B1
Tucheim 69 D3
Tüchen 69 D2
Tuchola 72 B2/3

Tuckur 20 B2
Tuczno 71 C/D1/2
Tuddal 43 C1
Tuddal Høyjellshotell 43 C1
Tudela 154 A3
Tudela de Duero 152 B3,
160 A/B1
Tudelilla 153 D2/3
Tuéjar 162 A/B3, 169 C1
Tuenno 106 B2
Tufjord 5 C1, 6 A1
Tufsingdalen 33 D3
Tuft 38 A3, 43 D1, 44 A/B1
Tufter 5 C1, 6 A1
Tuhaň 83 D2
Tuhkakylä 19 C3, 23 C1
Tuiskula 20 B3
Tuixén 155 D2, 156 A2
Tuk 131 C2
Tukums 73 D1
Tul'čin 99 C2
Tula 123 C1
Tulare 138 B1
Tulce 71 D2/3
Tulcea 141 D1
Tulette 111 C/D2
Tullamore 55 C/D2/3
Tulle 102 A3
Tullebølle 53 C2
Tulleråsen 29 C/D3, 34 B1
Tullgarn 47 C1/2
Tullins 103 D3, 104 A3
Tulln 94 A/B2, 96 A/B2/3
Tulppio 13 C2
Tumba 47 C1
Tumbo 46 B1
Tumleberg 45 C3
Tun 45 C2
Tuna 46 B3, 51 D1
Tuna Hästberg 39 D2/3
Tunaberg 47 C2
Tunadal 35 D2/3
Tunåsen 30 A2/3, 35 C1
Tune 44 B1
Tune 49 D3, 50 A3, 53 D1
Túnel de Lizarraga 153 D2
Tunes 158 B1/2
Tunes 170 A2
Tungaseter 32 B3, 37 C1
Tungastølen 36 B2
Tungenes 42 A2
Tunkkari 21 C1/2
Tunnhovd 37 C3
Tunnila 27 C1
Tunnsjø kapell 29 C1
Tunnsjø-Røyrvik 29 C1
Tunø 49 C3, 53 C1
Tunsjön 30 B3, 35 D2
Tunstall 59 D2, 60 B3, 64 A1
Tuntenhausen 92 A/B3
Tuntenhausen-Hohentann
92 A/B3
Tuntsa 13 C/D2
Tuohikotti 26 B2
Tuohikylä 13 C3
Tuohittu 24 B3
Tuomimäki 13 C3
Tuomioja 18 A3
Tuomiperä 21 D1, 22 A1
Tuorila 24 A1
Tuorlahti 24 A2, 41 D2
Tuoro sul Trasimeno 115 C3,
117 C2
Tuottarstugorna 15 D1, 15 D1
Tuovilanlahti 22 B2
Tuplice 70 B3, 83 D1
Tupos 18 A/B2
Tuppurinmäki 22 B3
Tuppuruvaara 23 D1
Turalići 133 C2
Tuřany 94 B1
Turany 95 C2/3
Turbe 132 A2
Turbenthal 90 B3, 105 D1
Turbigo 105 D3
Turburea 135 D1/2
Turčianske Teplice 95 D1/2
Turcifal 164 A2
Turda 97 D3, 98 A3, 140 B1
Turégano 160 B1/2
Turek 72 B3, 96 B1

Turenki 25 C2
Turenne 101 D3, 109 D1
Turgutlu 149 D2
Turhala 22 B1
Turi 121 C2
Turija 135 C2
Turija 129 D3
Turís 169 C1
Turjak 126 B3
Türje 128 A1
Turka 97 D2, 98 A2
Turkhauta 25 C2, 26 A2
Turku 24 B2/3
Turleque 161 C3, 167 C/D1
Turnau 94 A3
Turnberry 56 B2
Turnditch 61 C3, 64 A1
Turnhout 79 C1
Türnitz 94 A3
Turnov 83 D2, 96 A1
Turnu Măgurele 140 B2
Turón 173 C2
Turrach 126 B1
Turre 174 A2
Turri 123 C2/3
Turriers 112 A2
Turrillas 173 D2, 174 A2
Tursa 24 B2
Tursi 120 B3
Turtagrø 37 C2
Turtel 139 C2/3
Turtola 12 A3, 17 D1
Turzovka 95 D1
Tusa 125 C2
Tusby 25 C/D2/3, 26 A2/3
Tuscánia 116 B3, 118 A1
Tussenhausen 91 D2/3
Tustervatn 14 B2/3
Tutaryd 50 B1/2
Tutin 138 A1, 140 A2
Tutjunniemi 23 C/D3
Tutow 70 A1
Tutrakan 141 C2
Tuttlingen 90 B3
Tuttlingen-Möhringen 90 B3
Tutzing 92 A3
Tuuhonen 21 C3
Tuukkala 26 B1
Tuukkala 26 B1
Tuulenkylä 20 B3
Tuulimäki 19 C2/3, 23 C1
Tuulos 25 C2, 26 A2
Tuunajärvi 24 B1
Tuupovaara 23 D3
Tuurala 20 B2
Tuusjärvi 23 C2
Tuuski 26 B3
Tuusmäki 22 B3, 27 C1
Tuusniemi 23 C2
Tuusula 25 C/D2/3, 26 A2/3
Tuv 37 C3
Tuv 14 B1
Tuvas 20 A3
Tuven 14 B2
Tuvträsk 30 B1
Tuxford 61 C3, 64 B1
Túy 150 A3
Tuzi 137 D2
Tuzla 132 B2
Tuzla 145 D2, 149 C1
Tvååker 49 D1, 50 A1
Tvaråbäck 31 C2
Tvärålind 31 C2
Tvärämark 20 A1, 31 D2
Tvärärträsk 15 D3
Tvårdica 141 C2
Tvärminne 24 B3
Tved 49 C2/3
Tveit 43 C3
Tveit 36 B3
Tverrå 14 B2
Tverråmo 15 C1
Tverrelvdalen 5 C2, 6 A2
Tverrvik 14 B1
Tversted 48 B1
Tving 51 C2
Tvrdošovce 95 C2/3
Tweede Exloërmond 67 C2
Tweedmouth 57 D2

Twello 67 C3
Tweng 126 A/B1
Twimberg 96 A3, 127 C1
Twist 67 C/D2
Twist-Schöninghsdorf
67 C/D2
Twistetal-Berndorf 81 C1
Twistringen 68 A2
Twistringen-Heiligenloh 68 A2
Two Bridges 63 C3, 63 C2
Tychówka 71 C1
Tychowo 71 D1
Tychy 96 B2
Tydal 33 D2
Tyfjord 7 C1
Tyfors 39 C3
Tyin 37 C2
Tyinholmen 37 C2
Tykarp 50 B2
Tykölä 25 C1/2
Tyldum 28 B1/2
Tylldal 33 C/D3
Tylösand 49 D2, 50 A2,
72 A1
Tylstrup 48 B1
Týn nad Vltavou 93 D1
Tyndaris 125 C/D1/2
Tynderö 35 D2/3
Tyndrum 54 A2, 55 D1, 56 B1
Tynemouth 54 B3, 57 D3,
61 C1
Tyngsjö 39 C2/3
Tynkä 18 A3, 21 C1
Tynnelsö 47 C2
Tynnerås 30 A3, 35 C1
Tynset 33 C/D3
Typpö 18 A3, 21 C1
Typpyrä 12 A3, 17 D1
Tyrämäki 19 C2
Tyrävaara 19 C/D2
Tyrella 58 A1
Tyresö 47 D1
Tyringe 50 B2
Tyristrand 43 D1
Tyrjänsaari 23 D2
Tyrnävä 18 B2/3
Tyrväntö 25 C2
Tyry 25 D1, 26 A1
Tysres 9 C2
Tysse 36 A3
Tyssebotn 36 A3
Tyssedal 42 B1
Tystberga 47 C2
Tysvær 42 A2
Tyttbo 40 A3
Tyvelä 19 C1
Tywyn 59 C3
Tyykiluoto 18 A/B2
Tyynismaa 20 B2
Tzummarum 66 B1

U

Ub 133 D2, 134 A2
Übach-Palenberg 79 D2
Ubbergen 66 B3, 67 C3
Úbeda 167 D3, 173 C1
Übelbach-Markt 127 C1
Überlingen 91 C3
Ubide 153 C/D1/2
Ubli 137 C1
Ubli 137 D1/2
Ubli 136 A1
Ubli 137 D2
Ubrique 172 A2
Ubstadt-Weiher 90 B1
Uceda 161 C2
Ucero 153 C3, 161 C1
Uchacq 108 B2
Uchaud 111 C2
Uchte 68 A2
Uchte-Woltringhausen 68 A2
Uchtspringe 69 C/D2
Uckange 89 C1
Uckfield 76 B1

Uckro 70 A3
Ucria 125 C2
Udalla 153 C1
Udbina 131 C2
Udby 53 D2
Udby 48 B2
Uddebo 50 A/B1
Uddeholm 39 C3
Uddevalla 45 C2
Uden 66 B3, 79 C1
Uder 81 D1
Udestedt 82 A1/2
Údine 126 A2
Údine Paparotti 126 A2
Udovo 139 C3, 143 D1
Udvar 128 B2/3
Uebigau 83 C1
Ueckermünde 70 B1, 72 A2/3
Uedem 67 C3, 79 D1
Uehlfeld 81 D3
Uelsen 67 C2
Uelzen 69 C2
Uelzen-Holdenstedt 69 C2
Uetendorf 105 C1
Uetersen 52 B3, 68 B1
Uettingen 81 C3
Uetze 68 B2
Uetze-Dollbergen 68 B2/3
Uetze-Hänigsen 68 B2
Uffenheim 81 D3, 91 D1
Uffenheim-Langensteinach
81 D3, 91 D1
Ugâle 73 C/D1
Ugao 138 A1
Ugao 153 C1
Ugento 121 D3
Ugerløse 49 C/D3, 53 D1
Uggiano la Chiesa 121 D3
Ugglarp 49 D2, 50 A1/2
Uggleheden 38 B2
Ugílar 173 C2
Ugine 104 A/B3
Ugljan 130 B2
Ugljane 131 D3, 132 A3
Ugljarevo 134 B3
Ugra 75 C/D2
Ugulvik 36 B2
Ugurlu 23 D2
Uhingen 91 C2
Uherské Hradiště 95 C1,
96 B2
Uherský Brod 95 C1, 96 B2
Uhlíŕské Janovice 83 D3
Uhlstädt 82 A2
Uhřiněves 83 D3
Uhrovec 95 C/D2
Uhyst 83 D1
Uig 54 A2
Uimaharju 23 D2
Uimaniemi 12 A/B2
Uimila 25 D2, 26 A/B2
Uithoorn 66 A/B3
Uithuizen 67 C1
Ujhartyán 129 C1
Uji i ftohët 142 A2
Újpetre 128 B2/3
Ujście 71 D2
Ujsoły 95 D1
Újszász 129 D1
Ujué 154 A2
Ukkola 23 D2
Ukmërgè 73 D2, 74 A2
Ukna 46 B3
Ukonjärvi 6 B3, 12 B1
Ukonvaara 23 C2
Ul'anka 95 D1/2
Ul'janovka 99 C2
Ul'janovo 75 D2/3
Ula 43 D2, 44 A/B1/2
Uland 35 D2
Ulbjerg 48 B2
Ulceby 61 D2/3
Ulcinj 137 D2
Uldum 48 B3, 52 B1
Uleåborg 18 A/B2
Ulebergshamn 44 B2
Ulefoss 43 C/D2, 44 A1
Uleila del Campo 173 D2,
174 A2
Ulëza 137 D3, 138 A3
Ulfborg 48 A2

Úlice 83 C3
Uljanik 128 A3
Uljma 134 B1, 140 A1
Ulkuvaara 11 C3, 12 A1/2
Ullånger 30 B3, 35 D2
Ullapool 54 A1/2
Ullared 49 D1, 50 A1, 72 A1
Ullatti 17 C1
Ullatun 42 B2
Ullava 21 C1
Ullbergsträsk 16 A/B3
Ulldecona 163 C2
Ulldemolins 163 C/D1
Ullensvang 36 B3
Ulleren 38 A/B3
Ullerslev 53 C1
Ullerup 52 B2
Úllés 129 D2
Ullfors 40 B2/3
Ullisjaur 15 C3
Üllő 129 C1
Ullsfjord 4 A3, 10 A1
Ullvi 40 A3, 46 B1
Ulm 91 C/D2
Ulme 164 B1
Ulmen 80 A2/3
Ulmtal 80 B2
Ulog 132 B3
Uløybukt 4 B2
Ulricehamn 45 D3, 72 A1
Ulrichen 105 C2
Ulrichsberg 93 C2
Ulrichstein 81 C2
Ulrika 46 B3
Ulriksfors 29 D2/3, 30 A2,
35 C1
Ulsberg 33 C2
Ulsnes 37 C/D2/3
Ulsta 54 A1
Ulsted 48 B1
Ulsteinvik 36 A1
Ulstrup 48 B2
Ultrasniemi 27 D1
Ulvan 32 B1
Ulvangen 14 A2
Ulvåsa 46 A2
Ulverston 59 C1, 60 B2
Ulvestad 36 B2
Ulvik 36 B3
Ulvila 24 A1
Ulvinsalon Luonnonpuisto
23 D1
Ulvkälla 34 B3
Ulvoberg 30 B1
Ulvöhamn 31 C3
Ulvsås 29 D3, 34 B1
Ulvsby 24 A1
Ulvshyttan 39 D2/3
Ulvsjön 35 C3
Ulvsvåg 9 C2
Umag 126 A/B3
Uman' 99 C2
Umasjö 15 C2
Umbértide 115 C3, 117 C2
Umbriático 126 B2
Umbukta fjellstue 14 B2
Umčari 133 D2, 134 B2
Ume-Ersmark 20 A1, 31 C/D2
Umeå 20 A1, 31 C/D2
Umetić 127 D3, 131 C1
Umfors 15 C2
Umhausen 106 B1
Umin Dol 138 B2
Umka 133 D1/2, 134 A1/2
Ummeljoki 26 B2
Ummendorf 69 C3
Ummerstadt 81 D2, 82 A2/3
Umnäs 15 C3
Umpferstedt 82 A1/2
Uña 161 D3, 162 A3
Uña de Quintana 151 D3
Unaja 24 A2, 41 D1/2
Unari 12 A/B2
Unbyn 17 C3
Uncastillo 154 A/B2
Unciti 154 A2
Undenäs 46 A2
Undersåker 29 C3, 34 A2
Undersåker 29 C3, 34 A2
Undersvik 40 A1
Undheim 42 A3

Undués de Lerda 154 A/B2
Uneča 75 C3
Úněšov 83 C3
Ungeny 99 C3
Ungerdorf 127 C/D1
Unhais da Serra 158 B3
Unhošť 83 C/D3
Unije 130 A1/2
Unimäki 23 C3
Unin 70 B1
Unirea 135 D2
Unna 80 A/B1
Unna Allakasstugorna 9 D2
Unquera 152 B1
Unstad 8 A/B2
Untamala 20 B2
Untamala 24 A2
Unterach 93 C3
Unterägeri 105 D1
Unterdietfurt 92 B2
Untergriesbach (Wegscheid) 93 C2
Unterhaching 92 A2/3
Unterhochsteg 91 C3
Unterkirnach 90 B2/3
Unterloibl 126 B2
Unterlüss 68 B2
Untermünkheim 91 C1
Unterneukirchen 92 B2
Unterpinswang 91 D3
Unterpremstätten 127 C1
Unterreichenbach (Calw) 90 B1/2
Unterreit 92 B2/3
Unterschächen 105 D1
Unterschleissheim 92 A2
Unterschneidheim-Zöbingen 91 D1
Unterschwaningen 91 D1
Untersiemau 81 D3, 82 A2/3
Untersteinach 82 A3
Untertauern 93 C3, 126 A/B1
Unterwasser 105 D1, 106 A1
Unterweid 81 D2
Unterweissenbach 93 D2
Unterwössen 92 B3
Untorp 39 C1
Upavon 64 A3, 76 A1
Upinniemi 25 C3
Uplengen 67 D1
Uplengen-Remels 67 D1
Upper Tean 59 D2/3, 60 B3, 64 A1
Uppgränna 46 A3
Upphärad 45 C3
Uppingham 64 B1/2
Upplands-Väsby 40 B3, 47 C1
Upplands-Väsby-Bollstanäs 47 C1
Uppsala 40 B3
Uppsala-Gamla Uppsala 40 B3
Uppsala-Sunnersta 40 B3
Uppsälje 39 C2
Uppsete 36 B3
Uppsjøhytta 37 D2
Upton upon Severn 63 D1, 64 A2
Ur 156 A2
Urach 91 C2
Uraiújfalu 94 B3, 128 A1
Uramonkylä 23 C1
Úras 123 C2/3
Urbach 91 C1/2
Urbánia 115 C/D2/3, 117 C2
Urbeis 89 D2, 90 A2
Urbino 115 D2/3, 117 C1/2
Urbiola 153 D2
Urbise 103 C2
Urçay 102 A/B1/2
Urda 167 C/D1
Urdari 135 D1
Urdiáin 153 D2
Urdiales del Páramo 151 D2
Urdos 108 B3, 154 B2
Urduliz 153 C1
Urduña 153 C1/2
Ure 8 B2/3
Urepel 108 A3, 154 A1
Ureterp 67 C1/2
Urheiluopisto 27 C/D1
Uriage-les-Bains 111 D1, 112 A1

Uricani 135 D1
Urizaharra 153 C/D2
Urjala 25 C2
Urjalan asema 25 C2
Urk 66 B2
Urla 149 C/D2
Urmatt 89 D2, 90 A2
Urmenor 174 B1
Urmince 95 C2
Urnäsch 91 C3, 105 D1, 106 A1
Urnes 36 B2
Uroševac 138 B2, 140 A2/3
Urovica 135 C2
Urraca-Miguel 160 B2
Urrácal 173 D1/2, 174 A1/2
Urrea de Gaén 162 B1/2
Urrea de Jalón 154 A/B3, 162 A1
Urroz 154 A2
Urrugne 108 A3, 154 A1
Ursensollen 92 A1
Urshult 51 C2, 72 A1
Urspringen (Marktheidenfeld) 81 C3
Urtimjaur 16 B1
Urtočе 131 C2
Urtx 156 A2
Urueñas 160 B1
Uruñuela 153 C/D2
Ururi 119 D2, 120 A1
Urville-Nacqueville 76 A3
Urzainqui 154 B2
Urziceni 141 C1/2
Urzicuţa 135 D2
Urzulei 123 D2
Usagre 165 D3, 166 A3
Usanos 161 C2
Ušće 133 D3, 134 A/B3, 140 A2
Úscio 113 D2
Used 162 A2
Usedom 70 B1
Useldange 79 D3
Uséllus 123 C2
Useras 162 B3
Usingen 80 B2
Úsini 123 C1
Usk 63 D1
Uskali 23 D3
Uskedal 42 A1
Uskoplje 137 C1/2
Üsküdar 141 D3
Uslar 68 B3, 81 C1
Uslar-Schönhagen 68 B3, 81 C1
Usmate Velate 105 D3, 106 A3
Ussássai 123 D2
Ussat-les-Bains 155 D2, 156 A1
Ussé 86 B3, 101 C1
Usseau 100 B2
Usséglio 104 B3, 112 B1
Ussel 102 A3
Ussel 102 B3, 110 A/B1
Usson-du-Poitou 101 C2
Usson-en-Forez 103 C3
Usson-les-Bains 156 A1
Ust -Čorna 97 D2/3, 98 A2
Ustaoset 37 C3
Ustaritz 108 A3, 154 A1
Úštěk 83 C/D2
Uster 90 B3, 105 D1
Ústí nad Labem 83 C2, 96 A1
Ústí nad Orlicí 96 A/B2
Ustibar 133 C3
Ustica 128 A3, 131 D1, 132 A1
Ústica 124 A/B1
Ustikolina 133 C3, 133 C3
Ustiprača 133 C3
Ustka 72 B2
Ustrzyki Górne 97 C/D2, 98 A2
Uszód 129 C2
Utajärvi 18 B2/3
Utåker 42 A1
Utakleiv 8 A/B1
Utande 161 C2
Utanen 18 B3

Utanlandsjö 31 C3
Utansjö 35 D2
Utbjoa 42 A1
Utebo 154 B3, 162 A/B1
Utelle 112 B2
Utena 74 A2
Utersum 52 A2
Úterý 82 B3
Uthaug 28 A3, 33 C1
Utiel 169 C1
Utifällan 31 C2
Utlången 51 C2/3
Utne 36 B3
Utö 47 D2
Utö havsbad 47 D1/2
Utöhus 47 C1
Utomälven 40 A/B2
Utrecht 66 B3
Utrera 171 D2
Utrilla 161 D1
Utrillas 162 B2
Utsikten 42 B1
Utsjoki (Ohtsejohka) 6 B2
Utskor 8 B1/2
Utstein Kloster 42 A2
Uttendorf 92 B3, 107 D1, 126 A1
Uttenweiler 91 C2
Uttenweiler-Ahlen 91 C2/3
Utterliden 16 A3
Uttermossa 20 A3
Uttersberg 39 D3, 46 B1
Uttersjöbäcken 31 D1
Utterslev 53 C2
Utti 26 B2
Uttoxeter 59 D2/3, 61 C3, 64 A1
Utula 27 C1
Utvalnäs 40 B2
Utvik 32 A3, 36 B1/2
Utvorda 28 A/B1/2
Uuao 23 D2/3
Uukuniemi 27 D1
Uura 19 C2/3
Uurainen 21 D3, 22 A3
Uuro 20 B3
Uusi-Lavola 27 C2
Uusi-Värtsilä 23 D3
Uusikaarlepyy 20 B1
Uusikaupunki 24 A2, 41 D2
Uusikylä 19 D2/3
Uusikylä 25 D2, 26 A2
Uva 19 C2/3
Uvac 133 C3
Uvåg 8 B2
Úvaly 83 D3
Uvdal 37 C3
Üvecik 145 D3
Uxbridge 64 B3
Üxheim 79 D2, 80 A2
Uza 108 A2
Uzdin 133 D1, 134 A/B1
Uzerche 101 D3
Uzès 111 C2
Uzeste 108 B1/2
Užgorod 97 C/D2, 98 A2
Uzin 99 C2
Uzlovoje 97 C/D2/3, 98 A2
Uznach 105 D1, 106 A1
Uztárroz 108 A3, 154 B1/2
Uzunköprü 141 C3, 145 D3, 149 C/D1

V

V'az'ma 75 C/D2
Vä 50 B3
Vå 43 C1
Vaaiasalmi 22 B2/3
Vaajakoski 21 D3, 22 A3
Vaajasalmi 22 B2/3
Vääkiö 19 C2
Vääksy 25 D1/2, 26 A2
Vaala 18 B3
Vaalajärvi 11 D3, 12 B2

Vaalijala 22 B3
Vaalimaa 27 C2
Vaals 79 D2
Väänälänranta 22 B2
Vaania 25 D2, 26 A2
Vääräkoski 21 C3
Vaarakylä 19 C1
Vaarankylä 19 C1
Vaaranniva 19 C2
Vaaraperä 19 D1/2
Vaaraslahti 22 B2
Väärinmaja 21 C3, 25 C1
Vaasa 20 A2, 31 D3
Vaassen 66 B3, 67 C3
Väätäiskylä 21 C3
Vaattojärvi 12 A2, 17 D1
Vabalninkas 73 D1/2, 74 A1
Vabre 110 A2/3
Vabres-l'Abbaye 110 A2
Vác 95 D3, 96 B3
Vacha 81 C/D2
Váchartyán 95 D3
Väckelsång 51 C2
Väcklax 24 A3
Vacov 93 C1
Vacqueyras 111 C/D2
Vad 39 C3
Vada 139 D2
Vada 114 A/B3, 116 A2
Väddö 41 C3
Väderstad 46 A2
Vadheim 36 A2
Vadillo de la Guareña 160 A1
Vadillo de la Sierra 160 A2
Vadla 42 B2
Vado 114 B2, 116 B1
Vado Lígure 113 C2
Vadocondes 153 C3, 161 C1
Vadsbro 46 B1/2
Vadskinn 9 C1/2
Vadsø 7 C2
Vadstena 46 A2
Vadum 48 B1
Vaduz 105 D1, 106 A1
Vaektarstua 33 D2
Vaenvaara 17 C1, 17 C1
Vaféika 145 C1
Vafiochórion 143 D1, 144 A1
Våg 43 D2, 44 A2
Våg 95 C3, 128 A1
Våga 42 A2
Vågaholmen 14 B1
Vågåmo 32 B3, 37 C/D1
Vågan 32 B1
Vågan 9 D1
Vågan 14 B1, 15 C1
Vaganac 131 C1
Vågen 29 C1/2
Vägersjön 30 A3, 35 C2
Vagge 7 C2
Væggerløse 53 D2
Vaggeryd 45 D3, 50 B1, 72 A1
Vágia 147 C2
Vågland 32 B2
Váglia 114 B2, 116 B1
Vågnes 4 A2/3
Vagnhärad 47 C2
Vagos 158 A2
Vägsele 30 B1
Vägsjöfors 38 B3
Vågslid 42 B1
Vågsodden 14 A3
Vågstranda 32 A2/3
Vagueira 158 A2
Vähä-Vuoto 18 B2
Vähäjoki 18 A/B1
Vähäkangas 18 A3, 21 C1
Vähäkyrö 20 B2
Vahalahti 23 D3
Vähäniva 11 C2
Vahanka 21 C2
Vaheri 25 D1, 26 A1
Vähikkälä 25 C2
Vahojärvi 24 B2
Vahterpää 26 B3
Vahto 24 B2
Vaiamonte 165 C2
Vaiano 114 B2, 116 B1
Vaiges 86 A2
Vaihingen 91 C1

Vailly-sur-Aisne 78 B3, 88 A1
Vailly-sur-Sauldre 87 D3
Vaimosuo 19 D1
Vainikkala 27 C2
Vairano Scalo 119 C2
Väisälä 22 B2
Vaisaluoktastugan 9 C/D3
Vaison-la-Romaine 111 C/D2
Vaîte 89 C3
Vaivo 23 C/D2/3
Väjern 44 B2
Vajkijaur 16 A/B1
Vajmat 16 A2
Vajska 129 C3, 133 C1
Vajszló 128 B3
Vajta 129 C2
Vajza 142 A2
Vakern 39 C2/3
Vakerskogen 39 C2/3
Vækker 5 D2, 6 A1/2
Vakkerstølen 32 B3, 37 C1
Vakkola 25 D2, 26 A2
Vakkotavarestugan 9 D3
Vakkuri 20 B2
Vaksdal 36 A3
Vaksliden 16 A3
Vál 95 D3, 129 C1
Val-d'Ajol 89 D2/3
Val d'Isère 104 B3
Val-d'Izé 85 D2
Val de Santo Domingo 160 B3, 167 C1
Val Dorizzo 106 B2/3
Val-Suzon 88 B3
Valada 164 A2
Våládalen 29 C3, 34 A2
Valajanaapa 18 B1
Valajaskoski 12 A/B3
Valalta 130 A1
Valamon luostari 23 C3
Valandovo 139 C3, 143 D1
Valanhamn 4 B2
Valanída 143 C/D2/3
Valaóra 146 A/B1
Valareña 154 A2/3
Valaská Belá 95 D1/2
Vålåskaret 33 C2
Valašské Klobouky 95 C1
Valašské Meziříčí 95 C1, 96 B2
Vålåstugan 34 A2
Valay 89 C3, 104 A1
Vålberg 45 D1
Valberg 8 B2
Valberg 112 B2
Valbo-Ryr 45 C2
Valbom 159 C2
Valbona 162 B3
Valbondione 106 A/B2
Valbonnais 111 D1, 112 A1
Valbuena de Duero 152 B3, 160 B1
Valburg 66 B3
Vălcani 129 D2/3
Valcarlos 108 A3, 154 A1
Vâlčedrâm 135 D3, 140 B2
Valchiusella 105 C3
Valdagno 107 C3
Valdahon 104 A/B1
Valdalen 33 D3, 34 A3
Valdanzo 153 C3, 161 C1
Valdaracete 161 C3
Valdealgorfa 163 C2
Valdeande 153 C3, 161 C1
Valdearenas 161 C2
Valdeavellano de Tera 153 D3
Valdeaveruelo 161 C2
Valdecaballeros 166 B1/2
Valdecabras 161 D3, 162 A3
Valdecañas de Tajo 159 D3, 166 A1
Valdecastillo 152 A2
Valdeconcha 161 C2
Valdefinjas 152 A3, 159 D1, 160 A1
Valdeflores 165 D3, 166 A3, 171 C/D1
Valdefuentes 165 D1/2, 166 A1/2
Valdeganga 168 B2
Valdeganga de Cuenca 161 D3, 168 B1

Valdehúncar 159 D3, 166 A/B1
Valdelacasa 160 A3, 166 B1
Valdelacasa 159 D2
Valdelageve 159 D2/3
Valdelarco 165 D3, 171 C1
Valdelateja 153 C2
Valdelinares 162 B2/3
Valdelosa 159 D1/2
Valdeltormo 163 C2
Valdemadera 153 D3
Valdemaluque 153 C3, 161 C1
Valdemanco del Esteras 166 B2
Valdemárpils 73 C/D1
Valdemars Slot 53 C2
Valdemarsvik 46 B2/3
Valdemeca 162 A3
Valdemorillo 160 B2
Valdemorillo de la Sierra 162 A3, 168 B1
Valdemoro 161 C3
Valdemoro-Sierra 162 A3
Valdenarros 153 C3, 161 C1
Valdenebro 153 C3, 161 C1
Valdenebro de los Valles 152 A3, 160 A1
Valdenoceda 153 C2
Valdenuño Fernández 161 C2
Valdeolivas 161 D2
Valdeolmillos 152 B3
Valdepeñas 167 D2
Valdepeñas de Jaén 173 C1
Valdepolo 152 A2
Valderas 152 A3
Valdérice 124 A2
Valderiès 110 A2
Valderrobres 163 C2
Valderrodrigo 159 C2
Valdesaz 161 C2
Valdesimonte 160 B1
Valdespina 152 B3
Valdestillas 152 A/B3, 160 A1
Valdeteja 151 D2, 152 A2
Valdetorres 165 D2, 166 A2
Valdeverdeja 160 A3, 166 B1
Valdevimbre 151 D2, 152 A2
Valdezcaray 153 C2/3
Valdieri 112 B2
Valdilecha 161 C3
Valdobbiádene 107 C2/3
Valdoviño 150 B1
Valdresflya 37 C2
Valdunquillo 152 A3
Valdurna 107 C1/2
Valdurna/durnholz 107 C1/2
Vale 63 D3
Vale de Cambra 158 A2
Vale de Cavalos 164 B1/2
Vale de Figueira 164 A/B1/2
Vale de Guiso 164 B3
Vale de Prazeres 158 B3
Vale de Salgueiro 151 C3, 158 B1
Vale de Santarém 164 A/B2
Vale de Santiago 164 B3, 170 A1
Vale de Vargo 165 C3, 170 B1
Vale do Peso 165 C1
Vale Frechoso 159 C1
Vale Verde 159 C2
Valea Marcului 135 D2
Valebø 43 C/D2, 44 A1
Valebru 37 D2
Valega 158 A2
Valéggio sul Míncio 106 B3
Valen 42 A1
Valen 5 C/D1, 6 A1
Valença 158 B1/2
Valença do Minho 150 A3
Valençay 87 C3, 101 D1, 102 A1
Valence 111 C/D1
Valence-d'Agen 109 C2
Valence-d'Albigeois 110 A2
Valence-en-Brie 87 D2
Valence-sur-Baïse 109 C2
Valencia 169 D1
Valencia de Alcántara 165 C1

Valencia de Don Juan 152 A2/3
Valencia de las Torres 165 D3, 166 A3
Valencia de Mombuey 165 C3
Valencia del Ventoso 165 D3
Valenciennes 78 A/B2
Válenii de Munte 141 C1
Valensole 111 D2, 112 A2
Valentano 116 B3, 118 A1
Valenza 113 C/D1
Valenzuela 167 C3, 172 B1
Valenzuela de Calatrava 167 C2
Våler 38 B2
Våler 44 B1
Valer'jany 74 A/B3
Valera de Abajo 161 D3, 168 B1
Valera de Arriba 161 D3, 168 B1
Valérien 87 D2
Valevåg 42 A1
Valevatn 42 B2
Valeyrac 100 B3
Valezim 158 B2/3
Valfábbrica 115 D3, 117 C2
Valfarta 155 C3, 162 B1
Valfermoso de Tajuña 161 C2
Valflaunès 110 B2
Valga 74 A1
Valga 150 A2
Valgañón 153 C2
Valgorge 111 C1
Valgrisanche 104 B3
Valguarnera Caropepe 125 C2
Valhelhas 158 B2/3
Valhermoso 161 D2, 162 A2
Väli-Kannus 21 C1
Väli-Viirre 21 C1
Välijoki 12 A/B3, 18 B1
Välijoki 26 B2
Välikangas 12 B3, 18 B1
Välikoski 17 D2
Välikylä 21 C1
Valimítika 146 B2
Välitalo 12 B2
Valittula 25 D1, 26 A1
Våliug 135 C1
Valjevo 133 D2, 134 A2, 140 A2
Valjok fjellstue 5 D2/3, 6 B2
Valjunquera 163 C2
Valkeajärvi 21 C3
Valkeakoski 25 C1
Valkeala 26 B2
Valkealahti 21 C3
Valkeamäki 27 C1
Valkeavaara 27 D1
Valkeiskylä 22 B1
Valkeiskylä 22 B2
Valkenburg-Houthem 79 D2
Valkenswaard 79 C1
Valkininkai 73 D2, 74 A2
Valko 25 D2/3, 26 A/B2/3
Valkom 25 D2/3, 26 A/B2/3
Valkve 36 B1
Vall 47 D3, 47 D3
Vall d'Alba 163 C3
Vall de Uxó 162 B3, 169 D1
Valla 46 B1/2
Valla 29 D3, 34 B2
Vallada 169 C2
Valladolid 152 A/B3, 160 A1
Vallåkra 49 D3, 50 A3
Vallamediana 153 C3
Vallanca 162 A3
Vallarsa 107 C3
Vallarvatnet 29 C1
Vallata 120 A2
Vallavik 36 B3
Vallbo 29 C3, 34 A2
Vallbona d'Anoia 156 A3, 163 D1
Vallda 49 D1, 50 A1
Valldal 32 A3, 36 B1
Valldemosa 157 C1
Valle 42 B3
Valle 14 B1
Valle 42 B2
Valle 150 B1

Valle Castellana 117 D3, 119 C1
Valle Cerrina 113 C1
Valle d'Alesani 113 D3
Valle de Abdalagís 172 B2
Valle de Cerrato 152 B3, 160 B1
Valle de la Serena 166 A2
Valle de los Caídos 160 B2
Valle de Matamoros 165 C/D3
Valle de Oro 150 B1
Valle de Santa Ana 165 C/D3
Valle Lomellina 113 C/D1
Vallecas 161 C2/3
Vallecorsa 119 C2
Valledolmo 124 B2
Valleiry 104 A2
Vallelunga Pratameno 124 B2
Vallen 17 C3
Vallen 31 D1
Vallen 30 A2, 35 C/D1
Vallendar 80 A/B2
Vallentuna 40 B3, 47 C/D1
Vallepietra 118 B2
Vallerås 39 C2
Valleraugue 110 B2
Vallermosa 123 C3
Válles/vals 107 C1
Vallespinosa 155 D3, 163 D1
Vallet 85 D3, 100 B1
Valleviken 47 D3, 47 D2
Valley 58 B2
Vallfogona de Ripollès 156 A2
Vallfogona de Riucorb 155 D3, 163 D1
Vallgorguina 156 B3
Valli del Pasúbio 107 C3
Valli Mocenighe 107 C3, 115 C1
Vallibona 163 C2
Vallières 102 A2
Vallières 104 A2/3
Vallières-les-Grandes 87 C3
Vallioniemi 13 C3, 19 C/D1
Vallmoll 163 D1
Vallø 50 A3, 53 D1
Vallo della Lucánia 120 A3
Valløby 50 A3, 53 D1
Valloire 104 A/B3, 112 A1
Vallombrosa 115 C2, 116 B1/2
Vallon-en-Sully 102 A/B1/2
Vallon-Pont-d'Arc 111 C1/2
Vallorbe 104 A/B1/2
Vallorcine 104 B2
Vallouise 112 A1
Valløy 43 D2, 44 B1
Vallrun 29 C/D3, 34 B1
Valls 163 D1
Vallset 38 A2
Vallsjärv 17 C1
Vallsta 40 A1
Valluhn 69 C1
Vallvik 40 A/B1
Valmaña 155 C3, 163 C1
Valmanya 156 B2
Valmiera 73 D1, 74 A1
Valmojado 160 B3
Valmont 77 C3
Valmontone 118 B2
Valne 29 C/D3, 34 B1
Valnesfjord 15 C1
Valø 40 B2/3
Valognes 76 A3
Valongo 158 A1/2
Válor 173 C2
Valória la Buena 152 B3, 160 A/B1
Valøy 28 A/B1
Valpaços 151 C3, 158 B1
Valpalmas 154 B2/3
Valpelline 104 B3
Valperga 105 C3
Valpiana 114 B3, 116 A2/3
Valpovo 128 B3
Valpperi 24 B2
Valprato Soana 105 C3
Valpromaro 114 A/B2, 116 A1
Valpuesta 153 C2
Valras-Plage 110 B3, 156 B1

Valréas 111 C/D1/2
Vals-les-Bain 111 C1
Vals-Platz 105 D2, 106 A2
Valsamáta 146 A2
Valsavaranche 104 B3
Valseca 160 B2
Valsemé 76 B3, 86 A/B1
Valsequillo 166 B3
Valset 28 A3, 33 C1
Valsinni 120 B3
Valsjöbyn 29 C/D2, 34 B1
Valsjön 35 C3
Valskog 46 B1
Valskrå 28 B2
Valsneset 28 A2/3, 33 C1
Valsøybotn 32 B2
Valsøyfjord 32 B2
Valstad 45 D3
Valstagna 107 C2/3
Valtesiníkon 146 B3
Válti 143 D1, 144 A1
Valtice 94 B2
Valtierra 154 A2/3
Valtimo 23 C1
Valtola 26 B1/2
Valtopina 115 D3, 117 C2
Valtorta 105 D2/3, 106 A2
Valtournanche 105 C2/3
Valtueña 161 D1
Valtura 130 A1
Valun 130 A1
Valverde 167 C2
Valverde 154 A3
Valverde de Burguillos 165 D3
Valverde de Júcar 161 D3, 168 B1
Valverde de la Vera 161 C3
Valverde de Leganés 165 C2
Valverde de Llerena 166 A3
Valverde de Majano 160 B2
Valverde del Camino 171 C1
Valverde del Fresno 159 C3
Valverdejo 161 D3, 168 B1
Valvträsk 17 C2
Vamdrup 52 B1
Våmhus 39 C1/2
Vamlingbo 47 D3, 72 B1
Vammala 24 B1
Vámosmikola 95 D3
Vámosszabadi 95 C3
Vampula 24 B2
Vamvakoú 143 D3
Vamvakoú 147 C3
Vanaja 25 C2
Vanaja 22 B3
Vanäs 50 B2
Vanault-les-Dames 88 B1
Vanda 25 C3, 26 A3
Vandans 106 A1
Vändburg 47 D3
Vandel 48 B3, 52 B1
Vandellòs 163 C/D2
Vandenesse 103 C1
Vandóies/vintl 107 C1
Vandoma 158 A1/2
Vändträsk 16 B2/3
Väne-Åsaka 45 C2/3
Vänersborg 45 C2
Vänersnäs 45 C2
Väng 45 C1
Vang 37 C2
Vang 51 D3
Vånga 50 B2
Vänge 40 B3
Vängel 30 A2, 35 C1
Vangshamn 4 A3, 9 D1
Vangshaugen 32 B2/3, 37 C1
Vangshylla 28 B2/3, 33 D1
Vangsnes 36 B2
Vangsvik 9 D1
Vanha-Pihlajavesi 21 C3
Vanhakylä 20 A/B3
Vanhakylä 27 C1/2
Vanhala 26 B3
Vanhamäki 26 B1
Vanharkirkko 21 C3
Vanhankylä 31 C1/2
Vännacka 38 B3, 45 C1
Vannakammen 4 A2

Vannareid 4 A2
Vännäs 31 C2
Vännäsberget 17 C2
Vännäsby 31 C2
Vannavalen 4 A/B2
Vannes 85 C3
Vannes-le-Châtel 89 C2
Vannes-sur-Cosson 87 C/D3
Vännfors 31 C2
Vannvåg 4 A/B2
Våno 24 B3
Vanonen 26 B1/2
Vansätter 40 A3
Vansbro 39 C2
Vanse 42 B3
Vänsjö 34 B3
Vantaa/vanda 25 C3, 26 A3
Väntholm 47 C1
Vanttaja 19 D1
Vanttausjärvi 12 B3
Vanttauskoski 12 B3
Vanttila 24 B1/2
Vanvik 42 B1
Vanvik 8 B3, 14 B1
Vanvikan 28 A3, 33 C1
Vanylven 36 A1
Vaour 109 D2
Vapavaara 19 D1
Váprio d'Adda 105 D3, 106 A3
Vaqueiros 170 B1/2
Vara 45 C2/3
Varades 85 D3, 86 A3
Varages 112 A3
Varajärvi 12 A3, 17 D2, 18 A1
Varajoki 19 D2/3, 23 C/D1
Varakļani 74 A1
Värälä 26 B2
Varaldsøy 42 A1
Varallo 105 C3
Varamobaden 46 A2
Varangerbotn 7 C2
Varano de' Melegari 114 A1
Varaždin 96 A/B3, 127 D2
Varaždinske Toplice 127 D2
Varazze 113 C2
Varberg 49 D1, 50 A1, 72 A1
Várbica 141 C2
Vårby 47 C1
Varchentin 70 A1
Várda 146 A2
Varde 48 A3, 52 A1
Vardište 133 C3
Vårdö 41 D2/3
Vardø 7 D1/2
Várdomb 129 C2
Vårdsberg 46 B2
Varejoki 17 D2, 18 A1
Varel 67 D1, 68 A1
Varel-Conneforde 67 D1
Varel-Dangast 67 D1, 68 A1
Varen 109 D2
Varengeville-sur-Mer 77 C2/3
Varenna 105 D2, 106 A2
Varennes en Argonne 88 B1
Varennes-Saint-Sauveur 103 D2
Varennes-sur-Allier 102 B2
Varennes-sur-Amance 89 C2/3
Varennes sur Saine 87 D2
Varennes-sur-Usson 102 B3
Vareš 132 B2
Varese 105 D3
Varese Lígure 113 D2, 114 A2
Varetz 101 D3, 109 D3
Vårgårda 45 C3
Vargas 152 B1
Vargeneste 9 C2
Vargfjord 9 C2
Vargön 45 C2
Varhaug 42 A3
Varigotti 113 C2
Varilhes 109 D3, 155 D1, 156 A1
Varín 95 D1
Väring 45 D2
Váris 143 C2
Variskylä 19 C2/3
Varislahti 23 C2/3
Varistaipale 23 C3

Varize **87** C2
Varjakka **18** A2
Varkaus **22** B3
Várkiza **147** D2/3
Vårli **4** A3, **10** A1
Värmbol **46** B1/2
Värmdö **47** D1
Värmlands Bro **45** C/D1
Varmo **27** D1
Varmo **107** D2/3, **126** A2/3
Värmskog **45** C1
Varna **141** C/D2
Värnamo **50** B1, **72** A1
Varnæs **52** B2
Varnhem **45** D2
Varnsdorf **83** D2
Varntresk **14** B2/3
Varnum **45** C/D3
Väröbacka **49** D1, **50** A1
Varois-et-Chaignot **88** B3, **103** D1
Városlöd **128** A/B1
Varpa **23** D2
Varpaisjärvi **22** B2
Várpalota **96** B3, **128** B1
Varpanen **26** B1
Varparanta **23** C3, **27** C1
Varpasalo **23** C3
Varpnes **28** B2
Varpsjö **30** A/B2
Varpula **20** B2
Varpuselkä **13** C2/3
Varpuvaara **13** C3
Varrel **68** A2
Värriö **13** C2
Värriönpirtti **13** C2
Varsád **128** B2
Vårsås **45** D2
Våršec **135** D3, **139** D1
Varsi **114** A1
Varsseveld **67** C3
Vårsta **40** B3, **47** C1
Vartdal **32** A3, **36** A/B1
Varteig **44** B1
Vartiala **23** C2
Vartiala **23** C2
Vartofta **45** D3
Vartsala **24** B3
Värtsilä **23** D3
Varuträsk **31** D1
Varvára **144** A/B2
Varvarin **134** B3
Varvekstugan **15** C/D1
Vårvik **28** A3, **33** C1
Varvikko **13** C2/3
Varzi **113** D1
Varzo **105** C2
Varzy **88** A3, **102** B1
Vås **35** C3
Vasa **20** A2, **31** D3
Vasad **95** D3, **129** C1
Vasaniemi **12** B2
Vasankari **18** A3
Vasara **19** C/D2
Vasarainen **24** A2
Vasaraperä **19** C/D1
Vasarás **147** C3
Vásárosnamény **97** C/D2/3, **98** A2/3
Vascœuil **77** C/D3, **87** C1
Väse **45** D1
Väse **45** D1
Vaset **37** C2/3
Vasil'kov **99** C1/2
Vasilákion **146** B3
Vasiliká **144** A2
Vasiliká **147** C/D1
Vasilikí **146** A1/2, **148** A2
Vasilikón **142** B2/3
Vasilikón **146** A3
Vasilikón **147** D2
Vasilikós **146** A3
Vaski **18** A2
Vaskijärvi **25** C2
Vaskio **24** B2
Vaskivesi **21** C3
Vaskuu **21** C3
Vasles **101** C1/2
Vaslui **98** B3, **99** C3, **141** C/D1
Vassbø **42** B3
Vassbotn **9** C/D2
Vassbotnfjell **15** C1
Vassbotten **44** B2
Vassdal **43** D2, **44** A1
Vassdalsvik **14** B1
Vassenden **36** A/B2
Vassenden **37** D2
Vassendvik **42** A2
Vassmoen **28** B2
Vassmolösa **51** D2
Vassnäs **35** C2/3
Vasstrand **4** A3
Vassy **86** A1
Vassy-sous-Pisy **88** A/B3
Vasszentmihály **127** D1
Västanå **30** A3, **35** C/D2
Västanå **31** C3
Västanbäck **30** A1
Västanbäck **30** A3, **35** C2
Västanfjärd **24** B3
Västanhede **40** A2
Västannäs **17** C2
Västansjö **15** C2/3
Västansjö **30** B1
Västansjö **35** D2/3
Västbyn **29** C/D3, **34** B1
Väster Ärnäs **39** C2
Väster Fågelvik **45** C1
Väster Husby **46** B2
Väster Ritjemjåkk **9** C/D3
Västeränga **41** C/D3
Västerås **40** A3, **46** B1
Västerås **31** C2
Västerasen **30** A3, **35** C/D2
Västerby **40** A2
Västerfärnebo **40** A3
Västerfjäll **15** D1
Västergarn **47** D3, **47** D3
Västergissjö **31** C2/3
Västerhaninge **47** C/D1
Västerhaninge-Tungelsta **47** C1
Västerlandsjö **31** C3
Västerlandsjö **31** C3
Västermyckeläng **39** C1
Västernyliden **31** C2
Västerrottna **38** B3
Västerstråsjö **35** C3
Västervåla **40** A3
Västervik **46** B3, **72** B1
Västilä **25** C1, **26** A1
Vastila **26** B2
Västinki **21** C/D2, **22** A2
Västinniemi **23** C2
Västland **40** B2
Vasto **119** D1
Vastogirardi **119** C/D2
Västra Ämtervik **39** C3, **45** C/D1
Västra Bodarne **45** C3
Västra Hjoggböle **31** D1
Västra Lainijaur **16** A3
Västra Ormsjö **30** A1
Västra Sjulsmark **20** A1, **31** D2
Västra Skedvi **39** D3, **46** B1
Västra Stugusjö **35** C2
Västsjön **29** C3, **34** A/B1
Västvattnet **30** A2/3, **35** C1
Vasvár **96** B3, **128** A1
Vát **94** B3, **128** A1
Vataala **23** D3
Vatan **102** A1
Väte **47** D3, **47** D3
Vaterholm **28** B3, **33** D1
Váthi **139** D3, **143** D1, **144** A1
Vathí **147** D2
Vathí **146** A1
Vathílakkon **143** D1/2, **144** A1/2
Vathílakkos **143** D1/2
Vathítopos **144** B1
Vatin **134** B1
Vatjusjärvi **18** A/B3, **21** D1, **22** A1
Vatland **42** B3
Vatnås **43** D1
Vatne **43** C3
Vatne **32** A2/3
Vatne **32** A3, **36** A/B1
Vatnet **14** A/B2
Vatnhamn **5** C1/2
Vatnstraum **43** C3
Vätö **41** C3
Vatochórion **142** B2
Vatólakkos **143** C2
Vatopédi **144** B2
Vatra Dornei **98** B3
Vatry **88** B1
Vats **42** A1/2
Vattholma **40** B3
Vättilä **24** B2
Vättis **105** D1, **106** A1
Vattrång **35** D3
Vattukylä **18** A/B3, **21** D1, **22** A1
Vau **164** A1
Vau i Dejës **137** D2
Vauchamps **88** A1
Vauclaix **88** A3, **103** C1
Vaucouleurs **89** C2
Vaud **104** B3
Vaugneray **103** C/D3
Vauldalen **33** D2
Vaulekrossen **42** A2
Vaulruz **104** B2
Vaumoise **87** D1
Vausseroux **101** C1/2
Vautorte **86** A2
Vauvenargues **111** D3
Vauvert **111** C2/3
Vaux **88** A3
Vaux-en-Beaujolais **103** C/D2
Vaux-le-Vicomte **87** D2
Vávdos **144** A2
Väversunda **46** A2
Vaxholm **47** D1
Växjö **51** C1, **72** A1
Våxtorp **50** A2
Väylä **6** B3
Väylänpää **17** D1
Vayrac **109** D1
Väyrylä **19** C2/3
Väystäjä **12** A3, **17** D2, **18** A1
Vazzola **107** D3
Vean **32** B1/2
Veberöd **50** B3
Veblungsnes **32** A/B2/3, **37** C1
Vebomark **31** D1
Vebron **110** B2
Vechelde **68** B3
Vechta **67** D2, **68** A2
Vechta-Langförden **67** D2, **68** A2
Vecinos **159** D2
Veckholm **47** C1
Vecsés **95** D3, **129** C1
Vedavågen **42** A2
Vedbæk **49** D3, **50** A3, **53** D1
Vedde **49** C3, **53** C/D1
Veddige **49** D1, **50** A1
Vedelago **107** C3
Vederslöv **51** C1/2
Vedeseta **106** A2/3
Vedevåg **39** D3, **46** A/B1
Vedra **150** A2
Vedum **45** C/D3
Veendam **67** C1/2
Veenhuizen **67** C2
Veere **78** B1
Vega de Espinareda **151** C2
Vega de Infanzones **151** D2, **152** A2
Vega de Pas **153** C1
Vega de Tera **151** D3
Vega de Valcarce **151** C2
Vega de Valdetronco **152** A3, **160** A1
Vegacervera **151** D2, **152** A2
Vegadeo **151** C1
Veganzones **160** B1/2
Vegaquemada **152** A2
Vegarienza **151** D2
Vegårshei **43** C2
Vegas de Matute **160** B2
Vegasetra **32** B3, **37** C/D1
Vegby **45** D3
Vegger **48** B2
Veggli **43** C/D1
Veghel **66** B3, **79** C1
Véglie **121** D3
Veguillas **161** C2
Vegusdal **43** C2/3
Vehanen **24** A2
Vehkajärvi **25** C1, **26** A1
Vehkalahti **25** D1, **26** A/B1
Vehkaperä **21** C2
Vehkasalo **25** D1, **26** A1
Vehkataipale **27** C2
Vehlow **69** D2
Vehmaa **24** A2
Vehmalainen **24** A/B2
Vehmasjärvi **22** B1
Vehmasmäki **22** B2/3
Vehmersalmi **22** B2
Vehniä **21** D3, **22** A3
Vehoniemi **25** C1
Vehu **21** C2/3
Vehuvarpe **24** B1
Veiano **117** C3, **118** A1
Veidholmen **32** B1
Veidnesklubben **6** B1, **6** B1
Veigy-Foncenex **104** A2
Veihtivaara **19** D2/3
Veikars **20** A/B2
Veikkola **25** C3
Veimo **28** B2, **33** D1
Veines **7** C1
Veinge **50** A2
Veio **118** B2
Veiros **165** C2
Veitsch **94** A3
Veitservasa **11** D3, **12** A1/2
Veitshöchheim **81** C/D3
Veitsiluoto **17** D3, **18** A1
Veitsivuoma **12** A2, **17** D1
Vejbystrand **49** D2, **50** A2
Vejen **48** B3, **52** A/B1
Vejer de la Frontera **171** D3
Vejers Strand **48** A3, **52** A1
Vejle **48** B3, **52** B1
Vejprty **82** B2
Vejrup **48** A3, **52** A1
Vejstrup **53** C2
Vejti **128** B3
Vekara **27** C1
Vekšino **75** C1
Veksø **49** D3, **50** A3, **53** D1
Vel'ká Mača **95** C2
Vel'ká Maňa **95** C/D2
Vel'ké Bošany **95** C/D2
Vel'ké Kapušany **97** C/D2, **98** A2
Vel'ké Kostol'any **95** C2
Vel'ké Levàre **94** B2
Vel'ké Ludince **95** D3
Vel'ké Pole **95** D2
Vel'ké Ripňany **95** C2
Vel'ké Rovné **95** D1
Vel'ké Zálužie **95** C2
Vel'ký Krtíš **95** D2
Vela Luka **136** A1
Velaatta **25** C1
Velada **160** A3, **166** B1
Velagici **131** D2
Velaine **79** C2
Velanda **45** C2/3
Velanidiá **146** A1
Velayos **160** A/B2
Velbert **80** A1
Velbert-Langenberg **80** A1
Velburg **92** A1
Velburg-Prönsdorf **92** A1
Veldemelen **28** B2
Velden **79** D1
Velden **82** A3, **92** A1
Velden **92** B2
Velden am Wörther See **126** B2
Veldwezelt **79** C2
Veldzigt **78** B1
Velefique **173** D2
Velemér **127** D1/2
Velen **67** C3
Velen-Ramsdorf **67** C3
Velence **95** D3, **129** C1
Velešin **93** D1/2
Velešta **138** A/B3, **142** B1
Velestínon **143** D3
Vélez Blanco **174** A1
Vélez de Benaudalla **173** C2
Vélez Málaga **172** B2
Vélez Rubio **174** A1
Veli Lošinj **130** A/B2
Vélia **120** A3
Veličani **137** C1
Velika **128** A/B3
Velika Gorica **127** D3
Velika Greda **134** B1
Velika Ilova **132** A/B1
Velika Ivanča **133** D2, **134** A/B2
Velika Kladuša **127** D3, **131** C1
Velika Kopanica **132** B1
Velika Kopašnica **139** C1
Velika Kruša **138** A/B2
Velika Mučna **128** A2
Velika Pisanica **128** A3
Velika Plana **134** B2
Velika Sablanica **138** A1
Velike Bonjince **139** C1
Veliki Bastaji **128** A3
Veliki Gaj **134** B1
Veliki Grđevac **128** A3
Veliki Izvor **135** C2/3
Veliki Popović **134** B2
Veliki Prolog **131** D3, **132** A3, **136** B1
Veliki Radić **131** C1
Veliki Radinci **133** C/D1
Veliki Zaton **137** C1
Veliki Zdenci **128** A3
Velikije Luki **74** B1
Veliko Crniće **134** B2
Veliko Gradište **134** B1, **140** A1/2
Veliko Orašje **134** B2
Veliko Selo **134** B2
Veliko Središte **134** B1
Veliko Târnovo **141** C2
Veliko Trgovišće **127** D2
Velikoploskoe **99** C3
Velilla de Cinca **155** C3, **163** C1
Velilla de Ebro **162** B1
Velilla de Guardo **152** A2
Velilla de los Ajos **161** D1
Velilla de Medinaceli **161** D1/2
Velilla de San Antonio **161** C2/3
Velilla de San Esteban **153** C3, **161** C1
Velingrad **140** B3
Velíž **75** C1/2
Veljun **127** C3, **131** C1
Velká Bíteš **94** B1
Velká Bystřice **95** C1
Velká Černoc **83** C2/3
Velká Dobrá **83** C3
Velká Hleďsebe **82** B3
Velká nad Veličkou **95** C1/2
Velké Bílovice **94** B1/2
Velké Březno **83** C/D2
Velké Karlovice **95** C/D1
Velké Meziříčí **94** A/B1, **96** A/B2
Velké Němčice **94** B1, **96** B2
Velké Pavlovice **94** B1
Velké Přílepy **83** C/D2/3
Velkua **24** A2/3
Velkuanmaa **24** A2/3
Velký Bor **93** C1
Velký Újezd **95** C1
Vellahn **69** C1
Vellberg **91** C1
Velleia **114** A1
Velles **101** D1, **102** A1
Velletri **118** B2
Vellevans **89** D3, **104** B1
Vellinge **50** A3, **72** A2
Vellisca **161** C3
Velliza **152** A3, **160** A1
Velo Veronese **107** C3
Velpke **69** C2/3
Velsen **66** A2
Velsvik **36** A1
Velta **38** B2
Velten **70** A2
Veltrusy **83** C/D2/3
Velvary **83** C/D2

Velvendós **143** C/D2
Vemb **48** A2
Vemdalen **34** B2/3
Vemdalsskalet **34** B2/3
Véménd **128** B2
Vemhån **34** B3
Vemmenæs **53** C2
Vemundvik **28** B2
Vena **46** B3, **51** C/D1
Venabygd **37** D2
Venaco **113** D3
Venafro **119** C2
Venäjä **24** B2
Venarey-les-Laumes **88** B3
Venarotta **117** D3, **119** C1
Venasca **112** B1/2
Venåsen **37** D2
Venasque **111** D2
Venåsseter **37** D2
Venčane **133** D2, **134** A2
Vence **112** B2/3
Venda Nova **150** B3, **158** B1
Vendargues **110** B2/3
Vendas Novas **164** B2
Vendays **100** B3
Vendel **40** B3
Vendesund **14** A3, **28** B1
Vendeuvre-du-Poitou **101** C1
Vendeuvre-sur-Barse **88** B2
Vendôme **86** B3
Veneheitto **18** B3
Venejärvi **12** A2, **17** D1
Venejärvi **13** B2
Venejoki **23** C/D2
Venekoski **21** D3, **22** A/B3
Vénès **110** A2
Venesjärvi **24** B1
Veneskoski **20** B2
Veneskoski **24** B1
Venetmäki **22** B3
Venetpalo **21** D1, **22** A1
Venetti **12** A2, **17** D1
Venézia **107** D3
Venézia-Alberoni **107** D3
Venézia-Burano **107** D3
Venézia-Cavallino **107** D3
Venézia Fusina **107** D3
Venézia-Lido **107** D3
Venézia-Malamocco **107** D3
Venézia-Mestre **107** D3
Venézia-Murano **107** D3
Venézia-Pellestrina **107** D3
Venézia-Punta Sabbioni
  107 D3
Venézia-San Pietro in Volta
  107 D3
Venialbo **159** D1, **160** A1
Venjan **39** C2
Venlo **79** D1
Venna **145** C/D1
Vennesla **43** C3
Venngarn **40** B3, **47** C1
Venosa **120** B2
Venray **79** D1
Vent **106** B1
Venta de Arraco **108** A/B3,
  154 B1/2
Venta de la Perra **153** C1
Venta de Zuriza **154** B2
Venta del Baúl **173** D1
Venta del Charco **167** C3
Venta del Moro **169** C1
Ventälä **20** B2
Ventanilla **152** B2
Ventanueva **151** C1/2
Ventas de Huelma **173** C2
Ventas de Zafarraya **172** B2
Ventimíglia **112** B2/3
Ventnor **76** A2
Ventosa de la Sierra **153** D3
Ventosa de Pisuerga **152** B2
Ventosa del Río Almar
  159 D2, **160** A2
Ventoténe **119** C3
Ventrosa **153** C2
Ventry **55** C3
Ventspils **73** C1
Venturina **114** B3, **116** A2
Venzone **126** A2
Veolia **37** C2

Vép **128** A1
Veprovac **129** C3
Vepsä **18** B2
Vepsä **23** C1
Ver-sur-Mer **76** B3, **86** A1
Vera **28** B2/3, **33** D1, **34** A1
Vera **129** C3
Vera **174** A2
Vera Cruz de Marmelar
  165 C3
Vera de Bidasoa **154** A1
Vera de Moncayo **154** A3,
  162 A1
Verbánia **105** C/D2/3
Verbas **142** A2
Verberie **87** D1
Verbicaro **122** A1
Verbier **104** B2
Vercel-Villedieu **89** C/D3,
  104 A/B1
Vercelli **105** C/D3, **113** C1
Verchen **70** A1
Verchnedvinsk **74** B1/2
Verchovina **97** D2/3, **98** A/B2
Verdaches **112** A2
Verdalsøra **28** B3, **33** D1
Verdello **106** A3
Verden **68** A/B2
Verden-Dauelsen **68** A/B2
Verdens Ende **43** D2, **44** B1/2
Verdikoúsa **143** C3
Verdonnet **88** B3
Verdú **155** D3, **163** D1
Verdun-sur-Garonne **109** C/D2
Verdun-sur-le-Doubs **103** D1
Verdun-sur-Meuse **89** C1
Vereja **75** D2
Veresegyház **95** D3
Verfeil **109** D2/3
Vergato **114** B2, **116** B1
Vergel **169** D2
Vergeletto **105** D2
Verges **156** B2
Vergiate **105** D3
Vergína **143** D2
Vergons **112** A2
Vergt **109** C1
Véria **140** A3, **143** D2,
  148 B1
Verín **150** B3, **158** B1
Veringenstadt **91** C2
Verkenseter **33** C3, **37** D1
Verket **38** A3, **43** D1, **44** B1
Verl **68** A3
Verla **26** B2
Verma **32** B3, **37** C1
Vermala (Montana) **105** C2
Vermand **78** A3
Vermenton **88** A3
Vermíglio **106** B2
Vermiosa **159** C2
Vermoim **158** A1
Vermuntila **24** A2
Vern-d'Anjou **86** A3
Vernantes **86** A/B3
Vernasca **114** A1
Vernazza **114** A2
Verneřice **83** C/D2
Vernet **109** D3, **155** D1
Vernet-les-Bains **156** A/B2
Verneuil **88** A1
Verneuil-sur-Avre **86** B1/2
Vérnio **114** B2, **116** B1
Verniolle **109** D3, **155** D1,
  156 A1
Vérnole **121** D3
Vernon **87** C1
Vernou-en-Sologne **87** C3
Vernoux-en-Vivarais **111** C1
Verny **89** C1
Veröcemaros **95** D3
Verolanuova **106** A/B3
Verolengo **113** C1
Véroli **119** C2
Verona **106** B3
Verrabotn **28** A2/3, **33** C1
Verran **28** A/B2, **33** C/D1
Verrastrand **28** A/B2, **33** C/D1
Verrès **105** C2
Verrey-sous-Salmaise **88** B3
Verride **158** A3

Verrière **109** C1
Verrières **101** C2
Verrone **105** C3
Vers **109** D1/2
Versailles **87** C1
Versam **105** D1, **106** A1
Versmold **67** D3, **68** A3
Versmold-Peckeloh **67** D3
Versoix **104** A2
Verteillac **101** C3
Vértesacsa **95** D3, **128** B1
Vértesboglár **95** D3, **128** B1
Verteuil-d'Agenais **109** C1/2
Vertheuil **100** B3
Vertijevka **99** D1
Vertus **88** A1
Verúcchio **115** C/D2, **117** C1
Verum **50** B2
Verveln **46** B3
Verviers **79** D2
Vervins **78** B3
Veržej **127** D2
Verzino **122** B1/2
Verzuolo **112** B1/2
Vesajärvi **24** B1
Vešala **138** B2
Vesamäki **22** A/B2
Vesanka **21** D3, **22** A3
Vesanto **21** D2, **22** A/B2
Vescovato **106** B3, **114** A1
Vése **128** A2
Veselí nad Lužnicí **93** D1
Veselí nad Moravou **95** C1
Veselinovo **99** D3
Vésenaz **104** A2
Vesijärvi **20** A3
Vesilahti **25** C1
Vésio **106** B3
Vesivehmaa **25** D2, **26** A2
Veskoniemi **6** B3
Vesoul **89** C3
Vespolate **105** D3
Vessigebro **49** D1/2, **50** A1
Vestby **38** A3, **44** B1
Vestby **38** A3
Vestbygd **9** C2
Vestenanova **107** C3
Vester Egesborg **53** D2
Vester Hassing **48** B1
Vester Torup **48** B1
Vester Vedsted **52** A1
Vesterby **48** B1
Vesterøhavn **49** C1
Vestertana **6** B1
Vestervig **48** A2
Vestfossen **43** D1, **44** A1
Vestmarka **38** B3
Vestnes **9** C1
Vestnes (Helland) **32** A2/3
Vestola **24** B1
Vestone **106** B3
Vestra Harg **46** A/B2
Vestra Malmagen **33** D2/3
Vestra Torsäs **50** B2
Vestra Torup **50** B2
Vestre Gausdal **37** D2, **38** A1
Vestre Jakobselv **7** C2
Vestvågen **14** A2
Veszprém **96** B3, **128** B1
Veszprémvarsány **95** C3,
  128 B1
Vétheuil **87** C1
Vetlanda **46** A3, **51** C1,
  72 A/B1
Vetlefjord **36** B2
Vetovo **141** C2
Vetralla **117** C3, **118** A1
Vetrino **141** C2
Větrný Jeníkov **94** A1
Vetschau **70** B3
Vetsikko **6** B2
Vettasjärvi **10** B3, **17** C1
Vette **44** B2
Vettelschoss **80** A2
Vetti **37** C2
Vetto **114** A1/2, **116** A1
Vettweiss **79** D2, **80** A2
Veules-les-Roses **77** C2/3
Veulettes-sur-Mer **77** C2/3
Veum **43** C2
Veurne **78** A1

Veuves **87** C3
Vevelstad **14** A3
Vevey **104** B2
Vévi **143** C1/2
Vevring **36** A2
Veynes **111** D1, **112** A1/2
Veyre-Monton **102** B3
Vez **87** D1
Vezdemarbán **152** A3, **159** D1,
  160 A1
Vézelay **88** A3
Vézelise **89** C2
Vézenobres **111** C2
Vezins **100** B1
Vezins-de-Levezou **110** A/B2
Vezza d'Óglio **106** B2
Vezzani **113** D3
Vezzano **106** B2
Vezzano sul Cróstolo **114** B1
Via Mala **105** D1/2, **106** A1/2
Viadana **114** B1
Viadotto Itália **120** B3,
  122 A1
Viaduc de Garabit **110** B1
Viaduc des Fades **102** B2
Viaduc du Viaur **110** A2
Viais **85** D3, **100** A1
Viana de Cega **152** A/B3,
  160 A1
Viana del Bollo **151** C2/3
Viana do Alentejo **164** B3
Viana do Castelo **150** A3,
  158 A1
Viandar de la Vera **159** D3
Vianden **79** D3
Viane **110** A2
Vianen **66** B3
Vianta **22** B2
Viantie **17** D3, **18** A1
Viaréggio **114** A2, **116** A1
Viarouge **110** A2
Vias **110** B3
Viascón **150** A2
Viasvesi **24** A1
Viator **173** D2
Vibo Marina **122** A2
Vibo Valéntia **122** A2
Viborg **48** B2
Vibraye **86** B2
Viby **49** D3, **50** A3, **53** D1
Viby **48** B2/3
Vič **127** C2
Vic **156** A2
Vic-en-Bigorre **108** B3,
  155 C1
Vic-Fézensac **109** C2
Vic-le-Comte **102** B3
Vic-le-Fesq **111** C2
Vic-sur-Cère **110** A1
Vícar **173** D2
Vicarello **114** A/B2/3, **116** A2
Vicari **124** B2
Vícchio **114** B2, **116** B1
Vicdessos **155** D2, **156** A1
Vicenza **107** C3
Vichtenstein **93** C2
Vichy **102** B2
Vickleby **51** D2
Vico **113** D3
Vico del Gargano **120** B1
Vico Equense **119** D3
Vicovaro **118** B2
Victoria **140** B1
Vida Vättern **45** D3, **46** A3
Vidago **150** B3, **158** B1
Vidais **164** A1
Vidángoz **154** B2
Vidauban **112** A3
Viddal **32** A3, **36** B1
Vide **158** B3
Videbæk **48** A3
Videferre **150** B3, **158** B1
Videle **141** C2
Videm **127** C3
Videm **127** D2
Vidigueira **164** B3
Vidin **135** D2, **140** B2
Vidomlja **73** D3, **97** D1
Vidor **107** C/D2/3
Vidra **141** C2
Vidra **141** C1

Vidrá **156** A2
Vidreres **156** B3
Vidsel **16** B2/3
Vidstrup **48** B1
Viduševac **127** D3, **131** C1
Vidzy **74** A2
Viechtach **92** B1
Vieillevigne **100** A/B1
Vieira **158** A3, **164** A1
Vieira **150** B3, **158** A/B1
Viejenäs **15** D2
Vieki **23** C/D1/2
Vielank **69** C1
Viella **108** B3, **155** C1
Viella **155** C/D2
Vielle-Brioude **102** B3
Vielmesmakke **29** D1
Vielmur-sur-Agout **109** D2/3,
  110 A2/3
Viels-Maisons **88** A1
Vielsalm **79** D2
Viemerö **20** B2
Vienand **28** B3, **33** D1
Vienenburg **69** C3
Vienne **103** D3
Viereck **70** B1
Vieremä **22** B1
Vierhouten **66** B2/3
Vierlingsbeek **66** B3, **67** C3,
  79 D1
Viernheim **80** B3, **90** B1
Vierraden **70** B2
Viersen **79** D1
Vierumäki **25** D2, **26** A2
Vierville-sur-Mer **76** A/B3,
  86 A1
Vierzon **87** C3, **102** A1
Vieselbach **82** A1/2
Viesimo **23** D3
Viesite **74** A1
Vieste **120** B1, **136** A2/3
Vietas turistanläggning **9** D3
Vietgest **53** D3, **69** D1
Vietri di Potenza **120** A2/3
Vietri sul Mare **119** D3,
  120 A2
Vieux-Boucau-les-Bains
  108 A2
Vieux-Genappe **78** B2
Vievis **73** D2, **74** A2
Vif **111** D1
Vig **49** C/D3, **53** D1
Viganj **136** B1
Vigarano Mainarda **114** B1
Vigásio **106** B3
Vigeland **42** B3
Vigeois **101** D3
Vigévano **105** D3, **113** D1
Vigge **35** C/D3
Vigge **34** B2
Viggiano **120** B3
Viggiú **105** D3
Viglesdalshytta **42** B2
Vigmostad **42** B3
Vignale Monferrato **113** C1
Vignanello **117** C3, **118** A/B1
Vigneulles-les-Hattonchâtel
  89 C1
Vignola **114** B1/2, **116** A/B1
Vignole **107** C/D2
Vignory **88** B2
Vigny **87** C1
Vigo **150** A2/3
Vigo di Cadore **107** D2
Vigo di Fassa **107** D2
Vigo Rendena **106** B2
Vigolo Vattaro **107** C2
Vigone **112** B1
Vigonza **107** C3
Vigrestad **42** A3
Vigsnæs **53** D2
Viguera **153** D2/3
Vigy **89** C/D1
Vihals **32** B1/2
Vihanninkylä **21** C2/3
Vihantasalmi **26** B1
Vihanti **18** A3
Vihiers **100** B1
Vihren **139** D2/3
Vihtajärvi **22** B2
Vihtalahti **21** D3, **22** A3

Vihtamo 19 C2/3, 23 C1
Vihtari 23 C3
Vihtasuo 23 C2
Vihtavuori 21 D3, 22 A3
Vihteljärvi 24 B1
Vihti 25 C2/3
Vihtijärvi 25 C2
Vii 22 B2
Viiala 25 C1/2
Viinamäki 23 C1
Viinijärvi 23 C3
Viinikka 20 B2
Viinikoski 18 B2
Viiperi 21 C1
Viirinkylä 12 B3
Viisarimäki 21 D3, 22 A3
Viitaila 25 D2, 26 A2
Viitajärvi 21 D2, 22 A2
Viitala 20 B2/3
Viitamäki 21 D1, 22 A/B1
Viitaniemi 23 C2
Viitapohja 25 C1
Viitaranta 19 C1
Viitasaari 21 D2, 22 A2
Viitavaara 19 C/D2/3, 23 C1
Viitavaara 19 D2/3
Vik 50 B3
Vik 40 B3, 47 C1
Vik 36 B2
Vik 8 B2
Vik 14 A3, 28 B1
Vika 12 B3
Vika 39 D2, 40 A2
Vika 39 C2
Vika 38 B1
Vika 28 B3, 33 D1
Vika 33 D2
Vikajärvi 12 B3
Vikan 32 B1/2
Vikane 44 B1
Vikanes 36 A3
Vikarbodarna 35 D3
Vikarbyn 39 D2
Vike 35 C2
Vike 36 A3
Vikebukt 32 A2/3
Vikebygd 42 A1
Vikedal 42 A1/2
Viken 49 D3, 50 A2
Viken 29 C1/2
Viken 35 C2/3
Viker 46 A1
Viker 46 A1
Viker 37 D3
Vikersund 43 D1
Vikeså 42 A3
Vikestad 14 A3, 28 B1
Vikevag 42 A1
Vikevåg 42 A2
Vikholmen 14 A/B2
Vikjo 42 A2
Vikmanshyttan 39 D2/3
Vikna 28 A/B1
Viknel 15 C2
Vikran 4 A3, 9 D1, 10 A1
Vikran 9 C1
Viksdalen 36 A/B2
Viksjö 35 D2
Viksjöfors 39 D1, 40 A1
Viksmon 30 A/B3, 35 D2
Viksøyri 36 B2
Viksta 40 B3
Vikstøl 43 C1
Viktoriakyrkan 15 C3
Vila Alva 164 B3
Vila Boim 165 C2
Vila Chã 158 B1
Vila Cortez 158 B2
Vila Cova de Lixa 158 A/B1
Vila de Estrela 158 B2
Vila de Frades 164 B3
Vila de Rei 158 A/B3, 164 B1
Vila do Bispo 170 A2
Vila do Conde 158 A1
Vila Fernando 159 C2
Vila Fernando 165 C2
Vila Flôr 159 C1
Vila Franca das Naves 158 B2
Vila Franca de Xira 164 A2
Vila kapell 15 C2
Vila Meã 158 A/B1

Vila Nova da Baronia 164 B3
Vila Nova da Rainha 164 A2
Vila Nova de Cerveira 150 A3, 158 A1
Vila Nova de Famalicão 158 A1
Vila Nova de Gaia 158 A1/2
Vila Nova de Milfontes 164 A3, 170 A1
Vila Nova de Ourêm 158 A3, 164 B1
Vila Nova de Paiva 158 B2
Vila Pouca de Aguiar 158 B1
Vila Praia de Ancora 150 A3, 158 A1
Vila Real 158 B1
Vila Real de Santo António 170 B2
Vila Ruiva 164 B3
Vila-sacra 156 B2
Vila Sêca 150 A3, 158 A1
Vila Sêca 158 A3
Vila Velha de Ródão 158 B3, 165 C1
Vila Verde 150 B3, 158 B1
Vila Verde 150 A/B3, 158 A1
Vila Verde de Ficalho 165 C3, 170 B1
Vila Viçosa 165 C2
Vilac 155 C/D2
Vilada 156 A2
Viladamat 156 B2
Viladecáns 156 A3
Viladrau 156 A/B2/3
Vilafranca del Penedès 156 A3, 163 D1
Vilaka 74 B1
Vilalba dels Arcs 163 C1/2
Vilaller 155 C2
Vilalonga de Ter 156 A2
Vilamitjana 155 D2/3
Vilamós 155 C2
Vilamur 155 D2
Viļāni 74 A/B1
Vilank 19 D2/3
Vilanova Boimorto 150 B1/2
Vilanova d'Apicat 155 C3, 163 C1
Vilanova de Bellpuig 155 D3, 163 D1
Vilanova de L'Aguda 155 D3, 163 D1
Vilanova de la Barca 155 C3, 163 C1
Vilanova de les Avellanes 155 C/D3, 163 C/D1
Vilanova de Meià 155 D3
Vilanova de Sau 156 A/B2
Vilanova i la Geltrú 156 A3, 163 D1
Vilapouca 150 A/B2
Vilar 164 A2
Vilar d'Ossos 151 C3, 159 C1
Vilar de Amargo 159 C2
Vilar de Maçada 158 B1
Vilar Formoso 159 C2
Vilarandelo 151 C3, 158 B1
Vilares 158 B1
Vilarinho 158 A/B3
Vilarinho da Castanheira 158 B1
Vilarinho das Axenhas 158 B1
Vilarinho de Galegos 159 C1
Vilarinho de Samardã 158 B1
Vilarouco 158 B2
Vilasantar 150 B1/2
Vilassar de Mar 156 A/B3
Vilaverd 163 D1
Vilches 167 D3
Vildbjerg 48 A2/3
Vilejka 74 A/B2
Vilgertshofen-Stadl 91 D3, 92 A3
Vilhelmina 30 A1
Vilia 147 D2
Vilikkala 24 B3
Viljakkala 24 B1
Viļāni 74 A/B1
Viljaniemi 25 D2, 26 A2
Viljevo 128 B3
Viljolahti 23 C3

Vilkija 73 D2
Vilkjärvi 27 C2
Vilkovo 141 D1
Villa Adriana 118 B2
Villa Bartolomea 114 B1
Villa Carlotta 105 D2/3, 106 A2
Villa Castelli 121 C2/3
Villa de Ves 169 C2
Villa del Prado 160 B3
Villa del Rey 159 C3, 165 C/D1
Villa del Río 167 C3, 172 B1
Villa Estense 107 C3, 115 C1
Villa Jovis 119 C/D3
Villa Literno 119 C3
Villa Minozzo 114 A/B2, 116 A1
Villa Napoleone 116 A3
Villa Nuova 115 C2, 117 C1
Villa Opicina 126 B3
Villa Potenza 117 D2
Villa Rendena 106 B2
Villa Romana del Casale 125 C2/3
Villa San Giovanni 122 A3, 125 D1
Villa Sant'António 117 D3, 119 C1
Villa Santa Maria 119 D2
Villa Santina 107 D2, 126 A2
Villa superiore 114 B1
Villa Vomano 117 D3, 119 C1
Villabáñez 152 B3, 160 B1
Villablanca 170 B1/2
Villablino 151 C/D2
Villabrázaro 151 D3
Villacadima 161 C1
Villacañas 161 C3, 167 D1, 168 A1
Villacarlos 157 C1
Villacarriedo 153 C1
Villacarrillo 167 D3, 168 A3, 173 C1
Villacastín 160 B2
Villach 96 A3, 126 B2
Villacid de Campos 152 A3
Villacidro 123 C3
Villaciervos 153 D3, 161 C/D1
Villaconejos 161 C3
Villaconejos de Trabaque 161 D2/3
Villada 152 A2/3
Villadangos del Páramo 151 D2, 152 A2
Villadepera 151 D3, 159 D1
Villadiego 152 B2
Villadose 115 C1
Villadóssola 105 C2
Villaeles de Valdavia 152 B2
Villaescusa 159 D1/2, 160 A1
Villaescusa de Haro 161 D3, 168 A1
Villaescusa la Sombría 153 C2
Villaester 152 A3, 160 A1
Villafáfila 151 D3, 152 A3, 159 D1
Villafamés 163 C3
Villafeliche 162 A1/2
Villafer 151 D3, 152 A3
Villaferrueña 151 D3
Villaflor 160 A2
Villaflores 160 A2
Villafrades de Campos 152 A3
Villafranca 154 A2
Villafranca 157 D1
Villafranca de Córdoba 167 C3, 167 C3, 172 B1
Villafranca de Duero 159 D1, 160 A1
Villafranca de Ebro 154 B3, 162 B1
Villafranca de los Barros 165 D2, 166 A2
Villafranca de los Caballeros 167 D1
Villafranca del Bierzo 151 C2
Villafranca del Campo 162 A2
Villafranca del Cid 162 B2/3

Villafranca di Verona 106 B3
Villafranca in Lunigiana 114 A2
Villafranca-Montes de Oca 153 C2
Villafranca Piemonte 112 B1
Villafranca Tirrena 125 D1
Villafrati 124 B2
Villafrechos 152 A3, 160 A1
Villafruela 152 B3
Villafuerte 152 B3, 160 B1
Villafuertes 153 C3
Villagalijo 153 C2
Villagarcía de Arosa 150 A2
Villagarcía de Campos 152 A3, 160 A1
Villagarcía de la Torre 165 D3, 166 A3
Villagarcía del Llano 168 B1/2
Villagatón 151 D2
Villággio Améndola 120 A/B1
Villággio di Capo Perrato 123 D3
Villággio Mancuso 122 B2
Villággio Moschella 120 B2
Villággio Turístico Capo Rizzuto 122 B2
Villággio Turístico Ostuni Marina 121 D2
Villagómez la Nueva 152 A3
Villagonzalo 165 D2, 166 A2
Villagrains 108 B1
Villagrande 117 D3, 119 C1
Villagrande Strisáili 123 D2
Villaharta 166 B3, 172 A1
Villahermosa 167 D2, 168 A2
Villahermosa del Río 162 B3
Villahizán de Treviño 152 B2
Villahoz 152 B3
Villaines-en-Duesmois 88 B3
Villaines-la-Juhel 86 A2
Villaines-les-Rochers 86 B3, 101 C1
Villajoyosa 169 D2/3
Villala 23 C/D3
Villalá 27 C2
Villalar de los Comuneros 152 A3, 160 A1
Villalba 124 B2
Villalba 160 B2
Villalba 150 B1
Villalba Baja 162 A/B2/3
Villalba de Guardo 152 A/B2
Villalba de la Lampreana 151 D3, 152 A3, 159 D1
Villalba de la Sierra 161 D3, 162 A3
Villalba de los Alcores 152 A3, 160 A1
Villalba de los Barros 165 D2
Villalba de los Llanos 159 D2
Villalba de los Morales 162 A2
Villalba del Alcor 171 C1
Villalba del Rey 161 C/D2/3
Villalcázar de Sirga 152 B2
Villalcón 152 A2/3
Villaldemiro 152 B2/3
Villalengua 154 A3, 161 D1, 162 A1
Villalgordo del Jucar 168 B1/2
Villalgordo del Marquesado 161 D3, 168 A1
Villalobos 152 A3
Villalón de Campos 152 A3
Villalonga 169 D2
Villalpando 152 A3, 160 A1
Villalpardo 168 B1
Villalube 151 D3, 152 A3, 159 D1, 160 A1
Villaluenga del Rosario 172 A2
Villalumbroso 152 A/B3
Villálvaro 153 C3, 161 C1
Villalvérnia 113 C1
Villamalea 168 B1
Villamañán 151 D2, 152 A2
Villamanín 151 D2, 152 A2
Villamanrique 167 D2, 168 A2
Villamanrique de la Condesa 171 C/D2

Villamanrique de Tajo 161 C3
Villamanta 160 B3
Villamar 123 C3
Villamarchante 169 C1
Villamarín 150 B2
Villamartín 171 D2, 172 A2
Villamartín de Campos 152 A/B3
Villamartín de Don Sancho 152 A2
Villamartín de Valdeorras 151 C2
Villamassárgia 123 C3
Villamayor 159 D2
Villamayor de Calatrava 167 C2
Villamayor de Gállego 154 B3, 162 B1
Villamayor de Santiago 161 C3, 167 D1, 168 A1
Villambistia 153 C2
Villamblard 109 C1
Villameá 151 C1
Villamediana 153 D2
Villamejil 151 D2
Villamesías 166 A1/2
Villamiel de la Sierra 153 C3
Villamiel de Toledo 160 B3, 167 C1
Villaminaya 160 B3, 167 C1
Villamizar 152 A2
Villamor de Cadozos 159 D1
Villamoronta 152 A/B2
Villamuelas 160 B3, 167 C/D1
Villamuriel de Campos 152 A3
Villamuriel de Cerrato 152 B3
Villandraut 108 B1/2
Villandry 86 B3
Villanova 112 B1
Villanova 121 C/D2
Villanova Mondovì 113 C2
Villanova Monteleone 123 C2
Villanova Strisáili 123 D2
Villanova Truschedu 123 C2
Villanova Tulo 123 D2
Villanovafranca 123 C/D3
Villantério 105 D3, 106 A3, 113 D1
Villanúa 154 B2
Villanubla 152 A3, 160 A1
Villanueva 153 D2, 154 A2
Villanueva de Alcardete 161 C3, 167 D1, 168 A1
Villanueva de Alcolea 163 C3
Villanueva de Alcorón 161 D2
Villanueva de Algaidas 172 B2
Villanueva de Argaño 152 B2
Villanueva de Arosa 150 A2
Villanueva de Bogas 160 B3, 167 C/D1
Villanueva de Cameros 153 D3
Villanueva de Castellón 169 C/D2
Villanueva de Córdoba 166 B3
Villanueva de Duero 152 A3, 160 A1
Villanueva de Gállego 154 B3, 162 B1
Villanueva de Gormaz 161 C1
Villanueva de Guadamajud 161 D3
Villanueva de Gumiel 153 C3, 161 C1
Villanueva de Henares 152 B2
Villanueva de la Cañada 160 B2
Villanueva de la Concepción 172 B2
Villanueva de la Fuente 168 A2
Villanueva de la Jara 168 B1
Villanueva de la Reina 167 C3, 173 C1
Villanueva de la Serena 166 A2
Villanueva de la Sierra 159 C3
Villanueva de las Cruces 171 C1

Villanueva de las Manzanas
152 A2
Villanueva de las Minas
171 D1
Villanueva de las Torres
173 C1
Villanueva de los Castillejos
170 B1
Villanueva de los Infantes
167 D2, 168 A2
Villanueva de Oscos 151 C1
Villanueva de Perales
160 B2/3
Villanueva de San Carlos
167 C2
Villanueva de San Juan
172 A2
Villanueva de San Mancio
152 A3
Villanueva de Sigena 155 C3,
163 C1
Villanueva de Tapia 172 B2
Villanueva de Viver 162 B3,
169 C1
Villanueva del Aceral 160 A2
Villanueva del Arzobispo
167 D3, 168 A3, 173 C/D1
Villanueva del Campo 152 A3
Villanueva del Duque 166 B3
Villanueva del Fresno 165 C3
Villanueva del Huerva
162 A/B1
Villanueva del Pardillo 160 B2
Villanueva del Rey 166 B3
Villanueva del Río 171 D1,
172 A1
Villanueva del Rosario 172 B2
Villanueva del Trabuco
172 B2
Villány 128 B3
Villaodrid 151 C1
Villapalacios 168 A2
Villapiana Lido 120 B3,
122 B1
Villaputzu 123 D3
Villaquejida 151 D3, 152 A3
Villaquilambre 151 D2,
152 A2
Villar de Barrio 150 B3
Villar de Cañas 161 D3,
168 A1
Villar de Canes 163 C3
Villar de Chinchilla 168 B2
Villar de Ciervo 159 C2
Villar de Cobeta 161 D2
Villar de Domingo García
161 D3
Villar de Gallimazo 160 A2
Villar de Horno 161 D3
Villar de la Encina 161 D3,
168 A1
Villar de la Yegua 159 C2
Villar de los Navarros
162 A/B1/2
Villar de Maya 153 D3
Villar de Peralonso 159 C/D2
Villar de Rena 166 A2
Villar de Santos 150 B3
Villar del Águila 161 D3,
168 A1
Villar del Arzobispo 162 B3,
169 C1
Villar del Buey 159 C/D1
Villar del Cobo 162 A2/3
Villar del Humo 162 A3,
168 B1
Villar del Infantado 161 D2
Villar del Olmo 161 C2/3
Villar del Pedroso 160 A3,
166 B1
Villar del Rey 165 C/D2
Villar del Río 153 D3
Villar del Salz 162 A2
Villar del Saz de Navalón
161 D3
Villar Perosa 112 B1
Villaralto 166 B2/3
Villarcayo 153 C2
Villard-Bonnot 104 A3,
112 A1
Villard-de-Lans 103 D3,
111 D1

Villardebelle 110 A3,
156 A/B1
Villardeciervos 151 C/D3,
159 C/D1
Villardefrades 152 A3,
160 A1
Villardevós 151 C3, 158 B1
Villárdiga 151 D3, 152 A3,
159 D1
Villardompardo 167 C3,
172 B1
Villarejo de Fuentes 161 C/D3,
168 A1
Villarejo de Medina 161 D2
Villarejo de Montalbán
160 A/B3, 167 C1
Villarejo de Salvanés 161 C3
Villarente 151 D2, 152 A2
Villares de Yeltes 159 C2
Villares del Saz 161 D3,
168 A1
Villaretto 112 B1
Villargordo 167 C/D3, 173 C1
Villargordo del Cabriel 169 C1
Villarino 159 C1
Villarino de Conso 151 C3
Villarluengo 162 B2
Villarmayor 159 D2
Villarmuerto 159 C2
Villarosa 125 C2
Villarquemado 162 A2
Villarramiel 152 A3
Villarrasa 171 D1
Villarreal 165 C2
Villarreal 163 C3, 169 D1
Villarreal de la Canal 154 B2
Villarreal de San Carlos
159 D3, 165 D1, 166 A1
Villarrín de Campos 151 D3,
159 D1
Villarrobledo 168 A1/2
Villarroga de los Pinares
162 B2
Villarroya 153 D3, 154 A2/3
Villarroya de la Sierra 154 A3,
161 D1, 162 A1
Villarrubia de los Ojos
167 C/D1/2
Villarrubia de Santiago
161 C3, 167 D1
Villarrubio 161 C3, 167 D1,
168 A1
Villars-lès-Blamont 89 D3,
104 B1
Villars-les-Dombes 103 D2
Villars-sur-Ollon 104 B2
Villarta 168 B1
Villarta de los Montes
166 B1/2
Villarta de San Juan 167 D1/2
Villasalto 123 D3
Villasana de Mena 153 C1
Villasandino 152 B2
Villasante 153 C1/2
Villasayas 161 C/D1
Villasbuenas de Gata 159 C3
Villaseca de Arciel 153 D3,
161 D1
Villaseca de la Sagra 160 B3,
167 C1
Villaseco de los Gamitos
159 D2
Villaseco de los Reyes
159 C/D1/2
Villasequilla de Yepes 160 B3,
167 C/D1
Villasilos 152 B2
Villasimíus 123 D3
Villasmundo 125 C/D3
Villasor 123 C3
Villasrubias 159 C2/3
Villastar 162 A/B3
Villastellone 113 C1
Villasur de Herreros 153 C2
Villatobas 161 C3, 167 D1,
168 A1
Villatoro 160 A2
Villatoya 169 C1
Villatuerta 153 D2, 154 A2
Villaurbana 123 C2
Villavaliente 169 C2

Villavallelonga 119 C2
Villavelayo 153 C3
Villavendimio 152 A3, 159 D1,
160 A1
Villaverde 160 B2/3
Villaverde de Arcayos 152 A2
Villaverde de Guadalimar
168 A2/3
Villaverde de Iscar 160 B1
Villaverde de Medina 160 A1
Villaverde de Trucíos 153 C1
Villaverde del Ducado 161 D2
Villaverde del Río 171 D1
Villaverde y Pasaconsol
161 D3, 168 B1
Villavicencio de los Caballeros
152 A3
Villaviciosa 152 A1
Villaviciosa de Córdoba
166 B3, 172 A1
Villaviciosa de la Ribera
151 D2
Villaviciosa de Odón 160 B2/3
Villavieja 162 B3, 169 D1
Villavieja de Yeltes 159 C2
Villavieja del Lozoya 160 B2
Villaviudas 152 B3
Villayón 151 C1
Villdalsseter 38 A/B1
Villé 89 D2, 90 A2
Ville-en-Tardenois 88 A1
Ville-sur-Illon 89 C/D2
Ville-sur-Tourbe 88 B1
Ville-Vieille 112 B1
Villebaudon 85 C2
Villebois-Lavalette 101 C3
Villebret 102 A/B2
Villechenève 103 C2/3
Villecomtal 110 A1
Villecomtal-sur-Arros 109 C3,
155 C1
Villedaigne 110 A/B3, 156 B1
Villedieu-les-Poêles 85 D1
Villedieu-sur-Indre 101 D1,
102 A1
Villedômain 101 D1
Villedoux 100 B2
Villefagnan 101 C2
Villefort 110 B1/2
Villefranche 109 C3, 155 C1
Villefranche 102 B2
Villefranche-d'Albigeois
110 A2
Villefranche-de-Conflent
156 A/B1/2
Villefranche-de-Lauragais
109 D3, 155 D1
Villefranche de Longchat
108 B1
Villefranche-de-Panat 110 A2
Villefranche-de-Rouergue
109 D2
Villefranche-du-Périgord
109 C1
Villefranche-Saint-Phal
87 D2/3, 88 A2/3
Villefranche-sur-Cher 87 C3,
102 A1
Villefranche-sur-Saône
103 C/D2
Villegas 152 B2
Villegly 110 A3, 156 A/B1
Villel 162 A3
Villel de Mesa 161 D1/2,
162 A1/2
Villemaur-sur-Vanne 88 A2
Villemontais 103 C2
Villemorien 88 B2
Villemur-sur-Tarn 109 D2
Villena 169 C2
Villenauxe la Grande 88 A2
Villenave 108 A/B2
Villeneuve 104 B2
Villeneuve 109 D1/2,
110 A1/2
Villeneuve 104 B3
Villeneuve-de-Berg 111 C1
Villeneuve-de-Marsan 108 B2
Villeneuve-l' Archevêque
88 A2
Villeneuve-la-Guyard 87 D2,
88 A2

Villeneuve-lès-Avignon 111 C2
Villeneuve-les-Bordes 87 D2
Villeneuve-Saint-Georges
87 D1/2
Villeneuve-Saint-Martin 87 C1
Villeneuve-sur-Allier 102 B1/2
Villeneuve-sur-Lot 109 C1/2
Villeneuve-sur-Tarn 110 A2
Villeneuve-sur-Vère 109 D2,
110 A2
Villeneuve-sur-Yonne 88 A2
Villentrois 87 C3, 101 D1,
102 A1
Villepinte 109 D3, 110 A3,
156 A1
Villequier-Aumont 78 A3
Villeréal 109 C1
Villerías 152 A1
Villeromain 87 C3
Villerouge-Termenès 110 A3,
156 B1
Villers-Bocage 86 A1
Villers-Bocage 77 D2
Villers-Bretonneux 78 A3
Villers-Carbonnel 78 A3
Villers-Cotterêts 87 D1, 88 A1
Villers-devant-Orval 79 C3
Villers-la-Montagne 79 C/D3,
89 C1
Villers-la-Ville 78 B2
Villers-sur-Mer 76 B3,
86 A/B1
Villers-sur-Meuse 89 C1
Villersexel 89 D3
Villerville 76 B3, 86 B1
Villes-sur-Auzon 111 D2
Villesèque 109 C/D1/2
Villevalier 88 A2
Villeveyrac 110 B3
Villiers-Charlemagne 86 A2/3
Villiers-Saint-Benoît 87 D3,
88 A3
Villiers-Saint-Georges 88 A1/2
Villikkala 26 B2
Villimpenta 106 B3, 114 B1
Villingen-Schwenningen
90 B2/3
Villingsberg 46 A1
Villmanstrand 27 C2
Villmar-Aumenau 80 B2
Villmergen 105 C1
Villoldo 152 B2/3
Villora 162 A3, 168 B1
Villores 162 B2
Villoría 159 D2, 160 A2
Villoslada de Cameros
153 C/D3
Villotta 107 D2/3, 126 A2/3
Villovela de Pirón 160 B1/2
Villshärad 49 D2, 50 A2
Vilmikkala 21 D2, 22 A/B2
Vilnius 73 D2, 74 A2
Vilpiano/vilpian 107 C2
Vilppula 21 C3
Vils 48 A2
Vils 91 D3
Vilsbiburg 92 B2
Vilsbing-Wolferding 92 B2
Vilseck 82 A3, 92 A1
Vilshofen 93 C2
Vilshult 50 B2
Vilslev 52 A1
Vilsund 48 A2
Vilusi 137 C1
Vilvoorde 78 B1/2
Vimbodí 163 D1
Vimeiro 164 A2
Vimeiro 164 A2
Vimioso 151 C3, 159 C1
Vimmerby 46 B3, 72 B1
Vimoutiers 86 B1
Vimpeli 21 C2
Vimperk 93 C1, 96 A2
Vinac 131 D2, 132 A2
Vinaceite 162 B1
Vinadi 106 B1
Vinádio 112 B2
Vinaixa 155 D3, 163 D1
Vinaroz 163 C2
Vinãs 39 C2

Vinay 103 D3
Vinča 133 D1, 134 A/B1
Vinca 156 B1/2
Vincelles 88 A3
Vinchiaturo 119 D2
Vinci 116 A2, 116 A1/2
Vinciarello 122 B3
Vindala 21 C2
Vindelgransele 30 B1
Vindelkroken 15 C2
Vindeln 31 C2
Vinderup 48 A2
Vindsvik 42 B2
Vinebre 163 C1/2
Viñegra de Moraña 160 A2
Vines 36 B3
Vinga 44 B3, 49 C/D1
Vingåker 46 B1/2
Vingelen 33 C/D3
Vingen 36 A1
Vingrau 156 B1
Vingstad 4 A3, 10 A1
Vinhais 151 C3, 159 C1
Vinica 95 D2
Vinica 127 C3, 130 B1
Vinica 139 C2
Viniegra de Abajo 153 C3
Viniegra de Arriba 153 C3
Vinišce 131 C3
Vinište 135 D3
Vinje 43 C1
Vinje 36 B3
Vinje 9 C/D1
Vinje 8 B2
Vinjeøra 32 B2
Vînju Mare 135 D2, 140 B2
Vinkiä 25 C1, 26 A1
Vinkkilä 24 A2
Vinkovci 129 C3, 133 C1
Vinliden 30 B1
Vinnäset 17 C1/2
Vinne 28 B3, 33 D1
Vinni 21 C2
Vinnica 99 C2
Vinogradov 97 D2/3, 98 A2/3
Vinon 47 D3, 47 D2
Vinon-sur-Verdon 111 D2/3,
112 A2/3
Vinsa 17 C1
Vinslöv 50 B2
Vinsternes 32 B2
Vinstra 37 D2
Vinterbru 38 A3, 44 B1
Vintervollen 7 C/D2
Vintjärn 40 A2
Viñuela 172 B2
Viñuela 167 C2
Viñuela de Sayago 159 D1
Viñuelas 161 C2
Vinuesa 153 C/D3
Vipava 126 B3
Vipiteno/sterzing 107 C1
Vir 130 B2
Vira 131 C3, 136 A1
Virdois 21 C3
Vire 85 D1, 86 A1
Vireda 46 A3
Virenoja 25 D2, 26 A2
Vireši 74 A1
Virestad 50 B2
Vireux-Molhain 79 C3
Virfuri 97 D3, 98 A3,
140 A/B1
Virginia 55 D2
Virieu-le-Grand 104 A3
Virieu-sur-Bourbre 103 D3
Virine 134 B2
Virisen 15 C3
Virje 128 A2
Virkby 25 C3
Virkkala 25 C3
Virkkula 19 D3
Virkkunen 19 C1
Virklund 48 B2/3
Virksund 48 B3, 52 B1
Virmaanpää 22 B2
Virmaila 25 D1, 26 A1
Virmutjoki 27 C1
Virojoki 27 C2
Virolahti 27 C2
Virovitica 128 A3

Virpazar 137 D2
Virpiniemi 18 A2
Virranniemi 13 C3, 19 C/D1
Virrat 21 C3
Virsbo 40 A3
Virserum 51 C1
Virtaa 25 D1, 26 A1
Virtala 21 C2/3
Virtaniemi 7 C3
Virton 79 C3
Virtopu 135 D2
Virttaa 24 B2
Virvoru 135 D2
Vis 136 A1
Viš Revúca 95 D1
Vişagu 97 D3, 98 A3
Visala 19 C1
Visan 111 C/D2
Visbek 67 D2, 68 A2
Visby 47 D3, 47 D2/3, 72 B1
Visé 79 C2
Visegrád 95 D3
Višegrad 133 C3
Višegradska Banja 133 C2/3
Viserba 115 C/D2, 117 C1
Viseu 158 B2
Vişeul de Sus 97 D3, 98 A/B3
Višići 132 A/B3, 136 B1
Visiedo 162 A/B2
Visingsö 45 D3, 46 A3
Viskafors 45 C3, 49 D1
Viskan 35 C2/3
Viskinge 49 C3, 53 C1
Vislanda 50 B1/2, 72 A1
Visnes 42 A2
Višnja Gora 127 C2/3
Višnjan 126 B3, 130 A1
Višnjica 127 D2
Višňové 94 A/B1
Visnums-Kil 45 D1, 46 A1
Viso del Marques 167 D2/3
Visoka 133 D3, 134 A3
Visoki Dečani 138 A1/2
Visoko 132 B2
Visone 113 C1
Visp 105 C2
Vissefjärda 51 C2, 72 B1
Visselhövede 68 B2
Visselhövede-Wittorf 68 B2
Vissinéa 143 C2
Vissiniá 143 C2
Visso 117 C/D2/3
Vissoie 105 C2
Vistabella 162 A/B1
Vistabella del Maestrazgo
  162 B2/3
Vistasstugan 9 D2/3
Vistdal 32 B2
Vistheden 16 B3
Visthus 14 A3
Vistnes 14 A3
Vistoft 49 C2/3
Visuvesi 21 C3
Visz 128 B1/2
Vita 124 A2
Vitåfors 17 C2
Vitakylä 21 D2/3, 22 A2/3
Vitanen 18 B3
Vitanje 127 C2
Vitanovac 134 B3
Vitebsk 74 B2
Viteml'a 75 C3
Vitemölla 50 B3
Viterbo 117 C3, 118 A1
Vitez 132 B2
Vithkuqi 142 B2
Vitigudino 159 C2
Vitina 131 D3, 132 A3,
  136 B1
Vitína 138 B2
Vitína 146 B3
Vitis 94 A2, 96 A2
Vitlycke 44 B2
Vitolište 139 C3, 140 A3,
  143 C1, 148 A/B1
Vitomirica 138 A1
Vitoševac 134 B3
Vitovlje 131 D2, 132 A2
Vitré 85 D2
Vitrey-sur-Mance 89 C3
Vitry-aux-Loges 87 C/D2/3

Vitry-en-Artois 78 A2
Vitry-en-Perthois 88 B1
Vitry-la-Ville 88 B1
Vitry-le-François 88 B1
Vitsa 142 B3
Vitsai 27 C2
Vitsand 38 B2/3
Vitskøl Kloster 48 B2
Vittangi 10 B3
Vittaryd 50 B1
Vitteaux 88 B3
Vittel 89 C2
Vittiko 13 C3
Vittinge 40 A3
Vittjärn 38 B3
Vittjärv 16 B2/3
Vittória 125 C3
Vittório Véneto 107 D2
Vitträsk (Pålkem) 16 B2
Vittsjö 50 B2
Vittskövle 50 B3
Vitulázio 119 C/D3
Vitvattnet 34 B3
Vitvattnet 17 C2
Viù 104 B3, 112 B1
Viuf 48 B3, 52 B1
Viuhkola 26 B2
Viuruniemi 23 C3
Vivario 113 D3
Vivel del Río Martín 162 B2
Viveli 36 B3
Viver 162 B3, 169 C1
Viver 156 A2
Vivero 150 B1
Viverols 103 C3
Viveros 168 A2
Viviere 112 B2
Viviers 111 C1/2
Viviers-les-Montagnes 110 A3
Vivonne 101 C2
Vivungi 10 B3
Vizcaínos 153 C3
Vize 141 C/D3
Vizié 133 C1
Vizille 111 D1, 112 A1
Vižinada 126 B3, 130 A1
Vižnica 98 B2
Vizovice 95 C1
Vizvár 128 A2
Vizzavona 113 D3
Vizzini 125 C3
Vjetrenica 137 C1
Vlaardingen 66 A3
Vlacháta 146 A2
Vlachokeraséa 146 A1,
  148 A1/2
Vlachokerasiá 146 B3
Vlachópoulon 146 B3
Vlachovice 95 C1
Vlachovo Březí 93 C1
Vlǎdeni 98 B3
Vladičin Han 139 C1
Vladimir-Volynskij 97 D1,
  98 A/B1
Vladimirci 133 C/D1/2,
  134 A1/2
Vladimirovac 134 B1
Vladimirskij Tupik 75 C1/2
Vlagtwedde 67 C/D2
Vlajkovac 134 B1
Vlaole 135 C2
Vlasenica 133 C2
Vlasiá 146 B2
Vlašići 130 B2
Vlašim 83 D3
Vlasina Okruglica 139 C1
Vlasotince 139 C1, 140 A/B2
Vlásti 143 C2
Vlčany 95 C2/3
Vlichón 146 A1
Vlieland 66 B1
Vlissingen 78 A/B1
Vlkava 83 D2/3
Vlochós 143 C/D3
Vlönkylä 24 B3
Vlora 142 A2, 148 A1
Vlotho 68 A3
Vlotho-Valdorf 68 A3
Vnà 106 B1
Vo 106 B3
Vobarno 106 B3

Voćin 128 A/B3
Vöcklabruck 93 C2/3, 96 A3
Vöcklamarkt 93 C3
Vodice 131 C3
Vodice 126 B3
Vodňany 93 C/D1, 96 A2
Vodnjan 130 A1
Vodo Cadore 107 D2
Vodskov 48 B1
Voer 48 B2
Voer Gård 49 C1, 49 C1
Voerde 67 C3, 79 D1, 80 A1
Voerså 49 C1
Vogatsikón 143 C2
Vogelsang 70 A2
Voghera 113 D1
Vognill 33 C2/3
Vogogna 105 C2
Vogt 91 C3
Vogtareuth 92 B3
Vogtsburg-Burkheim 90 A2/3
Vogué 111 C1
Vohburg 92 A2
Vohdensari 24 A2, 41 D2
Vohenstrauss 82 B3, 92 B1
Vöhl-Herzhausen 81 C1
Vohonjoki 19 C1
Vöhrenbach 90 B2/3
Vöhringen 91 C/D2
Vöhringen (Horb) 90 B2
Void 89 C1/2
Voikkaa 26 B2
Voikoski 26 B1/2
Voineasa 140 B1
Voiron 103 D3, 104 A3
Voise 87 C2
Voiteg 134 B1
Voiteur 103 D1, 104 A1/2
Voitsberg 127 C1
Voitsdorf 93 C3
Vojakkala 17 D2, 18 A1
Vojakkala 25 C2
Vojens 52 B1
Vojka 133 D1, 134 A1
Vojnić 127 C/D3, 131 C1
Vojnice 95 D3
Vojnik 127 C2
Vojtjajaure kapell 15 C3
Volary 93 C1
Vólax 144 B1
Volda 36 A/B1
Volden 37 C2
Volden 33 C/D2
Volders 92 A3, 107 C1
Volendam 66 B2
Volenice 93 C1
Volímai 146 A2, 148 A2
Volissós 149 C2
Volkach 81 D3
Volkenschwand 92 A/B2
Völkermarkt 96 A3, 127 C2
Völklingen 89 D1, 90 A1
Volkmarsen 81 C1
Volkmarsen-Ehringen 81 C1
Volkovija 138 A/B3
Volkovysk 73 D3, 74 A3
Vollan 4 A3, 10 A1
Vollen 38 A3, 43 D1, 44 B1
Vollenhove 66 B2
Vollersode 68 A1
Vollerwiek 52 A3
Vollmoen 29 C1/2
Vollore-Montagne 103 C2/3
Vollrathsruhe 69 D1
Vollseter 32 A3, 36 B1
Vollsjö 50 B3
Volmsjö 30 B2
Volnes 14 A2
Volokolamsk 75 D1
Vólos 144 A3, 148 B1
Volot 74 B1
Volovec 97 D2, 98 A2
Voložin 74 A2
Volpago del Montello
  107 C/D3
Völpke 69 C3
Volpriehausen 68 B3, 81 C1
Völschow 70 A1
Volta Mantovana 106 B3
Voltággio 113 D1
Volterra 114 B3, 116 A2

Voltlage-Hosckel 67 D2
Voltti 20 B2
Volturara Áppula 119 D2,
  120 A1
Volturara Irpina 119 D3,
  120 A2
Volvic 102 B2/3
Volx 111 D2, 112 A2
Volyně 93 C1
Vónitsa 146 A1
Vonnas 103 D2
Vönöck 94 B3, 128 A1
Voorthuizen 66 B3
Vörå 20 B2
Vora 137 D3, 142 A1
Vorau 94 A3, 127 C1
Vorbasse 48 A/B3, 52 A/B1
Vorchdorf 93 C3
Vorde 48 B2
Vorden 67 C3
Vordernberg 93 D3
Vordingborg 53 D2
Voreppe 104 A3
Vorey 103 C3, 110 B1
Vorma 18 B3
Vormträsk 31 C1
Vorn'any 74 A2
Vorna 18 B3
Vorpbukt 28 A2, 33 C1
Vorpommern 146 A/B3
Vorra 92 B1
Vors 36 B3
Votice 83 D3, 96 A2
Voué 88 A/B2
Vouillé 101 C1/2
Voúla 147 D2/3
Vouliagméni 147 D2/3
Voulx 87 D2
Voúnargon 146 A/B3
Vouneuil-sur-Vienne 101 C1
Vourvouroú 144 B2
Voutenay-sur-Cure 88 A3
Voutonási 142 B3
Vouvant 100 B1/2
Vouvray 86 B3
Vouvry 104 B2
Vouzela 158 A/B2
Vouzeron 87 C/D3, 102 A1
Vouziers 79 C3, 88 B1
Vouzon 87 C3
Voves 87 C2
Voxna 39 D1
Vöyri 20 B2
Voz 130 A/B1
Vozmediano 153 D3, 154 A3,
  162 A1
Voznesensk 99 D3
Vrå 50 B2
Vrå 48 B1
Vrabča 139 C/D1
Vráble 95 C/D2
Vraca 135 D3, 139 D1,
  140 B2
Vračev Gaj 134 B1
Vračevšnica 133 D2,
  134 A/B2
Vracov 94 B1
Vrǎdal 43 C2
Vrǎliosen 43 C1/2
Vrana 130 B2/3, 131 C2/3
Vrana 130 A/B1
Vranduk 132 B2
Vrångö 45 C3, 49 D1
Vranić 133 D1/2, 134 A2
Vranishti 142 A2
Vranja Stena 139 D1/2
Vranje 126 B3, 130 A1
Vranje 139 C1/2, 140 A2/3
Vranjina 137 D2
Vranjska Banja 139 C1/2
Vranov 94 B1
Vranovice 94 B1
Vransko 127 C2
Vrapče Polje 137 D1, 138 A1
Vrata 135 D2
Vratarnica 135 C3
Vratěnín 94 A1
Vrátna 95 D1
Vratna 135 C2
Vratnica 138 B2

Vratnjanske Kapike 135 C2
Vratno 127 D2
Vråv 135 C/D2
Vražogrnac 135 C2
Vrba 134 B3
Vrbanja 133 C1
Vrbanja 131 D1/2, 132 A1
Vrbas 129 C3
Vrbljani 131 D2, 132 A2
Vrbnica 138 A/B2
Vrbnik 130 B1
Vrboska 131 D3, 136 A1
Vrbovce 95 C1/2
Vrbové 95 C2
Vrbovec 127 D2/3
Vrbovsko 127 C3, 130 B1
Vrchlabí 96 A1
Vrčin 133 D1/2, 134 A/B1/2
Vrdnik 133 C/D1, 134 A1
Vreden 67 C3
Vreden-Ammeloe 67 C3
Vreeland 66 B3
Vrees 67 D2
Vrejlev Kirke 48 B1
Vrela 138 A1
Vrelo 135 C3
Vrelo 131 C1/2
Vrena 46 B2
Vreoci 133 D2, 134 A2
Vřesovice 94 B1
Vrésthena 147 C3
Vreta 24 B3
Vreta Kloster 46 A/B2
Vretstorp 46 A1/2
Vrginmost 127 D3, 131 C1
Vrgorac 131 D3, 132 A3,
  136 B1
Vrhnika 126 B2/3
Vrhovine 130 B1
Vrhpolje 131 D2
Vries 67 C1/2
Vriezenveen 67 C2
Vriezenveensewijk 67 C2
Vrigstad 50 B1, 72 A1
Vrin 105 D2, 106 A1/2
Vrlika 131 C2/3
Vrmdža 135 C3
Vrnjačka Banja 134 B3,
  140 A2
Vrnograč 127 D3, 131 C1
Vronderón 142 B3
Vrousína 142 B3, 148 A1
Vroutek 83 C2/3
Vrpolje 131 C3
Vrpolje 128 B3, 132 B1
Vršac 134 B1, 140 A1
Vrsar 130 A1
Vrsi 130 B2
Vrška-Čuka 135 C2/3
Vrtoče 131 C2
Vrútky 95 D1
Vrutok 138 B2/3
Všeruby 92 B1
Všetaty 83 D2
Vsetín 95 C1, 96 B2
Vuarrens 104 B1/2
Vučedol 129 C3, 133 C1
Vučijak 132 A/B1
Vučitrn 138 B1
Vučje 139 C1
Vučje Luka 132 B2
Vučkovec 127 D2
Vučkovica 134 B2
Vufflens-le-Château 104 A/B2
Vught 86 B3, 79 C1
Vuka 128 B3
Vukovar 129 C3, 133 C1
Vukovina 127 D3
Vuku 28 B3, 33 D1
Vulaines 88 A2
Vulcan 135 D1
Vulkanešty 141 D1/2
Vulpèra 106 B1
Vultureşti 98 B3, 141 C1
Vuno 142 A2
Vuoggatjålme 15 C1/2
Vuohijärvi 26 B2
Vuohiniemi 25 C2
Vuohtomäki 21 D1, 22 A1
Vuojärvi 12 B2
Vuojelahti 26 B1

Vuokatti 19 C2/3, 23 C1
Vuokko 23 C2
Vuolenkoski 25 D2, 26 A/B2
Vuolijoki 18 B3, 22 B1
Vuolijoki 25 C1
Vuolle 21 C1
Vuollerim 16 B2
Vuomahytta 10 A2, 10 A2
Vuomajärvi 17 D2
Vuonajåkk 10 A3
Vuonatjviken 15 D2
Vuonislahti 23 D2
Vuontisjärvi 11 C2, 12 A1
Vuorenkylä 25 D1, 26 A1
Vuorenmaa 24 B2
Vuorenmaa 22 B3, 26 B1
Vuoreslahti 19 C2/3, 22 B1
Vuorijärvi 20 B3
Vuorilahti 21 D2, 22 A2
Vuorimäki 22 B1/2
Vuoriniemi 27 C/D1
Vuosalmi 27 C1
Vuoskojaure 10 A2
Vuostimo 12 B3
Vuostimojärvi 12 B3
Vuotinainen 25 C2
Vuotner 16 A/B3
Vuotoso 12 B1
Vuottas 17 C2
Vuottolahti 19 C2/3, 22 B1
Vuotunki 19 D1
Vy-lès-Lure 89 D3
Výčapy 94 A1
Vydropužsk 75 D1
Vyöni 12 A3, 17 D1/2
Vyškov 94 B1, 96 B2
Vyskytná 94 A1
Vyšnij Voločok 75 C/D1
Vyšný Kubín 95 D1
Vysoká Libyně 83 C3
Vysoká pri Morave 94 B2
Vysokoje 73 D3, 97 D3
Vysokovsk 75 D1
Vyšší Brod 93 D2
Vystupoviči 99 C1

W

Waabs 52 B2
Waakirchen 92 A3
Waal (Kaufbeuren) 91 D3
Waalwijk 66 B3, 79 C1
Waben 77 D2
Wabern 81 C1
Wabrzeżno 73 C3
Wachau 82 B1
Wachtendonk 79 D1
Wächtersbach 81 C2/3
Wackersdorf 92 B1
Wackersleben 69 C3
Waddesdon 64 B2/3
Waddeweitz-Dommatzen
    69 C2
Wadebridge 62 B3
Wädenswil 105 D1
Wadern 80 A3
Wadern-Nunkirchen 80 A3,
    90 A1
Wadersloh 68 A3, 80 B1
Wadersloh-Liesborn 67 D3,
    68 A3, 80 B1
Wadowice 97 C2
Wagenfeld 68 A2
Wagenfeld-Förlingen 68 A2
Wagenfeld-Ströhen 68 A2
Wageningen 66 B3
Waghäusel-Kirrlach 90 B1
Waghäusel-Wiesental 90 B1
Waging 92 B3
Wagrain 93 C3, 126 A1
Wagrowiec 71 D2, 72 B3
Wahlsdorf 70 A3
Wahlstedt 52 B3, 68 B1
Waiblingen 91 C1/2
Waidhaus 82 B3

Waidhofen an der Thaya
    94 A1/2, 96 A2
Waidhofen an der Ybbs
    93 D3, 96 A3
Waidring 92 B3
Waimes 79 D2
Wainfleet All Saints 61 D3,
    65 C1
Wainhouse Corner 62 B2/3
Waischenfeld 82 A3
Waizenkirchen 93 C2
Wakefield 61 C2
Wałbrzych (Waldenburg)
    96 A/B1
Walchsee 92 B3
Wałcz (Deutsch Krone) 71 D1,
    72 B3
Wald 92 B1
Wald 105 D1, 106 A1
Wald im Pinzgau 107 D1
Wald Michelbach 81 C3,
    90 B1
Wald-Michelbach-Unter-
    Schönmattenwag 81 C3,
    90 B1
Wald (Sigmaringen) 91 C3
Waldachtal-Lützenhardt 90 B2
Waldböckelheim 80 A/B3
Waldbreitbach 80 A2
Waldbröl 80 A/B2
Waldbrunn 80 B2
Waldeck 81 C1
Waldeck-Höringhausen 81 C1
Waldeck-Sachsenhausen
    81 C1
Waldems-Esch 80 B2/3
Waldenbuch 91 C2
Waldenburg 82 B2
Waldenburg 90 A/B3, 105 C1
Waldenburg-Obersteinbach
    91 C1
Waldershof 82 B3
Waldfischbach-Burgalben
    90 A1
Waldheim 82 B1
Waldighoffen 89 D3, 90 A3
Waldkappel 81 C/D1
Waldkappel-Gehau 81 C1
Waldkirch 90 B2/3
Waldkirchen 93 C2
Waldkirchen-Böhmzwiesel
    93 C2
Waldkraiburg 92 B2
Waldmohr 90 A1
Waldmünchen 92 B1
Wałowice 71 C2
Waldsassen 82 B3
Waldshut-Tiengen 90 B3
Waldshut-Tiengen 90 B3
Waldsolms 80 B2
Waldthurn 82 B3
Waldwisse 79 D3, 89 D1
Walenstadt 105 D1, 106 A1
Walferdange 79 D3
Walkendorf 53 D3
Walkenried 81 D1
Walkersdorf 127 D1
Wall 70 A2
Wall 57 D3, 60 B1
Wallasey 59 C/D2, 60 B3
Walldorf 81 D2
Walldorf 90 B1
Walldorf (Gross-Gerau) 80 B3
Walldürn 81 C3, 91 C1
Walldürn-Altheim 81 C3,
    91 C1
Wallendorf 82 B1
Wallenfels 82 A2/3
Wallenhorst 67 D2/3
Wallerfangen 89 D1
Wallers-Trélon 78 B3
Wallersdorf 92 B2
Wallerstein 91 D1/2
Wallertheim 80 B3
Wallingford 64 B3
Walls 54 A1
Wallsbüll 52 B2
Walmer 65 D3, 77 C/D1
Walsall 59 D3, 64 A1/2
Walsrode 68 B2
Walsrode-Ebbingen 68 B2

Walsrode-Kirchboitzen 68 B2
Walsrode-Westenholz 68 B2
Waltenhofen 91 D3
Waltenhofen-Martinszell
    91 D3
Waltershausen 81 D2
Waltham Abbey 65 C3
Walting-Pfünz 92 A1/2
Walton on the Naze 65 D2/3
Waltrop 67 D3, 80 A1
Wambeek 78 B2
Wamel 66 B3
Wamin 77 D2
Wanderup 52 B2
Wandlitz 70 A2
Wanfried 81 D1
Wangels 53 C3
Wangen im Allgäu 91 C3
Wangen-Neuravensburg
    91 C3
Wangenheim 81 D1/2
Wangerland 52 A3, 67 D1
Wangerland-Hohenkirchen
    67 D1
Wangerland-Hooksiel 52 A3,
    67 D1, 68 A1
Wangerland-Minsen 52 A3,
    67 D1
Wangerooge 52 A3, 67 D1
Wankendorf 52 B3
Wanna 52 A3, 68 A1
Wanroij 66 B3, 79 C/D1
Wansford 64 B1/2
Wanssum 79 D1
Wantage 64 A/B3
Wanzleben 69 C3
Wapenveld 67 C2
Wapnica 71 C1
Warboys 65 C2
Warburg 81 C1
Warburg-Bonenburg 81 C1
Warburg-Ossendorf 81 C1
Warburg-Scherfede 68 A2
Wardenburg 67 D2
Ware 65 C2/3
Waregem 78 A/B1/2
Wareham 63 D2/3, 63 D1/2
Waremme 79 C2
Waren 69 D1, 70 A1, 72 A3
Warendorf 67 D3
Warendorf-Freckenhorst
    67 D3
Warendorf-Milte 67 D3
Warffum 67 C1
Warfusée-Abancourt 78 A3
Warin 53 D3, 69 C/D1
Waringstown 58 A1
Wark 57 D3, 60 B1
Warkworth 57 D2
Warmenhuizen 66 A/B2
Warmensteinach 82 A3
Warminster 63 D2, 63 D1,
    64 A3
Warmsen-Bohnhorst 68 A2/3
Warneton 78 A2
Warnice 70 B2
Warnow 53 D3, 69 D1
Warrenpoint 58 A1
Warrington 59 D2, 60 B3
Warsow 69 C1
Warstein 80 B1
Warstein-Allagen 80 B1
Warstein-Belecke 80 B1
Warstein-Suttrop 80 B1
Warszawa 73 D3, 97 C1
Wartberg im Mürztal 94 A3
Wartburg 81 D2
Wartenberg 92 A/B2
Wartenberg-Berglern 92 A/B2
Warth 106 B1
Warthe 70 A1/2
Wartin 70 B1
Warwick 64 A2
Wasbek 52 B3
Wasen im Emmental 105 C1
Washington 57 D3, 61 C1
Waspik 66 B3, 79 C1
Wasselonne 90 A2
Wassen 105 D1/2
Wassenaar 66 A3
Wasserauen 105 D1, 106 A1

Wasserbillig 79 D3
Wasserburg 92 B2/3
Wasserburg-Attel 92 B3
Wasserburg (Bodensee)
    91 C3
Wasserleben 69 C3
Wasserlosen-
    Schwemmelsbach 81 C/D3
Wassertrüdingen 91 D1
Wassigny 78 A/B3
Wassy-sur-Blaise 88 B2
Wasungen 81 D2
Watchet 63 C2, 63 C1
Waterford (Port Láirge) 55 D3
Waterloo 78 B2
Waterville 55 C3
Watervliet 78 B1
Watford 64 B3
Watlington 64 B3
Watten 77 D3
Wattendorf 82 A3
Wattens 92 A3, 107 C1
Watton 65 C1/2
Wattwil 91 C3, 105 D1,
    106 A1
Waulsort 79 C2/3
Wavignies 77 D3
Wavre 79 C2
Waxweiler 79 D3
Wechingen 91 D1/2
Wechingen-Fessenheim
    91 D1/2
Wechmar 81 D2
Wechselburg 82 B1/2
Weckersdorf 82 A/B2
Wedde 67 C/D2
Weddingstedt 52 A/B3
Wedel 68 B1
Wedellsborg 52 B1
Wedemark-Bissendorf 68 B2
Wedemark-Brelingen 68 B2
Wedemark-Elze 68 B2
Weedon 64 B2
Weelde-Statie 79 C1
Weener 67 D1/2
Weerselo 67 C2/3
Weert 79 C1
Weesen 105 D1, 106 A1
Weesp 66 B2/3
Weeze 67 C3, 79 D1
Weferlingen 69 C3
Wegberg 79 D1
Wegberg-Arsbeck 79 D1
Wegeleben 69 C3
Wegliniec 83 D1
Wegorzewo (Angerburg)
    73 C2
Wegorzyno 71 C1
Węgrzynice 71 C3
Wegscheid 93 C2
Wegscheid 94 A3
Wehingen 90 B2/3
Wehr 90 A/B3
Wehr (Mayen) 80 A2
Wehretal 81 C/D1
Wehrheim 80 B2
Weichensdorf 70 B3
Weichselboden 94 A3
Weida 82 B2
Weiden 82 B3
Weiden-Rothenstadt 82 B3,
    92 B1
Weidenbach (Feuchtwangen)
    91 D1
Weidenberg 82 A3
Weidenstetten 91 C/D2
Weidenthal 90 B1
Weikendorf 94 B2
Weikersdorf am Steinfelde
    94 A/B3
Weikersheim 81 C/D3, 91 C1
Weil am Rhein 90 A3
Weil der Stadt 90 B2
Weilburg 80 B2
Weiler-Simmerberg 91 C3
Weilerswist 80 A2
Weilerswist-Lommersum
    79 D2, 80 A2
Weilheim 91 C2
Weilheim 92 A3
Weilmünster 80 B2

Weilmünster-Laubuseschbach
    80 B2
Weilrod-Altweilnau 80 B2
Weilstetten 90 B2
Weimar 82 A1/2
Weinböhla 83 C1
Weinfelden 91 C3
Weingarten 90 B1
Weinheim 80 B3, 90 B1
Weinsberg 91 C1
Weischlitz 82 B2
Weisen 69 D2
Weisenbach 90 B2
Weisendorf 81 D3, 91 D1
Weiskirchen 80 A3
Weismain 82 A3
Weissach 91 C1/2
Weissagk 70 B3
Weissandt-Gölzau 69 D3,
    82 B1
Weissbach bei Lofer 92 B3
Weissbriach 126 A1/2
Weissenbach am Attersee
    93 C3
Weissenbach am Lech 91 D3,
    106 B1
Weissenberg 83 D1
Weissenborn 81 D1
Weissenborn-Lüderode 81 D1
Weissenbrunn 82 A2/3
Weissenburg 91 D1, 92 A1
Weissenburg 105 C1/2
Weissenburg-Rothenstein
    92 A1
Weissenfels 82 A/B1
Weissenhorn 91 D2
Weissenkirchen in der
    Wachau 94 A2
Weissensee 81 D1, 82 A1
Weissenstadt 82 A/B3
Weissenthurm 80 A2
Weissewarthe 69 D2
Weissig 83 C1/2
Weissig 83 C1
Weisskirchen in Steiermark
    127 C1
Weisstannen 105 D1, 106 A1
Weisswasser 83 D1
Weitendorf 53 D3, 69 D1
Weitersfeld 94 A2
Weitersfelden 93 D2
Weiterstadt 80 B3
Weitin 70 A1
Weitnau 91 D3
Weitnau-Siebratshofen
    91 C/D3
Weitnau-Wengen 91 D3
Weitra 93 D2
Weitramsdorf-Weidach 81 D2,
    82 A2/3
Weiz 96 A3, 127 C1
Wejherowo 72 B2
Welbourn 61 D3, 64 B1
Wellaune 82 B1
Welle 68 B1
Wellendingen (Rottweil)
    90 B2/3
Wellerlooij 79 D1
Wellheim 92 A1/2
Wellheim-Biesenhard 92 A2
Wellingborough 64 B2
Wellington 63 C2, 63 C1
Wellington 59 D3
Wells 63 D2, 63 D1
Wells next-the-Sea 65 C1
Wels 93 C2, 96 A2/3
Welschbillig 79 D3, 80 A3
Welschenrohr 90 A3, 105 C1
Welshpool 59 C3
Welsleben 69 C/D3
Weltenburg 92 A1/2
Welver 67 D3, 80 B1
Welwyn Garden City 64 B2/3
Welzheim 91 C1/2
Welzow 83 C/D1
Wem 59 D3, 60 B3
Wembach 90 A/B3
Wemding 91 D1/2
Wemperhardt 79 D3
Wemyss Bay 54 A2/3, 55 D1,
    56 A/B2

Wendelsheim (Alzey) 80 B3
Wenden 80 B1/2
Wendlingen am Neckar 91 C2
Wendover 64 B3
Wenduine 78 A1
Weng bei Admont 93 D3
Wengen 105 C2
Wenigzell 94 A3, 127 D1
Wennigsen 68 B3
Wenningstedt 52 A2
Wennington 59 D1, 60 B2
Wenns 106 B1
Wentorf bei Hamburg 68 B1
Wenzenbach 92 B1
Weobley 63 D1
Wépion 79 C2
Werbach 81 C3
Werben 70 B3
Werben 69 D2
Werbig 70 A3
Werbomont 79 C2
Werdau 82 B2
Werder 70 A2/3
Werdohl 80 B1
Werfen 93 C3
Werl 80 B1
Werlte 67 D2
Wermelskirchen 80 A1
Wermsdorf 82 B1
Wernau 91 C2
Wernberg-Köblitz 82 B3,
  92 B1
Werne 67 D3, 80 A/B1
Werneck 81 D3
Werneuchen 70 A/B2
Wernfeld 81 C3
Wernhout 79 C1
Wernigerode 69 C3
Wernshausen 81 D2
Wertach 91 D3
Wertheim 81 C3
Wertheim-Nassig 81 C3
Wertheim-Reichholzheim
  81 C3
Werther 68 A3
Wertingen 91 D2
Wesel 67 C3, 79 D1, 80 A1
Wesel-Bislich 67 C3, 79 D1
Wesel-Büderich 67 C3, 79 D1,
  80 A1
Weselberg 90 A1
Wesenberg 70 A1
Wesendorf 69 C2
Wesendorf-Wahrenholz 69 C2
Wesenufer 93 C2
Wesepe 67 C2/3
Wesselburen 52 A/B3
Wesseling 80 A2
Wessem 79 D1
Wessling 92 A2/3
Wessobrunn 91 D3, 92 A3
West-Auckland 57 D3, 61 C1
West Bay 63 D2/3, 63 D1/2
West Bromwich 59 D3, 64 A2
West-Calder 57 C2
West Hartlepool 57 D3,
  61 C1
West Kilbride 56 B2
West Linton 57 C2
West-Looe 62 B3
West Lulworth 63 D3, 63 D2
West Mersea 65 C2/3
West Tanfield 61 C2
West Tarbert 56 A2
West-Terschelling 66 B1
West Town 76 A/B1
West Wycombe 64 B3
Westbury 63 D2, 63 D1,
  64 A3
Westende-Bad 78 A1
Westenschouwen 66 A3,
  78 B1
Westerbork 67 C2
Westerburg 80 B2
Westerham 65 C3, 76 B1
Westerhausen 69 C3
Westerheim (Münsingen)
  91 C2
Westerhever 52 A2/3
Westerholt 67 D1
Westerkappeln 67 D2/3

Westerland 52 A2
Westerstede 67 D1
Westerstede-Ihausen 67 D1
Westerstede-Tarbarg 67 D1
Westerstetten 91 C/D2
Westerwalsede 68 A/B2
Westerwalsede-Süderwalsede
  68 B2
Westgate on Sea 65 D3,
  77 C/D1
Westhausen 91 D1/2
Westheim-Ostheim 91 D1
Westhofen 80 B3
Westkapelle 78 A1
Weston-super-Mare 63 C/D2,
  63 C/D1
Westoverledingen 67 D1/2
Westport 55 C2
Wetherby 61 C2
Wetter 80 B2
Wetteren 78 B1/2
Wetterzeube 82 A/B1/2
Wettin 82 A1
Wettingen 90 B3, 105 C1
Wettringen 67 D3
Wetwang 61 D2
Wetzikon 90 B3, 105 D1
Wetzlar 80 B2
Wetzleinsdorf 94 B2
Wevelgem 78 A2
Wewelsfleth 52 B3, 68 B1
Wexford 55 D3, 58 A3
Weybridge 64 B3, 76 B1
Weyer Markt 93 D3, 96 A3
Weyerbusch 80 A2
Weyersheim 90 A/B2
Weyhausen (Gifhorn) 69 C2
Weyhe-Kirchweyhe 68 A2
Weyhe-Leeste 68 A2
Weyhill 64 A3, 76 A1
Weymouth 63 D3, 63 D2
Weyregg am Attersee 93 C3
Wezep 67 C2
Whalley 59 D1, 60 B2
Whalton 57 D3
Wharram le-Street 61 C/D2
Wheddon Cross 63 C2, 63 C1
Whipsnade Zoo 64 B2/3
Whitburn 54 B2/3, 56 B2,
  57 C2
Whitby 61 D1
Whitchurch 64 A/B3, 76 A1
Whitchurch 59 D2/3, 60 B3
Whitebeck 54 B3
Whitehall 54 B1
Whitehaven 54 B3, 57 C3,
  60 A1
Whitehead 56 A3
Whitehouse 56 A2
Whithorn 56 B3, 60 A1
Whiting Bay 56 A/B2
Whitley Bay 57 D3, 61 C1
Whitstable 65 C/D3, 77 C1
Whitstone 62 B2/3
Whittingham 57 D2
Whittington 59 C/D3, 60 B3
Whittlesey 64 B1/2, 65 C1/2
Wichmannshausen 81 C/D1
Wichów 71 C3
Wick 54 B1
Wickede 80 B1
Wickford 65 C3
Wickham 76 A1
Wickham Market 65 D2
Wicklow 55 D3, 58 A2/3
Wickwar 63 D1, 64 A3
Widecombe in the Moor
  63 C3, 63 C2
Widnes 59 D2, 60 B3
Widuchowa (Fiddichow)
  70 B1/2
Wiechowo 71 C1
Wiedenbrück 68 A3
Wiefelstede 67 D1, 68 A1
Wiehe 82 A1
Wiehl 80 A1/2
Wieleń 71 C/D2
Wieleń Polny 71 C/D2
Wielenbach 92 A3
Wielichowo 71 D3
Wieluń 96 B1

Wien 94 B2, 96 A/B2/3
Wiener Neustadt 94 B3,
  96 A/B3
Wienhausen 68 B2
Wiepke 69 C2
Wierden 67 C2/3
Wieren 69 C2
Wiernsheim 90 B1/2
Wierzbięcin 71 C1
Wierzchowo 71 D1
Wies 127 C1/2
Wiesau-Schönhaid 82 B3
Wiesbaden 80 B3
Wiesbaden-Naurod 80 B3
Wieselburg 93 D2/3, 94 A2
Wiesen (Lohr am Main) 81 C3
Wiesenburg 69 D3
Wiesenfelden 92 B1
Wiesenfelden-Hötzelsdorf
  92 B1
Wiesensteig 91 C2
Wiesenthal 81 D2
Wiesenttal-Streitberg 82 A3
Wieslautern 90 A/B1
Wiesloch 90 B1
Wiesmath 94 B3
Wiesmoor 67 D1
Wietmarschen 67 C/D2
Wietmarschen-Lohne 67 C/D2
Wietze 68 B2
Wietze-Jeversen 68 B2
Wietzen 68 A2
Wietzendorf 68 B2
Wiewierz 71 D3
Wigan 59 D2, 60 B2/3
Wiggen 105 C1
Wiggensbach 91 D3
Wigton 57 C3, 60 A/B1
Wigtown 56 B3, 60 A1
Wijchen 66 B3
Wijhe 67 C2/3
Wil 91 C3, 105 D1
Wilburgstetten 91 D1
Wildalpen 93 D3
Wildbad-Calmbach 90 B2
Wildbad im Schwarzwald
  90 B2
Wildberg 70 A1
Wildberg 69 D2, 70 A2
Wildberg 90 B2
Wildeck 81 C/D1/2
Wildeck-Hönebach 81 C/D2
Wildeck-Richelsdorf
  81 C/D1/2
Wildenberg (Rottenburg)
  92 A/B2
Wildenbruch 70 A3
Wildendürnbach 94 B2
Wildenhain 83 C1
Wildenthal 82 B2
Wildervank 67 C1/2
Wildeshausen 68 A2
Wildeshausen-Kleinenkneten
  68 A2
Wildetaube 82 B2
Wildflecken-Neuwildflecken
  81 C/D2
Wildflecken-Oberbach
  81 C/D2
Wildkirchli 105 D1, 106 A1
Wildon 127 C1
Wildpoldsried 91 D3
Wilfersdorf 94 B2
Wilhelm-Pieck-Stadt Guben
  70 B3, 72 A3, 96 A1
Wilhelmsburg 92 A2/3,
  96 A2/3
Wilhelmsdorf 91 C3
Wilhelmshaven 67 D1, 68 A1
Wilhelmshaven-Sengwarden
  67 D1
Wilhelmsthal 82 A2
Wilhermsdorf 81 D3, 91 D1
Wilkau-Hasslau 82 B2
Wilkowo Polskie 71 D3
Willebadessen 68 A3, 81 C1
Willebadessen-Peckelsheim
  81 C1
Willebroek 78 B1
Willemstad 66 A3, 78 B1
Willenhall 59 D3, 64 A1/2

Willgottheim 90 A2
Willingen 80 B1
Willingen-Usseln 80 B1
Willingshausen 81 C2
Willisau 105 C1
Williton 63 C2, 63 C1
Willofs (Lauterbach) 81 C2
Willstätt 90 A/B2
Wilmslow 59 D2, 60 B3,
  64 A1
Wilnsdorf 80 B2
Wilnsdorf-Rudersdorf 80 B2
Wilsickow 70 B1
Wilstead 64 B2
Wilstedt 68 A/B1/2
Wilster 52 B3
Wilsum 67 C2
Wilthen 83 D1
Wiltingen 79 D3, 80 A3
Wilton 64 A3, 76 A1
Wilton House 64 A3, 76 A1
Wiltz 79 D3
Wimbledon 64 B3, 65 C3,
  76 B1
Wimborne Minster 63 D2,
  63 D1, 76 A1
Wimereux 77 D1
Wimmenau 90 A1/2
Wimpassing an der Leitha
  94 B3
Wincanton 63 D2, 63 D1,
  64 A3
Winchcombe 63 D1, 64 A2
Winchelsea 77 C1
Wincheringen 79 D3
Winchester 76 A1
Windach 91 D2/3, 92 A2/3
Windeck-Herchen 80 A2
Windeck-Rosbach 80 A/B2
Windermere 54 B3, 59 D1,
  60 B1/2
Windesheim 80 B3
Windischeschenbach 82 B3
Windischgarsten 93 D3,
  96 A3
Windorf 93 C2
Windorf 93 C2
Windsbach 91 D1
Windsor 64 B3
Wingham 65 D3, 77 C1
Wingst 52 A/B3, 68 A1
Winhöring 92 B2
Winkel 89 D3, 90 A3, 104 B1
Winklarn 92 B1
Winklern 107 D1, 126 A1
Winnenden 91 C1/2
Winschoten 67 C/D1/2
Winsen 68 B2
Winsen (Luhe) 68 B1
Winsen-Meissendorf 68 B2
Winsen-Pattensen 68 B1
Winsford 79 D2, 60 B3,
  64 A1
Winslow 64 B2
Winster 61 C3, 64 A1
Winsum 66 B1/2
Winsum 67 C1
Winterberg 80 B1
Winterberg-Altastenberg
  80 B1
Winterberg-Niedersfeld 80 B1
Winterberg-Siedlinghausen
  80 B1
Winterfeld 69 C2
Winterswijk 67 C3
Winterthur 90 B3
Winterton 61 D2
Wintrich 80 A3
Wintzenheim 89 D2, 90 A2/3
Wipperdorf 81 D1
Wipperfürth 80 A1
Wipperfürth-Klüppelberg
  80 A1
Wippingen 67 D2
Wippra 82 A1
Wirdum 67 C/D1
Wirges 80 B2
Wirksworth 61 C3, 64 A1
Wirsberg 82 A3
Wisbech 65 C1/2
Wischhafen 52 B3, 68 A/B1

Wismar 53 C3, 69 C1
Wissant 77 D1
Wissembourg 90 B1
Wissen 80 A/B2
Wistedt 68 B1
Witankowo 71 D1/2
Witham 65 C2/3
Witheridge 63 C2, 63 C1
Withern 61 D3, 65 C1
Withernsea 61 D2
Witney 64 A/B2/3
Witnica 70 B2
Witnica 70 B2
Witry-lès-Reims 88 A/B1
Wittdün 52 A2
Wittelshofen 91 D1
Witten 80 A1
Wittenberge 69 D2
Wittenburg 69 C1
Witterda 81 D1, 82 A1/2
Wittibreut 92 B2
Wittichenau 83 C/D1
Wittighausen-
  Unterwittighausen 81 C3,
  91 C1
Wittingen 69 C2
Wittingen-Knesebeck 69 C2
Wittingen-Ohrdorf 69 C2
Wittislingen 91 D2
Wittlich 80 A3
Wittmund 67 D1
Wittmund-Ardorf 67 D1
Wittmund-Burhafe 52 A3,
  67 D1
Wittmund-Carolinensiel 67 D1
Wittmund-Harlesiel 67 D1
Wittorf 68 B2
Wittstock 69 D1/2, 72 A3
Witzenhausen 81 C1
Witzin 53 D3, 69 D1
Witzke 69 D2
Wiveliscombe 63 C2, 63 C1
Wivenhoe 65 C/D2/3
Wizernes 77 D1
Włocławek 73 C3
Włodawa 97 D1, 98 A1
Włoszakowice 71 D3
Włoszczowa 97 C1
Wöbbelin 69 C1
Woburn 64 B2
Woerden 66 B3
Woerth-sur-Sauer 90 A/B1
Wohlen 90 B3, 105 C1
Wohrathal-Wohra 81 C2
Wojtaszyce 71 C1
Woking 64 B3, 76 B1
Wokingham 64 B3, 76 A/B1
Woldegk 70 A1
Wolf Rock Lighthouse 62 A3
Wolfach 90 B2
Wolfegg 91 C3
Wolfen 69 D3, 82 B1
Wolfenbüttel 69 C3
Wölfersheim 81 C2
Wölfersheim-Berstadt 81 C2
Wolfhagen 81 C1
Wolfhagen-Istha 81 C1
Wolframs-Eschenbach 91 D1
Wolfrathshausen 92 A3
Wolfsberg 96 A3, 127 C1
Wolfsburg 69 C2/3
Wolfsburg-Hehlingen 69 C2/3
Wolfsfeld 79 D3
Wolfshagen 70 A/B1
Wolfstein 80 A/B3, 90 A1
Wolgast 72 A2
Wolhusen 105 C1
Wolin 70 B1
Wolkenstein 82 B2, 83 C2
Wolkersdorf 94 B2
Wölkisch 83 C1
Wolkramshausen 81 D1
Wollaston 64 B2
Wollin 69 D3
Wöllstadt 80 B2/3
Wöllstein 80 B3
Wolmirstedt 69 C/D3
Wolnzach 92 A2
Wolnzach-Geroldshausen
  92 A2
Wołowe Lasy 71 D1/2

Wolpertshausen 91 C1
Wolpertswende 91 C3
Wolsfeld 79 D3
Wolsingham 57 D3, 61 C1
Wolsztyn 71 C/D3, 72 B3, 96 A/B1
Woltersdorf 70 A/B2
Woltersdorf 69 C2
Wolvega 67 C2
Wolverhampton 59 D3, 64 A1/2
Wolvertem 78 B1/2
Wolverton 64 B2
Wolviston 57 D3, 61 C1
Wombwell 61 C2/3
Wommels 66 B1/2
Woodbridge 65 D2
Woodenbridge 58 A3
Woodhall Spa 61 D3, 64 B1
Woodstock 64 A/B2/3
Woofferton 59 D3
Wooler 57 D2
Woore 59 D2/3, 60 B3, 64 A1
Wootton Bassett 63 D1, 64 A3
Wootz 69 C2
Worb 105 C1
Worbis 81 D1
Worcester 59 D3, 63 D1, 64 A2
Wörgl 92 B3
Workington 57 C3, 60 A1
Worksop 61 C3, 64 B1
Workum 66 B2
Wörlitz 69 D3
Wormhoudt 77 D1, 78 A1/2
Worms 80 B3, 90 B1
Worms-Pfeddersheim 80 B3
Worpswede 68 A1/2
Wörrstadt 80 B3
Wörschach 93 C/D3
Wört 91 D1
Wörth 81 C3
Wörth 92 B1
Wörth 90 B1
Wörth 107 D1, 126 A1
Wörth-Büchelberg 90 B1
Wörth-Schaidt 90 B1
Worthing 76 B1
Wotton under Edge 63 D1, 64 A3
Woudenberg 66 B3
Wragby 61 D3, 64 B1
Wredenhagen 69 D1
Wremen 52 A3, 68 A1
Wrentham 65 D2
Wrestedt 69 C2
Wrexham 59 C/D2, 60 B3
Wriedel-Lintzel 68 B2
Wriezen 70 B2
Wróblewo 71 D2
Wrocław (Breslau) 96 B1
Wrohm 52 B3
Wroniawy 71 C/D3
Wronki 71 D2, 72 B3
Wroughton 64 A3
Wroxham 65 D1
Września 72 B3, 96 B1
Wschowa 71 D3
Wulfen 69 D3
Wulfersdorf 69 D1
Wülfershausen 81 D2
Wülfrath 80 A1
Wulften 68 B3, 81 D1
Wullersdorf 94 A/B2
Wünnenberg 80 B1
Wünnenberg-Fürstenberg 80 B1
Wünnenberg-Haaren 80 B1
Wünschendorf 82 B2
Wünsdorf 70 A3
Wunsiedel 82 A/B3
Wunstorf 68 B2/3
Wunstorf-Steinhude 68 A/B2
Wuppertal 80 A1
Würenlingen 90 B3
Wurmannsquick 92 B2
Würselen 79 D2
Wurzbach 82 A2
Würzburg 81 C/D3
Wurzen 82 B1

Wust 69 D2
Wüstenrot-Neuhütten 91 C1
Wusterhausen 69 D2
Wustermark 70 A2
Wüstermarke 70 A3
Wusterwitz 69 D2/3
Wustrau 70 A2
Wustrow 70 A1
Wustrow 69 C2
Wybelsum 67 C/D1
Wyhl 90 A2
Wyk auf Föhr 52 A2
Wymondham 64 B1
Wymondham 65 D1/2
Wyrzysk 71 D1/2
Wysoka 71 D1/2
Wysoka 71 C3
Wyszogród 73 C3, 97 C1
Wyszyna 97 C1

X

Xanten 67 C3, 79 D1
Xanten-Marienbaum 67 C3, 79 D1
Xánthi 140 B3, 145 C1, 149 C1
Xeniés 146 A/B2
Xerماménil 89 D2
Xerta 163 C2
Xertigny 89 C/D2
Xidéika 147 C3
Xilaganí 145 C1
Xilókastron 147 C2, 148 B2
Xinón Nerón 143 C2

Y

Yablŭnka 95 C1
Yalova 141 D3
Yanci 154 A1
Yanguas 153 D3
Yarmouth 76 A1/2
Yassiviran 141 D3
Yatağan 149 D2
Yate 63 D1/2, 64 A3
Yátova 169 C1
Ybbs an der Donau 93 D2
Ybbsitz 93 D3
Ychoux 108 A2
Ydby Hede 48 A2
Ýdra 147 D3, 148 B2
Ydrefors 46 B3
Yebes 161 C2
Yebra 161 C2/3
Yebra de Basa 154 B2
Yecla 169 C2
Yecla de Yeltes 159 C2
Yélamos de Arriba 161 C2
Yelo 161 D1
Yelverton 63 C3
Yémeda 162 A3, 168 B1
Yeniköy 145 D3
Yeniköy 141 D3
Yenne 104 A2
Yeovil 63 D2, 63 D1
Yepes 161 C3, 167 C/D1
Yerville 77 C3
Yesa 154 A/B2
Yeste 168 B3
Yetminster 63 D2, 63 D1
Ygos-Saint-Saturnin 108 B2
Ygrande 102 B1/2
Ygskoret 40 A1
Ykspihlaja 20 B1
Ylä-Kintaus 21 D3, 22 A3
Ylä-Kolkki 21 C3
Ylä-Kuolna 5 D3, 6 A/B3, 11 D1

Ylä Kuona 23 C3, 27 C/D1
Ylä-Luosta 23 C2
Ylä-Uura 19 C2/3
Ylä-Valtimo 23 C1
Yläköngäs 6 B2
Ylämaa 27 C2
Ylämylly 23 C/D3
Yläne 24 B2
Yli-Ii 18 B2
Yli-Kärppä 18 B1
Yli-Körkkö 12 B3
Yli-Kurki 19 C2
Yli-Lesti 21 C1/2
Yli-Livo 18 B1/2
Yli-Muonio 11 C3, 12 A1
Yli-Nampa 12 B3
Yli-Olhava 18 A/B2
Yli-Paakkola 17 D2, 18 A1
Yli-Siuraua 18 B1/2
Yli-Tannila 18 B2
Yli-Utos 18 B2/3
Yli-Viirre 21 C1
Yli-Vuotto 18 B2
Ylihärmä 20 B2
Ylijärvi 27 C2
Ylikiiminki 18 B2
Ylikulma 24 B3
Ylikylä 23 C1
Ylikylä 21 C2
Ylikylä 20 B2
Ylikylä 20 B3
Ylikylä 20 A/B3
Ylimarkku 20 A3
Ylinenoja 18 A3
Ylipää 18 A3
Ylipää 18 B3
Ylipää 21 D1, 22 A1
Ylipää 18 A2/3
Ylipää 18 B3
Ylisevä 20 B3
Yliskylä 20 B3, 24 B1
Ylistaro 20 B2
Ylistaron 20 B2
Ylitornio 17 D2
Yliveiska 18 A3, 21 C1
Ylivesi 27 C1
Ylläsjärvi 11 C/D3, 12 A2
Yllivalli 20 B3
Ylöjärvi 25 C1, 25 C1
Ylträ 21 C3
Ylvingen 14 A3
Ymonville 87 C2
Yngsjö 50 B3
Ynnesdal 36 A2/3
Yonne 104 B2
York 54 B3, 61 C2
Yoxford 65 D2
Ypäjä 24 B2
Ypäjän asema 24 B2
Yppäri 18 A3
Ypykkävaara 19 D2/3
Yrbovski 133 D1, 134 A1
Yrittaperä 19 C2
Yrkje 42 A2
Yromóna 146 A2
Yrouerre 88 A3
Yrttivaara 17 C1
Yset 33 C2/3
Ysgubor-y-coed 59 C3
Ysjö 30 A2, 35 C/D1
Yssingeaux 103 C3, 111 C1
Ystad 50 B3, 72 A2
Ystebrød 42 A3
Ysterbø 36 A2
Ystrad-Rhondda 63 C1
Ytre Årnes 4 A3, 9 D1
Ytre Billefjord 5 D2, 6 A1/2
Ytre Brenna 5 D1/2, 6 A/B1
Ytre Enebakk 38 A3, 44 B1
Ytre Flåbygd 43 C/D2
Ytre Fræna 32 A2
Ytre Kårvik 4 A2
Ytre Kjæs 5 D1, 6 B1
Ytre Korsnes 6 B1/2, 6 B1
Ytre Laksvatn 4 A3, 10 A1
Ytre Mannskarvik 5 D1, 6 A/B1
Ytre Oppedal 36 A2
Ytre Snillfjord 28 A3, 32 B1/2
Ytre Veines 5 D2, 6 A1
Ytter Bodane 45 C2

Ytterån 29 C/D3, 34 B2
Ytterberg 34 B3
Ytterby 47 D2
Ytterbyn 17 C2/3
Ytteresse 20 B1
Ytterhogdal 34 B3
Ytterjeppo 20 B1/2
Yttermalung 39 C2
Yttermark 20 A3
Ytterocke 29 C3, 34 B2
Ytterøy 28 B3, 33 D1
Yttersjö 31 C2
Ytterstmark 31 C/D2
Yttertällmo 30 B2, 35 D1
Yttertällmo 30 B2, 35 D1
Ytterturingen 34 B2/3
Yttervik 15 C3
Yttilä 24 B2
Yuncos 160 B3
Yunquera 172 A2
Yunquera de Henares 161 C2
Yverdon-les-Bains 104 B1
Yvetot 77 C3
Yvoire 104 A/B2
Yvonand 104 B1
Yvré-l'Évêque 86 B2
Yxnerum 46 B2
Yxskaftkälen 29 D3, 35 C1
Yyteri 24 A1, 41 D1
Yzeron 103 C/D3

Z

Zaanstad-Wormerveer 66 A/B2
Zaanstad-Zaandam 66 A/B2
Zaatzke 69 D1/2
Žabalj 129 D3, 133 D1, 134 A1, 140 A1
Žabari 134 B2
Żabin 71 C/D1
Ząbkowice Śląskie 96 B1
Zablaće 131 C3
Zablaće 131 D2, 132 A2
Záblatí 93 C1
Žabljak 133 C3, 137 D1
Žabljak 137 D2
Żabno 71 D3
Żabno 127 D2/3
Zabok 127 D2
Zabor 71 C3
Zaborowice 71 D3
Żabowo 71 C1
Zabrežje 133 D1/2, 134 A1/2
Zabrze (Hindenburg) 96 B1/2
Zacháro 146 B3
Zacharzyn 71 D2
Zachow 69 D2, 70 A2
Zadar 130 B2
Zadvarje 131 D3, 132 A3
Zafarraya 172 B2
Zafferana Etnea 125 D2
Zafra 165 D2/3
Žaga 126 A/B2
Żagań (Sagan) 83 D1, 96 A1
Zagarise 122 B2
Zagarolo 118 B2
Zagorá 144 A3, 148 B1
Zagorje 127 C2
Zagra 172 B2
Zagreb 127 D3
Zagrilla 172 B1
Žagubica 135 C2, 140 A2
Zagvozd 131 D3, 132 A3
Zahara 172 A2
Zahara de los Atunes 171 D3
Zahinos 165 C3
Zahna 70 A3
Záhoří 93 C/D1
Záhorská Ves 94 B2
Zahrádka 83 D3
Zaidín 155 C3, 163 C1
Zajas 138 B3
Zaječar 135 C2/3, 140 A/B2

Zaječov 83 C3
Zajezda 127 D2
Zajezierze 71 C1
Zákamenné 95 D1
Zákas 143 C2
Zákinthos 146 A2/3, 148 A2
Zakopane 97 C2
Zákros 149 C3
Zakrzewo 71 D1
Zákupy 83 D2
Zalaapáti 128 A1/2
Zalabaksa 127 D1/2, 128 A1/2
Zalabér 128 A1
Zalaegerszeg 96 B3, 128 A1
Zalahaláp 128 A1
Zalakaros 128 A2
Zalakomár 128 A2
Zalalövö 127 D1, 128 A1
Zalamea de la Serena 166 A2
Zalamea la Real 171 C1
Zalaszabar 128 A2
Zalaszántó 128 A1
Zalaszentbalázs 128 A2
Zalaszentgrót 128 A1
Zalaszentgrót 128 A1
Zalaszentiván 128 A1
Zalaszentmihály 128 A1/2
Zaláta 128 B3
Zalatárnok 128 A1/2
Zaláu 97 D3, 98 A3
Zalavár 128 A2
Zalduendo 153 C2
Zalduondo 153 D2
Žalec 127 C2
Zaleščiki 98 B2
Zall Reçi 138 A2
Zalla 153 C1
Zaltbommel 66 B3
Zalužnica 130 B1
Zamárdi 128 B1
Zamarra 159 C2
Zambra 172 B1/2
Zambrana 153 C2
Zambrów 73 C/D3
Zambujeira do Mar 170 A1
Zamęcin 71 C1/2
Zámoly 128 B1
Zamora 159 D1
Zamość 97 D1, 98 A1
Žandov 83 D2
Zandvoort 66 A2/3
Zanglivérion 144 A2
Zaniemyśl 71 D3
Zánka 128 A/B1
Zaorejas 161 D2
Zaostrog 131 D3, 132 A3, 136 B1
Zaovine 133 C2/3
Zapfendorf 82 A/B3
Záppion 143 D3
Zapponeta 120 B1
Zaprešić 127 D3
Zaragoza 154 B3, 162 B1
Zarasai 74 A1/2
Zaratán 152 A/B3, 160 A1
Zarcilla de Ramos 168 B3, 174 A1
Żarki Wielki 83 D1
Zárkos 143 C/D3
Žarkovskij 75 C1/2
Zărneşti 141 C1
Žarnovica 95 C3
Żarnowo 70 B1
Zaroúchla 146 B2
Zarratón 153 C2
Zarrentin 69 C1
Żary (Sorau) 71 C3, 83 D1, 96 A1
Zarza Capilla 166 B2
Zarza de Alange 165 D2, 166 A2
Zarza de Montánchez 165 D1/2, 166 A1/2
Zarza de Tajo 161 C3, 167 D1
Zarza la Mayor 159 C3, 165 C/D1
Zarzadilla de Totana 168 B3, 174 A1
Zarzuela 161 D3

Zarzuela del Monte 160 B2
Zarzuela del Pinar 160 B1
Zas 150 A1
Zasavica 133 C1
Zasieki 70 B3, 83 D1
Žaškov 99 C2
Zásmuky 83 D3
Zastavna 98 B2
Žatec 83 C2, 96 A1/2
Zatom 71 C1/2
Zaton 136 B1
Zaton 131 C3
Zaton 130 B2
Zatonie 71 C3
Zátouna 146 B3
Zavala 136 A1
Zavala 137 C1
Zavalje 131 C1
Zavattarello 113 D1
Zavidov 83 C3
Zavidovići 132 B2
Zavlaka 133 C2
Zavrč 127 D2
Zawada 71 C3
Zawidów 83 D1/2
Zawiercie 97 C1/2
Žažina 127 D3
Zázrivá 95 D1
Zbaraž 98 B2
Zbarzewo 71 D3
Zbąszyń 71 C3
Zbehy 95 C2
Zbiroh 83 C3
Zborov 97 D2, 98 B2
Zbraslav 83 D3
Zbraslavice 83 D3
Ždala 128 A2
Ždánice 94 B1
Žďár 83 C2
Žďár nad Sázavou 94 A1,
  96 A/B2
Žďárec 94 B1
Zdenac 127 C3, 130 B1
Zdenčina 127 C/D3
Zdiby 83 D2/3
Zdice 83 C3
Zdounky 95 C1
Ždrelac 130 B2
Ždrelo 134 B2
Zdunje 138 B2/3
Zeanuri 153 C/D1
Žebrák 83 C3
Zechin 70 B2
Zechlinerhütte 70 A1/2
Zeddam 67 C3
Zeddiani 123 C2
Žednik 129 C2/3
Zeebrugge 78 A1
Zeeland 66 B3, 79 C1
Zegama 153 D2
Žegar 131 C2
Žegra 138 B2
Žegulja 137 C1
Zehdenick 70 A2
Zehlendorf 70 A2
Zehren 83 C1
Žehuň 83 D3
Zeil am Main 81 D3
Zeilfeld 81 D2
Zeist 66 B3
Zeitlarn (Regensburg) 92 B1
Zeitz 82 B1/2
Zele 78 B1
Zelenika 137 C2
Zelenogradsk (Cranz) 73 C2
Želetava 94 A1
Železná Ruda 93 C1, 96 A2
Železnica 139 D1/2
Železnik 133 D1, 134 A1/2
Železniki 126 B2
Železnja 75 D2
Železnô 95 D1
Železnodorožnyj (Gerdauen)
  73 C2
Železnogorsk 75 D3
Železný Brod 83 D2
Železnyj 99 D3
Zelhem 67 C3
Želiezovce 95 D2/3
Želin 126 B2
Zelina 127 D2/3

Zélion 147 C1
Željiv 83 D3, 94 A1
Željuša 132 B3
Zell 80 A3
Zell am Harmersbach 90 B2
Zell am Moos 93 C3
Zell am See 92 B3, 107 D1,
  126 A1
Zell am Ziller 107 C1
Zell bei Zellhof 93 D2
Zell im Wiesental 90 A/B3
Zella-Mehlis 81 D2
Zellingen 81 C3
Želnava 93 C1/2
Zeltingen-Rachtig 80 A3
Zeltweg 127 C1
Zelzate 78 B1
Zemblaku 142 B1/2
Zeme 113 C/D1
Zemen 139 D2
Zemendorf 94 B3
Zemné 95 C3
Zemun 133 D1, 134 A1,
  140 A1/2
Zenica 132 B2
Zennor 62 A3
Zenting 93 C1/2
Žepče 132 B2
Zepernick 70 A2
Zerbst 69 D3
Zerf 79 D3, 80 A3
Zeri 114 A2
Zermatt 105 C2
Zernez 106 B1/2
Zero Branco 107 C/D3
Zerpenschleuse 70 A2
Zerqani 138 A3, 142 B1
Zervaska 142 B1
Zestoa 153 D1
Zetel 67 D1
Zetel-Neuenburg 67 D1
Zeulenroda 82 A/B2
Zeuthen 70 A2/3
Zeven 68 A/B1
Zevenaar 67 C3
Zevenbergen 66 A3
Zevenbergschen Hoek
  66 A/B3, 79 C1
Zévio 107 C3
Zgierz 73 C3, 97 C1
Zgornja Kungota 127 C2
Zgornji Duplek 127 C/D2
Zgorzelec 83 D1, 96 A1
Zgurovka 99 D1
Zgurovo 139 D2
Žiar nad Hronom 95 D2
Zibello 114 A1
Zibreira 159 C3, 165 C1
Žiča 133 D3, 134 A/B3
Zicavo 113 D3
Zidani Most 127 C2
Židlochovice 94 B1
Ziegendorf 69 D1
Ziegenrück 82 A2
Zieleniewo 71 C1/2
Zielona Góra (Grünberg)
  71 C3, 72 A/B3, 96 A1
Ziemendorf 69 C2
Ziemetshausen 91 D2
Zierau 69 C2
Zierikzee 66 A3, 78 B1
Ziersdorf 94 A2
Zierzow 69 C/D1
Ziesar 69 D3
Žihle 83 C3
Žilina 95 D1, 96 B2
Zilly 69 C3
Zilotí 145 C1
Ziltendorf 70 B3
Zilupe 74 B1
Zimnicea 141 C2
Zinal 105 C2
Zinkgruvan 46 A2
Ziortza 153 D1
Zirc 95 C3, 128 B1
Zirchow 70 B1
Žiri 126 B2
Zirl 92 A3, 107 C1
Zirndorf 81 D3, 82 A3, 91 D1,
  92 A1
Žirovnica 126 B2

Žirovnice 94 A1
Zislow 69 D1
Zistersdorf 94 B2, 96 B2
Zisterzienserstift 127 C1
Žitište 129 D3, 134 A/B1
Žitkovac 135 C3
Žitkoviči 74 B3, 99 C1
Žitni Potok 138 B1
Žitomir 99 C1/2
Žitorađa 135 C3, 139 C1
Zítsa 142 B3
Zittau 83 D2, 96 A1
Živinice 132 B2
Živogošće 131 D3, 132 A3,
  136 B1
Žizdra 75 C/D2/3
Zizenhausen-Mahlspüren
  91 C3
Zlatá Koruna 93 D1/2
Zlatar 127 D2
Zlatar Bistrica 127 D2
Zlatarevo 139 D3, 144 A1
Zlaté Moravce 95 D2
Zlatica 140 B2
Zlatná na Ostrove 95 C3
Zlatna Panega 140 B2
Zlatograd 140 B3, 145 C1
Zlatokop 139 C2
Zlatorog 126 B2
Zletovo 139 C2
Zliechov 95 D1
Žlne 135 C3
Žlobin 74 B3
Złocieniec 71 C1, 72 B2/3
Zlokućane 138 A1
Zlonice 83 C2
Zlot 135 C2
Złotów 71 D1
Žlutice 83 C3
Zmajevac 129 C3
Zmajevo 129 C3
Žman 130 B2/3
Žmerinka 99 C2
Zmijevka 75 D3
Žminj 130 A1
Znamenka 99 D2
Žnin 72 B3
Znojmo 94 A/B1/2, 96 A/B2
Zoagli 113 D2
Zöbern 94 A/B3
Zöblitz 83 C2
Zocca 114 B2, 116 A/B1
Žodino 74 B2
Zoetermeer 66 A3
Zofingen 105 C1
Zogno 106 A3
Zohor 94 B2
Zola Predosa 114 B1/2,
  116 A1
Zölkow 69 D1
Zollikofen 104 B1
Zolling 92 A2
Zoločev 97 D2, 98 A/B2
Zolotonoša 99 D2
Žoltyje Vody 99 D2
Żółwino 71 C1
Zóni 145 D1
Zonza 113 D3
Zörbig 69 D3, 82 B1
Zorita 166 A1/2
Zorita de la Frontera 160 A2
Zorita del Maestrazgo 162 B2
Zorneding 92 A2/3
Zornotza 153 C/D1
Zossen 70 A3
Zotes del Páramo 151 D2/3,
  152 A2/3
Zoutkamp 67 C1
Žovtnevoje 99 D3
Zreče 127 C2
Zrenjanin 129 D3, 133 D1,
  134 A1, 140 A1
Zrin 127 D3, 131 C1
Zrínyivár 128 B2
Zrmanja Vrelo 131 C2
Zrnovci 139 C2
Zruč nad Sázavou 83 D3
Zrze 138 A/B2
Zsámbék 95 D3
Zsámbok 129 C1
Zschopau 82 B2, 83 C2

Zschorlau 82 B2
Zschornewitz 69 D3, 82 B1
Zschortau 82 B1
Zubia 173 C2
Zubieta 154 A1
Zubiri 108 A3, 154 A1/2
Zubki Białostockie 73 D3
Žuč 134 B3, 138 B1
Zucaina 162 B3
Zudaire 153 D2, 154 A2
Zuera 154 B3, 162 B1
Zufre 165 D3, 166 A3,
  171 C/D1
Zug 105 C/D1
Zugarramurdi 108 A3, 154 A1
Zuheros 172 B1
Zuidhorn 67 C1
Zuidlaren 67 C1/2
Zuidwolde 67 C2
Zújar 173 D1
Żukowice 71 C3
Žuljana 136 B1
Zülpich 79 D2, 80 A2
Zumaia 153 D1
Zumarraga 153 D1/2
Zundert 79 C1
Zungri 122 A2
Zúñiga 153 D2
Zuoz 106 A/B2
Županja 132 B1
Zupčići 133 C3
Žur 138 A/B2
Zurgena 174 A1/2
Zurich 66 B1/2
Zürich 90 B3, 105 C/D1
Zurow 53 D3, 69 C/D1
Zürs 106 B1
Zurzach 90 B3
Zusmarshausen 91 D2
Zusmarshausen-Horgau 91 D2
Züsow 53 D3, 69 C/D1
Žuta Lokva 130 B1
Zutphen 67 C3
Žužemberk 127 C3
Zvečan 138 B1
Zvečevo 128 A/B3
Zvíkov 93 C/D1
Zvikovec 83 C3
Zvikovské Podhradí 83 D3,
  93 C/D1
Žvirče 127 C3
Zvole 94 B1
Zvolen 95 D2, 96 B2
Zvolenská Slatina 95 D2
Zvonce 139 C1
Zvornik 133 C2
Zwardoń 95 D1, 96 B2
Zwartenbroek 78 B1/2
Zwartsluis 67 C2
Zweedorf 53 D3
Zweibrücken 89 D1, 90 A1
Zweibrücken-Mörsbach 90 A1
Zweilütschinen 105 C2
Zweisimmen 104 B2
Zwenkau 82 B1
Zwesten 81 C1/2
Zwettl an der Rodl 93 D2
Zwettl (Niederösterreich)
  94 A2, 96 A2
Zwevezele 78 A1
Zwickau 82 B2
Zwiefalten 91 C2
Zwiesel 93 C1
Zwingen 90 A3, 105 C1
Zwingendorf 94 B2
Zwochau 82 B1
Zwoleń 97 C1, 98 A1
Zwolle 67 C2
Zwönitz 82 B2
Żyrardów 73 D3, 97 D1,
  98 A1
Żytowań 70 B3